KB177572

World Book 149
Romain Rolland
JEAN-CHRISTOPHE
장 크리스토프 Ⅱ
로맹 롤랑/손석린 옮김

동서문화사

디자인 : 동서랑 미술팀

장 크리스토프 II
차례

장 크리스토프 II

장 크리스토프 I

앙투아네트
어머님께

　자넹 집안은 몇 세기 전부터 프랑스의 한 지방에 정착해서 살았으므로, 혈통에 외국 피가 전혀 섞이지 않은 프랑스의 오래된 집안의 하나였다. 사회의 모든 변동에도 불구하고 프랑스에는 이런 가정이 의외로 많다. 저 자신도 알지 못하는 사이에 그 고장에 단단히 얽매어져 있었으므로, 대단한 변동이라도 있기 전에는 거기서 빠져나갈 수가 없었다. 그들의 그러한 집착에는 아무런 이유도 없으며 이해관계도 거의 없다. 문벌에 대한 과거의 역사를 회고하는 박학의 감상주의만 하더라도 그런 것은 몇몇 문학자 말고는 문제가 되지 않는 것이다. 빠져나올 수 없는 포용력으로 사람을 결박지어 놓는 것은 가장 거친 야성적인 사람들에게도, 가장 총명한 사람들에게도 공통된, 막연하고도 힘찬 감각이다. 수 세기 이래 그 고장의 한 덩어리이고, 그 생명을 살고, 그 공기를 숨 쉬고, 같은 자리에서 함께 등을 대고 자는 두 인간처럼, 그 심장의 고동이 자신의 심장에 울리는 것을 듣고, 아주 가냘픈 전율이나 시간, 계절, 갠 날 또는 흐린 날의 헤아릴 수 없는 뉘앙스며, 물체의 소리며 침묵 따위를 느껴 볼 수 있는 감각이다. 그리고 좀더 강하게 인간의 마음을 사로잡는 것은, 가장 아름다운 지방도 아니거니와 가장 생활이 쾌적한 지방도 아니다. 오히려 그것은 토지가 가장 단순하고 검소하고 소박하며 인간에 가깝고 친밀한, 다정스런 말을 건네주는 지방이다.
　자넹 집안사람들이 살고 있던 프랑스 중부의 작은 지방은 마침 이러한 고장이었다. 평탄하고 윤택한 토지, 괴어 있는 운하의 흐린 물에 권태로운 얼굴을 비추며 졸고 있는 작고 오래된 거리, 주위에는 단조로운 들판, 경작지, 목장, 작은 시내, 큰 숲, 그리고 단조로운 들판…… 명승지도 없고 기념상이나 비석도 없고 또 명물도 없다. 사람을 이리로 끌어당길 만한 것은 아무것도 없지만, 모든 것이 사람을 붙들어 매어두도록 되어 있다. 이 무기력한 나태 속에는 하나의 힘이 잠재해 있다. 그것을 처음 맛보는 자는 이에 괴롭고 반발심을 자극한다. 그러나 몇 세기를 두고 그 영향을 받아 온 자는 이제는 그로부터 떨어질 수는 없다. 그것이 지금은 뼛속까지 배어들어 있는 것이다. 가만히 움직이지 않는 물체의 모습, 조화를 이룬 권태, 이 단조로움이 그에게는 알 수 없는 하나의 매력이고 깊은 감미로움이어서 이것을 투덜대면서도 사랑한다. 오랫동안 잊어버리는 일은 없을 것이다.

*

자넹 집안사람들은 이 지방에서 줄곧 살아왔다. 이 집안의 계보를 거슬러 올라가면 마을 안과 부근에서 16세기 때의 일까지도 그 흔적을 찾아볼 수가 있었다. 그것은 증조할아버지 한 사람이 한평생 걸려 이 이름 없고 근면한, 보잘것없는 사람들의 족보를 만들어 냈기 때문이다. 농부, 소작인, 마을 일꾼, 그리고 승려, 시골 공증인 등으로 드디어 이 군청 소재지에 정착하게 되었던 것이다. 현재의 자넹 집안 호주의 아버지에 해당하는 어거스틴 자넹은 여기서 은행가로서 솜씨 있게 일을 처리했다. 모든 일에 재주 있는 인물로서, 농부처럼 교활하고 완고했지만 꽤나 착실한 사내였다. 그러나 지나치게 마음을 쓰는 성질은 아니고, 비상한 일꾼으로, 명랑하고 장난기 어린 소박함이나, 툭 터놓고 하는 얘기라든지 가진 재산 때문에 십리 사방의 사람들에게서 존경과 두려움을 받기도 했다. 키가 작고 뚱뚱한 몸집의 정력가이고, 곰보 자국이 있는 살찐 붉은 얼굴에 작고 날카로운 눈이 빛났다. 옛날에는 호색가라는 평이 있었는데, 나중에까지 이 취미를 아주 없애지는 않았다. 그는 농담과 먹는 것을 즐겼다. 식탁에서의 그는 볼 만한 가치가 있었다. 아들 앙투안이 같은 연배의 친구 노인 몇 명과 더불어 그의 상대를 했다. 그들은 치안 재판소 판사, 공증인, 대성당의 사제 등이었다(자넹 노인은 사제 따위 무리는 보기도 싫어했지만, 그 사제가 대식가일 때는 함께 식사하는 것을 거부하지 않았다). 모두 라블레의 작품 모델과 같은 억센 정력가들이었다. 터무니없는 농담이 나오고 주먹으로 탁자를 치고 높다란 웃음소리가 울렸다. 이 쾌활한 소란은 부엌 하녀들이나 길에 있는 이웃 사람들에게도 옮아갔다.

그러나 어거스틴 노인은 무척 더운 여름날, 포도주를 병에 채우려고 셔츠만 입은 채 지하의 광 속으로 내려갔다가 폐렴에 걸렸다. 하루도 못 지나서 그는 별반 믿고 있지도 않았던 저승으로 길을 떠났다. 성찬을 받기는 했지만 그것은 볼테르주의자인 시골의 선량한 시민으로서이며, 아낙네들에게 잔소리를 듣기 싫어 마지막 순간에는 그들이 하는 대로 내맡겨 두었던 것이다. 그에게는 어떻든 같은 일이었으며…… 게다가 죽은 뒤의 일 같은 건 알 것도 없다……

아들 앙투안이 일을 물려받았다. 그는 작달막한 데다 살이 찌고 불그스름한 얼굴의 명랑한 사내였다. 구레나룻만 남겨 두고 얼굴은 깨끗이 밀었다. 재빠른 말로 조급히 지껄여 대고, 소란스런 소리를 내고, 종종걸음으로 부지런을 떨며 돌아다녔다. 아버지만 한 경제적 수완은 갖고 있지 않았지만, 재산 관리자로서는 퍽 능력이 있었다. 시작되어 있는 일을 조용히 그대로 하고만 있으면 되는 것이었다. 그 일은 계속 해나가는 것만으로도 흥성해질 수 있었다. 사업의 성공은 거의 그의 힘으로 이뤄진 것이 아니었지만, 이 지방에서 그는 사업가라고 불렸다. 앙투안은 그저 사업을 착실하고 근면하게 한 데 지나지 않았다. 그래도 흠 잡을 데 없는 훌륭한 인물로 곳곳에서 신용과 존경을 받았다. 그의 태도는 애교가 있고 원만했다. 가끔 어떤 사람에 대해서는 좀 버릇없게 군다든가, 좀 호들갑을 떨고, 다소 지나치게 서민적이기는 했지만, 그가 사는 작은 동네나 부근 시골에서는 참으로 훌륭한 사람이라는 평을 얻었다. 돈은 낭비하지 않았지만 감정은 낭비했다. 금방 눈물을 글썽거렸다. 타인의 비참한 모습을 보면 진심으로 동정했다. 그리고 그 동정하는 방식은 그 불행한 사람을 감동시켰다.

대부분의 소도시 사람들처럼 앙투안도 정치에 관심을 두고 있었다. 열렬하기는 하지만 온화한 공화주의자이고, 별로 너그럽지 못한 자유주의자이며, 애국자이고, 그리고 아버지를 따라 극단적인 교권 반대자였다. 그는 또 시회의원의 한 사람이었다. 그리고 그의 즐거움은 동료들과 마찬가지로 소교구의 사교를 놀려 대거나, 동네 부인네들을 감격시키는 사순절 설교자에게 장난을 거는 일이었다. 프랑스 소도시에 있어서 이러한 반교권주의는 적건 많건 늘 가정 안의 싸움의 원인이며, 거의 모든 가정에서 보이는 부부 간의 격렬한 암묵 싸움의 한 형식이라는 것을 잊어서는 안 된다.

앙투안 자넹은 또 문학에 대한 자부심도 갖고 있었다. 동시대의 지방 사람들이 모두 그러한 것처럼 그도 라틴어의 고전적인 서적에 의한 교양을 받았으므로, 그 몇 페이지와 많은 속담을 암송했다. 또 라 퐁텐, 부알로 (^{시학}이나 특히 ^{보편대}의 부알로), 《오를레앙의 소녀》의 저자, 프랑스 18세기 군소 시인들의 경향을 배웠다. 앙투안은 군소 시인들의 취미에 따른 시를 지으려고 노력했다. 그의 친지 가운데서 이러한 취미를 가진 사람은 그 하나만이 아니었다. 그리고 그는 이 일로도 명성을 높였다. 그의 해학시, 4행시, 제운시 (^{주어진 운에 맞}_{추어 지은 시}), 절구시 (^{각 행의 첫글자를 모아서}_{읽으면 어구가 되는 시}), 풍자시, 속요는 줄곧 사람들의 입에 올랐다. 때로 그것은 퍽 외설스러워서 일종의 육감성(肉感性)을 띠고 있었다. 소화 작용의 신비도 잊지 않고 노래 불렀다. 르와르 강 지방의 시신(詩神)은 단테의 나팔을 부는 저 유명한 악마의 취주법을 흉내 냈다.

> ……Ed egli evea del cul fatto trombetta……
> ……그는 그 엉덩이를 나팔로 삼았으니……

이 억세고 명랑하고 활동적이며 몸집이 작달막한 사내는 전혀 다른 성격의 아내를 맞았다. 이 고장 사법관의 딸로 뤼시 드 빌리에였다. 드 빌리에 집안사람들—이는 차라리 드 빌리에 집안이라고 해야 할 것 같다. 왜냐하면 이 가문 이름은 도중에 마치 비탈길을 굴러떨어지는 돌멩이처럼 둘로 쪼개져 버렸기 때문이다(드는 귀족 가명에 붙는다)—은 대대로 사법관으로서 프랑스 의회에 계속 관계해 온 오랜 혈통에 속해 있었다. 이 혈통의 사람들은 법률, 의무, 사회적 관례, 또 개인적인 존엄, 특히 직업적인 존엄 따위에 대해 훌륭한 생각을 갖고 있었다.

예전의 그들은 불평을 잘하는 장세니슴 정신의 영향을 받았다. 그래서 이 집안사람들은 제수이트 정신에 대한 경멸과 더불어 비관적이고 다소 투덜거리는 습관이 남아 있었다. 그들은 인생을 아름다운 것으로는 보지 않았다. 인생의 고난을 제거하기는커녕 도리어 이를 많게 하여 불평을 말할 권리를 얻고 싶어했다. 뤼시 드 빌리에에게도 다소 그러한 데가 있었다. 그것은 별로 세련되지 않은 남편의 낙관주의와 대립하는 것이었다. 뤼시 드 빌리에는 키가 커 남편보다 머리 하나가 더 크고 가냘프며, 날씬하고 능란하게 옷맵시를 부렸다. 그러나 그 고상한 자태에는 약간 딱딱한 구석이 있어 언제나, 마치 일부러 그러고 있는 것처럼, 실제보다 더 나이들어 보였다. 뤼시 드 빌리에에는 도덕적으로는 매우 뛰어난 것을 갖고 있었다. 하지만 타인에 대해서는 엄격했다. 어떤 실수도, 또 어떠한 나쁜 버릇도 허용치 않았다. 그래서 차갑고 거만스런 여자라고 여겨졌다. 뤼시 드 빌리에는 믿음이 깊었는데, 그것이 항상 부부싸움의 불씨가 되었다. 그러나 둘은 서로 깊이 사랑하고 있었다. 말다툼을 하면서도 헤어질 수는 없었다.

둘은 어느 쪽도 실무가는 아니었다. 남편은 인간 심리를 꿰뚫어보는 힘이 부족했다―(그는 항상 친절해 보이는 얼굴 표정이나 달콤한 말에 속고 있었다)―그의 아내는 사무적인 경험이 도무지 없었다―(항상 사무적인 일에서 떠나 살고 있었으므로 그런 일에는 전혀 흥미를 갖지 못했다).

*

그들에게는 두 아이가 있었다. 앙투아네트라는 딸과 올리비에라는 사내아이였다. 앙투아네트가 다섯 살 위였다.

앙투아네트는 밤색 머리칼이 아름다운 소녀였다. 상냥스럽고 정직해 보이는 프랑스적인 작고 둥근 얼굴로, 눈은 생생하게 반짝이고, 이마는 나와 있으며 턱은 기품 있게 뾰족하고, 자그마한 코는 콧날이 오뚝했다. (프랑스의 옛날 어느 초상화가가 말했듯이) '이를 데 없이 귀염성스런 오뚝하고 고상한 코, 말하거나 듣거나 하는 데 따라 내부에서 일어나는 미묘한 마음의 움직임을 표시하고, 얼굴 전체의 표정을 활기차게 하는 어떤 그윽한 움직임을 표시하는 코'였다. 그녀는 쾌활함과 너그러움을 아버지에게서 물려받았다.

올리비에는 가냘픈 금발의 아이였다. 아버지를 닮아 자그마했지만 성질은 전혀 달랐다. 어렸을 때 줄곧 병치레를 했기 때문에 건강이 매우 나빴다. 그러므로 가족들이 모두 그를 위해 주고는 있었지만, 몸이 약하기 때문에 일찍부터 죽음을 두려워하고 삶에 대한 저항력이라곤 통 없는, 우울하고 몽상적인 소년이 되었다. 언제나 혼자 있었다. 다른 아이들과 노는 것을 피했다. 그것은 사람 접촉이 서먹서먹하기 때문이기도 하거니와 혼자 있기를 좋아하는 탓이기도 했다. 그들과 함께 있으면 답답하고, 그들의 놀이나 싸움하는 꼴이 싫었다. 그들의 난폭한 데는 소름이 끼쳤다. 그는 얻어맞는 대로 그냥 있었다. 몸을 지키는 것이 두려웠고, 다른 사람을 아프게 하는 것이 겁이 났던 것이다. 만일 아버지의 지위로써 보호되지 않았더라면, 줄곧 얻어맞았을는지도 모른다. 그는 마음이 상냥하고 병적으로 감수성이 예민했다. 조금만 누구에게서 말을 들어도, 동정하는 눈치만 보여도, 조금 꾸중을 들어도 금세 눈물이 났다. 그보다 훨씬 건강한 누이가 그를 놀려 대며 '작은 눈물샘'이라고 불렀다.

두 아이는 서로 마음으로 사랑했다. 그런데 함께 생활하기에는 너무나 성질이 달랐다. 각기 자기 성질에 따라 저마다의 공상을 쫓고 있었다. 앙투아네트는 커감에 따라 점점 예뻐졌다. 남들도 그렇게 말했지만 자신도 이를 잘 알고 있었다. 그 때문에 마음은 활짝 개어 있어 벌써 앞날의 온갖 소설 같은 줄거리까지도 만들어 내고 있었다. 올리비에는 앓는 몸으로 음침하고 늘 바깥 세상과의 접촉에 불쾌감을 못 이겨 했다. 그리고 자신의 기묘한 작은 두 뇌 속으로 도망쳐, 여러 가지 얘기를 만들어 내어 스스로에게 들려주었다. 올리비에는 사랑하고 사랑받고 싶은 여성적인 강한 욕구를 느꼈다. 같은 나이 또래 아이들로부터 떨어져서 외톨이로 살며 상상의 벗을 두셋 지어냈다. 하나는 장, 또 하나는 에티엔, 그리고 또 하나는 프랑수아라고 했다. 그는 언제나 그들과 함께 있었으므로 이웃 아이들과 함께 노는 일이 전혀 없었다. 올리비에는 잠을 잘 자지 못했으며 항상 꿈을 꾸었다. 아침에 자리에서 끌려 나오더라도 정신을 못 차리고 벗은 작은 두 발을 침대 밖으로 흔들흔들하거나 또 번번이 양말 두 개를 한쪽 발에 신거나 했다. 대야에 두 손을 담근 채 넋을 잃고 있을 때도 있었다. 책상 앞에 앉아 글을 쓰거나 학과를 공부하다가 넋을 잃고 멍하니 있을 때도 있었다. 이리하여 몇 시간이고 몽상에 잠겼다가 돌연 아무것도 공부하고 있지 않았음을 깨닫고 깜짝 놀라는 것이었다. 식사 때에는 다른 사람이 말을 걸면 어리둥절했다. 또 무엇을 물을라치면 2분이나 걸려서 가까스로 대답하기도 했다. 말하는 도중에 자신이 무엇을 말하려는 것인지 잊어버리기도 했다. 그는 자기 사고의 중얼거림 속에 잠겨서 살고 있었으며, 느릿하게 흘러가는 단조로운 전원생활 속에서 나날의 친밀한 감각에 잠겨 살았다. 커다란 집에는 일부분에만 사람이 살고 있어 집은 거의 텅 비어 있었다. 지하의 광과 지붕 밑 다락방은 이 소년에게 공포를 느끼게 했다. 비밀스레 꽉 닫힌 방, 내려 닫힌 덧문, 보를 씌워 놓은 가구, 천으로 된 덮개를 덮은 큰 거울, 포장된 촛대, 무언지 모를 의아스러운 미소를 띤 조상들의 초상, 덕과 방탕을 뒤섞은 영웅적 취미를 나타낸 제정 시대의 판화, 이를테면 《사창가의 알키비아데스와 소크라테스》《안티오코스와 스트라토니스》《에파미논다스의 얘기》《비렁뱅이질하는 벨리사리우스》 따위의…… 집 바깥에서는 바로 앞 대장간에서 모루를 두들기는 쇠망치의 절름발이춤 같은 리듬, 풀무의 헐떡임, 말굽 타는 냄새, 냇가에 앉아 빨래하는 여자의 방망이 소리, 옆집 푸줏간에서 들려오는 식칼의 둔탁한 소리, 길의 깔개돌에 울리는 말발굽 소리, 펌프의 삐걱거리는 소리, 운하 위의 회전교, 높다란 뜰 앞을 밧줄로 끌려 천천히 올라가는 재목을 잔뜩 실은 무거운 배의 행렬, 돌을 깐 작은 뜰의 네모진 화단, 그곳에 제라늄이나 나팔꽃에 둘러싸여 있는 두 그루의 라일락나무, 운하 위의 테라스에는 꽃이 핀 월계수와 석류의 화분, 때로는 근처 광장에서 벌어지는 시장의 법석, 번쩍거리는 푸른 작업복을 입은 농부들, 귀 따갑게 소리 질러 대는 돼지…… 그리고 일요일에는 음정 틀린 목소리로 노래를 부르는 교회 성가대, 미사를 외며 졸고 있는 노사제. 또는 정거장 앞 가로수길을 산책하는 한 일가족, 그들은 공손히 모자를 벗어 들고 다른 불행한 사람들과 인사를 나누며 시간을 보내고, 상대들 쪽에서도 똑같이 산책해야 한다고 생각한다. 그리고 종달새가 눈에 띄지 않을 만큼 높이 떠 있는 햇빛이 쩡쩡한 들녘까지, 혹은 또 양쪽 언덕에 늘어선 미루나무가 흔들리고 있고, 우중충하게 괴어 있는 운하를 따라 산책을 계속한다. 그리고 나서 조촐한 만찬, 언제 끝날는지 알 수도 없는 식사. 그동안 사람들은 음식을 가지고 아는 체하고 아주 즐거운 듯이 얘기한다. 그것은 이 만찬에 초대되는 사람은 모두 음식에 대해 일가견을 가진 사람들이고, 또 식도락은 시골에서도 주요한 행사이며 이를 데 없는 '예술'이기 때문이다. 그리고 사업 얘기도 나오고 외설스런 농담도 튀어나오고, 때로는 질병에 대한 것 따위도 잇달아 아주 자세하게 이야기된다. 소년 올리비에는 한구석에 앉아 생쥐만큼도 소리를 내지 않고, 가만가만 이빨로 갉을 따름으로 아무것도 먹지 않고 가만히 귀를 쫑긋거리고 있었다. 한마디도 놓치지 않았다. 잘 들리지 않는 것은 상상으로 메웠다. 수 세기의 형적이 너무나 강하게 찍힌 오래된 집안 어린이들에게서 흔히 볼 수 있는 바이지만, 그도 이제까지 해 보지도 않은 생각이나 거의 이해도 할 수 없는 생각을 알아차리는 이상스런 능력을 갖고 있었다. 그리고 또한 주방이 있었는데, 거기에서는 피가 뚝뚝 떨어지며 먹음직스런 이상한 음식을 만들어 냈다. 그리고 어릿광대 같은 얘기나 무서운 애기를 해주는 늙수그레한 하녀도 있었다. 드디어 밤이 된다. 소리 없이 날아다니는 박쥐, 낡은 집 내부 여기저기서 둔갑해 나올 듯한 허깨비 같은 생물에 대한 공포, 커다란 쥐, 커다란 털북숭이 거미, 그리고 제 입으로 외면서도 자신은 듣지도 않는 침대 발 밑에서의 기도, 수녀들의 잠자는 시간을 알리는 근처 수녀원의 분주한 작은 종소리, 새하얀 잠자리, 꿈의 섬나라……

　1년 가운데 가장 즐거운 것은 봄과 가을에 시내에서 몇십 리 떨어진 소유지에서 보내는 때였다. 거기서는 마음 편히 몽상에 잠길 수 있었다. 누구와도 만나지 않아도 되었다. 대부분의 소시민 계급 사람들과 마찬가지로 두 아이들은 심부름꾼이나 소작인 같은 평민들로부터 멀리 떼어졌었다. 실제로 그들을 만나면 둘은 얼마쯤 공포와 혐오를 느꼈다. 손을 사용하는 노동자에 대한 귀족적인, 본질적으로는 오히려 부르주아적인 경멸을 두 사람은 어머니에게서 받은 것이었다. 올리비에는 새처럼 물푸레나무 가지에 올라앉아 이상스런 애기책을 읽으며 날을 보냈다. 그것은 즐거운 신화나, 무제우스나 올느와 부인이 지은 《옛날 애기》, 《아라비안나이트》 또는 여행 소설이었다. 가끔 프랑스의 시골, 소도시 소년들을 괴롭히는 저 먼 고장에의 불가사의한 향수, '저 큰 바다의 꿈'을 그도 품고 있었던 것이다. 무성한 나무에 가려 집이 보이지 않았다. 그래서 매우 먼 곳에 있다고 여길 수 있었다. 하지만 바로 곁에 있음을 알 수 있어서 안심했다. 혼자서 멀리 떨어져 있는 것이 별로 달갑지 않았으므로, 자연의 한복판에 있으면 정말로 외톨박이가 될 듯한 생각이 들었다. 주위에서는 나무들이 물결처럼 굽이쳤다. 나뭇잎의 숲을 통해 멀리 누르무레한 포도밭이며 목장이 보였다. 목장에서는 점박이 암소가 풀을 뜯고 있었으며, 느릿한 울음소리는 나른한 시골의 고요를 채웠다. 암탉의 날카로운 소리가 농가에서 농가로 서로 화답하고 있었다. 헛간에서는 보리 타작하는 도리깨의 불규칙한 리듬이 들렸다. 이러한 만물의 고요함 속에서 무수한 생물의 열광적인 생명이 넘쳐날 듯이 흐르고 있었다. 언제나 부지런한 개미의 행렬, 파이프오르간과 같은 소리를 내며 먹이로 몸이 무거워진 꿀벌, 무엇을 하려는 것인지 자신도 알지 못하는 거만스럽고 어리석은 말벌……. 그러한 분주한 동물들의 세계를 올리비에는 불안한 눈으로 지켜보았다. 그들은 어디론지 가고 싶은 욕망에 사로잡힌 것 같았다…… 그런데 어디로 가겠다는 걸까? 그들도 이것을 모르는 것이다. 아무 데라도 상관없었다! 하여튼 어디론지 가기만 하면 되는 것이다……. 이러한 맹목적이고 적의에 가득 찬 세계의 한복판에서 올리비에는 몸을 떨었다. 솔방울 떨어지는 소리며 마른 나뭇가지 부러지는 소리에 그는 작은 토끼처럼 움찔 겁을 먹었다……. 그러나 그때 뜰의 반대쪽 끝머리에서 그네의 쇠사슬 소리가 들렸으므로 안심했다. 앙투아네트가 맹렬히 그네를 흔들어 대고 있는 것이었다.

앙투아네트도 몽상에 젖어 있었다. 그러나 그것은 그녀 나름의 방식이었다. 탐욕스럽고 호기심 많고 웃기를 좋아하는 앙투아네트는, 온 뜰 안을 헤치고 뒤지면서 하루해를 보냈다. 한 마리 개똥지빠귀처럼 포도밭의 포도를 훔치고, 나무 울타리의 복숭아를 몰래 따먹고, 살구나무에 기어오르고 또는 지나치다 슬쩍 나무를 잡아 흔들어 입 안에서 향내 짙은 물처럼 녹는 금빛 열매를 비 오듯 떨어뜨렸다. 또는 꺾지 못하게 금지되어 있는 꽃을 꺾었다. 아침부터 탐이 나 노리고 있던 장미꽃을 급히 서둘러 따서 들고는 뜰 안쪽 정자 밑으로 달아났다. 그리고 사람을 취하게 하는 향기 속에 귀여운 작은 코를 쑤셔박고 꽃에 입 맞추고 그것을 씹고, 그 즙을 빨았다. 그리고 나서 훔친 꽃을 숨길 참으로 목에서부터 두 개의 작은 가슴 사이로 쑤셔 넣었다. 조금 벌어진 셔츠 속으로 부푼 가슴을 앙투아네트는 신기한 듯 내려다보았다…… 금지되어 있는 또 하나의 커다란 즐거움은, 구두와 양말을 벗고 맨발로 오솔길의 써늘하고도 자잘한 모래 위와 잔디밭의 축축한 풀 위, 그늘에 있는 차가운 돌 위나 양지쪽의 뜨거운 돌 위, 혹은 또 숲가를 흘러내리는 냇물 속을 걸어다녀 발끝이며 정강이며 무릎으로 물과 흙과 빛에 닿는 일이었다. 상수리나무 그늘에 드러누워 햇빛이 비쳐든 손을 바라보고, 날씬하면서도 살집이 좋은 팔뚝의 매끄러운 살결을 무의식적으로 입술로 애무했다. 등나무 잎과 참나무 잎으로 관이며 목걸이며 옷을 만들었다. 그리고 이어 푸른 엉겅퀴꽃이나 빨간 매자나무 열매, 초록빛 열매가 달린 상수리나무의 작은 가지 따위로 꾸몄다. 그러한 그녀는 마치 야만국의 작은 공주 같았다. 그리고 다만 혼자서 분수 둘레를 춤추며 돌았다. 양팔을 벌려 빙빙 돌고 드디어 머리가 어질어질해서 잔디밭에 쓰러지면 얼굴을 풀에 묻고 몇 분 동안이나 큰 소리를 내어 웃었다. 도무지 웃음이 멈춰지지 않았고, 또 자신도 왜 웃는 것인지조차 알지 못했다.

이리하여 두 어린이의 나날은 지나갔다. 서로 조금 멀리 떨어져 상대의 일을 염두에 두지 않았다. 그래도 가끔씩 앙투아네트는 지나치는 길에 동생에게 장난을 쳐 보고 싶어져, 솔 이파리를 한 움큼 그의 코끝에 던지든가, 동생이 올라가 있는 나무를 흔들어 떨어뜨리겠다고 겁을 주거나, 느닷없이 동생한테 덤벼들어 고함쳐 무서워하게 하기도 했다.

"우! 우!"

때로 누나는 동생을 마구 놀리고 싶어졌다. 어머니가 부르신다고 하여 그를 나무에서 내려오게 했다. 그가 내려오자 대신 자기가 올라가 이제는 꼼짝 않으려고 했다. 그래서 올리비에는 투덜대며 엄마한테 이르겠다고 겁을 주었다. 그러나 앙투아네트가 언제까지나 나무 위에 있을 리 없었다. 그녀는 2분도 가만히 있지 못했다. 나뭇가지 위에서 올리비에를 실컷 놀려 주고 자기가 마음먹은 대로 약을 올려 동생이 울려고 하자 밑으로 뛰어내렸다. 동생에게 달라붙어 웃으며, 동생을 잡아 흔들고 '울보'라고 불렀다. 그리고 동생을 땅바닥에 쓰러뜨려 풀을 뜯어서 콧등에 문질러 주었다. 동생은 싸우려고 했지만 그럴 힘은 없었다. 벌써 그는 풍뎅이처럼 번듯이 나자빠진 채 꼼짝도 하지 않았다. 동생의 마른 팔은 앙투아네트의 억센 손으로 잔디밭 위에 짓눌려 있었다. 슬픈 듯이 체념한 꼴이었다.

앙투아네트는 이에는 더 싸울 수가 없었다. 누나는 패배해서 가만히 있는 동생을 바라보았다. 그러고는 별안간 웃음을 터뜨리고 느닷없이 동생을 포옹하고는 그대로 거기에다 놔두고 가버렸다. 그리고 작별 인사 대신에 작고 파란 풀다발을 그의 입속에 쑤셔 넣었다. 그것은 그가 무엇보다도 싫어하는 것이었다. 아주 고약한 맛이었으니까. 남동생은 침을 내뱉고 입을 닦고 골이 나서 욕을 퍼부었다. 누나는 깔깔대며 뒤도 안 돌아보고 도망쳤다.

앙투아네트는 늘 웃고 있었다. 밤에 잠들고 나서도 여전히 웃고 있었다. 옆방에서 잠을 못 이루고 있는 올리비에는 여러 가지 얘기를 지어 내어 한참동안 스스로에게 들려주다가, 누나의 터무니없는 웃음소리나 밤의 고요 속에서 말하는 토막토막 끊어진 말을 귀에 담고 흠칫 놀랐다. 밖에서는 나무들이 바람에 서걱거리고, 부엉이가 구슬피 울고 먼 마을과 숲 속 농가에서는 개가 짖었다. 밤의 훤한 밝음 속에서 상수리나무의 무거운 나뭇가지가 검은 유령처럼 창문 밑에서 흔들리는 것이 보였다. 그때 들려오는 앙투아네트의 웃음은 그에게는 하나의 위안이 되었다.

*

두 아이들은, 그중에서도 올리비에는 신앙심이 매우 깊었다. 그들의 아버지는 반교권적인 언사를 함부로 내뱉어 그들을 분개시켰다. 그래도 아버지는 그들의 일에 간섭은 하지 않았다. 결국 신앙을 갖지 않는 많은 부르주아 계급의 사람들과 마찬가지로 가족 중에서 누가 자기를 대신하여 신앙을 가져 주는 것은 해롭지 않았다. 왜냐하면 적의 진영 안에 자기편을 갖고 있다는 것은 언제나 좋은 일이었으니까. 인간은 어느 쪽으로 운명이 변할지 앞일을 알 수 없다. 결국 그도 신을 믿는 사람으로서, 아버지가 한 것처럼 때가 오면 사교(司敎)에게 와 달라고 할 여지를 남겨 두었다. 비록 그것은 덕이 되지 않는다 하더라도 해가 되는 일은 없었다. 화재 보험에 들 때에 화재가 날 것을 믿지 않는 이치와 같았다.

병자인 올리비에는 신비설을 좋아하는 경향이 있었다. 때로는 자신이 이미 존재치 않는 것처럼 여겨질 때도 있었다. 믿기 쉬운 상냥스런 마음을 갖고 있었으므로 무언지 받쳐 주는 것이 필요했다. 참회하는 가운데 비통한 기쁨을 맛보았다. 그것은 눈에 보이지 않는 '벗'에게 마음속을 털어놓는 행복이었다.

그 벗은 언제나 팔을 활짝 벌리고서 맞아 주었다. 이쪽에서 무슨 말이거나다 할 수 있으며 그 책에서도 모든 것을 이해해 주고 용서해 주었다. 혼이 물에 씻기어 푸근히 쉬고 맑은 모습으로 나오는, 겸양과 사랑의 이 목욕의 상쾌함을 그는 실컷 맛보았다. 그로서는 믿는다는 것은 퍽 자연스러운 일이었기에 어째서 사람들이 의심하는지 이해되지 않았다. 신앙을 갖지 못하는 것은 마음이 사악하기 때문이다, 또는 신에게서 벌을 받고 있기 때문이라고 생각했다. 아버지가 신의 은총에 감동을 받도록 몰래 기도했다. 그리고 어느 날인가 아버지와 함께 시골 교회에 갔다가 아버지가 성호를 긋는 것을 보고 퍽 기쁘게 여겼다.

성사(聖史) 속의 여러 가지 얘기가 그의 마음속에서 뤼베잘, 그라쉬즈와 페르시네, 칼리프 하룬 알 라시드 등의 불가사의한 옛이야기와 뒤섞였다. 어렸을 때는 어느 얘기나 다 진짜라고 믿었다. 입술이 찢어진 샤카박과 수다쟁이 이발사와 카스갈의 꼽추 난쟁이를 확실히 알고 있는 것 같기도 했고, 또 들녘을 산책할 때 보물 찾는 사내의 마법 나무뿌리를 입에 문 검정 딱따구리를 찾아다니기도 했다. 동시에 또 가나안이나 '약속의 땅'은 소년의 상상력으로 부르고뉴와 베리의 땅과 하나가 되어 있었다. 빛바랜 밝은 깃털장식처럼 꼭대기에 한 그루 작은 나무가 서 있는 동그란 근처 언덕은, 아브라함이 화형대를 만든 산처럼 여겨졌다. 보리를 베고 난 그루터기가 널린 밭의 옆에 있는 말라 버린 큰 숲은, 옛날에 사라져 버린 '불타는 가시덤불'이었다.

벌써 유년기를 지나 비판력이 눈뜨기 시작했을 때도, 올리비에는 신앙을 장식한 민화적인 전설에 마음 설레는 것을 좋아했다. 그것이 참으로 즐거웠으므로 완전히 속아 넘어가지는 않았지만, 속아 넘어가는 것을 즐겼다. 이리하여 그는 오랫동안 부활제의 성 토요일이면 종이 돌아오기를 잔뜩 기다렸다. 이 종은 전번 목요일 날에 로마로 출발했다가 작은 연 꼬리를 달고 공중을 날아서 돌아오기로 되어 있었다. 지금은 그런 것은 거짓말이라고 생각하게 되었지만, 종소리가 들리면 역시 하늘을 우러러보지 않을 수 없었다.

그리고 한번은 푸른 리본을 단 종루가 상공을 날아 사라지는 것을, 그런 일은 결코 없다고는 알고 있으면서도, 방금 눈으로 본 것 같은 생각이 들었다. 올리비에는 도무지 이러한 전설과 신앙의 세계에 젖어 있지 않고는 못 배겼다. 그는 인생으로부터 도피해 있었다. 저 자신으로부터도 도피해 있었다. 마르고 창백하고 허약한 그는 그러한 자신을 괴로워했다. 남들에게 그런 말을 듣는 것이 참을 수 없었다. 그의 마음속에는 태어나면서부터 일종의 염세관이 있었다. 그것은 물론 어머니에게서 물려받은 것으로, 병자인 이 아이의 마음에서 알맞은 터전을 발견한 셈이었다. 올리비에는 그것을 자각하지 못했다. 누구나 다 자기와 똑같은 줄로만 알고 있었다. 그리고 이 열 살 소년은 노는 시간에도 뜰에 나가 놀려고는 하지 않고, 제 방에만 틀어박혀 간식을 먹으면서 유서를 쓰고 있었다.

올리비에는 많이 썼다. 매일 밤 몰래 정신없이 일기를 썼다. 왜 일기를 쓰는지 자신도 몰랐다. 왜냐하면 특별히 쓰고 싶은 것이 있어서가 아니었으며 써놓은 것이란 모두 하찮은 일뿐이었으니까. 쓴다는 것은 그에게 있어서는 유전적인 버릇이었다. 그것은 프랑스 시골의 부르주아 계급, 불멸의 늙은 종족이 몇백 년이나 지속해 온 욕구였다. 그들은 매일 바보와 같은, 아니 거의 영웅적인 참을성으로 그날 본 일, 말한 일, 한 일, 들은 일, 마신 일, 생각한 일, 먹은 일을 자세히 자신을 위해 죽는 날까지 써 나갔다. 그것은 자신을 위한 것이다. 남을 위해서가 아니다. 결코 아무도 그런 것을 읽는 일은 없을 것이다. 자신도 그것을 알고 있다. 그리고 자기 자신도 결코 다시 읽어 보지는 않는다.

*

음악은 그에게 있어서는 신앙과 마찬가지로 너무나 강한 햇빛에 대한 피난처였다. 누나도 동생도 진정한 음악가였다. 어머니의 재능을 물려받은 올리비에 쪽은 특히 그러했다. 그러나 그들의 취미는 훌륭한 것이라고는 할 수 없었다. 그 누구라도 이 시골에서는 음악의 취미를 기를 수는 없었을 것이다. 음악이라고 들리는 것은 무척 빠른 속도의 행진곡이나 또 축제일에 아돌프 아당의 혼성곡을 연주하는 시골 음악단이거나, 로망스를 치는 교회의 파이프오르간이나, 부르주아 계급 아가씨들이 치는 피아노 연습뿐이었다. 또 그 아가씨들이 음정이 맞지 않는 피아노로 쳐대는 것은 왈츠 몇 개, 폴카인 《바그다드의 왕》이나 《젊은 앙리의 사냥》의 서곡 그리고 모차르트의 두세 가지 소나타였다. 이것들은 언제나 정해진 것으로서 더욱이 언제나 음조가 맞지 않았다. 손님을 초대한 야회에는 이러한 곡이 반드시 프로그램에 넣어졌다. 식사가 끝나면 재능을 가진 사람들은 솜씨를 보이기를 간청받았다. 그들은 처음에는 얼굴을 붉히고 거절하지만 일동의 강한 요구에는 져 버리고 만다. 그리고 자신 있는 곡을 악보 없이 쳤다. 그러자 모두들 연주자의 기억력과 옥을 굴리는 듯한 연주에 감탄했다.

거의 야회마다 되풀이되는 이러한 의식은 두 아이에게는 만찬의 즐거움을 모조리 망쳐 버리는 것이었다. 바쟁의 《중국 여행》이나 베버의 소곡을 네 개의 손으로 칠 때에는 아직도 서로 신뢰하고 있어서 그다지 겁이 나지 않았다. 그런데 독주를 해야 할 때는 엄청난 고통이었다. 여느 때와 마찬가지로 앙투아네트 쪽이 용감했다. 참을 수 없을 만큼 싫었지만 도저히 벗어날 길이 없음을 알고 있었으므로, 그녀는 각오를 하고 귀염성 있는 얼굴로 피아노 앞에 앉았다. 그리고 론도를 성급하게 치기 시작했지만, 때로는 너무 빠르거나 또 헷갈리기도 하여 드디어는 도중에서 그치고 뒤를 돌아보고 방긋 웃으며 말했다.

"아! 생각이 안 나는걸……"

그러고는 또 용감히 몇 소절을 앞당겨서 시작하여 끝까지 연주했다. 연주가 끝나자 앙투아네트는 마지막까지 모두 쳤다는 만족감을 숨기지 않았다. 박수갈채에 묻혀 제자리로 돌아가서 앙투아네트는 웃으면서 말하는 것이었다.

"몇 번이나 틀렸어……"

그러나 올리비에는 그렇듯 가볍게 생각하는 성질이 아니었다. 사람들 앞에 자기 모습을 드러내 보이는 것, 주위 모든 사람의 주목을 받는다는 것은 도저히 참을 수 없었다. 여러 사람이 있을 때는 얘기하는 것조차 고통이었다. 하물며 음악을 사랑하지도 않고─그는 이것을 분명히 알 수 있었다 ─ 그렇기는커녕 음악을 지루해하고 있는 사람들, 단지 습관으로 연주를 요구하고 있는 사람들을 위해 연주하는 것은 그에게는 부당한 속박처럼 여겨졌다. 이에 대해 반항을 해 봤지만 안 되었다. 올리비에는 완강히 거부했다. 어느 날 밤은 달아나 버렸다. 어두운 방이나 복도에 숨고, 거미가 무서웠지만 지붕 밑 다락방으로 갈 때도 있었다. 그가 저항하기 때문에 사람들은 더욱 끈질기고 짓궂게 떼를 쓰게 되었다. 반항심이 너무 버릇없게 나타났을 때는 부모가 버럭 화를 내며 따귀를 때리는 적도 있었다. 그래서 결국은 언제나 칠 수밖에 없었다. 물론 싫은 걸 억지로 참고서. 그것이 끝나면 잘 치지 못한 것 때문에 밤새도록 끙끙 앓았다. 왜냐하면 올리비에는 정말로 음악을 사랑했으니까.

이 작은 도시의 취미는 반드시 그렇게 평범한 것만은 아니었다. 두세 가정에서는 퍽 훌륭한 실내 음악회가 개최되었던 시절의 일을 사람들은 기억하고 있었다. 자넹 부인이 자주 얘기하곤 했지만, 그녀의 할아버지는 첼로를 열심히 켜고 글룩나 달라이락, 베르통의 곡을 노래 불렀다고 한다. 집에는 지금도 아직 그러한 곡이 기재된 커다란 악보가 일련의 이탈리아 가곡집과 함께 남아 있었다. 이 사랑스러운 노인은 베를리오즈가 비평한 앙드레 씨와 흡사했기 때문이었다.

베를리오즈는 앙드레 씨에 대해서 이렇게 말했다. "그는 글룩을 무척 사랑했다." 그러고서 다시 못마땅한 듯이 이렇게 덧붙였다. "그는 또 푸치니도 무척 사랑했다.”

어쩌면 할아버지는 푸치니 쪽을 더 많이 사랑했었는지도 알 수 없었다. 아무튼 할아버지의 수집품에는 이탈리아 가곡이 훨씬 많았다. 이러한 것이 소년 올리비에의 음악상의 양식이었다. 거의 자양분이 없는 음식으로서 시골에서 어린이들에게 마구 먹이는 사탕과자와 어딘지 닮은 데가 있었다. 이 사탕과자는 미각을 둔하게 만들고 위를 상하게 하고, 더 훌륭한 음식에 대한 식욕을 영구히 빼앗아 버릴 위험이 있었다. 하지만 올리비에의 탐식은 비난받을 만한 것은 아니었다. 더 훌륭한 음식은 그에게 주어지지 않았던 것이다. 빵이 없어서 과자만 먹고 있었다. 이리하여 필연적으로 치마로사나 파에지엘로며 롯시니 따위도 이 우울하고 신비를 즐기는 소년을 길러주는 어버이가 되었다. 이러한 경쾌하고 뻔뻔스런 늙은 수풀의 신이나, 천진스럽고도 색정 어린 미소를 띠고 눈에 아름다운 눈물을 머금고 깡충깡충 뛰노는 나폴리와 카타니아 두 사람의 귀여운 바캉트(酒神祭女), 페르골레시와 벨리니 등이 우유 대신 따라 주는 거품 부글거리는 백포도주를 마시고 머리가 좀 어질어질해졌다.

그는 단 혼자서 오직 자신의 기쁨 때문에 항상 피아노를 쳤다. 그의 마음은 음악에 젖어 있었다. 그는 자기가 치고 있는 것을 이해하려고는 하지 않았다. 그저 수동적으로 즐기고 있을 뿐이었다. 아무도 그에게 화성학을 가르쳐 주려고 생각하는 사람은 없었다. 또 그 자신도 그런 일에는 무관심이었다. 학문이라거나 학문적 정신이라는 것은 그의 가정에는, 특히 어머니 쪽 계통에 있어서는 인연이 먼 것이었다. 법률가이고 재사이고 인도주의자인 이 가족들은 하나의 문제에 직면하게 되면 그만 속수무책이었다. 먼 친척 한 사람이 천문협회에 들어간 것이 하나의 불가사의로서 얘기되었다. 그리고 이 인물은 그 때문에 미쳐 버렸다는 말까지 나돌았다. 억세고 착실한 정신의 소유자이기는 했지만 그 정신이, 먹은 것을 오랫동안에 걸쳐 소화하는 습관이나 나날의 단조로운 생활 때문에 꾸벅꾸벅 졸고 있는, 시골의 오랜 부르주아 계급 사람들은 자신의 양식만을 의지하고 있다. 자신만만하고 아무리 거북한 문제라도 자기의 양식으로 해결된다고 자부하고 있었다. 그리고 그들은 자칫 학자를 일종의 예술가로 보기 쉬워, 예술가보다는 쓸모가 있지만 예술가만큼 고상한 것은 아니라고 생각하고 있었다. 그것은 예술가는 아무 쓸모없지만 무위한 생활에도 품위가 없지는 않기 때문이었다. 그렇지만 학자는 거의 손으로 일을 하는 노동자이고—이것은 불명예스런 일이었다—직공과 비슷한 것으로서, 예술가보다 학문은 있지만 정신 상태가 약간 돌아 버린, 종이 위에서는 퍽 능란할는지 알 수 없지만 일단 숫자의 공장을 나오면 부지깽이와 마찬가지다! 만일 생활과 실무 경험을 가진 양식가에게 인도되지 않는다면 아무런 일도 할 수 없을 것이다.

그렇지만 이 생활과 실무의 경험이라는 것이 이러한 양식가가 믿고 싶은 만큼 확실한 것이라는 것은 불행히도 여태껏 실제로는 증명되어 있지 않았다. 그것은 차라리 퍽 소수의 매우 용이한 경우에 한정되어 있는 하나의 숙련이라 할 만하다. 순간적으로 과감한 결단이 필요한 사정이 돌발하면, 그들은 벌써 어찌해야 좋을지 알 수 없게 되는 것이다.

은행가인 자넹은 그러한 종류의 인간이었다. 모든 일은 미리 잘 알고 있었으며 시골 생활의 리듬에 따라 정확히 되풀이되었으므로, 일에 있어 중대한 곤란에 부딪친 적은 아직 한 번도 없었다. 은행업에 대해 특별한 능력도 없이 아버지의 뒤를 이은 것이었다. 그 뒤 모든 일이 제대로 잘 되어 갔으므로 그것은 자신이 영리한 탓이라고 뽐내고 있었다. 인간은 정직하고 근면하고 양식을 갖고 있기만 하면 충분하다고 그는 입버릇처럼 말하고 있었다. 아버지가 자기의 취미 따위는 개의치 않은 것처럼 자기도 아들의 취미 같은 건 염두에도 두지 않고, 자신의 일을 그대로 아들에게 물려주려고 생각했다. 그는 일에 대한 준비 교육도 하지 않았다. 또 그는 아이들을 제멋대로 자유로이 내맡겨 두었다. 정직하기만 하면 된다, 더구나 행복하기만 하면 그만이라고 생각하고 있었다. 그것은 아이들을 열렬히 사랑했기 때문이다. 그래서 아이들은 생존 경쟁에 대한 준비가 전혀 되어 있지 않았다. 온실 속 꽃나무였다. 그러나 언제까지나 이러한 생활을 할 수 있을까? 시골의 명망 있는 부유한 가정에서 상냥스럽고 명랑하고 애정 깊은 아버지, 그 고장 제일의 지위를 차지하고 많은 벗들에게 에워싸인 아버지를 가진 생활은 무척이나 편안하고 즐거웠다.

*

앙투아네트는 열여섯 살이 되었다. 올리비에는 비로소 성체를 받을 나이가 되었다. 그는 자기의 신비적인 꿈의 나래 소리를 들으며 졸고 있었다. 앙투아네트는 도취한 희망의 황홀한 노랫소리가 4월의 꾀꼬리처럼 청춘의 마음을 가득 채우고 있는 데에 귀를 기울였다. 자신의 육체와 혼이 꽃잎처럼 피어나는 것을 느끼고 자기가 아름답다는 것을 알고, 남들이 그렇게 말해 주는 소리를 듣고 즐거워하고 있었다. 아버지에게서 칭찬받는 것만으로도, 아버지가 때로 느닷없이 던지는 말을 듣는 것만으로도 머리가 확확 달아올랐다.

아버지는 딸을 넋을 잃고 바라보았다. 딸의 날렵한 맵시라든가, 거울 앞에서 짓는 시름에 젖은 곁눈질이라든가, 천진스런 장난을 재미있어했다. 아버지는 딸을 무릎에 올려놓고 그녀가 좋아하는 사람에 대해, 그녀를 연모하는 사람들에 대해 또는 자기가 이미 결혼 신청을 받은 일에 대해 말을 꺼내어 그녀를 놀려 주었다. 그리고 구혼자의 이름을 하나하나 대주었다. 그것은 모두 부르주아 계급의 존경할 만한 사람들이었는데 죄다 한결같이 늙은 추남들뿐이었다. 딸은 아버지의 목에 팔을 감고 얼굴을 아버지 뺨에 문질러 대고 커다란 소리로 깔깔대며 "싫은걸요" 하고 소리쳤다. 그러면 아버지는 딸에게, 마음에 드는 행운아는 누구일까 하고 물었다. 자녕 집안의 늙은 식모가 무척 추남이라고 말한 저 검사님인가, 아니면 저 뚱뚱보 공증인인가 하고. 그러면 딸은 아버지의 입을 다물게 하려고 찰싹찰싹 가볍게 때리거나 두 손으로 입을 틀어막거나 했다. 아버지는 그 귀여운 손에 입 맞추고 딸을 무릎 위에서 팔딱팔딱 뛰어오르게 하며 누구나가 잘 알고 있는 노래를 불렀다.

Que vouez-vous, la belle?
Est—ce un mari bien laid?
어여쁜 아가씨여, 어떻습니까?
남편감으로는 추남인 것이?

그러면 딸은 깔깔 웃음을 터뜨리고 아버지의 구레나룻을 턱 밑에서 어루만지며 후렴 문구로 대답했다.

Plutôt joli que laid,

Madame, s'il vous plaît.
추남보다는 미남자를
부탁합니다, 아주머니.

앙투아네트는 스스로 상대를 고를 작정이었다. 자기는 무척 부자이다, 혹은 이제 곧 부자가 될 것이다—아버지는 입버릇처럼 되풀이했다—라는 것을 알고 있었다. 앙투아네트는 훌륭한 결혼 상대였다. 지방의 명망가로 아들을 둔 집에서는 이미 앙투아네트의 비위를 맞추고, 조그만 아첨과 교묘한 책략의 흰 실 그물을 앙투아네트의 둘레에 치고 이 은빛의 귀여운 고기를 붙잡으려고 했다. 그렇지만 이 고기는 그들에게는 4월의 고기 (4월의 바보, 믿을 수 없다는 뜻)가 될 염려가 충분히 있었다. 영리한 앙투아네트는 그들의 술책을 하나에서 열까지 꿰뚫어보고 있었으니까. 그리고 그녀는 이를 재미있어했다. 앙투아네트는 자기를 붙들게 하고 싶었지만, 붙잡히고 싶지는 않았다. 그녀는 작은 머릿속에서 이미 결혼 상대를 정해 놓았다.

앙투아네트가 마음에 두었던 사람은 그 마을의 귀족이었다. 그 마을에—일반적으로 귀족은 한 지방에 하나밖에 없었다. 그 지방의 옛날 영주의 가문이라고들 주장했다. 그런데 거의 모든 경우가 국가 재산을 매수한 18세기 지방 검찰관의 후손이거나 나폴레옹 군수품 상인의 자손이었다—보니베라는 가문의 귀족이 있었는데, 시가에서 20리쯤 떨어진 곳에 저택을 갖고 있었다. 커다란 숲에 에워싸인 그 커다란 저택에는 번쩍이는 슬레이트 지붕의 철탑이 여러 개 솟아 있고, 또 숲 속에는 고기들이 떼지어 있는 연못이 여기저기 흩어져 있었다. 그 보니베 집안에서 자넹 집안에게 친히 지내고 싶다는 청을 해왔다. 아들 보니베는 앙투아네트의 사랑을 몹시 받고 싶어했다. 나이에 비해서는 체격이 퍽 건장한 미청년으로, 사냥과 먹는 일과 마시는 일과 잠자는 일을 신성한 일과로 삼았다. 승마도 할 수 있거니와 댄스도 잘했고, 태도도 훌륭하고, 다른 청년에 비해 그다지 우둔하지도 않았다. 가끔씩 장화를 신고 말이나 이륜마차로 마을에 왔다. 그리고 무슨 볼일을 핑계대고 은행가를 찾아갔다. 때로는 수렵의 수확물을 넣은 광주리나 부인들을 위한 커다란 꽃다발을 갖고 왔다.

보니베는 이러한 기회를 적절히 이용해서 앙투아네트의 호의를 사려고 애썼다. 두 사람은 함께 뜰을 산책했다. 보니베는 수염을 비비 꼬거나 테라스의 깔개돌 위에서 박차를 탕탕 울려 대며 과장된 찬사를 보내기도 하고, 유쾌한 농담을 지껄이기도 했다. 앙투아네트는 그를 재미있는 사내라고 생각했다. 그녀의 자존심과 애정은 기분 좋게 어루만져졌다. 그녀는 더없는 첫사랑의 즐거움에 빠졌다. 올리비에는 이 시골 신사가 싫었다. 난폭하며 요란스런 웃음을 터뜨리고 무쇠 같은 손으로 악수하고 뺨을 꼬집으며, 언제나 "애기야……" 하는 따위의 남을 깔보는 듯한 호칭으로 부르기 때문이었다. 더구나—자신은 그것을 모르고 있었지만—이 타인이 자기의 누나를…… 저 한 사람의 것이지 다른 누구의 것도 아닌 소중한 누나를 사랑하고 있기 때문에 싫은 것이었다!

*

그런데 재난이 생겼다. 몇백 년 동안 줄곧 같은 고장에 뿌리를 내리고 살면서 생활의 수액(樹液) 모두를 그 고장에서 흡수해 온 이러한 부르주아 계급의 오래된 가정에는 결국 재난이 찾아오기 마련이다. 그러한 가정은 조용히 잠들어 있다. 그리고 받들고 있는 대지와 마찬가지로 자신은 영원한 것이라고 믿고 있다. 그러나 집 아래의 대지는 죽어 있어 뿌리는 벌써 없어지고 말았다. 곡괭이의 일격으로 모든 것은 폭삭 무너져 버린다. 그러자 사람들은 이를 불운이라고 말하고 뜻밖의 재난이라고 한다. 하지만 나무에 좀더 저항력이 있었더라면 불운 따위는 없었을 것이다. 적어도 가지는 좀 꺾더라도 나무는 결코 흔들리게 하지 않는 폭풍처럼, 시련은 그저 지나쳐 버리고 말았을 것이다.

은행가 자넹은 마음이 약하고 남을 잘 믿는 데다가 얼마쯤 허영기가 있었다. 남의 눈을 속이는 것을 즐겨 자칫 '실제'와 '외견'을 혼동하기 쉬웠다. 자넹은 분별 없이 낭비를 했는데, 재산에 중대한 위험을 가져온다든가 하는 일은 없었다. 실제로 수백 년에 걸쳐 절약의 습관이 있었으므로 때로 후회하고는 낭비를 조심하는 것이었다(그는 큰 다발의 장작을 낭비하고 성냥 한 개비에 인색했다). 자넹은 또 자기 사업에 있어서도 별로 신중하지 못했다. 여태껏 친구에게 돈 빌려 주는 것을 거절한 적이 없었다. 그의 친구가 되는 것은 별로 어려운 일이 아니었다. 자넹은 언제나 차용증을 쓰게 하는 그런 귀찮은 짓은 하지 않았다. 빌려준 돈을 적어 두지도 않고, 갚지 않더라도 거의 재촉도 하지 않았다. 타인이 이쪽의 성의를 믿고 있다고 여겼으므로 이쪽에서도 타인의 성의를 믿고 있었다. 게다가 또 자넹은 원만하고 흉허물 없는 태도 때문에 수줍은 사람처럼 보였는데, 실제로는 그 이상으로 수줍어했었다. 그리고 뻔뻔스럽게 돈을 부탁해 오는 자를 좋은 말로 돌려보낼 줄도 몰랐거니와, 상대의 지급 능력을 염려하는 태도를 표시할 수조차도 없었다. 그것은 사람이 좋아 그렇기도 하겠지만 무기력한 탓이라고도 할 수 있었다. 타인의 감정에 상처를 주기 싫어하는 동시에 타인에게 창피를 당할까 봐 두려워했기 때문이다. 그래서 언제나 양보했다. 그리고 그 일에 대한 자기 자신의 감정을 재빨리 처리하기 위해 자넹은 오히려 열성을 가지고 양보하기 때문에, 마치 그의 돈을 빌리는 것은 그에게 은혜를 입히는 것 같은 꼴이 되었다. 자넹 자신이 실제로 그렇게 생각지 않는 것도 아니었다. 자존심과 낙천적인 기분으로, 자기가 하는 일은 무엇이거나 잘하는 일이라고 쉽사리 자신을 믿었던 것이다.

이러한 방식은 더욱 채무자와 친숙해질 뿐이었다. 농부들은 자넹을 숭배하고 있었다. 언제나 그의 친절에 의뢰할 수 있다는 것을 알고 있었으며 또 반드시 도움을 받을 수 있었기 때문이었다. 그러나 사람들의 감사는—훌륭한 사람일 때도 그렇지만—적당한 시기에 거두어들여야 하는 과일과 같은 것이다. 언제까지나 나무에 내버려 두면 이내 곰팡이가 슬기 때문이다. 자넹 씨에게서 은혜를 입은 사람들은 수개월이 지나자 이러한 뒤치다꺼리는 당연한 일이라고 여기는 데 익숙해졌다. 그뿐만 아니라 저희를 도와주는 데 자넹 씨가 그토록 기뻐하는 것을 보고, 이에는 무언지 이익이 있음이 틀림없다고 자연스레 믿게끔 되었다. 이 사람들에 비해 다소 인정이 있는 자들은 자기들이 잡은 토끼나 자기 집 닭이 낳은 달걀을 장날에 은행가 집으로 갖고 와서 이것으로, 부채 때문은 아니라 하더라도 적어도 감사의 기분만은 상쇄해 버린 것으로 생각하고 있었다.

그때까지는 결국 금액이 적었으며 자넹 씨가 상대한 자들도 퍽 정직한 사람들뿐이었으므로 대수로운 사고는 일어나지 않았다. 자넹은 아무에게도 돈의 손실에 대해 비치지 않았으며 그것은 아주 적었다. 그러나 자넹 씨가 무슨 큰 기업을 시작한 어떤 사기꾼과 만나고 나서부터는 사정이 달라졌다. 이 사내는 은행가 자넹이 사람이 좋다는 것과 재력이 얼마라는 것을 들어 두었던 것이다. 사뭇 풍채가 당당한 사내로 레지옹 도뇌르 훈장을 받았었다. 그리고 자기 친구들 중에는 두세 명의 장관, 대사교(大司敎) 한 명, 많은 상원의원, 문학계와 재계의 여러 유명인이 있다고 하며, 어떤 절대적인 권력이 있는 신문을 알고 있다고 말해, 상대에 따라서 교묘히 고자세로 나오거나 아니면 정다운 허물 없는 투를 취했다. 그는 자기에게 신용을 갖게 하려고, 자넹 씨보다 조금만 눈치가 빠른 사람이었더라면 쉬이 눈치챌 수 있는 속된 태도로 그러한 유명한 친지들에게서 받은 무척 흔해 빠진 인사장을 자랑해 보였다. 그것은 만찬의 사례장이거나 답례의 초대장이었다.

　누구나 다 알고 있듯이 프랑스인은 이러한 편지를 쓰는 것에 대해 결코 인색하게 굴지 않으며, 또 한 시간 전에 알게 된 사람에게서라도 상관하지 않고 악수나 만찬의 초대를 받는다. 하기야 그 사람이 재미있는 인간으로 절대로 금전 부탁을 하지 않을 경우에 한해서이지만. 그러나 또 새로운 벗에게 돈을 빌려 주는 것도, 다른 사람들이 마찬가지로 돈을 빌려 주었으면 결코 거부하지 않는 사람도 적지 않게 있다. 그래서 이웃 사람으로부터 처치곤란으로 쩔쩔매는 여분의 돈을 끌어내려고 생각하는 영리한 인간이, 다른 양들을 거느리고 맨 먼저 바다에 뛰어드는 양을 도무지 찾아내지 못한다면 그 사람은 운이 없다는 게 된다. 전에 그러한 양이 없었다고 한다면 자넹 씨야말로 그러한 최초의 양이었음에 틀림없었다. 그는 털을 깎이게 되어 있는 품종의 좋은 양이었다. 그는 이 방문자의 훌륭한 친지 관계와 능변과 찬사에, 또 조언의 결과가 처음에 잘 되어 나간 데에 정신이 흐려져 버렸다. 처음에는 큰 모험을 하지는 않았다. 그리고 성공했다. 그래서 이번에는 대모험을 시도했다. 모든 것을 걸었다. 제 돈뿐만 아니라 예금주의 돈까지 걸었다. 그는 이를 예금주에게 알리지 않았다. 틀림없이 딸 것으로 확신했던 것이다. 예금주에게 돈을 벌게 해주어 깜짝 놀래 줄 작정이었다.

　그렇지만 계획은 틀어졌다. 자넹은 이를 파리의 거래처로부터 편지를 받고 간접적으로 알았다. 저쪽에서는 자넹이 희생자의 한 사람인 줄은 모르고 이 새로운 사건을 맡아 온 김에 단 한 마디 해 둔 데 지나지 않았다. 자넹은 누구에게도 비밀로 했던 것이다. 그것은 생각할 수도 없을 만큼 경솔한 것이었는데, 그는 사정에 밝은 사람들의 조언을 구하는 것을 게을리했던 것이다.

그것을 피하고 있는 것처럼 보이기조차 했다. 자기의 양식에는 틀림이 없다고 자만하고 있어 모두 남몰래 자기 혼자서 처리했다. 그리고 상당히 막연한 정보로 만족해 있었다. 인생에는 이러한 착오가 있는 법이다. 어떤 시기에 이르러 인간은 도무지 몰락을 면할 길이 없는 것만 같다. 마치 누가 와서 도와주기를 두려워하고 있는 것 같다. 그 말을 들었더라면 살아남을지도 모를 모든 충고를 피하고, 몸을 숨겨 열에 들뜬 것처럼 성급히 달아나 드디어 제멋대로 깊은 못 속으로 빠져들고야 만다.

자넹 씨는 역으로 달려가 고뇌에 짓눌린 듯한 심정으로 파리행 기차를 탔다. 그는 상대편 사내를 찾으러 갔다. 저 보도는 보일지도 모른다, 혹은 적어도 과장된 것인지도 모른다고 아직도 한 가닥의 희망을 품고 있었다. 하지만 그 사내는 찾을 수 없었다. 그리고 일이 완전한 실패로 끝난 것임을 확실히 알았다. 그는 거의 미친 듯한 상태로 돌아와 모든 것을 숨기고 있었다. 누구도 아직 아무 일도 몰랐다. 그는 수 주일 동안의, 수일간의 여유를 얻고자 애썼다. 저 도무지 고칠 도리 없는 타고난 낙천주의로 손실 전부는 아니더라도 적어도 예금주의 손실만이라도 보상할 길이 있을 것이라고 억지로 믿어 버렸다. 여러 가지 방법을 강구해 보았지만 너무나 서투르고 당황했으므로, 성공했을는지도 알 수 없는 기회마저 죄다 놓쳐 버렸다. 여기저기에 차용금을 부탁했지만 어디서나 거절당했다. 막다른 길목의 최후책으로서 조금 남은 돈을 죽기 아니면 살기로 투기에 털어 넣었다가 완전히 파산해 버렸다. 그 뒤 그의 성격은 완전히 변했다. 그는 아무 소리도 하지 않았다. 그러나 꽤 까다로워지고 난폭해지고 냉혹해지고 무척 침울해졌다. 그래도 남과 같이 있을 때는 짐짓 쾌활한 체했다. 그러나 그의 불안해하는 모습은 누구나 알 수 있었다. 사람들은 이를 건강 탓으로 돌렸다. 그런데 가족들에 대해서는 별로 자신을 경계하지 않았다. 그래서 그들은 그가 무슨 중대한 일을 숨기고 있음을 곧 알았다. 평소의 그와는 완전히 달랐다. 어떤 때는 돌연히 방 안에 뛰어들어 가구 속을 휘저어 놓고 모든 서류를 난잡스럽게 마룻바닥에 내동댕이치고는 찾는 물건이 없다고 소리 지르고, 혹은 쓸데없는 간섭을 한다고 미친 사람처럼 화를 냈다. 그리고 그런 뒤에도 그러한 혼잡 속에서 어찌할 도리 없이 멍하니 있었다. 무엇을 찾느냐고 물으면 저 자신도 알지 못했다. 그는 이젠 가족들에게는 마음을 두고 있지 않은 것 같았다. 그런가 하면 눈에 눈물을 가득 머금고 그들을 포옹했다. 그는 이제 잠들지 않았다. 이젠 먹지도 않았다.

자넹 부인은 파국이 오고 있음을 확실히 알 수 있었다. 하지만 남편 일에는 전혀 관계치 않았으므로 아무것도 이해할 수 없었다. 부인은 남편에게 물어보았다. 남편은 난폭하게 대답을 거절했다. 부인은 자존심이 상해 더는 묻지 않았다. 그러나 왠지 모르게 공포에 떨었다.

아이들은 위험을 알 수 없었다. 물론 앙투아네트는 영리했으므로 어머니와 마찬가지로 무언지 불행을 예감했다. 그러나 싹트기 시작한 연애의 즐거움에 흠뻑 젖어 있었다. 근심스런 일 따위는 생각하고 싶지 않았다. 먹구름은 자연히 사라지리라, 혹은 어쩔 수 없이 그것을 볼 수밖에 없다 하더라도 그때까지는 아직 시간이 있으리라고 생각했다.

불행한 은행가의 마음속을 가장 잘 이해할 수 있는 사람이 있다면 그것은 바로 소년 올리비에였다. 그는 아버지가 괴로워하는 것을 느끼고 있었다. 그리고 남몰래 아버지와 함께 괴로워했다. 하지만 무슨 말 한 마디도 결코 입밖에 낼 수는 없었다. 워낙 그는 아무 힘도 없었고 아무것도 알지를 못했던 것이다. 더욱이 저로서는 알 수 없는 이러한 슬픈 일은 머릿속에서 떨쳐 버리려고 했다. 어머니나 누이와 마찬가지로 그도 또한 불행을 보고자 하지 않으면 아마도 찾아들지 않으리라는 미신적인 생각을 갖고 있었다. 위험에 부닥친 것을 직감하는 이러한 사람들은 타조 흉내를 내고 있었다. 돌멩이 뒤에 머리를 숨기고는 불행의 눈으로부터 도망쳤다고 믿고 있었다.

*

불행의 소문이 퍼져나가기 시작했다. 은행의 신용이 떨어졌다고 사람들은 수군거렸다. 은행가는 예금주를 안심시키려고 했지만 소용이 없었다. 의심 많은 사람들은 예금의 환불을 요구했다. 자넹 씨는 더욱 막다른 처지에 내몰린 것을 느꼈다. 자포자기로 변명을 하면서 격노함을 가장하고 고자세로 쓴 얼굴을 지어 사람들이 신용해 주지 않는 것을 투덜거렸다. 나중에는 오랜 예금주와 싸움까지 했다. 그 때문에 그의 악평은 결정적인 것이 되었다. 환불 요구가 쇄도했다. 더욱 궁지로 몰린 그는 완전히 이성을 잃어버렸다. 짧은 여행을 떠나 근처 온천장으로 가서 은행에 남아 있는 마지막 지폐 뭉치를 도박에 걸었다. 그러나 15분 만에 죄다 잃어버리고 집으로 돌아왔다.

　이 느닷없는 여행으로 작은 도시가 발칵 뒤집히는 대소동이 벌어졌다. 그가 도망쳤다는 소문까지 나돌았다. 자넹 부인은 사람들의 흥분되고 불안한 마음을 상대하는 것이 쉽지 않았다. 조금만 더 기다려 달라고 탄원하고 남편은 반드시 돌아온다고 맹세했다. 사람들은 그 말을 믿고 싶어하면서도 거의 믿고 있지는 않았다. 그러므로 그가 돌아온 것을 알았을 때는 모두들 잠시 숨을 돌렸다. 대부분 쓸데없는 걱정이었다고 생각했다. 자넹 집안사람들은 빈틈이 없으니까 비록 궁지에 빠지더라도 거기서 벗어나지 못할 리는 없다고 생각하기 시작한 사람도 여럿 있었다. 자넹 씨도 사람들의 그러한 인상을 확고한 것으로 했다. 자기에게 남은 수단이라고는 하나밖에 없음을 똑똑히 알고 있는 지금, 그는 피로해 보이기는 했으나 퍽 침착했다. 기차에서 내린 그는 방금 앞의 가로수길에서 만난 벗들과 몇 주일 동안 비가 오지 않는 시골 일이며, 엄청나게 잘된 포도 수확이며, 석간이 보도하고 있는 내각의 와해 등을 조용한 목소리로 얘기했다.

　집으로 돌아오자 자넹은 부인의 고통 같은 것은 알지도 못하는 체했다. 부인은 곁으로 달려와서 부재 중에 일어난 일들을 두서도 없이 일러 주었다. 부인은 남편의 표정에서 자기로서는 알 수 없는 어떤 위험을 피하는 데 성공했는지 어떤지를 읽어 내려고 애썼다. 그러나 자존심 때문에 아무 말도 물으려고는 하지 않았다. 남편 쪽에서 말을 꺼내기를 기다렸다. 하지만 남편은 두 사람을 괴롭히고 있는 일에 대해서는 한 마디도 입에 담으려 하지 않았다. 부인이 제 마음속을 말하여 그의 속마음을 털어놓게 하고 싶어하는 눈치를 그는 아랑곳하지 않고 피했다. 더위에 피로하여 머리가 아프다고 말했다. 그리고 여느 때처럼 모두 어울려 식탁에 앉았다.

　축 늘어지도록 지쳐 버린 그는 이마에 주름을 짓고 생각에 잠겨 입을 열지 않았다. 손끝으로 식탁보를 톡톡 치고 있었다. 모두들 가만히 자기를 보고 있음을 알고 억지로 무얼 좀 먹으려고 했다. 그리고 침묵 때문에 겁먹고 있는 아이들을 멍하니 쳐다보았다. 부인은 자존심이 상하여 남편의 얼굴은 보지 않고 동작을 하나하나 살피고 있었다. 식사가 끝날 무렵 그는 제정신이 돌아온 것 같았다. 그리고 앙투아네트와 올리비에와 얘기를 하려고 했다. 자기가 여행하고 있는 동안 무엇을 했느냐고 물었다. 그러고는 그들의 대답에는 귀를 기울이지 않았다. 그저 목소리가 울리는 것을 듣고 있을 따름이었다. 그리고 그들을 가만히 보고는 있었지만 시선은 딴 데 가 있었다. 올리비에는 그것을 느꼈다. 이것저것 얘기를 했지만 도중에 입을 다물었다. 이젠 더 얘기할 생각이 나지 않았다. 그러나 앙투아네트는 잠깐 숨이 답답했으나 곧 즐거운 기분이 되었다. 앙투아네트는 명랑한 까치처럼 수다를 늘어놓기 시작했다. 제 손을 아버지 손등에 얹기도 하고 가슴을 만지기도 하며 제 얘기에 귀를 기울이게 하려고 했다. 자넹 씨는 잠자코 있는 체했다. 그의 눈은 앙투아네트로부터 올리비에로 옮아갔다. 그리고 이마의 주름살이 더욱 깊어졌다. 그는 더 참을 수 없어 딸이 지껄이는 도중에 식탁에서 일어났다. 그리고 마음의 격동을 숨기기 위해 창가로 갔다. 아이들도 냅킨을 접고 일어섰다. 자넹 부인은 그들을 뜰로 놀러 내보냈다. 이내 오솔길에서 뜀박질을 하며 날카로운 소리를 지르고 있는 것이 들려왔다. 자넹 부인은 자기 쪽으로 등을 돌려댄 남편을 물끄러미 바라보았다. 그러고는 무엇을 치우는 듯이 식탁을 돌았다. 그리고 얼른 남편에게 다가가 하녀들이 엿듣는 것을 두려워하여, 또 스스로 걱정스럽기도 해서 목소리를 죽이며 말했다.

"여보, 앙투안, 어떻게 되신 거예요? 무슨 일이 일어났군요…… 확실히 그렇지요! 무엇을 숨기고 계시지요…… 무슨 불행한 일이라도 일어난 거예요? 걱정스러운 일이라도 있나요?"

그러나 자넹 씨는 이번에도 아내를 피하며 초조한 듯이 어깨를 으쓱이고 냉정한 투로 말했다.

"아냐! 그런 일은 없다니까! 내버려 둬!"

부인은 화가 나서 가 버렸다. 남편에게 어떤 일이 일어나건 말건 걱정해 줄까보냐고 앙투안은 홧김에 마음속으로 말했다.

자넹 씨는 뜰로 내려갔다. 앙투아네트는 여전히 엉터리 소동을 벌여 동생을 골탕먹이고는 자기를 쫓아다니게 했다. 그러다 갑자기 동생이 이젠 놀기 싫다고 말했다. 그리고 아버지로부터 몇 발짝 떨어진 곳에서 테라스 벽에 팔을 짚었다. 앙투아네트는 아직도 그를 놀리려고 했다. 그러나 그는 부어터진 얼굴로 누나를 밀어제쳤다. 그러자 누나는 무어라고 욕을 퍼부었다. 그리고 여기서는 이미 재미있는 일도 없어졌으므로 집 안으로 들어가 피아노 앞에 앉았다.

자넹 씨와 올리비에 두 사람만이 남았다.

"왜 그러는 거냐? 어째서 더 놀지 않는 거지?" 아버지는 상냥스럽게 물었다.

"지쳐 버렸어요, 아빠."

"그러냐. 그럼 같이 잠깐 벤치에 앉아 있자."

둘은 벤치에 걸터앉았다. 9월의 아름다운 밤이었다. 하늘은 맑게 개어 있었다. 피튜니아(가짓과의 한해살이풀 또는 여러해살이풀)의 달콤한 냄새가 테라스 밑에서 자고 있는 어두운 운하의 김이 빠진 듯한 약간 썩은 냄새와 섞여 있었다. 나방이, 저 금빛의 큰 하늘나방이 작은 물레바퀴 같은 소리를 내며 꽃 둘레에서 나래를 움직였다. 운하 맞은편 언덕의 집 앞에 걸터앉은 사람들의 조용한 목소리가 정적 속에 울렸다. 집 안에서 앙투아네트가 피아노로 장식음(裝飾音)이 많은 이탈리아의 카바티나(18~19세기의 오페라. 오라토리오에서 볼 수 있는 기악반주가 따른 서정적인 독창곡)를 치고 있었다. 자넹 씨는 올리비에의 손을 잡고 있었다. 그는 담배를 피웠다. 아이는 아버지의 얼굴 윤곽이 점점 보이지 않게 되는 어둠 속에서 파이프의 작은 불을 보았다. 불은 갑자기 활짝 밝아졌는가 하면 꺼지고 또 환해지곤 했다. 그러다가 이윽고 죄다 사라져 버렸다. 둘은 잠자코 있었다. 올리비에가 별 이름을 두세 개 물었다. 자넹 씨는 대부분의 시골 부르주아 계급 사람들이 그렇듯이 자연계의 일에 대해서는 무지한 편이었으므로 질문받은 별 이름은 하나도 몰랐다. 그러나 누구나가 알고 있는 큰 별자리 이름은 알고 있었다. 그래서 아이로부터 그 별자리에 대해 질문을 받은 척하고 그 이름을 가르쳐 주었다. 올리비에는 다시는 묻지 않았다. 그러한 신비적인 아름다운 이름을 듣거나 나직한 소리로 되뇌는 것이 그로서는 언제나 즐거웠다.

게다가 그는 지식을 얻고 싶다는 욕망보다는 본능적으로 아버지에게 가까이 다가가고 싶었던 것이다. 둘은 침묵했다. 올리비에는 벤치 등에 머리를 얹고 입을 딱 벌린 채 별을 골똘히 바라보고 있었다. 아버지 손의 훈기가 조용히 스며들어 왔다. 돌연 그 손이 떨리기 시작했다. 올리비에는 그것을 이상스럽게 여겼다. 그래서 상냥하고 졸린 듯한 목소리로 말했다.

"아! 아빠 손이 떨리네."

자넹 씨는 손을 거둬들였다.

올리비에의 작은 머리는 언제나 독립된 활동을 계속했는데 잠시 뒤에 그는 말했다.

"아빠도 지쳤나 봐?"

"그렇단다, 아가."

아이는 부드럽게 말했다.

"그렇게 지치시면 안 돼요, 아빠."

자넹 씨는 올리비에의 머리를 끌어당겨 자기 가슴에 기대게 하고 중얼거렸다.

"불쌍한 아가야!"

그런데 벌써 올리비에의 생각은 딴 방향으로 내달렸다. 탑의 큰 시계가 8시를 쳤다. 그는 몸을 빼내며 말했다.

"나 책 읽으러 갈래."

목요일은 저녁을 먹은 뒤 한 시간이 지나고 나서 자는 시각까지 책을 읽는 것이 허용되어 있었다. 그것은 그의 가장 커다란 즐거움이었다. 어떤 일이 있더라도 이 시간은 비록 1분간이라도 뺏길 수 없었다.

자넹 씨는 아이를 보냈다. 그러고는 어두운 테라스 위를 다시 이리저리 걸어다녔다. 곧이어 그도 집 안으로 들어갔다.

방 안에는 램프 주위에 아이들과 어머니가 모여앉았다. 앙투아네트는 조끼에 리본을 달며 지껄이거나 노래하는 것을 한순간도 그치지 않았다. 올리비에는 이것이 불만이었다. 올리비에는 양미간을 잔뜩 찌푸리고 책 앞에 앉아 있었다. 그리고 탁자 위에 양팔을 괴고 아무 소리도 들리지 않도록 주먹으로 귀를 막았다. 자넹 부인은 양말을 꿰매며 식모와 얘기를 하고 있었다. 늙은 식모는 부인 곁에 서서 하루의 경비 지출 보고를 하고 이 기회를 틈타 수다를 늘어놓았다. 이상한 사투리로 얘기를 하기 때문에 모두들 박장대소를 하고 앙투아네트는 이를 흉내 내려고 애썼다. 자넹 씨는 그러한 모두를 잠자코 휘둘러보았다. 그래도 아무도 그에게 주의를 보내지는 않았다. 그는 순간 멍하니 섰다가 앉아서는 책을 손에 들고 어디라는 대중도 없이 펼쳤다가 다시 덮고 일어섰다. 가만히 있을 수 없었던 것이다. 자넹 씨는 촛불을 켜 놓고, 잘 자라고 했다. 아이들에게 다가가 진심으로 입을 맞추었다. 아이들은 보지도 않고 건성 키스로 답례했다. 앙투아네트는 재봉 일에 정신이 팔리고 올리비에는 책에 넋을 빼앗겼다. 올리비에는 귀에서 손을 떼지도 않고 여전히 책을 읽으며 나른하게 안녕히 주무세요, 라고 말했다. 책을 읽고 있을 때는 가령 가족 중의 누군가가 불 속에 떨어졌다 하더라도 그는 꼼짝하지 않았을 것이다. 자넹 씨는 방에서 나갔다. 그리고 그는 그 뒤에 옆방에서 꾸물거리고 있었다. 잠시 뒤에 하녀가 나가자 부인은 손수 셔츠를 장롱에 넣어 두려고 옆방으로 왔다. 부인은 남편을 보고도 못 본 척했다. 남편 역시 망설이다가 이윽고 아내 곁으로 가서 말했다.

"용서해 주오. 아깐 좀 거친 소릴 했지."

부인은 이렇게 말하고 싶었다.

"가엾으신 분, 전 조금도 원망하고 있지 않아요. 그런데 대체 어떻게 되신 거예요? 무슨 일로 괴로워하시는 건지, 속 시원히 말씀이나 해 주세요!"

그러면서도 아내는 곧 앙갚음이 하고 싶어져 이렇게 말했다.

"상관 말아요! 당신이라는 분은 저에게는 정말 함부로 하시는군요. 마치 이건 하녀 이하의 취급이에요!"

가시 돋친 말로 투덜거렸다.

남편은 아주 지쳐 버린 몸짓으로 슬픈 듯 미소를 지었다. 그리고 아내 앞을 떠났다.

*

아무도 권총 소리를 듣지 못했다. 이튿날 이 사건이 알려졌을 때에야 비로소 이웃 사람들은, 밤중에 한길이 조용해졌을 무렵 구둣발 소리처럼 시끄러운 소리가 났다는 것을 이웃 사람들은 생각해냈다. 그때 그들은 별로 신경도 쓰지 않았었다. 밤의 고요함은 곧 마을을 다시 뒤덮었고, 그 묵직한 주름 속에 산 자도 죽은 자도 다 파묻혀 버렸다.

잠자고 있던 자넹 부인은 그로부터 한두 시간 지나 눈이 뜨였다. 자기 곁에 남편 모습이 보이지 않았으므로 불안해져서 일어나 방을 모두 찾아 돌아다니고, 아래층으로 내려가 안채와 처마가 잇닿은 은행 사무실로 갔다. 그리고 자넹 씨 사실(私室)에서 남편의 모습을 찾아냈다. 남편은 안락의자에 앉아 사무 책상 위에 엎드린 채 축 늘어져 있었다. 주위는 피투성이인 채 아직도 핏방울이 바닥에 뚝뚝 떨어지고 있었다. 자넹 부인은 비명을 지르고 손에서 촛불을 떨어뜨리며 그 자리에서 기절했다. 그 비명 소리가 안채까지 들렸다. 하녀들이 달려와 자녱 부인을 일으키고 간호했다. 그리고 자녱 씨의 시체를 침대 위로 옮겼다. 아이들 방은 닫힌 채로 있었다. 앙투아네트는 행복한 듯 잠들어 있었다. 올리비에는 사람들의 목소리와 말소리를 들었다. 무슨 일인지 알고 싶었다. 그러나 누나가 잠이 깰까 봐 두려웠다. 그러는 사이에 또 잠이 들어 버렸다.

이튿날 아침 소문이 온 마을에 퍼지고 나서도 둘은 아직 아무것도 몰랐다. 늙은 하녀가 눈물을 흘리며 사람들에게 알린 것이었다. 어머니는 아직 아무것도 알아볼 수가 없었다. 용태가 위중한 듯했다. 어린이 둘이서 이 죽음을 맞았다. 처음에는 슬프다기보다도 무서웠다. 게다가 조용히 울 여유도 주어지지 않았다. 그날 아침부터 당장에 참혹한 법률상의 권리에 의한 조처가 행해졌다. 앙투아네트는 자기 방으로 달아나 청춘의 이기주의가 갖는 모든 힘을 단 한 가지 생각 쪽으로 뻗쳤다. 그것은 자신을 질식시키는 공포를 물리치는 데 도움이 되는 단 하나의 생각이었다. 그녀는 저 연인의 일을 생각했던 것이다. 그녀는 연인이 찾아와 주기를 이제나저제나 기다렸다. 전번에 만났을 때 그는 이를 데 없이 정중했다. 반드시 달려와 함께 슬퍼해 줄 것이 틀림없다고 그녀는 믿었다.

하지만 아무도 오지 않았다. 아무도 한마디 말도 보내오지 않았다. 동정의 표시도 없었다. 그러기는커녕 자살 소문을 듣자 재빨리 예금주들이 자녱 집 안으로 몰려와 무리하게 집 안으로 들어와서는 인정사정없이 부인과 아이들에게 덤벼들었다.

며칠 사이에 하나둘씩 모든 것이 잇따라서 무너져 나갔다. 귀중한 사람이 죽고 모든 재산, 지위, 사회의 신망을 잃고 친구들에게서는 버림을 받았다. 그야말로 완전한 붕괴였다. 그들의 생활을 지탱해 주던 것은 아무것도 남아 있지 않았다. 그들은 세 사람 다 도덕적인 순결에 대해 결백의 감정을 갖고 있었으니만큼 저희들에게 책임은 없다 하더라도, 이 불명예를 고통으로 느꼈다. 세 사람 중에 고뇌에 가장 심하게 영향받은 것은 앙투아네트였다. 그것은 평소에 그녀가 가장 그것으로부터 멀리 떨어져 있었기 때문이었다. 자녱 부인과 올리비에는 아무리 비통한 꼴을 당하더라도 고통의 세계에 무관한 사람은 아니었다. 본능적으로 비관론자인 그들은 압도는 되어 있어도 그렇듯 놀라지는 않았다. 죽음을 생각한다는 것은 그들에게는 항상 하나의 피난처였다. 현재에 있어서는 더욱 그랬다. 그들은 죽음을 소망하고 있었다. 확실히 그것은 슬픈 체념이었다. 하지만 삶을 사랑해서 자신도 있고 행복하기도 했는데 느닷없이 끝없는 절망이나 머리가 주뼛하는 죽음에 맞부딪친 청년의 반항심에 비한다면, 아직 그렇게 두려운 것은 아니다……

앙투아네트는 세상의 추한 꼴을 단번에 간파했다. 눈이 열린 것이었다. 그녀는 인생을 보았다. 아버지와 어머니와 동생을 비판했다. 올리비에와 자넹 부인이 함께 울고 있는 동안, 그녀는 자신의 괴로움 속에 혼자 틀어박혔다. 그녀의 절망한 작은 두뇌는 과거, 현재, 미래에 대해 곰곰이 생각했다. 그리고 자기를 위해서는 이젠 아무런 희망도, 어떤 뒷받침도 없음을 깨달았다. 이젠 누구 한 사람 의지할 수 없는 것이었다.

슬프고 부끄러운 매장이 집행되었다. 교회는 자살자의 유해를 받아들이기를 거부했다. 과부와 고아들은 비겁한 옛벗들로부터 버림받았다. 겨우 두세 사람 조금 얼굴을 내밀었다. 하지만 그들의 불쾌한 태도로 다른 사람들이 안 오는 것보다도 괴로웠다. 그들은 초상집에 온 것을 하나의 적선으로 여기고 있는 것 같았다. 그리고 그들의 침묵은 비난과 경멸적인 연민에 가득 차 있었다. 친척들 쪽은 더 심했다. 위로의 말을 하지 않았을 뿐만 아니라 뼈아픈 비난을 퍼부었다. 은행가의 자살은 사람들의 원망을 진정시키기는커녕 파산에 못지않은 죄악으로 여겨지는 성싶었다. 부르주아 계급은 자살자를 용서치 않는다. 이를 데 없이 부끄러운 삶보다도 죽음을 택하는 것은 어이없는 일로 여겨지고 있다.

"너희와 함께 사는 것만큼 불행한 일은 없다"라고 말하고 있는 것처럼 보이는 사람 위에는 모든 엄격한 법률의 제재가 기꺼이 내려지는 것이다.

가장 비겁한 사람들이, 가장 격노해서 자살을 비겁한 행위라고 비난한다. 자살자는 인생에서 도피할 뿐만 아니라, 그들의 이익과 복수의 기회를 잃게 한다고 그들은 미친 사람처럼 노한다. 그들은 불행한 자넹 씨가 자살을 하기까지 얼마나 괴로워했느냐는 것은 단 한순간도 생각지 않았다. 더욱더 괴롭혀 주고 싶다고 여겼을 정도였다. 그리고 그가 그들의 손이 닿지 않는 데로 가 버렸으므로 이번에는 비난의 창끝을 가족들에게로 돌렸다. 그들은 저희가 그런 짓을 하고 있음을 인정하려고 하지 않았다. 그것이 부당한 일이라는 것을 알고 있었으니까. 그래도 역시 그렇게 했다. 그들에게는 아무래도 한 사람의 희생자가 필요했던 것이다.

이제는 한탄하는 일밖에 하지 못하는 것으로 보이던 자넹 부인도 남편이 공격받자 기력을 되찾았다. 자신이 얼마나 남편을 사랑했었나 하는 것을 이제야 확실히 알게 되었다. 그리고 세 사람은 내일 어떻게 된다는 것은 생각도 하지 않고서, 어머니의 지참 재산과 각자의 재산을 모아 아버지의 부채를 갚기로 의견을 모았다. 그리고 더는 이곳에 머물러 있을 수가 없었으므로 파리로 가기로 결심했다.

*

출발은 마치 달아나는 것 같았다.

그 전날 저녁, 세 사람은 다 함께 묘소로 이별을 고하러 갔다(9월 말의 쓸쓸한 저녁이었다. 들판은 하얗고 자욱한 안개에 가려 보이지 않았고, 걸어감에 따라 길 양쪽에 물방울이 덮인 관목의 말라비틀어진 몰골이 수족관의 해초처럼 안개 속에서 나타났다). 갓 만들어진 무덤을 둘러싸고 있는 좁은 돌 위에 셋이서 가지런히 엎드렸다. 말 없는 가운데 눈물이 흘렀다. 올리비에는 흐느끼고 있었다. 자넹 부인은 코만 풀어 댔다. 살아서 마지막으로 만났을 때 남편이 하던 말을 자꾸 자기 마음속에 되뇌고서, 더욱 슬퍼하고 자신을 학대했다. 올리비에는 테라스의 벤치에서 나눈 얘기를 생각하고 있었다. 앙투아네트는 저희는 어떻게 되는 것일까 생각했다. 아무도 저희를 몰락의 길로 몰아 넣은 불행한 사람에 대해 비난에 가까운 생각은 티끌만큼도 갖지 않았다. 하지만 앙투아네트는 마음속으로 생각했다.

'아, 아빠, 우리는 이제부터 얼마나 괴로움을 겪어야 하는 것일까요!'

안개가 짙어져 습기가 몸에 축축이 배어들었다. 하지만 자넹 부인은 일어설 결심이 서지 않았다. 앙투아네트는 떨고 있는 올리비에를 보고 어머니에게 말했다.

"엄마, 나 추워요."

그들은 일어섰다. 발길을 내디뎠다. 자넹 부인은 마지막으로 다시 한 번 무덤 쪽을 돌아보았다.

"가엾은 분!" 그녀는 말했다.

깊어져 가는 밤의 어둠 속에 그들은 묘지에서 나왔다. 앙투아네트는 올리비에의 꽁꽁 언 손을 꼭 쥐고 있었다.

그들은 옛집으로 돌아왔다. 그들이 이제까지 언제나 잠자고 그들의 생활이 이어지고 그들의 조상의 생활이 있어 온, 이 낡은 보금자리에서의 마지막 밤이었다. 이 벽이며 아궁이며 이 한 조각의 토지, 거기에는 한 집안의 모든 기쁨과 슬픔이 굳게 결부되어 있어, 이들도 또한 가족이고 생활의 일부이고 죽을 때밖에는 떨어지지 않을 것으로 여겨지던 것이었다.

짐은 다 준비되어 있었다. 이튿날 아침 근처 상점이 열리기 전에 첫차를 타기로 했다. 사람들의 호기심에 찬 시선을 보고 싶지도 않았거니와 짓궂게 이러니저러니 하는 말을 듣고 싶지도 않았다. 그들은 서로 몸을 한데 기대고 있고 싶었다. 그러면서도 본능적으로 저마다 자기 방으로 들어가 거기서 꾸물거리고 있었다. 모자나 외투를 벗지도 않고 우두커니 서서, 벽과 가구와 이윽고 작별을 고해야 할 물건들을 만지며 유리창에 이마를 대고 그리운 물건의 촉감을 마음속에 간직하려고 했다. 가까스로 모두들 각자의 슬픈 생각에서 벗어나 자넹 부인의 방으로 모였다. 움푹 팬 안쪽에 침대가 놓여 있는 커다란 거실이었다. 옛날에도 저녁식사 뒤 손님이 없을 때는 가족들이 여기 모였었다. 옛날에는……그렇다. 그것은 벌써 아득한 옛날의 일 같았다! 세 사람은 희미한 불빛을 둘러싸고 얘기도 하지 않는 채 우두커니 서 있었다. 그러고는 침대 앞에 엎드려 함께 기도를 드렸다. 날이 새기 전에 일어나야 했으므로 일찌감치 자리에 들었다. 하지만 세 사람 다 좀처럼 잠이 오지 않았다.

자넹 부인은 이제 채비를 해야만 하는 시간이 아닌가 하고 줄곧 시계만 보고 있다가 4시쯤 촛불을 켜고 일어났다. 거의 잠을 못 잔 앙투아네트도 그 소리를 듣고 일어났다. 올리비에는 푹 잠들어 있었다. 자넹 부인은 그러한 그의 잠자는 모습을 가만히 바라보자 가슴이 미어지는 것 같아 깨울 결심이 서지 않았다. 그녀는 발끝을 세우고 그곳에서 물러나 앙투아네트에게 말했다.

"가만 두자. 가엾게도 이것이 마지막이니까 실컷 자도록 놔두자꾸나!"

두 사람은 떠날 채비를 마치고 가지고 갈 짐짝도 준비했다. 집 주위에는 추운 밤, 인간도 동물도 모든 살아 있는 생물이 따뜻한 잠에 빠져 있는 밤의 커다란 침묵이 자욱이 피어올랐다. 앙투아네트는 이를 덜덜 떨었다. 그녀는 몸도 마음도 온통 얼어 있었다.

입구의 문이 언 공기 속에서 삐걱거렸다. 집의 열쇠를 가진 늙은 하녀가 마지막으로 뒷마무리를 하러 온 것이었다. 하녀는 작달막하고 뚱뚱하며 숨소리가 잦고 살쪘기 때문에 동작은 서툴렀지만 나이에 비해서는 유난히 날랬다. 따뜻하게 볼을 감싼 선량한 얼굴에 코가 빨갛고 눈에 눈물이 글썽거리며 들어왔다. 자넹 부인이 자기를 기다리지 않고 일어나 부엌 아궁이에 불을 피운 것을 보고 노파는 그만 낙심했다. 노파가 들어왔을 때 올리비에는 눈을 떴다. 그러나 다시 눈을 감고 이불 속에서 몸을 뒤척이다가 곧 잠에 빠졌다. 앙투아네트는 다가가 동생 어깨에 살며시 손을 대고 나직한 소리로 불렀다.

"올리비에, 시간이 다 됐다."

그는 후 한숨을 쉬고 눈을 떴다. 그러고는 자기의 얼굴을 들여다보고 있는 누나의 얼굴을 쳐다보았다. 누나는 쓸쓸히 웃으며 동생의 이마를 쓸어 주었다. 앙투아네트는 또 한 번 되풀이했다.

"자, 시간이 다 됐다!"

올리비에는 일어났다.

그들은 마치 도둑처럼 몰래 집을 나섰다. 저마다 짐짝을 손에 들고 있었다. 늙은 하녀는 앞장서서 가방을 실은 손수레를 밀었다. 그들은 물건을 거의 다 남겨 두고 나섰다. 가져가는 것이라고는 몸에 걸친 것과 얼마 안 되는 옷가지뿐이었다. 몇 안 되는 기념품은 나중에 보통 열차로 보내오기로 했다. 그것은 책 몇 권과 초상화와 헌 괘종시계였다. 그 시계의 뚝딱거리는 소리는 그들의 생활의 고동, 바로 그것처럼 그들에게 여겨지던 것이었다. 차가운 공기는 살을 에었다. 거리에는 아직 아무도 일어나 있지 않았다. 덧문은 꼭 닫힌 채였으며 길가에는 아무 소리도 들리지 않았다. 세 사람은 잠자코 있었다. 늙은 하녀 혼자서 지껄였다. 자넹 부인은 자기의 모든 과거를 생각나게 하는 주위의 여러 가지 물건들의 모습을 끝으로 다시 한 번 마음에 깊이 새겨 넣으려고 했다.

역에 이르자 자넹 부인은 자존심 때문에 2등 차표를 샀다. 3등 차에 탈 생각이었지만, 이쪽을 잘 알고 있는 두세 명의 역원 앞에서 그러한 창피를 무릅쓸 만한 용기가 없었다. 그녀는 얼른 빈 찻간으로 뛰어들어 실내에 아이들과 함께 틀어박혔다. 그들은 커튼 뒤에 몸을 숨기고 누군가 아는 사람의 얼굴이 나타나지 않을까 불안해하고 있었다. 그러나 아무도 오지 않았다. 거리는 그들이 출발할 무렵에야 간신히 눈을 뜨는 참이었다. 기차는 거의 비어 있었다. 단지 농부 서너 명이 타고 있을 뿐이었다. 그 밖에 소 몇 마리가 화물차 목책 위로 머리를 내밀고는 처량하게 울고 있었다. 한참 뒤 기관차가 길게 기적을 울렸다. 그리고 기차는 안개 속을 움직이기 시작했다. 세 도망자는 커튼을 걷고 얼굴을 유리창에 바짝 대고는 떠나가는 마지막 순간의 작은 도시를 꼼짝 않고 내다보았다. 안개의 장막을 통해 희미하게 보이는 고딕식의 탑, 보리를 베고 난 그루터기로 뒤덮인 언덕, 서리로 하얗게 덮여 김이 서려 오르는 목장, 그것은 벌써 현실이 아닌 먼 꿈 같은 풍경이었다. 선로가 구부러져 축대 밑으로 들어가 풍경이 보이지 않게 되자 이젠 아무에게도 보일 염려가 없었으므로 갑자기 마음의 긴장이 풀렸다. 자넹 부인은 손수건을 입에 대고 흐느껴 울었다. 올리비에는 어머니에게 매달려 무릎에 얼굴을 묻고 손에 입을 맞추고 눈물로 적셨다. 앙투아네트는 반대쪽 구석에 앉아 창문을 보고 목소리를 죽여 울었다. 세 사람은 같은 이유로 울고 있는 것은 아니었다. 자넹 부인과 올리비에는 뒤에 남겨 두고 온 것밖에는 생각하지 않았다. 앙투아네트는 앞으로 부닥치게 될 일을 더 생각했다. 그녀는 그러한 자신을 책망했다. 되도록이면 자기도 과거의 추억에 잠기고 싶었을 것이리라 ……. 앙투아네트가 앞날의 일을 생각하는 것은 옳았다. 그녀는 어머니와 동생보다도 정확한 판단력을 갖고 있었다. 어머니와 동생은 파리에 대해 환상을 품고 있었다. 앙투아네트조차 파리에서 무엇이 그들을 기다리고 있는지 알지 못했다. 그들은 아직 한 번도 파리에 가 본 적은 없었다. 파리에는 사법관과 결혼해서 잘 살고 있는 자넹 부인의 언니가 있었다. 그래서 부인은 이 언니의 도움을 믿고 있었다. 게다가 아이들은 교육을 받았으며 또 타고난 재능도 있으니까—이 점에 대해서는 세상 모든 어머니와 마찬가지로 그녀도 잘못 생각했다—남부럽지 않은 생활을 하는 것은 어렵지 않을 것이라고 여겼다.

*

파리의 인상은 참담한 것이었다. 벌써 정거장에서 화물 취급소의 혼잡 때문에 어리둥절했고, 출구에서도 붐비는 차 때문에 얼이 빠졌다. 비가 내리고 있었다. 전세 마차를 잡을 수가 없었다. 무거운 짐을 들고 있으므로 팔이 떨어질 듯하여 하는 수 없이 길 한복판에서 멈춰서려다 하마터면 마차에 치일 뻔했고, 진창을 함빡 뒤집어쓸 것 같아 먼 데까지 걸어야 했다. 아무리 그들이 불러도 어느 마차의 마부나 모른 체하고 지나갔다. 가까스로 한 대 불러 세울 수 있었는데 그것은 비위가 거슬릴 만큼 더러운 마차였다. 짐짝을 실을 때 그들은 둘둘 만 담요를 진창 속에 떨어뜨렸다. 가방을 들고 온 역의 화물 운반인과 마부는 그들이 물정에 어두운 것을 노려 두 배의 요금을 받았다. 자넹 부인이 이름을 댄 것은 시골서 올라온 손님을 상대로 번창해 있는, 하급인데다가 숙박료만 비싼 호텔이었다. 시골 사람은 자기들의 할아버지가 30년 전에 묵었다고 해서 불편한 데도 불구하고 여전히 찾아드는 것이었다. 마차는 그들이 원하는 대로 그들을 그 호텔 앞에다 내려놓았다. 만원이라는 핑계로 세 사람을 함께 좁다란 방에 집어넣고, 방 세 개의 요금을 받았다. 식사 때는 절약하려고 정식은 그만두고 검소한 요리를 주문했다. 그런데 이것이 정식과 다름없이 비싸고 게다가 곧 배가 고파지는 그런 것이었다. 도착 첫날에 그들의 꿈은 깨어졌다. 그리고 호텔에서의 첫날 밤은 통풍이 안 되는 방에 넣어져서 그만 잠을 못 이루었다. 방은 추웠다 더웠다 했으며 숨도 제대로 쉴 수 없었고, 복도의 발걸음 소리와 문 닫는 소리와 전기 장치로 된 벨소리에 깜짝깜짝 놀라고, 마차와 무거운 짐마차의 끊일 새 없는 울림에 머리가 욱신거려, 괴물 같은 이 도시가 무서워졌다. 그들은 이러한 도시에 뛰어들어와서 어찌할 바를 몰랐다.

이튿날 자넹 부인은 오스망 거리의 호화로운 아파트에 살고 있는 언니한테로 달려갔다. 부인은 당분간 거처가 정해질 때까지 자기 집에 살도록 해줄 것이라고 입 밖에 내진 않았으나 잔뜩 기대했었다. 하지만 첫 대면으로 그러한 꿈은 깨어졌다. 프와이에 드롤름 집안사람들은 친척의 파산에 격노했었다. 특히 부인은 저희도 휘말려들지나 않을까, 남편 출세에 방해가 되지나 않을까 두려워하던 참이라, 몰락한 가족들이 저희에게 매달리러 와서 폐를 끼치려 드는 것은 퍽 뻔뻔스런 일이라고 생각했다. 사법관의 생각도 같았다. 그러나 그는 꽤 선량한 사내였다. 만일 아내가 감시하고 있지만 않았던들 조금은 구원의 손길을 뻗쳤을는지도 모른다. 그러나 그는 감시받는 것을 기뻐했다. 프와이에 드롤름 부인은 동생을 냉대했다. 자넹 부인은 깜짝 놀랐다.

하는 수 없이 자존심도 버리고 현재 곤란한 지경에 놓여 있다는 것과 프와이에 집안에 기대하고 있다는 것을 완곡한 말로 암시했다. 그러나 상대는 못 알아듣는 체하고 있었다. 그날 저녁 식사에도 붙들지 않았다. 그리고 남들에게 하듯 주말 만찬에 초대했다. 그 초대도 프와이에 부인이 아니라 사법관이 말을 꺼낸 것이었다. 사법관 부인의 냉대에 좀 겸연쩍은 생각이 들어 그 냉대를 완화하려고 한 것이었다. 그는 사뭇 친절을 가장했다. 하지만 그다지 솔직하지 않고 퍽 이기주의자라는 것은 명확히 느껴졌다. 불쌍한 자넹 집안 사람들은 호텔로 돌아왔다. 이 최초의 방문에 대한 첫인상을 서로 얘기할 기운도 없었다.

다음 날부터 그들은 방을 찾아서 매일 파리를 온통 헤매었다. 몇 층이나 올라가는 데에 몸은 지칠 대로 지치고, 사람이 꽉 들어찬 병영과 같은 집과 불결한 계단과 어두컴컴한 방은, 시골의 커다란 집에서 살다 온 그들에게는 아주 비참하고 보기만 해도 구토가 일어났다. 세 사람은 더욱 숨이 가빠왔다. 길을 걷거나 상점과 요리점에 들어가도 언제나 들떠 있었으므로 속기만 했다. 그리고 그들이 찾는 것은 무엇이거나 눈이 휘둥그레질 만큼 비쌌다. 마치 손에 닿는 물건을 모두 황금으로 바꾸는 법을 터득하고 있는 것 같았다. 다만 그 황금의 값을 치러야 하는 것은 그들이었다. 그들은 대단히 서투른 데다가 또 제 몸을 지킬 힘도 없었다.

자넹 부인은 언니에 대해서는 거의 기대를 걸지 않았지만 초대받은 만찬에 대해서는 기대를 걸고 있었다. 그들은 가슴을 울렁거리며 준비했다. 그들은 친척으로서가 아니라 손님으로서 맞아들여졌다. 그것은 요컨대 형식에만 치우친 것으로 요리 자체에는 돈이 들지 않았다. 아이들은 이종형제 자매들과 만났다. 거의 같은 또래였지만 부모와 마찬가지로 자매들도 무뚝뚝했다. 사치스럽고 조숙한 어린 딸은 공손하면서도 우월을 드러낸 태도와 짐짓 꾸민 어리광부리는 모양으로 혀가 짧은 말소리를 내어 아이들을 어리둥절하게 만들었다. 아들은 가난한 친척과 식사를 하는 게 싫어 뿌루퉁한 얼굴을 하고 있었다. 프와이에 드롤름 부인은 굳은 자세로 의자 위에 앉아 요리를 한 접시 동생에게 내밀 때도 마치 훈계라도 주는 듯했다. 프와이에 드롤름 씨는 진지한 얘기가 나오지 않도록 허튼소리만 지껄여 댔다. 너절한 수다로, 그들 끼리의 난처한 화제를 두려워해서 지금 먹고 있는 것 말고 다른 것에 대해서는 언급하지 않았다. 자넹 부인은 무척 애를 써서 화제를 마음에 걸리는 쪽으로 이끌었다. 하지만 프와이에 드롤름 부인은 의미 없는 말로 깨끗이 동생의 입을 봉해 버렸다. 자넹 부인은 이제 두 번 다시 말을 꺼낼 용기가 없었다.

식사가 끝나자 자넹 부인은 딸의 재능을 보이고 싶어서 피아노를 한 곡 치도록 권했다. 소녀는 당혹하고 싫은 걸 억지로 쳤으므로 무척 서툴렀다. 프와이에네 사람들은 지루해하며 그녀가 끝내기만을 기다렸다. 프와이에 부인은 입가에 비꼬는 듯한 미소를 지으며 자기 딸을 보았다. 음악이 길어지자 부인은 자넹 부인을 보고 다시 의미 없는 수다를 늘어놓았다. 드디어 앙투아네트는 곡 도중에 그만 온통 틀려 버렸다. 그리고 어떤 대목에서 앞으로 나가지 않고 처음부터 되풀이하고 있어 이대로는 언제까지 가도 끝낼 수가 없음을 깨닫고 깜짝 놀랐다. 그래서 치는 것을 갑자기 단념하고 화음을 두 개 쳤는데 그것이 정확하지 않고 세 번째 화음도 틀렸다.

프와이에 씨는 말했다.

"잘 치네!"

그리고 그는 커피를 시켰다.

프와이에 부인은 자기 딸은 퓌뇨 선생한테 레슨을 받는다고 말했다. '퓌뇨 선생한테 레슨을 받는' 아가씨는 말했다.

"퍽 잘 친다, 애."

그리고 어디서 공부했느냐고 앙투아네트에게 물었다.

대화는 자칫 끊어지곤 했다. 객실의 골동품이나 프와이에 부인과 딸의 옷에 대한 얘기는 나올 만큼 나왔다. 자넹 부인은 마음속으로 되풀이하고 있었다.

'지금 얘기하자, 얘기해야 해……'

그러면서 부인은 머뭇머뭇 말을 하지 못했다. 비상한 노력 끝에 가까스로 얘기를 하려고 결심했을 때, 프와이에 부인이 유감이지만 자기네들은 9시 반쯤 외출해야 한다고 별로 미안해하지도 않으며 말을 꺼냈다. 아무래도 연기할 수 없는 초대라고 하는 것이었다. 자넹 집안 사람들은 기분이 언짢아져 곧 일어나서 돌아가려 했다. 프와이에 집안 사람들은 붙잡는 체했다.

그리고 나서 15분쯤 있자 누군가 입구의 초인종을 울렸다. 프와이에네의 벗으로 아래층에 살고 있는 사람들이 찾아왔음을 하인이 알렸다. 프와이에와 부인은 눈짓을 하고 하녀들에게 분주히 귀엣말을 했다. 프와이에는 재빨리 변명을 하며 자녱네 사람들을 옆방으로 데려갔다(자기 집에 누를 끼칠는지도 알 수 없는 친척이 있다는 것을, 더구나 그 친척이 지금 와 있다는 것을 친구들에게 숨기고자 하는 것이었다). 자녱 집안사람들은 불기 없는 방에 방치되었다. 아이들은 이러한 굴욕에 분노했다. 앙투아네트는 눈물이 글썽했다. 그녀는 돌아가고 싶어했다. 처음에 어머니는 반대했다. 하지만 너무나 오래 기다리게 하자 어머니도 결심했다. 그들은 돌아가려 했다. 돌아가려는 것을 하인에게서 전해 들은 프와이에는 현관 옆방에서 그들에게 쫓아와 판에 박은 말투로 사과했다. 그들을 붙드는 체했다. 하지만 빨리 가 주기를 바라는 것을 똑똑히 알 수 있었다. 그는 그들에게 손을 내밀어 외투를 입혀 주고 무작정 미소 짓고 악수를 하고 나직한 목소리로 애교를 부리며 그들을 입구 쪽으로 밀어붙여 밖으로 내쫓았다. 여관으로 돌아가자 아이들은 화가 치밀어서 울었다. 앙투아네트는 발을 동동 구르며 두 번 다시 그런 데에 갈까보냐고 욕을 했다.

자녱 부인은 식물원 근처의 아파트 5층에 세들었다. 방은 어두컴컴한 안뜰의 더럽혀진 벽을 향해 있었다. 식당과 살롱은—자녱 부인은 어떻게 해서든지 살롱을 갖고 싶어했다—사람의 왕래가 많은 한길 쪽으로 면하고 있었다. 온종일 증기기동차와 영구차가 지나갔다. 영구차의 열은 이브리의 묘지로 들어갔다. 처량한 모습의 이투성이 이탈리아인들이 누더기를 입고 있는 아이들을 데리고 벤치에서 벤치로 어슬렁거리거나 거친 말다툼을 벌이고 있었다. 너무 소란스러워서 창문을 열어 둘 수 없었다. 그리고 저녁에 집에 돌아올 때는 고약한 냄새가 나며 허둥대는 인파를 헤집고 깔개돌이 진흙투성이인 혼잡한 길을 가로질러, 옆집 1층에 있는 망측스런 비어홀 앞을 지나와야 했다. 비어홀 입구에는 머리카락이 노랗고 분과 연지를 마구 칠한, 뒤룩뒤룩 살찐 덩치 큰 여자들이 천한 눈초리로 통행인들을 찬찬히 바라보고 있었다.

자녱 집안의 얼마 안 되는 돈은 삽시간에 없어져 버렸다. 매일 밤 지갑이 가벼워지는 것을 보고 그들은 가슴이 죄어들었다. 그들은 생활비를 줄이려고 노력했지만 안 되었다. 그것은 하나의 기술이어서 어린 시절부터 하지 않으면 이를 습득하기 위해서는 여러 해의 시련이 필요했다. 타고나기를 절약가가 아닌 사람이 절약가가 되려고 하다가 결국 많은 시간을 허비해 버리고 마는 것이다. 돈을 쓰지 않으면 안 될 경우에 부닥치면 그들은 곧 이에 져버린다. 절약은 언제나 다음으로, 다음으로만 미루어진다. 그리고 우연히 조금쯤 벌게라도 되면, 또는 벌었다고 생각하게만 되면 미리 그것을 써 버려, 결국 계산을 해 보면 지출 쪽이 번 것의 열 배가 되어 버린다.

수 주일이 지나자 자넹네의 재력은 완전히 바닥이 나 버렸다. 자넹 부인은 남은 자존심마저 버려야 했다. 부인은 아이들에게는 알리지 않고 프와이에에게 돈을 꾸러 갔다. 그 혼자만 만날 수 있도록 사무실로 갔다. 그리고 생활이 될 수 있는 직장이 마련될 때까지 조금만 빌려 달라고 부탁했다. 프와이에는 마음이 약하고 꽤 인간미도 있었으므로, 한 번쯤 대답을 늦출까도 싶었지만 곧 지고 말았다. 한때의 감동을 억누르지 못하고 200프랑을 빌려 주었다. 그러고는 곧 이를 후회했다. 특히 남편의 심약함과 동생의 간책에 화를 낸 프와이에 부인을 납득시켜야 했을 때에는.

*

자넹 집안사람들은 일자리를 찾기 위해 날마다 온 파리를 분주히 돌아다녔다. 자넹 부인은 지방 부호의 편견으로 이른바 '지적 직업'—아마도 그런 일을 하고 있으면 굶어 죽기에나 알맞은 것이겠지만—외의 직업에 종사하는 것은 자신에게도 아이들에게도 허락할 수 없었다. 딸이 가정교사로서 어느 가정에 들어가는 일조차 허락하지 않았을 것이다. 자넹 부인에게 있어 불명예스럽지 않은 직업으로 여겨지는 것은 국가에 봉사하는 공직밖에 없었다. 그래서 올리비에가 교사가 되도록 하기 위해 교육을 완전히 끝마치게 하는 수단을 생각해야만 했다. 자넹 부인은 앙투아네트는 어디서든 학교에 봉직케 하여 교편을 잡게 하든가 국립 음악학교에 넣어 피아노의 상을 타게 하고 싶었다. 그런데 부인이 알아 본 학교는 모두 교사가 차 있었고, 더욱이 그 교사들은 빈약한 초등 자격증밖에 갖고 있지 않은 딸보다는 더 여러 가지 자격증을 갖고 있었다. 또 음악으로 치더라도 앙투아네트의 재능은, 국립 음악학교에도 못 들어갈 정도의 많은 사람들과 비교해 볼 때, 그들보다도 더 평범하다는 것을 인정하지 않을 수 없었다. 이리하여 그들은 무서운 생존경쟁을 보고, 또 파리가 어떻게 처치할 길이 없는 크고 작은 재능을 닥치는 대로 마구 소모하고 있음을 보았다.

두 아이는 풀이 죽어 자기의 가치를 지나치게 멸시했다. 자신을 쓸모없는 인간이라고 믿어 버렸다. 그것을 스스로 증명하고 어머니에게도 증명하려고 열을 냈다. 시골 학교에서는 무난히 수재가 될 수 있었던 올리비에도 이러한 여러 가지 일로 온통 기가 꺾였다. 모든 재능을 상실해 버린 것 같았다. 그래서 자기는 완전히 바보라고 믿어 버렸다. 동시에 그는 파리가 싫어졌다. 붐비는 사람들, 급우들의 상스러운 부도덕, 그들의 외설스런 대화, 경멸할 만한 일을 태연히 청하는 두세 아이들의 뻔뻔스런 수컷의 본성 따위가 몹시 싫어서 견딜 수 없었다. 그들에게 경멸의 마음을 표할 기력조차 올리비에에게는 없었다. 그들의 타락을 생각하기만 해도 자신도 타락하는 듯했다.

올리비에는 어머니와 누이와 함께 기도 속으로 도망쳤다. 그들의 맑은 심정에는 날마다 맛보는 환멸과 굴욕도 하나의 더러움처럼 여겨져, 거기에 대해 서로 얘기할 용기도 없고 해서 밤이 되자 함께 열렬한 기도를 하는 것이었다. 하지만 올리비에의 신앙은 파리에서 사람들이 호흡하고 있는, 잠재적이고 무신적인 정신에 닿아, 자기는 깨닫지 못하지만 허물어지기 시작했다. 마치 회반죽이 비를 맞아 벽에서 떨어지듯이. 그는 아직도 계속 믿고 있었다. 그러나 그의 주위에서 신은 죽어 가고 있었다.

어머니와 누이는 여전히 일자리를 찾아보았지만 도무지 효과는 없었다. 자냉 부인은 다시금 프와이에네를 찾아갔다. 프와이에 부부는 성가신 짐을 덜고 싶어 일자리를 찾아 주었다. 자냉 부인 쪽은 겨울을 남국에서 보내는 어느 노귀부인 집에서 책을 읽어 주는 일자리였다. 앙투아네트에게는 1년 내내 시골에서 살고 있는 프랑스 서부의 어느 가정에 가정교사 자리가 있었다. 조건은 그다지 나쁘지는 않았다. 하지만 자냉 부인은 거절했다. 자신이 남에게 부림받는 굴욕이 싫다기보다도 딸이 그런 꼴을 당하는 것이, 더구나 딸이 자기로부터 멀리 떨어지는 일이 싫은 것이었다. 아무리 불행하더라도, 아니 불행하기 때문에 더욱 함께 있고 싶었다. 프와이에 부인은 그것을 매우 나쁘게 해석했다. 생활할 방도가 없을 때는 거만을 떨 것이 아니라고 말했다. 자냉 부인은 프와이에 부인을 보고 너무나 인정이 없다고 책망하지 않고는 못 배겼다. 프와이에 부인은 파산한 일이며, 자냉 부인이 돈을 빌린 데 대해 상대를 아프게 하는 말을 뱉었다. 두 사람은 평생 화해할 길이 없는 싸움으로 이별을 고했다. 모든 관계는 끊어졌다. 자넹 부인에게는 이제 한 가지 희망밖에는 없었다. 빌려 온 돈을 갚을 것, 그러나 부인에게 그것은 어려운 일이었다.

헛된 수고는 더욱 계속됐다. 자넹 부인은 같은 현 출신의 국회의원과 상원의원을 만나러 갔다. 자넹 씨는 살아 있을 때 몇 번인가 그들의 뒤를 돌봐준 일이 있었던 것이다. 하지만 어디에서나 배은(背恩)과 이기주의에 부딪쳤다. 국회의원에게는 몇 번이나 편지를 보냈지만 답장도 주지 않았다. 그리고 방문하면, 있으면서도 부재중이라고 했다. 상원의원은 부인의 환경에 실례되는 동정을 표해, 부인이 이런 지경에 놓인 것은 '저 비참한 자넹' 탓이라고 하고 그의 자살을 냉혹히 비난했다. 자넹 부인은 남편을 변호했다. 그러자 상원의원은 말했다. '자넹이 한 일은 부정직한 탓이 아니라는 것은 잘 알겠다. 하지만 어리석음에서 생긴 일이라는 것은 분명하다. 그는 요컨대 바보며 경솔한 사내이고, 아무와도 상의하지 않았거니와 아무리 충고해도 귀담아 듣지 않고 그저 자기 독단으로 모든 것을 해 나가려고 했던 것이다. 그것도 그 하나만의 신상 파멸로 그쳤더라면 별로 할 말이 없다. 도저히 어쩔 수 없는 일이다! 하지만 타인의 몰락을 초래한 것은 말할 나위도 없고, 아내와 아이들을 비참한 상태에 빠뜨려 어떻게든 저희 힘으로 해 나가도록 버리고 간 것……그것은 성녀와 같은 자넹 부인으로서 본다면 용서할 수 있으리라. 그러나 자기는 saint(성인)가 아니고 단순히 sain(건전)한 인간, 사려분별이 있는 건전한 인간인 것을 자랑으로 삼고 있으므로 용서할 이유는 전혀 갖고 있지 않다. 이러한 경우에 자살하는 사내는 어처구니없는 사내이다. 자넹에게 있어 정상을 참작할 수 있는 단 한 가지 일은 그에게만 모든 책임이 있었던 것은 아니라는 일이다.' 그렇게 말하고 나서 그는 자넹 부인에게 그녀 남편에 대해 좀 심한 말을 한 것을 사과하고, 그것도 사실 부인을 동정하고 있기 때문이라고 말했다. 그리고 서랍을 열어 50프랑 지폐를 부인에게 내밀었다. 그것은 적선이었다. 부인은 이를 거절했다.

부인은 관청에 일자리를 얻으려 했다. 부인의 구직 운동은 서투르고 조리가 맞지 않았다. 한 번의 운동에 모든 용기를 내어 버렸다. 그리고 축 늘어져 돌아와 며칠 동안은 몸을 움직일 힘도 없었다. 그리고 다시 운동을 시작했을 때는 이미 늦었다. 부인은 교회 사람들로부터도 도움을 받을 수 없었다. 그들은 부인을 돕는 데 아무런 이익도 찾아내지 못했으며, 또 아버지가 분명히 반성직주의자(反聖職主義者)였던 몰락한 일가에게는 관심을 두지 않았다. 자넹 부인은 어느 수도원 피아노 교사 자리를 간신히 찾아낼 수 있었다. 그것은 일하는 보람도 없고, 무척 급료가 싼 일자리였다. 좀더 벌기 위해 밤에는 어떤 대서소의 필경(筆耕) 일을 했다. 거기 사람들은 참으로 가혹했다. 부인의 필적은 좋지 않았으며 또 아무리 주의해도 그만 모르고 한 마디 빠뜨리거나 한 행 건너뛰거나 하여—그만큼 달리 생각하는 일이 잔뜩 있었던 것이다!—심한 소리를 들었다. 밤 늦도록까지 눈이 따가워지고 몸에 기운이 다 빠지도록 쓴 것이 되돌려 나오는 수도 있었다. 그런 때는 부인은 멍해져서 돌아왔다. 어떻게 해야 좋을지를 몰라 며칠씩이나 한숨만 쉬고 있었다. 벌써 오래전부터 심장병으로 고생하고 있었는데, 고된 생활 때문에 그것이 심해져 부인은 불안한 예감을 느꼈다. 때로는 마치 죽음에 임박한 것처럼 가슴이 답답해지고 숨이 막혔다. 길에서 쓰러지는 일이 있을는지도 알 수가 없어서 외출할 때는 언제나 주머니 속에 이름과 주소를 쓴 종이쪽지를 넣고 다녔다. 행여나 여기서 죽으면 어떻게 될 것인가? 앙투아네트는 마음속 불안을 태연히 숨기고 되도록 어머니를 북돋우었다. 몸을 돌보시도록, 저를 대신 일 시켜 달라고 어머니께 부탁했다. 하지만 자넹 부인은 자신이 지금 괴로워하고 있는 굴욕을 적어도 딸에게만은 맛보게 하지 않는다는 것을 마지막 보람으로 삼고 있었다.

부인은 될 수 있는 한의 모든 힘을 다하고 게다가 비용도 줄였지만, 도무지 어떻게 해도 되질 않았다. 수입만으로는 일가의 생활비가 부족했다. 갖고 있었던 보석 몇 개도 팔아야 했다. 그렇지만 불행하게도 어떻게 해서든 꼭 필요한 그 돈을 부인이 받아 쥔 그날에 도둑을 맞았다. 언제나 조금 들떠 있는 가엾은 부인은 밖에 나온 김에 지나는 길에 있는 봉 마르세 백화점에 들어가 볼 생각이 났다. 이튿날이 앙투아네트의 생일이었으므로 무언가 조그만 선물을 하고 싶었다. 부인은 지갑을 잃어버리지 않도록 손에 꼭 쥐고 있었다. 그런데 어떤 물건을 잘 보려고 그것을 기계적으로 계산대 위에 놓았다. 그리고 이를 다시 집으려고 하자 이미 없어졌다. 이것이 마지막 타격이었다.

그로부터 2, 3일 뒤 8월 말의 숨막히는 저녁때(무더운 짙은 안개가 거리 위에 답답하게 내리덮여 있었다) 자넹 부인은 사무소에다 급한 일거리를 건네주고 돌아왔다. 저녁 식사 시간에 늦었지만 합승 마차 요금 3수를 절약하려고 걸어서 왔다. 아이들이 걱정할까 봐 너무나 급히 서둘렀으므로 무척 지쳐 버렸다. 5층 방으로 올라왔을 때는 이제 말을 할 수도, 숨을 쉴 수도 없게 되었다. 자넹 부인이 이런 상태로 돌아온 것은 이것이 처음은 아니었다. 그래서 이제는 아이들은 그것을 아무렇지도 않게 여기게 되었다. 자넹 부인은 무리하게 바로 식탁 앞에 앉았다. 더위 때문에 아이들은 둘 다 식욕이 없었다. 먹기 싫은 걸 억지로 고기 몇 조각과 맛도 없는 물을 두세 모금 목구멍에 밀어넣어야 했다. 둘은 어머니에게 진정할 여유를 주기 위해 얘기를 하지 않았다—또 얘기하고 싶지도 않았다—그리고 창문 쪽을 바라보고 있었다.

돌연 자넹 부인은 양손을 허우적거리며 식탁에 매달려, 아이들을 보고 신음하며 그대로 쓰러져 버렸다. 앙투아네트와 올리비에는 순간적으로 달려들어 어머니를 안았다. 두 사람은 미친 듯이 울부짖고 애원했다.

"엄마! 아, 엄마!"

하지만 자넹 부인은 아무 말도 하지 않았다. 둘은 우두커니 서 있었다. 앙투아네트는 어머니의 몸을 경련하는 팔뚝으로 안고서 입맞추고 이름을 불렀다. 올리비에는 방문을 열고 큰 소리로 외쳤다.

"누구 좀 와 주세요!"

문지기 여자가 계단을 뛰어올라왔다. 그리고 이 장면을 보자 이웃 병원으로 달려갔다. 하지만 의사가 왔을 때는 이미 숨진 것을 확인하는 일밖에 아무것도 할 수 없었다. 참으로 갑작스러운 죽음이었다. 이것은 자넹 부인에게는 행복한 일이었다(하지만 아이들만을 비참한 상태에 남겨 두고 죽어 가는 자신을 보고 마지막 순간에 부인이 무엇을 생각했는지는 아무도 모를 일이다).

*

이러한 비극의 무서움을 참고 견디는 것도 두 사람뿐이었으며, 우는 것도 두 사람뿐이었으며, 죽음 뒤에 오는 여러 가지 힘겨운 일에 정신을 쓰는 것도 두 사람뿐이었다. 친절한 문지기 여자가 그들을 조금 도와주었다. 자넹 부인이 피아노를 가르치던 수도원에서는 조문하는 간단한 인사가 있었지만 쌀쌀한 태도였다.

처음 얼마 동안은 이루 말할 수 없는 절망의 시기였다. 두 사람을 구한 유일한 것은 극도의 절망, 그 자체였다. 올리비에는 정말로 경련 상태에 빠졌다. 그 때문에 앙투아네트는 자기 자신의 괴로움으로부터 정신을 다른 데로 돌릴 수 있었다. 그녀는 이제 동생 일밖에는 생각하지 않았다. 그러자 이 깊은 애정은 올리비에의 마음속으로 스며들어, 고통스러운 나머지 위험한 정신 이상으로 빠지려는 것을 건져 냈다. 어머니의 유해가 편안히 누워 있는 침대 곁에서 작은 램프 불빛을 받아 서로 끌어안으며 올리비에는, 죽는 수밖에 없다, 둘이서 죽자, 곧 죽자고 되풀이했다. 그리고 그는 창문을 가리켰다. 앙투아네트도 그러한 불길한 소망을 품고 있었다. 그러나 그녀는 싸우고 있었다. 그녀는 살고 싶었다…….

"살아서 무얼 한단 말이야?"

"이분을 위해서야." 앙투아네트는 말했다(그녀는 어머니를 가리켰다). "어머니는 언제나 우리와 함께 계시는 거야. 잘 생각해 봐…… 어머니는 그렇게도 우리 때문에 괴로워하셨잖니. 우리가 불행 속에서 죽는, 가장 심한 괴로움을 끼쳐 드려서는 안 되지 않겠니…… 아!" 앙투아네트는 흥분해서 말했다. "게다가 그런 식으로 체념해서는 안 돼! 나는 싫어! 나는 어떤 일이 있더라도 버텨 나갈 거야. 언젠가는 네가 행복해지기를 바라는 것이지!"

"행복해지다니, 그런 일이 있을 것 같아?"

"아니야, 행복해져. 우리는 너무나 불행했어. 이젠 달라질 거야. 달라지게 하는 거야. 너는 가정을 이루어 행복하게 살아야 돼. 그것이 내 소원이야, 내 소원이야!"

"어떻게 살아? 우리는 아무것도 할 수 없어……."

"할 수 있어. 네가 독립할 수 있을 때까지 어떻게든 생활만 하면 되는 거야. 내가 책임지겠어. 보고만 있어, 해 볼 테니까. 아! 엄마가 나 하는 대로 놔두셨더라면 벌써 됐을 텐데…….."

"뭘 할 생각인데? 나는 누나에게 창피스런 짓을 시키고 싶지 않아. 게다가 누나는 할 수도 없어…….."

"하고말고…… 그리고 일하면서 사는 것은 정직하기만 하다면 아무것도 부끄러운 일은 없단다. 제발 부탁이니 걱정은 하지 말아 줘! 보고만 있어, 꼭 모든 일이 잘 되어 나갈 테니까. 너는 행복해지고 우리 모두 행복하게 돼. 그렇지, 올리비에? 우리가 행복해지면 어머니도 행복하게 되는 거야."

두 아이들만으로 어머니의 영구를 보냈다. 둘 다 같은 마음으로 프와이에 집안에는 아무것도 알리지 않기로 했다. 그들에게 프와이에 집안은 이제 없는 것과 같았다. 어머니에게 너무나 잔인했고, 어머니가 죽게 된 하나의 원인이었던 것이다. 그래서 문지기 여자가 친척은 없느냐고 물었을 때 둘은 대답했다.

"아무도 없습니다."

아무 장식도 없는 묘 앞에서 둘은 서로 손을 잡고 빌었다. 그들은 필사적인, 비타협적인 심정과 자존심으로 잔뜩 긴장해 있어서, 냉담하고 위선적인 친척이 있어 주는 것보다는 둘만의 쓸쓸함 쪽이 훨씬 좋았다. 두 사람은 붐비는 사람들 속을 걸어서 돌아왔다. 아무도 그들의 슬픔에는 무관하고 그들의 생각에도 무관하고 그들의 존재에도 무관해서, 공통점이라고는 지껄이고 있는 말들뿐이었다. 앙투아네트는 올리비에에게 팔을 내어주었다.

그들은 지금 사는 집 맨 위층에 아주 작은 방을 세냈다. 그것은 지붕 밑의 두 방으로, 하나는 식당이 되는 좁은 거실이며 하나는 벽장만 한 크기의 부엌이었다. 다른 거리로 가면 더 나은 방을 얻어 들는지도 알 수 없지만 여기 있으면 아직도 어머니와 함께 있는 듯한 생각이 들었다. 문지기 여자는 그들을 측은히 여기기는 했다. 하지만 얼마 뒤에는 자기 자신의 일에 정신이 팔려 버렸다. 이렇게 되어 그들에게 신경 쓰는 사람은 이제 한 사람도 없었다. 같은 건물에 사는 사람들도 아무도 그들을 알지 못했다. 그리고 그들도 이웃에 어떤 사람이 사는지 알지 못했다.

앙투아네트는 어머니 뒤를 이어 수도원 음악 교사가 될 수 있었다. 그 밖에도 몇 군데 가르치는 일자리를 찾아냈다. 그녀에게는 오직 한 가지 생각밖에 없었다. 그것은 동생을 키워 에콜노르말쉬페리외르^(파리 고등 사범학교)에 넣는 일이었다. 앙투아네트는 혼자서 그렇게 정했다. 여기저기 여러 가지로 알아보거나, 또 올리비에의 의견도 물어보았다. 그러나 올리비에는 아무 의견도 갖고 있지 않았으므로 앙투아네트가 대신 결정했던 것이다. 고등사범학교에 들어가

기만 하면 한평생, 생활 걱정도 없고 앞으로 뜻대로 할 수 있을 것이다. 어떻게 해서든 그는 거기까지 반드시 이르러야 한다. 그때까지 그는 어떠한 일이 있더라도 살아 나가야 한다. 그것은 무서운 5, 6년이었다. 어떻게든 될 것이다. 이러한 생각이 앙투아네트의 마음속에 이상하리만큼 단단히 굳어져 이윽고 그녀의 마음을 온통 꽉 채웠다. 앞으로의 쓸쓸하고 처량한 생활이 명확히 눈앞에 펼쳐져 보였지만, 그것은 앙투아네트의 마음을 빼앗은 정열적인 흥분이 없으면 도저히 견딜 수 없는 것이었다. 동생을 구하고, 자기는 이제 행복해지지 않더라도 동생만은 행복해야 한다는 흥분이 있음으로 해서 비로소 견딜 수 있었다. 마음이 들떠 있는 상냥스런 17세의 이 소녀는 씩씩한 결심을 함으로써 사람이 바뀌었다. 아무도 눈치채지 못하고, 그녀 자신도 눈치채지 못한 헌신의 정열과 자랑스러운 투쟁심이 있었던 것이다. 여성의 이 위험스런 연령, 이 뜨거운 봄이 눈뜰 무렵에는 사랑의 여러 가지 힘이, 땅속에서 가냘픈 소리를 내고 있는 숨겨진 시냇물처럼 모든 심신을 충만하게 적시고 휘덮고 잠기게 하여, 끊임없는 집착의 상태로 붙들어 두지만, 그때 애정은 모든 형태를 취하는 것이다. 애정은 자기를 내어주는 일밖에 아무것도 요구하지 않는다. 자신을 양식으로서 제공하는 일밖에 아무것도 요구하지 않는다. 어떠한 핑계라도 관계치 않는 것이다. 청순하고 속 깊은 육감은 당장에 모든 희생물로 변하게 되었다. 앙투아네트의 사랑의 본능은 우애의 힘에 완전히 붙잡혀 버린 것이었다.

동생은 누이만큼 정열적이 아니었으므로 이러한 활동적인 탄력을 갖고 있지 못했다. 게다가 상대가 자기에게 몸을 희생해 주는 것이지 자신이 자기 몸을 희생하는 것은 아니었다. 서로 사랑하고 있을 때는 그쪽이 마음 편하고 즐거운 입장이었다. 하지만 누이가 지쳐 있는 것을 보자 양심의 가책이 가슴을 눌렀다. 그는 이것을 누이에게 말했다. 그러자 누이는 대답했다.

"딱하구나! 그럼 그 때문에 내가 사는 보람을 느끼고 있다는 것은 모르겠단 말이니? 너를 위한 이러한 고생이 없다면 달리 살아 나갈 이유는 없어……."

그로서도 그것을 잘 알 수 있었다. 그도 앙투아네트의 입장에 있었다면 이렇게 했을 것이다. 하지만 저를 위해 누이가 이러한 고생을 하다니! ……그의 자존심과 애정은 그것 때문에 마음이 괴로웠다. 그리고 어떻게 해서든 성공해야 하는 제 몸에 지워진 책임은, 그와 같이 약한 자에게는 도무지 참을 수 없는 무거운 짐이었다. 누이는 그의 성공에 자기의 모든 생애를 걸고 있는 것이다! 그것을 생각하자 그는 견딜 수 없었다. 그리고 그의 힘은 불어나기는커녕 때로는 축 늘어져 버렸다. 그러나 어떻게 해서든 참고 공부해야 했다. 이러한 강제력이 없었더라면 아마도 그로서는 그러한 일은 할 수 없었을 것이다. 그에게는 패배, 혹은 자살에 대한 선천적인 경향이 있었다. 만일 누이가 그에게 야심을 갖도록, 행복해지도록 바라지 않았더라면 그러한 경향에 줄줄 끌려들어 갔는지도 알 수 없었다. 그는 자기의 천성에 거역해야 한다는 것을 괴로워했다. 하지만 결국 그것이 그를 구해 주었다. 많은 청년이 관능의 미혹에 빠져 2, 3년간 무분별한 행위를 하고 나서, 한평생을 돌이킬 수 없는 것으로 망쳐 놓고 그대로 꺾여 버리고 마는 저 위험한 연령층을 그 역시 지나가고 있었다. 만일 그에게 생각할 시간적 여유가 있었다면 풀이 죽어 의기소침하거나 기운을 잃거나 혹은 방탕으로 내달았을는지도 알 수 없다. 때로 자기 마음속을 들여다보는 적이 있으면 병적인 몽상, 인생에 대한 혐오, 파리에 대한 혐오, 서로 한데 섞여 함께 부패하고 있는 무수한 인간의 더러운 발효에 대한 혐오 따위에 사로잡혔다. 그러나 누이를 보자 그러한 악몽은 사라져 버렸다. 그리고 그녀는 그를 살리기 위해서만 사는 것이니까, 그도 살아야 했다. 제 기분이야 어떻든 간에 행복하게 되지 않으면 안 되었다……

*

이리하여 그들의 생활은 극기와 종교와 거룩한 열망으로써 이루어진 불타는 신앙 위에 구축되었다. 두 아이의 존재는 올리비에의 성공이라고 하는 오직 하나의 목적으로 돌려졌다. 앙투아네트는 어떤 일이라도 또 어떤 굴욕이라도 달게 받았다. 여기저기 여러 집에 가정교사로 들어가 거의 하녀와 같은 취급을 받았다. 하녀처럼 가르치는 아이의 산책을 따라다니며 독일어를 가르친다는 이름 아래 몇 시간이고 길을 걸어야 했다. 이러한 정신적인 고통과 육체적인 피로에도 동생에 대한 애정과 그녀의 자존심으로 일종의 기쁨을 찾아냈다.

그녀는 솜처럼 지쳐서 돌아왔지만 올리비에를 돌봤다. 올리비에는 반 기숙생으로서 학교에서 하루를 보내고, 저녁때가 아니면 돌아오지 않았다. 그녀는 가스 풍로나 알코올램프로 저녁 식사를 준비했다. 올리비에는 언제나 식욕이 없었다. 어떤 것도 다 싫어하고 고기 요리를 보면 얼굴을 돌려 버렸다. 그래서 억지로 먹게 하든가, 무언가 입맛에 당기는 요리를 하나 마련해야 했다. 더욱이 딱하게도 앙투아네트는 요리 솜씨가 별로 좋지 않았다! 기껏 힘들여 만들어도 이런 요리는 먹을 수 없다는 말을 들을 때는 화도 나고 슬펐다. 몇 번이나 부엌에서 절망을 되새긴 끝에—그것은 솜씨 서투른 주부들이 경험하고 있는 아무도 모르는 절망으로, 그녀들의 생활을 모래알 씹듯이 하고 때로는 잠마저도 방해하는 것이었다—겨우 조금은 요리 비결이 터득되었다.

식사가 끝나 자기들이 사용한 작은 그릇들을 씻어 버리면—그는 그 일을 도우려고 했지만 그녀가 허락하지 않았다—그녀는 마치 어머니처럼 동생의 공부를 봐 주었다. 민감한 소년의 기분을 다치지 않도록 언제나 조심하면서 학과를 암송시키고 숙제를 읽어 주고 때로는 동생을 대신해서 문제를 찾아 봐 주는 일도 있었다. 식탁도 되고 공부 책상도 되는 단 하나의 탁자로 둘은 밤을 보냈다. 그는 숙제를 하고 그녀는 바느질이나 서사(書寫)일을 했다. 그가 잠들면 그녀는 동생의 옷 손질이나 바느질을 하기도 하고 자신을 위한 공부를 하기도 했다.

어떻게 급한 고비를 틀어막는 것도 괴로웠지만 저축해 둘 만한 돈이 생기면, 그것은 무엇보다도 먼저 어머니가 프와이에 집안에서 빌린 부채를 갚는데에 전부 충당하려고 결심했다. 프와이에 집안사람들이 성가신 채권자이기 때문이어서가 아니었다. 그들은 편지 한 장 띄워 오지 않았다. 그들은 그런 돈 같은 것은 잃은 것으로 여겨 이미 생각지도 않았다. 그만한 돈으로 위험한 친척의 성가심을 덜어 버렸다는 것을 차라리 더 바랄 나위 없는 다행스런 일로 알았다. 하지만 두 아이의 자존심과 효심은 경멸할 만한 이 사람들에게서 어머니가 무언가 빚지고 있다는 것을 고통으로 느꼈다. 둘은 부자유를 참고 작은 즐거움이나 옷과 먹을 것을 절약해서 200프랑의 돈을 저축하고자 했다. 그들에게 그것은 큰돈이었다. 앙투아네트는 자기 혼자 참으려고 했다. 하지만 동생은 누이 생각을 알아채자 자신도 누이처럼 하지 않고는 못 배겼다. 이러한 노력으로 조금이라도 돈을 모을 수 있는 날은 기뻤다.

3년 동안 절약에 절약을 하여 조금씩 모아 나가 겨우 이 금액에 달했다. 그것은 무어라고 말할 수 없는 커다란 기쁨이었다……. 앙투아네트는 어느 날 밤, 프와이에 집을 방문했다. 그녀는 냉담하게 맞아들여졌다. 또 무언가 도움을 구하러 왔다고 여겼던 것이다. 그들은 선수를 치는 게 좋겠다고 생각하고, 통 소식이 없다는 것과 어머니의 죽음을 알리지도 않은 일이며, 아쉬운 일이 있을 때밖에는 찾아오지 않는다는 일 따위를 쏘아대는 투로 책망했다. 앙투아네트는 상대의 말을 가로막고 자기는 폐를 끼치러 온 것이 아니라고 말했다. 빌린 돈을 가지고 왔다고 말했다. 그리고 탁자 위에 지폐 두 장을 내어 놓고 영수증을 써 달라고 했다. 그들은 대뜸 태도를 바꾸고 받고 싶지 않은 체했다. 몇 년이 지난 뒤에 이미 생각지도 않고 있던 돈을 갚으러 온 채무자에 대해 채권자가 느끼는 급격한 호의를 그녀에게 느꼈던 것이다. 동생과 함께 어디서 살고 있느냐느니, 어떤 생활을 하고 있느냐느니 물어보기 시작했다. 그녀는 대답을 피하고 또다시 영수증을 요구하고는, 급한 일이 있다며 쌀쌀하게 인사를 하고 가버렸다. 프와이에 집안사람들은 그녀의 이러한 태도를 배은망덕이라고 말하며 분격했다.

이리하여 마음에 걸리던 무거운 짐을 내려놓았지만 앙투아네트는 여전히 검소한 생활을 했다. 하지만 그것도 지금은 한결같이 올리비에를 위해서였다. 그녀는 그것을 동생에게 알리지 않으려고 더욱 숨겼다. 자기의 생활비를 줄이고 때로는 식사조차도 절약해서 동생의 편의를 생각했고, 그의 생활을 더 즐겁고 더 다양한 것으로 만들고자 하여 가끔씩은 음악회와 가극에도 갈 수 있도록 하려고 했다. 음악회와 가극을 구경하는 것은 올리비에의 더할 나위 없는 기쁨이었다. 그는 저 혼자서 가고 싶지 않았다. 하지만 그녀는 무언가 핑계를 찾아내어 자신은 가지 않았고, 또 그에게 미안한 감을 주지 않도록 했다. 너무 지쳐 있는 데다 밖에 나가기가 싫다고 말했다. 음악은 지루하다고까지 말했다. 그는 애정에서 나온 이런 거짓말에 속아 넘어가지는 않았다. 그러나 자칫 소년에게 있기 쉬운 이기심에 져 버렸다.

그는 극장에 갔다. 하지만 일단 극장에 들어가면 다시 후회하는 마음으로 가책을 받았다. 극을 보고 있는 동안 줄곧 그는 그 일만을 생각했다. 그의 기쁨은 메말랐다. 어느 일요일, 그녀가 그를 샤틀레 극장 음악회에 보내자 30분쯤 뒤에 돌아왔다. 그리고 누이에게 말했다. "생 미셸 다리까지 가니까

더 갈 기운이 없어졌어. 음악 따윈 이제 재미도 없어. 누나와 함께 있지 않고 즐기는 것은 너무나 고통스러워." 앙투아네트는 내심 기뻤다. 동생이 자기 때문에 일요일의 즐거움을 잃어버린 것은 슬펐지만 올리비에는 그런 것을 유감스러워하지는 않았다. 집에 돌아와 누이의 얼굴이 숨길 수 없는 기쁨으로 반짝이는 것을 보고 이를 데 없이 아름다운 음악을 듣는 것보다도 행복했다. 둘은 그날 오후를 창가에서 마주 앉은 채 보냈다. 그는 책을 손에 들고 그녀는 바느질감을 쥐었지만, 책도 읽지 않았고 바느질도 하지 않았다. 그리고 어느 쪽에도 별로 관계가 없는 여러 가지 얘기를 했다. 전에는 일요일이 이렇듯 즐겁게 여겨진 적은 없었다. 이제부터는 둘이서 함께가 아니라면 음악회에 가지 않겠다고 결정했다. 따로따로 행복을 맛볼 수는 없었다.

그녀는 몰래 절약해서 피아노를 한 대 세내어 올리비에를 놀래 주었다. 이 피아노는 임대료를 몇 달인가 지급함으로써 마지막에는 완전히 그들 물건이 되는 것이었다. 그녀는 생활의 무거운 짐에다 다시 무거운 부담을 짊어진 것이다! 이 기한 때마다의 지급 때문에 그녀는 꿈에서 가위에 눌린 적도 자주 있었다. 필요한 돈을 얻기 위해 그녀는 건강을 해쳤다. 하지만 이러한 무분별은 그들 두 사람에게 커다란 행복을 가져다주었다! 이러한 괴로운 생활에 있어서 음악은 그들의 낙원이었다. 음악은 커다란 장소를 차지했다. 둘은 음악에 도취되어 다른 일은 잊어버렸다. 거기에 위험이 없는 것도 아니었다. 음악은 근대의 커다란 해독물의 하나이다. 증기탕이나 혹은 나른한 가을과 같은 저 훈훈한 권태감은 사람의 관능을 긁어 일으켜 의지를 죽여 버린다. 하지만 앙투아네트의 혼과 같이 기쁨 없는 과격한 활동이 강요되고 있는 혼에 있어서 음악은 하나의 휴식이 되는 것이었다. 일요일의 음악회는 쉴 새 없이 일하고 있는 일주일 동안에 반짝이는 단 하나의 빛이었다. 전번 음악회의 추억과, 다음 음악회에 갈 희망과 때를 잊고 파리를 잊고 지내는 그 두세 시간, 그것만으로 그들은 살고 있었다. 비나 눈 속에서 혹은 바람과 추위 속에서 서로 몸을 기대고, 이제 자리가 없어지는 것은 아닐까 근심하면서 밖에서 오랫동안 기다린 뒤, 겨우 극장 속에 빨려들어가 붐비고 좁고 어두운 좌석에 이르렀다. 숨이 막힐 지경으로 밀치고 밀리어 답답하고 더워서 기분이 나빠졌다. 그래도 그들은 즐거웠다. 자기 자신의 행복과 상대의 행복으로써 즐거웠다. 베토벤이나 바그너 등의 위대한 혼에서 흘러나오는 선의와 빛과 힘의 물결이 자신들의 마음에 흘러드는 것을 느끼고 즐거워했다. 사랑하는 누이, 사랑하는 동생의 얼굴—피로와 젊었을 때부터의 노고 때문에 핼쑥한 얼굴—이 빛나기 시작하는 것을 보고 즐거웠다. 앙투아네트는 완전히 지쳐서 어머니의 팔 속에서 꼬옥 안긴 듯한 생각이 들었다! 그녀는 따뜻하고 안락한 보금자리 속에 웅크리고 있었다. 그리고 목소리를 죽여 울었다. 올리비에는 누이의 손을 꼭 쥐었다. 이 커다란 홀의 어두컴컴한 속에서는 누구 하나 그들에게 주의를 보내는 사람은 없었다. 하지만 음악의 모성적인 날개 밑에 숨어 있는 상처입은 혼은 결코 그들만이 아니었다.

앙투아네트는 또 종교를 갖고 있었다. 이것이 그녀를 계속 지탱하게 했다. 그녀는 퍽 신앙심이 깊어 날마다 빠짐없이 길고 열렬한 기도를 하고 일요일마다 미사에 참석했다. 부당하게도 비참한 생활을 하고 있던 그녀는 타인과 더불어 괴로워하고 어느 날엔가 타인을 위로해 주는 '성스런 벗'의 사랑을 믿지 않고는 못 배겼다. 또 그녀는 신보다도 죽은 혈육들과 한층 다정스레 마음을 통하고 자기 괴로움을 모두 고백했다. 하지만 그녀는 독립적인 정신과 확고한 이성을 갖고 있었다. 다른 가톨릭교도들과는 떨어져 있어 그들은 그녀 속에 사악한 정신이 있다고 보았다. 그녀를 자유 사상가 혹은 그러한 과정에 있는 자로 여겼다. 그것은 그녀가 훌륭한 프랑스 처녀로서 자신의 자유 판단을 버리려고 하지는 않았기 때문이다. 그녀는 천한 가축 같은 복종심에서가 아니라 사랑으로 믿고 있었다.

올리비에는 이미 신앙을 갖고 있지 않았다. 파리에 왔을 때부터 점차로 신앙은 무너지기 시작했는데 이제는 완전히 허물어져 버렸다. 그는 이를 무척 괴로워했다. 왜냐하면 그는 신앙 없이도 해 나갈 수 있을 만큼 강한 인간도 또 평범한 인간도 아니었으니까. 그러므로 그는 죽음과 같이 괴로운 위기를 지나온 것이었다. 하지만 신비적인 마음은 계속 갖고 있었다. 그리고 제아무리 무신앙이 되어 버렸다고는 하더라도, 그의 생각만큼 누이 생각에 가까운 것은 없었다. 그들은 둘 다 종교적인 분위기 속에 살고 있었다. 온종일 따로따로 헤어져 있다가 저녁때 돌아오면 그들의 작은 거처는 그들에게 있어서는 하나의 항구였다. 가난하지만 맑고 범접하기 어려운 피난처였다. 여기 있으면 파리의 부패한 사상으로부터 아주 멀리 떨어져 있는 듯한 생각이 들었다!

그들은 자기가 한 일에 대해서는 별로 얘기하지 않았다. 지쳐서 돌아왔을 때 괴로웠던 하루의 일을 말해 그것을 다시 생각하고 싶지는 않은 것이었다. 둘은 본능적으로 다들 그것을 잊어버리려고 애썼다. 특히 저녁 식탁에서 얼굴을 마주 대하고 한참은 서로 질문을 삼갔었다. 단지 눈으로 인사를 나누었다. 때로는 식사하는 동안 줄곧 한 마디도 말하지 않는 수도 있었다. 앙투아네트는 동생을 물끄러미 보고 있었다. 동생은 어릴 때처럼 그릇을 앞에 놓고 멍하니 생각에 잠겨 있었다. 그녀는 그의 손을 상냥스럽게 어루만졌다.

"자! 정신 차려요!" 그녀는 미소 지으며 말했다.

그도 미소 지었다. 그리고 다시 먹기 시작했다. 둘이서 말을 하려고 노력도 하기 전에 식사는 끝났다. 그들은 침묵에 굶주려 있었던 것이다. ……그러는 사이에 마음이 착잡해지고 각자 상대의 조촐한 애정에 휩싸여, 인상이 마음에서 사라졌을 때가 되어서야 가까스로 그들의 혀도 조금 풀렸다.

올리비에는 피아노 앞에 앉았다. 앙투아네트는 자기는 치지 않고 주로 동생을 치게 했다. 왜냐하면 그것이 동생의 유일한 즐거움이었으니까. 그리고 그는 온 힘을 다해서 쳤다. 그는 정말 풍부하고 훌륭한 음악의 재능을 타고 났다. 행동하기보다는 사랑하기 적합한 그의 여성적인 천성은 자기가 연주하는 음악가들의 사상에 순응해서 이에 녹아들고, 제아무리 미묘한 뉘앙스도 정열이 담긴 충실성으로 표현했다. 적어도 그의 약한 팔과 숨이 허락하는 한에서는. 하지만 《트리스탄》(^{바그너}의곡)이나 베토벤의 후기 소나타 등을 칠 때와 같이 비상한 노력을 요할 때는, 팔은 부러질 듯하고 숨이 턱에 닿았다. 그래서 즐겨 모차르트와 글루크 속으로 도망쳤다. 그런데 그것은 또 그녀가 좋아하는 음악이기도 했다.

때로는 그녀도 노래하는 일이 있었다. 하지만 그것은 매우 소박한 노래로 오래된 멜로디의 것이었다. 그녀는 나직하고 약한 중음(中音)이었다. 무척 수줍어했으므로 남들 앞에서는 노래하지 못했다. 올리비에 앞에서 노래 부르는 것이 고작이었다. 목이 막히는 듯하기 때문이었다. 그녀가 특히 사랑한 것은 스코틀랜드의 가사에 베토벤이 작곡한 《변하지 않는 마음의 자니》라는 노래였다. 그것은 매우 조용해서…… 그 바닥에는 상냥스런 애정이 담겨 있었다! 마치 그녀의 성질과 닮았다. 올리비에는 누이의 이 노랫소리를 듣고 있노라면 언제나 눈물을 흘렸다.

그녀는 동생의 연주를 듣는 쪽이 좋았다. 그녀는 급히 서둘러 설거지를 하려 들었다. 그리고 올리비에의 연주가 잘 들리도록 부엌 문을 열어젖혔다. 무척 조심했는데도 그는 그릇 소리가 난다고 신경을 돋우며 짜증을 냈다. 그래서 그녀는 문을 닫았다. 설거지가 끝나면 그녀는 들어와 피아노 곁이 아닌 난로 곁의 낮은 의자에 걸터앉았다. 그는 연주 중에 남이 자기 옆에 있는 것을 무척 싫어했기 때문이다. 그래서 난로 곁에 고양이처럼 웅크린 채 피아노 쪽으로 등을 돌리고, 연탄 한 덩어리가 소리도 없이 타 들어가는 난로의 금빛 눈 같은 불빛을 물끄러미 바라다보며 여러 가지 옛 추억을 어렴풋이 쫓고 있었다. 9시가 되면 그녀는 용기를 내어 이젠 그만둘 시간이라고 올리비에에게 주의줘야 했다. 그를 피아노로부터 떼어놓는 것도, 자신을 몽상으로부터 떼어놓는 것도 괴로웠다. 올리비에에게는 아직 밤의 공부가 남아 있었으며 너무 늦게 자도 안 되었다. 그러나 그는 곧 말을 듣지는 않았다. 음악을 그만두고 나서 공부를 시작할 때까지는 잠시 시간이 걸렸다. 그의 사고는 다른 곳을 헤매었다. 그렇게 취한 듯한 기분에서 깨끗이 깨어나려면 9시 반이 될 때도 빈번히 있었다. 앙투아네트는 책상 저편에서 일을 하면서도 그가 아무것도 하고 있지 않음을 알고 있었다. 하지만 너무 그쪽을 보지 않도록 했다. 감시하고 있는 듯해 그의 신경을 돋울까 봐 겁이 났기 때문이다.

　그는 나날을 소요(逍遙) 속에서 보낼 수 있는 자유로운 나이―행복한 나이―에 달했다. 확 트인 이마, 자주 거슴츠레 그늘이 지며 능글맞아 보이기도 하고 순진스럽게 보이기도 하는 소녀와 같은 눈, 큼직한 입, 그리고 그 입술은 젖먹이처럼 부풀어올라, 사뭇 개구쟁이처럼 멍하고 얼마쯤 비뚤어진 미소를 지었다. 너무 많은 듯한 머리카락은 눈언저리까지 늘어지고 목덜미에서는 상투처럼 되어 끄트머리 쪽이 뒤로 말려 올라갔다. 목둘레에는 느슨한 넥타이―매일 아침 누이가 그것을 공들여 매어 주었다―짧은 윗옷의 단추는 누이가 늘 달아 주는 것이었는데 곧 떨어지곤 했다. 커프스는 달고 있지 않았다. 손목의 뼈마디가 붉어진 커다란 손, 짓궂고도 황홀한 듯한, 그리고 사뭇 쾌락을 탐하는 듯한 모양으로 그는 언제까지나 멍하니 있었다. 보잘것없는 것도 재미있어하는 그의 눈은 앙투아네트의 방을 구석구석까지 두루 살펴보았다―공부 책상은 그녀 방에 있었다. 그 눈은 작은 철제 침대 위에 머물렀다. 위쪽에는 상아 십자가가 황양(黃楊)나무의 작은 가지와 함께 걸려 있었다. 그리고 아버지와 어머니의 초상 위에…… 다음에는 탑이나 거울처럼 빛나는 냇물이 있는 시골 도시의 낡은 사진 위에 머물렀다. 끝으로 잠자코 일을 하고 있는 누이의 해쓱한 얼굴로 시선이 옮아가자, 그는 누이에 대한 깊은 연민과 자기 자신에 대한 분노를 느꼈다. 그래서 그는 멍하니 있는 자신이 초조해져 부르르 몸을 떨었다. 그리고 헛되게 흘려 버린 시간을 되찾으려고 기운을 내어 공부를 시작했다.

쉬는 날에는 책을 읽었다. 둘은 따로따로 읽었다. 두 사람은 마음으로 서로 사랑했지만 같은 책을 함께 소리 내어 읽을 수는 없었다. 그것은 조심성이 없는 것 같아서 싫었다. 아름다운 책은 그들에게는 침묵 속에서만 속삭이는 비밀처럼 여겨졌다. 어느 페이지에 황홀해지면 상대에게 읽어서 들려주지 않고 그곳에 손가락을 짚어 책을 건네었다. 그리고 말했다.

"읽어 봐."

상대가 읽고 있는 동안 이미 읽어 버린 쪽은 눈을 반짝이며 상대의 얼굴에 나타나는 감동을 슬그머니 바라보았다. 그리고 감동을 함께 즐겼다.

하지만 책을 앞에 놓고 팔꿈치를 짚고 아무것도 읽지 않는 일도 자주 있었다. 둘은 얘기를 했다. 밤이 깊어 감에 따라 얘기하기가 쉬워졌다. 올리비에는 이것저것 슬픈 생각을 마음속에 품고 있었다. 이 약한 사내에게는 자기의 고뇌를 타인의 가슴에 쏟아 넣어 무거운 짐에서 벗어날 필요가 있었다. 그는 여러 가지 의혹에 괴로워했다. 앙투아네트는 그에게 용기를 북돋워주고 그를 그 자신으로부터 지켜주어야 했다. 그것은 매일 되풀이되는 끊임없는 싸움이었다. 올리비에는 슬프고 우울한 말을 입 밖에 내었다. 말해 버리자 안도의 숨을 쉬었다. 그러한 얘기가 누이를 괴롭히는 것인지 어떤지는 알려고도 하지 않았다. 얼마나 자기가 누이를 낙심케 하였는지 눈치챘을 때는 이미 늦었다. 그는 누이의 힘을 뺏어 버리고 자기의 의심을 누이의 마음속에 스며들게 했다. 하지만 앙투아네트는 그러한 것은 내색하지 않았다. 타고난 성질이 튼튼하고 쾌활했었으므로 옛날에 잃어버린 그 쾌활함을 지금도 겉으로는 억지로 가장하고 있었다. 때로 깊은 권태에 빠져 자기 몸을 바치고 있는 이 희생적인 생활에 반항하고 싶어질 때도 있었다. 그러나 그녀는 그러한 생각을 밀어냈다. 그것을 분석해 보고 싶지 않았다. 그것은 뜻하지 않게 일어나는 생각으로서 그것을 용납하여 인정하려는 것은 아니었다. 기도가 그녀를 도와주었다. 다만 마음이 기도할 수 없을 때—때로는 그런 수도 있었다—
마음이 온통 메말랐을 때는 안 되었다. 그럴 때는 초조해서 자신을 창피스레
여기며 신의 은총이 다시 돌아오기를 잠자코 기다리는 수밖에 없었다. 올리
비에는 단 한 번도 누이의 그러한 괴로움을 눈치채지 못했다. 그런 때는 앙
투아네트는 무언가 구실을 찾아내어 동생 곁에서 떨어지거나 자기 방에 틀
어박히거나 했다. 그리고 이 위기가 지나고 난 뒤가 아니고는 모습을 나타내
지 않았다. 그러한 그녀는 괴로운 듯한 미소를 지어 괴로웠던 것을 후회하는
듯이 전보다도 한층 상냥스러웠다.

　두 사람의 방은 이웃하고 있었다. 침대는 벽 하나를 사이에 두고 양쪽에
바짝 붙어 있었다. 그러므로 벽을 통해 나직한 소리로 얘기할 수도 있었다.
그리고 잠이 안 올 때는 벽을 똑똑 두드리고 말했다.

　"잠들었어? 난 잠이 안 와."

　칸막이 벽은 아주 얇았으므로 둘은 같은 잠자리에 가지런히 누워 있는 순
결한 벗과 같았다. 하지만 방과 방 사이의 문은 언제나 본능적인 깊은 수치
심—신성한 감정—에 의해 닫혀 있었다. 열어젖히는 것은 올리비에가 병이
났을 때뿐이었다. 그런데 올리비에는 늘 병이 났다.

　그의 병약한 몸은 회복되지 않았다. 오히려 더욱더 악화되는 듯했다. 목,
가슴, 머리, 심장 하는 식으로 그는 늘 괴로워했다. 아무것도 아닌 가벼운
감기도 그의 경우에는 기관지염으로 변할 염려가 있었다. 어떤 때는 성홍열
(猩紅熱)에 걸려 하마터면 죽을 뻔했다. 비록 병은 아닐지라도 무거운 병의
이상스런 징조가 나타나 있어 단지 다행스럽게도 발병하지만은 않는 것이었
다. 그 증거로는 폐나 심장 여기저기에 통증을 느끼는 것이었다. 언젠가 그
를 진찰한 의사가 심낭염(心囊炎)이거나 폐렴 증세가 있다고 말했다. 그 뒤
전문가에게 보였더니 역시 그러한 염려가 있다는 진단이었다. 하지만 병이
나지는 않았다. 그가 앓고 있는 것은 특히 신경이었다. 누구나 알고 있듯이
이런 종류의 병은 전혀 예상 밖의 증상으로 나타난다. 그리고 수일간 앓으면
언제 그랬느냐는 식으로 나아 버린다. 하지만 앙투아네트에게는 이 수일 동
안이 얼마나 괴로웠던 것일까! 몇날 밤이나 잠을 못 잤다. 늘 잠자리에 들
었다가도 동생의 숨소리를 엿듣기 위해서 일어나서는 문 앞까지 가 내내 공
포에 사로잡혀 있기도 했다. 동생이 죽으려 하는 줄 알았다. 그렇다, 확실히

그렇다. 그녀는 부들부들 떨며 몸을 일으켰다. 그리고 두 손을 마주 꼭 쥐고 경련적으로 입에 갖다 대고 소리를 지르지 않으려 했다.

"하느님! 하느님!" 그녀는 애원했다. "제발 동생을 뺏어가지 마세요! 아니에요. 당신에게는 그런…… 그런 짓을 하실 권리는 없습니다…… 소원입니다. 소원입니다! …… 오, 엄마! 와서 살려주세요! 동생을 살려주세요, 살아 있는 대로 두어 줘요! ……"

그녀는 온몸을 긴장시켰다.

"아! 이렇듯 고생하고, 이제 조금만 참으면 될 때에, 이제부터 행복해지려는 때에, 중도에서 죽어 버리다니…… 아뇨, 그런 일은 없어요, 그래서는 너무나 참혹해요……"

*

오래지 않아 올리비에는 또 다른 걱정을 누이에게 끼치게 되었다.

그는 누이와 마찬가지로 진지했다. 하지만 의지가 약하고 게다가 너무나 자유롭고 복잡한 지성을 가졌으므로, 기분이 좀 안정되지 않고 회의적이고 나쁜 줄 알고 있는 일에 대해서도 관대하고 쾌락에 이끌렸다. 앙투아네트는 아주 순결했으므로 동생의 정신 속에서 일어나고 있는 일을 오랫동안 알 수 없었다. 그런데 어느 날 돌연 그것을 발견했던 것이다.

올리비에는 누이가 외출한 것으로 알았다. 여느 때 같으면 이 시간에 그녀는 가르치러 나갔다. 그런데 막 나가려는데, 학생한테서 오늘은 쉬었으면 좋겠다는 쪽지가 왔다. 그것은 적은 예산에서 몇 프랑 감해지는 일이기는 했지만 그녀는 마음속으로 은근히 기뻐했다. 그녀는 몹시 지쳐 있어서 침대 위에 몸을 눕혔다. 별로 후회하지 않고 실컷 하루를 쉴 수 있는 것이 즐거웠다. 올리비에가 학교에서 돌아왔다. 친구가 한 사람 따라왔다. 둘은 옆방에 들어가 떠들기 시작했다. 그들의 얘기는 죄다 들렸다. 저희밖에 없다고 생각했으므로 거리낄 것이 없었다. 앙투아네트는 동생의 밝은 목소리에 미소를 머금고 귀를 기울였다. 그런데 그녀는 갑자기 미소를 거뒀다. 피가 멈추는 것 같았다. 그들은 노골적이고 듣기 싫은 소리로 해괴한 일을 지껄이고 있었다. 그것을 즐기고 있는 듯했다. 그녀의 귀에 올리비에의, 저 귀여운 올리비에의 웃음소리가 들려왔다. 그토록 맑고 깨끗한 것으로 믿고 있었던 입술에서 몸서리쳐지는 망측스런 말이 흘러나왔다. 그녀는 날카로운 고통에 마음의 깊은 바닥까지 꿰뚫렸다. 그것은 오랫동안 계속됐다. 그들은 싫증도 안 내고 지껄여 댔으며 그녀는 듣지 않을 수 없었다. 가까스로 그들은 밖으로 나갔다. 앙투아네트는 혼자 남았다. 그러자 눈물이 나왔다. 그녀 속의 무엇인가가 죽어 버린 것이었다. 자기의 동생—그것은 자신의 아이라고 해도 괜찮은 것이었다—에 대해서 마음에 지녔던 이상적인 모습이 더럽혀진 것이었다. 그것은 죽고 싶을 만큼 괴로운 일이었다. 밤에 얼굴을 맞댔을 때 그녀는 아무 말도 하지 않았다. 그로서는 누이가 운 것을 알 수 있었다. 그러나 그 이유는 알 수 없었다. 저에 대한 누이의 태도가 어째서 변했는지 알 수 없었다. 그녀가 저 자신을 돌이키기까지에는 한참 걸렸다.

하지만 올리비에가 누나에게 끼친 가장 큰 타격은 어느 날 밤 그가 돌아오지 않은 일이었다. 누나는 잠자리에도 들지 않고 밤새도록 그를 기다렸다. 그녀는 단지 정신적인 순결로 괴로워한 것만이 아니었다. 마음의 가장 신비적인 깊은 심연에서도 괴로워한 것이었다. 이 깊은 곳에는 무서운 감정이 꿈틀거리고 있었다. 그녀는 그것을 보지 않으려고 걷어 버리기를 허락지 않는 베일을 그 위에 덮어 두었다.

올리비에는 특히 독립성을 주장하려고 생각했다. 아침이 되자 사뭇 태연한 태도로 돌아와, 만일 누이가 불만이라도 말해 온다면 거만스런 대답을 해주려고 잔뜩 별렀다. 올리비에는 누이가 눈을 뜨지 않도록 발끝을 세우고 살며시 방으로 들어갔다. 하지만 누이는 울어서 빨갛게 부은 눈에 핼쑥한 얼굴을 하고 일어난 채 그를 기다리고 있었다. 아무 소리도 하지 않고 잠자코 학교 갈 채비를 해주고 아침을 준비했다. 아무 말도 하지는 않지만 사뭇 실망한 눈치였다. 그녀의 존재 전체가 살아 있는 하나의 비난이라고 느껴졌다. 그것을 보자 그는 도무지 대항할 수가 없었다. 그는 대뜸 누이 무릎에 몸을 내던지고 누이의 옷으로 얼굴을 감추었다. 그리고 둘 다 울었다. 그는 자기 자신이 부끄러워지고 지난 하룻밤이 꺼림칙하게 여겨졌다. 자기가 타락해 버린 듯한 생각이 들었다. 그는 얘기하려고 했다. 하지만 누이는 그의 입을 손으로 막고 말을 못하게 했다. 그는 그 손에 입맞추었다. 둘은 아무 말도 하지 않았다. 말하지 않아도 서로 알고 있었다. 올리비에는 앙투아네트가 기대하고 있는 대로의 인간이 되려고 자기 마음에 다짐했다. 하지만 그녀는 그렇게 빨리 자기 상처를 잊을 수는 없었다. 그녀는 꼭 회복기의 병자 같았다. 둘 사이에는 무언지 거북한 기분이 남아 있었다. 그녀의 애정은 여전히 강했다. 하지만 그녀는 동생의 혼 속에서 지금의 자기와는 관계 없는, 그리고 더욱 무서운 어떤 것을 보았던 것이다.

*

공교롭게도 이 무렵 그녀는 몇몇 사내가 뒤를 쫓아다녀 괴로움을 겪던 참이라 올리비에의 마음속을 언뜻 엿보았던 것에 마음이 어지러워졌던 것이다. 저녁때 해가 막 떨어질 무렵에 돌아올 때, 특히 글 옮기는 일을 받거나 갖다 주기 위해 저녁 식사 뒤에 가야 했을 때, 사내들이 가까이 다가오거나 뒤를 쫓거나 외설스런 말로 얘기를 걸어오거나 하는 것은 그녀에게는 견딜 수 없는 고통이었다. 동생을 데려갈 수 있을 때는 그를 산책시킨다는 핑계로 그렇게 했다. 하지만 그는 기꺼이 응하지는 않았고, 그녀도 강요할 수는 없었다. 동생의 공부를 방해하고 싶지도 않았다. 그녀의 순결하고 시골 사람다운 영혼은 파리의 그러한 풍습에는 젖어들 수 없었다. 밤의 파리는 그녀에게는 더러운 야수들이 돌아다니는 숲과 같았다. 그녀는 집에서 나서기가 두려웠다. 하지만 나가지 않으면 안 되었다. 나갈 결심을 하기까지에는 오랜 시간이 걸렸다. 그것 때문에 언제나 괴로워했다. 그리고 귀여운 동생인 올리비에도 자기를 쫓아다니는 저 사내들처럼 되는지도 알 수 없다, 어쩌면 그렇게 되어 있는지도 알 수 없다고 생각하자, 돌아왔을 때 인사하기 위해 손을 내미는 것이 괴로웠다. 그는 누이가 자기에 대해 무슨 생각을 하고 있는지 상상도 해보지 않았다……

그녀는 그다지 아름답다고는 할 수 없었지만 퍽 매력이 있어서 아무런 노력도 하지 않는데도 남의 눈을 끌었다. 아주 검소한 복장을 하고 거의 언제나 상복을 입고 있었다. 키도 그다지 크지 않고 홀쭉하고 아주 가냘픈 몸집이었다. 거의 말이 없고 사람들이 붐비는 속으로 사람들의 주의를 피하여 살짝 걸어가고 있었지만, 피로하고 상냥스런 눈과 조그맣고 상쾌한 입이 갖는 표정의 깊이 있는 느낌이 사람들의 주의를 끌었다. 때로 그녀는 자신이 남들에게 호감을 사고 있음을 눈치챘다. 그녀는 당황했다. 한편 기쁘기도 했다……. 다른 사람들 마음의 동정적인 접촉을 느끼자 이 조용한 마음속에도 귀엽고 천진스런 들뜬 기분이 자기도 모르는 새에 스며들었다. 그것은 언뜻 서투른 몸짓이나 수줍은 눈길로 나타났다. 그 모습이 재미있기도 했지만 귀엽기도 했다. 이러한 마음의 갈등은 더한층 매력적이었다. 그녀는 사람들의 욕망을 불러일으켰다. 그리고 그녀가 가난한 처녀이고 생활의 보호자도 없었으므로 사람들은 사양치 않고 자기들의 욕망을 털어놓았다.

그녀는 가끔 돈이 많은 유대인 나탕네의 살롱으로 갔다. 그녀가 레슨해 주러 가는 집이 나탕네와 친밀한 교제를 하고 있어 거기서 만나고 난 뒤 나탕네 사람들은 호의를 베풀어 준 것이었다. 그녀는 교제를 싫어했지만 한두 번은 나탕네의 야회에도 참석해야 했다. 알프레드 나탕 씨는 파리에서 유명한 교수로 훌륭한 학자인 동시에 비상한 사교인으로, 유대인 사회에서 흔히 볼 수 있는 지식과 경망함이 기묘하게 혼합된 인물이었다. 나탕 부인에게도 진정한 친절과 극도의 세속 취미가 같은 비율로 혼합되어 있었다. 둘 다 앙투아네트를 보고 마음으로부터 동정을 표시했다. 하지만 그 동정은 간헐적인 것이었다. 앙투아네트는 자기와 같은 종교 사람들 사이에서보다도 유대인들 사이에서 더 많은 선량함을 보았다. 그들은 많은 결점을 갖고 있었지만, 그러나 또 커다란 미점(美点)을 가지고 있었다. 이것은 모든 미점 중에서도 가장 훌륭한 것이었다.

즉 그들은 살아가는 데 있어서 인간적이다. 인간적인 것은 모두 그들에게 있어서는 무관한 것이 아니다. 그들은 생활해 나가는 자에게 동정심을 갖고 있다. 진실하고 열렬한 동정이 결여됐을 때도 끝없는 호기심을 갖고 있어, 무엇인가 가치 있는 혼과 사상을, 비록 그것이 그들의 혼과 사상과는 전혀 다른 것일지라도 찾고 요구한다. 그렇기는 하더라도 대개 그런 것을 도와주기 위해 대단스런 일을 하는 것은 아니다. 왜냐하면 그들은 또 동시에 너무나 많은 이해관계에 끌려다니기 때문이다. 세속적인 허영심에는 속박되어 있지 않다고 자부하면서도 누구보다도 이에 구속되어 있기 때문이다. 하지만 적어도 그들은 무언가를 하고 있다. 무기력한 현대 사회에 있어서는 활동의 발효소이고 생활의 효모이다. 앙투아네트는 가톨릭교도들 사이에서 얼음장 같은 무정한 벽에 부딪쳤으므로, 나탕 부부가 보여 준 호의가 비록 표면적인 것일지라도 그 가치를 확실히 느꼈던 것이다. 나탕 부인은 그녀의 육체와 정신의 매력에 마음이 끌렸다. 그리고 그녀를 보호해 주려고 생각했다.

부인에게는 아이가 없었다. 하지만 젊은 사람들을 좋아해서 자주 자기 집에 젊은 사람들을 불러 모았다. 앙투아네트에게도 꼭 오도록, 고독한 생활에서 나와 조금이라도 바람을 쏘이도록 열심히 권했다. 그리고 앙투아네트가 사람들 앞에 나가기 싫어하는 이유의 하나는 생활이 여의치 않은 탓이라고 쉽사리 짐작이 갔으므로, 아름다운 의상을 선사하려고 했다. 하지만 앙투아네트는 자존심에서 이를 사양했다. 그러나 친절한 보호자인 부인은 여러 가지로 머리를 써서 그러한 작은 선물 몇 개를 억지로 받게 했다. 그것은 여자의 순진한 허영심에는 참으로 귀중한 물품이었다. 앙투아네트는 기쁘기도 했지만 곤란하기도 했다. 가끔씩은 나탕 부인의 야회에 얼굴을 내밀지 않으면 안되었다. 어떻든 간에 그녀는 젊었으므로 역시 즐겁기도 했다.

하지만 많은 청년들이 오는, 이 옥석(玉石)이 한데 뒤섞인 사교계에서, 나탕 부인에게 보호받고 있는 이 가난하고 귀여운 처녀는 곧 두세 명의 난봉꾼의 주시를 받게 되었다. 그들은 완전한 자신을 갖고 그녀를 자기 것이라고 정해 버렸다. 미리부터 그녀의 수줍어하는 점을 노렸다. 그녀는 그들의 내기 대상이 되기조차 했다.

어느 날 그녀는 익명의 편지 몇 통을, 더 정확히 말한다면 귀족 같은 가명을 쓴 편지를 받았다. 그것은 그녀에게 사랑을 고백한 편지였다. 처음에는 아첨하는 문구를 늘어놓은 절실한 투의 연문으로 만날 장소를 지정해 왔다. 다음에는 대뜸 대담스런 편지가 되어 그녀를 위협하려고 들었다. 그러고 나서 이번에는 험구와 비열한 중상의 편지를 보냈다. 그것은 그녀를 발가벗기고 그녀 육체의 은밀한 구석을 소상히 말하고 야비한 욕망으로 그 육체를 더럽혔다. 만일 그녀가 지정한 장소로 오지 않으면 여러 사람 앞에서 모욕을 주겠다고 위협하고, 그녀의 순수한 마음을 희롱하려고 들었다. 그녀는 이런 편지를 받게 된 것이 슬퍼서 눈물을 흘렸다. 이러한 모욕은 그녀의 심신의 자존심을 무척 상하게 했다. 어떻게 하면 이런 지긋지긋한 상황에서 벗어날 수 있는 것인지 그녀로서는 알 수 없었다. 동생에게는 말하고 싶지 않았다. 동생이 너무나 걱정해서 일을 더한층 거북하게 만들 것임을 잘 알고 있었기 때문이다. 그녀에게는 친구도 없었다. 경찰에 고발해 버릴까? 묘한 소문이 퍼질 것이 두려워서 그것도 할 수 없었다. 하지만 어떻게 해서든지 끝장을 내야 했다. 그저 잠자코 있어서는 제 몸을 지킬 수 없을 것 같은 생각이 들었다. 뒤따르며 노리는 상스런 자는 날쌔어서 자기가 위험하다고 보는 마지막 선까지 뚫고 들어올 것만 같았다.

사내는 일종의 최후통첩을 보내왔다. 거기에는 이튿날 뤽상부르 미술관으로 오라고 명령하고 있었다. 그녀는 찾아갔다. 이모저모 생각해 본 끝에 자기를 집요하게 괴롭히고 있는 사내는 나탕 부인 집에서 자기를 만난 자임이 틀림없다는 확신을 갖기에 이르렀다. 어느 편지 속의 문구가 거기서밖에는 일어날 수 없는 한 사건을 암시하고 있었다. 그녀는 나탕 부인에게 힘써 도와줄 것을 부탁하고 미술관 입구까지 마차로 같이 가 달라고 하고는 잠시 그곳에서 기다리게 했다. 그녀는 안으로 들어갔다. 약속한 그림 앞에 서 있으려니까 협박 편지를 보낸 장본인이 의기양양하게 다가와 짐짓 공손한 태도로 말을 걸었다. 그녀는 상대를 뚫어지게 바라보았다. 상대는 말을 끝내자 왜 그렇게 남의 얼굴을 쳐다보느냐고 놀리듯이 물었다. 그녀는 대답했다.

"나는 비열한 사람을 보고 있는 것입니다."

그는 그 정도로는 당황하지도 않았다. 그리고 치근거리기 시작했다. 그녀는 말했다.

"당신은 나쁜 소문을 퍼뜨리겠다고 겁을 주셨죠. 나는 그 나쁜 소문이라는 것을 당신에게 드리러 왔습니다. 받아 주시겠어요?"

그녀는 몸을 흔들며 큰 소리로 말하고 사람들의 주의를 끌 작정이라는 것을 표시했다. 사람들은 그들 쪽을 보고 있었다. 그녀가 어떠한 일에도 물러서지 않으리라고 사내는 느꼈다. 사내는 목소리를 낮추었다. 그녀는 마지막으로 다시 한 번 말했다.

"당신은 비열한 사람입니다!"

그러고는 휙 돌아섰다.

사내는 면박을 당했다는 꼴이 되고 싶지 않았으므로 그녀의 뒤를 따라왔다. 그녀는 그대로 미술관을 나왔다. 기다리고 있는 마차 쪽으로 똑바로 걸어가 후닥닥 문을 열었다. 그래서 뒤따라오던 사내는 나탕 부인과 가까운 데서 얼굴을 맞대게 되었다. 부인은 사내를 알고 있어 사내 이름을 말하며 인사했다. 사내는 당황해서 도망쳤다.

앙투아네트는 부인에게 일의 경위를 말해야만 했다. 그녀는 싫었지만 할 수 없이 아주 삼가며 얘기했다. 자신의 수치심이 상처입고 괴로워한 비밀을 타인에게 털어놓는 것은 괴로웠다. 나탕 부인은 왜 더 빨리 알려 주지 않았느냐고 나무랐다. 앙투아네트는 아무에게도 말하지 말아 달라고 부탁했다. 이 사건은 이것으로 끝이었다. 그리고 나탕 부인은 그 사내에게 살롱의 출입을 금할 필요도 없었다. 왜냐하면 그는 다시는 찾아오지 않았으니까.

*

이와 거의 같은 무렵에 앙투아네트는 이와는 전혀 다른 종류의 슬픔을 맛보았다.

극동 지역에 영사로 재직해 있다가 몇 달 간의 휴가를 보내러 프랑스로 돌아온 40세가량의 아주 착실한 사람이 나탕네에서 앙투아네트를 만났다. 그리고 그녀에게 반했다. 이 만남은 나탕 부인이 앙투아네트에게는 비밀로 미리 일을 꾸며 놓은 것이었다. 부인은 그녀를 결혼시키려 했던 것이다. 이 사내도 유대인이었다. 그는 미남자는 아니었다. 머리가 조금 벗어지고 꾸부정했다. 그러나 사람 좋아 보이는 눈에다가 매우 친절했다. 그리고 저 자신도 고생을 했으므로 남의 고통에 동정하는 마음을 갖고 있었다. 앙투아네트는 이미 옛날의 공상적인 소녀는 아니었다. 아름다운 날에 연인과 함께 하는 산책처럼 인생을 꿈꾸는 어리광을 부리는 아이는 아니었다. 지금 그녀는 인생을 거센 싸움으로 생각하고 있었다. 오랫동안 고생해서 한 발짝씩 쌓아올린 것을 그만 일순간에 잃어버릴지도 모르는 걱정에, 결코 쉼없이 날마다 되풀이해야 하는 싸움이었다. 그래서 그녀는 생각했다. 벗의 팔뚝에 의지해서 노고를 함께 할 수 있다면, 그리고 벗이 지켜보는 가운데 잠깐이라도 눈을 붙일 수 있다면 그야말로 얼마나 즐거울 것인가 하고. 그것이 꿈이라는 것은 그녀도 잘 알고 있었다. 그러나 그러한 꿈을 온통 단념해 버릴 만한 용기는 아직 없었다.

그래도 자신이 살고 있는 세계에서는 지참금이 없는 처녀는 아무것도 바랄 수 없다는 것을 모르지 않았다. 프랑스의 낡은 부르주아 계급이 결혼을 비열하게 이해타산으로 생각하는 것은 전 세계에 알려진 일이다. 유대인은 금전에 대해서는 그렇게 탐욕스럽지는 않다. 부유한 청년이 가난한 소녀를 결혼 상대로 택하는 일과 재산 있는 집 딸이 지성이 풍부한 사내를 정열적으로 구하는 것은, 그들 사이에서는 결코 드문 일이 아니다. 프랑스 시골의 가톨릭교도 부르주아 계급 사이에서는 지갑이 지갑을 찾고 있다. 가엾게도 왜 그런 것을 하는 것일까? 그들은 너절한 요구밖에는 하고 있지 않은 것이다. 먹는 것, 하품하는 것, 잠자는 것, 그리고 절약하는 것, 그들은 그런 일밖에 못하는 것이다. 앙투아네트는 그러한 그들을 잘 알고 있었다. 어릴 적부터 보아 온 것이었다. 부유와 빈곤이라는 것을 통해 보아 왔다. 그들에게서 기대할 수 있는 것에 대해서는 이미 환상을 품지 않았다. 그러므로 이 사내가 결혼을 신청해 준 것은 그녀에게는 뜻하지 않은 기쁨이었다. 처음에는 사랑하지 않았지만 점차 그에 대해 깊은 감사와 애정이 가슴속에 끓어오름을 느꼈다. 만일 식민지에 따라가지 않아도 괜찮은 것이었다면, 동생을 버리지 않아도 되는 것이었다면, 그녀는 그의 청을 받아들였을 것이다. 그러나 그녀는 거절했다. 상대는 그녀의 거절 이유를 어느 정도 이해했지만 용서할 수는 없었다. 사랑의 이기주의는 상대가 갖고 있는 가장 귀중한 덕이라고 여겨지는 것까지도 자기를 위해 희생해 주지 않으면 용서치 않는 것이다. 그는 그녀를 다시는 만나지 않았다. 편지도 주지 않았다. 그가 출발하고 난 뒤, 그녀는 그의 소식을 아무것도 받지 못했다. 그런데 5, 6개월 뒤에 다른 여자와 결혼했다고 하는 통고장을 받았다. 겉봉은 그 자신의 필적이었다.

앙투아네트에게 이것은 커다란 슬픔이었다. 또다시 고통스런 일을 당한 그녀는 자기의 괴로움을 신에게 바쳤다. 동생을 위해 자기 몸을 바친다는 오직 하나의 의무를 잠깐이라도 잊고 있었던 벌이라고 믿으려 했다. 그리고 그 의무에 몰두했다.

그녀는 세상으로부터 완전히 물러났다. 나탕네 집에 가는 것까지 그만두었다. 나탕 부부는 모처럼 주선해 준 상대를 그녀가 거절하고 나서는 그녀에 대해 다소 냉담해졌다. 그들은 거절의 이유를 인정하지 않았다. 나탕 부인은 이 결혼은 꼭 이루어질 것이고 또 결혼 생활도 행복해지리라 믿고 있었다. 그러다가 앙투아네트 때문에 일이 틀어지자 무척 자존심이 상했다. 앙투아네트의 불안은 확실히 존중할 만한 것이기는 하지만 너무나 감상적이라고 생각했다. 그리고 단박에 이 어리석은 처녀에 대한 관심은 엷어져 갔다. 부인은 상대가 동의하거나 말거나 타인에게 좋은 일을 하고자 하는 욕구를 갖고 있었으므로, 또 다른 소녀를 택해 한참 동안 부인이 소비하지 않고는 배기지 못하는 호의와 헌신의 전부를 주었다.

올리비에는 누이의 마음속에 일어난 슬픈 일에 대해서는 아무것도 몰랐다. 그는 자신의 몽상 속에서만 살고 있는 감상적이고 들떠 있는 청년이었다. 날카롭고 매혹적인 정신을 가졌으며 또 앙투아네트의 마음과 똑같이 애정의 보물창고와 같은 마음을 갖고는 있었지만, 기분이 들떠서 무엇 하나 단단히 쌓아올리지 못했다. 앞뒤가 맞지 않고, 낙담하고, 어슬렁거리고, 머릿속에서만의 연애를 하고, 시간과 힘을 허비하고 수개월의 노력을 언제나 망쳐버렸다. 잠깐 본 아름다운 얼굴에 정신을 잃거나, 한번 객실에서 얘기를 했을 따름으로 도무지 이쪽에는 주의도 돌리지 않는 경박한 소녀들에게 열중하기도 했다. 또 어떤 책이나 시나 음악에 심취해서 공부 따위는 제쳐 놓고 몇 달 동안이나 주로 이에 골몰했다. 앙투아네트는 끊임없이 그를 감시하고, 더욱이 그의 기분을 해칠 것을 염려하여 눈치채이지 않도록 세심한 주의를 기울여야만 했다. 언제 어떤 무분별한 짓을 저지를는지 알 수 없다는 두려움도 있었다. 폐결핵 염려가 있는 사람들에게서 흔히 보이는 열병적인 흥분, 고르지 못한 기분, 마음이 불안한 동요 따위에 그는 줄곧 사로잡혔다. 의사는 그런 위험을 앙투아네트에게 똑똑히 말했었다. 원래가 병약하고 시골에서 파리로 이식된 이 식물에는 좋은 공기와 빛이 필요했던 것이다. 앙투아네트는 이것을 동생에게 줄 수 없었다. 두 사람에게는 휴가 중에 파리를 떠날 만한 돈이 없었다. 휴가 때 말고는 일주일 내내 쫓기었다. 그리고 일요일에는 음악회에 가는 것 말고는 외출하고 싶지 않을 만큼 지쳐 있었다.

그래도 앙투아네트는 여름날 일요일에는 가끔 기운을 내어 샤비유와 생클루 방면의 교외 숲으로 올리비에를 데려갔다. 하지만 숲은 소란스런 남녀나 주점의 노래와 더러운 종잇조각 등으로 가득 찼다. 마음을 쉬게 하거나 맑게 하는 신성한 고요는 없었다. 그리고 저녁에 돌아오는 기차는 무척 붐비었다. 천장이 낮고 좁으며 어둡고 비참한 교외 열차 속은 숨막힐 듯한 초만원으로 말소리, 웃음소리, 노래, 외설스런 말, 냄새, 담배 연기 따위가 서려 맴돌았다. 앙투아네트와 올리비에는 서민적인 혼을 갖고 있지 않았으므로 역겨운 기분이 들어 실망하고 돌아왔다. 올리비에는 앙투아네트에게 이젠 이런 소풍은 그만두어 달라고 부탁했다. 앙투아네트도 한참은 이를 되풀이할 기분이 들지 않았다. 하지만 얼마 뒤에 그녀는 올리비에보다도 이 소풍을 더욱 싫어하고 있으면서도 또다시 가자고 우겼다. 동생의 건강에는 그것이 꼭 필요하다고 믿었던 것이다. 그녀는 다시금 동생을 억지로 산책시켰다. 하지만 이번에도 역시 유쾌하지는 않았다. 그래서 올리비에는 심하게 누이를 책망했다. 그리고 나서 둘은 질식할 듯한 도시 속에 틀어박혀 있었다. 그리고 감옥과 같은 안뜰에서 야외를 동경했다.

*

마지막 학기가 되었다. 에콜노르말의 입학시험도 끝나 갈 무렵이었다. 이제야말로 중요한 시기였다. 앙투아네트는 무척 지쳐 있었다. 그녀는 성공을 믿었다. 동생은 다 잘 되어 나가고 있었다. 고등 중학에서는 가장 우수한 지망자의 한 사람으로 보았다. 어떠한 예정 계획에도 따르기 어려운 불규칙적인 정신을 제외하고는 그의 공부와 지력에 대해서는 모든 교사가 한결같이 칭찬을 아끼지 않았다. 하지만 무거운 책임감에 짓눌려서 시험이 가까워짐에 따라 그의 머리는 제대로 활동할 수 없게 되어 버렸다. 극도의 피로, 실패하지 않을까 하는 염려, 게다가 병적인 소심증이 벌써 그를 마비시켰다. 여러 사람이 보는 가운데 시험관 앞에 나간다고 생각하면 소름이 쫙 끼쳤다. 그는 언제나 자신의 소심증을 근심하고 있었다. 교실에서는 낯을 붉히고, 말을 해야 할 때에는 목구멍이 막혔다. 처음 한동안은 이름이 불려 대답을 하는 것이 고작이었다. 질문받을 것을 알고 있을 때보다도 미처 생각지 못했던 질문 쪽이 대답하는 데 훨씬 수월했다. 질문받을 것을 미리 알고 있으면 그는 병적이 되었다. 머리가 부단히 작용을 계속해서 이제부터 일어날 일이 아주 세밀히 상상되는 것이었다. 기다리는 시간이 길면 길수록 걱정이 되었다. 어느 시험이나 적어도 두 번씩 치렀다고 해도 좋을 정도였다. 왜냐하면 그 전날 밤에 꿈속에서 시험을 치렀기 때문이었다. 그리하여 기운을 다 소모해 버린 것이었다. 그래서 막상 시험날이 되면 이미 힘이 바닥나 있었다.

그로서는 그 무서운 면접시험이 딱 질색이었다. 밤에 이 시험 일을 생각하면 진땀이 났다. 평소라면 열중할 수 있는 철학 문제라도, 필기시험이 되면 여섯 시간에 두 페이지도 쓰지 못했다. 처음에는 머릿속이 텅 비어 있어 그야말로 무엇 하나 생각나지 않았다. 깜깜한 벽에 부딪친 듯한 기분이었다. 시험이 끝나기 한 시간 전이 되어서야 겨우 그 벽이 갈라지고 갈라진 틈에서 몇 줄기 광선이 확 비쳐들었다. 그래서 그는 몇 줄의 뛰어난 문장을 썼다.

하지만 그것만으로는 합격할 수 없었다. 그의 낙심한 모양을 보고 앙투아네트는 이래서는 불합격이리라고 짐작했다. 그리고 그 못지않게 실망했다. 그러나 겉으로는 조금도 내색하지 않았다. 게다가 그녀는 제아무리 절망적인 입장에 놓이더라도 역시 어떤 희망을 계속 품어 나가는 힘을 갖고 있었다.

올리비에는 시험을 통과하지 못했다.

그는 낙담했다. 앙투아네트는 그다지 중요한 일도 아니라는 듯이 미소를 지었다. 하지만 그 입술은 떨고 있었다. 그녀는 동생을 위로하고, 이것은 간단히 돌이킬 수 있는 불운에 지나지 않는다, 내년에는 반드시 좋은 성적으로 합격될 것이 틀림없다고 말했다. 올해 그가 성공하는 일이 그녀에게 얼마나 필요한지, 자신의 심신이 얼마나 지쳐 버렸는지, 과연 1년을 더 똑같은 일을 되풀이할 만한지 어떤지 불안하다고 하는 것은 말하지 않았다. 하여튼 또 1년을 노력해야만 했다. 올리비에의 입학 전에 만일 그녀가 죽어 버린다면 그로서는 혼자서 싸워 나갈 용기가 없을 것이다. 그는 생활에 말려 들고 말 것이다.

그래서 그녀는 자기의 피로를 동생에게 숨겼다. 그리고 두 배의 노력을 기울였다. 휴가 중에 동생에게 얼마쯤 바람을 쏘이게 하고, 신학기가 시작되면 더한층 힘을 내어 공부할 수 있도록 해 주려고 피와 땀을 짜내듯 일했다. 하지만 신학기가 시작될 무렵에는 그녀의 얼마 안 되는 저축도 줄어들었다. 게다가 가장 수입이 많았던 레슨 자리를 두세 개나 잃고 말았다.

또다시 1년! …… 누이와 동생은 마지막 시련을 향해 단단히 정신을 긴장시켰다. 우선 무엇보다도 살아가야 했다. 다른 수입원을 찾아야 했다. 앙투아네트는 나탕 부부의 주선으로 독일에서 찾은 가정교사 자리를 받아들였다. 그녀로서는 이것은 결심하기 어려운 일이었다. 그러나 지금 당장에는 달리 방법이 없었다. 게다가 기다리고 있을 수만도 없었다. 6년 동안 단 하루도 그녀는 동생에게서 떠난 적이 없었다. 동생의 얼굴도 보지 않고 목소리도 듣지 않는 이제부터의 생활이 어떻게 되어 나갈 것인지 자신으로서도 알 수 없었다. 올리비에도 그것을 생각하면 등이 서늘해졌다. 그래도 그는 무어라고도 말을 꺼내지 못했다. 그러한 비참한 생활도 모두 자기 탓이기 때문이었다. 자신이 시험에 붙었더라면 앙투아네트는 이러한 곤경에 빠지지 않아도 되었을 것이다. 그에게는 반대할 권리도, 자기 자신의 슬픔을 고려해 볼 권리도 없었다. 그녀 혼자서 결정할 일이었다.

둘은 마지막 며칠을 마치 둘 중 어느 한쪽이 죽어가기라도 하는 것처럼, 말하지 않는 슬픔 가운데 함께 지냈다. 너무나 괴로울 때는 모습을 숨겼다. 앙투아네트는 올리비에의 눈 속에서 의견을 구했다. 만일 올리비에가 "가지마!" 하고 말했다면 아무리 출발하지 않으면 안되는 상황이었더라도 출발하지 않았을 것이다. 동부(東部) 정거장까지 둘을 실어가는 전세 마차 속에서도, 마지막 순간에 이르기까지 앙투아네트는 결심을 번복하려고 했다. 이미 결심을 수행할 만한 힘이 자기 몸에 느껴지지 않았다. 그가 한 마디, 단 한 마디만 말했다면…… 하지만 그는 이 한 마디를 하지 않았다. 올리비에는 누이와 마찬가지로 굳어 있었다. 누이는 동생에게 매일 편지를 쓸 것, 아무 것도 숨기지 않을 것, 조금이라도 이상한 일이 있으면 자기를 불러들일 것을 약속시켰다.

*

앙투아네트는 출발했다. 고등중학 기숙사에 들어갈 것을 승낙한 동생 올리비에가 쓸쓸한 마음으로 기숙사 침실로 돌아가고 있을 때, 슬픔으로 마음이 얼어붙은 듯한 앙투아네트를 기차는 멀리 실어 가고 있었다. 둘 다 어둠 속에서 눈을 뜨면서 시시각각으로 서로 멀어지고 있음을 느끼며 아주 나직한 소리로 서로의 이름을 불렀다.

앙투아네트는 이제 들어가려고 하는 세계가 무서웠다. 그녀는 6년 전의 그녀와는 아주 달랐다. 전에는 그렇듯 대담하고 무슨 일에도 겁내지 않았던 그녀도, 지금은 침묵과 고독이라는 습관이 온통 몸에 배었으므로 거기서 뛰쳐나오는 일은 고통이었다. 행복했던 지난날, 잘 웃고 수다스럽던 쾌활한 앙투아네트는 행복했던 날이 다 가 버림에 따라 죽어 버린 것이다. 불행은 그녀로 하여금 세상을 싫어하게 만들었다. 아마도 올리비에와 둘이서 생활을 하다 보니 그새 그의 수줍음에 전염된 것이리라. 동생 말고는 말을 걸기가 싫었다. 무엇이나 다 겁이 났다. 방문도 두려웠다. 그래서 이제부터 외국인 집에서 생활하고 그들과 지껄이고 항상 제 몸을 사람들의 눈에 드러내고 있지 않으면 안 된다고 생각하자 괴로웠다. 더구나 이 불쌍한 처녀는 동생과 마찬가지로 교사로서의 재능은 없었다. 양심적으로 그 일을 하고는 있었지만 그것을 자기 일이라고 믿고 있지는 않았다. 유익한 일을 하고 있다는 믿음의 뒷받침이 있어야만 이 일에 종사할 수 있었다. 앙투아네트는 사랑하기 위해서 만들어진 인간이지 교육하기 위해서 만들어진 인간은 아니었다. 더욱이 그녀의 애정에 대해서는 아무도 마음에 두지 않았다.

독일에서 새로운 일자리를 얻었지만, 여기서는 어디에서보다도 더 애정을 쏟을 길이 없었다. 그뤼네바움 댁 어린이들에게 프랑스어를 가르치게 되었으나 이 집 사람들은 그녀에게 아무런 관심도 보이지 않았다. 그들은 거만하고 무뚝뚝하고 냉담하며 버릇이 없었다. 그래도 지급되는 급료는 꽤 많았다. 그렇게 함으로써 돈을 받은 자를 은혜를 입은 인간으로 보고, 그 사람에게는 무슨 짓을 해도 괜찮다고 생각하는 것이었다. 그들은 앙투아네트를 조금은 고상한 일종의 심부름꾼처럼 취급하고 거의 아무런 자유도 허락하지 않았다. 자기 방조차도 없었다. 아이들 방에 잇닿은 옆방에서 자고 사잇문은 밤새 열린 채로였다. 혼자서만 있는 일은 결코 없었다. 가끔 자신 속에 숨고 싶은 욕구, 모든 인간이 마음속 고독에 대해 가질 수 있는 그러한 신성한 권리도 사람들은 고려하지 않았다. 앙투아네트의 행복은 다만 마음속에서 동생과 만나 얘기를 나누는 일이었다. 그녀는 극히 짧은 여가를 이용했다. 하지만 그 시간조차도 방해를 받았다. 한 마디 쓰기 시작하면 누군가가 방 안에서 그녀의 주위를 어른거리며 무엇을 쓰고 있느냐고 물었다. 또 편지를 읽고 있으면 무슨 말이 씌어 있느냐고 물었다. 야유하는 듯한 정다운 말투로 귀여운 동생 일을 캐물었다. 그래서 그녀는 사람의 눈을 피해야 했다. 올리비에의 편지를 몰래 읽기 위해서 때로 어떠한 구석진 데에 숨어야만 했다든가 하는 일은 말하기도 부끄러운 일이다. 편지를 방 안에 놓아두면 꼭 누가 읽었다. 자물쇠 장치가 있는 것이라고는 가방밖에 없었으므로 남이 읽어서는 안 될 종이쪽지는 모두 자신의 몸에 지니고 있어야 했다. 사람들은 항상 그녀 주변에서 일어나는 일들이나 그녀의 마음속을 들여다보아 생각의 비밀을 밝혀내려고 했다. 그것은 그뤼네바움네 사람들이 그녀에게 동정적인 관심을 갖고 있기 때문이 아니었다. 그들은 급료를 지급하는 이상 그녀를 자기들의 소유물처럼 생각하고 있는 것이었다. 하지만 거기에 악의가 있는 것은 아니었다. 버릇 없음은 그들의 고질적인 습관이었다. 그들 사이에서는 그것은 별로 불쾌한 일은 아니었다.

앙투아네트에게 있어 가장 괴로운 것은 온종일 단 한 시간도 버릇 없는 눈에서 벗어나지 못하게 하는 이러한 스파이적 태도, 이러한 비도덕적인 태도였다. 그녀는 그뤼네바움네 사람들에게 약간 거만하고 삼가는 태도를 지속했다. 그들은 이것에 마음이 상했다. 물론 그들은 자신들의 무례한 호기심을 정당한 것으로 치고, 이로부터 달아나려고 하는 앙투아네트의 기분을 비난하기 위해 훌륭한 도덕적인 이유를 생각해 냈다. 그들은 이렇게 생각했다. '우리 집에 동거하며 가족의 일원이 되고 아이들의 교육을 맡고 있는 젊은 처녀의 내면적인 생활을 아는 것은 우리의 의무이다. 우리에게는 그럴 책임이 있다.' 이는 많은 주부들이 하녀들에 대해 말하고 있는 바와 똑같다. 그 '책임'이라는 것은 불행한 하녀로부터 단 하나의 피로감이나 단 하나의 불쾌감도 덜어 주지 않고, 다만 그들에게 모든 종류의 기쁨을 금할 따름이다. 그들은 다음과 같이 결론지었다.

"앙투아네트가 양심이 시키는 이러한 의무를 인정하지 않겠다고 한다면 좀 거리끼는 데가 있어서일 것이다. 몸가짐이 바른 처녀에게는 숨겨야 할 일이란 무엇 하나 없을 것이다."

이리하여 앙투아네트는 주위에서 끈질기게 감시당하고 있었다. 이에 대해 그녀는 끊임없이 몸을 보호했다. 그러다 보니 그녀의 태도는 평소보다도 더 한층 싸늘하고 함께 어울리지 않게 되었다.

동생에게서 매일 12페이지나 되는 편지가 왔다. 그녀 쪽에서도 어떻게 노력해서든지 비록 두서너 줄이라도 매일 동생에게 편지를 써서 보냈다. 올리비에는 애써 잘 있는 것처럼 꾸밈으로써 너무 자신의 슬픔을 드러내지 않으려고 했다. 그러나 그는 안타깝게도 견디기 어려웠다. 그의 생활은 항상 누이의 생활에 끊을 수 없는 유대로 연결되어 있었으므로, 누이를 빼앗긴 지금은 자신의 반신을 잃은 듯한 생각이 들었다. 이젠 팔다리도 움직일 수 없고, 생각할 수도 없으며, 산책하는 것도, 피아노를 치는 것도, 공부하는 것도 잘되지 않았다. 그야말로 아무것도, 몽상에 잠기는 일조차도—누이의 일을 꿈꾸는 것밖에는—되지 않았다. 아침부터 밤까지 책만 붙들고 앉아 있었다. 그래도 무엇 하나 유익한 일은 되지 않았다. 그의 생각은 다른 곳에 가 있었다. 괴로워하든가 누이 일을 생각했다. 전날 온 편지에 대해 생각했다. 시계를 물끄러미 바라보며 그날의 편지를 기다렸다. 그리고 편지가 오면 그의 손가락은 겉봉을 뜯으며 기쁨으로, 동시에 또 두려움으로 떨렸다. 연인의 편지라 하더라도 이렇게 연인의 손에 떨림을, 불안한 애정으로 전율하는 떨림을 주지는 않으리라. 그도 앙투아네트와 마찬가지로 사람 눈을 피해 그러한 편지들을 읽었다. 편지는 모두 몸에 지녔다. 그리고 밤에는 마지막에 받은 것을 베개 밑에 넣었다. 때때로 이를 만져 보고 그것이 역시 거기 있음을 확인하고 그리운 누이를 꿈꾸고는 오랫동안 잠들지 못했다. 얼마나 누이에게서 멀리 떨어져 있는 듯한 생각이 들었던 것일까? 우편 처리가 늦어져서 보낸 지 이틀 뒤에나 편지가 도착할 때는 더욱이 가슴이 죄어들었다. 둘 사이에는 이틀 낮 이틀 밤의 거리가 있다! …… 그는 이제까지 여행을 한 적이 없었으므로 시간과 거리를 과장해서 생각했다.

그의 상상력은 여러 방향으로 움직였다. (아! 만일 누나가 병에 걸린다면 만나러 가기 전에 죽어 버릴지도 모른다……. 왜 어제는 몇 줄밖에는 써 보내지 않았을까? …… 만일 병이 난 것이라면? …… 그래, 병이 난 게 틀림없다……) 그런 생각을 하면 숨이 막혔다. 게다가 이 쓸쓸한 파리의, 이 싫은 학교의 이러한 냉정한 사람들 가운데서 누이로부터 떨어져 오직 자기 혼자서 죽는 것은 아닐까, 하는 공포에 자주 사로잡혔다. 그것을 생각하는 것만으로도 병이 났다. 돌아와 달라고 편지를 쓸까? 그러다가도 곧 그런 비겁한 마음을 부끄럽게 여겼다. 편지를 쓰기 시작하면 누이와 얘기하는 것이 즐거워져서 한참 동안은 괴로움도 잊어버렸다. 누이를 만나 그 목소리를 듣고 있는 듯한 생각이 들었다. 그는 누이에게 뭐든지 얘기했다. 함께 있을 때라도 이토록 다정스레, 이토록 열을 띠어 얘기한 적은 없었다. '내가 진심으로 사랑하는 성실하고 친절한, 그리고 사모하는 누님.' 정말로 그것은 연문이었다.

이러한 편지는 애정으로 앙투아네트를 흥건히 적셨다. 그녀의 생활에서 이 편지만이 호흡할 수 있는 공기였다. 아침에 기다리는 시간에 편지가 오지 않으면 그녀는 슬퍼졌다. 그뤼네바움네 사람들이 무관심하거나 또는 일종의 짓궂은 장난으로, 편지를 전해 주는 것을 저녁때까지 미루고 있었던 적이 두세 번 있었다. 한 번은 이튿날 아침까지 잊고 있었다. 그 때문에 그녀는 안절부절못해서 열이 났다. 정월 초하루에는 두 사람은 마치 약속이라도 한 듯이 같은 생각을 했다. 두 사람 모두 장문의 전보를 쳐서—요금을 많이 치렀다—상대를 놀래 주었다. 전보는 둘 다 같은 시각에 도착했다. 올리비에는 여느 때와 다름없이 공부와 의혹에 대해 앙투아네트와 상의하는 것이었다. 앙투아네트는 충고해 주고 지지해 주고 힘을 불어 넣어 주었다.

하지만 그녀 자신도 힘은 별로 갖고 있지 않았다. 이 타향에서 그녀는 질식할 것만 같았다. 여기서는 누구 한 사람 아는 사람은 없었다. 아무도 그녀에게 관심을 가져주지 않았다. 단 한 사람, 어느 교수 부인만이 호의를 보여 주었다. 이 부인은 최근 이 도시에 와서 역시 마찬가지로 이국에 있는 쓸쓸함을 맛보고 있었다. 이 선량한 부인에게는 퍽 모성적인 데가 있어서, 서로 사랑하면서 따로따로 떨어져 있는 두 사람의 고통에 동정을 베풀어 주었다. 부인은 앙투아네트에게서 신상 얘기를 일부 끌어 냈던 것이다. 하지만 부인은 실로 소란스럽고 범용하고 통 재치나 사려가 없었으므로, 앙투아네트의 귀족적인 작은 영혼은 겁이 더럭 나서 도망하곤 했다. 앙투아네트는 아무에게도 자기 마음을 털어놓을 수가 없었으므로 모든 근심을 자기 가슴 하나에 간직했다. 그것은 정말로 무거운 짐이었다. 때때로 자기는 이대로 쓰러져 버리는 것이 아닐까 생각했다. 하지만 앙투아네트는 입술을 깨물고 다시 걸어가기 시작했다. 건강은 나빠져 있었다. 무척 야위었다. 동생 편지는 점점 더 기운이 없어졌다. 언젠가는 실망에 휘말려 그는 이렇게 썼다.

'돌아와 줘요, 돌아와 줘요, 돌아와 줘요! ……'

하지만 그는 편지를 보내자마자 부끄러워졌다. 그래서 곧 또 한 통을 써서, 앞의 편지를 찢어 주기 바란다, 그리고 거기 쓴 것은 개의치 말아 달라고 앙투아네트에게 당부했다. 그는 잘 있으며 누이가 없어도 된다는 투로 가장하기조차 했다. 그의 겁 많은 자존심은 누이 없이는 살아나갈 수 없다고 남에게 보이는 것을 꺼렸다.

앙투아네트는 이에 속아 넘어가지는 않았다. 그녀는 동생의 의도를 알아차렸다. 하지만 어떻게 해야 좋을지를 몰랐다. 어느 날인가는 돌아가려고 했다. 파리행 기차 시간을 정확히 알기 위해 정거장으로 갔다. 그런데 그녀는 나중에, 이건 제정신으로 하는 짓이 아니라고 생각을 고쳐먹었다. 여기서 버는 돈으로 올리비에의 기숙사 식비가 지급되는 것이다. 둘이서 다 버틸 수 있는 데까지 버텨야 했다. 그러나 그녀에게는 이제 무엇인가 결심할 만한 정력이 없었다. 아침이 되면 기운이 났다. 그러나 저녁 어스름이 다가옴에 따라 힘이 빠지고 달아나고 싶어졌다. 그녀는 고국에 대해, 그녀에게는 퍽 냉혹했지만 그래도 그녀의 보배 같은 모든 과거가 묻혀 있는 고국에 대해 애틋한 향수를 느꼈다. 동생이 말하고 있는 모국어, 동생에 대한 애정을 표현하는 모국어에 대해 반가움이 솟아올랐다.

마침 이때 프랑스 배우들이 이 독일 소도시에 찾아왔다. 앙투아네트는 연극 구경은 좀처럼 가지 않았지만—그럴 틈도 없었지만 또 취미도 없었다—모국어가 듣고 싶었다. 프랑스 속으로 달아나고 싶다는 저항하기 어려운 욕망에 사로잡혔다. 그 다음의 일은 독자가 알고 있는 대로이다. 이미 좌석이 없었다. 그녀는 청년 음악가 장 크리스토프를 만났다. 그녀는 크리스토프를 몰랐지만 크리스토프는 그녀의 낙심한 모양을 보고 자기 좌석에서 보지 않겠느냐고 권했다. 그녀는 그만 별 생각 없이 이를 받아들이고 말았다. 크리스토프와 동석한 것은 작은 도시의 소문거리가 되었다. 그리고 이 악의에 찬 소문은 그뤼네바움네 사람들의 귀에 들어갔다. 그들은 이미 이 프랑스 처녀에 관해 불친절한 시의심(猜疑心)을 느끼고 싶었으며, 또 크리스토프에 대해서도 이미('반항' 참조) 말한 대로 분격해 있었으므로, 참혹하게도 앙투아네트를 해고해 버렸다.

동생에 대한 애정에 완전히 빠져 모든 더러운 생각에서 멀어져 있는 이 맑고도 수치심 강한 혼은, 무엇 때문에 비난받았는가를 알자 죽고 싶도록 부끄러웠다. 하지만 한순간이라도 크리스토프를 원망하지는 않았다. 그도 또한 자기와 마찬가지로 결백하다는 것, 결과적으로는 자기에게 폐를 끼쳤다고 하더라도 친절을 베풀려고 했기 때문이라는 것을 알고 있었다. 그녀는 그에게 감사했다. 그녀는 그에 대해서는 아무것도 몰랐다. 알고 있는 것은 그가 음악가이며 세상으로부터 매우 거센 공격을 받고 있다는 것뿐이었다. 그런데 세상이나 인간에 대해서는 무지했지만 타고나면서부터 인간의 혼을 꿰뚫어보는 직감력을 가지고 있었으며, 더욱이 그것은 이제까지의 고생으로 날카로워져 있었다. 그래서 극장에서 동석한 이 버릇 나쁜, 약간 미쳐 보이는 사내 속에 저와 똑같은 천진스러움과 사나이다운 선량함을 인정했다. 이 추억만으로도 그녀에게는 힘이 되었다. 그에 대한 험구가 아무리 귀에 들리더라도 그에 대해 품은 신뢰는 조금도 영향받지 않았다. 자기 자신이 희생자인 그녀는 그도 자기와 마찬가지로, 더욱이 자기보다도 훨씬 이전부터 박해하는 사람들의 악의에 괴로워하는 피해자임에 틀림없다고 생각했다. 그리고 남의 일을 생각하고 자기 일을 잊어버리는 습관이 있었으므로, 크리스토프가 괴로워했을 것이 틀림없다고 생각하자 자기 자신의 괴로움에서 조금 생각이 멀어졌다. 하지만 그를 또 한 번 만나고 싶다거나 편지를 쓰고 싶다는 생각은 전혀 없었다. 본능적인 수치심과 자존심이 그것을 허용하지 않았다. 그녀는 상대가 자기에게 폐를 끼친 일은 알지 못하리라고 여겼다. 그리고 언제까지나 그것을 모르고 있기를 상냥스런 마음으로 빌었다.

그녀는 출발했다. 시에서 한 시간쯤 간 곳에서, 그녀를 태운 기차가 이웃 시에서 하루를 보낸 크리스토프가 탄 기차와 우연히 마주쳤다.

몇 분간 마주 보고 정거해 있는 객차에서 두 사람은 밤의 고요 속에서 서로 얼굴을 바라보았다. 말은 건네지 않았다. 평범한 말밖에 무슨 말을 할 수 있을 것인가! 그들의 마음속에 싹터 있으며 마음속의 확실한 직관(直觀) 외엔 아무런 근거도 갖지 않는 공통된 연민과 신비적인 동정의 무어라고 설명할 수 없는 이 감정은, 그러한 말을 가지고는 모독을 받았을 것이다. 서로 알지 못하는 채 물끄러미 바라보고 있는 이 마지막 순간에, 그들은 그들과 더불어 살고 있는 사람들이 보는 것과는 다른 모양으로 서로를 보고 있었다. 모든 것은 지나가 버린다. 말의 추억도, 입맞춤의 추억도, 서로 사랑하는 육체적 포옹의 추억도. 하지만 숱한 가상의 형태가 무리지은 가운데 한 번 접촉하고 서로를 인정한 혼과 혼의 접촉은 결코 사라지지 않는 것이다. 앙투아네트는 그러한 접촉을 마음 깊은 바닥에 간직하고 갔다. 그 마음은 슬픔에 감싸이기는 했지만, 슬픔의 중심에는 《오르페》의 '극락 정토의 영'을 충분히 적시고 있는 빛과도 같은 어렴풋한 빛이 미소 짓고 있었다.

*

앙투아네트는 다시 올리비에를 만났다. 마침 꼭 좋은 때에 돌아왔다. 올리비에는 병이 나 있는 참이었다. 신경질적이고 쓸데없는 걱정을 잘하는 이 청년은 병이 나지 않았을 때는 병을 두려워했다. 그렇지만 지금 실제로 병이 나자 누이를 걱정시키지 않을 셈으로 이를 알리지 않았다. 하지만 마음속으로는 누이를 불러 대고 기적이라도 기다리듯 누이가 돌아오기를 기대하고 있었다.

그 기적이 실제로 일어났을 때 그는 열이 나서 꾸벅꾸벅 졸며 학교 병실에 누워 있었다. 누이의 모습을 보고도 소리도 지르지 않았다. 이제까지 얼마나 많이 누이가 걸어들어오는 환각을 보았던가! ……그는 입을 벌린 채 침대 위에서 몸을 일으켜 이번에도 환각이 아닌가 하고 쭈뼛쭈뼛하고 있었다. 그녀가 그의 침대 곁에 앉아 그를 일으키고, 그가 그녀 가슴에 매달려 자기 입술 밑에 누이의 상냥스런 뺨을 느끼고, 손바닥 속에 밤 여행으로 차가워진 손을 느끼고, 확실히 누이라는 것, 반가운 누이라는 것을 깨달았을 때 그는 울음을 터뜨렸다. 울 수밖에 없었다. 그는 여전히 어린 시절처럼 '울보'였다. 누이가 다시 달아나지나 않을까 염려되어 꼭 안고 있었다. 두 사람 모두 얼마나 변한 것일까! 얼마나 슬픈 얼굴을 하고 있는 것일까! …… 그런 건 아무래도 좋았다! 두 사람은 다시 만난 것이다. 병실도, 학교도, 어두컴컴한 날도 모두 다시 환히 빛나기 시작했다. 둘은 서로 안고 떨어지려고 하지 않았다. 그녀가 아직 말도 꺼내기 전에 그는 누이에게 이젠 결코 아무 데도 가지 않는다는 다짐을 받았다. 그러나 다짐받을 필요는 없었다. 그녀는 이제 결코 어디로도 가지 않을 것이다. 따로 떨어진 생활은 그들에게 있어서는 너무나 불행했다. 어머니가 한 말이 옳았다. 무슨 일이건 이별보다는 나았다. 함께 있기만 한다면 빈곤이라도, 죽음이라도 견딜 수 있었다.

둘은 급히 방을 세냈다. 더럽기는 해도 그 전에 쓰던 방을 빌리고 싶었지만 그곳은 벌써 사람이 살고 있었다. 이번 방도 안뜰로 향해 있었다. 그리고 담 너머로 자그마한 아카시아 나무 끝이 보였다. 저희와 들과 마찬가지로, 도회의 포장도로 속에 갇혀 있는 이 나무에 마치 들판의 벗을 대하는 것처럼 그들은 곧 애착을 느꼈다. 올리비에는 건강을, 또는 건강이라고 말하는 것을 —그에게 있어 건강이라고 하는 것은 더 튼튼한 사람에게 있어서는 병일는지도 몰랐다—아주 빠르게 회복했다. 앙투아네트는 독일에서 쓰라린 생활을 보내고 약간의 돈을 벌었다. 게다가 독일 책을 번역한 것을 어떤 출판사가 맡아 주어 약간의 돈이 들어왔다. 그래서 물질적인 걱정은 한동안 미뤄둘 수 있었다. 이로써 올리비에가 학년 말 시험에만 통과한다면 모든 일이 잘 되어 나갈 것이다. 그러나 만일 통과하지 못한다면?

함께 사는 즐거움에 다시 젖어들자마자 또다시 시험에 관한 일이 자꾸만 걱정이 되었다. 둘은 서로 그것을 입에 올리기를 피했다. 하지만 아무리 노력해도 생각은 항상 그리로 되돌아갔다. 이 고정관념은 잊어버리려고 해도 곳곳에서 두 사람을 뒤따라왔다. 음악회에서 한 곡을 듣고 있는 도중에 불쑥 그것이 머리를 쳐들었다. 밤중에 눈을 뜨면 그것이 심연처럼 커다란 입을 벌렸다. 특히 올리비에는, 누이의 어깨의 짐을 내려주고 싶다, 누이가 자신의 청춘을 희생해 준 데 대해 보답하고 싶다고 하는 열렬한 소원 말고도 병역에 대한 공포가 있었다. 만일 시험에 실패하면 징병은 면할 수 없었다(그 당시에는 상급 학교에 들어가면 징병은 면제되었다). 그는 병영 생활에서 보는 —그의 견해의 타당성 여부는 차치하고라도—육체적이고 정신적인 혼란에 대해, 또 지적 타락에 대해 무어라 저항키 어려운 혐오를 느꼈다. 그의 속에 있는 귀족적인 것, 순결한 것의 모든 것이 병역이라고 하는 의무에 반발했다. 이런 의무에 복종할 바엔 차라리 죽음을 택할는지도 알 수 없었다. 이러한 감정은 오늘의 신조가 된 사회 도덕적 이름으로 경멸할 수도, 비난하는 일도 허용될 것이다. 하지만 이를 부정하는 자는 맹인이다! 오늘의 일반적이고 거친 공통주의에 의해 침범되어 있는 이러한 정신적 고독의 고통 이상으로 심각한 것은 없다.

다시 시험이 시작되었다. 올리비에는 자칫 잘못했다간 시험을 치르러 가지도 못할 뻔했다. 몸 상태가 좋지 않았다. 게다가 합격되거나 안 되거나 하여튼 치르지 않으면 안 될 고통을 무척 두려워해서, 병이 낫길 차라리 바라고 있을 지경이었다. 그런데 이번에는 필기시험은 꽤 괜찮았다. 그러나 합격 결과를 기다리는 것은 괴로운 일이었다. 혁명의 나라이면서도 세계에서 가장 구식인 나라의 옛날부터의 습관에 따라 시험은 1년 중 가장 더운 7월에 있었다. 어느 시험관이나 그 10분의 1도 알지 못할 것 같은 대단스런 시험 과목 준비에 불행한 수험생들은 벌써 짓눌려 있는데도, 다시 숨통을 끊어 버리려 하는 것 같았다. 논문시험은 거리가 사람들로 온통 붐비는 7월 14일 다음 날에 있었다. 이날의 떠들썩함은 명랑하지도 않고 침묵을 필요로 하는 사람들에게는 견딜 수 없는 것이었다. 집 밖의 광장에는 노점이 들어서고 정오 무렵부터 밤중까지 사격장의 총소리가 울려 퍼지고, 전속력으로 회전하는 목마가 윙윙거리고 어설픈 풍금 소리가 붕붕거렸다. 이 소란은 일주일 동안 계속되었다. 그리고 공화국 대통령은 인기를 유지하기 위해 떠들썩한 것을 좋아하는 자들에게 반 주일 동안 더 축제를 연장시켜 주었다. 대통령이 그렇게 함으로써 낭패될 일은 하나도 없었다. 그의 귀에는 그들의 고함 소리는 들리지 않았으니까! 하지만 올리비에와 앙투아네트는 한순간도 쉼없이 머리를 망치로 얻어맞는 것 같아 소음에 고통을 받고, 창문을 꼭 닫고 숨막히는 방 안에 틀어박혀 있어야 했다. 아무리 귀를 막아도 끈질기게 되풀이되는 이 백치적인 음향의 소음으로부터 벗어날 수는 없었다. 그것은 아침부터 밤까지 날카로운 쇳소리를 내며 마치 주머니칼 칼날처럼 머리에 쑤셔박혀 두 사람은 그 고통으로 몸부림쳤다.

필기시험에 붙자 바로 면접시험이 시작되었다. 올리비에는 앙투아네트에게 수험장으로는 들어오지 말라고 당부했다. 그녀는 입구에서 기다렸다. 올리비에 이상으로 떨면서. 그는 두말할 것도 없이 만족하게 시험을 치렀다고는 누나에게 말하지 않았다. 그가 말하는 것도 또 말하지 않는 것도 모두 그녀에게는 걱정거리였으니까.

마지막 결과가 발표되는 날이 왔다. 소르본 대학 교정에 합격자 명단이 게시되었다. 앙투아네트는 올리비에를 혼자 보내고 싶지 않았다. 집을 나올 때 그들은 서로 입 밖에 내지는 않았지만, 저마다 가슴속으로 생각하고 있었던 것은 이미 시험 결과를 서로 알고 있다는 것과, 그때에는 아마도 그나마 아직 희망이 있는 이 걱정스런 현재를 좋다고 여길 것이 틀림없다고 하는 따위의 일이었다. 소르본 대학이 보였을 때 그들은 발에서 힘이 빠지는 것처럼 느껴졌다. 그토록이나 여장부인 앙투아네트도 동생에게 말했다.

"제발 좀 그렇게 빨리 걸어가지 마……."

올리비에는 누이의 얼굴을 바라보았다. 누이는 미소를 지으려고 애썼다. 동생이 말했다.

"잠시 여기 벤치에서 쉬어 갈까."

동생도 더는 걸어가고 싶지 않았다. 그러나 이내 누이는 동생 손을 꼭 쥐고 말했다.

"아무렇지도 않아. 자, 이제 가자."

합격자 명단은 얼른 눈에 띄지 않았다. 여러 명단을 읽었지만 자넹이라는 이름은 없었다. 한참만에야 가까스로 그 이름이 발견되었을 때 곧바로 납득이 가지 않았다. 몇 번이나 되풀이해 읽었지만 믿어지지가 않았다. 그리고 그것이 정말이라는 것을 똑똑히 알게 되고, 자넹이라는 것은 올리비에이며, 그가 합격했다고 알게 되자 그들은 숨을 들이마셨다. 둘은 도망치듯이 집으로 돌아왔다. 누이는 동생과 팔을 끼고 동생의 손목을 잡고 있었다. 동생은 누이에게 기대어 서 있었다. 둘은 거의 달리듯이 걸어갔기에 주변의 무엇 하나 눈에 들어오지 않았다. 큰길을 가로지를 때 자칫하다간 차에 치어 죽을 뻔하기도 했다. 둘은 서로 되풀이하고 있었다.

"올리비에…… 누나!"

둘은 성큼성큼 계단을 뛰어올랐다. 방에 들어서자 둘은 왈칵 끌어안았다. 앙투아네트는 동생 손을 잡고 아버지 어머니 사진 앞으로 끌고 갔다. 사진은 그녀 침대 곁 방 한구석에 있었다. 그곳은 신성한 장소가 되어 있었다. 그녀는 사진 앞에 동생과 함께 무릎을 꿇었다. 그리고 둘은 소리를 죽여 울었다.

앙투아네트는 많지는 않지만 요리를 시켜왔다. 그러나 둘 다 이것에 손을 댈 수가 없었다. 식욕이 없었다. 올리비에는 누이의 무릎에 매달리거나 무릎 위에 올라앉거나 하여 어린애처럼 어루만지며 초저녁을 보냈다. 둘은 거의 입을 열지 않았다. 이제는 행복을 느낄 힘조차 없었다. 둘은 무척 지쳐 버렸다. 9시 전에 자리에 들어가 푹 잠들었다.

이튿날 앙투아네트는 심한 두통을 느꼈지만, 마음에서는 무거운 짐이 떨어져 나갔다! 올리비에는 이제야 비로소 숨을 쉴 수 있는 것 같았다. 그는 구원을 받은 것이었다. 앙투아네트는 그를 구하고 자기 의무를 다한 것이었다. 그리고 올리비에도 누이의 기대에 어긋나지 않았다! 몇 해인가, 그야말로 몇 년 만인가. 두 사람은 비로소 나태에 몸을 내맡겼다. 정오까지 자리에 누운 채 방의 사잇문을 열어젖히고 얘기를 나누었다. 거울 속으로 얼굴을 맞대고 지쳐서 부석해진, 그러나 즐거운 듯한 상대의 얼굴을 바라보고 있었다. 서로 웃고 키스를 던져 주고 또다시 꾸벅꾸벅 졸기 시작했다. 지쳐 솜처럼 된 두 사람은 거의 상냥스러운 말을 건넬 힘조차도 없이 잠에 빠져드는 상대를 바라보았다.

*

앙투아네트는 조금씩 절약을 계속해서, 만일 병이 났을 경우에 대비하여 얼마쯤의 저금을 하고 있었다. 그녀는 동생을 깜짝 놀라게 하려고 생각했지만 아직까지 그 말을 동생에게 하지는 않았다. 합격 발표가 있던 이튿날, 그녀는 몇 년 동안 고생을 했으니 그 상금으로 한 달가량 스위스로 여행을 다녀오자고 말을 꺼냈다. 올리비에가 관비로 에콜노르말의 3년을 보내고 학교를 졸업하고 나면 직장을 얻게 되는 것도 확실해진 지금은, 실컷 즐기고 저금을 죄다 써버린다 해도 상관없었다. 올리비에는 이 얘기를 듣자 기쁨의 아우성을 질렀다. 앙투아네트는 그보다 더 기뻤다. 동생이 행복해하므로 기뻤다. 이로써 그리워하던 시골을 겨우 또다시 볼 수 있다고 생각하자 기뻤다.

여행 준비는 큰일이었지만 처음부터 끝까지 즐거웠다. 둘이 여행길에 올랐을 때는 8월도 절반 이상 접어들어서였다. 두 사람은 여행에 익숙하지 않았다. 올리비에는 전날 밤 잠을 이루지 못했다. 그리고 기차를 놓치지나 않을까 걱정이었다. 둘은 초조하게 서둘러 정거장에서는 인파에 밀리고 2등 찻간에 쑤셔넣어져 잠을 자려 해도 팔을 뻗을 수조차 없었다(가장 민주적인 프랑스의 철도회사가 부자가 아닌 손님에게 되도록 특권을 뺏어서, 돈 많은 여객에게 자신들만 특권을 누릴 수 있다는 즐거움을 주고 있었다). 올리비에는 한시도 눈을 붙이지 않았다. 자기가 정말 맞는 기차를 타고 있는 것인지 여전히 믿어지지가 않아 하나하나 정거장 이름을 기웃거렸다. 앙투아네트는 반쯤 졸며 계속 눈을 뜨고 있었다. 열차의 동요로 그녀의 머리는 흔들렸다. 올리비에는 이동 무덤 같은 기차 안 천장에 켜 있는 음산한 불빛으로 그러한 누이의 얼굴을 보고 있었다. 그리고 아주 변해 버린 표정에 깜짝 놀랐다. 눈언저리가 움푹 들어가 있었다. 귀엽게 생긴 입은 피로 때문에 반쯤 열려 있었다. 피부의 색깔은 누레졌다. 그리고 뺨에는 잔주름이 여기저기 잡혀 슬픔과 환멸의 쓸쓸한 나날의 자국을 남겨 두었다. 늙어서 앓는 사람 같았다. 실제로 그녀는 몹시 지쳐 있었던 것이다! 만일 그녀가 그렇게 할 마음이었다면 출발을 늦출 수도 있었을 것이다. 하지만 모처럼만의 동생의 기쁨을 방해하고 싶지 않았다. 자신은 단지 지쳤을 뿐, 시골에 가면 낫겠지, 하고 억지로 믿으려고 했다.

아! 그녀는 도중에서 병이 날 것을 얼마나 염려했던 것일까! …… 그녀는 동생이 보고 있다는 것을 눈치챘다. 그래서 견딜 수 없는 졸음을 가까스로 물리치고 눈을 떴다. 여느 때는 그렇듯 깨끗이 트인 맑은 눈인데도 지금은 가끔 무의식적인 고뇌의 그림자가 마치 작은 호수 위를 지나가는 구름처럼 지나갔다. 그는 불안한 애정에 휩쓸려 나직한 소리로 기분은 어떠냐고 물었다. 그녀는 동생 손을 꽉 쥐고 괜찮다고 장담했다. 애정이 담뿍 실린 한 마디로 그녀는 기운을 되찾았다.

돌과 퐁타를리에 사이의 창백한 평야 위에 붉은 새벽의 빛이 돋기 시작하고, 전원의 경치가 눈뜨고 명랑한 태양이 대지에서 솟아 올랐다. 이 태양도 그들과 마찬가지로 파리의 먼지투성이 집이나 짙은 매연 등의 감옥으로부터 도망쳐 온 것이다. 떨고 있는 평원은 자신이 토하는 우유처럼 흰 살결의 가벼운 안개로 휩싸여 있었다. 도중에서 보고 듣고 하는 자질구레한 것, 예컨대 마을의 작은 종각, 어른거리는 가느다란 시내, 지평선 안쪽에 떠 있는 언덕의 푸른 선, 조용히 졸고 있는 시골 한복판에 기차가 머물렀을 때 멀리서 바람에 실려오는 희미한, 가슴에 잦아드는 듯한 고지에서의 감동적인 종소리, 선로 위의 둑에서 꿈꾸고 있는 암소 무리들의 사뭇 너그러운 모습, 그러한 모든 것에 앙투아네트와 올리비에는 정신을 빼앗겼다. 그들에게는 모든 것이 새로워 보였다. 그들은 기뻐 어쩔 줄 모르며 대기의 수분을 빨아 마시는 두 그루의 말라 가던 나무와 같았다. 그리고 그날 아침 스위스 세관에 도착해 기차에서 내렸다. 평야 속 작은 역이었다. 밤잠을 못 잤으므로 가슴이 좀 메스꺼웠고 새벽 역의 축축한 냉기에 몸이 부르르 떨렸다. 하지만 날씨는 평온하고 하늘은 맑고 목장의 미풍이 불어와 입과 혓바닥 위로, 목구멍을 통해 가슴속으로 작은 개울물처럼 흘러들었다. 노선 탁자에서 선 채로 진한 우유를 넣은 커피를 마셨다. 대기와 같이 달고, 들의 풀이나 꽃과 같은 향기가 나는 이 커피는 그들을 기운나게 해 주었다.

그들은 스위스의 기차를 탔다. 그 구조와 설비가 진기해서 어린이 같은 기쁨을 느꼈다. 하지만 앙투아네트는 얼마나 피로했던 것일까! 어째서 기분이 언짢은지 자기도 알 수 없었다. 주위의 모든 것이 이렇듯 아름답고 이렇듯 흥미가 있는데도 마음이 그다지 기쁘지 않은 것은 대체 어찌 된 일일까? 동생을 데리고 가는 즐거운 여행, 이젠 앞날의 근심도 없고 그리워하던 자연을 바라보는 일, 이것은 몇 년 전부터 꿈꾸어 온 일이 아니었던가…… 대체 어찌 된 것일까? 그녀는 스스로를 책망했다. 그리고 애써 동생의 기뻐하는 소박한 모양을 바라보고 그 기쁨을 함께 하려고 했다.

둘은 툰에서 기차를 내렸다. 이튿날은 다시 산을 향해 출발해야 했다. 그런데 그날 밤 호텔에서 앙투아네트는 심한 열이 나서 구토를 하고 두통을 호소했다. 올리비에는 그만 멍하니 어쩔 바를 몰랐다. 불안한 하룻밤을 지냈다. 아침이 되자 곧 의사를 불러야 했다(이것은 예상 외의 경비로서 그들의 넉넉지 않은 재정 상태로 보아 벅찬 일이었다). 의사의 말에 의하면 당장에는 걱정할 일이 없지만, 극단적으로 피로해 있어 몸의 조직이 많이 파괴돼 있다는 것이었다. 곧장 여행을 계속한다는 것은 물론 안 될 일이었다. 의사는 앙투아네트에게 온종일 일어나서는 안 된다고 이르고, 아마도 아직 한참 동안은 툰에 머무르지 않으면 안 될 것이라고 했다. 둘은 낙심했다. 그래도 이만한 정도로 그친 것은 다행이었다. 하지만 이렇게 먼 곳까지 와서 무더운 태양이 비쳐드는 온실 같은 이런 호텔의 답답한 방에 틀어박혀 있어야 하는 것은 괴로웠다. 앙투아네트는 동생에게 산책을 하도록 권했다. 그는 잠시 호텔 밖으로 나갔다. 아름다운 초록 옷을 입은 아르강을 바라보고 저편에 떠오른 흰 봉우리를 보았다. 기쁨으로 가슴이 뛰었다. 하지만 그는 이 기쁨을 혼자서만 맛볼 수는 없었다. 서둘러 누나의 방으로 돌아와 지금 본 경치에서 받은 감동을 얘기했다. 그가 이렇듯 빨리 돌아온 것에 누나가 놀라, 다시 산책 나갔다 오라고 권하자, 그는 언젠가 샤틀레 극장의 음악회에서 돌아왔을 때와 같은 말을 다시 되풀이했다.

"아, 아냐. 너무나 아름다운걸. 누나와 함께가 아니라면 보는 것도 괴로워."

이러한 감정은 두 사람에게 있어서는 별로 진기한 것은 아니었다. 그들은 완전히 자기가 되기 위해서는 둘이서 함께 있어야 한다는 것을 알고 있었다. 하지만 그 말을 귀로 듣는 것은 역시 즐거웠다. 이러한 즐거운 말은 앙투아네트에게는 어떠한 약보다도 효과가 있었다. 그녀는 시름겨우면서도 기쁜 듯이 미소 짓고 있었다. 그리고 하룻밤 기분좋게 잠을 잔 뒤에, 이대로 곧 출발하는 것은 무모한 짓이기는 했지만 붙들 것이 틀림없는 의사에게는 알리지 않고 아침 일찍이 몰래 도망치자고 결심했다. 맑은 공기와 아름다운 경치를 함께 보는 기쁨 때문에 이 경솔한 행위도 그녀에게 나쁜 결과를 가져오진 않았다. 그리고 둘은 달리 아무 사고도 없이 여행 목적지에 다다랐다. 그것은 슈피츠에서 얼마 멀지 않은 호수 위의 산간 마을이었다.

두 사람은 그곳의 작은 호텔에서 삼사 주일 동안 지냈다. 앙투아네트는 이젠 열이 나지 않았다. 하지만 아주 회복된 것은 아니었다. 항상 머리가 무겁고 몸은 견딜 수 없이 나른하여 늘 불쾌한 기분이었다. 올리비에는 자주 누나의 건강을 물어보았다. 더 안색이 좋아졌으면 하고 바랐다. 그는 이 고장의 아름다운 풍경에 도취돼 있었다. 그리고 본능적으로 음침한 생각을 멀리 했다. 누나가 몸 상태가 좋다고 하자 그는 이것을 정말이라고 믿고 싶었다. 사실은 반대임을 알고는 있었지만. 게다가 그녀는 동생이 기운 난 것을, 맑은 공기를, 특히 휴식을 마음으로부터 즐겼다. 몇 해나 모진 생활을 계속 한 뒤에 이렇듯 겨우 휴식할 수 있다는 것은 얼마나 즐거운 일인가!

올리비에는 누나를 산책에 데리고 가고 싶었다. 그녀도 함께 돌아다니는 것은 즐거웠다. 하지만 기분 좋게 나섰다가도 20분만 걸으면 숨이 가쁘고 가슴이 답답해져서 발을 멈추어야만 하는 때가 몇 번인가 있었다. 그래서 그는 혼자서 멀리 갔다. 그것은 위험이 없는 등산이었지만 그녀는 그가 돌아올 때까지 안절부절못했다. 가끔 또 두 사람은 함께 짤막한 산책을 했다. 누나는 동생의 팔에 매달려 잦은 걸음을 걸으며 이야기를 나누었다. 더구나 올리비에는 수다스럽게 웃으면서 여러 가지 계획을 얘기하거나 농담을 하거나 했다. 골짜기 위 산 중턱의 길에서 가만히 움직이지 않는 호수에 비친 흰 구름이며, 물웅덩이 표면을 헤엄치는 벌레 같은 배를 바라보았다. 두 사람은 훈훈한 공기를 들이마시고, 바람이 가끔 생각난 듯이 베인 꼴과 뜨거운 나무진 냄새와 함께 저 멀리서 실어 오는 가축의 방울 소리를 들이마셨다. 그리고 함께 과거와 미래와 현재를 꿈꾸었다. 그중에서 현재가 모든 꿈 중에서도 가장 비현실적이고 또 가장 즐거운 꿈인 것처럼 여겨졌다. 앙투아네트도 때로 동생의 어린아이 같은 순진성에 이끌려 자기도 그런 기분이 들었다. 숨바꼭질을 하거나 풀을 서로 던지며 놀았다. 어느 날인가 그는 어렸을 때와 같이 누나가 깔깔거리는 것을 보았다. 그것은 태평스럽고 샘물처럼 맑은 소녀의 멍한 웃음으로서, 벌써 몇 해나 그가 들어 본 적이 없는 것이었다.

하지만 올리비에는 긴 산책에 나서는 즐거움에 항거하지 못하는 일이 종종 있었다. 그러고는 나중에 좀 후회했다. 누나와 즐거운 대화를 하지 않은 자신을 나중에 책망했다. 호텔에서도 그는 누나를 빈번히 혼자 버려두었다. 이 호텔에는 젊은 남녀들이 있었다. 처음에 두 사람은 그들로부터 멀어져 있었다. 그러나 올리비에는 어름어름 그들에게 이끌려 그들 패거리에 들어갔다. 그에게는 친구가 없었다. 누나 말고는 알고 있는 사람이라고는 혐오감을 일으키는 학교 친구와 그들의 연인밖에 없었다. 집안이 좋고 애교도 있거니와 쾌활하기도 한 같은 또래의 남녀 속에 있는 것은 그로서는 기분 좋은 일이었다. 그는 모르는 사람들 앞에 나가기를 싫어했지만, 순수한 호기심과 놀이의 즐거움을 동경하는 감상적인 마음을 갖고 있었다. 그것은 여성의 눈 속에 가냘프게 빛나는 창백한 불꽃에 황홀해져 버리는 마음이었다. 그 자신도 내성적이기는 했지만 남들이 좋아했다. 사랑하고 사랑받고 싶다고 하는 순진한 욕망이 있었으므로, 그의 태도에는 어느덧 모르는 새에 젊음이 넘치는 우아한 품이 갖추어지고 말도 몸짓도 상냥스럽고 친절했다. 솜씨 서투른 것이 도리어 이를 매력적인 것으로 만들었다. 그는 날 때부터 동정심을 갖고 있었다. 그의 지성은 고독한 생활 때문에 무척 짓궂어져 세상 사람들의 평범하고 속된 것이나 결점을 꿰뚫어보아 이에 혐오를 느끼기는 했지만, 그들과 마주 대하면 이제는 상대의 눈밖에 보지 않았다. 그 눈 속에는 언젠가는 죽을 인간, 그와 마찬가지로 또 하나의 생명밖엔 갖고 있지 않은 인간, 이내 그와 마찬가지로 그것을 잃어버릴 인간의 모습이 나타나 있었다. 그렇게 되자 그는 상대에 대해 무의식 중에 애정을 느꼈다. 그 순간에는 어떤 일이 있더라도 상대에게 고통을 줄 수는 없었다. 자기가 바라거나 바라지 않거나 간에 친절해질 수밖에 없었다. 그는 약했다. 그렇기 때문에 그는 '사교계 사람'들에게 호감을 샀다. 그들은 어떠한 악덕이라도, 또 어떠한 미덕이라도—다른 모든 미덕의 조건인 힘만을 제외하고는—모두 허용했다.

앙투아네트는 이들과 어울리지 않았다. 그녀의 건강, 피로, 뚜렷한 원인을 알 수 없는 울화증은 그녀를 마비시켰다. 오랜 세월, 몸과 마음을 닳아 버리게 하는 근심 속에서 거센 일을 하고 있는 동안 그들의 역할은 바뀌어 있었다. 그녀는 이제와서 자기 자신이 세상으로부터 그야말로 멀리 동떨어져 있음을 느꼈다. ……그녀는 이제 그리로 돌아갈 수는 없었다. 그곳의 대화며 법석이며 웃음소리며 너절한 흥미 따위는 그녀를 지루하게 하고 지치게 하고 기분을 상하게 했다. 그녀는 그러한 자신이 괴로웠다. 다른 처녀들처럼 되고 싶었다. 그녀들이 흥미를 갖는 것에 흥미를 갖고 그녀들이 웃는 것을 함께 웃고 싶었다……. 그것을 그녀는 이제 할 수 없었다! ……그녀는 가슴이 죄어들었다. 마치 자신이 죽어 버린 것처럼 여겨졌다. 밤에는 제 방에 틀어박혀 있었다. 그리고 불도 켜지 않는 적이 많았다. 깜깜한 어둠 속에 가만히 앉은 채로 있었다. 그동안 올리비에는 아래층 객실에서 이제는 습관이 된 소설적인 연애 유희의 즐거움에 골몰해 있었다. 벗들과 담소를 계속하며 언제까지나 차마 헤어지지 못해 문간에서 몇 번이고 안녕을 되풀이하고 있는 동생이 겨우 방으로 올라오는 소리가 들리자, 그녀도 비로소 멍한 상태에서 깨어났다. 그리고 어둠 속에서 방긋 웃으며 일어나 전등을 켰다. 동생의 웃음소리를 듣자 기운이 났다.

가을이 깊어졌다. 태양의 빛이 엷어졌다. 자연이 시들어 갔다. 10월의 솜과 같은 안개와 구름 밑에서 색채는 점차 바랬다. 산에는 눈이 내리고 평야에는 안개가 자욱이 피어올랐다. 여행자는 한 사람 또 한 사람, 그러다가는 무리를 지어 돌아갔다. 비록 오다가다 만난 벗이라도, 벗이 가 버리는 것을 보는 것은 슬펐다. 더구나 생활의 오아시스였던 정적과 행복의 계절 여름이 가는 것을 보는 것은 슬펐다. 둘은 입을 열지 않았다. 추운 듯이 바싹 몸을 댔다. 깃을 세운 외투에 폭 싸여 서로 손가락을 걸어 잡고 우울한 생각에 잠겨 있었다. 축축한 숨은 소리도 없이 가라앉아 침묵 속에서 울고 있었다. 겨울이 오는 것을 느낀 고독한 작은 새의 겁먹은 듯한 상냥스런 울음소리가 숲 안쪽에서 들려왔다. 가축들의 맑은 방울 소리가 멀리서 거의 끊길락말락 안개 속에서 울렸다. 마치 그들의 가슴 깊은 바닥에서 울리고 있는 것처럼……

그들은 파리로 돌아왔다. 두 사람 다 쓸쓸했다. 앙투아네트의 건강은 회복되지 않았다.

*

올리비에가 학교에 가져갈 짐을 챙겨야 했다. 앙투아네트는 남아 있는 저금을 이 일에 썼다. 보석 몇 개를 몰래 팔기까지 했다. 상관없다! 사는 동안에 그가 도로 사줄는지도 알 수 없다. 게다가 그가 없게 되면 자기 혼자만의 생활에는 약간의 돈이면 된다…… 동생이 없어지면 어떻게 될 것인가 하는 일 따위는 생각하고 싶지 않았다. 그녀는 동생의 길 떠나는 채비에 전념해서 동생에 대한 뜨거운 애정을 모두 이 일에 쏟아 넣었다. 이것이 동생에게 해 줄 수 있는 마지막 일이 아닐까 하는 예감이 들었다.

함께 생활할 수 있는 마지막 며칠 동안 둘은 서로의 곁을 떠나지 않았다. 단 한순간이라도 헛되이 하고 싶지 않았다. 마지막 날 밤은 난로 곁에 늦게까지 앉아 있었다. 앙투아네트는 방에 있는 단 하나의 안락의자에 앉고 올리비에는 발 밑의 작은 걸상에 걸터앉아 언제나처럼 커다란 응석받이같이 사랑을 받았다. 그는 이제부터 시작되는 새로운 생활에 불안을 느꼈다. 그런 한편으로 또 호기심도 생겼다. 앙투아네트는 이로써 둘이서만의 즐거운 생활도 끝장이라고 여겼다. 이제부터 앞으로 자기는 어떻게 될 것인가를 생각하면 두려운 기분에 사로잡혔다. 이러한 생각을 더욱 애틋한 것으로 하려는 듯이 그는 이 마지막 날 밤에는 이를 데 없이 상냥스러웠다. 떠날 때가 되어서야 비로소 자신이 갖고 있는 가장 좋은 점과 가장 매혹적인 점을 나타내려 하는 사람들처럼 천진스럽게 어리광을 부렸다. 그는 피아노 앞에 앉아 두 사람이 가장 좋아하는 모차르트와 글룩의 곡을 계속 쳤다. 그것은 두 사람의 지나간 생활 중에서 많은 것이 숨겨져 있는 가련한 행복과 맑게 트인 슬픔의 환상이라고도 할 만한 곡이었다.

드디어 작별할 때가 와서 앙투아네트는 학교 문까지 올리비에를 따라왔다. 그러고는 집으로 돌아왔다. 또다시 혼자가 되었다. 하지만 이번 이별은 독일에 가 있었을 때처럼 견딜 수 없게 되면 언제나 맘대로 돌아올 수 있는 그런 것이 아니었다. 이번에는 그녀 쪽이 남아 있게 되었다. 가 버린 것은 동생이었다. 오랜 세월에 걸친, 한평생의 이별이었다. 하지만 그녀는 어머니와 같은 애정을 갖고 있었으므로, 이러한 작별 뒤에도 자신의 일보다는 동생의 일을 생각했다. 그녀가 근심하는 것은, 이제까지와는 전혀 다른 생활에 발을 들여놓은 최초의 나날과 신입생 때 골탕먹는 일 등을 동생이 슬퍼하지 않을까 하는 일이었다. 그런 조그만 슬픔 따위는 대수롭지 않은 일이었지만, 이제껏 고독한 생활 속에서 사랑하는 이를 위해 이것저것 마음을 쓰는 습관을 가진 사람들의 머릿속에서는 쉽사리 불안의 씨앗이 되는 것이었다. 이러한 근심은 적어도 그녀의 고독을 얼마쯤 잊게 해주었다. 그녀는 벌써 이튿날 응접실에서 동생을 만날 수 있는 30분 동안의 일을 생각하고 있었다. 그녀는 15분 전에 갔다. 동생은 누이에 대해 퍽 상냥스러웠다. 하지만 그는 눈에 비친 것에 온통 마음을 빼앗겨 그것을 재미있어했다. 그 뒤의 면회에도 그녀는 언제나 불안한 애정에 꽉 차서 왔지만, 이 짧은 면회 시간에 대한 두 사람의 기분의 차이는 점점 심해져 갔다. 그녀에게 있어서 지금은 이 면회 시간이 그녀의 모든 생활이었다. 물론 그로서도 누나를 상냥스레 사랑하고는 있었지만 그에게 오직 누나 일만을 생각하라고 요구하는 것은 무리였다. 한 번인가 두 번쯤, 그는 응접실에 늦게 나타났다. 어느 때는 기숙사가 싫지 않느냐고 그녀가 묻자 별로 그런 일도 없다고 대답했다. 이러한 대답은 앙투아네트의 가슴을 콕 찔렀다. 그녀는 그런 기분이 되는 자신을 책망했다. 그녀는 자신을 이기주의자라고 생각했다. 동생이 그녀 없이는 살아가지 못하며 그녀도 동생 없이는 살아가지 못한다는 것, 또 그녀가 인생에 달리 목적을 갖지 못한다는 것은 터무니없는 일이기도 하고 부당하고 부자연한 일이라는 것을 그녀도 잘 알고 있었다. 그렇다, 그런 것은 죄다 알고 있었다. 하지만 알고 있다는 것만으로 무슨 소용이 있는가? 그녀로서는 어찌할 도리가 없었다. 그만큼 그녀는 10년 동안 그녀의 모든 생활을 동생이라는 단 하나의 생각에 바쳤던 것이니까, 그 생활에서 유일한 중심을 빼앗긴 지금, 그녀의 손에는 이제 아무것도 남아 있지 않았다.

그녀는 기운을 내어 다시 일과 공부와 음악과 좋아하는 책 읽기를 시작하려고 했다⋯⋯. 하지만 아! 셰익스피어도 베토벤도 그가 없으면 얼마나 공허한 것일까! 그렇다, 물론 그것은 아름다운 것임에 틀림은 없었다⋯⋯ 하지만 이미 그는 거기에 없는 것이다! 아무리 아름다운 것이라도 사랑하는 이의 눈이 그것을 보아 주지 않는다면 무슨 소용이 있을까? 어떤 아름다움이라 할지라도, 혹은 기쁨이라 할지라도 그것이 또 하나의 마음속에 맛보여지는 것이 아니라면 무슨 소용이 있겠는가?

만일 그녀가 좀더 강했더라면 안전히 생활을 개편해 놓고 다른 목적을 갖고자 애썼을 것이다. 하지만 그녀는 벌써 모든 힘을 모두 쏟아 버렸다. 무슨 일이 있더라도 버텨 내야만 할 필요가 없어진 지금, 그녀가 자신에게 부과한 의지의 노력은 꺾여 버렸다. 1년 전부터 증세가 보이기 시작해서 그녀가 기력으로 가까스로 억눌렀던 병이 앞으로는 자유롭게 활동할 수 있게 되었다.

그녀는 자신의 방에 혼자서, 불 꺼진 난로 곁에 앉아 우울한 밤을 보냈다. 다시금 불을 피울 기력도 없었으며 자리에 들어갈 만한 힘도 없었다. 한밤중까지 앉은 채로 꾸벅거리면서 몽상에 잠기고 추위에 몸을 떨고 있었다. 지나간 날들을 떠올렸다. 죽은 사람들과 사라져 버린 환상과 함께 있었다. 그리고 사랑도 없이 사라져 버린 청춘을 생각하자 견딜 수 없는 외로움에 사로잡혔다. 어둡고 막막한 슬픔이었다⋯⋯. 거리에서 아이들 웃음소리가 들리고 아래층에서 어린애의 걸음마 배우는 발소리가 들려왔다⋯⋯. 그 작은 발이제 마음속을 걸어가고 있는 것처럼 느껴졌다……. 여러 가지 의혹이, 사악한 생각이 쳐들어오고 이기적이고 쾌락적인 이 도시의 정신이 그녀의 약해진 혼에 감염돼 왔다. 그녀는 미련과 싸우고 자기 욕망을 부끄러워했다. 무엇 때문에 괴로워하는지도 몰랐다. 그녀는 이것을 사악한 본능 탓으로 여겼다. 까닭을 알 수 없는 고뇌에 사로잡힌 이 가련한 오필리아 공주는, 생명의 깊은 바닥에서 나오는 탁한 야수적인 숨결이 제 몸의 밑바닥에서 뿜어오르는 것을 보고 잔뜩 겁을 먹었다. 그녀는 이제 일을 하지 않았다. 레슨 자리도 대부분 포기해 버렸다. 아침에는 그토록 일찍 일어나던 그녀가 때로는 오후까지 자리 속에 있는 적도 있었다. 일어나도 곧 또 잤다. 거의 음식을 입에 대지 않았다. 전혀 먹지 않는 일도 있었다. 다만 동생의 휴일—목요일 오후와 일요일 온종일—에는 예전처럼 함께 있고자 노력했다.

그는 아무것도 눈치채지 못했다. 새로운 생활을 열심히 즐기고 이에 넋을 잃고 있었으므로, 누나를 차근히 관찰할 여유가 없었다. 그는 때마침 청춘기에 들어가고 있었다. 이 시기에는 사물에 마음을 모을 수가 없고, 전에 자신을 감동시킨 일이나 뒤에 자신의 마음을 동요시킬 일에도 무관심한 법이다. 나이를 먹은 사람 쪽이 때로는 스무 살 청년보다도 자연과 인생에 대해 한결 신선한 인상을 갖고 그것을 솔직히 향락하는 것 같다. 그러자 사람들은 청년 쪽이 마음이 겉늙고 둔하다고 말한다. 하지만 그것은 대부분 경우 착오이다. 청년이 무감각해 보이는 것은 감정이 둔하기 때문이 아니다. 정열이나 야심이나 욕망이나 고정관념에 의해 혼을 빼앗겼기 때문이다. 육체가 닳아지고 인생에서 이젠 아무것도 기대하지 않게 되자 사심이 없는 인간적인 감동이 다시금 움직인다. 그리고 천진스런 눈물의 샘이 열리는 것이다. 올리비에는 숱한 너절한 일에 주의를 팔고 있었다. 그중 가장 주된 것은 터무니없는 연애였다(그는 언제나 그런 것을 꿈꾸었다). 그것은 그의 마음에 번거롭게 따라다니고 다른 모든 일에 대해 그를 맹목적이 되게 하고 무관심하게 했다. 앙투아네트는 동생의 마음에 일어나고 있는 일들을 전혀 알지 못했다. 다만 동생이 자기에게서 떠나가고 있는 것만을 보고 있었다. 그러나 그가 떠나가는 것도 그의 탓만은 아니었다. 때로는 그도 집으로 돌아가 누나를 만나 애기를 하는 것이 즐거웠다. 하지만 집에 들어가자 금세 그의 마음은 식어 버렸다. 그녀는 열광적으로 그에게 매달리고 그의 말에 황홀해지고 무턱대고 친절히 돌봐 주었는데, 그러한 침착성이 없는 애정, 그러한 지나친 상냥함과 신경질적인 마음쓰임을 만나자 그는 그만 마음을 풀어 놓고 싶지 않았다. 그 것은 평소 늘 갖고 있는 저 미묘한 신중한 태도와는 전혀 달랐다. 하지만 그 는 그런 일을 생각지 않았다. 누나의 질문에 대해서는 무척 매정스럽게 그저 그렇다느니, 그렇지 않다느니 대꾸할 따름이었다. 누나가 그를 침묵에서 끌 어내리려고 하면 할수록 그는 점점 더 잠자코 있었다. 혹은 퉁명스런 대답을 하여 그녀의 마음을 다치게 했다. 그래서 그녀도 그만 풀이 죽어 잠자코 있 게 되었다. 그들의 하루는 이렇게 부질없이 흘러갔다. 학교로 돌아가기 위해 집의 문지방을 넘자마자 그는 자신의 행위가 후회되어 견딜 수 없는 기분이 되었다. 밤이 되자 누나를 괴롭힌 것을 생각하고 번민했다. 학교로 돌아가자 곧 애정이 넘치는 편지를 누나에게 쓴 일조차 있었다. 하지만 이튿날 아침, 이를 다시 읽어 보고 찢어 버렸다. 그렇지만 앙투아네트는 그런 일을 전혀 몰랐다. 이미 동생에게서는 사랑을 받고 있지 않다고 믿어 버렸다.

*

　그녀는 아직도 마지막 기쁨이라고 할 수는 없더라도 마음이 다시금 힘을 돌이키는 젊은 애정의 마지막 동요를, 사랑과 행복의 희망에 대한 힘의 절망 적인 각성을 느꼈다. 원래 그것은 미련스런 일이며 그녀의 온건한 성질에는 맞지 않는 것이었다. 그렇게 된 것도 그녀의 마음이 혼란스러웠기 때문이며 병의 징조인 상심과 흥분 상태 탓이었다.

　그녀는 동생과 함께 샤틀레 극장의 음악회에 갔다. 올리비에가 어느 조그 마한 잡지의 음악 비평을 담당하게 되었으므로 둘은 전보다는 좀 더 좋은 좌 석에 앉게 되었지만, 주위의 청중은 도리어 훨씬 호의를 가질 수 없는 사람 들이었다. 그들의 좌석은 무대 옆 관현악석이었다. 크리스토프가 연주하기 로 되어 있었다. 그들은 이 독일 음악가를 알지 못했다. 이윽고 나타난 음악 가의 모습을 보자 그녀는 피가 거꾸로 솟는 것 같이 느껴졌다. 그녀의 피로 한 눈에는 그의 모습은 어렴풋이밖에 보이지 않았지만 무대에 들어왔을 때 는 더 의심할 여지가 없었다. 독일에서 불행한 나날을 보내고 있을 때에 만 난 그 이름도 모르는 벗임에 틀림없었다. 그녀는 아직 한 번도 동생에게 그 의 일을 얘기하지 않았었다. 그를 생각한 적도 없었다. 그 뒤 그녀는 생활 걱정에 온통 마음을 빼앗겼던 것이었다. 게다가 그녀는 이성적인 프랑스 처녀로, 기원도 모르거니와 장래성도 없는 그런 막연한 감정에 잠길 수는 없었다. 그녀 속에는 엿볼 수도 없을 만큼 깊은 곳에 혼의 나라가 있어, 거기에는 그녀 자신이 보기를 부끄러워하는 다른 많은 감정이 잠들어 있었다. 그녀는 그러한 감정이 거기 있음을 알고 있었다. 하지만 정신으로 지배되지 않는 '존재'에 대한 일종의 경건한 두려움이 있어 그녀는 그곳을 외면하였다.

가슴의 설렘이 조금 멎자 그녀는 오페라글라스를 빌려 크리스토프를 보았다. 지휘자의 보면대를 향해 있는 그의 옆모습을 보고 격렬한 것을 안에 간직한 저 표정을 느꼈다. 그는 퍽 어울리지 않는 낡아빠진 양복을 입고 있었다. 이때 앙투아네트는 말없이 움츠린 마음으로, 저 애달픈 음악회의 소란을 목격했던 것이다. 크리스토프는 청중의 노골적인 악의에 부딪쳤다. 청중은 독일 음악가들에게는 호의를 갖고 있지 않았으며 크리스토프의 음악에 싫증이 나 있었던 것이었다('광장 시장' 참조). 너무나 길다고 여겨지는 교향곡 뒤에 피아노 몇 곡을 치기 위해 무대에 나타났을 때 그는 야유하는 아우성 소리로 맞아졌다. 청중이 그의 모습을 별로 보고 싶어하지 않는다는 것은 의심할 여지가 없었다. 그래도 그는 개의치 않고 치기 시작했다. 청중은 지겨워하면서도 체념하고 있었다. 그런데 뒤쪽 위층 좌석에 있던 두 손님이 커다란 소리로 흥청대는 투의 욕지거리를 늘어놓기 시작했다. 그 소리는 점점 더 거세어지더니 드디어 장내의 사람들이 합세해서 이를 재미있어했다. 크리스토프는 연주를 멈추었다. 그리고 악동 같은 장난기로 《말 브루가 전쟁하러 간다》를 손가락 하나로 치기 시작했다. 그러고는 피아노에서 일어나 청중을 향해 말했다.

"여러분에게는 이것이 딱 어울립니다."

청중은 음악가가 한 소리가 무슨 뜻인지 그 순간에는 이해하지 못했으나 곧 저마다 욕을 하기 시작했다. 그 뒤 대단한 소동이 벌어졌다. 휘파람을 불고 떠들어 댔다.

"사과하라! 나와서 사과하라!"

사람들은 노해서, 얼굴이 새빨갛게 흥분해서 자기들이 정말 분노해 있는 것이라고 믿으려 했다. 혹은 정말로 분격했는지도 알 수 없었지만, 그보다도 더한층 확실한 것은 태평스런 기분이 되어 떠들어 댈 기회가 생긴 것이 기뻤던 것이다. 마치 두 시간의 수업을 마친 뒤의 학생들 같았다.

앙투아네트는 몸을 움직일 힘도 없었다. 화석처럼 굳어 있었다. 입을 다문 채 떨리는 손으로 한쪽 장갑을 잡아당기고 있었다. 교향곡의 첫 음을 들었을 때부터 그녀는 이렇게 되리라 예상했다. 청중의 암묵적인 적의를 알아차렸다. 차츰 적의가 커지는 것을 느꼈다. 또 그녀는 크리스토프의 마음속을 읽어냈다. 이래가지고서는 연주가 끝나기 전에 폭발할 것이 틀림없다고 생각했다. 그녀는 시시각각으로 더해 오는 답답증을 억누르며 그 폭발을 기다렸다. 그러면서도 이를 막으려고 애를 썼다. 그리고 마침내 폭발해 버렸을 때는 자기가 예상했던 바와 같았으므로 자기의 힘으로는 어찌할 수 없는 숙명 같은 것에 짓눌려 버렸다. 그리고 그녀는 여전히 크리스토프를 물끄러미 지켜보고, 크리스토프는 욕설을 퍼붓는 청중을 오만하게 노려보고 있었으므로 두 사람의 시선은 마주쳤다. 크리스토프의 눈은 아마도 일순간 그녀를 보았을 것이 틀림없었다. 하지만 그는 폭풍 속에 휘말려 있었으므로 그의 정신은 그녀를 알아볼 수 없었다(그는 이미 그녀의 일은 생각지 않았다). 그는 사람들의 욕지거리 속에서 사라졌다.

그녀는 외치고 싶었다. 무언가 말하고 싶었다. 하지만 악몽을 꾸고 있을 때처럼 몸이 자유롭지가 않았다. 자기 곁에서 선량한 동생이 하는 말을 듣는 것으로써 그녀의 마음은 얼마쯤 위로받았다. 동생은 누나 마음속에서 일어나고 있는 일은 전혀 몰랐지만 슬픔과 분노를 함께했다. 올리비에는 마음속으로 음악을 좋아했다. 그리고 누구에게도 영향받지 않는 독립적인 취미를 갖고 있었다. 무언가 하나가 좋아지면 전 세계 사람들을 적으로 삼더라도 그것을 사랑했을 것이다. 교향곡 첫머리부터 무언지 위대한 것을, 여태껏 한 번도 맛본 적이 없었던 것을 느꼈다. 그는 깊은 감동을 받아 나직한 소리로 되풀이하였다.

"훌륭하다! 참으로 훌륭하다!"

그러자 누나는 감사하는 마음이 솟구쳐 본능적으로 동생에게 몸을 기대었다. 교향곡이 끝났을 때는 청중의 짓궂은 냉담에 항의하고 싶어 그는 열광적인 박수를 보냈다. 그리고 대소동이 벌어졌을 때는 이성을 잃었다. 그는 일어나서 큰 소리로 크리스토프를 감싸며, 희롱하는 자들에게 반격했다. 흠씬 두들겨 패 주고 싶었다. 그의 목소리는 법석 속에서 사라졌다. 야비한 조롱이 날아왔다. 코흘리개 녀석이라고 욕을 먹었다. 잠자코 있으라고 고함을 치는 것이었다. 앙투아네트는 반항해도 소용이 없음을 알고 있었으므로 동생의 팔을 잡고 말했다.

"그만둬, 제발 부탁이야, 잠자코 있어 줘!"

그는 절망해서 주저앉았다. 하지만 아직도 부르짖었다.

"창피하다, 창피해! 머저리 같은 놈들!"

그녀는 아무 소리도 하지 않았다. 아무 말도 하지 않은 채 가슴 아파했다. 그는 누나가 이 음악의 좋은 점을 알지 못한다고 생각했다. 그는 누나에게 말했다.

"누나, 이것은 참으로 훌륭한 작품이라고 생각지 않아, 응?"

그녀는 머리를 끄덕였다. 그녀 마음이 얼어 버린 듯이 기운을 내려 해도 되지 않았다. 하지만 오케스트라가 다른 곡을 연주하기 시작하자 그만 벌떡 일어나 일종의 증오를 가지고 동생에게 속삭였다.

"가자, 가. 이제 이런 사람들, 더 보고 있지 못하겠어!"

두 사람은 얼른 뛰어나왔다. 길에 나서자 둘은 서로 팔을 붙잡았다. 올리비에는 흥분해서 외치고 있었다. 앙투아네트는 입을 꼭 다물었다.

*

그 뒤 며칠 동안 그녀는 방에 혼자 틀어박혀 어떤 감정 속에 멍하니 빠져들었다. 그녀는 이 감정을 정면에서 보는 것을 피하고 있었는데도, 그것은 쑤셔대는 관자놀이의 희미한 맥박처럼 그녀의 모든 생각 속으로 까닭 없이 섞여들어 오는 것이었다.

그리고 나서 한참 뒤 올리비에가 크리스토프의 가곡집을 가지고 왔다. 어떤 서점에서 찾아낸 것이었다. 그녀는 그것을 받아들고 닥치는 대로 펴 보았다. 그러자 그 페이지의 한 곡 서두에 다음과 같은 헌사가 독일어로 쓰여 있는 것을 그녀는 읽었다.

'나를 위해 희생된 가련한 소녀를 위해'

그리고 그 밑에 날짜가 적혀 있었다.

그녀는 이 날짜를 똑똑히 기억했다. 그녀는 가슴이 답답해서 악보를 읽어 나갈 수가 없었다. 그녀는 악보를 내려놓고 동생에게 그것을 쳐 달라고 말하고 자기 방으로 가 거기에 틀어박혔다. 올리비에는 이 새로운 음악이 기뻐 견딜 수가 없어 누나의 감동도 눈치채지 못하고 치기 시작했다. 앙투아네트는 옆방에 앉아 들먹거리는 가슴의 맥을 가만히 누르고 있었다. 그러자 불현듯이 일어나 찬장 속의 작은 출납장을 찾았다. 독일을 출발한 날짜와 이 신비적인 날짜를 알아보려고 생각한 것이다. 그러나 그것은 알아보지 않아도 분명했다. 그렇다, 확실히 크리스토프와 함께 연극을 본 밤이다. 그녀는 자리에 몸을 눕히고 얼굴을 붉히고 가슴 위에 두 손을 얹고 반가운 음악에 귀를 기울였다. 가슴은 감사로 가득 찼다……. 하지만, 아! 어째서 이렇게 머리가 아픈 것일까?

올리비에는 누나가 나오지 않으므로 다 치고 나서 누나 방으로 가보았다. 그녀는 누워 있었다. 아픈 게 아니냐고 그는 물었다. 그녀는 몸이 좀 나른하다고 말하고 나서 곧 일어나 말상대가 되어 주었다. 둘은 얘기를 시작했다. 하지만 그녀는 어떤 질문을 받아도 바로 대답하지 못했다. 마음이 여기에 없다고 하는 태도였다. 그녀는 미소 지으며 얼굴을 붉혔다. 두통이 심해서 바보처럼 된 것이라고 변명했다. 가까스로 올리비에는 나갔다. 그녀는 악보를 놔두고 가라고 당부했다. 그녀는 혼자서 밤 늦게까지 피아노 앞에 앉아 이웃 사람들에게 말을 듣지나 않을까 염려를 하여, 음부를 하나씩 탄다기보다는 읽고 있었다. 아니, 거의 읽지도 않았다. 멍하니 꿈꾸고 있었다. 자기를 불쌍해하고 친절 어린 신비적인 직관력으로 자기의 마음을 읽어 내어 준 저 혼쪽으로 감사와 애정이 쏠렸다. 그녀는 생각을 정리할 수가 없었다. 그녀는 기쁘면서도 슬펐다…… 슬펐다! 아! 어째서 이렇게 머리가 아픈 것일까!

그녀는 즐겁기도 하거니와 애틋하기도 한 꿈속에서, 무겁게 퍼져 오는 우울 속에서 그날 밤을 보냈다. 낮이 되자 기분을 맑게 하기 위해 밖으로 좀 나가 보려고 했다. 여전히 두통은 있었지만 산책의 목적을 정해야 했으므로 큰 상점으로 쇼핑하러 가기로 했다. 그녀는 자기가 무엇을 하고 있는지 거의 생각지도 않았다. 무의식 중에 내내 크리스토프의 일을 생각하고 있었다. 온통 지쳐서 견딜 수 없는 슬픈 기분으로 혼잡 속으로 들어가자 건너쪽 보도에 크리스토프의 모습이 보였다. 동시에 그쪽에서도 그녀의 모습을 보았다. 곧

—그것은 무의식의 동작이었다—그녀는 그쪽으로 두 손을 내밀었다. 크리스토프는 멈춰섰다. 이번에는 그녀를 알아본 것이었다. 그는 벌써 차도에 내려 앙투아네트 쪽으로 오려고 했다. 하지만 잔인한 인파는 그녀를 한 가닥 지푸라기처럼 떠밀었다. 그때 합승마차의 말이 질척질척 미끄러지는 아스팔트 위에 쓰러져 크리스토프의 앞을 막아 버렸다. 그러자 금방 마차의 이중의 흐름이 이에 부딪쳐 한참 동안은 아무래도 넘을 수 없는 울타리가 되어 버렸다. 크리스토프는 그래도 빠져나가려고 했다. 하지만 마차의 한복판에 끼여 있어 나아갈 수도 물러설 수도 없게 되었다. 가까스로 그 사이를 빠져나와 앙투아네트의 모습이 보이던 장소에 이르자 그녀는 이미 멀리 가 버렸다. 그녀는 인파에 저항했지만 그것은 부질없는 노력이었다. 그러나 그녀는 단념해 버렸다. 이젠 싸우려 들지도 않았다. 숙명이 자기에게 덮쳐들어 크리스토프를 만나게 해주지 않으려는 것을 느꼈다. 숙명이 하는 것에 대해서는 어쩔 수 없었다. 붐비는 사람들 밖으로 겨우 나갔지만 이젠 되돌아가려고 하지 않았다. 부끄러웠다. 그에게 무어라고 말할 것인가? 무엇을 할 수 있을까? 그는 어떻게 생각할 것인가? 그녀는 도망치듯이 집으로 돌아왔다.

집으로 돌아오자 겨우 기분이 가라앉았다. 그러나 어두운 곳으로 들어가 테이블 앞에 앉았으나 모자와 장갑을 벗을 기력도 없었다. 그에게 얘기할 수 없었던 것이 슬펐다. 하지만 동시에 마음속에 하나의 광명이 비쳤다. 이젠 어둠도 의식하지 않았다. 자신을 침식하고 있는 병도 걱정되지 않았다. 조금 전 장면의 자초지종을 몇 번이나 되풀이해서 생각해 내었다. 또 그때의 사정을 바꾸어 보았다. 만일 일이 그렇게 되지 않았더라면 어떻게 되었을까 하고 여러모로 상상했다. 크리스토프 쪽으로 팔을 내밀고 있는 자기 모습이 보였다. 자기를 알아본 크리스토프의 기뻐하는 표정도 보였다. 그녀는 웃고 얼굴을 붉힌 채 아무에게도 보이지 않는 방의 어둠 속에서 혼자 그를 향해 다시금 팔을 내밀었다. 아! 이젠 아무래도 참을 수 없었다. 그녀는 자기 자신이 사라져 없어지는 듯함을 느꼈다. 자기 곁을 지나가며 친절한 눈길을 보내 준 힘찬 생명에 본능적으로 매달리려고 했다. 애정과 고뇌에 찬 그녀의 마음은 어둠 속에서 외쳤다.

"살려 주세요! 저를 살려 주세요!"

그녀는 열에 뜬 몸을 일으켜 램프를 켜고 종이와 펜을 들었다. 그리고 크리스토프에게 편지를 썼다. 만일 병이 나 있지 않았더라면 이 부끄럼 잘 타고 자존심 강한 처녀는 그에게 이런 편지를 쓴다는 일은 생각지도 않았을 것이다. 그녀는 자기가 무엇을 쓰고 있는지도 몰랐다. 벌써 자신을 제어할 수 없었다. 그의 이름을 부르고 그를 사랑한다고 말했다……. 편지 쓰는 도중에 그녀는 깜짝 놀라 펜을 멈췄다. 다시 고쳐 쓰고 싶었다. 하지만 벌써 기력이 꺾여 버렸다. 머릿속은 텅 비고 불처럼 뜨거웠다. 써야 할 말을 찾아내는 데 무척 힘이 들었다. 피로로 축 늘어졌다. 그녀는 부끄러웠다……. 이런 편지를 써서 무얼 할 것인가? 자신의 마음을 속여 가면서 쓴 이 편지는 절대로 보내지 않을 것임을 자신도 잘 알고 있었다……. 가령 보낸다 하더라도 대체 어떻게 해서 보낸단 말인가? 그녀는 크리스토프의 주소를 몰랐다……. 불쌍한 크리스토프! 비록 그가 모든 것을 알았더라도, 그녀에게 호의를 가졌더라도, 그녀를 위해 과연 무엇을 해 줄 수 있는 것일까? 이젠 너무 늦었다! 아니, 아니, 무슨 일을 해도 소용없다. 그것은 질식하여 절망적으로 푸드득거리는 작은 새의 마지막 버둥거림이었다. 단념하는 수밖에 없었다……

그녀는 오랫동안 테이블 앞에 앉아서 몸을 움직이지도 않고 생각에 잠겨 있었다. 겨우 용기를 내 일어섰을 때는 벌써 자정을 넘긴 시간이었다. 편지 초안을 치울 기력도 찢을 기력도 없어, 기계적인 습관으로 이를 작은 책장의 책갈피에 끼워 넣었다. 그러고는 고열에 부들부들 떨며 자리에 누웠다. 수수께끼의 말은 풀렸다. 그녀는 신의 의지가 이루어짐을 느꼈다.

그러자 크나큰 편안이 그녀의 마음속으로 내려왔다.

*

일요일 아침, 올리비에가 기숙사에서 돌아와 보니 앙투아네트가 자리에 든 채 열에 떠 약간 착란 상태에 빠져 있었다. 의사를 부르니, 급성 폐결핵이라는 진단이었다.

앙투아네트는 최근에 자기 상태를 알아차렸다. 자기를 두렵게 하던 정신적 불안의 원인을 겨우 알아냈다. 자기 자신을 부끄럽게 여겼던 가엾은 처녀에게 있어서는, 자기 탓이 아니라 병이 난 때문이라고 생각하는 것은 어깨의 짐을 내려놓은 느낌이었다. 그녀는 기운을 내어 몇 가지 신중한 배려책(配

慮策)을 강구하여 여러 가지 서류를 태우고 나탕 부인에게 남기는 편지를 준비했다. 자기의 '죽음'—그녀는 아무래도 이 말을 똑똑히 쓸 수는 없었다 —뒤 몇 주일 동안 동생을 돌봐 달라고 부인에게 부탁했다.

의사도 손을 쓸 도리가 없었다. 병은 쉽게 악화되었으며 앙투아네트의 몸은 오랫동안 과로 때문에 무척 약해져 있었다.

앙투아네트는 진정되었다. 이젠 그만이라고 느끼고 나서부터는 불안도 느끼지 않았다. 지금까지 꿰뚫고 나온 모든 시련을 하나하나 생각해 냈다. 자기 일이 완성된 것을, 소중한 올리비에를 구한 것을 떠올렸다. 그러자 무어라 이를 데 없는 기쁨이 몸에 흠뻑 스며들었다. 그녀는 자신에게 말했다.

"이것을 해낸 것은 나다."

그러나 곧 자신의 오만함을 나무랐다.

"나 혼자 힘으로는 아무것도 되지 않았으리라. 하느님이 도와주신 것이다."

그리고 그녀는 자기가 의무를 다하기까지 신이 살아 있게 해주신 것에 감사했다. 지금 이 세상을 떠나야 한다는 것은 물론 너무나 슬펐다. 그렇다고 불평을 할 수도 없었다. 그것은 신에 대한 배은망덕이 되는 행동이다. 신은 훨씬 전에라도 불러들일 수 있었던 것이다. 만일 자기가 1년 전에 이미 죽었더라면 어떤 사태가 벌어졌을 것인가? 그녀는 후 하고 한숨을 쉬었다. 그리고 마음을 겸허히 하고 감사했다.

숨이 가쁘기는 했지만 그녀는 결코 이를 호소하지 않았다. 다만 때때로 답답한 잠 속에서 작은 어린아이처럼 신음을 낼 따름이었다. 체념해 버린 미소를 지어 주위의 물건이나 사람을 바라보았다. 올리비에의 모습을 보는 것이 그녀에게는 언제나 변함없는 기쁨이었다. 소리는 내지 않고 입술만으로 그의 이름을 불렀다. 그의 머리를 자기 머리 곁에 놓고 싶어했다. 그리고 아주 가까이에서 언제까지나 잠자코 그의 얼굴을 보고 있었다. 나중에는 윗몸을 일으켜 그의 머리를 두 손으로 강하게 죄면서 말했다.

"아! 올리비에…… 올리비에!"

그녀는 목에 걸었던 메달을 끌러 동생의 목에 걸어 주었다. 그녀는 사랑하는 올리비에를 교회 신부나 의사나 여러 사람에게 소개했다. 그 이후로 그녀는 그의 속에서 살고 있는 성싶었다. 죽음을 앞에 두고 마치 섬으로라도 도망치듯이 그의 생명 속으로 도망가 있는 듯했다. 가끔 그녀는 애정과 신앙의 신비적 흥분에 황홀히 취해 있는 듯이 보였다. 이젠 고통도 느끼지 않았다. 슬픔은 기쁨이 되어 있었다. 성스런 기쁨이 되어 그 입가에, 눈 속에 반짝였다. 그녀는 되풀이해서 말했다.

"난 행복해……."

혼수상태가 시작되었다. 아직 의식이 남아 있는 마지막 순간에 그녀의 입술이 움직였다. 무엇인가를 외고 있는 것이었다. 올리비에는 베개 밑에 다가가 그녀 위에 몸을 엎드렸다. 그녀에게는 아직 동생이 보였다. 그리고 희미한 미소를 던졌다. 입술은 아직도 움직이고 있었다. 눈에는 눈물이 가득히 괴었다. 무슨 말을 하려는 것인지 들리지는 않았다……. 하지만 올리비에는 한숨처럼 희미한 옛 노래의 가사를 가려 낼 수 있었다. 그것은 둘 다 몹시 좋아해서 그녀가 몇 번이나 노래 불러 준 것이었다.

I will come again, my sweet and bonny, I will come again.
내 또다시 오리라, 그리운 이여, 다시 오리라.

그러고 나서 다시 혼수상태에 빠졌다……. 그리고 이 세상을 떠났다.

*

앙투아네트는 자기 자신은 몰랐지만 알지 못하는 많은 사람들로부터 깊은 동정을 받고 있었다. 그래서 같은 건물에 살면서도 이웃들 이름조차 모르고 있었지만 올리비에는 모르는 사람들로부터 진심 어린 애도의 말을 받았다. 앙투아네트의 장례식은 어머니 때처럼 쓸쓸하지는 않았다. 벗들, 동생의 친구들, 그녀가 레슨을 봐주던 집 사람들, 그녀가 자기 자신의 얘기를 한 적도 없고 잠자코 곁을 지나고 저쪽에서도 아무 말 안 하지만 그녀의 헌신을 알고 마음속으로 은근히 감탄하던 사람들, 또 가난한 사람들, 그녀를 도와준 잡역부, 동네의 소매상인 같은 사람들까지도 묘지까지 따라와 주었다. 올리비에는 누나가 죽은 그날 밤 나탕 부인의 방문을 받고 마지못해 부인을 따라 나탕네 집에 갔었는데, 그것은 그의 슬픔이 너무나 커서 멍한 심정이 되어 있었기 때문이었다.

그것은 그가 이러한 비극에 견딜 수 있는 일생 동안의 유일한 시기였다. 절망에 빠져 버리는 것이 허용되지 않은 유일한 시기였다. 그는 새로운 생활을 막 시작했던 참이라, 어느 단체의 일원이 되어 있어 하는 수 없이 그 흐름에 질질 끌려갔다. 학교 일과 근심, 지적 흥분, 시험, 생활을 위한 싸움 등은 그가 자기 마음속에 틀어박히는 것을 허용치 않았다. 그는 혼자서만 있을 수가 없었다. 그는 이를 고통으로 느꼈다. 하지만 그것이 그를 구해 준 것이다. 1년 전이었다면, 혹은 몇 년 뒤였더라면 그는 파멸했을 것이다.

그래도 그는 될 수 있는 한 누나의 추억 속에 잠기곤 했다. 둘이서 함께 살던 집을 종전대로 세내어 둘 수 없는 것이 그로서는 슬펐다. 그는 그만한 돈이 없었다. 자신에게 동정해 주는 듯한 사람들에게 누나의 소유품을 내어놓지 않으면 안 되는 슬픔을 이해해 주기 바랐다. 하지만 누구 한 사람 이해해 줄 것 같지는 않았다. 그래서 일부분은 남에게서 빌리고 일부분은 가정교사를 해서 번 돈으로 지붕 밑 방을 하나 세내어, 누나의 침대와 탁자와 안락의자 등 남겨 둘 수 있었던 가구를 모두 그리로 옮겼다. 올리비에는 그곳을 추억의 성전으로 삼았다. 기분이 울적할 때는 그리로 도피했다. 친구들은 그가 그곳에서 남몰래 여자라도 만나는가 보다고 생각했다. 그는 몇 시간이나 이마를 양손에 묻고 누나 일을 생각했다. 불행히도 누나의 사진은 한 장도 없었다. 단지 어린 시절에 둘이 함께 찍은 작은 사진이 한 장 있을 뿐이었다. 올리비에는 누나에게 말하기 시작했다. 그는 울었……. 누나는 대체 어디에 가 있는 것일까? 아! 만일 그것이 이 세상의 어느 곳이라면 비록 어떤 곳일지라도, 또 만약에 한 발짝 한 발짝씩 누나에게 다가가는 것이라도, 비록 맨발로 몇 세기나 걸어가야 하더라도, 어떠한 고생을 무릅쓰더라도 기어이 굽히지 않는 열의로써 누나를 찾으러 달려갔으리라! ……그렇다, 누나가 있는 곳을 더듬어 가는 데 비록 만분의 일의 기회밖에 없다 하더라도…… 하지만 그러한 기회는 하나도 없었다. 누나를 만날 길은 하나도 없었다. 이 얼마나 쓸쓸한 일인가! 사랑해 주고, 충고해 주고, 위로해 주던 누나가 없어진 지금, 그는 어리석고 철부지로 인생에 내던져진 것이다! 사랑에 가득 찬 마음의 한없고 완전한 친근감을 단 한 번이라도 접할 행복을 가졌던 사람은 가장 신성한 기쁨을—그 뒤의 평생 비참하다고 느끼게 할 기쁨을— 알았다고 해야 할 것이다.

Nessun maggior dolore che ricordarsi del tempo felice nella miseria······

즐거웠던 나날을 비참함 속에서 돌이키는 것만큼 크나큰 고통은 없나니
······

허약하고 상냥스런 마음에 가장 커다란 불행은 한 번 가장 큰 행복을 맛보
았다는 일이다.

그렇기는 하지만 인생의 시작에서 사랑하는 사람을 잃는 것이 아무리 슬
픈 일이라 하더라도, 나중에 가서 생명의 샘이 말랐을 때 잃어버리는 것에
비한다면 그 타격은 적다. 올리비에는 젊었다. 그래서 비록 염세적인 성격을
타고났다 하더라도, 또 불행한 일을 당했다 하더라도 역시 살고 싶었다. 앙
투아네트는 죽을 때 자기 혼의 일부를 동생에게 불어넣고 간 것 같았다. 그
는 그렇게 믿었다. 누나처럼 신앙은 갖고 있지 않았지만 누나가 맹세해 준
것처럼, 누나는 완전히 죽어 버린 것이 아니라 자기 속에 살고 있다고 막연
히 믿었다. 젊은 사자는 죽은 것이 아니라는 신앙이 브르타뉴 지방에는 퍼져
있었다. 온당한 수명이 끝날 때까지는 이제껏 살아 있던 장소를 헤매고 있다
는 것이다. 이리하여 앙투아네트도 올리비에의 생명 속에서 성장하고 있었
다.

그는 누나가 쓴 것을 찾아내 되풀이해서 읽었다. 유감스럽게도 그녀는 거
의 모든 것을 불살라 버렸다. 게다가 그녀는 마음속의 생활을 적어 두는 사
람이 아니었다. 자신의 생각을 드러내는 것이 부끄러웠으리라. 누나가 갖고
있었던 것은 다만 자기 이외의 사람에겐 거의 이해되지 않는 메모가 적혀 있
는 작은 수첩 한 권뿐이었다. 이것은 매우 작은 비망록으로 거기에는 기쁜
일이 있었거나 감동했을 때의 날짜와 나날의 생활에서 일어난 조그마한 사
건이 아무 설명도 없이 쓰여 있었다. 그녀로선 그것을 생각해 내기 위해 자
질구레하게 쓸 필요는 없었던 것이었다. 거의 모든 날짜는 올리비에의 생활
상의 사건에 관련된 것이었다. 또 누나는 동생이 보낸 편지를 하나도 버리지
않고 다 보존했었다. 아! 올리비에는 이처럼 정성스럽지는 않았다. 그는 누
나에게서 받은 편지를 거의 모두 잃어버렸다. 무엇 때문에 편지 같은 걸 놔
둘 필요가 있었으랴? 그는 누나가 언제나 곁에 있으리라고 생각했었다. 애
정의 소중한 샘은 언제까지나 마르지 않을 것만 같았다. 언제라도 입술과 마

음을 거기에서 적실 수 있다고 믿었다. 그래서 거기서 길어낼 수 있는 사랑을 철없이 낭비했다. 그리고 지금 와서 얼마 안 되는 물방울까지 거두려 하는 것이었다…… 앙투아네트가 갖고 있었던 시집 한 권을 펼치다가 거기 끼여 있는 종이쪽지에 연필로 쓰여 있는 다음 글자를 보았을 때 얼마나 그는 감동했던가.

올리비에, 나의 소중한 올리비에!

그는 머리가 띵해지며 하마터면 쓰러질 뻔했다. 무덤 저편에서 말을 걸어오는 눈에 보이지 않는 입술을 갖다 대며 흐느껴 울었다. 그날부터 누나의 책을 한 권 한 권 뽑아들고 무언가 그 밖에도 마음속을 적은 것이 있지 않나 싶어 한 페이지 한 페이지씩 살펴 나갔다. 그러자 크리스토프에게 보내는 편지의 초안이 나왔다. 이로써 누나의 마음속에 그려졌던 침묵의 연애 얘기를 알 수 있었다. 그는 비로소 여태껏 몰랐던, 또 알려고도 하지 않았던 누나의 감정 생활 속으로 들어갔다. 동생에게서 버려지고 미지의 벗 쪽으로 팔을 내밀었던 안타까운 마지막 나날의 일들을 눈으로 그려 보았다. 누나는 전에 크리스토프를 만났다는 일은 밝혀 두지 않았었다. 이 편지의 몇 줄로 두 사람이 전에 독일에서 오고가다 만난 적이 있음을 알았다. 자세한 것은 알 수 없었지만 크리스토프가 앙투아네트의 마음속에 사모의 정으로 깃들기 시작해서, 그것을 마지막까지 숨겨 두었다는 것 등이 그에게도 이해되었다.

그는 훌륭한 예술 때문에 전부터 크리스토프를 사랑하고 있었지만, 그 일 때문에 단번에 무어라 형언할 수 없는 정다운 사람이 되었다. 누나는 크리스토프를 사랑하고 있었다. 올리비에로서는 자기가 크리스토프 속에 누나도 사랑하고 있는 것처럼 여겨졌다. 그는 크리스토프에게 다가가려고 갖은 노력을 다했다. 크리스토프의 행방을 찾는 것은 쉽지 않았다. 음악회가 실패한 뒤 넓은 파리에서 모습을 감췄다. 모든 사람들 앞에서 물러갔으며 또 아무도 그 일 따위는 염두에 두지도 않았다. 몇 달이 지난 뒤 올리비에는 우연히 병을 앓은 뒤의 창백하고 초췌한 크리스토프와 마주쳤다. 하지만 불러 세울 용기는 없었다. 멀리서부터 그 집까지 뒤를 밟았다. 그는 편지를 하려고 했다. 하지만 결심이 서지 않았다. 무어라고 써야 할 것인가? 올리비에는 혼자가 아니었다. 앙투아네트가 함께였다. 그녀의 사랑과 수치심이 그의 속으로 들어와 있었다. 누나가 크리스토프를 사랑했다고 생각하자, 마치 자기가 누나인 것처럼 크리스토프 앞에 나가자 얼굴이 붉어졌다. 그렇지만 그와 함께 얼마나 누나 얘기를 하고 싶었던 것일까! 하지만 그럴 수는 없었다. 누나의 비밀이 그의 입술을 봉해 놓았다.

그는 크리스토프를 만나고자 애썼다. 크리스토프가 갈 만한 곳은 어느 곳이건 가 보았다. 크리스토프와 악수하고 싶어 견딜 수 없었다. 그런데도 크리스토프의 모습을 보자마자 그에게 보이지 않도록 몸을 숨겼다.

*

드디어 크리스토프는 어느 날 밤 친지의 집 객실에 와 있던 올리비에의 모습을 보았다. 올리비에는 그로부터 멀리 떨어져 있어서 아무 말도 하지 않았다. 하지만 그가 있는 쪽을 물끄러미 바라보았다. 확실히 이날 밤은 앙투아네트가 올리비에와 함께 있었던 것이 틀림없었다. 왜냐하면 크리스토프는 올리비에의 눈 속에서 그녀를 본 것이었다. 불현듯 생각이 난 그녀의 얼굴 모습에 이끌려 크리스토프는 객실을 가로질러 올리비에 쪽으로 다가갔다. 마치 젊은 헤르메스(그리스 신화의 제신의 사자)와 같이 행복한 망령의 슬프고도 상냥스런 인사를 그에게 가져오고 있는 이미지의 사자(使者) 쪽으로.

집 안에서

제1부

나에게는 한 사람의 벗이 있다! …… 힘들 때 기댈 수 있는 하나의 영혼, 헐떡이는 가슴이 진정되는 것을 기다리며 겨우 숨을 쉴 수 있는 애정어린 확실한 피난처를 발견한 기쁨! 이제야 나는 혼자가 아니다! 피로에 지쳐서 적에게 인도될 때까지, 밤새껏 충혈된 눈을 부릅뜨고서 항상 무장을 하고 있어야 할 필요도 없다! 자기의 존재를 몽땅 상대의 손에 위탁하고, 상대도 그 존재를 몽땅 이쪽 손에 위탁한 친밀한 동무가 생긴 것이다. 이제 겨우 휴식을 취할 수 있게 되었다. 그가 지켜 주는 동안은 내가 잠을 자고, 그가 자는 동안은 내가 지켜 준다. 어린이처럼 의지해 오는, 사랑하는 사람을 보호하는 기쁨을 깨닫는다. 상대에게 몸을 내맡기고 상대에게 비밀이 알려져 있는 것을 느끼고, 상대가 주장하는 대로 따르는 것을 느낀다는, 가장 큰 기쁨을 깨닫는다. 지난 몇 년 동안이나 무거운 생활의 부담 때문에 시들고 쇠약하고 피로에 지쳐 있던 내가, 벗의 육체 속에 젊고 발랄하게 소생하여 벗의 눈으로 새로운 세계를 내다보고, 벗의 관능으로 변해 가는 아름다움을 포옹하고, 벗의 마음으로 삶의 풍부함을 즐긴다…… 괴로움도 벗과 함께 나눈다. 아아! 같이 있기만 하면 괴로움도 기쁨이 된다!

나에게는 벗이 하나 있다! 자기에게서 멀리 떨어져 있을 때도, 자기 옆에 있을 때도, 어떻든 그 벗은 항상 나의 내부에 깃들어 있다. 나는 벗을 소유하고, 나는 그에게 속해 있다. 벗은 나를 사랑하고 있다. 나를 소유하고 있다. 애정은 두 사람의 영혼을 융합된 하나의 영혼으로 만든다.

*

루생 댁의 야회(夜會)가 있은 이튿날 아침, 크리스토프가 눈을 뜨자 가장 먼저 생각한 것은 올리비에 자넹의 일이었다. 그러자 갑자기 그를 만나고 싶은 생각이 들었다. 크리스토프는 일어나서 출발했다. 아직 8시 전이었다. 좀 후덥지근한 정도로 훈훈한 아침이었다. 계절로는 매우 따스한 4월의 초하루이며, 소나기를 품은 듯한 구름이 파리의 하늘에 낮게 걸려 있었다.

올리비에는 생트 주느비에브 언덕 아래에 있는 식물원 근처의 조그만 거리에 살고 있었다. 그 집은 거리에서도 가장 비좁은 곳에 있었다. 계단은 어두컴컴한 안마당으로 통해 있으며, 여러 가지 불결한 냄새를 발산하고 있었다. 가파른 계단은 벽 쪽으로 기울어져 있었다. 벽은 연필로 쓴 낙서로 지저분했다. 4층까지 올랐을 때, 회색 머리가 헝클어지고 옷차림이 단정하지 못한 여자가 발소리를 듣고 문을 열었으나, 크리스토프의 모습을 보더니 다시 쾅 하고 난폭하게 닫아 버렸다. 어느 층에도 방이 많았다. 잘 닫히지 않은 문 틈바구니로, 아이들이 밀치고 덮치면서 울부짖는 소리가 들렸다. 그것은 구역질이 날 만큼 추잡한 안마당을 둘러싸고 천장이 낮은 각 층에 첩첩이 겹쳐진, 불결하고 속된 생활의 참혹한 모습이었다. 크리스토프는 불쾌한 기분이 들었다. 이 사람들은 적어도 공기만은 누구나 충분히 호흡할 수 있는 시골을 떠나, 무엇을 바라고 이곳에 왔을까, 무덤 속이나 다름없는 생활을 해야만 될 이 파리에서 대체 무슨 이익을 끌어낼 수 있을까, 하고 그는 이상하게 여겼다.

그는 올리비에가 사는 층으로 올라갔다. 문에는 초인종 대신에 방울을 단 줄이 늘어져 있었다. 크리스토프가 그것을 너무 세게 잡아당겼으므로, 그 소리에 또다시 이쪽 저쪽의 문이 계단을 향해서 슬그머니 열렸다. 올리비에가 문을 열었다. 크리스토프는 올리비에의 복장이 검소하면서도 조심스러운 품위를 갖추고 있는 데 놀랐다. 이렇게 단정한 복장도, 다른 때라면 별로 눈을 끌지 않았겠지만 여기서는 흐뭇한 놀라움을 주었다. 이곳의 불결한 분위기 속에서는 무언가 명랑하고 건강한 맛을 풍기는 것이었다. 올리비에의 맑은 눈을 보고 그는 곧 지난날과 같은 감명을 받았다. 그는 올리비에에게 손을 내밀었다. 올리비에는 우물쭈물하면서 말을 더듬었다.

"당신이, 당신이 이런 곳에……."

크리스토프는 이처럼 허식이 없고 갑작스러운 곤혹 속에서 이 사랑스러운 인물을 만나고 싶었으므로, 대답도 하지 않고 그저 미소를 지었다. 그는 올리비에를 떠밀다시피하여 방 안으로 들어갔다. 방은 하나이며 침실과 서재를 겸하고 있었다. 쇠로 만든 좁다란 침대가 창가의 벽에 밀어붙여 있었다. 기다란 베개 위에 또 여러 개의 베개가 겹쳐져 있는 게 크리스토프의 눈에 띄었다. 의자가 세 개, 까맣게 칠한 탁자, 조그마한 피아노, 선반 위의 책, 그것들이 방을 가득 채우고 있었다. 방은 좁고 천장이 낮으며 어두컴컴했다. 그러나 이 방에 사는 사람의 맑은 눈빛을 반영하고 있는 것 같았다. 모든 것이 여자의 손에 의해서 정리된 것처럼 깨끗하고 단정했다. 꽃병에는 장미 몇 송이가 꽂혀 있어서, 옛날 피렌체 화가들이 그린 작품의 사진판으로 장식된 사방의 벽 사이에서, 봄 소식을 얼마쯤 나타내고 있었다.

"그럼 당신이, 당신이 나를 만나러 오셨군요?" 올리비에는 진심 어린 투로 되풀이했다.

"오지 않을 수 없었어요." 크리스토프는 말했다. "당신이 나를 찾아오지는 않을 테니까요."

"그렇게 생각하십니까?" 올리비에는 말했다. 그리고 다시 덧붙였다.

"그렇습니다. 그렇게 생각하시는 것도 무리가 아닙니다."

"왜 못 옵니까?"

"찾아뵙고 싶은 마음이 너무 강하기 때문입니다."

"그건 아주 훌륭한 이유군요!"

"하지만, 정말입니다. 제발 놀리지 마세요. 나는 당신 쪽에서는 그다지 만나고 싶어하지 않는 게 아닌가 해서 두려워하고 있었습니다."

"나도 역시 근심하고 있었어요! 하지만, 나는 만나고 싶었으니까 찾아온 겁니다. 내가 온 게 당신에게 불쾌한지 어쩐지는 이제부터 확실히 알게 되겠지요."

"그러기 위해서는 분별을 잘하셔야 되겠네요."

두 사람은 미소를 지으면서 얼굴을 마주 보았다.

올리비에는 말을 계속했다.

"어제 나는 바보 같았어요. 당신에게 불쾌한 느낌을 주지는 않았나 해서 걱정했습니다. 나는 어찌나 소심한지 일종의 병이나 마찬가지예요. 말도 제대로 못해요."

"걱정할 건 없습니다. 당신 나라에는 수다스러운 사람이 너무 많으니까. 소심해서 그렇다 하더라도, 이따금 입을 다무는 사람을 보면 매우 반가워집니다."

크리스토프는 자기의 풍자에 기분이 흐뭇해져 웃고 있었다.

"그렇다면 내가 말이 적기 때문에 와 주신 거군요?"

"그렇습니다. 당신이 과묵하기 때문입니다. 침묵의 미덕을 갖추고 있기 때문입니다. 침묵에도 여러 종류가 있어요. 나는 당신의 침묵을 좋아합니다. 그뿐이에요."

"왜 당신은 나를 동정하십니까? 나를 만난 일도 별로 없는데."

"그건 내 방식입니다. 나는 무슨 일을 선택하는 데 우물쭈물하지 않습니다. 이 세상에서 마음에 드는 사람을 만나면 나는 곧 결심을 하고 쫓아갑니다. 굳이 붙잡지 않고는 못 배깁니다."

"그런 식으로 쫓아가서 짐작이 어긋난 일은 없었습니까?"

"여러 번 있었지요."

"아마 이번에도 어긋날지 모르겠네요."

"잘 보기로 합시다."

"오오! 그렇다면 나는 틀렸어요! 당신의 주목을 받으면 나는 아주 긴장이 돼요. 당신의 관찰을 받고 있다는 생각만으로도 얼마 안 되는 나의 능력은 발휘를 못 해요."

크리스토프는 애정이 깃든 호기심으로 이 민감한 얼굴을 지그시 바라보았다. 그 얼굴은 시시각각으로 붉으락푸르락했다. 형형색색의 감정이 수면을 스치는 구름처럼 지나가고 있었다.

'어쩌면 이렇게 신경질적일까!' 크리스토프는 생각했다. '마치 여자 같구나.'

크리스토프는 올리비에의 무릎에 부드럽게 손을 댔다.

"그럼" 그는 말했다. "내가 당신에 대해서 무슨 무장(武裝)을 갖추고 온 줄로 생각합니까? 나는 친구를 상대로 심리 연구를 하는 놈은 아주 싫어합니다. 두 사람 다 자유롭고 성실하며 자기가 느끼고 있는 현재의 상태에 솔직하게 몸을 의지하는 일, 상대가 어떻게 생각할지 모른다든가 자기 자신을 영구히 속박하게 될지도 모른다든가 하는 것을 두려워하지 않고 솔직하게 나타내는 일. 한 순간 뒤에는 이미 사랑하지 않을지도 모르지만 지금은 사랑한다는 권리, 그것만이 내가 원하는 것입니다. 그게 더욱 남자답고 올바른 일이 아닐까요?"

올리비에는 진지한 표정으로 크리스토프를 바라보며 대답했다.

"확실히 그렇습니다. 그게 더욱 남자다운 일입니다. 그런데 당신은 강한 사람입니다만 나는 그렇지 못합니다."

"아니, 나는 당신이 강한 사람인 줄 믿고 있는데요." 크리스토프는 대답했다. "다만 종류가 다를 뿐입니다. 그리고 당신이 원한다면 나는 당신이 강한 사람이 되도록 도와드리기 위해 온 것입니다. 왜냐하면 아까 그런 말을 했기 때문에 덧붙입니다만, 그래서 더욱 솔직하게 말할 수 있습니다. 내일은 어떻든지 지금은…… 당신을 사랑해요."

올리비에는 귀까지 달아올랐다. 당황해서 몸을 움직이지도 못하고 대답도 나오지 않았다.

크리스토프는 사방을 둘러보았다.

"너무 심하군요. 다른 방은 없습니까?"

"다락 같은 방이 있습니다."

"갑갑해서 숨도 못 쉬겠는걸. 이런 방에서 어떻게 지내나요?"

"차차 익숙해지니까요."

"나 같으면 도저히 익숙해질 수가 없겠어요."

크리스토프는 조끼 단추를 풀고 힘껏 숨을 몰아쉬었다.

올리비에는 창을 활짝 열어젖혔다.

"크리스토프 씨, 당신으로서는 도회 생활이 항상 불쾌하겠지요. 하지만 나는 그다지 힘겹지는 않습니다. 나는 어디에서든 살 수 있을 만큼 극히 조금밖에는 호흡을 하지 않기 때문입니다. 하기는 나도 여름철에는 견디기 어려운 밤이 오는 게 겁이 나요. 무더운 밤에는 침대 위에 앉아서 가만히 있는데, 금방 숨이 막힐 것 같지요."

크리스토프는 침대 위에 겹쳐진 베개나 올리비에의 피로한 얼굴을 지그시 바라보았다.

어둠 속에서 몸부림치는 그의 모습이 눈앞에 보이는 것 같았다.

"여기를 나가세요." 크리스토프는 말했다. "왜 이런 방에 있습니까?"

올리비에는 어깨를 움츠렸다. 그리고 그런 건 아무래도 괜찮다는 투로 대답했다.

"아아! 여기나 어디나 다 마찬가지예요."

천장 위에서는 무거운 구두 소리가 들렸다. 아래층에서는 날카로운 목소리로 말다툼이 벌어지고 있었다. 벽은 쉴 새 없이 한길을 달리는 마차 소리로 흔들리고 있었다.

"이 집은" 크리스토프는 계속 말했다. "더럽고 후덥지근하고 무척 옹색하군. 어떻게 매일 저녁 이런 집에 돌아올 수 있습니까? 기분이 울적하지 않아요? 나 같으면 도저히 못 살겠는걸. 차라리 다리 밑에서 자겠어요."

"나도 처음에는 괴로웠어요. 당신처럼 싫었어요. 어린 시절 산책에 따라나설 때, 사람이 우글거리는 더러운 거리에 들어서면 가슴이 답답했어요. 뭐라고 말하기 어려운 이상한 공포에 휩싸였어요. 지금 만약 지진이 일어나면 나는 죽은 채로 영원히 여기에 버려지겠구나 하는 생각이 들기도 했어요. 그리고 그게 가장 무서운 불행인 것처럼 여겨지더군요. 언젠가는 자진해서 그런 곳에서 살게 될 줄은, 그리고 어쩌면 거기서 죽게 될 줄은 당시에는 꿈에도 생각하지 않았지요. 하지만 어느덧 그런 사치스런 말은 못하게 됐습니다. 지금도 싫긴 싫지만, 그런 생각은 하지 않도록 하고 있습니다. 계단을 올라올 때는 눈, 귀, 코, 모든 감각을 틀어막고 자기 속에 틀어박힙니다. 그리고 저기를 보세요. 저 지붕 위에 아카시아 나무 꼭대기가 보이지요. 나는 다른 것은 아무것도 안 보이도록, 이 구석에 앉습니다. 저녁나절 바람에 나부낄 때는 파리에서 멀리 떨어져 있는 듯한 느낌이 듭니다. 이따금 저 이파리가 비단결 스치는 듯한 소리를 내면서 조용히 흔들리는 것을 보면, 커다란 수풀이 물결치는 것을 보는 이상으로 즐거움이 느껴집니다."

"그렇군, 내가 생각하는 대로야." 크리스토프는 말했다. "당신은 늘 꿈만 꾸고 있는 거요. 하지만 심술궂은 생활과 싸우는 일에 환상력(幻想力)을 허비한다는 것은 아까운 일입니다. 그런 환상력은 다른 생활을 창조하기 위해 쓰여야 합니다."

"거의 모든 사람이 그런 운명에 놓여 있는 게 아닐까요? 당신도 분노나 투쟁에 자기 힘을 낭비하고 있는 건 아닐까요?"

"나는 다릅니다. 나는 그런 일을 위해서 태어난 사람입니다. 내 팔이나 손을 보시오. 싸우는 게 나의 건강법입니다. 하지만 당신에게는, 당신에게는 그다지 힘이 없어요. 그건 확실히 알 수 있습니다."

올리비에는 자기의 가냘픈 손목을 슬픈 듯 들여다보며 말했다.

"그래요, 난 허약해요. 언제나 이랬어요. 하지만 어쩔 수 없어요. 생활을 해야 하니까."

"뭐로 생활해 나가고 있습니까?"

"가정교사를 하고 있습니다."

"무엇을 가르치고 있지요?"

"뭐든지 다. 라틴어, 그리스어, 역사 복습을 봐 주기도 하고, 대학입시 준비를 시키기도 합니다. 그리고 어느 시립(市立)학교에서 도덕 강의를 하고 있어요."

"무슨 강의라구요?"

"도덕 강의입니다."

"그런 바보 같은! 당신이 학교에서 도덕을 가르친단 말입니까?"

올리비에는 미소를 지었다.

"물론이지요."

"그래, 도덕에 대해서 10분 넘게 지껄일 재료가 있습니까?"

"나는 한 주일 동안 열두 시간 강의하고 있습니다."

"그럼, 악한 짓이라도 가르치는 거군요?"

"그건 무슨 뜻이지요?"

"선(善)이 뭔지를 가르치기 위해서는 그렇게 많이 말할 필요는 없습니다."

"또는, 알리지 않기 위해서 그렇단 말씀이지요."

"그렇습니다. 알리지 않기 위해서입니다. 그래도 괜찮아요. 선이란 학문이 아니라 행위입니다. 도덕을 성가시게 떠드는 것은 신경 쇠약 환자뿐입니다. 그리고 도덕의 모든 조건 가운데 가장 중요한 것은 신경 쇠약이 아니라는 것입니다. 도학자(道學者)놈들! 그놈들은 자기는 앉은뱅이이면서 나에게 걸음걸이를 가르치겠다는 거야."

"그들은 당신을 위해서 설명하고 있는 건 아닙니다. 당신은 설명을 듣지 않아도 알고 있습니다. 하지만 세상에는 모르는 사람이 많아요!"

"그렇다면, 애들처럼 스스로 터득할 때까지 네발로 기어다니게 내버려두면 되지요. 두 발이건 네 발이건, 어떻든 가장 중요한 것은 걷는다는 행동입니다."

그는 너비가 네 걸음도 못 되는 방 안을 구석구석 큰 걸음걸이로 걷고 있었다. 그리하여 피아노 앞에 걸음을 멈추더니, 뚜껑을 열고 악보를 펼치고, 건반에 손을 댔다. 그리고 말했다.

"한 곡 쳐 주시겠어요?"

올리비에는 깜짝 놀랐다.

"내가요!" 그는 말했다. "천만에요!"

"루생 부인이 당신은 훌륭한 음악가라고 하던걸요. 자, 한 곡 쳐 주세요."

"당신 앞에서 치라구요? 오오! 그러다간 정말 죽어 버리게요." 진심에서 나온 이 솔직한 외침에, 크리스토프는 그만 웃음이 나왔다. 올리비에 자신도 좀 당혹해하면서 웃었다.

"그건, 또 이상하네!" 크리스토프는 말했다. "프랑스 사람은 그런 걸 이유로 삼나요?"

올리비에는 아직도 거부했다.

"하지만, 왜 그러시죠? 왜 나더러 치라고 하십니까?"

"그건 뒤에 가서 곧 말씀드리겠습니다. 어떻든 한 곡 부탁합니다."

"무슨 곡을?"

"뭐든 당신이 좋아하는 곡을."

올리비에는 한숨을 몰아쉬고 피아노 앞에 가서 앉았다. 그리고 한참 머뭇거리다가 자기를 선택한 이 위압적인 친구의 의사를 순종하여서 모차르트의 아름다운 《B단조(短調) 아다지오》를 치기 시작했다. 처음에는 손가락이 떨려서 건반을 치는 힘이 없었다. 그러다가 차츰차츰 대담해졌다. 자신도 모차르트의 말을 되풀이하는 데에 지나지 않는다고 생각하면서도 자신도 모르는 사이에 자기 마음을 나타내고 있었다. 음악은 경솔한 마음의 벗과 같다. 마음속 깊이 꼭꼭 숨기고 있는 생각마저도 저절로 나타내고 만다. 모차르트 《아다지오》의 영묘(靈妙)한 구상 밑에 크리스토프는 작곡가인 모차르트가 아니라, 지금 그 곡을 치고 있는 올리비에의 눈에 보이지 않는 특질을 발견했다. 섬세하고 순결하고 인정이 많으며 수줍어하는 이 청년의 특질, 우수를 품은 침착한 태도와 내성적이고 선량한 미소를 그에게서 발견했다. 그러나 곡의 거의 마지막에 가서, 쓰라린 사랑의 악구(樂句)가 차차 높아졌다가 스러지는 최고조에 다다르자, 올리비에는 견디지 못할 부끄러움에 휩쓸려 더 계속할 수 없게 되었다. 손가락이 움직이지 않아 소리가 그쳤다. 그는 피아노에서 손을 떼고 말았다.

"더는 못 치겠어요……."

뒤에 서 있던 크리스토프는 앞으로 몸을 구부리고 두 팔로 올리비에를 끌어안는 것 같은 자세를 취하여, 중단된 악구(樂句)를 마지막까지 연주했다. 그러고서 말했다.

"아아, 이것으로 당신 영혼의 음색(音色)을 알았어요."

그는 올리비에의 두 손을 붙잡고 상대의 얼굴을 정면으로 지그시 바라다보았다. 마침내 그는 말했다.

"참으로 이상한 일일세! 나는 전에 당신을 만난 일이 있는 것 같아…… 훨씬 전부터 당신을 잘 알고 있었어요!"

올리비에는 입술이 떨렸다. 무슨 말이 나올 듯하다가, 입을 다물었다.

크리스토프는 아직도 한참 동안 그의 얼굴을 가만히 쳐다보았다. 그리고 말없이 미소를 짓더니, 그대로 나갔다.

*

크리스토프는 자못 명랑한 기분으로 계단을 내려갔다. 도중에 꽤나 못난 두 어린이와 마주쳤다. 하나는 빵을 가지고 있고 하나는 기름병을 들고 있었다. 그는 두 어린이의 볼을 다정하게 꼬집어 주었다. 울적하게 얼굴을 찌푸리고 있는 문지기에게 미소를 던졌다. 그는 거리에 나가자 낮은 소리로 노래를 흥얼거리며 걸어갔다. 뤽상부르 공원 안으로 들어섰다. 나무 그늘에 놓인 벤치에 몸을 눕히고 눈을 감았다. 공기는 조금도 움직이지 않았다. 산책하는 사람도 별로 없었다. 분수의 불규칙한 물소리나 이따금 모래를 밟는 소리가 희미하게 들렸다. 크리스토프는 몸이 나른하여, 양지 쪽에서 햇볕을 쬐는 도마뱀처럼 멍한 상태에 들어갔다. 나무 그늘은 이미 그의 얼굴 위에서 멀어지고 있었다. 그래도 그는 몸을 움직이고 싶지 않았다. 이런 생각 저런 생각이 주마등처럼 지나가고 있었다. 그는 그것을 붙잡으려고는 하지 않았다. 그것들은 모두 즐거운 빛 속에 잠겨 있었다. 뤽상부르의 큰 시계가 울렸다. 그는 그 소리에 귀를 기울이지 않았다. 하지만 바로 그 뒤에, 12시를 쳤구나 하고 느꼈다. 갑자기 그는 몸을 일으켰다. 두 시간이나 빈둥거리다가 헤히트의 집에 그를 만나러 갈 일을 잊어버리고, 오전 시간이 다 지난 것을 깨달았다. 그는 소리 내어 웃었다. 그리고 휘파람을 불면서 집으로 돌아섰다. 그는 어느 한 장사꾼이 부르는 소리를 기초로 해서 카논의 론도를 불었다. 슬픈 멜로디도 그의 마음속에서는 즐거운 가락이 되었다. 그의 집과 같은 거리에 있는 세탁소 앞을 지날 때에는 언제나처럼 점포 안을 슬쩍 들여다보았다. 안색이 좋지 않은 빨강머리 소녀가 불기운 때문에 얼굴이 벌겋게 달아오르고, 야윈 팔뚝을 어깨까지 드러내고 블라우스 앞을 벌린 채 다리미질을 하고 있었다. 그녀는 언제나처럼 뻔뻔스러운 애교의 눈짓을 했다. 오늘은 그 시선을 받고서도 초조하지 않았다. 이런 일은 처음이었다. 그는 또 웃었다. 방으로 돌아왔다. 지금까지 걱정했던 일도 도무지 염려되지 않았다. 모자, 윗도리, 조끼를 이쪽저쪽에다 벗어던졌다. 그리고 세계를 정복하는 것 같은 기분으로 일을 시작했다. 사방에 흩어져 있는 작곡의 초안을 손에 들었다. 하지만 마음은 거기 있지 않았다. 그저 눈으로 보고 있을 뿐이었다. 몇 분 뒤에는 뤽상부르 공원에 있을 때처럼 머리가 멍해져서 다시금 즐거운 꿈의 경지에 빠졌다. 두세 번 졸음을 쫓으려고 했으나 헛수고였다. 그는 쾌활하게 소리를 내질렀다. 그리고 벌떡 일어나 세숫대야의 찬물 속에 머리를 담갔다. 그것으로 취한 기분이 조금은 깨어났다. 탁자로 돌아와 우두커니 미소를 띠고 가만히 앉아 있었다. 그리고서 생각에 잠겼다.

'이것과 연애는 어떻게 다를까?'

그는 본능적으로 부끄러움을 느끼는 것처럼 마음속으로 비밀스런 생각을 하며 어깨를 움츠렸다.

'사랑하는 방법에는 두 가지가 있을 리 없다…… 아니, 차라리 두 가지라고 할지. 자기의 몸과 마음을 다해서 사랑하는 방법과 나머지 일부분만을 사랑에 바치는 방법이 있다. 그중에서 인색한 둘째 마음을 갖고 싶지는 않다!'

그 이상 더 생각하는 것은 어쩐지 부끄러운 느낌이 들어 거기에서 그쳤다. 그리고 언제까지나 마음속 몽상(夢想)에 대하여 미소를 머금고 있었다. 그의 마음은 침묵 속에서 노래를 불렀다.

Du bist mein, und nun ist das Meine meiner als jemals……
그대는 나의 것, 그리고 이제야 비로소 나는 오로지 나의 것……

그는 종이 한 장에 마음이 노래하는 것을 조용히 썼다.

*

두 사람은 같이 살기로 했다. 크리스토프는 반기분(半期分) 집세를 미리 낸 게 헛일이 되더라도 바로 이사하려고 했다. 올리비에는 우정에 있어서는 그에 못지않았으나 그보다 좀 신중하여 선불한 기간이 끝날 때까지 기다리자고 했다. 크리스토프는 그런 계산을 이해할 수 없었다. 돈을 갖지 않은 많은 사람이 그런 것처럼 크리스토프도 돈이 없어지는 것을 아무렇지도 않게 생각했다. 그리고 올리비에 쪽이 자기보다 훨씬 더 돈이 궁한 줄로 상상했다. 어느 날, 그는 올리비에가 대단히 곤궁에 처해 있는 것을 알고 다짜고짜로 나갔다. 두 시간쯤 뒤에 돌아오더니 헤히트에게서 빌려 온 5프랑 지폐를 자랑스럽게 늘어놓았다. 올리비에는 얼굴을 붉히면서 사양했다. 크리스토프는 골이 나서 안마당에서 음악을 연주하고 있는 이탈리아인에게 던져 주려고 했다. 올리비에는 그것을 말렸다. 크리스토프는 나갔다. 겉으로는 정말로 기분이 상한 듯이 보였으나, 실제는 올리비에가 거부한 것은 자기가 돈을 내놓는 방식이 틀린 때문이라고 생각하여 자기 자신에게 화를 내고 있었다. 그러나 올리비에에게서 편지가 와서, 그의 불쾌한 마음은 위로를 받았다. 올리비에는 크리스토프를 알게 된 기쁨이나, 크리스토프가 자기에게 해주려는 일에 대한 감동은 말로는 다하지 못한다고 써 보냈다. 크리스토프는 감정에 넘친 열광적인 회답을 보냈다. 그것은 열다섯 살 때, 친구인 오토에게 쓴 편지와 닮았다. 그 편지는 정열과 지리멸렬한 말로 채워져 있었다. 프랑스말이나 독일말로 농담이 써 있었다. 그 농담에는 악보까지 달려 있었다.

드디어 두 사람은 새 집으로 옮겼다. 몽파르나스의 당페르 광장에 가까운, 낡은 건물 6층에 방 세 개에 부엌이 달린 셋방을 구했다. 방은 매우 작으나, 사방이 벽으로 둘러싸인 조그만 뜰에 면하고 있었다. 그들이 살고 있는 6층에서는, 다른 건물보다는 조금 낮은 정면의 건물 너머로 수도원의 커다란 정원이 내다보였다. 그런 수도원의 정원은, 지금도 파리에서는 사람의 눈에 띄지 않는 곳에 많이 남아 있다. 한적한 오솔길에는 행인이 별로 없었다. 뤽상부르 공원에 있는 나무보다도 더 크고 무성한 고목이 햇빛을 받으면서 조용히 흔들리고 있었다. 그 고목에 새가 모여서 노래를 불렀다. 날이 새면 곧 티티새 노래가 시작되고, 다음에는 소란스런 리듬의 참새의 합창으로 바뀌었다. 그리고 여름에는 저녁나절이 되면, 미끄러지듯 하늘을 나는 제비의 공기를 째는 것처럼 날카로운 울음소리가 들렸다. 밤에는 달빛 아래, 연못에 떠오르는 물거품처럼, 두꺼비의 명랑한 노랫소리가 들렸다. 가령 이 낡은 건물이 대지가 열로 떨리는 것처럼 끊임없이 무거운 마차의 울림으로 흔들리지 않았다면, 여기가 파리라는 것을 잊어버렸을 것이다.

방 가운데 하나가 다른 방들보다 크고 깨끗했다. 두 사람은 서로 다투어 상대에게 그 방을 양보했다. 제비를 뽑아 결정해야 했다. 제비를 뽑자고 제안한 크리스토프는 교활한 수단으로, 자기로서도 뜻밖일 만큼 교묘하게 그 방이 자기 것이 되지 않도록 했다.

이리하여 그들에게는 완전히 행복한 시기가 시작되었다. 그 행복은 어느 일정한 것 속에 있지 않은 동시에 모든 것 속에 있었다. 그것은 그들의 모든 행위, 모든 사고(思考)에 침투하고 있으며, 어떤 순간에도 그들에게서 떠나지 않았다.

두 사람은 우정의 밀월(蜜月)이 계속되는 동안,

······Ja, wer auch nur eine Seele seine nennt auf fem Erdenrund······
······온 세계에서 하나의 영혼을 내 것이라고 부를 수 있는 사람만이······

알 수 있는, 말 없는 가운데에도 깊은 기쁨으로 충만된 이 최초의 시기에는 별로 말을 하지 않았다. 말을 하려고도 하지 않았다. 서로 옆에 있는 것을 느끼고, 하나의 눈짓이나 하나의 말을 주고받는 것만으로 충분했다. 그 간단한 말은, 오랜 침묵 속에서도 두 사람의 생각이 같은 흐름을 따르고 있음을 증명하는 것이었다. 서로 질문도 하지 않고 서로 얼굴도 쳐다보지 않으나, 상대의 모습은 항상 보고 있었다. 사랑하는 자는 무의식 중에 상대의 영혼을 모방하는 법이다. 사랑하는 상대의 기분을 다치지 않게 하리라, 완전히 상대처럼 되리라는 열망이 있으므로, 불가사의하고 순간적인 직각(直覺)에 의해서, 상대의 마음속에서 일어나는 극히 조그만 움직임도 알아차리게 된다. 벗은 벗에 대해서 투명하다. 그들은 그 존재를 서로 교환한다. 얼굴은 얼굴을 모방한다. 뿌리 깊은 힘이, 종속이라는 악마가 불현듯 속박을 풀어젖히고, 자기를 속박하고 있는 사랑의 덮개를 찢어 버리는 날까지는.

크리스토프는 낮은 소리로 얘기하고, 조용히 걸어다니고, 과묵한 올리비에가 있는 방 옆에서 소리를 내지 않으려 조심했다. 그는 우정으로 인하여 사람이 아주 달라졌다. 그 표정에는 여태까지 보지 못하던 기쁨, 신뢰, 젊음이 넘쳤다. 그는 올리비에를 열렬히 사랑했다. 올리비에가 그 사랑을 분에 넘치는 행복으로 여겨 부끄러워하지 않았더라면, 자기 힘을 마구 행사하는 것도 쉬운 일이었을 것이다. 그러나 올리비에는 자기는 크리스토프만 못한 사람인 줄로 생각하고 있었다. 크리스토프도 마찬가지로 겸손해했다. 그러한 서로 간의 겸손은 그들의 커다란 사랑에서 오는 것이며, 따라서 더욱 즐거운 것이었다. 벗의 마음속에서 자기가 많은 장소를 차지하고 있다는 느낌은, 자기에게 그만한 가치가 없다는 의식이 있기는 하지만 몹시 즐거운 일이었다. 두 사람은 서로 깊은 감사의 마음을 품고 있었다.

올리비에는 자기 책을 크리스토프의 책과 합쳤다. 어느 책을 얘기할 때, '나의 책'이라 하지 않고 '우리 책'이라 했다. 그가 공동으로 쓰지 않고 따로 자기가 가지고 있는 것은 극히 제한되어 있었다. 그것은 누나의 소지품이나 혹은 누나의 추억과 관련된 것이었다. 크리스토프는 애정에서 오는 민감성으로 곧 그것을 깨달았다. 하지만 그 이유는 알 수 없었다. 그는 여태까지 한 번도 올리비에에게 그의 부모에 관해서 물은 적이 없었다. 올리비에에게는 부모가 안 계시다는 것만 알고 있었다. 그러나 애정에서 오는 조심스러운 염려 때문에 벗의 비밀에 간섭하는 것을 회피하고 있었던 동시에, 벗의 마음에 지난날의 고뇌를 다시 불러일으키는 게 두렵기도 했던 것이다. 올리비에의 책상 위에 있는 사진도, 가까이 다가가서 자세히 보고 싶은 생각도 있었으나 어쩐지 묘하게 수줍어서 보지 못하고 있었다. 그 사진에는 의젓한 자세를 한 신사와 귀부인, 그리고 발 밑에 커다란 스패니얼 개를 데리고 있는 열두세 살 난 소녀가 찍혀 있었다.

함께 살기 시작한 지 3개월 된 어느 날, 올리비에는 몸에 한기를 느꼈다. 자리에 누워서 아주 조심해야 했다. 모성적인 기분이 된 크리스토프는 진정으로 걱정스레 그를 간호했다. 의사는 올리비에를 진찰하여, 폐의 윗부분에 가벼운 염증을 발견했다. 그리고 크리스토프에게 환자의 등에 아이오딘팅크제를 발라 주라고 부탁했다. 크리스토프는 진지하게 맡은 일을 실행했다. 그 때 올리비에의 목에 성패(聖牌)가 걸려 있는 것을 보았다. 그는 이제 올리비에에 대해서 충분히 이해하고 있었으므로, 올리비에가 자기 이상으로 종교적 신앙에서 떠나 있는 것을 알고 있었다. 그래서 놀라움을 억누르지 못했다. 올리비에는 얼굴을 붉히면서 말했다.

"이건 유품입니다. 불쌍한 누나 앙투아네트가 죽을 때 이걸 몸에 지니고 있었던 거예요."

크리스토프는 몸이 전율에 휩싸이는 것을 느꼈다. 앙투아네트라는 이름은 그에게 있어서 번갯불 같은 것이었다.

"앙투아네트?" 그는 되물었다.

"내 누나입니다." 올리비에는 말했다.

크리스토프는 거듭 물었다.

"앙투아네트…… 앙투아네트 자넹…… 자네 누님이었던가? 그렇지만……" 그는 책상 위에 놓인 사진을 보면서 말했다. "아주 어릴 때 죽은 게 아냐?"

올리비에는 슬픈 미소를 지었다.

"그건 어릴 때 사진입니다." 그는 말했다. "아깝게도 다른 사진이 없어서……. 죽을 때 스물다섯 살이었어요."

"아아." 크리스토프는 애처롭게 말했다. "누님께서 독일에 계신 일이 있었지요?"

올리비에는 고개를 끄덕였다.

크리스토프는 올리비에의 손을 잡았다.

"난 누님을 알고 있었어." 그는 말했다.

"그 사실은 나도 알고 있었어요." 올리비에는 말했다.

그는 크리스토프의 목을 끌어안았다.

"불쌍한 분! 불쌍한 분!" 크리스토프는 되풀이해서 말했다.

두 사람은 같이 울었다.

크리스토프는 올리비에가 아프다는 것을 떠올렸다. 그래서 기분을 진정시키기 위해, 팔을 억지로 이불 속에 넣게 하고 어깨 위에 담요를 덮어 주었다. 그리고 부드럽게 눈물을 닦아 주고서 머리맡에 앉아 지그시 그 얼굴을 내려다봤다.

"옳지." 그는 말했다. "그래서 나는 자네를 알고 있었던 거야. 처음 만난 그날 저녁부터 어디선지 본 기억이 있었어."

(이렇게 그가 말을 거는 상대는 앞에 있는 벗인지, 이미 이승에 없는 그녀인지 분간을 할 수 없었다.)

"하지만 자네는" 크리스토프는 다시 계속했다. "그것을 알고 있었군?……그런데 왜 나한테 말을 안 했지?"

올리비에의 눈을 통해서 앙투아네트가 대답했다.

"난 그걸 말할 수 없었어요. 당신이 말해야 했던 거예요."

두 사람은 한참 동안 잠자코 있었다. 그러다 밤의 고요 속에서 올리비에는 자리에 누운 채, 꼼짝도 하지 않고 자기 손을 쥐고 있는 크리스토프에게 낮은 목소리로 앙투아네트 얘기를 시작했다. 그러나 말해서는 안 될 일, 누나가 마음에 파묻고 있었던 비밀만은 말하지 않았다. 어쩌면 크리스토프는 알고 있었을지도 모르지만.

*

이때부터 앙투아네트의 영혼이 두 사람을 포용했다. 두 사람이 같이 있을 때는, 그녀도 그들과 같이 있었다. 두 사람이 앙투아네트를 생각할 필요는 없었다. 두 사람이 같이 생각하는 일은 모두 앙투아네트 속에서 생각하고 있었다. 그녀의 사랑은 두 사람의 마음을 하나로 잇는 기반이었다.

올리비에는 이따금 누나의 모습을 그렸다. 단편적인 추억이나 짤막한 일화(逸話)를 떠올렸다. 그러한 회상은 앙투아네트의 내성적이고 부드러운 몸짓, 침착하고 신선한 미소, 가냘픈 몸매와 생각에 잠긴 듯한 우아한 태도 등을 순간적으로 비추었다. 크리스토프는 말없이 그 얘기에 귀를 기울였다. 그리고 눈에 보이지 않는, 그리운 앙투아네트의 반영(反映) 속에 잠겼다. 그는 천성이 누구보다도 생명을 흡수하는 성질이었으므로, 때로는 올리비에의 말 속에서 올리비에 자신에게는 들리지 않는 깊은 공명음을 알아들었다. 그리고 올리비에보다도 더 젊음을 지니고 세상을 떠난 앙투아네트의 존재에 동화되었다.

크리스토프는 올리비에 옆에서, 본능적으로 앙투아네트의 역할을 대신하고 있었다. 무뚝뚝한 독일인이 앙투아네트처럼 섬세한 사려나 친절을 무의식중에 베풀고 있는 것은 옆에서 보기에도 눈물겨운 일이었다. 그는 가끔, 앙투아네트 속의 올리비에를 사랑하고 있는지, 올리비에 속의 앙투아네트를 사랑하고 있는 것인지 이미 분간이 되지 않았다. 애정에 이끌려 올리비에에게는 알리지 않고 앙투아네트의 무덤에 성묘를 하는 일이 있었다. 그때는 꽃다발을 들고 갔다. 올리비에는 오랫동안 그것을 알지 못했다. 어느 날, 무덤 위에 새로운 꽃다발이 있는 것을 보고서야 비로소 그것을 깨달았다. 하지만 크리스토프가 왔다는 증거를 잡기는 쉬운 일이 아니었다. 조심조심 그 얘기를 꺼내 보았더니, 크리스토프는 시무룩한 얼굴을 하고 무뚝뚝하게 화제를 돌렸다. 그는 올리비에에게 알려지고 싶지 않았으므로 어디까지나 숨기려 했다. 그러나 드디어 어느 날, 두 사람은 이브리 묘지에서 맞부딪치고 말았다.

올리비에도 크리스토프한테는 비밀로 그의 어머니에게 편지를 쓰고 있었다. 루이자에게 크리스토프의 소식을 알려 주었다. 그리고 자기가 얼마나 그를 사랑하고 있는지, 또 얼마나 감탄하고 있는지를 써 보냈다. 루이자도 올리비에에게 서투르고도 겸손한 답장을 보냈다. 너무나 고마워서 어쩔 줄을 모르는 편지였다. 루이자는 아들을 여전히 어린애처럼 얘기하고 있었다.

*

애정으로 가득 찬 과묵한 한 시기, '별다른 까닭도 없이 절로 즐겁고 황홀한 고요' 다음에, 두 사람의 혀가 풀리기 시작했다. 벗의 마음속을, 발견의 항해를 하면서 둘이서 몇 시간씩이나 함께 보냈다.

두 사람은 서로 성격이 전혀 달랐다. 하지만 둘 다 순수한 요소로 구성되어 있었다. 같으면서도 전혀 달랐으므로, 두 사람은 서로 사랑했다.

올리비에는 성질이 온순해서 곤란에 부딪쳐 싸우지를 못했다. 무슨 장애에 부딪히면 뒷걸음질을 쳤다. 무서워서가 아니라 내성적인 성격 때문이었다. 가장 큰 이유는, 극복하기 위해 사용해야 하는 난폭하고 거친 방법이 싫은 것이었다. 그는 가정교사 노릇이나 예술에 관한 저술을 해서 생활비를 벌고 있었다. 책의 원고료는 으레 부끄러울 만큼 헐값이었다. 때로는 잡지에도 글을 썼으나, 자기가 쓰고 싶은 글을 자유롭게 쓰지는 못하고 상대방의 요청에 따라 자기로서는 별로 흥미도 없는 문제에 대해서 써야 했다. 그가 흥미를 느끼는 문제는 상대가 좋아하지 않았다. 가장 잘 쓸 수 있을 것으로 여겨지는 문제는 한 번도 청탁받은 일이 없었다. 그는 시인인데 그에게 비평을 요구했다. 그는 음악을 잘 알고 있는데 회화론(繪畵論)을 쓰라는 것이었다. 회화에 대해서는 평범한 말밖에 못한다는 것을 스스로도 잘 알고 있었다. 그러나 다른 사람들은 그것을 더 좋아하는 것이었다. 이리하여 그는 범속한 사람들에게 그들이 알기 쉬운 말로 얘기했다. 드디어는 싫증이 나서 쓰는 것을 거부했다. 기꺼이 쓸 수 있는 것은 조그만 잡지를 위한 원고였다. 그런 잡지는 원고료를 주지는 않았으나 뭐든지 자유롭게 말할 수 있었으므로, 많은 청년들과 마찬가지로 열심히 썼다. 오직 거기에서만은 자기 내부에 깃들어 있는 삶에 대한 값어치 있는 것을 생산할 수 있었다.

그는 보기에 유순하고 예의가 바르며 인내심이 강할 것 같았다. 하지만 감수성이 극도로 민감했다. 조금만 심한 말을 들으면 흥분했다. 부당한 일을 당하면 마음이 크게 어지러워졌다. 그런 것을 자기를 위해서도 타인을 위해서도 고민했다. 또 몇 세기 전에 있었던 비열한 행위에 대해서도 자기가 그 희생자인 것처럼 가슴을 에는 느낌을 받았다. 그 피해를 당한 자의 불행을 생각하여 피해자와 자기의 동정심 사이에 많은 세월의 간격이 있는 것을 생각하면, 얼굴이 창백해지고 몸이 떨리며 자기 자신이 불행한 기분에 사로잡혔다. 그러한 부정(不正)의 하나를 목격하면, 분노의 발작이 일어나 온몸이 덜덜 떨리며, 때로는 병이 난 것 같은 상태에 빠져 잠도 자지 못했다. 그는 그러한 자기의 약점을 알고 있었으므로 되도록 침착한 태도를 유지하려고 노력했다. 왜냐하면 지나치게 분개를 하면, 한계를 넘어서 남들이 용납을 하지 않는 말이 입에서 튀어나온다는 것을 알고 있었기 때문이다. 사람들은 난폭한 크리스토프보다도 올리비에를 더 원망했다. 왜냐하면 그가 화를 내며 크리스토프 이상으로 자기 진심을 털어놓는 것처럼 보였기 때문이다. 또한 사실이 그랬다. 타인에 대한 그의 비판은 크리스토프처럼 맹목적인 과장이나 착각이 없이 참으로 명쾌했는데, 사람들로서는 바로 그 점이 용납하기 어려운 것이었다. 그리하여 올리비에는 입을 다물었다. 말다툼이 무익하다는 것을 알고 그것을 피했다. 그는 그러한 억제를 고통스럽게 생각하고 있었다. 그리고 그 이상으로 자기가 소심한 것을 고통스럽게 여겼다. 소심한 까닭으로, 때로는 자기 생각을 배반하기도 하고, 자기 생각을 마지막까지 지키지 못하는 경우도 있었다. 그뿐 아니라 이를테면, 크리스토프에 관해서 루시앙 뢰비쾨르와 논쟁했을 때처럼 사과를 하게 되는 일까지 있었기 때문이다. 그가 세간(世間)에 대해서 한계를 긋고 또 자기 자신에 대해서 한계를 긋기까지에는 몇 번이나 절망적인 위기를 거쳐 왔다. 지금보다 더 신경의 작용에 지배되었던 소년 시절에는, 격앙된 시기와 침체된 시기가 격렬한 기세로 항상 교차했었다. 더없이 행복한 기분에 잠겨 있을 때에도 슬픔이 대기하고 있다는 것을 확실히 짐작할 수 있었다. 실제로 슬픔이 다가오는 것을 보지 않아도, 갑자기 그것에 압도되었다. 그렇게 되면 불행만으로 그치지 않았다. 자기의 불행을 스스로 가책하며, 자기의 말이나 행위나 정직성을 비판하여 타인을 내세워서 자기를 헐뜯지 않으면 안 되었다. 가슴속에서 심장이 두근거리며 참혹하게 몸부림을 치고 숨이 막힐 지경이었다. 그러나 앙투아네트가 세상을 떠난 뒤로는, 아마도 그 죽음 덕택으로 병자(病者)의 눈이나 마음을 상쾌하게 하는 새벽의 태양과도 같은, 사랑하는 고인(故人)에게서 오는 부드러운 빛의 덕택으로 올리비에는 그런 번민에서 아주 벗어나지는 못했다 하더라도 적어도 그것을 단념하고 그것을 제어할 수 있게 되었다. 이러한 그의 마음속에서 벌어진 싸움을 알아차린 사람은 적었다. 그는 그 부끄러운 비밀, 허약하고 고통스러운 육체의 어지러운 흥분을 자기 속에 가두어 두고 있었다. 한편으로는, 자유롭고 침착한 지성이, 끝없는 흥분의 소용돌이 한가운데에 계속 버티고 있는 마음속의 평화가 이 흥분을 가만히 지켜보고 있었다. 그는 그런 마음속 소용돌이를 억누르지는 못하지만, 그 영향을 받지는 않았다.

　이와 같은 올리비에의 마음속에 들어 있는 지성의 평화가 크리스토프에게 감명을 준 것이었다. 그는 그것을 올리비에의 눈빛에서 알아차렸다. 올리비에는 사람의 영혼을 알아보는 직감력을 가지고 있었다. 모든 것에 대해서 개방되어 있으며, 아무것도 부정하지 않고, 아무것도 미워하지 않고, 너그러운 동정심으로 세계를 내다보는, 광범하고도 예민한 정신적 호기심을 지니고 있었다. 그와 같이 모든 사물을 맑고 밝게 보는 방법은 하늘이 준 귀중한 선물이며, 언제나 새로운 마음으로 영원의 봄을 맛보게 해주는 것이었다. 거기에서는 자기가 자유롭고 광활하고 큰 힘을 지닌 것처럼 느껴지며, 그 내적 세계 속에 들어가면 자기의 허약함이나 육체적인 고뇌를 잊어버렸다. 지금 막 소멸되려는 이 고통스러운 육체를 일종의 짓궂은 연민으로 일찌감치 쳐다보면서, 어쩐지 즐거운 기분이 들기도 했다. 이렇게 되면 사람은 자기의 삶에 집착하는 게 아니라, 보편적인 삶에 더욱 정열적으로 집착하게 된다. 올리비에는 자기의 온 힘을 행위에 집중하지 않고 사랑과 이해에 집중했다. 그는 독자적으로 살아갈 만한 힘을 갖지 못했다. 그는 마치 송악나무 덩굴 같았다. 다른 것에 휘감아 달라붙어야 했다. 자기를 내던지고 있을 때가 가장 마음에 여유가 있었다. 그것은 항상 사랑하고 사랑을 받고 싶어하는 여성적인 영혼이었다. 그는 크리스토프를 위해서 태어난 것 같은 사람이었다. 위대한 예술가의 강력한 정신에서 피어난 것처럼 언제나 그 옆에 붙어 있는, 귀족적이고 매력적인 벗이었다. 이를테면 레오나르도에 있어서의 벨트라피오, 미켈란젤로에 있어서 카발리에르였다. 젊은 라파엘로에 있어서의 움브리아의 친구들이었다. 비참한 처지에 빠진 렘브란트에게 언제까지나 충실했던 에르트 드 겔더였다. 그들은 그 스승만큼 위대하지는 않으나, 스승이 지니고 있었던 숭고하고 청순한 것은 모두 그들에게 있어 더욱 정신화되어 있는 것으로 보인다. 그들은 곧 천재의 이상적인 동반자였다.

*

두 사람의 우정은 그들에게 도움이 되었다. 벗이 있다는 것은 인생에 그 모든 가치를 부여한다. 벗을 위해 살게 되고, 벗을 위해 시간의 마멸 작용(磨滅作用)에 대하여 내 몸의 안전을 지키게 된다.

두 사람은 서로 충실했다. 올리비에는 맑은 정신과 병약한 육체를 가지고 있었다. 크리스토프는 강한 힘과 움직이는 영혼을 가지고 있었다. 그들은 장님과 중풍환자였다. 하지만 두 사람이 함께 있으면 대단히 풍부해진 것 같은 느낌이 들었다. 올리비에는 크리스토프의 보호를 받아 빛에 대한 취미를 회복했다. 크리스토프는 고뇌나 부정이나 증오 속에서도 낙천적인 기질을 잃지 않는 충만된 생명력을 올리비에에게 주입했다. 그 대신 크리스토프는 훨씬 더 많은 것을 올리비에한테서 얻었다. 그것은 천재의 법칙이다. 천재는 아무리 많은 것을 남에게 베풀어도, 그보다 더 많은 것을 사랑에서 얻고 있다. 왜냐하면 나는 사자(獅子)이기 때문이며 천재이기 때문이다. 천재란,

반은 주변에 있는 위대한 것을 모두 흡수하여 그것을 다시 더 위대하게 하는 재능이기 때문이다. 부(富)는 부유한 자에게 모여든다는 말이 있는 것과 마찬가지로, 힘은 강한 자에게 모여든다. 크리스토프는 올리비에의 사상을 자기의 양식으로 했다. 그의 침착한 지성, 세속을 초월한 정신, 사물을 멀리 바라보면서 침묵 속에서 이해하고 지배하는 시력(視力) 등을 자기 몸에 흡수했다. 그리고 올리비에의 그러한 장점은 크리스토프의 보다 더 비옥한 땅에 이식되자, 전혀 다른 힘으로 육성되었다.

두 사람은 서로 상대의 내부에서 발견되는 것에 경탄하고 있었다. 두 사람은 각각 여태까지는 스스로 깨닫지 못하던 커다란 보물을 가지고 있었다. 올리비에에게는 프랑스의 폭넓은 교양과 심리적인 재능이 있었다. 크리스토프에게는 독일의 내면적인 음악과 자연에 대한 직관력이 있었다.

크리스토프로서는, 올리비에가 프랑스 사람이라는 것이 아무래도 납득이 안 되었다. 올리비에는 크리스토프가 여태까지 만난 어떤 프랑스 사람과도 거의 닮지 않았다! 올리비에를 만나기 전에는 근대 프랑스 정신의 희화(戲畵)에 지나지 않는 루시앙 뢰비쾨르를 그 전형으로 간주했다. 그러다가 이제는 루시앙 뢰비쾨르보다 사상적으로 더 자유롭고 게다가 순결하고 극기적인 사람들이 파리에 있다는 것을, 올리비에를 통해 알았다. 그러나 크리스토프는 올리비에나 그의 누나가 순전한 프랑스 사람이 아니라는 것을 올리비에에게 증명하려고 했다.

"미안한 얘기지만" 올리비에는 그에게 말했다. "당신은 프랑스에 대해서 뭘 알고 있죠?"

크리스토프는 항변하여, 프랑스를 이해하기 위해서 얼마나 애썼는지를 얘기했다. 스토방 집안이나 루생 집안 등 사교계에서 만난 프랑스 사람들의 이름을 모조리 늘어놓았다. 그것은 유대계(系), 벨기에계, 룩상부르계, 아메리카계, 러시아계, 근동(近東)계의 프랑스 사람들이며, 간혹 순수한 프랑스 사람도 섞여 있었다.

"내가 말하는 건, 순수한 프랑스 사람이오." 올리비에는 반박했다. "당신은 아직 순수한 프랑스 사람을 하나도 못 보고 있어요. 방탕아들, 프랑스 사람이라고는 할 수 없는 쾌락의 짐승들, 도락자, 정치 모리배, 건달, 그들은 국민하고는 아무 상관도 없이 떠들썩하게 지나가는 패거리에 지나지 않아요. 당신은 아름다운 가을과 풍요한 과수원에 이끌려 몰려든 말벌 떼밖에는 보지 않고 있는 거요. 근면한 꿀벌의 집이나, 근로자의 집단이나, 열심히 연구에 몰두하고 있는 사람들의 존재는 아직 모르고 있어요."

"실례지만" 크리스토프는 말했다. "나는 가장 뛰어난 지식인도 만나 봤는걸."

"뭐라고요? 이삼십 명의 문학자들을 봤단 말이지요? 시시한 과학과 행동이 대부분을 차지하고 있는 현대에 있어서는, 문학은 민중 사상의 거의 표면적인 층이 되고 말았어요. 그런 문학 가운데서도 당신은 극(劇)밖에는 보지 않은 거죠. 그것도 사치스러운 극만을. 그런 것은 만국(萬國) 호텔에 머물고 있는 부자 손님들을 위해 만들어진 국제 요리에 지나지 않아요. 파리의 극이라? 근로자들이 그런 곳에서 뭐가 행해지고 있는지 알고 있는 줄 생각합니까? 파스퇴르는 일생 아마 열 번도 연극 구경을 가지는 않았을 것입니다! 당신은 모든 외국인들과 마찬가지로, 우리들의 소설, 큰 거리의 극장에서 공연되는 연극, 정치가의 모략 같은 것을 지나치게 중요시하고 있어요. ……만약 당신이 원한다면, 소설을 전혀 읽지 않은 부인이나, 연극 구경을 한 번도 가지 않은 파리의 젊은 여성이나, 절대로 정치에 관해서 언급한 일이 없는 지식인을 보여 주겠어요. 당신은 아직 우리나라의 학자도 시인도 만난 일이 없는 거요. 묵묵히 뼈를 깎는 노력을 하고 있는 고독한 예술가도, 혁명가의 불꽃 같은 열정도 본 일이 없는 거죠. 단 한 사람의 위대한 신앙가(信仰家)나 신앙을 갖지 않은 위대한 사람도 만나 보지 못한 거예요. 민중에 대해서는 아무 말도 안 하는 게 좋겠죠. 당신을 간호해 준 그 불쌍한 여성 외에, 당신이 민중에 대해서 뭘 알고 있을까요? 3층이나 4층 위에 살고 있는 파리 사람을 몇 명이나 알고 있을까요? 그런 사람을 모르고서는 프랑스를 안다고 할 수 없어요. 당신은 모르지만, 초라한 건물 속에서, 파리의 지붕 밑 다락방에서, 조용한 시골에서 선량하고 성실한 사람들이, 그 평범한 일생 동안 꾸준히 진지한 생각을 가지고서 그날그날 자기 희생의 생활을 계속하고 있어요. 이거야말로 항상 프랑스에 존재하는 조그마한 교회입니다. 숫자로 보면 작지만 정신적인 면에서 커다란 교회이며, 사람들의 눈에 띄는 작용을 하지 않기 때문에 별로 알려지지 않고 있지만 실은 프랑스의 모든 힘이죠. '선택받은 자'라고 자청하는 사람들이 부패하고 변모하는 것과는 달리, 그 힘은 묵묵히 영속하고 있는 거요……. 행복하게 되기 위해서, 무슨 짓을 해서라도 행복해지기 위해 살고 있는 게 아니라, 자기의 신앙을 완성하기 위해 또는 그것에 봉사하기 위해 살고 있는 프랑스 사람을 하나 발견하게 된다면, 당신은 어떻게 생각할까요? 나 같은 사람은 얼마든지 있어요. 나보다도 훨씬 가치 있고, 훨씬 더 경건하고 겸손하며, 죽는 날까지 꾸준하게 하나의 이상을 향하여, 그들의 호소에 대답해 주지 않는 하나의 신(神)에 봉사하고 있는 사람이 많이 있는 거예요. 검소하고 꼼꼼하고 침착하며, 거기에다 그 마음 밑바닥에는 불꽃이 잠들어 있는 서민계급이 귀족의 이기심에 대해서 옹호한 바 있는, 희생당한 민중을 당신은 몰라요.

당신은 민중이 뭔지를 모르고, 진짜 선택받은 사람이 누군지도 몰라요. 우리의 충실한 벗이고 우리를 지탱해 주는 동반자와 다름없는 책을 당신은 단한 권이라도 읽은 일이 있나요? 헌신과 신념을 아낌없이 쏟아넣은 우리의 신선한 잡지에 대해서 그 존재만이라도 알고 있나요? 우리의 태양이며 그 무언(無言)의 빛이 위선자들의 군세(軍勢)에 두려움을 주는 정신적인 위인들이 있다는 것을 당신은 알고 있나요? 위선자들은 정면에서 당당하게 싸우지를 못하므로, 그들 앞에 나오면 어떻게 좀더 교묘하게 속이려고 허리를 굽히고 있어요. 위선자야말로 진짜 노예이고, 노예야말로 주인이죠. 당신은 노예들만을 알고 주인은 모르고 있어요……. 당신은 우리의 투쟁을 봐왔지만 그 의미를 확실히 모르기 때문에 다만 엉망진창의 혼란인 줄로 생각하고 말았어요. 당신은 그림자와 빛의 반사만을 보고, 내부의 빛, 몇 세기 동안이나 계속되고 있는 우리 영혼을 보지 않고 있어요. 당신은 여태까지 우리의 영혼을 이해하려고 노력한 적이 있나요? 십자군부터 코뮌(혁명정부)에 이르기까지, 프랑스 사람의 영웅적인 행위를 조금이라도 본 일이 있나요? 프랑스 정신의 비극을 깊이 탐구한 일이 있나요? 파스칼의 심연을 들여다본 일이 있나요?

10세기 이상이나 활동하여 창조를 계속해 온 민중, 고딕식 예술이나 17세기 문화나 혁명에 의해 자기 모습을 단련함으로써 세계를 만들어 낸 민중을 어떻게 비방할 수 있을까요? 몇 번이나 불의 시련을 받아 단련되고, 결코 사멸하지 않고 몇 번이나 되살아난 민중이에요! 당신들은 다 그래요. 우리나라에 오는 당신 나라 사람들은 모두 우리를 좀먹고 있는 기생충이나, 문학계 정계 재계의 사기꾼이나, 그들에게 달라붙어 있는 어용상인과 고객 그리고 창부들밖에는 보지 않아요. 그리하여 프랑스를 침식하고 있는 그 천한 인간들에 의해서 프랑스를 비판하고 있는 거죠. 압박받고 있는 진정한 프랑스, 프랑스의 농촌에 저장되어 있는 생명력, 일시적인 지배자들의 야단법석에는 도무지 무관심하고 오직 일에 종사하고 있는 민중, 이것을 당신들은 누구 하나 생각해 보지 않아요……. 그렇지, 당신들이 그걸 전혀 모르는 것은 너무나 당연한 일이죠. 나는 그걸 책망하지는 않아요. 어떻게 당신들이 알 수 있을까요? 프랑스 사람도 프랑스를 잘 모르는걸. 우리 가운데 가장 뛰어난 자들은, 자기 자신의 땅에 갇혀서 속박되어 있는 것입니다……. 우리가 얼마나 고생했는지는 결코 아무도 모르겠죠.

우리는 자기 민족의 재능에 집착하여, 거기에서 받은 빛을 신성한 위안물로서 자기 속에 계속 유지하여, 그것을 꺼버리려고 하는 적대자의 공세로부터 필사적으로 지키고 있어요. 우리는 자기 주위에, 그와 같이 비열한 사람들의 부패한 분위기를 느껴 고독해요. 그들은 파리 떼처럼 우리의 사상 위에 엄습하여, 그 더러운 구더기는 우리의 이성을 좀먹고 우리의 마음을 더럽히고 있죠. 우리는 또, 우리를 지켜야 할 사명을 맡은 사람들로부터, 지도자 노릇을 해야 할 사람들로부터, 저급하고 혹은 비겁한 비평가들로부터 언제나 배반을 당하고 있죠. 그들은 우리와 같은 인종이라는 허락을 받기 위해 적에게 아첨을 하고 있어요. 우리는 또, 우리 민중으로부터도 버림을 받고 있죠. 민중은 우리에 대해서 아무 염려도 하지 않으며 우리를 알지도 못하고 있어요……. 우리는 민중에게 알려지기 위한 무슨 수단을 가지고 있을까요?

우리는 그들에게까지 다다르지를 못해요……. 아아, 이게 가장 쓰라린 일입니다! 우리와 같은 생각을 가진 사람이 프랑스에 많이 있다는 것도, 또한 우리는 그들을 대신해서 말하고 있다는 것도 알고 있으나, 우리의 말을 그들의 귀에 다다르게 하지를 못하고 있어요! 모든 것을 적이 장악하고 있어요. 신문, 잡지, 극장 등 모든 것을……. 신문 잡지는 사상을 피하고, 사상이 쾌락의 도구가 되거나 당파의 무기가 되거나 할 때에만 그것을 받아들이고 있어요. 어떤 당파도, 어떤 클럽도 우리가 타락을 하지 않는 한에서는 자유롭게 통과를 시켜 주지 않거든요. 빈곤과 과로가 우리를 압박하고 있죠. 돈벌이만 생각하는 정치 모리배는, 매수할 수 있는 무산자(無産者) 말고는 관심을 갖고 있지 않아요. 냉담하고 이기적인 부르주아 계급 사람들은 우리가 죽어 가는 것을 그저 쳐다보고만 있고, 우리의 민중은 우리를 알지 못하고 있어요. 우리와 마찬가지로 투쟁을 하고 우리와 마찬가지로 침묵에 둘러싸인 사람들마저도 우리의 존재를 모르며, 우리도 또한 그들의 존재를 모르는 거죠……. 불길한 파리! 물론 프랑스의 모든 사상을 모아들임으로써 도움도 되었어요. 하지만 파리가 저지른 악은 적어도 그 선(善)에 필적합니다. 그리고 지금 같은 시기에는 선도 악으로 변해 버려요. 사이비 선량(選良)들이 파리를 점령하고 과장된 선전 광고를 하면 그것으로 인하여 프랑스의 다른 소리는 모두 질식을 당하게 되죠. 그뿐 아니라, 프랑스 자신도 어떻게 할지를 모르게 돼요. 깜짝 놀라 입을 다물고 자기 생각은 슬그머니 철회해 버리는 것입니다……. 하지만 크리스토프, 지금 나는 침착해요. 자기 힘을 깨닫고 민중의 힘을 알았어요. 홍수가 지나가는 것만 기다리면 돼요. 홍수도 프랑스의 아름다운 화강암을 침식하지는 못하겠죠. 홍수에 밀려온 진흙탕 밑에, 나는 당신이 그걸 접촉할 수 있도록 해드리겠어요. 이미 여기저기에서 그 드높은 바위는 차츰 수면 위에 머리를 쳐들고 있어요."

*

크리스토프는 동시대의 프랑스 시인, 음악가, 학자들을 고무하고 있는 이상주의의 커다란 힘을 발견했다. 일시적으로 성공한 대가들이 저급한 관능주의로 소란을 피워 프랑스 사상의 진정한 소리를 알아듣지 못하게 하고 있을 때, 이상주의라는 너무나 귀족적인 프랑스 사상은 그러한 천민들의 오만한 외침에 대하여 폭력으로 싸우는 것을 피하고, 자기 자신을 위해서 또는 자기가 받드는 신을 위해서, 내부에 깃들어 있는 열렬한 노래를 계속해서 부르고 있었다. 외부 세계의 불쾌한 소란을 피하고 싶어서, 가장 깊은 은신처로 들어가 자기 탑의 한가운데에 후퇴하고 있는 것처럼 보였다.

시인들—이 아름다운 이름은 신문 잡지나 각종 아카데미에 의해서, 허명(虛名)과 금전에 주린 요설가(饒舌家)들에게 마구 제공되고 있었으나—아름다운 이 이름에 적합한 시인들은, 사물의 내부에는 들어가지 못하고 다만 그 껍데기만을 핥고 있는 파렴치한 수사법이나 비속한 사실주의를 경멸하고, 인간 정신의 중심에 있는 신비로운 환영 속에 틀어박혀 있었다. 거기에는 형태와 사상의 세계가, 마치 호수로 흘러드는 급류처럼 흡수되어 내부 생명의 광채에 의해서 채색되고 있었다. 세계를 개조하기 위해 자기 속에 틀어박히는 그러한 이상주의는 너무나 강렬한 것이므로, 일반 대중으로서는 접근하기가 어려웠다. 크리스토프 자신도 처음에는 그것을 이해하지 못했다. 광장(廣場)에서 개최된 시장을 경험한 뒤엔, 그 접촉은 너무나 갑작스러웠다. 눈부신 광선 밑에서 벌어진 격렬한 투쟁에서 나와, 갑자기 침묵과 어둠 속에 들어간 것 같았다. 귀가 울리고 아무것도 보이지 않았다. 그는 인생을 열렬히 사랑하고 있었으므로, 처음에는 그런 대조에 불쾌감을 느꼈다. 밖에서는 지금, 프랑스를 뒤엎고 인류의 운명을 흔들 만큼 거센 정열의 흐름이 사나운 물소리를 내고 있었다. 그런데 언뜻 보기에는, 예술 속에는 그런 움직임이 전혀 나타나 있지 않았다. 크리스토프는 올리비에에게 물었다.

"자네들은 드레퓌스 사건에 의해서 별나라까지 높이 올라가고, 또 심연의 밑바닥으로 굴러떨어지지 않았나? 그러한 폭풍이 마음속을 불고 지나간 시인은 대체 어디에 있는지? 지금 신앙 깊은 사람들의 영혼 속에서는, 교회의 권력과 양심의 권리 사이에 몇 세기 전부터 계속되는 격렬한 격투가 벌어지고 있지 않은가? 그러한 성스러운 고뇌를 마음에 반영시킨 시인은 대체 어디에 있는가? 노동자 계급은 싸울 준비를 하고 있네. 많은 민중이 죽고, 많은 민중이 부활하고, 아르메니아인이 학살을 당하고 있어. 아시아가 천 년의 잠에서 깨어나, 유럽의 관문이라고 할 커다란 러시아를 쓰러뜨렸지. 터키는 아담처럼 자유의 빛으로 눈을 뜨고, 공간은 인간에 의해 정복되고 있네. 낡은 대지는 우리 발밑에 찢겨져서 입을 벌리고 하나의 국민을 삼키고 있어……. 이러한 이변(異變)은 모두 최근 20년 동안에 일어난 것으로, 《일리아스》를 스무 권이라도 쓸 만한 재료를 제공했다고 할 수 있네. 그런데 그 《일리아스》는 어디에 있나? 《일리아스》에 담겨져 있는 것과 같은 격렬한 열정의 흔적이, 오늘날 프랑스 시인이 쓴 작품 어디에 있는가? 세계의 시(詩)가 그들에게만 안 보이는 것일까?"

"참아요, 우선 참아요!" 올리비에가 대답했다. "자, 침묵합시다. 말을 하지 말고, 가만히 귀를 기울여 봅시다……."

조금씩 세계의 축이 삐걱거리는 소리가 사라져 갔다. 거리의 포석(鋪石) 위에 울리던, 행동의 무거운 수레 소리가 멀어져 갔다. 그러자 숭고한 침묵의 노래가 솟아올랐다.

Le bruit d'abeilles, le parfum du tilleul······Le vent,
Avec ses lèvres d'or frôlant le sol des plaines······
Le doux druit de la pluie avec l'odeur des roses······
꿀벌의 날갯소리, 보리수 향기······.
금빛 입술로 가벼이 들의 흙을 스치는 바람······.
장미꽃 내음이 밴, 자애로운 빗소리.

시인들의 망치 소리가 들려왔다. 그것은 꽃병 옆구리에 여러 가지를 새기고 있었다.

La fine majesté des plus naïves choses
매우 소박한 것의 장엄한 아름다움

그리고 또

Avec ses flûtes d'or et ses flûtes d'ébène
황금의 피리와 흑단나무 피리를 가진

진지하고 즐거운 생활을, 혹은

pour qui toute ombre est claire······
어떤 그림자나 다 밝게 느끼는······

영혼에서 우러나는 신앙의 샘이나 경건한 기쁨을, 혹은

De son visage austère d'où descend
Une clarté surnaturelle······
이 세상 것이 아닌 듯한 빛을 내는

그 엄숙한 얼굴로……

미소 지으며, 마음을 부드럽게 하는 갸륵한 고뇌를, 혹은

La mort sereine aux grands yeux doux
상냥스럽고 커다란 눈을 한 조용한 죽음

그것은 순수한 몇 가지 소리로 구성된 교향곡이었다. 그 소리는 모두, 코
르네유나 위고의 시 같은, 민중적인 나팔의 커다란 울림을 지니고 있지는 않
았다. 하지만 그 연주는 보다 더한 깊이와 뉘앙스를 지니고 있었을까! 그야
말로 오늘의 유럽이 가진 가장 풍부한 음악이다.

올리비에는 잠자코 있는 크리스토프에게 말했다.

"이제 알겠어요?"

이번에는 크리스토프가 조용히 해 달라고 신호를 했다. 그는 보다 더 남성
적인 음악이 좋았으나, 희미하게 들려오는 영혼의 숲과 시내의 속삭임에 황
홀하게 귀를 기울였다. 그 숲과 시내는, 여러 민족들이 일시적인 투쟁을 벌
이고 있는 가운데에서, 세계의 영원한 젊음을,

Bonté douce de la Beauté
아름다움이 지니는 부드러운 선의

를 노래하고 있었다. 그리고 인류가

Avec des aboiements d'épouvante et des plaintes,
Tourne en rond dans un champ aride et ténébreux,
공포에 싸여 부르짖고, 슬픔으로 탄식하며
어두운 불모의 땅을 맴돌고

있을 때, 몇백 만이나 되는 인간이 피묻은 자유의 파편을 서로 빼앗는
일에 골몰하고 있을 때, 샘과 수풀은 속삭임을 되풀이하고 있었다.

'Libre! Libre! Sanctus, Sanctus……'
'자유여! 자유여! 성스럽도다, 성스럽도다…….'

하지만 그것들은 이기적인 평안한 꿈속에 잠들고 있는 것은 아니었다. 시인의 마음속에는 비통한 소리도 결코 없지는 않았다. 그것은 자기를 존중하는 소리이고, 사랑의 소리이며, 고민의 소리였다.
그것은

Avec sa force rude ou sa douceur profonde
사나운 힘이나 깊은 부드러움을 지닌

미친 듯 날뛰는 폭풍이었다. 소란을 피우는 힘이었다. 민중의 열광을 노래부르는 사람들의 환상적인 서사시였다. 미래의 도시를 불에 달구어 만들고있는

Visages d'encre et d'or trouant l'ombre et la brume,
Dos musculeux tendus ou ramassés, soudain,
Autour de grands brasiers et d'énormes enclumes……
타오르는 용광로와 커다란 모루판 주위에
어둠과 안개 속에서 떠오르는 금빛으로 반짝이는 칠처럼 검은 얼굴들
느닷없이 폈다 오므리는 근육, 굳센 등판들……

등등의 인간신(人間神)이나 숨을 헐떡거리고 있는 노동자들 사이의 투쟁이었다.
그것은 지성의 빙하 위에 떨어져 반짝반짝 번득이는 박명(薄明) 속에서, 절망적인 기쁨으로 자기 자신을 가책하고 있는 고독한 영혼들의 비장한 고민이었다.

이와 같은 이상주의자들의 여러 가지 특징은, 독일 사람의 눈에는 프랑스적이라기보다는 독일적으로 보였다. 하지만 그들은 모두 프랑스의 미묘한

화술(話術)을 사랑하고 있었으며, 그리스 신화의 양분이 그들의 시 속에 흐르고 있었다. 프랑스의 풍경과 일상생활은 어떤 비밀의 마술에 의하여, 그들의 눈동자 속에서는 고대 그리스의 환영이 되어 있었다. 20세기의 프랑스 사람 속에 고대의 얼이 잔존하고 있으며, 그 얼이 아름다운 나체로 되돌아가기 위해 근대의 낡은 옷을 벗어던지고 싶어하는 것 같았다.

그러한 시 전체에서는 유럽이 아니고는 어디서도 볼 수 없는, 몇 세기 동안에 성숙한 풍부한 문명의 향기가 발산되었다. 그 향기로운 내음을 한 번 맡은 자는, 그것을 잊을 수 없었다. 그것은 세계 각국으로부터 예술가들을 끌어당기고 있었다. 그들은 골수까지 프랑스의 시인이 되었다. 그리고 프랑스의 고전 예술은 여태까지 그들 앵글로 색슨 사람, 플라망 사람, 그리스 사람 이상으로 열렬한 제자를 가진 적은 없었다.

크리스토프는 올리비에의 안내로 프랑스 시(詩)의 여신의 사색적인 아름다움을 절실하게 느꼈다. 하지만 그의 취미로서는 좀 지나칠 정도로 지적인 그 귀족적인 인품보다, 단순하고 건강하고 튼튼하며, 그다지 이치를 따지지 않고 순진하게 사랑해 주는, 아름다운 평민의 처녀가 역시 더 좋았다.

*

그와 같은 '미(美)'의 향이, 태양의 빛을 받아 가을의 숲에서 익은 딸기 내음이 솟아오르는 것처럼, 프랑스의 모든 예술에서 솟아오르고 있었다. 음악은, 풀 속에 숨어 있는 조그만 딸기나무의 하나였다. 크리스토프는 자기 나라에서 전혀 다른 방식으로 자라는 음악의 덤불에서 길들여졌으므로, 처음에는 이 딸기나무를 알아차리지 못하고 그대로 지나쳤다. 하지만 이제는 그 미묘한 향기에 끌려 뒤돌아보게 되었다. 그는 올리비에의 도움을 받아, 음악의 이름을 참칭(僭稱)하고 있는 가시덤불이나 마른 잎 속에서 소수의 참다운 음악가의, 세련되어 있으면서도 소박한 예술을 발견했다. 채소밭이나 민주주의 공장의 연기 속에서, 생드니 평야의 한가운데에서, 성스러운 조그만 수풀 속에서 천진난만한 목신(牧神)들이 춤추고 있었다. 크리스토프는 깜짝 놀라, 그 풍자적이고 명랑한 피리의 노래에 귀를 기울였다. 그것은 여태까지 들은 어떤 노래와도 닮지 않은 것이었다.

Un petit roseau m'a suffi

Pour faire trémir l'herbe haute

Et tout le pré

Et les doux saules

Et le ruisseau qui chante aussi.

Un petit roseau m'a suffi

A faire chanter la forêt......

조그만 갈대 피리로 내게는 족하다

키 큰 풀 넓은 목장

부드러운 버드나무

또한 노래하는 시냇물

그들을 다 살랑거리게 한다

조그만 갈대 피리로 내게는 족하다

그것만 있으면, 숲을 노래시킬 수 있다…….

독일 예술이 여태까지 거들떠보지도 않았으며, 크리스토프 자신도 그 시적 기교의 교묘함을 모르고 있던 피아노 소곡(小曲), 속요(俗謠), 그리고 프랑스적인 실내 음악이 있다. 크리스토프는 프랑스의 그 한가로운 우아함과 표면적인 향락주의 아래에, 혁신의 열과 불안을 어렴풋이 발견하기 시작했다. 이 열이나 불안은 라인 강 건너편에서는 알려지지 않은 것이며, 프랑스 음악가들은 그것에 의하여 그들 예술의 미개척지에 미래를 풍부하게 할 수 있는 싹을 찾고 있었다. 독일 음악가들이 선조의 전통적인 진영 속에 틀어박혀, 지난날의 승리로써 획득한 장벽으로 세계의 전진을 가로막은 줄로 알고 있는 동안에, 세계는 걸음을 계속하고 있었다. 프랑스 사람들은 새로운 발견에 앞장서고 있었다. 그들은 예술의 먼 영역을 탐구하고, 또한 사라진 태양과 새로 반짝이기 시작한 태양을 탐구하고 있었다. 사라져 버린 그리스와, 몇 세기 동안이나 줄곧 잠자다가 커다란 꿈을 품은 큼직한 눈을 다시금 빛을 향해서 뜬 극동을 탐구하고 있었다. 고전적인 질서와 이성의 정신에 의해서 그 물길이 열려 있는 서구의 음악 속에 그들은 오래된 옛 양식의 수문을 열었다. 베르사유의 연못 속에 전 세계의 모든 물을, 이를테면 통속적인 멜로디나 리듬, 이국적인 옛 음계, 신기하거나 고쳐진 여러 가지 음정 등을 끌어들이고 있었다. 그들보다 먼저 그들과 같은 나라 사람인 인상파 화가들이 새로운 세계를 사람들 눈앞에 열어 주었던 것처럼, 그들은 빛의 세계의 크리스토퍼 콜럼버스들이었다. 이 음악가들은 소리의 세계를 정복하기 위해 열중하고 있었다. 그들은 청각의 신비로운 한구석에 깊숙이 들어가 있었다. 그리고 그 내해(內海)에서 아직 알려지지 않은 새로운 육지를 발견했다. 그러나 아마도 그들은 정복한 그 땅을 이용하지는 못할 것이다. 으레 그들은 세계의 선발대일 뿐이다.

크리스토프는 이와 같은 프랑스 음악의 선구적인 움직임에 감탄했다. 겨우 어제 부활했는데 오늘은 벌써 선두를 달리고 있었다. 그 우아하고 가는 몸이 어쩌면 그렇게 용기가 있을까? 크리스토프는 전에 이 프랑스 음악에 관해서 지적한 어리석음에 대해서도 관대해지고 있었다. 절대로 과오를 범하지 않는 것은 아무 일도 하지 않는 사람들뿐이다. 그러나 살아 있는 진리를 향해서 노력하는 과오는, 죽은 진리보다 더 풍부한 수확을 가져다준다.

그 결과는 어떻든지 실로 놀랄 만한 노력이었다. 올리비에는 크리스토프에게 지난 35년 동안에 이루어진 업적과, 프랑스 음악을 1870년 이전의 공허한 잠 속에서 끌어내기 위해 소비된 정력의 양을 제시했다. 1870년 이전에는 교향곡을 가르치는 학교도, 깊은 교양도, 전통도, 위대한 작가도, 청중도 없었다. 겨우 베를리오즈 한 사람이 있을 뿐이었는데, 그조차 답답함과 권태 속에서 죽고 말았다. 이제야 크리스토프는, 한 나라의 문화를 부흥시키는 데 이바지한 예술가들에게 존경심을 느끼게 되었다. 그들의 심미안이 편협하다든가 재능이 부족하다든가에 관해서 그들을 비난하고 싶은 생각은 없었다. 그들은 하나의 작품보다 더 큰 것을 창조했다. 그것은 바로 음악적인 민중이었다. 새로운 프랑스 음악을 만들어 낸 위대한 노동자 중에서도 그가 그리워하는 하나의 모습이 있었다. 그것은 세자르 프랑크의 모습이었다. 자기가 준비한 승리를 보지 못하고 죽은 프랑크는, 프랑스 예술의 가장 침체했던 시기에, 저 슐츠 노인처럼 자기 신앙의 보배와 민족의 천재를 자기 한 사람의 내부에서 완전한 형태로 꾸준히 지켜 나갔던 것이다. 가난한 생활 속에서 세상이 인정해 주지 않는 노작(勞作)을 계속하면서도, 참을성 있는 정신의 명랑한 기분을 여전히 잃지 않고, 그 체념의 미소로써 선의로 가득 찬 작품을 비추고 있었다. 그 천사 같은 거장, 그 음악의 성자가 향락적인 파리의 한복판에 살고 있었다는 것은 참으로 감동적이다…….

*

프랑스의 깊은 생활을 잘 모르는 크리스토프로서는, 그러한 신앙 깊은 대 예술가가 신앙을 갖지 않은 민중의 한가운데에 있었다는 것은 거의 기적적인 현상으로 여겨졌다.

그러나 올리비에는 슬쩍 어깨를 움츠렸다. 크리스토프는 청교도적인 프랑수아 밀레에 필적할 만큼 성서의 정신이 스며든 화가, 또 저 두뇌 명석한 파스퇴르만큼 열렬하고 겸허한 신앙으로 일관한 학자가 유럽 어느 나라에 있었던가 하고 반문했다. 파스퇴르는 무한이라는 관념 앞에 굴복했다. 그의 학자적 정신이 '무한'에 사로잡히자, 그 자신이 말한 바와 같이 파스칼의 숭고한 광적 상태에 현혹되어 이성에게 용서를 빌면서 '비통한 고민에 빠진' 것이었다. 밀레의 씩씩한 사실주의에 있어서도, 또 확실한 걸음걸이로 한 발짝도 빗나가지 않고 '원시적인 자연계를, 지극히 미세한 생물의 어둠 속을, 생명이 거기에서 나오는 가장 깊은 존재의 심연'을 탐구한 파스퇴르의 정열적인 이성에 있어서도, 가톨릭교라는 것은 아무 방해물이 아니었다. 그들은 자기들을 낳은 농촌의 민중 속에서 그 신앙을 끌어냈다. 그 신앙은 언제나 프랑스의 대지 속에 숨어 있으며, 말 잘하는 선동적인 정치가들이 아무리 그것을 부인하려 해도 헛수고였다. 올리비에는 그 신앙을 잘 알고 있었다. 그는 그것을 가슴속에 지니고 있었다.

그는 크리스토프에게, 25년 전부터 행해지고 있는 가톨릭교의 커다란 혁신 운동에 대해서 얘기했다. 프랑스의 그리스도교 사상계에서는 이성, 자유, 생명, 이 셋을 합체시키려고 열렬한 노력이 계속되고 있었다. 훌륭한 사제들은 그들의 한 사람이 말한 바와 같이 인간이 되기 위한 세례를 받을 만한 용기를 가지고 있으며, 모든 것을 이해하고 모든 올바른 사상을 품을 권리를 가톨릭교를 위해서 요구했다. 왜냐하면 '모든 올바른 사상은 설령 그것이 과오를 범하는 일이 있어도, 항상 신성하고 숭고하기' 때문이다. 또 몇천 명의 젊은 가톨릭교도들은, 선의를 가진 사람은 누구나 들어갈 수 있는 자유롭고 순수하고 우애적인 그리스도교 공화국을 수립하려는 훌륭한 소망을 품고 있었다. 이들 위대한 그리스도 교도에 대하여 비열한 공격이나, 이단이라는 비난이나, 좌우 양파의, 특히 우파의 불성실한 배반이 있었다. 그러나 근대주의자의 조그만 무리들은 영속적인 것을 구축하기 위해서는 피와 눈물로 그것을 굳히는 수밖에는 다른 방법이 없다는 것을 알고 있었으므로, 온갖 시련을 감수하여 명랑한 얼굴로 미래로 통하는 좁고 험한 길로 나아갔다.

생기 넘치는 이상주의와 정열적인 자유주의와 같은 숨결이 프랑스의 다른 종교를 소생시키고 있다. 새로운 생명의 전율이 신교나 유대교의 둔중한 큰 몸을 달리고 있었다. 인간이 지니는 바 광열(狂熱)의 힘도 희생하지 않고, 이성의 힘도 희생하지 않는 자유로운 인간성의 종교를 창조하기 위해, 모든 종교가 정정당당한 경쟁심으로 노력하고 있었다.

그러한 종교적인 열의는 종교만이 가지고 있는 것은 아니었다. 그것은 또한 혁명 운동의 근본정신이기도 했다. 그리고 혁명 운동의 경우는 비장한 성격을 띠고 있었다. 크리스토프가 여태까지 본 것은 저급한 사회주의, 정치 모리배의 사회주의에 지나지 않았다. 그들은 굶주린 고객들의 눈에, '행복'이라는 조잡하고 어린이나 속아넘어갈 꿈을 자랑스럽게 보여 주고 있었다. 보다 더 거리낌 없이 말하면, '권력'의 손에 장악된 '과학'만이 획득시켜 준다고 하는 만인에게 공통되는 '쾌락'의 꿈을 자랑스럽게 보여 주고 있었던 것이다. 그러한 욕지기가 나는 낙천주의에 대하여, 노동조합을 싸움으로 이끌어 나가는 선택된 사람들의 신비적이고 격렬한 반동(反動)이 일어나고 있는 것을 크리스토프는 보았다. 그것은 '숭고한 것을 탄생시키는 전쟁, 빈사 상태에 빠진 세계에 의미와 목적과 이상을 다시 부여할 수 있는 오직 하나의 것인 전쟁'으로의 소집이었다. 그러한 위대한 혁명가들은 '영국식의, 부르주아적이고, 장사꾼 같으며, 평화주의적인' 사회주의를 멸시하고, 그것에 대하여 '상반하는 힘의 대립을 법칙으로 하는' 세계, 희생으로 사는 세계, 끊임없이 갱신되는 희생으로 사는 세계라는 비장한 세계관을 대립시키고 있었다. 그 지도자들이 구세계(舊世界)에의 공격으로 몰아세우고 있는 군대가, 칸트와 니체를 동시에 적용해서 과격한 행위를 변호하고 있는 그 전쟁의 신비주의를 이해하고 있는지 어떤지는 의문이지만, 아무튼 그 혁명적 귀족은 매우 감명 깊었다. 그들의 열광적인 비관주의, 남자다운 생활, 전쟁이나 희생에 대한 열렬한 신념 등은 독일의 기사단, 일본의 사무라이 등의 군대적

및 종교적 이상과 닮은 데가 있었다.

하지만 그보다 더 프랑스적인 것은 없었다. 그것은 지난 몇 세기 이래 그 특징이 변함없이 보존되고 있는 프랑스적인 하나의 종족이었다. 크리스토프는 올리비에의 눈을 통하여 국민의회의 논객이나 위정자 중에서도, 또 구체제 시대의 어떤 사상가나 행동가나 개혁자 중에서도 그 특징을 발견했다. 칼뱅주의자, 장세니스트, 자코뱅 당원, 산업 혁명주의자 같은 사람들 사이에, 또 이르는 곳마다 환상도 품지 않고 낙담도 하지 않고 자연과 싸우고 있는 비관적 이상주의의 동일한 정신을 볼 수 있었다. 이것은 때때로 국민을 분쇄하면서도 동시에 국민을 지탱하고 있는 쇠기둥〔鐵柱〕이었다.

크리스토프는 그러한 신비로운 투쟁의 공기를 들이마셨다. 그리고 그 광열의 위대함을 이해하기 시작했다. 프랑스는 이 광열을 단연코 올바른 것으로 간주하고 있었으나, '결합'에 보다 더 익숙해져 있는 다른 나라 국민들은 전혀 그것을 이해하지 못했다. 모든 외국인과 마찬가지로 크리스토프도 처음에는 프랑스 사람의 전제적인 정신과, 그들의 공화국이 여러 건물의 정면에 내걸고 있는 마법적인 문구 사이의 너무나 뚜렷한 모순을 비웃고 있었다. 그러나 이제 비로소 프랑스 사람이 숭배하고 있는 전투적인 자유의 의미를 어렴풋이 알기 시작했다. 그것은 '이성'의 무서운 칼날이었다. 그가 처음에 생각했던 것과는 달리 그것은 단순한 미사여구도 아니고 막연한 관념도 아니었다. 이성을 위한 투쟁이 다른 모든 투쟁보다 더 중요했다. 그러한 투쟁이 실제적임을 자칭하고 있는 국민의 눈에는 무척 어리석은 것으로 비치더라도 그런 일은 아무래도 괜찮았다. 깊이 통찰하는 눈으로 보면 세계를 정복하는 싸움도, 제국적 지배나 금전을 위한 싸움도, 모두 다 부질없는 장난이다. 그리고 백만 년이나 지난 뒤에는 그런 싸움에서는 아무것도 남지 않을 것이다. 그러나 삶에 가치를 주는 것은, 존재의 모든 힘이 고양하여 보다 높은 '존재'에 자기를 바칠 만한 싸움의 강도에 있다고 하면, 프랑스에 있어서 이성을 위하여 또는 이성에 반항해서 벌어지는 싸움만큼 삶에 영광을 주는 싸움은 적다. 그리고 그런 싸움의 신랄한 의미를 겪은 사람으로서는, 앵글로 색슨 계통의 사람이 그처럼 자랑하고 있는 무감동한 신앙의 자유는 아무런 힘을 지니지 못한 맥빠진 것으로 여겨진다. 앵글로 색슨 계통의 사람은 그들 정력의 용도를 다른 장소에서 찾아내어 그 보상을 하고 있었다. 그들의 정력은 신앙의 자유 속에는 없었다. 그 신앙의 자유가 위대해지는 것은, 당파가 서로 대립하여 그것이 하나의 영웅적 행위가 될 때뿐이다. 현재의 유럽에 있어서는 신앙의 자유란 때때로 무관심, 신념이 없는 상태, 생명이 없는 상태에 지나지 않았다. 영국 사람은 볼테르의 말을 자기들에게 편리하도록 바꾸어, (영국에는 여러 가지 신앙이 있기 때문에) 혁명이 프랑스에 초래한 것보다도 더 많은 신앙의 자유를 초래했다고 해서 대단히 자랑을 한다. 하지만 그것은 영국의 여러 가지 신앙보다, 혁명을 겪은 프랑스에 더 많은 신앙이 있기 때문이다.

*

용감한 이상주의의 전장(戰場)에서, 이성의 싸움을 위한 전장에서, 마치 베르길리우스가 단테를 안내한 것처럼, 올리비에는 크리스토프의 손을 이끌어 산꼭대기에 데리고 갔다. 거기에는 참으로 자유로운 소수의 선택된 프랑스 사람이 묵묵히 침착한 태도로 서 있었다.

이 세상에 그보다 더 자유로운 사람들은 없었다. 움직이지 않는 하늘을 나는 조용한 새와도 같았다……. 그 산의 정상에서는 공기가 매우 맑고도 희박했으므로, 크리스토프로서는 숨이 답답할 정도였다. 거기에 있는 예술가들은 꿈을 추구하는 무제한의 자유를 주장하고 있었다. 플로베르처럼 '사물의 현실성을 믿는 바보들'을 경멸하는 열광적인 주관론자였다. 사상가들은 변하기 쉬운 다양한 사상을 가지고 있었다. 그 사상이 항상 움직이고 있는 사물의 끝없는 파동에 따라, '끊임없이 흐르고 달라져서' 어디에서도 멈추지 않고, 어디에서도 단단한 지면이나 바위에 부딪치는 일 없이 몽테뉴가 말한 것처럼 '존재를 묘사하는 게 아니라 추이(推移)를, 시시각각으로 변하는 영원한 추이를 묘사하고' 있었다. 학자들은, 인간이 사상이나 신이나 예술이나 학문을 만들어 내고 있는 덧없는 이승의 허무를 알고 있으면서, 역시 세계와 그 법칙을, 단 하루 만의 강력한 꿈을 계속 창조하고 있었다. 그들은 학문에 있어서 휴식이나 행복을 구하지 않았으며, 어쩌면 진리도 구하지 않았다. 왜냐하면 진리에 다다를 수 있을지 어떨지 의심하고 있었기 때문이다. 그들은 진리를 진리 그 자체를 위해서 사랑하고는 있었다. 왜냐하면 진리는 아름다운 것이므로, 그것만이 아름답고 또한 그것만이 현실의 것이므로. 사상계의 절정에 있는 학자들은 심한 회의가로서 고통에도 환멸에도 무관심하고, 또한 거의 현실에도 무관심했으며, 오직 소리 없는 영혼의 음악이나, 수(數)와 형태의 미묘하고도 웅장한 조화에 눈을 감고서 가만히 귀를 기울였다. 이들 위대한 수학자와 자유로운 철학자—그들은 세상에서 가장 엄격하고 바르며 확실한 정신을 지닌 사람들이었다—는 신비로운 법열의 극에 다다르고 있었다. 그들은 자기 주위에 깊은 못을 팠다. 그리고 그 심연에 매달려 현기증에 취하고 있었다. 그들은 끝없는 어둠 속에서 숭고한 기쁨을 느끼며 사상의 번갯불을 쏘아대고 있었다.

크리스토프도 그들 옆에 몸을 구부리고 심연을 들여다보려 했다. 그러나 현기증이 났다. 자기 양심의 법칙 이외의 다른 법칙에서는 모조리 해방되어 있었으므로 자기는 자유인 줄로 믿었던 그도, 이들 프랑스 사람에 비하면 자기가 얼마나 자유롭지 못한지를 느끼고 깜짝 놀랐다. 그들은 정신의 모든 절대적 법칙, 모든 지상 명령, 모든 생존이유에서도 초연했다. 그렇다면 그들은 왜 살아 있는 것일까?

"자유를 누리는 기쁨을 위해서죠." 올리비에는 대답했다.

그러나 크리스토프는 그런 자유 속에서는 오히려 어떻게 해야 좋을지 막연했으므로 강력한 규율의 정신과 독일적인 독재주의가 그리워졌다. 그래서 말했다.

"자네들의 기쁨은 유혹의 함정일세. 아편상습자의 꿈일세. 자네들은 자유에 도취하여 삶을 잊어버리고 있네. 절대적 자유라니, 그런 건 정신으로서는 미치광이의 원인이고, 국가로서는 무정부 상태를 초래하는 것일세……. 자유라니! 이 세상에서 대체 누가 자유란 말인가? 난봉꾼뿐이겠지. 가장 뛰어난 사람들은 숨도 못 쉬고 있는 게 사실이 아닌가. 이젠 꿈이나 꿀 수밖에 없어. 그러다가 앞으로는 꿈도 못 꾸게 될 거야."

"괜찮아요!" 올리비에는 말했다. "크리스토프, 미안하지만 당신은 자유의 즐거움을 몰라요. 그건 위험이나 고통이나 죽음마저도 무릅쓸 만한 가치가 있는 거예요. 자유롭다는 사실, 자기 주위의 모든 정신이, 그래, 난봉꾼마저도 자유롭다고 느끼는 일, 이건 뭐라고 말할 수 없는 즐거운 일이죠. 영혼이 무한한 공간을 헤엄치는 것 같은 느낌이거든요. 그런 영혼은 이미 다른 장소에서는 살아가지 못할 거예요. 당신이 말하는 안전이나, 제국주의 병영(兵

營)의 울타리에 갇힌 훌륭한 질서나, 완벽한 규율 같은 게 나에게 무슨 소용이 있을까요? 그런 환경에 들어가면 숨이 막혀서 죽어 버리겠죠. 공기가 필요해요! 지금보다 더 많은 공기가! 지금보다 더 많은 자유가!"

"세계에는 법칙이 있어." 크리스토프는 말했다. "늦거나 이르거나 지배자가 오겠지."

그러나 올리비에는 희롱하는 것처럼, 피에르 드 레투아르 노인 ^(16세기 프랑스의
연대기 작자)의 말을 크리스토프에게 상기시켰다.

> 프랑스 사람의 언어에 대한 자유를 속박하는 것은
> 지상(地上)의 어떤 힘으로도 불가능하다.
> 태양을 땅에 묻거나
> 굴 속에 가두는 게
> 불가능한 것처럼.

*

크리스토프는 차차 무한한 자유의 공기에 익숙해졌다. 빛 그 자체처럼 찬란한 정신이 몽상에 잠겨 있는 프랑스 사상계의 절정에서, 그는 발밑에 펼쳐진 비탈면을 내려다보았다. 거기에는 어떤 신앙이든지간에 자기가 믿는 신앙을 위해서 싸우고 있는, 용감한 선택받은 사람들이 정상에 오르기 위해서 꾸준히 노력하고 있었다. 그것은 무지나 질병이나 비참에 대하여 신성한 싸움을 하고 있는 사람들이었다. 거기에는 빛을 정복하고 공간을 개척하는 현대의 프로메테우스나 이카로스라고 부를 만한 사람들의, 발명에 대한 열의나 이성적인 정열이 있었다. 자연에 대한 과학의 대규모 투쟁이 있었다. 그 아래쪽에는 묵묵히 말없는 사람들의 군중이 있었다. 선량한 남녀들과 용감하고 겸손한 마음을 지닌 사람들이었다. 그들은 힘껏 노력해서 중턱에 다다랐는데, 평범한 생활에 속박되어 더는 오르지 못하고, 남모르는 헌신적인 행위를 하면서 은근히 자기 몸을 불사르고 있었다. 더 아래쪽에는 산기슭의 낭떠러지 사이로 난 좁은 길에서 끝없는 싸움이 계속되어, 추상적인 관념이나 맹목적인 본능의 광신자들이 미치광이처럼 우격다짐을 하고 있었다. 그리고 자기들이 갇혀 있는 이 바위산(岩山) 위쪽에는 다른 무엇이 있다는 것을 전혀 깨닫지 못하고 있었다. 좀더 아래쪽에는 늪이 있고, 가축들이 지푸라기 위에 누워 있었다. 그리고 이르는 곳마다 산허리를 누비고 예술의 맑고 따뜻한 꽃이 피고, 음악으로 향기로운 딸기나무가 있고, 눈이 있고, 시인의 새가 노래 부르고 있었다.

크리스토프는 올리비에에게 물었다.

"자네 나라의 민중은 어디에 있나. 내 눈에 보이는 건, 좋은 일을 하고 있거나 나쁜 짓을 하고 있거나 간에 어떻든지 뽑힌 사람들뿐인걸."

올리비에는 대답했다.

"민중 말인가요? 그들은 자기 정원을 가꾸고 있어요. 우리 같은 건 문제 삼지도 않죠. 뽑힌 사람들의 각 그룹은 그들을 독점하려고 하지만, 그들은 어느 그룹에 대해서도 관심을 두지 않아요. 최근까지는 적어도 심심풀이를 위해서 정치 흥행사가 지껄이는 소리에 귀를 기울이고 있었으나, 지금은 이미 그런 것에 현혹되지 않아요. 몇백만이나 되는 사람이 선거권조차 행사를 하지 않는걸요. 당파들이 서로 무슨 싸움을 벌이든지, 그 때문에 밭이 망가지지나 않으면 그들은 전혀 관심이 없거든요. 하지만 밭을 망가뜨리는 경우에는 그들은 당장 화를 내며 어느 당파나 후려갈기죠. 그들은 자기가 먼저 움직이지는 않아요. 다만 자기 일이나 휴식을 방해하는 자에 대해서 저항할 뿐이지. 상대가 누구이거나 그건 상관없어요. 국왕, 황제, 공화주의자, 사제, 프리메이슨 당원, 사회주의자, 그중에서 누가 그들의 지배자가 되더라도, 그들이 바라는 것은 자기들을 전쟁이나 폭동이나 질병 같은 공통의 위험에서 보호해 달라는 것뿐이에요. 그것만 보장되면 나머지는 천천히 밭이나 갈게 해 달라는 거죠. 결국 그들은 마음속에서 이렇게 생각하고 있는 거죠. "그 짐승 같은 놈들, 우리 일을 방해하지는 않겠지?" 그런데 짐승이나 다름 없는 그들은 어리석게도 이 선량한 사람들을 애태우게 하여, 그들의 갈퀴로 쫓겨날 때까지 그치지를 않거든요. 좀 있으면 오늘의 우리나라 지배자들에게도 같은 일이 일어나겠죠. 옛날에는 민중도 큰 사업에 열중한 일이 있어요. 그런 젊은 기분에서 생기는 과오는 이미 그만뒀지만 어쩌면 또 할지도 몰라요. 하지만 어차피 그런 열은 오래가지는 않아요. 다시 곧 예부터 정든 친구한테로, 그러니까 대지로 돌아가죠. 프랑스 사람을 프랑스에 결부시키고 있는 것은 프랑스 사람이라기보다는 대지이거든요. 이 훌륭한 대지 위에서 지난 몇 세기 이래로 여러 다른 민중이 나란히 일을 하고 있는데, 그들을 결합시키고 있는 건 바로 이 대지라고요. 땅이야말로 그들이 열렬히 사랑하는 것입니다. 행복할 때도 불행할 때도 그들은 끊임없이 땅을 갈고 있어요. 그리고 그들에게 있어서는 이 대지의 극히 조그만 조각도 귀중한 것이랍니다.”

크리스토프는 주위를 내려다봤다. 눈이 닿는 한, 길을 따라서, 높이 둘러싸고, 산의 경사면이나 전쟁을 치른 폐허 사이에 프랑스의 산야는 모조리 경작지가 되어 있었다. 그것은 유럽 문명의 대정원(大庭園)이었다. 비할 데 없는 그 매력은 풍요하고 아름다운 땅의 혜택에 위한 것이기도 하고, 지칠 줄 모르는 민중의 끈기 있는 노력에 의한 것이기도 했다. 그들은 몇 세기 이래로 쉬지 않고 땅을 갈았으며, 거기에다가 씨를 뿌려 그것을 더욱 아름답게 해왔던 것이다.

불가사의한 민중이다! 사람들은 흔히 민중은 기분이 자주 바뀐다고 한다. 하지만 그 내부는 전혀 변하지 않았다. 올리비에의 날카로운 눈은 고딕식 조각의 입상(立像) 속에 오늘날 각 지방의 온갖 전형(典型)을 발견하고 있었다. 그와 마찬가지로 클루에나 뒤몽스티외 집안사람들이 그린 연필화 속에, 사교계나 지식계급 사람들의 피곤하고 얄궂은 얼굴을 발견하고, 혹은 르낭 형제의 그림 속에 일 드 프랑스나 피카르디의 눈동자나 농부의 재치와 밝은 눈을 발견했다. 옛날 사상은 오늘날 사람들의 의식을 통해서 흐르고 있었다. 파스칼의 정신은 다만 추리적이고 종교적인 선택된 사람들 사이에서뿐 아니라 보통 시민이나 과격한 산업혁명주의자들 속에도 살아 있었다. 코르네유나 라신의 예술은 민중에게 있어서는 살아 있는 작품이었다. 파리의 영세한 봉급생활자는 톨스토이의 소설이나 입센의 연극보다도, 루이 14세 시대의 비극에 더 친근한 느낌을 가지고 있었다. 중세기의 노래는 어떤가 하면, 프랑스의 오래된 《트리스탕》이 바그너의 《트리스탄》보다 현대의 프랑스 사람에게 더 친근감을 준다. 12세기 이래로 끊임없이 프랑스의 화단에 핀 사상의 꽃은 아무리 달리 보이더라도 궁극적으로는 같은 종류의 것이었다. 그리고 주위의 꽃과는 전혀 달랐다.

크리스토프는 프랑스를 너무나 몰랐으므로, 그 특징이 결코 변하지 않는 것이라는 사실을 명확하게 포착하지 못했다. 이 풍요한 풍경 속에서 특히 그를 놀라게 한 것은 토지가 극도로 조그맣게 구분된 일이었다. 올리비에가 말한 바와 같이 각자가 자기 정원을 가지고 있었다. 그리고 그 하나의 조그만 땅이 담이나 나무 울타리나 온갖 종류의 울타리로써 격리되어 있었다. 기껏 군데군데에 공동의 목장이나 숲이 있으며, 혹은 시내 이쪽 기슭에 사는 사람들끼리 건너편 기슭에 사는 사람들보다 상호 간에 교섭이 있다는 정도였다. 그리고 각자가 자기 집에 틀어박혀 있었다. 그러한 완고한 개인주의는 몇 세기 동안 서로 이웃 간에 살고 있으면서도 쇠퇴하기는커녕 오히려 옛날보다 더 강해진 것 같았다. 크리스토프는 생각했다.

'저 사람들은 어쩌면 그렇게 고독할까!'

*

크리스토프와 올리비에가 살고 있는 집은, 그런 의미에서의 특징을 가장 잘 나타내고 있었다. 그것은 한 세계의 축도(縮圖)로서, 여러 가지 잡다한 요소를 결합시키는 것은 아무것도 없는, 성실하고 근면한 작은 프랑스였다. 그 낡은 6층 건물은 흔들흔들하며 한쪽으로 기울어져 있었다. 마룻바닥은 삐걱삐걱 소리가 나고 천장은 벌레에 좀먹히고 있었다. 크리스토프와 올리비에의 지붕 밑 다락방에는 비가 샜다. 어쨌든 비가 새지 않을 정도로 지붕을 수리하기 위해 직공을 불러야 했다. 머리 위에서 직공이 일을 하면서 얘기를 지껄이고 하는 소리가 크리스토프의 귀에 들려왔다. 그중 한 사람은 크리스토프를 재미나게도 하고 성가시게도 했다. 쉴 새 없이 혼자서 지껄이고, 웃고, 노래를 부르고, 농담을 하고, 시시한 가락을 휘파람으로 불고, 자기를 상대로 혼잣말을 뇌까리고 하는 동안에도 일하는 손을 쉬지 않았다. 자기가 하는 일을 하나하나 입으로 지껄이지 않고서는 일을 할 수가 없는 듯했다.

"못을 하나 더 박아야지, 내 연모는 어디 있지? 하나 더 박을까. 두 개를 박자. 한 번 더 장도리로 쾅. 자, 이젠 됐지."

크리스토프가 피아노를 치자, 그는 한순간 잠자코 귀를 기울였다. 그리고서 다시 더 신이 나게 휘파람을 불어 댔다. 명랑한 악절에 이르면 장도리로 탕탕 두드리며 지붕 위에서 박자를 맞추었다. 화가 난 크리스토프는 지붕으로 뚫린 창으로 얼굴을 내밀고 호통을 치려다가, 그 직공이 지붕 위에 걸터앉아 선량하고 쾌활한 얼굴로 입에다 못을 물고 있는 것을 보자 웃음이 터져

나왔다. 그러자 직공도 웃었다. 크리스토프는 야단칠 생각을 잊어버리고 얘기를 시작했다. 그러다가 창으로 얼굴을 내민 까닭이 다시 생각났다.

"아, 그건 그렇고, 한 가지 물어보겠는데" 그는 말했다. "피아노 소리가 방해가 되지는 않나요?"

상대는 그렇지는 않다고 대답했다. 하지만 좀더 빠른 가락을 쳐 달라고 부탁했다. 가락이 늦으면 일도 늦어진다는 것이다. 두 사람은 사이좋게 헤어졌다. 그 15분간에 두 사람이 주고받은 말은 지난 6개월 동안 같은 건물에 살고 있는 사람들 모두에게 한 말보다 더 많았다.

그 건물은 층마다 두 세대씩 살도록 되어 있으며, 한쪽은 방이 셋이고 또 한쪽은 둘뿐이었다. 식모 방은 따로 없었다. 두 세대분을 한 세대가 들고 있는 1층과 2층 사람들을 제외하면, 이 건물에 들어 있는 사람들은 모두 식모 없이 살고 있었다.

6층 크리스토프와 올리비에 방 옆에는 코르네유 신부가 살고 있었다. 나이 40세가량 된 사제로서 깊은 교양이 있고, 자유로운 정신과 넓은 이해력을 지니고 있었다. 전에는 어떤 큰 신학교에서 성서 해석 교사를 지냈으나, 근대적인 정신의 소유자라고 해서 최근 로마 교황으로부터 징계를 받았다. 그 징계를 그는 고스란히 받아들였다. 마음속에서는 승복(承服)하지 않았으나 입을 다물고 전혀 맞싸울 생각도 하지 않고, 자기주장을 공표할 수단이 제공되었으나 그것도 사양했다. 세상 소문거리가 되는 것을 피하여, 야단법석이 벌어지는 것보다는 차라리 자기 사상이 멸망하는 쪽을 바라고 있었다. 크리스토프는, 그와 같이 단념해 버린 반역자의 타입을 아무래도 이해할 수가 없었다. 그는 이 사제와 얘기를 해보려고 했으나 사제의 태도는 매우 정중하면서도 냉담했다. 자기 자신과 가장 관계가 깊은 문제에 대해서는 한 마디도 말하지 않으며, 산 채로 세상에 묻혀 버리는 데에 긍지를 느끼고 있었다.

아래층의, 크리스토프네와 같은 위치의 방에는 엘리 엘스베르제의 가족이 살고 있었다. 기사(技士)와 그 아내, 그리고 일곱 살부터 열 살 사이의 두 딸로 이루어진 가족이었다. 품위 있고 호감이 느껴지는 사람들이었다. 그들은, 부끄럽게 여길 필요가 없는 가난을 부끄러워해서 집에 틀어박혀 살고 있

었다. 젊은 아내는 부지런히 집안일을 했으나 가난을 무척 염려했다. 그것을
남에게 숨길 수 있다면 두 배나 더한 피로도 싫어하지 않았을 것이다. 이것
도 크리스토프로서는 납득이 되지 않는 감정이었다. 그들은 신교도이고 프
랑스 동부 출신이었다. 두 사람 다 몇 년 전에 드레퓌스 사건의 폭풍에 휩쓸
렸다. 그들은 이 소송 사건에 열중하여 이 신성한 히스테리의 열풍에 7년 동
안이나 휩쓸린 다른 몇천 명의 프랑스 사람들과 마찬가지로 미친 듯이 열광
했다. 그들은 그 때문에 안식도, 지위도 연고도 다 희생당했다. 다정한 친지
도 잃어버리고 건강도 상했다. 몇 달 동안이나 잠도 제대로 자지 않고, 음식
도 제대로 먹지 않고서 편집광처럼 끈질기게 같은 의논을 끝없이 되풀이하
고 있었다. 두 사람은 서로 상대를 자극하고 흥분시켰다. 두 사람 다 내성적
인 성격으로 우스꽝스럽게 보이는 것을 두려워하면서도, 시위 운동에 참가
하고 집회에서 연설하기도 했다. 그러다가는 환상에 사로잡혀 상처입은 마
음으로 집에 돌아왔다. 그리고 밤에는 같이 울었다. 두 사람은 이 투쟁에 감
격을 기울이고 정열을 다 바쳤으므로, 승리가 왔을 때에는 이미 그것을 기뻐
할 만한 힘이 남아 있지 않았다. 정력은 시들고 피로에 지쳐 버렸다. 너무나
드높은 희망을 바라보고 너무나 순수한 희생적 정열을 불태우고 있었으므
로, 처음에 생각하던 것에 비해서 그 승리도 시시한 것처럼 여겨졌다. 오직
하나의 진리밖에는 받아들일 여지가 없는 그와 같은 열성스러운 정신을 지
닌 사람으로서는, 정치적인 거래나 여태까지 영웅인 줄 알았던 사람들의 타
협은 쓸쓸한 환멸을 느끼게 하는 것이었다. 그들의 전우가, 정의에 대한 오
직 하나의 정열에 의해서 고무되는 줄로 믿었던 사람들이, 일단 적을 정복하
게 되자 노획물의 몫을 다투고 권력을 쟁탈하고 명예나 지위를 가로채고 정
의를 짓밟는 꼴을 목격한 것이다. 누구나 자기 차례가 오면 그런 짓을 한
다! 오직 소수의 사람들이 자기 신념을 충실하게 지키고, 가난하고 고독한
생활을 하며, 모든 당파로부터 버림을 받고 또 이쪽에서도 모든 당파를 떠나
따로따로 우두커니 어둠 속에 멈춰 서서, 슬픔과 신경 쇠약에 시달리며 인간
에게 혐오를 느끼고 인생의 피로에 지쳐, 드디어는 아무것에도 희망을 걸지
않게 된다. 기사와 그 아내는 그러한 패배자에 속해 있었다.
　그들은 집 안에서 덜그럭 소리도 내지 않았다. 이웃 사람에게 방해를 당하
는 것을 싫어하고 또한 그 불평을 나타내지 않는 것을 긍지로 삼고 있었으므

로, 이웃 사람에게 방해가 되는 것을 병적으로 두려워했다. 두 계집아이가 떠들고 싶은 충동이나 소리를 지르고 깡충깡충 뛰며 웃고 싶은 욕구를 항상 억제당하고 있어서, 크리스토프는 그 애들이 가엾은 생각이 들었다. 그는 아이들을 좋아했으므로, 계단에서 두 계집아이를 만나면 상냥하게 대했다. 계집아이들은 처음에는 주춤거렸으나 우스갯소리를 듣고 과자를 얻고 하는 동안에 차차 낯이 익었다. 계집아이들은 크리스토프를 부모에게 얘기했다. 그들은 처음엔 크리스토프의 호의를 오히려 성가시게 여겼으나 나중에는 그의 솔직한 태도에 굴복했다. 그들은 여태까지 늘 머리 위에서 들리는 피아노 소리나 덜그럭 소리—크리스토프는 방 안이 답답하여 우리에 갇힌 곰처럼 걸어다니곤 했다—를 저주했었다. 그들이 서로 얘기를 나누게 된다는 것은 좀처럼 쉬운 일이 아니었다. 크리스토프의 좀 시골뜨기 같은 거친 태도는 이따금 엘리 엘스베르제를 깜짝 놀라게 했다. 기사는 신중한 고독의 울타리를 만들어 그 뒤에 몸을 숨기려 했으나 헛수고였다. 애정어린 친절한 눈으로 바라보는 이 사나이의 저돌적인 쾌활함에는 당할 수 없었다. 크리스토프는 간혹 이 이웃 사람에게 어느 정도 얘기를 털어놓을 수 있었다. 엘스베르제는 성질이 기묘한 사나이로, 용감한 데가 있는가 하면 냉담하고 까다로운 동시에 참을성이 있었다. 곤란한 생활을 자존심을 가지고 지탱해 나갈 만한 정력이 있으면서도, 그 생활을 개선할 정력은 없었다. 마치 자기의 비관주의를 정당화해 주는 것에 대해서 기뻐하는 것 같았다. 최근 브라질에서 꽤 보수가 두둑한 지위를 맡아 달라는 제의를 받았다. 어떤 기업을 감독하는 일이었다. 하지만 그는 기후가 가족의 건강을 해칠 것을 염려해서 거부하고 말았다.

"그럼 가족을 두고 가면 되잖아요." 크리스토프는 말했다. "혼자 가세요. 그래서 가족을 위해 한 재산 만들어요."

"가족을 두고 가라고요!" 기사는 외쳤다. "하긴 당신은 아이들이 없으니까 그런 말씀을 하시겠지만."

"아이들이 있어도 난 그렇게 생각하겠어요."

"아녜요! 그렇지 않습니다! 나라를 떠나다니! 아니, 차라리 여기서 고생하는 게 낫습니다."

크리스토프로서는 자기 나라나 가족을 사랑하는 그런 방식이 기이하게 느껴졌다. 그렇게 하다가는 결국 식구가 다 함께 무의미한 생활에 허덕일 뿐 아닌가. 그러나 올리비에는 그것을 이해할 수 있었다.

"생각해 보세요." 그는 말했다. "낯선 땅에서, 사랑하는 가족과 멀리 떨어져 죽을지도 모르잖아요! 그렇게 되는 것보다는 어떤 고생일지라도 차라리 함께 하는 게 낫겠지요. 게다가 앞으로 몇 해나 더 살지 모르는데, 그렇게 버둥거릴 필요가 없지 않을까요……."

"늘 죽는 날만 생각해야 한단 말이군!" 크리스토프는 어깨를 으쓱대면서 말했다. "설사 죽는다 하더라도 허송세월을 하다가 죽는 것보다는, 사랑하는 자의 행복을 위해서 싸우다가 죽는 게 낫지 않을까?"

같은 5층의 작은 세대에는 오베르라는 전기 기술자가 살고 있었다. 이 사나이는 이 집에 세들어 있는 다른 사람들로부터 혼자 외떨어져서 살고 있었다. 그런데 그것은 결코 그 자신 때문만은 아니었다. 그는 평민 출신이었으나 절대로 다시 평민 사이에는 돌아가고 싶지 않았다. 병약해 보이는 몸집이 작은 사나이로서 고집이 있어 보이는 얼굴이며, 눈 위에 주름이 한 줄 옆으로 새겨지고, 날카롭고 꼿꼿한 눈초리는 송곳처럼 사람을 찔렀다. 금빛 콧수염, 조롱기 어린 표정을 띤 입, 휘파람을 부는 듯한 말투, 잔뜩 쉰 목소리, 목에 두른 비단 목도리, 늘 아프면서도 끊임없이 담배를 피워대기 때문에 더욱 염증을 일으키고 있는 목구멍, 열병 비슷한 활동력, 폐결핵 환자 같은 기질. 허세와 심술과 날카로움이 뒤섞인 태도를 하고 있었다. 그러나 그 이면에는 흥분하기 쉽고 과장되고 솔직한, 그러면서 항상 인생에 기만을 당하는 정신이 숨겨져 있었다. 그는 어떤 부르주아 계급 사람을 아버지로 한 사생아였다. 그는 아버지의 이름도 모른 채 어머니 손에서 자랐다. 어머니는 존경하지 못할 여성이었으므로 어린 시절에는 슬픈 일이나 추잡한 일을 많이 목격했다. 온갖 종류의 직업을 전전하면서 온 프랑스를 방황했다. 학문을 해야겠다는 갸륵한 뜻을 세워 대단한 노력으로 독학을 했다. 역사, 철학, 퇴폐적인 시 등의 모든 것을 읽었다. 연극, 미술 전람회, 음악회 등 모든 것에 정통했다. 부르주아 계급의 문학이나 사상을 진심으로 존중하고 그것에 매혹되어 있었다. 대혁명 초기에 부르주아 계급을 도취시키던 열광적이고 막연한 관념론이 그의 마음에 침투했다. 그는 절대로 오류를 범하지 않는 이성을, 끝없는 진보—〈어디까지 오르지 못하리〉—를, 지상의 행복이 오래잖아서 도래한다는 것을, 전능의 과학을, 세계에 대하여 신의 위치에 있는 인간을, 그리고 인류의 맏아들인 프랑스를 굳게 믿고 있었다. 그는 교권 반대론을 열광적으로 믿고 있었으므로 모든 종교를, 특히 가톨릭교를 몽매주의(蒙昧主義)로 간주하여, 성직자라는 것을 이성의 빛에 대한 선천적인 적대자라고 생각했다.

사회주의, 개인주의, 과격주의가 그의 머릿속에서 서로 충돌하고 있었다. 그는 이성적으로는 인도주의자이고, 기질에 있어서는 전제주의자이며, 행위에 있어서는 무정부주의자였다. 자존심이 강한 그는 자기가 교육이 부족하다는 것을 스스로 알고 있었다. 그래서 대화를 할 때에는 매우 신중했다. 자기 앞에서 남이 한 말을 이용했으나, 조언을 바라지는 않았다. 그것은 부끄러운 일이라고 생각했다. 하지만 그의 머리나 재기가 아무리 뛰어나더라도, 그것만으로는 교육의 부족을 완전히 보충할 수는 없었다. 그는 전부터 글을 쓰겠다는 계획을 세우고 있었다. 프랑스에는 학문이 없어도 글을 쓸 수 있는 사람이 많거니와, 그도 타고난 문재(文才)가 있으며 또한 사물을 관찰하는 능력이 있었다. 언젠가는 고심해서 쓴 몇 페이지의 문장을 신뢰하는 어떤 유명한 신문기자에게 보였다가 비웃음을 당하고 말았다. 수치를 겪은 그는, 그 뒤로는 자기가 쓴 글을 아무한테도 보이지 않았다. 그러나 여전히 계속해서 쓰고 있었다. 그것은 자기 생각을 널리 전하고 싶은 욕구가 있기 때문이며, 또한 자랑스러운 하나의 기쁨이었기 때문이다. 그는 자기의 유창한 문장이나 철학적인 사고에—실은 그것은 한 푼어치의 가치도 없는 것이었지만—대단히 만족하고 있었다. 그리고 구체적인 일상생활에 관한 기술이 훨씬 더 훌륭함에도, 그 방면은 전혀 문제 삼지도 않았다. 그는 이상하게도 자기를 철학자라 믿고, 사회극이나 관념소설을 쓰고 싶어했다. 해결하기 어려운 문제를 아주 쉽게 해결하고 있었다. 그리하여 한걸음 나아갈 때마다, 아메리카 대륙을 발견한 것 같은 기분이 들었다. 그러다가 아메리카 대륙은 이미 발견된 지 오래라는 것을 알게 되자, 낙담이 돼서 슬퍼했다. 거기에 무슨 음모가 숨어 있는 게 아닌가 해서 비난하고 싶은 생각이 들기도 했다. 그는 명예욕과, 어떻게 행사해야 할지 모르는 헌신의 정열로 불타고 있었다. 그의 꿈은 위대한 문학자가 되는 일이었다. 초자연적인 광채로 덮여 있는 것처럼 보이는, 저 문사들 패거리에 끼는 일이었다. 하지만 그는 욕심만은 아무리 강하더라도 한편으로는 버젓한 양식(良識)도 있고 사물을 비꼬아서 보는 눈도 있었으므로, 자기에게는 결코 그런 기회가 없다는 것도 모르지는 않았다. 그러나 하다못해 그 부르주아 계급 사상의 분위기 속에서 살아 보기만이라도 하고 싶었다. 그 분위기는 멀리서는 제법 찬란해 보였던 것이다. 그 욕망은 지극히 천진난만한 것이었지만, 곤란한 문제는, 지금의 처지에서는 아무래도 같이 어울려 살아야만 되는 사람들과의 교제를 난처하게 만든 점이었다. 또한 한편으로, 그가 다가가려고 애쓰는 부르주아 계급은 문을 닫고 있었으므로 결국은 아무도 만나지 않게 되었다.

그러므로 크리스토프가 그와 접촉하는 데에는 별다른 노력도 필요하지 않았다. 오히려 급히 그를 피해야 했다. 그렇지 않으면 오베르는 자기 방에 있을 때보다 크리스토프의 방에 있을 때가 더 많아졌을 테니까. 오베르는 음악이나 연극에 대해서 같이 얘기할 수 있는 예술가를 만나게 된 것이 대단히 기뻤다. 그러나 크리스토프는, 누구나 짐작할 수 있듯이 그런 얘기에서 오베르와 똑같은 흥미를 찾아낼 수는 없었다. 민중 사이에서 나온 사람과는 민중에 대해서 얘기하고 싶었다. 그러나 상대가 바라는 것은 그게 아니었다. 그는 민중에 대해서는 모르고 있었다.

아래로 내려감에 따라 크리스토프와 다른 세든 사람들과의 관계는 물론 점점 더 멀어졌다. 그리고 4층 사람들의 방에 들어가기 위해서는, '열려라, 참깨' 같은 무슨 마법의 비결이 필요했을 것이다. 한쪽에서는 두 부인이 먼 옛날에 육친을 여읜 슬픔을 아직도 가슴에 품고서 살고 있었다. 제르맹 부인이라는 서른다섯 살의 여인인데, 남편과 어린 딸이 죽은 뒤로는 신심 깊은 늙은 시어머니를 모시고 세상을 버린 듯이 생활을 하고 있었다. 다른 쪽에는 쉰 살에서 예순 살 사이인 듯 나이가 확실하지 않은 수수께끼 같은 인물이 열 살쯤 된 소녀를 데리고 살고 있었다. 머리는 벗어지고 잘 다듬어진 수염을 기르고 있었다. 부드럽게 얘기를 하고 태도에 품위가 있으며, 귀족적인 손을 가지고 있었다. 이름은 바토레 씨라고 불리고 있었다. 무정부주의자이고 혁명가이며, 외국인이라고 했는데, 러시아 사람이거나 벨기에 사람일지도 몰랐다. 하지만 사실은 북부 프랑스 사람으로서, 지금에 와서는 거의 혁명가가 아니었다. 다만 과거의 평판으로 살고 있었다. 1871년의 코뮌에 관계한 까닭으로 사형을 선고받았는데, 어떻게 된 영문인지 자기도 모르게 살아났다. 그 뒤 약 10년 동안은 유럽 각지에서 살았다. 그는 파리가 소란했던 때에도, 그 뒤 망명 생활을 하는 동안에도 또 귀국한 뒤에도, 정부에 가담한 지난날의 동지 가운데서나 혹은 여러 혁명적 당파들 가운데서도, 많은 비열한 행위를 자기 눈으로 목격했으므로 그들 무리로부터 물러나, 자기 자신에 대한 신념을 조용히 지키고 있었다. 그 신념은 때묻지 않은 깨끗한 것이었지만, 그와 동시에 아무 쓸모없는 것이었다. 그는 많은 책을 읽고, 미온적으로 선동적인 문장도 조금 쓰고, 또—사람들이 말하는 바에 따르면—인도나 극동 같은 대단히 먼 곳에서 벌어지고 있는 무정부주의 운동과 관계를 갖고, 세계 혁명에 종사하고 있었다. 그와 동시에 마찬가지로 세계적이지만, 그보다는 훨씬 평온한 방면의 연구도 하고 있었다. 그것은 음악의 통속 교육을 위한 세계어와 새로운 방법에 관한 연구였다. 그는 그 건물에 살고 있는 누구하고도 교제를 하지 않았다. 만나는 사람에 대해서 더할 수 없이 정중한 인사를 할 뿐이었다. 그래도 크리스토프한테만큼은 자기가 생각하는 음악의 방법에 대해서 어느 정도로 얘기했다. 하지만 그것은 크리스토프에게는 전혀 흥미가 없었다. 크리스토프로서는 사상의 기호 같은 것은 별로 문제가 아니었다. 그는 항상 어떤 언어를 사용해서도 사상을 표현할 수 있었기 때문이다. 그래도 바토레 씨는 부드러우면서도 집요하게 자기 생각에 대한 설명을 계속했다. 크리스토프는 그의 다른 망명 생활에 대해서는 아무것도 알 수 없었다. 그러므로 계단에서 서로 스칠 때 크리스토프가 걸음을 멈추는 것은, 다만 언제나 그의 곁에 있는 소녀를 보기 위해서였다. 빈혈증인 듯 얼굴이 창백한 금발 소녀로 파란 눈을 하고 있었다. 옆에서 보면 얼굴의 윤곽이 좀 날카로웠다.

몸매는 가늘고, 거의 표정이 없기 때문에 병약해 보이는 모습이었다. 누구나가 다 그렇게 알고 있었던 것처럼 크리스토프도 그 소녀가 바토레 씨의 딸인 줄 알고 있었다. 그러나 실은, 어느 노동자의 딸로 태어난 고아였다. 부모가 유행병으로 세상을 떠난 뒤에, 그때 네 살인가 다섯 살인가로 고아가 된 소녀를 바토레 씨가 양녀로 삼은 것이다. 그는 가난한 아이들에게 끝없는 애정을 품고 있었다. 그것은 그에게 있어서는 뱅상 드 폴(프랑스 가톨릭 교회의 자선가로 빈센트 수도회의 창립자, 버림받은 아이들을 데려다가 길렀다) 비슷한 신비로운 애정이었다. 그는 온갖 공식적인 자선을 신용하지 않았으며, 박애 사업 단체라는 게 어떤 것인지 알고 있었으므로 자기 혼자서 자선을 하고 있었다. 그는 그 사실을 숨겼으며, 거기에서 은근한 기쁨을 느끼고 있었다. 사회에 도움이 되기 위해 의학 공부도 하고 있었다. 어느 날, 같은 거리에 있는 한 노동자의 집에 가서 환자가 있는 것을 보고 곧 치료를 시작했다. 당시에도 의학 지식을 다소 가지고는 있었으나, 그것을 완전하게 하려고 결심한 것은 그때였다. 그는 어린이가 병으로 신음하는 것을 그저 보고만 있을 수가 없었다. 가슴이 터지는 듯한 느낌이었다. 그러나 또한, 가엾은 어린이가 가까스로 병에서 구출되어 창백한 미소가 수척한 그 얼굴에 떠오른 순간에 얼마나 기뻤는지! 바토레는 마음이 스르르 녹는 것 같았다. 그야말로 천국에 있는 듯한 순간이었다……. 그 순간을 위해, 도와준 사람들 때문에 간혹 겪었던 불쾌한 느낌을 잊어버릴 수 있었다. 그런 사람들로서 그에게 감사를 표하는 자는 좀처럼 없었다. 문지기 여편네는 많은 사람들이 더러운 구두로 계단을 오르는 것을 보고 분개하고 있었다. 그녀는 가시 돋친 말로 불평을 했다. 또 집주인은 무정부주의자들이 자기 집에서 집회를 갖는 것을 불안하게 여기고 잔소리를 했다. 바토레는 이사를 할까 하는 생각도 했으나 그것도 귀찮은 일이었다. 그에게는 좀 이상한 데가 있었다. 마음은 유순하면서 끈기가 있었다. 그는 집주인의 그런 불평을 제멋대로 지껄이게 내버려 두었다.

크리스토프는 어린이들에게 애정을 보여 어느 정도 바토레 씨의 신뢰를 얻었다. 어린이에 대한 사랑이 두 사람을 잇는 기반이 되었다. 크리스토프는 바토레 씨의 소녀를 만날 때마다 가슴이 아팠다. 그것은 본능이 무의식 중에 느끼는 모습의 오묘한 유사점에 의하여, 그 소녀는 크리스토프에게 자비네의 딸을 떠올리게 하고, 또한 먼 첫사랑의 여인, 그 말없는 상냥함이 결코 그의 마음에서 사라진 일이 없는, 저 덧없이 떠나버린 모습을 회상시켰다. 그래서 크리스토프는 얼굴이 창백한 소녀에게 흥미를 갖게 되었다. 소녀가 뛰거나 달리거나 하는 모습은 한 번도 볼 수 없었다. 목소리도 여간해서는 듣지 못했다. 같은 나이 또래의 친구는 아무도 없었다. 언제나 혼자서 인형이나 나뭇조각을 손에 들고, 한군데서 가만히 소리도 내지 않고 놀면서, 중얼중얼 입술을 움직여 뭔가 혼잣말을 하고 있었다. 유순하면서도 무관심한 데가 있었다. 뭔지 모르게 쌀쌀하고 침착하지 못한 데가 있었다. 하지만 양아버지인 바토레 씨는 그것을 알아차리지 못했다. 그는 사랑을 몽땅 쏟을 줄만 알았다. 아아! 이와 같이 침착하지 못한 것, 이와 같이 쌀쌀한 것은 우리의 혈육을 이어받은 어린이 속에도 항상 있는 게 아닌지? 크리스토프는 이 외로운 소녀에게 기사의 두 딸을 친구로서 맺어주려고 했다.

그러나 엘스베르제한테서도 바토레한테서도, 정중하면서도 확실한 말로 거절을 당했다. 그들은 각각 다른 상자 속에 산 채로 묻혀 버리는 것을 명예롭게 생각하는 것 같았다. 무슨 긴급한 일이 생기는 경우에는, 그들은 서로 양쪽이 다, 자기 쪽이 도움이 필요한 상태에 있는 것처럼 보이지나 않을까 두려워하고 있었다. 그리고 양쪽이 다 같은 정도의 자존심을 가지고 있었으므로—불안정한 상태도 같은 정도였으므로—어느 한쪽이 단호히 먼저 손을 내민다는 것은 도저히 바라기 어려웠다.

3층의 커다란 방은 늘 비어 있었다. 거기는 집주인이 자기가 쓸 작정으로 비워 두고 있었다. 하지만 그는 한 번도 들어와 산 일이 없었다. 집주인은 원래 장사꾼이었는데, 미리 정해 두었던 일정액의 재산을 다 모으자 장사를 집어치웠다. 그는 1년의 대부분을 파리를 떠나서 지냈다. 겨울은 코트 다쥐르의 호텔에서, 여름은 노르망디의 바닷가에서 보냈다. 남들의 호사로운 생활을 보고 자기도 그들과 같이 무익한 생활을 하면서, 적은 비용으로 제법 호사로운 기분이 드는 소자산가(小資産家)의 생활을 하고 있었다.

작은 방에는 아르노라는, 애들이 없는 부부가 살고 있었다. 남편은 마흔 살에서 마흔다섯 살쯤 돼 보였으며 중학교 교사였다. 강의나 강의 원고나 특별 수업 같은 일에 시간을 빼앗겨 학위 논문을 못 쓰고 있었는데, 결국 단념하고 말았다. 아내는 열 살쯤 아래이며, 정숙하고 지극히 착한 여성이었다. 부부가 다 총명하고 교양이 있으며, 서로 깊이 사랑하고 있었다. 그들은 아무도 알고 지내는 사람이 없기 때문에 늘 집에 틀어박혀 있었다. 남편은 여가가 없고, 아내는 여가가 너무 많았다. 하지만 그녀는 훌륭한 부인이었으므로 마음이 울적해지는 것을 극복하고, 특히 남편에게 그것을 숨기고는 되도록 일을 했다. 책을 읽고, 남편을 위해 노트를 작성하고, 그것을 다시 복사했다. 남편의 옷을 깁기도 하고, 자기 옷이나 모자를 손수 만들기도 했다.

부인은 이따금 연극 구경을 가고 싶어했다. 그러나 아르노는 별로 가고 싶지 않았다. 밤에는 너무 피곤했기 때문이다. 그래서 부인도 단념했다.

이들 부부의 큰 즐거움은 음악이었다. 두 사람은 음악을 대단히 좋아했다. 그러나 남편은 연주를 전혀 못했다. 아내는 연주를 할 수는 있었지만 하려고 들지를 않았다. 남 앞에서는, 남편 앞에서조차도, 마치 애들처럼 부끄러워했다. 하지만 그들은 그것으로 만족했다. 그들이 말을 더듬거리면서 얘기하는 글룩이나 모차르트나 베토벤은 그들의 벗이었다. 그들은 그 음악가의 생애를 자세히 알고 있었다. 그리고 그 사람들이 겪은 고통을 생각하면 가슴에 애정이 스며들었다. 또 아름다운 책이나 훌륭한 책을 읽는 것도 하나의 즐거움이었다.

하지만 현대 문학에는 그러한 책이 거의 없었다. 현대의 작가들은 자신들에게 명성도 돈도 쾌락도 가져다주지 못하는 사람들, 이 두 건실한 독자처럼, 사교계에 얼굴을 내밀지도 않고 어디에다 글을 발표하지도 않고, 사랑과 침묵밖에 모르는 사람들은 상대로 하지 않고 있었다. 그러나 그들의 정직하고 경건한 마음속에서는, 거의 초자연적인 성질을 띠게 되는 예술의 말없는 빛과 서로 간의 애정만 있으면 그것으로 평화롭게 지낼 수 있었다. 매우 고독하고 다소는 마음이 쓰리기도 하고 어지간히 슬프기도 했으나, 그런 대로 꽤 행복했다—(슬프기는 하지만 행복하다는 상태는 조금도 모순되는 것이 아니다)—그들은 둘 다 지금 놓여 있는 지위에 비해서 훨씬 뛰어난 사람들이었다. 아르노 씨의 머릿속에는 많은 사상이 가득 차 있었다. 하지만 지금은 그것을 쓸 시간도 없고 용기도 없었다. 논문이나 저서를 세상에 발표하기 위해서는 사방으로 분주하게 뛰어다녀야 했다. 그것은 과연 보람 있는 일일까, 부질없는 허영심에 지나지 않는가! 그는 사랑하는 사상가에 비하면 자기는 보잘것없다고 생각했다! 그는 훌륭한 예술 작품을 너무나 사랑하고 있었기 때문에, 직접 '예술을 만들' 생각은 하지 않았다. 그런 희망은 주제넘은 짓이고 우스꽝스러운 짓이라고 생각했다. 자기의 역할은 훌륭한 예술 작품을 널리 사람들에게 소개하는 데 있는 것으로 여겼다. 그래서 그는 자기 사상을 자기가 가르치는 학생들에게 이용했다. 뒷날 그들은 이것으로 책을 쓰겠지. 물론 그의 이름을 들지는 않고! 그처럼 책을 사는 데 돈을 쓰는 사람은 없었다. 으레 가난한 사람이 더 호기롭게 돈을 쓴다. 그들은 자기 돈으로 책을 산다. 그러나 부자는 공짜로 책이 손에 들어오지 않으면 그게 무슨 불명예가 되는 줄 생각하는 모양이다. 아르노는 책 때문에 돈을 다 썼다. 그 것이 그의 약점이고 결점이었다. 그는 그것을 부끄럽게 생각하여 아내에게 숨기고 있었다. 하지만 아내는 남편을 책망하지 않았다. 아내도 그렇게 했을 터이니까. 그들은 이탈리아를 여행할 작정으로—그게 불가능하다는 것을 잘 알고 있었지만—어떻게 절약하여 비용을 만들자는 훌륭한 계획을 세웠다. 그리고 돈을 저축할 능력이 없는 자기들을 비웃고 있었다. 아르노는 스스로 위로했다. 사랑하는 아내가 있는 것만으로 충분하다, 공부하는 생활이 있고 마음에 기쁨이 넘치는 생활이 있으니까 그것으로 충분하다고. 아내도 그것 으로 충분하지 않을까? 나도 그래요, 하고 아내는 대답했다. 남편이 무슨 명성을 얻어서 그것이 그녀에게도 어느 정도 반사하여 찬란한 생활과 행복 을 가져다준다면 얼마나 좋을까, 그런 말은 나오지 않았다. 하기야 밖에서 오는 빛도 즐겁기야 하겠지…… 하지만 그녀는 내성적이라 그런 말은 한 마 디도 하지 않았다. 그리고 설령 남편이 명성을 추구한다 해도, 과연 그것이 가능한지 어떤지 모른다는 것을 그녀는 알고 있었다.

이제는 벌써 시기가 너무 늦었다! …… 그들이 가장 섭섭하게 생각하는 것 은 아이가 없다는 것이었다. 하지만 그들은 서로 그것을 말로 나타내지는 않 았으며, 두 사람의 애정은 그 때문에 점점 더 깊어졌다. 이 불행한 두 사람 은 서로 간에 상대의 용서를 구하는 것 같았다. 아르노 부인은 선량하고 인 정이 많은 사람이었다. 엘스베르제 부인하고도 기꺼이 교제를 했을 것이지 만, 그것을 못하고 있었다. 저쪽에서 말을 건네 주지 않았기 때문에. 크리스 토프에 대해서는 부부가 다 그와 사귀고 싶어했다. 멀리서 들리는 그의 음악 에 매혹되었기 때문이다. 하지만 그들이 먼저 찾아가지는 못했다. 실례가 될 지 모른다는 생각에서였다.

2층은 양쪽을 다 펠릭스 베이유 부부가 쓰고 있었다. 돈 많은 유대인으로 아이는 없으며, 1년의 반은 파리 근교에서 전원생활을 했다. 이 집에서 20 년 동안이나 살고 있지만(하기는 그의 재산에 적합한 주택을 구하기는 쉬운 일이었지만 오랜 습관으로 그대로 여기서 살았다), 항상 잠시 이곳을 거쳐 가는 외국인처럼 보였다. 이웃에 대해서는 누구한테도 말을 걸지 않아, 사람들은 그들에 대하여 처음 왔을 때와 마찬가지로 그다지 자세한 사정은 알지 못했다. 하지만 그렇다고 해서 이러니저러니 한 소문이 나지 않을 수는 없었다. 오히려 그 반대였다. 사람들은 그들을 좋아하지 않았다. 또한 물론 그들도 남들의 호의를 바라지 않았다. 하지만 그들은 조금은 더 알려져도 괜찮을 만한 가치가 있는 사람들이었다. 부부가 다 훌륭한 인물이고, 우수한 지성의 소유자였다. 남편은 예순 살쯤 되는 노인으로, 중앙 아시아의 유명한 발굴 사업을 통해서 널리 알려진 아시리아 학자였다. 유대 사람이 대개 그런 것처럼 호기심이 강하고 광범하게 개방된 정신을 지니고 있으며, 자기 전문 분야의 연구에만 갇혀 있지는 않았다. 미술, 사회 문제, 현대 사상에 나타나는 여러 가지 형태 등 각 방면에 대해서 관심을 가지고 있었다. 그것으로도 그의 마음이 충족되기에는 아직 부족했다. 왜냐하면 그것들은 모두 그에게 흥미를 주기는 했으나 그의 정열을 타오르게 하지는 않았기 때문이다.

그는 매우 지적이었다. 지나치게 지적이었다. 온갖 기반으로부터 너무나 자유롭게 해방되어 있었으며, 항상 한쪽 손으로 만든 것을 다른 쪽 손으로 파괴하곤 했다. 왜냐하면 작품이나 이론을 너무 많이 만들고 있었기 때문이었다. 그는 참으로 대단히 근면한 사람이었다. 자기가 하는 일을 별로 유익한 것으로 생각하지는 않았지만, 습관에 의하여, 또 정신의 건강법으로서 학문의 영역에서 많은 분야를 끈기 있게 꾸준히 파고들었다. 그때에 늘 방해가 되는 것은, 자기가 부자라는 사실이었다. 부자이기 때문에 생존 경쟁이라는 것에 흥미를 느껴 본 경험이 없었다. 그래서 동양에서 하던 활동도 몇 년 안 가서 싫증이 났으며, 그 뒤로는 어떤 공직도 맡지 않았다. 하지만 자기의 개인적인 연구 외에, 오늘날 화제가 되고 있는 여러 가지 문제, 실제적이고 긴급한 사회 개혁이나 프랑스 사회교육의 재편성 같은 문제를 앞을 내다보면서 연구하고 있었다. 그는 잇따라 의견을 발표하여 새로운 사조를 형성했다.

지식계의 커다란 기계를 조종하기 시작했으나 그것도 곧 싫증이 났다. 그리고 여러 종류의 이론을 제출하여 사람들을 그 입장에다 이끌어 놓고서, 다음에는 그 입장에 대하여 형편없이 가혹하게 비평을 가하여 그들을 분개시킨 일도 한두 번이 아니었다. 그는 일부러 그렇게 한 것은 아니었다. 타고난 욕구였다. 매우 신경질적이고 비꼬기를 잘하는 그는, 사물이나 인간의 우스꽝스러운 측면을 날카롭게 간파하기 때문에 그저 잠자코 있기란 어려운 일이었다. 아무리 훌륭한 입장도, 아무리 훌륭한 인물도, 어떤 각도에서 보거나 확대해서 관찰하면 반드시 우스꽝스러운 면을 나타내게 마련이므로, 그의 비꼬기 좋아하는 날카로운 눈은 어떤 대상에 대해서도 오랜 기간에 걸쳐 존경심을 지속할 수 없었다. 따라서 당연히 그에게는 친구가 생기지 않았다. 그래도 그는 남을 위해서 이바지하려는 훌륭한 뜻을 가지고 있었다. 또한 그것을 실행하기도 했다. 하지만 사람들은 거의 고맙게 생각하지 않았다. 그의 은혜를 입은 사람들조차, 그의 눈에 꼴불견으로 비친 것을 마음속에서 원망하고 있었다. 그는 사람을 사랑하기 위해서는 너무 사람을 관찰해서는 안 되었다. 그는 인간을 싫어하는 것은 아니었다. 인간 혐오자(嫌惡者)의 역할을 연출하기에는 너무 자신이 없었다. 그는 세상을 비웃고 있었으나 사실은 세상에 대해서 겁을 먹고 있었다. 마음속에서는 자기가 세상보다 옳다고 확신할 수 없었다. 그는 남들과 지나치게 다른 태도를 취하는 것을 피하고, 외면에 나타나는 자기의 방법이나 의견을 되도록 남들을 모방하려고 애썼다. 하지만 그런 노력은 헛수고였다. 아무래도 남을 비판하지 않고서는 못 배겼다. 그는 온갖 과장된 것이나 단순하지 않은 것에 대하여 날카로운 감각을 가지고 있었다. 그리고 자기의 초조한 기분을 끝내 숨기지 못했다. 특히 유대 사람의 우스꽝스러운 점에 대해서는, 스스로 유대 사람을 잘 알고 있기 때문에 더욱 민감했다. 그리고 민족과 민족 사이의 울타리를 인정하지 않을 만큼 자유로운 정신을 지니고 있음에도, 타민족이 그에 대해서 만든 울타리에 자주 부딪쳤다. 또한 그 자신도 그리스도교의 사상 속에서는 아무래도 다른 영역에 있는 것 같은 느낌이 들었으므로, 의젓하게 독립하여 비꼬는 버릇과 아내에 대한 깊은 애정 속에 틀어박혀 있었다.

가장 불행한 일은, 그의 아내도 그의 날카로운 눈에서 벗어나지 못하는 사실이었다. 아내는 참으로 친절하고 활동적인 여성으로, 남에게 도움을 주는 사람이 되기를 열렬히 바라고 항상 자선 사업에 종사하고 있었다. 남편에 비해서 성질이 덜 복잡했으며, 자기의 도덕적인 성의 속에, 또한 의무라는 것에 대해서 좀 완고하고 이지적이기는 하지만 대단히 고상한 생각 속에 들어박혀 있었다. 아이도 없고 별다른 기쁨도 없고 커다란 사랑도 없는, 어느 정도 우울한 그녀의 생활 전체는 이 도덕적 신념 위에 구축되어 있었다. 그런데 이 신념이라는 것도 실은 믿고 싶다는 의지에 지나지 않았다. 남편의 비꼬기 좋아하는 날카로운 눈은 그 신념 속에 들어 있는 의지적인 속임수의 부분을 간파하지 않을 리 없었다. 그리고(자기로서는 도저히 억누를 수 없었으므로) 아내를 희롱하지 않고는 못 배겼다. 그는 모순투성이 인간이었다. 의무에 대해서는 아내 못지않게 훌륭한 생각을 가지고 있으면서도 그와 동시에 분석하고 싶다, 비평하고 싶다, 기만을 당하고 싶지 않다는 끈질긴 욕구가 있어, 그것이 그의 도덕적 명령을 갈기갈기 찢고 있었다. 그는 아내의 발 밑에다 땅을 파고 있다는 것을 스스로 깨닫지 못했다. 그는 잔혹할 만큼 아내를 낙담시키고 있었다. 그것을 일단 깨닫게 되면 아내보다 더 괴로워했다. 하지만 때늦은 후회가 무슨 소용이 있을까. 그러면서도 두 사람은 변함없이 서로 충실하게 사랑하고, 일하고, 세상을 위해 좋은 일을 하고 있었다. 하지만 표면상 냉담해 보이는 아내의 태도는 사람들에게 좋게 보이지 않았다. 거기에다 그들은 자존심이 있기에 자기들이 하고 있는 착한 행동이나 착하게 하고 싶은 기분을 마구 자랑하지는 않았으므로, 세상 사람들은 그들의 조심성을 냉담한 태도로 보고, 그 고립을 이기주의로 해석했다. 그리고 남들이 그렇게 보고 있는 것을 알아차리면 알아차릴수록 오히려 그 오해를 풀지 않으려고 조심했다. 자기들이 속해 있는 민족의 많은 사람이 무척 뻔뻔스럽다는 사실에 대한 반동(反動)으로, 그들은 희생되어 극도로 조심스러운 태도를 취하고 있었던 것인데, 그 뒤에는 많은 긍지가 숨겨져 있었다.

조그만 정원에서 약간 높은 지층에 있는 맨 아래층에는 식민지 포병장교로 있다가 지금은 퇴역한 샤브랑 소령이 살고 있었다. 그는 아직 젊고 활발한 사람이었다. 수단과 마다가스카르에서 용맹하게 싸우기도 했는데, 그 뒤 갑자기 모든 것을 내동댕이치고 이곳에 은퇴하여 군대에 관해서는 얘기도 듣기를 싫어했으며, 꽃밭을 가꾸고 아무리 해도 늘지 않는 플루트 연습을 하고, 정치에 대한 불평을 털어놓거나 사랑하는 딸에게 잔소리를 하면서 그날 그날을 보내고 있었다. 딸은 서른 살의 젊은 여자로서 대단한 미모라고는 할 수 없으나 애교가 있고, 아버지에게 헌신하고 있었다. 그리고 아버지한테서 떠나고 싶지가 않아서 아직 결혼도 하지 않고 있었다. 크리스토프는 이따금 창에서 몸을 내밀고 그들의 모습을 바라보았다. 물론 아버지보다는 딸에게 더 눈이 끌렸다. 딸은 오후 한때 마당에 나와, 잔소리가 심한 아버지의 상대가 되어 늘 유쾌한 기분으로 바느질을 하고, 우두커니 무슨 생각에 잠기기도 하고, 정원을 손질하거나 했다. 소령의 떠들썩한 잔소리에 대해서 익살투로 대답하는 딸의 조용하고 밝은 목소리가 들렸다. 소령은 언제나 오솔길 모래 위를 오락가락 어슬렁거렸다. 이윽고 아버지는 집 안으로 들어갔다.

딸은 그대로 정원에 남아서 벤치에 앉은 채, 몇 시간이나 몸도 움직이지 않고, 말도 하지 않고, 어렴풋이 미소를 지으면서 바느질을 하고 있었다. 그 동안 집 안에서는, 몹시 지루해하던 소령이 열심히 플루트의 높은 소리를 내기도 하고, 혹은 기분을 전환하기 위해 천식을 앓는 것처럼 헐떡거리는 오르간을 서투르게 치고 있었다. 크리스토프로서는 그게 재미나기도 하고 성가시기도 했다. 그날의 기분에 따라 달랐다.

이와 같이 여러 사람들이 바깥 바람이 불어오지 않는, 갇힌 정원이 달린 건물 속에서 서로 이웃해 살고 있었다. 그러나 각 세대의 문은 서로 간에 엄중히 닫혀 있었다. 오직 크리스토프만은 생명력이 넘쳐서 마음을 열어젖히고 싶은 욕구에 휩쓸려, 맹목적이면서도 투시적인 커다란 동정심으로, 상대가 모르는 동안에 그들 모두를 포섭하고 있었다. 크리스토프는 그들을 이해하고 있지는 못했다. 이해할 방법이 없었다. 그에게는 올리비에처럼 남의 심리를 이해하는 힘이 없었다. 하지만 크리스토프는 그들을 사랑하고 있었다. 본능적으로 자기를 그들의 처지에 두고 있었다. 그러자 서서히 어떤 신비로운 방사 작용(放射作用)에 의해서, 가까이 있으면서도 멀리 떨어진 그 사람들의 생활이 어렴풋이 이해되기 시작했다. 사랑하는 부모를 여읜 여성의 슬픔에 지친 무기력, 사제, 유대 사람, 기사, 혁명가들의 사상적 긍지에서 오는 극기적인 침묵. 아르노 부부의 마음을 소리 없이 연소시키고 있는 애정과 창백하고 조용한 불꽃. 서민적인 사나이가 빛에 대해서 품고 있는 소박한 동경. 장교가 가슴속에서 억누르고 있는, 억압당한 반항심과 무익한 행동. 라일락나무 그늘에서 무슨 생각에 잠겨 있는 젊은 여성의, 체념한 조용한 심경(心境). 하지만 이들 영혼의 소리 없는 음악은 크리스토프만이 알아듣는 것이었다. 그들 자신의 귀에는 들리지 않았다. 그들은 각각 자기의 슬픔과 사념에 사무쳐 있었다.

그러나 어떻든지 그들은 모두 움직이고 있었다. 회의적인 노학자(老學者)

도, 비관론자인 기사도, 사제도, 무정부주의자도, 자존심이 강하거나 희망을 잃었거나 간에 모두 다 움직이고 있었다. 그리고 지붕 위에서는 직공이 노래를 부르고 있었다.

*

크리스토프는 자기가 사는 그 건물 안에서뿐 아니라 바깥 사회에서도, 가장 우수한 사람들 사이에—그들이 단결하고 있을 때마저도—이와 같은 정신적 고독이 있는 것을 알게 되었다.

올리비에는 자기가 집필하는 어떤 작은 잡지에 크리스토프를 연결해 주었다. 그것은 〈이솝〉이라는 잡지인데, 표어로 다음과 같은 몽테뉴의 문장을 인용하고 있었다.

이솝은 다른 두 노예와 함께 노예 시장으로 끌려갔다. 구매자는 첫 번째 노예에게, 그대는 무슨 일을 할 줄 아느냐고 물었다. 노예는 자기의 값을 올리기 위해 여러 가지 불가사의한 일을 할 수 있다고 대답했다. 두 번째 노예도 그에 못지않은 호언장담으로 대답했다. 이솝의 차례에 이르러 다시금, 그대는 무슨 일을 할 줄 아느냐는 질문을 받았을 때, 그는 이렇게 대답했다.

"아무 일도 못합니다. 이 두 사람에게 다 빼앗겼으니까요. 무슨 일이나 이들이 다 하겠지요."

이것은 몽테뉴도 말하고 있는 것처럼 '지식을 자랑하는 사람들의 뻔뻔스러운 태도나 터무니없는 자만심'에 대하여 경멸을 표시한 순수한 태도이다. 잡지 〈이솝〉의 필자들은 회의가(懷疑家)라고 자칭하지만, 사실 충분히 단련된 신념을 가지고 있었다. 그러나 일반 사람들이 보기에는, 물론 이 아이러니의 가면은 그다지 매력이 없었다. 오히려 사람들을 당황하게 만들었다. 민중이 따라오는 것은, 단순하고 명쾌하고 강력하며 확실한 생활의 언어가 제공되는 때뿐이다. 민중은 빈혈 상태의 진실보다는, 튼튼한 허위를 좋아한다. 회의주의가 민중의 환영을 받는 경우가 있다면, 그건 우둔한 자연주의나 그리스도교다운 우상 숭배를 숨겨 지니고 있을 때뿐이다. 잡지 〈이솝〉이 가지고 있는 경멸적인 회의주의는 거기에 무슨 견고한 것이 숨겨져 있음을 짐작하는 소수의 사람들—(높은 긍지를 지닌 정신)—의 귀 말고는 들어가지 않는다. 그런 힘은 행동을 위해서는 소용이 없었다.

그들은 그런 것은 문제 삼지 않았다. 프랑스는 정치가 민주적으로 될수록 사상, 예술, 학문은 점점 더 귀족적으로 되는 것 같았다. 학문은 그 전문적인 용어 뒤에 숨어서, 전문가가 아니면 열지 못하는 세 겹의 장막으로 덮여서 성전(聖殿) 깊숙이 받들어 모셔져 있기 때문에, 뷔퐁이나 백과전서파 (프랑스의 계몽 사상가 집단)의 시대보다도 접근하기 어렵게 되어 있었다. 예술, 적어도 자기를 존중하고 미를 숭배하는 예술도 마찬가지로 밀폐되어 있었다. 예술은 민중을 경멸하고 있었다. 미보다 행동을 고려하는 작가들 사이에서도, 심미적인 관념보다 도덕적인 관념을 존중하는 작가들 사이에서도, 종종 기묘한 귀족적 정신이 지배하고 있었다. 그들은 자기 마음의 불꽃을 남에게 전달하기보다는, 그 순결을 자기 내부에 지키는 일에 열중하고 있는 것 같았다. 마치 자기들 관념의 승리를 확신시키는 것보다도, 다만 그것을 긍정하기만을 열망하는 듯.

그렇지만 많은 사람 가운데는 대중적인 예술에 관계하는 사람도 없지는 않았다. 그 가장 성실한 사람들 가운데 어떤 사람은 작품 속에 무정부주의적인 파괴적 관념이나, 먼 앞날의 진리를 투입하고 있었다. 하지만 그 진리도, 1세기 뒤나 2, 30년 뒤에는 어쩌면 유익한 것이 될지도 모르지만, 지금 당장에는 사람들의 마음을 잠식하거나 애태울 뿐이었다. 또 어떤 사람은 답답하고 아니꼬우며 아무 희망이 없는 음산한 극을 쓰고 있었다. 크리스토프는 그런 작품을 읽으면 2, 3일은 기분이 울적해서 견딜 수 없었다.

"자네들은 이런 것을 민중에게 제공하려는 건가?" 그는 물었다. 하다못해 몇 시간 동안만이라도 자기의 불행을 잊어버리기 위해서 찾아오는 것인데, 이런 음산한 오락을 제공받는 사람들이 가엾고 안타까웠다. "이래서야 민중을 무덤 속에 파묻는 거나 마찬가지로군!"

"안심하세요." 올리비에는 웃으며 대답했다. "민중은 오지도 않을 테니까."

"안 오는 게 당연하지! 자네들은 머리가 어떻게 된 모양이지. 아, 그래, 민중한테서 그들이 살아나가는 용기를 빼앗을 작정인가!"

"왜 말을 그렇게 하지요? 민중도 우리와 마찬가지로 현실의 슬픈 상태를 보고서도 낙담하지 않고 의무를 수행해야 한다는 것을 배워야 한단 말인가요?"

"낙담하지 않고서라구? 그건 의문스러운걸. 아무 기쁨도 없이, 라는 건 확실하겠지만 사람의 마음속에서 삶의 기쁨을 없애 버리고서야 무슨 큰 일을 할 수 있을라구."

"어떻게 하는 게 좋단 말인가요? 아무에게도 진실을 속일 권리는 없는데."

"하지만 진실을 모조리 다 털어놓을 권리도 없지."

"당신이 그런 말을 하다니? 당신은 항상 진실을 요구하고 있었잖아요! 무엇보다도 진실을 사랑한다고 하더니!"

"그렇지, 나로서는 그래. 또 진실의 부담을 견딜 만큼 튼튼한 허리를 가진 사람은 그래도 괜찮아. 하지만 그렇지 못한 사람으로서는 잔인한 일이고 어리석은 일일세. 나는 이제 그것을 확실히 알게 됐어. 내가 고국에 있었다면 이런 일은 생각도 못했겠지. 저기 독일에서는, 자네들처럼 진실에 홀리고 있지는 않아. 그들은 어떻게 사느냐 하는 것에 집착하고 있거든. 조심해서, 보고 싶은 것 말고는 보지를 않아. 그런데 자네들은 그렇지 않아. 그래서 자네들을 좋아하는 거야. 자네들은 용감해. 정정당당하게 나아가고 있어. 하지만 자네들은 비정해. 하나의 진실을 발견하면 바로 그것을 세계로 내던지거든. 성서에 나오는, 꼬리에 불이 붙은 여우처럼 그것이 전 세계에 불을 붙이게 될지도 모른다는 것은 생각하지도 않고. 자네들이 자신의 행복보다도 진실을 존중하고 있다는 건 나도 존경하네. 하지만 남의 행복보다도 그렇게 한다면…… 그만두기를 바라네! 그건 너무 제멋대로야. 자기 자신보다도 진실을 더욱 사랑해야 하겠지. 하지만 진실보다는 이웃 사람을 사랑해야 해."

"그럼 이웃 사람을 속여야 한다는 말인가요?"

크리스토프는 괴테의 말을 끌어내서 대답했다.

"우리는 여러 가지 최고의 진리 가운데서, 세상의 행복에 도움이 되는 것 말고는 발표해서는 안 된다. 다른 진리는 자기 가슴속에 넣어 두어야 한다. 그렇게 하면 그것들은 숨은 태양의 부드러운 광선처럼, 우리의 모든 행위를 구석구석까지 비출 것이다."

그러나 이와 같은 조심스러운 배려는, 이들 프랑스 작가들의 마음을 거의 움직이지 않았다. 그들은 손에 들고 있는 활이, '사상 혹은 죽음' 가운데 어느 쪽을 쏠지, 혹은 두 가지를 동시에 쏠지 전혀 생각하고 있지 않았다. 그들에게는 애정이 결여되어 있었다.

프랑스 사람은 어떤 관념을 가지면 그것을 남에게 강요하려고 한다. 또 자기가 관념을 가지고 있지 않으면 역시 남도 갖지 못하게 한다. 그리고 그게 불가능하다는 것을 알게 되면 행동에 대한 흥미를 잃고 만다. 이들 선택받은 사람들이 정치에 거의 관여를 하지 않는 까닭은 이것이 주요한 이유였다. 각 개인은 자기 신념 속이나 혹은 신념의 결여 속에 틀어박혀 있을 뿐이었다.

이러한 개인주의를 극복하여 그들 사이에 여러 집단을 만들려고 하는 많은 시도가 행해져 왔다. 하지만 그런 집단의 대부분은 곧 문학적인 잡담을 지껄이는 살롱이나 우스꽝스러운 도당으로 타락하고 말았다. 가장 뛰어난 사람들은 서로 상대를 멸망시켰다. 그런 가운데 힘과 신념으로 충만된 사람들도 얼마쯤 있었다. 그들은 힘은 약하지만 선량한 사람들을 결합시키거나 지도하기 위해서 태어난 사람들이었다. 그러나 그들은 각자 자기의 무리를 가지고 있으며 다른 무리와 합치는 것을 승낙하지 않았다. 이리하여 소수의 잡지, 집회, 결사가 만들어지고 있었다. 그것들은 모두 어떤 정신적인 덕을 지니고 있었지만 단 하나, 자기 희생의 덕만은 빠져 있었다. 왜냐하면 모두가 다 남에게 윗자리를 양보하려고는 하지 않았으니까. 이리하여 수효도 적고 부유하지도 않은 선량한 사람들의 빵 조각을 서로 쟁탈하여, 빈혈과 기아의 상태에서 가까스로 얼마 동안 생명을 부지했다. 그리고 마침내 쓰러져서는 다시 일어나지를 못했다. 그것도 적의 채찍 밑에 쓰러진 게 아니라(꼴불견이게도!) 자기 자신의 채찍 밑에 쓰러진 것이었다.

여러 가지 직업—문학자, 극작가, 시인, 산문가, 교수, 교원, 신문 기자—은 수많은 조그만 부족을 만들고, 그것은 다시 조그만 부족으로 갈라져 있었으며, 또한 서로 간에 문을 닫고 있었다. 그들 사이에 교류는 전혀 없었다. 프랑스에서는 무슨 일이나 만장일치 되는 게 없었다. 어쩌다가 아주 드물게 있기도 했으나, 그런 때의 그 만장일치는 하나의 유행병 같은 성격을 가지며 그리고 대개는 틀린 것이었다. 왜냐하면 그것은 병적인 것이었기 때문이다. 개인주의가 프랑스 사람이 활동하는 모든 방면에서 군림하고 있었다. 그것은 학술계나 상업계에서도 마찬가지였다. 상업계에서도 개인주의가 큰 장사꾼들이 결합하거나 경영자들이 협정을 맺거나 하는 일을 방해하고 있었다. 이 개인주의는 넘쳐흐를 만큼 풍부한 것이 아니라, 집요하고 은근히 작용하고 있었다. 혼자서 처리해 나가야 한다, 남의 신세를 지지 말아야 한다, 남과 관계를 하지 말아야 한다, 남들의 모임에 참가해서 열등감을 느끼는 일이 없어야 한다, 자기의 자랑스러운 고립의 조용한 상태를 혼란시키지 말아야 한다, 이것이 '독립적인' 잡지, '독립적인' 극장, '독립적인' 단체 등을 만들고 있는 사람들 거의 모두가 마음속에서 생각하는 점이었다. 잡지나 극장이나 단체의 존재 이유는, 대개 남과 같이 있고 싶지 않다는 바람, 공통된 행동이나 사고에 있어서 남과 일치할 수 없다는 점, 혹은 당파 사이의 적의이거나, 그렇지 않으면 당연히 서로 이해해야 할 사람들을 서로 간에 무장시키는 시기심 같은 것이었다.

잡지 〈이솝〉에 의거하고 있는 올리비에와 그의 친구들처럼, 서로 존경하는 사람들이 하나의 사업에 모여든 경우에도 서로 간에 경계하고 있는 것 같았다. 독일에서는 일반적으로 누구나 다 가지고 있으며 오히려 방해가 되기 쉬운, 저 넘쳐흐르는 순박한 성질을 그들은 전혀 가지고 있지 않았다. 청년들이 모인 이 그룹 속에서 특히 크리스토프의 관심을 끈 인물이 하나 있었다 (샤를 페기). 크리스토프는 그 인물에게 독특한 힘이 숨어 있는 것을 간파했기 때문이다. 그는 강한 논리와 끈질긴 의지를 지닌 작가로서, 어떤 도덕적 관념에 열중하여 어디까지나 그것에 봉사하고 그것을 위해서는 전 세계도 자기 자신도 감히 희생하겠다는 결심이었다. 그는 그 관념을 옹호하기 위하여 거의 혼자 힘으로 하나의 잡지를 만들어 편집하고 있었다. 순수하고 자유롭고 영웅적인 프랑스라는 관념을 프랑스와 유럽에 고취하겠다는 것을 자기 마음에 맹세하고 있었다. 그는, 자기가 프랑스 사상사(思想史)의 가장 중요한 한 페이지를 쓰고 있다는 사실을, 언젠가는 세계가 인정할 것이 틀림없다고 확신하고 있었다. 그리고 그것은 그의 자만심도 아니었다. 크리스토프는 그에 대해서 더 자세히 알고자 했으며 교제도 하고 싶었다. 하지만 그 방법이 없었다. 올리비에는 이따금 그에게 볼일이 있었으나 좀처럼 만나는 일은 없었다. 그것도 단순히 볼일을 위해서 만나는 것이었다. 그들은 서로 마음속을 털어놓고 얘기한 일은 없었다. 기껏해야 추상적인 의견을 조금 주고받는 정도였다. 의견 교환이라기보다 차라리—정확하게 말하면 각각 자기 의견을 가슴에 넣어 두고 있었으므로—두 사람은 같이 어울려서도 각각 제멋대로 독백을 하고 있었던 것이다. 그러면서도 두 사람은 상대의 가치를 알고 있는 전우였다.

이와 같은 소극적인 태도에는, 그들 자신으로서도 분간하기 어려운 여러 가지 이유가 있었다. 그 첫 번째는 서로 간의 정신에 어쩔 수 없는 차이가 있음을 뚜렷이 간파하는 과도한 비판력이고, 그 차이를 너무나 중요시하는 과도한 이지주의(理知主義)였다. 또한, 살기 위해서 사랑을 하고 싶어하는 강력하고 솔직한 공감의 결핍이었다. 그리고 아마 일에 시달린 피로, 너무나 가난한 생활, 흥분 같은 것도 그 원인이며, 그래서 밤이 되면 벌써 정다운 얘기를 즐길 만한 기운이 없어지는 것이다. 마지막으로는, 프랑스 사람이 말로 표시해서 인정하는 것을 두려워하고 있으나 이따금 그들의 마음속에서 말하고 있는, '우리는 같은 하나의 민족에 속하는 자가 아니다'라는 무서운 감정이었다. 자기들은 서로 다른 민족으로, 서로 다른 시대에 프랑스 땅에 정착했으며, 하나로 결합되어 있기는 하지만 거의 공통된 사상은 가지고 있지 않다, 그러나 공통의 이익을 위해서는 그 점을 너무 생각해서는 안 된다는 감정이었다. 그리고 무엇보다도 큰 원인은, 자유에 대한 열광적이고 위험한 정열이었다. 한번 이 정열을 맛본 사람은 모든 것을 다 희생하게 된다! 이 자유로운 고독은, 여러 해에 걸친 시련으로 그 대가를 치러야 하기 때문에 더욱 귀중한 것이었다. 선택받은 사람들은 평범한 사람들의 맹목적인 복종에서 달아나기 위해 그곳에 숨었다. 그것은 종교적인, 또는 정치적인 집단, 프랑스에서 개인을 억압하고 있는 커다란 중압감, 이를테면 가정, 여론, 국가, 비밀 결사, 당파, 도당, 유파(流派) 등의 사나운 압력에 대한 반동이다. 예를 들면, 탈옥하기 위해서 열 겹 스무 겹이나 되는 벽을 뛰어넘어야 했던 죄수를 생각해 보아라. 목을 부러뜨리지 않고 마지막까지 성공한다면 그는 대단히 강한 사람이라고 해야 한다. 그것은 자유로운 의지에 대한 엄격한 훈련이다! 하지만 일단 거기를 통과한 사람은, 일생을 통해서 완고한 습관과 독립에 대한 집착심을 계속 가지게 되며, 결코 타인과 융합되는 일은 불가능하다.

자존심에 의한 고립 말고도, 체념에 의한 고립이 있었다. 프랑스에서는 선량함과 긍지와 애정을 지닌, 얼마나 많은 훌륭한 사람들이 인생에서 물러나 있는지! 혹은 정당하고 혹은 부당한 여러 가지 이유가 그들의 활동을 저해하고 있었다. 그것은 어떤 사람들에게 있어서는, 복종이나 지나친 조심성이나 습관의 힘이었다. 또 어떤 사람들에게 있어서는, 사회가 어떻게 보나 하는 염려이며, 우스워 보이지나 않을까 하는 두려움이며, 남의 눈에 띄었다가는 이해타산을 떠나서 한 일을 사심에서 나온 것처럼 비평을 받게 되지나 않을까, 하는 두려움이었다. 어떤 남자는 정치적 또는 사회적인 투쟁에는 절대 가담하지 않으며, 어떤 여자는 박애 사업을 외면하고 있었다. 그들은 양심도 없고 양식도 없으면서도 그런 일에 종사하는 사람들이 꽤나 많은 것을 보았기 때문이며, 또한 자기들도 그런 사기꾼이나 숙맥들과 마찬가지로 보이는 게 두려운 때문이었다. 혐오감, 피로, 그리고 행동이나 고통이나 추악이나 우열(愚劣)이나 위험성이나 책임 등에 대한 염려, 또는 오늘날 많은 프랑스 사람들의 훌륭한 의지를 좌절시키고 있는 '무슨 소용이 있으랴?' 하는 무서운 생각이 거의 모든 사람의 마음속에 있었다. 그들은 지나치게 지적(知的)이었다(그 지성은 활개를 치지 않는다). 그들에게는 찬성의 이유와 반대의 이유가 한꺼번에 뚜렷이 보인다. 힘이 부족하다. 생명이 부족하다. 사람은 생기 발랄할 때에는 자기가 살아 있는 이유를 따지지 않는다. 살기 위해서 살아 있을 따름이다. 왜냐하면 산다는 것은 멋진 일이니까!

마지막으로 프랑스의 가장 뛰어난 사람들의 마음속에는 호감을 느낄 수 있는 중용적인 특질이 모조리 들어 있었다. 이를테면 온건한 철학, 절도 있는 욕망, 가정이나 토지나 도덕적 습관에 대한 애착심, 사리분별, 고집을 부리거나 남에게 폐를 끼치는 일에 대한 두려움, 정결한 감정, 항상 변하지 않는 조심성 같은, 이 모든 매력 있는 사랑스러운 특질은 어떤 경우에는 마음의 안정이나 용기나 기쁨과 조화될 수 있었다. 그러나 또한 이것들은 프랑스 사람의 빈혈성이나 생명력이 차차 줄어드는 경향과 관계가 없지 않았다.

크리스토프와 올리비에가 살고 있는 집 아래의, 사방이 벽으로 둘러싸인 우아한 정원은 그러한 프랑스의 조그만 상징이었다. 그것은 바깥 세계에서 격리된 푸른 한 구석이었다. 다만 이따금 바깥에서 일어난 커다란 바람이 소용돌이를 치면서 불어닥쳐 몽상에 잠겨 있는 처녀에게 먼 밭과 대지의 호흡을 실어왔다.

*

이제야 크리스토프에게는 프랑스의 숨겨진 샘이 어렴풋이 보이기 시작했으므로, 프랑스가 저급한 사람들에 의해서 억압된 상태로 있는 게 화가 났다. 선택받은 사람들이 시무룩하게 침묵을 하고 있는 박명(薄明)의 상태는 그로서는 답답한 노릇이었다. 극기주의자라는 것은 이미 이가 빠진 사람들로서는 좋을 수도 있겠지. 하지만 크리스토프는 집 밖의 공기를, 대중을, 영광의 태양을, 많은 영혼의 사랑을, 사랑하는 사람들을 포옹하는 일을, 적을 분쇄하는 일을, 싸워서 이기는 일을 필요로 하고 있었다.

"당신은 그 일을 할 수 있을 거예요." 올리비에는 말했다. "당신은 강해요. 당신은 이기도록 되어 있어요. 그 승리는 당신의 장점 때문이기도 하고, 또한(실례가 되는 말이지만!) 당신의 결점 때문이기도 하지요. 당신은 다행히도 너무나 귀족적인 국민에 속해 있지는 않아요. 당신은 행동을 싫어하지도 않지요. 당신은 필요하다면 정치가가 될 수도 있을걸요…… 거기에다 당신은 작곡을 할 수 있다는 더할 나위 없는 행복을 가지고 있어요. 사람들은 당신이 하는 말을 알아듣지 못하기 때문에 당신은 무슨 말이든 할 수 있지요. 만약 사람들이 당신 말 속에 들어 있는, 그들에 대한 경멸이나 그들이 부정하는 것에 대한 영원한 찬가 등을 안다면, 그들은 당신을 용서하지 않을 거예요. 당신은 방해를 받을 것이고, 그들은 항상 당신에게 달라붙어서 괴로움을 줄 것이므로, 당신은 그들과 싸우는 일에 최선의 힘을 상실하고 마는 결과가 되겠지요. 설령 당신이 이긴다 해도, 숨이 끊어져서 당신 사업을 완성하지는 못할 거예요. 당신 생명은 거기에서 끝나는 거예요. 위인이 승리를 차지하는 것은 오해 때문이라고도 말할 수 있지요. 사람들은 위인을 실제와는 반대로 생각해서 칭찬을 하는 거예요."

"흥!" 크리스토프는 대답했다. "자네들은 자기 나라 지도자들이 얼마나 무기력한지를 모르는군. 나는 처음에 자네만 모른다고 생각했지. 그래서 자네가 행동하지 않는 것을 허용하고 있었어. 그런데 실제는 자네들은 다 똑같은 생각을 가지고 있군 그래. 자네들은 자네들을 압박하고 있는 사람들보다 백 배 더 강하고, 천 배 더 값어치가 있는데, 그들의 뻔뻔스러운 압력에 짓눌리고 있어! 나는 자네들을 이해할 수 없네. 자네들은 가장 아름다운 나라에 살고, 가장 훌륭한 지성, 가장 인간적인 감각을 가지고 있으면서도, 그것을 이용하려고는 하지 않고, 소수의 시시한 사람들의 지배 밑에서 모욕과 짓밟힘을 당하고 있는 거야. 자네들의 참다운 모습을 보여 주게나! 하늘에 도움을 바란다든가, 나폴레옹의 등장을 바란다든가 하는 건 집어치워! 일어나서 단결해야지! 자, 다들 일을 시작해야지! 집 안을 청소하는 거야."

그러나 올리비에는 얄궂고 권태로운 모습으로 어깨를 움츠리고 말했다.

"그런 사람들하고 우격다짐을 하란 말인가요? 아니, 그건 우리 역할이 아니에요. 우리는 더 좋은 일을 하면 돼요. 나는 폭력이 싫어요. 그 결과가 어떻게 될지 너무나 잘 알 수 있으니까요. 초조한 늙은 낙오자들, 왕당의 풋내기들, 흉포와 증오를 선동하는 추악한 무리들이 나의 행동을 가로채어 더럽혀 버리겠지요. 당신은 나에게, '야만인을 몰아내라'든가 '프랑스 사람의 손으로!'라는 지난날 증오의 표어를 다시 채택하라는 말인가요?"

"그래서는 안 될 까닭이 뭔가?" 크리스토프는 반문했다.

"안 돼요, 그건 프랑스 사람의 언어가 아니에요. 애국주의의 색을 칠해서 그걸 우리나라에 퍼뜨리려 하는 건 헛수고예요. 미개한 나라에서는 그래도 괜찮겠지요. 하지만 우리 조국은 증오를 위해서 만들어진 나라가 아니에요. 우리의 참다운 본질은 타인을 부정하거나 파괴하는 일에 의해서 발휘되는 게 아니고, 타인을 자기 속에 흡수함으로써 발휘되는 거예요. 누구든지 우리나라에 오라고 해요, 흐리멍덩한 북쪽도, 수다스러운 남쪽……."

"그리고 독성을 가진 동양(東洋)도 괜찮단 말인가?"

"그렇지요, 독성 있는 동양도. 우리는 그것을 다른 것과 마찬가지로 흡수해 버릴 거예요! 우리는 이미 많은 것을 흡수해 왔어! 나는 동양의 승리한 듯한 태도도, 우리 민족 가운데 어떤 사람들의 무기력한 태도도 다 비웃고 있어요. 동양은 우리를 정복한 줄 알고 우리 도시의 큰 거리나, 신문 잡지나, 극장이나, 정치의 무대에서 마구 뽐내고 있지만 어리석은 놈들이지요! 사실 동양이야말로 정복을 당하고 있는 거예요. 우리의 영양분이 된 뒤에는 저절로 배설되고 말겠지요. 갈리아 민족의 나라는 튼튼한 위를 가지고 있어요. 과거 20세기 동안에 여러 문명을 소화해 왔었지요. 우리는 유독성도 견딜 수 있는 거예요……. 당신들 독일 사람은 마땅히 두려워할 일이에요! 당신들은 순수하거나 그렇지 않으면 존재하지 않거나, 둘 중 하나라야 하겠지요. 하지만 우리 프랑스 사람에게는 순수는 문제가 아니에요. 보편성이 문제일 따름이지요. 당신들은 황제를 가지고 있어요. 영국은 제국이라고 자칭하고 있지요. 하지만 사실 우리의 라틴 정신이야말로 제왕적(帝王的)이지요. 우리는 세계시의 시민이에요. 로마 세계에 올라타고 있는 자예요."

"나라가 건강하고 생명력으로 넘쳐 있는 동안은 그게 순조로울 수 있겠지." 크리스토프는 말했다. "하지만 언젠가는 그 정력이 쇠약해질 걸세. 그렇게 되면 밖에서 오는 조류(潮流)에 침몰당할 염려가 있어. 우리 둘 사이에서만 하는 얘기지만, 그날이 이미 오고 있다고 생각되지 않나?"

"지난 몇 세기 동안, 몇 번인가 그런 말이 있었지요! 하지만 우리 역사는 언제나 그런 불안을 극복해 왔어요. 사람이 살지 않는 파리에 이리 떼가 횡행하고 있던, 저 오를레앙의 소녀 시대부터 오늘에 이르기까지 우리는 그 밖에도 많은 시련을 견뎌 왔던 거예요. 오늘날 부도덕이 범람하는 것도, 쾌락만 찾아다니는 풍속도, 무기력도, 무질서도, 나는 결코 두려워하지 않아요. 인내를 해야지요! 지속을 원하는 자는 참고 견디어야 해요. 이 다음에는 도덕적 반동이 일어나리라는 것은 나도 잘 알고 있어요. 하지만 그것 역시 보다 더 가치 있는 건 아니겠지요. 그리고 아마도 마찬가지로 하찮은 것이 돼 버리겠지요. 요컨대 오늘날 공공연한 부패 속에서 살고 있는 사람들이 가장 떠들썩하게 그 반동을 지도하게 될 테니까요! ……하지만 그런 건 아무래도 괜찮아요! 그런 반동은 진정한 프랑스의 민중에게는 미치지 않아요, 달려 있는 열매는 썩을지언정 나무가 썩지는 않아요. 썩은 열매가 떨어질 뿐이지요. 그런 사람은 국민의 극소수에 지나지 않아요! 그들이 살아 있건 죽어 버리건 우리에게 무슨 상관이 있을까요! 그들에 대해서 도당을 조직하거나 혁명을 일으키기 위해서 내가 움직일 줄 아나요? 현재의 질병은 무슨 제도에서 생긴 게 아닐 거예요. 그건 사치에서 생긴 문둥병이에요. 부와 지성에 달라붙은 기생충이에요. 그런 건 곧 멸망해 버릴 거예요."

"자네들을 다 침식한 뒤에 말이지."

"우리 민족은 절망을 하려야 할 수가 없어요. 이 민족 속에는 하나의 용기가 숨겨져 있는 거예요. 빛과 활동적 이상주의의 엄청난 힘이 숨겨져 있는 거예요. 그리고 그것은, 이 민족을 멸망으로 이끌어가려는 사람들에게 감염하기도 해요. 탐욕스러운 정치가도 이 민족에게는 매혹되고 말고요. 권력의 자리에 있는 가장 범용한 사람들도, 이 민족의 위대한 운명에 사로잡히고 마는 거예요. 이 운명은 그들을 실제의 그들 이상으로 끌어올려 주는 거지요. 그들의 손에서 손으로 횃불을 계승시키면서요. 그들은 다음에서 다음으로 암흑에 대한 신성한 싸움을 계속해 나가는데, 그것은 민중의 정신이 그들을 이끌어가기 때문이에요. 그들은 불가피하게 그들이 부정하는 신의 율법을, '프랑스 사람에 의해서 행해지는 신의 행위'를 완성해 가는 거예요……. 친애하는 나라여, 친애하는 나라여, 나는 결코 그대를 의심하지 않을 거예요. 그대가 치명적인 시련을 받게 되는 경우에도, 나는 오히려 그 때문에 세계에서의 우리 사명의 긍지를 마지막까지 지켜 나갈 거예요. 나는 우리 프랑스가 바깥의 대기를 두려워하여 병실에 틀어박혀 있는 것을 바라지 않아요. 병자의 상태를 언제까지나 연장시킬 생각은 없어요. 우리처럼 한 번 위대해진 경험이 있는 자는 위대하지 못하게 되느니 차라리 죽어 버리는 게 낫겠지요. 그러니까 세계의 사상이 우리 사상 속에 흘러드는 게 좋아요! 나는 결코 그런 것을 두려워하지는 않아요. 세계 사상의 물결은, 그것이 실어오는 진흙으로 우리의 대지를 비옥하게 한 다음 흘러가 버릴 거예요."

"미안하지만" 크리스토프는 말했다. "그때까지는 그다지 유쾌한 기분은 아니겠네. 자네의 프랑스가 나일 강에서 나타날 때, 자네는 도대체 어떻게 되어 있을까? 무작정 기다리고 있느니보다는 싸우는 게 좋지 않을까? 싸운다 해도 패배보다 더 큰 위험은 없을 터인데, 자네는 벌써 일생을 통해서 패배를 감수하고 있는 게 아닌지."

"아니, 패배보다 더 큰 위험이 있을지도 모르지요." 올리비에는 대답했다. "정신의 침착성을 잃을 위험성이 있어요. 나는 승리보다도 정신의 침착성이 더 중요해요. 나는 사람을 미워하고 싶지 않아요. 적에 대해서도 공평하기를 원해요. 정열로 불타고 있을 때에도 명석한 눈을 가지고 싶어요. 모든 것을 이해하고 모든 것을 사랑하고 싶어요."

그러나 크리스토프는 삶에 대한 사랑이라 해도 삶에서 동떨어진 그러한 사랑은, 죽음에 대한 체념과 그다지 차이가 없는 것으로 여겨졌다. 그는 자기 속에, 엠페도클레스(기원전 5세기 그리스의 철인)처럼 증오와 증오의 형제인 사랑에 대한 찬가, 대지를 갈고 대지에 씨 뿌리는 풍요한 사랑의 찬가가 소리 높이 울리고 있는 것을 느끼고 있었다. 그는 올리비에의 조용한 숙명관에 공명할 수 없었다. 그리고 자기를 방위하기 위한 수단을 강구하지 않는 어떤 민족이 무사히 지속한다는 것을 올리비에만큼은 믿고 있지 않았으므로, 이 나라의 건강한 힘에 호소하여, 프랑스 전체의 모든 성실한 사람들이 한 덩어리가 되어서 들고 일어날 것을 호소하고 싶었다.

*

어떤 사람을 몇 달 동안 관찰하는 것보다 단 한순간 사랑하는 게 훨씬 더 그 사람을 이해할 수 있는 것과 마찬가지로, 크리스토프는 거의 집에서 나가지 않아도, 올리비에와 일주일간 친밀하게 지낸 것만으로 1년 동안 파리 시내를 돌아다니거나 학술적이고 정치적인 살롱에 드나든 것보다 프랑스의 사정을 더욱 잘 알게 되었다. 크리스토프가 매우 막연하게 느낀 그 일반적인 무질서 속에서, 올리비에의 영혼은 완전히 '프랑스 섬'―바다 한가운데 있는 이성과 평온의 조그만 섬―처럼 여겨졌다. 올리비에의 내부에 깃들어 있는 마음의 평화는, 그것이 어떤 지적인 지주에 의지하는 게 아니었으므로―그의 생활이 곤궁했으므로―(그는 가난하고 고독하며, 그의 나라는 기울어지고 있는 것 같았다)―또한 그의 몸은 허약하고 병적이며 신경에 좌우되고 있었으므로 더욱 크리스토프에게 감동을 주었다. 그 평온함은 의지의 노력으로 얻어진 것으로는 보이지 않았다(그에게는 의지의 힘은 거의 없었다). 그것은 그의 존재와 그의 민족의 밑바닥에서 오는 것이었다. 올리비에의 주위에 있는 다른 많은 사람에게 있어서도 그러한 고요―(움직이지 않는 바다의 침묵의 고요)―의 먼 빛을 크리스토프는 발견했다. 그리고 크리스토프는 자기 영혼 속에 심히 혼돈된 밑바닥이 있는 것을 알고 있었으며, 자기의 강력한 천성의 균형을 유지하기 위해서는 의지의 힘을 다하더라도 부족하다는 것을 알고 있었으므로, 그러한 숨겨진 조화에 감탄했다.

숨겨져 있는 프랑스의 참다운 모습을 보고서, 프랑스 사람의 성격에 대해서 가지고 있던 그의 생각은 모두 뒤집혔다. 그의 눈에 비친 것은, 쾌활하고 사교적이며 털털하고 화려한 민중이 아니라, 자기중심적인 고립된 정신을 지닌 사람들이었다. 그들은 밝은 안개에 싸여 있는 것처럼 외면적인 낙관주의로 덮여 있으나 실은 비관주의에 깊이 잠겨 있으며, 어떤 고정관념이나 지적 정열에 사로잡혀 있었다. 그것은 변화시키기보다는 차라리 파괴하는 게

쉬울 듯한 견고한 정신이었다. 물론 그들은 프랑스 사람들 중에서도 선택된 사람들에 지나지 않았다. 하지만 크리스토프는 그러한 극기주의와 신념을 그들이 대체 어디에서 품어 온 것일까, 하고 의아스럽게 생각했다. 올리비에는 그에게 대답했다.

"그건 패배에서 얻은 거예요, 친애하는 크리스토프. 당신들이 우리를 다시 단련시켜 준 거예요. 아아! 그건 고통스럽지 않은 건 아니었어요. 당신들은 우리가 얼마나 캄캄한 분위기 속에서 자랐는지 상상도 못 하겠지요. 부끄러움을 당하고 상처입은 프랑스는, 죽음을 목격한 뒤에도 커다란 위협이 자기를 압박하는 것을 항상 느끼고 있었어요. 우리의 생명, 정신, 프랑스 문명, 10세기 동안 유지해 온 위대성과 같은 것들이, 도무지 그것을 이해도 하지 않고, 마음속에서는 그것을 미워하며, 당장에라도 그것을 영구히 분쇄할 수 있는 포악무도한 정복자의 손아귀에 들어 있다는 것을 우리는 알고 있었어요. 우리는 그런 운명에 처해서 살아가야 했던 거예요! 생각해 봐요. 프랑스의 소년들은 패배한 상가(喪家)에 태어나, 무기력한 사상을 양분으로 흡수하고, 피비린내나고 숙명적이며 그리고 아마도 무익한 복수를 위해서 양육되어 왔어요. 다시 말하면, 그들은 아직 어렸지만 그들이 맨 먼저 깨달은 것은 정의가 없다는 것, 이 세계에는 정의가 없다는 사실이었어요! 힘이 권리를 억압하고 있다는 사실이었어요! 그 발견은 어린이의 영혼을 영구히 타락시키기도 하고, 혹은 거꾸로 성장시키기도 했어요. 많은 사람은 자포자기에 빠져 자기 자신을 향해서 이렇게 말했지요. '이렇게 된 바에는 싸운들 무슨 소용이 있나! 행동을 한들 무슨 소용이 있나! 무(無)는 어디까지나 무에 지나지 않는다. 그런 것 때문에 속썩이지 말고 향락이나 하자.' 그러나 저항한 사람들은 열화(熱火)에도 비할 수 있어요. 어떤 환멸도 그들을 손상시키지는 못해요. 왜냐하면 처음부터 그들은 자기가 나아가는 길은 행복의 길과는 아무 관련이 없다는 것, 그래도 선택의 여지가 없이 자기의 길을 나아가야 한다는 것, 다른 길은 오히려 숨이 답답하여 호흡을 못한다는 것을 알고 있었던 거예요. 그런 확신은 갑자기 다다를 수 있는 게 아닌 거예요. 거기에 다다르기까지는 대단한 고통이 있어야 하며 많은 눈물을 흘려야 해요. 하지만 그게 옳은 거예요. 그렇지 않으면 안 되는 거예요……

오오, 신념이여, 강철의 처녀여……

　그대의 창끝으로 짓밟힌 민족의 마음을 일궈라…….”

　크리스토프는 말없이 올리비에의 손을 꼭 잡았다.

　“크리스토프.” 올리비에는 말했다. “당신의 독일은 우리를 많이 괴롭혔어요.”

　그러자 크리스토프는 자기가 잘못한 것처럼 사과하려고 했다.

　“아니에요, 당신이 미안하게 생각할 건 없어요.” 올리비에는 미소를 지으면서 말했다. “독일이, 그렇게 하려고 생각했던 것은 아니지만 결과적으로 우리한테 가져다준 것은, 악보다 선이 훨씬 더 컸던 거예요. 우리의 이상주의를 다시 타오르게 한 것은 당신들이고, 우리 사이에 과학과 신앙에 대한 정열을 소생시킨 것도 당신들이며, 우리 프랑스 전국에 수많은 학교를 세우게 한 것도 당신들이었어요. 또 파스퇴르 같은 창조력을 자극한 것도 당신들이었지요. 파스퇴르가 발견한 것만 해도 50억 프랑이라는 전쟁 배상금을 넉넉히 보상할 만한 가치가 있어요. 그리고 우리의 시, 회화, 음악을 부활시킨 것도 당신들이죠. 당신들 덕택으로 우리 민족이 의식의 눈을 뜬 거요. 행복보다도 자기의 신념을 획득하기 위해서 바친 노력 속에서 우리는 그 보답을 얻은 거예요. 왜냐하면 현대 세계의 일반적인 무기력 상태 속에서 우리는 의젓한 정신력을 자각하여, 드디어는 참다운 승리를 의심하지 않게 됐으니까요. 당신이 본 대로 우리는 아무리 소수일지라도, 또 아무리 허약해 보일지라도, 바다 같은 독일의 힘에 비해서 한 방울의 물에 지나지 않을지라도, 그것은 바다를 염색하는 진한 한 방울이라는 자신을 가지고 있어요. 마케도니아의 밀집 보병부대가 유럽 평민의 대군단을 돌파하는 거예요.”

　크리스토프는 신념으로 눈을 반짝이고 있는 연약한 올리비에의 모습을 가만히 바라보았다.

　“허약하고 조그만, 가엾은 프랑스 사람들이여! 하지만 자네들은 우리보다 훨씬 더 강하군.”

　“오오, 다행스러운 패배!” 올리비에는 되풀이했다. “재난에 축복이 있을지어다! 우리는 재난을 부인하지는 않는다. 우리는 거기에서 태어난 자식들이다.”

제2부

패배는 뛰어난 사람들을 다시 단련하고, 강한 정신과 약한 정신을 구별한다. 그것은 순수하고 강한 자를 가려내어 더욱 순수하게 하고, 더욱 강하게 한다. 하지만 그것은 다른 사람들의 몰락을 재촉하기도 하고, 비약하는 힘을 좌절시키기도 한다. 따라서 쓰러지는 대부분의 민중과, 걸음을 계속하는 뛰어난 사람들을 분리시킨다. 뛰어난 사람들은 그것을 알고 있으며, 그것을 고민하고 있다. 하지만 가장 용감한 사람들 중에도, 남 모르는 우울함이 있고, 자기의 무력과 고민의 의식이 있다. 그리고 가장 잘못된 것은 대중으로부터 떨어져 있는 동시에, 그들끼리도 서로 분리되어 있는 사실이다. 저마다 자기 자신을 위해서 싸우고 있다. 강한 사람들은 자기를 구출하는 일밖에 생각하지 않는다. '오오, 사람들아, 자기 자신을 구하라! ……'는 강력한 격언은 '오오, 사람들아, 서로를 구하라!'는 뜻임을 그들은 생각하지 않는다. 서로 신뢰하는 마음, 동정심의 표현, 민족의 승리에 의해서 부여되는 공동생활의 요구, 충실감, 절정으로 향하려는 감정 등이 모든 사람에게 결여되어 있다.

크리스토프와 올리비에는 그런 사태를 어느 정도 알고 있었다. 그들을 이해하도록 만들어진 영혼이 충만되어 있는 이 파리에서, 미지의 친구들이 살고 있는 이 집 안에서, 두 사람은 마치 아시아의 사막 한가운데에 있는 것처럼 고독했다.

*

그들은 힘들었다. 생계를 꾸릴 방법은 거의 없었다. 크리스토프에게는 겨우 헤히트가 부탁하는 악보를 베끼는 일이나 편곡하는 일거리가 있을 뿐이었다. 올리비에는 경솔하게도 학교 선생 자리를 내놓고 말았다. 그것은 누이가 세상을 떠난 뒤에 낙담을 한 데다가, 나탕 부인의 사교계에서 슬픈 연애를 경험했기 때문에 더욱더 실의의 구렁텅이에 빠진 시기의 일이었다—(그는 이 경험에 대해서는 크리스토프한테 아무 얘기도 하지 않았다. 자기 고민을 부끄럽게 생각하고 있었기 때문이다. 가장 친한 사람에 대해서도 언제나 몇 가지 마음의 비밀을 가지고 있는 게 그의 매력의 하나이기도 했다)—침묵을 갈망하는 그러한 침체된 기분 속에서는 선생 노릇은 견디기 어려웠던 것이다. 남에게 의젓해 보여야 하며, 자기 사상을 자랑스럽게 과시해야 하며, 또한 혼자 있을 수 없는 이 직업에 대하여 그는 전혀 취미를 느끼지 못했다. 중학교 교사가 어느 정도의 기품을 유지하기 위해서는 전도사다운 성격이 필요한데, 올리비에에게는 그런 성질이 전혀 없었다. 그리고 대학 교수는 항상 사람들과 접촉해야 했는데, 올리비에처럼 고독을 사랑하는 정신으로서는 괴로운 일이었다. 올리비에는 두세 번 사람들 앞에서 얘기를 해야 할 경우가 있었다. 그는 그 일에 기묘한 굴욕을 느꼈다. 연단 위에 올라가서 사람들 앞에 모습을 드러내는 게 무척 싫었다. 그는 사람들을 '보고' 있었다. 청중이 자기 촉각에 닿는 것처럼 느껴졌다. 그리고 대부분의 청중이 그저 심심풀이를 구하는 한가로운 사람들이라는 것을 알았다. 남을 즐겁게 하는 것을 공직으로 하는 역할은 그의 취미에 맞지 않았다.

특히, 연단 위에서 지껄이는 언어는 사고를 왜곡시키는 법이다. 여간 조심을 하지 않고서는, 그 언어는 몸짓, 말투, 태도, 사상의 표현법에, 또는 정신 상태 그 자체마저도 일종의 연극적인 기분을 끌어들일 위험이 있다. 강연이라는 것은 지루한 희극과 세속적인 현학이라고 하는, 두 개의 암초 사이를 오락가락하는 성질의 것이었다. 조용히 입을 다물고 있는 몇백 명이나 되는 사람들 앞에서 큰 소리로 얘기하는 독백의 형식, 누구에게나 맞아야 할 터인데 사실은 아무에게도 맞지 않는 이 기성복은, 어느 정도 내성적이고 자존심을 지닌 예술가 기질로서는 못 견딜 만큼 어울리지 않는 것이었다. 올리비에는 자기 속에 틀어박혀서, 자기 사고의 완전한 표현밖에는 말하고 싶지 않은 욕구를 느끼고 있었으므로, 어렵사리 구한 선생직을 포기하고 말았던 것이다. 그리고 그의 몽상적인 경향을 억누르는 누나도 없어졌으므로 글을 쓰기 시작했다. 예술적 가치가 있기만 하면, 구태여 그 가치를 세상에 인정받으려는 노력을 하지 않더라도 반드시 인정을 받게 되는 줄로 간단히 믿고 있었다.

그는 그런 것이 자기의 몽상이었음을 완전히 깨닫게 되었다. 작품을 하나도 발표할 수 없었다. 그는 자유를 열렬히 사랑하고 있었으므로, 자유를 침해하는 모든 것을 혐오하여 혼자 외떨어져서 살고 있었다. 서로 대항하는 결사를 만들어 국가와 출판계를 나누어 가지고 있는 정치적인 교회의 바위 사이에 끼여서, 숨이 막힐 지경으로 겨우 살아가는 하나의 식물이었다. 그는 또, 모든 문학적인 당파에서도 뚝 떨어져 버림받고 있었다. 그는 그 지적인 사람들—(극히 소수인, 진정한 천분에 이끌리는 사람들이나 정열적인 과학적 탐구에 몰두하고 있는 사람들은 예외이다)—의 냉담과 이기주의에 실망했다. 자기의 두뇌가 위대하지도 않은데, 그 두뇌 때문에 자기 마음을 위축시키는 자야말로 불쌍하다.

거기에는 인간의 온정은 조금도 없다. 칼집 속에 들어 있는 단도 같은 지성이 있을 뿐이다. 그 지성은 언제 우리의 목을 찌를지 모른다. 우리는 항상 무장하고 있어야 한다. 아름다운 것을, 거기에서 이익을 구하지 않고서 사랑하는 선량한 사람들, 예술의 테두리 바깥에서 살고 있는 사람들 말고는 우정을 느낄 수 없다. 예술의 테두리에 갇힌 공기는 대부분의 사람으로서는 호흡할 수 없다. 오직 대단히 위대한 사람들만이 생명의 샘인 사랑을 잃어버리지 않고 거기에서 살 수 있다.

올리비에는 자기 한 사람밖에는 믿을 수 없었다. 그것은 불안스러운 지주였다. 사람들을 분주하게 찾아다니는 것은 그로서는 고통스러웠다. 자기 작품을 위해 남에게 머리를 조아릴 생각은 없었다. 젊은 작가들의 아첨하는 태도를 보면 얼굴이 붉어졌다. 어떤 유명한 극장 지배인은 그들의 비겁함을 이용해서 마치 종을 다루는 것보다도 더 심한 취급을 하고 있었는데, 그들은 비열하게도 아첨을 했다. 올리비에는 설령 당장 끼니를 때울 돈이 없다 하더라도 그렇게는 못했다. 그는 다만 원고를 우편으로 보내거나, 그것을 극장이나 잡지사에 맡겨 둘 뿐이었다. 아무도 원고를 거들떠보지 않아 몇 달이나 방치되었다. 그런데 어느 날, 중학교 시절의 한 친구를 우연히 만났다. 그는 천진난만한 게으름쟁이였는데, 학교 시절에 올리비에가 친절하게도 숙제를 해 준 일이 있어서, 지금도 그것을 고맙게 생각하고 있었다. 문학에 대해서는 아무것도 모르지만, 다행히도 문학자들을 많이 알고 있었다. 그리고 돈이 많은 사교가였기 때문에 으쓱대는 재미로 문학가들에게 이용되고 있었다. 그 옛친구가 자기가 출자하고 있는 어떤 큰 잡지의 편집장에게 올리비에를 위해서 얘기를 해 주었다. 편집장은 곧 묻혀 있던 원고 하나를 다시 찾아내어 읽어 보았다. 그리하여 주저하던 끝에(작품은 다소 가치가 있는 것 같았으나 작자의 이름이 전혀 알려지지 않아서 아무런 가치도 없었다) 겨우 채택하기로 했다. 그 희소식을 받은 올리비에는, 이제는 고생이 끝났다고 생각했다. 하지만 그것은 고생의 출발에 지나지 않았다.

파리에서 작품이 채택되는 일은 비교적 쉽다. 하지만 그것을 발표한다는 것은 다른 문제였다. 편집자에게 아첨을 하거나 자꾸 졸라서 성가시게 하거나, 이따금 그들 소군주에게 문안을 드려서 자기가 존재하는 사실이나, 필요한 경우에는 상대를 괴롭힐 결심이라는 것을 상기시키는 솜씨를 터득하지 않으면 몇 달은 고사하고 때로는 평생 기다려야 한다. 그런데 올리비에는 자기 집에 가만히 들어앉아 있는 것밖에 몰랐다. 기다림에 지쳐 버렸다. 편지를 쓰는 게 고작이었는데, 회답은 하나도 오지 않았다. 초조해서 일이 손에 잡히지 않았다. 어리석은 짓이었지만, 그것은 이치로 따질 문제가 아니었다. 우편물이 오는 시간이 되면, 탁자 앞에 앉아 초조한 기분으로 가만히 기다리고 있었다. 방에서 나가서 아래쪽 문지기가 있는 우편함을 행여나 하고 슬쩍 쳐다보러 가는 것이었으나, 그 희망은 곧 어긋나고 말았다. 산책을 나가도 아무것도 그의 관심을 끌지 않았다. 빨리 돌아가고 싶다는 생각밖에는 없었다. 그리하여 우편물의 마지막 배달 시간이 지나, 방의 침묵을 깨뜨리는 것이라고는 위층에 살고 있는 사람들의 난폭한 발소리만 들리게 되자, 그는 편집자들의 냉담한 태도에 숨이 막힐 지경이었다.

단 한 마디의 회답이면 되는 것이다! 단 한 마디! 겨우 그 혜택도 거부했단 말인가! 그러나 그것을 거부한 자는, 자기가 상대를 얼마나 괴롭히고 있는지도 몰랐다. 모든 사람은 저마다 자기의 모습을 통해서 세계를 본다. 젊은이들의 가슴을 부풀리는 기대나, 희망이나, 고통은 별로 생각해 보지도 않는다. 가령 생각한다 해도, 배부른 육체의 무딘 심술궂은 마음으로 냉담하게 비평할 뿐이다.

마침내 작품이 발표되었다. 올리비에는 너무 오래 기다렸기 때문에 도무지 기쁘지도 않았다. 그에게 그것은 이미 죽은 거나 마찬가지였다. 그래도 그는 그것이 독자에 대해서는 아직 산 작품이 되기를 기대했다. 거기에 들어 있는 시나 지성의 번뜩임이 독자에게 인정되지 않을 리가 없었다. 하지만 그 작품은 묵살당하고 말았다. 그는 다시 논문 한두 편을 발표했다. 그러나 그는 어떤 도당에도 속해 있지 않았으므로 그에 대한 반응은 여전한 침묵이었다. 아니, 침묵이라기보다는 적의(敵意)였다. 그로서는 영문을 알 수 없었다. 독자가 어떤 새로운 작품에 접하는 경우, 그것이 대단히 좋은 것은 아닐지라도 호의를 느끼는 게 인간으로서의 자연스러운 감정이려니 하고 그는 매우 단순하게 생각하고 있었다. 많든 적든 얼마간 아름다움을, 힘을, 또는 기쁨을 독자에게 제공하려고 애쓴 사람에 대해서는 감사를 하는 게 당연하지 않은가. 그러나 그가 부딪친 것은 무관심과 중상뿐이었다. 그래도 그는 자기가 쓴 것을 실제로 느끼고 있는 것은 자기 한 사람뿐이 아니라, 그 밖에도 같은 생각을 가진 사람들이 있다는 것을 알고 있었다. 하지만 그는 그런 훌륭한 사람들은 그처럼 이름 없는 작자의 작품은 읽지 않는다는 것, 문학적 의견에는 전혀 관심을 갖고 있지 않다는 것을 몰랐다. 그가 쓴 글이 가령 두세 사람의 눈에 띄어 공감되었다 하더라도, 그런 독자는 결코 그에게 공감을 느꼈다는 말은 하지 않을 것이다. 그런 사람들은 저마다 자기의 침묵 속에 틀어박혀 있었다. 그들은 투표를 하지 않는 것과 마찬가지로, 예술에 관여하는 것을 꺼리고 있었다. 그들은 책은 비위에 거슬리기 때문에 읽지 않았다. 연극은 불쾌하기 때문에 구경하러 가지 않았다. 그리고 반대자가 투표를 한다든가, 반대자가 선출된다든가, 혹은 뻔뻔스러운 소수자만을 대표하는 작품이나 관념이 치사스러운 성공을 거두거나, 과장된 광고를 하는 것을 멍하니 바라보았다.

올리비에는 자기와 같은 정신을 지닌 사람들을 알지 못했으므로, 그들에게 기대할 수는 없었다. 따라서 그는 적군의 손에 넘어갔다. 그는 그의 사상에 적의를 가진 문학자들이나, 그 명령을 받드는 비평가들의 손아귀에 들어 있었다.

그들과의 첫 접촉에서 올리비에는 피나는 고통을 겪었다. 늙은 브루크너(19세기 오스트리아의 작곡가)는 신문 잡지의 심술궂은 태도에 시달린 끝에 다시는 자기 작품을 연주시키려 하지 않는데, 올리비에도 그와 마찬가지로 비평에 대해서 민감했다. 그는 전에 동료이던 교직자들한테서도 지지를 얻지 못했다. 그들은 그 직업 덕택으로 프랑스의 정신적 전통에 대해서 어느 정도의 감각을 계속 유지하고 있었으므로 그를 이해할 수 있었을 것이다. 그런데 그런 훌륭한 사람들도, 일반적으로 규율에 복종하여 자기들이 맡은 바 임무에 몰두하고 있으며, 보수가 적은 까닭에 성질이 까다로워져 있었으므로, 올리비에가 자기들과 다른 일을 하고 싶어하는 것을 용납하지 않았다. 선량한 관리인 그들에게 있어서의 재능의 우월은 그것이 계급의 우월과 일치하는 경우가 아니면 인정하지 않는 경향이 있었다.

이렇게 된 바에는 취할 길은 세 가지밖에 없었다. 힘으로써 저항을 타파하느냐, 양보해서 굴욕적인 타협을 하느냐, 체념하고 자기 자신만을 위해서 쓰느냐, 이 세 가지였다. 올리비에는 제1의 길도 제2의 길도 취할 수 없었다. 그는 마지막 길을 취하기로 했다. 그는 생활을 위해 싫은 걸 억지로 참고서 가정교사 노릇을 했다. 그리고 작품을 썼다. 하지만 그의 작품은 대기 속에 커다랗게 꽃필 가망도 없이 시들어서, 공상적이고 비현실적인 것으로 되어 갔다.

이와 같이 황혼처럼 울적한 생활 속에, 크리스토프가 폭풍처럼 뛰어든 것이다. 그는 사람들의 비열한 행위와 올리비에의 참을성에 대해서 분개했다.

"그럼, 자네는 혈기가 없는 건가?" 그는 외쳤다. "어떻게 이런 생활을 견딜 수 있는지? 그런 벌레 같은 놈들보다 자기가 더 훌륭하다는 것을 알고 있으면서 그들에게 잠자코 눌려 버린단 말인가!"

"그러면 어떻게 하라는 거예요?" 올리비에가 대답했다. "나는 나 자신을 지킬 수 없어요. 멸시하는 놈들하고 싸우기가 싫어요. 놈들은 나에 대해서 온갖 무기를 사용할 거예요. 그런데 나는 그렇게 못하거든요. 놈들처럼 부당한 수단을 쓰는 게 싫을 뿐 아니라, 놈들을 해치는 것도 두려워요. 나는 어린 시절, 친구한테 바보처럼 얻어맞은 일이 있었어요. 남들은 나를 비겁하다고 했어요. 주먹이 무서워서 가만히 있는 거라고 했지요. 실은 얻어맞는 것보다 내가 남을 때리는 게 더 두려웠던 거예요. 어느 날 내가 심술쟁이한테 얻어맞고 있으니까, 누군가가 이렇게 말하더군요. '해치워 버려! 배때기를 냅다 걷어차라!' 하지만 나는 그게 두려웠어요. 차라리 얻어맞는 게 낫다고 생각했지요."

"자네는 혈기가 없는 거야." 크리스토프는 되풀이해서 말했다. "게다가 하찮은 그리스도교적 관념에 속박되어 있어! 교리 문답에 지나지 않는 프랑스의 종교 교육, 거세된 복음서, 뼈대를 뽑아 버리고 무미건조해진 신약성서…… 언제나 눈에 눈물을 괴고 있는 인도주의의 선량하기만 하고 무기력한 신앙……. 그런데 대혁명이나, 장 자크 루소나, 로베스피에르나, 1848년이나, 특히 유대인들을 보게. 그리고 피가 뚝뚝 떨어지는 구약성서의 일부분이라도 아침마다 읽어 보게."

올리비에는 이에 대해서 항변했다. 그는 구약성서에 대해서 항변했다. 그는 구약성서에 대해서 천성적인 반감을 품고 있었다. 그 감정은 그림이 든 성서를 슬그머니 펼쳐 본 어린 시절부터 품어 온 것이었다. 그 성서는 시골 집 서고에 있던 것으로 아무도 읽은 적이 없었다(아이들에게는 보지 않도록 금지되어 있었다). 그러나 금지할 필요도 없었다! 올리비에는 그것을 펼치고 있지 못했다. 초조하고 슬픈 생각이 들어서 곧 덮어 버렸다. 그 뒤에 《일리아스》와 《오디세이아》와 《아라비안나이트》 같은 책을 읽으면 그제서야 기분이 가벼워졌다.

"《일리아스》에 등장하는 신들은 아름답고 씩씩하고 결점투성이의 인간이에요. 나는 그 신들을 이해할 수 있어요." 올리비에는 말했다. "나는 그 신들을 사랑하든지 사랑하지 않든지 둘 중의 하나예요. 그러나 사랑하지 않을 때에도 실은 사랑하고 있는 거지요. 전적으로 반한 거지요. 나는 파트로클레스와 함께 피묻은 아킬레우스의 아름다운 발에 입 맞추어요. 하지만 성서에 나오는 신은 편집광이 된 늙은 유대인이고, 무서운 미치광이로서 항상 소리를 지르고 위협을 하고 성난 이리처럼 짖어 대고 구름 위에서 흥분하고 있어요. 나는 그를 사랑하지도 못하고, 이해하지도 못해요. 그의 영원의 저주 소리를 들으면 머리가 깨질 것 같고, 그의 잔인성은 몸서리가 날 만큼 무서워요.

> 모아브에 대한 판단……
> 다마스쿠스에 대한 판단……
> 바빌론에 대한 판단……
> 이집트에 대한 판단……
> 바닷가의 사막에 대한 판단……
> 환상의 골짜기에 대한 판단…….

이건 다 미친 거예요. 자기 혼자서 심판자와 검사와 사형 집행인을 겸한 것으로 생각하여, 감옥의 안마당에서 꽃이나 돌멩이에 대하여 사형을 선고하고 있는 거예요. 이 책을 학살의 아우성으로 충만시키고 있는 끈질긴 증오에는 숨이 막히네요…….

파멸의 아우성…… 그 소리는 모아브 땅 전체에 울린다. 그의 호통치는 소리는 에네글라임까지 다다른다. 그의 호통치는 소리는 베에르에까지 다다른다…….

그리고 그는 학살을 하는 도중에 짓밟힌 어린이들이나, 강간을 당하고 배가 갈라진 여자들 틈에서 쉬어요. 그리고 하나의 도시를 약탈한 뒤 식탁에 앉은 여호수아 군대의 병사들처럼 웃는 거예요.

그리하여 군대의 왕은 기름지고 연한 고기와 오래된 맑은 포도주의 잔치를 그 백성들에게 베풀었다……. 왕의 칼은 피가 묻었다. 왕의 칼은 양의 콩팥 기름으로 포만하다…….

그보다도 더 잘못된 것은, 이 신이 불성실하게도 인간을 맹인으로 만들기 위해 예언자를 이승에 보내는 간사한 짓이에요. 인간을 괴롭히는 이유를 만들기 위해서 그런 짓을 하는 거예요.

가라, 이 백성의 마음을 견고히 하고, 그 눈과 귀를 막아라. 그들이 깨닫는 것은 두려운 일이므로. 그들이 개심하여 건강을 회복하는 것은 두려운 일이므로. —주여! 언제까지 그렇게 하리까? —집에는 이미 사람이 없고, 땅이 황폐해질 때까지 그렇게 하여라…….

실제로 나는 여태까지 내 인생에서 그처럼 심술이 고약한 사람을 본 일이 없어요…….
나 역시도 언어의 힘을 가볍게 여길 만큼 어리석지는 않아요. 하지만 사상을 형식에서 분리시킬 수는 없어요. 그리고 나는 이따금 이 유대인 신에게 감탄하는 일이 있다 하더라도 그건 호랑이에 대한 감탄과 마찬가지예요. 별의별 괴물을 다 만들어 낸 셰익스피어도 그러한 증오의 신성에 의해서 덕 있는 증오의 영웅을 만들어 내지는 못했어요. 이 책은 정말 무서워. 광기라는 건 모두 전염하는 거예요. 이 책이 가지고 있는 광기는 그 파괴적인 자만심이 순화되려는 의도를 가지고 있기 때문에 더욱 위험해요. 영국이 지난 몇 세기 이래로 이 책을 양식으로 삼고 있다는 것을 생각하면 소름이 끼치네요. 영국과 나 사이에 해협이 가로놓여 있는 것은 다행한 일이에요. 어느 국민이

성서를 양식으로 하고 있는 동안은, 나는 그 국민을 완전히 문명화된 국민이라고는 절대로 믿지 않겠어요."

"그렇다면 자네는 나를 두려워해야 했는걸." 크리스토프는 말했다. "왜냐하면 나는 성서에 도취된 사람이니까. 성서는 사자의 정수일세. 마음이 강한 사람은 그것을 영양으로 하고 있는 거야. 복음서도 구약성서를 배합하지 않으면, 오히려 맛도 없고 건강에 해로운 요리야. 성서는 살기를 원하는 국민의 골격일세. 싸우지 않으면 안 돼. 미워하지 않으면 안 돼."

"나는 증오를 미워해요." 올리비에가 대답했다.

"하다못해 자네가 그런 미움이라도 가지고 있으면 좋겠는걸!" 크리스토프는 말했다.

"당신 말이 옳아요. 나는 미워하는 힘이 없어요. 하지만 어쩔 수 없지요! 나는 적 쪽의 이유도 보지 않을 수 없으니까요. 나는 샤르댕의 말을 나 자신에게 자주 타이르고 있어요. '부드럽고 너그러운 마음!'이라고요."

"그래서야 양이나 마찬가지야!" 크리스토프는 말했다. "하지만 자네가 어떻든지, 나는 자네를 둘러싸고 있는 도랑을 뛰어넘게 하겠네. 억지로라도 끌어 내고야 말겠네."

과연 그 말대로 크리스토프는 올리비에의 일을 맡아서 투쟁을 시작했다. 처음에는 그다지 잘 되지 않았다. 그는 처음부터 초조해서, 벗을 위해 변호를 한다는 게 오히려 난처하게 만들기도 했다. 뒤에 가서 그것을 깨닫자 그는 자기의 서투른 솜씨가 슬펐다.

올리비에도 잠자코 있지는 않았다. 그도 크리스토프를 위해 싸우고 있었다. 그는 싸움을 두려워했으며, 극단적인 말이나 행동을 비웃을 만큼 명석하고 반어적인 지성을 가지고 있었으나, 일단 크리스토프를 옹호하는 일에 관해서는 누구보다도, 크리스토프보다도 더 과격해졌다. 그는 열중했다. 사랑할 때는 분별을 잃어버리기도 한다. 올리비에가 바로 그랬다. 하지만 그는 크리스토프보다는 교묘했다. 자기 자신의 문제에 관해서는 완고하고 서투른 이 젊은이도, 벗을 성공시키기 위해서는 정치적인 행동을 취할 수도 있고, 거의 술책을 꾀할 수도 있었다. 참으로 감탄할 만한 정력과 머리를 써서, 크리스토프에게 협력자를 구해 주었다. 자기 자신을 위해서라면 도움을 청하기도 부끄러운 음악 비평가나 문예(文藝)보호자들의 흥미를 크리스토프에게 돌리는 일에 성공했다.

그런데도 결국 그들은 자기들의 처지를 호전시키지는 못했다. 서로의 애정 때문에 두 사람은 여러 가지 어리석은 짓을 했다. 크리스토프는 빚을 얻어 올리비에의 시집을 몰래 출판했으나, 한 권도 팔리지 않았다. 올리비에는 크리스토프를 설득해서 음악회를 열게 했으나, 거의 아무도 오지 않았다. 크리스토프는 텅 빈 좌석 앞에서 헨델의 말로 스스로를 타이르며, 씩씩하게 마음을 위로했다.

'좋다! 덕분에 내 음악이 더욱 잘 울리겠지……'

그러나 이런 허세도 지출한 돈을 돌려주지는 않았다. 두 사람은 무거운 마음을 안고 집으로 돌아왔다.

*

이와 같이 곤란한 생활 속에서, 그들을 도와주러 온 단 하나의 인물은 타데 모크라는 마흔 살쯤 된 유대인이었다. 그는 예술 사진 점포를 경영하고 있었다. 자기 직업에 흥미를 가지고, 취미와 수완을 거기에 집중시키고 있었다. 또한 그 밖에도 여러 가지 일에 흥미를 가지고 있어서, 장사를 소홀히 할 정도였다. 그가 장사를 하는 것도 기술의 완성을 구하고 싶고 새로운 복사법을 연구하고 싶기 때문이었다. 그 복사법은 교묘한 것이었지만, 좀처럼 성공하기 어려운데다가 비용이 많이 들었다. 그는 대단한 독서가로서, 철학, 예술, 과학, 정치, 각 방면에 걸쳐 온갖 새로운 사상이 나타나는 것을 기다리고 있었다. 독창적인 사람을 발견하는 데는 놀라운 후각을 지니고 있었다. 눈에 보이지 않는 힘 속에 숨어 있는 자력을 느끼는 능력이 있는 것 같았다. 올리비에의 친구들은 그와 마찬가지로 각각 자기 혼자서 일을 하고 있었는데, 그런 사람들 사이에서 그는 일종의 연계 역할을 하고 있었다. 그는 이 사람 저 사람을 찾아다녔다. 그러므로 그를 통하여 그들 자신도 모르는 사이에 끊임없이 사상의 유통이 이루어지고 있었다.

올리비에가 크리스토프에게 그 사람을 소개하려고 했을 때, 크리스토프는 처음에는 사양했다. 이스라엘 민족과의 접촉은 옛 경험으로 싫증이 나 있었기 때문이다. 올리비에는 웃으며, 프랑스를 모르는 것과 마찬가지로 유대 사람에 대해서도 아직 잘 모르는 게 아니냐고 하면서 자꾸 만나 보라고 권했다. 결국은 크리스토프도 승낙했다. 그러나 타데 모크를 처음 만났을 때, 그는 얼굴을 찌푸렸다. 모크는 보기에 너무나도 유대 사람다웠다. 그는 유대 사람을 싫어하는 이들이 묘사하는 그대로의 유대 사람이었다. 몸집이 작고 대머리이며, 체격은 균형이 잡히지 않았다. 울퉁불퉁한 코, 커다란 안경 속의 큼직한 사팔뜨기 눈, 거칠고 검은 텁수룩한 수염에 묻힌 얼굴, 털이 많은 손, 기다란 팔, 짧고 구부러진 다리, 그야말로 시리아의 몸집이 작은 바알 신이었다. 그러면서도 그 얼굴에는 선량해 뵈는 표정이 있었으므로, 크리스토프는 그 표정에서 감명을 받았다.

특히 모크는 허식이 없으며 부질없는 말은 전혀 하지 않았다. 과장된 아첨도 하지 않았다. 조심스러운 태도로 간단하게 말할 뿐이었다. 그러나 남을 돕고 싶어했다. 이쪽에서 어떤 부탁을 하기도 전에 벌써 무슨 일을 돌봐 주는 것이었다. 그는 이따금 빈번할 만큼 자주 찾아왔으며, 올 때마다 무슨 희소식을 가져다주었다. 두 사람 가운데 누군가에게 일거리를 가져왔다. 올리비에에게는 예술 논문의 집필이나 강의를 할 일거리, 크리스토프에게는 음악을 가르치는 일거리를, 하는 식으로. 그는 오래 머무르지는 않았다. 친절을 강요하는 듯한 인상을 주지 않으려고 조심을 했다. 아마 크리스토프의 초조한 태도를 알아차리고 있었을 것이다. 카르타고의 우상 같은, 수염이 텁수룩한 얼굴이 문턱에 나타나면, 크리스토프는 언제나 먼저 초조한 태도를 보였다(크리스토프는 그를 가리켜 모로크라 불렀다).

하지만 얼마 뒤에는, 그의 완전한 친절함에 감사하는 마음으로 가슴이 가득해졌다. 친절은 유대 사람으로서는 진기한 것이 아니다. 그것은 온갖 미덕 가운데서, 설령 실행으로 옮기지 않는 경우에도 가장 존중하는 덕이다. 실제로 그들 대다수에 있어서, 친절은 소극적이거나 중성적인 형태, 다시 말하면 관대, 무관심, 나쁜 짓에 관계하고 싶지 않은 마음, 조소적인 관용으로 남아 있다. 그런데 모크라는 사람에 있어서는 그 친절이 매우 적극적이었다. 누구를 위해서 또는 무슨 일을 위해서 언제라도 자기 몸을 바치려고 했다. 가난한 동종자(同宗者)들을 위하여, 러시아의 망명자들을 위하여, 모든 나라의 학대받는 사람들을 위하여, 불행한 예술가들을 위하여, 온갖 불행을 극복하기 위하여, 모든 훌륭한 주의 주장을 위하여, 언제나 이바지할 생각을 하고 있었다. 그의 지갑은 항상 열려 있었다. 아무리 군색할 때에도 어떻게 해서든지 다소의 금액을 준비해 가지고 있었다. 자기 지갑이 비었을 때는 남의 지갑에서 돈을 끌어 냈다. 남에게 도움이 되는 일을 할 때에는, 마음을 쓰는 일이나 다리를 쓰는 일이나 전혀 개의치 않았다. 그는 그런 일을 자연스럽게, 지극히 자연스럽게 했다. 그는 자기가 단순하고 성실하다는 것을 조금 지나치게 표현하는 게 결점이었다. 그러나 다행히 말만 그렇게 하는 게 아니라 실제로 그랬다.

크리스토프는 모크에 대하여 초조한 느낌과 호감을 반반씩 가지고 있었는데, 언젠가는 조심 없이 마구 지껄이는 어린애처럼 그에 대하여 잔인한 말을 한 적이 있었다. 어느 날, 모크의 친절에 감동하여 부드럽게 그의 손을 잡고서 이렇게 말했다.

"실로 큰 불행입니다! 당신이 유대 사람이라는 건 실로 불행한 일입니다
……."

올리비에는 자기가 그런 말을 들은 것처럼 깜짝 놀라면서 얼굴이 붉어졌다. 그는 서운한 생각이 들어, 크리스토프가 상대에게 준 모욕을 씻어 주려고 했다.

모크는 쓸쓸한 미소를 지으면서 조용히 대답했다.

"인간으로 존재하고 있다는 것은 더 큰 불행이지요."

크리스토프는 그것이 단순히 우연하게 나온 말인 줄은 알았다. 그러나 이 말에 담겨 있는 비관 사상은 그가 상상하는 것보다 훨씬 깊은 것이었다. 올리비에는 그 날카로운 감수성으로 그것을 깨달았다. 사람들이 알고 있는 모크 속에는 전혀 다른 또 하나의 모크, 여러 가지 점에서 완전히 반대이기도 한 또 하나의 모크가 존재하고 있었다. 그의 표면에 나타난 성질은 진짜 성질에 대한 오랜 투쟁에서 나온 것이었다. 단순해 보이는 이 인물은, 실은 지극히 복잡한 정신을 지니고 있었다. 그가 자기 천성에 몸을 내맡기고 있을 적에는 언제나 간단한 것을 복잡하게 하고 싶어하며, 지극히 진실한 감정에도 고의적인 반어의 성질을 주고 싶어했다. 대단히 겸손한 것처럼 보이고 때로는 지나치게 비하하는 것처럼 보이는 이 인물도 그 밑바닥에는 오만한 마음을 가지고 있었으나, 스스로 그것을 깨닫고 있었으므로 엄격히 경계했다. 그의 화기애애한 낙관주의, 항상 남을 돕는 일에 애쓰고 있는 끊임없는 활동력은, 깊은 허

무 사상, 자기가 생각하기에도 무서운 치명적인 절망을 그 밑에 숨기고 있었다. 모크는 여러 문제에 커다란 신념을 표시하고 있었다. 인류의 진보를, 순화된 유대 정신의 미래를, 새로운 정신의 전사인 프랑스의 운명을 믿고 있었다(그는 이 세 가지를 하나의 것으로 보고 싶었다). 그러나 올리비에는 그 신념에 속아 넘어가지 않았다. 그는 크리스토프에게 말했다.

"마음속으로 그는 아무것도 믿고 있지 않아요."

모크는 반어적인 양식과 냉정한 태도를 지니고 있었으나, 자기 속에 있는 어떤 공허를 보려고 하지 않는 신경쇠약 환자였다. 이따금 허무적인 발작이 그를 엄습했다. 깊은 밤중에 갑자기 공포의 신음을 내면서 눈을 떴다. 그는 사방에 행동의 이유를 구하여, 마치 물 속에서 부표에 매달리는 것처럼 그것에 매달리고 있었다.

너무 역사가 오랜 민족의 자손의 특권은, 비싼 대가를 내야 하는 것이다. 많은 시련, 피곤한 경험, 배반당한 지성과 애정 같은 무거운 과거의 부담을 지게 된다. 그것은 오랜 세월에 걸친 생활의 커다란 통과 같아서, 그 밑바닥에는 권태라는 찌꺼기가 괴어 있는 것이다……. 권태, 셈 종족(種族)의 커다란 권태, 그것은 우리 아리안 종족의 권태와는 성질이 다르다. 아리안 종족의 권태는 마찬가지로 우리를 몹시 괴롭히기는 하지만, 적어도 뚜렷한 원인을 가지고 있으며, 원인이 제거되면 그것과 함께 소멸해 버린다. 왜냐하면 대개, 그것은 우리가 원하는 것이 얻어지지 않는다는 원망에서 오는 것이기 때문이다. 그런데 어떤 유대 사람에 있어서는 생명의 원천, 그 자체가 치명적인 독으로 침식되어 있다. 이미 욕망도 없고 흥미의 대상도 없다. 야심도 사랑도 쾌락도 없다. 몇 세기 동안 계속해서 정력을 소모해 피로에 지치고 무감동의 경지를 동경하면서도 거기에 다다르지 못한 이들 동방의 조국을 쫓겨난 사람들 속에는 단 하나의 것이, 그것도 완전한 모습이 아니라 병적으로 과민해진 형태로 남아 있었다. 그것은 사고벽과 끝없는 분석벽으로서, 미리부터 모든 향락을 불가능하게 하고 모든 행동의 발동을 미리 좌절시키는 것이다. 더구나 정력적인 사람들도 자기를 위해서 행동하기보다는 어떤 역할을 맡아서 연기하고 있다. 참으로 이상한 일이지만, 실생활에 대한 그러한 무관심이 그들 가운데 많은 사람으로 하여금—그들은 높은 지성도 있고, 때로는 아주 성실한 사람들이다—배우가 되어 삶을 연기한다는 천성 혹은 은근한 욕망을 고취하고 있다. 그들에게 있어서는 이것이 오직 하나의 생활법인 것이다.

모크도 역시 그 나름대로의 배우였다. 그는 기분을 풀기 위해서 활동하고 있었다. 하지만 많은 사람이 자기의 이기심을 위해서 활동하는 것과는 반대로 그는 타인의 행복을 위해 활동했다. 크리스토프에 대한 그의 헌신적인 행위는 상대를 감동시키기는 했지만 동시에 성가시게도 했다. 크리스토프는 항상 그를 냉대하고, 나중에 가서 후회했다. 그러나 모크는 크리스토프를 원망하지 않았다. 어떤 일도 그를 낙담시키지는 않았다. 그는 크리스토프에 대해서 별달리 강한 애정을 가지고 있는 것은 아니었다. 그가 사랑하고 있는 것은 자기가 몸을 바치고 있는 상대자보다도, 헌신적인 행위 그 자체였다. 상대가 되는 사람들은 그에게는 선행을 하기 위한 구실, 살기 위한 구실에 지나지 않았다.

그는 무척 애를 써서, 크리스토프의 《다윗》과 다른 몇 개의 곡을 헤히트에게 출판하게 만들었다. 헤히트는 크리스토프의 재능을 존중하고 있었으나, 그것을 섣불리 인정하려고는 하지 않았다. 그러나 모크가 당장에라도 자비로 다른 출판사에 출판을 시키려고 하는 것을 보고, 자존심에서 그 출판을 맡겠다고 자청한 것이다.

모크는 또 올리비에가 병이 났는데도 돈이 없었던 곤란한 상황에 베이유한테 의논해 볼 것을 생각했다. 베이유는 올리비에와 크리스토프와 같은 건물에서 살고 있는 부유한 고고학자였다. 모크와 베이유는 서로 아는 사이였지만, 서로 간에 그다지 호감을 가지고 있지는 않았다. 두 사람은 너무나 달랐다. 모크는 항상 침착하지 못하고 신비적이고 혁명적이며, 아마 과장된 것임에 틀림이 없겠지만 '민중적인' 태도를 가진 사람이었으므로, 조용하고 조소적이며 품위 있는 태도와 보수적 정신을 가진 베이유의 야유를 도발하고 있었다. 물론 두 사람에게는 공통된 성질도 있었다. 둘 다 똑같이 행동에 대해 마음을 깊이 쓰고 있지 않았다. 다만 끈질기고 기계적인 생명력만으로 지탱되고 있었다. 그러면서도 둘 다 그것을 의식하려고 하지 않았다. 그들은 자기가 맡아서 연기하고 있는 역할만 신경 썼다. 그리고 두 사람의 역할에는 공통점이 거의 없었다. 그래서 모크는 베이유한테 꽤나 냉담한 취급을 받고 있었다. 올리비에와 크리스토프의 예술에 관한 계획에 베이유의 흥미를 끌어당기려고 했을 때, 모크는 그 회의적인 냉소에 부딪쳤다. 모크는 언제나 잡다한 유토피아에 열중하는 버릇이 있었으므로 유대 사람들 사이에서 웃음거리가 되어 있었으며, 또 위험하게도 '앞뒤 가리지 않는 사람'으로서 주목받고 있었다. 모크는 이번에도 여태까지의 많은 경우와 마찬가지로 절대 단념을 하지 않았다. 계속 끈질기게 크리스토프와 올리비에의 우정을 설명하여 베이유의 흥미를 깨우쳤다. 그는 상대가 흥미를 느끼기 시작한 것을 알았다. 그래서 다시 또 얘기를 계속했다.

모크는 여기에서 상대의 심금을 울렸다. 친구도 없고, 모든 것으로부터 고립되어 있는 이 노인은 우정을 존중하고 있었다. 그가 그 생애에서 경험한 중요한 애정은 우정이었는데, 도중에 그 친구를 잃었던 것이다. 우정은 그의 마음속에 간직된 보배였다. 우정을 생각하면 마음이 흐뭇했다. 그는 그 옛친구의 이름으로 각 방면에 기부를 하고 있었다. 또 몇 권의 저서를 친구의 추억에 다 바쳤다. 이제 모크로부터 크리스토프와 올리비에의 우정에 관해서 이모저모로 얘기를 들은 베이유는 자못 감동했다. 지난날 자신이 맛본 우정도 그들의 우정과 어딘지 비슷했다. 죽은 그의 친구는 그에게는 일종의 형이고 청춘의 반려자이며, 숭배하는 지도자였다. 젊은 유대 사람들 가운데 어떤 이들은 지성과 열의에 타올라, 가혹한 주위 환경에 시달리고 있으면서도 자기 민족을 향상시키기 위해 헌신했으며, 나아가서는 서로가 물어뜯고 싸우는 바람에 사방으로부터 일시에 불이 일어나 순식간에 횃불처럼 타올라 전화(戰火)의 희생이 되는 전 세계를 그들의 민족을 통해 재건하려는 임무에 헌신하고 있다. 그 친구의 불꽃은 무감각한 청년이던 베이유에게 열을 주었다. 그 친구가 살아 있는 동안은 베이유도, 이 구세주적 영혼이 주위에 퍼뜨리는 신념의 빛, 과학이나 정신력이나 미래의 행복에 대한 신념의 빛에 둘러싸여서 그와 더불어 나란히 걷고 있었다. 그러다가 그 찬란한 영혼이 이승을 떠나고 홀로 남겨지자 허약하고 심술궂은 베이유는 이상주의의 높이에서 미끄러져, 유대 사람의 지성 속에 있으면서 항상 그 지성을 삼켜 버리려고 하는 '전도서'의 모래땅에 쑤셔박히고 말았다. 하지만 그는 그 친구와 함께 찬란한 빛 속에서 보낸 시절을 결코 잊지 않았다. 지금은 거의 사라져 버린 그 빛의 나머지를 마음속에 꼭 간직하고 있었다. 그는 그 옛 친구에 대해서는 아무에게도 얘기한 적이 없었다. 사랑하는 아내에게도 얘기하지 않았다. 그만큼이나 신성했다. 세상 사람들한테는 마음이 말라 시들어 버린 속인처럼 간주되고 이미 인생의 종착점에 다다르고 있는 이 노인은, 고대 인도의 어떤 바라문이 품었던 우아하고도 쓸쓸한 사상을 남몰래 자기 마음속에 되풀이하고 있었다.

현세라는 독의 나무가 삶의 샘물보다도 더 감미로운 두 개의 열매를 맺었다. 하나는 시이고, 하나는 우정이다.

그로부터 베이유 노인은 크리스토프와 올리비에에게 호의를 보내게 되었다. 두 사람의 자존심을 알고 있었으므로 최근에 나온 올리비에의 시집을 모크를 통하여 몰래 구해서 읽어 보았다. 그리고 두 사람에게는 아무 운동도 시키지 않고, 또 자기 계획을 그들이 전혀 알아차리지 않도록 은근히 추진해서 그 시집이 어떤 아카데미 상을 타도록 애써 주었다. 그 상금은 참으로 다행하게도 두 사람이 매우 곤란한 시기에 손에 들어왔다.

크리스토프는 이 뜻밖의 원조가 평소에 그다지 좋지 않게 생각하던 인물로부터 온 것을 알았을 때, 여태까지의 말과 행동을 후회했다. 방문하는 것은 싫었지만 그 기분을 억누르고 인사하러 갔다. 하지만 크리스토프의 기특한 마음은 보답을 얻지 못했다. 베이유 노인의 반어적인 심술은 크리스토프의 젊은 감격을 만나자 다시금 눈을 떴다. 아무리 그것을 숨기려 해도 숨길 수가 없었다. 두 사람은 서로 그다지 이해하지를 못했다.

크리스토프가 베이유를 방문한 뒤에 감사와 초조의 느낌이 뒤섞인 기분으로 지붕 밑 다락방으로 돌아오자, 올리비에에게 새로운 일거리를 가져온 친절한 모크가 와 있었다. 모크는 크리스토프에게 그의 음악에 대해서 루시앙 뢰비쾨르가 쓴 불친절한 잡지 기사를 내보였다. 그것은 명백한 비난은 아니었으나 상대를 멸시하는 친절한 마음으로 쓴 것으로, 세련된 심술궂은 필치에 의하여, 그를 그가 싫어하는 삼사류 음악가의 부류에 집어넣어 희롱하고 있었다.

"봐." 크리스토프는 모크가 돌아간 뒤에 올리비에에게 말했다. "우리는 언제나 유대 사람만 상대하지 않나? 아, 이러다간 우리도 유대 사람이 되는 게 아닌가? 나를 안심시켜 주게! 마치 우리가 그들을 끌어당기고 있는 것 같아. 적이건 내 편이건, 그들은 우리가 가는 곳마다 있어."

"그건 그들이 다른 사람들보다 지성을 가졌기 때문일 거예요." 올리비에는 대답했다. "자유로운 사람이 새로운 일이나 활기 있는 일을 애기할 수 있는 상대는, 우리 프랑스 사람들 사이에서는 거의 유대 사람뿐이에요. 다른 사람들은 과거 속에, 죽은 것 속에 가만히 있어요. 그런데 공교롭게도 유대 사람에게는 그런 과거가 없어요. 혹은 적어도, 우리가 말하는 과거하고는 달라요. 그들을 상대로 해서는 우리도 오늘의 일밖에는 애기할 수가 없어요. 그런데 프랑스 사람하고는 지나간 일밖에는 애기를 못해요. 온갖 분야에서 유대 사람들이 펼치고 있는 활동을 봐요. 상업, 공업, 교육, 과학, 자선 사업, 예술 작품……."

"예술에 대해서는 말하지 말고 접어 두지." 크리스토프는 말했다.

"그들이 하는 일은 언제든지 동감을 느끼게 되지는 않아요. 때로는 혐오를 느낄 때도 있어요. 하지만 적어도 그들은 살아 있으며, 살아 있는 인간을 이해할 줄 알아요. 우리는 그들 없이는 배기지 못해요."

"과장된 말은 하지 말게." 크리스토프는 놀리는 것처럼 말했다. "나는 유대 사람이 없어도 넉넉히 해 나갈 수 있어."

"그야 살아갈 수는 있겠지요. 하지만 당신 생명이나 당신 작품이 평생을 통해서 아무에게도 알려지지 않는다면 살아 있은들 무슨 소용이 있겠어요? 유대 사람이 없으면 아마 그것은 알려지지 않고 말 거예요. 우리를 구하러 오는 자는, 우리와 종교를 같이하는 사람들일까요? 가톨릭교는 그 혈통에 속하는 가장 우수한 사람들을 전혀 옹호하려고는 하지 않으며, 멸망하는 대로 방치하고 있어요. 진심으로 신을 믿는 사람들, 신을 지키기 위해 일생을 바치고 있는 사람들이 모두, 만약 대담하게 가톨릭교의 계율에서 떨어져 로마의 권력에서 벗어나면 갑자기 가톨릭 교도라고 자칭하는 비열한 대중으로부터, 단순히 냉담한 신자라는 정도가 아니라 적의를 품은 자로 간주되는 거예요. 그리고 그 대중은 그들에 대하여 입을 다물고, 그들을 공통된 적의 희생물이 되게 하는 거지요. 자유로운 정신을 가진 사람은, 아무리 위대할지라도, 가령 그가 진실한 그리스도 교도이기는 하지만 복종적인 그리스도 교도가 아닐 때에는, 가톨릭교에 들어 있는 가장 순수하고 참으로 신성한 것을 구체화한다 해도 가톨릭 교도들로서는 아무래도 괜찮은 일인 거예요. 그는 양쪽 무리에는 속해 있지 않아요. 자기 머리로는 결코 생각을 하지 않는, 보지도 못하고 듣지도 못하는 어리석은 신자의 무리에는 속해 있지 않은 거예요. 그러자 사람들은 그를 버리는 거예요. 그가 적에게 사지가 찢겨 혼자서 고통을 당하고 동포의 구원을 부르면서, 동포의 신앙을 위해 죽어가는 것을 무슨 흥밋거리처럼 보고 있는 거예요. 오늘날 가톨릭교 속에는 무기력하면서도 사람을 죽이는 힘이 있어요. 오늘의 가톨릭교는, 그것을 깨우치고 그것에 힘을 부여하려는 사람들보다도 오히려 적을 더욱 손쉽게 용서할지도 몰라요……. 크리스토프, 가령 소수의 자유로운 신교도와 유대 사람이 없다면, 민족적으로는 가톨릭교도에 속하면서 동시에 자유인은 어떻게 될까요? 어떻게 하면 좋을까요? 유대 사람은 오늘의 유럽에 있어서는 선과 악 어느 쪽에서도 가장 생명력이 있는 대표자예요. 그들은 사상의 꽃가루를 아무 데나 마구 뿌리고 있어요. 당신은 그들 속에서, 최초의 가장 나쁜 적과 최초의 벗을 발견하지 않았던가요?"

"그건 사실, 그래." 크리스토프는 대답했다. "그들은 나를 격려해 주고 지지해 주었어. 이해하고 있다는 것을 표시하면서, 싸우는 자에게 기운을 돋우는 말을 걸어 주더군. 물론 그런 친구들 중에서 마지막까지 충실했던 사람은 극히 드물지만. 그들의 우정은 지푸라기 불에 지나지 않았어. 하지만 그래도 좋아! 어둠 속에서는 그런 삽시간의 빛도 대단한 거니까. 자네 말이 옳아. 은혜를 모르는 사람이 되지는 말아야지!"

"특히 어리석은 사람이 되지 말도록 해요." 올리비에가 말했다. "가장 생명력이 있는 작은 가지를 잘라내어, 이미 병들어 있는 우리 문명을 더욱 상하게 하는 짓은 하지 말아요. 만약 불행하게도 유대 사람이 유럽에서 쫓겨난다면, 유럽은 그 때문에 지성도 활동력도 가난해져서 드디어는 완전히 허물어질지도 몰라요. 특히 우리 나라에서, 프랑스의 생명력이 지금 같은 상태에서는, 그들을 몰아낸다는 것은 17세기의 신교도를 몰아낸 것보다도, 국민으로서는 더한층 위험한 출혈이 될지도 몰라요. 물론 그들은 지금에 와서는 정당한 가치에 어울리지 않는 지위를 차지하고 있으며, 오늘의 정치적 도덕적 무정부 상태에 편승하고 있어요. 그리고 그 상태를 적잖이 조장시키고 있는데 그것은 타고난 취미이기도 하고, 또한 그게 기분이 좋기도 한 때문이지요. 그들 가운데 가장 뛰어난 사람들은, 이를테면 저 훌륭한 모크처럼 프랑스의 운명과 자기들 유대 사람의 꿈을 진지하게 동일시한다는 과오를 범하고 있어요. 그런 꿈은 우리에게 유익하기보다는 오히려 때때로 위험해요. 하지만 그들이 프랑스를 자기들의 모습을 닮게 만들려고 하는 몽상을 하고 있다고 해서 그들을 원망해서는 안 돼요. 그것은 그들이 프랑스를 사랑하고 있기 때문이에요. 만약 그들의 사랑이 염려해야 하는 것이라면, 우리는 자기 자신을 방위하기만 하면 되는 거예요. 그들을 그들의 위치에, 다시 말하면, 우리 사이에서 제2의 위치에 두기만 하면 되는 거예요. 그렇다고 그들 민족이 우리 민족보다 못하다고 생각하는 건 아니에요(그런 민족의 우열을 따진다는 것이 어리석기도 하고 불쾌한 노릇이죠). 하지만 우리 민족에 아직 융해되지 않은 다른 민족이, 무엇이 우리에게 적합한지를 우리보다 더 잘 아는 것처럼 자만한다는 것은 인정할 수 없는 일이에요. 그 민족이 프랑스에서 잘하고 있다는 건 나로서도 대단히 기쁜 일이긴 하지만, 프랑스를 유대로 만들려는 그런 생각을 하기를 바라지는 않아요! 유대 사람을 그 본래의 지위에 안정시킬 수 있는 현명하고 강력한 정부가 있다면, 그들을 프랑스를 강대하게 하는 가장 효과적인 도구로 할 수가 있겠지요. 그리고 그것은 우리를 위해서도 유익한 동시에 그들에게도 유익해요. 그들처럼 침착하지 못하고 불안정하고 신경이 과민한 사람들에게는 그들을 꼭 붙잡아 주는 법률이 필요하고, 그들을 다스리는 강력하고도 올바른 지배자가 필요해요. 유대 사람은 여자와 똑같아요. 고삐로 통솔되면 훌륭한데 그쪽이 지배자가 되면, 여자도 그렇고 유대 사람도 그렇고 도저히 꼴불견이지요. 그것에 굴복한다면 그 사람이야말로 웃음거리가 되는 거죠.”

*

크리스토프와 올리비에는 서로 사랑하고 있었으며, 또한 그 사랑에 의해서 상대의 영혼에 대한 지각력을 얻고 있었지만, 두 사람 사이에는 아무래도 잘 이해가 되지 않는 것, 때로는 상대를 불쾌하게 하는 뭔지 모르는 게 있었다. 저마다 친구에게 닮은 자신의 부분만을 존속시키려고 노력하는 우정의 초기에는, 둘 다 그것을 깨닫지 못했다. 그러나 차츰차츰 두 민족의 모습이 표면에 떠올랐다. 간혹 사소한 기분의 마찰이 생기는 일도 있었다. 서로 애정이 있어도, 언제나 반드시 그것을 피할 수는 없었다.

두 사람은 오해의 미로에 빠졌다. 올리비에의 정신은 신념과 자유와 정열과 반어적인 지성과 보편적인 의혹과의 혼합체인데, 크리스토프는 그 뚜렷한 형체를 포착할 수가 없었다. 올리비에 쪽에서 볼 때 크리스토프에게는 타인의 심리를 이해하는 힘이 결여된 점이 불쾌했다. 올리비에가 가지고 있는 오랜 지적인 민족의 귀족성은, 크리스토프의 완강하기는 하지만 둔하고 융통성이 없으며 자기를 분석하지도 못하고 타인에 대해서도 착각을 하는 우둔한 정신을 비웃고 있었다. 그 감수성, 소란스러운 감정의 표현, 걸핏하면 감동을 하는 습관은, 올리비에로서는 때때로 초조하게 여겨지기도 하면서 좀 우스꽝스러워 보이기도 했다. 하물며 힘을 숭배하는 면에 대해서는 주먹을, '완력의 권리'를 도덕적으로 우월한 것인 줄 아는 독일적인 확신에 대해서는, 올리비에와 그의 국민(프랑스)은 납득하지 못하는 훌륭한 이유를 가지고 있었다.

한편 크리스토프는 올리비에의 반어적인 태도를 참을 수가 없었다. 그 반어적인 태도는 그를 초조하게 하고, 때때로 분노를 일으키게 했다. 또한 올리비에의 이치를 따지는 버릇, 끝없는 분석, 어떤 종류의 지적 부도덕도 참을 수가 없었다. 이 지적 부도덕으로 말하면, 올리비에처럼 도덕적인 순수성을 존중하는 사람에게 그런 면이 있다는 것은 놀랄 만한 일이었다. 그 근원은 그의 지성이 온갖 부정을 싫어하며, 상반되는 사상을 쳐다보면서 기뻐하는 그 지성의 넓이 속에 있었다. 올리비에는 세상 모든 일을 역사적인 견지에서, 또는 파노라마의 견지에서 내다보고 있었다. 모든 것을 다 이해하고 싶은 생각이었으므로, 어느 한쪽 면과 그 반대쪽 면을 동시에 내다보았다. 어떤 사람이 자기 앞에서 그 한쪽을 지지하면 자기는 그 반대쪽을 지지한다는 식으로 해서, 결과적으로 양쪽을 번갈아 지지하는 게 되었다. 이리하여 자기 자신이 그 모순과 당착에 빠지고 말았다. 그러므로 그것이 크리스토프를 당혹케 한 것은 물론이다. 하지만 그렇다고 해서 타인의 말에 반대하고 싶은 욕구나 모순을 좋아하는 경향이 있는 것은 아니었다. 공정이나 양식을 구하기 때문에 부득이 그렇게 되는 것이었다. 그는 온갖 편견의 어리석음에 불쾌감을 느끼고, 그것에 반항하지 않을 수 없었다. 크리스토프가 사실을 과장해서 도덕에 어긋나는 어떤 행위나 인물을 비판하는 경우, 그것이 올리비에를 불쾌하게 했다. 올리비에도 크리스토프와 마찬가지로 순수했지만, 그처럼 단단하기만 한 강철로 되어 있지는 않았다. 여러 가지 외부의 영향에 의해서 유인되고 물들고 움직여지고 있었다. 그는 크리스토프의 과장에 대하여 항변을 했으며, 그것도 그 반대 방향으로 과장했다.

이와 같은 기묘한 버릇 때문에, 항상 자기편에 반대를 하고 적의 입장을 지지했다. 크리스토프는 분개했다. 그는 올리비에의 궤변과 너그러움을 비난했다. 올리비에는 미소를 지었다. 그는 이 너그러움이 결코 어떤 혼에 덮여 있는 게 아니라는 것을 확실히 알고 있었다. 크리스토프가 자기보다 훨씬 더 많은 것을 믿고 있으며, 그것을 보다 더 잘 받아들이고 있다는 것을 알고 있었다! 하지만 크리스토프는 오른편도 왼편도 분간 못하고 멧돼지처럼 돌진하고 있었다. 그리고 특히 파리 사람의 '선량한 마음씨'에 대해 분개했다.

"파리 사람이 악인을 '허용'하기 위해 무슨 자랑거리처럼 내세우는 논거는" 크리스토프는 말했다. "악인은 악인인 까닭에 이미 크나큰 불행을 당하고 있다든가, 그들에게는 책임이 없다든가 하는 것일세……. 하지만 우선 첫째로, 나쁜 짓을 하는 자가 불행하다는 건 사실이 아니야. 그저 연극 속에 있는 도덕관념이거나, 유치한 통속극의 관념일 뿐이지. 스크리브나 카퓌스의 작품 속에서 제법 자신만만하게 펼쳐져 있는 얼빠진 낙천적 관념일세─파리의 대표적인 인물인 스크리브와 카퓌스야말로 자네들의 부르주아 사회에 적합한 예술가이네. 자네들의 부르주아 계급 사람들은 향락적이고, 위선자이며, 유치하고, 자기들의 비열함을 똑바로 보지 못할 만큼 겁이 많으니까─악인은 쉽게 행복한 사람이 될 수가 있어. 행복한 사람이 될 수 있는 가장 큰 기회를 가졌기도 하지. 그리고 악인에겐 책임이 없다는 것, 이것 또한 어리석은 생각일세. 자연은 선에 대해서도 악에 대해서도 무관심하니까, 따라서 사악하게도 될 수 있는 것이니까, 인간은 죄를 짓고서도 완전히 진전할 수 있다는 것을 인정할 만한 용기를 갖게. 덕이라는 것은 자연적인 게 아니야. 그건 인간이 만들어 낸 거야. 인간은 그걸 지켜야 해! 인간 사회는 다른 사람들보다 강하고 위대한 소수자에 의해서 만들어진 거라네. 자기들이 만든 이 거창한 제작물을 개 같은 마음을 지닌 천민들에게 파괴당하지 않도록 하는 게 그들의 의무일세."

이런 생각은 사실 올리비에의 생각과 그다지 다르지 않았다. 하지만 그는 평형을 구하는 은근한 본능에 의하여, 무슨 전투적인 말을 들을 때에는 적당히 어중간한 기분이 되는 것이다.

"뭐, 그렇게 흥분하지 말아요." 올리비에는 크리스토프에게 말했다. "죽어 가는 세계는 죽게 놔두는 거예요. 《데카메론》에 나오는 주인공들처럼 사상의 향기로운 꽃밭의 내음을 천천히 들이마시게. 장미꽃으로 둘러싸인 측백나무 가 서 있는 언덕 주변에서, 피렌체 거리가 페스트의 유행으로 황폐해지더라 도 무슨 상관인가요."

올리비에는 며칠 동안을 계속해서 예술, 학문, 사상의 숨겨진 기계 장치를 탐구하기 위해, 그것을 분해하여 즐기고 있었다. 그 때문에 회의를 느끼게 되었다. 존재하는 것은 이미 다 정신이 만들어 낸 것이나 공중 누각에 지나 지 않는다고 생각했다. 그것은 기하학의 도형처럼 인간의 정신에 필요하다 는 구실마저 상실했다. 크리스토프는 분개했다.

"기계는 잘 움직이고 있네. 그런데 왜 분해를 하나. 자네는 그걸 망가뜨릴 지도 모르잖아. 그렇게 되면 헛수고야! 뭘 증명하겠다는 건가? 시시한 건 결국 시시하다는 이치를 증명하려는 건가? 그런 건 나도 알고 있네. 허무가 사방팔방에서 엄습해 오기 때문에 나는 싸우는 거야. 아무것도 존재하지 않 는단 말인가? 하지만 나는 존재하고 있는걸. 행동의 이유가 없단 말인가? 하지만 나는 행동하고 있는걸. 죽음을 좋아하는 자는 죽고 싶으면 죽으라 지! 하지만 나는 살고 있고, 살고 싶어. 저울 한쪽 접시에다 나의 생명을 놓고, 또 한쪽 접시에는 사상을 놓다니…… 사상이 뭐야, 그런 건 악마가 채가도 그만이야!"

그는 언제나 흥분해서 냉정을 잃었고 의논을 하면서 상대의 마음을 상하 는 말을 했다. 그런 말을 한 뒤에는 곧 후회했다. 될 수 있으면 취소하고 싶 었다. 그러나 소 잃고 외양간 고치기였다. 올리비에는 예민했다. 그의 피부 는 허물이 벗어지기 쉬웠다. 난폭한 말을 들으면, 특히 사랑하는 사람한테서 난폭한 말을 들으면 그는 가슴이 찢기었다. 그는 자존심 때문에 그 일에 대 해서는 말하지 않고 자기 마음속에 틀어박혔다. 그는 또한 모든 대예술가들 이 가지고 있는 무의식적인 이기심의 번뜩임이 크리스토프에게도 있는 것을 보았다. 어느 때에는 자기의 생명마저도 크리스토프에게 있어서는, 아름다 운 음악에 비하면 그다지 중요한 가치가 없다는 것을 느꼈다(크리스토프는 거의 그것을 숨기려 하지 않았다!). 올리비에는 그것을 이해할 수 있었다.

크리스토프가 옳다고 생각했다. 하지만 아무래도 슬픈 생각이 들었다.

거기에다 또 크리스토프의 성질에는 온갖 종류의 혼돈된 요소가 있는데, 올리비에는 그것을 잘 이해할 수가 없어서 불안했다. 그것은 괴상하고도 격렬한, 갑작스러운 기분의 폭발이었다. 어느 날은 도무지 말을 하지 않았다. 혹은 매우 심술이 나서 상대의 마음을 상하게 하려고만 했다. 혹은 또 어디론지 사라져 버리는 일도 있었다. 온종일, 밤까지 나타나지 않았다. 언젠가는 이틀이나 자취를 감추었다. 어디서 뭘 하고 있는지, 아무도 몰랐다! 그자신도 자기가 뭘 하고 있는지 잘 알지 못했다. 실제로 그의 왕성한 성질은 이처럼 비좁은 생활과 주택 속에서 마치 닭장에 갇힌 것처럼 압박되어 이따금 폭발을 일으킬 지경이었다. 올리비에의 침착한 모습을 보면 초조한 기분이 속에서 치미는 것이었다. 그러자 상대를 곯려 주고 싶었다. 그래서 밖으로 달아나 스스로 몸을 피곤하게 만들었다. 파리의 거리나 교외를 방황하며 막연히 무슨 모험을 찾아다녔다. 때로는 그런 일이 생겼다. 악한을 만나 넘치는 정력을 소비했다 하더라도 결코 후회하지는 않았을 것이다. 올리비에는 건강도 좋지 않고 체력도 약했으므로 그런 짓을 이해할 수가 없었다. 크리스토프 자신도 올리비에보다 더 잘 자각하고 있는 것은 아니었다. 피곤한 꿈에서 깨어나는 것처럼 그는 이러한 정신 착란에서 눈을 떴다. 그리하여 자기가 한 짓이나, 했을지도 모르는 일이 다소 부끄럽기도 하고 불안하기도 했다. 그러나 일단 이 광기의 돌풍이 불고 지나간 다음에는, 폭풍 뒤에 깨끗해진 하늘처럼 모든 오염을 씻어 명랑해졌으며, 최고의 주권자가 된 자기 모습을 회복했다. 올리비에에 대해서는 전보다 더 상냥해지고 그를 괴롭힌 것을 염려했다. 왜 이렇게 자주 사소한 충돌을 일으키는지 스스로 납득을 할 수가 없었다. 반드시 그만이 잘못하는 것은 아니었다. 하지만 자기 쪽의 책임이 가볍다고는 생각하지 않았다. 자기가 옳다고 생각되는 경우에도 부득부득 자기를 책망했다. 벗에 대하여 자기를 정당화하는 것보다는 차라리 벗의 의견에 찬성하여 자기를 기만하는 게 낫다고 생각했다.

두 사람의 오해는, 그것이 밤에 발생해서 서로 반목을 하면서 하룻밤을 보내야 할 때에 특히 괴로웠다. 그 반목은 두 사람의 기분을 혼란시켰다. 크리스토프는 자다 말고 일어나 한 마디 써서, 그것을 올리비에 방 문짝 밑으로 살며시 집어넣었다. 그리고 이튿날 아침, 일어나서는 곧 올리비에에게 용서를 청했다. 혹은 밤중에 올리비에의 방문을 두드리는 일도 있었다. 이튿날까지 기다릴 수가 없었다. 올리비에도 크리스토프와 마찬가지로 잠들지 못했다. 크리스토프가 자기를 사랑하고 있으며, 결코 자기를 해치기 위해서 그렇게 한 건 아니라는 사실을 잘 알고 있었다. 하지만 상대의 입에서 그 말을 듣고 싶었다. 크리스토프는 그 말을 했다. 그러면 모든 갈등을 사라졌다. 어쩌면 그렇게 즐겁고 편안할까! 그 뒤에는 둘 다 잠들 수 있었다!

"아아!" 올리비에는 한숨을 몰아쉬었다. "서로 이해한다는 것은 얼마나 어려운 일인가!"

"하지만 언제나 서로 이해할 필요가 있을까?" 크리스토프는 말했다. "나는 그건 단념했어, 서로 사랑하기만 하면 되는 거야."

이와 같은 사소한 감정의 마찰은, 그런 일이 있은 뒤에는 조심스러운 애정으로 회복하려고 노력했으므로, 오히려 전보다도 더 사이가 좋아졌다. 무슨 말다툼을 했을 때 올리비에의 눈에는 앙투아네트의 모습이 떠올랐다. 두 사람은 서로 여성같이 세심한 배려를 표시했다. 크리스토프는 올리비에의 무슨 경사 날에는, 그에게 바치는 작품이나 꽃이나 과자나 선물로 축하했다. 이런 물건을 어떻게 구했는지 알 수 없었다(왜냐하면 그들의 살림에는 돈이 떨어지는 일이 빈번했으므로). 올리비에는 밤에 크리스토프의 악보를 몰래 정서하느라고 눈이 쑥 들어갔다.

사람 사이의 오해는 그 사이에 제삼자가 끼어들지 않는 한에서는 결코 중대한 것이 아니다. 하지만 제삼자는 반드시 나타나는 법이다. 세상에는 너무나 많은 사람이 남의 일에 흥미를 가지고, 그들 사이에 갈등을 일으키려 하고 있다.

*

올리비에는 크리스토프가 최근까지 자주 방문하던 스토방네 사람들을 알고 있었다. 그리고 그 역시 콜레트의 매력에 끌리고 있었다. 크리스토프가 이 오랜 여자 친구를 에워싼 사람들 속에서 올리비에를 만나지 않은 것은, 마침 그 무렵 누나와 사별하여 상중에 있었던 올리비에가 마음이 울적해서 아무도 만나지 않고 있었기 때문이었다. 콜레트 쪽에서는 별로 그를 만나려고 애쓰지 않았다.

콜레트는 올리비에를 좋아했으나, 불행한 상태에 있는 사람을 만나기는 싫었다. 자기는 감정이 섬세하기 때문에 남의 슬픔을 보는 것은 괴로운 노릇이라고 생각했다. 그래서 올리비에의 슬픔이 지나가는 것을 기다리고 있었다. 그의 기분이 가라앉은 듯하여 이제는 그 슬픔에 전염될 위험성도 없어지자, 한번 만나자고 연락을 했다. 올리비에는 곧 응했다. 그는 내성적이면서도 한편으로는 사교를 좋아했기 때문에 유혹을 당하기 쉬웠다. 그리고 콜레트에 대해서는 약점이 있었다. 크리스토프에게 콜레트를 만나러 가겠다고 하니까, 크리스토프는 벗의 자유를 존중하고 있었으므로 비난 비슷한 말은 전혀 하지 않았다. 다만 어깨를 으쓱했다. 그리고 말리는 투로 말했다.

"재미가 있으면 가야지."

하지만 그는 올리비에를 따라가지는 않았다. 그런 저속한 여자하고는 관계를 끝내기로 결심하고 있었다. 크리스토프는 여자를 싫어하는 사람은 아니었다. 오히려 여자를 무척 좋아했다. 여공이나 사무원이나 공무원 같은 젊은 직업 여성이 아침에 좀 늦어서, 아직 잠이 다 깨지 않은 얼굴로 공장이나 사무실로 바쁘게 걸어가는 모습을 보면 부드러운 애정을 느끼지 않을 수 없었다. 여성이 여성으로서의 모든 뜻을 갖는 것은 일에 종사하고 있을 때이며, 자기 힘으로 빵과 독립성을 얻으려 노력하는 때인 것으로 여겨졌다. 그렇게 해야만 여성은 그 모든 우아함, 민첩하고 부드러운 동작, 모든 관능의 각성, 생명과 의지의 완전성을 지니게 된다고도 여겨졌다. 크리스토프는 빈둥거리는 향락적인 여성은 싫었다. 그런 여성은 불건강한 몽상에 잠기면서 먹은 음식이나 소화시키고, 늘 심심해서 못 견뎌하는 배부른 짐승처럼 보였다. 올리비에는 그와 반대로 오직 아름답기 위해서, 오직 주위의 공기를 향기롭게 하기 위해서 살고 있는 여성의 '무위(無爲)'를, 그 꽃다운 매력을 열렬히 사랑하고 있었다. 올리비에는 보다 더 예술적이고, 크리스토프는 보다 더 인간적이었다. 크리스토프는 콜레트와는 반대로, 사람들이 세상의 고난에 많이 관여하고 있으면 있을수록 그 사람들이 더 좋아졌다. 그리고 우애적인 동정심으로 그들과 맺어져 있다는 생각이 들었다.

콜레트는 올리비에의 크리스토프에 대한 우정을 알자, 더욱 올리비에를 만나고 싶었다. 그 우정에 대해서 자세히 알고 싶었기 때문이다. 콜레트는, 크리스토프가 자기를 잊어버린 것 같은 경멸적인 태도에 어느 정도 원망을 품고 있었다. 그리고 복수를 해야겠다는 생각은 별로 없었지만(일부러 복수를 할 만한 까닭도 없었다) 뭔가 장난을 치고 싶었다. 고양이처럼 살짝 물어서 상대의 관심을 자기에게로 끌어당기고 싶었다. 그녀는 사람을 회유하는 솜씨가 능숙했으므로, 쉽게 올리비에로 하여금 사정을 털어놓게 했다. 올리비에는 사람으로부터 멀찌감치 떨어져 있을 적에는 명석하게 판단하여 결코 속지 않았다. 그러나 부드럽게 대하는 사람 앞에서는, 그처럼 솔직한 신뢰를 보이는 사람도 없었다. 콜레트가 크리스토프에 대한 올리비에의 우정에 자못 진실한 듯한 흥미를 표시하자, 올리비에는 마음이 들떠서 그 우정에 대하여 마구 지껄였다. 그리고 그는 자기들 사이에 일어난 사소한 갈등에 대해서도 얘기를 했다. 그러한 갈등도 거리를 두고서 보면 오히려 유쾌하게 여겨졌다. 그리고 그 책임은 모두 자기한테 있다고 말했다. 올리비에는 또 크리스토프의 예술에 관한 계획이나, 프랑스 및 프랑스 사람에 대한 비판―그것은 결코 듣기 좋은 것은 아니었다―몇 가지를 콜레트에게 털어놓았다. 그것은 모두 그 자체로서는 대단한 일이 아니었다. 그러나 콜레트는 그것을 자기 식으로 각색―각색을 한 까닭은 얘기를 좀더 재미나게 하고 싶은 생각도 있었고, 또 크리스토프에 대한 은근한 악의도 있었다―하여 주위에 퍼뜨렸다. 이 비밀 얘기를 맨 처음 들은 사람은 물론 언제나 그녀 옆에서 떨어지지 않는 루시앙 뢰비쾨르였다. 그리고 뢰비쾨르는 그 얘기를 비밀에 부쳐 둘 이유가 없었으므로, 그 얘기는 사방으로 번졌으며 도중에 점점 더 꼬리가 붙어갔다. 올리비에가 희생자의 입장에 놓이게 되어, 그의 모습이 우스꽝스럽기도 하고 불쌍해 보이기도 하는 꼴이 되었다. 얘기의 두 주인공은 거의 무명이기 때문에 세상 사람들에게는 흥미가 있을 리 없을 것 같았으나, 파리 사람들은 으레 자기에게 아무 상관이 없는 일에 대해서는 흥미를 갖는다. 이리하여 드디어 어느 날, 이 날개 돋친 비밀 얘기는 루생 부인을 통해서 크리스토프 자신의 귀에까지 다다랐다. 루생 부인은 음악회에서 크리스토프를 만나 그 불쌍한 올리비에 자넹하고 싸움을 했다는 게 사실이냐고 물었다. 그리고 크리스토프와 올리비에밖에는 아무도 모를 일을 암시하면서, 그의 일에 대해서 이것저것 질문을 했다. 크리스토프는 그렇게 자세한 얘기를 누구한테서 들었느냐고 물었다. 루생 부인은 루시앙 뢰비쾨르한테서 들었으며, 뢰비쾨르는 또 올리비에한테서 들었다고 대답했다.

크리스토프는 이 말에 크게 충격을 받았다. 흥분하기 쉬운 성질이라 비판적으로 음미해 볼 여유가 없는 그는 이 말의 내용이 거짓말 같다는 것을 한 번 의심해 보기조차 않았다. 그는 단 한 가지 사실밖에는 보지 않았다. 올리비에에게 밝힌 자기의 비밀이 루시앙 뢰비쾨르한테 새어나갔다는 사실밖에는. 그는 음악회에서 그대로 가만히 있을 수가 없었다. 바로 자리에서 일어났다. 주위가 모두 공허해진 것 같았다. 그는 마음속으로 말했다. '올리비에가 나를 배반했구나!'

올리비에는 콜레트의 집에 가 있었다. 크리스토프는 자기 방을 걸어 잠그고, 올리비에가 돌아와서 평상시처럼 잠깐 말을 걸려 해도 못하게 했다. 과연 올리비에가 와서 문을 열려고 했으나 열리지 않았으므로 열쇠 구멍 바깥에서 잘 자라고 속삭이는 게 들렸다.

크리스토프는 꼼짝도 하지 않았다. 어둠 속에서 침대 위에 걸터앉아 머리를 싸안고 같은 말을 되풀이했다. "올리비에가 나를 배반한 거야……" 밤이 깊도록 그렇게 하고 있었다. 그러자 자기가 올리비에를 얼마나 사랑하고 있었나 하는 것이 절실하게 느껴졌다. 왜냐하면 그는 올리비에가 배반한 것을 원망하지는 않았다. 그는 다만 고민을 할 뿐이었다. 사랑을 받는 쪽은 상대에 대해서 모든 권리를 가지고 있다. 이미 상대를 사랑하지 않는다는 권리마저 있다. 사람은 그것을 원망할 수는 없다. 자기가 사랑을 받을 만한 가치가 없는 것을 원망할밖에 다른 도리가 없다. 왜냐하면 자기는 버림을 받은 것이니까. 이것은 치명적인 고통이었다.

이튿날 아침, 크리스토프는 올리비에를 만나서도 아무 말도 하지 않았다. 올리비에를 비난하는 것은―자기의 신뢰에 편승해서 자기의 비밀을 적에게 미끼로 던져 준 행위를 비난한다는 것은―그로서는 싫은 일이었다. 그는 단 한 마디도 할 수 없었다. 하지만 그의 얼굴이 대신 말하고 있었다. 적의를 품은 차가운 얼굴이었다. 올리비에는 깜짝 놀랐다. 무슨 일인지 도무지 영문을 몰랐다. 조심스럽게 크리스토프가 뭘 화내고 있는지 알려고 했다. 그러나 크리스토프는 대답도 하지 않고 쌀쌀맞게 얼굴을 돌렸다. 올리비에도 감정이 상해서 입을 다물고, 말없이 슬픔을 참았다. 두 사람은 그날 하루 동안 다시는 얼굴을 맞대지 않았다.

올리비에가 설령 그 천 배나 크리스토프를 괴롭혔다 하더라도 크리스토프는 복수를 하지는 못했을 것이다. 자기를 방위하는 일도 아마 못했을 것이다. 그에게 있어 올리비에는 신성한 존재였다. 그러나 그의 분노는 누군가에 대해서 터뜨려야 했다. 올리비에에게는 할 수 없으므로, 루시앙 뢰비쾨르에게로 돌렸다. 크리스토프는 감정에 이끌려서 공정을 잃는 평소의 방식으로, 분명히 올리비에가 한 것이 틀림없는 줄로 생각하는 과오의 책임을, 다짜고짜 뢰비쾨르에게 돌렸다. 이런 놈한테 전에는 콜레트 스토방의 우정을 빼앗기고, 이번에는 또 친구의 애정을 빼앗겼다고 생각하니 심한 질투로 괴로움을 느꼈다. 마침 이날, 《피델리오》의 상연에 대해서 쓴 뢰비쾨르의 글이 눈에 뜨이자 그의 분노는 절정에 다다랐다. 뢰비쾨르는 그 글에서 베토벤을 희롱하는 투로 얘기하고, 《피델리오》의 여주인공은 몽티용 상(프랑스의 경제학자이고 자선가인 몽 티용이 만든 상으로 착한 일을 한 사람에게 수여된다)을 받을 만하다고 유쾌한 듯이 놀리고 있었다. 크리스토프는 누구보다도 더 잘, 이 작품의 우스꽝스러운 점이나 음악으로서 잘못된 점을 알아차리고 있었다. 그는 항상 알려진 대가에 대해서 과장된 존경을 표시하고 있지도 않았다. 그러나 또한 언제나 자기 주장을 고집한다든가, 프랑스적인 논리를 관철시키는 것을 자랑하고 있지도 않았다. 그는 자기가 좋아하는 인물에 대해서도 그 결점을 지적하지만, 타인에게는 그것을 용납하지 않는 인물이었다. 그런데 그 비평이 아무리 엄격하더라도, 크리스토프처럼 예술에 대한 정열적인 신념에 의해서, 그리고 감히 말하여 그 사람에게는 범용(凡庸)을 허용하지 않을 만큼 그 명예에 대한 철저한 애정에 의해서 어떤 대예술가를 비평하는 것과, 뢰비쾨르처럼 비평에 있어서 위인을 비방함으로써 대중의 어리석음에 아부하여 많은 사람을 웃기는 효과밖에 구하지 않는 것과는 전혀 다른 일이었다. 그리고 크리스토프는 실제로 자유로운 비평을 하고 있었지만, 슬며시 따로 전혀 손을 대지 않는 음악이 있었다. 그것은 음악 이상의 음악, 음악보다 더 훌륭한 음악이었다. 거기에서 위로, 힘, 희망을 길어 낼 수 있는 자비롭고 위대한 영혼이라고 할 수 있는 음악이었다. 베토벤의 음악이 바로 그런 음악이었다. 그것이 못된 놈에게 모욕을 당하는 것을 보고 크리스토프는 몹시 분격했다. 그것은 예술의 문제에 그치는 게 아니라 명예에 관한 문제였다. 삶에 가치를 부여하는 모든 것, 사랑, 영웅적 행위, 정열적인 덕 같은 것이 거기에 관련되고 있었다. 그것이 침범을 당하는 것은 애모하는 여성이 모욕적인 말을 듣는 것과 마찬가지로 용납할 수 없는 일이었다.

미워하고 죽일 수밖에 없었다……. 하물며 그 모욕을 던진 자는 모든 인간 가운데서 크리스토프가 가장 경멸하고 있는 사나이가 아닌가! 그리고 우연히도 그날 밤, 두 사람은 얼굴을 마주쳤다.

크리스토프는 올리비에와 단둘이 있고 싶지 않았으므로, 평소에는 가지 않는 루생 댁의 야회에 갔다. 그러자 연주 요청을 받았다. 그는 기분이 내키지 않는 것을 억지로 응낙했다. 그러나 한참 연주하는 동안에 치고 있는 곡에 몰두할 수 있었다. 그때 언뜻 눈을 쳐들자 모여 있는 사람들 가운데, 두세 걸음 앞에서 가만히 자기를 관찰하고 있는 루시앙 뢰비쾨르의 심술궂은 눈이 보였다. 그는 치고 있던 소절 도중에서 갑자기 멈췄다. 그리고 일어나서 피아노에 등을 돌렸다. 사람들은 당황하여 조용해졌다. 루생 부인은 깜짝 놀라 억지로 미소를 띠고서 크리스토프에게로 다가왔다. 그리고 조심스럽게 —곡이 아직 끝난 게 아니라는 점에 대해서 그다지 자신이 없었으므로—그에게 물었다.

"더 안 치시나요, 크라프트 씨?"

"다 끝났습니다." 그는 무뚝뚝하게 대답했다.

이렇게 말하고 나서 자기가 실례를 한 것을 알았다. 하지만 신중해지기는 커녕 오히려 더 흥분되었다. 비웃음이 섞인 청중의 눈초리를 둘러보지도 않고 방 한구석에 가서 앉았다. 그 위치에서는 뢰비쾨르의 동작이 하나하나 잘 보였다. 그 옆에 혈색이 좋고 졸린 듯한 얼굴을 하고, 어린애 같은 표정의 파란 눈을 가진 노장군이 있었다. 그는 뭐라고 듣기 좋은 인사말을 해야겠다고 생각했는지 방금 친 곡이 독창적이었다고 칭찬을 했다. 크리스토프는 지긋지긋해서 의례적인 답례를 하고, 뭔지 모르는 소리를 중얼거렸다. 장군은 그래도 여전히, 무의미한 부드러운 미소를 띠면서 더할 수 없이 정중한 태도로 얘기를 계속했다. 그리고 그렇게 긴 곡을 악보도 없이 어떻게 칠 수 있는지 설명해 주지 않겠느냐고 말했다. 크리스토프는 이 노인을 주먹으로 후려갈겨 긴 의자에서 떨어뜨릴까 하고도 생각했다. 그는 뢰비쾨르가 무슨 얘기를 하고 있는지 듣고 싶었다. 공격의 구실을 노리고 있었던 것이다. 조금 전부터 당장에 자기가 무슨 어리석은 짓을 할 것 같은 기분이었다. 아무도 그것을 말리지는 못할 것 같았다. 루시앙 뢰비쾨르는 한 무리의 부인들을 향하여 예의 조작된 목소리로, 대예술가의 의도나 그 마음속에 깃든 사상을 설명하고 있었다. 주위가 좀 조용해졌을 때, 크리스토프는 그가 바그너와 루드비히 왕과의 우정에 대하여 암암리에 천한 의미를 풍기면서 얘기하고 있는 것을 들었다.

"그만 지껄여!" 크리스토프는 옆에 있는 테이블을 주먹으로 두드리면서 외쳤다.

사람들은 질겁하고 돌아다보았다. 루시앙 뢰비쾨르는 크리스토프의 시선에 부딪치자 조금 창백해져서 말했다.

"나보고 하는 말인가?"

"물론 너한테 하는 말이지. 파렴치한 놈아!" 크리스토프가 말했다.

그는 벌떡 일어났다.

"너는 이 세상의 훌륭한 것을 뭐든지 다 더럽히지 않고서는 못 배기는구나!" 그는 매우 흥분해서 사납게 외쳤다. "나가, 이 더러운 놈아! 안 나가면 창으로 집어던질 테다!"

크리스토프는 뢰비쾨르 쪽으로 다가갔다. 부인들은 조그맣게 비명을 지르면서 뒤로 물러났다. 작은 소란이 벌어졌다. 크리스토프는 삽시간에 사람들에게 둘러싸였다. 루시앙 뢰비쾨르는 엉거주춤하게 일어났다. 그러더니 팔걸이의자에 앉아서 전과 같이 편한 자세로 돌아갔다. 지나가는 하인을 낮은 소리로 불러 명함 한 장을 주었다. 그러고서 아무 일도 없었던 것처럼 얘기를 계속했다. 하지만 그 눈꺼풀은 심하게 깜박거리면서 곁눈질로 사람들의 태도를 살피고 있었다. 루생은 크리스토프 앞을 막아섰다. 크리스토프의 저고리 옷깃을 붙잡아 문쪽으로 밀고 갔다. 크리스토프는 화가 나기도 하고 부끄럽기도 해서 머리를 수그리고 있었다. 눈앞에 흰 셔츠를 입은 루생의 커다란 앞가슴이 보였다. 그는 네모진 귀를 동그랗게 다듬은 단추를 세고 있었다. 그리고 이 뚱뚱한 사나이의 숨결을 얼굴에 느꼈다.

"여보게, 자네." 루생은 말했다. "대체 어떻게 된 거야? 이게 무슨 꼴인가? 조심을 해야지! 여기가 어딘 줄 아나? 정신이 돌았어?"

"이런 집에 두 번 다시 안 오겠네!" 크리스토프는 그의 손을 뿌리치면서 말했다. 그리고 문을 향해서 걸어갔다.

사람들은 조심스럽게 길을 비켜 주었다. 휴대품을 맡긴 곳에서 한 하인이 그에게 쟁반을 내밀었다. 그 위에는 루시앙 뢰비쾨르의 명함이 놓여 있었다.

그는 그것이 뭔지도 모르고 손에 들어 거기에 쓰인 글을 소리내어 읽었다. 그리고 갑자기 분노에 숨을 헐떡이면서 호주머니 속을 더듬었다. 대여섯 개 잡다한 것을 끄집어낸 뒤에 서너 장의 주글주글한 명함을 찾아냈다.

"자! 이거야!" 그는 명함을 쟁반 위에 내던졌다. 그 기세가 하도 맹렬했기 때문에 한 장이 밑으로 떨어졌다.

그는 나갔다.

*

올리비에는 아무것도 몰랐다. 크리스토프는 자기 쪽 입회인으로 아무나 적당히 선택했다. 선택한 사람은 음악가인 구자르와, 스위스 어떤 대학의 무급 강사(無給講師)로서 독일 사람인 발트 박사였다. 크리스토프는 어느 날 저녁, 비어홀에서 박사를 만나 알고 지내게 되었다. 그다지 호감을 느끼지는 않았으나 고국 얘기를 나눌 수 있었다. 루시앙 뢰비쾨르 쪽 입회인과 상의해서 무기는 권총으로 정해졌다. 크리스토프는 무기 사용법은 아무것도 몰랐다. 그래서 구자르는 자기와 함께 사격장에 가서 조금 연습을 하는 게 좋지 않겠느냐고 권했다. 하지만 크리스토프는 거부했다. 그리고 이튿날을 기다리면서 다시 음악 일을 시작했다.

그러나 일이 잘 되지는 않았다. 악몽처럼, 하나의 막연한 고정관념이 성가시게 중얼거리는 소리가 귀에 들려왔다……. "불쾌하다. 그렇다. 불쾌해…… 뭐라구? 그렇지! 내일이 그 결투…… 농담은! ……절대 맞을 리 없다…… 아니, 맞을지도 모른다…… 그럼, 그 다음에는? 그 다음, 그렇지, 그 다음은…… 그놈의 손가락이 조금 당기면 내 생명은 사라질지 몰라…… 설마! 아니, 그렇다. 내일은, 이틀 뒤에는, 나는 이 냄새나는 흙 속에 누워 있게 될지도 모른다…… 뭐! 죽는 건 여기나 어디나 마찬가지야! ……아아, 나는 혹시 비겁한 짓을 하지 않을까? ……그럴 리는 없다. 하지만 내 속에서 자라고 있는 게 느껴지는 사상의 세계를 부질없는 일 때문에 잃어버린다는 것은 부끄러운 노릇이다……. 결투자의 운을 평등하게 하는 결투의 방식은 마음에 들지 않는다! 그런 숙맥의 생명에도 내 생명과 똑같은 가치를 부여하다니, 평등이란 좋긴 하구나! 왜 우리의 주먹과 몽둥이로 싸우게 하지를 않느냐? 그렇게 하면 재미가 있을 텐데. 그런데 멋쩍은 총질이라니! …

…물론 그놈은 총을 쏠 줄 안다. 나는 한 번도 총을 손에 쥔 일이 없다…
…. 사람들 말이 옳아. 연습을 해야겠지……. 그놈은 나를 죽일 작정일까?
제기랄, 내가 그놈을 죽여 버릴 테다."

　그는 아래로 내려갔다. 집 바로 옆에 사격 연습장이 있었다. 크리스토프는
총을 하나 빌려서 쓰는 법을 배웠다. 처음 한 발은 하마터면 주인을 죽일 뻔
했다. 두 번 세 번 해 보았으나 역시 잘 되지 않았다. 그는 초조해졌다. 그
게 더욱 좋지 않았다. 그의 주위에서는 몇 사람이 구경을 하며 웃고 있었다.
그는 그런 것에는 개의치 않았다. 남이야 비웃거나 말거나 어떻게든지 능숙
해지려고 끈기 있게 연습했다. 하도 열심이기 때문에 흔히 있는 일이지만 이
윽고 사람들은 그렇게 서투른 참을성에 대해서 호감을 느끼게 되었다. 구경
꾼 한 사람이 이것저것을 가르쳐 주기도 했다. 여느 때는 괴팍스러운 크리스
토프도 어린이처럼 순순히 귀를 기울였다. 그는 손을 떨게 하는 신경의 흥분
과 싸웠다. 눈썹을 꼿꼿하게 하고, 몸을 긴장시켰다. 땀이 볼을 따라 흘렀
다. 말은 한 마디도 하지 않았다. 이따금 화가 나서 껑충껑충 뛰었다. 그러
고는 다시 쏘기 시작했다. 그렇게 두 시간이나 계속했다. 두 시간 뒤에는 과
녁에 맞기 시작했다. 뜻대로 되지 않는 일에 몸을 길들이려고 하는 의지의
노력은 보는 사람을 감동시키는 법이다. 그것은 사람들에게 존경심을 불러
일으켰다. 처음에 비웃던 사람들 가운데 몇은 떠났으나, 남은 사람들은 차차
입을 다물고, 좀처럼 그 자리를 떠나지 못하고 있었다. 크리스토프가 돌아갈
때에는 그들은 정답게 인사를 했다.

　크리스토프가 집에 돌아오자, 친절한 모크는 근심을 하면서 기다리고 있
었다. 싸움 얘기를 듣고 온 것이었다. 그는 싸움의 원인을 알고 싶어했다.
크리스토프는 올리비에를 책망하고 싶지 않았으므로 말을 분명히 하지 않았
지만, 모크도 나중에는 짐작을 했다. 그는 냉정했으며 또 두 친구의 인품을
잘 알고 있었기 때문에, 올리비에가 한 것으로 되어 있는 사소한 배반 행위
가 사실무근이라는 것을 믿어 의심하지 않았다. 그는 사실을 조사한 결과 모
든 재난의 원인이 콜레트와 뢰비쾨르의 수다에 있다는 것을 쉽사리 발견했
다. 그는 급히 돌아와서 그 증거를 크리스토프에게 내보였다. 이것으로 결투
를 중지시킬 수 있으리라고 생각했다. 그런데 그 반대였다. 크리스토프는 뢰
비쾨르 때문에 올리비에를 의심했다는 것을 깨닫게 되자, 더욱 뢰비쾨르를

원망스럽게 생각했다. 결투를 하지 말라고 성가시게 부탁하는 모크를 내쫓기 위해, 뭐든지 당신이 이르는 대로 하겠다고 약속을 했다. 하지만 그의 결심은 확고했다. 이렇게 되니까 기분도 즐거웠다. 결투를 하는 것도 올리비에를 위한 것이지, 나를 위한 일이 아니다!

*

마차가 수풀길을 나아가고 있을 때, 입회인 한 사람이 무슨 말을 지껄여 갑자기 크리스토프의 주의력이 흩어졌다. 크리스토프는 그들이 무슨 생각을 하고 있는지 알아 내려고 했다. 그리하여 그들이 얼마나 자기에 대해서 무관심한지 알았다. 발트 교수는 이 결투 사건이 몇 시쯤 끝날지 예견하여, 국립 도서관에 소장되어 있는 육필 원고(肉筆原稿)를 연구하기 위해 시작한 일을 오늘 중에 끝마칠 수 있도록 집에 돌아가게 될지 어떨지를 생각하고 있었다. 그래도 그는 크리스토프의 세 동반자들 중에서는 독일 사람으로서의 자존심에서 결투의 결말을 가장 염려하고 있었다. 구자르는 크리스토프나 또 하나의 독일 사람은 문제 삼지도 않고, 외설스러운 생리학의 어떤 노골적 문제에 관해서, 의사인 쥘리앵과 얘기하고 있었다. 쥘리앵은 툴루즈 출신의 젊은 의사로서 최근 크리스토프와 같은 층에 살게 된 사람이다. 그는 크리스토프한테서 알코올램프나 우산이나 커피 찻잔 같은 것을 빌려 갔는데, 돌려올 적에는 으레 망가져 있었다. 그 대신 무료로 진찰을 해 주기도 하고 자기가 처방한 약을 먹어 보라고도 했다. 그리고 크리스토프의 선량한 인품을 흥미롭게 여기고 있었다. 스페인 귀족처럼 냉정한 그 태도 밑에는 언제나 조롱하는 버릇이 잠들어 있었다. 이 사건도 그로서는 우스꽝스러운 일로밖에는 여겨지지 않았다. 그리고 미리부터 크리스토프가 무슨 서투른 짓을 하리라고 예상하고 있었다. 요컨대 사람 좋은 크리스토프의 돈으로 이렇게 마차를 타고서 수풀 속을 산책하는 건 나쁘지 않다고 생각하고 있는 것이었다. 세 사람이 저마다 다른 생각이 있다 하더라도 이것이 세 사람에게 공통된 가장 뚜렷한 생각이었다. 결국 그들은 이 사건을 자기 호주머니에는 한 푼도 손해가 나지 않는 유람 여행처럼 생각하고 있었다. 아무도 이 결투를 중요하게 여기고 있지는 않았다. 거기에다 무슨 뜻하지 않은 일이 생기더라도 흔들리지 않을 만큼 마음의 태세가 갖추어져 있었다.

그들은 상대편보다 먼저 약속 장소에 도착했다. 그것은 숲 속의 조그만 음식점이었다. 파리 사람들이 그들의 명예에 달라붙은 것을 씻으러 오는 다소 불결한 곳이었다. 울타리에는 청초한 들장미가 피어 있었다. 떡갈나무의 청동색 나뭇잎 그늘에 조그만 의자가 몇 개 놓여 있었다. 그 하나에 자전거를 타고 온 세 사람이 앉아 있었다. 하나는 분을 두껍게 바른 여자로, 반바지에 까만 반양말을 신었다. 나머지 둘은 플란넬 셔츠를 입은 남자로서, 더위에 지쳐 이따금 지껄이다 말고 신음을 내고 있었다.

마차가 도착하자 음식점은 조금 떠들썩해졌다. 전부터 이 음식점과 주인을 잘 알고 있는 구자르가 자기한테 다 맡기라고 했다. 발트는 크리스토프를 정자 밑으로 데리고 갔다. 그리고 맥주를 주문했다. 공기는 쾌적하게 따스하고, 꿀벌의 날갯소리로 가득 차 있었다. 크리스토프는 여기에 온 목적을 잊어버리고 있었다. 발트는 맥주 한 병을 들이켜더니, 잠깐 침묵한 뒤에 말했다.

"아 참, 그 일을 해야지."

한 모금 더 마시고 나서 그는 다시 말했다.

"아직 시간은 있구나. 여기 일이 끝나면 난 베르사유에 가야 돼."

구자르가 안주인을 상대로 결투 장소의 사용료를 자꾸만 깎고 있는 말소리가 들렸다. 쥘리앵은 시간을 허비하고 있지는 않았다. 자전거를 타고 온 사람들 옆을 지나면서 여자의 다리에 열광하여 뭔지 큰 소리로 말했다. 그것에 대하여 추잡한 욕지거리가 요란하게 계속됐다. 쥘리앵도 지지 않고 응수했다. 발트는 소리를 낮추어서 말했다.

"프랑스 사람들은 추잡한 놈들이구나. 형제, 난 자네의 승리를 축하해서 마시겠네."

그는 컵을 크리스토프의 컵에 부딪쳤다. 크리스토프는 몽상에 잠겨 있었다. 음악의 단편이 가락을 맞추는 곤충의 날갯소리와 함께 머릿속을 스치고 지나갔다. 졸음이 왔다.

상대편 마차가 오솔길 모래 위로 달려오는 바퀴 소리가 들렸다. 언제나처럼 웃고 있는 루시앙 뢰비쾨르의 창백한 얼굴을 크리스토프는 보았다. 그러자 분노가 치솟았다. 그는 일어났다. 발트가 그 뒤를 따랐다.

뢰비쾨르는 커다란 넥타이를 죄어 매고, 매우 맵시 있는 복장을 하고 있었다. 그것은 상대의 평범한 복장과 아주 대조적이었다. 그의 뒤에 내려온 것은 블로크 백작이었다. 정부를 많이 가지고 있는 것과 낡은 성체기(聖體器)를 수집하고 있는 것, 극단적인 왕당주의(王黨主義)의 정견을 품고 있는 것으로 알려진 스포츠맨이었다. 이어서 내려온 것은 레옹 무에이로서, 이 역시 유행아이며 문학 분야에서 국회의원으로 진출했는데, 정치적 야심을 위해서 문학자가 된 사람이었다. 아직 젊은 나이인데 머리가 벗어지고 수염이 없으며 수척하고 음울한 얼굴을 하고 있었다. 코는 기다랗고 눈은 둥글고 머리 모양은 새대가리 비슷했다. 마지막에 내린 것은 의사인 에마뉘엘로서 특히나 유대인 타입의 사나이였다. 친절하면서도 냉담했다. 의학 아카데미의 회원으로 어떤 병원의 원장이며, 학문적인 저서나 의학에 관한 회의설(懷疑說)로 유명했다. 회의설을 품고 있어서 환자의 불평을 심술궂은 연민으로 듣기만 할 뿐이지 도무지 고쳐 줄 생각은 하지 않았다.

뒤에 온 사람들은 정중하게 인사를 했다. 크리스토프는 거의 답례를 하지 않았다. 자기 쪽 입회인들이 뢰비쾨르의 입회인들에게 매우 정중한 태도를 취하거나, 더할 수 없이 비위를 맞추는 것을 보고 불쾌해졌다. 쥘리앵은 에마뉘엘을 알고, 구자르는 무에이를 알고 있었다. 두 사람은 얼굴에 친밀한 웃음을 띠고 아첨하는 듯한 태도로 다가갔다. 무에이는 그들을 냉정하고도 정중하게 맞이했으며, 에마뉘엘은 업신여기는 듯한 자연스러운 태도로 맞이했다. 뢰비쾨르 옆에 남아 있던 블로크 백작은 재빠른 눈으로 상대편 사람들의 프록코트나 셔츠를 살펴보고, 뢰비쾨르와 함께 거의 입을 열지 않고 짤막한 해학적인 감상을 얘기하고 있었다. 둘 다 침착하고 단정한 태도였다.

뢰비쾨르는 결투의 지휘자인 블로크 백작의 신호를 여유 있는 기분으로 기다렸다. 그는 이 결투를 단순히 형식적인 것이라고 생각하고 있었다. 자기는 사격의 명수이고 상대는 솜씨가 서투르다는 것을 잘 알고 있었으므로, 입회인들이 모두 이 결투가 무사히 끝나기를 바라고 있을 것이 틀림이 없을 때, 자기의 유리한 입장을 남용해서 상대를 쓰러뜨리려고는 생각하지 않았다. 그다지 큰 소란을 일으키지 않고서 적을 굴복시키는 게 훨씬 안전한 경우에, 적에게 희생자라는 이름을 주는 것처럼 어리석은 짓은 없다는 것을 그는 잘 알고 있었다. 그러나 크리스토프는 윗도리를 벗어 던지고 셔츠를 벌려 굵은 목을 드러내고, 손목 위에 소매를 펼치고, 이마를 좀 수그려 뢰비쾨르를 노려보며, 온몸의 정신을 집중시키고서 기다리고 있었다. 반드시 상대를 해치우려는 의지가 그 얼굴 표정 구석구석에 뚜렷이 나타나 있었다. 그런 모습을 관찰하고 있던 블로크 백작은, 문명이 발달한 덕분에 결투의 위험성에서 피할 수 있는 시대가 되었다는 것은 다행이라고 생각하고 있었다.

두 발의 탄알이 양쪽에서 발사되었다. 물론 양쪽 다 상처 하나 없었으나, 입회인들은 곧 달려가서 두 사람이 무사한 것을 축복했다. 이것으로 명예는 만족되었을 것이리라. 하지만 크리스토프는 만족하지 않았다. 이것으로 끝났다고는 생각할 수 없었으므로 총을 손에 든 채 우뚝 서 있었다. 전날 사격장에서 한 것처럼 과녁에 맞을 때까지 서로 사격을 하고 싶었다. 상대와 악수를 하라는 구자르의 말을 듣자, 오히려 이 촌극에 화가 났다. 상대는 여전히 미소를 지으면서 이쪽으로 의젓하게 다가오고 있었다. 분한 크리스토프는 총을 내던지고 구자르를 밀어제치며 뢰비쾨르에게 덤벼들었다. 사람들은 가까스로 그가 주먹으로 결투를 계속하려는 것을 뜯어말렸다.

입회인들이 중재를 하고 있는 동안에 뢰비쾨르는 그 자리를 떠났다. 크리스토프는 사람들로부터 떨어졌다. 그리고 그들의 웃음소리나 비난의 말을 귀담아듣지 않고, 큰 소리로 외치고 격렬한 몸짓을 하면서 숲 속으로 성큼성큼 걸어 들어갔다. 결투 장소에 윗도리와 모자를 두고 온 것도 깨닫지 못했다. 그는 더욱 깊숙이 숲으로 들어갔다. 그의 입회인들이 웃으며 부르는 소리가 들렸다. 이윽고 그들도 지쳐 더는 그를 부르지 않았다. 얼마 뒤, 마차 소리가 멀어져 그들이 간 것을 알았다. 그는 조용한 수풀 속에 홀로 남겨졌다. 이제는 분노도 가라앉았다. 그는 땅바닥에 몸을 내던져 잔디 위에 드러누웠다.

이윽고 모크가 음식점에 나타났다. 그는 아침부터 크리스토프의 행방을 찾고 있었다. 크리스토프가 숲 속에 있다는 말을 듣고 찾기 시작했다. 사방으로 덤불을 헤치면서 큰 소리로 불렀다. 메아리만 돌아와 그만 단념하고 돌아가려 할 때, 크리스토프의 노랫소리가 들렸다. 그는 노랫소리를 따라서 나아갔다. 그리하여 겨우 조그만 빈터에 크리스토프가 송아지처럼 누워 있는 것을 발견했다. 크리스토프는 모크의 모습을 보더니 쾌활한 목소리로 '친애하는 모크'라고 부르면서, 상대방을 체처럼 엉망진창으로 구멍을 뚫어줬다고 말했다. 그리고 억지로 말타기를 하자고 했다. 그러고는 모크도 타게 하고, 자기가 탈 때에는 모크의 등을 호되게 후려갈겼다. 선량한 모크도 서투르기는 했지만 크리스토프와 같은 정도로 신이 나서 뛰었다. 두 사람은 팔짱을 끼고 음식점으로 돌아왔다. 그리고 가까운 역에 가서 파리행 기차를 탔다.

올리비에는 이 사건에 대해서 아무것도 몰랐다. 그는 크리스토프의 태도가 부드러워진 것을 보고 놀랐다. 왜 갑자기 이렇게 달라졌는지 까닭을 알 수가 없었다. 이튿날이 되어서야 크리스토프가 결투를 한 것을 신문을 보고 알았다. 크리스토프가 무릅쓴 위험을 생각하면 병이 날 지경이었다. 그는 결투의 이유를 알고 싶어했다. 크리스토프는 말하지 않았다. 그러나 하도 성가시게 물어서 웃으면서 말했다.

"자네 때문일세."

올리비에는 그 이상은 한 마디도 듣지 못했다. 모크가 자초지종을 모두 이야기해 주었다. 올리비에는 비로소 사정을 알고 깜짝 놀라 콜레트와 절교를 하고, 자기의 경솔한 행동을 용서해 달라고 크리스토프에게 빌었다. 그러나 크리스토프는 그런 말을 들으려고도 하지 않고, 두 친구의 행복을 기쁜 듯 쳐다보고 있는 모크를 분격시키는 것도 염려하지 않고, 프랑스의 옛날 속담을 심술궂게 변형시켜서, 올리비에에게 들려주었다.

"자네도 이제는 사람을 경계해야 한다는 걸 알았겠지……

　수다스런 말괄량이 계집으로부터
　믿는 척하는 말 잘하는 유대인으로부터
　껍데기뿐인 친구들로부터
　친밀한 듯이 다가오는 적으로부터
　그리고 김빠진 포도주로부터
　신이여, 우리를 구원하소서!"

*

우정은 회복되었다. 우정이 일단 위태로웠던 것은 오히려 그것을 두텁게 했다. 사소한 오해는 사라졌다. 두 사람의 성격의 차이도 더욱 큰 매력이 되었다. 크리스토프는 자기의 영혼 속에 정답게 맺어진 두 나라의 영혼을 포용하였다. 그는 자기 마음이 풍부하게 가득 찬 것을 느꼈다. 이 즐거운 충실감은 그에게 있어서는 언제나 그런 것처럼 음악의 흐름이 되어 나타났다.

올리비에는 그것에 경탄했다. 그는 지나치게 비평하는 버릇 때문에 자기가 사랑하는 음악은 이미 마지막에 다다른 줄로 믿는 경향이 있었다. 어느 정도의 진보가 있은 뒤에는 반드시 퇴폐가 따르기 마련이라는 병적인 관념이 달라붙어 있었다. 그리고 자기에게 삶에 대한 사랑을 가르쳐준 이 아름다운 예술의 흐름이, 갑자기 멈추고 고갈되어 땅 속으로 흡수되는 게 아닌가 하고 두려워하고 있었다. 크리스토프는 그런 두려움을 웃었다. 그리고 그 특유한 괴팍스러운 기분에서 자기 이전에 만들어진 것은 아무것도 없으며, 모든 게 다 이제부터라고 주장했다. 올리비에는 그에게 프랑스 음악의 예를 들었다. 프랑스 음악은 더는 이를 수 없을 정도의 완전성과 그 끝에 다다른 것처럼 여겨졌기 때문이다. 크리스토프는 어깨를 으쓱했다.

"프랑스의 음악 말인가? ……프랑스에는 아직 음악이라고 할 만한 건 없어……. 하지만 자네들은 표현해야 할 많은 아름다운 것을 가지고 있네! 자네들이 그것을 미처 생각하지 못한 것을 보면, 자네들은 그다지 음악가는 아닌 모양이지. 아아! 내가 프랑스 사람이라면!"

이어서 크리스토프는 프랑스 사람이 음악으로 표현할 수 있는 모든 것을 늘어놓았다.

"자네들은 자기에게 어울리지 않는 것에만 골몰하여, 자기 재능에 적합한 것은 아무것도 만들지 않고 있는 거야. 자네들은 우아함, 화려한 시, 몸짓, 걸음걸이, 태도, 유행, 복장 등의 아름다움을 지닌 민중일세. 그리고 시적인 무도곡(舞蹈曲)에 있어서는 아무도 따르지 못할 예술을 창조할 수 있었을 터인데, 지금은 발레 곡을 만드는 사람도 없어……. 자네들은 지적인 웃음을 가진 민중일세. 그런데 벌써 코믹 오페라(喜歌劇)도 만들지를 않아. 혹은 그런 종류의 것을 음악가라고는 하기 어려운 사람들에게 맡기고 있거든. 아아! 내가 만약 프랑스 사람이라면, 라블레의 작품을 관현악으로 편성한다든가, 재미나는 우스개 서사시를 작곡할 텐데……. 자네들은 소설가적인 국민일세. 그런데 그런 얘기 줄거리를 담은 음악도 만들지 않고 있어. 왜냐하면 구스타브 샤르팡티에의 통속소설 같은 음악은, 참으로 얘기 줄거리다운 음악이라고는 할 수 없으니까. 자네들은 심리 분석의 재능이나 성격에 대한 통찰력을 전혀 이용하고 있지 않아. 아아! 만약 내가 프랑스 사람이라면 음악으로 성격 묘사를 해 보이겠네만—마당에서 라일락나무 그늘에 앉아 소녀를 그려볼까? ―현악 4중주곡으로 스탕달의 작품 같은 것도 만들 수 있어…….
자네들은 유럽 민주주의의 선구자야. 그런데 민중극도 민중 음악도 가지고
있지 않아. 아아! 만약 내가 프랑스 사람이라면, 자네들의 대혁명을, 1789
년 7월 14일, 1792년 8월 10일, 발르미의 전투, 페데라시옹을 음악으로, 민
중을 음악으로 표현하겠네마는! 바그너처럼 과장된 가짜 음악이 아냐. 교향
곡이나 합창이나 댄스곡을 만드는 거야. 연설은 안 돼! 연설은 질렸어. 말
은 빼 버려야 해! 불과 대지, 물과 찬란한 하늘을, 사람들 마음을 부풀리는
열정을, 민족의 본능이나 운명의 추진력을, 또는 몇백 만이나 되는 사람들을
굴복시켜서 죽음을 향하여 군대를 돌진시키는, 세계의 제왕이라고 할 리듬
의 승리를 합창이 달린 대교향곡으로, 커다란 풍경화로, 호메로스식, 또는
성서 같은 서사시로, 커다란 선으로 묘사하는 거야……. 모든 곳에, 또 모
든 것 속에 음악을 두는 거야! 가령 자네들이 음악가라면, 모든 공공의 축
제마다, 공식적인 의식에, 노동조합에, 학생들의 모임에, 가정의 축하 행사
에 음악을 가지고 있을 걸세……. 하지만 뭣보다 먼저, 가령 자네들이 음악
가라면 순수한 음악을, 아무것도 의미하지 않는 음악을, 사람을 따뜻하게 하
고 호흡시키고 삶을 도와주는 것 말고는 아무 쓸모도 없는 음악을 만들어 낼
거야. 나에게 태양의 빛을 만들자 그 말이지! …… (목장은 비를 충분히 마셨
다)…… (왜 자네는 그걸 라틴어로 말하는가?)……자네들에게는 비가 너무
많이 온 것 같네. 자네들 음악을 들으면 나는 감기에 걸려. 사람들은 희미한
어둠 속에 있어. 자네들의 등을 밝히게……. 자네들은 오늘날 이탈리아의
음란한 예술이 자네들의 극장에 침입하고, 자네들을 정복하고, 자네들을 자
기 집에서 몰아내고 있는 것을 개탄하고 있지 않은가? 그건 자네들이 나쁜
거야! 사람들은 자네들 황혼의 예술에, 조화를 이루는 신경 쇠약에, 대위법
적인 현학 취미에 싫증이 나 있는 거야. 사람들은 으레 생활이 있는 쪽으로
향하는 법일세. 그 생활이 조야한 것인지 어떤 것인지는 문제가 아냐. 생
활! 자네들은 왜 생활에서 후퇴하고 있나! 하기는 자네들의 드뷔시는 위대
한 예술가일세. 하지만 자네들의 건강을 위해서는 해로워. 드뷔시는 자네들
의 무기력을 조장시키고 있어. 자네들은 잠든 상태에서 거칠게 흔들어 깨울
필요가 있는 거야."

　　"그럼, 슈트라우스의 음악을 들으란 말인가요?"

"그건 안 돼. 자네들을 파멸시킬 뿐이야. 그런 비위생적인 음식을 폭식하기 위해서는 우리 독일 사람 같은 위가 필요해. 실은 우리 독일 사람도 견디기가 어려워…… 슈트라우스의 《살로메》…… 확실히 걸작은 걸작이지…… 하지만 그런 작품은 만들지 말 걸 그랬어……. 나는 가엾은 할아버지나 고트프리트 외삼촌 생각이 나네. 그들은 얼마나 깊은 존경과 절실한 사랑으로 그 아름다운 음향의 예술에 대해서 나에게 얘기했던가! …… 그처럼 훌륭한 힘을 자유자재로 다루어 그처럼 교묘하게 행사하다니! 그건 불타는 유성일세! 유대의 창부가 된 이졸데일세. 참혹한 동물적인 음란일세. 독일의 퇴폐 밑바닥에서 꿈틀거리는 살인이나 강간이나 불륜이나 범죄 등의 광열일세! 그리고 자네들 쪽에는 프랑스의 퇴폐 속에서 허덕거리는 일락적(逸樂的)인 자살의 경련이 있어……. 이쪽은 짐승이고, 그쪽은 먹이가 되는 희생자일세. 그런데 인간은 도대체 어디에 있단 말인가? 자네들의 드뷔시는 좋은 취미의 천재이고, 슈트라우스는 나쁜 취미의 천재일세. 전자는 무미건조하고 후자는 불쾌해. 한쪽은 은빛 나는 못과 같으며 갈대 사이에 숨어서 훈훈한 향기를 발산하고 있네. 그런데 다른 한쪽은 흙탕물의 급류일세…… 아아! 말기 이탈리아 취미와 신마이어베르 취미의 냄새가 풍기고, 감정의 찌꺼기가 그 거품 밑에 흐르고 있어……. 그야말로 추악한 걸작이지! 이졸데에서 태어난 살로메일세. ……그런데 이번에는 그 살로메에서 어떻게 생긴 딸이 태어날까?"

"그렇지." 올리비에는 말했다. "반 세기쯤 앞질러 살았으면 좋았겠어요. 확실히, 이런 식으로 심연을 향해서 달려가는 것은 어떻게 끝나도 좋아. 말이 멈추어 서도 되고, 자빠져도 괜찮아요. 그렇게 되면 우리는 숨을 쉴 수가 있겠지요. 다행히 음악이 있거나 없거나 땅에는 변함없이 꽃이 피겠지요. 이런 비인간적인 음악 같은 거야 어떻게 되거나 상관이 없어요! 서양은 다 타버렸어…… 얼마 있으면…… 아니, 벌써 동양 쪽에서 다른 빛이 솟아오르는 게 나에게는 보이네요."

"자네가 말하는 동방제국이 나는 싫어!" 크리스토프는 말했다. "서양은 아직 죽지 않았어. 자네는 내가 단념한 줄로 생각하나? 아직 몇 세기의 미래가 있다네. 생명이여, 만세! 기쁨이여, 만세! 우리의 운명에 대한 투쟁이여, 만세! 인간의 마음을 부풀리는 사랑이여, 만세! 우리의 신념을 다시롭게 해주는 우정이여, 사랑보다도 더 상냥스러운 우정이여, 만세! 낮이여, 만세! 밤이여, 만세! 태양에게 영광 있을지어다. 신을 예찬하자. 꿈과 실행의 신을, 음악을 창조한 신을! 신이여, 우리를 구원하소서!"

이렇게 말한 크리스토프는 곧 책상으로 가서 방금 말한 것은 더 생각하지 않고, 머리에 떠오르는 것을 음악으로 기록하기 시작했다.

*

그 무렵의 크리스토프는, 그의 존재의 모든 힘이 완전한 균형을 유지한 상태에 있었다. 이러니저러니하는 음악 형식의 가치에 관한 미학적인 논쟁에도, 새로운 것을 창조하려는 이론적인 탐구에도 시달리고 있지 않았다. 음악에 관한 제재를 찾아내기 위해서 별로 애쓸 필요도 없었다. 뭐든지 좋았다. 음악의 물결이 절로 흘러나와, 크리스토프는 자기가 어떤 감정을 표현하고 있는지도 몰랐다. 그는 기뻤다. 기쁠 따름이었다. 자기를 발산하는 게 행복하고, 자기 속에 보편적인 생명의 맥박을 느끼는 게 행복했다.

이 기쁨과 충만함은 그의 주변에 있는 사람들에게도 전파되었다.

정원이 사방에서 막혀 있는 이 집은, 크리스토프에게 너무 좁았다. 하기는, 커다란 길과 백 년이 넘은 큰 나무가 있는 이웃 수도원의 조용한 정원을 내려다볼 수는 있었다. 그런데 너무나 아름다운 것은 오래 지속되지는 못하는 법이다. 마침 크리스토프의 창 정면에 7층 건물이 공사 중이었다. 그 건물 때문에 조망이 막혀 주위를 포위당하고 말았다. 거기에다 도르래가 삐걱거리는 소리, 돌을 깎는 소리, 판자에 못을 박는 소리가 날마다 아침부터 저녁때까지 들리고 있었다. 그 노동자들 중에는 언젠가 지붕에서 알게 된 일꾼도 있었다. 두 사람은 멀리서 다정한 신호를 교환했다. 어느 때는 한길에서 만나 술집에 데리고 가서 같이 마신 일도 있었다. 그것을 본 올리비에는 깜짝 놀라 눈썹을 조금 찌푸렸다. 크리스토프는 이 사나이의 익살과 언제나 변함없는 명랑한 기분을 즐거워하고 있었다. 하지만 그래도 역시 그와 그의 친구인 근면한 일꾼들이, 바로 집 앞에 장벽을 쌓아올려 빛을 차단하는 것을 저주하지 않을 수 없었다. 올리비에는 그다지 불평을 하지 않았다. 그는 눈앞이 막혀도 태연했다. 압축된 사고가 자유로운 하늘로 솟아나가는 데카르트의 난로와 똑같았다. 그러나 크리스토프에게는 공기가 필요했다. 이와 같이 좁은 장소에 갇힌 그는, 그 보상으로 주위 사람들의 영혼 속으로 들어갔다. 그는 그들의 영혼을 흡수하여 그것을 음악으로 표현했다. 올리비에는 크리스토프를 가리켜 마치 연애하는 남자 같다고 말했다.

"가령 내가 연애를 한다면" 크리스토프는 대답했다. "나는 연애 이외의 것은 아무것도 보지 않을 것이며, 아무것도 사랑하지 않을 거야. 어떤 것에도 마음이 끌리지 않을 거야."

"왜 그렇지요?"

"대단히 건강하니까 시장기를 느끼는 거야."

"당신은 행복해요!" 올리비에는 탄식했다. "당신의 식욕을 조금이라도 나누어 줬으면 좋겠어요."

건강은 전염적이다, 마치 질병처럼. 그 은혜를 가장 먼저 누린 사람은 올리비에였다. 그에게 가장 결여된 것은 힘이었다. 그는 일반 사회의 천한 꼴을 보고 구역질이 나서 그 사회로부터 몸을 빼돌리고 있었다. 광범한 지성과 뛰어난 예술적 천분을 가지고 있으면서도, 너무나 섬세하기 때문에 대예술가가 되지 못했다. 대예술가는 결코 괴팍스러운 사람이 아니다. 건강한 사람으로서의 가장 첫째가는 법칙은 생활을 하는 일이다. 그 건강한 사람이 천재일 경우에는 더욱 그렇다. 왜냐하면 천재는 더 많은 생활을 하니까. 올리비에는 생활에서 도피하고 있었다. 몸도, 살도, 현실도 없는 시적 허구의 세계에 자기를 표류시키고 있었다. 아름다움을 찾아내기 위해서는 그것을 이미 지나간 시대나 혹은 실제로는 존재하지 않는 시대에서 탐구하지 않을 수 없는 일류 지식인이 있는데, 올리비에도 그중 한 사람이었다. 마치 인생의 음료수가 현대에 와서는 옛날처럼 도취시켜 주지 않는다는 것처럼! 마음이 피곤해진 사람들은 인생에 대한 직접적인 접촉을 싫어한다. 그들은 과거의 간격이 짜 주는 환영의 장막이나, 옛날에 살았던 사람들의 죽은 언어를 통하지 않고는 인생을 견디지 못한다. 크리스토프의 우정은 올리비에를 그러한 예술의 저승으로부터 차츰차츰 끌어냈다. 그의 영혼의 깊은 구석구석까지 태양의 빛이 스며들게 해주었다.

기사(技師)인 엘스베르제도 크리스토프의 낙천주의에 감염되었다. 그러나 그것은 그의 습관의 변화로는 나타나지 않았다. 그의 습관은 너무나 뿌리 깊은 것이었다. 그의 기분이 모험적으로 되어 프랑스를 떠나서 먼 외국으로 성공을 위해 간다는 것은 도저히 기대할 수 없었다. 그것은 너무나 큰 요구였다. 마침내 그는 무기력한 상태에서 벗어났다. 오래전부터 중단하고 있던 연구나 독서나 과학적인 일에 다시 흥미를 갖기 시작했다. 이런 식으로 자기 직업에 대해서 새로운 흥미를 깨닫게 된 데에는 크리스토프의 영향이 다소 있다는 말을 듣는다면, 아마도 그는 깜짝 놀랐을 것이다. 또 크리스토프도 그런 말을 들으면 그 역시 놀랄 것이다.

이 건물에서 크리스토프가 가장 먼저 친해진 것은 3층의 작은 방 사람들이었다. 그는 그 방문 앞을 지날 때, 몇 번인가 안에서 들려오는 피아노 소리에 귀를 기울였다. 그것은 젊은 아르노 부인이 혼자 있을 때 치는 소리인데, 품위 있는 솜씨였다. 그래서 크리스토프는 자기 음악회의 입장권을 아르노 부부에게 보냈다. 그들은 진심으로 고맙게 생각했다. 그 뒤로 크리스토프는 밤에 가끔 방문했다. 젊은 부인의 피아노 소리는 그 뒤 들리지 않게 되었다. 부인은 하도 내성적이어서 남 앞에서는 치지 못했다. 자기 혼자일 때도 계단에서 누가 듣고 있을지도 모른다는 것을 알게 된 지금은, 약음기(弱音器)를 누르고서 치고 있었다. 하지만 크리스토프는 부부를 위해 연주해 주었다. 그리고 오랜 시간 음악에 대해서 서로 얘기했다. 아르노 부부는 활기차게 얘기했다. 크리스토프는 대단히 기뻤다. 프랑스 사람이 이처럼 음악을 사랑할 수 있으리라고는 그는 미처 생각하지 못했던 것이다.

"그건" 올리비에가 말했다. "당신이 여태까지 음악가밖에는 사귀지 않았기 때문이에요."

"나도" 크리스토프는 대답했다. "음악가가 가장 음악을 사랑하지 않고 있다는 것을 잘 알고 있네. 그렇지만 자네들 같은 사람이 프랑스에 많이 있으리라고는 믿어지지 않아."

"수천 명이나 있지요."

"그렇다면 일종의 유행병이겠지. 아주 최근의 유행이 아닐까?"

"그건 유행이 아닙니다." 아르노가 말했다. "악기에서 나는 부드러운 화음이나 자연에서 나는 부드러운 소리를 들으면서 그것을 기뻐하지 않고, 감동하지 않고, 흐뭇한 환희에 온몸을 전율하지 않고, 또한 자기를 잊고 취하지 못하는 자는 비뚤어진 사악하고 타락한 마음을 가진 표시이며, 사람에 대해서는, 복 없이 태어난 자에게 하는 것처럼 엄중히 경계해야 한다……."

"아아, 그건 나도 알고 있어요." 크리스토프는 말했다. "우리의 친애하는 셰익스피어의 말이지요."

"아닙니다." 아르노는 부드럽게 대답했다. "셰익스피어보다 먼저 사람인 우리나라의 롱사르가 한 말입니다. 음악을 사랑하는 것이 유행이라 하더라도 우리 프랑스에서는 어제 오늘의 유행이 아니라는 것을 아시겠지요."

프랑스에서 음악이 사랑을 받고 있다는 것도 놀라운 일이었으나, 더욱 크리스토프를 놀라게 한 것은, 독일에서와 거의 같은 음악이 사랑을 받고 있다는 사실이었다. 그가 처음에 만난 파리의 예술가 세계에서는 독일의 거장들을 뛰어난 외국인으로 생각하는 게 좋은 취미로 되어 있었다. 사람들은 그들을 찬양하는 것을 거부하지는 않았으나, 어떤 거리를 두고 있었다. 말하자면 글룩 같은 작곡가의 둔중한 면이나 바그너 같은 작곡가의 야만성을 즐겨 비꼬려고 했다. 그리고 프랑스식인 세련된 정교함을 대립시켰다. 사실 크리스토프도 독일의 작품을 프랑스에서 하는 식으로 연주해서는 프랑스 사람이 이해할 수 있을까 의심스러웠다. 그는 글룩의 작품을 공연하는 음악회에서 불쾌해져 돌아왔다. 재치 있는 파리 사람은 이 엄격한 노인에게 화장을 시키려고 했던 것이다!

그들은 글룩에게 치장을 시키고 리본을 달아매고 있었다. 그의 리듬을 솜을 집어넣은 것처럼 푹신하게 하고, 인상파식 색채나, 음란한 퇴폐 취미로 애써 장식하고 있었다……. 불쌍한 글룩! 그의 정신적인 순결에서, 그의 적나라한 고뇌에서 과연 무엇이 남겨져 있었을까? 그것은 프랑스 사람이 글룩의 특징을 느끼지 못하기 때문이 아닌지! 그런데, 크리스토프는 이제야 새로 생긴 친구들이 독일의 정신이나, 독일의 옛 가곡이나, 독일의 고전 음악 속에 들어 있는 가장 내면적인 요소에 대하여 깊고 상냥한 애정을 품고 있는 사실을 알게 된 것이다. 그래서 그들에게, '이들 독일의 거장들은 당신들에게 있어 외국 사람이 아니었던가, 프랑스 사람은 자기 민족의 예술가 말고는 사랑하지 못하는 게 아니었던가' 하고 물어보았다.

"그렇지 않아요!" 그들은 항변했다. "비평가들이 우리를 대변하고 있다는 것도 그들 스스로 말한 거예요. 그들은 자기네가 항상 유행을 뒤따르고 있으니까 우리까지 그렇다고 말해요. 하지만 그들이 우리를 개의치 않는 것과 마찬가지로 우리도 그들을 신경쓰지 않고 있습니다. 그들은 아주 우스꽝스러운 사람들이며, 우리에게 무엇이 프랑스적이고 무엇이 프랑스적이 아니라는 것을 가르치고 싶어합니다. 오랜 프랑스의, 순수한 프랑스 사람인 우리에게 그들은 우리의 프랑스는 라모 속에, 또는 라신 속에 있으며, 다른 곳에는 없다고 가르치고 있습니다. 베토벤이나 모차르트나 글룩이, 우리의 난롯가에 와서 앉고, 우리가 사랑하는 사람들의 머리맡에서 우리와 함께 밤을 새우고, 우리의 고통을 나누어 부담하고, 우리의 희망을 고무하여…… 우리 가족이 되어 있는 사실을 전혀 모르고 있는 겁니다! 그런데 우리가 생각하고 있는 것을 확실하게 말하면, 파리의 비평가들로부터 찬양되고 있는 프랑스의 어떤 예술가야말로, 우리에게는 오히려 외국 사람입니다."

"사실" 올리비에가 말했다. "가령 예술에 국경이 있다면 그것은 인종과 인종 사이의 경계라기보다도, 계급 사이에 있는 것이겠지요. 나로서는 프랑스 예술이니 독일 예술이니 하는 게 있는지 어떤지도 모르겠어요. 하지만 부자의 예술과 그렇지 않은 사람들의 예술은 확실히 달라요. 글룩은 부르주아 계급에서 나온 위대한 사람이에요. 그는 우리 계급의 사람이지. 그런데 이름은 들지 않겠지만, 프랑스의 어떤 예술가는 그렇지 않아요. 부르주아 계급 출신이면서도 우리와 같이 있는 것을 부끄럽게 생각하여 우리와 사귀지 않으려고 해요. 그래서 우리도 그하고는 사귀지 않지요."

올리비에가 말하는 그대로였다. 크리스토프는 프랑스를 이해하면 이해할수록, 신통하게도 프랑스의 선량한 사람들과 독일의 선량한 사람들이 비슷하다는 사실에 감탄했다. 아르노 부부의 예술에 대한 순수하고 사심 없는 사랑, 자기를 초월한 태도, 아름다움에 대한 신앙 등에 의해서, 그로 하여금 저 그리운 슐츠 노인을 떠올리게 했다. 그리고 그는 그 노인의 추억 때문에 그들을 사랑했다.

크리스토프는 저마다 다른 민족의 선량한 사람들 사이에 있는 정신적 국경을 무의미하다고 생각하는 동시에, 같은 민족에 속하는 선량한 사람들의 서로 다른 사상 사이에 있는 국경도 무의미하게 생각하고 있었다. 크리스토프 덕택으로—하기는 그가 별로 그렇게 하려고 노력을 한 건 아니지만—서로 전혀 이해하지 못할 것으로 보이던 두 사람, 코르네유 신부와 바토레 씨가 서로 알고 지내게 되었다.

크리스토프는 이 두 사람에게서 책을 빌려다 보고 있었다. 그리고 올리비에가 불쾌하게 여길 만큼 태연스럽게 그 책을 다시 딴 사람에게 빌려주었다. 코르네유 신부는 별로 그것을 화내지 않았다. 그는 사람의 마음에 대한 지각력을 가지고 있었다. 그리고 이 젊은 이웃 사람의 정신 속에, 자기는 그런 줄 모르지만 종교적인 요소가 있는 것을 저절로 알아차리고 있었다. 바토레씨한테서 빌린 크로포트킨의 책 한 권이—그 책은 세 사람이 저마다 독자적인 이유에서 좋아하는 책이었는데—다가가는 계기가 되었다. 우연히 어느 날 크리스토프의 방에서 세 사람이 함께 어울렸다. 크리스토프는 처음에 두 손님 사이에 무뚝뚝한 말이 오가지나 않을까 염려했다. 그런데 실제는 전혀 반대로 그들은 서로 지극히 정중한 태도를 보였다. 그들은 평범한 얘기, 이를테면 여행 얘기나 여태까지 만난 사람들에 관한 얘기를 했다. 그리고 둘 다 너그러운 마음, 복음서의 정신으로 충족되어 있다는 것, 절망할 이유가 여러 가지 있는데도 공상적인 희망에 가득 차 있다는 것 등을 서로 밝혔다. 두 사람은 서로에 대해서 다소의 아이러니가 섞인 동정을 느꼈다. 그것은 매우 억제된 공감이었다. 그들 신앙의 근본에 대해서는 서로 한 마디도 언급하지 않았다. 두 사람은 좀처럼 만나지 않았다. 만나려고도 하지 않았다. 하지만 우연히 얼굴을 맞대게 되는 일이 있으면 그것을 기뻐했다.

두 사람 중에서 코르네유 신부가 더 독립된 정신을 지니고 있었다. 이는 크리스토프가 예측하지 못한 일이었다. 하지만 조금씩 종교적이면서도 자유로운 그 사고, 강력하고도 온건한 그 신비관이 얼마나 위대한 것인지 알게 되었다. 미친 듯한 열정적인 요소가 없는 그 신비관은 그의 모든 사고, 일상생활의 모든 행위, 그의 우주관 전체에 스며들고 있었다. 그가 믿는 바에 의하면 그리스도는 신 속에 살고 있었던 것인데, 그것과 마찬가지로 그가 품고 있는 신비는 그로 하여금 그리스도 속에서 살게 하였다.

그는 아무것도, 어떤 삶의 요소도 부정하지 않았다. 그에게 있어서는 종교에 관한 모든 책은 낡은 거나 새로운 거나, 종교적인 거나, 세속적인 거나, 모세의 책에서 베드로의 책에 이르기까지 모두 다 확실한 것이고 숭고한 것이며, 신의 말씀이었다. 그리고 오직 성서만이 그중에서 가장 풍부한 표본이었다. 신 속에 결합된 형제들 중에 가장 뛰어난 자가 교회라는 것과 마찬가지였다. 하지만 성서도 교회도, 인간의 정신을 하나의 움직이지 않는 진리 속에 감금하지는 않았다. 그리스도교는 살아 있는 그리스도였다. 세계의 역사는 신이라는 관념의 끊임없는 성장의 역사에 지나지 않았다. 유대 사원의 몰락, 이교 세계의 붕괴, 십자군의 실패, 보니파티우스 8세의 굴욕, 현기증이 날 만큼 넓은 공간에 지구를 내던진 갈릴레오, 커다란 것보다도 더 강력한 극히 조그만 존재, 왕권의 최후와 콩코르다(和親條約)의 최후, 이것들은 모두 일시적으로 사람들의 마음을 어리둥절하게 했다. 어떤 사람들은 쓰러져 가는 것에 필사적으로 매달렸다. 또 어떤 사람들은 닥치는 대로 아무거나 판자를 하나 붙잡고 표류했다. 그러나 코르네유 신부는 다만 자기 자신의 가슴에 다음과 같이 질문했다. "인간은 어디에 있는가? 인간을 생존시키는 것은 어디에 있는가?" 왜냐하면 그는 '삶이 있는 곳에 신이 있는' 것이라고 믿고 있었기 때문이다. 또한 그래서 그는 크리스토프에 대해서 공감을 가지고 있었다.

크리스토프로서도 위대한 종교적 정신이라는 아름다운 음악을 다시 듣는 것은 즐거운 일이었다. 이 음악은 그의 마음에 멀고도 깊은 메아리를 깨우쳐 주었다. 굳센 사람에게 있어서는 삶의 한 가지 본능이고, 자기 보존의 본능이기도 하고, 위태로워진 평형을 되찾아서 배를 다시 추진하는 노의 작용과 같은, 끊임없이 되풀이되는 감정의 반동이었다. 그러한 작용에 의하여 파리 사람들의 관능주의에 대한 혐오와 의혹이 크리스토프의 마음속에 2년 전부터 신을 회복시키고 있었다. 그렇다고 해서 신을 믿고 있는 것은 아니었다. 그는 신을 부정하고 있었다. 하지만 그는 신으로 한껏 가득 차 있었던 것이다. 그가 그 수호신인 저 선량한 거인처럼, 자기는 그런 줄 모르면서 신을 자기 어깨에 짊어지고 있다고 코르네유 신부는 미소 지으며 말했다.

"그렇다면, 왜 나에게는 신의 모습이 안 보일까요?" 크리스토프는 물었다.

"당신도 다른 사람들과 마찬가지입니다. 당신은 날마다 신의 모습을 보고 있으면서도, 그게 신이라는 것을 깨닫지 못하는 거예요. 신은 모든 사람 앞에 온갖 형태로 나타납니다. 어떤 사람에게는 그 일상생활 속에 나타나지요, 갈릴리에서 성 베드로 앞에 나타났을 때처럼. 또 어떤 사람들에게는—이를테면, 당신 친구인 바토레 씨나 성 토마스의 경우에는—치유되기를 원하는 상처나 고뇌 속에 나타납니다. 당신의 경우에는 당신 이상의 존엄성 속에, '나에게 닿지 마라'…… 언젠가는 당신도 신의 모습을 보게 될 겁니다."

"아니, 나는 절대로 양보하지 않아요." 크리스토프는 말했다. "나는 자유입니다."

"그렇다면 더욱, 당신은 신과 함께 있게 되겠지요." 신부는 부드러운 말투로 응수했다.

하지만 크리스토프는 그런 식으로 해서 그리스도교도로 여겨지는 것은 승낙할 수 없었다. 자기 사상에 무슨 표찰이 붙는 것은 아무런 의미도 없다는 듯이 진지하게 자기를 변호했다. 코르네유 신부는 상대가 알아차리지 못할 만큼 희미한, 성직자 특유의 야유와 넘칠 만큼의 친절함으로 상대의 말에 귀를 기울이고 있었다. 그는 신앙의 습관에서 오는 항상 변함없는 인내심을 가지고 있었다.

그는 현재의 교회가 받고 있는 여러 가지 시련으로 단련되어 있었다. 그러한 시련에 의해서 그는 깊은 우울에 빠지기도 하고 몇 번인가 고된 정신적 위기를 거쳤으나, 결국 굴복하지는 않았다. 물론, 윗사람의 압박을 받았으며, 사교(司敎)들은 그의 행동을 감시했다. 또 그의 사상에 편승해서, 그의 신앙에 반대되는 방향으로 그를 이용하려는 자유주의자들한테도 주목을 받았다. 이와 같이 같은 종파 사람들한테서도 적으로부터도, 똑같이 이해를 얻지 못하고 쫓겨 다닌다는 것은 괴로운 일이었다. 반항을 할 수는 없었다. 왜냐하면 복종을 해야 했으니까. 그러나 진심으로 복종하지는 못했다. 왜냐하면 당국이 틀린 것을 알고 있었으니까. 말을 못한다는 것도 괴로운 일이고, 말을 했다가 오해를 받는 것도 괴로운 일이었다. 거기에다 또 자기가 책임을 지고 있는 많은 사람들의 영혼, 충언이나 조력을 구하여 고민하고 있는 영혼이 있었다……. 코르네유 신부는 그들을 위해, 또 자기를 위해 고민하였다. 그러나 인내하고 있었다. 교회의 오랜 역사에 비추어보면, 이와 같은 시련의 나날은 극히 짧다는 것을 알고 있었다. 다만 무언의 체념 속에 틀어박혀 있는 동안에 차츰차츰 생기를 잃게 되었다. 겁이 나고 말을 하는 게 두려워졌다.

그 때문에 사소한 행동도 하기가 어렵고, 점점 침묵의 마비 상태에 빠지고 말았다. 그런 상태에 빠져드는 자기를 스스로 느낀다는 것은 슬픈 일이었다.

그러나 반항을 하지는 않았다. 크리스토프를 만난 것은 그에게 커다란 구원이었다. 이 젊은 이웃이 보여주는 씩씩한 정열, 애정 깊은 솔직한 관심, 때로는 너무 당돌하기도 한 질문 등은 그에게 도움이 되었다. 크리스토프는 억지로 그를 살아 있는 사람들 가운데로 되돌아가게 했다.

전기공인 오베르는 어느 날, 크리스토프의 방에서 코르네유 신부를 만났다. 신부의 모습을 보자 그는 깜짝 놀랐다. 그는 혐오의 마음을 감추지 못했다. 처음 감정을 억누른 뒤에도 사제복을 입은 사람과 얼굴을 맞대고 있는 것은 아무래도 거북했다. 그에게는 그런 인물은 이해할 수 없는 존재였다. 하지만 교양 있는 사람과 얘기를 하는 기쁨이 반성직주의(反聖職主義)의 기분을 이겨 냈다. 그는 바토레 씨와 코르네유 신부가 다정하게 얘기하는 것을 보고 놀랐다. 그리고 이 신부가 민주주의적이고, 이 혁명가가 귀족적인 데에도 놀랐다. 그것은 그의 기성 관념을 뒤집는 것이었다. 이 사람들을 과연 어떤 부류에 넣으면 될까 생각해 보았으나, 결국은 답이 나오지 않았다. 그는 사람을 이해하기 위해서는 우선 분류를 할 필요가 있었던 것이다.

그러나 아나톨 프랑스나 에르네스트 르낭의 작품을 읽고 그것에 대하여 공평하고 정확한 의견을 부드럽게 얘기하는 데 신부의 너그러운 태도를 과연 어느 부류에 넣어야 할지, 쉽게는 알 수가 없었다. 코르네유 신부는 학문적인 문제에 관해서는, 명령을 내리는 사람들보다 지식 있는 사람들의 지도를 받기로 하고 있었다. 그는 권위를 존중했다. 하지만 그에게 있어서는 권위와 학문은 같은 종류에 속하는 것이 아니었다. 육체와 정신과 자애, 이것은 세 개의 부문이고, 신성한 사다리, 저 야곱의 사다리의 세 계단이었다. 물론 고지식한 오베르로서는 그런 정신 상태는 상상도 할 수 없는 것이었다. 코르네유 신부는 크리스토프에게, 오베르를 보고 있으면 옛날에 만난 일이 있는 프랑스 농부들 생각이 난다고 조용히 말했다. 한 젊은 영국 부인이 그들에게 길을 물었다. 그녀는 영어로 말했다. 그들은 알아듣지 못하면서도 가만히 귀를 기울이고 있었다. 그러고서 그들은 프랑스 말로 지껄이기 시작했다. 이번에는 그녀가 알아듣지 못했다. 그러자 농부들은 안됐다는 듯이 그녀를 바라보고 고개를 흔들었다. 그러고서 다시 일을 시작하면서 말했다. "하지만 안됐는걸! 저렇게 예쁜 색시가……."

오베르는 처음 얼마 동안은, 신부나 바토레 씨의 학문이나 위엄에 눌려서 두 사람의 대화를 듣고 있을 뿐, 말을 하지는 않았다. 그러다가 자기가 하는 말을 남이 들어 준다는 소박한 기쁨에 이끌려서 차츰차츰 여기에 참여하기 시작했다. 상대인 두 사람은, 속으로는 좀 우스웠지만 예절 바르게 귀를 기울였다. 오베르는 너무도 좋아서 그것만으로는 참을 수가 없었다. 그는 코르네유 신부의 끝없는 참을성을 이용해서, 이윽고 그것을 남용하게 되었다. 그는 신부에게 자기가 고심해서 쓴 문장을 낭독했다. 신부는 체념을 하고 듣고 있었다. 그다지 지루하지는 않았다. 상대의 말보다 상대의 인물에 더 마음을 기울이고 있었으니까. 그리고 미안해하는 크리스토프에게 그가 말한 이유도 있었다.

"뭘요! 나는 항상 여러 가지 얘기를 듣고 있으니까요!"

오베르는 바토레 씨와 코르네유 신부에게 감사하고 있었다. 그리고 세 사람 다, 서로 이해하려고는 그다지 애쓰지도 않았는데, 무슨 까닭인지 서로 사랑하게 되었다. 그리하여 서로 아주 밀접하게 가까워지고 있는 것을 깨닫고 깜짝 놀랐다. 그런 일은 여태까지 생각해 보지도 않은 것이었다. 크리스토프가 그들을 결합시킨 것이다.

크리스토프는 또 엘스베르제의 두 딸과 바토레 씨의 양녀, 세 어린이를 천진난만한 자기 편으로 삼고 있었다. 그는 어린이들의 벗이 되었다. 그는 소녀들이 고립된 생활을 하고 있는 게 안타까웠다. 양쪽 소녀들에게 각각 미지의 이웃이 있다는 얘기를 해서 서로 만나고 싶어 못 견디게 만들었다. 소녀들은 창에서 신호를 주고받고, 혹은 계단에서 슬그머니 말을 나누게 되었다. 그리고 크리스토프의 응원으로 뤽상부르 공원에 가서 만나는 허락을 얻는 데까지 이르렀다. 크리스토프는 자기의 계략이 성공한 게 무척 기뻐서, 소녀들이 만나는 첫날에는 그들의 상황을 보러 갔다. 소녀들은 이 새로운 행복을 어떻게 할지 몰라 우물쭈물하고 있었다. 그는 곧 소녀들의 기분을 풀어 주었다.

여러 가지 놀이나 뜀박질이나 숨바꼭질을 생각해 냈다. 자기도 열 살 소년처럼 열중하여 같이 놀았다. 커다란 소리를 지르면서 뛰어다니기도 하고, 세 소녀에게 쫓겨 나무 기둥을 빙빙 돌기도 했다. 산책하는 사람들은 이 커다란 어린이를 이상한 듯이 쳐다보면서 지나갔다. 그러나 부모들은 아직도 마음이 놓이지 않으므로 뤽상부르 공원의 놀이가 자주 거듭되는 것을 그다지 좋아하지 않는 것 같았다—(왜냐하면, 소녀들을 가까이에서 감독할 수가 없기 때문에)—그래서 크리스토프는 1층에 사는 샤브랑 소령에게 부탁하여, 소녀들이 집 안 정원에서 놀 수 있도록 허락을 얻어 주었다.

크리스토프는 아주 우연한 계기로 샤브랑 소령과 알게 되었다.—(우연은 언제나 자기를 이용할 수 있는 사람을 찾아내는 방법을 알고 있다)—크리스토프의 책상은 창에 가까이 있었다. 어느 때 악보가 몇 장 바람에 날려서 아랫마당에 떨어졌다. 크리스토프는 언제나처럼 모자도 쓰지 않고 허술한 옷차림으로 악보를 찾으러 뛰어내려갔다. 아래층에 가서는 문지기한테 슬쩍 인사나 하면 될 줄로 생각한 것이다. 그런데 문을 열어 준 것은 젊은 처녀였다. 크리스토프는 좀 어리둥절해서 내려온 까닭을 말했다. 그녀는 미소를 띠면서 크리스토프를 안내했다. 두 사람은 마당으로 갔다. 악보를 주워 가지고 그는 서둘러 나왔다. 처녀가 전송하러 따라나왔다. 마침 그때 돌아온 소령을 만났다. 소령은 의아스러운 눈으로 이 이상한 손님을 바라보았다. 젊은 아가씨는 웃으면서 그를 소개했다.

"아! 당신이 위층에 있는 음악가이시군요?" 소령은 말했다. "이거 참 잘 만났어요! 우리는 동호인(同好人)입니다."

그는 크리스토프의 손을 꽉 쥐었다. 두 사람은 서로 들려주고 있는 음악에 대해서 정답게 얘기했다. 크리스토프는 피아노를, 소령은 플루트를 들려주고 있었던 것이다. 크리스토프는 돌아가려 했으나 소령이 놓아 주지 않았다. 그리고 음악에 대해서 끝없이 지껄이더니 갑자기 얘기를 뚝 그치고, 이렇게 말했다.

"어떻습니까, 나의 카논(대포 또는 추도곡이라는 뜻이 있다)을 구경하지 않으시렵니까."

크리스토프는 프랑스의 대포에 관한 소령의 의견은 재미가 있겠다고 생각하면서 뒤따라갔다. 그러나 소령이 자랑스러운 듯이 내 보인 것은 음악의 카논이었다. 그것은 곡예처럼 기묘한 곡으로, 끝에서부터 시작할 수도 있고, 앞과 뒤 양면을 이중주 할 수도 있었다. 소령은 이공과 학생 때부터 줄곧 음악에 대한 취미를 가지고 있었다.

하지만 음악 중에서도 특히 이런 어려운 문제를 좋아했다. 음악이란 그에게 있어서는 훌륭한 정신적 유희로 생각되었다(실제로 그런 일면이 있다). 그래서 그는 음악의 구조에 관한 여러 가지 수수께끼를, 그것은 모두가 다

기묘하면서도 무익한 것이었지만, 열심히 궁리해서 문제를 제출했다 풀었다 하고 있었다. 물론 군직에 있는 동안에는 이 기묘한 취미에 골똘할 만한 넉넉한 여유는 없었다. 그러나 퇴직한 뒤에는 아주 열중했다. 전에는 아프리카 사막을 뛰어다니면서 흑인왕(黑人王)의 군대를 추적하기도 하고, 혹은 적의 함정에서 탈출하기 위해 사용하던 정력을 여기에다 쏟고 있었다. 크리스토프는 그런 수수께끼를 흥미로워했다. 그리고 이번에는 직접 좀더 복잡한 수수께끼를 내놓았다. 소령은 기뻐했다. 두 사람은 지혜 겨루기를 했다. 양쪽에서 어려운 문제를 잇따라 내놓았다. 크리스토프는 이 놀이에 만족해하면서 자기 방으로 돌아왔다. 그런데 이튿날 아침이 되자 당장 새 문제를 받았다. 그것은 정말 골치 아픈 난문제로, 소령이 밤이 깊도록 연구해서 생각해 낸 것이었다. 크리스토프는 이에 대답했다. 이런 수수께끼 싸움은 한참 동안 계속되었는데, 드디어 어느 날 크리스토프는 그만 싫증이 나서 항복을 선언했다. 소령은 아주 반색을 했다. 그는 이 승리를 독일에 대한 승리처럼 생각했다.

그는 크리스토프를 오찬에 초대했다. 크리스토프는 그의 음악 작품을 호되게 비평하고, 또한 그가 하이든의 안단테를 오르간으로 쳐서 곡을 망가뜨린다고 큰 소리로 꾸짖었다. 그는 크리스토프의 솔직한 태도에 완전히 정복되고 말았다. 그로부터 두 사람은 자주 만나서 얘기하는 사이가 되었다. 하지만 이제는 음악 얘기가 아니었다. 크리스토프는 음악에 관한 소령의 터무니없는 얘기에는 흥미가 없었으므로 화제를 군사 쪽으로 돌렸다. 그것은 소령으로서는 얼마든지 환영하는 일이었다. 음악은 이 불행한 사람으로서는 억지로 강요된 심심풀이였다. 마음속에서는 역시 고민하고 있었다.

그는 기회만 있으면 아프리카 원정 얘기를 끄집어냈다. 그것은 피사로(15, 6세기 스페인의 모험가. 남미의 페루를 정복했다)나 코르테스(15, 6세기 스페인의 모험가로 멕시코 정복을 기도했다)의 모험에 필적할 만한 대모험이었다! 크리스토프는 자기가 전혀 모르는, 또 프랑스 사람들도 거의가 알지 못하는 그런 불가사의하고 야만스러운 서사시가 다시 솟아오르는 것을 보고 경탄했다.

프랑스의 몇몇 원정자들이 20년 동안이나 용기와 기민한 담력과 초인적인 정력을 바쳐서 미개의 대륙 한복판에 들어가 흑인 군대에 포위되어, 가장 간단한 전투 용구도 부족한 상태에서 사태를 두려워하는 여론이나 정부 당국의 의도와는 반대로 꾸준히 행동하여, 프랑스의 의도는 어떻든지 프랑스를 위해 프랑스보다 더 큰 제국을 정복하고 있었던 것이다. 강렬한 기쁨과 유혈의 냄새가 거기에서 피어오르고 있었다. 크리스토프의 눈에는 근대적 용병의 모습이, 영웅적인 모험가의 모습이 거기에서 떠올랐다. 그 모습은 오늘의 프랑스에서는 예상할 수 없는 것이고, 지금의 프랑스는 그것을 인정하는 것을 부끄럽게 여기고 있었다. 그리고 매우 조심스럽게 그 위에 장막을 펴고 있는 것이다.

소령의 목소리는 그러한 추억을 생생하게 떠올리게 하면서 자못 즐거운 듯이 울렸다. 그는 선량하고 명랑한 말투로, 지형에 대한 학술적인 설명을 섞어 가며(그 설명은 서사시적인 줄거리 속에 기묘한 형식으로 삽입되었다), 대규모 추적이나 무자비한 전투에서 자기 자신이 혹은 사냥꾼이 되고 혹은 쫓기는 짐승이 되기도 한 인간 사냥에 대해서 이야기했다. 크리스토프는 이야기에 귀를 기울이면서 그의 얼굴을 쳐다보고 있었다. 그러자 마지못해 은퇴 생활을 하면서, 기묘한 놀이에 정력을 허비하고 있는 이 사람이 가엾다는 생각이 들었다. 왜 이런 운명을 순종하고 있는 것일까, 하는 생각이 들었다. 그는 그 의문을 소령에게 물어보았다. 소령은 처음에는 자기가 마음속에 품고 있는 원망에 대해서 외국 사람한테는 설명을 하고 싶지 않은 눈치였다. 그러나 프랑스 사람은 수다쟁이였다. 서로 비난할 때에는 특히 그랬다.

"오늘의 군대에서 내가 무슨 일을 할 수 있겠소?" 그가 말했다. "해군 놈들은 문학을 하고, 육군 놈들은 사회학을 하고 있어요. 그들은 전쟁 말고는 뭐든지 하고 있다오. 지금은 전쟁 준비는 하지 않아요. 오히려 전쟁을 하지 않으려는 준비를 하고 있는 거요. 전쟁 철학이라는 걸 하고 있는 겁니다……. 전쟁 철학이라! 그건 언젠가 당하게 될 상대의 주먹을 명상하는 비겁한 바보들의 유희라오! 부질없는 의논이나 엉터리 같은 이론을 따지는 것은 난 질색입니다. 그러니 집 안에 틀어박혀서 카논이나 만들고 있는 게 차라리 속이 편해요!"

그러나 소령은 가장 큰 불만은 부끄러워서 말을 꺼내지도 못했다. 밀고를 장려하는 데서 빚어지는 사태, 장교들 간의 시기, 무식하고 악질적인 정치가들의 오만한 명령을 받아야 하는 굴욕, 또는 경찰의 천한 일, 교회의 재산을 조사하는 일, 노동 쟁의를 진압하는 일, 권력을 장악한 일파, 급진적이고 반성직주의의 소시민들의 이익이나 원한을 위해서, 나머지 국민 전체에 어긋나는 일 등에 사용되는 군대의 고뇌…… 그런 문제가 있었다. 그리고 이 늙은 아프리카 군인에게는 새로운 식민지군을 혐오하는 마음이 있었다. 이 새로운 식민지군은—보다 큰 프랑스—바다 건너의 프랑스를 방위한다는 명예와 위험에 참가하는 것을 거부하고 있는 사람들의 이기주의를 너그럽게 보기 위해, 그 대부분은 국민 중에서 가장 질이 낮은 부류들 사이에서 모집하고 있었다…….

크리스토프는 그러한 프랑스 내부의 싸움에 간섭할 필요는 없었다. 그것은 그에게는 관계없는 일이었다. 하지만 그는 이 나이 든 장교의 생각에 동감하였다. 전쟁에 대한 생각은 어떻든지, 군대라는 것은 병사를 양성하기 위해서 존재하는 것이며, 그것은 능금나무에 능금 열매가 달리는 것과 같다고 생각했다. 군대라는 나무에다 정치가나 탐미가나 사회학자를 접붙인다는 것은 이상스러운 변형이라고 생각되었다. 하지만 그렇다 하더라도 이 굳센 인물이 그 자리를 남에게 내주었다는 것은 이해할 수 없었다. 적과 싸우지 않는다는 것은 자기에 대해서 최악의 적이 되는 것을 의미한다. 어떤 가치를 지닌 프랑스 사람은 모두, 걸핏하면 무엇을 포기하는 버릇이 있었다. 이상하게도 체념이 빨랐다. 크리스토프는 그 딱한 예를 소령의 딸에게서 보았다.

소령의 딸 이름은 세린이었다. 그녀는 부드러운 머리카락을 중국식으로 땋아 뒤로 돌려서 단정하게 빗어넘겼다. 그 밑에 높고 동그란 이마, 뾰족한 귀, 수척한 볼, 소박하고 우아한 턱, 영리하고 매우 상냥스러우며 검고 아름다운 근시의 눈, 좀 두툼한 코가 있었다. 윗입술 구석에 조그만 까만 점이 있었다. 말없이 미소를 지으면 좀 부푼 아랫입술이 예쁘장하게 밀려나와, 애교가 담긴 얼굴이었다. 세린은 친절하고 활발하고 재치가 있으나, 호기심은 거의 없었다. 책은 거의 읽지 않고 새로운 책은 전혀 모르며, 연극 구경도 가지 않고 여행도 하지 않으며(아버지는 지난날 너무 여행을 많이 했기 때문에 여행에 싫증이 나 있었다), 어떤 세속적인 자선 사업에도 관계하지 않고(아버지는 그런 사업을 비난하고 있었다), 공부도 전혀 하지 않으며(아버지는 여자 학자라는 것을 비웃고 있었다), 사방이 벽으로 둘러싸인 커다란 우물 같은 정방형의 뜰에서 밖으로 나가는 일이 거의 없었다. 그러면서도 그다지 심심한 줄은 모르고 어떻게든지 무슨 일거리를 찾아서 하고 있었다. 그리고 자기 생활에 순응해서 기분 좋게 살고 있었다. 세린의 몸에서는, 또한 모든 여자가 어디에서나 무의식중에 만들어 내는 조그만 환경에서는 샤르댕의 그림에서 보는 것 같은 분위기를 발산하고 있었다. 그 훈훈한 침묵, 습관적인 일에 배려하고 있는 (좀 마비된 듯한) 태도나 표정의 그 부드러움. 그날그날 규칙적으로 정해진 일이나 습관화된 생활이나, 같은 시간이 되면 으레 찾아온다는 것을 알고 있는 무슨 생각이나 몸짓, 시, 시민의 아름다운 마음속의 그 온건한 평범성, 다시 말하면 그것은 양식·정직·진실·조용한 일거리·조용한 기쁨 등인데, 그래도 역시 시적이다. 건강한 아름다움, 정신과 육체의 깨끗함, 거기에는 맛있는 빵이나, 라방드 향수나 정직이나 친절의 향기가 있다. 사물과 인간의 평화, 오래된 가옥이나 미소를 머금은 마음의 평화…….

크리스토프는 항상 다정한 신뢰에 의해서 사람들의 신임을 얻고 있었으므로, 세린하고도 매우 의좋은 사이가 되었다. 두 사람은 아주 자유롭게 얘기를 나누었다. 나아가서는 여러 가지 질문을 하게도 되었다. 그녀도 그 질문에 대답을 하고서는 스스로 놀라는 것이었다. 세린은 여태까지 아무한테도 말하지 않은 여러 가지 얘기를 그에게 하였다.

"그건 당신이 나를 두려워하지 않으니까 절로 말이 나오는 거예요." 크리스토프가 설명했다. "우리는 연애 관계에 빠질 염려는 없습니다. 그렇게 되기엔 우리는 너무 친하니까요."

"당신은 정말 친절한 분이에요." 세린은 웃으면서 말했다.

세린의 건전한 성격은 크리스토프의 그것과 마찬가지로, 항상 자기 자신의 감정에 대해 수단을 피하려는 애매한 마음을 가진 사람들에게 있어서는 매우 소중한 감정의 형식인, 인애적인 우정을 싫어하고 있었다. 두 사람은 의좋은 벗이었다.

어느 날 크리스토프는 세린에게 물었다. 당신이 오후 시간, 마당에 있는 벤치에 앉아서 무릎 위에 일거리를 올려놓은 채, 그것에는 손도 대지 않고 몇 시간이나 가만히 있는 모습을 볼 때가 있는데, 그럴 때에는 대체 뭘 하고 있는 거냐고. 세린은 얼굴을 붉혔다. 그리고 그것은 몇 시간이라는 긴 시간이 아니라, 어쩌다가 몇 분 동안, 고작 15분도 못 되는 짧은 시간 '자기 얘기를 계속하고 있을' 뿐이라고 항변했다.

"그건 무슨 얘깁니까?"

"자기에게 들려주는 얘기지요."

"자기에게 얘기를 들려준다구요? 그럼 나에게도 들려주세요!"

세린은 그가 너무 호기심이 강하다고 했다. 세린은 다만 그 얘기의 주인공이 자기 자신은 아니라는 것만을 밝혔다.

그는 깜짝 놀랐다.

"자기에게 얘기를 들려주는 거라면, 자기 자신에 관한 얘기를 미화해서 들려주는 것, 실제보다 행복한 생활을 하고 있는 듯이 몽상하는 것이 훨씬 자연스럽다고 생각합니다만."

"저는 그렇게는 못해요." 세린은 대답했다. "만약 그렇게 하다가는 절망을 하게 될 지도 모르니까요."

세린은 감추고 있는 마음의 일부를 고백했기 때문에 다시금 얼굴이 붉어지면서 말을 이었다.

"그리고 마당에서 바람이 불어 오면 아주 기분이 좋아요. 나에게는 마당이 살아 있는 것처럼 여겨져요. 거친 바람이 멀리서 불어 올 때에는 여러 가지 많은 얘기를 해 주는 것 같아요!"

세린은 조심스럽게 자기를 나타내지 않으려 했으나 그 쾌활함과 활동력 뒤에는 깊은 우수가 숨겨져 있는 것을 크리스토프는 알아차렸다. 그러한 표면적 활동력은 그녀를 속이지는 못했다. 그리고 무슨 일을 성취시키지도 못했다. 왜 세린은 자기를 해방하려고 하지 않을까? 그야말로 활동적이고 유익한 생활을 할 수 있게 생긴 사람인데! 그녀는 아버지의 애정을 이유로 내세우고 있었다. 아버지는 그녀를 떠나 보내고 싶어하지 않는다는 것이었다. 크리스토프는 그 말에 반대하여, 그처럼 튼튼하고 정력적인 군인에게는 그녀가 필요하지 않다는 것, 그런 성격의 인물은 혼자서도 살 수 있다는 것, 아버지에게는 그녀를 희생시킬 권리가 없다는 것을 설명했으나 헛수고였다. 세린은 아버지를 변호했다. 아버지가 자기를 붙잡아 앉히는 게 아니라 자기가 아버지와 헤어질 결심을 못하는 것이라고 주장했으나, 그것은 효심에서 나온 거짓말이었다. 그러나 어느 정도까지는 진실이었다. 세린으로서는, 그녀의 아버지로서는, 또한 그녀 주변에 있는 모든 사람에게 있어서는, 모든 사정이 당연히 이래야 하며 다를 수 없다는 것이 영구히 승인되고 있는 것 같았다. 세린에게는 결혼한 오라버니가 있는데, 그도 역시 그녀가 자기를 대신해서 아버지 시중을 드는 게 당연한 줄로 생각하고 있었다. 그리고 그 자신은 제 자식들밖에는 생각하지 않았다. 그는 아이들을 시기할 만큼 몹시 사랑하여, 아이들이 자발적으로 하는 일을 절대로 허용하지 않았다. 그 애정은 그에게 있어, 특히 그의 아내에게 있어서는 자진해서 구한 사슬과 같으며, 그들의 생활을 압박하여 그들의 행동을 속박하고 있었다. 사람은 아이를 갖게 된 순간부터 개인적인 생활은 끝이 나고, 자기 자신의 발전은 영구히 단념해야 하는 것처럼. 이 활동적이고 총명한 사람은, 아직 나이도 젊은데 은퇴할 때까지 앞으로 몇 해나 일을 더 해야 하는지를 계산하고 있었다. 이들 훌륭한 사람들은 가정적 애정의 분위기 때문에 빈혈 상태가 되어 있었다. 이 애정은, 프랑스에 있어서는 참으로 깊은 것이기는 하지만 한편으로는 사람을 무척 질식시키는 것이었다. 프랑스 사람의 가정은, 아버지와 어머니 그리고 아이들이 하나나 둘인 최저 인원인 경우에는 그 압박이 더욱 심했다. 한 줌의 돈을 꼭 움켜쥐고 있는 수전노처럼 전전긍긍하면서 몸을 움츠리고 있는 애정이었다.

어떤 우연한 사정으로 크리스토프는 세린에 대해서 점점 더 동정을 하게 되는 동시에, 프랑스 사람의 애정이 협소하다는 것, 생활을 두려워하고 있다는 것, 자기의 행복을 붙잡기를 두려워하고 있다는 것 등을 알게 되었다.

기사인 엘스베르제에게는, 역시 기사 노릇을 하고 있는 열 살 아래인 동생이 있었다. 세상에서 흔히 보는, 훌륭한 부르주아 가정의 선량한 청년으로서, 예술 방면에 뜻을 두고 있었다. 그런 청년들은 무척 예술을 하고 싶어하면서도, 부르주아로서의 지위를 위태롭게 하는 것을 싫어한다. 실제로 그건 그다지 어려운 문제는 아니다. 오늘날 대부분의 예술가들은 별다른 위험도 없이 그 문제를 해결하고 있다. 어떻든지 끝까지 나아가려는 의지만은 가져야 한다. 그러나 그런 조그만 기력조차도 누구나가 다 가질 수 있는 것은 아니다. 그들에게는 자기가 원하는 것을 원할 만한 자신도 없다. 그리고 부르주아로서의 지위가 더욱 확실해짐에 따라 저항도 하지 않고 순순히 그 생활에 복종해 버린다. 그들이 서투른 예술가가 되는 대신에 훌륭한 부르주아가 된다면, 그것을 비난할 수는 없으리라. 하지만 그들의 실의에는 은근한 불만이 남겨진다. '얼마나 위대한 예술가가 나와 함께 멸망하는 것인가'—(폭군

네로가 자살하기 전에 한 말)—하는 기분이 남아 있다. 이 기분은, 이른바 철학이라고 하는 것에 의해서 겨우 은폐되기는 하지만, 세월의 흐름이나 새로운 근심 걱정으로 옛 상처의 흔적이 없어질 때까지는 그들의 생활을 혼란시킨다.

앙드레 엘스베르제의 경우도 마찬가지였다. 그는 문학을 하고 싶다는 생각을 가지고 있었다. 그런데 형은 자기 생각을 완고하게 지켜 동생도 역시 자기와 같은 과학 방면으로 나아가게 하려고 했다. 앙드레는 총명하여 과학에도 문학에도 꽤 타고난 재능을 지니고 있었다. 예술가가 되기에는 넉넉한 자신은 없었으나, 부르주아가 되기에는 넉넉하고도 남을 만한 자신이 있었다. 그래서 우선 일시적으로—(이 말이 무엇을 의미하는지는 명백하다)—형의 뜻에 따랐다. 그는 그다지 뛰어나지는 못한 성적으로 국립 고등공업학교에 입학하여, 같은 정도의 성적으로 졸업했다. 그리하여 성실하면서도 아무런 흥미도 없이 기사의 직무에 종사하고 있었다. 물론 그 때문에 얼마쯤 지니고 있던 예술가다운 기질은 잃어버리고 말았다. 그래서 예술에 대해서 얘기를 할 적에는 으레 심술궂은 말투로 변했다.

"거기에다 인생이란 실패한 직업에 대해서는 언제까지나 미련을 느낄 만한 가치도 없습니다. 요컨대, 풋내기 시인이 한 사람 더 느느냐 줄어드느냐 하는 것뿐이지요……" 크리스토프는 그런 평계 속에, 올리비에와 같은 비관주의가 들어 있음을 알아차렸다.

두 형제는 서로 사랑하고 있었다. 그들은 기질도 같았다. 그러나 의견은 맞지 않았다. 둘 다 드레퓌스파였다. 하지만 앙드레는 산업 혁명주의에 공감을 느끼고 있으며, 반군국주의자였다. 그러나 엘리는 군국주의자였다.

앙드레는 간혹 크리스토프한테만 찾아오고, 형은 만나러 가지 않을 때도 있었다. 크리스토프는 놀랐다. 왜냐하면 크리스토프와 앙드레 사이에는 그다지 마음이 통하는 것이 없었기 때문이다. 앙드레는 거의 언제나 누군가에 대해서, 또는 무엇인가에 대해서 불평만을 늘어놓고 있었다. 크리스토프는 그게 질색이었다. 그리고 크리스토프가 얘기를 할 때에는 앙드레는 귀담아 듣지를 않았다. 그래서 크리스토프는 그가 찾아와도 별 재미가 없다는 태도를 숨기지 않았다. 하지만 상대는 태연스러웠다. 눈치를 챈 것 같지도 않았다. 그러다가 드디어 크리스토프에게도 그 수수께끼가 풀렸다. 어느 날, 앙드레가 창에 기대서 크리스토프의 애기보다도 아랫마당에서 일어나는 일에 더 정신이 팔려 있는 것을 알았다. 크리스토프는 그것을 지적했다. 그러자 앙드레는 실제로 자기는 샤브랑 양을 알고 있다는 것과, 자기가 크리스토프를 찾아오는 이유에는 그녀를 보고 싶은 마음도 있다는 것을 고백했다. 그러고 나서 그는 말이 난 김에 이 젊은 처녀에 대하여 먼 옛날부터의 우정, 아니 어쩌면 그 이상의 마음을 품고 있다는 것을 고백했다. 엘스베르제 집안은 샤브랑 소령과 오래전부터 알고 지내는 사이였다. 친하게 지냈는데, 정치 문제에 관한 의견 때문에 싸움이 벌어져 헤어지게 되었다. 그 뒤로는 서로 왕래하지 않았다. 크리스토프는 그런 짓은 어리석다는 생각을 숨기지 않고 말했다. 사람들은 저마다 자기 좋은 대로 생각을 하면서 그와 동시에 서로 존경하면서 살아갈 수 없는 것일까? 앙드레는 자기는 자유로운 정신을 지니고 있다고 항변했다. 그러나 두세 가지 문제만은 너그럽게 생각할 수가 없다고 말했다. 그런 문제에 대해서는 자기 의견과 다른 견해를 갖는 것을 허용할 수 없다고 말했다. 그리고 저 유명한 드레퓌스 사건을 예로 들었다. 그 사건에 대해서는 누구나 다 그렇게 고집을 부렸다. 크리스토프는 당시 사람들의 그런 습관을 알고 있었으므로, 의논을 하려고는 하지 않았다. 하지만 그 사건은 언젠가는 끝이 나는 게 아닌지, 혹은 그 저주는 자손 말대(末代)까지 영원히 끌고 나가야 하는 것인지 그에게 물어보았다. 앙드레는 웃음을 터뜨렸다. 그리고 크리스토프의 질문에는 대답하지 않고 세린 샤브랑을 차분한 말투로 칭찬하면서, 그녀가 헌신적으로 봉사하는 것을 당연한 듯이 생각하는 아버지의 이기주의를 비난했다.

"가령 당신이 그 사람을 사랑하고 그 사람도 당신을 사랑하고 있다면, 왜 결혼을 하지 않습니까?" 크리스토프는 물었다.

앙드레는 세린이 성직 옹호파임을 탄식했다. 크리스토프는 그건 무슨 뜻이냐고 물었다. 그는, 그것이 종교의 임무를 수행하고 신과 성직자들을 섬기는 일이라고 대답했다.

"그게 당신한테 무슨 상관이 있단 말입니까?"

"나는 내 아내가, 나 아닌 다른 사람에게 속하는 것을 원하지 않습니다."

"뭐라고요! 당신은 자기 아내의 사상에 대해서도 질투를 하는 겁니까? 그렇다면 당신은 소령보다도 더 지독한 이기주의자군요!"

"아무렇게나 말씀하지 마십시오! 그렇다면 당신은 음악을 좋아하지 않는 여자하고 결혼할 수 있습니까?"

"그러려고 생각한 적도 있어요!"

"같은 생각을 갖지 않고서 어떻게 같이 살 수가 있죠?"

"그런 경우에는 자기 생각을 가만히 놔두면 되겠지요, 뭐! 사랑을 하면 사상 따윈 문제가 안 됩니다. 내가 사랑하는 여자가 나처럼 음악을 사랑한다고 해서, 그게 나에게 무슨 소용이 있겠습니까! 나로서는 그 여자가 바로 음악인걸! 당신처럼, 서로 사랑하는 귀여운 처녀가 있다는 행운이 베풀어지기만 하면, 여자는 여자대로 자기가 좋아하는 것을 믿으면 그만이고, 당신은 당신대로 자기가 좋아하는 것을 뭐든지 믿으면 그만이지요. 결국 당신들의 사상에는 우열이 없어요. 이 세상에서 진실한 것은 하나뿐, 그것은 서로 사랑하는 일입니다."

"당신은 시인처럼 말씀하시네요. 당신은 인생을 모릅니다. 나는 성격이 맞지 않아 고통스러워하는 부부를 너무나 많이 알고 있습니다."

"그것은 둘 사이의 사랑이 충분하지 않기 때문입니다. 사람은 자기가 무엇을 원하고 있는지를 알아야 해요."

"인생에서 의지만을 가지고서는 어떻게 할 도리가 없어요. 샤브랑 양하고 결혼을 하고 싶다 해도 나는 못할 거예요."

"그건 또 왜요?"

앙드레는 고민하는 문제를 털어놓았다. 그는 아직 지위가 확립되어 있지 않았다. 재산도 없고, 건강도 좋지 않았다. 그래서 자기에게 결혼할 권리가 있는지 어떤지를 생각하고 있었다. 커다란 책임 문제였다……. 자기가 사랑하는 사람이나 자기 자신을, 하물며 앞으로 태어날 아이를 불행하게 하는 결과가 되지는 않을지? 적당한 시기를 기다리는 게, 혹은 차라리 단념하는 게 좋지 않을까?

크리스토프는 어깨를 으쓱했다.

"훌륭한 사랑이군요! 가령 그녀가 당신을 사랑하고 있다면 그녀는 기쁘게 생각하겠지요. 그리고 아이들 문제가 있습니다마는, 당신들 프랑스 사람들은 정말 웃겨요. 고생을 안 하고서 살아나갈 만한 재산을 모을 때까지는 아이를 낳지 않겠다니 말입니다. 부질없는 걱정입니다! 그건 당신들에겐 상관

없는 일이에요. 당신들은 아이들에게 생명과 생명에 대한 사랑과 생명을 지키는 용기를 주기만 하면 되는 겁니다. 그 뒤는…… 그들이 살거나 죽거나 …… 그건 사람의 운명입니다. 인생의 온갖 위험을 무릅쓰는 것보다는 삶을 단념하는 게 낫다는 말인가요?"

크리스토프에게서 발산하는 굳센 신념은 상대의 마음에 스며들었다. 하지만 마음을 먹게 하지는 못했다. 앙드레는 말했다.

"그렇지요, 아마 그렇겠지만……"

하지만 그는 그대로 가만히 있었다. 다른 사람들과 마찬가지로 의욕도 행동도 다 잃어버린 것 같았다.

*

크리스토프는, 프랑스 친구들 대부분에게서 볼 수 있는 무기력에 대하여 투쟁을 시작했다. 그런데 그 무기력은 기묘하게도 근면하고, 또한 대개의 경우 열광적인 활동력과 결부되어 있었다. 크리스토프가 부르주아 계급의 여러 가지 환경에서 만난 사람들은 거의 모두가 불만을 품은 사람들이었다. 거의 모든 사람들이 현재의 지배자들과 그들의 부패한 사상에 대해서 한결같은 혐오감을 품고 있었다. 자기 민족의 영혼은 배반을 당하고 있다는 슬프면서도 자랑스러운 의식을 가지고 있었다. 하지만 그것은 개인적인 원한은 아니었다. 권력이나 활동적인 생활에서 제외된 패배한 사람들이나 계급의 쓸쓸한 기분은 아니었다. 면직당한 관리나, 사용할 데가 없는 정력을 가진 사람들이나, 자기 땅에 틀어박혀서 상처입은 사자처럼 죽음을 기다리면서 몸을 숨기고 있는 옛날 귀족들의 원한은 아니었다. 그것은 일반적이고 깊은 암묵 속의 정신적인 반항이었다. 그것은 군대, 사법계, 대학, 관계 또는 정부기관의 모든 중요한 부분 등 어디에서나 볼 수 있었다. 그러나 그들은 전혀 행동을 하지 않았다. 행동하기 전부터 기력이 없었다. 그들은 항상 이렇게 되풀이했다.

"어찌할 도리가 없는 일이다."

그들은 소심하게도 그 슬픈 현실에서 사고나 화제를 외면하고, 가정생활 속에서 은신처를 찾고 있었다.

그들이 다만 정치적 행동에서 물러서고 있는 것뿐이라면 그래도 괜찮다!

그러나 사실은 일상적인 행동 범위에서도, 이 선량한 사람들은 모두 행동에 대해서 흥미를 잃었다. 그들은 자신들이 경멸하는 시시한 사람들과의 품위를 떨어뜨리는 교제는 너그럽게 보고 있었으나, 그들과 싸우는 일은 싸워도 소용이 없다는 생각에 되도록 회피했다. 이를테면 크리스토프가 잘 알고 있는 저 예술가들과 음악가들은, 그들에게 명령을 내리는 신문 잡지계 건달들의 뻔뻔스러운 태도를 왜 반항하지 않고 참고 있었던 것일까? 신문 잡지계에는 아주 무식한 사람들이 있었다. 그들이 '인간의 모든 지식'에 대해서 무식하다는 것이 널리 알려져 있는데도 여전히 '인간의 모든 지식'에 대해서 최고의 권력을 쥐고 있었다. 그들은 자기의 논설이나 책을 쓰는 수고도 하지 않았다. 그들에게는 비서가 있었다. 가령 영혼을 지니고 있다면, 빵이나 계집을 위해서 그 영혼을 팔아넘기기도 할, 굶주린 불쌍한 거지들이 있었다. 그것은 파리에서는 누구나 다 알고 있는 사실이었다. 그러면서도 그들은 제법 의젓한 듯이 예술가들을 업신여겼다. 크리스토프는 그들이 쓴 어떤 기사를 보고는 분노했다.

"아아! 이 비겁한 놈들아!" 그는 외쳤다.

"누구에 대해서 그렇게 화를 내는 거예요?" 올리비에가 물었다. "여전히 그 광장에서 장을 벌이고 있는 놈들인가요?"

"아니, 성실한 사람들에 대해서 화가 나는 거야. 악한 자들이 제멋대로 날뛰고 있어. 거짓말을 하고 파괴하고, 도둑질을 하고, 죽이고 있어. 하지만 나는 그들보다도 그 밖의 사람들, 놈들을 경멸하면서도 제멋대로 하게 내버려두고 있는 사람들을 더 경멸해. 가령 신문 잡지에 기고하는 친구들이, 성실하고 교양 있는 비평가들이, 광대놈들에게 공갈협박을 당하고 있는 예술가들이, 위험을 무릅쓰기를 두려워하는 마음이나 서로 간에 적당히 하려는 부끄러운 이해타산이나 공격을 피하기 위해서 적과 맺은 밀약 때문에, 놈들이 제멋대로 하는 것을 가만히 내버려두는 짓을 하지 않는다면…… 가령 놈들이 보호자인 척하거나 친구인 척하는 것을 허용하지 않는다면, 놈들의 뻔뻔스러운 권력은 오히려 우스꽝스러운 게 될 터인데. 온갖 방면에 그와 같은 무기력이 있어. 내가 만난 많은 선량한 사람은 어떤 인물을 가리켜 '저놈은 건달'이라고 하더군. 그런데도 그렇게 말하던 사람들이 모두 그 인물을 다정한 친구라고 부르면서 악수를 하는 거야. 그들은 '그런 놈들이 너무 많다!'

고 한다. 정말이지 시시한 놈들이 너무 많아. 하지만, 성실하면서도 비겁한 사람이 너무 많은 것도 또한 사실일세."

"그래서 어떻게 하라는 건가요?"

"자기들 일은 자기들 손으로 처리해야 되네! 자네들은 대체 무엇을 기다리고 있는 건가? 하늘이 자네들 일을 맡아 줄 것을 기다리는 건가? 마침 좋은 예가 있네. 눈이 온 지 사흘이 됐어. 거리가 온통 눈으로 뒤덮여 파리 전체가 늪처럼 되어 있지. 그런데 자네들은 뭘 하고 있나? 자네들을 진탕 속에 방치하고 있는 당국에 대해서 비난과 공격을 퍼붓고 있을 뿐, 거기에서 빠져나가려는 직접적인 노력은 하지를 않아. 기가 막힐 노릇일세! 자네들은 그저 수수방관할 뿐이 아닌가. 누구 하나 자기 집 앞길에 나가서 청소를 할 만한 용기도 없는 거야. 국가도 개인도 모두 자기 의무를 다하고 있지 못해. 서로 비난을 하면서 그것으로 책임에서 벗어난 줄 알고 있는 것 같아. 자네들은 과거 몇 세기 동안 군주주의 교육을 받은 까닭에 자기 손으로는 아무 일도 하지 않는 상태에 아주 길이 들어서, 무슨 기적이나 기다리면서 우두커니 하늘을 쳐다보는 시늉을 하고 있네. 가능한 오직 하나의 기적은 자네들이 직접 행동하는 일일세. 여보게 올리비에, 자네들은 지력과 덕을 쌓고 남을 만큼 가졌으나, 다만 핏기가 부족한 거야. 첫째, 자네가 바로 그렇지. 자네들이 아픈 것은, 정신도 아니고 마음도 아닐세. 그건 곧 생명일세. 생명이 도망가는 거야."

"어쩔 수 없는 일이에요. 돌아오는 것을 기다리는 수밖에 없어요."

"돌아오는 것을 갈망해야 하네. '갈망한다'는 게 필요해! 그리고 그러기 위해서는 먼저, 맑은 공기를 자네들 집에 끌어들여야 하네. 집에서 밖으로 나가고 싶지 않을 때에는, 적어도 집 안을 건강하게 해둬야 해. 그런데 자네들은 시장의 나쁜 공기가 집 안을 더럽히는 것을 방치하고 있어, 자네들 사상과 예술의 3분의 2 이상은 혼탁해져 있어. 그런데도 자네들은 기력을 아주 상실했기 때문에, 그것을 분개하지도 않고 별로 놀라지도 않는 거야. 그와 같이 어리석은 선량한 사람들은 하도 겁을 집어먹어서, 틀린 것은 자기들이고 오히려 사기꾼들이 옳은 줄로 생각하고 있는 걸세. 무슨 일에나 속지 않는다고 호언장담하고 있는 자네의 그 〈이솝〉지의 친구들 중에도, 전혀 사랑하지 않는 예술을 사랑하는 줄로 믿고 있는 불행한 청년들이 있네. 그들은 즐거움도 없이 그저 맹목적으로 취하고 있는 거야. 그리고 그 허위 속에서 몹시 권태를 느끼고 있는 거라구!"

크리스토프는 결심을 못 하고 머뭇거리는 사람들 사이를, 잠든 나뭇가지를 흔드는 바람처럼 불고 지나갔다. 그는 자기 생각을 그들에게 가르치려고는 하지 않았다. 다만 스스로 사고하는 정력을 고취할 뿐이었다. 그는 이렇게 말했다.

"자네들은 지나치게 겸손해. 신경쇠약적인 회의야말로 무서운 적일세. 관대하고 인간적일 수 있으며, 또한 당연히 그래야 하겠지. 그러나 선이자 진실이라 믿는 것을 의심해서는 안 되네. 신념이 있으면 그것을 지켜야 하네. 우리의 실력이 어떻든지 양보를 해서는 안 돼. 이 세상에서는 가장 조그만 존재도 가장 큰 존재와 마찬가지로 하나의 의무를 지니고 있네. 그리고 가장 조그만 존재도—자기는 그런 줄 모르지만—하나의 힘을 지니고 있다네. 자네들만의 외로운 반항이 무익한 것이라고 생각해서는 안 돼. 자기를 주장하는 용기를 가진 굳센 양심은 하나의 힘일세. 자네들은 지난 몇 해 동안 여러 번 목격하지 않았는가. 국가도 세론도 하나의 훌륭한 인물의 판단을 존중하지 않으면 안 되었던 사실을. 그것도 그 인물이 가진 무기라고는 정신력뿐이었는데, 끈질기게 버틴 끝에 드디어 일반의 인정을 받은 거야…….

이렇게 고생을 한들 무슨 소용이 있을까, 투쟁을 한들 무슨 소용이 있을까 하고, '무슨 소용이 있느냐?'는 것만을 늘 생각한다면…… 잘 기억해 두게. 프랑스는 지금 죽어 가고 있어. 유럽 전체가 죽어 가고 있어서 우리의 문명은, 인류가 몇천 년에 걸친 고뇌를 바쳐서 건설한 이 경탄할 만한 작품은, 만약 우리가 투쟁을 하지 않는다면 뒤집히고 만다는 것을. 조국은 위험에 빠져 있네. 우리의 조국 유럽이, 특히 자네들의 조국이, 자네들의 조그만 조국 프랑스가. 자네들의 무기력이 스스로 조국을 죽이고 있는 거야. 자네들의 정력이 하나 죽을 때마다, 자네들의 사상이 하나 체념할 때마다, 자네들의 선의에서 나오는 힘이 상실될 때마다, 자네들의 피가 한 방울씩 낭비되어 고갈될 때마다, 자네들의 조국은 죽어 가는 거야……. 일어나야 돼! 살아야 해! 그렇지 않고 아무래도 죽을 수밖에 없다면, 꼿꼿하게 선 채로 죽는 게 옳겠지."

*

　그러나 그들을 행동으로 이끄는 일보다도, 그들을 다 같이 행동하도록 이끄는 일이 가장 어려운 일이었다. 이 점에 관해서는 그들은 어떻게 할 도리가 없었다. 서로 골이 나 있었다. 가장 뛰어난 사람들인 만큼 완고했다. 크리스토프는 그 좋은 예를 같은 집 안에서 발견했다. 펠릭스 베이유 씨와 기사인 엘스베르제와 샤브랑 소령은 은근히 서로 적의를 품고서 지내고 있었다. 그러나 당파나 종족은 각각 다르면서도 결국은 세 사람이 다 같은 것을 바라고 있는 것이었다.

　베이유 씨와 샤브랑 소령은 서로 이해할 수 있는 많은 이유를 가지고 있었다. 베이유 씨는 독서 말고는 다른 일을 하는 것이 없으며 정신생활 속에서만 살고 있어서, 사고적인 사람에게서 흔히 보는 일종의 대조적인 현상으로 군사적인 문제에 대해서는 아주 재미있어했다. '우리 인간은 모두 온갖 단편으로 구성되어 있다'는 말은, 반은 유대 사람인 저 몽테뉴가, 베이유 씨가 속하여 있는 정신상의 어떤 종족에 관해서 진실인 것을 모든 인간에게 적용한 것이다. 이 지적인 노인은 나폴레옹을 숭배하고 있었다.

　그는 황제의 영웅적 행위의 화려한 장면을 기록한 문서나 회상록에 둘러싸여 있었다. 당시의 많은 사람들과 마찬가지로 그 영광스러운 태양의 먼 잔광(殘光)에 현혹되어 있었다. 머릿속에서 원정을 다시 시도해 보고, 전투를 하고, 작전을 이모저모로 검토해 보기도 했다. 오스테를리츠 전투를 설명하거나, 워털루 전투의 작전을 정정하거나 하는 책상머리 전술가가 여러 대학원이나 대학에는 많거니와, 베이유 씨도 그중 한 사람이었다. 그는 가장 먼저 그러한 '나폴레옹 숭배자'를 비웃었다. 그의 짓궂은 마음은 그들을 비웃는 데에 즐거움을 느끼고 있었다. 그러면서도 역시 노는 어린이처럼, 그런 찬란한 얘기에 도취했다. 어떤 일화를 들을 때에는 눈물이 나오기도 했다. 그런 약점을 스스로 깨닫고서는 자기를 늙은이라고 부르며 배꼽이 빠지도록 웃는 것이었다. 사실을 말하면, 그를 나폴레옹 숭배자로 만든 것은 애국심보다는 오히려 행동에 대한 소설적 흥미와 정신적 사랑이었다. 그렇기는 하지만 역시 훌륭한 애국자이며, 많은 순수한 프랑스 사람보다도 훨씬 더 프랑스를 사랑하고 있었다. 프랑스의 반유대주의자들은 프랑스에 살고 있는 유대 사람들의 프랑스적인 애정을 부당한 시기심으로 헐뜯고 있으나 그것은 옳지 못한 일이고, 어리석은 일이다. 모든 가족은 한두 세대 뒤에는 정주한 땅에 으레 집착을 하게 된다는 이유를 제쳐 놓고 본다 하더라도, 유대 사람은 지성의 자유에 대해 가장 진보된 관념을, 서유럽에서 대표하고 있는 프랑스 사람을 사랑해야 한다는 특별한 이유를 가지고 있다. 지난 100년 동안 그들은 프랑스 사람이 오늘처럼 되는 데에 이바지해 왔으며, 또한 프랑스 사람의 자유의 일부는 그들이 만들어 낸 것이기 때문에 더욱더 그들은 프랑스 사람을 사랑하고 있는 것이었다. 그러므로 모든 봉건적 반동의 위협에 대하여 그들은 그 자유를 지키지 않을 수 없는 것이다.

이들 귀화한 프랑스 사람을 프랑스와 이어주는 연줄을, 어떤 어리석은 범죄자들이 바라는 것처럼, 끊어 버리려 한다는 것은 적대 행위를 하는 것과 다름이 없다.

사려가 부족한 프랑스의 애국자들은, 프랑스에 와서 살고 있는 외국인을 모두 숨은 적이라고 하는 신문의 주장에 현혹되어 있었다. 본디 친절한 마음을 가지고 있으면서도, 그들은 여러 민족의 합류점이라고도 할 수 있는 이 유대 민족의 훌륭한 운명을 의심하고 미워하고 부정하고 있었는데, 샤브랑 소령도 그중 한 사람이었다. 그래서 그는 2층에 세들어 있는 사람들과 가까이 지내고 싶어하면서도 모르고 지내는 게 좋다고 생각하고 있었다. 베이유 씨도 소령과 얘기를 하고 싶었으나, 그가 국민주의자(國民主義者)라는 것을 알고 가벼운 경멸을 품고 있었다.

크리스토프에게는 샤브랑 소령만큼 베이유 씨에 대해서 흥미를 가질 이유는 없었다. 하지만 부정을 대강 보아 넘길 수는 없었다. 그래서 샤브랑 소령이 베이유 씨를 공격할 때에는, 베이유 씨를 위해서 논쟁을 벌였다.

어느 날 샤브랑 소령이 평소와 마찬가지로 이런저런 일에 대해서 비난을 퍼붓자, 크리스토프는 말했다.

"그건 당신들의 잘못입니다. 당신들은 모두 은퇴하지 않았습니까. 프랑스에서는 일이 뜻대로 되지 않으면, 화려하게 사임을 하는군요. 마치 패배를 선언하는 것을 명예로 여기는 것처럼, 그렇게 분발하는 식으로 자기 입장을 포기하는 사람을 다른 데서는 본 일이 없어요. 그게 전쟁 경험이 있는 소령의 전투법입니까?"

"전투 방법은 여기서는 문제가 안 되오." 소령은 대답했다. "프랑스와 싸움을 벌이는 놈은 없어요. 당신이 말하는 그런 전투에서는, 말을 늘어놓거나, 토론을 하거나, 투표를 하거나, 또는 많은 건달들과 불쾌한 접촉을 해야합니다. 그런 일은 나에게는 어울리지 않아요."

"당신은 참으로 괴팍스러운 분이군요! 그렇지만 아프리카에서는 또 다른 고약한 자들을 구경하셨을 텐데!"

"명예를 걸고 맹세하오만, 그건 그다지 불쾌하지는 않았어요. 그리고 언제든지 놈들을 두들겨 줄 수가 있었습니다. 게다가 전투를 하려면 병사들이 필요해요. 거기서 나는 저격병을 거느리고 있었지요. 그런데 여기서 나는 단 혼자였소."

"하지만 선량한 사람들이 있지 않습니까?"

"어디에 있소?"

"어디든지 있지요."

"그들은 무슨 일을 하고 있습니까?"

"당신과 마찬가지입니다. 아무 일도 하지 않고 있어요. 할 일이 없다는 겁니다."

"한 사람만이라도 그 이름을 들어 보시지요."

"원하신다면, 세 사람 들어 보겠습니다. 게다가 당신과 같은 집에 살고 있지요."

크리스토프는 베이유 씨의 이름을 들었다(샤브랑 소령은, 저런, 하고 깜짝 놀랐다). 다음에는 엘스베르제 형제의 이름을 들었다(그러자 소령은 껑충 뛰어올랐다).

"저 유대 사람 말이오? 저 드레퓌스파 사람들 말이오?"

"드레퓌스파라구요?" 크리스토프가 말했다. "그게 어쨌다는 겁니까?"

"프랑스를 파멸시킨 건 그놈들이오."

"하지만 그들은 당신과 마찬가지로 프랑스를 사랑하고 있는걸요."

"그렇다면 미치광이지, 해로운 미치광이."

"적도 공정하게 비판할 수는 없을까요?"

"정정당당하게 무기를 가지고 싸우는 훌륭한 적이라면, 나는 다 이해할 수 있습니다. 그 증거로 독일 사람인 당신과 얘기하고 있지 않습니까. 우리가 받은 타격에 대하여 언젠가는 이자를 붙여서 돌려주고 싶은 생각에서, 나는 독일 사람을 존중하고 있습니다. 하지만 다른 적, 내부의 적에 대해서는 그럴 수가 없어요. 놈들은 부정한 무기를, 불건전한 공상적 관념을, 해로운 독이 섞인 인도주의를 쓰고 있어요……"

"그렇군. 당신의 기분은 처음으로 화약이라는 것을 본, 저 중세의 기사하고 똑같습니다. 그러나 어쩔 수 없습니다. 전쟁은 진화하고 있으니까요."

"좋아요! 그렇다면 그게 곧 전쟁이라 합시다."

"가령, 공동의 적이 유럽을 위협한다면 당신은 독일과 동맹을 맺지 않으시겠습니까?"

"우리는 중국에서 그렇게 했소."

"그럼, 당신 주위를 잘 살펴보세요! 당신들 나라는, 아니 우리 유럽의 모든 나라는 그 민족의 씩씩한 이상주의를 위협받고 있지 않을까요? 이 공동의 적에 대하여 설령 의견을 달리하는 상대일지라도 정신적인 힘을 지닌 사람들과 손을 잡아야 하는 게 아닐까요? 당신 같은 분이 왜 이 현실을 가볍게 보시는 겁니까? 당신들에게 대항하여 다른 이상을 주장하는 사람들도 있습니다. 하나의 이상은 하나의 힘으로 당신들도 그것을 부인하지는 못합니다. 당신들이 최근에 겪은 전쟁에 있어서는 상대편의 이상이 당신들을 격파했던 것입니다. 하지만 그런 상대편의 이상에 대항해서 힘을 소모하는 것보다도, 모든 이상의 적에 대항하여, 조국을 좀먹는 놈들에 대항하여, 유럽 문명을 부패시키려는 놈들에 대항하여, 당신들의 이상과 더불어 상대편의 이상을 아울러 사용하려고는 하지 않으시렵니까?"

"누구를 위해서 말이오? 우선 그 점을 확실하게 해야지요. 우리의 상대편을 승리시키기 위함입니까?"

"당신들이 아프리카에 있을 때, 우리가 지금 싸우고 있는 것은 국왕을 위해서라든지, 공화국을 위해서라든지 하는 것은 별로 알려고는 하지 않으셨잖아요. 당신들 대부분은 프랑스 공화국이라는 것을 그다지 염두에 두고 있지는 않았다고 나는 생각하는데요."

"그런 건 문제삼지 않았지요."

"그렇습니다! 그런데 그게 바로 프랑스를 위한 일이 됐던 것입니다! 당신들은 프랑스를 위해서, 또한 당신들 자신을 위해서 정복했던 것입니다. 그렇다면 이 경우에도 그렇게 하십시오! 투쟁의 범위를 확대하는 겁니다. 정치나 종교 같은 부질없는 일 때문에 싸우는 것은 집어치우세요. 그건 어리석은 일입니다. 당신들 민족이 교회의 맏아들이거나 이성의 맏아들이거나 그런 건 거의 문제가 아닙니다. 문제는 산다는 일입니다! 생명을 고무하는 것은, 모두가 다 선입니다. 이 세상에서 오직 하나의 적은 생명의 샘을 고갈시키거나, 더럽히거나 하는 향락적인 이기주의입니다. 생명을 북돋아 일으키십시오. 빛을, 풍부한 사랑을, 희생의 기쁨을 북돋아 일으키십시오. 남이 대신해서 행동하는 것을 바라는 마음을 버리십시오. 행동을 해야 합니다. 행동을 해야 합니다! 힘을 합쳐야 합니다! 어서!"

이렇게 말하고서 그는 《제9번 교향곡》 변 B조 부분의 처음 몇 절을 피아노로 치기 시작했다.

"아시겠습니까!" 그는 피아노를 치던 손을 도중에 멈추고 말했다. "가령 내가 프랑스의 음악가라면, 샤르팡티에나 브뤼노라면—둘 다 시시한 음악가지만! —합창교향곡 중에서—'시민들이여, 손에 무기를 들어라'도, '만국 노동가(萬國勞動歌)'도, '앙리 4세 만세!'도, '신은 프랑스를 지켜 주시다'도 모두 다 넣어서 만들어 보겠습니다만—보세요, 이런 식으로……—당신들의 입이 얼얼할 만큼 자극적인 잡탕요리를 만들어 보겠는데요! 그것은 어쩌면 맛이 없을지도 모릅니다—그러나 어차피 그들이 만드는 것보다 더 맛이 없지는 않을 거예요—하지만 감히 보증합니다만, 내가 만든 요리가 당신들의 배를 훈훈하게 해 줄 것은 틀림없습니다. 그리고 당신들은 저절로 앞을 향해서 걸어가게 될 겁니다!"

크리스토프는 진심으로 웃었다.

샤브랑 소령도 마찬가지로 웃었다.

"크라프트 씨, 당신은 정말 쾌활한 사람이오. 당신이 우리 동지가 아닌 게 아깝군!"

"아니, 난 당신들의 동지입니다! 어디서나 같은 싸움이 벌어지고 있습니다. 단결을 굳게 합시다!"

샤브랑 소령은 찬성했다. 하지만 상황은 이전 그대로였다. 그래서 크리스토프는 끈기 있게 화제를 다시 베이유 씨나 엘스베르제 쪽으로 돌렸다. 그러나 샤브랑 소령도 끈기가 있었으므로, 유대 사람이나 드레퓌스파에 대한 의논을 여전히 되풀이했다.

크리스토프는 슬픈 생각이 들었다. 올리비에는 그에게 말했다.

"비관하지 말아요. 사람이 혼자서 사회 전체의 정신을 한꺼번에 바꾸지는 못하는 법이니까요. 그렇게 수월할 리가 있나요! 하지만 당신은 스스로 모르는 사이에 이미 많은 일을 하고 있어요."

"내가 무슨 일을 했단 말인가?" 크리스토프가 물었다.

"당신은 크리스토프란 사람이지요."

"그게 남들에게 무슨 도움이 되고 있나."

"큰 도움이 되고 있지요. 하지만 크리스토프, 당신은 그저 듣고만 있어요! 우리 일을 염려하지는 말고요."

그러나 크리스토프는 결코 단념하지 않았다. 여전히 샤브랑 소령과 논의를 계속하여 때로는 심한 언쟁이 벌어지기도 했다. 세린은 그것을 흥미롭게 여겼다. 그녀는 말없이 일을 하면서 두 사람의 얘기를 듣고 있었다. 논의에 끼어들지는 않았다. 하지만 전보다도 쾌활해진 것 같았다. 눈에는 빛을 띠고, 주위 공간이 훨씬 넓어진 듯한 느낌이 들었다. 그녀는 책을 읽기 시작했고, 외출이 늘고, 보다 많은 것에 흥미를 갖게 되었다.

어느 날 엘스베르제에 관해서 크리스토프가 그녀의 아버지를 공격하고 있을 때, 그녀가 언뜻 미소를 머금고 있는 것을 소령이 보았다. 그래서 소령은 딸에게, 이 문제를 어떻게 생각하느냐고 물었다. 그러자 세린은 조용히 대답했다.

"크라프트 씨가 옳다고 생각해요."

샤브랑 소령은 어리둥절해하면서 말했다.

"그건 좀 심하구나! 결국 옳거나 옳지 못하거나, 우리는 지금 그대로 만족한다. 우리는 그런 사람을 만날 필요는 없어. 그렇잖니, 어떠냐, 너는?"

"아니에요, 아버지." 그녀는 대답했다. "만나는 게 기쁜 일이라고 생각해요."

샤브랑 소령은 입을 다물고 그 말은 들리지 않았다는 듯한 시늉을 했다. 자기로서는 그런 눈치를 보이고 싶지는 않았으나, 그도 실은 크리스토프의 영향을 크게 느끼고 있었다. 그는 비판력이 편협하고 성미도 괴팍스러웠으나, 마음은 꼿꼿하고 너그러웠다. 그는 크리스토프의 솔직한 성격과 건강한 정신을 사랑해, 그가 독일 사람인 것을 때때로 애석하게 여기고 있었다. 그와 의논을 하다가는 쉽게 화를 냈지만 역시 의논을 하고 싶어했다. 그리하여 크리스토프의 이론이 그에게 작용했다. 그는 그것을 인정하지 않으려고 조심을 했던 것이다. 그러다가 어느 날 크리스토프는 소령이 책 한 권을 열심히 읽고 있는 것을 보았는데, 그게 무슨 책인지는 보여주지 않았다. 크리스토프가 돌아갈 때, 세린이 전송을 하면서 그와 둘이 있게 되자 가르쳐 주었다.

"아버지가 무슨 책을 읽고 계신지 아시겠어요? 베이유 씨가 쓴 책이에요."

크리스토프는 기뻤다.

"그래서, 뭐라고 말씀하시던가요?"

"이 개새끼! ……욕을 했어요. 그러면서도 책을 손에서 놓지를 못하시는 거예요."

크리스토프는 다음 번에 소령을 만났을 때에도, 그 일에 관해서는 한 마디도 하지 않았다. 오히려 소령이 그에게 물었다.

"왜 이젠 그 유대 사람 문제로 나를 들볶지 않습니까?"

"더는 그럴 필요가 없으니까요." 크리스토프는 말했다.

"왜 그렇지요?" 소령이 도전하는 것처럼 물었다.

크리스토프는 대답을 하지 않았다. 그리고 웃으면서 돌아갔다.

*

올리비에가 말한 대로였다. 사람이 남에게 감화를 준다는 것은 말에 의해서 되는 일이 아니었다. 그것은 그 사람의 존재에 의한다. 눈초리, 몸짓, 말 없는 가운데 맑은 마음의 접촉에 의해서, 자기 주변에 침착한 분위기를 퍼뜨리는 사람들이 있다. 크리스토프는 생명의 기운을 퍼뜨리고 있었다. 그 생명은 마비된 이 집 건물의 낡은 벽이나 닫힌 창을 통하여 봄철의 다사로운 공기처럼 슬그머니 스며들었다. 그것은 슬픔이나 무기력, 고독으로 인하여 몇 해 전부터 침식되고 고갈되어 죽을 지경이 된 사람들의 마음을 되살아나게 했다. 영혼이 영혼에 끼치는 영향력을 받고 있는 사람들도, 그것을 주고 있는 사람도, 모두 다 그 사실을 모르고 있다. 하지만 이승의 생활은, 그러한 신비로운 인력으로 지배되는 만조와 간조로 구성되어 있는 것이다.

크리스토프와 올리비에의 방 2층 아래에, 앞에서도 말한 대로 제르맹 부인이라는 서른다섯 살 되는 젊은 부인이 살고 있었다. 2년 전에 남편을 여의고, 또 그 전해에는 일고여덟 살 난 딸을 잃었으며, 시어머니와 함께 살고 있었다. 그들은 아무도 만나지 않았다. 이 집에 세들어 있는 사람들 가운데, 크리스토프와 가장 교섭이 없는 사람들이었다. 거의 만날 기회가 없었고, 한 번도 말을 건 일이 없었다.

제르맹 부인은 키가 크고 수척하며 모습이 꽤 아름다운 여인이었다. 그 고운 갈색 눈은 흐리고 표정이 없었으나, 간혹 음울하고도 강한 빛이 타오르는 때가 있었다. 얼굴은 밀랍처럼 누렇고, 볼은 평평하며, 입은 굳어져 있었다. 노부인은 신앙이 깊어서 교회에 나가는 일로 소일했다. 젊은 제르맹 부인은 악착스러울 만큼 죽은 사람 생각에 사무쳐 있었다. 제르맹 부인은 무슨 일에도 흥미를 가지고 있지 않았다. 죽은 딸의 유품과 사진에 둘러싸여 있었다. 그리고 줄곧 그것만을 바라보고 있었기에 오히려 딸의 모습이 떠오르지 않게 되었다. 죽은 모습이 산 모습을 말살해 버린 것이라 그래도 여전히 버티었다. 딸만을 생각하고 싶었다. 그 때문에 드디어는 딸 생각도 못하게 되었다. 죽음이 하는 일을 부인 자신이 거들어서 완성시키고 있었다. 그래서 젊은 부인의 마음은 돌로 변하고 눈물은 마르고 생명은 고갈되어, 얼어붙은 싸늘한 생활을 보내고 있었다. 종교도 부인에게는 구원이 되지 않았다. 종교가 시키는 대로 지키기는 했지만, 거기에는 아무런 애정이 없었다. 따라서 그것은 살아 있는 신앙이 아니었다. 미사를 위해 헌금을 하기는 했지만, 자선사업에 자진해서 참가하지는 않았다. 젊은 부인의 모든 종교는 '딸을 다시 한 번 만나고 싶다'는 단 하나의 생각 위에 서 있었다. 다른 일은 아무래도 좋았다. 하느님은? 하느님은 아무래도 괜찮았다. 오로지 딸을 다시 한 번 만나고 싶을 따름이었다…… 그런데 부인에게는 좀처럼 그게 믿어지지 않았다. 그래도 부인은 믿고 싶었다. 어떻게든지 필사적으로 믿고 싶었다. 하지만 자신이 없었다…… 부인은 다른 아이들을 보는 게 서러웠다. 부인은 이렇게 생각했다.

'저 아이들은 어떻게 죽지 않았을까?'

같은 동네에 키도 걸음걸이도 부인의 딸과 아주 닮은 소녀가 있었다. 머리를 땋아서 늘어뜨린 앙증맞은 뒷모습을 보았을 때, 부인은 전율을 느끼고 뒤를 따라갔다. 소녀가 뒤를 돌아다보아 딸이 아닌 것이 드러나자, 그 소녀의 목을 졸라 죽이고 싶었다.

그리고 또 엘스베르제의 딸들은 매우 점잖은데다 예의범절을 배우고 있었다. 그래도 부인은 그 계집아이들이 위에서 소란한 소리를 내면 식모를 보내어 조용히 해 달라고 했다. 크리스토프가 언젠가 그 계집아이들과 같이 밖에서 돌아오다가 그 부인을 만난 일이 있었는데, 그때 부인이 계집아이들에게 던진 험한 눈초리에 깜짝 놀랐다.

여름철 어느 날 밤, 이 산송장 같은 제르맹 부인이 어둑어둑한 창가에 앉아서 별다른 생각도 없이 선잠이 들려 할 때, 크리스토프가 치는 피아노 소리가 들려왔다. 크리스토프는 그 시간이 되면 피아노를 치면서 몽상에 잠기는 습관이 있었다. 그 음악은 부인의 속에 잠든 공허를 흔들어서 초조하게 만들었다. 부인은 화가 나서 창문을 닫았다. 그러나 음악은 방 안에까지 쫓아왔다. 제르맹 부인은 음악에 대해서 증오를 느꼈다. 크리스토프가 연주를 못하도록 하고 싶었다. 그러나 그럴 권리는 없었다. 그러더니 이번에는 날마다, 같은 시간이 되면 음악이 시작되는 것을 초조한 기분으로 기다리게 되고 말았다. 시작이 늦어지면 더욱 초조해졌다. 부인은 그 음악이 싫어도 마지막까지 들어야 했다. 그리고 음악이 끝난 뒤에는, 이미 전과 같은 무기력한 상태로 되돌아갈 수가 없었다. 그러던 어느 날 밤, 어두운 방구석에 웅크리고 있는 부인의 귀에, 벽과 닫힌 창을 통해 멀리서 음악이 들려오자 부인은 몸을 떨었다. 그리고 눈물 샘이 새로이 부인의 속으로부터 솟아올랐다. 부인은 창을 열고 눈물을 흘리면서 귀를 기울였다. 음악은, 부인의 메마른 마음에 한 방울 한 방울씩 스며들어서 마음을 풀어주는 빗방울이 되었다. 부인은 새삼스럽게 하늘을, 별을, 여름 밤을 내다보았다. 삶에 대한 흥미가, 인간적인 공감이, 아직 창백한 새벽의 빛처럼 비치기 시작하는 느낌이었다. 그리고 그날 밤, 몇 달 만에 딸의 모습이 꿈결 속에 나타났다. 사랑하는 망자에게 우리를 다가서게 하는 가장 확실한 길은 죽음이 아니고 삶이다. 망자는 우리의 삶에 의해서 살고, 우리의 죽음에 의해서 죽는 것이다.

제르맹 부인은 크리스토프를 만나려고는 하지 않았다. 그러나 크리스토프가 계집아이들과 함께 계단을 오르내리는 소리는 듣고 있었다. 그리고 문짝 뒤에 몸을 숨기고 아이들이 지껄이는 소리를 엿들었다. 그 소리가 들리면 가슴이 두근거렸다.

어느 날 부인이 외출을 하려고 하는데, 계단을 내려오는 조그만 발소리가
났다.

여느 때보다 좀 소란한 걸음걸이였다. 그러자 한 아이의 목소리가 동생에
게 말했다.

"뤼세트, 그렇게 소리 내어 걸으면 안 돼. 크리스토프 아저씨가 말씀하시
잖았니, 이 방 아주머니가 슬픔에 잠겨 계시다구."

그러자 동생은 발소리가 나지 않게 걸으면서 낮은 소리로 애기를 시작했
다. 제르맹 부인은 더는 견딜 수가 없었다. 문을 열고, 아이들을 붙잡아 난
폭하게 끌어안았다. 아이들은 깜짝 놀랐다. 한 아이는 울음을 터뜨렸다. 부
인은 두 아이를 놓아 주고 방으로 돌아왔다.

그로부터 제르맹 부인은 이 아이들을 만나면 애써 웃는 낯을 보이려고 했
다. 그것은 일그러진 미소였다(부인은 미소 짓는 습관을 잃어 버렸다). 부
인은 갑자기 다정스런 말을 걸기도 했다. 아이들은 겁이 나서 숨이 막힐 듯
한 속삼임으로 대답했다. 아이들은 여전히 부인을 두려워하고 있었다. 전보
다도 더 두려워했다. 그래서 부인의 방 앞을 지날 때에는 붙잡히지나 않을까
겁이 나서 달음박질을 했다. 부인은 몰래 숨어서 아이들을 보고 있었다. 부
인은 부끄러웠다. 죽은 딸이 독차지할 권리가 있는 애정을 조금 훔쳐서 다른
데에 돌리고 있는 듯한 기분이었다. 부인은 무릎을 꿇고 딸에게 용서를 빌었
다. 그러나 삶을 긍정하고 사랑을 표현하고 싶은 본능이 눈을 뜬 지금에는,
달리 어쩔 도리가 없었다. 본능이 부인보다도 더 강했다.

어느 날 밤 밖에서 돌아온 크리스토프는, 여느 때와는 달리 집 안이 소란
한 것을 알아차렸다. 그는 바토레 씨가 협심증으로 갑자기 죽었다는 말을 들
었다. 크리스토프는 혼자 남겨진 아이의 신세를 생각하여 가슴이 뭉클해졌
다. 바토레 씨의 친척은 한 사람도 몰랐다. 계집아이가 거의 아무것도 없는
상태로 남겨졌다는 사실에는 의문의 여지가 없었다.

크리스토프는 성큼성큼 뛰어올라, 문이 열려 있는 4층 방에 들어갔다. 코
르네유 신부가 죽은 사람 옆에 있고, 소녀는 눈물로 목이 메어 아버지를 부
르고 있었다. 문지기 여편네가 서투르게 소녀를 달래고 있었다. 크리스토프
는 그 소녀를 가슴에 끌어당겨 상냥하게 말을 걸었다. 소녀는 절망적으로 그
에게 달라붙었다.

크리스토프는 소녀를 이 방에서 데리고 나가려 했으나, 소녀가 싫다고 했으므로 그도 같이 남아 있었다. 차차 어두워지는 저녁나절의 희미한 창가에 앉아, 크리스토프는 팔에 안은 소녀를 계속 흔들어 주었다. 소녀는 차차 가라앉더니 흐느껴 울면서 그대로 잠이 들었다. 그는 소녀를 침대 위에 내려놓고, 조그만 구두끈을 서툰 솜씨로 풀기 시작했다. 밤이 되었다. 방문은 그대로 열려 있었다. 그때 한 그림자가 옷이 스치는 소리와 함께 들어왔다. 빛이 바랜 저녁 햇살의 마지막 반사로, 크리스토프는 상복을 입은 부인의 열띤 눈을 보았다. 제르맹 부인은 문턱에 멈춰 서서 목멘 소리로 말하였다.

"제가 온 까닭은…… 아무쪼록…… 아무쪼록 그 아이를 제게 맡겨 주시지 않겠어요?"

크리스토프는 그녀의 손을 잡았다. 제르맹 부인은 울고 있었다. 그러고서 침대 베개맡에 앉았다. 한참 있다가 제르맹 부인은 말했다.

"오늘 밤은 제가 이 아이를 돌보게 해 주세요……."

크리스토프는 코르네유 신부와 함께 자기 방으로 올라갔다. 코르네유 신부는 좀 겸연쩍고 부끄러운 듯이 변명을 했다. 죽은 사람이 비난을 하지 않으면 좋겠습니다마는, 하고 매우 겸손하게 말했다. 자기가 온 것은 신부로서가 아니라 친구로서 온 거라고 말했다.

이튿날 아침, 크리스토프가 가 보니까 소녀는 제르맹 부인의 목에 매달려 있었다. 그 모습에는 자기를 반겨 주는 사람에게는 금방 따르는 어린이다운 솔직한 신뢰감이 있었다. 소녀는 새로운 벗과 같이 살 것을 승낙했다. 아아! 소녀는 벌써 양아버지를 잊어버리고 있었다. 그리고 새로운 양어머니에게 똑같은 애정을 표시하고 있었다. 이것은 좀 불안한 일이었다. 제르맹 부인의 이기적인 애정은 이 점을 깨닫고 있었을까? 아마 깨닫고 있었겠지. 하지만 그게 어떻단 말인가? 사랑하는 것은 중요하다. 행복은 거기에 있다…….

장례식이 끝나고 몇 주가 지난 뒤에 제르맹 부인은 소녀를 파리에서 멀리 떨어진 시골로 데리고 갔다. 크리스토프와 올리비에가 배웅했다. 젊은 부인은 그들이 여태까지 본 적이 없는 차분한 기쁨의 표정을 나타내고 있었다. 부인은 그들에게는 별로 관심을 두지 않고 있는 것 같더니, 드디어 출발을 할 때 크리스토프에게 손을 내밀면서 말했다.

"당신 덕택으로 구원을 얻었어요."

"어떻게 된 거야, 그 여자는 미치광이 같더니?" 매우 놀란 크리스토프는 계단을 오르면서 올리비에게 물었다.

그로부터 며칠 뒤, 크리스토프는 우편으로 사진 한 장을 받았다. 사진에는, 그가 모르는 소녀가 의자에 걸터앉아 귀여운 손을 점잖게 무릎 위에 마주 잡고, 맑고 우울한 눈으로 가만히 그를 쳐다보고 있었다. 사진 밑에 다음과 같은 글씨가 씌어 있었다.

(나의 죽은 딸이 당신에게 감사를 보냅니다.)

＊

이리하여 이들 여러 사람 사이에 새로운 생명의 숨결이 불고 지나갔다. 위쪽 6층 지붕 밑 다락방에서 굳센 인간성의 원동력이 타고 있었다. 그리고 그 빛이 집 안으로 서서히 비쳐 들어갔다.

하지만 크리스토프는 그것을 전혀 깨닫지 못했다. 그에게는 너무나 느렸다.

"아아!" 그는 한숨을 몰아쉬었다. "그렇다면 신앙과 계급이 다르며, 서로 알려고조차 하지 않는 모든 선량한 사람들을 형제처럼 친밀하게 만들지는 못하는 것일까? 아무런 방법도 없는 것일까?"

"도리가 없어요." 올리비에가 대답했다. "그러기 위해서는 서로 간의 관용과 공감이 필요한데, 그것은 마음의 기쁨 속에서만 태어나는 것이니까요. 건강하고 정상적이고 조화된 기쁨, 자기 활동력을 효과적으로 행사했다는 기쁨, 자기가 무슨 위대한 것에 도움이 되었다고 느끼는 기쁨에서만 말이지요. 그러기 위해서는 하나의 나라가 어떤 위대한 시기나, 혹은—이게 더 좋은데—위대함을 향해서 나아가는 시기에 있는 것이 필요한 거예요. 그리고 또—이건 앞에서 지적한 것과 양립할 수 있는 것인데—모든 정력을 활동시킬 수 있는 하나의 힘, 여러 당파 위에 군림할 수 있는 강력하고 지적인 하나의 힘이 필요해요. 그런데, 그와 같이 당파 위에 설 수 있는 힘은 오직 하나밖에 없어요. 그것은 자기의 힘을, 군중에서가 아니라 자기 자신에게서 끌어내는 힘이지요. 무정부적인 다수자에게 의지하지 않고, 오히려 봉사함으로써 모든 사람에게 자기를 강요하는 힘이요. 이를테면 전쟁에서 승리한 장군이나, 공안 위원회(公安委員會)의 독재자나, 지성의 최고 권위자 같은…… 하지만 그것은 우리가 애써서 되는 게 아니에요. 그러기 위해서는 기회가 필요해요.

그 기회를 포착하는 사람이 있어야 하지요. 행운과 천재가 있어야 하는 거예요. 희망을 갖고 기다리자! 힘은 거기에 있어요. 옛 프랑스와 새 프랑스의, 가장 커다란 프랑스의 신앙과 학문, 사업의 힘이…… 결합된 이 모든 힘을 발휘시키는 말, 그 마법과 말이 표시되면, 과연 그것은 얼마나 놀라운 추진력이 될까! 그 말을 할 수 있는 자는 당신도 아니고 나도 아니에요. 그렇다면 누가 그 말을 하는 것일까? 승리일까? 영광일까? 아니지, 그건 인내예요! 중요한 것은 민족 속에 있는 모든 강력한 것이 힘을 결집하여, 시기가 오기 전에 붕괴되거나 의기가 기운을 잃지 않도록 하는 일이죠. 행복과 천재는 몇 세기에 걸친 인내와 노고와 신념을 바쳐 그것을 얻을 만한 값어치를 지닌 국민에게만 오는 거예요."

"글쎄, 어떨지?" 크리스토프는 말했다. "행복과 천재는 때때로 예기한 것보다도 빨리, 전혀 기대하지도 않은 때에 오는 예도 있어. 자네들은 몇백 년 앞을 기대하고 있는데, 준비를 하고 있어야 하네! 허리띠를 단단히 졸라매야 하네! 항상 구두를 신고, 손에 막대기를 쥐고 있어야 하네…… 왜냐하면 신이 오늘 밤 문 앞을 지나갈지도 모르니까."

*

그날 밤, 신은 바로 옆을 지나쳐 갔다. 그 날개의 그림자가 집 옆을 스쳐 지나갔다.

표면적으로는 별다른 의미도 없는 여러 가지 사건이 잇따른 뒤에, 프랑스와 독일의 관계가 갑자기 험악해졌다. 의좋게 이웃 살림을 하던 평상시의 관계가 사흘 동안에 전쟁을 내포한 도발적인 투로 바뀌었다. 이 변화에 놀란 것은 이성이 세계를 다스리고 있다는 환상 속에서 살고 있던 사람들뿐이었다. 그런데 프랑스에는 그런 사람들이 많았다. 그리고 많은 사람들은, 라인 강 건너편에서 발행하는 신문이 갑자기 반(反)프랑스적인 논조를 내세우기 시작한 것을 보곤 어리둥절했다. 두 나라의 애국심을 건방지게도 자기 소유물처럼 다루고, 국민의 이름으로 얘기하고, 때로는 또 국가와 결탁하여 취해야 할 정책을 국가에게 지정했지만, 그것이 모두 프랑스에 대하여 모욕적인 최후통첩을 들이대었다. 전부터 독일과 영국 사이에 어떤 분쟁이 일어나고 있었다. 그리고 독일은 프랑스가 거기에 관여하지 않는 권리마저도 허용하지 않았다. 오만하고 무례한 독일 신문은 프랑스가 독일에 편들겠다고 선언할 것을 재촉하여, 만약 그렇게 하지 않을 때에는 전쟁의 첫 희생물로 삼겠다고 위협하고 있었다. 공포심을 이용해서 강제로 동맹국으로 만들 작정이었다. 그리고 미리부터 프랑스를, 굴복을 달갑게 받아들인 부하처럼 취급하고 있었다. 말하자면 오스트리아처럼 취급하고 있었던 것이다. 거기에는 승리에 도취한 독일 제국주의의 오만한 광기가 나타나 있고, 또한 독일 위정자들에게 타민족을 이해하는 능력이 전혀 없다는 것이 나타나 있다. 그들 위정자는 자기들에 대해서 법칙으로 적용하고 있는 공통의 척도, 다시 말하면 힘이야말로 최고의 도리라고 하는 척도를 모든 민족에 대해서 적용하고 있던 것이다. 그러나 독일이 일찍이 알지 못하는 영광과 유럽에 있어서의 최고권을 지난 몇 세기 동안 풍족하게 유지해 온 오랜 전통을 지닌 국민에 대해서는, 그러한 난폭한 경고가 독일이 기대하는 것과 반대의 결과를 초래한 것은 당연하다. 그것은 잠들어 있는 자존심을 깨웠다. 프랑스는 모두 몸을 떨고 일어났다. 가장 무관심한 사람들도 분노의 외침을 질렀다.

독일 국민 대부분은 이러한 도전에 전혀 관계가 없었다. 어느 나라에 있어서도 선량한 사람들은 평화로운 생활밖에는 바라지 않는다. 특히 독일의 선량한 사람들은 온순하고 정다우며, 모든 사람과 의좋게 지내고 싶어하며, 남을 공격하기보다는 오히려 남을 찬양하고 모방하는 경향이 있다. 그런데 그들에겐 의견을 반영할 기회도 제공되지 않고, 또한 의견을 반영할 만큼 대범하지도 않다. 공적 활동의 강한 습관을 갖고 있지 못한 사람들은, 필연적으로 공적 활동에 의해서 희롱을 당하게 마련이다. 그들은 신문의 호전적인 외침이나, 지도자들의 도전을 되풀이하는 소란하고 어리석은 메아리가 되었다. 그리하여 〈라 마르세예즈〉나 〈라인의 방위〉를 만들어 내는 것이다.

이것은 크리스토프와 올리비에로서는 심각한 타격이었다. 그들은 서로 사랑하는 것이 당연한 것처럼 길들어 있었기 때문에, 두 나라가 왜 자기들처럼 서로 사랑하지 않는지 이유를 알 수 없었다. 어디엔가 끈질기게 남아 있다가 지금 갑자기 눈을 뜬 이 적의가 어디에서 오는 것인지, 두 사람으로서는 알수가 없었다. 특히 크리스토프로서는 모를 일이었다. 크리스토프는 독일 사람으로서, 자기 민족이 전에 한 번 굴복시킨 일이 있는 민족을 원망할 이유

는 아무것도 없었다. 그는 자기 나라 사람들의 오만한 태도를 불쾌해하면서
도, 브룬스비크식 요구에 대해서 프랑스 사람들이 분개하는 것에 어느 정도
동감하고 있었다. 그러나 프랑스가 왜 결국은 독일의 동맹국이 되려고 하지
않는지는 잘 알 수 없었다. 두 나라에는 마땅히 결합해야 할 여러 가지 깊은
이유가 있고, 공통된 많은 사상이 있고, 협력해서 완성해야 할 큰 사업이 있
는 것처럼 그에게는 여겨졌으므로, 두 나라가 아무런 성과도 가져오지 않는
원한을 고집하고 있는 것을 보면 화가 났다. 모든 독일 사람들과 마찬가지로
그 역시, 그러한 오해는 주로 프랑스 측에 책임이 있는 것으로 생각하고 있
었다. 왜냐하면 패배의 기억을 씻어 버리지 못하는 것은 프랑스로서 괴로운
일임에 틀림이 없음을 인정하지만, 그것은 요컨대 자존심의 문제이며, 문명
과 프랑스 자신의 보다 높은 이익 앞에서는 그런 자존심은 포기해야 한다고
생각하고 있었기 때문이다. 그는 여태까지는 알자스 로렌 문제를 생각해 보
려고 한 적은 한 번도 없었다. 그는 학교에서 이 두 주를 병합한 것은, 몇
세기 동안 외국에 예속되어 있던 독일의 땅을 조국으로 되찾은 정당한 행위
라고 배웠다. 그러므로 올리비에가 그것을 하나의 범죄로 간주하고 있는 것
을 알았을 때, 그는 매우 놀랐다. 그는 여태까지 이 문제에 관해서 올리비에
와 얘기한 적은 없었다. 그만큼 둘 다 같은 의견이리라 믿었던 것이다. 그런
데 지금 성실한 마음과 자유로운 지성을 가지고 있다는 것을 그도 잘 알고
있는 올리비에가, 위대한 국민은 그러한 범죄에 대한 복수를 하지 않겠다고
단념할 수는 있으나, 그 범죄를 인정하는 것은 국민으로서의 면목을 손상하
는 일이라고 격정도 분노도 없이 자못 슬픈 태도로 말하는 것이었다.

　　그들은 여간해서는 서로 이해하지 못했다. 올리비에는 알자스 지방이 원
래 라틴의 땅이기 때문에 그것을 요구하는 프랑스의 권리에 대해서 여러 가
지 역사상의 이유를 인용했으나, 크리스토프는 아무런 감명도 받지 않았다.
그 반대를 증명하는, 같은 정도로 유력한 이유도 있었다. 무릇 역사라는 것
은 정치에 대하여 정치가 제멋대로 주장을 내세우기 위해서 필요한 논거를
제공하는 법이다. 크리스토프는 이 문제의, 단순히 프랑스가 주장하는 면이
아니라 인간에 관한 면에서 깊은 감명을 받았다. 알자스 사람이 독일 사람이
냐 아니냐 하는 것은 문제가 아니었다. 그들은 독일 사람이기를 원하고 있지
않았다. 이것이야말로 중요한 일이었다. '이 민중은 나의 것이다. 왜냐하면

나의 형제이므로'라고 말할 수 있는 권리를 과연 누가 가지고 있을까? 가령 형제가 그것을 부인한다면 그것은 부당한 것일지라도 그 책임은 자기를 사랑하게 하지 못한 자에게 있으며, 따라서 상대를 자기 운명에 결부시키겠다고 주장할 권리도 전혀 없는 것이다. 알자스 사람은 지난 40년 동안, 여러 가지 난폭한 짓을 하거나 노골적으로 또는 은근히 독일을 괴롭혔으며, 그러면서도 꼼꼼하고 현명한 독일의 통치에 의해 실질적인 이익을 얻고 있으면서, 그래도 여전히 독일 사람이 되고 싶지 않다고 버티고 있었다. 그리고 그들의 의지가 피로에 지쳐서 드디어는 양보를 한다 하더라도, 여러 세대에 걸친 사람들의 고통, 태어난 고향을 떠나야 한다든가, 혹은 그보다도 더 애통스러운 노릇으로 땅에서 떠나지도 못하고 싫증나는 속박을 받게 된다든가, 땅을 빼앗기고 인민이 노예가 되는 것을 본다든가 하는 괴로움은 그 누구도 없애지 못했다.

크리스토프는 문제의 그런 측면에 대해서는 한 번도 생각한 일이 없다는 것을 솔직하게 고백했다. 그리고 그 점에 마음이 동요되지 않을 수 없었다. 정직한 독일 사람은 의논을 할 때에는, 아무리 성실한 라틴 사람이라도 그 심한 자존심 때문에 결코 갖지 못하는, 독특한 성실함을 여전히 가지고 있다. 크리스토프는 역사의 모든 시기에 있어서 모든 국민이 그렇게 한 같은 범죄의 예를 들어서 그것으로 방패를 삼으려고는 하지 않았다. 그러한 부끄러운 변명을 찾아내기에는 그는 너무나 오만했다. 인류가 진보하면 할수록, 인류의 범죄는 보다 많은 광명으로 조명되기 때문에 더욱 추잡하게 보인다는 것을 그는 알고 있었다. 그러나 또한 가령 프랑스가 승리를 얻는다면, 독일과 마찬가지로 자제심을 잃고 승리에 도취하여, 범죄의 연쇄에 또 하나의 고리를 더하게 되리라는 것도 알고 있었다. 이리하여 비극적인 투쟁이 영구히 계속되어, 유럽 문명에서 최선의 것이 그 때문에 멸망할지도 모르는 것이었다.

이 문제는 크리스토프로서도 골치 아픈 것이었으나, 올리비에로서는 더욱 심각한 문제였다. 원래 그것은 가장 결합되기 쉬운 두 나라 사이의, 슬픈 형제 싸움이라고 할 정도의 것은 아니었다. 프랑스 자체 안에서 국민의 한 부분이 다른 부분에 대해서 싸움을 준비하고 있었다. 지난 몇 해 동안 평화주의적인 반군국주의론이 국민의 가장 고상한 사람들과 가장 비천한 사람들에 의해서 동시에 선전되어, 점점 퍼지고 있었다. 국가는 오랫동안 그것을 내버려 두고 있었다. 정치가들의 이해에 직접 저촉되지 않는 일은 모두 무기력하고 향락적인 적당한 기분으로 내버려 두고 있었던 것이다. 그리고 가장 위험한 이론이 국민의 핏속에 흘러들어, 한편에서 준비하고 있는 전쟁을 파괴하려 하고 있었는데, 그것을 내버려 두기보다는 오히려 솔직하게 그 이론을 지지하는 쪽이 위험이 적으리라는 것을 전혀 생각해 보지도 않았다. 그 이론은 보다 올바르고 보다 인간적인 세계로 향하여 노력을 결집시키면서 우애적인 유럽을 건설할 것을 원하는, 자유로운 지식인들에게 호소하고 있었다. 그리고 또한, 누구를 위해서도 결코 위험에 직면하려고 하지 않는 비겁한 이기주의를 품은 천민들에게도 호소하고 있었다.

그 사상은 올리비에와 그의 여러 친구들에게도 영향을 끼쳤다. 크리스토프는 한두 번 그의 집에서, 그들이 토론하는 것을 듣고서 깜짝 놀란 일이 있었다. 인도주의적인 공상에 취해 있는 선량한 모크는, '전쟁은 막아야 한다, 그러기 위해서 가장 좋은 방법은 병사를 선동해서 반항시키는 일이다, 상관을 살해하도록 하는 일이다', 라고 눈을 반짝이면서 태연스럽게 말했다. 그리고 반드시 성공한다고 자부하고 있었다. 그러자 기사인 엘리 엘스베르제는 냉정하면서도 날카로운 말투로, 만약 전쟁이 시작되면 자기나 친구들은 먼저 국가 안에 있는 적을 처치한 뒤에 국경으로 향할 것이라고 모크에게 대답했다. 앙드레 엘스베르제는 모크 편을 들었다. 크리스토프는 어느 날, 엘스베르제 형제가 맹렬하게 다투고 있는 장면을 목격했다. 두 사람은 서로 총으로 쏴 죽인다고 위협하고 있었다. 그런 위험한 말은 농담투였지만, 태도는 반드시 실행할 것처럼 진지했다. 사상을 위해서는 언제든지 자살을 사양하지 않는 이 어리석은 국민을 크리스토프는 경탄의 눈으로 보고 있었……마치 미치광이 같았다. 논리에 신들린 미치광이들이다. 각자가 자기 사상이 이끄는 대로 한 걸음도 빗나가지 않고서 마지막까지 나아가려 한다. 그리고 서로 상대를 멸망시키고 있다. 인도주의자는 애국주의자와 싸우고 있다. 애국주의자는 인도주의자와 싸우고 있다. 그러는 동안에 적이 와서 조국과 사람의 도리까지 한꺼번에 분쇄해 버리는 것이다.

"그러나" 크리스토프는 앙드레 엘스베르제에게 물었다. "당신들은 다른 나라의 무산자(無産者)들과 양해가 되어 있습니까?"

"누군가가 먼저 시작을 해야지요. 그게 바로 우리입니다. 우리는 언제나 선구자였습니다. 신호를 던지는 건 우리입니다!"

"그래서 만약 다른 사람들이 걸어가지 않으면 어떻게 하지요?"

"틀림없이 걷기 시작할 것입니다."

"계약이나 예정된 계획이 있습니까?"

"계약 같은 건 필요 없어요! 우리의 힘은 어떤 외교술보다도 뛰어납니다."

"그것은 관념의 문제가 아니라 전략의 문제입니다. 가령 당신들이 전쟁을 근절할 것을 원한다면, 그 방법을 전쟁에서 빌려야지요. 두 나라에 있어서 당신들의 작전 계획을 세워야 합니다. 어느 일정한 날, 프랑스와 독일에서, 당신들의 연합군이 어떤 행동을 일으킨다는 것을 정해야 합니다. 그저 우연에 내맡겨 둬서 무슨 결과를 바랄 수 있겠습니까? 한쪽은 우연에만 의지하고 다른 쪽은 커다란 조직력을 가지고 있으니, 그래서는 결과가 뻔합니다. 당신들은 짓밟혀 버릴 것입니다."

앙드레 엘스베르제는 크리스토프가 하는 말을 잘 듣지도 않았다. 어깨를 꼿꼿이 세우고 막연히 위협하는 말로 만족했다. 한 줌의 모래라도, 톱니바퀴 장치의 긴요한 부분에 던지면 그 기계 전체를 망가트릴 수도 있다고 그는 주장했다.

그러나 이론적으로 천천히 의논하는 일은 사상을 실행에 옮기는 일, 특히 당장에 그것을 결행해야 하는 경우에는 각각 다른 문제였다……. 마음 밑바닥에 커다란 파도가 통과할 때야말로 비통한 순간이다! 사람들은 자기는 자유인 줄 알고 있다. 자기 사상의 주인인 줄 알고 있다. 그런데 지금 어쩔 수 없이 자기가 끌려들고 있는 것을 느낀다. 어렴풋한 하나의 의지가 자기 의지와 반대의 것을 바라고 있다. 그러자 이때 미지의 지배자가, 인류의 대양을 지배하는 법칙을 가진, 눈에 안 보이는 힘이 그 모습을 나타내는 것이다……

자기 신념에 확고한 자신이 있는 매우 견실한 지식인도, 그 신념이 허물어지는 것을 보고 동요되어 어떤 결심을 하는 것을 망설였다. 그리고 가끔 자기가 예상했던 것과는 다른 방향으로 결심하게 된 것을 보고, 스스로도 깜짝 놀랐다. 전에는 더없이 열성스럽게 전쟁을 공격하던 사람들도 조국에 대한 자부심과 정열이 갑자기 눈을 뜨기 시작하는 것을 느끼고 있었다. 많은 사회주의자, 또는 급격한 산업혁명주의자마저도, 그러한 대립된 정열과 의무 사이에 끼여서 어쩔 줄 모르는 것을 크리스토프는 보았다. 두 나라의 분쟁이 이제 막 시작되었을 뿐 아직은 그 사건을 대수로운 것으로 생각하지 않을 무렵, 크리스토프는 앙드레 엘스베르제에게, 만약 프랑스를 독일에 빼앗기고 싶지 않으면 지금이야말로 그의 이론을 실행할 때라고, 독일 사람다운 무뚝뚝한 투로 말한 일이 있었다. 그러자 상대는 버럭 화를 내면서 대답했다.

"어디 그렇게 해 보시지요! ······훌륭한 사회당이 있어 40만 명 당원과 300만이라는 선거인을 거느리면서도, 황제의 입을 틀어막지도 못하고 속박에서 벗어나지도 못하는 불쌍한 사람들이오······ 우리가 그것을 맡아 드리지요! 프랑스를 빼앗을 수 있으면 빼앗아 보세요! 오히려 우리가 독일을 빼앗게 될 테니······."

기다리는 시간이 길어짐에 따라, 모든 사람들의 마음이 가열되었다. 앙드레는 고민하고 있었다. 자기 신념이 옳다는 것을 알고 있으면서 그것을 옹호할 수 없다는 것도 알고 있었다. 그리고 군집적인 사상의 광열과 전쟁의 기품을 민중에게 전염시키고 있는 정신적 질병에, 그 자신도 전염된다는 것을 느끼고 있었다! 그 질병은 크리스토프의 주위에 있는 모든 사람들에게, 또한 크리스토프 자신에게도 영향을 끼쳤다. 그들은 이제 서로 말을 하지 않게 되었다. 각각 따로 떨어져 있었다.

그러나 사람들은 언제까지나 이러한 불안정한 상태로 있을 수는 없었다. 행동의 바람은, 마음을 결정하지 못한 사람들도 강제로 어느 한 파에다 몰아넣었다. 그리고 최후통첩의 전날이라고 짐작된 어느 날, 이제 곧 살육이 벌어지려는 어느 날, 모든 사람들이 자기의 태도를 선택한 것을 크리스토프는 알아차렸다. 서로 반대되는 입장에 있었던 모든 당파가, 여태까지 혹은 미워하고 혹은 경멸하던 힘의 주위에, 프랑스를 대표하고 있는 힘의 주위에 본능적으로 모여들고 있었다.

탐미주의자도, 퇴폐적인 예술의 대가도, 제멋에 겨운 그 작품 속에 애국적인 신념을 집어넣고 있었다. 유대 사람들도 선조 때부터 살아 온 신성한 땅을 지키자고 말하고 있었다. 군기라는 말만 들어도 겁쟁이들은 눈에 눈물이 핑 돌았다. 그리고 모두 다 진지했다. 모두 다 전염되었다. 앙드레 엘스베르제나 그의 친구인 산업혁명주의자들도 다른 사람들과 마찬가지였다. 아니, 오히려 그 이상이었다. 사태의 필연성에 압도되어 여태까지 경멸하던 당파에 가담하지 않을 수 없게 된 그들은, 음울한 공포와 염세적인 분노로써 결심을 굳혔다. 그것은 그들을, 살육을 위한 열광적인 도구로 만들었다. 노동자인 오베르는 배워서 터득한 인도주의와 본능적인 맹목적 애국심과의 사이에 끼여서 미칠 지경이었다. 며칠 밤을 새워서 생각한 끝에 드디어 모든 것을 해결할 방식을 발견했다. 그것은 프랑스는 인류의 대표자라는 생각이었다. 그로부터 그는 크리스토프하고는 말을 하지 않게 되었다. 그 집에 사는 거의 모든 사람이 그에 대해서 문을 닫았다. 그 훌륭한 아르노 부부마저도 크리스토프를 초대하지 않게 되었다. 그들은 여전히 음악을 하고 예술에 둘러싸인 생활을 하고 있었다. 그들은 모두 머리를 지배하고 있는 근심 걱정을 잊으려고 애썼다. 그러나 역시 그 문제를 생각하고 있었다. 그들이 혼자일 때는 크리스토프를 만나면 친밀하게 악수를 했으나, 그것도 무척이나 급하게 슬그머니 하는 것이었다. 그리고 같은 날, 부부가 같이 갈 때 크리스토프를 만나자 그들은 난처한 표정으로 가볍게 고개를 끄덕였을 뿐 걸음도 멈추지 않고 지나갔다. 그와 반대로 몇 해 동안 서로 말도 하지 않던 사람들이 갑자기 사이가 좋아졌다. 어느 날 저녁, 올리비에가 크리스토프에게 창가로 오라고 손짓했다. 그리고 아래 정원을 가리켰다. 거기에는 엘스베르제 형제가 샤브랑 소령과 얘기를 하고 있었다.

크리스토프는 사람들 마음속에 일어난 이런 혁명에 놀랄 만큼 여유가 없었다. 그는 그 나름으로 근심 걱정이 머리에 꽉 차 있었다. 기분이 산란하여 어떻게 할지를 몰랐다. 올리비에가 더 동요할 것 같으면서도 크리스토프보다는 침착했다. 올리비에 한 사람만이 병에 걸리지 않은 것 같았다. 그 역시 가까운 시일 안에 전쟁이 일어날 것이라는 예상과 국내의 분열이 불가피하다는 전망 때문에 고민을 하고 있었으나, 바야흐로 전쟁을 시작하려고 하는 서로 맞선 두 신념의 위대함을 알고 있었다. 그리고 인류의 진보를 위한 실험 장소가 되는 게 프랑스의 역할이라는 것과, 새로운 관념이 꽃을 피우기 위해서는 프랑스의 피를 쏟아 부어야 한다는 것도 알고 있었다.

하지만 그 자신은 전투에 참가하는 것을 거부했다. 서로 문명을 파괴하는 이 싸움 속에서 그는, '나는 사랑을 위해서 태어났지, 미움을 위해서 태어난 게 아닙니다'라는 안티고네의 명언을 되풀이하고 싶었다. 그렇다. 사랑을 위해서, 그리고 사랑의 다른 형태인 예지를 위해서 태어난 것이다. 크리스토프에 대한 애정만으로도 그의 의무가 무엇이라는 것을 그에게 가르쳐 주었을 것이다. 몇백만이라는 많은 사람이 서로 미워하려는 지금, 그는 자기와 크리스토프와 같은 두 영혼의 의무와 행복은, 이 동란 속에서도 사랑과 이성을 완전한 형태로 유지하는 일이라고 느끼고 있었다. 1813년에 독일을 휘몰아서 프랑스를 공격시킨 저 증오의 운동—그것은 하나의 해방전이었는데—에 참가하는 것을 거부한 괴테를 그는 떠올렸다.

크리스토프는 그 모든 것을 느끼고 있었는데, 마음이 조금도 가라앉지 않았다. 그는 말하자면, 독일에서 탈출하여 왔으므로 독일에는 돌아가지 못하는 처지였다. 그리고 옛친구 슐츠가 동경하는 18세기의 위대한 독일 사람들이 가지고 있던 유럽 정신에 의해서 양육되어, 군국주의적이고 실리주의적인 새로운 독일의 정신을 혐오하고 있었다. 그런 상태에서 자기 마음속에 정열의 돌풍이 일어나는 소리에 귀를 기울였다. 그 돌풍에 의해서 과연 어디로 실려가는지는 스스로도 모를 일이었다. 그는 이것을 올리비에에게도 말하지 않았다. 그러나 시국에 대한 보도를 기다리면서 괴로운 나날을 보내고 있었다. 슬그머니 필요한 물건을 간추려서 트렁크에 짐을 꾸렸다. 그는 이제 이론을 따지지 않았다. 이렇게 되어서는 그의 힘으로도 어찌할 도리가 없었다. 올리비에는 크리스토프의 마음속에서 벌어지고 있는 싸움을 짐작하여 불안한 기분으로 지켜보았다. 그러면서도 차마 물어보지는 못하고 있었다. 두 사람은 평상시보다도 더 친밀해지고 싶었고, 종전보다도 더 서로 사랑하고 있었다. 하지만 얘기를 하는 것은 두려웠다. 두 사람 사이를 갈라놓게 될지도 모를 사상의 차이가 발견되는 게 두려웠기 때문이다. 가끔 두 사람의 시선이 마주쳤다. 거기에는, 이것이 영원한 이별이 되는 게 아닌가 하는 불안한 애정의 표정이 있었다. 그리고 두 사람은 가슴이 뭉클해져서 아무 말도 못했다.

그런데 안마당 건너편에 세워지고 있는 건물 지붕 위에서는, 이와 같이 음울한 날이 계속되는 동안에도, 직공들이 소나기에 젖으면서 완성의 망치질을 하고 있었다. 크리스토프와 친해진 그 수다스러운, 기와 잇는 일꾼이 멀리서 웃는 낯으로 그에게 외쳤다.

"보세요, 집이 또 한 채 다 됐습니다그려!"

*

다행히 폭풍은 지나갔다. 습격해 올 때처럼 빠르게 지나갔다. 당국의 비공식 발표는 청우계(晴雨計)처럼 날씨가 회복된 것을 알렸다. 신문의 흉포한 개들은 개집으로 돌아갔다. 몇 시간 사이에 사람들의 마음은 긴장을 풀었다. 그것은 여름철 저녁나절이었다. 크리스토프는 숨을 헐떡이면서 이 희소식을 올리비에에게 가지고 왔다. 크리스토프는 기쁜 듯이 숨을 몰아쉬고 있었다. 올리비에는 미소를 머금고, 좀 슬픈 듯이 그를 쳐다보았다. 그리고 마음에 걸리는 것을 미처 말하지 못하고 다만 이렇게 말했다.

"어떤가요? 봤죠? 서로 이해하지 못하던 사람들이 모두 단결하는 것을."

"봤어." 크리스토프는 기분 좋게 말했다. "자네들은 어릿광대일세! 자네들은 뒤죽박죽으로 마구 떠들고 있는 것 같더니, 마음속에서는 일치하고 있었군."

"당신은 마치 그것을 기뻐하는 것 같군요!" 올리비에가 말했다.

"왜, 기뻐해서는 안 되나? 자네들의 단결이 나에게 폐를 끼쳤단 말인가? 천만에! 나에게도 충분한 힘이 있어……. 그리고 우리를 싣고 흐르는 급류나, 마음속에 눈을 뜬 이러한 악마를 느낀다는 건 유쾌한 일일세."

"나는 그게 두려워요." 올리비에는 대답했다. "나는 차라리 영원의 고독을 바라보고 있어요. 우리 민족의 단결이 그런 대상을 필요로 한다면 말이지요."

두 사람은 입을 다물었다. 양쪽 다 지금 자기들의 마음을 어지럽히고 있는 문제를 꺼내지 못하고 있었다. 그러다가 기어이 올리비에가 목이 메어 말했다.

"솔직히 말해 줘요, 크리스토프. 당신은 귀국할 생각이었지요?"

크리스토프는 대답했다.

"응."

올리비에는 이 대답이 나오리라고 확신하고 있었으나, 그래도 역시 가슴이 울렁거렸다. 그는 말했다.

"크리스토프, 자칫하다가는……"

크리스토프는 이마를 문지르면서 말했다.

"그 얘기는 그만두세. 더 하고 싶지 않아."

올리비에는 괴로운 듯이 말을 이었다.

"당신은 우리하고 싸울 작정이었나요?"

"나는 몰라. 그런 건 생각해 보지 않았어."

"하지만 마음속에서는 결심하고 있었겠지요?"

크리스토프는 말했다.

"그건 그래."

"나를 적으로 해서?"

"절대로 그렇지는 않아. 자네는 내 편일세. 내가 어디에 있든지, 자네는 나하고 같이 있는 거니까."

"하지만 우리나라를 적으로 해서 싸우는 게 아닌가요?"

"나는 나대로 내 나라를 위해서."

"그게 무서운 거예요." 올리비에는 말했다. "나도 당신과 마찬가지로 내 나라를 사랑하고 있어요. 나의 친애하는 프랑스를 사랑하고 있어요. 그러나 설령 프랑스를 위해서라도 자기 영혼을 죽일 수야 있을까요? 자기 양심을 배반할 수가 있을까요? 그것은 결국 프랑스를 배반하는 일이에요. 증오하는 마음 없이 증오하거나, 증오에서 나오는 미치광이 같은 짓을 내가 어떻게 할 수 있을까요? 근대의 국가는 그 냉혹하고 엄격한 규칙에 이해와 사랑을 본질로 하는 정신의 자유로운 교회를 종속시켰다고 주장하지만, 바로 그때에 가증한 범죄를, 언젠가는 자기를 멸망시키게 될 죄악을 범한 것이에요. 카이사르는 어디까지나 카이사르 노릇을 하거라. 그러나 감히 신이 되려는 야망을 일으켜서는 안 돼요! 우리의 돈이나 생명을 빼앗고 싶으면 빼앗아 가려무나. 그러나 우리 영혼에 대해서는 아무 권리도 없어요. 우리 영혼을 피로써 더럽힐 권리는 없어요. 우리는 이승에 빛을 퍼기 위해 태어난 거예요. 빛을 없애기 위해 태어난 게 아니에요. 사람은 저마다 그 의무를 지니고 있어요! 만약 카이사르가 전쟁을 하고 싶으면 전쟁을 하기 위한 군대를 가지라고 해요. 옛날처럼 전쟁을 직업으로 하는 군대를 말이에요! 나는 힘에 대해서 공연히 불평을 늘어놓고 시간을 허비할 만큼 어리석지는 않아요. 그러나 나는 힘의 군대에 소속된 사람은 아니에요. 나는 정신의 군대에 소속된 사람이에요. 몇천 명의 형제들과 함께 거기에서 프랑스를 대표하고 있는 거예요. 카이사르는 땅을 정복하고 싶으면 정복하라고 해요! 우리는 진리를 정복하는 거예요."

"정복하기 위해서는" 크리스토프는 말했다. "이겨야 하고, 또 살아야 하네. 진리는 동굴 벽에서 분비되는 종유석처럼, 두뇌에서 분비되는 고루한 독단이 아니야. 진리는 곧 생명일세. 그것은 자기 두뇌 속에서 찾을 게 아니라, 타인의 마음속에서 찾아야 하네. 타인과 결합해야 한다는 말일세. 뭐든지 자기 좋은 대로 생각하는 건 괜찮지만, 날마다 인간의 물로 목욕을 해야 하네. 타인의 생명을 통해서 생명의 진리를 깨달아야 하네. 그리고 그 생명의 운명을 견디며 사랑하는 것이 필요하네."

"우리 운명은 현재의 모습 바로 그것이에요. 생각을 하거나 생각을 하지 않거나 간에, 설령 위험성은 있더라도 제멋대로 할 수 있는 것은 아니에요. 우리도 문명의 한 단계에 와 있으며, 여기서 되돌아가지는 못하는 거예요."

"그렇지, 자네들은 문명이라는 고원의 가장자리까지 와 있는 걸세. 민중이 거기까지 와서는 뛰어내리고 싶어하는 위험한 장소에. 자네들에게 있어서는 종교와 본능이 쇠약해지고 있어. 자네들은 이미 지성뿐일세. 지금이 곧 위험한 순간이지! 다음에는 죽음이 올지도 모르네."

"죽음은 어느 민중에게나 오는 거예요. 그것은 요컨대 세기의 문제지요."

"자네는 세기를 경멸하나? 삶이란 으레 그날그날의 문제가 아닌가? 지나가는 각 순간을 포용하지 않고 오로지 절대 속에 몸을 두려고 하는 것은 어리석은 추상론자가 하는 짓일세."

"어쩔 수 없지요. 불은 장작을 태워 버리기 마련이지요. 인간은 현재와 과거를 동시에 살 수는 없으니까요, 크리스토프."

"현재에 살아야 하네."

"과거에 있어서 위대한 존재였었다는 사실도 대단한 일이지요."

"그러기 위해서는 조건이 필요해. 현재도 위대한 사람이 살아 있어서 그 가치를 인정해야만 비로소 그렇게 말할 수 있네."

"현재 평범하게 살고 있는 수많은 민중에 끼여 있는 것보다는, 차라리 지금은 멸망된 그리스 사람이었던 게 더 낫다고는 생각하지 않나요?"

"나는 살아 있는 크리스토프이기를 바라네."

올리비에는 논쟁을 그쳤다. 더는 대답할 말이 없기 때문이 아니라 흥미가 없기 때문이었다. 그는 논쟁을 하고 있는 동안에도 오직 크리스토프밖에는 생각하고 있지 않았던 것이다. 그는 한숨을 몰아쉬면서 말했다.

"당신은 내가 당신을 사랑하는 만큼 나를 사랑하지는 않는군요."

크리스토프는 다정하게 올리비에의 손을 잡았다.

"올리비에." 그는 말했다. "나는 자네를 내 생명보다도 더 사랑하고 있네. 그러나 용서하게. 생명보다 더는, 우리 두 민족의 태양보다 더는 사랑하고 있지 않네. 나는 방의 어둠이 두려워. 자네들의 그릇된 진보가 나를 그곳으로 끌고 가려는 그 어둠이. 자네들의 온갖 체념의 말 밑에는 한결같이 심연이 숨겨져 있네. 오직 행동만이 살아 있는 거야. 설령 사물을 죽이는 행동일지라도. 우리는 이승에 있어서는, 타오르는 불꽃을 택하느냐, 밤의 어둠을 택하느냐, 둘 중에 하나일세. 저녁 나절에 다가오는 어둠 앞에서 몽상을 하는 데에는 우울하고도 감미로운 감상이 있지만, 나는 죽음의 전조인 그러한 고요를 바라지 않아. 무한한 공간의 침묵이 두려워. 불 위에 새로운 장작을 던져 넣자! 더 많이! 더 많이! 필요하다면 나도 거기에다 던져 넣어……. 불이 꺼져서는 안 돼. 만약 불이 꺼지면 우리는 끝장일세. 모든 게 다 끝나는 걸세."

"그 말은 어디서 들은 기억이 있어요." 올리비에가 말했다. "그것은 과거의 야만 시대 밑바닥에서 들려오는 소리예요."

그는 책꽂이에서 인도 시인의 시집을 끄집어내어 크리슈나 신의 숭엄하고도 격렬한 언어를 낭독했다.

일어나라, 그리고 결연히 싸워라. 쾌락도 고통도, 이득도 손실도, 승리도 패배도, 다 염려하지 말고 오로지 온 힘을 다하여 싸우라…….

크리스토프는 그 책을 올리비에의 손에서 빼앗아 읽었다.

……그 누구도 나에게 행동을 강요하는 자는 없다. 모든 것은 다 나에게 소속된 것이므로. 그러나 나는 행동을 그치지 않는다. 내가 만약 끊임없는 활동에 의해서 본받아야 할 실례를 인간에게 보여 주지 않는다면, 인간은 모두 멸망하리라. 내가 만약 한순간이라도 활동을 멈추면 세계는 혼돈에 빠지고 나는 생명을 멸망시키는 자가 되리라…….

"생명이라." 올리비에는 되풀이해서 말했다. "생명이란 대체 무엇인가요?"

"하나의 비극이지." 크리스토프가 대답했다. "비극 만세!"

*

큰 파도는 가라앉았다. 모든 사람들은 은근한 두려움을 품고 있으면서도 되도록 빨리 잊어버리려고 했다. 아무도 얼마 전에 있었던 일을 기억하고 있지 않은 것 같았다. 하지만 역시 그 일을 생각하고 있다는 것을 알 수 있었다. 그들이 위험에 직면함으로써 비로소 그 가치가 느껴지는 즐거운 일상생활을 다시 시작한 것으로 미루어 그렇다는 것을 알 수 있었다. 하나의 위험이 경과했을 때에는 언제나 그런 것처럼 사람들은 부지런히 일에 종사했다.

크리스토프는 여태까지보다 몇 배나 더 열심히 일에 뛰어들었다. 올리비에마저도 그 일에 끌어들였다. 두 사람은 그동안 음울했던 사상의 반동으로 라블레풍의 서사시를 함께 만들기 시작했다. 그 서사시는 정신이 억압된 시기에 뒤이어 굳센 유물주의의 색채를 띠고 있었다. 올리비에는 그 전설적인 주인공들—가르강튀아, 사제장(司祭長), 파뉘르즈—외에, 크리스토프의 영향으로 새로운 인물을 하나 덧붙였다.

그것은 파시앙스(인내라는 뜻이 있음)라는 농부로서, 소박하면서도 약삭빠르며, 얻어맞기도 하고 도둑을 맞기도 하지만, 남이 하는 대로 따르고 있다. 마누라는 유혹을 당하고, 밭을 짓밟히지만 내버려둔다. 그러고서 꾸준히 자기 땅을 갈고 있다. 억지로 전쟁에 끌려가서 큰 고생을 하지만 당하는 대로 복종을 한다. 주인들의 공과 자기가 받을 채찍을 예측하면서도, 오히려 그것을 흥겨워하여 "이런 일은 그리 오래 계속되지 않을걸" 하고 스스로 타이른다. 마지막의 역전을 미리 짐작하여 곁눈으로 그것을 흘긋흘긋 보면서, 벌써 입을 크게 벌리고 말없이 웃고 있다. 과연 어느 날, 십자군에 참가한 가르강튀아와 사제장은 행방불명이 된다. 파시앙스는 진심으로 두 사람을 걱정하지만, 한편으로는 마음이 위로되어 유쾌해지기도 한다. 그는 또한 물에 빠진 파뉘르즈를 구출해주며 이렇게 말한다. "당신이 앞으로 나에게 못된 짓을 하리라는 건 잘 알고 있어요. 하지만 나는 당신이 있어야 해요. 왜냐하면 당신은 나를 웃겨 주니까요."

이런 서사시에다 크리스토프가 작곡을 했다. 그것은 합창이 들어간 교향 곡적인 장면의 연속이었다. 용맹스러우면서도 우스꽝스러운 전쟁, 도를 지나친 축제, 익살맞은 노래, 거창하고도 어린이다운 기쁨이 담긴 잔캥 풍의 연가(戀歌), 바다의 폭풍우, 바람에 휩쓸린 섬과 종소리, 그런 장면이 잇따른 끝에, 마지막에는 명랑한 플루트나 오보에의 환희와 민요로 가득 찬 목가적인 교향곡으로 끝나 있었다. 두 사람은 즐겁게 일을 했다. 얼굴이 창백하고 몸은 수척한 올리비에도 힘 속에 잠겨 있었다. 기쁨의 회오리바람이 그들의 지붕 밑 다락방을 불고 지나갔다……. 자기 마음과 친구의 마음을 합쳐서 창작을 한다는 기쁨! 연인들의 포옹도, 이 친밀한 두 영혼의 합체만큼은 즐겁지 못하고 열렬하지도 못할 것이다. 두 사람의 영혼은 드디어 완전히 융합하여 동시에 똑같은 생각이 머리에 떠오른 때도 있었다. 혹은 크리스토프가 어떤 장면을 작곡하고 있으면 올리비에가 거기에 적합한 언어를 찾아냈다. 크리스토프는 올리비에를 자기의 격렬한 항로에 끌어들이고 있었다. 그의 정신은 올리비에의 정신을 포섭하여 그것을 풍부하게 하였다.

　창조하는 행복 위에 승리의 기쁨이 첨가되었다. 헤히트가 《다윗》을 출판하기로 결심한 것이다. 그리고 그 악보는 좋은 기회에 편승하여, 삽시간에 외국에서 명성을 떨쳤다. 헤히트의 친구로 영국에 살고 있는 어떤 유명한 바그너파의 악장이, 이 작품에 감격했다. 그는 그의 음악회에서 몇 번이나 이 작품을 연주하여 큰 성공을 거두었다. 그 성공은 독일에 반향을 불러일으켜, 독일에서도 연주되었다. 악장은 크리스토프와 편지를 주고받으며, 다른 작품을 요구하고 협조를 제의하고 열심히 선전을 해 주었다. 독일에서는 지난날 매우 평판이 좋지 않았던 《이피게니에》가 다시 평가되었다. 사람들은 그를 천재라고 찬양했다. 크리스토프의 소설적인 경력이 적잖이 사람들의 관심을 자극했다. 먼저 프랑크푸르트의 신문이 반향을 불러일으키는 기사를 썼다. 다른 신문들도 그것을 본받았다. 그러자 프랑스에서도 몇몇 사람이 자기들 사이에 대음악가가 있는 것을 깨닫게 되었다. 파리의 어떤 악단 지휘자는 그 라블레풍의 서사시가 아직 완성되기도 전부터 그것을 연주하겠다고 신청했다. 그리고 구자르는 크리스토프가 곧 유명해질 것을 예감하여, 자기가 발견한 천재에 대하여 뜻깊은 말로 얘기를 시작했다. 또 어떤 기사에서는 그 훌륭한 《다윗》을 찬양했다. 작년의 어떤 기사에서 두세 줄 모욕적인 말을 쓴 것은 까마득하게 잊어버리고 있었다. 그리고 그의 주위 사람들도 누구 하나 그것을 기억하고 있지는 않았다. 파리에서 오늘날 찬양하고 있는 바그너나 프랑크도 전에는 얼마나 비웃었던가! 지금 그들을 찬양하는 까닭은 새로운 예술가들을 공격하기 위한 것이지만, 새로운 예술가들도 내일에 가서는 아마 찬양을 받게 되겠지!

크리스토프는 그런 성공을 거의 예측하고 있지 않았다. 언젠가는 자기가 승리를 하게 되리라는 것을 알고는 있었으나, 그날이 이렇게 가까이 있는 줄은 몰랐다. 그래서 너무나 빠른 성공이 믿어지지 않았다. 그는 어깨를 움츠리고서 자기를 조용히 있게 해달라고 말했다. 작년, 《다윗》을 작곡했을 때에 칭찬을 받았다면 그도 납득을 했을 것이다. 하지만 지금은 그 작품에서는 이미 멀리 떠나 월등하게 진보를 하고 있는 것이다. 낡은 작품을 가지고 떠드는 사람들에 대하여 그는 이렇게 말해 주고 싶었다.

"그런 시시한 작품은 가만히 내버려 두시오! 나는 그 작품이 싫어요. 그리고 당신들도!"

크리스토프는 그런 일 때문에 기분이 어수선해진 것을 다소 불쾌하게 생각하면서, 다시 새로운 일에 몰두했다. 하지만 마음속으로는 은근히 만족을 느끼고 있었다. 영광의 최초의 빛은 매우 즐겁다. 이긴다는 것은 좋은 일이고, 건전한 일이다. 그것은 열리는 창이고, 집 안으로 흘러드는 봄의 첫 숨결이다. 크리스토프는 자기의 낡은 작품, 특히 《이피게니에》를 아무리 멸시한들 어쩔 수가 없었다. 지난날 그처럼 굴욕을 느끼게 한 그 작품이 이제는 독일 비평가들의 칭찬을 받고, 이곳저곳의 극장에서 요청되고 있다는 것도 역시 일종의 보복이 되기는 했다. 지금도 드레스덴으로부터 다음 계절에, 그것을 상연하게 해 달라는 의뢰의 편지가 와 있었다…….

*

고난의 세월이 오래 계속되던 끝에 드디어 종전보다는 착실한 전도와 승리를 그 편지는 멀찌감치 슬쩍 보여 주었다. 그 편지를 받은 날, 또 한 통의 편지가 그에게 배달되었다.

그것은 같은 날 오후였다. 그가 옆방에 있는 올리비에와 쾌활하게 얘기를 하고 있을 때, 문지기 여편네가 문짝 밑으로 편지 한 통을 집어넣은 것이다.

어머니의 필적이었다……. 마침 그도 어머니에게 편지를 쓰려던 참이었다. 성공의 희소식을 알리려 했던 것이다. 그는 편지를 뜯었다. 겨우 두세 줄이었다……. 어쩌면 이렇게 글씨가 떨리고 있을까!

사랑하는 크리스토프, 나는 몸이 좋지 않다. 될 수 있으면, 한 번 너를 만나고 싶구나. 너에게 입맞춤을 보낸다.

어머니로부터

크리스토프는 신음을 냈다. 올리비에가 놀라 달려왔다. 크리스토프는 말도 못하고 테이블 위에 놓인 편지를 가리켰다. 그는 신음을 계속하고 있었다. 올리비에가 하는 말도 들리지 않았다. 올리비에는 편지를 훑어보고 그를 진정시키려 했다.

그는 웃옷이 놓여 있는 침대로 가서, 급히 그것을 몸에 걸쳤다. 그리고 칼라도 달지 않고—(손가락이 떨려서 달 수가 없었다)—밖으로 나갔다. 올리비에는 계단에서 그를 붙잡았다. 어떻게 하려고 그래요? 다음 기차로 갈 작정인가요? 하지만 저녁때까지는 기차가 없다. 역에서 기다리는 것보다는 집에서 기다리는 게 낫다. 무엇보다 돈이 있는지? 두 사람은 자기 주머니를 뒤졌다. 합쳐도 30프랑 정도밖에 안 되었다. 공교롭게도 9월이었다. 헤히트도 아르노 부부도, 친구들도 모두 파리에 없었다. 의논할 상대는 한 사람도 없었다. 크리스토프는 아주 얼이 빠져서, 차비가 부족하면 그만큼은 걸어서 가겠다고 했다. 올리비에는 한 시간만 기다리라고 타이르고, 어떻게든 돈을 구해 오겠다고 약속했다. 크리스토프는 올리비에가 이르는 대로 따랐다. 자기로서는 좋은 방법이 생각나지 않았다. 올리비에는 전당포로 달려갔다. 그런 곳에 가는 것은 처음이었다. 자기 일이라면 모두가 다 그리운 추억이 있는 물건을 단 하나라도 전당포에 잡히기보다는, 아무리 심한 궁핍이라도 참았을 것이다. 하지만 크리스토프에 관한 일이고, 조금도 주저하지 않았다. 그는 회중시계를 잡혔다. 받은 돈은 기대했던 것보다는 훨씬 적었다. 그래서 하는 수 없이 집에 돌아와 책을 몇 권 가지고 고서점으로 갔다. 그것은 괴로운 일이었다. 하지만 지금은 그런 생각은 거의 하지 않았다. 크리스토프의 슬픔으로 자신의 마음도 완전히 뒤집혀 있었다. 돌아와 보니 크리스토프는 아까 그 자리에서 허탈 상태에 빠져 있었다. 두 사람이 가지고 있던 30프랑에 올리비에가 구해 온 돈을 합치자 넉넉하고 다소 남을 정도의 금액이 되었다. 크리스토프는 하도 얼이 빠져서, 친구가 이 돈을 어떻게 구했는지 또 자기가 떠난 뒤에 생활비가 남아 있는지 어떤지를 생각해 볼 여유도 없었다. 올리비에도 그런 일은 생각하고 있지 않았다. 가지고 있는 돈을 모조리 크리스토프에게 내주었다. 그는 마치 어린이의 시중을 드는 것처럼 크리스토프를 돌봐 주었다. 크리스토프를 역에까지 데리고 가서 기차가 떠날 때까지 옆에서 떨어지지 않았다.

크리스토프는 어둠을 뚫고 달려가면서, 눈을 크게 부릅뜨고서 앞을 바라보며 생각하였다.

'늦지는 않을까?'

어머니가 와 달라고 써 보낼 적에는 더는 기다릴 수 없는 상태임에 틀림이 없다는 것을 그는 잘 알고 있었다.

열병 환자처럼 북받친 그는 특급 열차가 차체를 진동시키면서 전속력으로 달리고 있는 것도 답답할 지경이었다. 어머니를 혼자 남겨 두고 떠난 자기를 애절한 느낌으로 자책했다. 그와 동시에 그런 자책이 아무 소용이 없다는 생각도 들었다. 자기에게는 일이 되어 가는 방향을 돌릴 힘이 없는 것이다.

그러는 동안에 기차 바퀴와 스프링의 단조로운 동요가 조금씩 그를 진정시켰다. 마치 음악에서 일어난 물결을 강한 리듬이 막는 것처럼, 그 단조로운 리듬이 그의 정신을 지배했다. 그는 먼 유년시절의 꿈부터 오늘에 이르는 모든 과거를 떠올렸다. 연애, 희망, 환멸, 죽음의 슬픔, 또는 기쁨에 넘친 그 힘, 괴로움, 즐거움, 창조하는 도취감, 혹은 찬란한 삶과 숭고한 그 그림자를 포옹하는 환희, 그 환희야말로 그의 영혼의 핵심이고, 숨어 있는 신이었다. 모든 것이 지금 멀리서 반짝이고 있었다. 소란한 욕망, 혼란된 사상, 실책, 과오, 미치광이 같은 투쟁, 그 모든 것이 그로서는 커다란 흐름에 의하여 영원한 목적으로 실려 가는 역류나 소용돌이처럼 여겨졌다. 그는 여태까지 오랜 시련의 세월이 지니는 깊은 뜻을 깨달았다. 차차로 커지는 그 강은 하나의 시련을 겪을 때마다 하나의 장애를 극복했다. 그리고 그 흐름은 좁은 골짜기에서 보다 넓은 골짜기로 흘러나와서 그곳을 온통 채웠다. 시야는 더욱 넓어지고, 공기는 더욱 자유로워졌다. 프랑스의 언덕과 독일의 평야 사이에서 그 강은 목장을 적시고, 언덕 밑을 침식하고, 두 나라의 물을 모아서 흐름의 앞길을 개척해 나아갔다. 그것은 두 나라를 분리시키기 위해서가 아니라 두 나라를 결합하기 위한 것이었다. 두 나라는 이 강에 의해서 인연을 맺고 있었다. 그리고 크리스토프는 비로소 자기의 운명을 자각했다. 그것은 양쪽 기슭에 있는 온갖 생명력을, 대립하는 두 국민 사이에 동맥처럼 싣고 가는 일이었다. 이러한 침착성이, 갑작스러운 고요와 밝음이, 지극히 우울한 이 순간에 나타났다……. 그러고서 환영은 사라졌다. 다음에는 늙은 어머니의 애절하고도 측은한 얼굴만이 다시 나타났다.

새벽 햇살이 비치기 시작할 무렵, 그는 독일의 조그만 도시에 도착했다. 아직도 체포령이 내려 있는 몸이었으므로 남에게 들키지 않도록 조심해야 했다. 하지만 역에서는 아무도 그에게 관심을 가지지 않았다. 도시는 아직 자고 있었다. 집집마다 창과 문은 모두 닫혀 있고, 거리는 조용했다. 때마침 밤의 등불은 꺼졌으나, 낮의 빛은 아직 비치지 않은 잿빛의 시간이었다. 곤한 잠 속에, 희미한 동쪽 빛으로 꿈이 비쳐지는 시간이었다. 한 하녀 계집아이가 점포 덧문을 열면서 옛 노래를 부르고 있었다. 크리스토프는 벅찬 감동으로 숨이 막힐 것 같았다. 오오, 조국이여! 가장 사랑하는 조국이여! 그는 땅에 엎드려 입을 맞추고 싶었다. 마음이 녹는 듯한 이 소박한 노래를 들을 때, 조국을 떠나서 얼마나 불행했는지, 조국을 얼마나 사랑하고 있었는지 뚜렷이 느껴졌다……. 그는 숨소리도 나지 않게 천천히 걸어갔다. 자기 집이 보였을 때는, 언뜻 새어나오는 외마디 소리를 억누르기 위해 걸음을 멈추고 손으로 입을 막아야 했다. 거기에 살고 있는 사람은, 그가 거기에 혼자 남겨 두고 떠난 사람은 어떻게 되었을까? ……그는 숨을 들이쉬고서 문 앞에까지 달려갔다. 문은 반쯤 열려 있었다. 그는 문을 밀고 들어갔다. 아무도 없다…… 낡은 나무 계단이 한층 디딜 때마다 삐걱삐걱 울렸다. 그는 위층으로 올라갔다. 집은 온통 빈집처럼 허전했다. 어머니의 방문은 닫혀 있었다.

크리스토프는 가슴을 두근거리면서 손잡이를 잡았다. 그러나 감히 열어젖힐 힘이 없었다…….

*

루이자는 외로이 혼자 자리에 누워 있었다. 그리고 자기는 이제 그만인 것으로 느끼고 있었다. 다른 두 아들 가운데 상인인 로돌프는 함부르크에 살고 있었고, 또 하나 에른스트는 미국으로 가서 소식이 없었다. 루이자의 시중을 들어 주는 사람은 이웃집 아주머니뿐이었다. 그 아주머니는 하루에 두 번씩 와서 루이자의 일을 돌봐 주었으나 한참 뒤에는 자기 일을 하러 돌아갔다. 그것도 오는 시간이 그다지 정확하지 않으며 때때로 늦어지기도 했다. 루이자는 자기가 병이 난 것을 당연하다고 생각하고 있었다. 또한 사람들이 자기를 잊어버리는 것도 당연하게 생각했다. 그녀는 늘 고생을 해왔기 때문에 천사 같은 인내력을 가지고 있었다. 루이자는 심장이 나빠서 가끔 숨이 막혔다. 그럴 때에는 이대로 죽는구나 하고 생각했다. 눈을 크게 뜨고 두 손을 오그라뜨렸으며 땀이 얼굴에 흘러내렸다. 하지만 그녀는 고통을 호소하지는 않았다. 당연한 것이려니 하고 생각했다. 이미 각오가 되어 있었다. 임종 성사도 이미 받았다. 근심거리는 단 하나밖에 없었다. 혹시 하느님께서 천국에 들어가기에 어울리지 않는 사람이라고 생각하지나 않을까 하는 것뿐이었다. 그 밖에는 다 참을성 있게 받아들이고 있었다.

루이자는 쓸쓸한 방의 어두운 한구석, 머리맡 주위의 벽이 우묵한 부분에, 추억의 성전을 마련해 놓았다. 아들 3형제, 남편—남편의 추억에 대해서는 젊은 시절의 애정을 계속 가지고 있었다—시아버지, 그리고 오라버니인 고트프리트 등 정다운 사람들의 사진을 한군데 모아 두고 있었다. 또 자기에게 조금이라도 친절하게 해 준 사람에 대해서는 애절할 만큼의 애착심을 가지고 있었다. 얼굴 바로 옆에는 크리스토프가 보낸 마지막 사진을 핀으로 꽂아 놓았다. 또 최근의 편지는 베개 밑에 넣어 두고 있었다. 루이자는 세밀히 조심해서 주위를 정리하여 깨끗이 하는 것을 좋아했다. 방 안에 있는 게 모두 잘 정돈이 되어 있지 않으면 마음이 놓이지 않았다. 루이자는 하루를 통해서 그때그때 시간을 가르쳐 주는, 바깥에서 들려오는 희미한 소리에 흥미를 느끼고 있었다. 벌써 오래전부터 그 소리를 듣고 있었다! 루이자의 일생은 이 좁은 공간에서 보내온 것이다……. 루이자는 정다운 크리스토프를 생각했다. 지금 여기, 자기 옆에 아들이 있었으면 하고 얼마나 바랐던가! 하지만 그가 여기 없다는 것도 루이자는 이미 체념하고 있었다. 천국에서 아들을 만나게 될 것으로 믿고 있었다. 눈을 감기만 하면 곧 아들의 모습이 보였다. 루이자는 꾸벅꾸벅 졸면서 옛 추억 속에서 그날그날을 보내고 있었다.

루이자는 라인강 기슭의 옛집에 있었다……. 축제날…… 아름답게 갠 어느 여름날이었다. 창은 열려 있다. 하얀 한길 위에는 태양이 빛나고 있다. 새가 지저귀는 소리가 들린다. 멜키오르와 시아버지가 문 앞에 앉아 큰 소리로 얘기하고 웃으며 담배를 피우고 있다. 루이자에게는 두 사람의 모습이 보이지 않는다. 하지만 루이자는 그날 남편이 집에 있다는 것과 시아버지가 기분이 좋으신 게 기쁘다.

루이자는 아랫방에서 식사를 차리고 있었다. 훌륭한 음식상이었다. 루이자는 그것을 정성껏 지켜보고 있었다. 거기에는 깜짝 놀랄 만한 게 있었다. 밤과자다. 틀림없이 아이들이 기뻐하리라고 생각하자 미리부터 즐거웠다…… . 아이들은 어디에 있는지? 위층에 있다. 소리가 들린다. 피아노 연습을 하고 있었다. 무슨 곡을 치고 있는지는 모르지만, 자주 듣는, 새가 지저귀는 것 같은 그 희미한 소리가 들리거나, 아이들이 얌전하게 앉아 있는 모습을 상상할 수 있다는 것은, 루이자로서는 무척 즐거운 일이었다……. 참으로 좋은 날이다. 마차의 명랑한 방울 소리가 길을 지나갔다……. 이런! 야단났네! 불고기는 어떻게 됐을까? 창에서 바깥을 내다보고 있는 동안에 타지나 않았는지? 점잖기도 하고 무섭기도 한 시아버지께서 고기가 탄 걸 보고 화를 내시는 게 아닌지? 다행히 괜찮았구나. 자, 이것으로 다 됐다.

테이블도 준비가 됐다. 루이자는 멜키오르와 시아버지를 불렀다. 두 사람은 우렁찬 목소리로 대답했다. 그런데 아이들은? 이제는 치고 있지 않았다. 조금 전부터 피아노 소리가 그쳐 있었는데 루이자는 몰랐던 것이다……. "크리스토프!" …… 뭘 하고 있을까? 아무 소리도 나지 않았다. 크리스토프는 언제나 식사 때를 맞춰서 내려오는 것을 잊어버린다. 또 아버지한테 야단을 맞겠지. 루이자는 급히 계단을 올라갔다……. "크리스토프!" 대답이 없다. 루이자는 그가 공부하고 있는 방문을 열었다. 아무도 없다. 방은 텅 비어 있다. 피아노는 뚜껑이 덮여 있다……. 루이자는 불안한 생각이 들었다. 대체 어떻게 된 일일까? 창이 열려 있다. 저런! 떨어지지나 않았는지! 루이자는 새파랗게 질렸다. 몸을 내밀고 아래를 보았다……. "크리스토프!" ……거기에도 보이지 않는다. 루이자는 방마다 살펴보았다. 아래층에서 시아버지가 큰 소리로 부르신다. "내려와, 걱정할 건 없어. 좀 있으면 나타나겠지." 루이자는 내려가고 싶지 않았다.

그가 이 근처에 숨어 있다는 것을 알고 있다. 장난으로 숨어 있는 것이다. 어머니를 쩔쩔매게 하려는 것이다. 아아, 크리스토프는 정말 장난꾸러기야! 이번에는 착실하다. 마루가 삐걱 하고 소리가 났다. 문짝 뒤에 숨어 있다. 그런데 열쇠가 없다, 열쇠가! 루이자는 당황하여 서랍 속에 들어 있는 많은 열쇠 속에서 그것을 찾는다. 이건지, 저건지…… 아니, 이게 아냐…… 아아, 겨우 찾았다! 그런데 열쇠 구멍에 들어가지를 않는다. 루이자의 손은 떨리고 있었다. 루이자는 초조했다. 서둘러야 한다. 왜? 그 이유는 모른다. 그저 급히 서둘러야 한다는 것만 알고 있다. 서두르지 않으면 늦어진다. 문짝 저쪽에서 크리스토프의 숨소리가 들린다……. 아아, 이 열쇠가 어쩌면 이렇게 답답할까! 마침내 문이 열렸다. 기쁨의 환성, 여기 있었구나. 크리스토프는 어머니의 목에 달라붙는다…… 아아! 이 장난꾸러기, 귀여운 아기! ……

그 순간, 루이자는 눈을 떴다. 크리스토프가 바로 거기, 어머니 앞에 있었다.
조금 전부터 그는 몹시 달라진 어머니의 모습을 보고 있었다. 수척하면서도 부석부석한 얼굴, 체념의 미소 때문에 더욱 참혹해 보이는 말 없는 고통, 그리고 주변의 고요하고 쓸쓸한 분위기. 크리스토프는 가슴이 에이는 느낌이 들었다…….
어머니는 그를 보았다. 어머니는 별로 놀라지는 않았다. 형언할 수 없는 미소가 떠올랐다. 어머니는 팔을 내밀지도 못하고 말을 하지도 못했다. 크리스토프는 어머니의 목을 끌어안고 입을 맞추었다. 어머니도 그에게 입맞춤을 했다. 구슬 같은 눈물이 어머니의 볼을 타고 흘렀다. 어머니는 희미한 목소리로 말했다.
"말이 잘 안 나오는구나……."
어머니는 숨이 막히는 모양이었다.
두 사람은 꼼짝도 하지 않았다. 어머니는 두 손으로 아들의 머리를 쓰다듬고 있었다. 어머니는 아직도 눈물을 흘리고 있었다. 크리스토프는 이불에 얼굴을 파묻고 흐느껴 울면서, 어머니의 손에 입을 맞추었다.
숨이 돌아서자 어머니는 얘기를 하려고 했으나, 이제는 무슨 말을 해야 할지 몰랐다. 어머니는 착각을 하고 있었다. 그래서 크리스토프는 영문을 알 수가 없었으나, 그게 무슨 상관이랴? 두 사람은 지금 서로 사랑하고, 서로 얼굴을 쳐다보고, 서로 맞닿아 있다. 그게 무엇보다도 중요한 일이다. 왜 어머니가 혼자 있는지 그는 분개해서 물었다. 어머니는 간호해 주는 이웃 아주머니를 변호했다.

"늘 내 옆에 붙어 있을 수는 없잖니. 그 사람에게도 자기 일이 있으니까……." 한 마디 한 마디 또렷하지 못한 희미한 목소리로 더듬거리면서, 루이자는 급히 자기 무덤에 대해서 간단하게 부탁을 했다. 그리고 어머니를 잊어 버리고 있는 다른 두 아들에게 자기의 애정을 전해 달라고 당부했다. 올리비에에게도 잘 부탁한다고 말했다. 올리비에가 크리스토프를 사랑하고 있다는 것을 알고 있었던 것이다. "올리비에에게 축복을 보낸다." 이렇게 말한 다음, 조심스럽게 보다 더 겸손한 말로 얼른 바꾸었다. "존경 어린 애정을 보낸다"고 전해달라고 말했다…….

루이자는 또다시 호흡 곤란에 빠졌다. 크리스토프는 어머니의 몸을 부축해서 침대 위에 앉혔다. 어머니의 얼굴에는 땀이 흐르고 있었다. 어머니는 미소를 지으려고 애쓰고 있었다. 아들이 손을 잡고 있는 지금, 이제는 이승에 아무런 미련이 없었다.

그 순간 갑자기 크리스토프는 어머니의 손이 자기 손아귀 속에서 경련하는 것을 느꼈다. 루이자는 입을 벌렸다. 루이자는 한없이 다정스럽게 아들의 얼굴을 쳐다보았다. 그러고서 숨을 거두었다.

*

그날 저녁, 올리비에가 도착했다. 자기가 여러 번 겪은 바 있는 그러한 비극적 순간에, 크리스토프를 혼자 내버려 두자니 아무래도 마음이 놓이지 않았다. 또한 크리스토프가 독일에 가서 위험을 무릅쓰게 되는 것도 염려스러웠다. 친구의 몸을 지켜주기 위해서도 가고 싶었다. 하지만 뒤쫓아갈 여비가 없었다. 크리스토프를 역에서 전송하고 돌아오자, 부모의 유품인 얼마간의 보석을 처분해서 돈을 만들기로 결심했다. 그 시간에는 전당포는 이미 문을 닫았을 것이며, 바로 다음 기차로 떠나고 싶었으므로 근방에 있는 골동품 가게로 가려고 했다. 나가는 도중, 계단에서 모크를 만났다. 모크는 얘기를 듣더니, 왜 자기에게 상의하지 않았느냐고 자못 서운한 듯이 말했다. 그리고 억지로 필요한 금액을 받게 했다. 자기는 기꺼이 도움이 되기를 원하고 있는

데, 올리비에가 시계를 전당포에 잡히거나 책을 팔거나 해서 크리스토프의 여비를 장만했다는 것은 참으로 분한 노릇이었다. 그는 두 사람을 돕고 싶은 나머지, 올리비에와 함께 크리스토프에게 가겠노라 우겨댔다. 올리비에는 그 고집을 말리느라고 무척 애를 썼다.

올리비에가 온 것은 크리스토프로서는 고마운 일이었다. 크리스토프는 다시 깨어나지 않는 잠이 든 어머니와 둘이서, 슬픔에 지친 하루를 보내고 있었다. 간호하던 아주머니가 와서 이것저것 거들어 주었으나, 일단 돌아가더니 다시 오지 않았다. 크리스토프는 어머니의 주검과 마찬가지로 움직이지 않았다. 그는 어머니에게서 잠시도 눈을 떼지 않았다. 그는 울고 있지는 않았다. 무슨 생각을 하고 있지도 않았다. 그 자신도 죽은 사람 같았다. 올리비에에 의한 우정의 기적이 다시금 그에게 눈물과 생명을 가져다주었다.

Getost! Es ist der Schmerzen werth das Leben, So lang……
……mit uns ein treues Auge weint.
용기를 내라! 삶은 괴로움을 바칠 만한 가치가 있느니라,
우리와 더불어 눈물을 흘리는 충실한 눈이 있는 한은.

두 사람은 서로 오랫동안 포옹하고 있었다. 그리고 어머니의 시체 옆에 앉아서 낮은 소리로 얘기를 시작했다……. 밤이 되었다. 크리스토프는 침대 아래 가장자리에 팔꿈치를 짚고, 어린 시절의 추억을 떠오르는 대로 얘기했다. 거기에는 언제나 어머니의 모습이 나타났다. 크리스토프는 잠시 입을 다물었다가는 다시 얘기를 계속했다. 그러다가 마지막에는 피로에 지쳐서, 두 손에 얼굴을 파묻은 채 아주 침묵을 하고 말았다. 올리비에가 다가가서 들여다보니까, 크리스토프는 잠이 들어 있었다. 그래서 올리비에가 혼자 밤을 새우려고 했다. 그러나 올리비에 역시 침대 머리맡에 이마를 대고서 잠이 들었다. 루이자는 측은한 미소를 띠고 있었다. 잠자는 두 아이를 밤새워 지키는 게 기쁘다는 것처럼.

날이 샐 무렵, 두 사람은 문을 두드리는 소리에 눈을 떴다. 크리스토프가 일어나서 문을 열었다. 이웃에 사는 목수였다. 크리스토프가 왔다는 게 밀고되었으므로, 붙잡히지 않으려면 어서 달아나야 한다고 귀띔을 하러 온 것이

었다. 크리스토프는 달아나는 건 싫다고 했다. 어머니를 영원의 안식처가 되는 장소에 모실 때까지는, 옆에서 떨어지고 싶지 않았던 것이다. 그러나 올리비에는 부디 기차를 타고 떠날 것을 간곡히 부탁했으며, 어머니를 모시는 일은 틀림없이 자기가 대신해서 하겠다고 약속했다. 그리하여 억지로 떠나게 했다. 그리고 도중에 결심을 바꾸는 일이 없도록 역까지 전송했다. 크리스토프는 아직도 고집을 부려, 하다못해 라인강을 보기 전에는 출발하지 않겠다고 말했다. 크리스토프는 소년 시절을 이 커다란 기슭에서 지냈으며, 그의 영혼을 울리는 물결의 반향을 소라고둥처럼 간직하고 있었던 것이다. 크리스토프가 거리에 모습을 나타내는 것은 위험한 일이었으나, 그의 뜻에 따라야 했다. 두 사람은 라인강 기슭을 따라서 걸어갔다. 강은 굳센 고요를 가득 채우고, 낮은 양쪽 기슭 사이에서 북해의 모래밭으로 흘러나가려고 서두르고 있었다. 커다란 철교가 안개에 싸여서, 큼직한 수레바퀴를 반 토막으로 자른 것 같은 두 개의 아치를 회색 물 속에 적시고 있었다. 멀리서는 조그만 배 몇 척이 목장을 가로질러 꾸불꾸불한 수로를 거슬러오르면서 안개 속으로 사라졌다. 크리스토프는 멍하니 몽상에 잠겨 있었다. 올리비에는 크리스토프를 그러한 꿈결 같은 기분에서 끌어내, 팔을 붙잡아 역으로 데리고 갔다. 크리스토프는 올리비에가 이끄는 대로 따르고 있었다. 마치 몽유병자 같았다. 올리비에는 막 떠나려고 하는 기차에 크리스토프를 태웠다. 그리고 크리스토프가 혼자서 파리에 돌아가지 않도록, 이튿날 프랑스에 있는 첫 번째 역에서 만나자고 약속했다.

기차는 떠났다. 올리비에는 집으로 돌아왔다. 문 앞에서 헌병 두 명이 크리스토프가 돌아오는 것을 기다리고 있었다. 그들은 올리비에를 크리스토프로 착각했다. 올리비에는 그 오해를 서둘러서 해명하려고는 하지 않았다. 크리스토프를 달아나게 하는 데는 그게 더 편리했으므로. 그런데 경찰에서도 착각을 한 것을 그다지 실망하지는 않았다. 도망자를 찾아내기 위해서 그다지 열의를 보이지도 않았다. 마음속으로는 크리스토프가 달아난 것을 분하게 여기는 것도 아니잖은가, 하고 올리비에는 생각했다.

올리비에는 루이자의 장례식을 위해 이튿날 아침까지 남아 있었다. 크리스토프의 동생인 로돌프는 기차를 타고 와서, 다음 기차가 떠날 때까지의 시간만 장례식에 참석했다. 이 거만한 사나이는 단정하게 장례식에 참석했으나, 예식이 끝난 뒤에는 바로 돌아갔다. 로돌프는 올리비에에게 한 마디 말도 걸지 않았다. 형의 소식을 묻지도 않았고, 어머니를 위해 애써준 데 대하여 고맙다는 말도 하지 않았다. 올리비에는 이 거리에서 몇 시간을 더 보냈다. 여기에는 살아 있는 사람으로 그가 아는 인물은 하나도 없었다. 하지만 또한 그가 잘 아는 많은 사람의 모습이 여기에서 방황하고 있는 것도 사실이었다. 소년 크리스토프, 소년 크리스토프가 사랑한 사람들, 소년 크리스토프를 괴롭힌 사람들, 그리고 그리운 앙투아네트…… 이미 세상을 떠난 그 사람들에게서, 지금은 사라져 버린 크라프트 집안에서 대체 뭐가 남아 있을까? 한 외국인의 마음속에 살아남은 애정, 그뿐이었다.

*

그날 오후, 올리비에는 기다리기로 약속한 국경의 역에서 크리스토프를 만났다. 그것은 숲으로 둘러싸인 언덕 한가운데에 있는 조그만 마을이었다. 그들은 파리로 가는 다음 기차를 기다리지 않고, 다음 역까지 걸어가기로 했다. 단둘이 되고 싶었던 것이다. 멀리서 둔한 도끼 소리가 울리고 있는 조용한 수풀 속을 걷기 시작했다. 언덕 위 공터에 이르렀다. 그 밑으로, 아직도 독일 영토인 좁다란 골짜기에 숲을 지키는 사람이 살고 있는 빨간 지붕과 초록색 호수 같은 조그만 목장이 보였다. 사방이 모두 짙푸른 나무의 바다이며, 그것이 안개에 둘러싸여 있었다. 안개가 전나무 가지 사이로 스며들었다. 투명한 장막이 윤곽을 흐릿하게 하고, 색채를 부드럽게 하고 있었다. 모든 게 다 움직이지 않았다. 발소리도 나지 않고 사람의 말소리도 들리지 않았다. 가을 단풍이 들기 시작한 너도밤나무의 적동색 잎을 빗방울이 두드리고 있었다. 조그만 시냇물이 돌 사이에서 맑은 소리를 내고 있었다. 크리스토프와 올리비에는 걸음을 멈추고 더 움직이지 않았다. 그들은 저마다 자기가 사랑하던 사람의 죽음을 생각하고 있었다. 올리비에는 생각했다.

'앙투아네트 누나, 지금 어디에 있어요?'

크리스토프도 생각하고 있었다.

'어머니가 안 계신 지금에 와서 성공한들 무슨 소용이 있으랴?'

하지만 그들은 저마다 죽은 사람으로부터 위로의 말을 들었다.

"사랑하는 사람이여, 우리를 탄식하는 것을 그만둬요. 우리 생각은 하지 말아요. 지금 옆에 있는 분을 생각해 줘요……."

두 사람은 얼굴을 마주 보았다. 그리고 둘 다, 이미 자기의 고통이 아니라 친구의 고통을 느꼈다. 두 사람은 서로 손을 마주 잡았다. 부드러운 우수가 그들을 감쌌다. 바람이 불지도 않는데 안개의 장막이 조용히 걷혔다. 푸른 하늘이 다시 나타났다. 비가 오고 난 뒤에 느껴지는 대지의 쾌적한 기분……. 대지는 정답고 아름다운 미소를 띠면서 두 팔을 펼쳐 그들을 감싸 안아 주었다. 그리고 그들에게 말한다.

"휴식하여라. 모든 게 잘될 테니……."

크리스토프는 마음의 긴장이 서서히 풀리는 것을 느꼈다. 그는 지난 이틀 동안 추억 속에, 그리운 어머니의 영혼 속에 완전히 잠겨 있었다. 어머니의 외롭고 쓸쓸한 생활, 애들이 없는 조용한 집 안에서 자기를 버리고 떠난 자식들을 생각하면서 보내는 단조롭고도 쓸쓸한 나날, 차분한 신앙과 평화로운 기분과 부드러운 체념과 아무 욕심 없는 정결한 마음을 유지하면서 병약하기는 하지만 기운이 좋으셨던 늙은 어머니를…… 크리스토프는 떠올렸다. 크리스토프는 또한, 여태까지 접촉한 모든 미천한 사람들을 생각하고 있었다. 크리스토프는 지금 자기가 그들에게 얼마나 가까이 존재하고 있는지를 느끼고 있었다. 온갖 사상과 인물이 미치광이처럼 뒤섞인 열병 같은 파리에서, 지난 몇 해 동안에 걸친 힘겨운 투쟁에서 벗어난 지금, 그리고 환각에 사로잡힌 각국 국민들을 충돌시키는 살육의 광풍이 불고 지나간 비극적인 순간의 이튿날인 지금, 크리스토프는 열에 들떠서 아무것도 생산하지 않는 이 세계에 대하여, 그러한 이기주의의 투쟁에 대하여, 자기야말로 세계의 이성인 것처럼 자랑하지만 실은 그 악몽에 지나지 않는 선량한 사람들, 야심가, 허영심이 강한 사람들에 대하여 아주 싫증이 나고 말았다. 그리고 그의 애정은 오로지 선의, 신앙, 헌신의 맑은 불꽃을 치켜들면서 묵묵히 타고 있는, 모든 민족의 수많은 소박한 사람들의 영혼—그것이 곧 세계의 마음이다—으로 향하고 있었다.

"그렇소. 나는 당신들을 알고 있습니다. 이제야 겨우 당신들을 만나게 되었습니다. 당신들은 나와 같은 피를 가진 나의 동족입니다. 나는 방탕한 아들처럼 당신들 곁을 떠나, 지나가는 그림자를 따라갔던 것입니다. 하지만 나는 돌아왔습니다. 나를 맞아 주십시오. 우리는 살아 있는 사람이나 이미 죽어간 사람이나 모두 하나입니다. 내가 어디에 있든지 당신들은 나하고 같이 있습니다. 아아, 전에는 나를 그 품에 품고 있던 어머니, 지금은 내가 어머니를 나의 내부에 끌어안고 있는 것입니다. 그리고 고트프리트여, 슐츠여, 자비네여, 앙투아네트여, 당신들도 모두 나의 내부에 있는 것이오. 당신들은 나의 보배요. 우리 다 함께 나아갑시다. 나는 당신들을 대표하는 소리가 되겠소. 우리 모두 힘을 합치면 목적지에 다다르게 될 것이오······."

한 줄기의 빛이, 천천히 물방울을 떨어뜨리고 있는 젖은 나뭇가지 사이로 스며들었다. 밑에 있는 조그만 목장에서 아이들의 목소리가 들려왔다. 세 소녀가 집 앞에서 론도(rondo)를 추며, 천진난만하게 독일의 옛 노래를 부르고 있었다. 그러자 멀리서 서쪽 바람이 장미꽃 향기처럼 프랑스의 종소리를 싣고 왔다······.

"오오, 평화여, 숭고한 음률이여, 해방된 영혼의 음악이여, 거기에는 괴로움도 기쁨도, 죽음도 삶도, 서로 미워하는 민족도 형제처럼 우애 있는 민족도, 모두가 다 융합되어 있다. 나는 그대를 좋아한다. 나는 그대를 구하고 있다. 이윽고 나는 그대를 차지하게 되리라······."

밤의 장막이 내렸다. 이윽고 크리스토프는 몽상에서 깨어나, 자기 옆에 친구의 성실한 얼굴이 있는 것을 보았다. 크리스토프는 친구에게 미소를 지으면서 포옹했다. 그러고서 두 사람은 다시 말없이 수풀의 오솔길을 걸어갔다. 크리스토프가 앞장서서 올리비에를 위해 길을 내주었다.

Taciti, soli e senza compagni?
n'andavan l'un dinnanzia, e l'altro dopo, come i frati minor vanno per via···
···

묵묵히 둘이서, 다른 동행은 없이
한 사람은 앞에서, 다른 한 사람은 뒤에서 나아간다.
마치 저 옛날 프란체스코의 수도사처럼······.

여자친구들

프랑스 밖에서 성공을 거두었으나, 크리스토프와 올리비에의 물질적인 형편은 좀처럼 나아지지 않았다. 주기적으로 어려운 시기가 닥쳐와서 허기지고, 그 대신 돈이 생기면 평상시의 두 배나 배부르게 먹었다. 하지만 그것은 결국 몸을 쇠약하게 할 뿐이었다.

때마침 두 사람은 돈에 궁한 때였다. 크리스토프는 밤중까지 자지 않고 헤히트에게 부탁받은 그다지 흥미도 없는 편곡 일을 끝마쳤다. 잠자리에 든 것은 새벽이 가까운 무렵이었다. 낭비된 시간을 회복하기 위해 곤한 잠에 빠졌다. 올리비에는 아침 일찍 외출했다. 파리의, 그들이 살고 있는 거리와는 반대쪽 변두리에서 강의를 해야 했다. 8시쯤 문지기가 편지를 가지고 와서 초인종을 눌렀다. 여느 때라면 문짝 밑으로 편지를 들이밀고 돌아가는데, 그날 아침은 문을 두드렸다. 크리스토프는 잠이 덜 깬 눈으로 투덜거리면서 문을 열려고 일어났다. 문지기는 싱글벙글하면서 수다스럽게 어느 신문에 난 기사에 대해 지껄이고 있었으나, 크리스토프는 전혀 귀담아 듣지 않았다. 편지를 받고서도 그것을 보려고 하지 않았다. 문도 밀어 닫기만 하고 잠그지도 않은 채 다시 잠자리에 들어가 전보다 더 깊이 잠이 들었다.

한 시간쯤 지나서, 크리스토프는 다시 방 안에서 나는 사람 발소리에 갑자기 눈을 떴다. 그리고 침대 아래쪽에서 낯모르는 사람이 정중하게 인사하는 것을 보고 깜짝 놀랐다. 그는 신문 기자인데, 문이 열려 있는 것을 보고 별 생각 없이 들어온 것이었다. 크리스토프는 화가 나서 침대에서 벌떡 일어났다.

"무슨 일로 왔습니까?"

크리스토프는 베개를 집어서 이 침입자에게 내던지려 했다. 침입자는 달아나는 시늉을 했지만, 곧 두 사람은 얘기를 시작했다. 그 사나이는 〈나숑〉지에서 왔으며, 〈그랑 주르날〉지에 난 기사에 대해서 크리스토프 씨와 인터

뷰를 하고 싶다는 것이었다.

"무슨 논설입니까?"

"아직 못 보셨나요?"

기자는 그 논설에 대해서 설명을 시작했다.

크리스토프는 다시 누워 버렸다. 졸리지만 않았다면 그는 이 사나이를 쫓아냈을 것이다. 하지만 지금은 제멋대로 지껄이게 내버려두는 게 편했다. 그는 이불 속에 기어들어가 눈을 감고 자는 시늉을 했다. 그대로 잠이 들려 했다. 그러나 상대는 아주 악착스러웠다. 커다란 소리로 그 논설을 처음부터 읽기 시작했다. 크리스토프는 그 첫째 줄부터 귀를 기울였다. 거기에는 크라프트 씨가 당대 가장 뛰어난 음악적 천재라고 씌어 있었다. 크리스토프는 잠든 시늉을 하는 것도 잊어버리고 깜짝 놀라 윗몸을 일으키며 소리쳤다.

"그놈들 미쳤군. 무슨 헛소리야?"

탐방 기자는 이를 틈 타 읽던 것을 멈추고 연달아 질문을 퍼부었다. 크리스토프는 생각할 겨를도 없이 질문에 대답했다. 크리스토프는 논설이 실린 신문을 치켜들고 첫 페이지에 커다랗게 나 있는 자기 사진을 어리둥절해서 들여다보았다. 하지만 그 내용을 읽을 겨를은 없었다. 또 다른 기자가 방에 들어왔기 때문이다. 이번에는 크리스토프도 정말로 화가 나서 나가라고 호통을 쳤다. 하지만 그들은 방 안에 있는 가구의 배치, 벽에 걸린 사진, 그리고 그가 짓는 표정까지 재빨리 수첩에 적기 전에는 나가려고 하지 않았다. 크리스토프는 웃으면서도 화를 냈다. 그들의 어깨를 붙잡아 문 쪽으로 떠밀어, 그들을 몰아 낸 뒤에 빗장을 걸었다.

하지만 그날은 조용히 있는 것이 허용되지 않았다. 옷을 갈아입자마자 또 누군가가 문을 두드렸다. 몇몇 친밀한 사람만이 알고 있는 노크법이었다. 크리스토프는 문을 열었다. 그러나 이번에도 모르는 사람이었다. 크리스토프는 곧 쫓아 보내려고 했다. 그러자 상대는, 나는 그 논설을 쓴 필자라고 하면서 그것을 방패로 내세워 돌아가려 하지 않았다. 천재라고 칭찬한 사람을 쫓아내는 법이 어디 있느냐는 것이었다. 크리스토프는 숭배자의 찬사를 시무룩하게 듣고 있을 수밖에 없었다. 크리스토프는 하늘에서 내려 온 듯한 갑작스러운 자신의 명성에 놀랐다. 전날, 자기가 모르는 사이에 누군가가 자기 걸작 중 하나를 연주한 게 아닌가 하고 생각해 보았다. 하지만 그것을 조사할 만한 여유도 없었다. 기자가 온 까닭은 사장인 아르센 가마슈가 직접 그를 만나고 싶다 해서, 무조건 그를 끌어내어 당장에 신문사로 데려가기 위한 것이었다. 자동차가 밑에서 기다리고 있었다. 크리스토프는 거절하려 했다. 그러나 정에 쉽게 끌리는 그는 마침내 본의 아니게도 상대의 호의에서 나온 권유에 굴복하고 말았다.

그로부터 10분쯤 뒤에, 크리스토프는 전제 군주인 신문사 사장에게 소개되었다. 사장 앞에서는 누구나 다 굽실거렸다. 사장은 나이가 쉰 살쯤 된 건강한 사나이로, 키가 작고 등에 살이 두툼하게 붙어 있었다. 머리는 둥글고 크며, 짧게 깎은 회색 머리칼에 얼굴은 불그스름했다. 말은 의젓하면서도 무겁고 과장된 투로 얘기했다. 그리고 이따금 발작적으로 말을 더듬거리면서도 유창하게 지껄였다. 그는 엄청난 자신감을 가지고 파리에서 큰 활약을 하고 있었다. 사무에 능숙하고, 사람을 잘 부리는 수완이 있었다. 이기적이고 솔직하면서도 약삭빨랐다. 또한 정열적이고 자만심이 강하며, 자기 일과 프랑스의 일을 동일시하고, 인류의 일마저도 동일시하고 있었다. 자기의 이익과 자기 신문의 번영과 '사회의 안녕'은 같은 종류의 것이고, 밀접한 관련이 있는 것으로 여겼다. 자기에게 손해를 끼치는 것은 곧 프랑스에 손해를 끼치는 것이라고 확신하고 있었다. 그러므로 사적인 적을 타도하기 위해서는 국가를 뒤엎는 수단도 감히 사양하지 않았을 것이다. 그러나 한편 아량도 있었다. 배가 부를 때에는 누구나 이상주의자가 되는 것처럼 그도 일종의 이상주의자였으며, 아버지이신 하느님처럼 이따금 티끌 속에서 가엾은 인간을 건져 주는 것을 좋아했다. 그것은 무에서 영광을 만들어 내고, 장관을 만들어 내고, 혹은 뜻대로 왕을 만들었다. 폐지할 수도 있는 자기 힘의 위대함을 표시하기 위함이었다. 그의 권능은 모든 것에 영향을 미쳤다. 생각만 있으면 천재도 만들어 낼 수 있었던 것이다.

그는 오늘, 크리스토프를 '만들어 낸' 것이다.

*

사실 자기도 모르는 사이에 이 고양이 목에 방울을 단 것은 올리비에였다.

올리비에는 자기가 기회를 얻기 위한 운동은 전혀 하지 않았다. 자기선전을 싫어하며, 신문 기자들을 마치 페스트처럼 피하고 있었다. 그러나 친구를 위해서는 별도로 의무가 있다는 생각을 했다. 소시민 계급의 정숙한 부인이고 훌륭한 아내이면서도 착한 어머니인 까닭에, 못난 자식에게 특전을 얻어 주기 위해서라면 자기 몸을 팔아도 좋다고 생각하는데, 올리비에도 그와 비슷했다.

올리비에는 여러 잡지에 집필하여 많은 비평가나 문예 애호가들과 접촉이 있었으므로, 기회가 있을 때마다 크리스토프 얘기를 하고 있었다. 그리고 얼마 전부터, 사람들이 자기 얘기에 귀를 기울이는 것을 보고 놀랐다. 문학계나 사교계에, 호기심의 움직임이나 그럴 듯한 소문이 번져 가는 것을 느끼고 있었다. 무슨 까닭으로 이렇게 됐을까? 크리스토프의 작품이 최근 영국이나 독일에서 연주된 데 대하여 신문에 어느 정도의 반향이 있었기 때문일까? 아무래도 무슨 확실한 원인이 있는 것처럼 여겨지지는 않았다. 그것은 파리의 공기를 호흡하여 어떤 바람이 일어나고 있는지, 내일 날씨가 어떤지를 생자크 탑의 기상대보다도 더 정확히 전날부터 짐작할 수 있는, 호기심 많은 파리 사람들이라면 잘 알고 있는 현상의 하나였다. 전류 같은 감각이 통하고 있는 신경과민한 이 대도시에는, 눈에 보이지 않는 영광의 흐름이 있고, 명성에 앞서는 잠재적인 명성이 있고, 살롱의 막연한 소문, 《일리아스》보다 더 훌륭한 작품이 나왔다'는 소문이 있었다. 그리고 그것은, 때가 오면 광고의 형식으로 세상에 나타났다. 그 커다란 나팔 소리는 아무리 귀가 먼 사람에게도 새로운 우상의 이름을 불어넣었다. 그런데 이 소란한 나팔은, 축복받는 본인의 가장 친밀하고 가장 좋은 친구를 달아나게 하는 결과가 된다. 더구나 그런 결과를 가져온 책임은 그 친구들에게 있는 것이다.

그런 까닭에 〈그랑 주르날〉에 실린 평론도 따지고 보면 올리비에가 있는 힘을 다한 결과였다. 올리비에는 크리스토프에게 유리하다고 여겨지는 기회라면 어떤 것이라도 놓치지 않고 교묘하게 알려 줌으로써 그 행운의 열을 식히지 않게끔 애쓰고 있었던 것이다. 크리스토프가 직접 신문 기자와 만나는 것은 조심스럽게 피했다. 크리스토프가 어떤 무례한 짓을 해서는 안 되겠다고 생각한 때문이었다. 그러나 〈그랑 주르날〉의 부탁을 받고 책략을 궁리하여, 어떤 카페에서 크리스토프 자신은 전혀 모르게 하고 탐방 기자와 만나게 한 일이 있었다. 이와 같이 신중한 방법은 사람들의 호기심을 자극하여 크리스토프를 더욱 흥미로운 사람이 되게 했다. 올리비에는 여태까지 무슨 광고

나 선전에 관계한 경험은 한 번도 없었다. 그러므로 일단 작동하기만 하면, 이미 조종할 수도 없고 멈출 수도 없는 그 무서운 기계를 자기 손으로 움직이는 결과가 되리라고는 예측하고 있지 않았다.

그러다가 강의를 하러 가는 도중 〈그랑 주르날〉의 논설을 보고서 어리둥절했다. 이런 갑작스러운 일이 생길 줄은 예상하지 못했다. 올리비에는 신문이라는 것은 참고 자료를 모두 수집하여 화제의 대상을 잘 파악한 뒤에 기사를 쓰는 줄로 알고 있었으나, 그것은 너무나 세상 물정을 모르는 생각이었다. 어느 신문이 영광스러운 신인을 발견하는 노력을 하는 것은 물론 자기를 위해서 하는 일이며, 발견했다는 명예를 동업자에게서 빼앗기 위한 것이다. 그러므로 신문은 급히 서둘러야 한다. 찬양하는 대상에 대해서는 정확한 지식이 있거나 없거나 그건 아무래도 괜찮았다. 칭찬을 받는 쪽에서 항의를 하는 예는 좀처럼 없었다. 칭찬을 받는다는 것은 곧 이해되고 있는 것을 의미하므로.

〈그랑 주르날〉은 크리스토프의 불행한 처지에 대하여 이러쿵저러쿵 마구 써댔고, 그는 독일 전제주의의 희생자이자 자유의 사도이며, 제국주의적인 독일에서 탈출하여 자유로운 정신의 피난처인 프랑스로 망명하지 않을 수 없었다—(맹목적인 애국주의의 상투어를 늘어놓기에는 더할 수 없이 알맞은 구실이다!)—고 말한 뒤에, 그의 천재를 극구 찬양하고 있었다. 그러나 그의 천재가 어떤 것인지는 아무것도 몰랐다. 크리스토프가 독일에 있을 때 작곡한 초기 작품, 지금은 그 자신이 부끄러워서 내버리고 싶어하는 몇 개의 평범한 멜로디 말고는 아무것도 몰랐다. 하지만 이 평론의 필자는 크리스토프의 작품을 모르면서도, 크리스토프의 의도로써—그것도 필자가 제멋대로 짐작한—부족한 부분을 보충하고 있었다. 여기저기에서 주워 모은 크리스토프와 올리비에의 단편적인 말과, 크리스토프에 관한 일이라면 뭐든지 다 알고 있는 것처럼 자칭하는 구자르 같은 사람의 말만 있으면, '공화주의자의 천재—민주주의의 대예술가' 장 크리스토프의 모습을 만들어 내기에는 넉넉했다. 필자는 이 기회를 이용해서 현대의 프랑스 음악가를, 특히 민주주의라는 것을 전혀 문제삼지 않는 가장 독창적이고 분방한 음악가들을 혹평하고 있었다. 다만 한두 작곡가는 그 혹평을 면했는데, 그것은 그들이 품고 있는 선거에 관한 의견이 필자가 보기에 훌륭한 것으로 여겨졌기 때문이었다. 그들의 음악이 그 선거에 관한 의견에 비해서 훨씬 처져 있는 것은 유감스러운 일이었다. 하지만 그것은 사소한 일이다. 그리고 실은 그들에 대한 찬사도 크리스토프에 대한 찬사도 다른 음악가들에 대한 비난만큼 중요한 것은 아니었다. 파리에서는 어떤 사람을 찬양하는 논설을 읽을 때에는 항상 조심스럽게 "누가 비난을 받고 있을까?" 하고 생각해 볼 필요가 있다.

올리비에는 신문을 보는 동안에 부끄러워서 얼굴이 화끈거렸다. 그리고 마음속으로 말했다.

'내가 이거 큰일을 저질렀구나!'

올리비에는 강의를 하는 게 고통스러웠다. 강의가 끝나자마자 곧 집으로 돌아왔다. 크리스토프가 이미 신문 기자들과 함께 나간 것을 알고 얼마나 당황했는지! 점심 식사를 같이 하려고 크리스토프를 기다렸다. 그러나 크리스토프는 돌아오지 않았다. 시간이 지남에 따라 올리비에는 점점 더 불안해져 생각했다.

'그놈들은 크리스토프에게 바보 같은 말을 지껄이게 하겠지!'

3시쯤, 크리스토프는 아주 명랑한 기분으로 돌아왔다. 아르센 가마슈와 점심을 같이 한 것이었다. 샴페인을 마셨기 때문에 머리가 좀 멍했다. 올리비에는 무슨 말을 했느냐, 무슨 짓을 했느냐고 질문을 했다. 그러나 크리스토프는 그 질문의 의미를 전혀 깨닫지 못했다.

"무슨 짓을 했느냐구? 훌륭한 음식을 먹었지. 그렇게 맛있게 먹은 건 오랜만인걸."

크리스토프는 그 식탁의 메뉴를 설명했다.

"그리고 포도주를…… 온갖 빛깔의 포도주를 마셨지."

올리비에는 얘기를 가로막고 동석한 사람들에 대해 물었다.

"어떤 사람들이 있었느냐구? …… 나는 잘 몰라. 그러나 우선 가마슈라는 사람은 아주 개방적이구 마치 어린아이처럼 천진난만하더군. 그리고 그 평론을 쓴 클로도미르도 꽤 호감이 가는 인물일세. 그 밖에 서너 명의 모르는 기자가 있었는데, 모두 쾌활하고 나한테 친절하게 대해 줘서 기분이 좋았어, 정말 훌륭한 사람들뿐이었네."

올리비에는 납득한 것처럼 보이지 않았다. 크리스토프는 그가 도무지 반가운 기색을 보이지 않는 게 의아스러웠다.

"그 평론을 안 읽었나?"

"물론 읽었어요. 그런데 그렇게 말하는 당신이야말로 잘 읽어 봤나요?"

"읽었어…… 대충 훑어봤지. 천천히 읽을 겨를은 없었으니까."

"그럼, 다시 좀 읽어 봐요."

크리스토프는 읽었다. 처음 몇 줄을 보더니 입을 크게 벌리고 웃었다.

"바보 자식!" 크리스토프는 말했다.

그는 배꼽이 빠지도록 웃었다.

"이게 뭐야!" 크리스토프는 이어 말했다. "비평가란 누구나 다 마찬가지군. 아무것도 모르는걸."

그러나 읽어 나감에 따라 크리스토프는 화를 내기 시작했다. 너무나 어이가 없었다. 그는 우스꽝스러운 인물이 되어 있었다. 사람들은 그를 '공화주의자인 음악가'로 간주하려 하지만, 그것은 전혀 무의미한 일이었다……. 그런 농담은 아무래도 좋다…… 그러나 그의 '공화주의적'인 음악을 옛날 거장들의 '성스러운 음악'에다 대립시키다니(그는 그런 거장들의 영혼에 의해서 이끌려온 게 아니었던가), 그건 너무 심하다…….

"바보 자식! 놈들은 나를 숙맥으로 만들 작정이구나!"

그리고 크리스토프에 대한 찬양을 빙자해서, 그가 다소나마 사랑하고 있는(실은 아주 조금밖에는 사랑하고 있지 않으나), 자기가 하는 일을 제대로 자각하고서 훌륭한 일을 하고 있는 재능 있는 프랑스 음악가들을 왜 혹평하고 있는 것일까? 그리고 또 가장 잘못된 것은, 크리스토프가 자기 조국에 대해서 나쁜 감정을 품고 있는 것처럼 강조하고 있는 점이다……. 이것은 정말 참을 수 없는 일이었다…….

"놈들에게 편지를 써 보내야겠는걸." 크리스토프가 말했다.

올리비에는 말렸다.

"아니, 지금은 안 돼요! 당신은 너무 흥분하고 있어요. 내일 머리가 진정된 다음에……."

크리스토프는 듣지 않았다. 그는 하고 싶은 말이 있으면 기다리지 못했다. 다만, 편지를 쓰고 나서 보여 주겠다는 것만은 약속했다. 그것은 헛수고가 아니었다. 편지는 적당히 수정되었다. 크리스토프는 그 편지에서, 자기가 독일에 대해서 품고 있는 것으로 되어 있는 의견을 특히 열심히 고쳤다. 편지를 쓰고 나서 크리스토프는 그것을 우체통에 넣으러 갔다.

"이렇게 하면 되겠지." 크리스토프는 돌아와서 말했다. "편지는 내일 발표될 테니까."

올리비에는 의심스러운 듯이 머리를 옆으로 저었다. 그러고서 여전히 불안한 듯이 크리스토프의 눈을 가만히 들여다보면서 물었다.

"크리스토프, 식사를 하는 동안에 무슨 경솔한 말을 하지는 않았지요?"

"그럴 리가 있나." 크리스토프는 웃으며 대답했다.

"확실하죠?"

"물론이지, 자네는 겁이 많군."

올리비에는 좀 안심했다. 그러나 크리스토프는 마음이 놓이지 않았다. 입에서 나오는 대로 마구 지껄였던 것이 생각났다. 그때 그는 곧 기분이 너그러워져서, 단 한순간도 남을 경계해야 되겠다는 생각이 들지 않았었다. 그들은 매우 친절하고, 호의를 가져 주는 것처럼 보였다! 또한 실제로 그랬었다. 사람은 자기에게 잘해 준 사람에 대해서는 항상 호의를 갖는 법이니까. 그리고 크리스토프가 자못 솔직한 기쁨을 표현했기 때문에, 그 기쁨이 그들에게도 전달되었다. 크리스토프의 다정하고도 자연스러운 태도, 쾌활함과 기발함, 왕성한 식욕, 목도 움직이지 않고 쭉쭉 들이켜는 솜씨 등은 아르셴 가마슈로서는 유쾌하지 않을 리가 없었다. 가마슈 역시 식탁의 호걸이었다. 거칠고, 예절을 따지지 않으며, 다혈질이었다. 가마슈는 건강하지 못한 사람, 먹고 마실 기운도 없는 사람, 가냘프게 수척한 파리 사람을 몹시 경멸하고 있었다. 가마슈는 인간을 식탁 위에서 평가하는지라, 크리스토프를 높이 평했다. 그리고 그 자리에서, 크리스토프의 《가르강튀아》를 가극으로 만들어서 오페라 극장에서 상연하자고 제안했다. 이들 프랑스의 부르주아 계급 사람들로서는 《파우스트의 영겁의 벌》^(베를리오즈의 작품)이나 《아홉 개의 교향곡》^(베토벤의 작품)을 무대에 올리는 게 당시에 있어서는 예술의 최고 절정이었다. 크리스토프는 그러한 우스꽝스러운 제안에 웃음이 터져나왔다. 그리고 가마슈가 오페라 극장의 사무소나 문공부에 전화를 걸어서 명령을 내리려는 것을 겨우 만류했다(가마슈가 말하는 게 사실이라면, 그런 기관에 있는 사람들은 모두 그가 하라는 대로 따르는 모양이었다). 그건 그렇고 이 제의는 언젠가 그의 교향시 《다윗》이 이상하게 사기를 당한 사건을 생각나게 했다. 그래서 루생이라는 국회의원이 자기의 아름다운 정부를 출세시키기 위해서 꾸며 낸 상연의 내막을 무의식 중에 언뜻 털어놓고 말았다(〈광장 시장〉 참조). 가마슈는 루생이라는 인물을 좋아하지 않았으므로 그 얘기에 흥미를 느꼈다. 그리고 크리스토프는 독한 포도주의 취기와 듣는 사람들의 공감에 들떠서 그 밖에도 이것저것 무례한 얘기를 마구 지껄이기 시작했다. 듣는 사람들은 그것을 한 마디도 빠뜨리지 않았다. 다만 크리스토프 자신만이 식탁에서 일어나는 순간에 모두 잊어버리고 말았다. 그랬다가 지금 올리비에가 그 자리에 대해 묻자 생각이 난 것이다. 그는 희미한 전율이 등을 스치고 지나가는 것을 느꼈다.

왜냐하면 그 결과에 대해서는 스스로 자기를 기만할 수가 없기 때문이었다. 과거에도 그런 경험은 있었으므로, 앞으로 어떻게 되리라는 것은 대충 짐작할 수 있었다. 취기가 깬 지금에 와서는 이미 그렇게 된 것처럼 그것이 여실하게 눈에 보이는 것 같았다. 크리스토프가 무심코 털어놓은 얘기는 왜곡되어서 험구를 좋아하는 신문의 가십난에 나고, 그가 예술에 관해서 말한 경구는 투쟁의 무기로 바뀔 것이 틀림없었다. 또한 정정을 요구한 편지 역시 어떤 취급을 받게 되리라는 것은 올리비에와 마찬가지로 정확하게 알고 있었다. 신문 기자에게 회답을 쓰는 것은 잉크를 허비하는 짓이었다. 토론에 이기는 것은 으레 신문 기자 쪽이다.

모든 일은 하나하나 크리스토프가 예상한 대로 되어갔다. 함부로 지껄인 얘기는 발표되었으나, 정정을 요구한 편지는 묵살되었다. 가마슈는 다만 그 편지 속에서 크리스토프의 훌륭한 마음을 인정한다는 것과, 그런 염려는 그의 명예가 된다는 것을 그에게 전달했을 뿐이었다. 하지만 그 염려는 일체 비밀에 덮어두고 발표되지 않았다. 그리하여 크리스토프가 전혀 생각하지도 않은 왜곡된 의견이 점차 번져 나가, 파리의 여러 신문에서는 신랄한 비평을 일으키고 그로부터 독일에까지 전파되었다. 독일 사람들은 독일 예술가가 자기 나라에 대하여 그렇게 체통 없는 말을 하느냐고 분개했다.

크리스토프는 다른 신문의 탐방 기자로부터 인터뷰 요청을 받고, 이거야말로 좋은 기회라고 생각했다. 그는 독일 제국에서도 일반 대중들은 적어도 프랑스 공화국에서와 마찬가지로 자유를 누리고 있다고 말했다. 그런데 그가 만난 상대는 보수계 신문의 기자였으므로, 이번에는 반공화적인 선언을 한 것처럼 왜곡되고 말았다.

"더욱더 괴이하다!" 크리스토프는 말했다. "아아! 내 음악이 정치와 무슨 상관이 있다는 말인가?"

"프랑스에서는 그게 습관이 돼 있는 거예요." 올리비에는 대답했다. "베토벤에 관해서 벌어지고 있는 그 논쟁을 봐요. 어떤 사람은 그를 과격파라 하고 어떤 사람은 성직자파라 하고, 혹은 민중의 대변자라고 하고, 거꾸로 군주의 하인이라 부르기도 하잖아요."

"다 헛소리야! 베토벤은 그런 사람들을 모조리 발길로 걷어찰걸!"

"그럼, 당신도 그렇게 해요."

실제로 크리스토프도 그렇게 하고 싶었다. 하지만 그는 자기에게 친절하게 하는 사람에 대해서는 너무나 마음이 약했다. 늘 누가 찾아오기 때문에 그를 혼자 두는 게 올리비에는 걱정스러웠다. 그리고 크리스토프는 조심하겠다고 약속했지만, 막상 사람을 만나게 되면 감정을 겉으로 드러냈다. 머리에 떠오르는 생각은 모조리 털어놓는 것이었다. 여기자가 와서 '나는 당신편'이라고 하자, 그는 여자 관계까지 털어놓았다. 어떤 사람들은 크리스토프를 어느 특정 인물을 공격하는 재료로 삼았다. 올리비에가 집에 돌아와서 보면, 크리스토프는 매우 난처한 표정을 짓고 있었다.

"또 무슨 실언을 했군요?"

"그래."

크리스토프는 낙심한 투로 대답했다.

"아무래도 그 버릇은 못 고치는군요!"

"감금당할 필요가 있어. 하지만 맹세코 이번이 마지막일세."

"그렇겠죠, 요 다음 번까지는……"

"아니, 정말 이번이 마지막일세."

그 이튿날, 크리스토프는 의기양양하게 올리비에에게 말했다.

"또 하나 왔는데 내쫓았어."

"너무 심하게 해서는 안 돼요." 올리비에는 말했다. "그들은 신중하게 대해야지요(이 짐승은 매우 위험하니까……). 이쪽에서 거부하면 공격을 취해올 거예요……. 그들로서는 복수를 하는 게 아주 쉬운 일이지요! 조금만 뭐라고 하면 약삭빠르게 그걸 이용하거든요."

크리스토프는 이마에 손을 댔다.

"아! 실수했는걸!"

"또 뭐가 있었나요?"

"문을 닫을 때 한마디 했어……."

"뭐라고요?"

"황제가 한 말을."

"황제가?"

"그렇지. 황제의 말이 아니면, 황제의 신하인 누군가가 한 말을……"

"곤란하군요! 그게 신문 제1면에 나겠네요!"

크리스토프는 몸서리를 쳤다. 이튿날 신문을 보니까, 그 기자가 들어오지도 않은 방 안 광경이 묘사되어 있고, 말하지도 않은 대화가 기사로 나 있었다.

보도는 번져가면서 꼬리가 붙었다. 외국 신문에서는 터무니없이 우스꽝스럽게 되어 있었다. 프랑스의 기사에서는 크리스토프가 가난한 시절에 기타 연주용으로 편곡을 했다는 얘기가 나 있는가 하면, 크리스토프가 본 영국의 어떤 신문에는 기타를 연주하면서 떠돌아다니던 시절이 있다는 기사가 나 있었다.

크리스토프가 읽은 기사는 찬사뿐은 아니었다. 크리스토프는 〈그랑 주르날〉지의 비호를 받은 까닭으로 다른 여러 신문으로부터 칭찬보다도 공격을 받게 되었다. 자기들이 미처 모르고 있던 천재를 다른 동업자가 발견했다는 것을 승인한다는 것은 그들의 품위에 관한 일이다. 그러므로 그들은 공공연히 크리스토프를 모욕하려고 했다. 구자르는 자기의 공을 빼앗긴 데 대하여 화가 나서 평론 한 편을 썼다. 그의 말에 따르면, 착오를 바로잡기 위해서 썼다는 것이다. 그는 파리에서 크리스토프의 첫걸음을 이끌어 준 것은 자기라고 하면서, 옛 친구인 크리스토프를 아주 다정한 듯이 얘기했다. '확실히 그는 풍부한 천분을 지닌 음악가이다. 하지만(친구이기 때문에 감히 말할 수 있는데) 교양이 부족하고 독창성이 없으며 가당치도 않은 자부심을 가지고 있는데, 그 자부심에 마구 영합해 주는 것은 그를 위해서도 가장 해로운 일이다. 그에게 필요한 것은 오히려 사려 분별이 있고 박학하며 올바른 판단력을 가진 동시에, 친절하면서도 엄격한 좋은 지도자이다(구자르는 이것으

로써 자화상을 그린 줄로 스스로 생각하는 모양이었다).' 음악가들은 불평
불만을 숨기면서 비웃었다. 신문의 지지를 받고 있는 예술가를 경멸하는 태
도를 취하고 있었다. 그리고 맹종자들을 혐오하는 시늉을 가장하면서, 제공
되지도 않은 아르타크세르크세스의 선물을 거절하고 있었다. 어떤 사람은
크리스토프의 명성을 손상시키려 하고, 어떤 사람은 함부로 그에게 동정을
함으로써 그를 괴롭혔다. 또 어떤 사람은, 올리비에에게 책임이 있다고 비난
했다(그것은 올리비에의 친구들이었다). 그들은 올리비에의 비타협적인 태
도와 자기들에 대하여 거리를 두고 있는 방법에 원한을 품고 있었다. 하지만
올리비에가 그들에게서 멀어져 있는 까닭은, 그들을 경멸하고 있기 때문이
아니라 고독을 좋아하기 때문이었다. 그러나 사람은 누구나 무시당하는 것
을 가장 못마땅하게 생각하는 법이다. 또 올리비에가 〈그랑 주르날〉의 평론
에 의해서 사리사욕을 취하고 있다고 말하는 사람까지 있었다. 또 그중에는,
크리스토프를 변호하고 올리비에를 비난하는 사람도 있었다. 섬세하고 몽상
가이며 인생에 대하여 아직 충분한 무장을 갖추고 있지 않은 예술가—크리
스토프가 그렇다는 것이었다! —를 소란한 〈광장 시장〉 속으로 내던진 건
올리비에의 사려가 부족한 때문이라고, 자못 침통한 표정을 짓고 있었다. 그
런 소란 속에 휩쓸려 들어가면, 크리스토프는 숙명적으로 스스로 자신을 망
치지 않을 수 없다는 것이다.

천재성은 없으나 끈질긴 공부를 통해서 가장 좋은 운명을 당연히 차지할
수 있을 이 인물을, 못된 향기로 도취시킴으로써 그 장래를 망가뜨리게 된다
고 그들은 말하고 있었다. 그것은 참으로 불쌍한 일이다! 세상에 알려지지
않은 채 그대로 두고서 꾸준히 공부에 몰두시킬 수는 없었을까? 하고 그들
은 탄식하는 것이었다.

올리비에는 그들에게 다음과 같이 훌륭하게 말해 줄 수도 있었을 것이다.

"공부를 하기 위해서는 먼저 먹어야 한다. 누가 그 빵을 준다는 말인가?"

하지만 상대는 그런 말에 당황하지 않을 것이며, 제법 태연스럽게 이렇게
대답할 것이다.

"그것은 사소한 일이다. 인간은 고생을 무릅쓰지 않으면 안 된다."

물론 그러한 금욕적인 이론을 제법 의젓하게 내세우는 사람은 상류사회에
속하는 사람들이었다. 어떤 정직한 사람이 백만장자를 찾아가서 곤궁에 빠

져 있는 예술가를 도와 달라고 부탁했더니, 그 백만장자가 다음과 같이 대답하더라는 얘기가 있다.

"여보게, 모차르트는 가난 속에 허덕이다가 죽은 걸 모르나!"

그러나 모차르트는 살기를 원했다, 크리스토프도 살려고 결심하고 있다고 올리비에가 그들에게 말한다면, 그들은 올리비에의 말을 악취미라고 생각했을 것이다.

*

크리스토프는 이러한 부질없는 야단법석에 싫증이 났다. 이런 일이 언제까지 계속되려나 하고 의아스러운 생각이 들었다. 그러나 두 주일쯤 지나자 완전히 가라앉았다. 신문은 그에 대하여 더는 말하지 않게 되었다. 다만 크리스토프는 세상에 널리 알려졌다. 그의 이름을 말할 때 "《다윗》이나 《가르강튀아》의 작자입니까?" 하지 않고, "아! 그렇지, 〈그랑 주르날〉에 난 사람이지!"라고 말했다. 유명해진다는 것은 곧 이런 상태이다.

올리비에는 크리스토프가 받는 편지의 수효에 의해서, 또 간접적으로 자기 자신이 받는 편지의 수효에 의해서 크리스토프가 유명해진 것을 알았다. 가극의 각본을 만드는 작자한테서 오는 제안, 음악회 주최자로부터의 간청, 전에는 대부분 적이었는데 지금은 같은 편이 된 사람들이 보여 주는 우정의 증명, 부인들로부터의 초대 같은 것이었다. 그리고 또 신문의 설문 조사로서 여러 가지 문제에 대한 의견을 요청해 왔다. 프랑스 인구 감소의 문제, 이상주의 예술의 문제, 부인들의 코르셋 문제, 극에 있어서의 나체 문제 등등에 대하여. 혹은 독일은 퇴폐하고 있다고 생각하지 않느냐, 음악은 궁극의 한계점까지 와 있다고 생각하지 않느냐 등등의 질문이었다. 크리스토프와 올리비에는 그런 질문의 어리석음을 같이 웃었다. 그런데 이 털털한 야인인 크리스토프가, 한편으로는 비웃으면서도 만찬 초대를 받아들인 것이다! 올리비에는 자기 눈을 의심하지 않을 수 없었다.

"당신이?" 그는 말했다.

"그래, 바로 내가" 크리스토프는 놀리는 듯한 투로 대답했다. "귀부인을 만나러 갈 수 있는 건 자네뿐인 줄 알고 있었나? 이번은 내 차례일세, 나도 재미를 봐야지!"

"재미를 보다니? 당신이!"

사실 크리스토프는 너무 오랫동안 집 안에 틀어박혀 있었기 때문에, 갑자기 밖에 나가고 싶은 생각이 간절했던 것이다. 그리고 새로이 영광스러운 분위기에 휩싸여 순진한 기쁨을 느끼고 싶었던 것도 사실이었다. 물론 그런 야회에 가면 무척 지루했으며, 거기 있는 사람들이 모두 바보처럼 보였다. 그러나 집에 돌아와서는 심술궂게도 올리비에에게는 반대로 얘기했다. 그는 여러 사람의 초대에 응했다. 하지만 같은 곳에 두 번 다시 가지는 않았다. 다음 번의 초대를 거절하는 데에는 무턱대고 괴상스러운 구실을 생각해 냈다. 올리비에는 걱정을 했지만, 크리스토프는 큰 소리로 웃었다. 그가 살롱에 드나드는 것은 이름을 날리기 위해서가 아니었다. 생활 자료를 새로 저장하기 위해서였다. 시선, 몸짓, 목소리의 울림들을 느끼고 받아들여 자기 생명의 내용을 늘리기 위해서였다. 예술가가 자기의 팔레트를 풍부하게 하기 위해서 필요한 형체, 음향, 색채 등의 재료를 주기적으로 새롭게 하는 것과 같았다. 음악가는 단순히 음악만으로 부양되는 것은 아니다. 사람들 말의 억양, 동작의 리듬, 미소의 조화 등은 음악가가 만든 교향곡 이상으로 음악을 암시한다. 그러나 여기에 덧붙여야 할 것은 그러한 얼굴이나 마음의 음악도, 살롱에 있어서는 음악가의 음악과 마찬가지로 무미건조하고 변화가 부족하다. 사람들은 저마다 자기의 방식을 가지고 그 속에 틀어박혀 있다. 아름다운 부인의 미소도 의식적으로 꾸민 것이기 때문에 파리의 멜로디와 마찬가지로 틀에 박혀 있다. 남자들은 여자들보다도 더 흥미가 없다. 무기력하게 만드는 사교계의 영향을 받아 삽시간에 그 정력은 둔해지며, 그 독특한 성격은 약해지고 소멸되어 간다. 크리스토프는 예술가들 가운데, 이미 죽어 있거나 차츰 죽어 가는 모습을 많이 보고 놀랐다. 어떤 젊은 음악가는 정기와 재능으로 한껏 차 있으면서도, 성공 때문에 오히려 무기력한 상태에 빠져 있었다. 그는 자기를 질식시키는 아첨의 냄새를 맡는 일밖에는 생각하지 않았다. 그리고 향락과 잠자는 일밖에는 생각하지 않았다. 20년 뒤의 그의 모습은 살롱의 다른 구석에 있는, 머리에 포마드를 바른 노대가와 똑같은 모습으로 미리 상상할 수 있었다. 그 노대가가 돈이 많고 유명하며, 여러 아카데미의 회원이고, 최고의 지위를 차지하고 있었다. 그리고 겉으로는 이 세상에 두려운 것이 없는 듯하면서도 모든 사람 앞에서는 굽실거리고, 자기 생각을 제대로 발표도 못하고 있었다. 그뿐 아니라 이미 아무 생각도 하지 않고, 존재도 하지 않으며, 자기 자신의 유물을 등에 진 나귀 같은 모습을 사람들 앞에 드러내고 있었다.

이들 예술가나 재사들은 전에는 큰 인물이었거나 또는 그런 인물이 될 수 있었을 사람들이었는데, 그들 하나하나의 배후에는 반드시 여자들이 있으며 그 여자들 때문에 괴로움을 겪고 있었다. 여자들은 모두 위험했다. 어리석은 여자도, 그렇지 않은 여자도. 상대를 사랑한 여자도, 자기 자신을 사랑한 여자도. 재주가 뛰어난 여자가 가장 위험했다. 왜냐하면 뛰어난 만큼 더욱 확실하게 천한 애정을 덮어씌워서 예술가를 질식시키기 때문이다. 그 애정은 악의로 그렇게 하는 것은 아니지만, 천재를 사육해서 길들이고, 일반화하고, 가지를 잘라내고 깎고, 향기를 내게 하는 일에 전념하는 것이다. 그리하여 마지막에 가서 그녀들은 천재를 자기들의 감수성이나 사소한 허영심이나 평범함과 같은 수준으로 끌어내려 자기들이 출입하는 평범한 사교계에 어울리는 것으로 전락시키는 것이었다.

크리스토프는 그런 사회를 통과했을 뿐이지만, 그 위험성을 느낄 만큼은 충분히 관찰했다. 크리스토프를 자기 살롱에 독점하려 하고, 자기에게 봉사하게 하려고 한 여자는 하나뿐이 아니었다. 그리고 크리스토프도 많은 약속을 포함한 미소의 낚싯바늘에 자칫 걸려들 뻔한 일도 있었다. 만약 그에게 뛰어난 식견이나 건전한 판단의식이 없었다면, 또한 그녀들 주위에서 현대의 키르케(그리스 신화에 나오는 마녀. 인간을 동물로 변하게 하는 요술을 쓴다)에 의해서 행해지는 변형된 무서운 실례를 본 일이 없었더라면, 그도 그 위험을 모면하지는 못했을 것이다. 하지만 그는 어리석은 남자들을 감시하는 그런 아름다운 여성의 떼거리를 확대시키고 싶지는 않았다. 만약 그의 뒤를 쫓는 여성의 수효가 더 적었더라면, 그에게 있어서는 위험이 더 컸을 것이다. 모든 남녀가 자기들 사이에 한 명의 천재가 있다는 것을 확실히 알게 된 지금은, 언제나 그런 것처럼, 그 천재를 질식시키려고 온 힘을 다하고 있었다. 그들의 생각은 단 하나뿐이다. 꽃을 보면 그것을 꽃병에 꽂고 싶고, 새를 보면 그것을 새장에 가두고 싶고, 자유로운 사람을 보면 그를 자신의 노예로 만들고 싶어지는 것이다.

크리스토프는 한동안 마음이 뒤숭숭했으나 곧 회복했다. 그리하여 그들을 다 쫓아 버렸다.

*

운명은 짓궂다. 태연한 사람에게는 그 그물의 틈새로 자유롭게 빠져나가게 하고 있다. 그러나 경계하는 사람, 신중한 사람, 영리한 사람은 오히려 놓치지 않으려 한다. 파리의 덫에 걸린 것은 크리스토프가 아니라 올리비에였다.

올리비에는 크리스토프의 성공 때문에 이익을 얻고 있었다. 크리스토프의 명성이 그에게까지 미치고 있었다. 올리비에는 6년 전부터 발표한 글보다도, 크리스토프를 발견한 인물로서 더욱 세상에 알려지고 있었다. 그래서 크리스토프를 초대할 때에는 그도 함께 초대받았다. 올리비에는 슬그머니 크리스토프를 감시할 요량으로 함께 갔다. 아마 크리스토프를 감시한다는 임무에 골몰하여, 자기 자신을 감시하는 일을 잊어버렸던 모양이다. 사랑의 신이 옆을 지나치다가 그를 사로잡았다.

가냘프고 매력적인 금발의 소녀였다. 좁고 해맑은 이마 위에 가느다란 머리카락이 잔물결처럼 파도치고 있었다. 좀 무거운 듯한 눈꺼풀 위에 선명한 눈썹이 있었다. 눈빛은 색비름꽃처럼 연한 파랑이었다. 콧날이 가늘고 콧방울이 벌름거렸다. 관자놀이가 조금 우묵하고, 턱은 고집이 있어 보였다. 현명할 것 같기도 하고 육감적이기도 한 입은 끝이 치켜올라갔다. 파르메디아노가 그린 순결한 작은 목양신 같은 미소가 떠오르고 있었다. 목은 길고 가늘며, 몸매는 기품이 있고 호리호리했다. 봄의 각성(覺醒)—Frihlingser-wachen—의 불안한 수수께끼에 싸인 청초한 얼굴에는 뭔가 즐거우면서도 우수에 잠긴 표정이 배어 있었다. 그녀의 이름은 자크린 랑제였다.

자크린 랑제는 아직 스무 살이 채 못 되었다. 부유하고 자유로운 정신을 지닌 이름난 가톨릭교의 가정에서 태어났다. 아버지는 발명의 재능도 있고 기민하면서도 총명한 기사로서, 온갖 새로운 사상의 흐름을 무턱대고 받아들이고 있었다. 또 그는 특유의 부지런함과 정치적 배경 그리고 결혼에 의하여 부를 쌓아 올리고 있었다. 재계에서 순수한 파리 미녀와의 연애결혼이기도 하고 금전 결혼이기도 한 결혼을 한 것이다. 그들에게 있어서는 이런 경우야말로 오직 하나의 참다운 연애결혼이었다.

그 뒤 돈은 남아 있고 사랑은 사라졌다. 그래도 아직은 다소의 불꽃이 남아 있었다. 두 사람의 사랑은 양쪽 다 강렬했었으니까. 하지만 그들은 과장된 정절을 자랑으로 여기고 있지는 않았다. 두 사람은 저마다 자기의 일과 쾌락을 추구했다. 그리고 이기적이고 변덕스러우면서도, 잘 어울리는 짝으로서 조심스럽게 서로 잘 지내고 있었다.

그들의 딸은 두 사람을 맺는 기반인 동시에 경쟁의 대상이었다. 왜냐하면 두 사람이 모두 질투를 할 만큼 딸을 사랑하고 있었기 때문이다. 그들은 저마다 딸의 모습 속에서 호감이 느껴지는 결점을 지닌 자기의 모습을 보고 있었다. 그 결점은 딸이 지니고 있는 우아한 아름다움 때문에 이상화되어 보이는 것이었다. 그리고 그들은 서로 딸을 빼앗으려고 은근히 노력을 하고 있었다. 딸은 온 우주가 자기를 위해 주는 줄로 생각하기 쉬운 어린이다운 교활한 순진성으로 그것을 느끼고 있었다. 그리고 그것을 이용했다. 자크린 랑제는 부모로 하여금 자기에 대한 애정을 서로 맞서 겨루게 했다. 어떤 요구도, 한쪽에서 거부를 당하면 다른 쪽에서 허용되었다. 그러자 한쪽은 자기가 밀려난 데 화가 나서, 다른 쪽이 준 것보다 더 많은 것을 주었다. 이런 식으로 딸은 무척 귀여움을 받았다. 다행히 자크린 랑제의 성질에는 못된 점이 전혀 없었다. 다만 모든 어린아이에게 공통되는 이기심을 제외하고는. 그런데 그 이기심은 지나치게 귀여움을 받는 부잣집 아이에게는 그것을 억제하는 장애물이 없으므로 으레 병적인 형태를 취하게 된다.

랑제 부부는 딸을 무척 사랑하고는 있으나, 그 때문에 자기 자신의 개인적인 쾌락을 희생하지는 않았다. 하루의 태반은 딸 혼자 있게 했다. 따라서 자크린 랑제는 몽상하는 시간이 넉넉했다. 또한 자크린은 조숙한데다가―사람들이 모두 자크린이 있는 자리에서 아무 얘기나 조심성 없이 마구 했기 때문에―여섯 살 때에는 벌써 인형을 상대로, 남편과 아내의 정부 등의 인물들이 나누는 대화를 즐겨 꾸며 내고 있었다. 물론 자크린은 특별히 이상한 생각을 하고 있는 것은 아니었다. 하지만 그런 말이 의미하는 감정의 그림자를 언뜻 깨닫게 되자, 당장 그날부터 인형을 상대로 하는 얘기를 그치고 말았다. 그리고 그 얘기는 가슴속에 간직해 두었다. 자크린의 내부에는 천진하고 깨끗한 정욕의 소질이 있었다. 그것은 지평선 건너 저 멀리 있어 눈에 보이지 않는 종처럼 아득히 울리고 있었다. 이따금 바람이 그 소리를 실어 왔다. 그것은 어디서 불어 오는지는 알 수 없으나, 몸이 거기에 휘감겨 절로 얼굴이 붉어졌으며, 두려움과 기쁨으로 숨이 막혔다. 무슨 영문인지를 도무지 알 수 없었다. 그리고 바람에 실려 오는 그 소리는 불어 왔을 때와 마찬가지로 삽시간에 사라져 버렸다. 그런 뒤에는 아무 소리도 들리지 않았다. 겨우 희미한 울림이 들릴까 말까 하는 정도로 푸른 공기에 어렴풋이 남아 있을 뿐이었다. 다만 저 산 너머 멀리 그것이 있다는 것, 그곳에 가야 한다는 것, 되도록 빨리 가야 한다는 것만은 알고 있었다. 거기에 행복이 있다. 아아! 거기에 가기만 하면…….

거기에 다다를 때를 기다리면서 앞으로 보게 될 것에 대하여 자크린은 이리저리 기묘한 상상을 하고 있었다. 왜냐하면 이 소녀의 지성에 있어서 큰 문제는 그 비밀을 푼다는 것이었으므로, 시몬 아당이라는 같은 또래의 벗이 있어 이 중대 문제에 관하여 서로 얘기하고 있었다. 자기가 이미 가지고 있는 지식, 12살의 경험, 우연히 엿들은 얘기, 남몰래 책에서 읽은 내용 같은 것을 서로 교환했다. 자신들의 미래를 숨기고 있는 낡은 벽에 발뒤꿈치를 세우고 그 건너편을 내다보려고 무척 애를 써 보았으나 헛수고였다. 전혀 보이는 것이 없었다. 그녀들은 천진난만함과 시적인 음란함, 파리 처녀다운 지혜가 뒤섞여 있었다. 그녀들은 그것을 모르고 난잡한 말을 지껄이기도 했다. 그리고 아주 단순한 것으로 자기들의 세계를 형성하고 있었다. 자크린은 아무에게도 방해를 받지 않고, 이곳저곳을 뒤지기도 하고 아버지의 모든 책을 들여다보기도 했다. 다행히 자크린은 그 천진난만함과 매우 정결한 소녀의 본능에 의하여, 아무리 나쁜 것에 접촉하더라도 완전히 보호되고 있었다. 조금만 노골적인 장면이나 말에 접한 것만으로도 불쾌한 기분이 들었다. 바로 그 책을 내던지고, 추잡한 것 가운데를 빠져나왔다. 그것은 고양이가 진흙탕 위로 달아나면서 흙탕물 한 방울 튀기지 않는 것과 같았다.

소설은 거의 자크린의 마음을 끌지 않았다. 소설은 너무나 건조했다. 자크린의 마음을 감동과 희망으로 설레게 하는 것은 시인의 작품이었다. 물론 사랑을 읊은 시인의 작품이었다. 그들은 어느 정도 소녀들의 정신 상태와 가까웠다. 그들은 사물을 직접 본다기보다 욕망과 애착의 프리즘을 통해서 사물을 상상하고 있었다. 그녀들이 낡은 벽 틈바구니로 들여다보는 것처럼. 다만 그들은 소녀들보다 훨씬 더 많은 것을 알고 있었다. 알아야 할 것은 뭐든지 다 알고 있었다. 그리고 그것을 매우 부드럽고 신비적인 말로 덮어씌우고 있었다. 그러므로 그것을 알아내기 위해서는 더할 수 없이 조심스럽게 그 부드러운 덮개를 벗겨야 했다. 그것을 알아내려고 했다. 아아! 하지만 그녀들은 아무것도 알아내지 못했다. 그러면서도 늘 곧 발견될 것만 같았다…….

호기심에 이끌린 두 소녀는 지칠 줄을 몰랐다. 알프레드 드 뮈세나 쉴리 프뤼돔므의 시를 희미한 전율을 느끼면서 낮은 소리로 되풀이했다. 그러한 시에는 배덕의 심연이 있는 게 아닌가 하고 그녀들은 상상하고 있었다. 두 소녀는 그 시를 베껴서, 거기에 숨겨져 있는 의미를 서로 물었다. 하지만 거기에는 별다른 의미가 없었다. 천진난만하면서도 뻔뻔스러운 이 열세 살 소녀들은, 연애에 대하여 아무것도 모르면서, 반은 장난 반은 진심으로 서로 연애와 쾌락을 토론했다. 그리고 교실에서는 교사의 순한 눈을 피해가면서 —교사는 조용하고 정중하며 선량한 노인이었다—다음과 같은 시구를 공책에 끼적거리고 있었다. 교사는 어느 날 그것을 발견하고서 숨이 막힐 지경으로 놀랐다.

> Laissez, ok ! laissez-mol vous tenir enlacées,
> Boire dans vos baisers des amours insensées,
> Goutte á goutte et longtemps ! ……
> 오오 ! 나로 하여금 그대를 끌어안게 해 줘요
> 그대의 입맞춤에서 뜨거운 사랑을 마시게 해줘요
> 한 방울, 또 한 방울, 영원히 끊임없이! ……

소녀들이 다니는 학교는 부잣집 딸들이 모이는 곳이어서, 교사들은 모두 대학교 교수였다. 소녀들은 거기에서 감상적인 동경의 대상을 발견하고 있었다. 소녀들은 거의 모두가 자기들 선생님에게 사랑을 느끼고 있었다. 교사가 젊고 과히 못생기지 않으면, 그것만으로도 소녀들의 관심을 끌어모을 수 있었다. 소녀들은 선생님한테 잘 보이기 위해서 열심히 공부했다. 시험에 나쁜 점수를 받으면 울음을 터뜨렸다. 어쩌다가 칭찬을 받으면, 얼굴이 붉으락푸르락하면서 감사에 넘치는 요염한 눈으로 선생님을 쳐다보았다. 더욱이 자기 하나만 따로 불려 가서 무슨 조언을 받거나 칭찬을 듣거나 하면, 그야말로 하늘에 올라가는 듯한 기분이 되었다. 소녀들은 선생님 마음에 들기 위해, 수재라야 할 필요는 없었다. 체조 시간에 교사가 자크린을 안아서 그네에 태워 주었을 때는, 그녀는 열이 날 만큼 흥분했다. 그러자 어쩌면 그렇게 맹렬한 경쟁이 벌어졌던가! 얼마나 심한 질투의 불꽃이 타올랐던가! 뻔뻔스러운 적으로부터 교사를 차지하기 위해, 신중하면서도 상대의 마음을 녹이려고 하는 시선이 얼마나 그 교사에게 집중되었던가! 수업 시간에 교사가 입을 벌리고 애기를 시작하면, 펜과 연필이 부산하게 움직였다. 소녀들은 이해를 하려고는 하지 않았다. 한 자도 빠뜨리지 말아야 한다는 게 중요했다. 그리고 쉴 새 없이 글씨를 받아쓰는 동안에도, 호기심 어린 눈으로 자기들의 우상인 교사의 얼굴이나 몸짓을 슬그머니 관찰하는 것이었다. 그럴 때, 자크린과 시몬은 낮은 소리로 속삭였다.

"파란 물방울 무늬 넥타이, 선생님한테 잘 어울리는구나. 그렇잖니?"

그리고 소녀들은 색을 입힌 석판화, 공상적이고 세속적인 시집, 시적인 정서가 담긴 판화 등을 좋아했다. 또한 이미 사망했거나 아직도 현존하는 배우, 작가, 음악의 거장, 이를테면 무네 쉴리, 사맹, 드뷔시 등을 사랑하고 있었다. 음악회나 살롱이나 거리에서 낯모르는 청년과 눈이 마주치면, 순식간에 사랑의 정열이 가상적으로 만들어지는 것이었다. 항상 생각에 열중하면서, 연애나 연애에 관련된 어떤 구실을 가지고 열광된 상태에 있고 싶다는 욕구가 있었다. 자크린과 시몬은 그런 마음속을 모조리 서로 털어놓았다. 그것은, 소녀들이 그다지 실질적인 감정을 품고 있지 않다는 확실한 증거였다. 그리고 또한 그것은, 깊은 감정에 사무치지 않기 위한 가장 좋은 방법이기도 했다. 하지만 그 대신 그것이 만성적인 병의 증상이 되어 있었다. 그녀들 자신이 누구보다도 먼저 그것을 스스로 비웃으면서도, 소중하게 키우고 있었다. 두 소녀는 서로를 자극했다. 감정적이고 신중한 시몬이 더욱 유다른 공상을 하고 있었다. 거기에 비하여 자크린은 진지하고 열렬하며 실제로 다른 짓을 할 가능성이 있었다. 몇 번인가, 자칫하다가는 어리석은 짓을 저지를 뻔했다……. 그러나 결코 그렇게 하지는 않았다. 청춘기의 남녀는 누구나 다 그렇다. 어느 시기에 있어 열광된 이들 조그마한 가엾은 짐승—(우리도 전에는 다 그랬었다)—은, 자살에 직면하기도 하고 우연히 만난 이성의 팔뚝에 뛰어들려고도 한다. 그러다가 다행히도, 거의 대부분은 위험천만한 상황 앞에서 걸음을 멈춘다. 자크린도 그저 피상적으로만 알고 있는 사람을 상대로 정열적인 편지의 초안을 몇 번이나 쓴 일이 있었다. 하지만 하나도 보내지는 않았다. 단 한 통 열렬한 편지를 통속적이며 이기적이고 무정하고 소견이 좁은 어느 비평가에게 서명을 하지 않은 채 보낸 일이 있었다. 그가 쓴 세 줄쯤 되는 어떤 문장에서 감수성의 보배라고 할 만한 것을 발견하여, 그를 좋아하게 된 것이었다. 자크린은 또 어떤 일류 배우한테 열을 올린 일도 있었다. 그 배우는 그녀의 이웃에 살고 있었다. 그 문 앞을 지날 때마다 자크린은 자신에게 말했다.

"들어가 볼까!"

언젠가는 대담하게도 그가 살고 있는 층까지 올라간 적이 있었다. 하지만 일단 거기까지 갔다가는 달아났다. 만났다 하더라도 도대체 무슨 얘기를 했을지? 자크린은 결코 그를 사랑하고 있는 것은 아니었으며, 그 자신이 그것을 잘 알고 있었다. 자크린의 분별없는 행동 속에는 절반은 의식적인 속임수가 있었다. 그리고 그 나머지 절반은, 사랑하고 싶다는 영구적이고 흐뭇하기는 하지만 어리석은 욕구였다. 자크린은 매우 현명한 심성을 가지고 있기에 결코 그것을 모르지는 않았다. 그러나 그런 줄 알면서도 분별을 잃지 않을 수는 없었다. 자기를 잘 알고 있는 미치광이는 두 사람 몫의 미치광이이다.

자크린은 자주 사교계에 나갔다. 그녀는 매력에 사로잡힌 청년들에게 둘러싸여, 그중에서 하나가 아니라 몇 명한테 사랑을 받고 있었다. 하지만 그녀는 어느 누구를 특별히 사랑하지는 않았으며, 그들 모두와 적당히 사귀고 있었다. 자크린은 그렇게 하는 게 남을 얼마나 괴롭히는 것인지는 전혀 생각하지 않았다. 예쁜 처녀는 사랑을 잔혹한 노리개로 삼는다. 남들이 자기를 사랑하는 것은 지극히 당연한 것으로 여기고 있으며, 자기가 사랑하는 남자들에는 아무런 책임이 없는 줄로 생각한다. 그리고 자기가 사랑하는 남자는 그것으로도 이미 충분히 행복하다고 흔히 생각하기 쉽다. 그러나 그녀를 위해 변명을 하자면, 그녀는 온종일 사랑에 대한 생각을 하면서도 실제로는 사랑이 어떤 것인지 전혀 모르고 있다는 사실이다. 온실에서 자란 사교계의 처녀는 시골 처녀보다 조숙하다고 상상하기 쉽지만, 사실 정반대이다. 독서나 회화는 그녀 내부에서 연애의 망상을 만들어 내며, 그것은 그들의 생활 속에서 점점 더 심해진다. 때때로 그녀는 한 편의 얘기를 미리 읽고서 한 구절 한 구절을 외고 있는 일도 있다. 그런데 이야기는 전혀 실감하지 못하고 있는 것이다. 연애도 예술과 마찬가지로, 남이 말하는 것을 읽어도 아무 소용이 없다. 자기가 느끼는 것을 말해야 한다. 그리고 실제로 할 말이 있기도 전에 말을 하려고 초조해하는 사람은, 결국 아무 말도 못 하고 말 우려가 있다.

자크린도 대부분의 소녀와 마찬가지로, 이미 타인에 의해서 경험한 감정의 잔해 속에서 살고 있었다. 거기에서 자크린은 손이 뜨겁고 목이 마르며, 눈은 초조하고 항상 미열에 들뜬 상태에서 사물을 정확하게 볼 수가 없었다. 그녀에게 열의가 없는 것은 아니었다. 그녀는 책을 읽고 사람들 말에 귀를 기울였다. 이것저것 단편적으로 많은 것을 배우고 있었다. 자기 자신의 마음을 포착하려고도 했다. 그녀는 자기가 살고 있는 환경보다 한층 더 뛰어났고 훨씬 더 성실했다.

*

한 부인이, 비록 아주 짧은 기간이었지만 자크린에게 좋은 영향을 주었다. 자크린 아버지의 여동생으로, 한 번도 결혼한 일이 없는 독신여성이었다. 나이는 마흔 살에서 쉰 살 사이이며, 얼굴 윤곽은 반듯하나 음산했기 때문에 아름답다고는 할 수 없었다. 이 마르트 랑제 여사는 언제나 검은 옷차림을 하고 있었다. 그 동작은 좀 거북살스러운 품위가 있었다. 좀처럼 말을 하지 않았으며 목소리도 낮았다. 맑은 회색 눈빛과 입 언저리의 쓸쓸한 미소가 없었다면, 그 여인은 아무에게도 눈에 띄지 않았을 것이다.

마르트 랑제 여사는 이따금 오라버니인 랑제 씨 댁에 모습을 나타낼 뿐이었으며, 그것도 식구들만 있을 때뿐이었다. 오라버니 랑제는 여동생에 대하여 경의를 보이고 있었으나, 한편으로는 좀 난처한 기분도 들었다. 랑제 부인은 마르트의 방문이 그다지 달갑지 않다는 태도를 결코 남편에게 숨기지 않았다. 하지만 그들은 예의상 반드시 매주 한 번씩 마르트를 만찬에 초대했다. 그리고 의무로 초대한다는 태도는 되도록 내색하지 않았다. 랑제는 자기 자신에 관한 이야기를 했다. 그로서는 항상 그게 흥미로운 문제였다. 랑제 부인은 습관적으로 미소를 띠었지만 마음속으로는 딴 일을 생각하면서 적당히 대답하곤 했다. 만찬은 격식에 맞게 모든 절차가 어긋남이 없이 끝났다. 고모가 일찍 사양을 하고 돌아갈 때에는, 친절한 인사말을 듣는 때도 있었다. 또한 랑제 부인의 매력적인 미소는 특별히 즐거운 추억이 머리에 떠오를 때에는 더욱 아름답게 빛났다. 마르트 고모는 그것을 다 알고 있었다. 마르트의 눈초리에서 벗어날 수 있는 것은 거의 아무것도 없었다. 그리고 마르트가 오라버니의 집에서 보는 일은 대부분 자신을 불쾌하게 하거나 슬픔을 느끼게 했다. 하지만 그런 기색을 전혀 보이지 않았다. 그것을 얼굴에 나타냈다 한들 무슨 소용이 있었을까? 마르트는 오라버니를 사랑하고 있었다. 다른 가족들과 마찬가지로, 그의 지력과 성공을 자랑으로 여기고 있었다.

가족들은 맏아들을 성공시키기 위해서라면 자기들이 곤궁한 생활을 하는 것은 대수로운 일이 아니라고 생각했다. 하지만 마르트는 적어도 자유로운 비판을 서슴지 않았다. 마르트는 오라버니와 마찬가지로 총명하며, 정신적으로는 오라버니보다도 더 단련되어 훨씬 틀이 잡혀 있었으므로—남성보다 훌륭한 프랑스의 여성은 모두 그렇다—오라버니의 마음속을 잘 알고 있었다. 그리고 오라버니가 무슨 의견을 물으면 솔직하게 대답해 주었다. 그러나 벌써 오래전부터 오라버니는 여동생에게 의견을 묻지 않았다! 그는, 모르는 게 현명하다, 혹은—왜냐하면 그도 그녀만큼은 알고 있었으니까—이대로 눈을 감고 있는 게 현명하다고 생각했다. 여동생은 그 나름대로 자존심 때문에 잠자코 있었다.

누구 하나 마르트의 마음속에서 영위되는 생활을 염려하는 사람은 없었다. 차라리 그것을 모르고 있는 게 더 편하기도 했다. 마르트는 혼자서 생활하고 거의 외출하지 않았으며, 친구들도 몇 안 되며 그다지 친하지도 않았다. 오라버니가 관계하는 방면이나 자기 자신의 재능을 활용하는 것은 쉬운 일이었을 테지만, 그것도 하지 않았다. 마르트는 전에 파리의 어느 큰 잡지에다 논문 두세 편과 역사적이고 문학적인 인물평을 몇 편 쓴 일이 있었다. 간결할 뿐 아니라 정확하고 적절한 문체로 사람들의 주목을 끌었다. 하지만 마르트는 그것으로 그치고 말았다.

또한 마르트에게 호의를 보이고, 마르트 쪽에서도 다가가는 게 반가웠을 훌륭한 사람들과 즐거운 우의를 맺을 수도 있었을 것이다. 하지만 마르트는 그런 사람들의 요청에도 응하지 않았다. 또는 자기가 좋아하는 아름다운 작품이 상연되는 극장 좌석을 예약해 놓고서도 가지 않는 때도 있었다. 혹은 또, 흥미를 느끼는 여행을 떠날 수가 있는데도 집에 틀어박혀 있었다. 마르트의 성격은 금욕주의와 신경 쇠약의 기묘한 혼합이었다. 하지만 그 신경 쇠약도 마르트의 사상 전체에 대해서는 전혀 손상을 끼치지 않았다. 생활은 손상되었을지라도 정신은 온전했다. 마르트만이 알고 있는 지난날의 슬픔이 마음속에 자취를 남기고 있었다.

그리고 더욱 깊은 곳에는, 더욱이 남이 모르는—그녀 자신도 모르는—운명의 흔적이 있었다. 이미 마르트를 침식하고 있는 내부의 병이 있었다. 그러나 랑제 부부에게는 이따금 그들의 기분을 난처하게 하는, 아름답고 맑은 눈밖에 보이지 않았다.

자크린은 아무 근심 걱정을 모르고 행복한 동안은—처음에는 언제나 그렇듯이—이 고모를 별로 거들떠보지도 않았다. 그러다가 육체와 영혼 속에서 불안한 작용이 시작되어 고뇌, 혐오, 공포, 미친 듯한 슬픔이 까닭 없이 일어나는 현기증의 순간을 느끼는 나이가 되었다. 그런 순간은 다행히도 오래 계속되지는 않았으나, 당장에 죽을 것만 같았다. 물에 빠져서 '살려 달라!'고 외칠 기운도 없는 어린이 같았다. 그럴 때 자크린은 자기 옆에 단 한 사람, 자기를 향해서 손을 뻗어 주는 마르트 고모의 모습을 보는 것이었다. 아아! 다른 사람들은 얼마나 멀리 떨어져 있는지! 아버지도 어머니도 남이나 다름이 없으며, 그 애정은 자기 중심적인 애정이었으므로 자기 자신에 만족하여, 인형 같은 열네 살 소녀가 품고 있는 조그만 슬픔은 전혀 생각해 주지 않았다! 하지만 고모만은 그것을 알고 동정해 주었다. 고모는 아무 말도 하지는 않았다. 그저 탁자 너머로 미소를 지으면서 부드러운 시선으로 자크린을 바라보고 있었다. 자크린은 고모가 자기를 이해하고 있는 것을 느끼고, 고모 옆으로 다가갔다. 마르트는 자크린의 머리에 손을 얹고 말없이 쓰다듬어 주었다.

소녀는 고모를 신뢰하고 있었다. 가슴이 뭉클해지면 이 커다란 벗을 찾아갔다. 언제 가도 늘 변함없는 그 너그러운 눈을 볼 수 있다는 확신이 있었다. 그 눈은 침착한 조용함을 얼마간 자크린의 마음에 부어 주었다. 자크린은 자기의 공상적인 정열에 대해서는 거의 얘기를 하지 않았다. 부끄러웠기 때문이다. 자기도 그것이 결코 진짜가 아니라는 것을 알고 있었다. 하지만 보다 더 진실한, 다만 이것만이 진실한, 막연하고 깊은 불안을 얘기했다.

"고모." 자크린은 이따금 한숨을 섞어 가며 말했다. "정말로 행복해지고 싶어요!"

“저런, 딱한 것…….” 마르트는 미소를 지으며 말했다.

자크린은 고모의 무릎에 머리를 기대고, 자기를 쓰다듬어 주는 고모의 손에 입을 맞추었다.

“내가 행복해질 수 있을지…… 어때요, 고모, 제가 행복해질 수 있을까요?”

“내가 어떻게 알겠니. 그런데 그것은 어느 정도 자기에게 달려 있어……. 행복해지려 하면 사람들은 언제든지 행복해질 수 있는 거야.”

자크린은 그 말이 언뜻 믿어지지 않았다.

“고모는 행복하세요?”

마르트는 쓸쓸한 미소를 머금었다.

“응.”

“거짓말! 정말? 진짜로 행복하세요?”

“넌 안 믿는구나?”

“믿어요. 그렇지만…….”

자크린은 갑자기 입을 다물었다.

“왜 그러니?”

“난 행복해지고 싶어요. 하지만 고모처럼 그렇게는 아니고요.”

“딱한 아이! 나도 그렇게 바라고 있단다.” 마르트는 말했다.

“아니에요.” 자크린은 단호히 머리를 저으면서 계속했다. “무엇보다 난, 행복해질 것 같지가 않아요.”

“나도 행복해질 것 같지가 않았어. 하지만 인생을 사는 동안에는 차츰 터득을 해서 여러 가지 일을 할 수 있게 되는 거야.”

“아니! 난 뭘 배우고 싶은 게 아니에요.” 자크린은 불안한 듯이 항변했다. “난 내가 생각하는 대로 행복해지고 싶은 거예요.”

“하지만 그게 어떤 식이냐고 묻는다면, 너도 모르겠지!”

“내가 뭘 원하고 있는지, 전 확실하게 알고 있어요.”

자크린은 많은 것을 원하고 있었다. 하지만 그것을 말로 나타내려면 단 하나밖에는 찾아낼 수 없었다. 그것은 늘 입버릇처럼 말하는 것이었다.

“우선 누구한테 사랑을 받고 싶어요.”

마르트는 잠자코 바느질을 하고 있었다. 이윽고 고모가 말했다.

"그렇다 하더라도 네 쪽에서 사랑하고 있지 않다면, 그게 무슨 소용이 있겠니?"

자크린은 난처해져서 외치듯 말했다.

"그야 물론, 고모, 내가 사랑하는 사람 말이지요. 그렇지 않은 사람은 아무래도 괜찮아요."

"하지만 네가 아무도 사랑하고 있지 않다면?"

"그럴 리가 있나요! 언제든지, 그야말로 언제든지 사랑할 수 있어요."

마르트는 의심스러운 듯 고개를 옆으로 흔들었다.

"사람은 그렇게 쉽게 사랑할 수 있는 게 아니란다." 고모가 말했다. "사랑하고 싶다는 생각이 있을 뿐이지. 사랑한다는 건 가장 커다란 하느님의 은혜야. 너도 그 은혜가 베풀어지도록 하느님께 기도를 올리려무나."

"하지만 아무도 나를 사랑해 주지 않으면?"

"가령 남이 너를 사랑해 주지 않는다 해도 그건 마찬가지야. 그러면 너는 더욱더 행복해질 거야."

자크린은 뾰로통해졌다. 골이 난 시늉을 했다.

"난 싫어요." 자크린은 말했다. "그렇게 되는 건 조금도 반갑지 않아요."

마르트는 정다운 애정이 깃든 웃음소리를 내고, 자크린을 가만히 바라보면서 한숨을 내쉬었다. 그리고 다시 바느질을 시작했다.

"딱한 아이!" 고모는 또 말했다.

"왜 언제나 딱한 아이라고 하세요?" 자크린은 불안한 듯이 물었다. "난 딱한 사람이 되고 싶진 않아요. 난 정말, 정말로 행복해지고 싶어요!"

"그러니까 딱한 아이라는 거야!"

자크린은 뾰로통해졌다. 하지만 그것은 오래 계속되지는 않았다. 마르트의 다정한 웃음으로 기분이 부드러워졌다. 자크린은 골이 난 시늉을 하면서 고모에게 입을 맞추었다. 사실 이 나이 또래의 젊은이는 장래, 먼 앞날에 대해 우울한 말을 듣게 되면 오히려 그 마음속에서는 은근히 쾌감을 느끼는 법이다. 멀리서 보면 불행이라는 것은 시(詩)의 둥근 빛으로 장식되어 있다. 사람들이 가장 두려워하는 것은 평범한 생활이다.

자크린은 고모의 얼굴이 하루하루 창백해져 가는 것을 전혀 깨닫지 못했다. 점점 더 외출을 삼가는 것은 잘 알고 있었다. 하지만 그것은 외출을 싫어하기 때문인 줄 알고 별로 염려하지 않았다. 방문했을 때, 의사가 왔다 가는 것을 한두 번 본 일이 있었다.

"고모, 어디 편찮으세요?" 자크린이 고모에게 물었다.

"괜찮아."

마르트는 대답했다. 하지만 이제 마르트는 랑제 씨 댁에서 한 주일에 한 번씩 초대하는 만찬에도 오지 않게 되었다. 자크린은 몹시 불쾌하게 생각하여 고모한테 가서 왜 우리집에 오지 않느냐고 항의했다.

"그게 말이다." 마르트는 조용히 말했다. "난 좀 피곤해."

그러나 자크린은 곧이듣지 않았다. 그게 무슨 변명이 될 것인가!

"한 주일에 두 시간씩 집에 와 계시는 게 그렇게 피곤하세요! 고모는 날 사랑하지 않는 거야. 고모 집 난로 구석밖에는 좋아하지 않는 거야."

그러나 집에 돌아와서 고모한테 항의한 것을 자랑스럽게 얘기하자 아버지가 호되게 야단쳤다.

"고모는 조용히 있게 해 드려야 돼! 불쌍하게도 중한 병이 드신 걸 모르니!"

자크린은 깜짝 놀랐다. 떨리는 목소리로 고모가 무슨 병이 났느냐고 물었다. 부모님은 굳이 말하지 않으려 했으나, 마르트 고모가 장암으로 죽음에 임박해 있다는 것을 겨우 알아냈다. 앞으로 몇 달밖에 살지 못한다는 것이었다.

자크린은 공포의 나날을 보냈다. 고모의 얼굴을 보면 조금은 안심이 되었다. 다행히도 마르트는 그다지 괴로워하지는 않았다. 언제나 조용히 미소를 띠고 있었다. 그것은 투명한 얼굴에 마음속 등불의 반영처럼 떠올라 있었다. 자크린은 마음속으로 말했다.

'아니, 그럴 리가 없어. 다들 잘못 생각하고 있는 거야. 정말로 병이라면 이렇게 침착하실 리가 없어…….'

자크린은 또다시 이것저것 마음속 얘기를 털어놓았다. 마르트는 그 고백에 대하여 전보다도 더 동정해 주었다. 다만 이따금, 얘기를 하는 도중에 방에서 나갔다. 고통에 시달리는 모습을 보이고 싶지 않았기 때문이었다. 그리하여 고통의 발작이 지나, 얼굴빛이 다시 나아져서야 다시 방에 들어왔다. 고모는 자기의 용태에 대해서는 설명을 하기 싫어하며, 오히려 숨기고 있었다. 아마 자신도 그다지 생각하고 싶지 않았을 것이다. 병이 자기를 침식하고 있는 것을 알고 있다. 고모는 그것을 두려워했다. 그래서 생각을 다른 데로 돌리려 애썼다. 마르트의 모든 노력은 마지막 몇 달 동안의 평화를 어지럽히지 않는 일로 향하고 있었다. 마지막은 생각한 것보다도 빨랐다. 이윽고 마르트는 자크린 말고는 아무도 만나지 않게 되었다. 다음에는 자크린과 만나는 시간도 점점 줄여야만 했다. 그러다가 드디어는 영원히 작별해야만 할 날이 왔다. 마르트는 지난 몇 주일을 줄곧 누워서 보낸 침대에 누운 채로, 조그만 벗에게, 참으로 정다운 위로의 말로써 애정어린 이별을 고했다. 그리고 홀로 그 방에서 죽었다.

자크린은 몇 달 동안을 절망 속에서 보냈다. 자크린을 정신적인 고뇌에서 지켜 주는 사람은 오직 마르트 고모가 있을 뿐이었는데, 마침 그 고뇌가 최악의 위기에 다다를 무렵에 마르트가 죽은 것이다. 자크린은 뭐라고 말할 수 없는 고독에 빠졌다. 무언가 자신에게 버팀목이 될 어떤 신앙이 필요했다. 그 버팀목이 자크린에게 없을 리가 없었다. 자크린은 늘 종교가 시키는 일을 하고 있었으므로. 어머니 역시 그것을 고지식하게 지키고 있었다. 하지만 그것이 문제였다. 어머니는 그것을 지키고 있었으나, 고모는 지키지 않았으니까. 이 점을 비교해 보지 않을 수 없었다! 어린이의 천진한 눈은 어른들이 이미 조심하지 않는 여러 가지 허위를 포착한다. 자크린은 어머니나 그 밖에 신앙을 가진 사람들이, 신앙이 없는 사람들과 마찬가지로 죽음을 두려워하고 있는 것을 관찰했다. 그렇다, 신앙도 충분한 버팀목이 되지는 못한다……. 게다가 자크린에게는 개인적인 경험과 반발심, 혐오감이 있고, 서투른 고해 신부에게 기분이 상한 일도 있었다……. 그러면서도 자크린은 여전히 종교가 시키는 일을 다하고 있었다. 하지만 거기에는 별로 신앙심이 없었다. 교육을 받았으므로 의례적인 방문을 하는 것처럼 하고 있었을 뿐이다. 종교도 사교계와 마찬가지로 자크린에게는 공허한 것으로 여겨졌다. 이제 자크린이 의지하는 것은 오직 하나, 죽은 고모와의 추억이었다. 자크린은 그것에 휩싸여 있었다. 전에는 젊은이가 흔히 그렇게 되기 쉬운 이기심에서 소홀하게 대하고, 그리고 지금은 역시 그 이기심에서 헛되이 부르고 있는 고모에 대하여, 정말 미안하다고 후회했다. 자크린은 고모의 모습을 이상화하고 있었다. 그리고 고모가 남기고 간 뜻깊고 명상적인 생활 덕택으로, 방종하고 거짓투성이의 사교 생활이 싫어졌다. 이제 자크린에게는 그 위선적인 점밖에는 보이지 않았다. 전에는 즐거웠을 달짝지근한 유혹의 말도 지금은 불쾌하게 들렸다. 자크린은 정신적으로 신경과민이 되어 있었다. 무엇을 보아도 고통스럽게 느껴졌다. 의식이 노출되었다. 여태까지는 별 생각 없이 보아 넘기던 여러 가지 일이 정확하게 눈에 띄게 되었다. 그런 일 가운데 하나가, 그녀의 마음에 피가 뿜어나올 만큼 깊은 타격을 주었다.

어느 날 오후, 자크린은 어머니의 응접실에 있었다. 랑제 부인은 손님을 접대하는 중이었다. 미모를 자랑하는 아니꼬운 유행 화가로서 자주 오는 손님들 중의 하나였지만, 그다지 친밀한 사이는 아니었다. 자크린은 자기가 있는 것이 방해가 되는 것 같은 생각이 들었으나, 그럴수록 더욱 그 자리에서 떠날 수가 없었다. 랑제 부인은 좀 초조했다. 그리고 가벼운 편두통 때문인지, 그렇지 않으면 요즈음 귀부인들이 봉봉처럼 씹어서 그 빈약한 머리를 더욱 공허하게 하는 편두통 치료제인 알약 때문인지, 머리가 둔해져서 자기가 하는 말에 별로 조심을 하지 않았다. 얘기를 하는 도중에 불현듯 상대를 이렇게 불렀다.

"당신(몽 셰리)……"

랑제 부인은 곧 실언을 한 것을 깨달았다. 그러나 주인도 손님도 당황하지 않고 보통 사교적인 얘기를 계속했다. 자크린은 차를 준비하고 있다가 그 말을 들은 순간 자칫 찻잔을 떨어뜨릴 뻔했다. 자기 뒤에서 두 사람이 그들에게만 의미가 통하는 미소를 주고받는 듯한 생각이 들었다. 자크린은 뒤를 돌아보았다. 그러자, 두 사람이 서로 눈짓을 하고 있는 것을 보았다. 하지만 그 눈은 곧 자연스러움을 가장했다. 이 발견은 자크린의 기분을 몹시 혼란시켰다. 이 소녀는 자유롭게 자라나 이런 종류의 남녀관계는 자주 듣기도 하고 자기 자신도 웃으면서 얘기한 일이 있었지만, 지금 눈앞에 그러한 어머니의 모습을 보자 견딜 수 없는 고통을 느꼈다……. 자기 어머니가 그렇다면 사정이 다르다……. 자크린은 무엇이든지 과장을 하는 버릇으로 극에서 극으로 달렸다. 자크린은 여태까지는 무엇하나 의심한 일이 없었다. 그러나 그 뒤로는 모든 것을 우선 의심부터 하게 되었다. 자크린은 흥분하면서 어머니의 과거 행동을 이것저것 자세히 떠올려 보기 시작했다. 그렇게 의심스러운 눈으로 보기 시작하니, 랑제 부인의 행실은 얼마든지 의심할 거리를 제공해 주고 있었다. 자크린은 거기에다 또 자기의 추측을 덧붙였다. 자크린은 아버지에게 다가가고 싶은 생각이 들었다. 아버지가 늘 어머니보다 자기에게 가까웠으며, 아버지의 지성은 그녀에게 있어 커다란 매력이었다. 그녀는 아버지를 더 사랑하고 싶었다. 그러나 랑제 씨는 누구의 동정을 받고 싶은 생각은 전혀 없는 듯했다. 거기에서 소녀의 지나치게 흥분된 머리에 하나의 생각이 떠올랐다. 그것은 먼젓번 의심보다도 더 무서운 것이었다. 아버지는 사정을 전혀 모르는 것은 아니지만, 차라리 아무것도 모르고 있는 게 편하다고 생각하는 게 아닌지? 자기가 마음대로 할 수만 있다면, 다른 일은 아무래도 괜찮은 게 아닌지?

그렇게 생각하자 자크린은 어떻게 해야 할지를 몰랐다. 부모님을 경멸할수는 없었다. 자크린은 부모님을 사랑하고 있었다. 하지만 이대로의 생활을계속할 수는 없었다. 시몬 아당에 대한 우정도 아무런 도움이 되지 않았다.자크린은 이 오랜 벗의 결점을 엄격하게 비판했다. 또한 자기 자신에 대해서도 관대하지 않았다. 자기 내부에 추악한 것, 평범하고 변변치 못한 것을 발견하여 괴로움을 느꼈다. 그래서 마르트와의 티 없이 밝은 추억에 필사적으로 매달렸다. 하지만 그 추억도 점점 사라져 갔다. 나날의 물결이 그 뒤로밀려와서는 그 자취를 씻어가 버리는 것처럼 느꼈다. 그렇게 되면 모든 게다 끝장이다. 나도 다른 사람들과 마찬가지로 진흙탕 속에 빠져 버리겠지…….. 오오! 어떻게 해서든지 이 세상에서 벗어나야 한다! 나를 살려 다오!나를 살려 다오!

이리하여 열병 같은 고독과 강렬한 혐오와 신비로운 기대 속에서 나날을보내며 미지의 구원자에게 두 손을 뻗고 있을 때, 자크린은 올리비에를 만난것이다.

랑제 부인은 그해 겨울, 널리 유행하여 인기를 모으고 있던 음악가 크리스토프를 자기 집에 초대하는 것을 잊지 않았다. 크리스토프는 오기는 했지만여느 때처럼 별로 잘 보이려고 애쓰지 않았다. 랑제 부인은 그래도 역시 그를 매력 있는 인물이라고 생각했다—대중의 유행이 되어 있는 동안은 무슨짓을 해도 괜찮다. 여전히 크리스토프는 매력 있는 인물로 보일 것이다. 다만 그것은 몇 달 동안의 일이다—자크린은 그다지 감탄하는 듯한 태도를 보

이지는 않았다. 크리스토프가 어떤 사람들에게 칭찬을 받고 있다는 이유만
으로, 자크린은 처음부터 경계를 하고 대했다. 그리고 크리스토프의 거친 언
행이나, 큰 소리로 지껄이는 얘기나, 쾌활한 태도가 자크린에게는 불쾌했다.
그녀 같은 정신 상태에서는, 삶의 기쁨은 오히려 비천한 것으로 여겨졌다.
자크린은 영혼의 우울한 박명을 구하고 있었다. 그리고 자기는 그런 것을 좋
아하는 줄로 상상하고 있었다. 크리스토프의 마음은 너무나 밝았다. 하지만
자크린이 크리스토프와 얘기할 때에, 그는 올리비에에 관해서 얘기했다. 크
리스토프는 자기가 얻은 행복을 친구에게도 나눠주고 싶었던 것이다. 그가
올리비에를 하도 칭찬하는 바람에 자크린은 자기 사상에 꼭 들어맞는 영혼
을 상상하여, 그 환영에 가슴을 두근거리면서 올리비에도 초대해 달라고 부
탁했다. 올리비에는 곧바로 응하지는 않았다. 하지만 오히려 그 때문에 크리
스토프와의 이야기 중에도 자크린은 올리비에의 모습을 상상하여 천천히 그
릴 수 있었다. 그리하여 올리비에가 겨우 결심을 하고 나타났을 때, 그 모습
은 상상했던 모습과 똑같다고 생각했다.

올리비에는 오기는 했으나 별로 얘기를 하지는 않았다. 말을 하고 싶지가
않았다. 그의 어진 눈과 미소, 세련된 태도, 그를 둘러싸고 뿜어져 나오는
침착성은 자크린을 매혹시켰다. 자크린은 가슴에 싹트기 시작하는 감정을
두려워하여, 그런 태도를 전혀 내색하지 않았다. 여전히 크리스토프하고만
얘기를 했다. 하지만 그 내용은 올리비에에 관한 얘기였다. 크리스토프는 친
구 얘기를 하는 게 하도 반가워서, 자크린이 이 화제를 기뻐하고 있다는 것
은 알아차리지 못했다. 그는 또 자기 자신에 대해서도 얘기했다. 자크린은
그런 얘기에는 도무지 흥미가 없었으나 기꺼이 귀를 기울였다. 그리고 크리
스토프의 사적 얘기도 올리비에가 등장하는 에피소드 쪽으로 자연스럽게 돌
렸다.

자크린의 상냥스러운 태도는 아무런 의심도 갖지 않는 남자에게는 위험한
것이었다. 크리스토프는 자신도 모르는 사이에 자크린에게 열중하고 있었
다. 방문하는 게 기뻤다. 몸치장에도 조심을 하기 시작했다. 그리고 그가 잘
알고 있는 하나의 감정이 다시금 그의 모든 생각 속에 즐거운 동경심을 혼합
하기 시작했다. 올리비에도 또한 사랑에 사로잡혀 있었다. 그것도 맨 처음부
터였다. 그는 자기가 따돌림을 받고 있는 줄로 알고 은근히 고민을 하고 있

었다. 크리스토프는 자크린과의 대화를 즐거운 듯이 얘기하여, 올리비에의 고민을 더욱 크게 했다. 올리비에는 자기가 자크린한테 잘 보이리라고는 생각하지 않았다. 크리스토프와 같이 살면서 전보다는 훨씬 낙천적으로 되어 있었으나, 아직은 자기를 의심하고 있었다. 그는 아주 정직한 눈으로 자기를 보고 있었다. 그는 자기가 언젠가는 누구의 사랑을 받게 되리라는 것을 믿을 수 없었다. 사람이 사랑을 받는 것은 신비하고 너그러운 연애의 가치 때문이 아니라 그 사람이 지니는 가치 때문이라고 한다면, 과연 사랑을 받을 가치를 지닌 사람이 실제로 있을지?

어느 날 밤 올리비에는 랑제 씨 댁에 초대를 받았다. 그런데 냉담한 자크린을 만나는 게 너무도 괴로운 생각이 들었다. 그래서 피곤하다는 구실을 내세워 크리스토프에게 혼자서 가라고 말했다. 아무것도 눈치채지 못한 크리스토프는 아주 반색을 하고 갔다. 어린아이 같은 이기주의 때문에, 자기 혼자서 자크린을 만나는 기쁨밖에는 생각하지 않았다. 하지만 그 즐거움은 오래 계속되지는 않았다. 올리비에가 오지 않는다는 말을 듣더니 자크린은 당장에 무뚝뚝해졌다. 초조하고 시무룩하여 신이 나지 않는다는 태도를 보였다. 정답게 대할 기분도 싹 사라졌다. 크리스토프의 말을 귀담아 듣지 않고 적당히 대답하고 있었다. 자크린이 흥미가 없는 듯이 하품을 하자, 크리스토프는 굴욕을 느꼈다. 자크린은 울고 싶었다. 그러다가 야회 도중에 갑자기 방에서 나가더니 다시는 모습을 나타내지 않았다.

크리스토프는 맥이 풀려서 돌아왔다. 돌아오는 길에, 왜 그런 태도를 취했을까 줄곧 생각해 보았다. 문득 어느 정도 진상을 깨달았다. 집에서는 올리비에가 그를 기다리고 있었다. 그리고 자연스러운 태도를 가장하여, 야회가 어떻더냐고 물었다. 크리스토프는 기대에 어긋난 실망을 얘기했다. 얘기가 나아감에 따라 올리비에의 얼굴이 차츰 밝아지는 것을 그는 보았다.

"그건 그렇고, 자네는 피곤하다더니?" 크리스토프는 말했다. "왜 누워 있지 않나?"

"뭐, 괜찮아요." 올리비에가 말했다. "이젠 아주 괜찮아요."

"그럴 거야." 크리스토프는 놀리는 것처럼 말했다. "안 가기를 잘했어."

크리스토프는 애정 어린, 그러면서도 조롱하는 눈으로 올리비에의 얼굴을 가만히 들여다보고서 자기 방으로 건너갔다. 홀로 되자 크리스토프는 웃음을 터뜨렸다. 소리가 나지 않게, 눈물이 날 만큼 웃었다.

'그 계집아이가!' 크리스토프는 생각했다. '나를 놀렸구나! 올리비에도 나를 속이고! 어쩌면 둘 다 그렇게 감쪽같이 본심을 숨겼을까!'

그때부터 크리스토프는 자크린을 사모하는 마음을 후련하게 벗어던졌다. 그리고 어미닭이 열심히 알을 품어 병아리를 까는 것처럼, 가련한 두 연인의 얘기를 길러 주었다. 그들의 비밀을 알고 있다는 시늉을 하지도 않고, 또 표면적으로 주선을 하지 않는 가운데 슬그머니 두 사람을 도와주었다.

그는 올리비에가 자크린과 같이 살게 되는 경우 과연 행복하게 될지 어떨지를 알기 위해, 자크린의 성격을 연구하는 게 자신의 의무라고 진지하게 생각했다. 그러나 그는 말솜씨가 서툴렀으므로, 자크린의 취미나 도덕관에 대하여 당돌한 질문을 하여 그녀를 화나게 만들었다.

"정말 이상한 사람이야! 왜 쓸데없는 참견을 할까?" 자크린은 분개하여 크리스토프에게 등을 돌렸다.

그리고 올리비에는 자크린이 이제는 크리스토프를 문제삼지 않는 것을 보고서 기분이 좋아졌다. 또한 크리스토프도 올리비에가 행복한 것을 보고 기분이 좋아졌다. 그의 기쁨은 오히려 올리비에의 그것보다도 더 떠들썩하게 밖으로 나타났다. 자크린은 크리스토프가 그녀 자신보다도 더 확실하게 두 사람의 연애를 보고 있다는 것을 전혀 알지 못하여, 크리스토프는 도무지 납득이 가지 않는 사람이라고 생각하고 있었다. 이렇게 야비하고 성가신 친구에게 올리비에가 왜 심취하고 있는지 이해할 수가 없었다. 선량한 크리스토프는 그러한 자크린의 기분을 간파하고 있었다. 그리고 그녀의 화를 돋우는 것에서 장난기가 섞인 재미를 느끼고 있었다. 그리고 일이 있다는 구실로 랑제 씨 댁의 초대를 사절하고, 자크린과 올리비에가 단둘이 만나도록 해주었다.

그런데도 크리스토프는 앞날에 대한 불안이 가시지 않았다. 아무래도 두 사람의 결혼에 대해서 자기에게 큰 책임이 있다는 생각이 들었다. 거기에 고민이 있었다. 왜냐하면 그는 자크린의 성격을 어느 정도 정확하게 파악하고 있었기 때문이다. 그리고 그 밖에도 여러 가지 문제를 염려하고 있었다. 우선 자크린의 부와 교육 그리고 환경, 특히 몸이 허약한 점을. 크리스토프는 지난날 자기가 사귀던 콜레트를 떠올렸다. 물론 자크린이 콜레트보다는 훨썬 더 성실하고 솔직하고 정열적이었다. 이 소녀에게는 끈기 있는 생활에 대한 열렬한 동경, 용감하다고 할 만한 의욕이 있었다.

'하지만 그것을 바라는 마음만으로는 안 돼.' 크리스토프는 자기가 좋아하는 디드로의 말을 기억하면서 생각했다. '허리가 튼튼해야지.'

크리스토프는 올리비에에게 그런 위험성을 경고해 주고 싶었다. 그러나 올리비에가 자크린한테서 돌아올 때 그 눈이 기쁨으로 젖어 있는 것을 보면 그런 말을 할 만한 용기가 나지 않았다. 그는 생각했다.

'가엾게도…… 두 사람은 행복한 모양이지. 그들의 행복을 어지럽게 하지 말자.'

크리스토프는 올리비에를 사랑하고 있었으므로, 차차 올리비에가 믿고 있는 기분이 그에게도 전염되었다. 그는 이제 안심하고 있었다. 드디어 자크린이라는 소녀는 올리비에가 생각하는 그대로의 여자이고, 또한 그녀가 스스로 그렇게 생각하고 싶은 그대로의 여자라고 믿게 되었다. 자크린은 친절한 마음을 지닌 여성이었다. 자크린이 올리비에를 사랑하는 것은 그가 자기나 자기의 소속된 사회와는 다른 것을 가지고 있기 때문이었다. 말하자면 올리비에는 가난하고 비타협적인 도덕관념을 가지고 있으며 사람들과 잘 사귈 줄을 모르는데, 자크린은 참으로 순수하고 완전한 사랑을 느끼고 있었으므로 올리비에처럼 가난해지고 싶은 마음이 있었던 것이다. 그리고 어느 때에는 못생긴 여자가 되고 싶다는 생각도 해 보았다. 왜냐하면 올리비에가 사랑하는 것은 자기의 용모가 아니라 자기의 성품이며, 자기의 마음을 충족시켜 주고, 자기가 갈망하는 애정 그 자체를 위해서 사랑해 준다는 것을 보다 더 확인하고 싶었기 때문이다……. 아아! 어느 날에는 올리비에가 옆에 있을 때, 자크린은 자기 얼굴이 창백해지는 것을 느꼈다. 그리고 손이 덜덜 떨렸다. 자크린은 자기의 감동을 스스로 비웃는 시늉을 하고, 다른 일에 생각이 쏠리는 것처럼 가장을 하고, 올리비에를 처다보고 있지 않은 척했다. 일부러 빈정거리는 말을 했다. 그러다가는 별안간 입을 다물고서 자기 방으로 달아났다. 그리고 문을 꼭 닫고 창의 커튼을 내리고 가만히 앉아 있었다. 두 무릎을 꽉 조이고, 두 팔꿈치를 옆구리에다 대고, 두 팔을 가슴 위에 십(十)자로 엮어 심장의 고동을 억누르고 있었다. 그런 식으로 몸을 웅크린 채 숨을 가라앉히고 가만히 있었다. 몸을 움직일 수가 없었다. 조금만 움직이면 행복이 달아날 것 같은 생각이 들었다. 그렇게 자크린은 말없는 가운데 연모의 정을 꼭 끌어안고 있었다.

이제야 크리스토프는 올리비에를 성공시키려고 열심이었다. 마치 어머니처럼 그를 돌보았다. 몸치장에 신경 써주고, 양복 입는 법을 가르치려 하고 —글쎄, 이게 웬일까! —넥타이도 매 주었다. 올리비에는 참을성 있게 시키는 대로 따랐다. 그리고는 크리스토프가 안 보는 계단에서 다시 매었다. 그는 웃고 있었다. 하지만 그처럼 커다란 크리스토프의 애정에는 깊이 감동을 받았다. 그는 연애에 사로잡힌 사람이 흔히 그런 것처럼 자신이 없었으므로, 크리스토프에게 조언을 구했다. 올리비에는 랑제 씨 댁을 방문했을 때의 형편을 크리스토프에게 얘기했다. 크리스토프도 역시 그와 마찬가지로 감동하여, 때로는 밤에도 몇 시간씩 자지 않고 벗의 연애를 무사히 이루어 주는 방법을 궁리했다.

*

파리 교외 릴라당 숲 변두리의 조그만 땅에 랑제 씨 댁의 별장이 있었다. 그 정원에서 올리비에와 자크린은 자기들의 일생을 결정짓는 얘기를 나누었다.

크리스토프도 올리비에를 따라와 있었다. 하지만 크리스토프는 집 안에 오르간이 있었으므로 연인들 둘이서만 산책을 나가게 하고, 자기는 오르간을 치기 시작했다. 사실 두 사람은 그것을 바라지는 않았다. 단둘이 되는 것을 두려워하고 있었다. 자크린은 말을 하지 않고, 약간 적의를 보였다. 올리비에는 지난번에 방문했을 때 자크린의 태도가 달라진 것, 갑자기 냉랭해진 것, 눈초리가 쌀쌀하고 매서우며, 거의 적의를 품은 듯이 되어 있는 것을 느꼈다. 올리비에는 그런 태도를 보고서 오싹했다. 그 까닭을 물어볼 용기도 없었다. 사랑하는 사람으로부터 잔혹한 말을 듣는 게 너무나 두려웠다. 올리비에는 크리스토프가 가 버리는 게 두려웠다. 그가 있기만 하면 자기에게 떨어지는 타격을 견디어 낼 수 있을 것 같은 생각이 들었다.

자크린은 여전히 올리비에를 사랑하고 있었다. 여태까지보다도 더 사랑하고 있었다. 그 때문에 오히려 적대적인 태도를 취하고 있는 것이었다. 바로 얼마 전까지 자크린이 혼자서 희구하던 사랑, 그처럼 갈망하던 사랑이 지금 눈앞에 있다. 그것이 발 밑에 심연처럼 입을 벌리고 있다. 그것을 보자 겁이 나서 뒤로 물러섰다. 뭐가 뭔지 알 수가 없었다. 자크린은 스스로에게 물었다.

'왜 이럴까? 왜 이럴까? 대체 어떻게 된 일일까?'

자크린은 올리비에를 가만히 바라보았다. 그것은 그를 괴롭히고 있는 눈초리였다. 그리고 자크린은 생각해 보았다.

'이 사람은 누구인가?'

자크린은 몰랐다.

'왜 나는 이 사람을 사랑하는 것일까?'

자크린은 몰랐다.

'나는 과연 이 사람을 사랑하고 있는 것인지?'

자크린은 몰랐다……. 아무것도 몰랐다. 그녀가 알고 있는 것은, 어떻든 자기가 사로잡혀 있다는 것뿐이었다. 사랑에 사로잡혀 있는 것이다. 사랑 속에서 몸을 멸망시키려 하고 있었다. 의지도, 자립성도, 자아도, 미래의 꿈도, 모두가 이 괴물 속으로 흡수되어 자기 몸을 온통 파괴하도록 하고 있었다. 그리고 분연히 온몸을 긴장시키고 있었다. 때로는 올리비에에 대하여 거의 증오에 가까운 감정을 느끼기도 했다.

두 사람은 정원에서 떨어진 채소밭까지 들어갔다. 커다란 나무가 늘어서서, 이 밭을 잔디에서 격리시키고 있었다. 두 사람은 오솔길 한가운데를 천천히 걸어갔다. 오솔길 양쪽에는 빨간 열매와 노란 열매가 방울방울 달린 구스베리 덤불과 딸기밭이 있었다. 그 향기가 대기에 가득 차 있었다. 6월이었다. 하지만 자주 소나기가 와서 대기를 냉각시켰다. 하늘은 잿빛으로 흐렸고 햇빛은 약했다. 낮게 드리워진 구름이 바람에 실려 한덩어리가 되어 둔하게 움직이고 있었다. 그러나 멀리서 불고 있는 사나운 바람은 이 땅 위에는 전혀 내려오지 않았다. 나뭇잎 하나 흔들리지 않았다. 커다란 우울이 모든 것을 둘러싸고 있었으며, 또한 두 사람의 마음을 둘러싸고 있었다. 그러자 이때, 정원 안에 그들이 있는 곳에서는 보이지 않는 별장의 반쯤 열린 창에서, 요한 세바스찬 바흐의 변(變) E단조(短調)의 푸가를 연주하는 오르간 소리가 들려왔다. 두 사람은 창백해져서 말도 하지 않고, 샘의 축댓돌 위에 나란히 걸터앉았다. 올리비에는 자크린의 볼에 눈물이 흐르는 것을 보았다.

"울고 계십니까?" 올리비에는 입술을 떨면서 물었다.

올리비에의 눈에서도 눈물이 흘렀다.

올리비에는 자크린의 손을 잡았다. 자크린은 금발 머리를 올리비에의 어깨에 기댔다. 이제는 거역하려 하지 않았다. 굴복한 것이었다. 그리고 얼마나 기분이 홀가분해졌는지! …… 두 사람은 하늘을 덮은 뚜껑처럼 무거운 구름이 움직이는 밑에서, 음악에 귀를 기울이며 소리 죽여 울고 있었다. 소리없이 조용히 흐르는 구름은 나무 꼭대기를 스치고 가는 것 같았다. 두 사람은 여태까지 괴롭던 모든 일을 생각하고 있었다. 아마도 또한, 앞으로 겪어야 할 괴로움도. 한 인간의 운명을 둘러싼 우울, 갑자기 음악이 그것을 불러일으키는 순간이 있다……

얼마 뒤, 자크린은 눈물을 닦고서 올리비에를 바라보았다. 두 사람은 순간적으로 서로 포옹했다. 오오! 말로써 다할 수 없는 행복! 경건한 행복! 가슴이 아플 만큼 달고 깊은 행복!

자크린이 물었다.

"누님은 당신을 닮으셨던가요?"

올리비에는 깜짝 놀랐다. 그는 말했다.

"왜 누님 얘기를 하지요? 그럼, 내 누님을 알고 계셨던가요?"

자크린은 말했다.

"크리스토프 씨한테 들었어요……. 당신은 매우 고민을 하셨다지요?"

올리비에는 고개를 수그렸다. 너무나 감동하여 대답도 못했다.

"저도 무척 고민을 했어요." 자크린이 말했다.

자크린은 고인이 된 정다운 사람, 그처럼 좋아하던 마르트 고모 얘기를 했다. 얼마나 울었는지, 죽도록 울었다는 것을 가슴이 메도록 슬프게 얘기했다.

"저를 도와주시겠지요?" 자크린은 애원하는 목소리로 말했다. "제가 살아나갈 수 있도록, 훌륭한 사람이 되도록, 얼마만큼은 그 사람같이 되도록 도와주시겠지요? 저 불쌍한 마르트 고모를 당신도 사랑해 주시겠지요?"

"고인이 된 두 사람을 사랑합시다. 둘 다 지금은 저승에서 서로 사랑하고 있을 테니까."

"그분들이 살아 있으면 얼마나 좋을까!"

"살아 있을 겁니다."

두 사람은 서로 꼭 끌어안고 있었다. 서로 가슴이 두근거리는 게 느껴졌다. 가랑비가 내리기 시작했다. 자크린은 몸을 떨었다.

"돌아가요." 자크린은 말했다.

나무 그늘은 어둑어둑했다. 올리비에는 자크린의 젖은 머리에 입을 맞추었다. 자크린은 올리비에를 향해서 얼굴을 쳐들었다. 그 순간 올리비에는 처음으로 자기 입술 위에 사랑으로 불타는 입술을 느꼈다. 두 사람은 정신이 아득해지는 것 같았다.

집 근처에서 두 사람은 걸음을 멈추었다.

"우리는 여태까지 정말 외로웠었군요!" 올리비에가 말했다.

그는 이미 크리스토프를 잊고 있었다.

두 사람은 이때 함께 크리스토프를 떠올렸다. 음악은 멈춰 있었다. 두 사람은 집 안으로 들어갔다. 크리스토프는 오르간 위에 팔꿈치를 짚고, 두 손으로 머리를 끌어안고서 지나간 일들을 몽상하고 있었다. 문이 열리는 소리를 듣고 크리스토프는 몽상에서 깨어났다. 그리고 진지하고 정다운 미소로 빛나는 얼굴을 그들에게 보였다. 크리스토프는 두 사람의 눈에서 무슨 일이 일어났는지를 알아차렸다. 두 사람의 손을 움켜쥐고 그가 말했다.

"여기 앉아요. 두 분을 위해서 한 곡 쳐 드려야지."

두 사람은 자리에 앉았다. 그러자 크리스토프는 자기 마음속에 있는 모든 것을, 그들에 대한 모든 사랑을 건반에 담아 두드렸다. 연주가 끝났다. 세 사람 다 말없이 가만히 있었다. 이윽고 크리스토프가 먼저 일어나서 두 사람을 바라보았다. 크리스토프는 과연 친절해 보였다! 두 사람보다도 훨씬 더 나이가 많고 훨씬 더 강해 보였다! 자크린은 이때서야 비로소 크리스토프라는 사람을 알게 되었다. 크리스토프는 두 사람을 끌어안고 자크린에게 말했다.

"당신은 진실로 올리비에를 사랑해 주시겠지요? 두 분은 진실로 서로 사랑하겠지요?"

두 사람의 가슴은 감격으로 부풀었다. 그러자 크리스토프는 곧 화제를 돌리고, 웃으면서 창으로 다가가더니 다짜고짜 마당으로 뛰어내렸다.

*

그 뒤 며칠 동안, 크리스토프는 올리비에에게 자크린의 부모님에게 결혼을 허락받으라고 권했다. 올리비에는 감히 그렇게 할 용기가 없었다. 거절을 당할 것 같아 두려웠다. 크리스토프는 다시 직장을 구하라고 재촉했다. 가령 랑제 부부의 승낙을 얻게 되더라도, 그가 스스로 생활비를 벌 수 있는 상태에 있지 않으면 자크린의 재산을 받을 수가 없을 것이다. 올리비에도 같은 생각을 하고 있었으나, 부잣집을 상대로 하는 결혼에 대한 크리스토프의 좀 우스꽝스러운 부당한 의혹에는 찬성을 할 수 없었다. 부는 영혼을 죽인다는 것이 크리스토프의 머릿속 깊이 뿌리박힌 생각이었다. 저승에 가서 어떻게 될지를 염려하는 한 부유한 여자에게, 어떤 현명한 거지가 말했다는 다음과 같은 경구를 크리스토프는 자주 되풀이하고 있었다.

"뭐라고요, 부인? 당신은 몇백만이라는 많은 돈을 가지고 있으면서 게다가 또 불사의 영혼까지 갖고 싶다는 말씀입니까?"

"여자를 믿지 말게." 그는 반은 농담으로, 반은 진지하게 올리비에에게 말했다. "여자를 믿지 말게. 그중에서도 돈 많은 여자는 특히! 여자는 아마 예술을 사랑하기는 하겠지만, 예술가를 질식시켜 버릴 걸세. 돈 많은 여자는 양쪽 다 죽여 버릴 거야. 부는 하나의 병일세, 그리고 여자는 남자보다 이 병에 굴복하기 쉽거든. 부자는 모두 정상적인 인간이 아냐……. 자네 웃고 있나? 내 말을 조롱하나? 하지만 여보게, 부자가 생활에 대해서 뭘 알고 있나? 가혹한 현실과 밀접한 관계를 가지고 있나? 가난의 거친 바람, 자기가 벌어서 구한 빵의 냄새, 경작하는 대지의 향기, 그런 것을 자기 얼굴에서 느끼기를 하겠나? 인간이나 사물을 이해할 수가 있겠나? 하다못해 그런 것을 보기라도 하는지? 나는 어린 시절에, 한두 번 대공의 마차를 타고 소풍에 따라간 일이 있었네. 마차는 내가 풀잎 하나하나를 알고 있는 목장과, 내가 혼자서 뛰어다니던 숲 속으로 달려갔지. 그런데 마차 안에서는 아무것도 안 보이는 거야! 그 정다운 경치도, 마차 안에서는 나를 데리고 간 바보녀석들과 마찬가지로 부자연스럽게 굳어져 있는 거야. 목장과 내 마음 사이에는 아니꼽게 점잖은 척하는 사람들이 있을 뿐 아니라, 발밑에 깔린 판때기나 움직이는 그 수레가, 이미 나를 자연으로부터 격리시키고 있었던 거야. 대지를 나의 어머니로 느끼려면, 빛 속에서 태어난 갓난아이처럼 두 발로 대지를 딛고 서야 하네. 그런데 부는, 인간을 대지에 결부시키고 대지를 모든 어린이에게 결부시키고 있는 끄나풀을 끊어 버리는 걸세. 그렇게 된다면 자네는 어떻게 해서 예술가가 된다는 말인가? 예술가는 곧 대지의 소리일세. 부자는 도저히 위대한 예술가가 되지는 못해. 부자라는 불행한 조건 밑에서 예술가가 되려면 천 배나 더 천재가 필요하겠지. 설령 예술가가 된다 하더라도, 그것은 항상 온실의 열매에 지나지 않아. 저 위대한 괴테도 무척 노력을 했지만, 그도 영혼의 사지가 위축되고, 주요한 기관이 부로 인하여 그 기능이 억압을 받았던 것일세. 자네에겐 괴테만큼의 활력은 없을 테니까, 부 때문에, 특히 돈 많은 여자 때문에 멸망을 당하는 것이야. 괴테는 적어도 돈 많은 여자만은 피했거든. 이 재난에 대해서는 오직 남자만이 견딜 수 있어. 남자의 내부에는 타고난 야성이 있으며, 자기를 대지에 결부시키는 완강하고 효력 있는 본능이, 옥토로서 축적되어 있네. 하지만 여자는 완전히 중독이 돼 있으며, 그 독을 남에게도 전염시키는 거야. 여자는 부의 썩은 냄새를 좋아하지. 부 속에 있으면서 마음을 건강하게 유지하는 여자는 천재를 지닌 백만장자나 마찬가지로 하나의 기적이겠지…… 그리고 나는 괴물이 싫어. 살기 위해서 필요한 몫 이상으로 많이 가진 자는 괴물일세. 남들을 침식하는 악성 종양일세."

올리비에는 웃음을 터뜨렸다.

"그렇다 하더라도 자크린이 가난하지 않다고 해서 사랑을 포기할 수도 없고, 나에 대한 사랑 때문에 가난하게 되라고 강요할 수도 없는 일이에요."

"그럼, 그녀를 구할 수 없으면 하다못해 자네 자신이라도 구하게! 그것은 또한 그녀를 구하는 가장 좋은 방법이기도 하니까. 자기의 순결을 지켜야 하네. 일을 해야 하네."

올리비에는 크리스토프한테서 그런 염려를 받을 필요는 없었다. 그는 크리스토프 이상으로 민감한 마음을 가지고 있었다. 말을 그렇게 하기는 하지만 크리스토프의 특이한 의견을 그대로 받아들이지는 않았다. 그 자신도 전에는 부유했으며, 결코 부라는 것을 싫어하지는 않았다. 그리고 자크린의 아름다운 용모에는 부가 잘 어울린다고 생각했다. 하지만 자기의 연애에 이해 관계가 있는 것처럼 남들에게 억측을 받는 것은 참을 수가 없었다. 올리비에는 다시 교직을 구했다. 그런데 당장에는 시골 중학교의 하찮은 자리밖에 없었다. 그것은 자크린에게 줄 결혼 선물로서는 너무나 빈약한 것이었다. 올리비에는 이 일자리에 대해서 조심스럽게 자크린한테 얘기했다. 자크린은 처음에 그가 왜 그런 직업에 종사해야 하는지 거의 이해하지 못했다. 자크린은 그것을 크리스토프에 의해 고취된 지나친 자존심에서 오는 것이며, 우스꽝스러운 짓이라고 생각했다. 서로 사랑하고 있을 때에는, 상대의 부나 가난을 같은 기분으로 받아들이는 게 자연스럽지 않은가? 상대가 기꺼이 제공하는 은혜를 거부한다는 것은 소견이 좁은 생각이 아닌가? 그래도 자크린은 올리비에의 계획에 찬성했다. 그것이 엄숙하고 즐거움이 적은 것이기 때문에, 오히려 그녀로 하여금 결심을 하게 했다. 자크린은 거기에, 도덕상의 용감성에 대한 자신의 동경을 만족시키는 하나의 기회가 있다고 생각했다. 자기의 환경에 대한 자랑스러운 반항심, 고모의 죽음에 의해서 발생되고 연애로 인하여 자극받은 이 반항심 때문에, 자크린은 자기 내부에 있는 정열에 어긋나는 것은 모두 부정했다. 지극히 순수하고 곤란하며 행복으로 빛나는 생활의 이상을 향해, 자크린은 자기 몸을 활처럼 긴장시켰다……. 어떤 장애도, 앞으로 닥쳐 올 고된 생활도 자크린에겐 모두 기쁨이었다. 그것은 얼마나 찬란할까!

랑제 부인은 자기 일에만 골몰하여, 주변에서 일어나는 일에 대해서는 그다지 조심을 하지 않고 있었다. 최근에는 자신의 건강만 생각했다. 언제나 병도 아닌데 병이 있는 줄로 생각하고 우울증에 걸려 연달아 의사를 바꾸었다. 어느 의사나 차례대로 구원자가 되었다. 그러나 2주도 못 가서 다음 의사의 차례가 되는 것이었다. 몇 달이나 집을 비우고, 비용이 무척 많이 드는 병원에 입원하여, 어리석기 짝이 없는 요법을 충실하게 지켰다. 남편이나 딸생각은 까마득하게 잊어버리고 있었다.

한편 랑제 씨는 부인처럼 무관심하지 않기에, 딸의 연애를 눈치채고 있었다. 아버지로서의 질투심이 그것을 깨닫게 한 것이다. 그는 자크린에 대하여, 세상 아버지들이 흔히 자기 딸에 대하여 품고 있으면서도 좀처럼 고백하지 않는 미묘한 애정을 가지고 있었고, 자기의 피를 이어받은 딸, 다시 말하면 자기 자신인 동시에 한 여자인 존재 속에, 다시 한 번 자기가 살아 보고 싶다는 신비롭고 육감적이며 신성하다시피 한 호기심을 가지고 있었다. 그러한 마음의 비밀 속에는 보통 스스로 자각하지 않는 것이 더욱 건전한 그늘과 빛이 있다. 그동안 랑제 씨는 많은 청년들이 딸에게 열을 올리는 것을 보고 흥이 났었다. 그는 아버지로서 애교가 있고 공상적이며 그러면서도 약삭빠른—마치 그와 마찬가지로—딸을 사랑하고 있었다. 하지만 일이 진지해지자 불안했다. 그래서 우선 자크린 앞에서 올리비에를 조롱했다. 그리고 꽤 신랄한 투로 그를 비난했다. 자크린은 처음에는 웃다가 이어서 말했다.

"그렇게 험담을 하는 게 아니에요, 아빠. 그러다가 내가 그 사람과 결혼을 하고 싶어지면, 아빠 입장이 난처해지잖아요."

랑제 씨는 깜짝 놀랐다. 딸을 미치광이 취급했다. 하지만 그 결과는 오히려 딸을 완전히 미치게 만들었다. 그는 절대로 올리비에하고는 결혼을 시키지 않겠다고 선언했다. 딸은 결혼해 보이겠다고 주장했다. 그는 자기가 이미 딸에게 그다지 중요한 인물이 아니라는 것을 깨달았다. 아버지의 이기주의는 이 사태에 분개했다. 올리비에도, 크리스토프도 다시는 집에 오지 못하게 해야겠다고 맹세했다. 자크린은 몹시 흥분했다. 어느 날 아침 누가 와서 올리비에가 문을 열었더니, 자크린이 바람처럼 뛰어들었다. 창백한 얼굴에 굳은 결심을 나타내며 자크린이 말했다.

"나를 데려가 줘요! 부모님이 승낙하지 않아요. 하지만 나는 결혼하겠어요. 나를 어떻게 해줘요."

올리비에는 놀랐다. 그러나 자크린의 결심에 감동하여, 거역하려고는 하지 않았다. 다행히 크리스토프가 그 자리에 있었다. 두 사람에게 도리를 타일렀다. 그렇게 하면 얼마나 나쁜 소문이 날 것인지, 그리고 두 사람이 얼마나 고생을 하게 될지를 일러 주었다. 자크린은 흥분하여 입술을 깨물고 말했다.

"그렇게 되면, 둘이서 자살하면 되죠!"

이 말은 올리비에에게 두려움을 끼치기는커녕, 그에게 결심하게 했다. 크리스토프는 정신이 흐트러진 두 사람을 좀더 참도록 겨우 설득했다. 마지막 수단에 호소하기 전에 다른 수단을 강구해 볼 필요가 있었다. 자크린은 일단 집에 돌아가야 했다. 그리고 크리스토프가 랑제 씨를 만나 두 사람을 위해서 변호해 보기로 했다.

기묘한 변호인이었다! 크리스토프가 말을 꺼내자마자 랑제 씨는 그를 쫓아내려고 했다. 그러나 다음 순간 사태가 좀 이상하다는 것을 깨달았으며, 또한 흥미도 느꼈다. 그리고 상대의 진지하고 정직한 확신 있는 태도에 조금씩 끌려들었다. 하지만 양보를 하지는 않고, 여전히 비꼬는 말을 퍼부었다. 크리스토프는 그런 비꼬는 말은 못 들은 척했다. 그러다가 랑제 씨의 말이 더욱 가혹해지면 말을 멈추고 입을 다물었다가 흥분을 가라앉힌 다음에 다시 말을 이었다. 하도 열중해서 탁자를 주먹으로 두드리기도 했다.

"이 방문이 나로서는 그다지 유쾌한 일이 아니라는 것을 알아주시기 바랍니다. 나는 당신 말에 말려들지 않도록 무척 애쓰고 있습니다. 하지만 나는 당신에게 얘기할 의무가 있습니다. 그래서 말씀드리는 겁니다. 내가 나 자신을 잊은 것처럼, 당신도 나라는 사람을 잊고 내가 하는 말을 잘 생각하십시오."

랑제 씨는 귀를 기울였다. 자살이라는 말이 나오자, 어깨를 움츠리고 웃는 시늉을 해 보였다. 하지만 마음속으로는 동요하고 있었다. 랑제 씨는 총명한 사람이었으므로 그런 위협이 단순한 농담이라고는 생각하지 않았다. 연애에 열중한 여자는 자칫하면 미치광이 같은 짓을 저지르기도 한다는 것을 잘 알고 있었다. 전에 그의 정부 중에 잘 웃고 마음이 약한 여자가 있었는데, 여인이 자기 앞에서 죽느니 사느니 했을 때, 실제로는 그렇게 못하리라고 깔보았다. 그랬더니 자기 앞에서 권총을 한 발 쐈다. 여인은 당장에 죽지는 않았으나 그 장면은 지금도 눈앞에 선했다……. 그렇다, 그런 흥분한 여자들은 무슨 짓을 할지 모른다. 랑제 씨는 가슴이 죄는 것 같았다…….

'자크린이 죽음을 각오하고 있다구? 그럼, 마음대로 죽으라지. 불쌍한 바보 계집애…….'

물론 랑제 씨는 적당히 수단을 부려서 일단 동의한 것처럼 가장하여 시간을 끌고 가다가, 자크린을 올리비에로부터 슬그머니 떼어놓을 수도 있었을 것이다. 그러나 그렇게 하는 것은 힘이 들기도 하고 그로서는 될 것 같지도 않았으며, 하고 싶지도 않았다. 게다가 랑제 씨는 마음이 약했다. 화가 치밀어서 "안 된다!"고 말하긴 했지만, 지금은 "괜찮다"고 말하고 싶은 생각이 들었다. 결국 인생의 일은 아무도 모른다. 어쩌면 딸의 주장이 옳을지도 모른다. 중요한 것은 서로 사랑하는 일이다. 올리비에가 재능이 있고 성실한 청년이라는 것은 랑제 씨도 모르지는 않았다……. 그리하여 그는 승낙했다.

결혼 전날 밤, 두 친구는 밤이 깊도록 같이 있었다. 그리운 마지막 순간을 헛되이 보내고 싶지 않았다. 하지만 그것은 이미 과거였다. 기차가 떠나기 전에 시간을 기다리면서 역의 플랫폼에서 주고받는, 그 슬픈 작별 인사와도 같았다. 언제까지나 그 자리에서 서로 바라보고 얘기를 하려 한다. 그러나 마음은 이미 여기에 있지 않다. 벗은 이미 가버렸……. 크리스토프는 무슨 말을 하려고 애썼으나, 올리비에의 눈이 공허하게 딴생각을 하는 것을 보고 도중에서 그치고, 미소 지으면서 말했다.

"자네는 벌써 멀리 가 있군 그래!"

올리비에는 당황하면서 변명했다. 다정한 벗과 보내는 마지막 순간에 소홀히 한 것이 슬펐다. 그러나 크리스토프는 그의 손을 잡았다.

"괜찮아, 염려할 건 없어. 나도 반가운걸 뭐. 자네는 꿈이나 꾸게나."

두 사람은 나란히 창가에 팔꿈치를 짚고 어둠 속의 정원을 내다보았다. 한참 뒤, 크리스토프가 올리비에에게 말했다.

"자네는 나한테서 달아나려는 모양인데, 그래, 나한테서 달아날 수 있을 줄 아나? 자네는 지금 자크린을 생각하고 있지만, 그러나 나는 반드시 자네를 붙잡고야 말겠네. 하긴 나도 자크린을 생각하는 중일세."

"무슨 말을." 올리비에가 말했다. "나는 당신 생각을 하고 있었어요! 그 것도……."

크리스토프가 웃으면서 그 말을 대신 이어받았다.

"그것도…… 서글픈 생각이라 그 말이지!"

크리스토프는 결혼식에 참석하기 위해 우아하다고 할 만큼 훌륭하게 복장을 갖추었다. 종교적인 의식은 거행되지 않았다. 올리비에는 종교에는 무관심했고, 자크린도 종교에 반감을 갖고 있었으므로 둘 다 그것을 원하지 않았다. 크리스토프는 구청 공회당에서 거행되는 식을 위해서 교향곡 한 편을 만들고 있었으나, 그런 장소에서의 결혼식이 어떻다는 것을 알자 마지막 순간에 그것을 중단했다. 그리고 그런 결혼식은 좀 우습다고 생각했다. 그런 결혼식의 의의를 믿으려면 신앙도 자유도 둘 다 포기해야만 한다. 진짜 가톨릭 신자가 일부러 자유 사상가가 되는 것은 구청장을 사제로 만들기 위해서가 아니다. 신과 자유로운 양심 사이에는 국가를 신으로 받드는 종교가 끼어들 여지가 없다. 국가는 부부를 등록할 뿐이지, 부부를 결부시키지는 못한다.

올리비에와 자크린의 결혼식은 크리스토프에게 교향곡을 중단한다는 그의 결심을 후회시키지는 않았다. 올리비에는 구청장이 신혼부부나 부유한 가족들이나 훈장을 단 참석자들에게 아첨하는 소리를 아니꼬운 기분으로 듣고 있었다. 자크린은 듣고 있지도 않았다. 그리고 그녀의 태도를 엿보고 있는 시몬 아당에게 슬그머니 혀를 내밀어 보이기도 했다. 결혼 같은 건 '나로서는 아무렇지도 않다'고 그녀는 전부터 시몬에게 내기를 걸고 있었던 것이다. 지금 그녀는 그 내기에 이기는 중이었다. 결혼식을 거행하고 있는 게 자기 자신인 것 같지가 않았다. 그렇게 생각하자 재미가 났다. 다른 사람들은 모두 회장에 모인 사람들을 의식하여 위엄을 갖추었다. 그리고 서로 눈치를 살피고 있었다. 랑제 씨는 체면을 차리고 있었다. 딸에 대한 애정은 진실한 것임에 틀림이 없었으나, 그가 가장 조심하고 있었던 것은 혹시 청첩을 빠뜨린 사람이 있으나 않나 하고 사람들을 살피는 일이었다. 오직 크리스토프만이 감동하고 있었다. 그 한 사람이 부모이고, 신혼부부이고, 구청장이었다. 그는 자기 쪽은 바라보지도 않는 올리비에를 가만히 지켜보고 있었다.

그날 밤, 신혼부부는 이탈리아로 떠났다. 크리스토프와 랑제 씨는 역에까지 나가서 배웅을 했다. 신혼부부는 두 사람에게 헤어지기가 섭섭하다는 태도도 보이지 않고, 기쁨에 들떠서 빨리 출발하고 싶은 초조감을 숨기지 않았다. 올리비에는 마치 소년 같고 자크린은 어린 소녀 같았다……. 이런 출발에는 뭔지 부드러운 애수가 감돈다. 아버지는 딸이 남의 손에 의해서…… 영구히 멀리 끌려가는 것을 보고 슬픔을 느낀다. 그러나 두 사람 자신은 해방감밖에는 느끼지 않는다. 이제야 인생에는 아무런 장애가 없다. 이제야 그들을 붙잡는 것은 아무것도 없다. 그들은 산꼭대기에 오른 것 같은 기분이다. 이제는 죽어도 좋다. 모든 것을 다 얻었으며 아무것도 두려운 게 없다……. 하지만 그것은 하나의 숙영지에 지나지 않는다는 것을 곧 알게 되리라. 길이 다시 이어져 산 주변을 돌고 있다. 그리고 제2의 숙영지에 다다르는 자는 아주 적다.

기차는 두 사람을 밤의 어둠 속으로 싣고 갔다. 크리스토프는 랑제 씨와 함께 길을 돌아섰다. 크리스토프는 농담조로 말했다.

"이제 우리는 홀아비가 됐습니다그려!"

랑제 씨는 웃었다. 두 사람은 작별 인사를 하고 저마다 집으로 향했다. 둘 다 처량한 기분이었다. 하지만 그것은 슬픔과 반가움이 뒤섞인 기분이었다. 자기 방에 홀로 들어앉은 크리스토프는 생각에 잠겼다.

'보다 나은 나 자신이 지금 행복한 것이다.'

올리비에의 방은 아무런 변화도 없었다. 신혼여행에서 돌아와 새집으로 들기 전에는, 그 살림살이나 기념품은 크리스토프가 맡아 두기로 약속이 되어 있었다. 그는 아직 여기에 있는 것이다. 크리스토프는 앙투아네트의 초상을 가만히 쳐다보다가, 그것을 자기 탁자에 옮겨 놓았다. 그리고 초상을 향하여 말했다.

"어떻습니까! 당신도 만족하십니까?"

*

크리스토프는 자주―너무 빈번할 만큼―올리비에에게 편지를 썼다. 올리비에한테서는 답장이 그다지 자주 오지 않았다. 그리고 오는 답장도 싱거운 편지였기에, 그것도 차츰 김빠진 것이 되었다. 크리스토프는 낙심했다. 그러나 그럴 수밖에는 없다고 생각을 고쳤다. 그리고 두 사람의 우정에 대해서는 아무런 불안도 품지 않았다.

고독도 크리스토프를 괴롭히지는 않았다. 그렇기는커녕 그의 취미로 볼 때, 보다 더 고독을 바랄 정도였다. 크리스토프는 이미 〈그랑 주르날〉의 보호를 성가시게 여기고 있었다. 아르센 가마슈는 자기가 애를 써서 발견한 영광에 대해서는 자기에게 그 소유권이 있는 것으로 믿으려 하는 버릇이 있었다. 루이 14세가 그 왕좌의 주위에 몰리에르나 르블랑이나 뮐리 등을 모르고 있었던 것처럼, 가마슈도 그들의 영광이 자기의 영광에 결부되는 것을 당연한 일이라고 생각했다. 크리스토프는, 《에기이르에 바치는 찬가》의 작자(독일 황제)가 차라리 〈그랑 주르날〉의 보호자보다 예술에 관해서는 고압적이 아니며, 방해가 되지 않는다고 생각하고 있었다. 왜냐하면 이 신문 기자는 황제만큼도 예술을 모르면서, 역시 황제처럼 예술에 대하여 확고한 의견을 가지고 있었기 때문이다. 자기가 좋아하지 않는 것은 그 존재를 허용하지 않았다. 그것은 좋지 않은 것이다, 해로운 것이다, 라고 비난했다. 그리고 대중의 이익에 어긋난다고 해서 멸망시키고 말았다. 교양도 없고 세련되지도 않은 이들 엉터리 같은 실업가들이, 돈과 신문에 의해서 다만 정치뿐 아니라 정신마저도 지배하려고 하며, 또한 정신에 개집과 목걸이와 먹이를 제공하여, 만약 정신이 그것을 거부하는 경우에는 어리석은 부하들을 시켜서 공박을 하는 광경은, 참으로 괴이하고도 무서운 것이었다! 크리스토프는 그들에게 사육될 인물이 아니었다. 어리석은 자가 자기에게 음악에 관해서 해야 할 일을 말한다는 것은 부당하다고 생각하고 있었다. 그래서 예술은 정치보다도 많은 준비가 필요하다는 것을 암시해 주었다. 그는 또 그 신문의 한 전속 문필가가 만든 시시한 오페라 각본에 곡을 붙여 달라는 사주(社主)의 추천이 달린 부탁을 받았으나, 무뚝뚝하게 버텼다. 이 사건으로 크리스토프와 가마슈 사이에 첫 균열이 생겼다.

크리스토프는 그런 일에 개의치 않았다. 그는 무명의 테두리에서 벗어나자마자, 다시 원래의 무명으로 돌아가고 싶었다. 그는 '자기를 타인 속에 상실하는, 저 눈부신 조명에 노출된' 자기를 보았던 것이다. 너무나 많은 사람이 그에게 관심을 가지고 있었다. 그는 다음과 같은 괴테의 말을 생각했다.

작가가 하나의 훌륭한 작품으로 주목을 받게 되면, 대중은 그가 제2의 훌륭한 작품을 만들어 내는 것을 방해하려고 한다……. 명상에 잠긴 재능이 본심이 아니면서도 어쩔 수 없이 세상의 소란에 휩쓸려 들게 된다. 왜냐하면 저마다 그의 재능의 한 조각을 자기 것으로 할 수 있는 줄로 생각하기 때문이다.

크리스토프는 세상을 향한 문을 닫았다. 그리고 집 안에서, 몇몇 옛 친구들에게 다가갔다. 그는 그동안 좀 소원해졌던 아르노 부부를 다시 방문했다. 매일 낮의 몇 시간을 혼자서 보내는 아르노 부인은 남의 슬픔을 생각해 줄만한 시간의 여유가 있었다. 올리비에가 여행을 떠난 뒤에는 아마도 크리스토프가 무척 적적하리라고 생각하고 있었다. 그래서 그녀는 소심한 마음을 스스로 극복하여, 저녁 식사에 그를 초대했다. 그녀에게 좀더 용기가 있었다면, 이따금 와서 살림을 거들어 주겠다고 했을지도 모른다. 하지만 그녀는 그렇게까지는 용기가 없었다. 차라리 그게 좋았다. 왜냐하면 크리스토프는 남에게 이것저것 시중을 받는 게 싫었기 때문이다. 그러나 그는 저녁 식사 초대에는 승낙을 했다. 그리고 매일 저녁 아르노 부부를 방문하게 되었다.

크리스토프는 이 조그만 가정이 변함없이 화목한 것을 보았다. 그러나 전보다 좀더 틈이 벌어져 쓸쓸한 분위기였다. 아르노는 정신적 침체기에 접어들고 있었다. 그것은 교사 생활 때문에 몸과 마음이 소모되고 있기 때문이었다. 그 지루한 근로 생활은 하나의 수레바퀴가 멈추지도 않고 나아가지도 않고, 한군데에서 회전하는 것처럼 매일같이 전날과 똑같은 일이 되풀이되는 것이었다. 고지식한 그는 인내심이 강하기는 했지만 의기소침해지는 위기를 통과하고 있었다. 여러 가지 세상의 부정을 탄식하기도 하고, 자기의 헌신적인 노력이 헛수고라는 생각이 들기도 했다. 아르노 부인은 상냥한 말로써 남편을 격려하고 있었다. 부인은 언제나 조용하고 침착해 보였다. 하지만 전보다 수척해 보였다. 크리스토프는 부인이 있는 자리에서, 아르노가 이처럼 착한 부인을 가지고 있는 것을 축복했다.

"그렇습니다." 아르노는 말했다. "정말로 좋은 아내입니다. 무슨 일이 있어도 당황하지 않습니다. 아내로서도 다행한 일이고, 나로서도 고마운 일입니다. 만약 아내가 우리의 생활을 고통으로 여겼다면 나는 벌써 파멸했을 겁니다."

아르노 부인은 얼굴이 빨개져서 잠자코 있었다. 그러다가 침착한 목소리로 다른 얘기를 시작했다. 크리스토프의 방문은 언제나 그들에게 좋은 영향을 주었다. 그것은 두 사람에게 밝은 빛을 비춰 주는 것이었다. 그리고 크리스토프도 그와 같이 훌륭한 마음에 접하여 자기도 마음이 훈훈해지는 게 기뻤다.

또 한 사람, 여자 친구가 그를 찾아왔다. 그녀 쪽에서 왔다기보다 크리스토프가 찾아갔다. 그 여자는 크리스토프에 대해 잘 알고 싶은 생각이 있으면서도 그를 만나러 올 만큼의 노력은 하지 않았으니까. 그녀는 스물다섯 살의 음악가로서, 국립음악학교에서 피아노 부문에 1등을 한 일이 있었다. 세실 플뢰리라는 이름이었다. 키는 작고 꽤 뚱뚱했다. 짙은 눈썹에 이슬을 머금은 것처럼 윤기 있는 커다란 눈이 아름다웠다. 조그마하고 뭉툭한 코는 끝이 약간 위로 들렸으며 오리 입부리처럼 약간 불그레했다. 두툼한 입술에는 착한 마음씨가 나타나 있었다. 살찐 턱은 기운차 보였고 튼튼했다. 이마는 높지 않았으나 넓었다. 머리카락은 윤택한 다발머리로 목덜미에 매어 놓고 있었다. 팔은 완강하며, 손은 과연 피아니스트답게 크고, 엄지손가락이 벌어지고 손가락 끝이 뭉뚝했다. 몸 전체에서 둔중한 생명력과 시골 사람 같은 건강이 느껴졌다. 그녀는 어머니와 함께 살고 있으며 어머니를 매우 사랑하고 있었다. 어머니는 선량한 사람이었고, 음악에 대해서는 전혀 흥미가 없었으나 늘 음악 애기를 듣고 있기 때문에 자기도 음악 애기를 했다. 그리고 어머니는 파리 음악계의 사정을 잘 알고 있었다. 세실은 평범한 생활을 하면서, 온종일 피아노 수업을 하고 있었다. 이따금 음악회를 개최했으나, 아무도 그것을 문제삼지는 않았다. 언제나 밤늦게 걷거나 합승마차로 돌아와, 기진맥진하여 피곤했지만 기분은 명랑했다. 세실은 쾌활하게 애기하고 웃고, 노래를 부르며, 씩씩하게 음계 연습을 하고 혹은 또 자기가 쓸 모자를 만들기도 했다.

세실은 생활 때문에 마음이 황폐해지지는 않았다. 자기의 노력으로 얻은 아주 작은 즐거움의 가치를 알고 있었다. 조그만 쾌락의 기쁨, 자기의 지위나 재능이 아주 조금이라도 진보하는 기쁨을 알고 있었다. 지난달보다 수입이 5프랑 는 것만 해도, 혹은 또 몇 주간을 계속해서 열심히 연습하던 쇼팽의 어느 소절을 겨우 잘 칠 수 있게 된 것만 해도 그녀는 만족이었다. 세실은 도를 넘을 만큼 지나치게 공부를 하지는 않았으며, 자기 재능에 적합하게 했다. 적절한 공부는 적당한 건강법과 마찬가지로 세실의 몸과 마음을 쾌적하게 했다. 연주하고, 노래 부르며, 수업하는 것은 정상적인 활동력을 규칙적으로 만족시켰다는 흐뭇한 기분을 느끼게 하는 동시에, 적당한 수준의 생활과 견실한 성공을 얻게 했다. 세실은 식욕이 왕성하여 잘 먹고, 잘 잤으며, 여태까지 병이라는 게 무언지를 몰랐다.

정신은 꼿꼿하고, 사려 분별이 있고 온건하고, 완전히 균형이 잡혀 있으며, 무슨 일에도 근심 걱정을 하지 않았다. 세실은 앞날이나 과거를 염려하지 않고 현재에 살고 있었기 때문이다. 우선 몸이 건강한데다가 생활이 안정되어 있었으므로 세실은 항상 행복했다. 피아노 공부도 가사에 종사하는 것과 마찬가지로 즐거웠으며, 일상생활에 관한 애기를 하거나, 때로는 아무 일도 안 하고 쉬는 것도 역시 즐거웠다. 세실은 생활법을 터득하고 있었다. 아무 계획도 없이 그날그날을 보내고 있는 게 아니라(세실은 지출을 아끼고 조심스러웠다) 일정한 방침에 따라서 순간 순간을 살고 있었다. 세실은 어떤 특정한 이상의 속박을 받고 있지는 않았다. 가령 세실에게도 어떤 이상이 있다면 그것은 부르주아적인 것으로서 세실의 모든 행위와 사상 속에 조용히 녹아들고 있었다. 그것은 결국, 무슨 일이나 다 자기가 하고 있는 일을 온화하게 사랑하는 것을 의미했다. 세실은 일요일에는 교회에 갔다. 하지만 세실의 생활 속에서 종교적 감정은 거의 아무런 장소도 차지하고 있지 않았다. 세실은 크리스토프 같은, 신앙이나 천재를 지닌 열성적인 인물에게 탄복하고 있었다. 하지만 그들을 부러워하는 마음은 없었다. 가령 그들과 같은 불안이나 천재를 자기가 가졌다손 치더라도, 그것을 어떻게 할 수가 있으랴?

그렇다면 세실은 어떻게 해서 음악을 느끼고 알 수 있었을까? 그것은 그녀 자신도 설명하지 못할 것이다. 하지만 그녀가 알고 있는 것은, 자기가 음악을 느낄 수 있고 알 수 있다는 사실이었다. 세실이 다른 명수들보다 우월한 점은, 육체적으로도 정신적으로도 확고한 평형을 유지하고 있는 점이었다. 그녀 자신의 개인적인 정열이 없는 이 풍부한 생명력 속에는, 타인의 정열을 꽃피우는 비옥한 땅이 있었다. 세실은 그 때문에 방해를 받지는 않았다. 예술가를 괴롭힌 그 열렬한 정열을, 그 굳센 힘을 그대로 찬연하게 연주했으나, 거기에 포함된 독에 중독되지는 않았다. 오직 힘과 힘을 행사한 뒤에 오는 흐뭇한 피로를 느낄 뿐이었다. 연주가 끝나면 온몸이 땀에 젖어 기진맥진으로 피곤했지만, 그 얼굴에는 조용한 기쁨의 미소가 떠올랐다.

크리스토프는 어느 날 밤, 세실의 연주를 듣고 그 연주 태도에 감명을 받았다. 음악회가 끝난 뒤에 악수를 하러 갔다. 세실은 그것에 감사했다. 음악회는 청중이 적었으며, 또한 그녀도 찬사에 대해서 무감각하지는 않았다. 세실은 음악의 어떤 파에 가담할 만큼 기민하지 못했으며, 숭배자들을 뒤에 거느릴 만한 술책도 가지고 있지 않았다. 또 기교를 과장하거나, 정평 있는 작품을 제멋대로 기분에 따라서 해석하거나, 혹은 요한 세바스찬 바흐나 베토벤 같은 거장들만을 연주해서 자기를 돋보이게 하지도 않았다. 그리고 자기가 연주하는 작품에 대해서도 별다른 이론을 갖지 않고, 자기가 느끼는 대로 솔직하게 연주하여 그것으로 만족하고 있었다. 따라서 아무도 세실에게 신경을 쓰지 않았다. 비평가들도 그녀를 알지 못했다. 왜냐하면 누구 하나 세실이 잘 연주한다는 것을 그들에게 말하는 자가 없었으며, 그들 자신이 그녀를 발견할 수는 없었으므로.

크리스토프는 그 뒤 자주 세실을 만났다. 이 튼튼하고 침착한 아가씨는 마치 하나의 수수께끼처럼 그를 매혹시켰다. 세실은 활발하였으며 무슨 일에든 구애를 받지 않았다. 크리스토프는 그녀가 좀더 세상에 알려지지 않는 것에 분개했다. 〈그랑 주르날〉의 친구들에게 말해서 신문에 싣게 하는 게 어떻겠느냐고 제의를 했더니, 세실은 사람들에게 칭찬을 받는 것은 기쁜 일이기는 하지만 그러기 위해서 무슨 운동을 하지는 말아 달라고 했다. 세실은 경쟁을 하거나, 그 때문에 애를 쓰거나, 남의 질투심을 자극하는 것은 싫어했다. 세실은 조용한 생활을 해 나가고 싶었다. 남들이 자기를 소문거리로 삼지 않는 것은 오히려 다행한 일이었다! 그녀에게는 남을 부러워하는 마음이 없었다. 그러므로 솜씨 있는 사람의 연주를 들으면 누구보다도 먼저 황홀해졌다. 야심도 없고 욕망도 없었다. 세실은 정신적으로 아주 담백했다. 뭔가 직접적이고 확실한 일을 하고 있지 않을 때에는 아무 일도, 그야말로 아무 일도 하지 않았다. 몽상조차 하지 않았다. 밤에 잠자리에 들어가면 바로 잠이 들었으며, 아무 생각도 하지 않고 우두커니 있을망정 별다른 공상을 하지는 않았다. 노처녀로 삶을 마치는 것을 두려워하는 많은 처녀들의 생활을 혼란시키는 결혼에 관한 병적인 관념에도 사로잡히지 않았다. 좋은 남편을 얻고 싶지 않으냐고 누가 물으면 세실은 대답했다.

"결혼이요? 연금 5만 프랑쯤 가진 사람이라면 나쁘진 않겠네요! 남이 가지고 있는 것은 뺏어야지요. 상대 쪽에서 준다면 더욱 좋구요! 그렇지 않다면 남편 없이도 살 수 있어요. 과자가 없어도 맛있는 빵은 역시 맛이 있는걸요. 하물며 오랜 세월 딱딱한 빵만 먹고 지내는 처지에서야!"

"그리고" 세실의 어머니가 말했다. "그런 빵도 날마다 먹지 못하는 사람도 많으니까요!"

세실이 남자를 믿지 못하는 데는 몇 가지 이유가 있었다. 몇 년 전에 세상을 떠난 세실의 아버지는 의지가 약한 게으름쟁이였다. 그는 아내와 가족들을 무척 괴롭혔다. 세실에게는 또 사회에서 출세를 못하고 건달이 된 오빠가 있었다. 지금 어디서 뭘 하고 있는지, 어머니도 세실도 몰랐다. 이따금 돈이 필요할 때만 나타났다. 어머니와 세실은 그를 두려워하고, 부끄럽게 생각하면서 언제 무슨 나쁜 소문이 들려오진 않을까 매일같이 근심하고 있었다. 하지만 그러면서도 그를 사랑하고 있었다. 크리스토프는 한 번 그를 만난 일이 있었다. 그가 세실을 만나러 왔을 때였다. 누군지 초인종을 울리는 사람이 있었다. 어머니가 문을 열어 주러 갔다. 옆방에서 얘기 소리가 들렸는데, 간간이 거친 목소리가 섞였다. 세실은 불안해서 조마조마해하더니, 크리스토프를 혼자 두고 옆방으로 건너갔다. 그러다가 그 낯선 목소리가 점점 위협하는 투로 들려왔다. 크리스토프는 말려야 되겠다고 생각했다. 문을 열었다. 이쪽으로 등진, 그리 단정하지 못한 청년의 모습이 보였다. 그 순간 재빨리 세실이 와서 들어오지 말고 그 방으로 돌아가 달라고 부탁했다. 그리고 세실도 크리스토프와 함께 이쪽 방으로 돌아왔다. 두 사람은 말없이 의자에 앉았다. 옆방에서는 손님이 아직도 소리를 지르고 있었다. 그러다가 문을 쾅 닫고 나갔다. 세실은 한숨을 내쉬고 크리스토프에게 말했다.

"저 사람이…… 오빠예요."

크리스토프는 사정을 짐작할 수 있었다.

"아! 나도 압니다……. 나에게도 저런 아우가 있어서요……"

세실은 상냥스러운 공감을 느끼면서 크리스토프의 손을 잡았다.

"당신에게도?"

"그렇습니다." 크리스토프는 말했다. "그야말로 가정에 늘 기쁨을 가져다 주거든요."

세실은 웃었다. 그리고 두 사람은 화제를 바꾸었다. 그렇다. 가정의 기쁨이라는 것도 세실에게는 매력이 없었다. 또한 결혼이라는 것도 별로 마음을 끌지 않았다. 세실에게는 남자라는 그 자체가 그다지 가치 있는 것이 아니었다. 세실은 아무런 속박이 없는 자기 생활이 가장 좋다고 생각하고 있었다. 어머니도 오랫동안 그러한 자유로운 생활을 바라고 있었다. 세실은 이 자유를 잃어버리고 싶지 않았다. 그녀가 마음속에 그리면서 즐기고 있는 단 하나의 꿈은—언제 실행할 수 있을지는 모르지만, 아무튼 언젠가는—시골에 가서 산다는 것이다. 하지만 세실은 그런 생활의 상세한 앞날을 상상하는 노력도 하지 않았다. 아직 불확실한 일을 생각한다는 것은 어려운 일이었다. 그보다는 잠을 자는 게 더 좋았다. 혹은 일에 열중하는 게 좋았다.

그 꿈이 이루어질 때까지 세실은 여름 동안만 파리 교외의 조그만 집에 세들어서 어머니와 단둘이 살고 있었다. 거기는 기차로 20분쯤 걸리는 곳이었다. 집은 한산한 정거장에서 꽤 멀리 떨어져서 들판이라고 부르는 황무지의 한가운데에 있었다. 세실은 간혹 밤 늦게 들어오는 때가 있었으나 무섭지는 않았다. 무슨 위험이 있을지도 모른다는 생각은 하지도 않았다. 세실은 총을 가지고 있었지만 늘 잊어버리고 집에 두고 다녔다. 그리고 그것을 사용하는 방법도 몰랐다.

크리스토프는 세실을 방문했을 때 피아노를 들려달라고 했다. 곡에 대한 그녀의 통찰력을 보면 즐거웠다. 단 한 마디만 말해 주면 표현해야 할 감정을 제대로 포착하는 것이 특히 기뻤다. 그리고 크리스토프는 그녀가 좋은 목소리를 가지고 있는 것을 알았다. 그러나 세실 자신은 전혀 그런 줄을 모르고 있었다. 그는 억지로 그녀에게 연습을 시켰다. 독일의 옛 가곡이나 자기가 만든 곡을 부르게 했다. 세실은 거기에 흥미를 느꼈으며, 크리스토프뿐 아니라 그녀 자신도 놀랄 만큼 발전했다. 세실은 천부적인 재능을 지니고 있었다. 음악의 불꽃이, 이상하게도 예술적 감정이 결여된 이 소시민 출신의 파리 처녀에게서 피어나려 하고 있었다. 이 필로멜르(꾀꼬리)—크리스토프는 세실을 그렇게 불렀다—는 때로는 음악 얘기를 했지만, 그것도 으레 실제적인 면에 관한 것이며, 감정적인 측면에서는 전혀 언급하지 않았다. 노래도 피아노도 그 기술적인 면에 대한 것 말고는 흥미를 가지고 있지 않은 것 같았다. 두 사람이 같이 있으면서 피아노를 치지 않을 때에는, 그들은 대개 가사나 요리나 가정생활 같은 아주 통속적인 화제에 관해서 얘기하고 있었다. 그리고 크리스토프는 보통 여자를 상대로 하는 경우라면 이런 회화는 단 1분간도 참지 못했을 것이지만, 필로멜르를 상대로 하는 자리에서는 매우 자연스러웠다.

이런 식으로 두 사람은 마주 앉아서 저녁 시간을 보냈다. 그리고 거의 냉정하다 할 만큼 차분한 애정으로 서로 진지하게 사랑하고 있었다. 어느 날 밤 저녁 식사를 대접받고 여느 때보다 늦게까지 얘기를 하는 동안에, 세찬 소나기가 쏟아지기 시작했다. 막차에 늦지 않게 돌아가려 했을 때, 비바람이 한결 더 사나워졌다. 그래서 세실이 말했다.

"가지 마세요! 내일 아침에 가시면 돼요."

크리스토프는 조그만 응접실에 임시로 만들어진 침대 위에서 잤다. 세실의 침실하고 얇은 벽으로 떨어져 있을 뿐이었다. 문도 닫혀 있지 않았다. 잠자리 속에서, 건너편 침대가 삐걱거리는 소리와 젊은 처녀의 조용한 숨소리가 들렸다. 5분쯤 지나자 세실은 벌써 잠들어 버렸다. 이윽고 그도 잠들었다. 괴로운 생각은 조금도 두 사람의 마음에 일어나지 않았다.

그 무렵, 크리스토프에게는 세실 말고도 몇 명의 미지의 새 벗이 생겼다. 그의 작품을 알고서 모여든 사람들이었다. 그들 대부분은 파리에서 멀리 떨어져 살고 있거나, 혹은 세상을 피해 살고 있었다. 그러므로 크리스토프를 만나게 될 리가 없었다. 성공이라는 것은 세속적이기는 하지만, 다음과 같은 이점이 있다. 즉 신문에 나는 기사는 터무니없는 것이기는 하지만, 그것이 없었다면 영원히 서로 모르고 지냈을지도 모르는 많은 선량한 사람들에게 예술가의 존재를 가르쳐 준다는 점이다. 크리스토프는 그러한 몇몇 선량한 사람들과 사귀게 되었다. 그들은 고립된 젊은 사람들로서, 고된 생활에 허덕이면서 획득할 자신이 없는 이상을 온 마음을 다하여 동경하고 있었다. 그리고 크리스토프의 우애적인 영혼을 열심히 흡수하고 있었다. 또는 시골에 묻힌 이름 없는 사람들이었다. 그의 가곡집을 읽고 저 슐츠 노인처럼 편지를 써 보내어, 그것으로써 그와 인연이 맺어진 것으로 생각하고 있었다. 그중에서도 한 작곡가는 특히 열심이었다. 그들은 성공을 못했을 뿐 아니라, 자기 자신을 표현하지도 못했다. 그래서 자기들의 사상이 크리스토프에 의해서 표현되는 것을 진심으로 기뻐하고 있었다. 그중에서도 아마 가장 친밀한 벗이 될 수 있을지도 모르는 사람들은, 자기들의 이름을 적지도 않고 편지를 보냈다. 그렇게 하는 게 보다 더 자유롭게 얘기할 수 있었으므로, 자기들을 지탱해주는 형이라고도 할 크리스토프에게 신뢰하는 마음을 솔직히 털어놓았다. 크리스토프는 이들 매력 있는 영혼을 지닌 사람들을 직접 만나서 사랑할 수 있으면 얼마나 반가울까 하는 생각이 들었지만, 영구히 직접 아는 사이가 될 기회는 없으리라고 생각하면 가슴이 뭉클해지는 것이었다. 그리고 그런 미지의 사람들한테서 온 편지에 입을 맞추었다. 마치 그 편지를 쓴 사람이 그의 가곡집에 입을 맞춘 것처럼. 그리고 서로 이런 생각을 하고 있었다.

'다정한 페이지여, 정말로 너희는 나를 행복하게 해 주는구나!'

이리하여 크리스토프의 주위에는 우주의 당연한 리듬에 따라 천재 소가족이 형성되었다. 그것은 크리스토프에 의해서 양성되고, 또한 크리스토프를 양성하면서 차츰 더 확대되어, 드디어 그를 중심으로 하는 커다란 집합적인 영혼이 되었다. 그것은 그 우애적인 합창을 수많은 천체의 화성에 섞으면서 공간을 회전하는, 찬란한 하나의 세계이자 정신계의 한 유성이었다.

크리스토프와 눈에 보이지 않는 그 친구들 사이에 신비로운 기반이 짜여 감에 따라, 그의 예술관에 혁명이 일어났다. 그것은 더욱 인간적으로 되었다. 크리스토프는 이미 단순한 독백이나, 자기 한 사람만을 위한 음악은 원하지 않았다. 오직 전문가들만을 상대로 하는 교묘한 구상 같은 것은 더욱 원하지 않았다. 그는 음악이 모든 사람의 영혼에 공통된 것이 되기를 원했다. 다른 사람들과 결합되는 예술이야말로 참으로 살아 있는 예술이다. 요한 세바스찬 바흐는 그 고독이 최악의 상태에 이르렀던 시기에도, 자기 예술 속에 표현한 종교적 신념에 의해서 다른 사람들과 결부되어 있었다. 헨델이나 모차르트는, 자연스러운 추세에 따라 자기를 위해서가 아니라 대중을 위해서 작곡했다. 베토벤조차 대중을 고려해야 했다. 그것은 그를 위해 도움이 되는 일이었다. 사람들은 때로는 천재를 향해서 이렇게 외쳐야 한다.

"너의 예술 속에 나에게 도움이 되는 게 뭐가 있느냐? 만약 아무것도 없다면 꺼져 버려라!"

그런 구속에서 누구보다도 이익을 얻는 것은 천재 자신이다. 물론, 자기밖에는 표현하지 않는 대예술가도 있다. 그러나 가장 위대한 예술가는 만인을 위해서 고동하는 사람들이다. 살아 있는 신의 모습을 정면으로 보고자 하는 자는, 자기 사상의 공허 속이 아니라 인간에 대한 사랑 속에서 그것을 찾아야 한다.

당시의 예술가들은 그런 사랑에서 멀리 떨어져 있었다. 그들은 사회생활에서 따로 떨어진 자만심이 강하고 무정부주의적인 선량들만을 위해서 쓰고 있었다. 그 선량들은 타인의 정열을 공유하지 않는 것을 자랑으로 여기며 즐거움으로 삼고 있었다. 타인과 닮지 않기 위해서 인생에서 절연한다는 것이 과연 훌륭한 일일까? 그렇다면 차라리 죽어 버리는 게 좋겠지! 우리는 살아 있는 사람 쪽으로 나아가자. 대지에서 나오는 생명의 젖을 먹자. 우리 민족의 가장 신선한 것, 가정이나 땅에 대한 그들의 사랑을 흡수하자. 가장 자유로운 세기에, 이탈리아 문예 부흥기의 젊은 왕자 라파엘로는 로마의 성모상을 통해서 모성을 찬미했다. 오늘날 그의 《의자에 앉은 성모》 같은 작품을 음악으로 우리에게 제공해 주는 사람이 있을까? 생활의 모든 시간을 위해서 음악을 만들어 주는 사람이 있을까? 당신들은 아무것도 갖고 있지 않다. 프랑스에는 아무것도 없다. 당신들은 민중에게 무슨 노래를 제공하려면, 과거의 독일 거장들의 음악을 표절해 와야 되는 형편이다. 당신들의 예술은 가장 아래 있는 토대에서 맨 꼭대기까지 아주 새로 만들거나 아니면 개량을 해야 한다…….

크리스토프는 지금은 시골에서 살고 있는 올리비에와 편지를 주고받고 있었다. 그처럼 수확이 풍부했던 합작을 편지를 통해서 계속하려고 노력했다. 독일 옛 가곡의 내용을 이루고 있는 것 같은, 일상생활의 사상이나 행위에 결부된 아름다운 시적인 원문을 올리비에로부터 얻고 싶었다. 성서의 짧은 단편이나 인도의 고시, 종교적 또는 도덕적인 서정 소곡, 자연의 어떤 조그만 화폭, 연애의 정서나 가정생활의 정서, 아침이나 저녁이나 밤의 시 등을 단순하고 건강한 마음을 지닌 사람들을 위해서 구하고 있었다. 하나의 가곡에는 4행 내지 6행쯤 되는 시구로 넉넉했다. 아주 단순한 표현으로 족하다. 교묘한 전개나 세련된 화성 등은 아무래도 괜찮다. 그대들 탐미주의자의 기교적인 솜씨 같은 것은 나로서는 아무 소용이 없다. 내 생명을 사랑해 주오. 내가 나의 생명을 사랑할 수 있도록 도와주오! '프랑스 생활의 시시각각'에 관한 시를, 내 생활의 '혹은 비범하고 혹은 평범한 시시각각'에 관한 시를 써 주오. 그리하여 가장 명쾌한 선율적인 악구를 탐구합시다. 오늘날 대개의 음악가들의 음악에 나타나 있는, 한 계급의 방언에 지나지 않는 저 예술적 언어 따위는 페스트처럼 회피하자. '예술가'로서가 아니라 '인간'으로서 얘기하는 용기를 가져야 한다. 우리의 선조들이 어떻게 했는지를 보라. 18세기 말의 고전파 예술은, 만인에게 공통되는 음악적 언어로 복귀하는 데서 생긴 것이다. 글룩이나 교향곡 창시자들, 가곡을 만든 최초 거장들의 선율적 악구는, 요한 세바스찬 바흐나 라모 같은 작곡가의 세련되고 교묘한 악구에 비하면 때로는 평범하고 서민적인 게 사실이지만, 그러나 바로 그러한 지반에서 위대한 고전파 작가들의 독특한 흥미나 광범한 대중의 인기가 나온 것이다.

그들은 가장 단순한 음악 형식에서, 가곡이나 노래 연극에서 출발했으며, 일상생활에서 피어난 그러한 조그만 꽃의 향기가 소년 시절의 모차르트나 베버 같은 사람들에게 침투했던 것이다. 그대들도 그렇게 해야 한다! 모든 사람을 위한 노래를 만들도록 하라. 그렇게 한 다음에, 교향곡을 만드는 차례가 되는 것이다. 한꺼번에 껑충 뛰려다가는 과연 무슨 일이 이루어질 것인가? 피라미드를 꼭대기부터 만들기 시작할 수는 없다. 현재 그대들의 교향곡은 몸통이 없는 머리나 마찬가지이다. 훌륭한 재능을 타고난 예술가들이여, 우리를 구체화한 예술을 만들어주기 바란다! 민중과 형제처럼 친밀한 예술가들이, 몇 세대에 걸쳐서 참을성 있게 꾸준히 일을 계속해야 한다. 하나의 음악 예술은 결코 하루에 이루어지는 게 아니다.

크리스토프는 이와 같은 이론을 음악에 적용하는 것에만 만족하지 않았다. 그는 이것을 문학에도 적용할 것을 올리비에에게 권했다.

"오늘의 작가는" 크리스토프는 말했다. "인간 사회에서 드물게 있는 일이나, 혹은 활동적이고 건강한 사람들이 살고 있는 커다란 사회의 테두리 바깥에서 어떤 특수한 무리들 말고는 존재하지 않는 인물을 묘사하려고 애쓰고 있네. 그런 작가는 그 자신이 이미 인생에서 벗어나고 있는 것이니까, 그런 사람은 내버려두고 자네는 인간이 있는 곳으로 가야 하네. 그날그날의 생활을 영위하고 있는 사람들에게, 나날의 생활을 제시해 줘야 하네. 그런 일상생활이야말로, 바다보다도 더 깊고 더 넓은 것일세. 우리 가운데 가장 미약한 자도, 그 내부에는 그것을 지니고 있다. 무한한 것은 솔직하게 사람 노릇을 하는 자 속에, 연인 속에, 친구 속에, 분만하는 날의 찬란한 영광을 고통으로써 그 값을 치르는 여자 속에, 남모르는 가운데 몸을 희생하여 인간에게 봉사하는 사람 속에 있는 것이다. 그것은 갑에서 을로, 을에서 갑으로 교류하는 생명의 물결이네……. 그러한 단순한 사람들 중에서, 어느 한 사람의 단순한 생활을 써야 하네. 잇따르는 나날이 모두 다 똑같은 것 같으면서도 실은 하루하루가 독특한 나날, 세계가 시작된 맨 첫날부터 같은 한 어머니의 자식들처럼 계속되어 온 나날의 조용한 서사시를 쓰도록 하게. 그것을 단순하게 쓰라는 말일세. 오늘날 예술가들의 힘을 부질없이 소모시키고 있는 치밀한 기교 같은 것은 전혀 염두에 두지 말고. 자네는 모든 사람을 향해서 얘기를 하는 거야. 그러기 위해 세상 사람들이 쓰는 말을 사용해야 하네. 말에는 귀천의 구별이 없으며, 해야 할 말을 정확하게 하느냐, 정확하게 하지 못하느냐 하는 구별이 있을 뿐이지. 자네가 만든 모든 작품 속에 자네의 모두를 담아야 하네. 자기의 생각을 생각하고 자기의 느낌을 느껴야 하네. 자네 마음의 율동이 자네가 쓰는 것을 싣고 가도록 하게. 스타일은 곧 성품이라는 말이 옳으니까."

올리비에는 크리스토프의 주장에 동의했다. 그러나 다소 비판적인 회답을 보내왔다.

"과연 그런 작품은 아름답겠지요. 하지만 그것은, 그런 작품을 참으로 반기는 독자한테까지는 다다르지 못할 거예요. 도중에 비평가들 때문에 질식을 당하고 말 테니까."

"그야말로 프랑스의 소시민다운 생각이군!" 크리스토프는 반박했다. "비평가가 자기 작품을 어떻게 생각할지 그런 일을 염려한단 말인가! …… 비평가라는 건 승리나 패배를 기록하기 위해서 존재하는 것에 지나지 않아. 승리자가 되면 그것으로 되는 거야! …… 나는 비평가를 무시해 왔네! 자네도 비평가를 무시할 줄 알아야 해……."

그러나 올리비에는 비평가뿐 아니라, 그 밖에도 많은 것을 무시하는 방법을 이미 터득하고 있었다. 예술이나 크리스토프는 없어도 그만이었다. 지금은 자크린 말고는 아무 생각도 하고 있지 않았다.

*

올리비에와 자크린의 사랑의 이기주의는, 그들의 주위에 공허한 상태를 만들었다. 그리고 무모하게도, 앞날에 사용할 모든 원천을 태워 버렸다.

결혼한 두 사람은 오로지 상대를 흡수하는 일밖에는 생각하지 않았다. 최초의 도취……. 두 사람은 육체와 영혼의 모든 부분에서 서로 접촉하고 감상하고 침투하려 한다. 그들은 단둘이서, 법칙이 없는 하나의 우주, 하나의 혼돈된 사랑의 세계를 형성하고 있다. 거기에서는 뒤섞인 여러 가지 요소가, 서로 간에 구별하는 것을 아직은 분간하지 못하고 상대를 흡수하려고만 한다. 상대에게 있는 것이 모두 자기를 황홀하게 한다. 상대는 또한 자기 자신이기도 하다. 지금 이 순간에는 전 세계가 뭐란 말인가? 부드러운 일락(逸樂)의 꿈에 사무친 고대의 저 앤드로자인(남녀양성)처럼, 그들의 눈은 세계에 대하여 닫혀 있다. 세계가 모두 그들 내부에 들어 있는 것처럼 느끼고 있는 것이다.

한결같은 꿈을 꾸고 있는 낮과 밤, 현혹된 눈에 단 한 줄기의 자취만을 남기고 지나가는 아름다운 흰 구름처럼 흐르는 시간, 봄의 노곤한 감각으로 사람들에게 스며드는 따스한 숨결, 두 개의 육체의 금빛으로 타오르는 열, 태양에 빛나는 사랑의 포도덩굴, 수치심을 초월한 맑고 깨끗한 육체, 열광적인 포옹, 탄식과 웃음, 즐거운 눈물, 오보, 그 모든 행복의 티끌이여, 거기에서 대체 무엇이 남겨지는 것일까? 사람의 마음은 그러한 자취는 기억하지 않는다. 왜냐하면 그것이 존재하고 있을 때에는, 시간은 존재하지 않았으니까.

똑같은 나날……. 조용한 새벽……. 잠의 심연에서 서로 얽힌 두 개의 육체가 동시에 떠오른다. 미소를 머금은 얼굴이 한숨을 섞으면서 동시에 눈을 뜨고, 서로의 얼굴을 바라보면서 입술을 맞춘다. 상쾌한 아침, 타오르는 육체의 열을 식혀 주는 싱싱한 공기, 즐거운 꿈결 속에 지나가는 끝없는 나날, 그 속에서 밤의 쾌락이 요동하고 있다……. 여름철 오후, 넓은 들에서, 벨벳 같은 목장에서, 커다란 포플러나무 밑에서 잠기는 몽상…… 팔과 손을 맞잡고 저녁놀이 비치는 하늘 아래서 사랑의 침실로 같이 돌아오는 아름다운 저녁나절의 몽상. 바람은 나뭇가지를 흔들고 있다. 호수처럼 맑은 하늘에는 은쟁반 같은 달이 떠 있다. 별 하나가 흐르다 이내 사라진다. 마음이 가냘프게 떨린다……. 하나의 세계가 소리도 없이 꺼져 버린 것이다. 이따금 두 사람 옆으로 사람의 모습이 빠른 걸음으로 말없이 지나간다. 거리의 종소리가 내일의 축제를 알린다. 그 순간, 두 사람은 걸음을 멈춘다. 그녀는 그에게 바싹 다가선다. 두 사람은 말없이 서 있다……. 아아! 인생이 이 순간처럼 움직이지 않고 멈추어 준다면! …… 그녀는 한숨을 몰아쉬고 나서 말한다.

"왜 이다지도 당신이 좋은가요? ……"

몇 주간의 이탈리아 여행에서 돌아온 그들은, 프랑스 서부의 어느 도시에 보금자리를 정했다. 올리비에가 그곳 학교 교사로 임명된 것이다. 그들은 거의 아무도 만나지 않았다. 무슨 일에도 흥미를 느끼지 않았다. 불가피한 일로 남의 집을 방문할 때에는 냉담한 태도가 드러났기 때문에, 어떤 사람은 분개하고 어떤 사람은 비웃었다. 그러나 남이 하는 말은 그들의 귀를 스치고 지날 뿐, 마음속에까지는 이르지 않았다. 두 사람은 젊은 부부가 흔히 그렇게 되기 쉬운 것처럼 어쩐지 좀 오만해 보였다. 그러한 태도는 사람들에게 이렇게 말하는 것 같았다.

"당신들은 아무것도 모르는 거예요……."

자크린의 무슨 생각에 잠긴 듯한 예쁜 얼굴에서, 또 올리비에의 황홀한 눈에서 사람들은 다음과 같은 기분을 알아볼 수 있었다.

"당신들은 왜 이렇게 성가시게 굴지! 우리는 빨리 둘이서만 있고 싶은데."

그들은 여러 사람과 어울려 있는 자리에서도 자기들끼리라는 태도를 노골적으로 내비쳤다. 두 사람이 남들이 하는 얘기는 귓등으로 흘리고 눈과 눈으로 속삭이고 있는 것을 이따금 볼 수 있었다. 그들은 직접 시선을 마주치지 않아도 서로의 기분을 알 수 있었다. 두 사람은 동시에 미소를 머금었다. 왜냐하면 동시에 같은 생각을 하고 있다는 것을 서로 알고 있었으니까. 사교적인 속박된 분위기에서 해방되어 단둘이 되자, 기쁨의 환성을 내지르며 어린이처럼 흥분했다. 마치 여덟 살 어린이와 같았다. 어리석은 얘기를 하고 서로 이상한 이름으로 불렀다. 자크린은 올리비에를 가리켜 올리브, 올리베, 올리팡, 판니이, 마미, 밈므, 미노, 키노, 코니츠, 코지마, 코부르, 파노, 나코, 포네트, 나케, 카노 등 여러 가지로 불렀다. 자크린은 어린 계집아이처럼 행동했다. 하지만 올리비에에 대하여 어머니, 누이, 아내, 연인, 정부 등 그 모든 요소를 뒤섞은 애정을 한꺼번에 가지려고 했다. 자크린은 올리비에와 즐거움을 나누어 갖는 것만으로는 만족하지 않았다. 자크린은 전부터 결심하고 있었던 것처럼, 그의 일에도 가담했다. 그것 또한 하나의 유희였다. 처음에는 일거리가 어쩐지 재미있어 보이는, 정말 여자다운 흥미에서 오는 열성으로 그 일을 했다. 도서관에서 책을 베끼거나 별 재미도 없는 책을 번역한다든가 하는 하찮은 일에도 기쁨을 느끼는 모양이었다. 그것은 그녀의 생활 계획의 일부분이 되었다. 그녀의 생활 일부는 고상한 사상과 공동의 노고에 바쳐졌다. 지극히 순수하고도 진지한 생활을 생각하고 있었던 것이다. 그리하여 사랑이 두 사람을 비추고 있는 동안은 모든 일이 잘 되어 갔다. 왜냐하면, 자크린은 올리비에만을 생각하여, 자기가 무슨 일을 하고 있는가를 돌이켜보지 않았다. 그런데도 이상하게 그녀가 하는 일은 모두가 잘 되었다. 다른 때 같으면 도저히 계속하지 못할 추상적인 책을 읽을 때에도, 별로 노력하지 않고서도 머리가 움직였다. 그녀의 모든 존재가 사랑에 의해서 지상으로부터 떠받들리고 있었던 것이다. 자크린은 스스로 그것을 깨닫지는 못하고 있었다. 지붕 위를 걸어다니는 몽유병자처럼, 곁눈질하지 않고서 자기의 진지하고도 즐거운 꿈을 조용히 추구하고 있었다……

그러는 동안에 자크린에게도 그 지붕이 눈에 보이게 되었다. 그것은 별로 그녀를 불안하게 하지는 않았다. 하지만 자신이 지붕 위에서 뭘 하고 있는 건가 하는 생각에 집 안으로 들어갔다. 그러자 일이 싫어졌다. 일 때문에 자기의 사랑이 방해받고 있다고 생각했다. 물론 그것은 이미 그녀의 애정이 흐려진 때문이었는데, 겉으로는 도무지 그렇게 보이지 않았다. 두 사람은 어떤 순간에도 상대 없이는 있을 수 없었다. 두 사람은 사회와의 교섭을 끊고 문을 닫아, 어떤 초대에도 응하지 않았다. 그들은 타인의 애정에 대해서도, 일거리에 대해서도, 하여튼 자기들의 애정에서 조금이라도 빗나가는 모든 것에 질투를 느끼고 있었다. 크리스토프와의 편지 왕래도 차츰차츰 사이가 멀어졌다. 자크린은 크리스토프를 좋아하지 않았다. 크리스토프는 자크린의 경쟁 상대이며, 그녀가 모르는 올리비에의 과거 일부분을 대표하고 있었다. 그러므로 크리스토프가 올리비에의 생활 속에서 어떤 장소를 차지하고 있을수록 그녀는 본능적으로 그것을 뺏으려고 했다. 별로 계획적으로 하는 것은 아니지만, 자크린은 올리비에를 그 친구로부터 은근히 떼어놓고 있었다. 자크린은 크리스토프의 태도, 표정, 편지의 말투, 그리고 예술에 관한 포부 등을 조롱했다. 거기에는 아무런 악의도 책략도 없었다. 그저 선량한 성질에서 무심코 그렇게 하는 것이었다.

올리비에는 그것이 그녀의 독특한 관찰인 줄로 알고 흥미로워했다. 거기에는 심술궂은 성질은 없는 것 같았다. 올리비에 자신은 자기는 여전히 크리스토프를 사랑하는 줄로 믿고 있었다. 하지만 그가 사랑하고 있는 것은 이미 크리스토프의 인품에 지나지 않았다. 그것은 우정에 있어서는 그다지 중요한 것은 아니다. 올리비에는 차츰차츰 크리스토프를 이해하지 못하는 것을 스스로는 깨닫지 못했다. 크리스토프의 사상이나, 두 사람을 결부시켰던 그 영웅적인 이상주의에 대해서 올리비에는 차츰 흥미를 잃어버리고 있었다. 연애라는 것은 젊은 마음에는 너무도 강한 즐거움이다. 연애에 비하면 다른 어떤 신앙도 그림자가 흐릿해 보인다. 사랑하는 상대의 육체와 그 신성한 육체에서 꽃을 꺾는 것처럼 딸 수 있는 영혼이 지식의 전부이고 신앙의 전부이다. 남들이 열렬히 사랑하는 것도 또한 자기 자신이 전에 열렬히 사랑했던 것도, 지금에 와서는 연민의 미소로 쳐다볼 수가 있다! 강한 생활과 그 맹렬한 노력을 보아도 거기에 피어난 꽃봉오리밖에는 보이지 않으며, 그것이 곧 불멸의 꽃인 줄로 생각한다……. 연애는 올리비에의 힘을 흡수하고 있었다. 처음에는 그의 행복도 아직은 우아한 시 속에 자기를 표현할 만한 힘을 가지고 있었으나, 이윽고 그것조차 무익한 노릇처럼 여겨졌다. 그만큼 연애에서 시간을 뺏기는 듯한 생각이 드는 것이었다! 그리고 자크린도 역시 올리비에와 마찬가지로 다른 모든 생존 이유를 파괴하려고 애를 썼으며, 사랑에 의지해서 살고 있는 생명의 나무를 고갈시키려 하고 있었다. 이리하여 두 사람은 행복 속에서 멸망하고 있었다.

아아! 사람은 너무도 빨리 행복에 길들어 버린다. 이기주의적인 행복이 삶의 단 하나의 목적이 되는 경우에는, 오히려 삶은 삽시간에 그 목적을 잃고 만다. 행복은 하나의 습관이 되고 중독이 되어, 사람은 이미 그것 없이는 못 견디게 된다. 하지만 그것 없이 견디는 일이 필요하다! 행복은 우주 리듬의 한 순간이며, 삶의 추(振子)가 왕래하는 양극의 하나이다. 그 추를 멈추려면 그것을 파괴할 수밖에 없으리라…….

두 사람은 '감수성을 광포하게 하는 저 행복의 권태로움'을 알게 되었다. 즐거운 시간은 그 걸음걸이를 늦추어 기세가 약해지고, 물이 마른 꽃처럼 시들어 갔다. 하늘은 변함없이 푸르렀다. 그러나 아침의 그 가벼운 공기는 이미 없었다. 모든 게 움직이지 않았다. 자연은 침묵했다. 그들은 소원대로 단둘이 되었다. 그러나 두 사람의 마음은 고적한 상태에 갇히고 말았다.

뭐라고 형언할 수 없는 공허감과 막연한 권태로움이 나타나기 시작했다. 그게 뭔지 그들은 아직 몰랐다. 어쩐지 불안스러웠다. 그들은 병적으로 민감한 상태가 되었다. 침묵 속에 가만히 귀를 기울이고 있는 그들의 신경은 예기하지 않은 조그만 충격에도 나뭇잎처럼 전율했다. 자크린은 이유도 없이 눈물을 흘렸다. 그 눈물은 사랑 때문이라고 믿고 싶었으나 이미 그 이유만은 아니었다. 결혼하기 전 정열에 타올라, 고된 세월을 거쳐서 목적을 달성하여 ―달성한 뒤에 거기를 통과하면― 갑자기 노력을 중단하고 모든 새로운 행동이―그리고 아마도 과거의 모든 행동이―별안간 무익한 것이 되었기 때문에, 이제야 자크린은 스스로 까닭 모를 혼란에 빠져서 맥이 풀려 버린 것이다. 그녀는 그것을 인정하지는 않았다. 그것을 신경이 피로한 까닭으로 돌리고는 웃어 넘기려고 했다. 하지만 그 웃음은 눈물과 마찬가지로 불안한 것이었다. 자크린은 다시금 일에 몰두하려고 애를 썼다. 그러나 조금 하다 말고 왜 이런 일거리에 그동안 흥미를 느꼈는지 오히려 이상한 생각이 들었다. 그래서 당장 싫증이 나서 일거리를 내팽개쳤다. 자크린은 사교적인 관계를 회복하려고 노력했다. 하지만 이것도 성공하지 못했다. 또 하나의 습관이 몸에 밴 까닭으로, 생활을 위해서는 참아야 하는 평범한 사람들의 성품이나 말에 접하는 습관을 잃어버리고 있었던 것이다. 자크린은 그런 사람들의 성품이나 말을 우스꽝스럽다고 생각했다. 그래서 이 세상에서 좋은 것은 아무래도 연애뿐이라고 일부러 자기를 타일러 또다시 두 사람끼리의 고독한 생활로 되돌아왔다. 그러면 실제로 얼마 동안은 전보다도 더 정이 두터워지는 것 같았다. 하지만 그것은 그렇게 되기를 바라는 마음에 지나지 않았다.

올리비에는 자크린만큼 정열적이지 못했고 또한 그녀보다 부드러운 애정을 가지고 있었으므로, 그처럼 불안에 시달리지는 않았다. 그저 막연하고 간헐적으로 전율을 느낄 뿐이었다. 그리고 그날그날의 일거리나 도저히 성미에 맞지 않는 직업에 시달리고 있었기 때문에, 오히려 그의 애정은 어느 정도까지 보호되고 있었다. 그러나 섬세한 감수성을 지니고 있었으며, 사랑하는 상대의 마음속에서 일어나는 모든 동요는 그의 마음에도 전달되고 있었으므로, 자크린이 숨기고 있는 불안은 그에게도 감염되지 않을 수 없었다.

어느 화창한 오후, 두 사람은 시골로 산책을 나갔다. 두 사람은 전부터 이 산책을 기대하고 있었다. 온 세상이 그들에게 미소 짓고 있었다. 그러나 걷기 시작하자마자 음울하고 권태로운 슬픔이 두 사람 위로 덮어내렸다. 마음이 얼어붙는 것 같은 느낌이었다. 말도 잘 안 나왔지만, 그래도 애써 얘기를 했다. 하지만 입에서 새어나오는 한 마디 한 마디가 공허하게 울렸다. 두 사람은 마치 자동인형처럼 아무것도 보지 않고 느끼지도 않은 채 산책을 끝마치고 무거운 기분을 안고 돌아왔다. 벌써 저녁나절이었다. 방 안은 허전하며 춥고 캄캄했다. 서로 얼굴을 바라보는 게 두려워서 당장에는 불을 켜지 않았다. 자크린은 자기 방에 들어가 모자도 외투도 벗지 않고 말없이 창가에 앉았다. 올리비에도 옆방에서 탁자에 몸을 의지하고 앉아 있었다. 두 방 사이의 문은 그대로 열려 있었다. 두 사람의 위치는 서로 숨소리가 들릴 만큼 가까웠다. 그리고 두 사람은 저마다 어둠 속에서 소리 없이 쓸쓸한 눈물을 흘리고 있었다. 입에다 손을 대고 흐느끼는 소리를 상대에게 들리지 않도록 하려고 했다. 드디어 참다 못한 올리비에가 말했다.

"자크린……"

자크린은 눈물을 삼키면서 대답했다.

"왜요?"

"이리 오지 그래?"

"가겠어요."

그녀는 옷을 갈아입고서 눈을 씻으러 갔다. 한참 뒤 자크린이 방에 돌아왔다. 두 사람은 얼굴을 바라보지 않았다. 서로 울고 있었던 것을 알고 있었다. 하지만 위로할 수도 없었다. 왜냐하면 운 까닭을 알고 있었으니까.

마음속의 혼란을 더는 서로 숨길 수 없는 시기가 왔다. 그러나 그 원인을 스스로 인정하고 싶지 않았으므로 다른 이유를 찾았다. 그것은 쉽게 발견되었다. 두 사람은 시골의 지루한 생활에 그 죄를 돌렸다. 그러자 두 사람의 기분은 가벼워졌다. 랑제 씨는 딸이 보낸 편지를 받고, 자신에 차 있던 딸의 마음이 피로하기 시작한 것을 알고서도 그다지 놀라지는 않았다. 랑제 씨는 정치상의 교우 관계를 이용해서 사위를 파리로 전임시켰다.

이 희소식이 날아들자, 자크린은 하늘을 날 듯이 기뻐했다. 그리고 지나간 행복을 모두 되찾았다. 막상 떠나려 하자 이 지루했던 고장도 어쩐지 정답게 보였다. 그들은 이곳에 많은 사랑의 추억을 뿌려 놓고 있었던 것이다! 마지막 며칠 동안은 그 자취를 찾아다니는 데 소비했다. 그러한 일종의 순례 길에서는 정다운 우수가 솟아올랐다. 이 고장의 조용한 지평선은 행복한 두 사람의 모습을 줄곧 보고 있었던 것이다. 마음속에서 그들에게 속삭이는 소리가 있었다.

'너는 여기에 남기고 가는 게 뭔지를 알고 있다. 그러나 앞으로 겪게 될 것이 뭔지 아느냐?'

출발하기 전날, 자크린은 울었다. 올리비에는 그 까닭을 물었다. 그녀는 말하고 싶지 않았다. 그들은 말의 울림이 두려울 때에는 언제나 하던 대로, 종이를 한 장 내놓고 쓰기 시작했다.

"사랑하는 나의 올리비에……"

"사랑하는 나의 자크린……"

"떠나는 게 서러워요."

"어디에서 떠나는 것일까?"

"우리가 서로 사랑하던 고장에서."

"다음에는 어디로 가는 것일까?"

"우리가 세월을 보낼 곳으로."

"거기서도 둘이서 같이 사는 거지."

"하지만 두 번 다시 여기에서처럼 서로 사랑하지는 못할 거예요."

"서로 더욱더 사랑해야지."

"글쎄, 어떻게 되는지."

"난 그렇게 믿어."

"저도 그러기를 빌어요."

이리하여 그들은 종이 아래쪽에다 동그라미를 두 개 그렸다. 그것은 포옹을 의미하는 것이었다. 그제야 자크린은 눈물을 닦고서 웃었다. 그리고 올리비에의 머리에 자기의 테 없는 모자를 씌우고, 깃에 주름이 잡힌 구식의 흰 케이프를 입혀, 옛날 앙리 3세한테 총애를 받은 시종 같은 차림으로 만들었다.

*

파리에 돌아와 그들은 헤어졌던 사람들을 다시 만났다. 크리스토프도 올리비에가 돌아왔다는 소식을 듣고 반색을 하고 달려왔다. 올리비에도 그를 만나는 게 반가웠다. 그러나 눈을 마주친 순간, 두 사람은 뜻하지 않게 서먹서먹함을 느꼈다. 두 사람은 그것을 떨쳐버리려 했으나 잘 되지 않았다. 올리비에의 태도는 무척 부드러웠으나 그의 내부에는 뭔지 모르지만 전과 다른 것이 있었다. 크리스토프는 그것을 느꼈다. 결혼한 친구는 아무리 애를 써도 이미 지난날의 친구는 아니다. 남자의 영혼에 이제는 여자의 영혼이 섞여 있다. 크리스토프는 올리비에의 모든 면에서, 이를테면 포착하기 어려운 눈의 표정이나, 전에는 몰랐던 입술의 희미한 주름이나 목소리나 생각의 새로운 변화 속에 여자의 영혼이 배어 있는 것을 알아차렸다. 한편 올리비에는 그것을 깨닫지 못했으나, 크리스토프가 전과 아주 달라진 것을 보고 깜짝 놀랐다. 그러나 그는 크리스토프가 변했다고는 생각하지 않고 자기가 변한 줄로 생각했다. 이것은 나이를 먹어감에 따른 당연한 진보인 것으로 여겨졌다. 그리고 크리스토프에게서는 그와 같은 진보가 보이지 않는 것에 놀랐다. 크리스토프가 언제까지나 똑같은 사상에 머무르고 있는 게 불만이었다. 그 사상은 전에는 그에게도 귀중한 것이었지만, 지금에 와서는 단순하고 낡은 것으로 여겨졌다. 올리비에의 내부에 침투한 또 하나의 영혼의 방식에 그것이 합치하지 않았기 때문이다. 이 감정은 자크린이 그들의 대화에 끼면 더욱 뚜렷해졌다. 그러자 올리비에와 크리스토프의 눈 사이에 어떤 거리를 의미하는 장막이 쳐졌다. 그래도 두 사람은 서로 자기의 인상을 드러내지 않으려고 애썼다. 크리스토프는 변함없이 찾아왔다. 자크린은 어리석게도 크리스토프에 대하여 가시가 돋친 심술궂은 화살을 쏘았다. 크리스토프는 그것을 상대하지는 않았으나 집에 돌아와서는 슬픔을 느꼈다.

파리에 돌아와서 처음 몇 달 동안은 자크린으로서는, 따라서 올리비에로서도 매우 행복한 시기였다. 우선 자크린은 새 집에 마음이 쏠렸다. 두 사람은 파리의 옛 거리 네모진 정원에 면한 조촐한 방을 발견했다. 가구와 벽지를 선택하는 것이 몇 주간의 일거리였다. 자크린은 이 일에 대단한 정력과 정열을 바쳤다. 마치 그녀의 영원한 행복이 벽지의 색조나 고전적인 가구의 형체에 달려 있다는 것처럼. 다음에 그녀는 아버지, 어머니, 그리고 친구들과 다시 교제를 시작했다. 자크린은 연애에 열중하고 있는 동안에는 그들을 아주 잊어버리고 있었으므로, 전혀 새로운 것을 발견한 듯한 기분이었다. 그녀의 영혼이 올리비에의 영혼에 섞여들었다 하더라도, 한편으로는 올리비에의 영혼도 조금은 그녀의 영혼 속에 섞여들었으므로, 전부터 아는 사람들을 새로운 눈으로 보았기 때문에 그 기분이 더욱 강했던 것이다. 그녀에게는 그들이 매우 훌륭해진 것처럼 여겨졌다. 하지만 처음에는 그 때문에 올리비에의 가치가 떨어지지는 않았다. 그들과 올리비에는 서로 그 장점을 돋보이게 하는 작용을 했다. 남편의 명상에 잠기는 버릇이나 명암이 짙은 시인다운 기분에만 늘 접하고 있었으므로, 자크린이 보기에는 향락과 남의 눈에 잘 보이려고 하는 것만을 생각하는 사교계 사람들이 더 유쾌한 것 같았다. 그러나 자기 자신이 거기에 속하고 있기 때문에 잘 아는 바이지만, 사교계의 매혹적이면서도 위험한 결점이 눈에 띄자, 남편의 안전하고도 확실한 마음이 새삼스럽게 훌륭하다는 것을 깨닫게 되는 것이었다. 자크린은 이런 비교에 매우 흥미를 느꼈다. 그리고 자기의 선택이 정당했다는 것을 증명하기 위해, 언제까지나 이 비교를 계속하고 있었다—하도 오래 계속했기 때문에 어떤 순간에는 오히려 분간이 잘 안 되는 경우도 있었다. 그러나 다행히도 그런 순간이 오래 계속되지는 않았다. 그런 비교를 하는 일에 양심의 가책을 느껴, 그 뒤에는 올리비에에게 특별히 상냥스러운 태도를 취하는 일도 있었다. 그러다가는 그 때문에 또다시 비교를 시작했다. 이것이 습관이 되자 흥미를 돋우기 위해, 그 비교는 더욱 신랄해졌다. 대립된 두 개의 세계는 서로 보충하기는커녕 싸움을 벌이게 되었다. 자크린은 자기가 지금 파리의 친구들에게서 인정하여 존중하고 있는 장점을, 뿐만 아니라 몇 가지 단점까지도 올리비에에게는 왜 없을까, 하고 의아스럽게 생각했다. 그러나 그것을 올리비에한테는 절대로 말하지 않았다. 하지만 올리비에는 아내의 눈이 가차없이 자기를 관찰하고 있는 것을 느끼고 있었다. 그는 그것이 불안하고 괴로웠다.

그러나 그는 아직은 연애에 의해서 부여받은 자크린에 대한 지배력을 잃고 있지는 않았으므로, 이 젊은 부부는 앞으로 당분간은 다정하고 근면한 생활을 계속할 수 있었을 것이다. 그런데 여기에 생활의 물질적인 조건을 바꿔야 할 사정이 생겨서, 그 균형이 깨지고 말았다.

Quivi trovammo Pluto il gran nemico⋯⋯
이때 우리는 무서운 적 플루토(저승의 왕)를 만나게 되었다⋯⋯

때마침 랑제 부인의 자매 중 한 사람이 세상을 떠났다. 세상을 떠난 여인은 부유한 실업가의 과부였는데, 자식이 없었으므로 그 재산이 모두 랑제 집

안으로 넘어오게 되었다. 자크린의 재산도 두 배 이상으로 늘었다. 그 유산이 굴러들어왔을 때, 올리비에는 언젠가 크리스토프가 돈에 대해서 한 말이 생각났으므로 이렇게 말했다.

"우리는 그런 게 없어도 행복했지. 어쩌면 오히려 불행의 원인이 될지도 몰라."

자크린은 그를 비웃었다.

"바보 같은 소리!" 그녀는 말했다. "돈이 불행의 원인이 되다니요! 어쨌든 앞으로 우리의 생활이 달라질 리는 없어요."

실제로 그들의 생활은 표면적으로는 조금도 변하지 않았다. 얼마 동안은 돈이 부족하다는 자크린의 불평을 들을 수 있을 만큼 변함없는 생활이었다. 하지만 이거야말로 뭔가 달라졌다는 뚜렷한 증거이다. 그들의 수입은 세 배나 늘어났는데도, 무엇에 썼는지도 모르게 다 없어졌다. 전에는 그렇게 적은 수입으로 어떻게 지낼 수 있었는지 의아스러울 정도였다. 돈은 여러 가지 새로운 경비로 빨려 들어갔다. 그 경비는 곧 습관적인 것, 필요불가결한 것처럼 여겨지게 되었다. 자크린은 일류 의상디자이너와 잘 아는 사이가 되었다. 어릴 때부터 알고 있는, 집에 드나들던 날품팔이 재봉사는 거절해 버렸다. 평범한 재료로 만든 것이기는 하지만 그래도 예쁘장한 싸구려 모자를 쓰던 시절, 아주 멋쟁이라고 할 수는 없으나 그녀의 우아한 모습을 잘 반영하고, 그녀 자신의 일부라고 할 만큼 잘 맞는 옷을 입던 시절은 대체 어디로 가버린 것일까? 그녀의 몸에서 나타나던 정답고 우아한 매력은 하루하루 흐려져 갔다. 그녀가 지니고 있던 시는 사라졌다. 그녀는 속된 여자가 되고 말았다.

그들은 집도 바꾸었다. 그토록 고심하고 기뻐하며 꾸민 집이 비좁고 지저분하게 보이기 시작했다. 방마다 마음이 깃들어 있고 창에는 한 줄기의 나무가 가냘픈 그림자를 흔들고 있는 그 검소한 작은 방에서, 넓고 편리하기는 하지만 정이 가지 않는 삭막한 집으로 옮겼다. 정든 살림살이를 버리고 낯선 가구와 벽지로 바꾸었다. 그렇게 되고 보니 추억을 간직할 장소가 없었다. 두 사람이 함께 살기 시작한 초기의 일은 모조리 머릿속에서 사라져 갔다……. 옛 연애에 두 사람을 결부시켰던 기반이 끊어진다는 것은 두 사람에게 있어 큰 불행이었다! 과거의 영상은 초기의 애정이 지나간 뒤에 필연적으로 오는 침체 상태나 반감에서 두 사람을 보호해 주는 것이다……. 자크린은 돈을 자유롭게 쓸 수 있었기 때문에 파리에서도, 여행 간 곳에서도—(부자가 된 지금은 두 사람은 자주 여행을 했다)—아무 쓸모도 없는 부자들과 가까워졌다. 그리고 그들과 교제하는 동안에 부자 아닌 사람들, 근로하는 사람들에 대하여 일종의 경멸감을 품게 되었다. 그녀는 놀랄 만한 순응성으로, 아무것도 만들어 내지 못하고 부패한 사람들에게 삽시간에 동화됐다. 거기에 저항을 하지 못했다. 그렇게 되자 그녀는 곧, 사람은 가정의 의무와 '보통 수준의 재산'에 의해서 행복해질 수 있다, 행복해져야 한다는 생각을, '저급한 속인 근성'이라고 간주하게 되었다. 연애에 아낌없이 자기를 바쳤던 옛 정열을 이미 스스로도 이해를 할 수 없게 되었다.

올리비에는 투쟁을 할 만큼 강하지는 못했다. 그 자신도 변하고 있었다. 교사 직업을 내던지고 이제는 의무적인 일에 속박되어 있지 않았다. 다만 글을 쓰고 있을 뿐이었다. 그 때문에 그의 생활의 균형에 변동이 일어났다. 지금까지는 예술에 전념하지 못하던 것을 안타깝게 생각했다. 그런데 지금은 자기의 전부를 예술에 바치고 있으면서도 안개 속을 헤매는 듯한 느낌이 드는 것이었다. 직업이라는 저울추가 없으며 강한 실생활이라는 밑받침이 없는 예술, 자기 육체의 그날그날의 일이라는 박차를 느낄 수 없는 예술, 빵을 벌 필요가 없는 예술은, 그 힘과 현실성의 가장 좋은 부분을 상실하게 된다. 그것은 이미 사치의 꽃에 지나지 않는다. 그것은 이미 인간의 고뇌에서 결실을 맺게 되는 신성한 과일—(그거야말로 가장 위대한 예술가가 지니고 있는 것이다)—은 아니다. 올리비에는 '그런 짓을 해서 무슨 소용이 있느냐'고 하는, 저 무위도식의 맛을 알게 된 것이다. 이제는 그를 재촉하는 것이 없었다. 그는 펜을 몽상에 골몰시켜, 방향도 없이 떠돌면서 어디로 나아가야 할지를 몰랐다. 자기의 길을 꾸준히 탐구하고 있는 자기와 같은 계급에 속하는 사람들과의 접촉도 없어졌다. 그는 다른 세계에 빠져 버렸다. 거기에서는 마음이 편하지는 않았으나 그렇다고 해서 불쾌하지는 않았다. 마음이 약하고 친절하며 호기심이 많은 그는, 우아하기는 하지만 견실하지 못한 그 세계를 호의적인 눈으로 관찰하고 있었다. 그리고 자기가 그 세계의 빛깔에 물들고 있는 것을 스스로 깨닫지 못했다. 그의 신념은 이제는 예전처럼 견고한 것이 아니었다.

그 변화는 그에게 있어서 자크린의 경우만큼 빠르지는 않았다. 여성은 별안간에 아주 달라진다는 무서운 특성을 지니고 있다. 그런 식으로 사람이 돌변한다는 것은 그 인물을 사랑하던 사람들에게 두려움을 끼친다. 그러나 의지의 속박을 받지 않는 활발한 사람으로서는, 오늘은 어제가 아니라는 것도 또한 자연스러운 일이다. 그것은 흐르는 물과 같다. 흐르는 물을 사랑하는 자는 그 흐름에 따라서 가든지, 혹은 자기 자신이 시내가 되어 그것을 자기 흐름으로 끌어들이든지, 그 둘 중 하나이다. 그 어느 경우든 변화는 피할 수 없다. 이것은 위험한 시련이다. 사람은 연애에 복종한 다음이 아니면 참으로 연애를 이해하지 못한다. 공동생활의 초기에 있어 연애의 조화는 매우 미묘한 것으로, 두 사람 중에서 어느 한 쪽이 아주 사소한 변화를 일으키기만 해도, 자칫하면 전체가 허물어진다. 하물며 경제 상태나 환경이 갑자기 달라지는 경우에는 큰 야단이다! 거기에 저항하기 위해서는 대단히 강하든지, 그렇지 않으면 전혀 그 영향을 받지 않든지 그 어느 쪽이라야 한다.

자크린과 올리비에는 그런 변화에 대해서 무관심하지도 않고 강하지도 않았다. 두 사람은 새로운 조명 속에서 서로 얼굴을 마주 보았다. 그러자 상대의 얼굴이 전혀 낯모르는 사람의 얼굴처럼 보였다. 그런 슬픈 발견을 했을 때, 두 사람은 측은한 애정으로 서로 그것을 숨겼다. 그들은 아직 서로 사랑하고 있었던 것이다. 올리비에에게는 일거리라는 도피 장소가 있었다. 규칙적으로 일을 하고 있으면 기분이 진정되었다. 그러나 자크린에게는 그런 게 없었다. 그녀는 아무 일도 하지 않았다. 늦게까지 침대에 있기도 하고, 화장으로 시간을 보내기도 했다. 또 옷을 벗은 채 몇 시간이나 한 자리에 앉아서 꼼짝도 하지 않고 우두커니 있기도 했다. 그러자 막연한 슬픔이 한 방울 한 방울, 싸늘한 이슬처럼 마음속에 괴었다. 자크린은 연애라는 고정관념에서 생각을 딴 데로 돌릴 수가 없었다. ……연애! 그것은 자기를 바치는 경우에는 인간 세계에서 가장 숭고한 것이 된다. 하지만 그것이 행복을 탐내기만 하는 경우에는 가장 우열하고도 기만적인 것이 된다……. 자크린은 연애 이외에 다른 인생의 목적을 생각할 수가 없었다. 기분이 차분해져서 친절한 마음이 생길 때에는, 세상 사람들이나 그들의 비참한 상태에 마음을 쓰려고 노력해 보았다. 그러나 그것은 아무래도 잘 되지 않았다. 남의 고통을 보면 견딜 수 없이 괴로운 기분이 되었다. 그녀의 신경은 그것을 보는 것도, 생각하는 것도 견디지 못했다. 자크린은 자기의 양심을 달래기 위해, 두세 번 자선 비슷한 일을 했다. 하지만 그 결과는 보잘것없는 일이 되었다.

"그것 보세요." 그녀는 크리스토프에게 말했다. "좋은 일을 하려고 하면, 오히려 나쁜 짓을 하는 결과가 돼요. 그러니까 차라리 아무 일도 안 하는 게 좋아요. 나는 착한 일을 하기에는 적합하지 않은가 봐요."

크리스토프는 그녀의 얼굴을 가만히 바라보자 우연히 만난 어떤 여자가 떠올랐다. 이기적이고 부도덕하며, 참다운 애정이 뭔지도 모르는 절조 없는 여공이었다. 그런데 그 여자는 남이 고통에 시달리는 것을 보면 어제까지, 아무 인연이 없었던 사람이거나 전혀 모르는 사람이거나 간에, 상대에 대해서 모성적인 애정을 품는 것이었다. 그 사람을 돌보기 위해서는 아무리 어려운 일도 사양하지 않았다. 가장 큰 희생을 요구하는 사람에 대해서는 이상한 기쁨을 느끼기조차 했다. 왜 그런지는 그녀 자신도 몰랐다. 마음속에 숨어 있는 열망을 실행으로 옮기는 길을 거기에서 발견하고 있는 것 같았다. 그녀의 영혼은 생활의 다른 면에서는 위축되어 있다가, 드물게 있는 그런 순간에 소생하는 것이었다. 남의 고통을 얼마큼 덜어 주면, 그녀 자신이 되살아난 듯한 만족감을 느꼈다. 그때 그녀가 느끼는 기쁨은 그녀로서는 거의 어울리지 않을 지경이었다—이기적인 그 여자의 친절과, 본디 선량한 자크린의 이기주의, 그것은 둘 다 미덕도 아니고 악덕도 아니다. 그것은 두 사람에게 있어 각각 마음의 건강을 위한 양생법이다. 다만 여공 쪽이 더 건강했다.

자크린은 고통이라는 것을 무척이나 두려워했다. 그녀는 육체적 고통을 겪어야 할 경우라면 차라리 죽음을 택할 것이다. 아름다운 용모나 청춘 같은 자기 기쁨의 원천을 잃느니 차라리 죽는 게 낫다고 생각했다. 자기가 가질 권리가 있다고 생각하는 온갖 행복을 소유하지 못하는 일—(그녀는 행복을 믿고 있었다. 행복은 그녀로서는 전적으로 어리석은 신앙의 원천이고, 종교적인 신앙이었다)—남이 자기보다 더한 행복을 소유하고 있는 일, 그녀로서는 그것은 가장 심한 불공평처럼 여겨졌다. 행복은 단순히 하나의 신앙일 뿐 아니라 또한 하나의 미덕이었다. 따라서 불행이라는 것은 하나의 질병으로 생각되었다. 이리하여 그녀의 모든 생활은 차츰 그 원칙에 따라서 방향을 정하게 되었다. 처녀시절의 그녀가 조심스러운 수치심에서 자기 몸을 가리고 있던 이상주의의 베일이 찢어지고 그녀의 진짜 성격이 나타나기 시작했다. 과거의 이상주의에 대한 반동에 의하여, 서슴지 않고 뚜렷한 눈으로 사물을 보았다. 그리고 모든 사물에 대해서는 그것이 세상 사람들의 의견이나 생활의 편의와 일치하는 범위 밖에서는 그 가치를 인정하지 않았다. 이리하여 자크린은 그녀의 어머니와 똑같은 정신상태가 되어 있었다. 그녀는 교회에도 나가고, 종교가 시키는 임무를 별 생각 없이 정확하게 수행하고 있었다. 이제는 그것이 진실한 것인지 어떤지를 알려고 번민하지는 않았다. 자크린은 그 외에도 실제적인 고민이 있었다. 그리고 자기가 어렸을 때의 신비로운 반항심을 떠올리며 얄궂은 연민을 느꼈다—하지만 오늘의 그녀의 실리적인 정신은 과거의 이상주의와 마찬가지로 현실적인 것은 아니었다. 자크린은 억지로 자제하고 있었던 것이다. 자크린은 천사도 아니고 짐승도 아니었다. 다만 권태에 빠진 가엾은 여자에 지나지 않았다.

자크린은 할 일이 없어서 심한 권태에 빠져 있었다. 자기가 사랑을 받지 못하고 있다는 구실도, 자기가 올리비에의 성격을 못마땅하게 생각하고 있다는 구실도 설정할 수가 없었기 때문에 더욱 권태로웠다. 자기 생활의 주위를 포위당하여 길이 막혀서 아무런 미래가 없는 것처럼 여겨졌다. 자크린은 끊임없이 바뀌는 새로운 행복을 동경하고 있었다. 그것은 행복에 대한 그녀의 평범한 능력으로서는 도저히 손에 넣지 못할 어린이다운 꿈이었다. 그녀도 다른 많은 여자들과 마찬가지였다. 행복해질 수 있는 온갖 이유를 이미 가지고 있으면서도 쉴 새 없이 번민을 하는 많은 부인들과 마찬가지였다. 그런 사람들은 대체로 부유하고, 훌륭한 딸자식이 있고, 건강하고 총명하며, 아름다운 것을 느낄 줄 알고, 행동이나 선행을 하여 자기들의 생활이나 타인의 생활을 풍부하게 할 수 있는 온갖 수단을 가지고 있다. 그런데도 서로 사랑하고 있지 않다든가, 다른 사람을 사랑하고 있다느니 그렇지 않다느니 하며 불평 불만을 늘어놓고 있다. 항상 자기 자신에만 골몰하여 감정상 또는 육체상의 관계나, 행복에 대한 권리나, 모순된 이기심 등에 열중하며 늘 말다툼을 하고, 시비를 걸고, 위대한 연애나 위대한 고통의 연극을 하다가 드디어는 그 연극을 진짜로 믿는다……. 그런 사람들에게는 이렇게 말해 주는 게 좋을 것이다.

"당신들은 전혀 동정을 받을 자격이 없습니다. 행복하게 될 방법이 얼마든지 있는데도 불평 불만만을 늘어놓고 지낸다는 것은 부당합니다!"

재산이나 건강 같은 하늘이 주는 훌륭한 선물을 그들이 가지고 있다는 것은 너무 과분한 일이므로, 차라리 그들에게서 빼앗아 버리는 게 좋을 것이다! 또 자유를 어떻게 할지도 모르고, 자유에 다다르지 못하는 이 노예들을 진짜 비참과 고통의 멍에에 매달아 주는 것이 좋다. 만약 노력을 해서 빵을 벌어야 할 처지에 놓인다면, 그들도 빵의 맛을 알게 되겠지. 그리고 진짜 고통이 얼마나 무서운지를 직접 겪게 되면 그런 불쾌한 연극을 할 생각이 들지는 않겠지……

그러나 결국은 그들도 괴로워하고 있는 게 사실이다. 그들은 환자인 것이다. 어찌 가엾게 생각하지 않을 수가 있으랴? 불쌍한 자크린이 올리비에한테서 떨어져 가는 것도, 올리비에가 그녀를 붙잡아 두지 않는 것도 양쪽 다 죄는 없었다. 자크린은 자연에 의해서 만들어진 그대로의 여성이었다. 결혼이라는 건 자연에 대한 하나의 도전이라는 것, 자연에 대해서 장갑을 던진 바에는 자연이 그 도전에 응하리라는 것을 기대해야 하는 것, 그리고 자기가 도발한 싸움을 용감하게 계속할 각오가 없어서는 안 된다는 것을 그녀는 알지 못했다. 자크린은 자신이 틀리고 있었다는 것을 깨달았다. 그렇게 생각하니까 자기 자신에 대해서 화가 났다. 그리고 이 실망은 자기가 그동안에 사랑하던 모든 것에 대한 적의, 그녀 자신의 신념이기도 했던 올리비에의 신념에 대한 적의로 변했다. 총명한 여성은 영원한 것에 대하여 남성 이상으로 직관력을 가지고 있다. 하지만 그 영원한 것에 달라붙어서 내 몸을 유지해 나가기는 남성의 경우보다 훨씬 어렵다. 남성은 이 영원한 사상을 일단 포착하면 그것을 자기 생명으로써 길러 나간다. 여성은 반대로 그것으로써 자기 생명을 기른다. 여성은 그것을 흡수할 뿐이지 그것을 만들어 내지는 않는다. 여성의 정신과 마음에는 끊임없이 새로운 양분을 공급해야 한다. 정신과 마음이 독립해서 나아가지를 못한다. 믿거나 사랑하고 있지 않을 때에는 여성은 무엇인가 파괴를 한다. 적어도 냉정이라는 최고의 덕이 하늘로부터 부여되어 있지 않은 경우에는 말이다.

자크린은 전에는, 공통의 신념 위에 세워진 부부의 결합을 위해 같이 싸우고 같이 고생을 견디고 건설하는 행복을 정열적으로 믿고 있었다. 하지만 그 신념은 사랑의 태양에 의해서 금빛으로 채색된 기간에 한정된 것이었다. 태양이 기울어짐에 따라 그 신념은 공허한 하늘에 솟아 있는 음울한 불모의 산인 것처럼 여겨지기 시작했다. 그리고 자크린에게는 그 길을 계속해서 나아갈 힘이 없는 것처럼 느껴졌다. 산꼭대기에 다다른다 해도 그게 무슨 소용이 있을까? 저 산 너머에 과연 무엇이 있을지? 그것은 커다란 기만일지도 모른다! …… 올리비에가 왜 생명을 침식하는 그런 공상에 여전히 계속해서 속는지, 자크린으로서는 도저히 이해할 수가 없었다. 그리고 올리비에에게는 지성도 생활력도 그다지 없는 게 아닌가 하는 생각이 들었다. 자크린은 숨을 쉬기가 어려운 올리비에의 분위기 속에서 당장에 질식할 것만 같았다. 그래서 자기 보존의 본능에 이끌려 자기를 방위하기 위해 공세를 취했다. 자크린은 지금도 올리비에를 사랑하고 있었으나, 자기를 적대하는 그의 신앙을 깨부수려고 애를 썼다. 심술이나 육체의 쾌락 등 온갖 무기를 사용했다. 욕망이나 자질구레한 근심 걱정의 덩굴로 그를 속박했다. 자크린은 올리비에를 그녀 자신에 대한 하나의 반영으로 만들고 싶었다……. 그런데 그녀 자신은 이미 자기가 무엇을 원하고 있는지도, 자기가 어떤 성격인지도 모르고 있던 것이다. 자크린은 올리비에가 성공을 못하는 것을 부끄럽게 생각하고 있었다. 성공을 못하는 게 지당하냐 부당하냐 하는 것은 이미 문제가 아니었다. 왜냐하면 유능한 인물과 낙오자를 구별하는 것은, 결국은 성공이라는 척도인 것으로 믿게 되었기 때문이다. 올리비에는 그러한 불신이 자기를 압박하는 것을 느끼고, 그의 힘에서 가장 좋은 부분을 잃었다. 그래도 그는 힘을 다했다. 다른 많은 사람들이 여태까지 그런 투쟁을 해 왔으며 또한 앞으로도 싸워 나가겠지만, 그것은 대체로 승부가 나지 않는 투쟁이었다. 거기에서는 여성의 이기적인 본능이 남성의 지적인 이기심에 대항하여, 남성의 약점이나 실망 혹은 생명의 소모나 자신의 비겁함을 숨기는 구실로 삼는 남성의 상식을 압박하고 있다. 그러나 적어도 자크린과 올리비에는 대부분의 그런 남녀보다는 뛰어났다. 왜냐하면 많은 사람들은 게으름이나 허영심이나 애정 등이 서로 얽힌 것에 이끌려서 자기의 영원한 영혼을 부정하고 있었으나, 올리비에는 절대로 자기의 이상을 배반하지는 않았다. 만약 그 이상을 배반했더라면 자크린은 오히려 그를 경멸했을 것이다. 하지만 그녀는 올리비에의 그 힘을 파괴하려고 맹목적으로 안달을 부리고 있었다. 그 힘은 또한 그녀의 힘이기도 하고 두 사람을 지켜주는 것이었는데도, 자크린은 본능적인 책략에 의해서 그 힘의 기초가 되어 있는 올리비에의 우정을 조금씩 파괴하려 하고 있었다.

두 사람이 유산을 상속한 뒤, 크리스토프는 이 젊은 부부와 교제하는 게 어쩐지 서먹서먹했다. 자크린은 들뜬 유행 취미나 평범한 실제적 정신을 내세워, 크리스토프와 애기를 할 때는 심술궂게도 일부러 그것을 과장해서 표시했기 때문에 자기 목적을 달성할 수 있었다. 크리스토프는 이따금 매우 분개하여 오해를 받을 만큼 심한 말을 했다. 하지만 그것으로도 올리비에와 크리스토프 사이에 결코 불화를 일으키지는 않았다. 두 사람은 너무도 굳게 서로 사랑하고 있었다. 올리비에는 무슨 일이 있어도 크리스토프를 희생시키고 싶지는 않았다. 하지만 그것을 자크린에게도 강요할 수는 없었다. 그녀를 사랑하고 있는 약점으로, 그녀의 마음에 고통을 끼칠 수는 없었던 것이다. 크리스토프는 그러한 올리비에의 고충을 알아차리고, 스스로 물러남으로써 올리비에가 선택을 쉽게 하도록 해 주었다. 이대로 가다가는 올리비에를 위해서 좋지 않다는 것, 오히려 그에게 폐를 끼치게 되리라는 것은 명백했다. 그래서 크리스토프는 올리비에로부터 멀어지는 구실을 찾아냈다. 마음 약한 올리비에는 가당치도 않은 그 이유를 받아들였다. 하지만 크리스토프의 희생적인 기분을 짐작하여 양심의 가책으로 가슴이 찢어지는 느낌이었다.

크리스토프는 그를 원망하지는 않았다. 흔히 사람들이 말하는, 아내는 남편의 절반이라고 하는 말은 과연 틀림이 없다고 생각했다. 왜냐하면 결혼한 남자는 이미 절반의 남자에 지나지 않기 때문이다.

*

크리스토프는 올리비에 없이도 자기 생활을 잘 지탱해가려고 애썼다. 하지만 이 이별은 일시적인 것이라고 아무리 스스로 타일러도 소용없었다. 그는 낙천적이기는 했지만 가끔 슬퍼졌다. 그는 혼자서 지내는 습관을 잊어버렸다. 물론 올리비에가 시골에 가 있는 동안은 고독했다. 하지만 그 무렵에는 환상을 그릴 수 있었다. 지금 친구는 멀리 가 있지만 오래지 않아 돌아오리라고 자신에게 타일렀었다. 하지만 지금은 친구가 돌아와 있는데도 지금까지보다는 훨씬 더 멀리 있다. 요 몇 해 동안 그의 생활을 채웠던 애정이 느닷없이 없어져 버린 것이다. 마치 활동을 위한 가장 큰 이유를 잃은 것과 같았다. 올리비에를 사랑하게 되면서부터 자기 생각의 전부를 올리비에에게 결부하는 습관도 없어지게 되었다. 일 또한 이 공허를 메울 수는 없었다. 왜냐하면 그는 자기 일 속에서도 친구의 모습을 생각하는 것이 습관이 되어 있었기 때문이다. 그 친구가 자기에게서 떠나간 지금 그는 마치 몸의 균형을 잃은 인간 같았다. 그는 균형을 돌이키기 위해 다른 애정을 찾았다.

그에게는 아르노 부인과 필로멜르와의 애정이 남아 있었다. 하지만 지금은 이 조용한 여자친구로는 만족하지 못했다.

하지만 이 두 사람은 크리스토프의 슬픔을 꿰뚫어보고 있는 듯이, 남몰래 동정을 보냈다. 어느 날 밤 아르노 부인이 찾아온 것을 보고 크리스토프는 깜짝 놀랐다. 이제까지 한 번도 온 적이 없었다. 부인은 무언지 마음이 놓이지 않는 모양이었다. 크리스토프는 별로 마음에 두지 않았다. 여느 때의 수줍음 탓이거니 생각했다. 부인은 의자에 걸터앉은 채 한 마디도 하지 않았다. 크리스토프는 부인의 기분을 풀어 주기 위해 자기 방의 여러 가지 물품을 보여 주었다. 두 사람은 올리비에에 대한 이야기를 했다. 방 안에는 올리비에의 기념품이 많아 크리스토프는 활발하게 얘기했다. 둘 사이에 일어난 일은 무엇 하나 빼놓지 않았다. 하지만 아르노 부인은 좀 딱한 듯한 눈으로 그를 물끄러미 보며 이렇게 말하지 않을 수 없었다.

"이제 안 만나시나요?"

크리스토프는 부인이 자기를 위로하러 온 것이라고 생각했다. 그렇게 생각하자 안절부절못하게 되었다. 왜냐하면 자기 일에 타인이 참견하는 것을 원치 않기 때문이다. 크리스토프는 대답했다.

"그때그때 기분 내키기 나름이지요."

부인은 얼굴을 붉히며 말했다.

"어머, 죄송해요! 그런 실례되는 질문을 할 생각은 없었는데!"

크리스토프는 자신의 무뚝뚝한 태도를 후회했다. 그래서 부인의 손을 잡고 말했다.

"용서하세요. 저는 그가 남에게 욕을 얻어 먹지나 않을까 해서 언제나 조마조마하게 생각하고 있는 것입니다. 가엾게도! 그도 나처럼 똑같이 괴로워하죠……. 그렇습니다. 우리는 이제 만나지 않습니다."

"편지도 오지 않나요?"

"안 옵니다." 크리스토프는 좀 부끄러운 듯이 대답했다.

"인생이란 참으로 슬픈 것이군요!" 잠시 뒤에 아르노 부인이 말했다.

크리스토프는 얼굴을 들었다.

"아뇨, 인생은 슬픈 게 아닙니다." 크리스토프가 말했다. "그저 슬플 때가 있는 것입니다."

아르노 부인은 비통한 기분을 숨기고 말했다.

"전에는 서로 사랑했는데 지금은 벌써 사랑하지 않는다면, 서로 사랑했다는 것이 무슨 소용이 있을까요?"

"서로 사랑했다는 것만으로 충분합니다."

부인은 또 말했다.

"당신은 그 사람을 위해 자신을 희생하셨습니다. 적어도 당신의 희생이 사랑하는 상대의 힘이 되었다면 오죽 좋은 일이겠어요! 하지만 저 사람 역시 행복하게는 될 수 없는 게로군요!"

"나는 자신을 희생한 것이 아닙니다." 크리스토프는 투덜거리며 말했다. "만일 내가 나 자신을 희생한다면 그것으로써 기쁘기 때문입니다. 이것은 논의의 여지가 없는 일입니다. 사람은 해야만 하는 일을 합니다. 만일 그것을 하지 않으면 반드시 불행해지겠지요! 희생이라는 말처럼 터무니없는 말은 없습니다. 어느 마음이 옹졸한 선교사들이 프로테스탄트적인 음침하고 불평스러운 위축된 특징을 이 말에 섞어 버린 거예요. 희생이라는 것이 값어치가 있기 위해서는 바로 그 희생이 싫은 것이어야 한다는 식으로 말이지요……. 맙소사, 어리석은 생각이지! 만일 희생이 슬픔일 뿐 기쁨이 아니었다면 그런 것은 하지 않는 게 좋습니다. 할 값어치가 없어요. 사람이 자신을 희생하는 것은 덜떨어진 남을 위해서가 아니라 자기 자신을 위해서입니다. 만일 당신이 자신을 희생하는 일에 행복을 느끼지 않으신다면 죽어 버리는 게 낫습니다! 살 가치도 없어요."

아르노 부인은 그의 얼굴도 바라보지 못하고 가만히 듣고만 있다가 갑자기 일어서며 말했다.

"안녕히 계세요."

이때 크리스토프는 부인이 뭔가 털어놓을 얘기가 있어서 온 것이라고 생각했다. 그래서 그는 말했다.

"용서하세요! 저의 일에 대해서만 떠들어 댔군요. 조금만 더 계셔주시지 않겠습니까?"

아르노 부인은 말했다.

"아뇨, 그럴 수가 없어요…… 고맙습니다만……."

부인은 그대로 돌아갔다.

그들은 그 뒤 한참 동안 만나지 않았다. 부인으로부터도 아무 소식이 없었다. 그 역시 부인한테 찾아가지 않았다. 또 필로멜르한테도 가지 않았다. 그는 이 두 사람이 가장 좋았다. 하지만 자기를 슬프게 하는 화제가 나올 것을 두려워했다. 게다가 또 그들의 조용하고 평범한 생활과 너무나 희박한 분위기가 지금 당장으로는 그의 기분에 맞지 않았다. 그는 새 얼굴이 보고 싶었다. 무언가 마음을 끄는 것, 무언가 새로운 사랑에 부딪쳐 자신을 되찾아야 했다.

*

크리스토프는 기분 전환을 위해 한참 뜸했던 극장에 갔다. 게다가 극장은 여러 가지 정열의 억양을 관찰해서 적어 두려고 하는 음악가에게는 재미있는 학교처럼 여겨졌다.

그렇다고 하더라도 프랑스 희곡에 대해, 파리에 처음 왔던 무렵보다도 훨씬 더 많은 동정을 갖게 된 것은 아니었다. 연애를 정신 생리학적으로 다룬 진부하고 노골적인 주제가 영구히 재탕 삼탕되고 있는 데에 거의 흥미를 잃은 것은 물론이었다. 게다가 프랑스인의 대사, 특히 시극에 있어서는 이를 데 없이 어설프고 엉뚱한 것 같았다. 산문이나 운문도 민중의 산 언어와 민중의 정신과 일치하지 않았다. 그런 산문 중에서 조금 나은 것은 사교계 기록 작가들이 만들어 낸 언어이며, 나쁜 것은 통속적인 신문 소설가가 만들어 낸 언어였다. 운문은 괴테가 말한 다음과 같은 경구를 지당하다고 느끼게 하는 것들이었다.

'시는 아무 할 말을 갖지 않은 사람들에게는 퍽 편리한 것이다.'

프랑스 극에서 쓰는 시는 부자연스럽게 반죽해 놓은 산문에 지나지 않았다. 아무런 마음의 요구 없이 그저 꾸며 낸 영상이 이어 맞추어져 있을 따름이어서 진지한 인물조차도 가짜로 보였다. 이런 시극은, 화려한 발성법으로 감미롭게 떠들어 대는 이탈리아 가극과 마찬가지로 크리스토프는 문제로 삼지 않았다. 크리스토프는 희곡보다도 배우 쪽이 훨씬 흥미 있었다. 또 작가도 배우를 흉내 내려고 애썼다. '만일 작가가 작중 인물을 배우의 악습에 맞추어 만들어내려고 노력하지 않았던들 극 상연의 성공은 기대할 수 없었다.' 디드로가 이런 말을 쓴 시대로부터 사정은 별반 달라지지 않았다. 흉내쟁이인 배우 쪽이 예술의 모델이 되어 있었다. 배우는 성공만 하면 당장에 자기 극장과 아첨쟁이인 전속 작가와 함께 척도에 맞추어서 만들어진 자신의 각본을 갖게 되었다.

문학적 유행계의 이러한 거대한 마네킹적 존재 중에서, 프랑스와즈 우동이라는 여배우가 크리스토프의 마음을 끌었다. 그녀는 1, 2년 전부터 파리에서 인기를 모았다. 프랑스와즈 우동도 각본을 써 주는 작가를 갖고 있기는 해도 자기를 위해 만들어진 작품에만 출연하지는 않았다. 꽤 잡다한 그녀의 상연 목록은 입센에서 사르두, 가브리엘레 단눈치오에서 뒤마, 버나드 쇼에서 앙리 바타유에까지 이르렀다. 때로는 대담하게도 베르사유 궁전식인 고전적 운문에 발을 들여 놓기도 하고, 셰익스피어의 영상의 격류에 뛰어들기도 했다. 하지만 그러한 것에서는 맘대로 실컷 재주를 부릴 수가 없었다. 프랑스와즈 우동은 무엇을 연출하거나 간에 결국 언제나 자기 자신만을 드러내는 것이었다. 그것은 그녀의 약점이기도 하고 또 강점이기도 했다. 관객의 주의가 그녀 자신에게 모이지 않을 때 그녀의 연기는 전혀 성공하지 않았다. 하지만 그녀가 관객의 호기심을 자극하고 나서부터는, 그녀가 연출하는 것은 모두 훌륭한 것으로 여겨졌다. 실제로 그녀를 보고 있으면 희곡의 너절함을 잊게 할 만한 가치가 있었다. 그녀는 자신의 생명으로 희곡을 아름답게 꾸미고 있었던 것이다. 알 수 없는 혼에 지배되어 있는 이 여체의 수수께끼는 그녀가 연출하는 희곡 이상으로 크리스토프에게는 감동적인 것이었다.

프랑스와즈 우동은 비장하고도 아름다운 옆얼굴을 갖고 있었다. 그것은 고대 로마 여자같이 뚜렷한 윤곽의 얼굴은 아니었다. 장 구종(16세기 프랑스 조각가)풍의 사뭇 파리 여자다운 섬세한 선으로 여자로도 소년으로도 보이는 선이었다. 짧지만 보기 좋은 코, 입술이 얇박한, 다소 쌀쌀해 보이는 아름다운 입. 사뭇 총명스러워 보이는 젊디젊은 여윈 뺨은 마음속 괴로움을 반영해서 무언지 사람의 마음을 끄는 것이 있었다. 외고집쟁이인 듯한 턱, 창백한 얼굴빛.

감동을 나타내지 않는 데에 익숙하기는 하지만 영혼이 피부 밑 곳곳에 퍼져 있기 때문에 자연히 영혼이 비쳐 보이는 얼굴이 있듯이, 프랑스와즈의 얼굴도 그랬다. 머리카락과 눈썹은 아주 가늘고 부드러웠다. 변하기 쉬운 눈은 회색이기도 하고 호박색이기도 하여 고양이 눈알처럼 녹색과 금빛으로 반짝반짝 빛났다. 그리고 또 겉으로는 멍하니 반쯤 잠들어 있는 것 같지만 속으로는 눈을 뜨고 언제나 경계를 하고 있었으며, 그런가 하면 잔인성을 안에 숨기고 갑자기 신경의 해이를 보이는 점 따위는 고양이를 많이 닮았다. 키는 보기보다 크지 않고 몸집은 말라 보였지만 결코 그렇지는 않으며, 아름다운 어깨와 균형잡힌 팔뚝과 길고 날씬한 손을 갖고 있었다. 옷 입는 품도 머리 모양도 단정하고 수수했으며, 어떤 여배우에게서 볼 수 있는 보헤미안 취미나 과장적인 호화로운 취미는 조금도 없었다. 이런 점에 있어서도 프랑스와즈 우동은 고양이를 매우 닮았으며, 하층사회 출신이면서도 본능적으로 귀족적이었다. 그리고 마음의 깊은 곳에는 도저히 없앨 수 없는 야성적인 성질이 숨어 있었다.

프랑스와즈 우동은 서른에 가까운 듯했다. 크리스토프는 가마슈 집에서 프랑스와즈 우동에 대한 소문을 들은 적이 있었다. 사람들이 입을 모아 찬탄하는 바에 의하면 프랑스와즈 우동은 아주 자유롭고 총명하고, 대담하고 무쇠와 같은 기력을 가졌으며, 야심에 불타 있으나 거칠고 종잡을 수 없고, 성미가 거세고 사람을 어이없게 만드는 데가 있는 여성으로, 현재의 영광에 도달하기까지는 여러 가지 밑바닥 고생을 겪어 왔으며 지금 그 복수를 하고 있는 성싶었다.

어느 날 크리스토프는 필로멜르를 만나러 뫼동에 가려고 기차를 탔다. 승객실 문을 열자, 이 여배우가 자리에 앉아 있었다. 프랑스와즈 우동은 무슨 근심이라도 있는지 안절부절못했다. 크리스토프가 들어온 것을 그녀는 불쾌하게 여겼다. 그와는 등을 지고 반대쪽 유리창 너머로 언제까지나 꼼짝 않고 밖을 내다보았다. 하지만 크리스토프는 그녀의 이러한 변화에 깜짝 놀라, 솔직하게 상대를 당황케 하는 동정심으로 그녀에게서 눈을 떼지 않았다. 프랑스와즈 우동은 애가 타서 무서운 눈으로 그를 흘겨봤지만 크리스토프는 그 눈길의 의미를 깨닫지 못했다. 다음 정거장에서 프랑스와즈 우동은 내려 딴 차로 바꿔탔다. 그때에서야 가까스로 크리스토프는—그건 좀 늦은 감이 있지만—프랑스와즈 우동이 자기를 피한 것이라고 눈치챘다. 그리고 미안하게 생각했다.

그런 지 며칠 뒤 크리스토프는 같은 선의 어느 역에서 파리로 돌아가기 위해 기차를 기다리며 플랫폼에 있는 단 하나의 벤치에 걸터앉아 있었다. 그러자 프랑스와즈 우동이 와서 그의 곁에 걸터앉았다. 크리스토프는 일어서려고 했다. 그러자 그녀가 말했다.

"저, 그대로 앉아 계세요."

그들 둘뿐이었다. 크리스토프는 지난번에는 자기 때문에 차를 바꿔 타게 해서 미안하다고 사과했다. 자기가 방해가 된다는 걸 알았더라면 먼저 내렸을 것이라고 말했다. 프랑스와즈 우동은 비꼬는 듯한 미소를 띠고 대꾸했다.

"정말이지, 당신에겐 참을 수가 없었어요. 왜냐하면 지겹도록 내 얼굴만 뚫어지게 보고 있었는걸요."

프랑스와즈 우동은 말했다.

"실례했습니다. 안 볼 수가 없었던 겁니다……. 무척 괴로워하시는 모양이었기에."

"그래서 어쨌다는 건가요?" 프랑스와즈 우동이 말했다.

"나는 도저히 참지 못합니다. 당신은 물에 빠진 사람을 보고 손을 내밀지 않을 수 있겠어요?"

"나요? 전혀 그런 짓 안 해요." 프랑스와즈 우동은 대답했다. "저는 물속에 머리를 쑤셔박아 주겠어요. 그러는 쪽이 빨리 끝날 테니까요."

프랑스와즈 우동은 이 말을 신랄함과 유머가 뒤섞인 어조로 말했다. 그리고 크리스토프가 가슴을 두근거리며 자기 얼굴을 보고 있으므로 그녀는 웃음을 터뜨렸다.

그때 기차가 들어왔다. 만원으로 마지막 칸만 비어 있었다. 프랑스와즈 우동은 기차를 탔다. 역원은 재촉하고 있었다. 크리스토프는 전날의 장면을 되풀이하고 싶지 않았으므로 다른 칸을 찾으려고 했다. 프랑스와즈 우동이 크리스토프에게 말했다.

"타세요."

크리스토프는 기차를 탔다.

"오늘은 괜찮아요."

둘은 얘기했다. 크리스토프는 진심으로 그녀를 설복하려 들었다. 타인에 대해서 무관심한 것은 용서되지 않는다든가, 사람은 서로 돕거나 위로하면 크게 힘이 될 수 있는 것이라거나……

"위로라구요?" 그녀가 말했다. "그런 것, 내게는 아무 소용도 없어요……"

그래도 크리스토프가 우겨대자 "글쎄요" 하고 프랑스와즈 우동은 깔보는 듯한 미소를 띠고 다시 말했다. "위로하는 사람의 역할이란 아주 덕이 되는 역할이지요."

크리스토프는 얼른 납득이 가지 않았다. 하지만 그 의미를 알아채고, 자기는 그녀 일밖엔 생각지 않는데도 자신만 위하고 있는 듯이 의심받았다고 생각하자 크리스토프는 화가 났다. 그래서 일어나 입구의 문을 열고 기차가 달리고 있는데도 뛰어나가려고 했다. 프랑스와즈 우동은 가까스로 그를 말렸다. 크리스토프는 골난 채 주저앉고 문을 닫았다. 때마침 기차가 터널로 접어들었다.

"그것 보세요." 프랑스와즈 우동은 말했다. "조금만 늦었더라면 죽을 뻔했잖아요."

"죽어도 상관없습니다." 크리스토프는 이제 더는 그녀에게 말을 걸려고 하지 않았다.

"어리석은 사람들뿐이에요." 크리스토프는 말했다. "서로 못살게 굴고 괴로워하고 있습니다. 그리고 타인을 돕고자 하면 곧 의심을 합니다. 불쾌하기 짝이 없어요. 그런 사람은 어느 놈이나 다 인간이 아니에요."

프랑스와즈 우동은 웃으며 그를 달래려고 했다. 그녀는 장갑을 낀 한쪽 손을 크리스토프의 손 위에 놓았다. 그리고 그의 이름을 불러 가며 상냥스레 말을 걸었다.

"허 참, 당신은 나를 알고 있었던가요?" 크리스토프가 물었다.

"파리 사람들은 모두 다 서로 아는 사이예요! 당신도 역시 같은 배를 타신 분인걸요. 하지만 그렇게 말을 꺼낸 것은 제가 나빴어요. 당신은 좋은 분이에요. 저도 알 수 있어요. 자, 기분을 푸세요. 자! 그만 화해해요!"

두 사람은 서로 손을 잡았다. 그리고 의좋게 얘기했다. 프랑스와즈 우동은 말했다.

"하지만 제 탓은 아니에요. 세상 사람들에게 너무 봉변을 당했기 때문에 그만 의심을 하게 된 거예요."

"나도 무척 많이 속아 봤습니다." 크리스토프가 말했다. "그러나 나는 항상 사람들을 신용하지요."

"그래요. 당신은 본디 천성이 고지식한 분이세요."

크리스토프는 웃어버렸다.

"그래요. 나는 이제까지 늘 그렇게 살아왔지요. 하지만 보통입니다. 내 위장은 무척 튼튼하거든요. 제아무리 큰 짐승이라도, 사납게 날뛰는 놈들이라도, 재난이라도, 또 필요하다면 우격다짐으로 덤벼드는 비열한 녀석들이라도 상관 않고 꿀꺽 삼켜 버리겠어요. 그리고 더욱 건강하게 될 겁니다."

"다행이군요." 프랑스와즈 우동이 말했다. "당신은 남성이니까요."

"그리고 당신은 여성이니까요."

"여자란 대단한 존재가 아니에요."

"아니지요. 참으로 대단한 존재입니다." 크리스토프는 말했다. "게다가 또 참으로 훌륭한 존재일지도 모릅니다!"

프랑스와즈 우동은 웃었다.

"그게 말이죠!" 그녀가 말했다. "하지만 세상 사람은 그걸 어떤 모양으로 다루고 있을까요?"

"스스로 자기 몸을 보호해야 하는 겁니다."

"그렇게 되면 상냥스런 마음이란 오래 계속되지 않지요."

"그건 상냥스런 마음을 충분히 갖고 있지 않기 때문입니다."

"어쩜 그럴는지도 모르지요. 게다가 너무 고생을 해도 좋지 않아요. 도가 지나치면 영혼이 메말라 버리는걸요."

크리스토프는 자칫 프랑스와즈를 동정할 뻔했다. 그러나 아까 자기가 어떤 취급을 받았는지 생각이 났다…….

"당신은 아직도 위로하는 사람의 역할이 덕을 보는 역할이라고 하시겠습니까?"

"아니요." 프랑스와즈는 대답했다. "전 이제는 그런 소리 안 해요. 당신이 친절하고 점잖으신 분이라는 걸 알고 있는걸요. 감사하다는 말씀을 드리겠어요. 하지만 아무 말씀도 말아 주세요. 당신은 이해 못하세요……. 정말

고마웠습니다."

둘은 파리에 도착했다. 서로 주소도 알리지 않고, 또 찾아와 주기 바란다는 말도 하지 않은 채 그대로 헤어졌다.

그런 지 2, 3개월 뒤 프랑스와즈가 크리스토프를 찾아왔다.

"좀 뵙고 싶어서 온 거예요. 당신과 잠깐 얘기가 하고 싶어서요. 전번에 만나뵙고 나서 가끔 당신 생각을 해 봤어요."

프랑스와즈는 걸터앉았다.

"잠깐만이면 돼요. 오래 폐 끼치진 않겠어요."

크리스토프가 입을 열려 했다. 그러자 프랑스와즈 우동이 말했다.

"잠깐만 기다리세요."

둘은 잠자코 있었다. 잠시 뒤 프랑스와즈 우동이 미소 지으며 말했다.

"전 실망했던 거예요. 하지만 이젠 기운을 얻었어요."

크리스토프는 물으려 했다.

"아뇨." 프랑스와즈 우동은 말했다. "괜찮아요!"

그녀는 주위를 둘러보고 여러 가지 물건에 대해 비평했다. 그러다가 루이자의 사진을 발견했다.

"어머님이세요?" 그녀가 물었다.

"그렇습니다."

프랑스와즈 우동은 사진을 손에 들고 친근한 눈으로 조용히 들여다보았다.

"좋은 분일 것 같아요!" 그녀가 말했다.

"당신은 행복하세요!"

"이미 돌아가셨어요!"

"그런 건 아무래도 좋아요. 아무튼 당신에게는 어머니가 계셨으니까."

"그럼 당신은?"

그런데 프랑스와즈 우동은 미간을 찌푸리며 그 얘기를 피했다. 자기의 일을 이것저것 묻는 것을 싫어했다.

"아뇨, 그보다도 당신 일을 얘기해 주세요. 들려주세요…… 무언가 지나온 얘기 같은 것을……."

"그게 당신에게 무슨 도움이 됩니까?"

"하여튼 들려주세요⋯⋯."

크리스토프는 얘기하기가 싫었다. 하지만 프랑스와즈의 물음에는 대답하지 않을 도리가 없었다. 그녀는 질문하는 데 명수였으니까. 그래서 마침 가슴에 서린 슬픔과 우정, 헤어지고 가버린 올리비에에 대한 얘기 등을 들려줬다. 그녀는 동정과 익살이 담긴 미소를 짓고서 가만히 귀를 기울였다⋯⋯. 갑자기 그녀가 물었다.

"몇 시나 됐을까요? 어머! 벌써 두 시간이나 지났군요! 죄송해요⋯⋯. 아, 이제야 기분이 풀렸어요!"

프랑스와즈 우동은 덧붙였다.

"또 뵙고 싶은데요⋯⋯ 이렇게 늘 올 수는 없고, 그냥 가끔⋯⋯. 그렇게 얘기를 들으면 저는 기분이 살아날 것 같습니다만. 하지만 당신에게 폐를 끼치거나 시간을 뺏거나 하고 싶진 않아요⋯⋯. 그저 잠깐이면 돼요, 간혹 가다가⋯⋯."

"제가 가 뵙도록 하지요." 크리스토프가 말했다.

"아뇨, 우리 집은 싫어요. 댁이 좋아요⋯⋯."

하지만 그뿐. 그녀는 오랫동안 오지 않았다.

어느 날 밤, 그는 뜻밖에도 프랑스와즈 우동이 중병으로 몇 주일 전부터 연극에 나오지 못하고 있다는 것을 알았다. 오지 말라고 했지만, 그녀의 집으로 찾아갔다. 면회는 거절당했다. 하지만 그의 이름을 대자 그는 계단에서 불러 세워졌다. 그녀는 자리에 누워 있었다. 나아져 가고 있었다. 폐렴에 걸렸던 것이다. 얼굴이 무척 변해 있었다. 하지만 익살스런 태도와 날카로운 눈빛은 그전과 다름이 없었다. 그래도 크리스토프를 보자 정말로 기뻐하는 것 같았다. 그녀는 그를 침대 곁에 앉혔다. 사뭇 무관심하고 장난스런 말투로 저 자신의 일을 얘기하고 자칫하다가는 죽을 뻔했다고 말했다. 크리스토프는 놀라는 빛을 얼굴에 나타냈다. 프랑스와즈는 그러한 그를 놀려댔다. 크리스토프는 아무것도 알려 주지 않은 것을 책망했다.

"당신에게 알리다니요! 와 주십사고요? 절대로 그런 짓은 안 해요!"

"나 같은 건 생각지도 않으셨군요."

"말씀하시는 그대로예요." 프랑스와즈 우동은 약간 슬픈 듯한, 놀리는 듯한 미소를 지으며 말했다. "앓는 동안에는 조금도 생각지 않았어요. 마침 오늘에야 비로소 생각이 났던 참이에요. 그러나 언짢게 생각지는 마세요. 저는 앓을 때는 아무도 생각지 않아요. 그럴 때 사람들한테 부탁하고 싶은 건, 저를 가만히 내버려 둬 달라는 것뿐이에요. 저는 벽과 콧등을 맞대고 꼼짝 않고 기다리는 거예요. 단지 혼자서만 있고 싶은걸요. 쥐처럼 혼자 외톨이로 죽고 싶어요."

"하지만 혼자서 괴로워한다는 건 고통스러운 일입니다."

"저는 익숙해요. 저는 오랫동안 불행했었어요. 아무도 구원하러 와 주지 않았어요. 지금 그게 습관이 돼 버렸지요……. 이젠 오히려 그쪽이 좋아요. 누가 있다 해도 아무 소용이 없어요. 방 안에서 소란스런 수선을 피우거나 귀찮은 주의를 하거나 건성으로 눈물을 흘리거나 할 뿐이지…… 싫어요, 전 혼자서 죽는 쪽이 나아요."

"모두 체념해 버리셨군요."

"체념이라구요? 그게 무슨 의미인지 저는 알 수 없군요. 저는 그저 이를 악물고 저를 괴롭히고 있는 병을 미워하는 거예요."

크리스토프는 아무도 문병을 오지 않는가, 아무도 병간호를 해 주지 않느냐고 물었다. 프랑스와즈 우동은 연극 동료들은 퍽 선량한, 즉 어리석은 자들이지만 남의 일 봐주기 좋아하고 동정심 깊은(아무튼 표면적으로는) 사람들이라고 대답했다.

"하지만 제가 그 사람들을 만나고 싶지 않은 거예요. 저는 꽤나 까다로운 성미인걸요."

"그게 나로서는 기쁜 겁니다." 크리스토프는 말했다.

프랑스와즈 우동은 동정하듯 그의 얼굴을 바라보았다.

"당신조차도! 다른 사람들과 똑같은 소릴 하시는군요!"

크리스토프는 말했다.

"미안, 미안…… 아! 나도 파리 사람이 되어 버렸나! 부끄럽습니다……. 맹세하지만 아무 생각 없이 한 일입니다……."

크리스토프는 담요에 얼굴을 묻었다. 그녀는 시원스럽게 웃었다. 그리고 크리스토프의 머리를 살짝 두드렸다.

"아! 그 말은 파리장의 말이 아녜요! 됐어요! 저는 당신을 알겠어요. 자, 얼굴을 보여 줘요. 저의 담요 속에서 우시면 싫어요."

"용서해 주시겠습니까?"

"용서해 드리겠어요. 하지만 이제는 되풀이해선 안 돼요."

프랑스와즈 우동은 좀더 그와 얘기를 하고 그의 일에 대해서 물어보았다. 그리고는 피로한 나머지 그를 돌려보냈다.

다음 주에 크리스토프는 프랑스와즈를 만나러 갈 약속이 되어 있었다. 그러나 막 나가려는 참에 오지 말라는 전보를 받았다. 몸 상태가 좋지 않기 때문이라는 것이었다. 이틀 뒤에 와 달라는 것이었다. 이틀 뒤 크리스토프는 갔다. 프랑스와즈는 차츰 나아가는 몸을 반쯤 눕히고 창가에 앉아 있었다. 봄날이라 하늘은 밝게 빛나고 나무들은 새 움이 돋아났다. 프랑스와즈는 전에 없이 다정스럽고 상냥스러웠다. 프랑스와즈는 지난번에 아무도 만나고 싶지 않다고 말했다. 크리스토프를 만났다면 다른 사람과 마찬가지로 싫어졌을 것이라고 말했다.

"그럼 오늘은?"

"오늘은 제가 아주 젊고 새 사람이 된 듯한 생각이 들어요. 제 주위의, 예컨대 당신과 같은, 젊디젊고 새롭게 느껴지는 것이라면 무엇이거나 좋아질 수 있어요."

"하지만 나는 이미 젊지도 않고 새롭지도 않습니다."

"아뇨, 죽을 때까지 젊디젊고 새로울 거예요."

두 사람은 전번에 만난 이후로 어떤 일을 했느냐는 것을 서로 얘기하고, 또 연극 얘기를 했다. 프랑스와즈는 오래지 않아 극장에 나가야 했다. 연극에 대한 것이 화제가 되었기 때문에 그녀는 연극을 어떻게 생각하고 있는지 얘기했다. 그녀는 연극은 싫어하지만 거기에 결박되어 있는 것이었다.

프랑스와즈는 크리스토프가 다시 찾아오는 것을 원치 않았다. 자기 쪽에서 찾아가겠다고 약속했다. 하지만 그에게 방해가 되는 것을 염려했다. 크리스토프는 자기 일에 방해가 되지 않는 시간을 알려주었다. 둘은 일종의 신호를 정했다. 프랑스와즈는 어떤 일정한 방식으로 문을 노크한다. 그러면 크리스토프는 문을 열고 싶으면 열고, 열고 싶지 않으면 열지 않는다……

프랑스와즈는 이 허가를 결코 남용하지 않았다. 하지만 어느 날인가는 자신이 시를 낭송하기로 되어 있던 어느 사교적인 야회에 나가려다가 마지막 순간에 싫증이 났다. 그래서 도중에 전화로 가기를 거절했다. 그리고 차를 크리스토프의 집으로 돌리게 했다. 그저 지나던 길에 인사를 하고 갈 참이었다. 그러나 이날 밤 프랑스와즈는 뜻하지 않게 크리스토프에게 자기의 심중을 털어놨다. 그리고 어렸을 적부터 지금까지의 생활을 들려주었다.

슬픈 유년 시절이었다! 아버지는 어머니가 어쩌다 알게 된 사내로서 프랑스와즈로서는 전혀 기억이 없었다. 어머니는 프랑스 북부 어느 도시 변두리의 뒷골목에서 평판이 좋지 못한 음식점을 하고 있었다. 짐수레꾼들이 술을 마시러 들렀다가는 주인 여인과 함께 자거나 이 여인을 거칠게 다루거나 했다. 그중 한 사람이 이 여인과 결혼을 했다. 여인이 조금이나마 돈이 있었기 때문이다. 남편이란 사내는 아내를 두들겨패고 언제나 주정을 부렸다. 프랑스와즈에게는 언니 하나가 있었는데 그 언니는 식모 대신 일을 했다. 언니는 늘 일에 지쳐 있었다. 사나이는 그녀의 어머니가 보는 앞에서 그녀를 제 정부로 삼았다. 그녀는 폐병을 앓다가 죽고 말았다. 프랑스와즈도 얻어맞거나 창피한 꼴을 당하거나 하며 자랐다. 프랑스와즈는 얼굴이 창백하고 음침하고 입이 무거운 아이로, 거세고 야성적인 혼을 갖고 있었다. 프랑스와즈는 어머니와 언니가 울고, 괴로움을 겪고, 체념하고, 타락하고, 그리고 죽어가는 것을 보았다. 그런 가운데 자신은 결코 체념하지 않겠다, 이 치욕의 환경으로부터 뛰쳐나가자 하는 거센 의지를 갖고 있었다. 프랑스와즈는 반항자였다. 부당한 처사를 당하면 신경 발작을 일으켰다. 두들겨 맞으면 할퀴거나 물어뜯었다. 어느 땐가는 목을 매려고 한 적도 있었다. 그러나 그것은 성공하지 못했다. 목을 매려 하자 금세 그만 싫어지고 너무 일이 제대로 되어 버릴 것 같아서 더럭 겁이 났다. 벌써 숨이 막혔으므로 부리나케 쥐가 나는 손가락으로 끈을 풀었다. 살고 싶다는 거센 욕망이 솟구쳐올랐다. 그리고 죽음에 의해 이 세상을 도망쳐나갈 수가 없었으므로—크리스토프는 자기도 같은 괴로움을 겪었던 것을 생각하고 슬픈 듯이 미소지었다—승리하리라, 자유로이 되고 돈 많은 사람이 되어 자기를 학대한 사람들을 모두 발 밑에 짓밟아주리라고 마음을 다졌다. 프랑스와즈는 옆방에서 들려오는 사내의 욕지거리와 그에게 얻어맞고 있는 어머니의 울부짖음과 겁을 먹은 언니의 울음소리가 들려오는 어느 날 밤, 자기의 숨막히는 방에서 자신에게 이렇게 다짐했던 것이다. 프랑스와즈는 얼마나 스스로를 비참하게 느꼈던 것일까! 그래도 맹세를 한 것으로써 마음이 가벼웠다. 프랑스와즈는 이를 악물고 생각했다.

'얼마 안 있어 너희 전부를 혼내 줄 테다!'

그토록 어두운 유년 시절이었지만, 그래도 한 줄기 광명은 있었다.

어느 날, 함께 흙장난을 하던 개구쟁이 동무의 하나인 극장 문지기의 아들이 금지된 것을 무시하고 프랑스와즈를 연습하는 데로 데리고 갔다. 둘은 좌석 가장 안쪽의 어두운 데로 숨어 들어갔다. 어둠 속에서 반짝이는 신비스런 무대, 배우의 장엄하고 알쏭달쏭한 말, 여배우의 여왕과 같은 자태—실제로 그 여배우는 로맨틱한 멜로드라마의 여왕을 연기하고 있었다—따위에 프랑스와즈는 마음의 충격을 받았다. 감동한 나머지 심장이 두근거렸다⋯⋯

'이것이다! 이것이다! 언젠가 이렇게 돼야지! 아! 나도 이렇게 될 수만 있다면⋯⋯.'

연습이 끝나자 프랑스와즈는 밤 공연이 아무래도 보고 싶었다. 친구를 먼저 앞장서게 하고 자기도 뒤따라 나가는 척했다. 그러다가 되돌아가 극장 안에 숨었다. 의자 밑에 웅크리고 먼지를 들이마시며 세 시간이나 꼼짝 않고 있었다. 그리고 드디어 연극이 시작되려 하고 관객이 들이닥쳤으므로 프랑스와즈도 의자 밑에서 나오려고 하다가 원통하게도 붙들려 모두의 조롱 속에서 창피를 당하며 내쫓겼다. 그리고 집으로 끌려 돌아가 호되게 엉덩이를 두들겨 맞았다. 만일 그녀에게 이러한 자들을 정복하고 복수하기 위한 앞날에 대한 마음속의 결실이 없었더라면, 아마도 그날 밤에 죽었을 것이다.

프랑스와즈의 계획은 확고했다. 배우들이 묵고 있는 극장에 딸린 여관 겸 카페에 하녀로 들어갔다. 프랑스와즈는 겨우 읽고 쓸 줄 알았다. 그러나 아무것도 읽은 것이 없었고 또한 읽을 것도 없었다. 프랑스와즈는 공부가 하고 싶어 무작정 애를 썼다. 손님 방에서 책을 훔쳐내어, 촛불을 아끼기 위해 밤에는 달빛으로 읽고 아침에는 새벽녘의 환한 빛으로 읽었다. 배우들은 게을러서 그녀의 도둑질은 눈치채지 못했다. 혹시 알게 되더라도 그들은 투덜거리기만 하는 것으로 끝냈다. 게다가 또 그녀는 다 읽어 버린 책은 돌려주었다. 그렇기는 해도 원상태로 돌려 놓지는 않았다. 마음에 드는 페이지는 찢어서 간직했다. 그리고 책을 돌려줄 때에는 일부러 침대 밑이나 가구 밑에 살짝 숨겨 놓고 방 안에서 밖으로 들고 나간 것은 아니라고 믿게끔 했다. 또 프랑스와즈는 문에 귀를 갖다대고 배우가 대사를 되풀이 외고 있는 것을 가만히 엿들었다. 그러고는 혼자서 복도를 청소하면서, 그들 목소리의 억양을 작은 소리로 흉내내거나 동작을 흉내내거나 했다. 그러는 것을 남에게 들키게 되면 조롱거리도 되고 욕도 얻어먹었다. 그러면 프랑스와즈는 울컥 화가 나서 입을 다물었다. 이러한 학습법은 그녀가 어느 땐가 배우의 방에서 대본을 훔쳐낸다는 무모한 짓을 저지르지만 않았더라도 쭉 오랫동안 계속됐을는지도 모른다. 그 배우는 무척 화를 냈다. 하녀밖에는 그의 방에 들어간 사람이 없었다. 그래서 프랑스와즈의 소행이 틀림없다고 짐작한 것이다. 프랑스와즈는 뻔뻔스럽게도 이를 부인했다. 그는 온몸을 뒤지겠다고 위협했다. 프랑스와즈는 그의 발 밑에 몸을 내던지고 모든 것을 털어놓았다. 여태껏 한 도둑질과 책 페이지를 찢어서 간직한 일 등 모든 비밀을 고백했다. 배우는 무서운 기세로 욕을 퍼부었다. 그러나 겉으로 보기보다는 심술궂지 않았다. 여배우가 되고 싶다고 프랑스와즈가 대답하자, 그 배우는 큰 소리로 껄껄대며 웃었다. 그는 여러 가지로 물어보았다. 그러자 프랑스와즈는 외고 있는 대사를 전부 암송했다. 배우는 깜짝 놀라 말했다.

"어떠냐, 내가 가르쳐 줄까?"

프랑스와즈는 너무 기뻐서 배우의 손에 입을 맞추었다.

"아!" 프랑스와즈는 크리스토프에게 말했다. "저는 그 사내가 갑자기 좋아질 뻔했어요!"

그러나 그 사내는 곧 다음과 같이 덧붙였다.

"다만 알고 있을 테지, 공짜로는 안 된다는 걸 말이야……."

프랑스와즈는 처녀였다. 이제까지 지겹도록 덤벼드는 사내들이 있었으나 언제나 부끄러워해서 한결같이 거부했다. 이 야성적인 순결, 불결한 행위와 사랑 없는 천한 육욕에 대한 혐오, 그런 것을 프랑스와즈는 아이 때부터 갖고 있었다. 집 안에서, 자신의 주위에서 일어나는 슬픈 일을 보고는 가슴이 메슥메슥했기 때문이었다. 프랑스와즈는 그러한 순결과 혐오를 그때까지도 계속 갖고 있었다……. 하지만 얼마나 불행한 여자일까! 그녀는 호된 벌을 받고야 말았다! 얼마나 사람을 우롱하는 운명인가!

"그럼." 크리스토프는 물었다. "당신은 승낙한 겁니까?"

"아! 저는" 프랑스와즈는 말했다. "그 손을 벗어나기 위해서는 불 속에라도 뛰어들었을 거예요. 그렇지만 이 사내는 도둑이라고 저를 경찰에 끌고 가

겠다고 위협했어요. 그래서 저는 어쩔 도리가 없었지요. 이렇게 해서 저는
예술의…… 그리고 인생의 기초교육을 받아 버리고 만 거예요……."

"지독한 놈이군!" 크리스토프는 말했다.

"그래요. 저도 그를 미워했어요. 하지만 그 뒤 많은 사람을 만나 보니 극
악한 사람같이는 생각되지 않아요. 적어도 그는 약속을 지켜 주었어요. 배우
로서 알고 있는 것을 가르쳐 주었지요—대수로운 것도 아니었지만. 그는 저
를 극단에 넣어 주었어요. 처음에는 여러 사람의 하녀 노릇을 했어요. 그런
데 어느 날 밤 시녀역 여배우가 병이 나, 시험삼아 저에게 그 역을 시켜 보
자고 한 거예요. 그 뒤부터는 쭉 계속해서 제가 하게 됐어요. 모두들 저더러
괴상하고 우스꽝스럽고 어릿광대 같다고 하더군요. 그 무렵, 저는 보기 흉했
었던 거죠. 그 뒤로도 여전히 추했으나 드디어 훌륭하고도 이상적인 여자
라는 말을 듣게 된 거지요……. '여자'라구요! 어리석은 자들이에요…….
예능 쪽은 부정확하고 중구난방이라는 말을 들었구요. 관중은 저의 예능을
보아 주지 않고 동료들에게서는 비웃음을 샀어요. 하지만 아무튼 여러 가지
로 쓸모는 있고 게다가 돈이 들지 않아서 좋으니까, 나가라는 소리도 안 하
고 그냥 두더군요. 돈이 들지 않는 게 아니라 오히려 제가 지불하고 있었을
정도였거든요. 한 발짝 한 발짝씩 출세의 보장을, 저는 제 몸으로써 지불하
고 있었던 거예요. 배우와 감독과 흥행주의 친구들이……."

프랑스와즈는 입을 다물었다. 얼굴은 창백했고 입술은 꽉 깨물었다. 눈은
말라 있었다. 하지만 프랑스와즈의 혼이 피눈물을 짜내고 있다는 것이 뚜렷
이 느껴졌다. 일순간의 번득임 속에서, 그녀는 이러한 과거의 모든 치욕과
자기를 지탱해 준 저 강렬한 정복 의지를 떠올리고 있었다. 이 정복 의지는
참고 견뎌야만 하는 불결한 행위를 되풀이할 때마다 더욱 강렬해져 갔다. 그
녀는 할 수 있다면 죽으려고 했다. 하지만 굴욕의 한가운데서 죽어 버리는
것은 너무나 꺼림칙한 일이었다. 굴욕이 있기 전에 자살한다면 그것도 좋을
것이다! 혹은 승리가 있은 뒤 자살한다면 그것도 괜찮으리라! 그렇지만 일
단 몸을 더럽힌 바에야 그 보상을 받지 않고서는…….

프랑스와즈는 줄곧 잠자코 있었다. 크리스토프는 화가 나 방 안을 왔다 갔
다 했다. 이 여자를 괴롭히고 더럽힌 사내들을 때려 죽이고 싶었다. 그리고
크리스토프는 연민어린 시선으로 물끄러미 프랑스와즈를 바라보았다. 그리

고 그녀의 곁에 서서 머리와 관자놀이를 양손으로 안고 상냥스레 죄었다. 그리고 말했다.

"측은하게도!"

프랑스와즈는 그를 떠다미는 듯한 몸짓을 했다. 크리스토프는 말했다.

"나를 겁내지 마시오. 나는 진심으로 당신을 사랑하고 있습니다."

그러자 프랑스와즈의 창백한 뺨에 눈물이 주르륵 흘렀다. 크리스토프는 그녀의 곁에 무릎을 꿇고 엎드려 두 방울의 눈물이 떨어진, 이를 데 없이 아름다운 홀쭉한 두 손…… 위에 입술을 갖다 댔다.

그리고 크리스토프는 프랑스와즈의 옆에 걸터앉았다. 프랑스와즈는 다시 차분해졌다. 그리고 조용히 얘기를 계속했다. 마침내 한 작가가 프랑스와즈를 세상에 내놓았다. 크리스토프는 이 별난 여자 속에서 악마를, 천재를, 그에게 있어 더할 수 없이 알맞은 '한 사람의 극적이고 전형적인 인물을, 시대를 대표하는 한 사람의 새로운 여자'를 발견했던 것이다. 물론 그는 다른 많은 여자와 마찬가지로 프랑스와즈도 차지했다. 또 프랑스와즈도 다른 많은 남성에게 대하는 것과 마찬가지로 애정도 없이 아니, 애정과는 반대되는 감정으로 그에게 몸을 맡겼다. 하지만 이 일로 해서 크리스토프는 그녀를 유명하게 했다. 그리고 그녀도 크리스토프를 유명하게 했다.

"그래서 지금은" 크리스토프는 말했다. "다른 자들은 당신에 대해 아무것도 못하지만 당신은 그들을 맘대로 주무를 수 있다는 것이군요."

"그렇게 여겨지세요?" 프랑스와즈는 슬픈 듯이 말했다.

그래서 프랑스와즈는 또 하나의 운명에게 우롱당한 얘기를 했다. 그것은 저 자신도 경멸하고 있는 너절한 사내에게 정열을 불태운 얘기였다. 그 문학가는 그녀를 밥으로 삼고 그녀의 가장 괴로운 비밀을 억지로 끌어내어 그것으로 작품을 쓰고, 결국에는 그녀를 버리고 가버렸던 것이다.

"저는 그 사내를 경멸하고 있어요." 프랑스와즈가 말했다. "구두 밑창의 진흙처럼 말이에요. 그리고 제가 지금도 그가 살짝 신호만 하면 금세 날아가 저 보기 싫은 사내 앞에서 저 스스로가 천하게 굴 것이 틀림없다고 생각하면, 몸이 와들와들 떨릴 만큼 부아통이 터져요. 하지만 어쩔 수가 없는걸요. 제 마음은 저의 정신이 원하는 것을 결코 좋아하지 못하는 거예요. 그래서 저는 번갈아가며 어느 한쪽을 희생하고 천하게 굴어야 했어요. 제게는 마음이 있고 육체가 있지요. 그리고 그것들이 항상 버럭버럭 고함을 치며 제 행복의 몫을 달라고 하는 거예요. 제게는 그것들을 누를 만한 힘이 없어요. 저는 아무것도 믿지 않아요. 저는 자유예요…… 자유? 아뇨, 마음과 육체의 노예예요. 그것들은 번번이, 아뇨, 항상 저의 의지와는 상반되는 것을 바라는 거예요. 그것은 저를 억지로 끌어내어 저는 부끄러운 짓을 저지르고 말아요. 하지만 어쩔 수가 없는 거예요…….”

프랑스와즈는 입을 다물고 난로의 재를 부젓가락으로 아무렇게나 휘저었다.

“저는 어디선가 읽은 적이 있어요.” 프랑스와즈는 말했다. “배우라는 인종은 아무것도 느끼지 않는다고요. 정말 제가 본 배우는 자존심의 옹졸한 문제만 염려하고 있는 겉치레쟁이예요. 저는 그들과 나, 어느 쪽이 정말로 배우가 아닌지 잘 모르겠어요. 아마도 내 쪽이 그럴 거라고 여겨지지만. 하여튼 저는 다른 사람 대신으로 벌을 받고 있는 거예요.”

프랑스와즈는 얘기를 그쳤다. 새벽 3시였다. 그녀는 돌아가려고 일어섰다. 크리스토프는 아침까지 기다렸다 돌아가라고 말하고 자기 침대에 좀 누우라고 일렀다. 프랑스와즈는 불 꺼진 난로 곁에 앉아 조용한 집 안에서 얘기를 계속하는 게 좋다고 말했다.

“내일은 피곤할 겁니다.”

“익숙해요. 하지만 당신이야말로……. 내일 일은?”

“내일은 한가해요. 11시쯤 레슨을 하나 봐 줄 뿐입니다……. 게다가 나는 몸이 튼튼하거든요.”

“그럴수록 잘 주무셔야 해요.”

“그렇습니다. 나는 잠이 푹 듭니다. 어떤 근심 걱정이 있더라도 잠을 못 자는 일은 없습니다. 너무 잠이 잘 오기 때문에 때로는 슬그머니 화가 날 때도 있습니다. 무척 시간 낭비가 되니까요! 하룻밤 철야를 하게 되면 한 번은 잠에 대한 보복을 해 주는 것이 되어서 기쁜 겁니다.”

두 사람은 작은 목소리로 얘기를 계속하면서, 가끔은 길게 침묵했다. 그러다가 크리스토프는 잠들었다. 프랑스와즈는 미소지으며 크리스토프가 의자에서 굴러떨어지지 않도록 머리를 받쳐 주었다. 그리고 창가에 앉은 채 멍하니 몽상에 잠겨서 어두운 뜰을 내다보았다. 뜰은 이내 환해졌다. 7시쯤, 프랑스와즈는 살며시 크리스토프를 깨워 작별을 고했다.

　그 달 안에, 프랑스와즈는 크리스토프의 부재중에 다시 찾아왔다. 문은 닫혀 있었다. 크리스토프는 그녀에게 방 열쇠를 하나 주고 언제나 마음이 내킬 때 와서 들어갈 수 있도록 해 주었다. 실제로 그녀는 한 번만이 아니라 크리스토프가 없을 때 가끔 찾아왔다. 그리고 테이블 위에 오랑캐꽃 작은 다발을 놓고 가거나, 쪽지에 두서너 마디 글귀나 스케치나 만화를 적어 두고 갔다. 들렀다는 표시였다.

　그리고 어느 날 밤 프랑스와즈는 또 즐거운 얘기가 하고 싶어져서, 극장이 끝나고 돌아가는 길에 크리스토프한테 들렀다. 크리스토프는 일을 하고 있었다. 둘은 얘기를 시작했다. 하지만 첫마디를 입에 올리면서부터 두 사람 다 요전번처럼 툭 터놓은 기분이 아닌 것을 느꼈다. 프랑스와즈는 돌아가려고 했다. 하지만 이미 시간이 너무 늦었다. 크리스토프가 붙들어 둔 것도 아니었다. 프랑스와즈 자신의 의지가 돌아가기를 허락지 않았던 것이다. 두 사람은 그대로 가만히 있었지만 욕망이 드높아옴을 느꼈다.

　그리고 둘은 서로 몸을 내맡겼다.

*

　그날 밤 이후로 프랑스와즈는 몇 주일 동안이나 나타나지 않았다. 크리스토프는 이날 밤 때문에 몇 달 동안 잠들어 있던 정욕이 다시금 불붙어 그녀를 만나지 않고는 못 배겼다. 그녀는 자기 집엔 오지 말아 달라고 말했다. 그래서 크리스토프는 극장으로 갔다. 그리고 뒷좌석 쪽에 몸을 숨겼다. 애정과 감동으로 불타고 있었다. 뼛속까지 사뭇 떨고 있었다. 프랑스와즈가 자기 역에 골똘해 있는 비장한 정열이 그녀와 더불어 그까지도 불태워 버렸다. 크리스토프는 이윽고 프랑스와즈에게 편지를 썼다.

　'친애하는 벗이여, 당신은 나를 원망하고 있습니까? 만일 무언지 마음에 거슬리는 일이라도 했다면 용서해 주시오.'

　이런 겸손한 편지를 받아들자 프랑스와즈는 크리스토프의 집으로 달려왔다. 그리고 그의 두 팔 안에 몸을 내던졌다.

　"단지 친한 벗으로서만 있었던 쪽이 나았을 텐데요. 하지만 그게 그렇게는 안 되었으니까 피치 못할 일에 저항한대야 헛수고지요. 이젠 뭐 어떻게 되어도 상관없어요!"

두 사람은 함께 생활했다. 그래도 각자 자기 방과 자유는 계속 가졌다. 크리스토프와 규칙적인 동거 생활을 한다는 것은 프랑스와즈에게는 어려운 일이었을 것이다. 게다가 그녀의 환경도 이에 적합하지 않았다. 그녀는 크리스토프한테로 찾아와 낮과 밤의 일부분을 그와 보냈다. 하지만 매일 자기 집으로 돌아갔다. 그리고 거기서 묵고 오는 수도 있었다.

연극이 없는 몇 달인가의 휴가 때, 두 사람은 파리 교외 지프 근처에 집한 채를 공동으로 빌렸다. 때로 얼마쯤 슬픈 시간이 있기는 했으나, 아무튼 두 사람은 거기서 행복한 나날을 보냈다. 신뢰와 일의 나날. 그들의 아름답고 환한 방은 높은 데에 있어 밭 너머 널따랗게 트인 자유로운 지평선이 내다보였다. 밤에는 침대 위에서 유리창 너머로 흐릿하고 어두컴컴한 하늘에 구름의 이상스런 그림자가 지나가는 것이 보였다. 꾸벅꾸벅 졸며 서로 끌어안고서 기쁨에 도취한 귀뚜라미의 울음소리와 저녁 소나기 소리를 들었다. 가을 대지의 향기—인동초와 모래취뿌리와 등나무며 건초—가 집 안에도 또 두 사람의 몸에도 스며들었다. 밤의 정적. 함께 누워서 졸기. 침묵. 멀리 개 짖는 소리. 닭 울음소리. 새벽 빛이 밝아 온다. 싸늘한 잿빛 박명 속에서 먼 종루의 새벽 기도 종소리가 아련히 퍼진다. 잠자리의 훈기 속에 있는 둘의 몸은 새벽녘의 냉기에 후두둘 떨리어 더한층 슬픈 듯이 꼭 서로 끌어안는다. 담에 얽혀 있는 포도나무 덩굴 속에서 작은 새의 지저귐에 눈뜬다. 크리스토프는 눈을 뜨고 숨을 가만히 죽인다. 그리고 상냥스런 마음으로 곁에 잠들어 있는 여자의 피곤한 애틋한 얼굴을, 사랑으로 여윈 창백한 얼굴빛을 지켜본다……

그들의 애정은 이기적인 정열은 아니었다. 육체까지도 이에 참여하고 싶어하는 깊은 우정이었다. 그들은 서로 방해하는 일은 없었다. 각자 제 일을 하고 있었다. 크리스토프의 천재와 온정과 정신력 등은 프랑스와즈에게는 귀중한 것이었다. 그녀는 어떤 일에 있어서든 자기가 연장인 것 같은 생각이 들어 모성다운 기쁨을 느꼈다. 그러나 그녀는 그가 연주하는 것이 전혀 이해되지 않는 것을 섭섭하게 생각했다. 그녀로서는 음악은 알 수 없었다. 그저 간혹 거친 감동에 사로잡히는 수가 있었지만, 그것도 음악에서 온 것이라기보다도 그때 그녀를 흥건히 적신 정열에서 온 것이었다. 그녀와 그녀를 에워싸고 있는 모든 것, 예컨대 풍경, 사람들, 색채, 음향 따위를 적시고 있는 정열에서 온 것이었다. 그래도 그녀는 자신이 알 수 없는 이 신비로운 언어를 통해 크리스토프의 천재성을 느꼈다. 그것은 위대한 배우가 외국어로 연기하고 있는 것을 보는 것과 같았다. 그녀 자신의 천재성도 이로써 힘을 북돋았다. 또 크리스토프는 작곡할 때는 이 여성 속에, 이 열애하는 형제 아래제 사상을 집어넣고 자신의 정열을 구체화했다. 그러자 그의 눈에는 이러한 사상과 정열이 자기 속에 있었을 때보다도 더한층 아름답게 보이는 것이었다. 아주 여성적이고 약하고 선량하고, 때로는 잔인하거나 천재적인 이러한 혼과 친히 사귄다는 것은 얼마나 많은 것을 그에게 갖다 주었던 것일까! 그녀는 그에게 인생이나 인간에 대해서, 또 여성에 대해서 많은 것을 가르쳐 주었다. 크리스토프는 여성에 대해서 전혀 무지했지만, 프랑스와즈는 예리한 투시력으로 여성을 비판했다. 특히 크리스토프는 그녀 덕으로 극을 한결 더 잘 이해할 수 있게 되었다. 예술 중에서 가장 완전하고 가장 간소하고 가장 충만한 것인, 이 감탄할 만한 극예술의 정신 속에 프랑스와즈는 크리스토프를 잠입시켰다. 인간의 꿈의 그 마술적인 도구를 프랑스와즈는 크리스토프에게 제시했다. 또 그녀는 단지 자신을 위해서만 쓰는 것은 잘못이라는 것을 가르쳐 주었다. 원래 그는 자기만을 위해 쓰는 경향이 있었다. 이것은 '영감이 자기에게 얘기하고 있을 때는 바이올린 같은 것을 위해' 작곡하기를 거절한다는 베토벤을 본뜬, 너무나도 많은 예술가들의 경향이다. 위대한 극작가는 일정한 장면을 위해 쓰기를 부끄러워하지 않고, 자기 작품을 맡길 배우들에게 자기 사상을 적용시켜 쓰는 것을 부끄러워하지도 않는다. 그 행위가 자기를 제약하고 위축시킨다고는 생각지 않는다. 왜냐하면 자유로이 몽상하는 것도 아름답지만, 제약을 통해 실현하는 것은 더욱 위대한 일로 알고 있기 때문이다. 연극은 벽화처럼 적절히 일정한 장소에 놓인 예술, 살아 있는 예술이다.

이런 식으로 프랑스와즈가 표현한 생각은 크리스토프의 생각과 일치했다. 크리스토프는 당시 타인과 마음이 상통하는 하나의 집합적인 예술을 지향하고 있었다. 프랑스와즈의 경험은 관중과 배우 사이에 이루어지는 신비적인 협력 작용을 그에게 깨닫게 했다. 프랑스와즈는 퍽 현실적이어서 환상을 품거나 하는 여성은 아니었지만, 그래도 그러한 상호 암시의 힘을, 배우를 관객에게 붙들어매는 공감의 물결을, 한 사람의 대변자의 목소리가 분출되어 나오는 많은 혼의 강력한 침묵을 감지했다. 물론 프랑스와즈가 그러한 것을 느끼는 것은 퍽 드물고 간헐적인 섬광에 의한 것으로, 같은 희곡과 같은 장소에서 되풀이되는 일은 결코 없었다. 그 밖에는 혼이 들어가 있지 않은, 단지 직업이고 지적이며 싸늘한 기계 작용과 다름없었다. 하지만 중요한 것은 예외일 때이다. 일순간에 깊은 못이, 무수한 사람들에게 공통되는 혼이 섬광에 의해 비쳐 나오는 순간이다. 공통되는 혼의 힘이 단 한 사람의 배우 속에 표현되는 순간이다.

이러한 공통되는 혼이야말로 대예술가가 표현해야 하는 것이다. 대예술가의 이상은, 자기를 버리고 세계 위를 불어가는 집합적 정열의 옷을 입은, 고대 그리스 낭송 시인에게서 보는 바와 같은 산 객관주의이다. 프랑스와즈는 언제든지 자기 자신을 연기하고 있어 그러한 자기 포기가 안 되었으므로 한결 더 강하게 그러한 욕구를 느꼈었다. 개인적 서정의 무질서한 개화는 1세기 반쯤 전부터 무언지 병적인 것으로 되어 있었다. 정신적인 위대성은, 크게 느끼고 더욱이 크게 억제하는 데에 있는 것이다. 말이 간결하고 사상이 순결한 데에 있는 것이다. 사상을 드러내 구경시키지 않는 데에 있다. 반어 (半語)로 이해할 수 있는 사람들을 향해, 사내를 향해, 유치한 과장이나 계집애 같은 수다 따위는 말고 하나의 눈초리나 하나의 깊은 말로 얘기하는 데에 있다. 근대 음악은 너무나 제 일만 가지고 얘기해서, 상대를 가리지 않고 난잡스럽게 속 터놓은 얘기를 하고 있어 수치심과 취미가 결여되었다. 그것은 자기 병에 대해, 듣는 이에게는 불쾌하기도 하고 우스꽝스러울 만큼 소상히 지루하게 얘기하는 병자를 닮았다. 프랑스와즈는 음악가는 아니었지만, 음악이 죄다 삼켜 버리는 문어처럼 시를 해하면서 발전해 가는 것을 하나의 퇴폐적인 징조로 보았다. 크리스토프는 이에 반대했다. 하지만 잘 생각해 보면 거기에도 다소 진실이 있는 듯한 생각도 들었다. 괴테의 시를 바탕으로 만들어진 최초의 가곡들은 간결하고 정확했다. 이내 슈베르트가 이에 자신의 정열적인 감상을 섞었다. 슈만이 계집애 같은 우수를 섞었다. 그리고 후고 볼프에 이르기까지 이 운동은 요란스런 표현과 절도 없는 분석과 혼의 어느 한 구석도 밝은 곳에 드러내놓지 않고는 못 배긴다고 하는 주장 쪽으로 나아갔다. 마음의 신비 위에 걸쳤던 베일은 모두 찢어발겨졌다. 라 트랑 성전의 옷을 입은 소포클레스에 의해서 간결하게 말해지던 것이, 벌거숭이의 몸을 드러낸 음탕한 베나드(바카스의 무녀들)들에 의해 떠벌려졌다.

크리스토프는 그러한 예술을 얼마쯤 부끄럽게 여겼다. 저 자신도 이에 감염되어 있음을 느꼈다. 그래서 그는 과거로 되돌아갈 생각은 없었지만—(그것은 어리석고도 부자연스런 소원이다)—자기의 사상에 대해서는 기품 높은 조심성을 갖고 집합적인 대예술의 감각을 가진 거장의 혼 속에 자신의 혼을 담갔다. 크리스토프는 헨델을 다시 읽었다. 헨델은 자기 민족의 눈물 젖은 경건주의를 경멸하고, 민중을 위한 민중의 노래인 거대한 앤섬(聖歌)과 서사적인 오라토리오(聖譯曲)를 만들었다. 하지만 오늘날에 와서는 헨델 시대에 있어서의 성서처럼 유럽 각각의 민중 속에 공통적인 감동을 불러일으킬 수 있는 영감적인 주제를 찾아낸다는 것은 무척 어려웠다. 오늘 유럽은 벌써 공통의 서적을 갖고 있지 않았다. 모든 사람들을 위한 것이 되는 하나의 시도, 하나의 기도문도, 하나의 신앙록도 없었다. 오, 이것이야말로 오늘날 모든 작가와 예술가와 사상가에게 있어 견딜 수 없는 치욕이 되는 일이 아닐까! 모든 사람을 위해서 쓰고 모든 사람을 위해서 생각한 자는 한 사람도 없는 것이다. 단 한 사람, 베토벤만이 위안을 가져다주는 새로운 복음서의 몇 페이지를 남겼다. 하지만 이를 읽을 수 있는 자는 음악가들뿐이었다. 대부분의 사람은 결코 이를 이해하지 못하리라. 바그너도 모든 사람을 붙들어 매는 종교적 예술을 바이로이트 언덕 위에 세우려고 시도했다. 하지만 그의 위대한 혼은 당시의 퇴폐적인 음악이나 사상의 모든 결함을 너무나 많이 갖고 있었다. 그 신성한 언덕 위로 온 자는 갈릴레이의 어부들이 아니라 바리새 교도들이었다.

크리스토프는 어떤 것을 만들어야만 하는가를 뚜렷이 느끼고 있었다. 하지만 그에게는 시인이 없었다. 저 혼자서 하는 수밖에 없었다. 단지 음악에만 머물러야 했다. 그런데 음악은 비록 남이야 무어라고 하든 보편적인 언어는 아니다. 모든 사람들의 정신 속에 음향의 화살을 쏘아 넣는 데는 언어의 화살이 필요하다.

크리스토프는 일상생활로부터 영감을 받은 일련의 교향곡을 만들고자 계획했다. 리하르트 슈트라우스의 것과는 다른 그의 독특한 《가정 교향곡》을 머릿속에 구상했다. 작자의 의도에 따라 음악 주제가 여러 가지 인물을 표현하는 저 상투적인 초보의 수법을 이용해서 가정생활을 영화적인 화면으로 구체화한다는 따위의 것은 그는 생각하지 않았다. 그것은 대위법의 대가가 하는 현학적이고 유치한 놀음이다! 크리스토프는 인물이나 행위를 그리려고는 하지 않았다. 누구나가 알고 있는, 누구나가 거기에서 저 자신의 혼의 메아리를 찾아낼 수 있도록 여러 가지 감동을 표현하고 싶다고 생각했다. 제1악장은 서로 사랑하고 있는 젊은 부부의 안정된 소박한 행복과 애정이 듬뿍 담긴 관능의 기쁨, 앞날에 대한 신뢰 따위를 나타냈다. 제2악장은 아이의 죽음을 애도하는 엘레지였다. 하지만 크리스토프는 고통의 표현에 있어서의 사실주의적인 파고드는 수법은 혐오해서 피했다. 개성적인 모습은 사라졌다. 거기에는 하나의 커다란 슬픔이 있을 뿐이었다. 그것은 당신의 슬픔이고 나의 슬픔이었다. 또 누구나의 운명이고, 혹은 운명이 될는지도 알 수 없는 하나의 불행에 부딪쳤을 때의 누구나의 슬픔이었다. 슬픔에 짓눌린 혹은 애처로운 노력으로 조금씩 일어나 드디어는 자신의 괴로움을 공물로서 신에게 바치고 있었다. 제2악장에 밀접히 연결된 다음 3악장에서는 혼이 씩씩하게 자기의 길을 계속 이어나갔다. 이 장은 제멋대로의 푸가로서, 대담한 구상과 집요한 리듬은 드디어 주인공을 사로잡고 싸움과 눈물 가운데서 절대로 흔들리거나 굽힘이 없는 신앙에 담긴 힘찬 행진곡으로 도입되었다. 마지막 악장은 인생의 저녁을 묘사했다. 최초의 주제가 감동적인 신뢰와 늙지 않는 애정을 가지고 다시금 나타났다. 하지만 그 주제는 상처를 좀 받았으면서도 한층 성숙하고 광명을 품으며 고뇌의 그림자 속에서 떠오르고 있었다. 그리고 무한한 삶에 대한 경건한 사랑의 찬가를, 마치 풍성한 꽃다발을 바치는 것처럼 하늘을 보고 노래 불렀다.

크리스토프는 옛날 서적 속에서 모든 사람의 마음에 얘기를 거는 단순하고 인간적인 큰 소재를 찾았다. 그는 그중에서 '요셉'과 '니오베'를 택했다. 하지만 크리스토프는 거기서 시와 음악의 결합이라고 하는 까다로운 문제에 부닥쳤다. 그는 프랑스와즈와 여러 가지 얘기를 하고 있을 때에 옛날에 코린과 함께 세운 계획으로 재차 되돌아갔다('반항' 참조). 그것은 노래하는 오페라와 얘기하는 희곡의 중간이 되는 음악적 희곡의 한 형식—자유로운 말과 자유로운 음악이 결합한 예술—현대의 어떠한 예술가도 거의 생각하지 못했으며, 바그너파의 전통이 배어든 구식 비평가는 덮어놓고 부정하고 드는 예술이었다.

그것은 새로운 작품이었다. 왜냐하면 베토벤이나 베버나 슈만이나 비제 등은 천재로서 멜로드라마를 만들기는 했지만, 그들의 자취를 더듬는 것은 문제가 아니었기 때문이다. 무엇이든 미사여구를 붙여 놓고 거기에 다 트레몰로(일음(一音)·이음(二音) 또는 몇 개의 음을 될 수 있는 대로 빨리 반복하는 주법)를 써서 거친 청중에게 거친 효과를 억지로 주려고 하는 따위의 것은 문제가 아니었다. 음악적인 목소리가 동질의 악기와 결합해서, 조화적인 각 절에 음악의 몽상과 호소와의 반향을 조심스레 섞는 하나의 새로운 종류를 창조하는 것이 문제였다. 이러한 형식의 예술은 어떤 한정된 주제 말고는 적용되지 않을 것이다. 사람의 혼이 시적인 향을 발산시키려고 마음속 깊이 침잠해 있는 순간뿐이다. 이토록 조심스럽고 또 귀족적이어야 하는 예술은 달리 없다. 따라서 비록 예술가들이 무어라고 주장할지라도, 벼락 출세한 자의 뿌리 깊은 범속성 냄새가 강한 시대에 있어서는 이러한 예술이 번영할 기회가 적은 것은 자연스런 이치이다.

아마도 이러한 예술에 대해서는 크리스토프는 다른 예술가 이상으로 적당하다고는 할 수 없을는지도 모른다. 그의 장점 그것이, 그의 평민적인 힘이 여기서는 하나의 장애가 되었다. 그는 이러한 예술을 구상할 수 있었다는 데에 지나지 않았다. 그리고 프랑스와즈의 힘을 빌려 얼마간의 초안을 지어낸 데 지나지 않았다.

그리해서 크리스토프는 성서의 몇 페이지를 거의 원문대로 따다가 이를 작곡했다. 이를테면 그것은 요셉이 형제들에게 자기의 신상을 밝히는 저 불멸의 장면이었다. 요셉은 많은 괴로움을 겪은 뒤에 이젠 감동과 애정을 억누르지 못해 늙은 톨스토이로 하여금 눈물을 흘리게 한, 다음과 같은 말을 나직한 목소리로 중얼거리는 것이다.

나는 이제 스스로 참을 수가 없구나…… 들어 보라, 나는 요셉이다. 우리 아버지는 아직도 살아 계시느냐? 나는 너희의 아우, 자취를 감추었던 너희의 아우이다…… 나는 요셉이다…….

이 아름답고 자유로운 공동생활은 오래 계속되지 않았다. 두 사람은 함께 힘찬 충만의 순간을 맛보았다. 하지만 두 사람은 너무나 달랐다. 게다가 둘 다 거센 기질이었기에 번번이 충돌했다. 하지만 충돌은 결코 천한 성질의 것은 아니었다. 왜냐하면 크리스토프는 프랑스와즈를 존경하고 있었으니까. 그리고 프랑스와즈도 때로는 잔학해지는 여자였지만, 자신에 대해 친절한 사람들에게는 친절했다. 무슨 일이 있더라도 그러한 사람들을 다치게 하지는 않았다. 게다가 본디 둘 다 바탕은 명랑한 성질이었다. 프랑스와즈는 저 자신을 조롱하고 웃고 있었다. 그래도 역시 자기 마음을 깎는 듯한 괴로움을 느끼지 않고는 못 배겼다. 프랑스와즈는 옛날의 정열에 사로잡혔던 것이다. 프랑스와즈는 그러한 부끄러운 상태를 참을 수 없었으며, 더구나 크리스토프에게 의심을 받는 것은 견딜 수 없는 일이었다.

크리스토프는 프랑스와즈가 입을 꼭 다문 채 안절부절못하고 며칠이고 우울하게 있는 것을 보자, 왜 그녀가 행복하지 않은지 의아하게 생각했다. 프랑스와즈는 목적을 달성하지 않았는가. 남들에게 칭찬받고 아양을 받는 대예술가가 되지 않았는가.

"그래요." 프랑스와즈는 말했다. "제가 저 장사치 근성을 가진, 사무적으로 연극을 하는 유명한 여배우였다면 말이죠. 저 사람들은 좋은 지위와 부호와의 결혼을 손에 넣고, 궁극의 목적으로서 훈장이라도 차지하면 그것으로 만족할 거예요. 하지만 저는 더 커다란 희망을 갖고 있는 거예요. 바보가 아니라면 성공은 실패보다도 더 공허하게 여겨질 것이지요. 당신은 그걸 잘 아실 텐데요!"

"알고 말구요." 크리스토프는 대답했다. "아, 나는 어렸을 때 영광을 이런 식으로는 상상하지 않았었지, 얼마나 나는 열망했던 것일까! 그것은 얼마나 빛나는 것으로 여겨졌던 것일까! 나는 그것을 멀리서 무슨 종교적인 것처럼 동경하고 있었다……. 뭐, 그런 것은 아무래도 좋아! 하여튼 성공 속에는 하나의 훌륭한 덕이 있어. 즉 그것 때문에 좋은 일을 할 수 있는 것이지."

"어떤 좋은 일이에요? 어쨌든 승리자는 되지요. 하지만 그게 무슨 소용이 있어요? 아무것도 달라지진 않아요. 연극도 음악회도 모두 여전해요. 새 유행이 다른 유행의 뒤를 이어받았다는 것뿐이에요. 다른 사람들은 이해해 주진 않아요. 이해했다손 치더라도 그저 달음박질쳐서 말이죠. 그리고 벌써 딴 일을 생각하고 있는 거예요……. 당신은 다른 예술가들을 이해하고 있어요? 어떻든 당신은 그들에게 이해되어 있지는 않아요. 당신이 가장 사랑하고 있는 사람들조차도 얼마나 당신에게서 멀리 떨어져 있는 것일까요! 당신이 좋아하는 톨스토이 역시 그렇지 않나요? ……"

크리스토프는 톨스토이에게 편지를 쓴 적이 있었다. 크리스토프는 톨스토이의 작품에 감격했다. 그래서 톨스토이의 민화 하나를 음악으로 옮기고 싶어서 허가를 요청하고 동시에 자기의 가곡집을 보냈다. 톨스토이가 그에게 아무런 답장도 보내지 않았던 것은, 슈베르트나 베를리오즈가 그들의 걸작을 괴테에게 보냈는데도 괴테가 답장을 보내지 않았던 것과 마찬가지였다. 톨스토이는 크리스토프의 음악을 연주시켜 보았다. 하지만 부아가 났을 뿐이었다. 그로서는 전혀 알 수 없었던 것이다. 그는 베토벤을 퇴폐적인 예술가로 치고 셰익스피어를 약장수라고 했다. 그 대신에 나이 어린 대가가 멋을 부려 만든 작곡에 심취하고, 또 왕조 시대의 군주들이 좋아하던 클라브생의 음악에 열중해 있었다. 그리고 《하녀의 고백》을 그리스도교적인 작품으로 보았다……

"위대한 사람들은 우리를 필요로 하지 않아." 크리스토프가 말했다. "그보다도 우리는 다른 사람들 일을 생각해야 해요."

"그건 누구 일, 범속한 공중을 말함인가요? 예술가의 생명을 휘덮어 버리는 그들과 같은 저 사람들 말인가요? 저런 사람들을 위해 연기하거나 쓰거나 하는가요? 저런 사람들을 위해 한평생을 흘려 보내다니! 정말이지 쓰라린 일이에요!"

"좋지 않아!" 크리스토프는 말했다. "나도 당신과 똑같이 그들을 보지. 하지만 별달리 슬프게 여기지는 않아요. 그들은 그리 나쁜 인간은 아냐."

"당신이란 사람은 정말로 독일적인 낙천가이시군요? 팡그로스 선생 _(볼테르의 《캉디드》
속의 인물) 이에요!"

"그들도 나와 마찬가지로 인간이요. 어째서 날 이해 못하는 것인가? 게다가 비록 그들이 이해해 주지 않는다 하더라도 나는 낙담하지는 않을걸. 수천 명 중에는 나와 마음을 같이하는 자가 언제든지 하나나 두 사람은 있을 것이니, 내게는 그것만으로 충분해. 바깥 공기를 쏘이는 데는 지붕의 창 구멍이 하나 있으면 그것으로 족한 거야……. 저 소박한 관객들을, 저 젊은이들을, 저 천진스런 노인들을 생각해 봐요. 그들은 당신의 비장한 아름다움을 접하게 되면, 평범한 일상생활에서 마음이 승화되는 것이니. 어린 시절의 자기 자신을 생각해 봐요! 전에 남이 자기에게 보내 준 행복이나 은혜를 이번에는 남에게—비록 그것이 단 한 사람일지라도—보내 주는 것은 괜찮은 일이 아닐까?"

"당신은 정말로 그런 사람이 한 사람이라도 있다고 생각해요? 나는 이제 와선 의심치 않을 수 없게 되었는데……. 저희들을 사랑해 주는 가장 좋은 사람들이라도 어떤 식으로 우리를 사랑해 주는 걸까요? 어떤 식으로 우리를 보고 있을까요? 적으나마 올바른 방법으로 볼 줄 알고 있는 걸까요? 저 사람들은 우리를 창피 주는 식으로 칭찬하고 있는 거예요. 어떤 서투른 배우가 연기하는 것을 보고도 마찬가지를 기대하고 있어요. 우리를, 경멸할 만한 바보 같은 자들과 같은 수준으로 다루고 있어요. 저 사람들의 눈에는 성공한 인간은 누구나 똑같은 것으로만 비치는 거예요."

"하지만 그런 중에서도 가장 위대한 사람들은, 가장 위대한 사람으로서 후세에 남는 것이오."

"그것은 단지 거리 탓이에요! 산은 멀어질수록 높다랗게 보이는 거예요. 그러한 사람들의 위대함은 잘 보이기는 하지만, 그만큼 멀리 떨어져 있다는 데에 지나지 않아요……. 게다가 그들이 가장 위대하다고 대체 누가 말할 수 있죠? 당신은 죽은 다른 사람들의 일을 잘 알고 있다고 생각하세요?"

"그런 건 아무래도 괜찮아!" 크리스토프는 대답했다. "아무도 내가 어떤 인간인지 알아주지 않더라도 나는 나인 거야. 내게는 음악이 있어요. 나는 음악을 사랑하고 있어요. 나는 음악을 믿어. 음악은 다른 어떤 것보다도 한층 더 진실한 것이야."

"당신은 당신 예술 속에서 자유예요. 무엇이든지 하고 싶은 대로 할 수 있지요. 하지만 나는 무엇을 할 수 있겠어요? 나는 주어진 것을 연기해야 해요. 그리고 이를 싫증이 나도록 되풀이해야 하는 거예요. 미국 배우들은 《리프》나 《로버트 마 케이어》를 만 번이나 연기하고 25년간이나 너절한 역을 되풀이한다고 하지만, 프랑스에서는 아직 그런 어리석은 짓까지는 하지 않지요. 하지만 우리는 그런 방향으로 나아가고 있어요. 연극이란 비참한 거예요! 관객이 감당할 수 있는 천재라는 것은, 아주 별 볼 일 없는 천재밖에 갖고 있지 않은 천재뿐이에요. 수염을 깎고 손톱을 자르고 털을 뽑고 향수를 뿌리는 유행형 천재들뿐이에요…… '유행형 천재!'라고요. 웃기지요……. 정말 힘의 낭비예요! 무네와 같은 사람이 어떤 취급을 받았는가 생각해 보면 알아요. 그의 생애에 어떤 것에 출연하게 했던 것일까요? 보람 있는 역이라면 오이디푸스나 폴리에우크토스라는 참으로 너절한 것뿐! 그 사람에게는 해야 할 위대한 빛나는 것이 숱하게 많았다는 것을 생각해 보시면 돼요! 프랑스 이외의 나라에서도 마찬가지예요. 뒤즈 같은 여배우가 무엇을 하게 했던가요? 뒤즈의 생애는 어떤 일에 소모되었던 걸까요? 참으로 너절한 역을 하는 데에 소모되었어요!"

"당신들의 진정한 역할은" 크리스토프는 말했다. "힘찬 예술 작품의 위대성을 세상이 느끼고 알도록 해 주는 일이야."

"그런 짓은 결국 헛수고예요. 힘들일 만한 가치가 없어요. 그러한 힘찬 작품이라도 일단 무대에 오르기만 하면 위대한 시를 잃고 거짓된 것이 되어 버려요. 관객의 숨이 이를 시들게 해 버리는 거예요. 답답한 도시의 취기 분분한 굴 속에서 생활하는 관객들은, 대기라거나 자연이라거나 건강한 시란 어떤 것인지 이젠 모르고 있어요. 그 사람들에게 필요한 것은 우리의 얼굴처럼 분을 잔뜩 처바른 시예요……. 아! 게다가, 게다가…… 비록 성공했다손 치더라도…… 아뇨, 그것만으로는 생활은 채워지지 않아요. 나의 생활은 채워지지 않아요……."

"당신은 아직도 그 사람 생각을 하고 있군."

"누구 말예요?"

"알면서. 그 사나이지."

"글쎄요."

"하지만 비록 당신이 그 사내를 손에 넣고 그 사내가 당신을 사랑했다고 하더라도, 당신은 행복해지지는 않았을 거야. 또 자신을 괴롭힐 만한 어떤 구실을 찾아 낼 거야. 그렇지?"

"말씀하시는 대로예요…… 아, 난 대체 어떻게 된 걸까요? 나는 너무나 싸움에 지쳐 버린 거예요, 너무나 저 자신을 괴롭히는 거예요. 그래서 이제 다시는 안정을 되찾을 수 없는 거죠. 내 속에는 무언지 불안이 있나 봐요.

무언지 열병 같은 것이⋯⋯."

"그것은 당신이 괴로워하기 전에 이미 당신 속에 있었던 게 틀림없어."

"그럴는지도 몰라요⋯⋯. 그렇지요, 조그만 계집애 때부터 벌써⋯⋯ 나는 그것에 괴로움을 겪었던 거예요."

"그럼 당신은 무엇을 바라고 있소?"

"모르겠어요. 하여튼 자기 이상의 것일 테지요."

"난 알겠어." 크리스토프는 말했다. "난 청춘 때 그랬었지."

"하지만 당신은 완전한 어른이 되어 있지요. 하지만 저는 언제까지나 젊은이예요. 불완전한 인간이에요."

"누군들 완전한 인간은 아니지. 행복이란 자기 한계를 알고 그것을 사랑하는 일이오."

"나는 할 수 없어요. 나는 한계를 지나쳐 버린걸요. 나는 생활에 강요되고 지쳐 쓸모없어진 거예요. 그리고 다른 여자들 같지는 않으면서도 평범하고 건강하고 아름다운 여자였던 적은 한 번도 없었다는 생각이 들어요."

"이제부터라도 될 수 있어. 내게는 그렇게 된 당신 모습이 똑똑히 보여요!"

"그럼 어떤 모습으로 보이는지 말해 줘요."

그는 자연스럽게 조화적으로 발전해서 사랑하고 사랑받는 행복한 몸이 되어 있는 그녀를 묘사해 보여 주었다. 그녀는 이 말을 들으며 황홀해하였다. 하지만 다 듣고 나자 그녀는 말했다.

"아뇨, 지금은 벌써 틀렸어요."

"그렇다면" 그는 말했다. "저 선량한 헨델이 장님이 되었을 때처럼 자신을 보고 이렇게 말하는 게 좋겠지."

What ever is, is right
있는 것은 모두 다 좋아.

그리고 그는 피아노를 쳐서 이것을 그녀에게 노래해 들려주었다. 그녀는 당치도 않은 이 낙천가에게 입 맞추었다. 그는 그녀의 힘이 되었다. 하지만 그녀 쪽은 그에게 폐를 끼치고 있었다. 적어도 그녀는 이것을 우려했다. 그녀는 절망의 발작에 사로잡히는 적이 있었다. 그리고 이를 그에게 숨길 수가 없었다. 애정 때문에 그녀는 마음이 약해져 있었다. 밤에 두 사람이 함께 자리에 들어 그녀가 잠자코 괴로움을 가만히 견디고 있을 때 이를 짐작했다. 그리고 바로 가까이에 있으면서도 아득히 멀리 떨어진 그녀를 향해, 그녀를 찍어누르고 있는 무거운 짐을 자기에게도 지게 해 달라고 당부했다. 그러자 그녀는 거역할 수가 없어 그의 품 안에서 울며 가슴속 괴로움을 털어놓았다. 그러자 그 뒤 그는 몇 시간 동안이나 친절하게 그녀를 위로해 주었다. 하지만 이 끊임없이 계속되는 불안은 드디어 그녀를 쓰러뜨렸다. 프랑스와즈는 자기의 초조가 나중에는 그에게로 옮아가지 않을까 두려워했다. 그녀는 그를 너무나 사랑했으므로 자기 때문에 그가 괴로워한다는 생각을 참을 수가 없었다. 그녀는 미국행 계약을 의뢰받았다. 그녀는 떠나기 위해 억지로 이를 승낙했다. 그녀는 그와 헤어졌다. 그는 낙심했다. 그녀도 마찬가지로 낙심했다. 아, 서로 행복하게 해 줄 수 없다니!

"여보." 그녀는 상냥스러이, 쓸쓸하게 미소지으며 말했다. "우린 정말로 바보예요! 이런 좋은 기회는, 이런 우정은 다시는 찾아 낼 수 없는데 말이지요. 하지만 할 수 없어요. 어떻게도 할 수가 없는걸요. 우린 정말로 바보예요!"

둘은 부끄러운 듯이, 또 슬픈 듯이 얼굴을 마주했다. 울지 않으려고 웃고 입을 맞췄다. 그리고 눈에 눈물이 글썽해서 헤어졌다. 헤어질 때처럼 깊이 사랑한 적은 없었다.

그녀가 출발하자 그는 자기의 옛 벗인 예술 앞으로 돌아갔다…… 오, 별로 장식된 하늘의 조용함!

*

그런 지 얼마 안 되어 크리스토프는 자크린에게서 편지 한 통을 받았다. 그녀가 그에게 편지를 보낸 것은 이것으로 세 번째였다. 그런데 이번 편지의 말투는 여느 때 말투와는 아주 달랐다. 그 뒤 그를 만나지 못하는 것을 섭섭해하고, 그를 사랑하고 있는 두 벗을 슬프게 하려는 생각이 없다면, 꼭 방문해 달라고 상냥스런 말씨로 초청했다. 크리스토프는 기뻐 견딜 수 없었다. 하지만 별로 신기하게 여기지는 않았다. 자기에 대한 자크린의 온당치 못한 태도는 오래 계속되지 않으리라고 생각했던 것이다. 그는 할아버지의 반 농조의 말을 언제나 자신에게 타이르고는 기꺼워했었다.

'조만간 여자에게는 선량한 때가 오게 마련이지. 마음을 누그려서 천천히 기다리는 수밖에 없는 거야.'

그래서 그는 올리비에를 다시 방문했다. 그리고 기꺼이 영접받았다. 자크린의 대접은 친절했다. 그녀는 타고난 저 익살스런 어조를 피해 크리스토프의 비위에 거슬릴 듯한 말은 전혀 입 밖에도 비치지 않도록 조심하고, 그의 일에 흥미를 표시하고 점잖은 화제에 대해 총명한 화술로 말했다. 크리스토프는 그녀가 달라진 것으로 여겼다. 하지만 그녀는 그의 마음에 들려고 해서 짐짓 달라진 데 지나지 않았다. 자크린은 크리스토프와 인기 여배우와의 연애담을 듣고 있었다. 이 얘기는 온통 파리 시내의 소문거리가 되어 있었다. 그래서 크리스토프는 그녀에게 새로운 햇빛을 받고 출현한 것이었다. 그녀는 그에 대한 호기심에 사로잡혔다. 그의 모습을 다시 보았을 때 그녀는 그에게 전보다 훨씬 더 호감이 갔다. 그의 결점조차도 무언지 매력이 있는 것처럼 여겨졌다. 그녀는 크리스토프에게 천재성이 있다는 것, 그가 사랑받을 만한 사람이라는 것을 눈치챘다.

젊은 부부의 상태는 조금도 좋아지지는 않았다. 오히려 나빠졌다. 자크린은 지루해서 죽을 것만 같았다…… 여자는 얼마나 고독한 것일까! 여자의 마음을 채워 주는 것은 아이밖에 없다. 그러나 그 아이조차도 언제까지나 여자의 마음을 채워 주는 것이라고는 할 수 없다. 왜냐하면 여자가 단순한 암컷이 아니라 진정한 여자일 경우, 그리고 영혼이 풍부하여 그 영혼이 인생으로부터 가치 있는 것을 요구할 경우, 여자는 많은 일을 할 수 있는 소질을 갖추게 된다. 그러나 그것은 자기 혼자서는 도저히 이룰 수 없기 때문이다! 남자는 여자에 비한다면 비록 자기 혼자 있을 때라도 훨씬 고독하지 않다. 혼잣말을 하더라도 충분히 적막을 잊을 수가 있기 때문이다. 또 결혼을 하고서도 고독할 경우에는, 남자는 한결 더 고독에 적응한다. 왜냐하면 거의 고독을 눈치채는 일이 없이 언제나 혼잣말을 하고 있기 때문이다. 그리고 적막속에 태연히 말을 중얼거리고 있는 이 목소리의 울림은, 그의 곁에 있는 여자에게 있어서는, 사랑으로 생기 띤 말이 아니라면 모두가 죽은 말로만 느껴지는 여자에게는, 침묵을 더한층 무서운 것으로 만들고 적막을 더한층 참을 수 없는 것으로 만든다는 것을 남자는 도무지 알지 못한다. 이를 눈치채지 못한다. 남자는 여자처럼 자기 생활 전부를 사랑에 걸지는 않는다. 남자의 생활은 다른 데서 충족되어진다……. 그런데 여자의 생활이나 그녀의 커다란 욕망은 무엇이 충족해 주는 것일까? 인류가 계속하고 있는 40세기 동안 짧은 순간의 사랑과 모성이라고 하는 단 두 가지 우상에 제물로 바쳐져 부질없이 타오르고 있는 열렬한 힘을 가진 무수한 여자들을 무엇이 충족시켜 주는 것일까. 그리고 이 두 우상조차도 실상 얼른 보기엔 훌륭한 기만으로서 많은 여자에겐 거부되어 있으며, 그 밖의 여자의 생활은 단지 몇 년 동안 충족시키는 데 지나지 않는다.

자크린은 절망해 있었다. 칼날처럼 꿰뚫는 공포를 느끼는 순간이 있었다. 그녀는 생각했다.

'무엇 때문에 나는 살고 있는 것일까? 무엇 때문에 나는 태어난 것일까?'

그러자 그녀의 마음은 고통에 몸부림쳤다.

'아! 나는 이제 곧 죽는 것이다. 아! 곧 죽는 것이다!'

이 생각은 그녀를 귀찮게 따라다니고 밤까지 그녀를 쫓아왔다. 그녀는 자기가 이런 말을 하고 있는 꿈을 꾸었다.

"올해는 1889년이다."

그러자 누군가가 그녀에게 대꾸했다.

"아니야, 1909년이다."

그녀는 자기가 생각한 것보다도 스무 살이나 나이가 많은 데에 낙심했다.

"이젠 끝이다. 그런데도 나는 정말로 살아 본 일도 없다! 이 20년간을 난 어떻게 한 것일까? 나의 일생을 어떻게 한 것일까?"

그녀는 자기가 동시에 네 명의 계집애가 되어 있는 꿈을 꾸었다. 네 사람이 다 같은 방에 따로따로 침대에 누워 있었다. 네 사람이 다 같은 키에 같은 얼굴이었다. 하지만 하나는 여덟 살, 하나는 열다섯 살, 하나는 스무 살, 그리고 나머지 한 사람은 서른 살이었다. 전염병이 유행했다. 세 명은 이미 죽어 있었다. 네 번째 계집애는 거울 속의 자기 얼굴을 보고 있었다. 그리고 공포에 사로잡혔다. 거울 속의 얼굴은 코가 홀쭉해지고 얼굴이 초췌해 있었

다……. 그녀도 오래지 않아 죽을 것이다. 그러면 무엇이건 죄다 끝장이다
…….

"나는 내 일생을 어떻게 한 것일까?"

잠이 깬 그녀의 얼굴은 눈물에 젖어 있었다. 그러나 악몽은 날이 밝아도 사라지지 않았다. 악몽은 사실이었다. 그녀는 자신의 일생을 어떻게 한 것일까? 누가 그것을 빼앗아 간 것일까? 그녀는 올리비에를 원망하기 시작했다. 올리비에는 죄 없는 공범자이다—(죄 없는! 하지만 해독이 같으면 마찬가지다!)—그녀를 찍어누르는 맹목적인 제도의 공범자이다. 그녀는 나중에는 그를 원망한 자신을 책망했다. 왜냐하면 그녀는 선량했기 때문이다. 하지만 그녀도 매우 고심했다. 그래서 자기와 결합하여 폐를 끼치고 있는 이 사내를, 자기 자신도 괴로워하고는 있지만 그녀의 생명을 질식시키고 있는 이 사내를, 그녀는 복수를 위해 더욱 괴롭히지 않고는 못 견디었다. 그런 다음엔 그녀는 더욱 낙심하게 되고 저 자신이 그만 싫증이 났다. 그리고 자기를 구원할 수단을 찾지 못한다면 더욱더 나쁜 짓을 할 것만 같았다. 그 수단을 그녀는 주변에서 찾았다. 마치 물에 빠진 사람처럼 아무것에나 매달렸다. 얼마간이라도 자기에게 속하는 것이며 자기 작품이고 자기 존재이기만 하다면 그러한 무엇인가에, 작품에, 존재에 흥미를 가지려고 해 보았다. 지적인 일을 다시금 시작하려고 하여 외국어를 배우고, 논문이나 소설을 쓰기 시작하고 회화와 작곡을 시작했다……. 하지만 무엇을 해도 헛일이었다. 첫날부터 실망했다. 너무나 어려웠다. 게다가 '책이나 예술 작품이 대체 무엇일까? 내가 정말로 그걸 좋아하는 것인지 어떤지도 알 수 없으며, 그런 것이 존재하는지 어떤지조차도 알 수 없다……'고 생각하는 것이었다.

어느 날인가 그녀는 기운이 나서 수다를 떨고 올리비에와 함께 웃고 둘이서 얘기하는 데에 골똘해 있는 것처럼 보였다. 그녀는 죄다 잊어버리려고 애쓰고 있었던 것이다……. 하지만 역시 헛일이었다. 느닷없이 불안감이 엄습해 마음은 얼어붙고, 눈물도 나오지 않거니와 한숨도 안 나오고, 그저 나가 떨어진 기분이 되어 자취를 감췄다. 그녀는 올리비에에 대한 계획의 일부분은 성공했다. 그는 회의적이 되고 사교적이 되었다. 하지만 그녀는 도무지 기쁘지 않았다. 그녀는 그를 자신과 마찬가지로 약한 인간이라고 보았다. 거의 매일 밤마다 둘은 외출했다. 그녀는 자신의 괴로운 권태를 파리 여기저기

의 살롱으로 갖고 다녔지만, 항상 무장한 익살스런 미소 아래 감추어진 그것을 누구 하나 알아내는 사람은 없었다. 그녀는 자기를 사랑해주고 심연 위에서 자기를 받쳐 주는 사람을 찾고 있었다……. 하지만 그것은 헛일이었다. 그녀의 절망적인 외침에 대답해 주는 것은 아무것도 없었다. 있는 것은 오직 침묵뿐…….

그녀는 크리스토프를 전혀 사랑하고 있지 않았다. 그의 조잡한 태도와 감정을 상하게 할 정도의 솔직성. 더구나 그의 무신경한 것 등은 그녀에게는 참을 수 없는 것이었다. 그녀는 그를 전혀 사랑하고 있지는 않았지만 적어도 그가 강자라는 것을, 죽음을 초월한 바위와 같은 인간이라는 것을 느끼고 있었다. 그래서 그녀는 이 바위에, 파도 위에 머리를 내놓고 있는, 이 헤엄치는 사람을 붙잡자고 생각했다. 아니면 자기와 함께 그를 물에 빠지게 하고 싶다고 생각했다…….

게다가 이젠 남편을 그의 벗들로부터 떼어 놓는 것만으로는 만족하지 못했다. 벗들을 남편으로부터 빼앗아 버리지 않으면 직성이 풀리지 않았다. 아무리 성실한 여자라도 때로는 일종의 본능에 이끌려 제 힘이 미치는 한의 무슨 일이거나 실컷 해보며, 또는 그 이상의 일을 해보기도 하는 법이다. 그러한 힘의 남용에 있어서는 그들의 약점은 도리어 강한 힘이 된다. 그리고 여자가 이기적으로 오만한 때에는, 남편으로부터 벗들의 우정을 빼앗는 데에 사악스런 기쁨을 찾아낸다. 그것은 퍽 간단하다. 그저 조금만 추파를 보내기만 하면 된다. 성실하거나 않거나 미끼가 던져지면 이에 덤벼들지 않는 그런 약점을 갖지 않은 사내란 거의 없다. 아무리 친한 벗일지라도 행동으로서는 벗을 기만하는 것을 피할 수 있어도, 머릿속에서는 언제나 기만할 수 있는 것이다. 그리고 상대가 이를 눈치채면 그들의 우정은 이로써 끝장이다. 그들은 이제 전과 같은 눈으로는 서로를 볼 수 없게 된다. 그런데 이러한 위험스런 놀음을 하는 여자 쪽은 대개의 경우 여기서 말을 멈추고 그 이상의 것은 바라지 않는다. 그녀는 불화로 사이가 벌어진 두 사람을 동시에 제 뜻대로 조종하는 것이다.

크리스토프는 자크린의 친절을 눈치챘다. 하지만 별로 놀라지도 않았다. 그는 소박한 성격이었으므로, 누군가에게 애정을 갖고 있으면 역시 상대에게서도 아무런 저의 없이 사랑받는 것은 당연하다고 생각했다. 그는 젊은 부인의 환대에 기꺼이 응했다. 그녀를 유쾌하다고 생각했다. 그녀를 상대로 마음으로부터 즐겼다. 그리고 그녀를 호의적으로 판단했으므로 만일 올리비에가 행복해지지 않는다면, 그것은 그가 서투른 탓이라고 생각지 않을 수 없을 정도였다.

그는 두 사람을 따라 수일간의 자동차 여행을 했다. 그리고 랑제 집안이 부르고뉴에 갖고 있던 별장의 손님이 되었다. 이 별장은 옛날에 그 일가 사람들이 살고 있었던 오래된 집으로, 추억을 위해 보존되어 있었지만 거의 아무도 가지는 않았다. 포도밭과 숲 속에 집 한 채가 덩그러니 서 있었다. 집의 내부는 파손되었으며 창문도 잘 맞지 않았다. 방 안에 들어서면 곰팡이와 무르익은 과일과 서늘한 그늘과 태양열을 받은 나무들의 진 냄새가 났다. 수일간 계속해서 자크린과 함께 사는 동안에, 크리스토프는 차츰 호젓하고 상냥스런 감정에 사로잡혀 갔다. 하지만 그는 조금도 이를 불안스럽게 여기지 않았다. 그녀의 자태를 보고 목소리를 듣고 아름다운 육체를 접하고 입에서 새어나오는 숨을 들이마시는 데에 티없는, 하지만 전혀 비물질적이라고는 단언할 수 없는 하나의 기쁨을 느꼈다. 올리비에는 좀 마음에 꺼림칙하면서도 잠자코 있었다. 그는 의심 같은 것을 하지는 않았다. 하지만 막연한 불안감에 괴로웠다. 그는 이를 인정하는 것도 부끄러웠다. 그는 이러한 저 자신을 벌 주기 위해 번번이 두 사람만 있게 했다. 자크린은 그의 마음속을 읽었다. 그리고 감동했다. 그래서 그에게 이렇게 말해 주고 싶었다.

"근심하실 필요 없어요. 저는 아직도 당신을 가장 사랑하고 있는걸요."

하지만 그녀는 이 말을 입 밖에 내지는 않았다. 그리고 세 사람 다 되어가는 대로 내맡기고 있었다. 크리스토프는 아무런 눈치도 채지 못했다. 자크린은 자기가 바라는 것을 자기 자신이 똑똑히 알지 못하고, 이를 깨닫는 것은 우연에다 맡기고 있었다. 올리비에만은 예견하고 예감했지만, 자존심과 사랑을 욕보이고 싶지 않아서 이를 생각지 않으려 했다. 하지만 의지가 침묵한다면 본능이 말을 한다. 혼이 부재중이면 육체가 걸어간다.

어느 날 밤, 저녁을 먹은 뒤 밤이 퍽 아름답게 여겨졌으므로—달이 없고 별이 빛나는 밤이었다—그들은 뜰을 산책하고 싶어졌다. 올리비에와 크리스토프는 밖으로 나갔다. 자크린은 숄을 가지러 자기 방으로 올라갔다. 그녀는 좀처럼 내려오지 않았다. 크리스토프는 여자가 늑장 부리는 것을 빈정대면서 그녀를 부르러 되돌아갔다(얼마 전부터 그는 무의식 중에 마치 남편과 같은 역할을 하고 있었다). 그녀는 그가 오는 발소리를 듣고 있었다. 그가 들어간 방은 덧문이 내려져 있었다. 그리고 아무것도 보이지 않았다.

"자! 가십시다. 느림보 아주머니." 크리스토프는 쾌활하게 외쳤다. "너무 거울만 보고 있으면 거울이 닳습니다."

그녀는 대꾸하지 않았다. 그녀는 멈춰 서 있었다. 크리스토프는 그녀가 방 안에 있는 것 같은 생각이 들었다. 그러나 그녀는 꼼짝도 하지 않았다.

"어디 계십니까?" 그가 말했다.

그녀는 대꾸하지 않았다. 크리스토프도 입을 다물었다. 그는 손으로 더듬으며 어둠 속을 나아갔다. 언뜻 어떤 불안에 사로잡혔다. 그는 가슴을 울렁거리며 걸음을 멈췄다. 바로 곁에서 자크린의 숨소리가 들렸다. 그는 한 발자국 나아가다 다시 멈췄다. 그녀는 바로 곁에 있었다. 그는 이를 알고 있었다. 하지만 더는 나가지 못했다. 수 초 동안의 침묵. 돌연 두 개의 손이 그의 양손을 잡아끌었다. 입술과 입술이 합쳐졌다. 그는 그녀를 품에 안았다. 한 마디도 말을 하지 않은 채 가만히 움직이지 않았다. 두 사람의 입은 떨어졌다. 자크린은 방에서 나갔다. 크리스토프는 후들후들 떨며 뒤따라 나갔다. 발이 떨렸다. 그는 조금 벽에 기대어 혈관의 고동이 가라앉기를 기다렸다. 가까스로 두 사람에게 따라붙었다. 자크린은 아무 일도 없었던 듯이 올리비에와 얘기하고 있었다. 둘은 그의 몇 걸음 앞을 거닐고 있었다. 크리스토프는 짓눌리는 듯한 마음으로 그들의 뒤를 따랐다. 올리비에가 발을 멈추고 그를 기다렸다. 그러자 크리스토프도 멈춰섰다. 올리비에가 다정스럽게 그를 불렀다. 크리스토프는 대답하지 않았다. 올리비에는 벗의 기질을 알고 있듯이 때때로 종잡을 수 없는 침묵 속에 파묻히는 것을 알고 있었으므로, 더는 부르지 않고 자크린과 함께 걸음을 계속했다. 그러자 크리스토프도 기계적으로 열 걸음가량 뒤에서 마치 개 모양으로 따라갔다. 그들이 걸음을 멈추자 그도 걸음을 멈추었다. 그들이 걸으면 그도 걸었다. 이리하여 그들은 마당을 한 바퀴 돌아서 집으로 돌아갔다. 크리스토프는 자기 방에 올라가서는 그곳에 파묻혔다. 등불도 켜지 않았다. 그는 이부자리 속에 들어가려고도 하지 않았다. 아무것도 생각하지 않았다. 한밤중 졸음이 오자 의자에 앉은 채 팔과 머리를 탁자 위에 얹고 잤다. 한 시간이 지나서 눈을 떴다. 그는 초에 불을 붙여 서류와 의복, 가방 등을 부산하게 정리하고 침대 위에 몸을 내던지고는 새벽녘까지 잤다. 날이 새자 그는 짐을 들고 아래층으로 내려가 그대로 떠났다. 올리비에와 그녀는 오전 내내 그를 기다렸다. 그 길로 온종일 그를 찾아 헤매었다. 자크린은 태연한 태도 속에 치미는 노여움을 숨기며, 크리스토프를 모욕하는 투로 은그릇을 세어보아야겠다고 했다. 겨우 다음 날 저녁 무렵에 올리비에는 크리스토프로부터 온 편지를 받았다.

친애하는 벗이여, 내가 마치 미친 것처럼 떠나버린 것을 원망하지 말아주게. 그렇다네, 난 미쳤네, 자네도 알고 있듯이. 하지만 어쩔 수 없었어. 나는 나일 뿐이니까.

정성을 다해서 대접해 준 것, 고마웠어. 진정으로 기뻤네. 그런데 나는 남들과 함께 생활할 수 있는 인간이 아니라네. 생활 그 자체마저도 할 수 있는 인간일지 어떨지, 의아스러울 정도네. 난 어느 한구석에 틀어박혀서 사람들을 사랑하는…… 먼 곳에서 그리워하는 게 어울리네. 그편이 훨씬 신중한 삶의 태도야. 사람들을 너무 가까운 곳에서 보게 되면, 나는 인간을 싫어하게 된다네. 그런데 난 그렇게 되고 싶지 않네.

아, 얼마나 인간을 사랑하고 싶고, 자네들을 모두 사랑하고 싶은지! 자네들을, 자네를 행복하게 할 수 있는 힘을 내가 지니고 있다면! 아, 난 참으로 기뻐하며 대신 내가 지닌 모든 행복을 내동댕이치고 말 거야! 그러나 그것마저 내게는 용서되지 않아. 사람은 남에게 그 길을 알려 주는 것밖에 하지 못하네. 남 대신 그 길을 걸어가 줄 수는 없는 것이야. 저 나름대로 자기 자신을 구해야 하네. 그대들 자신을 구해 주게! 자네 자신을 구해 주게! 나는 자네를 진심으로 사랑하고 있네.

크리스토프

자넹 부인에게 안부를.

'자넹 부인'은 입술을 꼭 깨물고 경멸의 미소를 지으며 그 편지를 읽었다. 그리고 퉁명스럽게 말했다.

"그분의 충고를 따르는 게 좋아요! 자신을 구하라는!"

올리비에가 손을 내밀어서 그 편지를 도로 받으려 하자 자크린은 그것을 꾸겨서 발아래에 내던졌다. 그녀의 눈에서 굵은 눈물방울이 흘렀다. 올리비에는 그녀의 손목을 쥐었다.

"무슨 일 있는 거요?" 그는 놀라서 물었다.

"내버려둬요." 그녀는 노기를 섞어 소리질렀다.

그녀는 밖으로 나갔다. 그리고 문턱 위에서 소리쳤다.

"당신들은 에고이스트예요!"

*

크리스토프는 마침내, 〈그랑 주르날〉의 그의 후원자들을 적으로 돌리고 말았다. 이것은 그전부터 짐작하고 있었던 일이었다. 크리스토프는 괴테가 찬양했던 '은혜를 입기 싫어하는 성질'을 하늘로부터 내려받고 있었다. 괴테는 묘하게도 이렇게 쓰고 있다.

은혜를 입기 싫어하는 성질은 지극히 드물어서 존중할 만한 것이며, 그것은 뛰어난 사람들에게만 나타난다. 즉 그 사람들은 가장 가난한 출신의 사람들로서, 앞으로 나아가는 한 발짝마다 어쩔 수 없이 남의 도움을 받게 되었던 것인데, 그 원조나 노력은 그것을 베푸는 자의 속되고 나쁜 태도에 의해 항상 해를 당하고 있었다.

크리스토프는 은혜를 입은 답례로서 몸을 천하게 굴든가, 혹은 그에게는 이것은 결국 같은 일이었지만, 자신의 자유를 버리지 않으면 아니 될 것으로는 생각지 않았다. 그는 자신의 은혜를 비싼 이자로 꾸어 주는 것 같은 일은 하지 않았다. 그는 그저 주기만 했다. 그런데 그에게 은혜를 입힌 자들은 조금 다른 생각을 하고 있었다. 그들은 채무자에게는 그만한 의무가 있다는 매우 높고 원대한 도덕관념을 지니고 있었으므로, 이 신문 주최의 어느 광고 선전 축제를 위한 어처구니없는 음악을 만들기를 크리스토프가 거절하자 그들은 분개했다. 그리고 그에게 그 행위의 부당함을 알려 주기 위해 왔다. 하지만 크리스토프는 그들을 쫓아 보냈다. 그리고 얼마 뒤에 그 신문이 그가 주장한 것이라며 써갈긴 글을 난폭한 말로 부정했기 때문에, 마침내 그들을 격노시키고 말았다.

따라서 그에 대한 공격이 시작되었다. 그들은 모든 무기를 동원했다. 이제껏 모든 무력한 자들이 모든 창조자들에게 교대로 사용한 구식 무기가 다시 비열한 수단의 병기고로부터 반출되었다. 이따위 것으로 죽음을 당한 자는 아무도 없었지만 바보들에 대한 효과는 확실했다. 따라서 그들은 크리스토프에게 표절가란 죄를 뒤집어씌웠다. 그의 작품이나 무명 음악가들의 작품 중에서 편리한 부분을 골라 내어 그럴 듯하게 변형시켰다. 그리하여 그가 남의 영감을 훔쳤노라고 증명했다. 젊은 예술가들을 질식시키려 했다고 비난했다. 짖어대는 것을 직업으로 하고 있는 자들과 훌륭한 인간의 어깨 위에 기어올라서 "나는 너보다 더 크다!" 하고 소리 지르는 군소 비평가들만이 상대였다면 또 괜찮았다. 하지만 그렇게는 되지 않았다. 재능 있는 사람들도 서로 공격을 해댔다. 제각기 동료들에게 너그럽지 못한 사람이 되기도 한다. 하지만 어떤 이도 말했듯이 이 세상은 저마다 안심하고 일할 수 있을 만큼 넓으며, 또한 제가끔 자기 자신의 재능 속에 제법 무서운 적을 지니고 있기도 한다.

크리스토프를 질투하는 예술가들이 독일에 있었다. 그들은 필요에 따라 그의 적에게 무기를 공급한다든가 그것을 궁리한다든가 하고 있었다. 그런 자들이 프랑스에도 있었다. 음악 담당 기자 중에서 국가주의자들은—그 대부분은 외국인들이었지만—그가 독일인이라는 것을 그의 면상에 쏘아붙이며 모욕했다. 크리스토프의 성공은 실로 큰 것이 되어 있었다. 그리하여 그 성공에는 유행마저 편승하고 있었는데, 그는 그 과장된 표현에 의해서 편견이 없는 사람들마저도—더욱이 그 밖의 사람들은 물론—노하게 하고 있음에 틀림없다고 그들은 생각하고 있었던 것이다. 사실 크리스토프는 지금에 와선 음악회의 청중 속에, 사교계 인물들이나 청년 잡지의 집필가들 사이에서 열광적인 지지자를 얻고 있었다.

그들은 그가 무엇을 만들든 즐거워 날뛰고, 크리스토프 이전에는 음악이 존재하지 않았다고 기뻐하며 선언하고 있었다. 어떤 자는 그의 작품을 설명하여 그곳에 철학적인 의도를 발견하고 있었다. 크리스토프는 그 소리를 듣고 어이가 없었다. 또 어떤 자는 거기에 음악상의 혁명을, 전통에 대한 공격을 찾아내고 있었다. 그런데 크리스토프는 전통을 존경하고 있었던 것이다. 그가 항의했어도 헛일이었을 것이다. 자기의 작품에 대해 자신이 모르고 있는 것을 그들은 논증해 보였을 것이다. 이런 지경이었으므로 크리스토프에 대한 싸움은 그의 동업자인 작곡가들 속에서 거센 공감을 자아냈다. 그들은 그 자신에겐 전혀 기억에도 없는 '헛 소동'에 분개하고 있었다. 그렇잖아도 그들은 그의 음악을 좋아하지 않았다. 착상을 풍부하게 지니고 창조적 능력의 외면적인 무질서에 따라 다소 서투르게 그 착상을 사용하고 있는 자에 대해서, 자기의 착상은 지니고 있지 않지만 배운 형식에 의해서 자기의 착상인 듯 용이하게 표현하는 자가 품는, 극히 당연한 몸부림을 대부분의 작곡가들은 그에 대해서 느끼고 있었다. 그는 작곡상의 전문 기술을 전혀 모른다는 비난을 종종 받았는데, 그것은 예술의 형태라는 것을 학교에서 가르치는 조리법에 불과하다고 생각하며, 그 속에 사상이 담겨 나오는 그릇이라고밖에 생각하지 않는 하찮은 음악평론가들로부터의 비난이었다. 크리스토프의 가장 좋은 벗들은 이름 없는 청중들로서 그의 유일한 이해자였으나, 그들은 다만 즐거움을 얻었다는 이유로 그를 사랑하고, 사랑하는 까닭에 이해한다고 하는 사람들이다. 그러나 그러한 사람들은 세상에 알려지지 않은 사람들에 지나지 않아서, 문제에 대한 발언권도 가지고 있지 않았다. 크리스토프를 대신해서 용감하게 나설 수 있는 유일한 사람인 올리비에는 그에게서 떨어져 있어서, 그의 일에 대해서 잊어버리고 있는 것 같았다. 이리하여 크리스토프는 적과 찬미자들의 양쪽 손에 쥐어져 있어서 그들은 서로 다투어 그를 해치려 하고 있었다. 싫증이 난 그는 전혀 대답하지 않았다. 무지와 확고한 지위의 안전에서 오는 교만함을 가지고 예술을 지도하고 있는 주제넘은 비평가가 그의 머리 위에 덮어씌운 판결문을 읽고, 그는 어깨를 으쓱하며 말했다.

"나를 심판하려무나. 나도 너를 심판하겠다. 100년 뒤엔 어떻게 되나 두고 보렴."

그러나 지금 당장에는 욕질이 판을 치고 있었다. 대중은 전례대로 다시없이 어리석다. 파렴치한 이러한 비난을 멍하니 입을 벌린 채 듣고 있었다.

크리스토프는 자신의 입장이 크게 곤란을 받아도 전혀 모르는 것처럼, 하필이면 이런 시기에 자신의 출판인과 사이가 틀어졌다. 하지만 그는 헤히트에게 불평을 말할 수 있는 처지가 아니었다. 헤히트는 그의 새로운 작품을 차례차례 출판해 주었고 장사를 함에 있어서도 정직했다. 물론 정직하다고는 하지만 크리스토프에겐 불리한 계약을 맺고 있었다. 그러나 그 계약을 충실하게 지키고 있었다. 너무나 충실하게 이행하고 있었다. 어느 날 크리스토프는 자신의 7중주곡이 4중주곡으로 바뀌어졌다든가, 단독으로 치는 일련의 피아노곡이 연탄용으로 서투르게 고쳐져 있는 것을 보고 놀랐다. 그것은 헤히트가 허락 없이 고친 것이었다. 그는 헤히트에게 뛰어가서 증거의 악보를 코끝에 갖다 대며 말했다.

"당신은 이것을 알고 있습니까?"

"물론이지요." 헤히트가 대답했다.

"그렇다면 대담하게도…… 대담하게도 내 승낙 없이 개작했군요……"

"무슨 승낙 말입니까?" 헤히트는 태연하게 말했다. "당신 작품은 내 것입니다."

"내 것이 아니라구요?"

"아닙니다." 헤히트는 조용히 말했다.

크리스토프는 펄쩍 뛰어올랐다.

"내 작품이 내 것이 아니라고?"

"이젠 당신 것이 아닙니다. 당신은 그것을 내게 파신 것입니다."

"헛소리 마시오! 난 원고를 판 거요. 당신은 마음대로 그것으로 돈을 벌어 보시오. 하지만 원고 위에 쓰인 것은 나의 피인 것이오. 그것은 나의 것입니다."

"당신은 모든 것을 파신 것입니다. 여기 있는 이 작품 대신에 전 300프랑을 드렸습니다. 초판 일부에 대해서 30상팀의 계산으로서 그것이 최고의 지불액입니다. 그것에 의해서 당신은 이 작품에 따르는 모든 권리를 통째 무조건으로 양도하신 것입니다."

"작품을 파괴할 권리마저인가?"

헤히트는 어깨를 으쓱하며 벨을 울려서 한 점원에게 말했다.

"크리스토프 씨의 서류를 가지고 오게!"

그는 침착하게 크리스토프가 읽지도 않고 서명한 계약서의 원문을 그에게 읽어 주었다. 이에 의하면 당시 음악 출판인이 사용하고 있던 계약의 상례에 따라서 다음과 같이 되는 것이었다. '작자의 모든 권리, 이유, 소송을 대리하는 헤히트 씨는 작자의 동의 없이 당 작품을 자기의 이익을 위해서 자기

임의로 여하한 형식으로든 발행, 출판, 판각 인쇄, 번역, 대여, 판매, 음악
회, 음악다회, 무도회, 극장 등등에…… 의해서 연주시켜 어떤 악기를 위한
편곡, 또는 가사붙임의 편곡마저도 출판하여 또한 표제를 변경하는…… 등
등의 권리를 소유함.'

"보시는 바와 같이" 헤히트는 그에게 말했다. "아주 지당한 것입니다."

"과연……" 크리스토프는 말했다. "나는 당신에게 감사해야겠군요. 당신
이 하고자 한다면 나의 7중주곡을 카페 중세르의 샹송으로도 변경할 수 있
으니 말이오."

그는 머리를 싸맨 채 어쩔 수 없이 입을 다물었다.

"나는 나 자신의 혼백을 팔아 버리고 말았구나." 그는 되풀이했다.

"마음 놓으십시오." 헤히트는 비꼬며 말했다. "저는 자신의 권리를 남용하
는 짓 같은 것은 하지 않을 테니까요."

"프랑스 공화국이 이따위 거래를 허용하다니!" 크리스토프는 되풀이하여
말했다. "당신들은 인간은 자유라고 말하면서도 사상을 경매하고 있군요."

"당신은 대가를 받으셨습니다." 헤히트는 말했다.

"그렇지, 은전 30개였지 (유다는 은전 30개로 예수를 팔았다)." 크리스토프는 말했다. "그따위 것
은 갚을 테니까 받아 두게."

그는 30프랑을 헤히트에게 돌려주려고 주머니를 뒤졌다. 하지만 그만한
돈은 없었다. 헤히트는 약간 장난기 섞인 미소를 띠었다. 그 웃음을 보고 크
리스토프는 머리끝까지 화가 치밀었다.

"나는 내 작품이 필요하오." 그는 말했다. "작품을 모조리 되사 버리겠
소."

"당신에게는 그러한 권리도 없습니다." 헤히트가 말했다. "그러나 저는 사
람을 무리하게 붙들고 있고 싶지는 않습니다. 되돌려 드리는 데 동의하겠습
니다. 단 보상금을 낼 수 있다면."

"물론 내고말고…… 나 자신을 팔아서라도 말이오."

그는 헤히트가 2주 뒤에 요구해 온 조건을 이의 없이 승낙했다. 정말 미친
짓이었지만, 처음에 받았던 금액의 다섯 배나 되는 값으로 작품의 판권을 다
시 되돌려받기로 하였다. 하지만 이런 다섯 배라는 값도 결코 터무니없는 것
은 아니었다. 왜냐하면 이 금액은 그 작품들에 의해서 헤히트가 실제로 얻은

이익에 따라 정밀하게 계산된 것이었으니까. 크리스토프는 그것을 지불할 수가 없었다. 그것은 혜히트가 예기하고 있던 대로였다. 혜히트는 크리스토프를 예술가로서, 또한 인간으로서 다른 청년 음악가의 누구보다도 높이 평가하고 있었기 때문에 그를 곯려 주려는 것은 아니었다. 하지만 그를 놀려주려고 마음먹은 것이었다. 이런 이유로 그는 자신의 권리가 타인으로부터 거역당하는 것을 인정할 수는 없었던 것이었다. 그 계약은 그가 제멋대로 만든 것은 아니었다. 그것은 그 당시 통용되고 있던 것이었다. 그러므로 그는 그것을 정당한 것으로 여기고 있었다. 게다가 그 계약은 출판인뿐만이 아니라 작자를 위하는 것이라고 마음 깊이 믿고 있었다. 그 이유로는 출판인이 작품을 확대시키는 방법은 작자보다도 더 잘 알고 있고, 작자처럼 감정적인 마음가짐에 구애받지 않기 때문이었다. 그러한 마음씀씀이는 존경할 만한 것이었으나, 작자의 진실한 이익에는 반대되는 것이었다. 그는 크리스토프를 성공시키려고 결심하고 있었다. 그러나 그것은 그다운 방법에 의해서였고, 크리스토프가 잔말 없이 전부를 자기에게 맡겨 준다는 조건 속에서였다. 그는 자신의 생활에서 그리 쉽게 빠져나갈 수 없다는 것을 크리스토프에게 느끼게 하려고 했다. 두 사람은 조건부 계약을 맺었다. 만약 6개월의 유예 기간 동안 크리스토프가 지불하지 못할 경우에는, 작품을 모조리 종전대로 혜히트의 수중에 두기로 하였다. 크리스토프가 요구받은 금액의 4분의 1도 만들 수 없다는 것을 그는 처음부터 알고 있었다.

그래도 크리스토프는 버티었다. 추억에 넘치는 방을 버리고 훨씬 싼 방을 빌렸다. 그는 여러 가지 물건을 팔았으나 놀랍게도 어느 하나도 돈이 되지 않는 것들뿐이었다. 그래서 돈을 꾸었다. 모크의 친절에 통사정하러 가기도 하였다. 그러나 운수 나쁘게도 그 당시 모크는 대단한 불경기였다. 게다가 류머티즘 때문에 집 안에 틀어박혀 있었다. 다른 출판사를 찾았다. 그러나 어느 곳이든 혜히트의 경우와 마찬가지로 편파적인 조건이든가, 혹은 어처구니없이 거절당했다.

그즈음은 마침 그에 대한 공격이 신문 잡지의 음악란에 가장 격심할 때였다. 파리의 주된 신문 하나가 특히 날카로워 있었다. 편집인 한 사람이 익명으로 그를 형편없이 두들겨 때리고 있었다. 〈에코〉지에서는 매주 꼭 그를 바보로 취급한 음험한 기사가 실렸다. 이 음악 평론가는 이름을 숨긴 동료의 일을 끝맺음해 주고 있었다. 조그마한 구실만 있어도 그는 증오의 기분을 풀어 보려고 했다. 하지만 이것은 아직 최초의 작은 문젯거리에 지나지 않았다. 천천히 다루면서 좋은 기회에 기필코 결단내어 준다고 그는 예고하고 있었다. 그들은 조금도 서두르지 않았다. 확실한 비난을 퍼붓기보다는 슬그머니 겁을 주고 집요하게 되풀이하는 편이 대중에게 효과적인 것을 그들은 잘 알고 있었던 것이다. 그들은 고양이가 쥐를 손아귀 속에서 놀리듯이 크리스토프를 휘어잡고 놀았다. 크리스토프는 그러한 논설을 받고, 그것을 경멸하고는 있었지만 역시 괴롭지 않을 수 없었다. 그렇지만 그는 잠자코 있었다. 거기에 응답하는 대신에―(응답하려 해도 과연 응답할 수 있었을까?)―그는 출판인과의 무익하며 승산이 없는 싸움을 자존심 때문에 고집하고 있었다. 그리고 그 일에서 시간과 힘과 돈을 잃고 유일한 무기까지 잃고 있었다. 그러한 일은 헤히트가 그의 음악을 위해서 만들어내고 있던 선전을 일부러 자기 편에서 버리려고 덤비는 꼴이었기 때문이었다.

돌연 모든 것이 바뀌었다. 신문에 예고되었던 논설은 일체 나타나지 않았다. 풍자도 침묵했다. 공격은 모두 중단됐다. 그뿐만 아니라 2, 3주일 뒤에는 그 신문의 비평가가 덧붙이듯이 그를 칭찬하는 기사를 몇 줄 발표했다. 그것은 화목이 이뤄진 것을 증명하는 것 같았다. 라이프치히의 어느 대출판사는 그의 작품을 출판하고자 요청해 왔다. 그 계약은 유리한 조건으로 체결되었다. 오스트리아 대사관의 인장이 찍힌 정중한 서신이 당도하였는데, 대사관에서 개최되는 대야회의 프로그램 속에 그의 작품을 서너 곡 넣어 주십사 하고 청해 왔다. 크리스토프와 친하게 지내던 필로멜르는 그 대야회의 하나에서 노래를 들려주기 바란다고 부탁받았다. 그 뒤 곧바로 그녀는 파리에 거주하는 독일과 이탈리아의 귀족들로부터, 이곳저곳의 여러 살롱에서 노래해 달라는 요청을 받았다. 크리스토프 자신도 그러한 음악회에 초청되어 한 차례 어쩔 수 없이 연주하자 대사로부터 지극히 환대받았다. 하지만 대사는 전혀 음악에 취미가 없었고 그의 작품을 거의 모르고 있는 것을 알게 되었다. 그러면 이러한 갑작스런 관심은 어디서 기인되었을까? 눈에 보이지 않는 손이 그를 보살펴 주고 장애를 제거하고 길을 평탄하게 해 주고 있는 것이었다. 그래서 크리스토프는 물어보았다. 대사는 그의 편이 두 사람 있는 것을 슬쩍 비쳤다. 그것은 베레니 백작 부처로서 그에 대해서 비상한 호의를 품고 있다는 것이었다. 크리스토프는 그 이름마저 몰랐다. 대사관에 왔던 날 밤에는 그들을 소개받을 기회가 없었다. 그는 일부러 그들을 알려고 하지 않았다. 그는 그 당시 인간에게 싫증이 나 있었다. 벗마저 적과 마찬가지로 거의 신용하고 있지 않았다. 벗들도 적들도 똑같이 불확실했다. 그때그때 바람 부는 대로 변하고 있었다. 이처럼 주견 없이 해 나가는 꼴을 배워야 했다. 17세기의 그 노인처럼 말해야 하는 것이다.

'신은 나에게 벗들을 안겨 주었다. 그리고 또한 내게서 빼앗아 가고 말았다. 벗들은 나를 버렸다. 고로 나도 그들을 버린다. 그리고 그들의 일은 결코 말하지 않으리라.'

그가 올리비에의 집을 떠난 이래 올리비에로부터는 이미 아무런 소식도 없었다. 두 사람 사이는 모든 게 끝난 것 같았다. 크리스토프는 달리 새로운 친구 관계를 맺으려고도 생각하지 않았다. 베레니 백작 부부도 그의 벗이라 자칭하는 수많은, 신사인 체 뽐내는 속물들과 같은 것으로 상상하고 있었다. 그래서 그들을 만나려 하지 않았다. 오히려 그들을 피하고 있었다.

그가 피하고 싶은 것은 파리의 전부였다. 몇 주일 동안을 가장 좋아하는 정적 속으로 달아나고 싶었다. 5, 6일, 그저 5, 6일로 만족하니 고향 땅에 잠길 수 있다면! 이러한 소원이 점차로 병적인 것이 되어 갔다. 그 강물, 하늘, 친했던 고인들이 잠자고 있는 대지가 보고 싶었다. 아무래도 보지 않고는 못 배기게 되었다. 그러나 그것은 자신의 자유를 잃을 위험을 겪어야만 하는 일이었다. 독일을 도망쳐 나올 때의 체포령이 여전히 아직 해소되어 있지 않았던 것이다. 그러나 그는 단지 하루만이라도 좋으니 돌아가기 위해서는 어떤 무분별한 짓도 해 낼 수 있는 기분이었다.

다행한 일로 그는 이 일을 새로운 후원자 한 분에게 말했다. 그의 작품을 연주하게 된 야회에서 독일 대사관의 청년 외교관을 만나, 고국은 그와 같은 음악가를 가진 것을 자랑으로 삼는다는 말을 들었을 때, 크리스토프는 쓰디쓰게 대답했다.

"고국은 나를 자랑으로 알고 있기 때문에 대문을 열어 주지 않고 대문 앞에서 죽이게 할 것입니다."

청년 외교관은 그 사정을 들었다. 그리고 며칠 뒤 크리스토프를 만나러 와서 그에게 말했다.

"상부에서는 당신에 대해서 동정하고 있습니다. 당신에게 내려진 판결의 효력을 한동안 보류시킬 힘을 지닌 유일한 분인 어느 고관이 당신 사정을 자세히 듣고 동정을 하고 있습니다. 어째서 당신의 음악이 그분의 기분을 흡족하게 하였는지 나로선 모르겠습니다. 왜냐하면 이곳이니까 말하는 겁니다만, 그리 세련된 취미를 지닌 분이 아니기 때문입니다. 하지만 아주 높은 이해력을 가진 분으로서 관대한 마음가짐의 소유자입니다. 지금으로서는 당신에게 내려진 체포 영장을 철회할 수는 없습니다만, 가족 되시는 분을 만나기 위해서 고향에서 48시간만을 지내시겠다면 묵인하시겠다는 말씀입니다. 여기 여권이 있습니다. 도착하실 때와 출발하실 때 이것을 보이십시오. 조심해 주시기 바랍니다. 사람 눈에 뜨이지 않게 부탁드립니다."

*

크리스토프는 한 번 더 고향 땅을 볼 수 있게 되었다. 그는 주어진 이틀간을 대지와 그 속에 잠자는 사람들과 이야기하는 데 보냈다. 그는 어머니의 묘를 참배했다. 풀이 무성해 있었다. 그러나 최근에 꽂아 둔 꽃이 있었다. 그와 나란히 아버지와 할아버지가 잠들어 있었다. 크리스토프는 그들의 발치에 앉았다. 묘는 주위의 담벼락을 등에 지고 있었다. 담 건너편 움푹 들어간 길가에 자라고 있는 밤나무 한 그루가 묘 위를 그늘로 덮고 있었다. 낮은 담 너머로 금빛으로 물든 보리밭이 보였다. 훈훈한 바람이 그곳에 잔잔한 파도를 일게 하고 있었다. 태양이 꾸벅꾸벅 졸고 있는 대지 위에 내리 퍼지고 있었다. 보리밭 안에는 메추리의 울음소리가 들리고 묘 위에는 측백나무의 잎이 하늘거리고 있었다. 크리스토프는 홀로 몽상에 빠졌다. 마음은 고요했다. 앉은 채 양손을 깍지 껴 무릎을 껴안고 담벼락에 등을 기대고는 하늘을 바라보고 있었다. 한순간 눈을 감았다. 어쩌면 모든 것이 이토록 단순할까! 크리스토프는 자기 집에서 가족들에게 둘러싸인 것 같은 생각이 들었다. 손과 손을 마주 잡고 있듯이 그들의 곁에서 가만히 있었다. 시간은 흐르고 있었다. 저녁때가 되어 오솔길의 모래를 차는 발소리가 들렸다. 묘지기가 지나가다가 앉아 있는 크리스토프를 자세히 살펴보았다. 크리스토프는 누가 꽃을 꽂아 줬는지 물어보았다. 뷔르의 농가 여인이 한 해에 한두 차례 찾아온다는 것이었다.

"로르헨이군!" 크리스토프는 말했다.

두 사람은 이야기를 나누었다.

"당신은 자제분인가요?" 묘지기가 말했다.

"아들이 셋이었죠."

"내가 말하는 것은 함부르크에 있는 아들 말이죠. 다른 두 녀석은 형편없었죠."

크리스토프는 머리를 약간 돌리고는 움직이지 않고 가만히 있었다. 해가 저물어 가고 있었다.

"문을 잠그겠습니다." 묘지기가 말했다.

크리스토프는 일어서서 묘지기와 함께 묘지를 천천히 한 바퀴 돌았다. 묘지기는 친절하게 안내해 주었다. 크리스토프는 비석에 새겨져 있는 이름을 읽었다. 어쩌면 이렇게 많은 친지들이 이곳에 모여 있는 것일까! 오일러 노인, 그의 사위, 더 앞에는 소년 시절의 벗들과 함께 논 일이 있는 소녀들, 그리고 또한 멀리에는 그의 가슴을 울렁거리게 한 아아다……. 이 모든 사람들에게 평안 있기를……

저물어 가는 햇빛이 고요한 지평선을 둘러쌌다. 크리스토프는 그곳을 나왔다. 그는 다시 한참 동안 밭을 산책했다. 별들이 빛나기 시작했다……

다음날 크리스토프는 다시 와서 전날의 장소에서 또 오후를 보냈다. 그러나 전날의 잠잠했던 아름다운 정적은 활기에 차 있었다. 그의 마음은 즐겁게 찬가를 노래하고 있었다. 그는 묘석 받침대에 주저앉아서 무릎 위에 펼쳐놓은 수첩에 들려오는 노래를 연필로 적고 있었다. 어느덧 오후는 지나가 버렸다. 무엇인가 옛날의 조그마한 방에서 일을 하고 있는 것 같은 기분에 사로잡혀, 어머니가 담 너머에 있는 것 같은 느낌이 들었다. 다 쓰고 나서 일어설 즈음에—이미 묘에서 몇 발짝 떨어져 있었다—크리스토프는 얼핏 생각을 달리 먹고 되돌아가서 등나무 아래의 풀 속에 수첩을 파묻었다. 비가 소리내며 떨어지기 시작했다. 크리스토프는 다짐했다.

"곧 없어져 버리겠지. 하지만 이것으로 잘 된 거야! 어머니, 어머니에게만 바쳤어요. 달리 아무에게도 바치지 않았어요."

크리스토프는 또한 흐르는 강물을 보았다. 그리웠던 거리도 보았다. 그곳에는 많은 것들이 변해 있었다. 마을 입구에 있는 고적인 능의 놀이터에 옛날에 아카시아를 심는 것을 보았었는데, 지금은 그 일대를 뒤덮고 근처의 고목들을 질식시키고 있었다. 케리히 가문의 정원을 둘러싸고 있는 담을 끼고 걸어가니, 개구쟁이 시절에 담 안을 들여다보기 위해서 기어올랐던 표석이 눈에 띄었다. 그리고 거리도 담도 정원도 모두가 아주 작아 보여서 깜짝 놀랐다. 입구의 철문 앞에서 그는 잠깐 멈추어 섰다. 그리고 또다시 걷기 시작할 즈음 마차 한 대가 곁을 스쳐 지나갔다. 크리스토프는 아무 생각없이 눈을 들었다. 그러자 젊고 살찐 쾌활한 작은 부인과 시선이 마주쳤다. 부인은 뚫어져라 하고 그의 얼굴을 바라보았다. 그러고는 갑자기 놀라 소리를 내질렀다. 부인의 동작으로 마차는 멈췄다. 부인이 말했다.

"크라프트 씨!"

크리스토프는 걸음을 멈췄다.

"민나예요……."

크리스토프는 거의 처음 만났을 때와 같은 가슴의 고동을 느끼며 부인 쪽으로 달음질쳤다. 부인은 신사 한 분과 함께였다. 키 크고 뚱뚱한 몸집에 머리는 벗겨져 있었고, 제법 그럴듯하게 콧수염을 힘차게 뻗어올린 신사로서, 부인은 '고등법원 고문관 폰 브름바하 씨' 라고 소개했다. 부인은 크리스토프에게 꼭 들러 달라고 부탁했다. 크리스토프는 사양하려 했다. 그러나 민나 부인은 큰 소리로 부르짖듯이 말했다.

"아니에요, 아니에요. 꼭 들러 주셔야 해요. 식사 때에 꼭 와 주셔야 해요."

민나 부인은 또한 커다란 소리로 재빨리 말했다. 그리고 묻지도 않았는데 벌써 자신의 생활에 대한 여러 가지를 이야기하고 있었다. 크리스토프는 그 능변과 시끄러움 때문에 귀머거리가 되어 절반만 겨우 알아들을 수 있었다. 다만 민나의 얼굴만 가만히 바라보고 있었다. 확실히 그토록 예뻤던 민나였다! 생생하고 튼튼하여 온몸은 터질 것만 같았다. 피부는 깨끗하고 안색은 장밋빛이었다. 그러나 눈과 코만은 커져 있었다. 특히 쭉 뻗은 코에서 그것이 느껴졌다. 몸짓, 동작, 사랑스러운 매력은 옛날 그대로였다. 하지만 몸무게만은 많이 달라져 있었다.

민나는 말을 계속했다. 옛날 이야기나 신상에 대한 말, 자기가 남편을 어떻게 사랑하고 있는가, 또 남편이 자기를 어떤 방법으로 사랑하는가 등 모두

를 크리스토프에게 털어놓았다. 크리스토프는 당황했다. 민나는 비판력 없
는 낙천가로서 자기 동네, 집, 가정, 남편이나 자기 자신을 완전하고 남보다
뛰어나다고 믿고 있었다(적어도 남들 앞에서는 그렇게 여기고 있었다). 민
나는 남편 말을 할 때에는 남편 앞에서 자기가 이제껏 만난 사람들 가운데서
가장 의젓한 인물이라든가, 그에게는 '초인간적인 역량'이 있다든가 하고 말
했다. 그리고 그 '의젓한 인물'도 웃으면서 민나의 뺨을 가볍게 두드리며,
민나는 '참으로 뛰어난 여성'이라고 크리스토프에게 말했다. 이 고등법원 고
문관은 크리스토프의 사정을 잘 알고 있는 모양으로 한쪽에는 유죄 판결이
있고, 또 한쪽에는 그를 옹호해 주는 고귀한 인물의 보호가 있으므로 경의를
다하여 예우할 것인가, 경의 없이 대할 것인가를 확실하게 알 수 없는 것 같
았다. 그래서 양쪽의 태도를 혼용하려고 결심했다. 민나는 계속 떠들고 있었
다. 자기에 관한 일을 크리스토프에게 다 말해 버리고 나서는, 이번에는 크
리스토프의 일에 대해서 말하기 시작했다. 크리스토프가 묻지도 않았는데
마치 물음을 받은 듯이 자기의 깊은 비밀까지 말해 버린 것처럼, 이번에는
그의 아주 깊은 비밀까지 물어서 그를 피로하게 만들었다. 민나는 크리스토
프와 다시 만난 것을 무척 기뻐하고 있었다. 그의 음악에 대해서는 아무것도
몰랐지만, 그가 유명해져 있는 것은 이미 알고 있었다. 그 옛날 그로부터 사
랑받은 것을―(그것을 거절한 일을)―자랑으로 여기고 있었다. 민나는 그
일을 농담처럼 꾸며서 아주 노골화시켜 크리스토프가 생각해 내도록 하였
다. 민나는 자기의 사진첩에다 크리스토프의 사인을 바라기도 하였다. 민나
는 파리에 대해서 호기심과 경멸을 반반씩 품고 있었다.

플리베르제르관과 오페라 극장, 몽마르트르와 생클루를 본 적이 있기 때
문에 파리에 관해서는 잘 알고 있노라고 말했다. 민나에 의하면 파리의 여인
들은 매춘부들이며 부도덕한 어머니로서, 가급적 자식을 낳지 않으려 하고
아기를 가져도 전혀 돌보려 하지 않고 집에 내동댕이쳐 버리고는, 자기는 극
장이나 유흥장으로 나다닌다고 하였다. 민나는 이 주장에 반대하는 것을 용
서치 않았다. 그날 밤, 민나는 크리스토프에게 한 곡 쳐 줄 것을 원했다. 민
나는 크리스토프를 절찬하였다. 하지만 마음속 깊은 곳에서는 남편의 연주
도 결코 여기에 뒤지지 않는다고 여겼다.

크리스토프는 민나의 어머니인 케리히 부인을 또다시 만나게 된 것이 기

뺐다. 부인이 그에게 극진히 친절하였으므로 그는 부인에 대해서 남몰래 애정을 품고 있었다. 그리고 민나보다도 자연스러웠다. 그러나 부인은 언젠가 그를 몹시 화나게 만들었던 그 상냥스러우면서도 짓궂은 태도를 여전히 그에게 보였다. 부인은 헤어질 때와 똑같이 조금도 변하지 않았다. 부인은 그 당시와 똑같은 것을 사랑하고 있었다. 사람이 더 좋은 일을 하는 것도, 혹은 잘못된 일을 하는 것도 부인에게는 용서할 수 없는 것으로 여겨졌다. 부인은 옛날의 크리스토프와 오늘날의 크리스토프를 비교했다. 그리고는 옛날의 크리스토프 쪽을 더 좋다고 생각했다.

부인의 주위에는 크리스토프 말고는 정신적인 변화를 보인 자는 한 사람도 없었다. 소도시의 응고 상태, 그 세계의 협소함은 크리스토프에겐 고통스러웠다. 크리스토프를 초대한 이 집안사람들은, 그를 상대로 그가 알지도 못하는 사람들의 험담을 길게 늘어놓는 것이었다. 그들은 이웃 사람들의 웃음거리를 찾아내려고 눈이 빨갰다. 그리하여 자기들과 다른 것은 무엇이든 우스운 일로 간주하고 있었다. 항상 쓸데없는 일에 머리를 처박고 있는, 이러한 악의에 찬 호기심은 마침내 크리스토프에게 견디기 어려운 불쾌감을 자아내게 하고 말았다. 크리스토프는 외국에서의 생활을 말하려고 해 보았다. 그러나 당장에 곧 그들에게 프랑스 문명을 느끼게 하기는 불가능하다는 것을 알았다. 크리스토프도 한때는 이 프랑스 문명에 고통을 받았지만, 고국에 와서 자신이 그것을 대표하고 있는 지금 형편으로서는 그에게 있어서 귀중한 것이 아닐 수 없었다. 지혜를 첫째가는 법칙으로 하는 저 자유스런 라틴 정신, '도덕'을 경시하는 위험을 무릅쓰고서라도 될 수 있는 한 이해하려고 하는 정신. 크리스토프는 집안사람들 중에, 특히 민나 속에서 옛날의 그것에 상처를 입고 있으면서도 벌써 잊어버리고 있는 그 교만한 정신을 꿰뚫어보고 있었다. 미덕에서 오는 것과 같이 약점에서도 오는 저 교만함, 자기의 미덕을 자랑하고 자기에겐 이해되지 않는 과실을 경멸하는 그 무자비한 정직함, 신사 숙녀적인 것에 대한 숭배, '불규칙적인' 우수함에 대한 빈축이 담긴 경멸. 민나는 자기 생각을 일일이 정당하다고 믿어 의심치 않는, 태연하고도 거만한 자신을 가지고 있었다. 남을 비판하는 데 있어서 미묘한 차이를 전혀 고려하지 않았다. 대체로 민나에게는 남을 이해하려는 마음이 없었다. 자기 자신의 일만을 생각하고 있었다. 그녀의 이기주의는 막연하게 추상적인 색채로 칠해져 있었다. 그녀의 '자아'가, 그녀의 '자아'의 발전에 항상 문제로 되어 있었다. 민나는 아마도 선량한 여인으로서 사람을 사랑할 수도 있었을 것이다. 그러나 너무나 자기 자신을 사랑하며 아끼고 있었다. 특히 너무나 자기 자신을 존경하고 있었다. 언제든 자기의 '자아' 앞에서 '주기도문'과 '성모경'을 되뇌고 있는 것 같았다. 그녀가 아무리 사랑하고 있는 남자일지라도 그녀의 '자아'에 대한 존경에 대해서 바쳐야 하는 존경을, 가령 한시라도 빠뜨리는 일이 생기면—뒤에 그가 아무리 후회한들—그녀는 완전하게, 영구히 그에 대한 사랑을 끝내 버릴 것 같았다……. 아, 그러한 '자아'야말로 악마에게 먹히는 편이 낫다. 조금은 '상대'를 이해하는 것이 좋을 것이다!

하지만 크리스토프는 민나를 험악한 시선으로 보지는 않았다. 언제나 그토록 신경질적인 크리스토프가 대천사처럼 꾹 참으며 민나의 말을 듣고 있었다. 그는 그녀를 비판하지 않으리라 마음먹었다. 그녀는 마치 빛나는 후광처럼 소년시절의 경건한 그리움으로 둘러싸여 있었다. 그리하여 끝까지 그녀 속에서 소녀시절 민나의 모습을 찾아 헤매고 있었다. 민나의 어떤 몸짓 속에서 그것을 찾아내기가 불가능한 것은 아니었다. 그 목청의 음색은 감동적인 반향을 불러일으킬 수 있는 어떤 저력을 지니고 있었다. 크리스토프는 그 소리 안에 파묻혀서 잠자코 있었다. 민나의 말에는 귀를 기울이지 않았지만, 제법 듣고 있는 것처럼 언제나 부드러운 마음가짐을 엿보이고 있었다. 하지만 정신을 집중시키는 일은 어려웠다. 민나는 너무도 수다스러웠다. 크리스토프가 그녀의 말을 들으려 하는 것을 그녀 자신이 막고 있었다. 마침내 크리스토프는 피로한 기색으로 일어섰다.

'불쌍하고 가련한 민나여! 크게 소리질러 이곳에 있다는 것을, 나를 지루하게 만들고 있는 이 아름다운 살찐 여자 속에 내가 있다는 것을 그들은 내게 믿게 하고 싶을 것이다. 하지만 실상은 그렇지 않다는 것을 나는 확실하게 알고 있다. 자아, 가자, 민나. 이러한 사람들과 우리가 무슨 관계가 있겠는가?'

크리스토프는 내일 다시 온다고 약속하고선 사라졌다. 그날 밤 출발한다고 하였으면 그들은 기차 시간까지 그를 놓아주지 않았을 것이다. 밤의 어둠 속에 한 발짝 내디디자 바로 마차를 만났던 이전의 온화스런 기분을 되찾을 수 있었다. 부산스러웠던 이날 밤의 추억은 해면에 빨리듯 금방 사라져 갔다. 이젠 아무것도 남은 것이 없었다. 라인 강의 물결 소리가 모든 것을 삼키고 있었다. 크리스토프는 강변을 향해서 자신이 태어났던 집 쪽으로 걸어갔다. 집은 쉽게 찾을 수 있었다. 철문이 잠겨 있었다. 크리스토프는 길 한복판에서 걸음을 멈추었다. 만약 문을 두들기면 그와 친하던 사람들의 유령이 문을 열어 줄 것 같은 느낌이 들었다. 크리스토프는 집 주위의 강에 가까운 풀밭으로 들어갔다. 그곳은 가끔 저녁때에 고트프리트와 대화를 위해서 왔었던 곳이었다. 그는 앉았다. 그곳에는 지난날이 아직 살아 있었다. 그리고 그와 함께 첫사랑의 꿈을 꾸었던 그리운 소녀가 되살아났다. 두 사람은 젊은 정과 부드러운 눈물과 무한의 희망을 함께 맛보았다. 크리스토프는 사람 좋은 미소를 띠고 자신에게 말했다.

'인생은 내게 아무것도 알려 주지는 않았다. 알았다 해도 소용없는 노릇이다……. 소용없는 노릇이다……. 난 항상 똑같은 환상을 품고 있는 것이다.'

'끝없이 사랑하고 그리고 믿는다는 것은 무엇을 말하는 것일까? 사랑에 감싸인 모든 것은 죽음에서 구제받는다.'

'나와 함께 있는 민나여, '남'이 아닌 나와 함께 있는 민나여…… 너는 결코 늙는 일이 없을 것이다……'

숨어 있던 달이 구름 속에서 나왔다. 그리고 수면에 은비늘 같은 빛이 반짝였다. 크리스토프는, 옛날의 강은 지금 자신이 앉아 있는 장소의 이렇게 가까이까지 흐르지 않았던 것 같은 느낌이 들었다. 그는 강 쪽으로 갔다. 그렇다, 예전에는 저 배나무 저편에 좁고 길게 뻗친 모래땅과 조그마한 잔디의 사면이 있었다. 그곳에서 항상 놀았던 것이다. 그런데 지금은 강이 그것들을 침식하고 말았다. 가까이 다가와서 배나무의 뿌리를 씻고 있었다. 크리스토프는 가슴이 메었다. 그는 역 쪽으로 되돌아갔다. 이 근방에는 새로운 구역이, 빈약한 주택, 건축 중인 작업장, 공장의 커다란 굴뚝 등이 생겨나고 있었다. 크리스토프는 오후에 보았던 무성한 아카시아 숲을 생각했다.

'저곳도 역시 강이 침식하고 있군……'

오랜 거리는 살아 있는 자도 죽어 있는 자도 모두 뒤덮고 어둠 속에서 잠자고 있었다. 그에게 있어서 이 오랜 거리는 지금까지보다도 더욱 친근하게 보였다. 그에게는 거리가 위험에 떨고 있는 것처럼 보였기 때문에……

동네 성벽은 적의 손안에 있다······.

자아, 서둘러 동포를 구하자! 죽음은 우리가 사랑하는 모든 것을 노리고 있다. 순식간에 사라지는 얼굴 모양을 불멸의 청동에다 새겨두자. 화염이 프리아모스(트로이의 마지막 왕)의 궁전을 태워 버리기 전에 조국의 보물을 불길에서 구해내자······

크리스토프는 홍수로부터 피해 나온 사람처럼 기차를 타고 사라져 갔다. 그러나 자기 동네의 침수에서 동네의 수호신을 구해 낸 사람들과 같이, 그는 고향의 대지에서 솟아나온 사랑의 불꽃과 과거의 신성한 혼을 자기 속에 깃들이고 있었다.

*

자크린과 올리비에는 오랜만에 또다시 옛날의 친숙함을 되찾고 있었다. 자크린은 아버지를 여의었다. 이 죽음은 그녀의 마음을 깊이 동요시켰다. 진짜 불행에 직면해 보니 다른 괴로움은 아무것도 아닌 것으로 여겨졌다. 그리하여 올리비에가 보여 준 애정은 올리비에에 대한 그녀의 애정을 되살려냈다. 자크린은 몇 년 전에 마르트 고모의 죽음과 사랑의 축복된 나날 사이에 있었던 그 슬펐던 나날로 되돌아갔다. 자크린은 자신이 인생에 대해서 은혜를 모르는 사람이라고 여겼다. 자기에게 주어진 근소한 것을 빼앗기지 않고 있는 것을 인생에 대해서 감사할 일이라고 여겼다. 이 근소한 것의 값어치를 지금에야 알게 되었기 때문에 자크린은 그것을 귀중하게 힘을 주어 꼭 껴안았다. 상을 치른 슬픔을 잊어야 한다는 의사의 권유를 받고 잠시 파리를 떠났다. 올리비에와 함께 결혼 당초에 두 사람의 사랑이 무르익던 곳을 택하여 일종의 순례를 시도하여 자크린은 차분한 기분을 맛볼 수 있었다. 여행하는 도중 우연한 기회에 어느 길로 들었을 때, 그들이 이젠 잃어버렸다고 생각했었던 소중한 사랑의 모습을 다시 발견하거나, 그 모습이 지나쳐가는 것을 보거나, 그리고 그것은 다시금 숨어 버려 보이지 않게 될 것이라고—얼마나 오랫동안 숨어 버릴까? 아마 영원히 안 보이게 되는 것이나 아닐까? —깨닫거나 할 때의 슬프고 그리운 심정 속에서, 그들은 그 '사랑'의 모습을 절망적으로 세차게 붙들려고 했다······.

"있어 줘, 우리와 함께 있어 줘!"

그러나 그들은 그것이 사라져 가는 것을 잘 알고 있었다.

자크린은 파리로 돌아오자 사랑으로 빚어진 하나의 작은 새로운 생명이 태내에서 꿈틀거리고 있는 것을 느꼈다. 하지만 사랑은 이미 사라져 버렸다. 그녀 속에서 무게를 더해 오는 이 무거운 짐이 그녀를 다시 한 번 올리비에와 맺어 줄 수 있는 것은 못 되었다. 그녀는 기대했던 기쁨을 전혀 느끼지 못했다. 그녀는 불안한 기분으로 자신의 마음에게 물어 보았다. 괴로워하고 있었을 때는 아이가 생기면 행복해지리라 때때로 생각했던 것이다. 그 아이가 지금 생긴 것이다. 그러나 행복은 오지 않았다. 자기의 살 속에 뿌리를 박고 있는 이 식물 같은 생명이 자기 피를 빨면서 성장해 가는 것을 공포를 지닌 채 느끼고 있었다. 자기가 갖게 된 이 미지의 존재에 온몸이 소유당하면서, 공허한 눈으로 귀를 곤두세워 멍하니 무엇인가 생각에 잠겨서 며칠 동안 가만히 있었다. 그것은 무엇인지 모르게 감미로웠으며 졸음과 불안을 느끼게 하는 하나의 설렘이었다. 자크린은 언뜻 정신이 들어 이러한 마비 상태에서 눈을 떴다. 식은땀이 흠뻑 흐르고 몸이 덜덜 떨리면서 반항심이 솟아났다. 자신을 꼭 붙들고 있는 자연의 그물망에 저항하여 몸부림쳤다. 살고 싶었다. 자유롭게 되고 싶었다. 자연에게 속았다고 여겨지기도 했다. 하지만 자크린은 다음 순간 그런 생각을 했던 것을 부끄럽게 여기고 자기를 기괴한 여자라고 생각했다. 따라서 자기는 다른 여자보다도 나쁜 여자는 아닐까, 혹은 보통 여자들과 다른 여자가 아닐까 하고 생각했다. 하지만 조금씩 다시 기분이 가라앉기 시작했다. 태내에서 익어 가고 있는 과실의 수액과 꿈 사이에서 마치 나무토막처럼 감각이 점점 사라졌다. 이 과실은 과연 어떠한 것이 될까? ⋯⋯

아기가 빛을 향해서 처음으로 소리를 질렀을 때, 제법 친근하고 가련한 그 작은 육체를 보고 자크린의 마음은 모두 애정으로 녹았다. 순간의 현기증 속에서 그녀는 이 세상에서 가장 힘센 기쁨인 그 빛나는 모성의 기쁨을 알았다. 자신의 고통으로, 자신의 육체로써 만들어진 생명의 존재를, 하나의 인간을 창조해 낸 것이다. 이리하여 우주를 뒤흔드는 사랑의 커다란 파도는 그녀를 머리 위에서 발끝까지 껴안고, 둘둘 말아서 하늘 높이 추켜올린 것이다. 아, 신이여, 아기를 창조한 여인은 당신과도 비등합니다. 더욱이 당신께서는 그녀의 기쁨만큼 기쁨을 모르십니다. 왜냐하면 당신께선 고통을 겪지 않으셨기 때문입니다…….

어느덧 그 거센 파도는 잔잔해졌다. 그리고 영혼은 또다시 구렁텅이 속에서 맴돌기 시작했다.

올리비에는 감동한 나머지 몸을 떨며 아기를 들여다보았다. 그리고 자크린에게 미소지으면서 자신들 둘과, 또 거의 인간이라고 할 수 없는 가련하기 짝이 없는 생명의 존재와의 사이에, 어떤 신비로운 연관성이 있는가를 이해하려고 노력했다. 그는 그 노르스름한 주름투성이의 자그마한 얼굴에 부드럽게, 그러나 약간 기분 나쁜 듯이 입술을 살짝 댔다. 자크린은 그러한 그를 가만히 보고 있었으나 시샘이 나는 듯 그를 밀어제쳤다. 그리고 아기의 손을 쥐고는 가슴에 껴안고 마구 입을 맞추었다. 아기는 울기 시작했다. 그녀는 아기를 도로 눕혔다. 그리고 얼굴을 벽으로 돌리고 울었다. 올리비에는 곁으로 다가가서 그녀를 안아 주고 눈물을 닦아 주었다. 그녀도 또한 그에게 입맞추었다. 그리고 애써 미소지어 보였다. 아기 곁에서 쉬게 해 달라고 부탁했다……. 아아, 애정이 식어버린다면 어떻게 한단 말인가? 남자들은 자기 자신의 반 이상을 이성에 걸고 있기 때문에 강한 감정을 잃어도 그 흔적을, 그 관념을, 자기 머릿속에 남겨 둔다. 남자는 사랑받지 않아도 견딜 수 있으나 사랑했던 것은 잊을 수 없다. 그러나 이유 없이 모든 것을 바쳐, 온몸을 바쳐 사랑했고, 더욱이 지금은 이유 없이 모든 사랑을 끝내 버린 여자는 도대체 어찌하면 좋단 말인가? 사랑해 보려고 노력한다면? 아니, 그보다는 사랑하고 있다는 환상을 그리고 있노라면? 하지만 노력해 보기에는 너무 약하고, 환상을 갖기에는 너무나 정직한 경우에는?

자크린은 침대 위에 무릎을 꿇고 연민 어린 애정으로 아기를 가만히 보고 있었다. 이 아기는 도대체 누구이며 무엇일까? 가령 누구이든 간에 전부가 그녀의 것은 아니었다. 그것은 또한 '다른 사람'의 것이기도 했다. 그리고 그녀는 그 '다른 사람'을 이미 사랑하고 있지 않았다. 불쌍한 아가! 가련한 아가! 그녀는 자신을 죽어 버린 과거에 다시 연결시키려는 존재에 대해서 짜증을 냈다. 그리고 그 위에 몸을 구부리고서 입 맞추고 또 입 맞추었다……….

오늘날 여자들의 커다란 불행은 그녀들이 충분히 자유스럽지 못하면서, 너무 자유롭다는 데에 있다. 더욱 자유로우면 그녀들은 온갖 속박을 찾아내어 거기에서 매력과 안전함을 발견할 것이다. 또한 더욱 자유롭지 못하다면 자신들의 힘으로는 도저히 해방할 수가 없다는 것을 알고 있는 속박에 순종하리라. 그리하여 괴로워할 것도 없어지고 말 것이다. 하지만 가장 좋지 못한 것은 전혀 몸을 속박하지 않는 속박이나, 용이하게 벗어날 수 있는 의무 등을 지니고 있는 경우이다.

만약 자크린이 자신이 살고 있는 작은 주택이야말로 평생 살 집으로 정해진 것으로 믿어 버린다면, 그것을 그토록 불편하다든가 협소하다고는 느끼지 않았을 것이고, 오히려 살기 좋은 곳으로 개량하기 위해서 연구했을 것이다. 처음과 마찬가지로 마지막까지 그것을 사랑했을 것이다. 하지만 그녀는 다른 곳으로 옮길 수 있다는 것을 알고 있었다. 뿐만 아니라 그곳에서 살고 있는 것이 견딜 수 없이 답답했다. 그녀는 반항할 수가 있었다. 그래서 마침내 반항해야 한다고 생각하기에 이르렀다.

현재의 도덕론자들은 기묘한 자들뿐이다. 그들은 관찰 능력을 유리하게 하기 위해서 온몸이 위축되어 버렸다. 그들은 이미 인생 관찰에만 노력할 뿐이다. 그것을 이해하려고 하지 않고 또 그것을 가지려고도 노력하지 않는다. 인간이 지닌 성격 중에 있는 무엇을 인정하고 그것을 기록해 버리면 이미 자신들이 할 일은 끝난 것 같은 기분이 되어서 이런 말을 한다.

"그것이 사실이다."

그들은 이 사실을 바꾸려고는 조금도 애쓰지 않는다. 그들의 눈에는 존재하고 있다는 사실만이 일종의 도덕적 가치로 보이는 모양이다. 모든 약점은 대번에 신성한 권리를 부여받는다. 세계는 대중화한다. 옛날에는 국왕에게만 책임이 없었다. 그러나 오늘날에는 모든 사람에게 책임이 없다. 더욱이 하층민들에게는 그것이 없다. 실로 놀라운 협력자들이다! 그들은 아주 힘들여, 세심한 주의를 다하여 약자들에게 어떠한 점이 약한가를 알려 주려고 노력하고 있다. 약자들은 영원히 약하도록 자연에 의해서 정해져 있는 것임을 지적하려고 노력하고 있다. 만약 그렇다면 약자들에게 있어서 팔짱을 끼고 있는 일 말고 무슨 할 일이 남아 있겠는가? 그들에게 자존심이 없다면 아직도 다행한 일이다! 여자들은 약한 어린이라는 말을 끊임없이 듣고 있는 동안에, 결국 약한 어린이인 것을 자랑으로 여기게 된다. 사람들은 여자들이 갖는 옹졸함을 키워서는 조장시키는 것이다. 만약 어린이들에게, 소년기의 어느 나이 때는 혼이 아직 제대로 자리를 다 잡지 않았기 때문에 죄악이나 자살이나, 육체적 또는 정신적으로 최악의 타락으로 굴러떨어지는 일이 있다고 반 장난삼아 이야기해 주고 그들의 과실을 용서해 보라…… 단번에 범죄가 꼬리를 물게 될 것이다. 남자로서도 너는 자유롭지 못하다는 말을 계속 듣게 되면 벌써 자유스럽지 못하고 금수처럼 되어 버린다. 여자에게 너에게는 책임이 있다, 너는 자신의 육체와 의지를 지배하고 있다고 말해 보라. 여자는 실제로 그렇게 된다. 그러나 비겁하게도 여러분은 그런 말을 하기를 꺼리고 있다. 왜냐하면 여자가 그것을 모르고 있는 것이 여러분에게 이롭기 때문이다!

자크린의 슬픈 환경은 그녀를 마침내 혼미한 상태로 몰아넣었다. 그녀는 올리비에 곁을 떠나자, 처녀 시절에 경멸하고 있었던 그 세계에 또다시 발을 들여 놓았다. 그녀와 결혼한 그녀의 친구들 주위에는 젊은 남녀들의 작은 사교계가 형성되어 있었다. 그들은 부자들로서 멋있고 한가하고 영리하고 무기력했다. 그곳에서는 사고도 화제도 절대 자유였다. 그러나 그 자유로움은 지성에 의해 다소 억제됨과 동시에, 또 향료가 곁들여져 있기도 했다. 그들은 기꺼이 저 라블레 수도원의 표어를 인용하고 있었다.

　너희가 즐기는 바를 다하여라.

그러나 그들은 다소 우쭐했다. 왜냐하면 그들 자신들이 대수롭지 않은 일을 바라고 있었기 때문이다. 그들은 텔렘 수도원의 무기력한 자들에 지나지 않았다. 그들은 본능의 자유화를 공언하고 희열에 잠겨 있었다. 하지만 그 본능이란 것이 그들에게 있어서는 아주 약해져 있었다. 그들의 방종은 주로 지성적인 방종이었다. 그들은 문명이라는 따뜻하고 쾌락적인 커다란 욕조 속에 자기 몸이 녹아드는 것을 느끼며 즐거워하고 있었다. 이런 미지근한 흙탕물 욕조 안에는 인간의 정력, 사나운 생명력, 원시적인 동물성, 또한 그 동물성이 지니는 신앙·의지·정열·의무 같은 것들이 녹아 있었다. 그러한 젤 라틴 같은 사상 속에 자크린의 아름다운 육체는 잠겨 있었다. 올리비에는 그 것을 말릴 수가 없었다. 그도 또한 시대적 병에 감염되고 있었다. 그는 사랑하는 여인의 자유를 구속할 권리가 자신에게는 없다고 생각했다. 사랑으로 얻을 수 없는 것이라면 무엇이든 얻으려 하지 않았다. 그래서 자크린은 자신의 자유는 자신이 지닌 권리 중의 하나라고 생각하고 있었기 때문에 올리비에의 그러한 태도나 마음가짐을 전혀 고맙게 여기지 않았다.

그녀는 모든 애매함을 싫어하는 마음의 전부를 저 애매한 세계로 가지고 간 것이었다. 그녀는 한번 믿으면 끝장을 내는 성격이었다. 열렬하고 용감스런 그녀의 영혼은 자신의 이기주의 안에서마저 뒤돌아보려 하지 않고 앞으로만 돌진해 갔다. 그리하여 올리비에와의 공동생활에서 얻게 되었던 도덕적인 비타협성을 아직 잃지 못하고 지니고 있어서, 이것을 부도덕한 행위에까지 적용하려 했다.

그녀의 새로운 친구들은 아주 조심성이 많아서 여간해서 자신의 정체를 남에게 드러내지 않았다. 이론상으로는 도덕과 사회와의 여러 종류의 편견에 대해서 완전한 자유를 외치고 있었으나, 실행 앞에서는 자기들에게 유리한 영향을 미치는 사람과는 정면으로 충돌하지 않으려고 조심하고 있었다. 주인의 물건을 훔쳐 내는 충실하지 못한 하인처럼, 그들은 도덕과 사회를 배신하며 이용하고 있었다. 그들은 또 서로를 훔치고 있었다. 이것은 그들의 습관 때문이기도 했고, 지루함을 메우기 위해서 하는 짓이기도 했다. 자기의 아내가 정부를 가진 사실을 아는 자도 몇 사람 있었다. 또한 아내들 쪽에서도 남편이 정부를 두고 있는 것을 알고 있었다. 더욱이 서로가 사이좋게 지내고 있었다. 소문만 나지 않는다면 말썽은 안 일어났다. 그러한 금실 좋은 부부 생활은 관계자들의, 즉 공범들 사이의 말 없는 동의 속에 기반이 구축되어 있었다. 하지만 자크린은 그들보다는 솔직했고, 또 본심에서였다. 첫째도 성실, 둘째도 성실이었다. 그것은 당시의 사상이 칭찬해 주고 있었던 미덕의 하나였다. 그러나 건전한 자에게 있어서는 모든 게 건전하고, 부패한 마음에는 모든 것이 부패해 있다는 것을 여기서는 눈으로 알 수 있었다. 속을 털어놓는다는 것은 때때로 무척 추할 때가 있다! 평범하고 변변치 못한 사람에게 있어서는 자기 마음의 깊은 밑바닥을 환하게 바라보려는 것은 하나의 죄악이다. 그들은 그런 것에서 자신의 평범함을 알게 된다. 하지만 자존심은 그곳에서 아직도 자기의 이익을 찾아내는 것이다.

자크린은 밤낮 거울 속 자신의 모습을 보고 있었다. 그녀가 거기서 본 여러 가지는 보지 않았던 편이 좋은 것들이었다. 왜냐하면 한 번 이상은 이미 그것들을 무시할 힘이 없기 때문이다. 그래서 정복은커녕 그것들이 점차로 커져 오는 것을 보았던 것이다. 마침내 그것들은 엄청나게 큰 것이 되어서 그녀의 눈과 뇌를 점령하고 말았다.

아기도 그녀의 생활을 충만시키기에는 부족했다. 그녀는 모유가 부족해서 아기는 약해져 있었다. 그래서 유모를 고용해야 했다. 처음에는 그것이 몹시 괴로웠다……. 그러나 얼마 뒤에는 오히려 홀가분해졌다. 아기는 요즈음 아주 튼튼하게 자랐다. 마치 개구쟁이 대장처럼 힘차게 자라서 성가신 점이 없었고, 언제나 자기만 해서 밤중에도 거의 울지 않았다. 유모는 니베르 태생의 튼튼한 여자로서 여태껏 몇 번인가 남의 아기들에게 젖을 물려 준 일이 있었으나, 그때마다 유아에 대해서 동물적인, 질투 깊은 귀찮을 정도의 애정을 품어 왔었다. 이 유모 쪽이 오히려 생모 같았다. 자크린이 무언가 의견을 말해도 유모는 자기 뜻대로 하기 일쑤였다. 그래서 자크린이 고집을 부리면 결국 자기는 아무것도 모른다는 것을 알게 되는 것이었다. 그녀는 산후 건강이 회복되어 있지 않았다. 정맥염으로 쇠약해 있었다. 몇 주 동안이나 가만히 있어야 하기 때문에 그녀는 진저리를 냈다. 고열로 시달리는 머릿속에서는 단조로운 한탄을 연방 되풀이하고 있었다.

'정말로 자신은 살아 있는 게 아니다. 자신은 살았던 것이 아니다. 이제 일생은 끝나고 말았다.'

그녀의 상상력은 병적이 되었다. 그녀는 자신이 영원한 병자가 되었다고 생각하고 있었다. 그리하여 암흑 속에서, 무시무시한, 입 밖에 낼 수 없는 한이, 그녀의 병의 천진난만한 원인인 자식에 대해 마음속 깊이 들끓고 있었다. 그것은 흔히 사람들이 믿는 만큼 드문 감정이 아니다. 이것은 보통 마음속에만 숨겨놓고 말하지 못하는 감정이다. 그것을 실제로 느끼고 있는 여자들은 마음속으로 그렇게 인정하고 있는 것을 수치로 여기고 있다. 자크린은 자신을 책망했다. 이기심과 모성애 사이에 암투가 시작되었다. 자식이 행복스럽게 쌕쌕이며 자고 있는 모양을 볼 때면 그녀의 마음은 강한 충격을 받았다. 그러나 잠시 뒤에는 다시 괴로워졌다.

"이 아이가 나를 죽였다."

그래서 자크린은 자기의 고통으로 그 행복을 이룩해 준 이 아기의 무관심한 잠에 대한 짜증스런 반발심을 눌러 없앨 수가 없었다. 자신의 몸이 회복되고, 아기가 점점 자라도 그 반발심은 희미하게 남아 있었다. 자크린은 이것을 부끄럽게 여기고 있었으므로, 그 반감을 올리비에 쪽으로 돌렸다. 그녀는 여전히 자신이 병중인 것으로 알고 있었다. 그래서 아무것도 하지 말라는 —아기를 멀리하고 일마저 시키지 않는, 격리당한 외로움 속에서, 그저 살만 찌우는 가축처럼 병상에 누운 채 공허만을 잔뜩 맛보게 되는 나날—의사들의 권유를 받고—(실은 이 나태가 모든 일의 원인이었던 것이다)—자기 건강에 대한 끊임없는 염려는 점차로 불안감을 더하여 그녀는 자신의 일만을 염려하게 되어 버렸다. 신경 쇠약에 대한 근대적인 요법처럼 기묘한 것은 없다. 자신의 병을 고치기 위해서 다른 또 하나의 병, 즉 자아 비대증에 걸리게 한다! 왜 이기심에 대한 수술 요법을 행하지 않을까? 혹은 혈액이 부족하다면, 무언가 정신적인 반대 요법에 의해서 왜 그들의 머리로부터 마음으로 혈액을 옮기는 방법을 택하지 않을까?

자크린은 그러한 상태로부터 빠져나왔다. 육체적으로는 전보다 좋아져 살이 쪘으며 젊어졌다. 그러나 정신적으로는 전보다 훨씬 병적이 되었다. 수개월 동안의 고독했던 병상 생활은, 그녀를 올리비에에게 묶어 두었던 생각의 마지막 끈을 끊어 버리고 말았다. 함께 있을 때는 여러모로 약점이 많았어도 항상 신앙처럼 지니고 있던 그의 이상주의적인 성격의 영향을, 자크린은 아직도 받고 있었다. 자신의 정신보다는 확고했던 이 정신에 속박당하지 않으려고, 자기의 가슴속을 꿰뚫어보고 억울하게도 때로는 자책감을 느끼게 하는 이 눈길에 반항하려고 아무리 몸부림쳐도 헛일이었다. 그러나 우연히도 이 사나이에게서 떨어져 보자, 그의 통찰력 있는 사랑의 압력을 느끼지 않게 되자, 자신이 자유로워지자 그 즉시, 둘 사이에 아직 남아 있던 다정스런 신뢰는 몸을 맡긴 데 대한 후회와, 이미 감각이 마비된 애정의 소용돌이에 그토록 긴 세월을 묶여 있었다는 증오감에게 자리를 내주었다……. 자신이 사랑하고 있고 또한 자기도 상대에게서 사랑받고 있다고 생각하는 그러한 상태의 마음속에 숨겨져 있는, 이런 집념 깊은 한을 그 누가 설명할 수 있겠는가? 모든 것은 한번에 변한다. 어제까지도 그녀는 사랑하고 있었고, 사랑하고 있는 것 같았고, 스스로도 사랑하고 있다고 생각했다. 그러나 오늘은 이미 사랑하고 있지 않다. 그녀가 사랑한 남자는 그녀의 뇌리에서 사라져 버린다. 그는 자기가 이젠 그녀에게 있어서 아무런 존재도 못 된다는 것을 당장에 알게 된다. 그는 무슨 일 때문인지 알 수가 없다. 그녀 마음속에서 행해지고 있었던 오랜 세월의 일을 전혀 보지 못했던 것이다. 자신에 대해서 쌓이고 쌓였던 은밀한 적의를 꿈에도 몰랐던 것이다. 그는 그러한 복수나 증오의 이유를 알려고 하지도 않았다. 그 이유의 대부분은 멀리, 아득한 그리고 복잡하고 희미한 것이었다. 어떤 것은 침대의 장막 아래 파묻힌 것이었고, 어떤 것은 상처입은 자존심이었고, 모든 것을 알아차린 마음의 비밀이었고, 어떤 것은 또한 그녀 자신도 알 수 없는 것이었다. 그가 눈치채지도 못하고 해버린 일들, 더욱이 그녀로서는 아무래도 용서할 수 없는 일들, 남의 눈에는 보이지 않는 그러한 모욕도 있는 것이다. 그로서는 아무리 발버둥쳐도 알 수 없는 것들이다. 그리고 그녀 자신도 그것이 무엇인지 확실하게는 알 수가 없다. 그러나 그 모욕은 그녀의 살 안에 확실하게 조각되어 있다. 그녀의 살은 절대로 그것을 잃어버리지 않을 것이다.

약해져 가는 애정의 이 무서운 흐름에 저항하여 효과적인 싸움을 하기 위해서는 올리비에와는 전혀 다른 형의 사나이여야 했을 것이다. 좀더 자연스럽고, 좀더 단순하면서도 부드러우며, 감상적이 아닌 풍부한 본능을 지니고, 필요하다면 이성이 인정치 않는 행위라도 해치울 수 있는 사나이여야 했을 것이다. 하지만 올리비에는 처음부터 당해 낼 수 없었고 기진맥진해 있었다. 너무나 영민한 지성의 소유자였던 그는, 자크린의 내부에 의지보다도 더 강한 유전이, 어머니의 혼이 깃들게 된 것을 오래전부터 인정하고 있었다. 그는 그녀가 그 혈통의 깊은 밑바닥에 돌덩이처럼 굴러떨어지는 것을 보고 있었다. 그리고 그는 약하고 쓸모없었기 때문에 어떠한 노력을 시도해 보아도 그 떨어져 가는 속도를 더할 뿐이었다. 그는 침착하려고 애썼다. 그런데 그녀는 무의식중의 타산에서 그를 그러한 침착 속에서 끄집어내어 난폭하고 과격하고 천하기 이를 데 없는 말들을 시키려고 했다. 그를 경멸할 수 있는 이유를 찾기 위해서였다. 만약 그가 화를 내면, 그녀는 그를 경멸했다. 그가 화를 낸 것을 부끄럽게 여겨서 비굴하게 굴면, 그녀는 더욱더 경멸했다. 또한 그가 화를 내지 않으면, 그를 미워했다. 그리고 가장 좋지 못한 것은, 며칠 얼굴을 마주 본 채 침묵 속에 잠겨 버리는 것이었다. 그것은 사람을 질식시키고 미치게 만드는 침묵으로서 그 속에 있노라면 어떠한 얌전한 인간일지라도 난폭하게 되어 남에게 해를 입히고, 소리를 지르고, 소리를 지르게 하고 싶은 욕구에 사로잡히게 마련이다. 그러한 침묵, 암흑의 침묵에서는 사랑마저 산산이 분해되어 버리고, 사람도 마치 천체처럼 저마다 자기의 궤도를 따라서 어둠 속으로 사라져 간다……. 자크린과 올리비에는 자신들이 행하는 모든 일이, 서로 다가가기 위해서 하는 일마저 더 멀어지게 되는 마지막 한계점까지 와 있었다. 두 사람의 생활은 견딜 수 없는 것이 되었다. 하나의 우연이 일의 성사를 한층 더 촉진시켰다.

1년 전부터 세실 플뢰리가 때때로 자넹 집안을 찾아왔다. 올리비에가 크리스토프의 집에서 세실과 만나, 자크린이 세실을 집으로 초대했다. 그리고 크리스토프가 그들과 작별한 뒤에도 세실은 여전히 그들과 만나고 있었다. 자크린은 그녀에 대해서 친절했다. 자크린은 전혀 음악을 몰랐으며 세실을 약간 평범한 여자라고 여기고 있었지만, 그녀의 노래에 매력을 느꼈으며 그녀를 가까이 대하면 자기의 마음마저 차분히 가라앉았다. 올리비에는 세실과 함께 음악을 하는 것이 즐거웠다. 세실은 마침내 그 가정의 벗이 되었다. 그녀는 신뢰감을 불러일으켰다. 그녀가 사심 없는 눈과 건강한 모습과 듣기좋은 약간 굵은 선량한 웃음소리로 자넹 집안의 응접실에 들어오면, 마치 한줄기 광선이 안개 속을 비춰 주고 있는 것 같았다. 올리비에와 자크린의 마음은 금방 차분하게 되는 것이었다. 세실이 돌아갈 때 그들은 이렇게 말하고 싶었다.

"있어 주세요, 더 있어 주세요, 적적하니까요!"

자크린이 없는 동안에 올리비에는 더 자주 세실을 만났다. 그리고 그는 자신의 슬픔을 그녀에게 숨길 수가 없었다. 연약하고 부드러운 혼이 숨 쉬는 것마저 힘들게 여겨져서, 가슴속을 터놓고 싶어져 아무 생각도 없이 부주의하게 자기의 슬픔에 대해 고백했다. 세실은 마음에 감동을 받았다. 자크린은 어머니처럼 위로의 말을 해 주었다. 그녀는 두 사람을 딱하게 여겼다. 하지만 털어놓은 이야기에 그 이상으로 당황했던지 아니면 달리 무슨 이유가 있었던지, 여러 구실을 만들어 그전처럼 자주 오지 않았다. 아마 그녀는 자주오는 것이 자크린에 대한 의리에 손상을 끼치는 것으로, 자기에게는 그러한 비밀을 알아야 할 권리 같은 것은 없다고 생각했을 것이다. 그녀의 방문이 뜸해진 것을 올리비에는 그렇게 해석하고 있었다. 그리고 그녀의 그러한 행위를 시인했다. 왜냐하면 그는 자신의 가슴속을 터놓은 것을 후회하고 있었기 때문이다. 하지만 그녀가 멀어져 간 것으로 해서 세실이 자기에게 있어서 무엇이었나 하는 것을 확실하게 느꼈다. 그는 그녀와 자기 생각을 나누는 데에 습관이 되어 있었다. 그녀만이 자기를 누르고 있는 고통에서 해방시켜 주었다. 그는 자신의 감정을 꿰뚫어보는 데 익숙했으므로, 이런 감정에 어떠한 이름을 붙여야 하는지 망설이지 않았다. 그도 이러한 감정에 대해서만은 세실에게 아무런 언급도 못했을 것이다. 그러나 자신이 느끼고 있는 일을 자기를 위해서 써보겠다는 욕구에는 저항하지 못했다. 그는 최근부터 종이에다 자신의 생각을 씀으로써 자신의 마음과 말을 나눈다는 저 위험한 습관으로 되돌아왔다. 연애를 하고 있었던 동안에는 그것은 필요 없었다. 하지만 다시 고독하게 된 지금, 이 유전적인 성벽에 다시 사로잡혔다. 젊었을 때에는 그것이 일종의 위안이기도 했다. 또한 그것은 자신을 해부하는 예술가로서는 어쩔 수 없는 일이기도 했다. 이리하여 그는 마치 세실에 대해서 자신의 속을 터놓는 것처럼—그녀에게 읽히는 일은 결코 없으므로, 보다 자유롭게—자신을, 그리고 자기의 괴로움을 썼다.

그런데 우연히도 이것을 자크린이 보게 되었다. 그것은 그녀가 여러 해 만에 모처럼 올리비에에게 가까운 기분이 되었던 날의 일이었다. 서랍 속을 정리하다가 옛날 그에게서 받았던 연애편지를 다시 읽었다. 눈물이 치솟는 감동을 느꼈다. 책장 그늘에 주저앉아서 다 정리하지도 못하고 과거를 떠올리고 있었다. 그리고 그 과거를 파괴해 버리고 말았던 일을 가슴이 미어지도록 후회했다. 올리비에의 슬픔도 생각해 보았다. 여태껏 그녀는 냉정하게 그것을 생각해 보지 않았다. 그를 잊을 수는 있었다. 하지만 그가 자기 때문에 괴로워한다는 것은 참을 수 없었다. 그녀는 가슴이 찢어지는 듯한 느낌이었다. 그의 발밑에 몸을 던지고 말하고 싶었다.

"아, 올리비에, 올리비에! 우린 무슨 일을 이 지경으로 만들어 버렸을까요? 우린 바보였어요! 바보예요! 이제 서로 괴롭히는 일은 그만둬요, 네?"

만약 이때 그가 돌아온다면……

그런데 마침 이때 그녀는 그 편지를 보게 되었다…… 이것으로 모두 끝났다. 그녀는 실제로 올리비에에게 속았다고 생각했을까! 아마도 그렇게 여겼으리라. 그러나 그것은 대수로운 일이 아니다. 그녀에게 있어서는 행위로서의 배신은 의지로서의 배신보다 중요하지 않았다. 사랑하는 사나이가 다른 여성에게 마음을 옮긴 것보다는 정부를 만들어 버린 쪽이 용서하기 쉬웠을 것이다. 또한 그녀가 그렇게 생각한 것도 지당한 것이었다.

"그따위 바보 같은!" 어떤 분들은 이렇게 말할 것이다…… (그런 말을 하는 사람은 사랑의 배신을 당한 뒤에야 겨우 그것을 괴로워하는 불쌍한 사람들이다……. 마음이 충실한 이상 육체의 더러움 같은 것은 대수로운 것이 못된다. 그러나 마음이 배신해 버리면 뒤에는 이미 아무것도 남는 게 없다…….)

자크린은 올리비에의 마음을 다시 자기에게 되돌리려고는 생각하지 않았다. 너무 늦었다! 그녀는 이미 그를 별로 사랑하지 않았다. 또는 지나치게 사랑했는지도 모른다……. 아니, 그녀가 느낀 것은 질투가 아니었다. 그녀에게 남아 있던 신뢰감이 모두 허물어져 버린 것이었다. 그녀의 마음 맨 밑바닥에 남아 있던 그에 대한 신용과 희망이 깨끗이 무너져버렸다. 그녀는 자기야말로 그를 경멸한 것이며, 자기야말로 그를 낙담시켜서 이러한 사랑에게 주어 버린 것이란 것을, 그리고 이 사랑은 결백한 것이며 게다가 결국 사랑하든 사랑하지 않든 우리의 임의대로 되는 것이 아니라는 것을 생각해 보지도 않았다. 이런 감상적인 마음의 기울임을 크리스토프에 대한 자신의 사랑 편력에 비교해 본다는 생각은 그녀의 머릿속에 떠오르지도 않았다. 그녀는 전혀 크리스토프를 사랑하고 있지 않았다. 중요시하지도 않았다. 그녀는 격한 감정의 과장에 의해서, 올리비에가 자기를 속인 것이라고, 그에게 있어서는 자신은 이미 없는 것이나 다름없다고 생각했다. 마지막 지지대가 때마침 그것을 붙들려고 팔을 내민 순간에 없어져 버린 것이다……. 모두 끝나고 말았다.

올리비에는 이날 그녀가 얼마나 괴로워했는지 전혀 몰랐다. 하지만 그녀의 얼굴을 보았을 때, 그도 역시 모두 끝장났다는 것을 느꼈다.

그 뒤로 그들은 남들 앞에 있을 때만 서로 말을 했다. 신경을 곤두세우고 무서움에 떨고 있는 쫓기는 두 마리 짐승처럼 서로 힐끔힐끔 보기만 하였다. 예레미아스 고트헬프(19세기의 스위스 작가)는 이미 서로 사랑하고 있지 않으면서 서로 감시만 하고 있는 부부의 고통스러운 상태를 무자비한 언어로써 그려 내고 있다. 그 두 사람은 저마다 상대의 건강을 탐색하여 발병의 징조를 기다리고 있다. 상대의 죽음을 촉진시킨다든가 상대의 죽음을 원한다든가를 생각하는 것은 결코 아니나, 어떠한 뜻밖의 사건이 야기되는 것을 은근히 기대한다든가, 자기 쪽이 더 건강한 것을 기뻐한다는 것이다. 자크린과 올리비에는 때때로 상대가 그러한 생각을 품고 있다고 생각할 때가 있었다. 어느 쪽도 그러한 생각을 한 적은 없었다. 그러나 상대가 그러한 생각을 품고 있다고 상상하는 일은 많이 있었다. 가령 자크린은 한밤중 가위에 눌려서 잠을 못 잘 때는, 상대가 자기보다 강해서 조금씩 자기를 쇠약하게 만들어 마침내는 자기를 때려눕힐 것이라고 생각했다……. 미쳐 버린 마음과 상상력과의 기괴한 명상! 더욱이 마음속 깊은 곳에서는 진심으로 서로 사랑하고 있는데도…….

올리비에는 그 무거운 짐짝에 짓눌려서 더는 싸우려고 하지 않았다. 옆으로 몸을 피해서 자크린의 혼을 자기가 원하는 방향으로 돌렸다. 관심 없이 내버려진 그녀는 진로의 안내자를 잃고 오히려 자기의 자유에 휘청거렸다. 그녀에게는 반항할 지배자가 필요했다. 그것이 없을 때에는 그것을 만들어 내야 했다. 그래서 그녀는 고정관념의 포로가 되었다. 여태껏 아무리 괴로웠어도 올리비에와 헤어지겠다는 생각 같은 것은 한 번도 해 본 적이 없었다. 그러나 이때부터는 모든 속박으로부터 해방된 것으로 다짐했다. 시기가 늦어지기 전에 연애하고 싶었다(그녀는 아직 젊은데도 이미 늙었다고 생각하고 있었던 것이다). 그녀는 연애를 했다. 우연히 만난 남자에게, 금방 본 모습에, 하나의 명성에, 때로는 단순한 하나의 이름에, 공상적인 세찬 연정을 쏟는 기분을 그녀는 맛보았다. 이 정열에 한 번 사로잡히자 헤어날 수가 없었다. 그리고 이 정열은 한 번 선택한 대상물 없이는 못 견딘다는 것을 사람 마음속에 뿌리박고, 마음과 몸을 갉아먹고 다른 애정이나 도덕관념이나 추억이나 자부심이나 타인에 대한 경의 등, 마음을 채워 주고 있던 과거의 모든 내용을 완전히 공허한 것으로 만들어 버린다. 그리하여 이 고정관념도 그것을 키워 주는 내용이 아무것도 없기 때문에 사라져 없어지고 보면, 그 뒤에는 타버린 황폐한 자취만이 남게 되며, 그 폐허에서 이번에 나타나는 성질에는 친절도 없고, 동정심도, 젊음도, 꿈도 없고 오직 생명을 침식할 것만을 생각한다. 마치 잡초가 부서진 기념비를 침식하여 돋아나듯이!

자크린의 경우에도 세상에 흔히 있듯이, 그 고정관념은 사람 마음을 가장 적절하게 속이는 데 가장 알맞은 사나이에게 얽혀 있었다. 불쌍한 자크린이 정신을 잃은 남자는, 바람둥이로 유명한 파리의 작가인데 잘생기지도 않았고 젊지도 않았다. 땅땅한 키에 얼굴이 붉고 초췌했으며, 치열도 고르지 못했고 마음도 무척 메말라 있었다. 그의 중요한 값어치는 유행 작가라는 점과 많은 여성을 불행하게 만들었다는 점이었다. 자크린은 그의 이기심을 몰랐었다는 변명마저 할 수 없었다. 왜냐하면 그는 그 예술 속에서 자신의 이기심을 보란 듯이 펼쳐놓고 있었다. 그는 자기가 할 일을 잘 알고 있었다. 예술 속에 적절하게 끼워 둔 이기심은 참새 떼를 불러들이는 거울이었고, 약한 인간의 마음을 어지럽히는 불길이었다. 자크린의 주위에서도 수많은 여성이 그에게 사로잡혔다. 아주 최근에도, 그녀의 벗으로 결혼한 지 얼마 되지 않은 젊은 여성이 쉽게 그의 유혹에 빠졌다가 얼마 뒤 버림받고 말았다. 그녀들은 그 억울함을 숨길 수 있을 만큼 영리하지 못하여 사람들의 웃음거리가 되기는 했으나, 이로 말미암아 죽을 정도의 괴로움을 느끼지는 않았다. 가장 심한 짓을 당한 자도 자신의 이해관계와 사회적인 의무에 신경을 써서, 마음의 어지러움을 건전한 상식이 지배하고 있는 범위 안에까지 끌고 들어가지는 않았다. 그녀들은 절대로 소란을 피우거나 야기하지 않았다. 남편이나 벗들을 속이는 데 있어서도, 또는 자기 자신이 속임수를 당하여 괴로워하여도 모든 것은 침묵 속에서 행해지고 있었다. 그녀들은 소문난 화제의 여주인공들이었다.

그러나 자크린은 미친 것 같았다. 단지 자기가 말한 것을 실행했을 뿐 아니라, 자신이 하고 있는 일을 퍼뜨려 말하기도 했다. 그녀의 미쳐 날뛰는 행위에는 아무런 타산도 없었고 사심도 전혀 없었다. 그녀는 항상 자신에 대해서 솔직하고, 자기가 한 행위의 결과를 피하지 않는 겁이 없는, 위험스런 미점을 갖고 있었다. 그녀는 그 사교계의 다른 여성들보다도 훨씬 뛰어났다. 그것이 오히려 좋지 않았다. 그녀는 연애를 하면, 불의의 사랑을 생각해 내면, 될 대로 되라는 식으로 그 속에 맹목적으로 뛰어들었다.

아르노 부인은 자기 집에서 홀로 있었다. 그리고 페넬로페가 저 유명한 일을 하고 있을 때와 같은 열의에 찬 침착한 태도로 뜨개질을 하고 있었다. 그리고 또 페넬로페처럼 남편이 돌아오기를 기다렸다. 아르노 씨는 낮 동안을 밖에서 보내고 있었다. 오전과 오후에 수업이 있었다. 절름발이에다 학교는 파리의 반대쪽 변두리에 있었지만 대개 점심 때는 집으로 돌아왔다. 무리를 해서 그런 먼 길을 걸어오는 것은 좋아서라기보다, 아니면 경제성 때문이 아니라, 오히려 습관 탓이었다. 형편에 따라서는 학생들의 복습 때문에 나올 수 없을 때도 있었다. 어느 날은 도서관이 근처에 있는 것을 이용하여 그곳으로 공부하러 갔다. 거기서 뤼실르 아르노는 텅 빈 실내에 혼자 있었다. 그곳에는 8시에서 10시까지 청소하러 오는 시간제 가정부와 아침나절에 주문한 물건을 들고 오는 납품업자를 제외하고는 어느 한 사람도 찾아오지 않았다. 같은 건물 안의 집에는 그녀가 아는 사람은 이미 한 사람도 없었다. 크리스토프는 이사 가 버렸고 라일락나무가 심어진 정원은 새로 온 사람들이 차지하고 있었다. 세린 샤브랑은 앙드레 엘스베르제와 결혼했다. 엘리 엘스베르제는 가족들을 데리고 스페인으로 가 버렸다. 광산 채굴 일이 생겼던 것이다. 베이유 노인은 아내를 잃고 파리의 거주지에는 거의 오지 않았다. 단지 크리스토프와 그의 벗인 세실만이 뤼실르 아르노와 아직 교제를 계속하고 있었다. 그러나 두 사람은 먼 곳에서 살고 있고 거기에다 힘겨운 일에 쫓기는 몸이어서 몇 주일 동안 찾아오지 않았다. 결국 그녀는 그녀 자신에게 의지할 수밖에 없었다.

그녀는 결코 한가롭지는 않았다. 자기의 흥미를 채우기 위해서는 조그마한 것으로도 충분했다. 매일처럼 해내는 자잘한 집안일, 조그만 한 그루 나무의 보드라운 잎새들을 그녀는 어머니다운 마음으로 정성껏 닦아 주었다. 얌전한 회색 고양이, 그 고양이는 귀여움을 받는 모든 동물이 그러하듯이 난롯가나 탁자 위에 있는 등잔 곁에 엎드려서, 일하고 있는 그녀의 손끝을 지켜보고 때때로 그 빛나는 눈을 들어 그녀를 보기도 한다. 그 눈동자는 한순간 그녀를 관찰하고는 곧 무관심한 표정을 짓기도 한다. 여러 종류의 가구까지도 그녀의 벗이 되었다. 이것도 저것도 모두 다정스런 얼굴을 하고 있다. 그것들을 깨끗이 닦아 주거나 조심성 있게 제 장소에 갖다 두는 것은 그녀에게 어린아이 같은 희열을 맛보게 해 준다. 그녀는 또 그 가구들과 말없는 대화를 한다. 자기가 가지고 있는 유일한 물건인 오래된 루이 16세 시대 때의 원통형 책상을 향해서 미소 지었다. 매일 그것을 보면서도 똑같은 기쁨을 느꼈다. 그녀는 뒤이어 속내의류를 정리했다. 몇 시간 동안이든 의자 위에 앉아서 머리와 양손을 옷장 안에 집어넣고 살피기도 하고 치우기도 했다. 그러면 고양이는 이상한 듯이 그러한 그녀를 힐끔힐끔 쳐다보았다.

그러나 그녀가 진실로 행복스럽게 여기고 있는 것은 일을 끝내고 이럭저럭 혼자서 점심을 마치고—그녀는 별로 식욕이 없었다—꼭 필요한 볼일이 있으면 외출하고 그것으로 하루의 일과를 모두 끝내면, 4시쯤에 집으로 돌아와서 뜨개질 거리와 새끼 고양이를 무릎 위에 올려놓고 창가나 난로 곁에 편안하게 자리잡고 앉을 때였다. 때로는 전혀 외출하지 않기 위해 구실을 만들었다. 특히 겨울에 눈이 내려서 집 안에만 틀어박혀 있을 때는 즐거웠다. 그녀는 깨끗한 것을 좋아하는 섬세하고 약하디약한 새끼 고양이와 같아서, 추위나 바람이나 흙탕물이나 비가 싫었다. 어쩌다가 납품업자가 방문을 잊어버렸을 때는 점심 식료품을 구하기 위해서 외출하기보다는 차라리 먹지 않는 편이 낫다고 여겼다. 그럴 때는 초콜릿 조각이라든가 선반의 과일을 씹는 것으로 때우기도 했다. 그녀는 그러한 것을 아르노에게 말하기를 꺼렸다. 또 그러한 것은 그녀의 즐거운 타성이었다. 그런데 상쾌한 날, 때로는 태양이 찬란하게 빛나는 아름다운 날에도—문밖에는 푸른 하늘이 찬란하고, 쓸쓸하다고 느낄 만큼 조용한 어둠침침한 방 주위에는 거리의 소음이 윙윙거린다. 그것은 마치 그녀의 혼을 둘러싸고 있는 신기루와 같다—그녀는 가장 좋아하는 구석 자리에 앉고, 받침대에 다리를 얹고 뜨개질 거리를 손에 들어 손끝만을 움직이며 가만히 생각에 잠겼다. 곁에는 애독서를 한 권 두고 있었다. 대개 그것은 붉은 표지로 된 낡은 책으로서 영국 소설의 번역판이었다. 그녀는 아주 조금만 읽어서 하루에 한 장이 전부였다. 그래서 무릎 위의 책은 오랫동안 같은 페이지가 펼쳐져 있거나 또는 전혀 펼쳐져 있지 않을 때도 있었다. 그녀는 줄거리를 이미 알고 있었다. 그녀는 그것에 대해서 환상을 그리고 있었다. 이리하여 디킨스나 새커리의 장편 소설을 읽는 데 몇 주일이나 걸렸지만, 그것에 대한 몽상은 수년간이나 계속되었다. 그 소설들은 애정으로 그녀의 마음을 동요시켰었다. 서둘러 마구 읽어 버리는 오늘날의 사람들은 천천히 정독한 책에서 퍼지는 영묘한 빛의 힘을 알지 못한다. 아르노 부인은 소설 속 인물들의 생활이 자기의 생활과 같은 현실적인 것이라는 것을 조금도 의심하지 않았다. 그녀가 온몸을 바치고 싶을 만큼 훌륭한 인물도 있었다. 모성애와 처녀의 마음을 함께 지니고 그녀를 사랑해 주는, 부드러우며 질투심이 강한 캐슬우드 부인은 그녀에겐 자매처럼 여겨졌다. 어린 돔베이는 자기의 귀여운 자식 같고, 죽어가는 순진한 여인 도라는 자신처럼 느껴졌다. 선량하고 순수한 눈으로 사물을 관찰하며 인생을 살아가는 동심을 잃지 않는 이 모든 영혼을 향해서 그녀는 양팔을 내밀었다. 그녀의 주위에는 우습기도 하고 불쌍하기도 하며 꿈만을 먹고 사는, 사랑해야 될 빈민들이나 죄 없는 연인들의 행렬이 지나가고 있었다. 그리고 그 선두에는 자기의 꿈에 웃고 우는 디킨스의 애정 깊은 천재가 우뚝 서 있었다. 이때 그녀가 창밖을 내다보니 통행인들 사이에 공상의 세계에서 그리워하던, 혹은 무서워하던 사람들이 걸어다니고 있는 것 같았다. 또 담장 건너에 같은 생활이 있다는 것을 그녀는 짐작하고 있었다. 그녀가 외출을 꺼리는 이유도 신비에 넘치는 그러한 세계가 두렵기 때문이었다. 그녀는 자기 주위에 비극이 숨어 있고 희극이 연출되고 있다는 것을 알고 있기도 했다. 그것은 반드시 환상만은 아니었다. 고독한 생활을 계속하는 동안 그녀는 신비적인 직관력을 몸에 지니고, 지나치는 사람들의 눈동자 속에서 때때로 그들 자신마저 알지 못하는 그들의 과거나 앞날 생활의 많은 비밀을 꿰뚫어 볼 수 있었다. 그녀는 그 진실의 환상에 소설적인 직감을 가미하고 있었다. 그래서 그 소설적인 직감은 환상을 왜곡시켰다. 그녀는 이 막막하기만 한 우주 공간에서 익사할 것 같은 기분이었다. 그래서 다시 확고한 디딤돌을 가지기 위해서 집으로 돌아가야 했다.

그러나 그녀는 남을 본다든가, 남의 마음을 읽는다든가 할 필요가 없었다. 그녀는 자기 자신의 내면으로 눈을 돌리기만 하면 그것으로 충분했다. 외부에서 보면 창백한 그녀의 존재도 내부에서 보면 얼마나 광택이 나고 있었겠는가! 얼마나 충실한 생활이었던가! 누구에게도 눈치채이지 않는 얼마나 많은 추억이, 귀중한 보물이 퇴색해 가는가! 그 모든 것은 어느 정도의 현실성을 지녔었던가? 물론 현실적인 것이었다. 왜냐하면 그녀에게 있어서는 현실적인 것이었기 때문이다…… 아! 가련한 생활도 꿈속의 마법 지팡이로 그 모습을 변경시킬 수 있었던 것이다.

아르노 부인은 긴 세월을 거슬러 올라가서 어릴 때의 일들까지 생각해 내고 있었다. 사라져 버린 희망의 가냘픈 작은 꽃이 하나씩 하나씩 몰래 다시 피어났다…… 어느 소녀에 대한 어렸을 때의 첫사랑, 첫눈에 그녀는 그 매력에 빠져들었다. 그 사랑은 사람이 한없이 순수할 때에 사랑할 수 있는 그런 사랑이었다. 그 소녀에게 몸이 닿았다고 느껴질 때면 감동 때문에 기절할 것만 같았다. 그녀는 소녀의 발에 입을 맞추고, 소녀의 딸이 되고 싶었다. 소녀와 결혼하고 싶었다. 그러자 그 우상은 마침내 결혼했는데, 불행했다. 자식 하나를 두었지만 이어 그 자식은 죽어 버리고 마침내는 자기 자신마저 죽어 버렸다…… 다음에는 열두 살 때에 자기와 같은 나이의 소녀를 사랑했다. 그 소녀는 그녀를 괴롭히기만 했다. 금발의 소녀는 마구 덤비며 잘 웃고, 제 마음대로 그녀를 울리고는 재미있어하고 있었는데, 그 뒤에는 닥치는 대로 입맞춤을 퍼부었다. 둘은 함께 제법 소설적인 앞날 계획을 이것저것 생각하기도 했다. 하지만 그 소녀는 까닭은 몰랐지만 돌연 카르멜 회의 수녀가 되었다. 어쨌든 행복하게 지내고 있다는 것이었다…… 다음은 자기보다 훨씬 연상의 남자에게 열렬한 정열을 다 쏟아부었다. 이 정열에 대해서는 누구도 아무것도 몰랐다. 그 남자마저 그것을 알지 못했다. 그녀는 거기에 헌신적인 정열과 다시없는 부드러운 애정을 쏟아부었다…… 그 다음에는 남에게서 사랑을 받았다. 그러나 기묘한 두려움과 자신감 결여로 자기가 사랑을 받고 있다는 것마저 믿을 수가 없었고, 또 자신이 사랑하고 있다는 것을 몸짓으로 보여 줄 수도 없었다. 그리고 행복은 그녀가 그것을 미처 잡지 못하는 사이에 날아가 버리고 말았다…… 그 다음에는…… 그러나 자기에게 있어서조차 아무런 의미를 지니지 못하는 것을 남에게 말한들 무슨 소용이 있겠는가! 여러 작은 일들이 그녀에게 있어서는 깊은 의미를 지니고 있었다. 예를 들면 친구가 말해 주는 주의라든가, 올리비에가 아무런 의미 없이 입에 담는 부드러운 말이라든가, 크리스토프의 친절한 방문이라든가, 그의 음악이 불러일으키는 즐거운 세계라든가, 또는 낯모르는 사람의 시선 같은 것이다. 그렇다. 이 정직하고 순결하고 훌륭한 여성의 내부에서까지도 사고의 작용이 무의식 중에 부정을 저지르게 하는 것이다. 그녀는 그것에 당황하여 얼굴을 붉히고 살그머니 그것을 멀리했다. 그래도 역시—그것은 역시 사심이

어서—마음속이 다소 밝아졌다……. 그녀는 남편을 사랑하고 있었다. 남편은 자기가 꿈속에서 그리던 사람은 아니었지만 그래도 그는 선량했다. 어느날 그는 아내에게 말했다.

"당신이 내게 있어서 어떠한 존재인가 당신은 모를 거야. 당신은 내 생활의 전부란 말이야!"

그녀의 마음은 흐뭇했다. 그리고 그날 그녀는 영원히 자기가 남편과 함께라는 것을 느꼈다. 해마다 두 사람은 더욱 긴밀하게 맺어져 갔다. 둘은 함께 아름다운 꿈을 그렸다. 일이나 여행, 자식에 대한 꿈, 그러한 꿈은 어떻게 되어 버렸는가? 아! 그래도 아르노 부인은 여전히 그러한 꿈을 꾸고 있었다. 그 꿈속에는 한 작은 어린이가 있었다. 그녀는 그 아이를 밤낮 생각하고 있었기 때문에 마치 눈앞에 있는 것처럼, 실제로 알고 있는 것처럼 여겨졌다. 그녀는 몇 년이 지나도 그쪽에 마음을 쓰고 자기가 본 일이 있는 가장 아름다운 것이나, 자기가 사랑한 것 가운데 가장 귀중한 것으로 항상 그 아이를 입혀 주든가 하고 있었다……. 그리고 침묵! ……

그것이 전부였다. 그것이 그녀의 세계였다. 겉으로는 더할 수 없이 조용한, 또한 더할 수 없이 평범한 생활의 내부에는 남이 모르는, 아주 친한 사람마저 알 수 없는 얼마나 많은 비극이 숨겨져 있단 말인가! 그리고 더욱 심각한 비극은 여러 희망이 있는 그러한 생활 속에서도 '아무 일도 일어나지 않는다'는 것이다. 자신의 당연한 권리를 향해서, 자연으로부터 약속받고 있으면서 거부당하고 있는 자기의 소유물을 향해서, 필사적으로 외치고 있는 생활, 정열적인 고뇌 속에 심신을 죽이고 있는 생활, 더욱이 밖으로는 그러한 냄새를 풍기지 않는 생활, 그러한 생활 속에 아무런 일도 일어나지 않는다는 뜻이다!

아르노 부인은 자신의 행복을 위해서 자기 자신의 일에만 몰두하지는 않았다. 그녀의 생활은 그녀의 꿈의 일부분에만 만족하는 것에 지나지 않았다. 그녀는 또한 자기가 현재 알고 있는, 혹은 과거에 알고 있었던 사람들의 생활마저 스스로 생활했다. 그는 자신을 그러한 사람들의 생활 속에 두고 있었다. 그녀는 크리스토프의 일을, 또 친구인 세실의 일을 생각했다. 이 두 여인은 서로 사랑하고 있었다. 이상스럽게도 몸이 튼튼한 세실 쪽이 몸이 약한 아르노 부인에게 매달리고 싶어했다.

이 쾌활하고 건강한 처녀는 실제로 보기보다는 강하지 못했다. 그녀는 하나의 위기를 지나가고 있었다. 아무리 냉정한 사람일지라도 불의의 공격을 피하기는 어렵다. 참으로 연하고 부드러운 하나의 감정이 그녀의 마음속에 스며들었다. 그녀도 처음에는 그것을 인정하고 싶지 않았다. 하지만 그것은 점차로 커져서 마침내는 인정하게 되었다. 그녀는 올리비에를 사랑하고 있었다. 이 청년의 조용하고 부드러운 분위기, 그 모습의 여성적인 매력, 연약하여 상대에게 몸을 내맡기고 싶어하는 성격이 잠깐 사이에 그녀로 하여금 그것을 인정하게 만들었다(모성적인 성격의 여성은 자기를 필요로 하는 남자를 사랑하는 법이다). 다음에 그녀는 올리비에의 부부 생활이 금이 간 것을 알고 그에게 위험한 동정을 품었다. 물론 이유는 그것만이 아니었을 것이, 사랑을 하는 진정한 이유가 무엇인가는 그 누구도 말할 수가 없다. 대부분의 경우 그 동기는 이런저런 사실에 있는 것이 아니다. 그것은 마음에 틈이 생겼을 때 갑자기 엄습하여, 마침 그때 만난 사람에게 사랑을 느끼게끔 만드는 그 기회의 힘에 있는 것이다. 세실은 자기의 사랑이 의심할 수 없는 것이 되었을 때, 그 사랑을 죄 많고 비상식적인 것으로 간주하여 용기를 내어 그 유혹을 물리치려고 노력했다. 그녀는 오랜 시간 자신을 괴롭혔다. 그리하여 마음의 상처는 더하기만 했다. 어느 누구도 그러한 일을 눈치채지 못했다. 그녀는 강인하게도 행복한 체하고 있었던 것이다. 아르노 부인만이 그녀의 고민을 알고 있었다. 세실은 찾아와서 아르노 부인의 빈약한 가슴에 머리를 파묻듯 하고선 말없이 눈물을 흘리며 부인에게 입맞춤하고 그리고 웃으면서 돌아갔다. 그녀는 이 약한 친구에게 존경에 가까운 애정을 품고 있었다. 이 친구의 내부에서 정신적인 정력과 자기보다 훨씬 뛰어난 신념을 느끼고 있었다. 그녀는 자신의 가슴속을 털어놓지는 않았다. 그러나 아르노 부인은 은연중에 짐작할 수가 있었다. 부인에게 있어서는 이 세상은 우울한 오해투성이처럼 여겨졌다. 그 오해를 푼다는 것은 불가능했다. 사람은 그저 사랑하고 동정하고 꿈꾸는 것 말고는 아무것도 할 수 없는 것이다.

여러 종류의 꿈이 마치 벌의 무리처럼 너무 시끄럽게 머리 위에서 윙윙거리기 때문에 현기증을 일으킬 것 같은 때에, 아르노 부인은 피아노 앞으로 가서 저음의 건반 위에 목적 없이 손가락을 눌러서 음률의 아늑한 빛으로 생활의 환영을 뒤덮었다……

하지만 그 선량하고 사랑스러운 여성은 그날그날의 근무 시간을 잊지는 않았다. 아르노가 돌아오니 불은 켜 있었고 저녁 준비도 끝나 있었다. 그리고 아내의 창백하고 원만한 얼굴이 그를 기다리고 있었다. 그는 아내가 어떠한 세계를 돌다 왔는지 전혀 알 수 없었다.

어려운 것은 두 개의 생활을 충돌시키지 않고 함께 유지해 나가는 데 있었다. 일상생활과 먼 지평선을 가진 커다란 정신생활, 그 두 개를 함께 유지하는 것은 언제나 쉬운 일은 아니었다. 다행히 아르노 역시 책 속에서, 예술 작품 속에서, 반 공상적인 생활을 보내고 있었다. 서적이나 예술 작품이 지니고 있는 영원한 불길은 그의 흔들거리는 영혼의 불길을 받들어 주었기 때문이다. 하지만 그러한 그도 지난 수년 동안 직업상의 일로 생기는 사소한 걱정이나 동료나 학생들 사이에서 일어난 부당한 일, 공평한 일, 불쾌한 일 등에 점점 더 신경을 빼앗기게 되었던 것이다. 그는 서먹서먹해져 있었다. 정치를 논하기 시작하고 정부나 유대인들을 닥치는 대로 비난하기 시작했다. 믿고 있었던 대학 교수의 지위가 허사로 끝났을 때는 드레퓌스 때문이라고 했다. 그의 그러한 걷잡을 수 없는 기분은 아르노 부인에게도 다소 전염되었다. 그녀는 마흔 살에 가까워지고 있었다. 불안정한 생활력이 평형을 찾는 나이였다. 그녀의 생각 속에 커다란 균열이 몇 군데나 있었다. 얼마 동안 두 사람은 살아가는 이유를 깨끗이 잊고 있었다. 그것은 그들의 거미줄을 칠 장소가 이미 없었기 때문이었다. 아무리 약하더라도 꿈속에서는 현실적인 지주가 하나 필요한 것이다. 하지만 그들에게는 어떤 종류의 지주도 없었다. 그들은 이미 서로 기댈 수가 없었다. 그는 아내를 살리기는커녕 아내에게 매달리고 있었다. 그러나 그녀는 자기에게는 그를 지탱해 줄 힘이 없다는 것을 알고 있었다. 그렇게 되니 벌써 자기 자신마저 견딜 수 없게 되었다. 그녀를 구할 수 있는 것은 오직 기적뿐이었다. 그녀는 기적을 바라고 있었……

기적은 혼의 맨 밑바닥에서 솟아나왔다. 아르노 부인은 자기의 고독한 마음 밑바닥에서 숭고하기도 하고 터무니없는 것 같기도 한 욕구가 솟구쳐 오르고 있음을 느꼈다. 이 욕구란, 비록 현실 사정이 어떻든 간에 무엇인가를 창조하고 싶다, 오로지 자기가 엮는다는 기쁨을 위해서만 엮는 꿈 같은 이상의 그물을 공간적으로 펼치고 싶다, 그리고 그 꿈의 그물을 바람에다, 즉 신의 숨결에다 맡겨 신의 뜻대로 어디로든지 날려 가고 싶다는 그런 욕구였다.

그러자 신의 숨결이 다시금 그녀를 삶에다 연결지어 그녀를 위해 눈에 보이지 않는 지지대를 여러 개 찾아내 주었던 것이다. 그래서 부부는 다시 새로이 그들의 꿈 같은 이상의 멋있고도 허무한 그물을 끈질기게 엮기 시작했는데, 그 그물은 그들 두 사람 영혼의 가장 순수한 피로 만들어져 있었다.

*

아르노 부인은 집에 혼자 있었다…… 해가 저물고 있었다.

대문의 초인종이 울렸다. 아르노 부인은 여느 때보다 빨리 몽상에서 깨어나 몸을 떨었다. 조심스럽게 뜨개질 거리를 치운 뒤에 문을 열러 나갔다. 크리스토프가 들어왔다. 그는 몹시 흥분되어 있었다. 부인은 그의 손을 부드럽게 쥐었다.

"어머! 무슨 일 있나요?" 부인이 물었다.

"아! 올리비에가 돌아왔습니다." 크리스토프가 대답했다.

"돌아왔어요?"

"오늘 아침나절에 왔습니다. 그리고 도와달라고 하더군요. 내가 껴안아 주었습니다. 그는 울고 있었어요. 그러고는 '내겐 이제 당신밖에 없어. 그녀는 가 버리고 말았어' 라고 하더군요."

아르노 부인은 깜짝 놀라서 자기도 모르게 두 손을 마주 잡았다. 그러고는 말했다.

"아, 불행한 사람들!"

"그녀는 가 버리고 말았습니다." 크리스토프는 되풀이했다. "정부와 함께 ……."

"그럼 아기는?" 아르노 부인이 물었다.

"남편도 자식도 버려 둔 채입니다."

"불행한 사람!" 아르노 부인이 다시 한 번 말했다.

"올리비에는 그녀를 사랑하고 있었습니다." 크리스토프가 말했다. "그녀만을 열심히 사랑하고 있었습니다. 이 충격에서 다시 일어서기란 불가능해요. 그는 내게 되풀이했습니다. '크리스토프, 그녀는 날 배신했다…… 가장 친한 친구가 날 배신한 거야' 라고 말입니다. 나는 이렇게 말해 주었습니다. '너를 배신한 이상 그녀는 이미 네 친구가 아니야! 그녀는 너의 적이다. 그런 여자는 잊어버리게. 아니면 죽여 버리게!' 라고 말입니다. 하지만 그렇게 말은 했어도 효과는 없었어요."

"어머나! 크리스토프 선생, 무슨 그런 말을 하셨어요! 그건 너무하잖아요!"

"그렇습니다. 저도 그 점을 잘 알고 있습니다. 죽인다는 것은 역사 이전의 야만스런 행위라고 말씀하시고 싶겠지요! 수컷이 자기를 속인 암컷을 죽이고 싶어하는 동물의 본능에 대해서, 관대한 이성을 설교하는 점잖으신 사교계 사람들의 말을 한번 들어 보십시오! 과연 훌륭한 사도들입니다. 이 잡종 개의 무리 같은 자들이, 동물적 자연성에의 복귀를 분개하는 꼴은 정말 볼 만합니다. 그들은 생명을 모욕한 뒤에, 생명에서 값어치 있는 부분을 모조리 제거한 다음 종교적인 숭배로써 생명을 둘러쌉니다……. 이따위 어처구니없는 짓이 어디 또 있겠어요! 마음도 명예도 없는 그러한 생명, 그러한 물질, 한 조각 고깃덩어리 속의 혈액의 고동, 그러한 것들이 그들에겐 존경할 만한 것으로 여겨지는 것입니다! 그러나 그들은 푸줏간의 고깃덩어리에 대해서는 존경이 모자라더군요. 그것에 손을 대면 죄악이 되고 말지요. 혼은 죽이고 싶으면 죽여도 좋아, 그러나 육체는 신성하다, 라고 하는군요……."

"혼을 죽이는 것은 최악의 살인자예요. 하지만 하나의 죄는 다른 하나의 죄의 구실이 되지는 않아요. 그 일은 당신께서도 잘 아실 줄 알아요."

"그것은 알고 있습니다. 말씀하신 대로입니다. 나는 잘 생각해 보지도 않고 말하고 있어요……. 그러나 어쨌든 나로서는 말한 대로 할 것입니다."

"아니에요, 당신께선 스스로를 해치고 계세요. 당신은 좋은 분이에요."

"난 정열에 빠지면 역시 남들과 같이 잔인해집니다. 조금 전에 난 얼마나 분개했는지! …… 사랑하는 친구가 울고 있는 것을 보고도 그를 울린 상대를 미워하지 않을 수 있겠습니까? 자기가 낳은 자식을 버리고 정부 뒤를 따라 도망간 지독한 계집에 대해서는 아무리 심하게 미워해도 모자랄 정도입니다."

"그렇게 말씀하시면 못 써요, 크리스토프 선생. 선생께선 이해 못하실 거예요."

"네? 그렇다면 그녀를 변호하시는 것입니까?"

"불쌍한 생각이 들어요."

"난 괴로워하는 사람들을 동정합니다. 사람을 괴롭히는 자들을 불쌍하게 생각해 줄 수는 없는 거예요."

"그러시다면 그 사람도 역시 괴로워했다고는 생각지 않으세요? 별다른 이유 없이 자식을 버리고 자신의 생활을 파괴했다고 생각하세요? 어쨌든 그녀 자신의 생활도 파괴된 거예요. 크리스토프 선생, 난 그분을 잘 모릅니다. 단 두 번 만났을 뿐입니다. 더욱이 그저 지나는 길에 말이에요. 그분은 내게 다정한 말을 걸어 주지도 않았지요. 나 역시 호감을 갖지 못했습니다. 하지만 나는 그분의 일을 선생보다도 더 잘 알 수 있습니다. 결코 나쁜 사람이 아니에요. 불쌍한 분입니다! 그분의 마음속에 일어난 일들을 난 짐작할 수가 있습니다……."

"훌륭하고 바른 생활을 하는 당신이 말입니까?"

"그렇습니다, 내가 말입니다. 크리스토프 선생, 선생께선 알지 못합니다. 과연 선생은 좋은 분입니다. 하지만 남자예요. 아무리 부드러워도 모든 남성들처럼 고집이 있어요. 자기 이외의 것에 대해서는 전혀 이해를 못합니다. 남자분들은 자기 옆에 있는 여자들의 일은 조금도 생각하지 않아요. 남성들은 여성들을 자기 나름대로 사랑해요. 하지만 그녀들을 이해하려 들지는 않아요. 간단하게 자기 만족만을 취하고 있어요! 남성들은 여성들을 잘 알고 있다고 생각하고 있어요……. 아아! 우리 여성들이 이따금 몹시 고민하는 것은 남성들에게서 조금도 사랑을 받고 있지 않다는 것이 아니라, 남성들이 어떻게 사랑하느냐, 가장 여성들을 사랑해 주는 남성들에게 있어서 도대체 우리가 무엇인가, 이런 생각 때문이라는 것만 알아주신다면 문제는 없을 거예요! 크리스토프 선생, 때로는 '아! 사랑하지 말아 주세요, 사랑하지 말아 줘요! 그따위 방식으로 사랑할 것 같으면 사랑하지 않았으면 좋겠어요'라고 부르짖고 싶은 것을, 손바닥에 손톱이 파고들 만큼 주먹을 쥐고 참는 일이 얼마든지 있어요……. 어느 시인의 이런 말을 기억하세요? '여자란 자식들에 둘러싸여 집에 있을 때마다 저, 거짓된 명예에 둘러싸여 최악의 비참함보다 몇 배나 더한 무거운 경멸을 참고 견디고 있다.' 그러한 일을 생각해 보세요. 크리스토프 선생……"

"이거 놀랐습니다. 전 잘 모르겠군요. 하지만 무엇인가…… 그럼 부인께서도……."

"그러한 괴로움을 잘 알고 있습니다."

"설마…… 하지만 그러한 일은 어쨌든 상관없습니다. 그러나 부인께서 그녀와 같은 짓을 하리라고는 결코 믿어지지 않는군요."

"내겐 자식이 없어요, 크리스토프 선생. 내가 그녀 같았으면 무엇을 했을지 몰라요."

"아니 그런 일은…… 있을 수 없습니다. 난 부인을 믿고 있습니다. 아니, 지나칠 정도로 존경하고 있어요. 그러한 일은 있을 수 없습니다."

"너무 속단은 하지 마세요. 나도 하마터면 그녀와 같은 짓을 할 뻔한 적이 있어요……. 선생께서 내게 갖고 있는 기대를 어긋나게 하는 것은 괴로운 일입니다. 하지만 정당한 판단을 가지기를 바라신다면 우리 여자들의 마음을 좀더 이해해 주셔야 합니다. 그렇습니다. 나도 조금 더 했으면 똑같은 과실을 저지르게 되었을 것입니다. 그리고 내가 그렇게 하지 않았던 것은 어느 정도 선생님 덕이었어요. 2년 전의 일이었어요. 그 당시 나는 슬픔에 온몸을 찢기는 것 같은 기분이었지요. 난 자신에게 언제나 이렇게 말하고 있었습니다. 난 아무런 쓸모도 없는 여자다, 어느 누구도 나를 알아주지 않는다, 아무도 나를 필요로 하지 않는다, 남편마저도 내가 없었더라도 잘해 나갔을 것이다, 난 아무것도 아닌 것을 위해서 살아 온 것이다…… 라고. 난 달아나려고 했어요. 뭔가 자신도 잘 알 수 없는 일을 저질러 버리려고 했지요! 난 선생 방에 올라갔어요! 기억하시겠어요? 왜 내가 들어갔는지 선생께서는 알 수 없지요. 난 작별하러 갔던 거예요……. 그리고 어떤 일이 있었는지 난 잘 모릅니다. 그때 선생께서 무엇을 말씀하셨는지도 잘 모릅니다. 이미 확실하게 기억할 수 없기 때문이에요. 그런데 선생께선 확실하게 무엇인가 말씀하셨습니다. 선생 자신은 눈치채지 못하셨겠지요. 그 말씀이 내겐 한 줄기 광명이었습니다……. 사실 그때, 조그마한 일로 해서 다 망쳐 버렸으면 구원이라도 받을 수 있었겠지요……. 선생 방에서 나와 내 방으로 돌아갔습니다. 그리고 그곳에 틀어박혀서 온종일 울었답니다……. 그리고 그 뒤로는 아주 좋아졌습니다. 위기는 지나가 버렸어요."

"그래서 지금에 와선 후회하고 계십니까?" 크리스토프가 물었다.

"지금이라니요?" 아르노 부인은 되물었다. "만약 그때 바보 짓을 했더라면 센 강 밑바닥에 가라앉았을 거예요. 나는 그런 수치스런 일이나, 불쌍한 남편을 불행하게 하는 짓에는 견딜 수 없었을 것입니다."

"그럼 지금은 행복하실 테죠?"

"네, 사람이 인생 속에서 행복해질 수 있을 정도는 되겠죠. 부부가 서로 존경하고 게다가 믿고 있는 것을 알고 있다는 것은 참으로 드문 일입니다. 그것도 환상에 지나지 않는 단순한 사랑의 신앙에서가 아니고, 함께 살아 온 오랜 세월의 경험에서, 우울하고 평범한 경험에서 이뤄진 것입니다. 지나온 여러 위험한 추억이 있어도, 아니 그런 위험이 있었기 때문에 이뤄지는 것입니다. 나이를 먹어 감에 따라 그것은 더욱 잘 되어 가는 법이랍니다."

아르노 부인은 입을 다물었다. 그리고 갑자기 얼굴을 붉혔다.

"어머나…… 왜 이런 말을 했을까요? 어머…… 무슨…… 짓을……잊어 주세요, 네? 크리스토프 선생, 제발 부탁입니다. 아무에게도 알려서는 안 되는 일이에요……."

"절대로 염려 마십시오." 크리스토프는 부인의 손을 잡으며 말했다. "이것은 신성한 일입니다."

아르노 부인은 말한 것이 후회되어 잠깐 고개를 돌렸다. 그러고는 다시 말을 시작했다.

"이런 말은 하지 말아야 했는데요……. 하지만 선생에게만은 알려 드리고 싶었어요. 정말 금실이 좋은 부부 사이에도, 또한 크리스토프 선생, 당신이 존경하고 있는 여성들 중에서도…… 때로는 선생께서 말씀하신 마음의 어지러움뿐만 아니라, 참기 어려운 참된 괴로움을 느끼는 순간이 있다는 것을 말입니다. 그러한 마음의 고통은 사람으로 하여금 바보 같은 짓을 하게 하고 하나의 생활을, 아니 두 개의 생활을 파괴하고 마는 일이 있는 거예요. 너무 가혹한 비판을 하여서는 안 됩니다. 진실로 사랑하고 있어도 서로에게 고통을 주는 일이 있으니 말이지요."

"그렇다면 저마다 따로따로 혼자서 생활해야 하는 것일까요?"

"그것은 우리 여성에게 있어서는 더욱 좋지 못하지요. 혼자서 생활하여 남성들처럼(그리하여 때때로 남자에게 대항하여) 싸워야 하는 여자의 생활, 그러한 사고방식에 적합하지 않은 이 사회에서는, 대부분이 그러한 생각에 반대하고 있는 이런 사회에서는 무엇인가 무서운 결과를 빚어 낼 것입니다."

아르노 부인은 침묵하고 윗몸을 조금 앞으로 구부린 채 난로의 불길을 가만히 보고 있었다. 그리고 다시 약간 콧소리 섞인 음성으로 조용히 말하기 시작했다. 그 말소리는 때로 망설이기도 하고 끊기기도 하였으나 계속되었다.

"하지만 그런 짓은 우리 여성 탓은 아닙니다. 여자가 그런 생활을 하는 건 재미로 하는 것이 아니라 어쩔 수 없어서 하는 것이지요. 여자는 돈을 벌어야 하고, 남자 없이 사는 방법을 익혀야 합니다. 왜냐하면 여자가 가난하면, 남자들은 그 여성의 손을 잡으려 하지 않기 때문입니다. 여성은 운명적으로 고독한 생활을 타고났으며 더욱이 그것으로는 아무런 이익도 얻을 것이 없습니다. 왜냐하면 우리나라에서는 여성이 남성처럼 자기의 독립을 즐기고 있으면, 가령 아무리 순진하게 즐겨도 틀림없이 좋지 못한 소문이 돌게 됩니다. 여성에게는 모든 것이 금지되어 있습니다. 내 친구 중에 지방 학교에서 교편을 잡고 있는 사람이 있습니다. 그녀는 환기가 나쁜 감옥에 갇힌다 해도 그처럼 고독하고 답답하지는 않을 거예요. 부르주아 계급 사람들은 일을 하면서 생활하려고 애쓰는 이러한 여성들에게는 문을 닫고 있습니다. 그리하여 의심에 찬 경멸의 눈초리를 노골적으로 나타냅니다. 악의에 찬 눈길이 그녀들의 사소한 행동마저도 눈여겨 살핍니다. 남자 중학교의 동료들은 그녀들을 경원시합니다. 그것은 거리 사람들의 입방아가 무섭거나, 그녀들에게 은근한 반감을 가졌거나 비사교적인 탓이며, 카페에 퍼져 앉아서 쓸데없는 말만 늘어놓는 습관 때문이지요. 그리고 하루의 일에 피로하고 지적인 여성에 신물이 나기 때문이에요. 그녀들 자신도 참기 어려워집니다. 학교에서 강제로 함께 살도록 권고당하면 더욱 그러한 것입니다. 부드러운 젊은 혼은 윤택하지 않은 직업과 비인간적인 고독 때문에 최초의 2, 3년에서 지쳐 버립니다만, 대개의 경우 여교장이 그러한 혼을 가장 잘 이해하지 못할 때 그렇게 되는 것입니다. 그녀는 그녀들을 구해 주지 않고 오히려 남몰래 번민하는 그대로 내버려 두지요. 그리고 그녀들이 거만하다고 생각합니다. 누구 한 사람 그녀들에게 동정하지 않습니다. 그녀들은 재산도 없을뿐더러 교제도 없기 때문에 결혼할 수도 없습니다. 일하는 시간이 많기 때문에 지적인 생활을 창조해서 그것에서 위로를 찾을 수도 없습니다.

이러한 생활이 종교적인, 혹은 도덕적인 감정으로 받쳐져 있지 않을 때는 (나는 오히려 이상하고 병적이라고 말하고 싶을 정도입니다. 왜냐구요? 자신을 전적으로 희생해서 바친다는 것은 자연스럽지 못하기 때문입니다) 그것은 살아 있으면서 죽은 것입니다……. 정신적인 일 대신에 자선사업을 해본들, 여성에게 무슨 도움이 되겠어요. 공적인 또는 세속적인 자선사업, 제법 박애적인 논의나 꺼림칙한 경박성과 자비와 관료주의의 혼합이나, 헛된 말을 하고 희롱하기도 하여 남의 비참함을 노리개로 삼는 그러한 방법, 그러한 것들에 만족하기에는 너무나 진실한 혼을 지닌 여성들에게는 자선 사업이란 쓸쓰레한 환멸을 남기게 될 것입니다. 만약 그녀들의 한 사람이 그것에 지쳐서 대담스럽게 그저 소문만으로 알고 있는 비참의 한복판으로 단지 혼자서 뛰어들었다고 한다면 그녀는 어떤 광경을 목격할 수 있겠어요? 거의 참을 수 없을 거예요! 그것은 한마디로 지옥입니다. 그것을 구하려 해도 무엇을 할 수 있겠습니까. 그녀 자신이 그 불행한 바닷속에 빠지고 맙니다. 그래도 여전히 분투하여 그 불행한 사람들 중 몇 사람을 살려 내려고 노력하다가는 그 사람들을 위하여 정력을 소진하여 함께 익사하고 마는 것입니다. 한 사람이 두 사람을 구출하였다면 그야말로 다행스런 일입니다. 하지만 그녀는 누가 구해 주겠습니까? 누가 그녀를 구하려고 마음을 써 주겠습니까. 왜냐하면 그녀 자신도 남의 고통과 자신의 고통으로 괴로워하고 있습니다. 그녀는 자신의 신념을 남에게 주는 것으로 말미암아 자기를 위한 신념은 그만큼 적어지고 마는 것입니다. 이 비참한 사람들은 모두가 그녀에게 매달리게 됩니다. 그런데 그녀에게는 매달릴 곳이 한 군데도 없습니다. 누구 한 사람 그녀에게 손을 뻗쳐 주지는 않습니다. 때로는 돌팔매를 당할 때도 있습니다……

크리스토프 선생, 당신은 잘 아실 것입니다. 가장 눈에 띄지 않는, 그러나 가장 칭찬받을 가치 있는 자선사업에 몸을 바친 저 훌륭한 부번—클라라 폰 엔데—에 관한 일을. 그녀는 아기를 낳은 머물 곳 없는 창부들을 자기 집으로 데려갔습니다. 그 불행한 여자들의 일은 빈민 구제회에서마저 인수하기를 싫어했고, 또 그녀들 쪽에서도 빈민구제회를 무서워했습니다. 그녀는 그녀들을 육체적으로나 정신적으로 구원해 주려고 노력했습니다. 그녀들의 자식들도 함께 데리고 와서 모성애를 불러일으키게 하여 하나의 가정을, 정직하게 일하며 생활하는 가정을 만들어 주려고 노력을 아끼지 않았어요. 환멸과 괴로움에 가득 찬 그런 우울한 일을 위하여 그녀는 온 힘을 다했으나 힘은 여전히 부족했습니다. 겨우 몇 사람밖에 구할 수 없었습니다. 또 구원을 받겠다고 희망한 사람도 아주 적었습니다. 게다가 어린이는 하나도 남지 않고 모두 죽어 버렸습니다. 죄 없는 아이들이지만 태어날 때부터 죽음의 운명을 등에 지고 있었지요! 남의 고통을 자기 몸으로 받아들인 부인을, 인간 이기심의 죄를 자진해서 감수한 이 깨끗한 부인을 크리스토프 선생, 사람들은 무엇이라고 비판했다고 생각하십니까? 근성이 나쁜 세상 사람들은 그녀를 비난하여 그녀가 이 일을 미끼로 돈을 벌었다고 했습니다. 보호해 준 창부들을 다시 창부로 써먹어서 돈을 벌었다고도 말했습니다. 그녀는 실망한 나머지 살던 거리를 떠난 것입니다……. 독립하고 있는 부인들이 오늘날의 사회를 상대로 벌여야 하는 그 싸움이 얼마나 잔학한 것인지는 선생께서는 도저히 상상도 못하실 것입니다. 보수적이며 무자비한 오늘의 사회는 죽어가고 있으며, 겨우 남은 정력을 남이 살아가는 것을 방해하는 데 사용하고 있는 거예요."

"그렇지만 그것은 여성에게만 적용되는 운명은 아닙니다. 우리 남성들도 그러한 모든 투쟁을 알고 있습니다. 난 또 그 피난처까지 알고 있습니다."

"그것은 무엇일까요?"

"예술입니다."

"그것은 선생 같은 분들에게는 더할 수 없이 알맞겠지만 여성에게는 별수 없습니다. 더욱이 남성들 중에서도 그것을 이용할 수 있는 사람이 얼마나 있을까요?"

"저, 우리 친구인 세실을 보십시오. 그녀는 행복합니다."

"어떻게 선생께서 그것을 알 수 있겠습니까? 정말 너무 지레짐작을 하시는군요. 그녀가 건강하다고 해서, 언제나 용기를 가지고 슬퍼하지 않는다고 해서, 슬픔을 남 앞에서 숨기고 있다고 해서 선생은 그녀를 행복하다고 하시는군요. 그래요. 과연 그녀는 건강하고 투쟁할 수 있으니 행복하겠군요. 하지만 선생은 그녀의 투쟁이 어떤 것인지 알고 계시는지요? 환멸을 느낄 때가 많은 예술가 생활에 그녀가 적합하다고 여기시는가요. 예술! 쓰기도 하고 연주도 하고 노래하는 명예를 행복의 절정인 것처럼 동경하고 있는, 불쌍한 여인들이 많이 있는 것으로 생각하시는군요! 그녀들에게는 모든 것이 결핍되어 있는 게 틀림없을 거예요, 어떤 애정에 의지해야 좋을지 모르는 거예

요……. 예술! 만약에 우리가 다른 모든 것을 가지고 있지 않다면, 예술 그
자체가 무슨 소용이 있겠어요. 이 세상에서 다른 모든 것을 잊어버리게 할
수 있는 것은 단 하나뿐입니다. 그것은 귀여운 자식인 것입니다."

"자식이 있어도 그것으로 충분하지는 않을 것입니다."

"글쎄요, 언제든지 그렇다고 할 수는 없을 거예요……. 여자는 별로 행복
하지는 못합니다. 여자로서 생활하는 것은 어려운 일입니다. 남자보다 훨씬
어려운 것입니다. 그것은 선생께선 잘 모르실 거예요. 당신들은 정신적인 정
열과 활동에 몰두하실 수 있습니다. 불구자가 된 뒤에는, 그 때문에 오히려
한층 더 행복해진다는 일은 있습니다. 그러나 건강한 여자는 병신이 되면 괴
로워하지 않을 수 없습니다. 자기 자신의 일부분을 질식시키는 것은 비인간
적인 일입니다. 여성들은 한곳에서 행복하면 다른 곳에서 후회하고 있답니
다. 우리는 많은 혼을 가지고 있습니다. 그런데 남성들은 하나의 혼밖에 가
지고 있진 않습니다. 여성의 것보다 훨씬 강하며, 대부분의 경우 포악하며
괴물 같은 혼을 말이에요. 우린 당신들에게 감탄하고 있습니다. 하지만 너무
이기적이 아니었으면 좋겠어요. 남성들은 자신들은 깨닫지 못하나 여성들에
게 나쁜 짓을 많이 하고 있어요."

"어쩌면 좋을까요? 그것은 우리 탓이 아닙니다."

"물론 남성들 탓은 아닙니다, 크리스토프 선생. 남성들이나 우리 여성 탓
은 아닙니다. 결국 생활이라는 것이 결코 단순한 것이 아니기 때문입니다.
사람들은 곧잘 자연스러운 생활 방법밖에 다른 길은 없다고 합니다. 하지만
자연이란 도대체 어떤 것이겠어요?"

"옳은 말씀입니다. 우리 생활에 자연다운 것은 하나도 없습니다. 결혼도
자연이 될 수 없습니다. 독신도 자연은 아닙니다. 그리고 자유결혼은 약자를
강자의 미끼로 만듭니다. 우리 사회, 이 자체부터가 자연이 아닙니다. 우리
가 만들어 낸 것입니다. 사람들은 곧잘 입에 담습니다. 인간은 사회적인 동
물이라고. 어림없는 말입니다! 살기 위해서 그렇게 되었을 뿐입니다. 자기
의 이익을 위해서, 자신을 지키기 위해서, 자신의 안락을 견지하기 위해서,
자기의 출세를 위해서 사교적이 되었을 뿐입니다. 그러한 필요성에서 여러
종류의 약속을 맺었습니다. 그러나 자연은 반항하여 그러한 속박에 복수한
것입니다. 우리는 자연을 복종시키려고 노력하고 있습니다. 이것은 일종의

투쟁입니다. 우리가 때때로 진다는 것은 결코 놀라운 일이 아닙니다. 무슨 방법으로 이 모든 것으로부터 빠져나갈 수 있겠습니까? 그것은 강해지는 길뿐입니다."

"선량한 사람이 되어야 합니다."

"그렇습니다, 선량한 인간이 되어야 합니다. 이기적인 갑옷을 떼어버리고 크게 호흡하여 생명을, 빛을, 자신의 즐거운 일을, 자기가 뿌리박은 한구석의 땅을 사랑해야 합니다. 넓은 곳에서 잡을 수 없으면 깊은 곳에서나 높은 곳에서 잡도록 노력해야 합니다. 마치 협소한 곳에 있는 수목이 태양을 향해서 자라고 있듯이 말입니다."

"그래요. 그리고 무엇보다 서로 사랑하는 일입니다. 남자는 여자의 형제이지 결코 여자의 미끼가 아니며, 오히려 여자가 남자의 미끼가 되어 있다는 것을 남자들이 더욱 느끼려고 노력해야겠지요. 양쪽이 모두 자기들의 주장을 버리고, 저마다 자기들의 것을 조금씩 적게 생각하고 상대의 것을 중요하게 여겨 준다면! …… 여성은 약합니다. 서로 도와야 합니다. 넘어진 자를 보고 '이제 너 같은 건 알게 뭐야'라고 말하지 말고 '자, 힘을 내세요, 함께 이곳에서 빠져나갑시다'라고 말하십시오."

*

두 사람은 난롯가에 앉은 채 말이 없었다. 둘 사이에 새끼고양이가 웅크리고 앉아 있었다. 모두 까딱도 하지 않고 가만히 생각에 잠겨 불만 바라보고 있었다. 점점 사그라지는 불길이, 평소에 못 보던 마음속 흥분으로 붉게 된 아르노 부인의 섬세한 얼굴을 비추고 있었다. 부인은 자신이 이렇게 가슴을 터놓고 얘기한 것에 놀랐다. 이처럼 많은 말을 한 것은 처음이었다. 또한 앞으로도 이런 기회는 없을 것이다.

아르노 부인은 크리스토프의 손 위에 자기 손을 얹으며 말했다.

"아이는 어떻게 하실 건가요?"

아르노 부인이 처음부터 생각하고 있었던 것은 바로 이것이었다. 부인은 전혀 딴 사람 같았다. 마치 취해 있는 것 같았다. 부인은 정신없이 지껄였다. 그러나 부인은 이 일만 생각하고 있었던 것이다. 처음 크리스토프의 말을 듣자마자 부인의 마음속에 하나의 소설이 구상되어 가고 있었다. 어머니에게서 버림받은 어린 자식, 그 어린애를 키우는 행복, 그 작은 혼 주위에 자기의 꿈과 사랑을 엮는 행복을 아르노 부인은 생각하고 있었다. 그러면서 마음속으로 말했다.

'아니, 그것은 안 돼! 남의 불행을 즐거워하다니 안 된다.'

그러나 마음은 말을 듣지 않았다. 아르노 부인은 정신없이 지껄였다. 그리하여 부인의 조용한 마음은 희망에 젖어 있었다. 크리스토프는 말했다.

"그 점입니다. 물론 우리는 이 문제에 대해 생각했습니다. 불쌍한 얘기입니다! 올리비에도 나도 아기를 키울 수는 없습니다. 누구든 여자분에게 폐를 끼치지 않을 수 없습니다. 그래서 나는 누군가 아는 여자분 중에 우리를 도와주겠다는 분이 있으면 하고 생각했습니다……."

아르노 부인은 거의 숨이 막힐 것 같았다. 크리스토프는 말했다.

"나는 부인에게 상의드리려 했습니다. 그런데 마침 조금 전에 세실이 찾아왔습니다. 세실은 사정을 듣고, 그 아이를 보더니 아주 감동하여 정신없이 좋아하더니 이렇게 말하더군요. '크리스토프 선생……'"

아르노 부인은 온몸의 피가 멎는 것을 느꼈다. 그 뒤의 말은 귀에 들어오지도 않았다. 눈앞의 모든 것이 흐릿해졌다. 아르노 부인은 큰 소리를 내지르고 싶었다.

'아니에요, 아니에요, 내게 그 아이를 주세요! ……'

크리스토프는 아직도 말하고 있었다. 아르노 부인은 그의 말이 들리지 않았다. 그러나 부인은 자기를 억누르려고 애썼다. 부인은 언젠가 세실이 털어놓았던 말이 생각났다. 아르노 부인은 생각했다.

'그녀는 나보다 더 그 아이가 필요한 것이다. 내게는 저 귀중한 아르노가 있다……. 그리고 여러 가지 일이 있다. 게다가 내가 나이도 더 먹었고……'

여기서 아르노 부인은 미소를 지으며 말했다.

"잘된 일이에요."

난로의 불은 이미 꺼져 있었다. 얼굴의 열기도 가셨다. 그리고 그 다정스럽고 피로한 얼굴에는 언제나처럼 모든 것을 단념해 버린 부드러운 표정이 남아 있을 뿐이었다.

'사랑하는 아내에게 배신당했다.'

그러한 생각에 올리비에는 짓눌려 있었다. 크리스토프가 애정 어린 난폭한 말투로 격려했지만 헛일이었다.

"할 수 없는 일이야." 크리스토프는 말했다.

"친한 자에게 배신당하는 것쯤은 병이나 가난이나 바보들과 싸우는 것같이 흔히 있는 시련이야. 거기에 대해서 무장해야 해! 그것에 저항하지 못하는 것은 빈약한 인간이기 때문이야."

"음! 그것이 바로 나입니다. 별로 그것을 자랑하고 있지는 않지만…… 빈약한 인간, 그렇다, 애정을 필요로 하고 그것이 사라져 버리면 죽어야 되는…… 빈약한 인간인 것이에요."

"자네의 인생은 아직 끝난 것은 아니야. 아직 사랑할 인간들은 얼마든지 있어."

"나는 이제 누구도 믿지 않아요! 친구도 없어요!"

"올리비에!"

"용서해 줘요. 나는 당신을 의심하지 않아요. 때때로 모든 것을…… 나 자신마저도 의심해 볼 때는 있지만…… 하지만 당신은, 당신은 강자입니다. 당신은 누구도 필요로 하지 않아요. 내가 없어도 해 나갈 수 있어요."

"그녀가 나보다 더 자네 없이 살 수 있어."

"잔혹한 말을 하는군요, 크리스토프."

"자네 말이야, 나는 자네에게 난폭한 말을 하겠어. 그러나 그것은 자네가 분발심을 일으키게 하기 위해서야. 자네를 바보 취급하는 자를 위해서, 자기를 사랑하는 사람들을, 그리고 자신의 생활을 희생시키다니 당연히 부끄러워할 일이네."

"나를 사랑하는 사람들이 내게 무슨 소용이 있나요! 나는 그녀를 사랑하고 있어요."

"일을 하게! 옛날 자네가 흥미를 지니고 있었던……."

"……그건 흥미가 없어졌어요. 나는 지쳤어요. 난 인생 밖으로 나와 버린 것 같아요. 이것도 저것도 내게는 머나먼 것으로만 여겨져……. 내 눈은 잘 보이지만 이젠 이해를 못해요……. 시계처럼 기계적으로 일을, 무미건조한 근무를, 신문의 논평 같은 논쟁을, 너저분한 향락을 매일 싫증도 느끼지 않고 반복하는 인간이나, 어느 내각이나 서적이나 시시한 여배우를 열을 올려 절찬하거나 혹평하는 녀석들이 있다니……. 아, 나는 아주 늙어 버린 것 같은 생각이 들어요! 나는 이제 누구에 대해서든 미움이나 원망은 느끼지 않겠어요. 모든 것이 권태로워 아무것도 없는 기분이에요……. 쓸 수 있다고요? 왜 쓰는 거죠? 누가 이해해 주는 건가요? 여태까지만 해도 난 한 사람의 인간을 위해서 써 온 것이에요. 나의 모든 존재는 오직 그 한 사람의 인간을 위한 것이었어요! 이젠 아무것도 없어. 난 지쳤어요, 크리스토프, 지쳤어. 난 자고 싶어요."

"그래, 자라구, 내가 지켜 주지."

하지만 잔다는 것은 올리비에에게 있어서는 가장 어려운 일이었다. 아! 괴로워하는 자가 고민이 깨끗이 사라질 때까지, 아주 딴 사람이 될 때까지 수개월간 계속해서 잘 수 있다면! 하지만 사람은 그러한 능력을 가질 수 없다. 또 바라지도 않는다. 그에게 있어서 무엇보다도 극심한 고통은 자기의 괴로움을 탈취당하는 것이다. 올리비에는 자신의 열로써 자기를 견지하는 열병환자와 같았다. 그런데 그는 진짜로 발열하여 그 발작이 같은 시간, 특히 저녁 무렵, 태양이 사라질 때부터 나타났다. 그를 나른하게 하고 사랑의 미련에도 취하게 하고, 추억에 시달리게 하여 같은 일을 되풀이하여 생각하게 만들었다. 그 때문에 올리비에는 음식을 삼키지 못한 채 몇 번이고 다시 씹는 미치광이 같았는데, 그것은 단 한 가지 고정관념에 사로잡혀 두뇌의 힘이 거기에만 흡수되어 있기 때문이었다.

그는 크리스토프처럼 자기의 불행의 원인인 여자를 솔직하게 비난하고 자신의 불행을 역전시킬 수 없었다. 그는 크리스토프보다 총명했고 또 공평하였기 때문에, 자기가 져야 할 책임이나 괴로움을 받는 것은 자기 혼자만이 아니라는 것을 알고 있었다. 자크린도 또한 피해자이다. 자크린은 그의 피해자였다. 자크린은 그를 믿었다. 그것을 그는 어떻게 하였던가? 자크린을 행복하게 해 줄 수 없었다면 왜 그녀와 결합했던가? 그녀가 자기에게 상처주는 원인을 잘라 낸 것은 당연하다.

'그녀가 나쁜 것은 아니다.' 그는 생각했다. '내가 나빴다. 그녀를 사랑하는 방법이 나빴던 것이다. 나는 진실로 사랑했다. 그렇지만 그녀가 나를 사

랑할 수 없었던 것 이상으로, 나는 그녀를 진실로 사랑하는 방법을 몰랐던 것이다.'

이렇게 올리비에는 자책했다. 아마도 그것은 당연한 일이었을 것이다. 그러나 이미 지나가 버린 일을 이제 새삼스레 이것저것 생각해 본들 무슨 소용이 있겠는가. 아무리 책망한들 되돌릴 수 없는 것은 되돌릴 수 없다. 그리고 그것은 살아가는 것을 방해한다. 강한 자는 남에게서 받은 해독을 잊는다. 그리고 동시에 또한 남에게 끼친 해를 보상할 수 없다는 것을 알게 되면, 자기가 한 그것마저 잊어버린다. 하지만 인간은 이성으로 강하게 되는 것은 아니다. 정열에 의해서 이룩되는 것이다. 애정과 정열은 밀접한 사이지만 서로 멀리 떨어져 있다. 함께 나다니는 경우는 좀처럼 없다. 올리비에는 사랑하고 있었다. 그에게 강한 면은 자기 자신에게 반항하는 면에서만이었다. 한번 수동적인 상태에 빠지면 모든 병에 전염되고 말았다. 유행성 감기, 기관지염, 폐렴 등이 올리비에를 습격했다. 그는 여름 동안을 병상에서 보냈다. 크리스토프는 아르노 부인의 손을 빌려서 헌신적으로 간호했다. 그리하여 두 사람은 병세를 막아 낼 수 있었다. 그러나 정신적인 병에 대해서는 두 사람은 무력했다. 그리고 이러한 한없는 슬픔을 보고 있는 사이에 점점 이쪽 편이 피로해져서 마침내는 달아나고 싶어졌다.

불행은 그 인간을 불가사의한 고독으로 몰아넣는다. 사람들은 본능적으로 불행을 싫어한다. 마치 불행이 전염되지나 않을까 하고, 적어도 불행은 사람들에게 지겹다는 느낌을 가져다준다. 사람들은 불행으로부터 달아난다. 괴로워하는 것을 관대한 눈으로 보아 주는 사람은 그리 많지 않다. 어느 세대에서도 욥의 친구들의 옛 이야기와 같은 것이 있다. 데만 사람 엘리바스는 욥의 참을성 없는 성미를 책망한다. 수아 사람 빌닷은 욥의 불행이 그 죄의 벌이라고 주장한다. 나아마 사람인 소발은 욥의 불행이 그 교만 때문이라고 책한다. '람 족속 부스 사람 바라겔의 아들 엘리후가 화를 내니 그가 욥에게 화를 냄은 욥이 하느님보다 자기가 의롭다 함이요.' 진실로 슬퍼하는 자는 아주 드물다. 슬픔에 침식당하는 자는 많으나 슬픔에 선택된 자는 드물다. 올리비에는 그 몇 안 되는 사람 중의 하나였다. 인간을 싫어하는 어느 사나이가 말한 것처럼 '그는 학대받는 것을 기피하고 있는 것 같았다. 이런 불행한 인간의 역을 맡아서 연기했다고 해서 무엇 하나 이익될 것은 없다. 사람들에

게 미움을 받을 뿐이다.'

올리비에는 자기가 느끼고 있는 것을 누구에게도, 아주 친한 사람들에게
까지도 말할 수 없었다. 그런 말을 하면 상대를 귀찮게 만든다는 것을 알고
있었다. 진실한 친구 크리스토프마저도 이런 집요한 고민에 안절부절못했
다. 그는 자기가 그것을 해소해주는 데에 적합하지 않음을 알고 있었다. 사
실 이 관대한 마음을 가진 크리스토프 자신도 고통을 겪어본 일이 있었지만,
올리비에의 괴로움을 완전하게 알지는 못했다. 인간의 성질이라는 것은 그
렇게 약한 것이다. 아무리 친절하고 다정스럽고 총명한 인간일지라도, 아무
리 많은 고통을 참고 나온 인간일지라도 치통으로 골머리 앓는 친구의 괴로
움은 모르는 법이다. 만약 그 병이 길어지면 병자가 엄살을 부리고 있는 것
으로 생각한다. 이 병이 혼 밑바닥의 눈에 보이지 않는 것일 경우에는 더욱
그러하! 그 병에 관계없는 자는, 자기에게는 전혀 문제가 되지 않는 감정
때문에 상대가 그토록 번민하고 있는 것을 짜증스럽게 여긴다. 그리하여 마
침내는 자신의 양심을 안심시키기 위해서 이렇게 말한다.

"내가 무엇을 할 수 있겠는가? 어떤 이유도 아무런 도움이 되지 않는다."

어떤 이유도…… 사실 그대로다. 고통받고 있는 사람을 사랑함으로써, 그
야말로 이유 없이 사랑함으로써, 설득한다든가 고통을 덜어 주는 것보다 일
편단심으로 사랑하고 동정함으로써만이 그 인간을 구원할 수 있는 것이다.
사랑만이 사랑의 상처에 대한 유일한 위로가 되는 것이다. 하지만 사랑은 더
없이 사람을 사랑하는 사람들 사이에 있어서도 그리 흔한 것이 아니다. 그들
은 한정량의 사랑밖에 하지 못한다. 친구들은 애정어린 말이라고 생각되는
부드러운 말을 한번 하든가 쓰든가 하면, 그리고 그것으로 의무를 완수했다
고 느끼면 조심스럽게 몸을 빼내고 병자 주위에, 마치 죄인에 대한 것과 마
찬가지로 공허를 만든다. 그러고는 그를 거의 도와주지 못한 것을 남몰래 수
치스럽게 여기고 있어서 더욱더 도울 수 없게 된다. 그들은 상대방으로 하여
금 자신을 잊게 하고 자기도 잊으려고 노력한다. 그리고 만약 이 귀찮은 불
행이 언제까지나 계속되어 그 영향이 염치없게도 그들의 집에까지 미치게
되면, 시련에 견뎌내지 못하는 이 기력 없는 인간을 향해서 그들은 엄한 비
판을 내리게 된다. 만약 그 사나이가 그대로 죽어 버리면, 그들은 성의를 다
한 연민의 마음으로 틀림없이 다음과 같은 경멸적인 판단을 내릴 것이다.

"불쌍한 자식! 나는 좀더 똑똑한 놈으로 알았더니만."

모든 이기주의가 이런 식으로 일반적인 현실 속에서, 순수한 애정에서 우러난 한 마디, 자상스러운 하나의 친절한 마음씨, 동정과 사랑으로 가득 차 있는 하나의 눈길은 말할 수 없는 안녕을 주는 것이다. 사람들은 그때 비로소 친절의 가치를 알게 된다. 그 친절에 비교하면 다 빈약하게 느껴진다! 그 친절을 위해서 올리비에는 크리스토프보다도 아르노 부인에게 가까이 다가갔다. 하지만 크리스토프는 훌륭하게 참아냈다. 그는 올리비에에 대한 자기의 생각을 애정 때문에 입 밖에 내지 않았다. 그러나 올리비에는 괴로움으로 해서 날카로워져 있는 눈으로 친구의 마음속에서 벌어지고 있는 싸움을 꿰뚫어보고 있었다. 자신의 슬픔이 얼마나 친구의 무거운 짐이 되었는가를 알고 있었다. 그것만으로도 올리비에를 차차 크리스토프로부터 멀어지게 하고, 크리스토프를 향하여 다음과 같이 절규하고 싶어지게 하는 충분한 이유가 되었다.

"자, 내게서 떠나오!"

그렇듯이 불행은 때때로 사랑하는 사람을 갈라놓는다. 키질하는 사람이 벼를 가르듯이 불행은 살기를 바라는 자를 한쪽에 세우고 죽기를 바라는 자는 그 반대쪽에 세운다. 그것은 사랑보다도 강한 무서운 삶의 법칙이다. 자식이 죽는 것을 보고 있는 어머니, 친구가 빠져 죽는 것을 바라보고 있는 친구, 만약 죽어가는 자를 구할 수 없을 때에는, 역시 자기 자신을 구하기 위한 방법으로 함께 죽는 짓은 하지 않는다. 그래도 그들은 죽어 가는 그들을 자기 자신의 생명보다도 몇 배나 더 사랑하고 있다……

크리스토프는 올리비에를 진심으로 사랑하고는 있었으나 그의 곁에서 달아나야 했다. 그는 너무나 강하고 너무 건강했으므로 공기가 통하지 않는 이러한 고통 속에서는 숨이 막혔던 것이다. 그는 얼마나 자신을 부끄럽게 여겼던가! 벗을 위해서 아무것도 할 수 없는 것이 화가 나서 견딜 수 없었다. 그리고 누구에게든 복수하고 싶어져서 자크린을 원망하게 되었다. 상황의 진실을 잘 알고 있는 아르노 부인의 말을 듣기는 했지만, 여전히 그녀에게 엄격한 판단을 내리고 있었다. 그것은 아직 인생에 대해서 많이 알지 못하는, 그로 인하여 인생의 여러 약점에 관대해질 수 없는 젊고 격한 일관된 혼을 지닌 자로서는 무리도 아니었다.

그는 세실과 그녀가 돌보고 있는 어린아이를 만나러 갔다. 세실은 양어머니가 되면서부터 얼굴이 변했다. 아주 젊어지고 행복한 듯이 기품이 있고 부드러워져 있었다. 자크린의 가출이 행복에 대한, 입 밖에는 낼 수 없는 희망을 그녀에게 일으키게 한 것은 아니었다. 자크린에 대한 추억이 자크린이 곁에 있을 때 이상으로 올리비에를 자기로부터 멀리하고 있는 것을 그녀는 알고 있었다. 거기에다 그녀의 마음을 괴롭혔던 폭풍은 이미 가라앉아 있었다. 그것은 일시적인 위기였으며, 자크린의 과오를 본 것이 오히려 그 위기를 일소할 수 있는 도움이 되었다. 그녀는 언제나와 같이 마음 편한 기분으로 돌아가 있었다. 그리하여 왜 그토록 마음을 어지럽혔던 것인지 지금에 와선 이해할 수조차 없었다. 사랑의 욕구의 대부분은 자식에 대한 사랑으로 만족되고 있었다. 그녀는 여성이 갖는 착각의—직관(直觀)의—영묘한 힘에 의해 그 아이를 통하여 자기가 사랑하는 남자를 찾아내고 있었다. 이리하여 그녀는 제 손에 맡겨진 약하디약한 아이를 완전히 자기 것으로 만들었다. 이 아이는 그녀의 것이다. 그리고 그녀는 아이를 사랑할 수 있었다. 정열적으로 사랑할 수 있었다. 이 천진난만한 아이의 마음이나 빛깔이 밝은 푸른 눈이 순수한 것처럼, 아이를 사랑하는 그녀의 애정도 또한 순수했…… 그렇게 말은 했으나 그 부드러운 애정에는 한 줌의 우울한 불만이 섞여 있었다. 아! 이것은 자신의 피를 받은 아이는 아니다! 하지만 그래도 좋았다.

크리스토프도 지금에 와선 이전과는 다른 눈으로 세실을 보았다. 그는 프랑스와즈 우동의 조롱 섞인 말을 생각해 내었다.

"당신과 필로멜르는 천생연분의 부부가 될 수 있는데, 왜 서로 사랑하지 않는 거죠?"

그러나 프랑스와즈는 그 이유를 크리스토프 이상으로 잘 알고 있었다. 크리스토프와 같은 인간은 자기를 위해 줄 수 있는 상대를 사랑하는 일이 거의 없다. 오히려 자기에게 해가 되는 상대를 사랑한다. 상반되는 자야말로 서로 짝이 맞는 것이다. 인간이 지니는 자연력은 자기의 파괴력까지 겸한다. 그것은 자기를 절약하는 조심성 깊은 생활보다도 특히 자기를 태워 버릴 수 있는 강력한 생활 쪽으로 가고 싶어한다. 될 수 있는 한 강하게 사는 것을 철칙으로 여기는 크리스토프 같은 사나이에게 있어서 그것은 정당한 길이 된다.

크리스토프에게는 프랑스와즈와 같은 통찰력은 없었지만, 그래도 그는 연애란 하나의 비인간적인 힘이라고 생각했다. 사랑은 서로 참을 수 없을 만한 사람끼리를 결합시키기도 한다. 사랑은 같은 종류의 인간 사이를 갈라놓기도 한다. 사랑이 파괴하는 것에 비하면 고취하는 것은 아주 보잘것없는 것들뿐이다. 행복한 사랑은 의지를 녹인다. 불행한 사랑은 마음을 찢어 놓는다. 사랑은 도대체 어떠한 좋은 일을 하는 것일까?

그가 이렇게 연애에 대해서 나쁘게 말하고 있을 때 연애의 부드럽고 비꼬임 섞인 미소를 그는 본다. 그 미소는 그를 보며 말했다.

"이 은혜를 모르는 녀석!"

*

크리스토프는 오스트리아 대사관 야회에 출석해야만 했다. 필로멜르가 슈베르트와 후고 볼프와 크리스토프의 가곡을 불렀다. 그녀는 자기의 성공과, 지금은 훌륭한 인사로부터 환영받고 있는 벗 크리스토프의 성공을 진심으로 기뻐하고 있었다. 대중 사이에서도 크리스토프의 명성이 퍼져가고 있었다. 뢰비쾨르 같은 자들도 이미 그를 모른 체할 수는 없게 되었다. 그의 작품은 여기저기의 음악회에서 연주되었다. 한 작품은 오페라 코믹관에서 채택되었다. 눈에 보이지 않는 많은 동정이 그에게 쏠렸다. 여러 번 그를 위해 힘을 써 준 그 불가사의한 미지의 벗이 여전히 그의 소망을 도와주었다. 크리스토프는 자기의 행동을 도와주는 그 애정 깊은 손을 여러 번 느끼고 있었다. 누군가가 지켜주고 있었다. 그리고 조심스럽게 몸을 숨기고 있었다. 크리스토프는 그 사람을 찾아내려고 노력했다. 그러나 그 벗은 크리스토프가 훨씬 이전에 자기를 알려고 하지 않았던 것을 한으로 여기고 있는 것 같았다. 여전히 단서를 잡을 수 없었다. 게다가 크리스토프는 다른 여러 일에 신경을 빼앗기고 있었다. 그는 올리비에의 일을 생각하고 있었다. 프랑스와즈의 일도 생각했다. 마침 그날 아침에 어느 신문에서 그녀가 샌프란시스코에서 중병에 걸렸다는 것을 읽었던 것이다. 외국의 도시에서 단지 홀로 호텔 방 한구석에서 누구와 만나는 것마저 거절하며, 벗들에게 편지도 쓰지 않고, 이를 악물며 홀로 죽음을 기다리는 그녀의 모습을 그는 상상하고 있었다.

크리스토프는 그런 생각에 사로잡혀서 사람들을 피해, 옆에 있는 조그마한 살롱으로 들어갔다. 반은 그늘이 져 있는 그 작은 실내에서 벽에 기대어,

푸른 식물이나 꽃으로 만들어진 칸막이 뒤에서 슈베르트의 《보리수》를 노래 부르고 있는 필로멜르의 애절하며 열정적인 아름다운 목소리에 귀를 기울이고 있었다. 그 순수한 음악을 듣고 있으면 우울하기만 한 여러 잡념이 가슴에 떠올랐다. 그의 정면의 벽에 걸린 커다란 거울에는 이웃 살롱의 등불과 흥청거리는 광경이 비치고 있었다. 그의 눈에는 그것이 들어오지 않았다. 그는 자기의 내면을 가만히 들여다보고 있었다……. 돌연 슈베르트 노래의, 흔들리고 있는 보리수 고목같이 그는 이유도 없이 몸을 떨기 시작했다. 창백해져서 움직이지도 못하고 몇 초 동안은 그대로 떨고 있었다. 그러고는 눈앞의 장막이 걷히자 눈앞의 거울 속에 자기를 가만히 바라보는 '여자친구'의 모습이 보였다……. 여자친구? 그녀는 도대체 누구일까? 그는 알 수 없었다. 그녀가 자기의 친구이고 자기는 그녀를 알고 있다는 것 말고는 아무것도 알 수 없었다. 그리고 그녀의 눈을 가만히 보며 벽에 기댄 채 그는 계속 떨고 있었다. 그녀는 미소를 짓고 있었다. 그의 눈에는 그녀의 얼굴이나 몸의 균형도, 눈동자의 색깔도, 키가 큰가 작은가, 또 어떤 복장을 하고 있는지도 보이지 않았다. 그는 다만 하나만을 보고 있었다. 그 정이 담뿍 어린 거룩할 만큼 선량한 미소만을.

그리고 그 미소가 갑자기 크리스토프의 마음속에 유년 시절의 사라져 버린 하나의 추억을 불러일으켰다……. 그것은 예닐곱 살 때의 일이었다. 그는 학교에서 슬픈 일을 당했다. 자기보다 나이 많고 힘이 센 같은 패거리에게서 수치를 당하고 얻어맞았다. 모두들 그를 비웃고 선생에게서는 부당한 벌을 받았다. 다른 학생들은 놀고 있는데 자기는 홀로 남아서 한쪽 구석에 쪼그린 채 소리를 죽여 울고 있었다. 그러자 다른 아이들과 놀고 있지 않던 우울해 보이는 소녀 하나가—그는 그 뒤 한 번도 그녀의 일을 생각한 적은 없으나 지금 뚜렷하게 눈앞에 떠올랐다. 그녀는 땅딸막하고 머리가 크고 머리털과 속눈썹은 하얗게 보일 만큼 밝은 블론드였고, 눈은 아주 밝은 푸른색이었다. 넓적한 뺨은 창백했고 도톰한 입술에 얼굴은 약간 부석부석했고 두 손은 작고 붉었다—그의 곁에 다가와서 멈췄다. 그녀는 엄지손가락을 입에 문 채 그가 우는 것을 가만히 보고 있었다. 그러고는 그의 머리 위에 작은 손을 얹고 동정에 넘치는 미소를 지으면서 부끄러운 듯 빨리 말했다.

"울면 안 돼요!"

그러자 크리스토프는 더는 참지 못하고 소녀의 가슴에 얼굴을 묻고 흐느 꼈다. 소녀는 떨리는 부드러운 음성으로 되풀이했다.

"울면 안 돼요!"

그로부터 몇 주일 뒤에 소녀는 죽었다. 그 일이 있었을 때 이미 그녀는 죽음의 손에 붙들려 있었던 게 틀림없었다……. 왜 지금 그는 그 소녀의 일을 생각해 냈을까? 이미 잊어버리고 있었던 저 죽은 소녀, 머나먼 독일 거리의 보잘것없는 평민 소녀와 지금 자기를 바라보고 있는 귀족의 젊은 부인과는 아무런 관계도 없었다. 그러나 모든 사람에게 공통되는 것은 단지 나의 혼이다. 무수한 사람들은 높은 하늘에서 저마다의 궤도를 운행하는 수많은 별들과 같이 서로 다른 것처럼 보이기는 하지만, 똑같은 사랑의 빛이 여러 세기에 의해 가로막힌 사람들의 마음속에 동시에 빛을 퍼뜨리는 것이다. 크리스토프는 자기를 위로해 주었던 소녀의 창백한 입술 위를 스치던 저 따뜻한 빛을 지금 다시 보았던 것이다……

그것은 한순간의 일이었다. 사람들의 물결이 입구를 가려서 이웃 살롱의 광경은 크리스토프에겐 보이지 않게 되었다. 그는 거울에 비치지 않는 그늘쪽에 틀어박혔다. 자기의 혼란된 상태를 남에게 보이고 싶지 않았다. 그러나 기분이 가라앉자 한번 더 그녀가 보고 싶었다. 그녀가 돌아가 버리지나 않았나 하고 마음졸였다. 크리스토프는 살롱으로 들어갔다. 그리고 사람들 틈에서 곧 그녀의 모습을 찾아냈다. 거울 속에 나타났을 때의 모습과 똑같지는 않았다. 이번에는 그녀를 옆에서 보았다. 그녀는 우아한 귀부인들에게 둘러싸여 앉아 있었다. 팔걸이의자에 한쪽 팔꿈치를 올려놓고, 몸을 약간 앞으로 내밀고 손으로 머리를 괴고, 아주 영리해 보이는, 그러나 방심한 듯한 미소를 띠면서 사람들의 재잘거림에 귀를 기울이고 있었다. 그 표정은 라파엘로가 그린 〈논쟁〉 속에서 눈을 반쯤 감고, 자기 자신의 생각에 엷은 웃음을 던지고 있는 저 젊은 성 요한의 모습이었다……

이때 그녀는 눈을 들어서 크리스토프를 보았다. 그러나 놀라는 기색은 조금도 없었다. 그래서 크리스토프는 그녀의 미소가 자기에게 던져지고 있었다는 것을 알아차렸다. 크리스토프는 감동해서 인사를 하고 그녀 쪽으로 걸어갔다.

"제가 누군지 모르시겠습니까?" 그녀가 말했다.

그 순간 크리스토프는 그녀를 알아보았다.

"그라시아!" 크리스토프는 말했다. ('광장 시장' 참조).

마침 이때에 그곳을 지나가던 대사 부인이 오랫동안 기다리며 원하고 있던 재회가 겨우 실현된 것에 축하의 뜻을 전했다. 그리고 대사 부인은 크리스토프를 '베레니 백작부인'에게 소개시켰다. 그러나 크리스토프는 몹시 감동되어 있었으므로 그녀의 말이 귀에 들어오지 않았다. 그리고 이 외국인의 이름에 전혀 주의를 기울이지 않았다. 그에게는 여전히 조그마한 그라시아였다.

*

그라시아는 스물둘이었다. 1년 전에 오스트리아 대사관의 젊은 사나이와 결혼했다. 그는 총리대신의 친척뻘이 되는 명문 귀족으로서, 속물이고 바람둥이인데다 멋쟁이이며 나이에 비해 지쳐 보였다. 그러한 사나이를 그라시아는 진심으로 사모했던 것이다. 그리하여 걸핏하면 그를 비판적으로 보면서도 지금껏 사랑하고 있었다. 그라시아의 늙은 아버지는 이미 돌아가셨다. 남편은 파리 주재 대사관 직원으로 임명되었다. 전에는 사소한 일에도 주저하는 겁 많던 처녀가 베레니 백작의 연고 관계나, 자기 자신의 매력이나 지력에 의해서 파리의 사교계 안에서도 가장 인기 있는 젊은 부인의 한 사람이 되었다. 그라시아는 그렇게 되기 위해 어떤 노력을 한 것도 아니고, 또 그렇게 되었다고 해서 그것을 대단하게 생각하고 있지도 않았다. 젊고 아름다워 남에게 호감을 살 수 있었다. 어떻게 하면 호감을 살 수 있는가를 안다는 것도 커다란 힘이 되었다. 또한 자기의 욕망과 자기의 운명과의 조화 속에서 행복을 발견할 수 있는 지극히 건전하고 명랑한 마음을 지닌다는 것도 마찬가지로 하나의 큰 힘이 되었다. 생명의 아름다운 꽃이 활짝 피었다. 그러나 그라시아는 이탈리아 대지의 빛과 든든한 평화에서 키워진 라틴의 혼, 저 조용한 음악을 조금도 잃어버리지는 않았다. 지극히 당연한 일이나 그라시아는 파리 사교계에 큰 세력을 가지고 있었다. 그라시아는 그것을 별로 의외라고 여기지 않았다. 그리고 세력을 예술적인, 또는 자선적인 사업에 이용하는 묘수를 알고 있었다. 그러나 그 사업들의 표면상의 후원은 다른 사람들에게 맡겨 두었다. 그라시아는 자기의 지위를 훌륭하게 보존하는 모든 것을 지녔지만, 전원의 한복판에 있는 외로운 별장에서 살아온 약간 야성적인 유년시절 그대로 어떤 은밀한 독립심을 계속 지니고 싶었다. 사교 생활은 즐거우면서도 역시 피로를 느끼지 않을 수 없었다. 그래도 친절하고 예의바른 마음에서 흐르는 다정스런 미소의 그늘에서 권태로운 기분을 숨길 수가 있었다.

그라시아는 가장 좋아하는 크리스토프의 일을 잊고 있지 않았다. 물론 그녀는 이제 말없이 천진난만한 애정을 불태우고 있던 소녀는 아니었다. 현재의 그라시아는 사려분별이 있는 여성으로서 공상적인 데는 전혀 없었다. 어린 시절의 애정을 생각할 때 그것이 과장적이었다는 것을 깨닫고 어떤 풍자를 느끼는 것이었다. 그러나 그 추억은 여전히 그녀를 감동시키지 않을 수 없었다. 크리스토프에 대한 추억은 그라시아의 생애에서 가장 쓰라렸던 시기와 맺어져 있었다. 그라시아는 그의 이름을 들었을 때 기뻐서 견딜 수 없었다. 그리고 그의 성공 하나하나는 마치 그녀 자신이 거기에 관계하고 있는 것처럼 그녀를 기쁘게 만들었다. 왜냐하면 그라시아는 그러한 성공을 예감하고 있었기 때문이었다. 그라시아는 파리에 오자마자 크리스토프를 만나려 했다. 초대장에 소녀 시절의 옛 이름까지 써 넣어서 그를 초대했다. 그런데도 크리스토프는 거기에 주의를 기울이지 않고 초대장을 쓰레기통에 집어넣고 답장을 하지 않았다. 그라시아는 별로 화를 내지 않았다. 크리스토프로서는 아무것도 몰랐으나 그녀는 여전히 그의 일에 관한 것을 조사했고, 생활에 대해서도 얼마간 조사했다.

최근에 신문이 그를 살려 낸 것도 그녀 덕택이었다. 깨끗한 것을 좋아하는 그라시아는 신문 세계와는 전혀 관계가 없었다. 그러나 친구를 위해서 힘써야 할 때가 되자, 비상한 책략을 사용하여 아무리 싫어하는 사람들일지라도 휘어잡을 수가 있었다. 그라시아는 짖어대는 개의 무리를 조종하고 있는 신문사 사장을 초대했다. 그녀는 그의 자존심을 만족시킬 수 있는 모든 방법을 알고 있었다. 상대를 위압해 가면서 재치 있게 홀리고, 크리스토프에 대한 공격에 대해서는 경멸 섞인 놀라움을 한두 마디, 그저 적당히 말한 것으로 투쟁은 일시에 중단되고 말았다. 사장은 다음 날 나가기로 되어 있었던 모욕적인 기사를 삭제했다. 그리고 그 필자가 기사 게재 중지에 대해서 항의하자 사장은 오히려 위압적으로 나무랐다. 그뿐만 아니었다. 사장은 심복 부하에게 크리스토프 예찬의 기사를 반 달 내에 작성하게 했다. 그 기사는 준비되었다. 그것은 열광적이며 우열한, 더할 수 없이 딱 알맞은 것이었다. 또 대사관에서 크리스토프 작품의 연주회를 개최하려 생각해 낸 것도 그라시아였고, 크리스토프가 세실을 가까이하는 것을 알고는 이 젊은 가수를 세상에 알리려고 도와준 것도 그라시아였다. 그리고 또한 독일 외교계와의 관계를 통하여 침착하기 그지없는 교묘한 방법으로 독일에서 추방당하고 있는 크리스토프에 대한 정부 측근의 동정을 환기시키려 힘쓰고, 그리고 점차로 그 대예술가에게 고국의 문을 열게 할 칙령을 황제로부터 받아 내려고 노력했다. 그러한 특령을 기대한다는 것은 성급한 일이었으나, 적어도 수일간이나마 그가 고향의 거리를 여행하게 할 수는 있었다.

크리스토프는 그리하여 눈에 보이지 않는 숨은 벗에게서 보호를 받고 있는 것을 느끼면서도 그것이 누구인가를 발견하지 못하고 있었으나, 지금 거울 속에서 미소지어 주던 젊은 성 요한의 얼굴에서 그 여자친구를 보았던 것이다.

*

두 사람은 지나간 날에 대해 이야기를 주고받았다. 무엇을 말하고 있는지 크리스토프로서는 거의 알 수 없었다. 사람들은 자기가 사랑하는 여인을 잘 보지 못하는 것같이, 그 말도 잘 듣지 못하는 법이다. 그리고 열애하고 있을 때는 사랑하고 있다는 것마저 느끼지 못한다. 크리스토프는 자기가 상대를 사랑하고 있는 것에 대해서 전혀 모르고 있었다. 그녀가 그곳에 있다는 것만으로써 충분했다. 그 밖의 것은 이미 존재하고 있지 않았다……

그라시아는 말하던 도중에 입을 다물었다. 키가 무척 크고 꽤 잘생긴, 옷을 잘 입고 얼굴을 깨끗이 면도한 머리가 벗어진 젊은 사나이가 귀찮은 듯이, 또 사람을 깔보는 듯한 태도로, 안경 너머로 크리스토프의 값을 매기려는 듯이 바라보고 있었다. 그러고는 재빨리 거만스러우면서도 정중한 태도로 몸을 굽혔다.

"제 남편이에요." 그라시아가 말했다.

살롱의 홍청거리는 소음이 다시 귀에 들려왔다. 마음의 불은 꺼지고 말았다. 크리스토프는 움찔하여 입을 다물며 인사에 답례하고는 재빨리 빠져나왔다.

예술가의 혼은, 또한 예술가의 정열적인 생활을 지배하고 있는 어린아이 같은 법칙은 얼마나 우습고, 탐욕스런 요구를 지니고 있는 것일까! 크리스토프는 이 여자친구를 그 옛날 저쪽에서 사랑하고 있을 때는 문제로 삼지 않고 또한 이미 몇 년 동안 한 번도 생각조차 한 일이 없는데도, 지금 재회하자마자 그라시아는 자기의 것이었고 자기의 재산인 듯한 생각이 들어, 남이 그녀를 소유하고 있다고 한다면 그것은 자기 것을 훔친 것처럼 생각되었다. 그라시아 자신도 남에게 몸을 맡길 권리는 없다는 듯이. 크리스토프에게는 자기의 마음속에 무엇이 남아 있는지 이해가 되지 않았다. 그러나 크리스토프가 만들어 낸 악마는 그 대신에 그것을 알고 있었다. 그리고 이 당시 애절한 사랑을 노래한 가장 아름다운 노래를 몇 개 탄생시켰다.

제법 오랜 시일 동안 크리스토프는 그라시아를 만나지 않았다. 올리비에의 고통과 건강이 항상 마음속에 귀찮게 따라다녔다. 그러나 어느 날, 마침내 그라시아에게서 받은 약도를 발견하고 그녀를 만날 결심을 했다.

계단을 올라가니 일꾼이 장도리로 못 박는 소리가 들려왔다. 대기실 안은 화물 상자와 트렁크로 가득하여 어수선했다. 하인은 백작부인은 만날 수 없다고 말했다. 크리스토프가 실망하여 명함을 내밀고 되돌아가려는데 하인이 뒤쫓아왔다. 그리고 용서를 비는 말을 자꾸 하면서 그를 붙잡았다. 크리스토프는 응접실로 안내되었다. 응접실 바닥의 깔개는 벗겨서 말아 놓았다. 그라시아가 밝은 미소를 짓고서 기쁜 듯이 손을 내밀며 크리스토프에게 다가왔다. 원망스럽던 마음은 모두 사라져 버렸다. 그 역시 마찬가지로 반갑게 그라시아의 손을 꽉 쥐었다. 그러고는 거기에 입술을 댔다.

"어머!" 그라시아는 말했다. "와 주셔서 정말 기뻐요. 뵙지 못하고 출발하지 않을까 정말 걱정하고 있었어요!"

"출발이라니요! 어디로 가십니까?"

또다시 크리스토프의 마음은 어두워졌다.

"보시는 바와 같습니다." 그라시아는 혼잡스런 실내를 가리키면서 말했다. "금주 말에 우리는 파리를 떠난답니다."

"오랫동안입니까?"

그라시아는 약간 몸을 흔들었다.

"모르겠어요."

크리스토프는 말하려고 애썼다. 목이 메었다.

"어디로 가시는 것입니까?"

"미국으로 갑니다. 남편이 그쪽 대사관의 일등 서기관으로 임명받았기 때문에."

"그럼 이것으로, 이것으로……" 그는 말했다(입술이 떨렸다). "……이것으로 끝이군요……"

"당신!" 그라시아는 크리스토프의 말에서 감동을 느끼고 말했다. "……아니에요, 끝이 아니에요."

"나는 당신을 잃어버리기 위해서 다시 만난 것 같군요!"

크리스토프의 눈에 눈물이 괴었다.

"당신." 그라시아는 되풀이했다.

크리스토프는 손으로 눈을 가리고, 자신의 감정을 숨기려고 얼굴을 돌렸다.

"슬퍼하지 마세요." 그라시아는 크리스토프의 손 위에 자기 손을 얹으면서 말했다.

그 순간 그라시아는 또다시 독일 소녀를 떠올렸다. 두 사람은 말없이 가만히 있었다.

"왜 그렇게나 오지 않으셨어요?" 그라시아는 마침내 물었다. "전 만나뵙고 싶었어요. 그런데 한 번도 답장을 주지 않으셨어요."

"난 전혀 몰랐습니다, 전혀 몰랐습니다." 크리스토프는 말했다. "나 모르게 여러 번이나 나를 구해 주신 것은 당신이었군요……. 내가 독일에 돌아갈 수 있었던 것도 당신 덕분이었구요. 나를 지켜주던 친절한 천사는 당신이었군요."

그라시아는 말했다.

"얼마간이라도 당신에게 도움이 되는 것이 기뻤어요. 저는 많은 은혜를 입고 있는걸요!"

"뭐라구요?" 크리스토프는 되물었다. "나는 당신을 위해서 아무것도 한 것이 없습니다."

"저를 위해서 무엇을 해 주셨는지 자신으로서는 아실 리가 없어요." 그라시아는 말했다.

그라시아는 소녀 시절에 숙부인 스토방 집안에서 크리스토프와 만나 그에 의해서, 그의 음악에 의해서 이 세상에 존재하는 모든 아름다운 것을 계시받았던 때의 일을 이야기했다. 그리고 차차 조용한 흥분을 보이면서, 때로는 분명한, 때로는 희미한 짧은 암시적인 말로서 어린 시절의 감동이나 크리스토프의 슬픔으로 자신도 슬퍼했던 일이나, 음악회에서 청중으로부터 야유를 받고 그 때문에 자기가 울었던 일, 편지를 썼으나 답장을 받지 못했다는 일 등을 이야기했다. 크리스토프가 답장을 보내지 않았던 것은 그 편지를 받지 못했기 때문이었다. 크리스토프는 그라시아의 말에 귀를 기울이면서 지금 자기의 감동이나 자기 쪽으로 기울이고 있는 이 부드러운 얼굴에 대한 애정 등을 진심으로 과거 속으로 던져 버렸다.

두 사람은 애정이 넘치는 기쁨으로 천진스럽게 이야기를 주고받았다. 크리스토프는 이야기를 하면서 그라시아의 손을 쥐었다. 그러자 갑자기 두 사람은 입을 다물었다. 그라시아는 크리스토프가 자기를 사랑하고 있다는 것을 깨달았고, 크리스토프도 지금 그것을 깨달았다……

크리스토프는 몰랐지만, 한때 그라시아는 크리스토프를 사랑했다. 하지만 그라시아는 이제 와선 그에게 온건한 우정밖에 품고 있지 않았다. 그녀는 다른 남성을 사랑하고 있었던 것이다. 세상에 흔히 있듯이 그들의 생활은 두 개의 시계 중 하나가 다른 것보다 앞서가고 있었다는 것으로서, 두 사람의 생활은 양쪽이 모두 깨끗이 변하고 있었던 것이다……

그라시아는 슬그머니 손을 뺐다. 크리스토프는 그것을 붙들지 않았다. 그리고 두 사람은 어색함을 느끼며 말도 없이 잠깐 그대로 가만히 있었다.

그러자 그라시아가 말했다.

"그럼……"

크리스토프는 조금 전의 한탄을 되풀이했다.

"그럼 이것으로 끝이군요?"

"아마도…… 그러는 편이 좋을 거예요."

"출발하시기 전에 한 번 더 만나뵐 수는 없을까요?"

"네!" 그라시아가 대답했다.

"언제 또 뵙게 될지요?"

그라시아는 우울한 듯이 어쩔 수 없다는 몸짓을 했다.

"그러시다면 다시 만나게 된 것이 무슨 소용이 있겠어요? 무슨 소용이 있겠습니까?" 크리스토프가 말했다.

그러나 그라시아의 비난하는 듯한 눈길을 보고 크리스토프는 곧 말했다.

"아니오, 용서하십시오, 내 생각이 틀렸습니다."

"저는 언제나 당신 일을 생각하겠어요." 그라시아가 말했다.

"아, 나는……" 크리스토프가 말했다. "당신 생각마저 할 수 없습니다. 나는 당신 생활에 대해서 무엇 하나 아는 것이 없습니다."

그라시아는 조용히 자기의 일상생활과 어떤 식으로 자기들이 나날을 보내고 있는가를 간단하게 말했다. 자기와 남편과의 일을 부드럽고 아름다운 미소를 지으며 말했다.

"아!" 크리스토프는 부러운 듯이 말했다. "당신은 남편을 사랑하고 계시는군요."

"네." 크리스토프가 대답했다.

크리스토프는 일어섰다.

"안녕."

그라시아도 일어났다. 이때 처음으로 크리스토프는 그녀가 임신하고 있는 것을 알아차렸다. 그러자 크리스토프의 마음은 혐오와 애정과 질투와 격한 연민이 뒤섞인 무엇이라고 표현할 수 없는 인상을 받았다. 그라시아는 조그마한 응접실의 입구까지 그를 전송했다. 크리스토프는 뒤돌아서 친구의 손등 위에 몸을 굽히고 그곳에 오랫동안 입을 대고 있었다. 그라시아는 눈을 반쯤 감은 채 가만히 움직이지 않았다. 겨우 크리스토프는 몸을 일으켰다. 그러고는 그녀의 얼굴도 보지 않고 급한 걸음으로 밖으로 나갔다.

…… E chi allora m'avesse domandato di cosa   alcuna, la mia risponsione sarebbe stata solamente AMORE, con viso vestito d'umil-tà……

……만약 그때 누군가가 나에게 무엇을 생각하고 있느냐고 물었다면, 나는 겸손한 얼굴로

'사랑을' 이렇게만 대답했을 것이다……

제성 침례날. 집 밖은 회색빛과 차가운 바람. 크리스토프는 세실의 집에 있었다. 세실은 아기의 요람 곁에 있었다. 지나가는 길에 들른 아르노 부인이 아기 위에 몸을 굽히고 있었다. 크리스토프는 몽상에 잠겨 있었다. 그는 행복을 놓친 것에 대해서 생각하고 있었다. 그러나 그것을 후회할 생각은 없었다. 그는 행복이 존재하고 있는 것을 알고 있었다. ……태양이여, 너를 사랑하기 위해서 너를 볼 필요는 없다! 내가 그늘 속에서 떨고 있는 이 겨울의 기나긴 나날 동안, 나의 마음은 너로 해서 넘치고 있었다. 나의 사랑은 나를 따뜻이 해 준다. 나는 네가 그곳에 있다는 것을 알고 있다…….

세실도 몽상에 잠겨 있었다. 그녀는 아기를 가만히 지켜보고 있었다. 세실은 마침내 이 아기를 자기의 아기로 생각하게 되었다. 생명의 창조적 상상력인 꿈이 지니는 축복받은 힘이여! 생명…… 생명이란 무엇일까? 생명은 차가운 이성이나, 우리 눈에 비치는 것은 아니다. 생명은 우리가 꿈꾸고 있는 그대로이다. 생명의 기준은 사랑인 것이다.

크리스토프는 세실을 가만히 바라보았다. 눈이 큰, 시골뜨기 같은 그 얼굴은 모성적인, 친어머니보다도 더 모성적인 본능으로 빛나고 있었다. 크리스토프는 또한 아르노 부인의 피로에 찬 얼굴을 가만히 보았다. 그는 그 표정에서 사람의 마음을 감동시키는 서적 속에서 보는 것 같은 유부녀의 숨겨진 생활의 즐거움이나 괴로움을 엿볼 수 있었다. 유부녀의 생활은, 아무도 그것에 생각이 미치지 않으나, 때로는 줄리엣이나 이졸데의 사랑과 비교될 정도의 풍부한 고민과 희열을 지니고 있는 것이다. 더욱이 보다 많은 위대성을 지니고 있다…….

Socia rei humanae atque divinae……
인간적이면서 신적인 반려……

그리하여 크리스토프는 생각했다. 기혼 여성이든 미혼 여성이든, 여자의 행복 또는 불행을 만드는 것은 신앙의 유무에서가 아닌 것처럼, 자식의 유무도 아니라고. 행복은 혼이 발산하는 향기이다. 노래하는 마음의 조화이다. 그리고 혼의 음악 가운데서도 가장 아름다운 것은 자애이다.

올리비에가 들어왔다. 그는 침착했다. 새로운 맑은 빛이 그 푸른 눈에 빛나고 있었다. 올리비에는 아기에게 웃음을 던져 주고 세실과 아르노 부인의 손을 쥐었다. 그러고는 조용히 말하기 시작했다. 그들은 애정이 섞인 놀라움으로 올리비에를 지켜보고 있었다. 그는 벌써 이전의 그가 아니었다. 마치 누에가 스스로 짜 놓은 고치 안에 들어가 자리잡듯이 자기의 슬픔과 함께 고독 속에 파묻혀서 괴로운 노력을 한 끝에, 자기의 번뇌를 빈 소라 껍데기처럼 내던져 버리기에 성공했다. 희생에 바치는 것 말고는 흥미를 잃고 있었던 자기의 생명을 올리비에는 어느 아름다운 목적을 위해서 바칠 각오가 되었다. 그러나 그가 어떤 경유로써 그것을 발견하게 되었는지는 뒤에 말하기로 하자. 그리고 자기의 생명도 그것을 위해 내던지려고 결심한 그날부터, 그것이 자연의 법칙이지만, 그의 생명은 또다시 불타올랐다. 벗들은 그를 가만히 보고 있었다. 그들은 그에게 어떤 일이 있었는지 알 수가 없었다. 그리고 굳이 그것을 물으려 하지 않았다. 그러나 그가 해방된 일, 그의 마음속에는 이제 무엇을 대해도 원한도 괴로운 슬픔도 없다는 것을 그들은 느끼고 있었다.

크리스토프는 일어나서 피아노 곁으로 갔다. 그리고 올리비에에게 말했다.

"브람스의 멜로디를 한번 들려줄까?"

"브람스?" 올리비에는 되물었다.

"당신은 지금에 와서는, 옛날의 적이었던 사람의 곡도 연주하나요?"

"오늘은 제성 침례날이야." 크리스토프는 말했다. "모든 사람이 용서받는 날이거든."

크리스토프는 아기가 잠을 깨지 않도록 낮은 목소리로 슈바벤의 옛 민요 중에서 몇 구절을 노래했다.

      ……Für die Zeit, wo du g'liebt mi hast,

Da dank'i dir schön,

Und i wunsch' dass dir's anderswo

Besser mag geh'n……

그대가 나를 사랑해 주셨던 그때 일을

나는 그대에게 감사드려요

다른 곳에서도 늘 더욱 행복하시기를

나는 빕니다……

"크리스토프!" 올리비에는 말했다.

크리스토프는 그를 으스러지게 가슴에 껴안았다.

"여보게." 크리스토프는 말했다. "우리에게는 행운이 찾아오고 있어."

그들 네 사람은 쌕쌕거리며 자고 있는 아기 곁에 앉아 있었다. 만약 이때에 무엇을 생각하느냐고 묻는 사람이 있다면, 그들은 겸손한 얼굴로 단지 한 마디 대답했을 것이다.

"사랑."

불타는 가시덤불

Le diamant dur je suis,

Qui ne se romp du marteau,

Ni du sizeau retanté.

Frape, frape, frape-moy,

Pour cela ne mourray.

Come le Fenix je suis,

Qui de sa mort reprant vie,

Qui de sa cendre naistra.

Tüe, tüe, tüe-moy,

Pour cela ne mourray

나는 단단한 금강석

망치에도 끌에도

부서지지 않는다
쳐라, 쳐라, 나를 쳐라
나는 죽지 않는다

죽었다가는 다시 살아나고
재에서 다시 소생하리
나는 불사조
죽여라, 죽여라, 나를 죽여라
나는 죽지 않는다

바이프(1532~1589)의 시

제1부

고요한 마음. 바람은 잔다. 공기는 움직이지 않는다……
크리스토프는 마음이 잔잔함을 느꼈다. 마음속에는 평온이 있었다. 그는
애써 이러한 평온을 차지한 것에 얼마간의 자랑을 느끼고 있었다. 그러나 아
직도 마음속 깊은 곳에서는 후회를 느끼지 않는 것도 아니었다. 그는 이와
같은 고요함에 놀라고 있었다. 그의 정열은 잠자고 있었다. 이 정열은 이제
두 번 다시 눈뜨지 않을지도 모른다고 그는 진심으로 믿고 있었다.
크리스토프의 다소 거친 큰 힘은 대상이 없어서 할 일 없이 졸고 있었다.
그 밑바닥에는 남모르는 공허가 있고, '해 봐야 무슨 소용이 있겠는가' 하는
생각이 숨겨져 있었다. 아마 붙잡을 수 없었던 행복을 의식하고 있었던 게
뻔했다. 그는 이제 자기 자신에 대해서나 남에 대해서나 별로 싸울 필요가
없었다. 일하려고 고생할 필요도 없었다. 그는 하나의 길의 종점에 도달해
있었던 것이다. 그는 지난날의 노력에 대한 결실을 거두고 있었다. 자기가
개척한 음악의 광맥을 거의 힘들이지 않고 다 파낸 것이다. 그리하여 대중이
뒤늦게나마 그의 옛 작품을 발견하고 감탄하고 있는 동안에, 그는 더 앞으로
나아갈 수 있을지 어떨지도 아직 잘 알지 못하면서도 그런 작품에서 멀어져
있었다.
크리스토프는 창조 속에서 언제나 같은 행복을 누렸다. 예술이란 그에게
그의 생애의 이 순간에 있어서는 이미 능숙하게 다룰 수 있는 하나의 훌륭한

악기에 지나지 않았다. 그는 스스로도 부끄럽다고 생각하면서도 자기가 예술애호가가 되어 가고 있는 듯한 기분을 느끼고 있었다.

입센은 이렇게 말했다.

'예술 속에서 끝까지 살아가려면 타고난 재능과는 다른 그 이상의 것이 필요하다. 다시 말해서, 삶을 충만시키고 거기에 의의를 부여할 만한 정열과 고뇌를 필요로 하는 것이다. 만약 그렇지 않으면 사람은 창조하는 것이 아니다. 다만 작품을 쓰는 것뿐이다.'

크리스토프는 작품을 쓰고 있었다. 그러나 습관적으로 쓰고 있는 것은 아니었다. 그 작품들은 아름다운 것이었다. 그러나 그는 그렇게 아름답지 않더라도 좀더 발랄한 것을 쓰고 싶었다. 자기의 근육을 제대로 써먹지 못하고 쉬고 있는 격투가와도 같은 그는, 따분한 야수처럼 하품을 하면서 자기를 기다리고 있는 조용한 작업의 세월을 지그시 지켜보았다. 그리고 그의 타고난 독일적 낙천주의에 따라 이만하면 만사 좋다고 생각하고 있었으므로, 이 상태를 피치 못할 종점으로 여기고 있었다.

크리스토프는 자기가 폭풍우 속에서 빠져나왔다는 것, 자기 자신의 지배자가 되었다는 것을 자랑으로 생각하고 있었다. 그러나 그런 것은 그다지 뜻 있는 일은 아니었다. 결국 인간이란 자기가 가진 것을 지배하는 것이고 자기가 될 수 있는 상태로 되기 마련인 것이다.

크리스토프는 자기가 항구에 닿은 것이라고 생각하고 있었다.

*

두 친구는 함께 살고 있지는 않았다. 자크린이 집을 나갔을 때, 크리스토프는 올리비에가 다시 자기에게로 돌아오겠거니 생각했다. 그러나 올리비에는 그럴 수가 없었다. 크리스토프와 가까워지고는 싶었으나 그와 옛날 같은 생활을 다시 시작하는 것은 불가능하다고 느끼고 있었다. 자크린과 몇 년을 지낸 지금에 와서 자신의 비밀스러운 내부에 남을 들여놓는다는 것은 참기 어려운 일이라고 여겨졌고, 모독이라고까지 생각되었다. 그런데 올리비에는 그 남을 자크린보다도 훨씬 사랑하고 있었고, 또 자크린이 사랑한 것 이상으로 그 남에게서 사랑을 받고 있었다. 그러나 그것은 이치로는 어떻게도 설명할 수 없는 문제였다.

크리스토프는 좀처럼 그것을 납득할 수 없었다. 그는 몇 번이나 되풀이해서 이 말을 꺼내고 놀라기도 하고 슬퍼하기도 하고 화를 내기도 했다. 그러는 동안에 지성보다도 뛰어난 그의 본능이 그에게 가르쳐 주었다. 그래서 그는 별안간 입을 다물고 올리비에가 옳다고 생각했다.

그러나 두 사람은 매일 만났다. 일찍이 두 사람이 이토록 빈틈없이 결합된 적은 없었다. 아마 그들은 마음속에 있는 생각을 서로 털어놓지는 않았을 것이다. 그럴 필요가 없었다. 생각을 서로 나누는 것은 둘의 마음속 사랑에 바탕을 둔 자연스러움이 있었으므로 말없이도 충분했다.

두 사람 다 거의 말을 하지 않았다. 한 사람은 예술에, 또 한 사람은 추억에 넋을 잃고 있었다. 올리비에의 고뇌는 누그러져 갔다. 그러나 그는 그것 때문에 노력한 것은 아니었다. 오히려 고뇌에서 거의 만족을 발견하고 있을 정도였다. 고뇌야말로 그에게는 오랫동안 생존의 유일한 이유였던 것이다. 올리비에는 자기 자식을 사랑하고 있었다. 그러나 그 아기는—시끄럽게 울어대는 그 아기는—그의 생활 속에 커다란 자리를 차지하지는 못했다. 세상에는 아버지라기보다 오히려 연인이랄 수 있는 사람이 있는 법이다. 그것을 화내 봐야 아무 소용도 없을 것이다. 자연은 획일적인 것이 아니다. 같은 마음의 법칙을 모든 사람에게 강요한다는 것은 어리석은 짓이다. 아무도 마음 때문에 의무를 희생시킬 권리는 없다. 그러나 적어도 의무를 다하면서도 행복을 느끼지 않는 권리를 마음을 위해 인정해 주어야 한다. 올리비에가 자기 아기 속에서 가장 사랑한 것은 자기 살로 아이를 만들어 준 그녀였던 것이다.

최근까지 올리비에는 남의 고뇌에 거의 주의를 기울이지 않았다. 그는 너무나 자기 속에 틀어박혀 살고 있는 지식인이었다. 그것은 이기주의가 아니라 몽상에만 잠겨 있는 병적인 습관이었다. 자크린이 그 공허를 그의 주위에 더욱더 넓혀 놓았다. 자크린의 애정은 올리비에와 다른 사람들 사이에 마법의 동그라미를 그려 놓았는데, 그 동그라미는 애정이 다 사라진 뒤에도 그냥 남아 있었다. 게다가 그는 기질적으로도 귀족적이었다. 어릴 때부터 상냥한 마음을 갖고 있으면서도 육체와 영혼이 본능적으로 섬세하여 대중으로부터 멀리 떨어져 있었다. 대중적인 냄새며 사고가 그는 싫었다.

그러나 일상 흔히 있는 사건 하나를 목격하고부터 모든 것이 변하고 말았다.

*

　올리비에는 크리스토프나 세실의 집에서 그다지 멀지 않은 몽루즈의 고지대에 아주 검소한 방을 빌려 살고 있었다. 이 근처는 서민적인 곳이어서 그가 방을 빌려 든 집에도 넉넉잖은 연금으로 살아가는 사람, 하급 봉급 생활자, 노동자의 가족 등이 살고 있었다. 다른 때였더라면 자기와 아무런 인연도 없는 듯이 느껴지는 이러한 환경에 고통을 느꼈을지도 모른다. 그러나 지금은 어디건 거의 문제가 되지 않았다. 어디를 가나 자기는 아무런 인연도 없는 인간으로 느껴졌다. 이웃에 어떤 사람이 사는지 알지도 못했고 또 알고 싶지도 않았다. 일에서 돌아오면―그는 어느 출판사에 근무하고 있었다― 추억과 더불어 방 안에 틀어박혀, 아기나 크리스토프를 만나러 갈 때 말고는 밖에 나가지 않았다. 그의 주거는 가정이 아니었다. 그것은 과거의 그림자가 살고 있는 어두운 방이었다. 방이 어두우면 어두울수록, 장식이 없으면 없을수록 그러한 그림자는 한층 더 뚜렷하게 떠올라왔다. 그는 층계에서 스쳐 지나는 사람들의 얼굴에 관심을 두지 않았다. 다만 자기도 의식하지 않는 사이에 몇몇 얼굴들이 머리에 남아 있었다. 어떤 종류의 사람들은 사물이 사라진 뒤에야 비로소 그 사물의 모습을 뚜렷이 본다. 그런 경우 무엇 하나 그들의 눈에서 빠져나갈 수 없으며 아주 사소한 일까지 깊이 새겨진다. 올리비에도 그런 종류의 사나이였다. 말하자면, 그의 마음속은 살아 있는 인간의 그림자로 가득 차 있었다. 어떤 감동을 받으면 별안간 그 그림자들이 떠올랐다. 그러면 올리비에는 그때까지 잘 알지도 못했던 그러한 그림자가 잘 아는 사이라는 것을 깨닫고 때로는 손을 내밀어 잡으려 했다…… 그러나 때는 이미 너무 늦었다!

　어느 날, 올리비에는 밖으로 나갔다가 문 앞에서 마구 지껄여 대는 문지기 여자를 사람들이 둘러싸고 있는 것을 보았다. 별로 호기심도 없어서 무슨 일인가 물어보지도 않고 지나가려 했다. 그러자 문지기 여자는 하나라도 더 많이 자기 이야기를 들어 줄 사람을 끌어 모으고 싶어 그를 불러 세우고는, 그 가련한 루셀네 집이 어떤 꼴을 당했는지 알고 있느냐고 물었다. 올리비에는 그 '가련한 루셀네 집'이 어떤 사람들인지조차 알지 못했다. 그래서 그저 인사치레로 말을 들어 보았다. 그러다가 부부와 다섯 아이의 한 노동자 가정이, 이 집 안에서 생활고에 못 견디고 집단 자살했다는 사실을 들었을 때 그

는 다른 사람들과 마찬가지로 걸음을 멈추고 그 집의 벽을 바라보며, 싫증도
내지 않고 같은 말을 되풀이하고 있는 여자의 이야기에 귀를 기울였다. 여자
가 지껄여 나감에 따라 그의 머릿속에는 여러 가지 추억이 되살아나서 그 사
람들과 만난 적이 있다는 것을 깨달았다. 올리비에는 이것저것 물어보았다
……. 그렇다, 올리비에는 그들을 알고 있었다. 주인은―층계에서 올리비에
는 그 골골거리는 숨소리를 듣곤 했다―빵집 직공이었으며, 얼굴빛은 창
백하고 화덕의 열기로 빈혈을 일으켜 두 볼은 움푹하게 꺼졌고 수염도 잘 깎
지 않았다. 초겨울에 폐렴에 걸렸는데 아직 채 낫기도 전에 다시 일을 시작
했다. 그래서 병이 재발했다. 3주일 전부터는 일자리도 잃고 살아갈 힘도 없
었다. 부인은 늘 임신만 하고 있는데다가 류머티즘으로 몸이 제대로 움직이
지 않았으나, 열심히 집안일을 돌보고 며칠이나 뛰어다니면서 빈민 구제회
로부터 얼마 안 되는 보조금을 타려고 애를 썼다. 그러나 그 돈도 그리 빨리
받지는 못했다. 그러는 동안에도 아이는 속속 태어났다. 열한 살, 일곱 살,
세 살짜리 아기―이 밖에도 자라지 못하고 죽은 아기가 둘이나 있었다―게
다가 마침 형편이 좋지 않은 때에 쌍둥이가 태어났다. 지난달의 일이었다!

"쌍둥이가 태어난 날 말이에요." 이웃 아낙네가 말했다. "글쎄, 열한 살
먹은 맏딸 쥐스틴이 가엾게도 울음을 터뜨리지 않겠수, 아기 둘을 한꺼번에
어떻게 안느냐면서……"

올리비에는 곧 그 소녀의 모습이 생각났다. 이마가 넓고 윤기 없는 머리칼
을 뒤로 묶었으며 흐린 잿빛 눈이 툭 튀어나와 있었다. 만날 때마다 언제나
식료품을 들었거나, 어린 동생을 안았거나 하고 있었다. 아니면 일곱 살 난
갸름한 얼굴의 허약하게 생긴 애꾸눈인 남동생의 손을 끌고 있었다. 층계에
서 스치고 지날 때마다 올리비에는 건성으로 인사를 했다.

"좀 실례해요, 아가씨."

그래도 쥐스틴은 아무 말도 하지 않았다. 조금도 비키는 법 없이 그대로
몸을 굳히며 지나갔다. 그러나 그런 건성의 인사도 쥐스틴은 속으로 기뻐하
고 있었다. 그 전날 6시쯤, 층계를 내려가다가 올리비에는 이 소녀를 마지막
으로 만난 것이었다. 소녀는 한 양동이 가득히 숯을 나르고 있었다. 그 짐은
퍽 무거워 보였다. 그러나 하층계급의 아이들에게는 보통 있는 작업이었다.
올리비에는 여느 때처럼 상대편의 얼굴도 보지 않고 인사를 했다. 층계를 다

내려와서 무심코 쳐다보니 일그러진 조그마한 얼굴이 층계참의 손잡이 너머로 내려가는 자기를 지켜보고 있었다. 소녀는 다시 올라가기 시작했다. 어디로 가는지 소녀는 알고 있었을까? 올리비에는 꿈에도 몰랐다. 그리고 너무나 무거운 양동이 안에 죽음을(해방을) 나르고 있던 소녀가 머릿속에 새겨져 떨어지지 않았다. 불행한 아이들이여, 그들에게 있어서 더 존재하지 않는다는 것은 더 괴로워하지 않는다는 것이다. 그는 산책을 계속할 수가 없었다. 그래서 자기 방으로 되돌아갔다. 그러나 거기서는 죽은 사람들이 자기 곁에 있다는 것을 깨달아야만 했다. 다만 몇 겹의 벽이 사이에 있을 뿐이다. 자기는 그러한 고뇌의 바로 옆에서 여태껏 살고 있었던 것이다.

올리비에는 크리스토프를 만나러 갔다. 가슴이 죄어들었다. 많은 사람이 자기의 불행보다 몇 배나 더 심한 불행에 시달리고 있으며, 더욱이 구할 생각만 있으면 구할 수도 있는 것을, 자기처럼 헛된 사랑의 미련에만 사로잡혀 있다는 것이 매우 괴상하게 여겨졌다. 올리비에의 충격은 컸다. 그 충격은 금방 남에게 옮겨갔다. 크리스토프도 충격을 받았다. 올리비에의 이야기를 듣더니, 자기는 유치한 장난을 재미있어하는 이기주의자라면서 막 쓴 악보를 쭉쭉 찢어 버렸다. 그러나 곧 악보 조각을 다시 주워모았다. 크리스토프는 자기 음악에 너무나 마음이 끌려 있었다. 그래서 예술 작품을 하나 줄인다고 해서 행복한 인간이 하나 늘어나는 것은 아니라고 본능적으로 생각했다. 그런 빈곤의 비극은 그에게는 조금도 새로운 것이 아니었다. 크리스토프는 어릴 적부터 이와 같은 심연의 가장자리를 걸어갔는데, 그러면서도 그 속으로 떨어지지 않는 데 익숙해 있었다. 게다가 자기 힘의 충실을 느끼고, 설령 어떤 괴로움 때문이건 싸움을 단념한다는 것을 이해하지 못하게 되어 있는 지금은 자살에 대해서 매우 엄격한 견해마저 갖고 있었다. 고뇌와 투쟁, 이 이상 당연한 일이 있을까? 이것이야말로 모든 사람들의 중추적 힘인 것이다.

올리비에도 비슷한 시련을 몇 번이나 겪었다. 하지만 그는 결코 자기를 위해서나 남을 위해서나 운명에 묵묵히 따를 수 없었다. 그리운 앙투아네트의 일생을 망쳐 놓은 빈곤을 소름이 끼치도록 혐오했다. 자크린과 결혼한 뒤 재물과 사랑 때문에 마음이 유약해졌을 때, 그는 일찍이 누나와 함께 날마다 그날그날을 살아가는 권리를 얻으려고 성공할 가망도 별로 없는 노력에 온 정력을 다 쏟던 슬픈 세월의 추억은 멀리 밀쳐 버렸었다. 그러한 갖가지 추억의 환상이, 지켜 주어야 할 사랑의 이기주의가 이미 사라지고 없는 지금 다시 떠올랐다. 괴로움의 모습을 보고 달아나기는커녕, 반대로 괴로움을 찾아나섰다. 그것을 발견하는 데는 그다지 멀리 갈 필요가 없었다. 그의 정신 상태에서는 그것이 곳곳에서 발견되었다. 괴로움은 이 세상에 가득 차 있었다. 세계라는 이 병원, 고뇌, 고민, 산 채로 썩어가는, 상처입고 허덕이는 육체의 고통! 슬픔에 초췌해진 마음의 말없는 고뇌! 온정을 받지 못한 소년들, 희망을 빼앗긴 소녀들, 유혹받아 배신당한 여자들, 우정과 연애와 신념 따위에 속은 사나이들, 인생에 상처입은 불행한 사람들의 비참한 행렬! 가장 무서운 것은 빈곤도 질병도 아니다. 그것은 인간들 사이의 잔인성이다. 올리비에가 인간 지옥을 덮은 뚜껑을 열자마자 온갖 학대받은 인간들의 아우성이 확 솟아올랐다. 착취된 무산자, 박해받은 민중, 학살당한 아르메니아, 질식된 핀란드, 찢어진 폴란드, 압제받은 러시아, 유럽의 이리 떼가 탐욕의 먹이로 삼은 아프리카, 온 인류 속의 처참한 사람들, 그러한 사람들의 아우성이 확 치솟아나왔다. 그 때문에 그는 숨이 막혔다. 곳곳에서 그 소리가 귀에 울렸다. 그 밖의 것을 생각하는 것은 지금의 그로서는 이제 상상도 못할 일이었다. 그는 이런 일을 늘 크리스토프에게 이야기했다. 크리스토프는 귀찮아하며 말했다.

"좀 잠자코 있게나! 조용히 일 좀 하게."

그러고는 마음의 평형을 좀처럼 회복할 수 없어 신경질을 내면서 투덜거렸다.

"제기랄, 이것으로 오늘은 완전히 망쳤다! 자네가 그런 말을 해봐야 헛수고야!"

올리비에는 사과했다.

"여보게." 크리스토프는 말했다. "언제나 심연 속만 들여다봐서는 안 되네. 그러다간 살아가지 못해."

"심연 속에 있는 사람에게 손을 뻗어 줘야지요."

"그건 그래. 하지만, 어떻게! 자기도 그 속에 뛰어들어가서 말인가? 자네가 하고 싶다는 게 바로 그게 아닌가. 자네에겐 인생의 슬픈 면만 보는 경향이 있어. 그것도 괜찮겠지. 그러한 비관주의는 확실히 자비로운 것이기는 해. 하지만 그건 사람의 의기를 소침시키네. 자넨 남의 행복을 만들어 주고 싫단 말이지? 그렇다면 먼저 자네부터 행복해지게나!"

"행복해지라고요! 그토록 많은 고통을 보고 어떻게 행복해지고 싶은 기분이 납니까? 고통을 덜어 주기 위해 노력하는 것 말고는 행복이 있을 수 없어요."

"물론이야. 하지만 나는 그저 마구잡이로 싸워서 불행한 사람들을 도울 생각은 없네. 서투른 병정이 하나 더 늘어 봐야 아무 소용도 없거든. 나는 내 예술로써 사람들을 위로해 줄 수 있어. 힘과 즐거움을 널리 나누어 줄 수 있단 말이야. 날개라도 가진 듯한 경쾌하고 아름다운 노래를, 얼마나 많은 비참한 사람들이 괴로울 때 의지로 삼았는지 자넨 아는가? 저마다 자기 나름으로 직업을 갖고 있는 거야! 자네들 프랑스 사람들은 하도 경망스러워서, 스페인이나 러시아의 모든 불의에 대해 진상을 잘 알지도 못하면서 언제나 앞장서서 시위 운동을 시작한단 말이야. 하기야 나는 그래서 자네들을 좋아하네만, 그런 것으로 사정이 좋아지리라 생각하는가? 자네들은 그저 맹목적으로 그것에 뛰어들 뿐이지 결과는 하나도 얻지 못해. 어쩌면 무엇을 얻기는커녕 일을 더욱 나쁘게 만들지도 모르지……

보게, 자네들의 예술은 예술가들이 일반적인 실제 행동에 참여하자고 주장하는 오늘날처럼 퇴색한 적은 일찍이 없잖은가. 이토록 많은 반 도락 기분의 간사하고 하찮은 대가 선생님들이 자기야말로 예술의 사도입네 하고 자처하고 있으니 정말 우스꽝스럽네! 좀더 순수한 포도주를 민중에게 부어 주어야 하네. 나의 첫 의무는 내가 해야 할 일을 하는 걸세. 자네들에게 다시 피를 주고, 자네들 속에 햇빛을 쏟아 넣는 건강한 음악을 자네들을 위해서 만드는 일이란 말일세."

*

남에게 햇빛을 쏟아 넣으려면 자기 속에 그것을 갖고 있어야 한다. 그러나 올리비에는 그런 것을 갖고 있지 않았다. 오늘날의 가장 훌륭한 사람들이 그러하듯, 그는 자기 혼자서 힘을 방사할 만큼 강하지 못했다. 힘을 방사하기 위해서는 다른 사람과 결합할 필요가 있었다. 그러나 누구와 결합한단 말인가? 자유로운 정신과 종교적인 마음을 가진 그는 모든 정치적, 종교적 당파에 반감을 느끼고 있었다. 그 당파들은 관용성이 없었고 편협했고 끊임없이 다투고 있었다. 권력을 손에 넣으면 당장 남용했다. 오직 압제받는 사람들만이 올리비에의 마음을 끌었다. 적어도 이 점에 있어서만은 그도 크리스토프와 의견이 같아서 먼 데 있는 부정과 싸우기 전에 가까운 부정, 많건 적건 간에 자기에게도 책임이 있는 주위의 부정과 싸워야 한다고 생각하고 있었다. 너무나 많은 사람이 자기가 저지르는 악은 생각지 않고 남의 악에 항의하는 것만으로 만족하고 있는 것이다.

올리비에는 먼저 빈민 구제의 일에 종사했다. 친한 아르노 부인이 어느 자선 사업에 참여하고 있었다. 올리비에는 그 일에 끼게 되었다. 처음에는 몇 번이나 실망했다. 그가 맡아야 했던 빈민들은 모두가 다 관심을 기울일 만한 사람들은 아니었다. 어떤 사람은 그의 동정에 응하려 하지 않고 경계하여 그에게 향하는 마음의 문을 닫았다. 그리고 지식인은 단순한 자선으로는 좀처럼 만족하지 않는 법이다. 단순한 자선은 비참한 국토 중의 아주 작은 한 지방을 돌봐 주는 데 지나지 않는다! 그 행동은 거의 언제나 부분적이고 단편적이다. 목적 없이 돌아다니다가 상처가 발견되면 치료하는 그런 식이다. 일반적으로 그런 행동은 소극적이고 성급해서 악의 근원에까지 파고들지 못한다. 올리비에의 정신이 간파해야 할 것은 바로 그러한 근원의 탐구였다.

그는 사회적 빈곤 문제를 연구하기 시작했다. 그 안내자는 얼마든지 있었다. 당시는 그런 사회적인 문제가 모든 사람들의 이야깃거리로 되어 있었다. 살롱과 소설과 극 속에서 그것이 다루어졌다. 너나없이 자기는 그 일을 잘 안다고 생각하고 있었다. 일부 청년들은 온 힘을 거기에 기울이고 있었다.

어느 새로운 시대에서나 아름다운 열광이 필요하다. 청년들 중에서 가장 이기적인 자라도 넘칠 듯한 생명력을 갖고 있다. 비생산적이 되기를 원치 않는 정력의 자본을 갖고 있다. 그들은 그것을 하나의 행동이나 아니면—(더 신중하게)—하나의 이름 속에 소비하기를 바란다. 비행기를 조종하든가, 혁명에 참가하든가, 사람이란 젊을 때는 자기가 인류의 큰 운동에 참가하고 있다거나 세계를 일변시키고 있다는 환상을 지니지 않고는 못 견딘다. 또 우주의 모든 숨결에 떨 줄 아는 감각을 갖고 있다. 참으로 자유롭고 참으로 거뜬하다! 아직 가정의 무거운 짐도 지지 않고 아무것도 가진 것이 없으며, 또 거의 아무런 위험도 없다. 아직 손에 넣지 않은 것을 단념하는 것이니 그 이상 관대해질 수도 없다. 그리고 사랑하기도 하고 미워하기도 하고, 또 꿈과 부르짖음으로 이 지상을 일변시킬 수 있다고 생각한다는 것은 얼마나 즐거운 일인가! 젊은 사람들은 귀를 쫑긋하고 있는 개와 같다. 바람 소리에 떨고 짖어 댄다. 세계의 저쪽 끝에서 저질러진 하나의 부정에도 그들은 열광하고 있었다.

밤의 어둠 속에 멀리서 들려오는 개 짖는 소리. 그것은 큰 숲 속에서, 농원에서 농원으로 끊임없이 서로 호응해 댔다. 밤의 고요는 흐트러지고 있었다. 이런 때 잠잔다는 것은 쉬운 일이 아니다. 바람은 대기 속에서 많은 부정의 메아리를 실어 날랐다! ……부정은 무수했다. 그 하나를 막으려면 다른 몇 개의 부정을 가져올 염려가 있었다. 부정이란 무엇인가? 어떤 사람에게는 수치스러운 평화가 부정이고, 조국의 분단이 부정이다. 어떤 사람에게는 전쟁이 부정이다. 어떤 인간에게는 전통의 파괴와 군주의 추방이 부정이다. 또 어떤 인간에게는 교회가 약탈당한 것이 부정이다. 또 다른 인간에게는 미래가 질식당하는 일과 자유가 위험에 처해 있는 것이 부정이다. 민중에게는 불평등이 부정이고, 사회의 선한 사람들에게는 평등이 부정이다. 각 시대가 택한 부정—각 시대가 타도하는 부정과 지지하는 부정—은 실로 각양각색이다.

당시는 세계의 노력이 대부분 사회적 부정을 없애는 데 기울여지고 있었다. 그리고 다시 무의식 중에 새로운 부정을 만들어 내고 있었다.

노동자 계급이 숫자에 있어서나 힘에 있어서나 커져서 국가의 주요 부분의 하나가 되고부터, 확실히 사회적 부정은 중대한 것이 되어 누구의 눈에나 뚜렷이 보이게 되었다. 그러나 노동자 측의 논객이나 시인의 과장된 언사에도 불구하고 노동자 계급의 상태는 그다지 나쁘지는 않았으며 과거보다 훨씬 나아져 있었다. 그리고 그러한 변화의 원인은 이 계급이 더욱 괴로워하게 된 데 있는 것이 아니고, 더 강해진 데 있는 것이다. 적의 자본의 힘 그 자체에 의해서, 또 경제와 공업적 발전의 필연성에 의해서, 이 노동자 계급은 그 이전보다 더 강해진 것이다. 이 경제와 공업적 발전의 필연성은 노동자를 규합하여 전투 태세가 갖추어진 군대로 만들고, 또 기계적 기구의 힘에 의해 노동자들의 손에 무기가 쥐어지는 한편, 직공의 우두머리들을 세계 중심의 빛과 천둥 번개와 에너지를 지배하는 주인공으로 만들어 놓았다. 그 주된 지도자들이 바로 얼마 전에 조직하려고 애쓰고 있던 기본적 힘의, 이와 같은 거대한 집단으로부터 심한 열기를 전파가 발산하여 점차적으로 인류 사회 전체에 번져 나갔다.

이 민중의 입장이 지적 부르주아 계급을 움직인 것은 민중의 정의 때문이다. 민중이 갖고 있는 관념의 새로움과 힘 때문이라고 그들은 믿고 싶어했지만 실은 그렇지 않았다. 그것은 민중이 가진 생명력 때문이었던 것이다.

그들의 정의 때문이라고? 그러나 다른 많은 정의가 온 세계에서 침해당하고 있을 때 세계는 조금도 노여워하지 않았잖은가. 그들의 관념 때문이라고? 그러나 그것은 여기저기서 주워 모은 진리의 단편으로서, 다른 계급을 희생하여 한 계급의 몸에 맞도록 만들어진 것이 아닌가. 그것은 어리석은 신조였다. 모든 신조—이를테면 국왕의 신성한 권리, 교황의 무류성(無謬性), 무산 계급의 지배, 보통 선거, 인간의 평등—는 만일 그러한 것들에 생명을 부여하는 힘을 생각지 않고, 그 이론적 가치만 생각한다면 똑같이 어리석은 일이다. 신조의 평범함 따위는 아무래도 좋았다. 관념이 관념에 그치고 있는 한 세계를 정복할 수 없다. 그것이 힘이 되었을 때 비로소 정복할 수 있는 것이다. 관념이 사람을 포착하는 것은 그 지적 내용에 의해서가 아니라, 역사의 어느 시기에 거기서 발산되는 생명력의 방사에 의해서다. 그것은 솟아오르는 향기라고도 할 수 있는 것이었다. 가장 둔한 후각의 소유자라도 그것을 느끼지 않을 수 없다. 가장 숭고한 관념도 그것이 감염력을 갖게 되는 날까지는 아무런 효과도 가져오지 못할 것이다. 그리고 그러한 관념이 감염력을 갖는 것은 그 자신의 가치에 의해서가 아니라 거기에 살을 주고 피를 부어 넣는 인간 집단이 갖는 가치에 의해서다. 그렇게 되면 여태까지 시들어 있던 식물, 제리코의 장미는 갑자기 꽃을 피우고 성장하여 그 강렬한 향으로 대기를 채운다. 화려한 깃발을 앞세우던 노동자 계급을 이끌어 부르주아 계급의 성과 요새를 공격한 이와 같은 사상은 부르주아 계급 몽상가들의 머리에서 나온 것이었다. 그것이 부르주아 계급의 책 속에 묻혀 있는 한, 마치 죽은 거나 다름없었다. 박물관의 진열품이요, 유리창 속에 천으로 싸 둔 미라여서 아무도 거들떠보지 않았다. 그러나 민중은 그것을 탈취하자마자 민중적인 것으로 만들어 거기에다 열광적인 현실성을 첨가했다. 이 현실성은 그것들을 변형시키고 그 추상적인 이성 속에 환각적인 희망을, 사막의 열풍을 불어넣어 활기를 띠게 했다. 그러한 사상은 사람에서 사람으로 옮아갔다. 사람들은 그것에 감염되었지만, 대체 누구에게서 어떻게 옮았는지 알지 못했다. 이런 경우 사람 따위는 거의 문제가 되지 않았다. 정신적 유행병은 계속 번져 나갔다. 지능이 낮은 자가 지능이 높은 자에게 전해 주는 일도 있었다. 저마다 스스로 깨닫지 못한 채 그것을 나르고 있었다.

이러한 지적 전염의 현상은 어느 시대에도, 그리고 어느 나라에도 있는 것이다. 서로 문호를 닫고 있는 계급이 자기 자신을 유지하려고 애를 쓰는 귀족적 국가에서도 그것이 느껴진다. 그러나 다른 어느 곳보다도 선택된 자와 민중 사이에 감염 방지의 아무런 장벽도 마련되어 있지 않은 민주 국가에 있어서는 그것이 더욱 맹렬하다. 선택된 자들도 단번에 감염된다. 그들은 긍지와 지성을 갖고 있지만 감염에 저항하지는 못한다. 왜냐하면 그들은 자기들이 생각하고 있는 것보다 훨씬 약하기 때문이다. 지성은 하나의 조그마한 섬으로서, 인류의 파도에 깎이고 허물어지고 휘덮인다. 그리하여 썰물이 되지 않으면 다시 모습을 나타내지 않는다. 1789년 8월 4일 밤에 자기들의 권리를 포기한 프랑스 특권자들의 자기희생을 사람들은 칭찬한다. 그러나 가장 칭찬해야 할 일은 그들이 달리 어떻게 할 도리가 없었다는 것이다. 나는 상상하건대, 그들 대부분은 자기 집에 돌아가서 아마 이렇게 혼자 중얼거렸을 것이다.

"나는 어쩌자고 그런 짓을 했을까? 내가 술이 취했던 거다……."

어쩌면 이토록 근사하게 취할 수 있을까! 그토록 향긋한 포도주와 그러한 포도주를 준 포도나무에 축복 있으라! 옛 프랑스의 특권자들을 취하게 한 피를 가진 포도나무, 그것을 심은 것은 특권자 자신들이 아니었다. 포도주는 이미 술통에서 나와 언제라도 마실 수 있게 되어 있었다. 그것을 마신 자는 머리가 어지러웠다. 전혀 마시지 않은 사람들조차 지나가다가 술통 냄새를 맡기만 해도 현기증을 느꼈다. 대혁명의 포도 수확! ……1789년의 포도주는 이제 집에 김빠진 몇 병만이 남아 있을 뿐이다. 그러나 우리의 자손들은 자기 조상들이 그 술에 만취했었다는 것을 기억할 것이다.

올리비에 시대의 젊은 유권자들을 취하게 한 포도주는 더 엷었지만 마찬가지로 독했다. 그들은 새로운 신에, '미지의 신'에, 다시 말해서 민중에게 자기들의 계급을 희생으로 바쳤던 것이다.

*

　물론 그들이 모두 하나같이 성실한 것은 아니었다. 대부분은 자기들 계급을 경멸하는 체하면서 그 계급으로부터 두각을 나타낼 기회만 노리고 있었다. 또 대부분의 인간들은 그것을 지적인 심심풀이나 웅변 연습으로 삼았으며, 도무지 진지하게 생각하고 있지 않았다. 하나의 주의를 신봉하고 그것을 위해서 싸우고 있거나 혹은 싸울 것이다—적어도 싸울 수 있을 것이라고 생각하는 것은 하나의 기쁨이다. 그 어떤 위험을 무릅쓰고 있다고 생각하는 것만으로도 기분은 나쁘지 않다. 정말 연극적인 감동이다.

　이 정서는 사람들이 아무런 이기적 타산도 없이 솔직하게 이에 몸을 맡길 때, 참으로 순진한 것이다. 그러나 좀더 이해타산에 밝은 사람들은 알면서도 연극을 하고 있었다. 민중 운동은 그들에게 있어 출세의 한 방법이었다. 북유럽 해적처럼 그들은 밀물을 타고 배를 육지 내부로 몰아넣었다. 바닷물이 밀려들어오는 동안에 큰 하구 깊숙이 진입하여, 정복한 도시에 든든한 기반을 차지할 작정이었다. 수로는 좁고 물의 흐름은 변덕스러웠다. 교묘하게 배를 몰아야 했다. 그러나 두세 세대를 민중 선동에 종사해 온 뒤라 직업상의 온갖 비결에 능통한 하나의 해적 인종이 형성되어 있었다. 그들은 대담하게 나아갔다. 그리고 도중에서 가라앉는 자들은 거들떠보지도 않았다.

　이런 인간들은 어느 당파에도 있었다. 다행히도 어느 당파나 그에 대한 책임은 없었다. 그러나 이와 같은 사기꾼들이 성실한 사람들과 신념을 가진 사람들에게 일으키게 하는 혐오감은 어떤 사람들로 하여금 자기 계급에 절망감을 갖게 하기에 이르렀다. 올리비에는 돈도 교육도 있는 부르주아 계급의 젊은 사람들이 부르주아 계급의 실권과 자기들의 허무함을 느끼고 있는 것을 보았다. 그는 그러한 사람들과 공명하기 쉬운 경향이 있었다. 그들은 선택된 사람들에 의한 민중의 개선을 처음에는 믿고 민중 대학을 세워 거기에 많은 시간과 돈을 쏟아부었으나, 그 뒤 자기들의 노력이 실패한 것을 깨달은 것이었다. 그들의 희망은 극단적인 것이었으나 그 낙담도 극단적이었다. 민중은 그들의 부르는 소리에 호응해서 달려오지 않았으며, 혹은 달아나 버리기도 했다. 달려오더라도 모든 것을 곡해하고 부르주아 계급의 문화에서 악덕밖에 끌어내지 않았다. 결국 많은 부덕한 이 부르주아 계급의 사도들 사이에 끼어들어 민중과 부르주아 계급을 동시에 이용하면서 사도들의 신용을 떨어뜨리고 말았던 것이다. 그렇게 되니 성실한 사람들에게는 부르주아 계급은 비난받아야 하며 민중을 타락시키는 것밖에 하지 못한다. 따라서 민중은 어떻게 부르주아 계급에서 떨어져 나와 단독으로 나아가야 한다고 여겨지는 것이었다. 그래서 그들은 아무런 행동도 취하지 못하고 자기들 없이 또 자기들에게 반대하여 행해지는 하나의 운동을 예고할 뿐이었다. 어떤 사람들은 그것에 자포자기의 기쁨을 발견하고 있었다. 자기희생에 의해서 길러지는 사심없는 깊은 인간적 동정의 기쁨을 발견하고 있었다. 사랑한다는 것, 자기를 준다는 것! 젊은 사람들은 자기 자신의 자원이 풍부하므로 보수를 받지 않아도 된다. 그들은 빈손이 되는 것을 두려워하지 않는다—또 다른 사람들은 이성의 즐거움을, 절대적인 논리를 그것에서 만족시키고 있었다. 그들은 인간이 아니라 관념에 자기 몸을 바치고 있었다. 그것은 가장 용감한 사람들이었다. 자기들 계급의 숙명적인 종국을 자기들의 이론에서 추정하는 데 자랑스런 기쁨을 느끼고 있었다. 자기들의 예언이 배반당하는 것을 본다는 것은 무거운 짐에 짓눌리는 것보다 그들에게는 더 쓰라렸을 것이다. 그들은 지적인 도취 속에서 외부 사람들에게 부르짖고 있었다.

"더 강하게! 더 강하게 쳐라! 우리한테서는 무엇 하나 남지 않도록!" 그들은 폭력의 이론가가 되어 있었다.

그것은 남이 행사하는 폭력의 이론가다. 왜냐하면 언제나 그러하듯 흉포한 정력을 주장하는 이들 사도들은 거의 항상 몸이 허약한 뛰어난 사람들이었기 때문이다. 어떤 사람들은 그들이 파괴하라고 외치는 그 국가의 관리들이었다. 게다가 근면하고 양심적이고 양순한 관리들이었다. 그들의 이론상 폭력은 그들 몸의 허약함과 그들의 원한, 그들 생활의 압박 따위에 대한 복수였다. 그것은 또한 무엇보다도 그들의 주위에서 으르렁거리고 있는 뇌우의 전조였다. 이론가는 기상학자와 비슷하다. 그들은 학술어로 앞날의 기후가 아니라 현재의 기후를 이야기한다. 그들은 어느 쪽에서 바람이 불어 오는가를 보여 주는 바람개비이다. 그들은 자기가 돌면 자기가 바람의 방향을 바꾸었다고 생각하기 쉽다.

실은 바람의 방향이 바뀐 것이다.

모든 관념은 민주주의 국가에서는 순식간에 쇠퇴해 버린다. 그 보급이 빠르면 빠를수록 쇠퇴하는 것도 빠르다. 프랑스에서는 얼마나 많은 공화주의

자들이 50년도 채 못 되어 공화제와 보통 선거와 그 밖의 열광적인 감격으로 획득한 많은 자유에 혐오를 느껴왔던 것인가! 수에 대한 배물적 숭배 뒤에, 또 신성한 다수자를 믿고 거기서 인류의 진보를 기대하는 독선적인 낙천주의 뒤에 지금은 폭력의 정신이 휘몰아치고 있다. 다수자에게 자치의 능력이 없다는 것, 그들이 금전에 매수된다는 것, 그들이 무기력하다는 것, 모든 뛰어난 것에 대해서는 저열하고 겁약한 반감을 품고, 아래에 대해서는 고압적인 비열한 태도로 나온다는 것, 이런 것이 반항을 불러일으켰다. 정신적인 소수자—모든 소수자—는 힘에 호소했다. 우스꽝스럽지만 필연적인 접근이 '악시용 프랑세즈'의 왕당파들과 노동 총동맹(C.G.T.)의 혁명적 산업 조합주의자들 사이에 이루어지고 있었다. 발작이 어디선가 자기 시대의 이러한 사람들에 대해서 이야기하고 있다. '기질로 말하면 귀족이지만 자기와 마찬가지 신분의 인간 속에 많은 열등 인간을 발견하고 싶은 나머지, 앙갚음으로 공화주의자가 되어 있는 사람들'이 얼마나 빈약한 즐거움인가! 그런 열등한 인간은 스스로 그렇다고 인정시켜야 한다. 그리고 그러기 위해서는 뛰어난 사람을 압박하고 있는 다수자를 향해서, 뛰어난 인간—노동 계급이건, 부르주아 계급이건—의 가장 높은 권리를 인정시키는 하나의 권위를 확립하는 것밖에 길이 없다. 거만한 소시민의 젊은 지식인들이 왕당파가 되기도 하고 혁명당원이 되기도 한 것은, 자존심이 상하기도 하고 민주적인 평등이 싫기도 했기 때문이다. 그리고 사심 없는 이론가들이, 폭력의 철학자들이 훌륭한 바람개비처럼 그들 위에 일어서서 폭풍을 알리는 붉은 깃발이 되어 있었다.

마지막으로 영감을 구하고 있는 문학가—쓸 줄은 알고 있으나 무엇을 써야 좋을지 모르는 문학가의 무리가 있었다. 그들은 마치 아우리스의 항구에 갇혀 있던 저 그리스 사람들 같았다. 그들은 이제 전진하지도 못하고 어떤 바람이건 돛을 부풀게 해주는 순풍을 초조한 마음으로 기다리고 있는 것이었다. 그중에는 유명한 사람들, 드레퓌스 사건으로 생각지도 않게 문학에서 떠나와 공중의 회합 속에 투신하게 된 사람들도 있었다. 신도자들의 생각대로 이 예를 따르는 자가 너무나 많았다. 많은 문학가 지금은 정치에 머리를 들이밀고 국가의 일을 마음대로 좌우하려 하고 있었다. 그들에게는 모든 일이, 단결을 이룩하고 성명을 발표하여 나랏일을 구하는 구실이 되었다. 전위의 지식인 뒤에는 후위의 지식인이 대기하고 있었다. 어느 쪽에도 우열을 단정하기 어려웠다. 양쪽 다 상대편을 지식인으로 보고 자기들도 지식인이라고 생각하고 있었다. 혈관 속에 다행히도 민중의 피 몇 방울을 가진 사람들은 그것을 영광으로 여겼다. 그들은 그 피에 펜을 적셔서 썼다. 그들은 모두 불만을 품은 부르주아였으며 자기 계급이 이기심 때문에 회복할 수 없을 만큼 잃어버린 권력을 되찾고자 안간힘을 쓰고 있었다. 이들 사도들이 그 사도적 열의를 오래 지속하는 일은 드물었다. 처음에는 그 주의 때문에 아마 그들의 웅변 재능으로는 얻을 수 없을 성공이 이루어졌다. 그들의 자존심은 그 때문에 크게 만족되었다. 그 뒤 계속해 갔으나 전처럼 성공을 거둘 수 없게 되었으며 또 그런 일을 하고 있는 자기가 좀 우스꽝스럽지 않을까 하는 은밀한 두려움이 생겼다. 나중에는 이 감정이 강해졌다. 거기에는 그들처럼 훌륭한 취미와 회의주의를 가진 인간으로서는 맡기 어려운 역할을 담당한 때문인 피로도 한몫 거들었다. 그들은 후퇴하기 위해 바람과 자기 종자(從者)들이 허락해 주기를 기다렸다. 왜냐하면 그들은 바람과 종자들에게 사로잡혀 있었기 때문이다. 이들 긴 시대의 볼테르와 조제프 드 메스트르들은 대담한 문장은 쓰면서도 그 뒤에 겁약한 불안을 숨겨 놓고 있었다. 그 불안한 마음은 항상 형세를 엿보고, 젊은 사람들 앞에서 체면을 두려워하여 그들의 마음에 들려고 애쓰면서 아주 젊은이답게 행동하려고 안간힘을 쓰고 있었다. 문학에 의해 혁명가가 되기도 하고 반혁명가가 되기도 한 그들은 스스로 그것을 만드는 데 협력한 문학상의 유행을 감수하여 추종하고 있었다.

혁명의 이와 같은 부르주아 계급의 조그마한 전위대 속에서 올리비에가 만난 가장 기묘한 인물은 겁이 많아서 혁명가가 된 사람들이었다.

그가 가까이에서 본 그 전형적인 인물은 피에르 카네라는 사나이였다. 부유한 부르주아 계급에 속하며 새로운 사상을 전혀 이해하지 못하는 보수적인 집안 출신이었다. 조상은 대대로 재판관과 관리를 지냈으며 당시의 정부에 반대하거나 면직되는 것으로써 유명했었다. 그들은 마레 지방의 이름 높은 부르주아로 교회에 영합했고, 사물에 대하여 그다지 생각지는 않았으나 적절한 사고방식을 가지고 있었다. 카네는 심심해서 결혼했다. 상대는 귀족의 이름을 가진 여성으로 그와 마찬가지로 적절한 사고방식을 갖고 있었으나 카네 이상으로 무엇을 생각하는 일은 없었다. 줄곧 자존심과 쓴맛을 되씹고 있는, 이렇듯 완미하고 편협하고 시대에 뒤떨어진 환경은 마침내 그를 초조하게 만들었다. 아내가 못생기고 시끄러운 여자여서 그 기분은 점점 더 박차가 가해졌다. 보통의 지성과 꽤 개방적인 정신을 가진 그는 자유에 대한 동경을 품었다. 그러나 그 동경이 어떤 것인가는 그다지 잘 알지 못했다. 그의 환경 속에서는 자유가 어떤 것인가를 배울 수가 없었을 것이다. 그가 알수 있었던 것은 자유는 자기 환경 속에는 없다는 것뿐이었다. 그리고 자기 환경에서 빠져나가기만 하면 자유가 발견되리라 상상하고 있었다. 그는 혼자 나아가지는 못했다. 바깥 세상으로 발을 내딛자마자 다행히도 학생 시절의 친구들과 어울렸다. 그 가운데 어떤 사람들은 혁명적 산업 조합주의에 넋을 잃고 있었다. 그는 빠져나온 세계보다 이쪽 세계가 더 생소했다. 그러나 그렇다고 인정하고 싶지는 않았다. 아무튼 어딘가에서 살아가야만 하는 것이다. 그는 자기와 같은 색조의(다시 말해서 색조가 없는) 사람들을 발견할수 없었다. 그런데 그러한 인간들은 프랑스에 결코 적지 않은 것이다. 그러나 그들은 자기 자신을 부끄러워하여 숨어 있거나 아니면 한창 유행하는 정치적 색조의 어느 하나로, 아니 하나가 아니라 몇 가지 색채로 자기 자신을 물들이고 있는 것이다.

흔히 그러하듯 그는 자기와 전혀 다른 새로운 친구와 특히 가까워졌다. 정신에 있어서는 프랑스의 시골 부르주아인 그는 마누세 하이만이라는 유대계 젊은 의사의 충실한 친구가 되었다. 마누세는 망명 러시아인이었으며 많은 러시아인과 마찬가지로 이중의 재능을 갖고 있었다. 즉, 남의 집에서도 마치 자기 집에서처럼 침착해질 수 있었고, 또 혁명이 그의 흥미를 끄는 것은 그의 그 주의 주장 때문인지 아니면 그것을 게임처럼 생각하기 때문인지 모를 만큼 어떤 혁명에도 쉽게 몸을 던졌다. 자기의 시련도 남의 시련도 그에게는 하나의 즐거움이었다. 그는 마음 밑바닥으로부터 속속들이 혁명가였으며, 그 과학적인 정신의 습관에 의해 혁명가들을(자기 자신을 포함해서) 일종의 정신병자로 보았다. 그는 그 정신병을 기르면서 관찰하고 있었다. 강렬한 도락 취미와 극단적으로 불안정한 기분 때문에 그는 전혀 반대의 환경을 찾고 있었다. 그는 정부 계통이나 경찰 관계 사람들에 이르기까지 친한 친구들을 갖고 있었다. 사람을 불안하게 만들 만큼 큰 호기심을 가지고 여기저기 샅샅이 뒤지고 다녔다. 이러한 호기심은 많은 러시아 혁명가들이 이중의 연기를 하고 있는 듯한 생각을 주는 것이며, 또 때로는 이런 생각이 현실이 되었다. 그것은 배신이 아니라 단순한 변덕이었다. 더욱이 이 변덕에는 대부분의 경우 사심이 없는 것이다. 행동을 하나의 연극처럼 생각하고 성실하기는 하지만 항상 역할을 바꿀 준비가 되어 있는, 훌륭한 배우와도 같은 태도를 취하는 실행가가 얼마나 많은가! 마누세는 혁명가로서의 역할에 되도록 충실했다. 그것은 그의 타고난 무정부주의적 기질과 그가 통과하고 있는 여러 나라의 법률을 어기는 기쁨에 딱 맞는 역할이었다. 하지만 그것은 역시 하나의 역할에 지나지 않았다. 그가 하는 말의 어느 정도가 조작된 것이고 어느 정도가 현실인가는 결코 아무도 알지 못했다. 그 자신도 벌써 잘 알지 못하게 되었다.

마누세는 총명하고 냉소적이며 유대인이자 러시아인이라는 이중의 국민성이 갖고 있는 날카로운 심리를 갖추어, 자기 약점과 함께 남의 약점도 놀랄 만큼 꿰뚫어볼 줄 알았다. 그리고 그것을 또한 교묘히 이용할 줄 알았으므로 카네를 지배하는 것쯤은 아무것도 아니었다. 그는 이 산초 반사를 돈키호테적인 모험에 끌어들여 재미있어하고 있었다. 그는 그 사나이의 의지나 시간, 돈을 마구 사용했다. 그것을 그 자신을 위해서가 아니라—(그에게는 아무것도 필요한 것이 없었다. 그가 무엇으로 생활하고 있는지 아무도 알지 못했다)—그 주의의 가장 위험한 시위 운동을 위해서 사용했다. 카네는 자기를 완전히 내맡겨 놓고 있었다. 자기도 마누세와 마찬가지의 생각이라고 스스로 믿으려고 애썼다. 그러나 자기가 실은 그 반대라는 것을 그는 똑똑히 알고 있었다. 그러한 사상은 그를 겁에 질리게 하고 그의 양식(良識)과 충돌했다. 또 그는 민중이 싫었다. 게다가 용감하지도 못했다. 키가 크고 어깨가 넓은데다 뚱뚱하며 완전히 수염을 깎아 혈색이 좋은 얼굴을 하고 있었으며, 호흡이 짧고 상냥한가 하면 호들갑스럽게 어린아이 같은 말투로 지껄이는 이 커다란 몸집의 청년은 파르네제의 헤라클레스 상(像) 같은 가슴의 근육을 가졌고, 권투나 봉술에 알맞은 훌륭한 힘을 갖추었으면서도 실제로는 더없이 겁이 많은 사나이였다. 친구들 사이에서 파괴적인 정신의 소유자로 보이고 있는 것을 자랑으로 삼고 있었으나 친구의 담대함을 보면 속으로 떨었다. 물론 이 가냘픈 전율은 일이 유희의 영역을 벗어나지 않는 한 그다지 불쾌한 것도 아니었다. 그러나 유희는 위험한 것이 되어 가고 있었다. 이들 동물적인 인간들은 공격적이 되고 그들의 요구는 커져 갔다. 카네의 마음속에 있는 이기주의와 소유권에 대한 뿌리 깊은 감정과 부르주아적인 검약한 마음은 그들의 요구가 커진 데 대해 불안을 느꼈다.

"자네들은 나를 어디로 데려갈 참인가?" 물어볼 수도 없었다. 그러나 자기 목뼈를 부러뜨리기 좋아하는 건 고사하고 동시에 남의 목뼈까지 부러뜨려 버리게 될지 모르는 것쯤은 전혀 개의치도 않는, 이들 인간들의 염치없는 태도를 그는 속으로 은근히 욕하고 있었다. 그러나 누가 그들의 뒤를 따르라고 그에게 강요했던가? 그들을 따돌려 버리는 것은 그의 자유가 아니었던가? 요컨대 그는 용기가 결핍되어 있었던 것이다. 그는 혼자 있는 것이 무서웠다. 도중에 혼자 떨어져 울음을 터뜨리는 어린아이 같았다. 그도 대부분의 사람들과 다름없었다. 대부분 아무런 의견도 갖고 있지 않았다. 갖고 있다면 고작해야 모든 과격한 의견에는 반대라는 것 정도였다. 그러나 독립하려면 혼자 있어야 하는 것이다. 그런데 과연 몇 명이나 그렇게 할 수 있을까? 같은 시대의 모든 사람들 위에 내리덮치고 있는 그 어떤 편견이나 요청의 속박에서 빠져나올 대담성을 가진 인간이, 가장 선견지명이 있는 사람들 사이에도 과연 얼마나 있을 것인가? 그것은 말하자면 자기와 다른 사람들 사이에 벽을 쌓는 일이다. 한편에는 황무지 속의 자유가 있고 한편에는 인간이 있다. 그들은 결코 주저하지 않는다. 그들은 인간 쪽을, 가축의 무리 쪽을 택한다. 그것은 고약한 냄새는 나지만 따뜻하다. 그런데, 거기서 그들은 생각지도 않은 것을 제법 생각하는 체한다. 그것은 그다지 어려운 일이 아니다. 그들은 자기가 무엇을 생각하고 있는가 전혀 모르고 있는 것이다!

'너 자신을 알라!'…… 그러나 거의 자기 자신을 갖지 않은 그들이 어찌 그렇게 할 수 있겠는가! 종교적인, 혹은 사회적인 모든 집단적 신앙 속에서 참으로 믿는 자는 드물다. 왜냐하면 참으로 인간인 자가 드물기 때문이다. 신앙은 하나의 씩씩한 힘이다. 신앙의 불은 여태까지 얼마 안 되는 인간의 횃불을 태운 데 지나지 않는다. 그 횃불조차 자주 깜박거렸다. 사도와 예언자와 예수조차 의심을 품은 적이 있었다. 그 밖의 자들은 다만 반영에 지나지 않는다. 다만 영혼이 메말랐을 때는 큰 횃불에서 떨어진 조그마한 불똥이 온 평야를 태워 버리는 수도 있다. 그리고 불은 꺼진다. 그런 다음에는 재 밑에서 숯불이 반짝이는 것밖에 보이지 않게 된다. 참으로 그리스도를 믿고 있는 신자는 500명이 될까 말까 한다. 그 밖의 사람들은 믿고 있다고 생각하거나 믿고자 하고 있거나 그 어느 쪽이다.

대부분의 혁명가들도 이와 마찬가지였다. 선량한 카네도 자기를 혁명가라고 믿고 싶어했다. 그래서 그렇다고 믿고 있었다. 그리고 자기의 담대함에 내심 떨고 있었다.

이들 부르주아들은 모두 여러 가지 상이한 원칙에 의거하고 있었다. 어떤 자는 자기 마음에, 어떤 자는 자기 이성에, 또 어떤 자는 자기의 이익에 의거했다. 또 어떤 자는 자기의 사고방식을 복음서나 혹은 베르그송이나, 카를 마르크스나, 프루동이나 조제프 드 메스트르나, 니체나 또는 조르주 소렐에 결부시키고 있었다. 유행에 의해서 시류를 좇는 취미에 의해서 혁명가가 된 사람들도 있었고, 야만적인 성질 때문에 혁명가가 된 사람들도 있었다. 또 활동의 요구에 의해서, 영웅주의적인 열정에 의해서 된 사람도 있었다. 그리고 노예근성이나 부화뇌동적인 정신에 의해서 된 사람도 있었다. 그러나 모두 자기 스스로는 그런 줄도 모르고, 바람에 실려가고 있었다. 그것은 먼지의 소용돌이였으며, 멀리 흰 큰 길 위에 연기가 솟아오르는 것처럼 보여 돌풍이 가까워지고 있음을 예고하고 있었다.

*

올리비에와 크리스토프는 바람이 불어오는 것을 지켜보고 있었다. 두 사람 다 뛰어난 견식력을 갖고 있었다. 그러나 두 사람이 보는 방식은 달랐다. 올리비에는 맑은 눈으로 사람들의 저의를 꿰뚫어보고 있었으므로 사람들의 평범하고 변변치 못함에 슬픔을 느꼈다. 그러나 그들을 지탱하고 있는 숨은 힘도 보고 있었다. 또 사물의 비장한 모습은 점점 그의 마음에 충격을 주었다. 그런데 크리스토프는 사물의 우스꽝스러운 모습 쪽에 더 민감했다. 흥미 있는 것은 인간이었으며 사상에는 전혀 마음이 끌리지 않았다. 사상에 대해서는 경멸적인 무관심을 가장했다. 크리스토프는 사회적인 이상향을 비웃었다. 그는 반항적인 마음에서, 또 당시 유행한 병적 인도주의에 대한 본능적인 반동에서 사실 이상으로 이기주의적인 태도를 취했다. 자기 손으로 자기를 이룩한 사람이며, 스스로의 근육과 의지를 자랑하는 굳건한 벼락 성공자인 그는 자기와 같은 힘을 전혀 갖고 있지 않은 사람들을 게으름쟁이 취급하는 경향이 좀 강했다. 가난하고 고독하면서도 그는 이겨낼 수 있었던 것이다. 다른 사람들도 자기처럼 해야 한다……. 사회 문제라고? 그것은 대체 어떤 문제인가? 가난인가?

"나는 가난을 잘 알고 있네." 크리스토프는 말했다. "아버지도 어머니도 나도 모두 그것을 겪어 왔어. 요컨대 그것을 헤쳐나오면 되는 거야."

"그것은 아무나 할 수 있는 일이 아니에요." 올리비에가 말했다. "아픈 사람이나 운이 나쁜 사람들은 하지 못해요."

"그런 사람들은 도와주면 되겠는가. 매우 간단한 일이야. 그러나 도와준다는 것과, 오늘날 사람들이 하고 있듯이 그들을 칭찬하는 것에는 큰 차이가 있네. 요즘은 가장 강한 자의 권리는 밉살스러운 것으로 간주되고 있어. 그러나 맹세코 말하지만 가장 약한 자의 권리가 더 밉살스러운 것이 아닌지 의문이네. 약자의 권리는 오늘의 사상을 유약하게 만들었네. 그것은 강자를 학대하고 이용하고 있는 거야. 마치 오늘날에는 병약하고 가난하고 우둔하고 패배자인 것이 하나의 가치요, 강하고 건강하고 이겨낸다는 것이 하나의 악덕이기나 한 것 같단 말이야. 그리고 가장 우스꽝스러운 것은 강자가 누구보다 먼저 그것을 믿고 있다는 걸세……. 이것 보게, 올리비에, 이건 희극의 재미있는 소재이네!"

"나는 남을 울리기보다 차라리 나 자신이 웃음거리가 되는 편이 낫습니다."

"자네는 마음이 부드러운 사나이야!" 크리스토프는 말했다. "정말 그래! 이 말에 반대하는 자는 없을 걸세. 나도 꼽추를 보면 등이 아파 온단 말이야……. 희극을 연기하고 있는 것은 우리지, 그 작자가 아니네."

크리스토프는 사회적 정의 따위의 꿈에는 사로잡혀 있지 않았다. 그는 통속적인 대범한 상식으로 모든 것이 장래에도 지금까지와 별다름이 없을 것이라고 믿고 있었다.

"만일 누가 예술에 대해서 당신에게 그런 말을 한다면 아마 당신은 소리를 지를걸요!" 올리비에는 주의시켰다.

"아마 그럴지도 모르지. 어쨌거나 나는 예술밖에 몰라. 자네도 마찬가지지. 나는 자기도 잘 모르는 것을 지껄이는 사람을 믿지 않네."

올리비에도 믿지 않았다. 그들 두 사람의 불신은 좀 지나치기조차 했다. 그들은 늘 정치와는 떠나 있었다. 올리비에는 다소 부끄러워하면서도 선거권을 사용한 일이 없다는 것을 고백했다. 지난 10년 동안 구청에 투표 용지를 가지러 간 일조차 없었다.

"무익하다는 것을 알고 있는 희극에 어떻게 관계할 수 있겠어요?" 올리비에가 말했다. "투표하다니, 대체 누구를 위해 투표한단 말이죠? 고르고 싶은 후보자가 한 사람도 없는 걸. 내게는 모두 모르는 자들뿐이고, 당선된 다음 날에 벌써 평소에 선언하던 신념을 배신할 것을 남아돌아갈 만큼 많은 예로써 뚜렷이 알고 있단 말입니다. 그들을 감시하라고요? 그들에게 의무를 상기시키라고요? 그런 짓을 하다간 내 일생은 헛되이 소비되고 맙니다. 나는 그런 여가도 없고 힘도 없고 웅변의 재능도 없고, 또 실제 행정의 여러 가지 불쾌함을 참을 만큼 뻔뻔스럽지도 않고 신경이 무디지도 않단 말입니다. 기권하는 편이 나아요. 나는 달게 악을 참고 견디겠어요. 하지만 적어도 악에 내 이름을 얹는 것만은 사절하겠어요!"

그러나 올리비에는 탁월한 선견지명을 갖고 있으면서도, 그 규칙적인 정치 활동을 싫어하면서도, 혁명에 대해 하나의 공상적인 희망을 계속 갖고 있었다. 그는 그 희망이 공상적임을 알고 있었으나 그것을 결코 멀리하려 하지 않았다. 그것은 일종의 민족적이며 신비적인 기질이었다. 서유럽의 파괴적인 대국민에 속한다는 것은, 건설하기 위해 파괴하고 파괴하기 위해 건설하는 국민에 속한다는 것은, 관념과 생명을 가지고 유희하고 그 유희를 다시 더한층 잘하기 위해 쉴 새 없이 모든 것을 없애버리고 내기에 건 돈으로써 자기 피를 흘리는 그런 국민에 속한다는 것은 결코 무사히 끝날 일이 아니었다.

크리스토프는 이러한 유전적인 구세주적 신앙은 갖고 있지 않았다. 크리스토프는 너무나 게르만적이었으므로 혁명의 관념을 충분히 맛볼 수가 없었다. 세계는 바꿀 수 없는 것이라고 그는 생각했다. 얼마나 많은 이론, 얼마나 많은 말인가? 얼마나 무익한 요설인가!

"나는 내 힘을 나에게 증명하기 위해서" 크리스토프는 계속 말했다. "혁명을 일으킬 필요는 없네. 혁명에 대해서 장광설을 늘어놓을 필요도 없고 더욱이 저 정직한 청년들처럼 나를 보호해 줄 왕을 옹립하거나, 공안위원회를 만들기 위해서 국가를 전복할 필요는 없네. 그런 것은 힘을 증명하는 방법으로서는 참으로 우스꽝스러워! 나는 나 자신이 나를 지킬 수 있어. 나는 무정부주의자는 아니야. 필요한 질서를 좋아하고 세계를 다스릴 법칙을 존경해. 하지만 그러한 법칙과 나와의 사이에 중개는 필요 없네. 나의 의사는 명령할 줄 알고 또 복종할 줄도 알아. 언제나 고전의 문구를 지껄이고 있는 자네들이 아닌가. 코르네유의 말을 생각해 보게나. '나는 혼자다, 그리고 그것으로 족하다!' 지배자를 구하는 자네들의 마음에는 자네들의 허약함이 숨겨져 있어. 힘은 빛과 같은 거야. 빛을 부정하는 자는 맹인이야. 이론도 버리고 폭력도 버리고 침착하게 강자가 되게나. 그러면 약자의 영혼은 죄다 마치 식물이 태양을 향하듯 자네들 쪽을 향하게 될걸세……."

그러나 정치상의 이론에 시간을 허비할 여가가 없다고 하면서도 크리스토프는 보기보다 정치에 무관심하지는 않았다. 그는 예술가로서 사회적인 불안에 괴로워하고 있었다. 일시적으로 열정이 결핍될 때에는 자기 주변을 둘러보고 대체 나는 누구를 위해 작곡하고 있는 것일까 하고 자문할 때가 있었다. 그런 때는 현대 예술의 서글픈 고객인 그 피로한 엘리트며 반향락 기분으로 예술을 애호하는 부르주아들의 모습이 눈앞에 떠올라왔다. 그래서 크리스토프는 생각했다.

'그런 사람들을 위해 일함으로써 대체 어떤 이익이 있다는 것일까?'

물론 그들 가운데는 교양도 있고 전문적인 기교에 민감하며 세련된 감정의 새로움이나 혹은 고풍스러움—(그것은 결국 비슷비슷한 것이지만)—조차 맛볼 수 있는 뛰어난 정신의 소유자가 없는 것은 아니었다. 그러나 그들은 감각이 둔해져 있었고, 또 너무나 지적이고 너무나 활기가 없어 예술의 현실성을 믿지 못했다. 그들은 오로지 유희—음향의 유희나 관념의 유희—에만 흥미를 가졌다. 대부분의 사람들은 다른 세속적인 흥미에 마음을 빼앗겨 무엇 하나 '필요'하지도 않은 많은 일에 마음을 나누는 습관이 되어 있었다. 예술의 표피를 꿰뚫고 그 심장에 도달한다는 것은 그들에게는 거의 불가능했다. 예술은 그들에게 있어서는 살과 피로 된 것이 아니었다. 그것은 단순한 인쇄물이었다. 그들의 비평가들은 그들이 장난삼아 하는 예술 애호에서 벗어날 힘이 없다는 것을 이론으로, 물론 완고한 이론으로 날조해 놓고 있었다. 어쩌다가 예술의 힘찬 가락에 공명할 수 있을 만한 진동성을 가진 사람들이 있어도 그들에게는 그에 견딜 만한 힘이 없었고, 그 때문에 인생에 대해서는 정신의 가락이 헝클어져 있었다. 요컨대, 모두 신경병 환자가 아니면 중풍 환자들이었다. 이런 병원으로 예술은 무엇하러 온 것일까? 그러나 근대 사회에서는 예술은 이런 이상한 인간들 없이 지낼 수는 없었다. 왜냐하면 그들은 돈과 신문 잡지를 갖고 있었기 때문이다. 그들만이 예술가에게 생활의 방법을 확실한 것으로 만들어 줄 수 있었다. 그래서 다음과 같은 굴욕도 감수해야 했다. 즉 자기의 내적 생명의 비밀을 맡긴 음악을, 자기의 예술 속에 있는 내심의 전율을 여흥으로서, 오히려 무료를 달래기 위해, 혹은 새로운 무료의 씨로서, 사교적인 야회에서 천박한 속물들이나 피로한 지식인 앞에 제공해야 했던 것이다.

크리스토프는 참된 청중을 찾고 있었다. 생활의 감동을 믿는 것과 마찬가지로 예술의 감동을 믿고, 순결한 영혼으로 그것을 느끼는 청중을 구하고 있었다. 그리고 약속된 새로운 세계에, 민중에 막연히 마음이 끌리고 있었다. 어렸을 때의 추억이나, 그에게 속깊은 생활을 계시해 주기도 하고 음악이라는 신성한 빵을 자기와 함께 나누던 고트프리트나 얌전한 사람들의 추억이, 자기의 참된 벗은 민중 쪽에 있다는 것을 그로 하여금 믿게 했다. 소박한 다른 청년들과 마찬가지로 그도 무어라 정의를 내려야 할지 모르는 민중 예술이나 민중 음악회, 민중의 연극 같은 것에 대해서 커다란 계획을 이것저것 생각하고 있었다. 크리스토프는 예술상의 혁신은 혁명에 의해서 얻을 수 있는 것이라고 기대하고 있었다. 그리고 자기에게 있어서는 그것이 사회 운동의 오직 하나의 흥미라고 주장했다. 그러나 그는 자기를 속이고 있는 것이었다. 크리스토프는 너무나 발랄했으므로 당시의 가장 발랄한 행동에 생기가 고취되고 있었던 것이다.

그 광경 속에서 크리스토프에게 가장 흥미 없는 것은 부르주아 계급의 이론가들이었다. 그런 나무에 열리는 열매는 거의 모두가 시들어 있었다. 생명의 즙은 모두 관념이 되어 응결해 있었다. 크리스토프로서는 그러한 관념이 서로 어떻게 다른가 짐작할 수 없었다. 관념이 체계적으로 응고해 버리면 비록 자기의 관념이라도 좋아질 수 없었다. 그는 더할 수 없이 호의적 경멸심을 품으면서 힘의 이론가들로부터도, 무력한 이론가들로부터도 멀리 떨어져 있었다. 어떤 극에 있어서나 손해 보는 배역은 따지기 좋아하는 이론가의 역을 맡는 일이다. 관객은, 동정을 끄는 사람은 물론 악역조차도 이론가보다는 좋아한다. 이 점에서는 크리스토프도 관객이었다. 사회 문제의 이론가들은 그에게는 보잘것없는 인물로 여겨졌다. 그러나 그는 남을 관찰하는 것을 재미있어하고 있었다. 믿고 있는 사람들이나 믿고 싶어하는 사람들, 속고 있는 사람들이나 속고 싶어하는 사람들, 게다가 탐욕스러운 짓을 하고 있는 해적 같은 인간, 남에게 가로채이기 알맞게 되어 있는 마음 좋은 사람들 따위를 관찰하고 재미있어했다. 그러나 덩치가 큰 카네처럼 좀 우스꽝스럽고 우직한 인물에 대해서는 관대한 동정심을 갖고 있었다. 그들의 범용스러움은 올리비에가 느끼는 것만큼 불쾌하지는 않았다. 크리스토프는 그러한 인물을 모두 호의와 냉소가 섞인 흥미로써 바라보고 있었다. 그는 그들이 연기하고 있는 극에 자기는 가담해 있지 않다고 믿고 있었다. 그리고 자기가 조금씩 그것에 끌려들어가고 있다는 것을 깨닫지 못하고 있었다. 자기는 바람이 불어 지나가는 것을 보고 있는 관객에 지나지 않다고 생각했다. 그러나 이미 바람은 그의 몸에 닿고 있었으며, 먼지의 소용돌이 속에 그를 끌어들이고 있었던 것이다.

*

사회극은 이중으로 되어 있었다. 지식인들이 연기하고 있는 것은 극 중의 극이었다. 민중은 거의 거기에 귀를 기울이지 않았다. 진짜 극은 민중 자신의 극이었다. 그 극의 줄거리를 더듬어간다는 것은 쉽지 않았다. 민중 자신도 또렷하게 이해하지 못했다. 뜻밖의 일만 많았다.

그것은 동작보다 말이 적기 때문에 그런 것이 아니었다. 부르주아건 민중이건, 프랑스인은 모두 빵에 있어서 대식가인 것과 마찬가지로 말에 있어서도 대식가이다. 그러나 모든 인간이 같은 빵을 먹는 것은 아니다. 섬세한 미각을 가진 인간에게는 사치스러운 말이 있고, 굶주린 입에는 더한층 자양분이 되는 말이 있다. 비록 말은 같아도 그것은 같은 방법으로 만들어진 것이 아니다. 맛이나 향기, 뜻이 모두 다른 것이다.

올리비에는 처음으로 민중 회합에 나가서 이 빵을 맛보았을 때 그것을 먹을 기분이 나지 않았다. 그 조각이 목에 걸렸다. 평범한 사상, 색채 없는 조잡하고 갑갑한 표현, 모호한 개론, 유치한 논리, 추상과 연결 없는 사실이 서로 뒤섞여 있는 그러한 마요네즈는 속을 메스껍게 했다. 말의 불결함도 민중의 활기 있는 화법으로 보상되지는 않았다. 그것은 신문의 용어이며, 부르주아 계급의 수사법, 헌옷 가게에서 모아온 빛바랜 누더기였다. 올리비에는 특히 단순 솔직함이 결핍되어 있는 데 놀랐다. 문학상의 단순 솔직함은 자연적인 것이 아니고 습득된 것이다. 말하자면, 뛰어난 사람들의 노력에 의해서 얻은 것임을 그는 잊고 있었던 것이다. 도시의 민중은 단순 솔직해질 수 없다. 그들은 늘 즐겨 기교에 찬 표현을 구하려 한다. 그와 같이 과장된 문구가 청중에게 줄 수 있는 작용을 올리비에는 이해하지 않고 있었다. 그것을 이해하는 열쇠를 갖고 있지 않았다. 사람들은 타민족의 언어를 외국어라 한다. 그러나 같은 민족 가운데서도 사회 환경과 거의 마찬가지 수의 언어가 있다. 언어가 몇 세기에 걸친 경험의 소리가 되는 것은 겨우 몇 안 되는 엘리트들에게 있어서뿐이다. 그 밖의 사람들에게 있어서 언어란 그들 자신의 경험과 그들 그룹의 경험밖에 표현하지 않는다. 엘리트를 위해서 사용되고 엘리트에 의해서 버려진 이들 언어 가운데 어떤 것은 마치 빈집과 같아서, 엘리트가 떠난 뒤에는 새로운 세력이 들어가서 정착하고 있는 것이다. 거기에 살고 있는 사람을 알고 싶으면 집 안으로 들어가야 한다.

크리스토프는 그 안으로 들어갔다.

*

크리스토프는 국립 철도청에 근무하고 있는 한 이웃 사람을 통해서 노동자들과 알게 되었다. 마흔다섯 살 먹은 그 사나이는 몸집이 작고 나이보다 늙어서 머리가 딱할 정도로 벗어지고, 눈은 푹 꺼진데다 두 볼이 우묵하게 들어가 광대뼈만 솟았고, 굵은 매부리코가 툭 튀어나왔으며 말투는 제법 총명하고 귀는 귓밥이 찌그러져 볼품없었다. 전체적으로 쇠퇴한 느낌의 용모였다. 이름은 알시드 고티에라고 했다. 하층민이 아니라 중류 계급 출신이었다. 좋은 가정이었으나 이 외아들의 교육을 위해서 얼마 안 되는 재산을 모두 탕진하고 재원이 없어 그 교육을 끝까지 계속할 수 없었다. 그래서 그는 아주 젊어서부터 관청에 근무하게 되었다. 그 지위는 가난한 시민 계급 사람들에게는 안전한 항구처럼 여겨지는 것이었으나, 사실은 죽음—살아 있는 죽음과 같은 것이었다. 그는 일단 거기에 들어가자 나올 수가 없었다. 그는 어느 예쁜 여공과 연애결혼을 하는 과오—(근대 사회에서는 그것도 하나의 과오이다)—를 범했다. 여공의 타고난 야비한 성질이 얼마 안 가서 겉으로 드러났다. 여공 아내는 세 아이를 낳았다. 그는 그런 대가족을 먹여 살려야만 했다. 그는 지성 있는 사람이어서 온 힘을 다하여 자기의 교육을 완성하려고 열망했으나 가난 때문에 옴짝달싹 못했다. 자기 속에 잠재하고 있는 힘을 느끼면서도 그 힘은 생활의 여의치 못함 때문에 질식되어 있었다. 그것은 아무리 해도 단념할 수 없는 일이었다. 그는 결코 혼자 있는 일이 없었다. 장부계원이었으므로 야비하고 말 많은 동료들과 같은 방에서 기계적인 일에 그날그날을 보내고 있었다. 동료들은 쓸데없는 말과 상사의 욕을 지껄임으로써 자기 생활의 하찮음을 분풀이했으며, 그가 지적인 야심을 갖고 있다면서 비웃었다. 그는 그 야심을 그들에게 감출 만큼 현명하지 못했던 것이다. 집에 돌아오면, 집에는 아무 취미도 없고 고약한 냄새가 나고 시끄러웠으며, 화를 잘 내는 아내는 그의 기분을 몰라 주고 그를 게으름쟁이나 미치광이처럼 취급했다. 아이들은 그를 전혀 닮지 않고 어머니를 닮았다. 대체 이러한 일이 정당한 것일까? 정당한 일이라고 말할 수 있을까? 많은 환멸과 고통, 계속되는 생활의 궁핍함, 아침부터 저녁까지 그를 놓아 주지 않는 무미건조한 일, 한 시간의 명상도 한 시간의 침묵도 결코 찾을 수 없다는 것 등으로 인하여, 그의 몸은 극도로 피로해져 신경 쇠약처럼 초조한 기분이 되어 버렸다. 모든 것을 잊기 위해 요즘에는 술의 힘을 빌리게 되었으나 그 때문에 그는 완전히 몸을 버리고 말았다.

크리스토프는 이 운명의 비극에 충격을 받았다. 이 사나이는 충분한 교양도 예술적인 취미도 갖고 있지 않은 불완전한 성격이기는 했으나 큰일을 할 수 있을 만한 사나이였다. 그것이 불운 때문에 짓눌리고 만 것이다. 물에 빠진 약자가 수영에 익숙한 사람의 팔에 닿으면 매달리듯 고티에는 곧 크리스토프에게 매달렸다. 그는 크리스토프에게 공감과 선망이 뒤섞인 기분을 느꼈다. 그는 크리스토프를 민중 집회에 데리고 가서 혁명파의 여러 당 두목들과 만나게 했다. 그런데 고티에가 그러한 당파에 가담해 있는 것은 다만 사회에 대한 원망에서였다. 왜냐하면 그는 귀족이 되다가 만 사나이였기 때문이다. 고티에는 민중 사이에 끼여 있는 것을 매우 괴로워하고 있었다.

크리스토프는 고티에보다 훨씬 평민적이었으므로—억지로 평민이 되려고 하지 않았기에 더욱더 평민적이었다―그러한 회합이 즐거웠다. 연설도 재미 있었다. 크리스토프는 올리비에처럼 혐오감을 느끼지 않았다. 그는 말의 우스꽝스러움을 거의 느끼지 않았다. 그에게 있어서는 어느 웅변가도 마찬가지였다. 그는 웅변이라는 것을 일반적으로 경멸하는 체했다. 그러나 그 미사여구를 똑똑히 이해하려고는 하지 않고 말하는 사람과 듣는 사람들을 통해서 그 음악을 느끼고 있었다. 웅변가의 힘은 청중의 공명에 의해 백 배나 되었다. 처음 크리스토프는 웅변가에게만 주의를 기울였다. 그리고 웅변가들을 알고 싶다는 호기심을 일으켰다.

민중에게 가장 커다란 영향을 준 것은 카지미르 주시에라는 사나이였다. 검은 머리에 창백한 얼굴, 조그마한 몸집의 사나이였으며, 서른에서 서른다섯 살 사이의 연배였다. 몽고인 같은 얼굴에 여위고 육체적인 고통에 괴로워하고 있는 듯했다. 차가운 불꽃이 타고 있는 듯한 눈초리에, 머리숱은 적고 끝이 뾰족한 턱수염을 기르고 있었다. 그의 힘은 말과는 거의 걸맞지 않은 빈약하고 꿈틀거리는 몸짓이나 과장된 숨소리가 섞인 치찰음(齒擦音)이 많은 그 목쉰 말보다도 그의 인격 그 자체로부터, 그 인격에서 발산하는 확신의 격렬함에서 오고 있는 것이었다. 그는 남이 자기와 다른 생각을 갖는다는 것을 용서할 수 없는 것 같았다. 그리고 그가 생각하고 있는 것은 청중이 생각하고 싶어하는 것이었으므로 그와 청중이 서로 이해한다는 것은 그리 힘든 일이 아니었다. 그는 청중을 향해서 그들이 기대하고 있는 것을 세 번, 네 번, 열 번 되풀이했다. 격렬한 집요함으로 같은 못을 지칠 줄 모르고 두들겨 댔다. 청중도 그의 본을 받아 그 못이 살 속에 파묻힐 때까지 때리고 또 때렸다. 그러한 위압감 위에 과거의 경험이 불러일으키는 신뢰와 몇 번이나 정치범으로 처형받은 경력에서 오는 불가사의한 매력이 있었다. 그는 불굴의 정력을 나타내 보였다. 그러나 눈치 빠른 사람들도, 그의 마음 깊숙이 쌓여 있는 무거운 피로, 많은 노력 뒤에 오는 혐오감과 자기 운명에 대한 분노 같은 것을 알아차릴 수 없었다. 날마다 생명이 받아들이는 것 이상의 것을 사용하는 사람들이 있는데, 그도 그런 사람의 하나였다. 소년 시절부터 일과 빈곤에 체력을 마멸당해 왔다. 그는 모든 직업을 경험했다. 이를테면 유리 직공, 연관공, 인쇄공 같은 것을 그는 겪었다. 건강은 나빠지고 결핵에 걸렸다. 그 때문에 자신의 의미와 자기에 대한 쓰디쓴 낙담과 어두운 절망의 발작에 사로잡혔다. 또 어떤 때는 무척 흥분했다. 그의 속에는 숙고 끝의 광포와 병적인 광포가, 정책과 틀을 벗어난 행동이 서로 뒤섞여 있었다. 그는 겨우 자기 힘으로 공부했다. 과학이나 사회학이나 자기의 여러 가지 직업에 대해서는 많은 종류의 것을 잘 알고 있었다. 그러나 그 밖의 것에 대해서는 전혀 알지 못했다. 그런데 아는 것에 대해서나 모르는 것에 대해서나 다 확신을 갖고 있었다. 여러 가지 공상적인 이상, 올바른 관념, 무지, 현실적인 마음, 편견, 경험, 부르주아 계급에 대한 시기와 의심이 담긴 증오를 갖고 있었다. 그러나 그러한 것들은 크리스토프를 환영하는 데 방해가 되지는 않았다. 유명한 예술가로부터 교제를 요청받고 그의 자존심은 만족했다. 그는 두목형의 사나이로, 무엇을 하더라도 노동자에 대해서는 오만했다. 완전한 평등을 마음으로부터 바라고 있었으나, 손아랫사람들에 대해서보다 손윗사람들과 대할 때에 그것이 더한층 쉽게 실현되었다.

크리스토프는 노동운동의 다른 두목들도 만났다. 두목들 사이에는 커다란 공감은 없었다. 공동의 투쟁은 겨우 행동을 일치시키고는 있었으나 마음을 일치시키는 것과는 거리가 멀었다. 계급의 구별 따위는 단지 외면적인 순간의 현실에 지나지 않는 것처럼 간주되고 있었다. 지난날의 대립은 다만 미뤄지고 감추어져 있을 뿐 여전히 남아 있었다. 거기에는 북방인과 남방인이 있어서 서로 마음속으로부터 경멸하고 있었다. 직업마다 서로 상대편의 급료를 시기했고, 저마다 자기야말로 남보다 우수하다는 노골적인 감정으로 서로 바라보고 있었다. 그러나 두드러진 차이는 기질의 차이였다. 앞으로도 항상 그럴 것이다. 여우, 늑대, 뿔이 있는 가축, 날카로운 이빨을 가진 동물, 탐식하는 동물, 먹기 위해 태어난 동물, 먹히기 위해 태어난 동물, 그러한 것이 계급이라는 우연과 공통의 이익 때문에 모여든 무리 속에서 서로 스쳐 지나가며 킁킁 냄새를 맡고 있었다. 서로 상대편을 인식하고 있었다. 그리고 온몸의 털을 곤두세웠다.

크리스토프는 이따금 어느 조그마한 식당 겸 우유판매점에서 식사를 했다. 고티에의 옛 동료로 시몽이라는 사나이가 경영하는 가게였다. 그는 철도 역원이었으나 동맹 파업에 관련되어 면직되었던 것이다. 이 가게에는 조합주의자들이 단골손님으로 찾아왔다. 그들은 언제나 대여섯씩 어울려서 안방으로 들어가 자리를 차지했다. 그 방은 좁고 어둠침침한 안마당에 닿아 있었으며, 그 안마당으로부터는 초롱에 든 카나리아 두 마리가 빛을 향해서 마치 미친 듯 쉴 새 없이 울어대는 소리가 들려오고 있었다. 주시에도 아름다운 정부 베르트와 함께 왔다. 베르트는 건강하고 요염한 여자로 얼굴빛은 창백하고 붉은색 모자를 쓰고 웃음을 머금은 경망한 눈을 하고 있었다. 그녀는 언제나 아름다운 청년을 한 명 데리고 다닌다. 레오폴드 그라이요라는 기계공으로 자기의 미모를 자랑하는 약고 항상 새침한 청년이었다. 즉 그는 동료들 사이에서는 탐미주의자였다. 무정부주의자로 자처하고 부르주아 계급에 대한 가장 격렬한 인간이라 자칭하고 있었으나, 실은 가장 하찮은 부르주아 근성을 갖고 있었다. 수년 전부터 그는 매일 아침 싸구려 문학 신문의 호색적이고 퇴폐적인 소설을 탐독하고 있었다. 그 탓으로 머리가 이상해져 있었다. 쾌락을 상상하는 두뇌의 세련은 그의 속에서 육체에 관한 섬세한 감정의 절대적 결핍과 순결에 대한 무관심, 그리고 꽤나 거친 생활 방법 등과 잘 혼합되어 있었다. 그는 불순한 알코올의 조그마한 잔에—불건강한 부자에, 불건강한 흥분을 주는 사치스러운 지적 알코올에 취미를 갖고 있었다. 그리고 그것들을 피부로 향락할 수 없으므로 머릿속에서 향락하고 있었다. 그러면 혀끝이 꼬부라지고 다리가 말을 듣지 않게 된다. 그러나 부자와 동등하게 될 수 있어서 부자를 미워하게 된다.

크리스토프는 이 청년이 참을 수 없었다. 그러나 세바스티앙 코카르에 대해서는 공감을 느끼고 있었다. 코카르는 전기공이었으며 주시에와 함께 민중이 가장 경청하는 웅변가였다. 그는 이론을 마구 늘어놓지는 않았다. 자기의 이론이 어디로 가는가, 반드시 언제나 알고 있는 것은 아니었다. 그러나 그의 이론은 똑바로 나아갔다. 그는 정말로 프랑스인이었다. 나이는 한 사십쯤 되었으며 다부진 몸집의 쾌남아로 혈색 좋은 큼직한 얼굴에 동그스름한 머리, 다갈색 머리칼, 나슬나슬한 긴 수염, 황소 같은 목과 목소리를 갖고 있었다. 주시에와 마찬가지로 훌륭한 노동자였는데, 잘 웃고 늘 즐겁게 마셨다. 몸이 약한 주시에는 그의 염치없는 건강을 부러운 듯 바라보고 있었다. 두 사람은 친구였으나 마음 깊숙한 곳에서는 서로 적의가 남모르게 불타오르고 있었다.

간이 식당의 안주인 아멜리는 마흔다섯 살 먹은 친절한 여자로 젊었을 때는 꽤 미인이었을 것 같았다. 지금도 여위기는 했으나 아름다웠다. 손에 무언가 일거리를 들고 그들 옆에 앉아 그들이 지껄이는 동안 입술을 조금 움직여 익숙한 미소를 띤 채 귀를 기울이곤 했다. 때로는 그 말에 참견도 했다. 그리고 일을 계속하면서 머리로 자기 말에 박자를 맞추었다. 그녀에게는 이미 결혼한 딸과 일곱 살에서 열 살 사이의 아이가 둘—딸과 아들—이 있었다. 그 두 아이는 너절한 탁자 한쪽 귀퉁이에서 혓바닥을 쑥 내밀기도 하고, 혹은 자기들과 관계없는 어른들의 이야기를 단편적으로 귀담아 들으면서 숙제를 하고 있었다.

올리비에는 두세 번, 크리스토프를 따라 이 가게에 가 보았다. 그러나 그런 사람들 사이에 끼여 있으니 기분이 편치 않았다. 이들 노동자들이 공장의 엄격한 시간이나 줄기차게 불어 대는 사이렌 소리에 묶여 있지 않을 때는, 일을 마친 뒤나 일과 일 사이에, 할일 없이 돌아다니거나 혹은 일을 쉬거나 하여 얼마나 많은 시간을 허비하고 있는지 도저히 사람들은 상상하지 못한다. 크리스토프도 하나의 일을 마치고 새로운 일이 만들어지기를 기다리는, 마침 일이 없는 자유로운 시기에 있었으므로 그들과 마찬가지로 마음이 조급하지는 않았다. 그는 즐거이 탁자에 두 팔꿈치를 세운 채 담배를 피우고 술을 마시고 지껄이곤 했다. 그러나 올리비에는 부르주아적인 본능 때문에, 또 엄격하게 훈련된 정신, 규칙 바른 작업, 세심하게 절약된 시간이라는 전통적 습관 때문에 그러한 것에 불쾌감을 느꼈다. 그는 그런 식으로 많은 시간을 허비하고 싶지 않았다. 게다가 그는 지껄일 줄도 술을 마실 줄도 몰랐다. 그 밖에 또 육체적인 갑갑함, 서로 종류가 다른 사람들의 육체를 떼어 놓는 은밀한 반감, 영혼의 일치에 반대하는 관능의 적의, 마음에 반항하는 육체가 있었다. 올리비에는 크리스토프와 단둘이 있을 때는 민중과 친밀해야 한다고 감동조로 말했다. 그러나 정작 민중 앞에 나오면 도무지 그렇게 할 수 없었다. 그의 그러한 의무적인 관념을 놀려대는 크리스토프가 길에서 만나는 노동자마다 거리낌 없이 친해지는 것과는 달리 올리비에는 그런 사람들과 친근해지지 못하는 자기를 느끼고 참으로 슬퍼졌다. 올리비에는 그들처럼 되고, 그들처럼 생각하고, 그들처럼 말하려고 애썼다. 그러나 되지 않았다. 그의 목소리는 둔하게 가라앉아 그들의 목소리처럼 울리지 않았다. 그들의 말투를 해보려고 하면 말이 목에 막히거나 이상하게 가락이 빗나가거나 했다. 그는 자기 자신을 관찰하고 자기를 불편하게 만들고, 그들을 불편하게 만들었다. 그리고 그는 그것을 잘 알고 있었다. 자기가 그들에게 있어서는 이방인이며 수상쩍은 인간이라는 것, 아무도 자기에게 공감을 갖고 있지 않다는 것, 자기가 떠나면 모두 안도의 한숨을 쉰다는 것을 알고 있었다. 그는 지나치다가 험하고 차가운 눈초리를, 비참한 생활 때문에 마음이 거칠어진 노동자가 부자에게 던지는, 그 적의에 찬 눈초리를 볼 때가 있었다. 아마 노동자들은 크리스토프도 그러한 눈초리로 보았을 것이다. 그러나 그는 그런 것을 조금도 깨닫지 못하고 있었다.

이런 사람들 속에서 올리비에와 친해지고 싶은 기분을 가진 것은 아멜리의 아이들뿐이었다. 아이들은 확실히 부르주아 계급의 사람들에게 증오심을 갖고 있지 않았다. 사내아이는 부르주아 계급적인 생각에 매혹되어 있었다. 그러한 생각을 사랑할 만큼 영리했으나 그것을 이해할 만큼은 영리하지 않았다. 참으로 귀여운 딸아이는 한 번 올리비에를 따라 아르노 부인 댁에 간 적이 있었는데 사치라는 것에 넋을 잃고 말았다. 아름다운 안락의자에 앉아 보기도 하고 아름다운 의상을 만져 보기도 하면서 무어라 형용할 수 없는 큰 기쁨을 느꼈다. 평민 계급에서 빠져나와 안락한 부자의 천국에 들어가기를 동경하는, 천한 소녀의 본능을 갖고 있었다. 올리비에는 그러한 기분을 길러 주고 싶은 흥미는 전혀 없었다. 자기의 계급에 이런 소박한 찬미를 바쳐 주어도 다른 동료들의 음흉한 반감에 괴로워하는 그의 마음을 달랠 수는 없었다. 그는 그들의 적의에 괴로워하고 있었다. 그는 그들을 이해하고 싶은 격렬한 욕망을 갖고 있었다. 그리고 사실 이해하고 있었다. 아마 너무나도 잘 이해한 나머지 너무나 잘 관찰하고 있었다. 그래서 그들은 신경질이 되어 있었던 것이다. 그는 경솔한 호기심으로 그와 같은 관찰을 하고 있는 것은 아니었다. 영혼을 분석하고자 하는 평소의 습관으로 그렇게 하고 있는 것이었다.

그는 얼마 안 가서 주시에의 생활에서 남모르는 비극을 깨달았다. 그를 좀먹고 있는 병과 그의 정부의 잔인한 유희를 깨달은 것이다. 그녀는 그를 사랑하고 그를 자랑으로 삼고 있었다. 그러나 그녀는 너무나 생기에 차 있었다. 그는 그녀가 자기 손에서 빠져나가리라는 것을 알고 있어서 질투심으로 몹시 초조했다. 그녀는 그것을 재미있어했다. 그녀는 남자들을 초조하게 만들고, 곁눈질을 하거나 음탕한 기분으로 감싸거나 했다. 감당할 수 없는 바람둥이였다. 아마 그라이요와도 관계하여 그를 속이고 있을지도 몰랐다. 아니면 그로 하여금 그렇게 믿게 하여 재미있어하고 있는지도 몰랐다. 어쨌든 오늘은 그렇지 않더라도 내일은 그렇게 될 것이다. 주시에는 그녀가 좋아하는 사나이에 대한 사랑을 금할 만한 용기가 없었다. 남자나 여자나 자유일 수 있는 권리가 있다고 공언하지 않았던가. 어느 날 그가 그녀를 나무라자 그녀는 비웃는 듯한 오만한 말투로 그에게 그것을 상기시켰던 것이다. 그의 마음속에서는 그의 자유 이론과 심한 본능 사이에 비통한 싸움이 벌어지고 있었다. 마음에 있어서는 아직 전제적이고 질투심 많은, 이제까지 그대로의 사나이였다. 그러나 이성에 있어서는 미래의 사나이요, 공상 세계의 사나이였다. 그녀는 어제와 내일의 여자요, 어느 시대에도 변하지 않는 여자였다. 올리비에는 이렇듯 남의 눈에 띄지 않는 싸움을 목격하고는 그 잔인함을 자기 경험에 의해 잘 알고 있으므로, 주시에의 허약함을 보고 측은한 기분으로 가슴이 가득 차는 것이었다. 주시에는 올리비에가 자기 가슴속을 다 읽고 있다는 것을 눈치챘다. 그래서 올리비에에게 감사하기는커녕 오히려 그 반대였다.

또 한 사람, 사랑과 미움의 이 승부를 관대한 눈으로 지켜보고 있는 사람이 있었다. 식당 안주인 아멜리였다. 아멜리는 내색하지 않았으나 모든 것을 보고 있었다. 아멜리는 인생이라는 것을 잘 알고 있었다. 건강하고 침착하고 진지한 이 선량한 여자도 젊을 때는 자유로운 생활을 보냈었다. 꽃 파는 아가씨였던 이 여자는 부자 계급의 애인을 가졌었고, 또 몇 사람인가 애인을 가졌었다. 그런 다음 어느 노동자와 결혼한 것이다. 그리고 가정의 훌륭한 어머니가 되었다. 아멜리는 인간의 마음속에 있는 모든 어리석음을 잘 이해하고 있었다. 주시에의 질투도, 유쾌하게 즐기자는 '청춘'도 다 잘 알고 있었다. 이 여자는 상냥한 말투로 이 둘을 화해시키려 애썼다.

"의좋게 지내요! 그런 쓸데없는 일로 속을 썩여서는 안 돼요……."

아멜리는 자기의 말이 아무 소용없다는 것에 별로 놀라지 않았다.

"말해 봐야 도움이 돼 본 적은 없지. 인간이란 언제나 자기를 괴롭히지 않고는 못 견디는 것이니까……."

아멜리에게는 무척 서민적이고 매우 훌륭한 태평스러움이 있었다. 어떤 불행도 그 위를 미끄러져 가버리는 듯했다. 아멜리에게도 불행은 있었다. 석

달 전에 사랑하는 열다섯 살 난 사내아이가 죽은 것이다. 그것은 커다란 슬픔이었다. 그러나 지금은 다시 활동적이고 명랑해져 있었다. 아멜리는 이렇게 말하곤 했다.

"그런 것을 언제까지나 생각하고 있다간 살아 갈 수 없어요."

아멜리는 이제 그 일을 생각하지 않았다. 그것은 이기주의가 아니었다. 아멜리에게는 그렇게 하는 수밖에 도리가 없었다. 그녀의 생명력은 너무나 강했다. 현재가 그녀의 전부를 빼앗고 있었다. 언제까지나 과거에 구애될 수는 없었다. 아멜리는 있는 그대로의 것으로 만족했다. 앞날에 있어서도 있는 그대로로 만족할 것이다. 혁명이 일어나 겉을 속으로 하고 속을 겉으로 바꾸는 일이 있더라도 그녀는 여전히 서 있을 것이고, 해야 할 일을 할 것이고, 어디에 놓이더라도 태연할 것이다. 사실 아멜리는 혁명에 대해서 적당한 신뢰밖에 두고 있지 않았다. 신앙은 거의 아무것도 갖고 있지 않았다. 하기야 난처한 일에 부딪치면 점을 치고, 장례식을 만나면 반드시 성호를 긋는 것은 두말할 것도 없다. 무척 자유스럽고 관대한 아멜리는 파리 서민의 건강한 회의 정신을 갖고 있었다. 마치 호흡이라도 하듯 즐거운 듯이 의심하는 그런 회의 정신을 갖고 있었다. 혁명가의 아내이기는 했으나 남편과 그 일파의― 또 다른 여러 파의―사상에 대해서, 청년의―또 어른의―어리석은 행위에 대하듯 모성적인 냉소를 나타내 보였다. 아멜리는 중대한 일에도 마음이 움직이는 일이 없었다. 그러나 어떤 일에도 흥미를 느꼈다. 그리고 행운에 대해서나 불행에 대해서나 마음의 준비가 되어 있었다. 요컨대 아멜리는 낙천가였던 것이다.

"근심 걱정할 필요 없어요……. 몸만 성하면 언제라도 모든 일이 잘 풀려 나가는 법이에요……."

아멜리는 당연히 크리스토프와 서로 이해할 수 있는 사람이었다. 자기들이 동족의 인간이라는 것을 깨닫는 데 두 사람은 많은 말이 필요하지 않았다. 다른 인간들이 지껄이고 소리치고 하는 동안에 두 사람은 이따금 유쾌한 미소를 나누었다. 그러나 그보다는 크리스토프가 그러한 논쟁에 말려들어가 금방 다른 사람들보다 더 열중하기 시작하는 것을 그녀가 혼자 웃으면서 바라보고 있을 때가 더 많았다.

크리스토프는 올리비에가 외톨이가 되어 거북해하고 있는 것을 깨닫지 못했다. 크리스토프는 사람들의 마음속을 읽으려고 애쓰지 않았다. 다만 그들과 함께 마시거나 먹거나 하면서 웃고 성내고 할 뿐이었다. 그들은 아무리 그와 격론을 벌여도 그에게 불신을 갖지는 않았다. 크리스토프는 그들에게 마구 노골적으로 말했다. 사실, 그들의 편이냐 하고 따지려 들었다면 아마 그는 당황했을 것이다. 그는 그런 것을 생각해 본 적이 없었다. 만일 선택을 강요당한다면 아마 사회주의나 국가의 모든 이론—국가라는 것은 기계와 같은 인간인 관리를 제조하는 기괴한 본체이다—에 반대해서 산업혁명주의자가 되었을 것이다. 그의 이성은 동업조합적인 단체의 엄청난 노력에 찬성하고 있었다. 이 단체가 갖는 쌍날의 도끼는, 사회주의 국가의 생명 없는 추상 관념을 후려치는 동시에 생산력 없는 개인주의, 정력을 부스러뜨려 민중의 힘을 개개의 약한 것으로 분산시키는 저 개인주의—이 근대적인 커다란 병에는 프랑스 혁명도 일부의 책임이 있었다—를 내리치고 있었다.

그러나 천성은 이성보다 강했다. 크리스토프는 사업 조합—약자들의 무서운 동맹—에 접촉하자, 그의 억센 개인주의가 느닷없이 벌떡 고개를 쳐들었다. 싸움을 향해 전진하려면 쇠사슬로 함께 묶여야 하는 이와 같은 사람들을 그는 경멸하지 않을 수 없었다. 그들이 그런 법칙에 따르는 것을 허용한다 하더라도 자기에게는 그 법칙이 적용되지 않는다고 선언했다. 게다가 압박당하고 있는 약자는 동정하더라도 그들이 압박하게 되었을 경우에는 이미 동정할 필요가 없었다. 크리스토프는 전에 고립되어 있는 선량한 사람들을 향해서 "단결하라!"고 소리쳤었는데, 처음으로 선량한 사람들의 그러한 단체 속에 들어와 보니 불쾌한 기분이 들었다. 거기에는 그다지 선량하지 않은 사람들도 섞여 있었다. 그리고 모두가 자기들의 권리와 힘을 두 손 가득히 쥐고 그것을 남용하려 하고 있었다. 가장 뛰어난 사람들, 크리스토프가 사랑하고 있던 사람들, 그가 '집 안'의 여러 계층에서 만난 친구들은 이 전투적인 조합을 전혀 이용하고 있지 않았다. 그들은 마음이 너무나 섬세하고 또 너무나 내성적이었으므로 이런 조합에 겁을 먹고 있었다. 그들은 이와 같은 조합에 가장 먼저 깔려 버릴 운명에 있었던 것이다. 그들은 노동 운동에 대해서는 올리비에와 같은 입장이었다. 올리비에의 동정은 단결된 노동자들

쪽을 향하고 있었다. 그러나 그는 자유 숭배의 정신으로 자라난 인간이었다. 그런데 이 자유 숭배라는 것은 혁명가들이 전혀 문제 삼고 있지 않은 것이었다. 물론, 오늘날 과연 누가 자유를 문제 삼고 있을까? 그것은 세상에 대해서 아무런 영향력도 갖고 있지 않은 소수의 선택된 사람들뿐이다. 자유는 지금 암담한 나날을 보내고 있다. 로마의 교황들은 이성의 빛을 금하고 있다. 파리의 교황들은 천국의 빛을 끄고 있다 (의회의 한 옹변가의 우스꽝 / 스러운 연설을 풍자한 것). 그리고 파토 (공화주의자를 / 말한다) 씨는 거리의 불을 끄고 있다. 곳곳에서 제국주의가 승리를 차지하고 있다. 로마 교회의 신정적(神政的) 제국주의, 돈벌이 우선의 이상한 군국주의, 호전적 제국주의, 자본주의 공화국의 관료적 제국주의, 혁명 위원회의 독재적 제국주의, 가엾은 자유여! 그대는 이 세상의 것이 아니다! ……
혁명가들이 선전하고 실행하고 있는 권력의 남용은 크리스토프와 올리비에에게 반항심을 일으키게 했다. 그들은 공통의 주의 주장을 위해 괴로워하기를 거부하는 비조합 노동자들에 대해서도 전혀 존경심을 가질 수 없었다. 그러나 혁명가들이 억지로 폭력에 의해 그들에게 공통의 주의 주장을 갖게 하려는 것은 밉살스럽게 생각했다. 그러나 저러나 결심을 해야 했다. 그런데 오늘날 현실 문제는 선택이 하나의 제국주의냐, 자유냐 하는 것이 아니었다. 하나의 제국주의냐, 아니면 다른 제국주의냐 하는 것이었다. 올리비에는 말했다.

"나는 어느 쪽도 택하지 않겠어요. 나는 압박당하고 있는 사람들 편입니다."

크리스토프도 그에 못지않게 압박자들의 횡포를 증오했다. 그러나 그는 힘의 조수에 말려들어가, 반항하는 노동자 무리의 뒤를 따르고 있었다.

그는 그것을 거의 깨닫지 못했다. 그는 탁자의 동료들을 향해서, 자기는 그들 편이 아니라고 선언하고 있었다.

"자네들에게 있어서 물질적인 이해만이 문제일 동안은" 그는 말했다. "자네들은 나의 동감을 얻지 못하네. 자네들이 하나의 신념을 향해서 나아가는 날에야말로 나는 자네들 편이 될 걸세. 그렇지 않고, 단지 말과 생각의 싸움 사이에서 내가 무엇을 할 수 있겠는가. 나는 예술가야. 나에게는 예술을 옹호할 의무가 있어, 예술을 어느 일파에만 봉사시킬 수는 없단 말이야. 최근 야심 있는 작가들이 불건전한 인기를 얻기 위해 나쁜 예를 남긴 것을 나는 알고 있네. 하지만 그런 짓을 해서 자기들이 옹호하고 있는 주의 주장에 크게 도움이 되었으리라고는 나는 생각지 않아. 오히려 그들은 예술을 배반한 거야. 지성의 빛을 구제하는 일이야말로 우리 예술가들의 역할이 아닌가. 자네들의 맹목적인 투쟁에 그것을 개입시켜서는 안 되는 거야! 만일 우리가 그 빛이 꺼지는 대로 방치해 둔다면, 누가 그것을 계속 쳐들고 있을 수 있겠는가? 자네들도 전투 뒤에 빛이 본디대로 계속 빛나고 있는 것을 본다면 아마 매우 즐거울 거야. 배의 갑판 위에 사람들이 싸우고 있는 한편에서, 기관의 불이 꺼지지 않도록 계속 불을 때고 있는 노동자가 언제나 필요한 거야. 모든 것을 이해하고 아무것도 미워하지 않도록 해야 돼. 예술가는 폭풍우가 휘몰아치는 동안에도 언제나 북쪽을 지향하고 있는 나침반이야……."

그들은 그를 공허하고 아름다운 말을 지껄이는 인간처럼 취급하고, 나침반이라는 말이 나왔으니 말인데 그야말로 자기의 나침반을 잃은 사람이라고 말했다. 그러고는 우정을 가지면서도 그를 경멸하는 사치스러운 즐거움을 느꼈다. 그들 눈으로 보면 예술가란 되도록 적은 노력으로 유쾌하게 일할 궁리만 하고 있는 교활한 인간에 지나지 않았다.

그는 이에 자기는 그들과 마찬가지로 일하고 있고, 그들보다 더 일하고 있고, 그들만큼 일을 무서워하지 않는다고 말했다. 그는 태업이나, 조잡한 작업이나, 주의까지 되어 버린 게으름 이상으로 싫은 것은 없었다.

"그런 딱한 인간들은" 그는 말했다. "모두 자기 일신의 위험을 무서워하고 있는 거야! …… 아아! 나는 열 살 때부터 쉬지 않고 일해 왔네. 그런데 자네들은 일을 좋아하지 않아. 자네들은 실은 부르주아야. 하다못해 자네들이 낡은 세계라도 부술 수 있다면 좋으련만…… 그러나 자네들은 하지 못해. 그것을 바라지도 않는단 말이야. 그래, 바라지도 않고 있어! 자네들이 아무리 외쳐도, 협박해도, 모든 것을 근절시키는 인간의 흉내를 내도 헛일이야. 자네들은 하나의 생각밖에 갖고 있지 않거든. 권력을 잡고 부르주아 계급의 따뜻한 잠자리에서 자고 싶다는 생각밖에 없단 말이야. 다만 몇 백 명의 가난한 토역꾼들만 이 스스로 그 까닭도 모르면서, 기쁨 때문에, 괴로움 때문에, 옛날부터의 괴로움 때문에 항상 자기 몸을, 혹은 남을 위험 앞에 드러낼 각오를 가지고 있지만, 그 밖의 인간들은 기회만 있으면 달아나서 부르주아의 한패가 될 생각밖에 갖고 있지 않단 말이야. 그들은 사회주의자가 되고, 신문 기자가 되고, 연사가 되고, 문인이 되고, 국회의원이 되고, 대신이 된다……. 어처구니없지! 그런 인간들에게 화내는 건 그만두게! 자네들도 놈들보다 나은 인간이 아니야. 놈들을 배신자라고 하겠는가? …… 좋아. 하지만 다음은 누구 차례지? 자네들 모두가 그렇게 될 거야. 자네들 가운데 한 사람도 유혹에 저항할 수 있는 자는 없어! 어떻게 자네들이 할 수 있단 말인가? 자네들 중에 한 사람도 불멸의 영혼을 믿고 있는 사람이 없잖은가. 자네들은, 분명히 말하지만, 오직 무엇을 잔뜩 처넣을 생각만 하고 있는 굶주린 배뿐이란 말이야."

이런 말을 듣고 그들은 화를 내기 시작했다. 그리하여 일제히 떠들어 댔다. 그러면 크리스토프는 논쟁을 벌이는 동안에 스스로의 정력에 이끌려 다른 사람 이상으로 혁명가가 될 때가 있었다. 아무리 그렇게 되지 말자고 노력해도 헛일이었다. 그의 지성적인 긍지나 정신의 기쁨을 위해서 만들어져 있는 순수하게 심미적인 세계에 대한 그의 자기 만족의 개념은 하나의 부정과 마주치면 지하에 잠적해 버렸다. 심미학(審美學)이 다 뭔가? 열 사람 중 여덟 사람이 고생과 결핍 속에, 육체와 정신의 고뇌 속에 살고 있는데 이런 것이 무슨 소용이 있단 말인가? 바보같이! 그런 것을 주장하는 자는 뻔뻔스러운 특권자다. 크리스토프와 같은 예술가는 양심적으로 노동자의 편을 들지 않을 수 없다. 사회적 조건의 부정이나 재산의 부당한 불평등 따위에 정신 노동자 이상으로 괴로워하는 자가 있을까? 예술가가 굶어 죽거나 아니면 백만장자가 되거나, 그것을 좌우하는 것은 유행의 변덕, 또는 유행을 이용해서 돈을 벌려는 사람들의 변덕 말고는 없다. 선택된 훌륭한 인간을 멸망하는 대로 방치하거나 불법적인 방법으로 보복하는 사회는 참으로 언어도단의 괴물이다. 그런 것은 두들겨 부숴 버려야 한다. 각자는 일하거나 일하지 않거나 나날의 빵에 대한 권리를 갖고 있다. 저마다의 일은 좋은 일이건 평범한 일이건 그 실제의 가치에 의해서가 아니라—(누가 대체 그 가치를 틀림없이 판정할 수 있을 것인가?)—노동자의 정당하고도 정상적인 요구에 의해서 보상받아야 한다. 사회의 명예가 되는 예술가, 학자, 발명가에게는 더한층 사회의 명예가 되는 일을 할 수 있는 시간과 방법을 보장하는 충분한 연금을 사회는 줄 수 있을 것이고 또 반드시 주어야 한다. 그러면 되는 것이다.

〈조콘다〉(레오나르도 다 빈치의 〈모나리자〉)는 백만 프랑의 값어치가 있는 것은 아니다. 금액과 예술 작품과의 사이에는 아무런 관계도 없다. 예술 작품은 금액 이상의 것도 아니고 금액 이하의 것도 아니다. 그것은 금액 이외의 것이다. 그 대가를 치르는 것이 문제가 아니다. 예술가가 사는 것이 문제인 것이다. 예술가가 먹고 그리고 안심하고 일할 수 있는 것을 주라! 부(富)는 여분의 것이다. 그것은 남에게서 훔친 것이다. 노골적으로 말해야 한다. 자기와 가족의 생활과 자기 지성의 정상적인 발달에 필요한 것 이상을 갖고 있는 자는 도둑이라고. 한 사람이 여분의 것을 가지면 다른 사람들은 그만큼 모자라게 되는 것이다. 프랑스의 무진장한 부라든가, 풍부한 재산이라든가 등등 말하는 것을 들을 때 우리는 슬프게 미소짓는다. 우리 근면한 일꾼, 노동자, 지식인은 남자고 여자고 어릴 때부터 굶어 죽지 않을 만큼을 벌려고 온 힘을 다 쏟아 일해 왔으며, 그리하여 흔히 가장 뛰어난 사람들이 과로 때문에 쓰러지는 것을 보고 있는 것이다. 더욱이 우리야말로 민족의 산 힘이 아닌가! 부로 잔뜩 배불러 있는 온 세계의 여러분은 우리의 고통과 고민 덕분에 부유해진 것이다. 그것은 여러분의 마음을 조금도 동요시키지 않는다. 여러분은 자기 자신을 안심시키는 궤변에 결코 부족을 느끼지 않는다. 소유의 신성한 권리라든가, 생존을 위한 건전한 싸움이라든가, 진보라는 고도의 이익이라든가 이 진보라는 가공의 괴물에, 이 모호한 보다 나은 것에다 사람들은 행복을, 남의 행복을 바치는 것이다! 그러나 그래도 이것만은 여전히 확실하다. 즉, 여러분이 너무 지나치게 갖고 있다는 것만은. 여러분은 살기 위해서 여분의 것을 갖고 있다. 그런데 우리에게는 충분한 것이 없다. 더욱이 우리는 여러분 이상의 가치를 갖고 있는 것이다. 만일 불평등이 마음에 든다면 내일 그것이 거꾸로 되지 않도록 조심하는 것이 좋을 것이다.

*

이와 같은 크리스토프 주변의 정열은 그를 취하게 했다. 나중에 그는 자기의 이와 같은 발작적인 웅변에 놀랐다. 그러나 그다지 중대시하지는 않았다. 이 흥분을 술 탓으로 돌리면서 재미있어했다. 다만 술이 좀더 좋지 않았던 것을 유감으로 생각했다. 그리고 자신의 라인산(産) 포도주를 자랑했다. 그는 자기가 혁명적 사상에서 멀어져 있다고만 줄곧 생각했다. 그러나 이상하게도 크리스토프가 차츰 정열을 띠고 그러한 사상을 논해 감에 따라 동료들의 정열은 그와 비교해서 차츰 식어 가는 듯한 느낌이었다.

그들은 크리스토프만큼 환상을 품고 있지 않았다. 좀더 과격한 두목들조차도, 부르주아 계급이 무서워하고 있는 사람들조차도, 그 밑바닥이 흔들리고 있으며 무척 부르주아적이었다. 종마가 우는 것 같은 웃음소리를 내는 코카르는 굵직한 소리를 내기도 하고 무서운 몸짓을 하기도 했다. 그러나 그는 자기가 부르짖는 것을 절반밖에 믿지 않았다. 그는 폭력의 허풍을 떨고 있는 것이었다. 그는 부르주아의 비겁함을 꿰뚫어보고 있었다. 그리고 자기를 실력 이상으로 보이게 하여 부르주아가 떨게 하는 유희를 하고 있었다. 그는 크리스토프에게 웃으면서 곧 자기의 유희를 인정했다. 그라이오는 모든 것을, 사람들에게 하고자 하는 모든 것을 비난했다. 그는 모든 것을 유산시키고 말았다. 주시에는 항상 독단적인 단언을 하고 있었다. 결코 자기가 틀렸다고 자인하지 않았다. 그는 자기 주장의 결점을 참으로 잘 알고 있었다. 그러나 그 때문에 오히려 점점 더 자기 주장을 고집했다. 그는 자기 방침의 긍지를 위해서는 자기 주의 주장의 승리를 희생으로 했을지도 몰랐다. 그는 완고한 신념의 발작에서 냉소적인 비판 사상의 발작으로 옮겨갈 때가 있었다. 그러면 그는 관념의 허위나 모든 노력의 무익함을 쓰디쓴 마음으로 판단했다.

대부분의 노동자들도 그러했다. 말에 취해 있는가 하면 한순간에 낙담의 못에 빠졌다. 그들은 한없이 큰 환상을 품고 있었다. 그러나 그것은 아무런 근거도 없는 환상이었다. 자기 자신이 쟁취한 것도 아니고 자기 자신이 만든 것도 아니었다. 그것은 심심풀이 선술집이나 하류 극장에 가보듯 되도록 노력을 하지 않았다는 그런 방식으로, 이미 만들어진 것을 받아들였을 뿐이다. 생각한다는 데 대해서는 더 어쩔 수 없는 게으름쟁이였으며, 언제까지나 변명만 하고 있었다. 즉 누워서 하는 일 없이 사료와 몽상의 반추밖에 바라지 않는 지칠 대로 지친 동물이었다. 그러나 그 꿈이 깬 뒤에는 더 무서운 권태와 불쾌밖에 남아 있지 않았다. 그들은 줄곧 두목 한 사람에게 열중했으나, 곧 그 두목을 의심하고 배척했다. 가장 슬프게도 그 까닭은 그들이 결코 나빠서가 아니라 두목들이 잇따라 성공이나 부나 허영심의 유혹에 끌려가고 있었기 때문이다. 주시에 같은 인물은 가슴을 좀먹는 결핵과 눈앞에 다가온 죽음 때문에 그러한 유혹에서 벗어나 있었으나, 그것은 오직 한 사람의 예외였으며 얼마나 많은 두목들이 배신하거나 지쳐 있었던가! 그들은 모두 당시 모든 당파의 정치가들을 좀먹고 있던 해악의 희생자들이었다. 즉 여자나 돈에 의해서―(이 두 가지가 가져다주는 재화는 결국 하나의 재화에 지나지 않았다)―타락해 있었던 것이다.

정부 안에도 또 반대파 안에도 가장 손꼽히는 재능을 가진 인물들이 있었다. 국가의 큰 인물이 될 소질을 가진 사람들이었다(다른 시대였더라면 아마 그들은 국가의 대신들이 되어 있을는지도 모른다). 그러나 그들에게는 신념이 없고 지조가 없었다. 향락의 요구와 그 습관, 그에 의한 피로 때문에 무기력해 있었다. 향락으로 말미암아 지리멸렬한 짓을 하기도 하고, 느닷없이 하던 일과 조국과 평생의 주의 주장 따위를 깡그리 그 자리에 내동댕이치고는 휴식하거나 즐기거나 했다. 그들은 전투에서 죽을 만큼은 용감했다. 그러나 헛된 호언장담을 하지 않고 키(舵)를 쥔 채 자기 부서에서 떠나지 않고 일을 하면서 죽어갈 수 있는 두목은 매우 드물었다.

이런 근본적인 약점이 의식되기 때문에 혁명은 늘 좌절되었다. 노동자들은 서로를 비난하면서 시간을 보냈다. 그들의 동맹 사업은 언제나 실패했다. 그것은 두목들 사이 또는 직업 단체 사이의, 혹은 개량주의자와 혁명주의자들 사이의 쉴 새 없는 알력 때문이었으며, 기세 등등한 협박의 말을 뇌까리기는 하나 그 밑에 감추어진 깊은 겁약 때문이었으며, 법률적인 권고를 들으면 반항자들도 금방 본디 속박으로 되돌아가는 유순한 유전성 때문이었다. 또 남의 반항을 이용해서 주인 앞으로 달려가 이익 본위의 충성심을 높이 팔아먹으려 하는 자들의 비겁한 이기주의와 비열한 품성 때문이었다. 물론 그 밖에 대중에게 따라다니기 마련인 무질서와 그들의 무정부주의적 정신이 있었다. 그들은 혁명적인 성격을 가진 단체적 동맹 파업을 하고 싶어했다. 그러나 혁명가로 간주되기를 싫어했다. 총검의 과녁이 되는 것이 싫다는 것이었다. 달걀을 깨지 않고 오믈렛을 만들고 싶어했다. 어쨌거나 깨어지는 달걀은 이웃 사람의 달걀이었으면 하는 기분이었다.

올리비에는 여러모로 바라보고 관찰했다. 그리고 조금도 놀라지 않았다. 이들이 자기들 손으로 실행하겠다고 주장하던 일보다 얼마나 열등한가를 그는 똑똑히 간파하고 있었다. 그러나 그는 또 그들을 이끌어 가고 있는 숙명적인 힘도 인정하고 있었다. 크리스토프조차 자기도 깨닫지 못한 채 물의 흐름을 따르고 있는 것을 깨닫고 있었다. 올리비에야말로 물의 흐름에 실려가기를 바라고 있었는데 물결 쪽이 그를 바라지 않았다. 그는 물가에 남아 물이 흘러가는 것을 바라보고 있었다.

그것은 억센 물결이었다. 그것은 정열과 이해 관계와 신념과의 커다란 덩어리를 밀어 올리고 있었다. 그것들은 서로 부딪치고 융합하여 부글부글 솟아나는 물거품과 소용돌이치는 여울을 만들고 있었다. 두목들이 그 선두에 있었다. 그들은 모든 사람 가운데서 가장 자유스럽지 못했다. 왜냐하면 뒤에서 밀려 앞으로 나아가고 있었기 때문이다. 또 아마 그들은 여러 사람들 가운데서 가장 믿지 않는 인간들이었을 것이다. 옛날에는 그들도 믿고 있었다. 그러나 지금은 자기들이 전에 그토록 비웃던 사제들과 마찬가지로 자기들의 맹세 속에 갇혀서, 전에 갖고 있던 신앙 속에 갇혀서, 그 신앙을 마지막까지 주장하게 되었다. 그들 뒤를 따르고 있는 가축 떼 같은 대중은 흉포하고 변덕스러워서 눈앞의 것밖에 보지 못했다. 그 대부분은 물의 흐름이 지금 이상향을 향하고 있다고 해서 다만 우연히 믿고 있는 것이었다. 물결의 방향이 바뀌면 오늘밤에라도 믿지 않게 될 것이다. 많은 사람은 어떤 행동이 필요했고 모험을 바랐기 때문에 믿고 있었다. 또 어떤 자는 상식이 결핍된 까다로운 논리에 의해서 믿고 있었다. 또 어떤 자는 선의에 의해서 믿고 있었다. 빈틈없이 약은 인간들은 사상을 투쟁의 무기로서만 사용한다. 그들은 정확한 임금을 위해서, 노동 시간을 줄이기 위해서 싸우고 있었다. 행동욕에 불타고 있는 인간들은 비참한 생활의 거친 분풀이를 하려고 은밀히 계획을 짜고 있었다.

그러나 그들을 싣고 흘러가는 물결은 그들 누구보다도 현명했다. 자기가 어디로 흘러가는가를 알고 있었다. 구세계의 제방에 부딪쳐 한때 부서지지 않으면 안 된다 하더라도 그것은 문제가 아니었다! 올리비에는 사회적 혁명은 오늘날 좌절될 것을 예견하고 있었다. 그러나 그는 또 혁명은 승리에 의해서와 마찬가지로 실패에 의해서도 그 목적을 달성한다는 것을 알고 있었다. 왜냐하면 압박자가 피압박자의 요구에 응한다는 것은 피압박자로부터 공포를 느끼게 되었을 때뿐이기 때문이다. 이리하여 혁명가들의 부당한 폭력도 그들의 올바른 주의 주장과 마찬가지로 그들의 주의 주장에 도움이 되고 있었다. 이 폭력과 정의는 다 같이 인간의 무리를 인도하는 맹목적이고 그러면서도 확실한 힘의 계획에 가담하고 있었다…….

　주의 부르심을 받은 그대들이 어떠한 존재인가 생각해 보라. 육신으로 본다면 그대들 가운데 슬기로운 자도, 강한 자도, 존귀한 자도 많지 않다. 그러나 주께서는 슬기로운 자를 현혹시키기 위해 이 세상의 어리석은 자를 택하셨다. 강한 자를 현혹시키기 위해 이 세상의 약한 자를 택하셨다. 지금 있는 것을 쇠퇴시키기 위해, 이 세상의 천한 것과 멸시받는 것과 존재하지 않는 것을 택하셨다…….

　그러나 사물을 지배하고 있는 '주'가 무엇이든(조리 혹은 부조리) 또 산업 혁명주의에 의해 마련된 사회조직이 미래를 위해서 상대적인 진보를 건설하고 있다고 하더라도, 새로운 세계의 문을 열지도 않는 이 비속한 싸움에 자기들의 몽상과 헌신의 힘을 모두 쏟아붓는다는 것은 크리스토프나 자기와 같은 인간에게는 할 만한 보람이 없는 일이라고 올리비에는 생각했다. 혁명에 대한 그의 신비로운 희망은 배신당했다. 민중은 다른 계급보다 뛰어나지 않았고, 거의 더 성실하지도 않았다. 다른 사람들과 그다지 다르지도 않았다.
　이해관계와 흙투성이의 정열이 소용돌이치고 있는 격류 한가운데서 올리비에의 눈과 마음은, 여기저기에 마치 물 위의 꽃처럼 떠 있는, 독립 정신을 가진 사람들의 조그마한 섬이나 참된 신념을 가진 사람들의 조그마한 무리 쪽으로 끌리고 있었다. 선택된 사람들은 아무리 군중 속에 섞이려 해도 안 된다. 선택된 사람들은 항상 선택된 사람들 쪽으로 가 버린다―(모든 계급, 모든 당파의 선택된 사람들 쪽으로……)―불을 쳐들고 있는 사람들 쪽으로. 그리고 그 불이 결코 꺼지지 않도록 감시하는 일이야말로 그들의 신성한 의무인 것이다.
　올리비에는 이미 자기의 선택을 해버리고 있었다.

*

　올리비에의 집에서 몇 집 떨어진 곳에 구두를 고치는 가게가 있었다. 길보다 약간 낮은 집이었다. 널빤지 몇 장을 못질한 실내에는 창에 유리가 끼여 있기도 하고 유리 대신 종이가 붙어 있기도 한 가게였다. 가게를 들어가려면 층계를 셋쯤 내려가야 하고 안에 서 있으려면 등을 굽혀야 했다. 헌 구두 선반 하나와 걸상 두 개를 겨우 놓을 만한 장소였다. 전형적인 구두 수선공의 전통 그대로 이곳 주인이 부르는 노래가 온종일 들렸다. 그는 휘파람을 불기도 하고, 헌 구두의 밑창을 두들겨 대기도 하고, 목쉰 소리로 속된 노래나 혁명가를 부르기도 하고, 지나가는 이웃 아낙네들에게 가게 안에서 말을 건네기도 했다. 날개가 부러진 까치 한 마리가 도로를 폴짝폴짝 뛰어서 자기 주인인 문지기 오두막에서 수선공을 찾아왔다. 그리고 가게 입구의 맨 위 층계에 앉아 수선공을 내려다보았다. 수선공은 잠깐 일손을 멈추고 피리 같은 소리로 음란한 말을 들려주기도 하고, '만국노동가'를 휘파람으로 들려주기도 했다. 까치는 부리를 위로 쳐들어가며 점잖은 태도로 듣고 있었다. 이따금 까치는 마치 인사라도 하듯 부리를 앞으로 내밀고 몸을 푹 굽혔다. 그리고는 몸의 균형을 잡기 위해 어설프게 날갯짓을 했다. 그러더니 갑자기 방향을 바꾸어 이야기의 상대가 무언가 지껄이고 있는 것을 그대로 둔 채, 한쪽 날개와 부러지다 남은 날개로 벤치 위로 뛰어올라 거기서 근처의 개들을 코끝으로 놀리기 시작했다. 수선공은 다시 구두 밑창을 두들기기 시작했다. 그리고 들어 주는 상대가 달아나 버렸는데도 예사로 중단된 이야기를 끝까지 계속했다.

수선공은 쉰여섯 살이었다. 명랑하지만 까다로운 외모, 굵은 눈썹 아래 조그마한 눈이 웃고 있었다. 새 둥우리 같은 머리칼 위에는 벗어진 정수리가 달걀 모양으로 부풀어올라 있었다. 귀는 털북숭이였으며, 앞니 빠진 검은 입은 웃음의 발작이 일어나면 함지박처럼 커다랗게 벌어졌다. 텁수룩한 더러운 수염을 한 주먹 가득 쥐고 구두약이 시커멓게 묻은 큼직한 가위로 잘라내곤 했다. 그는 동네에서 파예트 할아버지, 혹은 파예트, 또는 라파예트 할아버지라는 이름으로 알려져 있었다. 그의 화를 돋우기 위해서 사람들은 라파예트(프랑스 혁명 당시 왕당파 정치가로서 활약한 장군)라고 불렀다. 왜냐하면 이 노인은 정치에 있어서 과격한 의견을 공공연히 지껄이고 있었기 때문이다. 젊었을 때 그는 파리의 혁명 정부에 관계하여 사형을 선고받았다가 결국 추방되었었다. 그는 이 추억을 자랑으로 삼고 바댕게와 갈리페와 푸트리케 등을 함께 뭉쳐서 원망했다. 그는 혁명가의 회합에 늘 출석하여 코카르에 심취하고 있었다. 그것은 코카르가 훌륭한 수염과 벼락 같은 목소리를 가지고 예언할 때의 보복적인 이상 때문이었다. 그는 코카르의 연설은 한 번도 빠뜨리지 않고 들었으며, 그의 말에 황홀히 귀를 기울이고, 그 농담에 큰 소리로 웃기도 하고 욕지거리가 나오면 함께 입에 거품을 물고 화를 내고, 투쟁과 약속된 천국에 발을 구르며 좋아했다. 다음 날엔 가게에서 신문에 나와 있는 그 연설 줄거리를 되풀이해서 읽었다. 그는 그것을 자기 자신에게, 그리고 그의 도제에게 큰 소리로 되풀이해서 낭독해 주었다. 다시 또 좀더 음미하기 위해 도제에게 낭독시켰다. 도제가 한 줄이라도 빠뜨리면 사정없이 후려갈겼다. 그 때문에 약속한 날까지 구두를 내주지 못하는 일이 자주 있었다. 그 대신 그의 일은 튼튼했다. 그것을 신는 발은 해져도 구두는 해지지 않았다.

노인은 열세 살 난 손자와 함께 살고 있었다. 아이는 곱사등이로 몸이 병약하고 발육이 불량했으나 그래도 도제로서 일을 거들고 있었다. 그의 어머니는 열일곱 살 때 집을 나가 성질이 고약한 노동자와 함께 달아나 버렸다. 그 노동자는 무뢰한이 되어 곧 잡혀서 유죄선고를 받았으나 그 뒤로는 소식이 끊기고 말았다. 그래서 그 여인은 아이와 단둘이 남게 되었고 사람들에게 버림을 받았으나 어린 에마누엘을 길러 나갔다. 정부(情夫)에 대한 애정과 증오를 그 여인은 아이에게 돌렸다. 여인은 병적일 만큼 질투가 심하고 과격한 성격의 여자였다. 정신없이 아이를 귀여워하는가 하면 또 거칠게 학대를 했다. 그리고 아이가 병에 걸리자 절망에 빠진 나머지 마치 미친 사람 같았다. 자기의 기분이 나쁠 때는 아이에게 음식은커녕 빵 한 조각도 주지 않고 눕혀 놓는다. 아이의 손을 잡고 길을 걸을 때, 아이가 지쳐서 걷고 싶어하지 않거나 땅바닥에 주저앉아 버리면 발로 걸어차서 일으켜 세운다. 아이 어머니의 말은 이치에 닿지 않았다. 그리고 눈물을 흘리는가 하면 금방 신경질적으로 명랑해져서 떠들어 대곤 했다. 여인은 결국 죽었다. 할아버지가 그때 여섯 살 난 아이를 데려왔다. 할아버지는 손자를 매우 사랑했다. 그러나 그는 독특한 방식으로 그 애정을 표시했다. 그 방식이란 직업을 익히게 하기 위해 아침부터 밤까지 아이를 거칠게 다루고 온갖 욕설을 퍼붓는가 하면, 귀를 잡아당기기도 하고 뺨을 후려치기도 하는 일이었다. 동시에 그는 또 자기의 사회적인, 반성직주의적(反聖職主義的)인 교리를 아이에게 가르쳤다.

에마누엘은 할아버지가 짓궂은 사람이 아니라는 것을 알고 있었다. 그러나 뺨을 얻어맞는 것을 막기 위해 언제나 팔꿈치를 치켜들 준비를 하고 있어야 했다. 그는 노인이 무서웠다. 특히 노인이 술취한 밤은 더 무서웠다. 왜냐하면 라파예트 할아버지는 그 별명이 무색치 않을 정도로 한 달에 두세 번은 술에 취해 있었기 때문이다 (라파예트는 술통 이라는 뜻이다). 그런 때마다 노인은 마구 나오는 대로 지껄이고 웃고 우쭐댔다. 그리고 마지막에는 언제나 거친 말투로 아이를 호통쳤다. 소란 쪽에 더 가까울 뿐 그리 심하지는 않았다. 그러나 아이는 겁에 질려 떨었다. 병약했기 때문에 더한층 민감했다. 그는 조숙한 이해력을 갖고 있었고, 어머니로부터 성격을 물려받아 그 역시 거칠고 멋대로였다. 그는 할아버지의 난폭한 행위에도, 혁명적인 변설에도 움찔움찔 놀랐다. 무거운 승합 마차가 지나갈 때 가게가 흔들거리듯 그의 마음속에서는 모든 것이 외계의 인상을 받아 반향했다. 그의 빗나간 상상력 속에는 종의 진동처럼 여러 가지가 뒤섞여 있었다. 나날의 감각, 어린 마음의 커다란 고민, 조숙한 경험의 슬픈 추억, 파리 혁명 정부의 이야기, 또 야학에서 들은 이야기나 신문 소설에서 읽은 이야기, 회합에서 들은 연설의 토막토막, 게다가 집안 사람들한테서 이어받은 혼돈되고 격렬한 성적 본능 따위가 뒤섞여 있었다. 그런 모든 것이 한 덩어리가 되어 어두운 밤의 늪처럼 기괴한 꿈의 세계를 만들고 거기서 눈부신 희망의 빛이 솟아오르고 있었다.

라파예트 노인은 이따금 도제를 아멜리의 음식점으로 데리고 갔다. 올리비에는 여기서 제비가 재잘거리는 듯한 목소리를 가진 이 곱사등이 소년을 발견한 것이다. 올리비에는 거의 말을 나누는 일이 없는 노동자들 사이에서 이 짱구머리 소년의 병적인 얼굴을, 사람 교제가 익숙하지 못한 무척 수줍어 보이는 그 태도를 늘 관찰하고 있었다. 남에게는 명랑하지만, 무례한 말을 듣고 소년의 표정이 말없이 이지러지는 것도 보았다. 어느 혁명적인 연설을 듣고 밤색 비로드 같은 소년의 눈이 앞날의 행복을 꿈꾸는 황홀한 빛으로 빛나기 시작하는 것도 보았다. 행복, 그것은 언젠가 실현될 때가 있더라도 소년의 불행한 운명을 그다지 바꾸어 놓지는 않을 것이다. 그러나 이 순간 소년의 눈은 그 추한 얼굴을 빛내어 그 추함을 잊게 했다. 미인인 베르트조차 그것을 보고 감동했다. 어느 날 베르트는 그것을 소년에게 말해 주고 느닷없이 입을 맞추었다. 소년은 저도 모르게 펄쩍 뛰며 너무나 놀라서 새파랗게 질렸다. 그리고 불쾌한 듯 뒷걸음질쳤다. 여자는 그런 것을 깨달을 겨를이 없었다. 베르트는 벌써 주시에와 싸우고 있었다. 다만 올리비에만이 에마누엘의 곤혹을 깨닫고 있었다. 올리비에는 소년에게서 눈을 떼지 않았다. 소년은 어둠침침한 구석으로 물러가 두 손을 떨며 이마를 숙인 채 신경질적인 곁눈질을 여자 쪽으로 던지고 있었다. 올리비에는 소년에게 다가가 상냥하고 정중한 말을 건네며 달래 주었다……. 남이 돌보아 준 적 없는 마음이, 부드러운 태도에 접하자 얼마나 기쁜 것인지! 그것은 메마른 대지가 한 방울의 물을 정신없이 빨아들인 것과 같았다. 다만 몇 마디의 말만으로, 다만 하나의 미소만으로 소년 에마누엘은 자기의 마음 밑바닥에서부터 올리비에에게 자기 한 몸을 바치고 올리비에는 자기 것이라고 마음먹어 버렸다. 그 뒤 한길에서 올리비에를 만나 서로가 이웃에 산다는 것을 알자 자기 생각이 잘못된 것이 아니었음을 운명의 신비로운 표시로 알게 된 듯한 기분이 들었다. 그는 올리비에가 가게 앞을 지나는 것을 기다리고 있다가 인사했다. 그리고 올리비에가 멍하니 있다가 자기 쪽을 돌아보지 않을 때는 속으로 매우 기분 나빠했다.

  어느 날 올리비에가 라파예트 할아버지의 가게에 구두 수선을 부탁하러 들어갔을 때, 에마누엘은 기뻐서 가슴이 두근거렸다. 수선이 끝나자 에마누엘은 그것을 들고 올리비에를 찾아갔다. 그는 꼭 올리비에와 만날 수 있도록 올리비에가 집에 돌아가는 것을 지키고 있었다. 올리비에는 무언가 골똘히 생각에 잠겨 있어서 그에게는 거의 주의를 기울이지 않고 돈을 내고도 한 마디 말도 하지 않았다. 소년은 오른쪽과 왼쪽을 번갈아 보면서 무엇인가를 기다리고 있는 듯하다가 서운한 듯이 떠나려 했다. 올리비에는 그 다정한 마음으로 소년의 마음속을 짐작했다. 서민 계급 사람들과 이야기를 하는 것은 언제나 거북살스럽기는 했지만 그는 미소를 지어 보이면서 말을 건네려고 애썼다. 그런데 지금은 간단하고도 직접적인 말을 발견할 수 없었다. 올리비에는 고뇌를 즉각적으로 이해하는 힘에 의해, 소년에게서 자기와 마찬가지로 인생에 의해 상처입는 작은 새를 발견했다(너무나 쉽게 발견했다). 그 새는 머리를 날개 밑에 쑤셔박고 홰 위에 동그랗게 몸을 움츠린 채 빛 속을 미친 듯이 날아다니는 일을 꿈꾸며 자기 마음을 위로하고 있었다. 본능적인 신뢰와 비슷한 하나의 감정으로 소년은 그에게 다가갔다. 결코 외치지 않고, 거친 말도 지껄이지 않으며, 거리의 소음도 미치지 않는 그 묵묵한 영혼에 소년은 이끌려 갔다. 그리하여 몇 세기 동안의 마술적인 말이 씌어 있는 책으로 가득 채워진 그의 방은 소년의 마음에 종교적인 존경심을 불러일으켰다. 올리비에의 질문에 소년은 이따금 오만하고 거친 감정을 별안간 겉으로 나타내면서도 기꺼이 대답했다. 그러나 표현이 잘 되지 않았다. 올리비에는 그 혼돈되고 주춤거리는 영혼을 조심스레 풀어헤쳐 주었다. 그리고 그 영혼 속에서 세계의 개조에 대한 우스꽝스럽지만 갸륵한 신앙을 조금씩 읽을 수 있었다. 그 신앙은 불가능한 것을 꿈꾸고 있는 것이었으며, 결코 인간을 바꿀 수 없다는 것을 알고 있었으나, 그는 그것을 비웃고 싶지 않았다. 그리스도 교도들도 불가능한 것을 꿈꾸고 있었다. 그리고 인간을 바꿀 수도 없었다. 페리클레스 시대부터 팔리에르(당시의 프랑스 대통령) 씨의 시대에 이르기까지 대체 어디에 정신적인 진보가 있다는 것일까? …… 그러나 모든 신앙은 아름답다. 그리고 한 바퀴 순환이 끝난 어떤 신앙의 빛이 흐려졌을 때는 바야흐로 빛나기 시작한 새로운 신앙의 빛을 기꺼이 맞이해야 한다. 신앙이 결코 너무 많다는 일은 없을 것이다.

올리비에는 감동된 호기심으로 이 소년의 머릿속에서 타고 있는 어렴풋한 빛을 가만히 지켜보았다. 어쩌면 이렇게 신기한 머리도 있을까? …… 올리비에는 그 사고의 움직임을 따라갈 수가 없었다. 그 사고는 지속적으로 이성적인 노력을 하지 못하고 급격히 간헐적으로 날아갔다. 누가 말을 건네면 에마누엘은 따라가지 못하고 훨씬 뒤에 처져서 방금 들은 말로써 떠오른 하나의 환상—그것이 어떻게 떠올랐는지는 모른다—에 매달려 있었다. 그러다가 별안간 그 말을 한 사람을 몰아가 단숨에 그의 앞장을 서서 평온무사한 하나의 사고로부터, 부르주아적인 조심스러운 한 마디 말로부터, 매혹적인 하나의 세계 전체를, 웅장하고 광기 어린 하나의 '신조'를 분출하게 했다. 꾸벅꾸벅 졸고 있다가 이따금 문득 눈을 뜨는 이 영혼은 낙천주의를 어린아이답게 그리고 힘차게 요구하고 있었다. 예술에 관한 것이건, 과학에 관한 것이건, 남에게서 듣는 모든 것에 이 영혼은 자기가 공상하는 소원에 알맞은 즐거운 멜로드라마의 대단원을 덧붙이고 있었다.

일요일에 올리비에는 호기심에서 소년에게 무언가 책을 읽어 주었다. 현실적이고 가정적인 이야기가 흥미 있을 것 같았다. 그래서 톨스토이의 《유년 시절의 추억》을 읽어 주었다. 그러나 소년은 조금도 감동하지 않았다. 에마누엘은 말했다.

"아, 그런 건 누구나 다 알아요."

그리고 소년은 현실적인 것을 쓰는 데 어째서 사람들은 그토록 애를 쓰는지 납득이 가지 않았다.

"그건 보통 아이예요." 에마누엘은 경멸하는 듯한 어조로 말했다.

그는 또 역사에도 그다지 흥미를 느끼지 않았다. 그리고 과학은 그로 하여금 진절머리를 내게 했다. 과학이 그에게 있어서는 요정 이야기의 지루한 글머리처럼 여겨졌다. 다시 말해서 과학은 인간에게 봉사하고 있는 눈에 보이지 않는 힘이었으며, 무섭기는 하지만 정복되어 있는 정령과 같은 것이었다. 어째서 그토록 많은 설명이 필요한 것일까? 무엇인가 발견했을 때는 어째서 그것을 발견했는가를 말할 필요는 없다. 무엇을 발견했는가를 말하면 되는 것이다. 사고의 분석은 부르주아적인 사치이다. 민중의 영혼에 필요한 것은 총합이다. 좋건 나쁘건 완전히 다 되어 있는 관념이다. 아니 오히려 좋게보다 나쁘게 되어 있는, 그러한 행동으로 이끄는 관념이다. 충전된 인생의 거친 현실이다. 에마누엘이 이해할 수 있었던 문학 가운데 가장 그를 감동시킨 것은 빅토르 위고의 서사시적인 애수와 혁명파 웅변가들의, 흐릿하게 잿빛을 띤 미사여구였다. 그는 그러한 웅변가를 잘 이해하고 있는 것은 아니었다. 또 그들 자신도 위고와 마찬가지로 언제나 자기 자신을 이해하고 있는 것도 아니었다. 세계란 에마누엘에게 있어서는 그들에게 있어서와 마찬가지로 조리(條理) 혹은 사실의 잘 종합된 집합체가 아니라, 그늘에 잠겨 빛에 떨고 있는 무한한 공간이었으며, 그 공간의 암흑 속을 햇빛에 비친 커다란 날개가 큼직하게 퍼덕이며 지나가고 있는 것이었다. 올리비에는 그에게 자기가 갖고 있는 부르주아적 논리를 가르치려고 시도했으나 헛일이었다. 반발하고 따분해하는 영혼은 그의 손에서 빠져나갔다. 그리고 발정한 여자가 눈을 감고 몸을 내맡기듯이 환각을 일으킨 감각의 막연한 세계에, 그 감각이 서로 충돌하는 세계에 잠겨 만족하고 있었다.

올리비에는 이 소년 속에서 느껴지는 자기에게 아주 가까운 것, 이를테면 고독, 오만한 심약함, 이상가적인 열정, 또 자기와 전혀 다른 것, 이를테면 평형을 잃은 정신, 맹목적이고 광적인 욕망, 보통의 도덕이 규정하고 있는 선악의 관념을 갖지 않는 관능적인 야성, 이 양쪽의 것에 동시에 끌리고 또 당황하고 있었다. 올리비에는 이 소년의 야성의 극히 일부분을 들여다보았을 뿐이었다. 올리비에는 이 조그마한 친구의 마음속에서 신음을 하고 있는 탁한 정열의 혼돈된 세계에 대해서는 전혀 깨닫지 못했다. 우리 부르주아의 유전은 우리를 너무나 온순한 인간으로 만들어 버렸다. 우리는 우리 자신의 마음속을 들여다보려고도 하지 않는다. 정직한 사나이가 품는 꿈이며 정숙한 여자의 육체 속에 일어나는 이상한 욕망 따위를 만일 그 백분의 일이라도 우리가 입에 올린다면 사람들은 당치 않은 소리를 한다고 비난할 것이다. 그러한 괴물을 침묵시켜라! 쇠창살을 달아라! 그러나 그러한 괴물이 분명히 존재하고 있다는 것, 새로운 영혼 속에서는 그것이 당장에라도 뛰쳐나오려 하고 있다는 것을 깨달아야 한다. 이 소년은 사람이 사악한 것으로 보고 있는 모든 색정적 욕망을 갖고 있었다. 그 욕망이 불의에 돌풍처럼 일어나 그를 앗아갔다. 욕망은, 그가 추하고 고립해 있었기에 더 격렬했다. 올리비에는 이에 대해서 아무것도 알지 못했다. 그의 앞에 나가면 에마누엘은 수줍어했다. 그는 올리비에의 조용하고 침착한 태도에 감염되었다. 이러한 생활의 실례는 그를 길들였다. 소년은 올리비에에게 깊은 애정을 느꼈다. 억눌린 그의 정열은 혼란된 꿈이 되어 뛰어올라왔다. 이를테면 인류의 행복, 사회적 우애, 과학의 기적, 몽환적인 공중 여행, 유치하고 거친 시 따위였다. 그것은 공훈과 부질없는 일과 음란한 일과 헌신 따위로 가득 차 있는 용감한 세계였으며, 그곳에서 그의 취한 의지는 열을 띤 채 건들건들 헤매고 있었다.

그는 할아버지의 가게에서는 그러한 세계에 자기 몸을 내맡길 시간이 별로 없었다. 할아버지는 아침부터 밤까지 휘파람을 불기도 하고, 구두 밑창을 두들기기도 하고, 지껄여대기도 하면서 잠시도 조용히 있는 일이 없었다. 그러나 꿈을 꿀 틈은 언제나 있는 법이다. 눈을 뜨고 우뚝 선 채, 생활의 한순간 사이에도 사람들은 얼마나 긴 세월의 꿈을 꿀 수 있는 것일까! 노동자의 일은 간헐적으로 무엇을 생각하기에 꽤 편리하다. 노동자의 정신은 의지의 노력 없이는 치밀한 이론의 긴 사슬을 더듬어 나가기가 어려울 것이다. 비록 그것이 가능하다 하더라도 여기저기 사슬의 고리가 벗겨져 있다. 그러나 율동적인 운동의 사이사이에는 여러 가지 관념이 끼어들어와 갖가지 영상이 떠오른다. 육체의 규칙적인 동작은 대장장이의 풀무처럼 그러한 관념이나 영상을 분출시킨다. 그것이 민중의 사상인 것이다! 불과 연기의 다발, 꺼지고는 타고 또 꺼지는 불꽃의 비! 그러나 때로 그 불꽃의 하나가 바람에 날려 부르주아 계급의 커다란 짚더미에 화재를 일으킨다……

올리비에는 애를 써서 에마누엘을 어느 인쇄소에 넣어 주었다. 그것은 아이가 바라는 일이었다. 그리고 할아버지도 그것에는 결코 반대하지 않았다. 손자가 자기보다 더 박식해지는 것을 기뻐했다. 게다가 그는 인쇄소의 잉크에 대해서 존경심을 갖고 있었다. 이 새로운 직업은 그전의 일보다 힘이 들었다. 그러나 소년은 많은 노동자 속에서 가게의 할아버지 곁에 혼자 있을 때보다 더 자유로이 사물을 생각할 수 있는 듯한 기분이 들었다.

가장 즐거운 것은 점심 시간이었다. 보도의 조그마한 탁자나 근처의 술집으로 몰려드는 노동자들의 인파를 떠나 가까운 네거리의 공원으로 절룩거리며 달아났다. 그리하여 거기서 포도 한 송이를 손에 들고 춤추고 있는 청동의 목신 옆 마로니에 나무 그늘에 있는 벤치에 걸터앉아 기름종이에 싼 빵한 조각과 돼지고기 한 조각을 꺼냈다. 그리고 참새 떼에 둘러싸인 채 천천히 그것을 먹었다. 푸른 잔디 위에서 조그마한 분수가 그 가느다란 비를 뿌리고 있는 것이 마치 물보라 같았다. 햇빛에 비친 한 그루의 나무 속에서 동그란 눈을 가진 파르스름한 잿빛 비둘기가 몇 마리 꾸룩꾸룩 울고 있었다. 그 주위는 쉴 새 없이 울리는 파리의 소음이 있었다. 부르릉거리는 차 소리, 파도 소리 같은 발짝 소리, 거리의 귀에 익은 고함, 깨진 물건을 고치는 수선공이 멀리서 불고 있는 장난기 어린 피리 소리, 포도 위를 두들기고 있는 토역꾼의 망치 소리, 분수의 고상한 음악, 파리의 꿈을 감싸고 있는 열띤 황금빛 덮개…… 곱사등이 소년은 벤치에 두 다리를 걸치고 걸터앉아 입에 가득 넣은 것을 얼른 삼키지도 않고 황홀해하고 있었다. 이제 등뼈의 아픔도, 영혼의 병약도 느끼지 않았다. 무어라 형용할 수 없는 흥분된 행복감에 젖어 있었다.

……따뜻한 빛이여, 내일 우리를 위해 빛나기 시작할 정의의 태양이여. 이미 그대는 빛나고 있지 않은가? 모든 것은 이렇게도 좋고, 이렇게도 아름답구나! 사람들은 풍요하고, 강하고, 건강하고, 사랑한다. 사랑하고 있다……. 나는 사랑하고 있다. 모든 사람을 사랑하고 있다. 모든 사람도 또한 나를 사랑하고 있다……. 아아, 사람들은 이 얼마나 행복한가! 내일 사람들은

그 얼마나 행복해질 것인가! ……

공장의 사이렌이 울렸다. 소년은 문득 정신을 차리고 입에 가득 넣었던 음식물을 삼키고는 근처의 수도꼭지에서 천천히 물을 마셨다. 그리고 다시 곱사등이 등을 굽힌 채 절름발이 다리로 깡충깡충 뛰어 인쇄소의 자기 자리로 돌아가, 어느 날엔가 '혁명'의 Mane, Thecel, Pharès(배우고, 재고, 나누어지는)를 쓰게 될 마법의 활자가 들어 있는 상자 앞에 섰다.

*

파예트 할아버지에게는 트루이요라는 옛 친구가 있었다. 종이 가게를 하고 있었으며 길 건너편에 살고 있었다. 이 지물포 겸 잡화점의 가게 앞쪽에는 유리병에 든 분홍빛과 초록빛의 봉봉과자며, 팔도 다리도 떨어져 나간 마분지 인형 같은 것이 놓여 있었다. 거리를 사이에 두고 한 사람은 입구의 문지방 위에서, 한 사람은 가게 안에 앉아 서로 눈짓을 교환하기도 하고, 고개를 끄덕이기도 하고, 그 밖에 여러 가지 말없는 몸짓을 해보이곤 했다. 이따금, 이를테면 그가 구두 밑창을 두들기는 데 진력이 나서 그의 말을 빌리면 엉덩이에 쥐가 났을 때에는, 라파예트는 그 날카로운 목소리로, 트루이요는 쇠울음소리 같은 쉰 목소리로 서로 이름을 불러댔다. 그런 다음 근처의 술집으로 한잔들 하러 갔다. 두 사람은 좀처럼 돌아오지 않았다. 두 사람 모두다 무섭게 말이 많았다. 그들은 50년 가까이나 사귀어 온 사이였다. 종이 장수도 1871년의 대 연극 때는 단역을 맡았었다. 그러나 얼른 보기에 도저히 그런 인물로는 보이지 않았다. 어디까지나 온화하고 살이 찐 사나이로, 테 없는 검은 모자를 쓰고 흰색 작업복에다 늙은 병사 같은 회색 입수염을 길렀으며, 붉은 혈관이 드러나 보이는 파르스름하고 멍한 눈에다 눈꺼풀은 처졌고, 부석부석한 두 볼은 언제나 땀에 젖어 번들거렸으며, 걸을 때는 통풍을 앓는 다리를 질질 끌었는데 숨이 차서 혀가 잘 돌아가지 않았다. 그러나 지난날에 품었던 환상은 조금도 잃지 않고 있었다. 그는 몇 년 동안 스위스로 망명하여 거기서 여러 나라의 동지들을 만났다. 특히 러시아인을 많이 만나 우애적인 무정부주의의 미점을 배웠다. 이 점에 있어서는 라파예트와 의견이 맞지 않았다. 라파예트는 구식 프랑스인이었으며 자유 문제에 대해서는 강경론자요, 전제주의자였다. 그 밖의 점에 있어서는 두 사람 다 사회 혁명과 미래에 있어서의 노동 계급의 주권을 확신하고 있었다. 두 사람은 저마다 어느 한 두목에게 심취하고 있었으며, 그 사람이야말로 자기가 되고 싶은 이상적인 인물이라 생각하고 있었다. 트루이오는 주시에게 심취했고, 라파예트는 코카르에게 심취하고 있었다. 두 사람은 자기들을 떼어 놓고 있는 것에 대해서 끝없이 토론했으며, 자기들의 공통된 사상은 증명되어 있는 것으로 믿고 있었다(그들은 이제 거의 그 공통된 사상이 술을 마시고 있는 동안에 실현될 것으로 믿어 버릴 정도였다). 두 사람 가운데서 파예트가 잘 따졌다. 그는 이성으로써 믿고 있었다. 적어도 그렇다고 자부하고 있었다. 왜냐하면 그의 이성은 일종의 특별한 것이었기 때문이다. 그의 이성은 자기의 발 말고 다른 발에는 맞지 않았다. 그는 이성에 관해서 신만큼 상세하게 알지 못하면서도 남의 정신에도 자기 발에 맞는 신을 신기려 하고 있었다.

종이장수는 그보다 게으름쟁이였으며, 자기의 신념을 증명하려고 애쓰지는 않았다. 인간은 자기가 의심하고 있는 것밖에 증명하지 않는 것이다. 그런데 그는 아무것도 의심하고 있지 않았다. 그의 영구적인 낙천주의는 사물을 자기가 원하는 대로 바라보았다. 그리고 사물이 자기가 원하는 대로가 아닐 때는 그것을 보지 않거나 혹은 잊어버렸다. 마음에 언짢은 경험은 그의 피부 위를 미끄러져 떨어지고 그 뒤에 흔적조차 남기지 않았다. 그들은 두 사람 다 나이먹은 어린아이였으며 현실에 대한 감각을 갖고 있지 않았다. 그들은 혁명이라는 이름에만 취해 있었으므로 혁명은 그들에게 있어서는 스스로에게 들려주는 아름다운 이야기에 지나지 않았다. 그것이 언제 일어날 것인지, 아니면 이미 일어난 것인지 잘 알지도 못했다. 그리고 두 사람 다 몇 세기 동안이나 '사람의 아들' 앞에 꿇어 엎드린 조상 전래의 습관을 집어치우고 그 대신 '신(神)인 인류'에 신앙을 가지고 있었다. 둘 다 반성직주의자였음은 물론이다.

재미있게도, 이 선량한 종이장수는 매우 신앙심이 깊은 조카딸과 함께 살고 있었으며 그녀가 하자는 대로 했다. 진한 밤색 머리에 통통하게 살이 찌고 몸집이 작은 여자로, 생기 있는 눈초리에 마르세유풍의 강한 억양으로 거침없이 말을 했다. 그녀는 상공성(商工省)의 한 편집관의 과부였다. 유산도 없고 딸과 단둘이 남아 큰아버지에게 신세를 지고 있었다. 그런데 이 부르주아적인 여자는 자부심이 강해서 자기가 가게를 지켜 주고 있으니까 가게 주인인 큰아버지에게 오히려 은혜를 베풀고 있는 것이라고 생각하고 있었다. 마치 권력을 잃은 여왕처럼 거드름을 피우고 있었는데, 큰아버지의 장사나 고객을 위해서 다행한 일은 타고난 수다로 말미암아 그 거드름을 피우는 태도가 완화되고 있다는 것이었다. 이 알렉상드린 부인은 그 신분에 알맞게 왕당파이자 성직주의자였으며, 배짱 좋은 열성으로 자기의 의견에 관해서 장광설을 늘어놓았다. 자기가 신세를 지고 있는 이 신앙 없는 노인을 좀 놀려 주자는 짓궂은 기쁨으로 그 열성은 점점 더 심해졌다. 그녀는 가족의 양심에 책임을 지고 있는 주부처럼 행동했다. 설령 큰아버지를 그리스도교에 귀의시킬 수는 없다고 하더라도—(그러나 최후의 순간에는 반드시 그렇게 해주겠다고 속으로 맹세하고 있었다)—그 악마를 성수에 담가 숨도 못 쉬게 만들 것을 큰 기쁨으로 삼고 있었다. 그녀는 벽에 루르드의 성모상과 파도바의 성 안토니오 상을 핀으로 꽂아 놓고 있었다. 벽난로 위에는 둥근 유리 그릇에 넣은 찬란하게 채색한 조그마한 상이 얹혀 있었다. 그리고 그 계절이 되면 딸의 침대를 붙박아 놓은 벽의 우묵한 곳에 매달 마리아의 날을 위해 제단을 만들어 조그만 푸른 초를 꽂았다. 그녀의 이와 같은 도전적인 신앙 태도 속에서, 귀의시키고자 하는 큰아버지에 대한 실제 애정과 큰아버지를 짓궂게 놀려 주려는 기쁨 가운데 대체 어느 쪽이 더 강한가는 아무도 짐작할 수 없었다.

모든 일에 무관심하고 다소 활기 없는 이 우직한 종이장수는 조카딸이 하는 대로 내버려두고 있었다. 무서운 조카딸의 무시무시한 도전을 야기하는 위험은 스스로 범하지 않았다. 그토록 잘 도는 혓바닥에는 도저히 대항할 도리가 없었다. 무엇보다 그는 평온함을 원했다. 다만 한 번 성 요셉의 조그마한 성상이 자기 방의 침대 위에 살며시 놓여 있었던 적이 있었는데, 이때는 그도 노했다. 이 일에는 그가 이겼다. 그는 하마터면 때려줄 뻔했고, 질녀는 그것을 무서워했기 때문이다. 이러한 일은 두 번 다시 되풀이되지 않았다. 그 밖의 일에 대해서는 그가 양보하여 보고도 못 본 체했다. 선량한 하느님의 냄새를 가진 이 조카딸이 그는 얼마간 거북살스러웠다. 그러나 그것을 생각하고 싶지 않았다. 마음속으로는 이 조카딸에게 감탄하고 있었다. 그리고 그녀에게 짓궂은 짓을 당하는 데 일종의 기쁨을 느끼고 있었다. 그런데 이 두 사람은 그 귀여운, 렌 또는 레네트라는 애칭으로 불리는 그 소녀를 소중히 여기는 데 있어서는 일치했다.

딸아이는 열세 살이었다. 그리고 언제나 아팠다. 지난 몇 달 동안 고관절염으로 줄곧 누워 있었다. 나무껍질에 싸인 조그마한 다프네처럼 반신이 부목으로 고정되어 있었다. 상처입은 암사슴 같은 눈에 응달의 식물처럼 창백한 얼굴빛을 하고 있었다. 지나치게 큰 머리는, 잡아당겨서 맨 아주 가늘고 희끄무레한 금발머리로 더한층 크게 보였다. 그러나 표정이 풍부한 고상한 얼굴과 야무진 조그마한 코와 어디까지나 어린애다운 부드러운 미소를 짓고 있었다. 어머니의 신앙심은 질병에 괴로워하며 아무것도 하지 않는 이 소녀에게서 광열적인 성격을 띠고 나타나 있었다. 교황의 축복을 받은 작은 산호 묵주를 만지작거리면서 몇 시간이고 기도문을 외웠다. 그것이 끝나면 정신없이 묵주에 입을 맞추었다. 소녀는 온종일 거의 아무것도 하지 않고 지냈다. 바느질하는 것은 따분하고 싫었다. 알렉상드린 부인도 딸에게 바느질에 대한 취미를 갖게 해주려고 하지 않았다. 레네트는 그 은근하고 평범한 문체가 제법 시처럼 여겨지는 무미건조한 종교 선전의 소책자나 몰취미한 기적 괴담(奇蹟怪談)을 읽거나, 혹은 어머니가 어리석게도 그녀 손에 넘겨준 일요 신문의 컬러 삽화가 들어 있는 범죄 이야기 따위를 읽는 것이 독서의 전부였다. 바늘로 겨우 몇 코 뜨개질하는 것이 고작이고, 일보다는 친구가 되어 있는 성녀나 때로는 하느님과 나누는 대화 쪽에 더 마음을 빼앗겨 입술을 달싹거리고 있었다. 성자와 하느님의 이와 같은 방문을 받으려면 잔 다르크 같은 사람이어야 한다고 생각해서는 안 된다. 우리도 모두 그러한 방문을 받고 있는 것이다. 다만 일반적으로 천국에서 오는 방문자들은 우리 집의 벽난로에 둘러앉아 우리에게만 지껄이게 하고, 자기들은 한 마디도 말하지 않는다. 레네트는 방문자의 그러한 태도에 화를 낼 생각은 없었다. 한 마디도 말을 하지 않는 자는 즉 동의하고 있는 것이다. 게다가 그녀에게는 할 말이 많았으므로 그들에게 대답할 겨를을 거의 주지 않았다.

레네트는 그들 대신 대답했다. 그녀는 일종의 수다쟁이였다. 그것은 어머니로부터 이어받았다. 그러나 잇따라 나오는 그 말의 물결은 땅 밑에 모습을 감추는 냇물처럼 내심의 말이 되어 가슴속에 스며들어갔다. 물론 그녀는 큰아버지를 그리스도교에 귀의시키자는 어머니의 음모에 한몫 끼고 있었다.

집 안에서 빛의 정신인 자기들이 암흑의 정신인 큰아버지를 조금씩 정복할 때마다 레네트는 매우 기뻐했다. 그녀는 몇 번인가 노인의 윗도리 안쪽에 성패(聖牌)를 꿰매 놓기도 하고, 또는 호주머니에 묵주 한 알을 살며시 넣어 두기도 했다. 노인은 조카딸의 어린애를 기쁘게 해주기 위해 그것을 모르는 체하고 있었다. 신앙이 독실한 두 여자가 사제의 적을 옴짝달싹 못하게 하고 있는 것을 보고 구두 가게의 파예트는 분개도 하고 또 유쾌해하기도 했다. 그는 남편을 엉덩이에 깔고 문대는 여자에 관해서라면 야비한 농담을 거침 없이 해댔다. 그래서 여자에게 쥐어 있는 이 친구도 비웃었다. 그러나 파예 트에게는 그런 짓궂은 짓을 할 자격이 없었다. 왜냐하면 그 자신이 20년 동 안이나 걸핏하면 화를 내고 절제가 심한 마누라에게 시달렸기 때문이다. 마 누라는 그를 주정뱅이로 취급했다. 그리고 그녀 앞에서 그는 의기소침했다. 그래서 그는 마누라에 관한 이야기는 조심해서 피하곤 했다. 종이장수 쪽은 얼마간 창피해하면서 크로포트킨풍의 관용을 잘 돌아가지 않는 혓바닥으로 늘어놓으면서 지루하게 자기 변호를 했다.

레네트와 에마누엘은 친구 사이였다. 어릴 때부터 두 사람은 매일 서로 얼 굴을 맞댔다. 에마누엘은 어쩌다가 집 안에까지 들어올 때가 있었다. 알렉상 드린 부인은 신앙 없는 사람의 손자로 더러운 수선공의 도제로서 달갑잖은 눈으로 그를 바라보았다. 그런데 레네트는 아래층 창가의 긴 의자 위에서 나 날을 보내고 있었다. 에마누엘은 지나가면서 유리창을 두들겼다. 그리고 유 리에 코를 납작해지도록 갖다대고는 얼굴을 찌푸려 인사를 했다. 여름철 창 이 열려 있을 때는 걸음을 멈추고 조금 높았지만 창의 가로목에 두 팔을 걸 쳤다(그는 이러한 자세가 자기에게 유리하다고 생각했다. 두 어깨가 여느 때의 자세보다 위로 올라가서 자기의 기형을 속일 수 있다고 생각하고 있었 다). 레네트는 사람의 방문으로 기분이 거칠어지지는 않았으므로 에마누엘 이 꼽추라는 것을 이제 조금도 개의치 않았다. 에마누엘은 젊은 여자에게 공 포심과 혐오감을 느끼고 있었으나, 레네트만은 예외였다. 몸 절반이 화석이 되어버린 듯한 이 아픈 소녀가 그에게는 무언가 신성하고 범할 수 없는 먼 존재처럼 여겨졌다. 다만 미인인 베르트에게 입맞춤을 당한 밤과 그 이튿날 만은 본능적인 반발심으로 레네트에게서 멀어졌다. 걸음을 멈추지도 않고 얼굴을 수그린 채 문 앞을 지나갔다. 그리고 들개처럼 조심스레 멀리서 서성거렸다. 그리고 다시 찾아오게 되었다. 사실 그녀는 여자가 아닌 것이다! 그는 인쇄소 일이 끝나면 되도록 몸을 조그맣게 움츠리고 잠옷처럼 긴 작업복을 입은 제본소 여공들 사이를 빠져나가서—잘도 웃어 대는 이들 말만 한 처녀들은 굶주린 눈초리로 지나가는 사람들의 옷을 통해 그 속까지 들여다보고 있었다—레네트의 창문으로 달아났다. 그는 자기 친구가 불구인 것을 감사했다. 그녀와 마주보고 있으면 자기 쪽이 뛰어난 인간인 것처럼 몸을 움직일 수 있었고, 또 보호자처럼 행동할 수조차 있었다. 그는 동네에서 일어난 여러 가지 일을 들려주었다. 그 얘기 속에서 언제나 자기를 편리한 위치에 놓았다. 때로는 여성에게 친절한 신사 같은 기분이 들어 겨울에는 군밤을, 여름에는 버찌 송이를 레네트에게 갖다 주었다. 레네트는 에마누엘에게 가게 앞쪽의 두 유리그릇 안에 가득 들어 있는 여러 가지 빛깔의 봉봉 과자를 주었다. 그리고 두 사람은 그림 엽서를 함께 들여다보곤 했다. 그것은 행복한 순간이었다. 그들 두 사람은 자기의 어린 영혼을 가두어 놓고 있는 슬픈 육체를 잊었다.

그들은 또 정치나 종교에 관해 어른들처럼 논쟁을 벌일 때도 있었다. 그러면 어른들과 마찬가지로 바보가 되었다. 서로의 즐거운 이해는 깨졌다. 레네트는 기적과 9일간의 기도와 종이 레이스로 가장자리를 두른 종교화와 면죄(免罪)의 날 등에 관해서 지껄여 댔다. 그러면 에마누엘은 할아버지에게서 들은 대로 그것은 어리석은 일이며 겉만 번드르르한 허황된 일이라고 꼬집었다. 그러다가 다시 그가 조부를 따라가 본 대중 회합에 관한 얘기를 하려고 하면, 그녀는 경멸하듯 그의 말을 가로막고 그런 사람들은 모두 주정뱅이들이라고 말했다. 대화는 표독스러워졌다. 두 사람의 말은 양쪽 가족들에게로 옮겨졌다. 한 사람은 상대편의 어머니에 관해서, 한 사람은 할아버지에 관해서 저마다 할아버지와 어머니가 말하고 있는 욕설을 되풀이했다. 그리고 이번에는 자기들에 관한 것으로 옮겨갔다. 두 사람은 서로 불쾌한 말을 해주려고 했다. 그것은 아주 쉽게 할 수 있었다. 에마누엘은 더없이 무례한 말을 했다. 레네트는 그보다 더 짓궂은 말을 찾아낼 수 있었다. 그러자 그는 가버렸다. 그리고 다시 와서는 다른 소녀들과 놀았다는 둥, 그녀들은 모두 예쁘다는 둥, 함께 무척 웃었다는 둥, 오는 일요일에 다시 만나게 되어 있다는 둥 지껄여 댔다. 레네트는 아무 말도 하지 않았다. 소년이 하는 말을 경멸하는 체했다. 그러더니 느닷없이 화를 내어 뜨개바늘을 그의 머리에 내던지며 "돌아가, 너 같은 건 꼴도 보기 싫어" 하고 소리쳤다. 그러고는 두 손으로 얼굴을 가렸다. 에마누엘은 돌아갔다. 그러나 자기의 승리를 자랑할 기분은 되지 않았다. 레네트의 여윈 조그마한 손을 얼굴에서 떼어 주며, 지금 한 말은 모두 거짓이라고 말해 주고 싶었다. 그러나 자존심 때문에 되돌아가지 않으리라고 꾹 참았다.

어느 날, 레네트는 자기가 받은 모욕을 앙갚음할 수 있었다. 에마누엘은 공장 동료들과 함께 있었다. 그들은 그를 그다지 좋아하지 않았다. 왜냐하면 그는 동료들과 늘 떨어져 있고 말을 하지 않았으며, 어쩌다가 입을 열면 그 때는 유치하게 뻐기면서 마치 책이, 아니 오히려 신문 논설이 지껄이고 있는 것처럼 너무나 교묘하게 떠들어 댔기 때문이다(사실 그의 머리에는 신문 논설이 가득 차 있었다). 그날, 그들은 혁명과 미래의 시대에 대해서 이야기하고 있었다. 에마누엘은 흥분하고 있었다. 그것은 우스꽝스러울 정도였다. 한 동료가 거친 어조로 그에게 소리쳤다.

"이봐, 너 같은 놈에겐 볼일이 없어. 너무 꼴사납거든. 미래의 사회에는 꼽추 같은 건 없을 거다. 태어날 때 물속에 집어던진단 말이야."

이 말로 그는 웅변의 절정에서 굴러떨어졌다. 망연히 입을 다물었다. 동료들은 모두 배꼽이 빠지게 웃었다. 그날 오후 줄곧 그는 이를 악물고 있었다. 저녁때 그는 집으로 돌아가고 있었다. 방 한쪽 구석에 숨어서 혼자 괴로워하기 위해 빨리 돌아가고 싶었다. 도중에 올리비에를 만났다. 에마누엘의 얼굴이 흙빛이 되어 있는 것을 보고 올리비에는 은근히 놀랐다.

"무언가 괴로운 일이라도 있는 모양이군. 왜 그러느냐?"

에마누엘은 말하고 싶지 않았다. 올리비에는 정답게, 더 끈질기게 물었다. 소년은 끝내 잠자코 있었다. 그러나 금방 울음을 터뜨릴 듯이 턱이 떨렸다. 올리비에는 그의 팔을 잡고 자기 집으로 데리고 갔다. 그도 추한 것과 병에 대해서는, 자선 단체의 수녀 같은 영혼을 타고난 사람이 아니면 누구나 느끼는 그 본능적인 잔인한 혐오감을 느끼기 시작하고 있었으나, 그런 기미는 조금도 보이지 않았다.

"누가 너를 괴롭혔니?"

"네."

"어떤 짓을 하든?"

소년은 마음속을 다 털어놓았다. 그는 자기가 추하다고 말했다. 동료들이 자기들의 혁명은 그를 위한 것이 아니라고 하더라고 말했다.

"이봐, 혁명은 그네들을 위한 것도 아니고 또 우리를 위한 것도 아니야. 혁명은 하루에 되는 게 아니란다. 우리 뒤에 오는 사람들을 위해서 모두 일하고 있는 거야."

소년은 혁명이 그토록 먼 앞날을 위한 것이라는 말을 듣고 실망했다.

"너같이 수많은 소년들에게, 또 수많은 인간들에게 행복을 주려고 사람들이 일하고 있다고 생각하면 기쁘지 않니?"

에마누엘은 한숨을 쉬고 말했다.

"하지만 자기도 조금은 행복을 갖는 것이 좋잖아요."

"이봐, 은혜를 모르는 인간이 되어서는 안 돼. 너는 가장 아름다운 도시에 살고 있는 거야. 경이로움으로 가득 찬 시대에 살고 있는 거야. 너는 바보가 아니고 또 훌륭한 눈을 갖고 있어. 자기 주위에 볼 만한 것과 사랑할 만한 것이 있다는 것을 생각해 봐."

올리비에는 그 예를 몇 가지 들었다.

소년은 귀를 기울이고 있다가 고개를 저으며 말했다.

"그건 그래요. 하지만, 언제까지나 이런 몸뚱이 속에 갇혀 있어야 한다면!"

"그런 일은 없어. 너는 거기서 나올 수 있단 말이야."

"그땐 벌써 끝장인걸요."

"그런 걸 네가 어떻게 아니?"

소년은 깜짝 놀랐다. 유물론은 그의 할아버지가 지니고 있던 '신조'의 일부였다. 영원의 생명을 믿는 것은 성직자밖에 없다고 에마누엘은 생각하고 있었다. 그는 올리비에가 결코 성직자가 아니라는 것을 알고 있었다. 그래서 올리비에가 과연 진지하게 이야기하고 있는 것일까 하고 의심쩍어했다. 그러나 올리비에는 그의 손을 잡고 길게 자기의 이상주의적 신념을 이야기하고, 무수한 삶과 무수한 순간이란 오직 한 가닥의 태양 광선에 지나지 않는, 처음도 끝도 없는 무한한 삶의 단일성(單一性)에 대해서 이야기했다. 그러나 올리비에는 그것을 이렇게 추상적인 형식으로 이야기하지는 않았다. 소년에게 이야기해 나가는 동안 그는 본능적으로 소년의 사고에 어조를 맞추고 있었다. 이를테면 고대의 전설이며, 옛 천지 창조론의 유물적이고 깊은 뜻을 지닌 상상 같은 것이 머리에 떠올랐다. 절반은 농담으로 절반은 진지하게 그는 윤회(輪廻)의 이야기를 하기도 하고 마치 샘물이 못에서 못으로 흘러가듯, 영혼이 흘러 통과해 가는 무수한 형태의 연속에 관한 이야기를 하곤 했다. 올리비에는 거기에 그리스도교적인 추억이라든가, 그들 두 사람이 잠겨 있는 여름 저녁나절의 영상 같은 것을 엮어 넣었다. 그는 열려 있는 창가에 앉아 있었다. 소년은 그 옆에 서 있었다. 그리고 그 손은 올리비에의 손 안에 쥐여 있었다. 그것은 토요일 저녁때였다. 종이 울리고 있었다. 아주 최근에 돌아온 첫 제비가 집의 벽에 스칠 듯이 날고 있었다. 먼 하늘이 그늘에 덮여 있는 파리 위에서 미소짓고 있었다. 소년은 숨을 죽이고 손위의 벗이 들려주는 요정 이야기에 가만히 귀를 기울였다. 그리고 올리비에도 자기 이야기를 듣고 있는 소년의 주의에 힘을 얻어 자기 자신의 이야기에 끌려들어가고 있었다.

대도시의 밤중에 전등불이 일제히 환하게 켜지듯 어두운 영혼 속에 영원의 불꽃이 타오르는 결정적인 순간이 생애에는 있는 법이다. 프로메테우스의 불을 가진 영혼에 불을 붙이려면 다른 한 영혼으로부터 하나의 불꽃이 튕겨 그 불을 옮기기만 하면 되는 것이다. 이 봄날 저녁나절에, 올리비에의 조용한 말은 부서진 등잔 같은 볼품없는 조그마한 육체 속에 감추어진 정신이 이제 다시는 꺼지는 일이 없는 빛을 붙여 주었던 것이다. 소년은 올리비에의 이론을 아무것도 알지 못했고, 거의 듣고 있지도 않았다. 그러나 올리비에에게는 아름다운 우화이자 일종의 예화였던 그 전설과 형상은 그의 속에서 살이 붙어 현실이 되었다. 요정 이야기는 생기를 띠기 시작하고 그의 주변에서 춤추기 시작했다. 그리고 방의 창문으로 액자처럼 구획된 광경—거리를 지나가는 부자와 가난한 사람들, 벽을 스쳐 날고 있는 제비, 무거운 짐을 끌고 있는 피로한 말, 황혼의 그림자를 흡수하고 있는 인가의 석재(石材)들, 그리고 빛이 꺼져 가고 있는 창백한 하늘—이런 외계의 일체가 느닷없이 그의 내면에 하나의 입맞춤처럼 눌러졌다. 그것은 하나의 섬광에 지나지 않았다. 그것은 곧 사라졌다. 그는 레네트를 생각했다. 그리고 말했다.

"하지만 미사에 가는 사람들은, 하느님을 믿고 있는 사람들은 역시 머리가 좀 돌았지요."

올리비에는 미소를 지었다.

"그들도 우리와 마찬가지로 믿고 있는 거야." 그는 말했다. "우리는 모두 같은 것을 믿고 있는 거야. 다만 그 사람들은 우리만큼 깊게 믿지 못해. 빛을 보기 위해서는 덧문을 닫고 등잔에 불을 켜야 한다고 말하는 사람들이야. 그들은 하느님을 하나의 인간 속에 놓아두고 있어. 우리는 좀더 훌륭한 눈을 갖고 있지. 그러나 우리가 사랑하고 있는 것은 언제나 같은 빛이란다."

소년은 아직 가스등이 켜지지 않은 어두운 길을 지나 집으로 돌아가고 있었다. 올리비에의 말이 머릿속에서 울리고 있었다. 남을 정신적인 장님이라고 비웃는 것은 꼽추라고 하여 비웃는 거나 마찬가지로 잔인한 일이라고 그는 스스로를 타일렀다. 그리고 아름다운 눈을 갖고 있는 레네트를 생각했다. 그 아름다운 눈을 울린 것도 생각했다. 그러자 어찌할 바를 모르게 마음이 조급해졌다. 그는 발길을 돌려 종이 가게로 갔다. 창은 아직 절반쯤 열려 있었다. 그는 살며시 거기에 머리를 들이밀고 나직이 불렀다.

"레네트……"

그녀는 대답하지 않았다.

"레네트! 용서해 줘."

레네트의 목소리가 어둠 속에서 말했다.

"심술쟁이! 너 같은 사람, 제일 싫어."

"용서해 줘." 그는 되풀이했다.

그는 입을 다물었다. 그리고 별안간 조급하게, 더 목소리를 낮추어 당황해하면서 약간 수줍은 듯이 말했다.

"레네트, 저, 나도 너처럼 하느님을 믿을래."

"정말!"

"정말이야."

그는 특히 소녀를 위하는 마음에서 이런 말을 한 것이었다. 그러나 말하고 나서는 자기도 얼마간 그렇게 믿었다.

두 사람은 그대로 묵묵히 입을 다물었다. 서로의 얼굴은 보이지 않았다. 밖은 아름다운 밤이었다. 불구 소년은 중얼거렸다.

"죽으면 아무래도 좋겠지! ……"

레네트의 가벼운 숨소리가 들렸다.

그는 말했다.

"잘 자."

레네트가 다정하게 말했다.

"잘 자."

그는 후련한 기분으로 돌아갔다. 레네트에게 용서를 받은 것이 기뻤다. 그리고 마음 깊숙한 곳에서는, 자기를 위해 한 소녀가 괴로워했다는 것도, 언제나 남에게 학대받고 있는 이 소년에게는 기쁜 일이었다.

*

올리비에는 자기 은신처로 돌아가 있었다. 크리스토프도 곧 그에게로 올라왔다. 아무리 생각해 봐도 그들의 장소는 혁명적인 사회운동 안에 있지 않았다. 올리비에는 그러한 투사의 무리들 속에 낄 수가 없었다. 그리고 크리스토프도 그들 속에 참여하기를 원하지 않았다. 올리비에는 약자, 피압박자의 이름으로 그들로부터 멀어져 있었다. 크리스토프는 강자, 독립자의 이름으로 멀어져 있었다. 그러나 두 사람은, 크리스토프는 이물로, 올리비에는 고물로 다 같이 물러나 있기는 했으나, 역시 노동자 군대와 사회 전체를 실어 나르고 있는 같은 배에 타고 있었다. 자유롭고 자기 의사에 자신이 있는 크리스토프는 도발적인 흥미로 무산자의 동맹을 지켜보고 있었다. 그는 민중의 커다란 통 안에 잠기는 것을 좋아했다. 그러면 기분이 편해졌다. 거기서 나오면 전보다 더 기운이 나고 기분이 상쾌해졌다. 그는 여전히 코카르와 만났으며, 이따금 아멜리의 가게로 식사를 하러 갔다. 일단 그 가게에 가면 그는 이제 거의 자기 자신을 경계하지 않았다. 변덕스러운 기분이 움직이는 대로 내맡겨 놓았다. 역설도 두려워하지 않았다. 그리고 이야기 상대를, 그들의 주장을, 이치에 맞지 않는 엉터리 결론의 마지막 한계까지 몰아세우면서 짓궂은 기쁨을 맛보았다. 사람들은 크리스토프가 진지하게 이야기하고 있는지 아닌지를 전혀 분간할 수 없었다. 왜냐하면 이야기하는 동안에 열중하여 끝에 가서는 처음의 역설적인 의도를 잊어버리고 말기 때문이었다. 예술가인 그는 남의 취기에 취해 버렸다. 그러한 미적 감동에 잠겨 있던 어느 날, 아멜리의 가게 안방에서 즉흥적으로 혁명가를 하나 만들었다. 그러자 그 노래는 곧 되풀이되어 다음날에는 노동자 단체 사이에 퍼져 있었다. 그는 위험한 입장이 되었다. 경찰이 눈독을 들였다. 경찰 내부와 연락이 있는 마누세가 친구인 자비에 베르나르한테서 주의를 들었다. 베르나르는 경찰국의 젊은 관리로 문학 창작에도 손을 대고 있고, 베토벤의 음악에 심취하고 있노라고 스스로 말하고 있었다(왜냐하면, 도락으로 하는 예술 애호와 무정부주의적 정신이 제3공화국의 경찰관들 사이에까지 스며들고 있었던 것이다).

"자네들의 친구 크라프트는 고약한 장난을 하고 있어." 베르나르는 마누세에게 말했다. "공연한 허세를 부리고 있단 말이야. 우리는 그 친구를 어떻게 생각해야 하는가 알고 있지. 하지만 상부에서는 혁명의 음모단 속에서 외국 사람을, 그것도 더군다나 독일 사람을 붙잡는다는 건 그다지 이롭지 않다고 생각하고 있을걸. 그건 당의 신용을 잃게 하고 의심을 갖게 하는 상투적인 수단이거든. 만일 그 사람이 조심하지 않으면 우리는 부득불 체포할 수밖에 없어. 난처한 일이야. 경고해 주게나!"

마누세는 크리스토프에게 경고했다. 올리비에는 신중히 행동하라고 당부했다. 크리스토프는 그런 충고를 대단하게 생각지 않았다.

"무슨 소리!" 그는 말했다. "내가 위험 인물이 아니라는 것은 누구나 다 알고 있어. 나도 즐길 권리는 있지 않은가! 나는 그 사람들을 좋아하네. 그 사람들도 나와 마찬가지로 일하고 있고, 나도 마찬가지로 신념을 갖고 있어. 사실을 말하면, 그것은 같은 신념은 아니야. 우리는 같은 진영 사람들은 아니야……. 그게 무슨 상관인가! 그럼, 서로 싸우자꾸나. 싸움을 나는 싫어하지 않지…… 달리 어쩔 수가 없거든. 나는 자네처럼 자신의 껍질 속에 웅크리고 앉아 있을 수가 없단 말이야. 사실 부르주아 속에 끼여 있으니 숨이 꽉꽉 막히네그려."

크리스토프만큼 요구가 많지 않은 올리비에는 자기의 좁은 집에 살면서 두 여자친구와 조용히 만나는 것으로 충분히 만족하고 있었다. 하기야 그 여자친구들의 하나인 아르노 부인은 지금 자선 사업에 몸을 바치고 있었고 또 한 사람 세실은 아이의 뒷바라지에 몰두하여 아이에 관한 얘기밖에 하지 않았으며, 또 아이 말고는 아무하고도 이야기하지 않았다. 그리고 그 말투는 새끼 새의 소리를 흉내내어 그 형태가 갖추어지지 않은 노래를 사람의 말투로 바꾸려고 애를 쓰는 듯한, 혀짤배기 소리 같은 기묘한 것이었다.

　노동자의 환경에서 빠져나간 올리비에에겐 두 지인이 남아 있었다. 두 사람 다 그와 같이 독립적인 정신을 가진 사나이들이었다. 한 사람은 게랭이라는 실내 장식공이었다. 그는 변덕스럽고, 마음 내키는 대로 일을 하는 사나이였으나 참으로 솜씨가 훌륭했다. 자기 직업을 좋아하고 예술품에 대해서 타고난 취미를 갖고 있었다. 그 취미는 관찰과 노력과 박물관 구경 등으로 점점 더 좋은 것이 되어 갔다. 올리비에는 전에 헌 가구의 수선을 그에게 맡긴 일이 있었다. 일이 어려웠는데, 그는 훌륭하게 해냈다. 그는 이 일에 많은 노력과 시간을 소비했다. 그러나 불과 얼마 안 되는 돈밖에 청구하지 않았다. 그토록 일이 잘된 데 만족하고 있었던 것이다. 올리비에는 그에게 흥미를 느껴 그의 생활에 대해서 여러 가지 물어 보고, 그가 노동 운동을 어떻게 생각하고 있는가를 알려고 애썼다. 그러나 게랭은 노동 운동에 대해서 아무것도 생각하지 않고 있었다. 그런 것은 마음에도 두지 않고 있었다. 그는 이 계급의 인간이 아니었다. 또 어느 계급의 인간도 아니었다. 그는 그 자신이었다. 그는 거의 책을 읽고 있지 않았다. 그의 지적 교양의 모든 것은 감각, 눈, 손, 파리의 진짜 민중이 선천적으로 갖고 있는 취미 따위에 의해서 이루어진 것이었다. 그는 행복한 사람이었다. 이러한 형의 인간은 노동을 하는 소시민 사이에는 드물지 않다. 이러한 소시민이야말로 국민 가운데서 가장 총명한 부분의 하나이다. 왜냐하면 이런 사람들은 손으로 하는 일과 정신의 건전한 활동 사이에 훌륭한 평형을 이룩하고 있기 때문이다.

　올리비에의 또 하나의 친구는 더 독특한 사나이였다. 그는 위르트루라는 우편 배달부였다. 키가 훤칠하게 큰 미남자로 맑은 눈에 조그마한 금빛 턱수염과 콧수염을 기르고, 거동은 명랑하고 쾌활했다. 어느 날 등기 우편을 가지고 올리비에 방에 들어왔다. 올리비에가 서명하고 있는 동안 책장을 둘러보면서 표지를 읽곤 했다.

　"허어!" 그는 말했다. "고전을 갖고 계시는군요……"

　그리고 그는 덧붙였다.

　"나는 부르고뉴에 관한 역사의 고본을 모으고 있지요."

　"당신은 부르고뉴 분인가요?" 올리비에가 물었다.

Bourguignon salé,

L'épée au côté,

La barbe au menton,

Saute, Bourguignon!

명랑하고 냉소적인 부르고뉴인

허리에 칼을 차고

턱에 수염 기르고

훌쩍 뛰어라, 부르고뉴인!

우체부는 웃으면서 대답했다. "나는 아발론이 고향입니다. 1200년 전쯤부터 대대로 이어 내려온 한 집안의 계통이 있지요."

올리비에는 호기심이 일어나서 더 알고 싶어졌다. 위르트루도 더 이야기하고 싶었다. 사실 그는 부르고뉴의 가장 오랜 가문의 하나에 속해 있었다. 그 조상의 한 사람은 필립 오귀스트의 십자군에 참가했다. 또 한 사람은 앙리 5세 시대에 국무대신을 지냈다. 17세기부터 이 집안은 몰락했다. 대혁명 때 권력을 잃고 붕괴하여 민중의 늪 속에 빠지고 말았다. 그리고 위르트루의 성실한 근로, 굳건한 육체와 정신 그리고 자기 집에 대한 충실성 등으로 하여 다시 수면에 떠오른 것이었다. 그의 가장 큰 즐거움은 자기의 가문과 그 고향에 관한 역사적인 기록과 계보 등을 모으는 일이었다. 쉬는 날에는 고서점에 가서 옛 서류를 베꼈다. 그 서류에 모르는 대목이 있으면 우편을 배달하면서 알게 된 고전 학교의 학생이나 소르본 대학의 학생을 찾아가 설명을 들었다. 유명한 조상도 그를 우쭐거리게 하지는 않았다. 그는 웃으면서, 불운에 대한 추호의 불만도 말하지 않고 조상에 대해서 이야기했다. 그는 보기에도 기분이 좋을 만큼 느긋하고, 건강하고 명랑했다. 올리비에는 그러한 그를 보면서, 몇 세기 동안 생명이 가득 넘쳐흐르다가 몇 세기 동안 지하에 숨고, 다시 땅 밑에서 새로운 정력을 흡수하여 솟아나오는 씨족의 생명이 갖는 신비로운 변천을 생각했다. 민중이라는 것이 그에게는 하나의 커다란 저수지처럼 여겨지기 시작했다. 과거의 많은 강이 그 속에 흘러들어 보이지 않게 되고, 미래의 많은 강이 거기서 흘러나온다. 그러한 강은 서로 다른 이름으로 불리고 있기는 하지만 대부분 같은 것이다.

게랭과 위르트루는 올리비에가 좋아하는 인물들이었다. 그러나 그들은 올리비에와 교제를 하지는 못했다. 그들과 그 사이에는 화젯거리가 적었다. 소년 에마누엘은 점점 그를 독점해 갔다. 거의 매일 밤 그를 찾아왔다. 그 이상한 대화를 나눈 뒤부터 소년의 마음속에는 하나의 커다란 변화가 일어나고 있었다. 그는 맹렬한 지식욕으로 독서에 열중했다. 책을 다 읽을 때마다 놀랐다. 전보다 더 바보가 된 것처럼 여겨졌다. 거의 말을 하지 않았다. 올리비에는 이제 간단한 말밖에 끌어낼 수 없었다. 질문에 대해서 에마누엘은 서투른 대답만 했다. 올리비에는 실망했다. 실망한 표정을 보이지 않으려고 애썼다. 그리고 마음속으로만, 자기는 착각을 한 것이다, 이 아이는 아주 숙맥이다, 하고 생각하고 있었다. 그는 소년의 영혼 속에서 진행되고 있는 열병적인 무서운 부화작용(孵化作用)을 깨닫지 못했던 것이다. 본디 그는 훌륭한 교육자가 아니었다. 밭의 잡초를 뽑거나 고랑을 파거나 하는 일보다, 좋은 씨를 한 주먹 쥐어 되는 대로 밭에 뿌리는 그런 식이었다. 크리스토프가 있기 때문에 더욱 당황했다. 올리비에는 자기가 돌보고 있는 이 소년을 친구 앞에 내놓기가 겸연쩍었다. 그는 에마누엘의 바보스러움이 부끄러웠다. 크리스토프가 함께 있으면 소년은 못 견딜 만큼 바보가 되는 것이었다. 그런 때 소년은 완고하게 입을 다물었다. 에마누엘은 올리비에가 크리스토프를 사랑하기 때문에 크리스토프를 미워했다. 그에게 다른 사람이 자기 스승의 마음속에 자리를 차지한다는 것은 참을 수 없는 일이었다.

그런데 크리스토프도 올리비에도 이 소년의 마음을 좀먹고 있는 광열적인 애정과 질투를 깨닫지 못했다. 더욱이 크리스토프는 일찍이 그러한 경험을 한 일이 있었는데도! 그러나 그는 자기 것과는 다른 기초 자료로서 만들어진 이 소년 속에 자기의 모습을 발견할 수는 없었다. 불건전한 유전으로 되어 있는 이 모호한 합금 속에서는 모든 것이—사랑도, 미움도, 잠재하고 있는 천분도—저마다 다른 소리를 내고 있었다.

*

5월 1일이 다가왔다.

불안한 소문이 파리에 퍼져 있었다. 노동총조합의 입으로만 호언장담하는 무리들이 이 소문의 전파를 돕고 있었다. 그들의 신문은 중대한 날이 온 것을 알리고, 노동자의 군대를 소집하여 부르주아 계급의 급소, 즉 배를 찌르는 무서운 말을 소리치고 있었다. Feri ventrem! (배를 쳐라!)하고 그들은 동맹 파업을 한다고 부르주아를 위협했다. 겁에 질린 파리 사람들은 시골로 달아나기도 하고 마치 적에게 포위당한 것처럼 식량을 비축하곤 했다. 크리스토프는 카네를 만났는데, 그는 자기 자동차로 햄 두 개와 감자 한 부대를 나르고 있는 중이었다. 그는 흥분해 있었다. 자기가 어느 당파에 속해 있는가도 뚜렷이 알지 못했다. 옛 공화파가 되었다가 왕당이 되었다가 혁명파가 되었다가 했다. 그의 폭력 숭배는 망그러진 나침반 같았으며, 그 바늘은 북에서 남으로 뛰기도 하고 남에서 북으로 뛰기도 했다. 공중 앞에서는 여전히 동료들의 허세에 소리를 맞추었다. 그러나 독재자라도 나오면 몰래 그편을 들어 붉은 망령을 퇴치할는지도 몰랐다.

크리스토프는 그런 약한 마음을 비웃었다. 결코 아무것도 일어나지 않는다고 믿고 있었다. 올리비에는 그토록 확신이 가지 않았다. 부르주아 계급 출신이었으므로 그의 마음속에는 혁명의 추억과 예상이 부르주아에게 주는, 그 어김없는 가냘픈 전율이 아직도 얼마간 남아 있었다.

"자!" 크리스토프가 말했다. "안심하고 잠을 자도 괜찮아. 자네의 그 혁명 따윈 내일 당장 일어날 일이 아니네! 자네들은 무서워하고 있는 거야. 공포에 질려 있단 말이야……. 그런 공포가 곳곳에 번져 있네. 부르주아 속에도, 민중 속에도, 국민 전체 속에도, 서유럽의 모든 국민 속에도 말일세. 사람들에게는 이제 충분한 피가 없어. 그래서 그것을 잃을까 두려워하고 있는 거야. 40년 동안 모든 것이 말 속에서만 일어나고 있잖은가. 자네들의 그 유명한 드레퓌스 사건을 좀 생각해 보게나! 자네들은 '죽음이다! 피다! 학살이다!' 하고 외쳤지……. 정말 자네들은 가스코뉴인다운 허풍선이들이야! 실컷 떠들어 대고 잉크를 사용하고 했지! 그런데, 과연 얼마만한 피를 흘렸던가!"

"말조심해요." 올리비에가 말했다. "그런 식으로 피를 겁내는 것은, 일단 피가 흐르면 인간의 짐승 같은 근성이 미치기 시작할지 모른다는 은밀한 본능에서예요. 그렇게 되면 문명인의 가면은 벗겨지고 짐승은 용맹한 이빨을 가진 얼굴을 나타내게 되는데, 거기에 재갈을 물릴 수 있을지 없을지 알지 못한단 말이죠! 모두 전쟁 앞에서는 주저해요. 그런데 전쟁이 일어나면 이루 말할 수 없이 참혹한 전쟁이 될 거예요…….”

크리스토프는 어깨를 으쓱하며 말했다. “허풍선이 시라노나 허세를 떠는 햇병아리 샹트클레르—(두 사람 다 에드몽 로스탕의 희곡의 주인공들)—따위, 다시 말해서 거짓말쟁이 영웅을 현대가 영웅으로 삼고 있는 것은 까닭없는 일이 아니야.”

올리비에는 고개를 저었다. 프랑스에서는 허풍을 떠는 일이 실행의 시초라는 것을 그는 알고 있었다. 그래도 크리스토프와 마찬가지로 5월 1일에 혁명이 일어나리라고는 생각지 않았다. 그것은 너무나 지나치게 선전되고 있었다. 그리고 정부 측에서도 경계하고 있었다. 폭동의 전술가들이 더 편리한 시기까지 싸움을 연기할 것이라고 믿을 만한 여지가 있었다.

4월 후반에 올리비에는 유행성 감기에 걸렸다. 겨울마다 거의 같은 시기에 감기에 걸려 옛 기관지염이 재발하곤 했다. 크리스토프는 2, 3일 동안 그의 집에 묵었다. 병은 비교적 가벼워서 곧 나았다. 그러나 여느 때와 같이 열이 내린 뒤에도 한참 동안은 심신의 피로가 완전히 가시지 않았다. 그는 몇 시간이나 침대에 누운 채 움직일 마음이 들지 않았다. 그리고 이쪽으로 등을 돌리고 자기 책상에서 일을 하고 있는 크리스토프의 모습을 바라보고 있었다.

크리스토프는 일에 열중해 있었다. 쓰는 데 피로해지면 갑자기 일어나서 피아노 앞으로 갔다. 그리고 작곡했던 것이 아니고 그때의 즉흥으로 곡을 쳤다. 그러면 이상한 현상이 일어났다. 그 곡은 그가 여태까지 만든 작품을 연상시키는 형태로 쓰이고 있었는데, 치고 있는 것은 전혀 다른 사람의 작품처럼 여겨졌다. 그것은 목쉰 불규칙적인 호흡의 세계였다. 거기에는 그의 다른 음악을 지배하고 있는 그 힘찬 논리를 전혀 생각게 하지 않는 착란이, 격렬한 부조화가, 지리멸렬한 부조화가 있었다. 그 즉흥 연주는 의식의 감시의 눈을 벗어난 것이며 마치 동물의 부르짖음처럼 정신보다 오히려 육체에서 분출한 것으로, 영혼의 불균형을 미래의 안쪽에 잉태하고 있는 폭풍을 나타내고 있는 것 같았다. 크리스토프는 그것을 깨닫지 못했다. 그러나 올리비에는 귀를 기울이고 지그시 크리스토프를 바라보고 있었다. 그리고 막연한 불안을 느꼈다. 그는 몸이 쇠약한 상태 속에서 멀리까지 꿰뚫어보는 이상한 통찰력을 갖고 있었다. 아무도 깨닫지 못하는 것까지 환히 내다보고 있었다.

크리스토프는 마지막 화음을 치고 나더니 손을 들었다. 땀에 흠뻑 젖어 험상궂은 표정이 되어 있었다. 그는 아직 가라앉지 않은 눈을 사방으로 두리번거리다가 올리비에의 시선과 마주쳤다. 그러자 그는 웃음을 터뜨리고 다시 책상으로 돌아갔다. 올리비에는 물었다.

"방금 그건 뭐죠, 크리스토프?"

"아무것도 아냐." 크리스토프는 말했다. "물을 휘저어서 고기를 부르려고 했을 뿐이지."

"그것을 쓸 참인가요?"

"그거라니? 뭐를?"

"방금 친 것 말이에요."

"무얼 쳤던가? 이젠 다 잊었어."

"그런데, 무얼 생각하고 있었나요?"

"모르겠는데." 크리스토프는 이마를 쓰다듬으면서 말했다.

그는 다시 쓰기 시작했다. 침묵이 다시 두 친구의 방에 내려앉았다. 올리비에는 여전히 크리스토프를 지켜보고 있었다. 크리스토프는 그 시선을 느꼈다. 그래서 뒤돌아보았다. 올리비에의 눈이 애정을 가득 담고 그를 지그시 바라보고 있었다!

"이 게으름쟁이 같으니라구!" 크리스토프는 명랑한 목소리로 말했다.

올리비에는 후 한숨을 쉬었다.

"왜 그러나?" 크리스토프가 물었다.

"오오, 크리스토프! 당신에게는 여러 가지 많은 것이 있어요. 내 바로 옆에 있는 그런 보배를, 당신은 남에게 주는데 나는 조금도 나누어 가질 수 없다니! ……"

"자네 제정신인가? 대체 왜 그러나?"

"당신은 지금부터 어떤 생활을 보내게 될까요? 지금부터 또 어떤 위험, 어떤 시련을 겪게 될까요? …… 나는 당신과 함께 있고 싶어요…… 하지만, 나는 그런 것을 무엇 하나 볼 수 없게 될 거야. 다만 멍청하게 도중에 걸음을 멈추고 서 있게 될 거야."

"멍청하다는 말이 났으니 말이지, 자넨 멍청해. 설령 자네가 뒤에 남아 있고 싶어하더라도 내가 그대로 도중에 남겨 놓고 올 줄 아는가?"

"당신은 나를 잊어버리고 말걸요." 올리비에는 말했다.

크리스토프는 일어나서 올리비에 곁으로 가 앉았다. 그리고 쇠약해져서 땀에 젖은 그 손목을 잡았다. 셔츠의 깃이 열려 있어서 여윈 가슴과, 바람을 안고 곧 찢어질 듯한 돛 같은 엷게 팽창한 피부가 보였다. 크리스토프는 굵고 튼튼한 손가락으로 깃의 단추를 채워 주었다. 올리비에는 그대로 가만히 있었다.

"크리스토프!" 그가 부드럽게 말했다. "하지만 나는 내 평생에 하나의 커다란 행복을 가질 수 있었지요!"

"아아! 어쩌자고 그런 것을 생각하나?" 크리스토프는 말했다. "자네도 나처럼 건강하잖나."

"그래요"

"그런데 왜 바보 같은 소릴 하지?"

"내가 잘못했어요." 올리비에는 부끄러운 듯이 미소를 지으면서 말했다.

"감기 탓이에요."

"기운을 내야 하네. 자! 일어나게!"

"지금은 안 돼요. 조금 있다가."

올리비에는 그대로 몽상에 잠겨 들어갔다. 이튿날 그는 일어났다. 그러나 역시 난로 앞 한모퉁이에서 몽상을 계속하고 있었다.

4월의 태양은 따뜻하고 안개가 끼어 있었다. 은빛 안개의 따스한 덮개를 꿰뚫듯이, 조그마한 초록빛 잎사귀가 아직 딴딴하게 뭉쳐 있는 그 새싹의 주름을 펴고, 모습이 보이지 않는 새가 숨은 태양을 위해 노래 부르고 있었다. 올리비에는 추억의 물레를 감았다. 어린 시절의 모습이 떠올랐다. 고향의 조그마한 마을에서 기차에 실려 안개 속으로 가고 있었다. 함께 탄 어머니는 울고 있었다. 앙투아네트는 차창 저쪽 구석에 혼자 앉아 있었다……. 가냘픈 옆얼굴, 그리고 아름다운 풍경이 눈꺼풀에 그려져 나오기 시작했다. 아름다운 시구가 저절로 떠올라 그 배열과 운율을 갖추었다. 올리비에는 탁자 옆에 있었다. 손을 뻗기만 하면 펜을 잡고 그 시적인 환상을 적어 둘 수 있었다. 그러나 그에게는 의지의 힘이 결핍되어 있었다. 피로했던 것이다. 게다가 그는 자기 몽상의 향기가 그것을 적어 두려고 하면 순식간에 증발해 버린다는 것을 알고 있었다. 언제나 그러했던 것이다. 자기의 가장 좋은 것은 표현할 수 없었다. 그의 정신은 꽃이 만발한 골짜기였다. 그러나 아무도 그곳에 접근할 수 없었다. 그 꽃은 따기만 하면 금방 시들어 버렸다. 다만 몇 송이 안 되는 꽃이 힘없이 살아남을 수 있었다. 그것은 몇 편의 힘없는 단편 소설과 몇 편의 시극이었으며 달콤하고 꺼질 듯한 한숨을 쉬고 있었다. 이러한 예술상의 무력함은 오랫동안 올리비에의 가장 큰 슬픔 중의 하나였다. 자기 속에 많은 생명을 느끼면서 그것을 살릴 수 없다니! …… 그러나 지금은 그도 단념하고 있었다. 꽃은 보는 사람이 없어도 필 수 있다. 아무도 꺾는 사람 없는 들판에서도 점점 더 아름답게 된다. 양지바른 곳에서 꿈을 꾸는 꽃으로 가득 찬 들판이 있으면 그야말로 다행이다! 햇빛은 거의 없었다. 그러나 올리비에의 몽상은 그래도 점점 아름답게 꽃을 피우고 있었다. 얼마나 많은 슬프고 정답고 그러면서도 변덕스러운 이야기를 그는 요즈음 자기에게 들려주고 있었던 것일까! 그러한 이야기들은 어디로부턴가 찾아와서 여름 하늘에 뜨는 흰 구름처럼 흘러갔다. 그리고 그것이 대기 속에 녹아서 사라지면 또 다른 것이 잇따라 찾아왔다. 올리비에의 마음은 그런 것으로 가득 차 있었다. 때로는 하늘에 아무것도 없는 때가 있었다. 올리비에는 그 빛 속에서 황홀해하고 있었다. 그러면 또 꿈의 배가 묵묵히 커다란 돛대를 달고 미끄러지듯 나타나는 것이었다.

밤에 곱사등이 소년이 찾아왔다. 올리비에는 그러한 이야기로 마음이 가득 차 있었으므로, 그 하나를 미소를 지으면서 넋을 잃고 이야기해 주었다. 올리비에는 한 마디 말도 없는 소년을 상대로, 또 가끔은 자기 자신에게 이야기하고 있었던 것이다. 나중에는 소년이 앞에 있다는 것도 잊었다……. 이런 이야기를 한창 하고 있을 때 크리스토프가 나타나서 그도 그 아름다움에 감동하기 시작했다. 그리고 처음부터 다시 들려 달라고 올리비에에게 부탁했다. 올리비에는 거절했다.

"나도 당신과 마찬가지예요." 올리비에가 말했다. "내가 한 말이 벌써 생각나지 않는걸요."

"거짓말이야." 크리스토프는 말했다. "자네는 자기가 한 말, 한 일을 일일이 언제나 기억하고 있는 순수한 프랑스인이야. 뭐 하나 잊는 일이 없잖아."

"미안하지만 그렇게는 안 됩니다!" 올리비에가 말했다.

"자, 다시 한 번 들려주게."

"이젠 진저리가 났어요. 게다가 아무 소용도 없어요."

크리스토프는 화를 냈다.

"그건 안 돼." 크리스토프가 말했다. "자네는 자기의 사상을 어디다 유용하게 쓰고 있나? 자네는 자기의 것을 모두 버리고만 있단 말이야. 그래서는 영구히 잃어버리고 마네."

"무엇 하나 잃은 건 없어요." 올리비에는 대답했다.

이때, 올리비에가 이야기하는 동안 줄곧 가만히 있던 곱사등이 소년이 몸을 움직였다. 그는 멍한 눈으로 그를 바라보고 무언가 적의라도 품은 듯이 얼굴을 찌푸렸는데, 무엇을 생각하고 있는지 아무도 짐작할 수 없었다. 그는 일어서더니 말했다.

"내일은 날씨가 좋을 거예요."

"장담하지만" 크리스토프가 올리비에에게 말했다. "쟤도 듣고 있지 않았단 말이야."

"내일은 5월 1일이에요." 에마누엘은 음침한 얼굴을 빛내며 말을 계속했다.

"저게 저 애가 하고 싶은 말이에요." 올리비에는 말했다. "이봐요, 당신은 내일 나한테 그걸 얘기해 줘야 해요."

"바보 같은 소리!" 크리스토프는 말했다.

*

이튿날 크리스토프는 파리의 거리를 좀 걸어 보자고 올리비에에게 권하러 왔다. 올리비에는 이제 다 회복되었다. 그러나 여전히 몸이 나른했다. 밖에 나가고 싶지 않았다. 왠지 꺼림칙하고 군중 속에 섞이는 것이 싫었다. 마음과 정신은 튼튼했으나 몸에 힘이 없었다. 혼잡과 소란과 그 밖의 모든 거친 일이 무서웠다. 자기가 그러한 것의 희생이 되게끔 되어 있다는 것을 그는 너무나 잘 알고 있었다. 그러한 것으로부터 몸을 지킬 수도 없고 또 지키려고도 하지 않는 것이다. 왜냐하면 괴로운 것이 싫은 것처럼 남을 괴롭히기도 싫었기 때문이다. 몸이 약한 자는 다른 사람들 이상으로 육체적인 고통에 혐오를 느낀다. 그것은 육체적인 고통을 보다 잘 알기 때문이다. 그들의 상상력은 그것을 더한층 직접적인, 더한층 참혹한 것으로서 마음에 그린다. 올리비에는 자기 의지의 극기주의와 모순되는 육체의 그와 같은 겁약함을 부끄럽게 생각하고, 그와 싸우려고 애썼다. 그러나 이날 아침에는 사람들과 접촉하는 것이 괴로워, 온종일 집에 틀어박혀 있고 싶었다. 크리스토프는 꾸짖기도 하고 비웃기도 했다. 어떻게든 그를 끌어내어 이 무기력한 상태에서 벗어나게 해주고 싶었다. 벌써 열흘 전부터 올리비에는 바깥의 공기를 마시고 있지 않았다. 그러나 그는 안 듣는 체했다. 크리스토프는 말했다.

"그럼 좋아, 나 혼자 가지. 그네들의 메이 데이를 보고 오겠어. 만일 오늘 밤 내가 돌아오지 않거든, 경찰에 끌려간 것이라고 생각하게."

그는 방을 나왔다. 그러자 계단 있는 데서 올리비에가 뒤쫓아왔다. 친구를 혼자 보내고 싶지 않았던 것이다.

거리에는 사람 그림자가 별로 없었다. 한 송이 은방울꽃을 가슴에 꽂은 젊은 여공들이 몇 사람 있었다. 외출복을 입은 노동자들이 심심한 듯이 거닐고 있었다. 길 모퉁이에는 지하철 역 부근에 경관들이 한 덩어리가 되어 몸을 숨기고 있었다. 뤽상부르 공원의 철문은 닫혀 있었다. 날씨는 여전히 안개가 끼어 따뜻했다. 벌써 꽤 오랫동안 태양을 보지 못했다……. 두 친구는 팔짱을 끼고 걸었다. 거의 입을 떼지 않았으나, 그들은 진정으로 서로 사랑하고 있었다. 몇 마디의 말로 그립던 옛 일이 생각났다. 어느 구청 앞에서 기압계를 보려고 걸음을 멈추었다. 기압은 올라가고 있는 모양이었다.

"내일은 태양을 볼 수 있겠지요?" 올리비에는 말했다.

두 사람은 세실의 집 바로 옆에까지 와 있었다. 들러서 아이에게 입을 맞추고 갈까 생각했다.

"아니, 돌아갈 때 하세."

강 건너편으로 가자, 사람들이 차차 많아졌다. 나들이옷을 입고 제법 일요일다운 표정들을 한 한가한 산책자들, 아이들을 데리고 있는 구경꾼들, 할 일 없이 건들건들 걷고 있는 노동자들, 두세 사람 단춧구멍에 빨간 들장미를 꽂은 사람도 눈에 띄었다. 그들의 모습은 온화했다. 혁명가인 체하는 사람들이었다. 행복의 사소한 기회에도 만족하는 낙천적인 마음이 그들에게서 느껴졌다. 이 휴일이 날씨가 좋거나, 혹은 웬만한 날씨이기만 해도 그들은 감사했다. 누구에게 감사하는지는 잘 알지 못했다. 그러나 아무튼 주위의 모든 것에 감사하고 있었다. 나무의 새싹을 바라보기도 하고, 지나가는 소녀의 옷에 눈길을 빼앗기기도 하면서 천천히 밝은 표정으로 걷고 있었다. 그리고 자랑스러운 듯이 말하고 있었다.

"저런 훌륭한 옷을 입은 아이는 파리가 아니면 볼 수 없지."

크리스토프는 선전만 근사한 운동을 조롱했다…… 얼마나 좋은 사람들인가! …… 그는 그들에게 애정을 느끼고는 있었으나 약간의 경멸감도 없지는 않았다.

앞으로 더 나아감에 따라 붐볐다. 수상쩍은 창백한 얼굴이며, 음란한 말투를 지껄이는 사나이들이 섞여 들어와서, 자기들의 먹이를 급습할 시간을 기다리고 있었다. 진흙이 범벅이 되어 있었다. 한 걸음 옮길 때마다 군중의 강물은 흐려갔다. 지금은 흐릴 대로 흐려져서 흐르고 있었다. 기름이 깔린 수면에 강바닥에서 솟아오르는 거품처럼. 서로 불러 대는 소리, 휘파람 소리, 무뢰한들의 고함 따위가 군중의 어수선한 소음을 꿰뚫고 울려, 몇 겹으로 겹친 군중의 층이 얼마나 두꺼운가를 나타내고 있었다. 거리의 끝쪽 아멜리의 가게 근처에서 둑에 쏟아지는 물소리 같은 소리가 들려왔다. 군중의 파도가 경찰과 군인의 벽에 부딪쳐 부서지고 있는 것이었다. 이 장애를 앞에 놓고 군중들은 밀집한 하나의 덩어리가 되어 역류하고는 소용돌이치고 커다랗게 파도치면서, 휘파람을 불며, 노래하고 웃고 있었다…… 민중의 웃음이야말로 말로는 돌파구를 찾을 수 없는 숱한 어두운 감정을 표현하는 유일한 수단이었다……

이 군중은 별로 적의를 품고 있는 것은 아니었다. 자기들이 무엇을 원하고 있는지도 알지 못했다. 그것을 알 때까지는 조마조마했다. 난폭하지만 아직 악의 없는 방법으로 재미있어하고 있었다. 밀고 밀리면서 경찰관을 놀리기도 하고, 서로 욕설을 퍼붓기도 하며 재미있어하고 있었다. 그러나 차차 흥분되어 갔다. 나중에 온 사람들은 아무것도 보이지 않아 신경질이 되면서, 사람의 울타리에 둘러싸여 위험이 적은 만큼 더 도전적이었다. 앞에 있는 사람들은 미는 사람들과 버티는 사람들 사이에 끼여 도무지 참을 수 없게 되어 더한층 흥분했다. 그들을 밀어대는 흐름의 힘은 그들의 힘을 백 배로 만들었다. 그리하여 모두 가축처럼 서로 물리면서 군중의 체온이 가슴과 허리에 스며오는 것을 느꼈다. 자기들은 오직 하나의 덩어리가 되어 있다는 기분을 느껐다. 한 사람 한 사람이 모든 사람이며, 거인 브리아레오스(그리스 신화에 나오는 거인. 머리가 50개, 팔이 백 개나 되었다고 한다)였다. 이따금 피의 파도가 무서운 머리를 가진 이 괴물의 심장으로 역류했다. 사람들의 눈초리가 증오를 띠어가고, 외치는 소리가 흉포해졌다. 서너 줄째 숨어 있던 사람들이 돌을 던지기 시작했다. 근처의 집 창문으로부터는 주민들이 이 자리의 광경을 구경하고 있었다. 연극이라도 보는 듯한 기분이 되어 있었다. 그들은 군중을 부추겼다. 그리고 가슴을 죄어 대는 조바심에 가냘프게 떨면서 병사들이 덤벼들기를 기다리고 있었다.

이렇듯 촘촘히 들어찬 군중 속을 크리스토프는 무릎과 팔꿈치로 쐐기처럼 길을 헤쳐 나갔다. 올리비에는 그 뒤를 따라갔다. 인간의 덩어리는 한순간 잠깐 벌어져서 그들을 통과시키고는 다시 오므라졌다. 크리스토프는 유쾌해서 견딜 수 없었다. 조금 전에 민중 운동 따위를 할 수 있을까 하고 생각한 것은 깡그리 잊고 있었다. 군중의 흐름에 한걸음 발을 들이밀기가 무섭게 그 속에 끌려들어갔다. 이 프랑스의 민중 및 그들의 권리 요구와는 하등 관계가 없는 인간이면서도 금방 그 속에 녹아들어갔다. 민중의 무엇을 바라고 있는가는 그에게 거의 문제가 되지 않았다. 자기가 바라고 있는 것이다! 자기가 어디로 가려 하고 있는가는 거의 문제가 아니었다. 그는 오직 이 광열적인 공기를 들이마시면서 돌진하고 있을 뿐이었다…….

올리비에는 끌려가듯 따라갔다. 거기에는 기쁨이 없었으나 기분은 해맑았다. 결코 자의식을 잃지 않고 자기 나라 민중의 정열에 대해서는 크리스토프보다도 훨씬 무관심했다. 그래도 역시 하나의 표류물처럼 그 정열에 떠내려가고 있었다. 병 때문에 몸이 쇠약해져 있었으므로 생활과의 연결이 느슨해져 있었다. 그는 자기가 얼마나 이 사람들과 멀리 떨어져 있다고 느꼈던 것일까! …… 그는 흥분하고 있지도 않았고, 정신도 자유로웠으므로 아무리 사소한 일이라도 뚜렷하게 마음에 새겨졌다. 그는 자기 앞에 있는 아름다운 소녀의 가느다란 창백한 목을 기분 좋게 바라보고 있었다. 동시에 비벼대고 있는 사람들의 몸에서 발산하는 강한 냄새에 가슴이 메스꺼워졌다.

"크리스토프!" 그는 애원하듯 불렀다.

크리스토프는 귀담아 듣지 않았다.

"크리스토프!"

"왜 그래?"

"돌아가요."

"무서운가?" 크리스토프는 말했다.

그는 여전히 걸어갔다. 올리비에는 쓸쓸한 미소를 띠면서 따라갔다.

그들의 몇 줄 앞에, 되밀려온 군중이 장벽을 만들고 있는 위험 구역 안에, 올리비에는 곱사등이 소년이 신문 판매장 지붕에 올라가 있는 것을 발견했다. 소년은 두 손으로 지붕을 붙잡고, 부자유스러운 자세로 웅크리고 앉아 병사의 벽 저편을 웃으면서 바라보고 있었다. 그리고 아주 승리에 우쭐해진 표정으로 민중 쪽을 되돌아보았다. 그는 올리비에의 모습을 발견했다. 그리고 기쁨에 빛나는 시선을 그에게 보냈다. 그리고 다시 저쪽 광장 쪽을 살피기 시작했다. 희망에 커다랗게 뜬 눈으로 무엇인가를 기다리고 있기나 하는 듯이…… 대체 무엇을 기다리고 있는 것일까? 꼭 와야 할 것을 기다리고 있는 것이다. 그것은 소년 한 사람만이 아니었다. 그 주위의 다른 많은 사람들이 기적을 기다리고 있었다! 올리비에는 크리스토프를 보고 크리스토프 역시 기다리고 있다는 것을 깨달았다.

올리비에는 소년의 이름을 부르며 내려오라고 소리쳤다. 에마뉘엘은 못 들은 체하고 있었다. 그리고 다시는 그를 돌아보지 않았다. 그는 크리스토프의 모습을 발견한 것이다. 반은 올리비에에게 자기의 용기를 보여 주기 위해서, 반은 크리스토프와 함께 있는 것을 비난하기 위해서 그는 위험 속에 몸을 기꺼이 내맡기고 있었던 것이다.

그러는 동안에 크리스토프와 올리비에는 군중 속에 몇몇 아는 얼굴을 발견했다. 금빛 수염을 기른 코카르가 있었다. 그는 조그마한 충돌이라도 일어나면 되는데 하고 그릇의 물이 쏟아지는 순간을 전문가의 눈으로 지그시 지켜보고 있었다. 그 앞쪽에는 아름다운 베르트가 있었다. 가까이 선 사람들에게서 찬사를 들으며 외설스러운 말을 주고받고 있었다. 그녀는 맨 앞줄에 끼어들어 가는 데 성공했다. 그리고 목소리가 쉬도록 경찰에게 욕을 퍼부었다. 코카르가 크리스토프에게 가까이 왔다. 크리스토프는 그를 보고 다시 놀렸다.

"내가 말한 대로잖아. 아무 일도 일어나지 않네."

"곧 알게 돼!" 코카르가 대답했다. "너무 이 근처 가까이에 있지 않는 게 좋을 걸, 곧 큰 소동이 일어날 테니까."

"무슨 소릴 하는 거야!" 크리스토프는 말했다.

이때 기병대가, 군중이 던져대는 돌을 더는 참지 못하여 광장으로 빠지는 통로를 열려고 밀고 나왔다. 중앙의 경관대가 그 앞에서 달려왔다. 순식간에 군중들은 흩어지기 시작했다. 복음서의 말을 빌리면, 최초의 사람이 최후의 사람이 되었다. 그러나 그들은 언제까지나 그런 변만 당하지 않겠다고 안간힘을 썼다. 도망치면서도 미친 듯 사나워져서 달아나는 분풀이로 따라오는 자들에게 욕설을 퍼붓고, 아직 한 대도 얻어맞지 않았는데도 "살인자!" 하고 소리소리 질러댔다. 베르트는 인파 사이를 뱀장어처럼 빠져나오면서 날카로운 소리를 질렀다. 다시 동료들과 함께 어울려 코카르의 넓은 등 뒤에 숨어 숨을 돌렸다. 그러고는 크리스토프에게 몸을 찰싹 갖다 대면서, 무서워서인지 아니면 다른 이유에서인지 그의 팔을 꼭 잡고 올리비에에게는 살짝 추파를 던졌다. 그리고 적을 돌아보고 주먹을 휘두르며 찢어지는 소리를 냈다. 코카르는 크리스토프의 팔을 잡고 말했다.

"아멜리의 가게로 가세."

그것은 불과 몇 걸음의 거리였다. 베르트는 그라이요와 함께 벌써 먼저 들어가 있었다. 크리스토프도 올리비에를 데리고 들어가려 했다. 길은 한가운데가 높고 양쪽은 경사져 있었다. 이 음식점 앞의 보도로부터는 대여섯 단 아래에 차도가 내려다보였다. 올리비에는 인파에서 빠져나와 숨을 내쉬었다. 음식점의 더러운 공기나 미치광이들의 고함을 듣는 것은 생각만 해도 진저리가 났다. 그래서 크리스토프에게 말했다.

"나는 가겠어요."

"그럼, 먼저 가게." 크리스토프는 말했다. "나도 한 시간쯤 있다가 자네한테 갈 테니까."

"이제 위험한 짓은 그만해요, 크리스토프!"

"겁쟁이군!" 크리스토프는 웃으며 말했다.

그는 음식점으로 들어갔다.

올리비에는 가게 모퉁이를 돌아가려고 했다. 몇 걸음만 걸어가면 혼잡의 소동에서 멀어진 골목으로 들어갈 수 있었다. 바로 이때 그가 걱정하고 있던 그 소년의 모습이 문득 머리를 스쳐갔다. 그는 고개를 돌려 그 모습을 찾았다. 그리고 에마누엘의 모습을 발견했을 때, 소년은 그 감시대에서 떨어져 군중에게 밀리며 땅바닥에 뒹굴었다. 다른 사람들이 그 위를 짓밟고 지나갔다. 경관들이 달려왔다. 올리비에는 아무것도 생각하지 않았다. 느닷없이 돌층계를 뛰어내려 구하러 달려갔다. 한 토역꾼 노동자가 위험을 보았다. 경관이 칼을 뽑고, 올리비에가 소년을 도와 일으키려고 손을 내밀고, 경관대의 흉포한 파도가 두 사람에게 덮치려 하는 것을 보았다. 노동자는 고함을 지르며 자기도 달려가기 시작했다. 동료들이 그를 따라 달려갔다. 음식점 앞에 있던 사람들도 달려갔다. 그리고 그들의 외치는 소리를 듣고 가게 안에 들어가 있던 사람들도 달려나왔다. 두 집단이 개처럼 맞부딪쳐 서로 물어뜯었다. 돌층계 위에 남아 있던 여자들은 마구 고함을 치기 시작했다. 이리하여 귀족적인 소시민 올리비에가 누구보다도 바라지 않던 전투의 실마리를 만들어 버리고 말았던 것이다……

크리스토프는 노동자들에 휘말려 이 난통 속에 뛰어들었다. 누가 싸움을 일으켰는지는 몰랐다. 올리비에가 그 속에 휘말려 있으리라고는 꿈에도 생각지 않았다. 이제 완전히 안전한, 훨씬 먼 곳에 가 있겠거니 하고 생각하고 있었다. 싸움의 양상은 전혀 알 수 없었다. 저마다 자기에게 덤벼드는 자를 보는 것이 고작이었다. 올리비에는 가라앉은 조각배처럼 소용돌이 속에 모습을 감추었다……. 그를 노린 것이 아닌 칼끝이 그의 왼쪽 가슴을 찌른 것이다. 그는 쓰러져 군중에게 짓밟히고 있었다. 크리스토프는 인파의 역류로 말미암아 난투장의 다른 끝쪽으로 밀려나가 있었다. 그는 아무런 미움도 느끼고 있지 않았다. 마을 시장에라도 나온 듯한 유쾌한 기분으로 밀고 밀리고 있었다. 그는 사태를 대단케 생각지 않았으므로, 어깻죽지가 딱 벌어진 한 경관에게 붙잡혔을 때 자기도 상대편의 허리에 팔을 감고 농담을 할 기분이 되었다.

"아가씨, 왈츠라도 추실까요?"

그러나 또 한 경관이 그의 등 뒤에서 덤벼들자 그는 멧돼지처럼 몸을 흔들었다. 그리고 두 사람에게 주먹을 먹였다. 붙잡히고 싶지 않았던 것이다. 뒤에서 그를 붙잡고 있던 경관이 보도 위에 나가떨어졌다. 또 다른 경관은 화를 내어 칼을 뽑았다. 크리스토프는 그 칼끝이 자기 가슴에 다가오는 것을 보았다. 그는 그것을 교묘하게 피하고 경관의 손목을 비틀어 칼을 빼앗으려

했다. 이제 아무것도 알 수 없게 되었다. 조금 전까지만 해도 단순한 놀이로만 여겨졌었는데……. 두 사람은 그 자리에서 격투를 계속했다. 서로의 숨결이 상대편의 얼굴에 닿았다. 그는 무엇을 생각할 여유가 없었다. 상대편의 눈 속에서 살의를 느꼈다. 그리고 그에게도 살의가 느껴졌다. 그는 자기가 양처럼 목이 찔리기 직전인 것을 깨달았다. 그러자 있는 힘을 다하여 상대편의 손목과 칼을 상대편의 가슴으로 돌렸다. 그리고 쿡 찔렀다. 그는 자기가 지금 상대편을 죽이고 있는 것을 느꼈다. 마침내 죽이고 말았다. 그러자 별안간 그의 눈에 모든 것이 바뀌어 보였다. 그는 취했다. 그는 크게 소리를 질렀다.

그의 고함은 생각지 않던 효과를 냈다. 군중은 피냄새를 맡았다. 순식간에 군중은 용맹한 폭도로 변했다, 사방팔방에서 대포가 쏘아졌다. 집집마다 창문에 적기가 나타났다. 그리고 파리 혁명의 옛 전통에 따라 바리케이드가 하나 구축되었다. 길바닥의 포석은 뜯어지고, 가스등은 굽어지고, 나무는 쓰러지고, 승합 마차 한 대가 뒤집어졌다. 두 달 전부터 지하철 공사 때문에 파헤쳐진 구덩이가 이용되었다. 가로수 둘레의 주철 방책은 조각이 나서 탄환 대신 사용되었다. 여러 가지 무기가 사람들의 주머니와 집 안에서 나타났다. 한 시간이 채 못 되어 폭동으로 변했다. 그 구역 전체가 포위되었다. 그리고 바리케이드 위에서는 마치 사람이 변한 듯한 크리스토프가 자기가 지은 혁명가를 외쳤으며, 많은 목소리가 그것을 되풀이했다.

올리비에는 아멜리의 가게 안으로 옮겨져 있었다. 그는 의식을 잃었다. 사람들은 그를 어둠침침한 가게 뒤쪽 침대에 뉘였다. 그 발끝에는 슬픔에 잠긴 곱사등이 소년이 서 있었다. 베르트는 처음 멀리서 보고 그라이오가 다친 줄 알고 몹시 가슴이 뜨끔했다. 그러다가 그가 올리비에라는 것을 알자 곧 소리쳤다.

"아, 다행이군! 난 꼭 레오폴드인 줄 알았지……"

그러나 곧 올리비에를 가엾이 여기고 그를 포옹하여 머리를 베개 위에 받쳐 주었다. 아멜리는 여느 때의 그 침착한 태도로 옷을 벗기고 응급 치료를 했다. 마누세 하이만이 마침 그 자리에 있었다. 언제나 그 옆을 떠난 적이 없는 카네도 함께 있었다. 그들은 크리스토프와 마찬가지로 호기심에 끌려 시위 운동을 구경하러 나온 것이었다. 그리고 마침 난투 장소에 있다가 올리비에가 쓰러지는 것을 본 것이다. 카네는 엉엉 소리내어 울었다. 그리고 동시에 생각했다.

'어쩌자고 나는 이런 위험한 곳에 나타났을까?'

마누세는 올리비에의 상처를 살펴보았다. 그리고 가망이 없다는 진단을 내렸다. 그는 올리비에에게 호의를 갖고 있었다. 그러나 어쩔 수 없는 일에 우물쭈물 지체하는 사나이는 아니었다. 그는 이제 올리비에는 단념하고 크리스토프를 생각했다. 그는 크리스토프를 병적인 이상한 인물로서 감탄의 눈으로 보고 있었다. 그는 크리스토프가 품고 있는 혁명관을 알고 있었다. 그래서 자기 주의도 아닌 것을 위해 무릅쓰고 있는 어리석은 위험으로부터 크리스토프를 구해 주고 싶었다. 그 위험은 난투 속에서 머리가 깨지는 것만이 아니었다. 만일 붙잡히는 날이면 별의별 복수를 당할 것이 틀림없었다. 마누세는 벌써 오래전부터 크리스토프에게 경고하고 있었다. 경찰이 노리고 있다, 자기의 어리석은 행동의 책임을 지게 될 뿐 아니라, 남의 것마저 지게 된다고 경고했었다. 자비에 베르나르가 직책 겸 심심풀이를 겸하여 군중 속을 어슬렁거리고 있다가 마누세를 만났는데, 베르나르는 지나치면서 그에게 손짓하여 말했다.

"자네들의 크라프트는 바보더군. 지금 바리케이드 위에서 한창 들떠 있네! 이번에는 이쪽에서도 봐줄 수 없을걸. 도망시켜 주는 게 좋을 거야……"

말은 쉬워도 실행은 어려웠다. 만일 크리스토프가 올리비에가 다 죽어 가고 있다는 것을 알게 된다면, 그야말로 미치광이처럼 격분하여 남을 죽이고 자기도 죽을 것이다. 마누세는 베르나르에게 말했다.

"그 녀석 당장 달아나야 해. 내가 끌어내 줘야겠군."

"어떻게?"

"저 길모퉁이에 있는 카네의 자동차로."

"아니, 그건 안 돼……." 카네가 다급한 숨결로 말했다.

"크리스토프를 라로슈로 데려가 주게." 마누세는 계속해서 말했다. "퐁타를리에로 가는 급행을 탈 수 있을 거야. 스위스로 도망시켜 주게."

"말을 듣지 않을걸."

"들을 거야. 거기서 자넹과 만나게 되겠지. 그 친구는 벌써 출발했다고 내가 말하지."

카네의 반대에도 아랑곳없이 마누세는 바리케이드 위로 크리스토프를 찾으러 갔다. 그는 그다지 용감하지 못했다. 총소리가 들릴 때마다 등을 동그랗게 움츠렸다. 그리고 자기가 살해될 것인가 어떨 것인가를 점치기 위해 발밑의 포석을—홀수인가 짝수인가—세어 보았다. 그러나 되돌아오지는 않고 목적지까지 갔다. 크리스토프는 뒤집힌 승합 마차의 수레바퀴 위에 올라서서 권총을 하늘에 대고 쏘고는 재미있어하고 있었다. 바리케이드 주위에는 파리의 하층 계급 사람들이 큰 비 뒤의 하수도에 더러운 물이 넘치듯이 쏟아져 나오고 있었다. 처음의 투사들은 그 속에 파묻히고 없었다. 마누세는 등을 보이고 있는 크리스토프를 불렀다. 크리스토프에게는 들리지 않았다. 마누세는 그리로 기어올라가서 그의 소매를 끌어당겼다. 크리스토프는 마누세를 밀쳐서 하마터면 떠밀어 버릴 뻔했다. 마누세는 단념하지 않고 다시 기어올라가 소리쳤다.

"자넹······"

소란 속에서 나머지 말은 들리지 않았다. 크리스토프는 갑자기 입을 다물고 권총을 떨어뜨렸다. 발판 위에 굴러떨어졌다. 마누세에게 끌려 그 옆으로 갔다.

"달아나야 해." 마누세는 되풀이했다.

"왜?" 크리스토프가 물었다.

"한 시간 뒤에는 바리케이드가 점령당한다. 그리고 저녁 때 자네는 체포된다."

"내가 뭘 했길래?"

"자네 손 좀 보게······. 자! 자네 사건은 명백해. 용서받지 못할 거야. 모두 자네를 똑똑히 기억하고 있거든. 한시가 바빠."

"올리비에는 어디 있나?"

"집에."

"그리로 가자."

"안 돼. 경관이 문간에서 자네를 기다리고 있어. 자네한테 그렇게 말해 달라고 나를 보낸 거야, 자, 달아나게."

"어디로 가면 되나?"

"스위스로. 카네가 자동차로 데려다 줄 거야."

"그래, 올리비에는?"

"그런 말 하고 있을 틈이 없네……"

"그 친구를 만나기 전에는 출발하지 않겠네."

"거기 가면 만날 수 있어, 내일 자네를 만날 거야. 첫차로 떠나니까. 자, 빨리! 곧 설명해 줄게."

그는 크리스토프를 붙잡았다. 크리스토프는 주변의 소음과 자기 속에 막 불기 시작한 광기어린 바람에 망연해져서 자기가 무엇을 했는지, 또 남이 자기에게 무엇을 요구하고 있는지도 모르는 채 이끄는 대로 끌려갔다. 마누세는 그의 팔을 잡고 한쪽 손으로는 카네를 붙잡았다. 카네는 이 사건에서 자기에게 강요된 역할을 달갑게 생각지 않았다. 마누세는 두 사람을 자동차에 태웠다. 사람 좋은 카네는 크리스토프가 붙잡으면 무척 슬퍼할 것이다. 그러나 그를 구하는 것은 누군가 다른 사람이 해주었으면 싶었다. 마누세는 카네의 사람됨을 잘 알고 있었다. 그리고 그의 겁약함이 마음에 걸렸으므로 막 헤어질 때, 자동차가 시동 소리를 내며 움직이는 순간, 갑자기 생각을 고쳐 먹고 자기도 그들 곁에 올라탔다.

*

올리비에는 의식을 회복하지 못했다. 방 안에는 이제 아멜리와 곱사등이 소년밖에 없었다. 환기가 되지 않는 어둡고 음침한 방! 이제 어두워지고 있었다……. 올리비에는 한동안 깊은 못에서 떠올랐다. 자기 손 위에 에마누엘의 입술과 눈물을 느꼈다. 그는 힘없이 미소 지었다. 그리고 가까스로 소년의 머리 위에 자기 손을 얹었다. 그 손이 얼마나 무거웠던지! …… 그는 다시 심연으로 가라앉았다…….

아멜리는 죽어 가는 그의 머리맡에 5월 1일의 조그마한 꽃다발, 은방울꽃을 놓아 주었다. 안마당의 잘 잠기지 않는 수도꼭지에서 밑의 양동이에 물방울이 떨어지고 있었다. 그의 머리 깊숙한 안쪽에서 막 꺼져 가는 불꽃처럼, 한순간 몇 개의 얼굴이 흔들거렸다…….

시골집 한 채, 벽에 기어오른 등덩굴, 정원, 거기에는 한 어린아이가 놀고 있다. 아이는 잔디에 뒹굴고 있다. 분수가 돌의 수반 위에 떨어지고 있다……
…… 한 소녀가 웃고 있다…….

제2부

그들은 파리를 벗어났다. 안개 덮인 들판을 몇 개나 가로질렀다. 그것은
10년 전에 크리스토프가 파리에 왔을 때와 같은 밤이었다. 그때도 오늘과 마
찬가지로 그는 도망자였다. 하지만 그때는 친구가 살아 있었다. 그를 사랑하
는 친구가 살아 있었다. 그리고 그는 그런 줄도 모르고 그 친구를 떠나 달아
나고 있었던 것이다…….

처음 한 시간쯤 크리스토프는 아직 그 난투의 흥분에서 깨어나지 못했다.
커다란 소리로 줄곧 지껄였다. 자기가 본 것, 한 일을 성급한 어조로 지껄였
다. 자기의 용기를 자랑했다. 마누세도 카네도 그의 기분을 달래기 위해 함
께 지껄였다. 그러나 조금씩 열이 식어 갔다. 그리하여 크리스토프는 입을
다물었다. 이제는 두 친구들만이 지껄이고 있었다. 크리스토프는 이 오후의
모험에 얼떨떨해하고 있었으나, 조금도 안정되지 않았다. 그는 독일에서 달
아났을 때의 일을 생각했다. 줄곧 달아나고만 있는 것이다……. 그는 웃었
다. 이것이 아마 나의 운명인가보다! 파리를 떠난다는 것은 조금도 고통이
아니었다. 대지는 넓다. 인간은 어딜 가나 마찬가지이다. 친구와 함께 있기
만 하면, 어디 가 있건 문제가 아니었다. 그는 이튿날 아침 친구와 만나는
줄 알고 있었다…….

그들은 라로쉬에 도착했다. 마누세와 카네는 그가 기차를 타고 출발할 때
까지 결코 곁을 떠나지 않았다. 크리스토프는 자기가 내릴 장소와 호텔의 이
름과 편지를 받을 우편국을 되풀이해서 물었다. 막상 헤어질 때가 되자 그들
은 불현듯 슬픈 표정이 되었다. 크리스토프는 쾌활하게 그들의 손을 잡았다.

"자, 그런 우울한 얼굴 집어치우게나." 그는 큰 소리로 말했다. "다시 곧
만나게 되겠지! 대단한 일도 아니야! 내일 우리가 편지 쓸게."

기차는 떠나갔다. 그들은 멀어져 가는 크리스토프를 지켜보았다.

"가엾군." 마누세가 말했다.

두 사람은 다시 자동차에 올랐다. 두 사람은 입을 열지 않았다. 한참 뒤
카네가 마누세에게 말했다.

"우리가 죄를 지은 기분이 드는군."

마누세는 당장 뭐라고 말하지는 않았으나 잠시 뒤 대답했다.

"상관 있나! 죽은 자는 죽은 거야. 살아 있는 자를 구해야 해."

밤이 되자 크리스토프는 흥분이 완전히 가라앉았다. 그는 찻간 한귀퉁이에 몸을 기댄 채 술에서 깬, 얼어붙은 듯한 마음으로 가만히 생각에 잠겼다. 두 손을 바라보자 자기 것이 아닌 피가 눈에 띄었다. 불쾌한 기분이 오한처럼 온몸을 스쳤다. 살인 장면이 눈앞에 떠올라왔다. 그는 자기가 사람을 죽인 것을 생각했다. 이제 와서 생각하니 왜 그런 짓을 했는지 알 수 없었다. 난투 장면을 다시 되새기기 시작했다. 그러나 지금은 전혀 다른 눈으로 그것을 바라보고 있었다. 어째서 그 속에 휘말려들어갔는지 이젠 알 수 없었다. 올리비에와 함께 집을 나섰을 때부터의 그날 하루를 생각해 봤다. 올리비에와 함께 파리의 거리를 돌아다니다가 마침내 군중의 소용돌이 속에 빨려들어간 데까지 더듬어 나왔다. 그러자 거기서부터 아무것도 알 수 없었다. 사고의 사슬이 끊어져 버렸다. 어째서 같은 신념을 갖고 있지도 않은 그 사람들과 함께 외치고, 주먹질하고, 요구하곤 했을까? 그것은 자기가 아니었던 것이다……. 자기의 의식과 의지가 결핍되어 있었던 것이다……. 이렇게 생각하니 너무 어이가 없고 부끄러워졌다. 그러면 나는 나의 주인이 아니었던 것일까? 그렇다면 누가 나의 주인이었단 말인가? 그는 밤 속을 계속 급행열차에 실려갔다. 그리고 그 어둠 속을 운반되어 가고 있는 마음속도 마찬가지로 어두웠고, 그의 마음속에 있는 낯선 힘도 마찬가지로 현기증을 일으키게 하는 것이었다……. 크리스토프는 마음의 혼란을 뿌리쳤다. 그러나 그 곁에서 다른 걱정이 고개를 쳐들었다. 목적지에 가까워짐에 따라 그는 점점 올리비에를 생각하게 되었다. 그리고 왠지 모르게 어떤 불안을 느끼기 시작했다.

기차가 도착하자 크리스토프는 플랫폼에 그가 잘 아는 그리운 얼굴이 보이지 않을까 하고 승강구의 문 너머로 열심히 살펴보았다……. 그러나 그런 얼굴은 보이지 않았다. 그는 기차에서 내리며 여전히 주위를 두리번거렸다. 한두 번 그와 비슷한 사람이 눈에 띈 듯했다……. 그러나 그것은 '그'가 아니었다. 크리스토프는 약속한 호텔로 갔다. 거기에도 올리비에는 없었다. 크리스토프가 그것에 놀랄 이유는 정말 아무것도 없었을 것이다. 어째서 올리비에가 먼저 와 있을 수 있을 것인가? …… 그러나 이때부터 기다리는 고통이 시작되었다.

아침이 되었다. 크리스토프는 자기 방으로 올라갔다. 그리고 내려왔다. 아침을 먹었다. 거리를 돌아다녔다. 아무런 걱정도 없는 사람처럼 행동했다. 호수를 바라보기도 하고, 상점의 진열장을 들여다보기도 했다. 음식점의 여종업원과 농담도 나누었다. 그림이 들어 있는 신문을 펼쳐 보았다……. 그러나 아무것에도 흥미를 느낄 수 없었다. 하루가 답답하게 지나갔다. 저녁 7시쯤에 아무 할 일이 없었으므로 식욕은 없었으나 일찍 저녁 식사를 마쳤다. 그리고 기다리는 친구가 오면 곧바로 안내하라고 부탁하고는 다시 자기 방으로 올라갔다. 문을 등지고 탁자 앞에 앉았다. 아무것도 할 일이 없었다. 짐 하나, 책 한 권 가져오지 않았었다. 다만 방금 산 신문이 한 부 있을 뿐이었다. 그것을 읽으려고 애썼다. 그러나 그의 관심은 다른 데로 향하고 있었다. 복도의 발자국 소리에 가만히 귀를 기울였다. 한숨도 자지 못한 하룻밤과 줄곧 기다리기만 했던 하루의 피로 때문에 모든 감각이 이상하게 흥분되어 있었다.

별안간 문이 열리는 소리가 났다. 뭐라 형용할 수 없는 어떤 감정으로 하여 크리스토프는 당장 뒤돌아보지 않았다. 어깨 위에 손이 놓이는 것을 느껴 돌아보니, 올리비에가 미소짓고 있었다. 크리스토프는 놀라지 않았다. 그리고 말했다.

"아아! 드디어 왔구나!"

그의 환영은 사라져 버렸다…….

크리스토프는 탁자 의자를 밀어제치고 격렬한 기세로 일어섰다. 머리끝이 곤두섰다. 새파랗게 질려 이를 덜거덕거리면서 한순간 꼼짝도 하지 않았다.

이때부터 그는 아무것도 알지 않으려고 "나는 아무것도 모른다" 하고 되풀이했으나 헛일이었다. 그는 모든 것을 알았다. 올 것을 알고 있었다.

크리스토프는 방 안에 가만히 있을 수 없었다. 거리로 나가서 한 시간쯤 걸었다. 돌아오니 호텔 현관에서 문지기가 편지 한 통을 내주었다. 그 편지다. 그는 편지가 온다는 것을 이미 알고 있었다. 편지를 받아쥐는 손이 떨렸다. 그것을 읽기 위해 방으로 올라갔다. 그것을 뜯었다. 그리고 올리비에가 죽은 것을 알았다. 그는 그대로 의식을 잃었다.

편지는 마누세한테서 온 것이었다. 마누세는 이렇게 써 보내왔다―전날 바삐 출발시키기 위해서 이 불행을 감추고 있었던 것은 오로지 올리비에의 바람에 의한 것이네. 올리비에는 친구가 구제받을 것을 바라고 있네. 비록 자네가 뒤에 남았다 하더라도 아무런 소용도 없었을 것이네. 자네도 마찬가지로 몸을 망쳤을 것이네. 크리스토프는 친구의 추억을 위해서, 그 밖의 친구들을 위해서, 또 자기 자신의 명예를 위해서 살아남아야 하네―이런 사연이었다. 아멜리도 획이 굵은 떨린 글자로 두세 줄 덧붙였다. 그 가련한 소년의 뒷바라지를 해줄 참이라고……

크리스토프는 의식을 회복하자 다시 격렬한 노여움의 발작에 사로잡혔다. 마누세를 죽이고 싶었다. 그는 정거장으로 달려갔다. 호텔 현관에는 아무도 없었으며 한길도 조용했다. 늦게 집에 돌아오는 사람들이 이따금 지나쳤으나, 밤의 어둠 속에서 충혈된 눈으로 숨을 헐떡이고 있는 이 사나이를 주목하는 사람은 아무도 없었다. 크리스토프는 불도그가 덤벼들듯, "마누세를 죽여야지! 죽여야지! ……"라는 집념에 매달려 있었다. 그는 파리로 돌아가기로 했다. 밤의 특별 급행열차는 한 시간쯤 전에 출발하고 없었다. 이튿날 아침까지 기다려야만 했다. 그러나 기다리고 있을 수 없었다. 크리스토프는 아무튼 파리 방면으로 가는 기차에 올라탔다! 정거장마다 서는 기차였다. 그는 객석에 혼자 앉아 커다란 소리로 외쳤다.

"그건 거짓말이다! 거짓말이야!"

프랑스 국경을 넘어 두 번째 정거장에서 기차는 완전히 서 버렸다. 더 가지 않았다. 크리스토프는 노여움에 몸을 떨며 차에서 내려 다른 기차를 타려고 여러 가지로 물어 보았으나, 절반은 졸고 있는 역원들의 냉담한 태도에 부딪칠 뿐이었다. 아무리 발버둥을 쳐도 도착은 너무 늦어질 것 같았다. 올리비에를 위해서는 너무 늦을 것 같았다. 마누세조차 만날 수 없을 것 같았다. 그전에 잡히고 말 것이다. 어떻게 할까? 어느 쪽을 택해야 좋을까? 상관없이 마구 계속해서 나아갈까? 되돌아갈까? 그런 짓을 해서 무슨 소용이 있을까? 무슨 소용이 있단 말인가? …… 그는 지나가는 헌병에게 자수해 버릴까 하고 생각했다. 그러나 살고 싶다는 막연한 본능이 그를 붙잡아 스위스로 되돌아갈 것을 권했다. 두세 시간 기다리기 전에는 어느 쪽으로 가는 기차도 없었다. 크리스토프는 벤치에 걸터앉았다. 그러나 가만히 있을 수가 없어 역에서 나와 정처 없이 밤길을 걷기 시작했다. 쓸쓸한 들판 한가운데로 나갔다. 숲의 시작을 알리는 전나무로 여기저기 막혀 있는 목장이었다. 그는 더 안으로 들어갔다. 몇 걸음 걸어가지 않아서 그는 땅바닥에 몸을 내동댕이 치고 소리쳤다.

"올리비에!"

크리스토프는 길바닥에 드러누워 흐느껴 울었다.

한참 지나자 멀리서 기적 소리가 들렸다. 그는 벌떡 일어났다. 정거장으로 돌아갈까 생각했다. 그러나 길을 잃고 말았다. 밤새도록 돌아다녔다. 어디로 가거나 상관없었다. 머릿속에서 모든 것을 떨쳐 버리도록 걷고 싶었다. 이제 더 아무것도 생각하지 않기 위해 죽어 쓰러질 때까지 걷고 싶었다. 아아! 죽을 수만 있다면! ……

날이 샐 무렵 크리스토프는 국경에서 무척 멀리 떨어진 프랑스의 어느 마을에 있었다. 밤새도록 국경에서 멀어져 갔던 것이다. 그는 한 여인숙에 들어가 게걸스레 먹고는 나와서 다시 걷기 시작했다. 낮에는 목장 한가운데를 뒹굴며 저녁때까지 잤다. 눈을 떠보니 다시 날이 저물어 가고 있었다. 그의 노여움은 가라앉아 있었다. 이제 숨도 쉴 수 없을 만큼 무서운 고통밖에 남아 있지 않았다. 한 농가까지 다리를 질질 끌고 가서 한 조각 빵과 잠자리에 깔 짚을 간청했다. 농부는 그의 얼굴을 들여다보더니 빵을 한 조각 잘라 주고는 그를 외양간으로 데려가서 그 안에 넣어 주었다. 왠지 달콤한 냄새가 나는 암소 곁에서 짚을 깔고 드러누워 크리스토프는 빵을 게걸스레 먹었다. 눈물이 흘렀다. 굶주림과 고뇌는 가라앉지 않았다. 그러나 이날 밤도 잠이 몇 시간 동안 고통에서 그를 구해 주었다. 이튿날 문이 열리는 소리에 눈을 떴다. 그러나 꼼짝도 하지 않고 누워 있었다. 이제는 살고 싶지도 않았다. 농부는 그의 앞에 와서 그의 얼굴을 들여다보았다. 그는 손에 신문 한 장을 들고 번갈아 그쪽으로 시선을 돌렸다. 마침내 농부는 한 걸음 더 다가서서 크리스토프의 눈앞에 신문을 내밀었다. 1면에 크리스토프의 사진이 실려 있었다.

"바로 나요." 크리스토프는 말했다. "신고하시오."

"일어나시오." 농부는 말했다.

크리스토프는 일어났다. 농부는 따라오라는 눈짓을 했다. 두 사람은 곳간 뒤를 돌아 과수나무 사이를 굽어돌아간 오솔길을 따라갔다. 십자가상이 있는 곳까지 오자 농부는 크리스토프에게 외줄기 길을 가리키면서 말했다.

"이 길을 곧장 가면 국경입니다."

크리스토프는 기계적으로 그 길을 걸어갔다. 왜 걸어가고 있는지 자기도 알 수 없었다. 몸도 영혼도 지칠 대로 지쳐 있었다. 한 걸음 옮길 때마다 멈추어서고 싶었다. 그러나 한 번 멈추기만 하면 그 자리에서 쓰러져 다시는 걸어가지 못할 것 같은 기분이 들었다. 그는 다시 하루를 줄곧 걸어갔다. 이제 빵을 살 돈도 없었다. 게다가 그는 마을을 통과하는 것을 피했다. 이성으로는 설명할 수 없는 기묘한 감정으로 죽고 싶으면서도, 붙잡히는 것이 두려웠다. 그의 육체는 쫓겨 달아나는 동물 같았다. 육체적인 고통, 피로, 굶주림, 힘이 쇠진한 존재의 깊숙한 안쪽에서 생기는 막연한 공포 따위가 먼저 정신적인 고뇌를 누르고 있었다. 그는 그 정신적인 고뇌와 더불어 틀어박혀서 그것을 천천히 음미할 수 있는 안전한 장소를 발견하는 것만을 바랐다.

국경을 넘었다. 멀리 마을이 보였다. 가늘고 긴 종루가 있는 탑이며 공장 굴뚝 따위가 솟아 있었다. 굴뚝의 긴 연기는 단조로운 검은 강물처럼, 비가 내리고 있는 잿빛 공기 속을 모두 같은 방향으로 흐르고 있었다. 크리스토프는 금방 쓰러질 것 같았다. 이때 문득 이 마을에 아는 사람 하나가 살고 있다는 것이 생각났다. 그것은 에리히 브라운인가 하는 같은 고향 출신의 의사였으며, 작년에 그가 무슨 일인가로 성공했을 때 자기를 잊지 말아 달라고 편지를 보내온 적이 있었다. 브라운이 아무리 평범한 인간이건, 또 아무리 자기 생활과 거의 관계가 없는 사람이건 크리스토프는, 상처 입은 짐승 같은 본능으로 전혀 알지 못하는 남이 아닌 이 사람에게 닿기 위해 죽을 만큼 안간힘을 썼다.

*

연기와 비의 장막 아래를 지나 크리스토프는 그 잿빛과 붉은색의 마을 안으로 들어갔다. 아무것도 보지 않고 길을 물으면서 거리를 걸어다녔는데, 길을 잃기도 하고 되돌아오기도 하면서 무턱대고 돌아다녔다. 이젠 힘도 빠질 대로 다 빠졌다. 평평한 의지를 마지막으로 다시 한 번 꽉 죄어 대면서 층계 모양으로 된 험한 오솔길을 기어올라가야 했다. 이 길은 좁은 언덕 꼭대기까지 이르고 있었다. 거기에는 어둠침침한 교회당 주위에 인가가 밀집해 있었다. 그 길의 층계는 60계단쯤 붉은 돌로 되어 있었으며, 세 계단인가 여섯 계단씩 부분적인 층계를 이루고 있었다. 그 층계 사이에는 좁은 평지가 있고 거기에 집 한 채의 입구가 열려 있었다. 그 평지에 발을 올려 놓을 때마다 크리스토프는 비틀거리면서 괴로운 숨을 내쉬었다. 위쪽에는 탑의 상공을 까마귀 몇 마리가 원을 그리면서 날고 있었다.

가까스로 그는 한 문간에서 찾고 있는 이름을 읽었다. 그는 노크했다. 좁은 길은 어두웠다. 피로에 지쳐 눈을 감았다. 마음속도 어두웠다……. 몇 세기인가가 흘러갔다…….

좁은 문이 빠끔히 열렸다. 문지방 위에 한 여자의 모습이 나타났다. 그 얼굴은 어둠 속에 있었다. 그러나 그 모습은 긴 복도 끝에 보이는, 석양이 비치는 조그마한 마당의 밝은 배경 위에 또렷이 떠올라 있었다. 여자는 키가 컸으며, 몸을 쭉 편 채 서 있었다. 아무 말도 하지 않고 그가 입을 떼기를 기다렸다. 그에게는 여자의 눈이 보이지 않았다. 그러나 그 시선을 느꼈다. 그는 의사 에리히 브라운을 만나고 싶다는 뜻을 말하고 자기 이름을 댔다. 말이 목구멍에서 가까스로 나왔다. 그는 피로와 목마름과 굶주림으로 지칠 대로 지쳐 있었다. 그녀는 한 마디 말도 없이 안으로 들어갔다. 크리스토프는 그녀를 따라 덧문이 닫힌 방으로 들어갔다. 어둠 속에서 그녀와 부딪쳤다. 무릎과 배가 그 묵묵히 말없는 육체에 닿았다. 그녀는 등불도 없는 방에 그를 혼자 남겨 놓고 나가서 문을 닫았다. 그는 혹시 무엇을 넘어뜨릴까 겁이 나 이마를 반질반질한 벽에 댄 채 그대로 가만히 서 있었다. 귀가 윙윙 울렸다. 눈 속에서 검은 환상이 춤추고 있었다.

위층에서 의자의 움직임과 놀라움으로 외치는 소리가 들리더니, 문이 난폭하게 닫혔다. 무거운 발짝소리가 계단을 내려왔다.

"어디 있어?" 귀에 익은 소리가 물었다.

방문이 다시 열렸다.

"이게 뭐야! 어둠 속에 내버려두다니! 안나! 이게 무슨 짓이야! 빨리 불 가져 와!"

크리스토프는 힘이 다 빠져서 이제 더 못살겠다고 느끼고 있는 참이었으므로, 소란스럽기는 하나 정성어린 목소리가 울리는 것을 듣자 비참했던 기분이 후련하게 가벼워졌다. 그는 내미는 두 손을 쥐었다. 등불이 왔다. 두 사람은 얼굴을 마주 바라보았다. 브라운은 키가 작았다. 검고 거칠고 볼품없는 수염이 나 있는 불그스름한 얼굴, 안경 뒤에서 웃고 있는 선량한 눈, 주름이 잡힌 매우 울퉁불퉁한 무표정한 넓은 이마, 정성껏 빗은 머리는 가르마가 목덜미까지 갈라져 있다. 그는 정말로 추남이었다. 그러나 크리스토프는 그의 얼굴을 보고 그의 손을 쥐자 편안해졌다. 브라운은 놀라움을 감추지 않았다.

"아아! 이렇게 변하다니! 이 무슨 꼴이란 말인가!"

"파리에서 왔네." 크리스토프가 말했다.

"도망쳐 왔어."

"알고 있네, 알고 있어. 신문에서 보았지. 신문에는 자네가 잡힌 듯이 나 있던데. 아아, 잘됐어! 안나와 나는 자네를 얼마나 걱정했는지 모르네."

그는 말을 끊더니, 크리스토프를 집에 맞아들인 말없는 여성을 소개했다.

"내 아내야."

그녀는 등잔을 손에 들고 방 입구에 서 있었다. 턱이 튼튼하게 생긴 보기에도 과묵한 얼굴이었다. 빗은 불그스레 반사하는 갈색 머리와 윤기 없는 볼을 비추고 있었다. 그녀는 팔꿈치를 몸에 붙인 채 어색한 몸짓으로 크리스토프에게 손을 내밀었다. 그는 여자의 얼굴도 보지 않고 손을 잡았다. 정신이 가물가물해지고 있었다.

"내가 온 것은……" 그는 설명하려 했다. "실은, 부탁할 수만 있다면…… 그다지 폐가 안 된다면…… 하루만 묵게 해주면 싶어서……."

브라운은 얼른 말을 끊었다.

"하루라구! …… 20일이라도, 50일이라도 자네 있고 싶은 대로 있게. 자네가 이곳에 있는 한, 우리집에 있도록 하게. 꼭 오래 있어 주게나. 우리에게는 그것이 영광이기도 하고 행복한 일이기도 하니까."

그 상냥한 말에 크리스토프는 그만 감동했다. 그는 브라운의 팔에 몸을 내던졌다.

"크리스토프! 크리스토프! ……" 브라운이 불렀다. "울고 있군. ……대체 왜 이러나? ……안나! 안나! …… 빨리! …… 기절했어……"

크리스토프는 이 집 주인의 품 안에서 의식을 잃었다. 몇 시간 전부터 예감하고 있던 실신 상태에 빠진 것이다.

다시 눈을 떴을 때 그는 큼직한 침대에 뉘어져 있었다. 축축한 흙냄새가 열려 있는 창문으로 들어왔다. 브라운이 그를 들여다보고 있었다.

"용서해 주게." 크리스토프는 일어나려고 애쓰면서 중얼거렸다.

"그렇지, 배 속이 텅 비어 있지!" 브라운이 소리쳤다.

부인은 방을 나가서 마실 것을 들고 와 그에게 먹여 주었다. 브라운이 그의 머리를 받쳐 주었다. 크리스토프는 의식을 되찾았다. 그러나 굶주림보다 피로가 더 심했다. 머리를 베개 위에 얹기가 무섭게 그는 죽은 듯이 잠들었다. 브라운 부부는 그를 가만히 지켜보았다. 그리고 그에게는 오직 휴식만이 필요하다는 것을 알고 그 자리에 남겨둔 채 방을 나갔다.

*

그것은 몇 해 동안 계속될 것 같은 잠이었다. 호수 밑바닥에 가라앉아 가는 납처럼 묵직하게 밀리는 잠이었다. 그는 겹겹이 싸인 피로에 사로잡혀 영원히 의지의 문 언저리를 헤매고 있는 기괴한 환각에 사로잡혀 있었다. 그는 이 미지의 밤 속에 파묻혀, 초조하고 지쳐서 어떻게든 눈을 뜨려고 안간힘을 썼다. 그의 귀에는 큰 시계가 언제나 30분마다 치고 있는 것처럼 들렸다. 숨을 쉬는 것도, 생각하는 것도, 몸을 움직일 수도 없었다. 손발이 묶이고 재갈이 물린 채 강물에 던져진 인간처럼 몸부림을 치면 칠수록 바닥 쪽으로 가라앉았다…… 겨우 날이 샜다. 비가 올 듯한, 더디고 더딘 잿빛 새벽이었다. 그를 태웠던 견딜 수 없는 열은 식었다. 그러나 몸은 산 밑에 깔려 있는 듯한 기분이었다. 그는 눈을 떴다. 무서운 각성이었다……

"왜 다시 눈을 뜨는가? 왜 잠이 깨는가? 지하에 잠자고 있는 저 가엾은 나의 벗처럼, 이대로 가만히 있고 싶구나……"

잠자리가 편치 않았는데도 침대에 누운 채 꼼짝도 하지 않고 있었다. 팔다리가 돌처럼 무거웠다. 마치 무덤 속에 있는 듯한 기분이었다. 파란 빛이 비치고 있었다. 빗방울이 유리창을 때리고 있었다. 마당에서 한 마리 새가 슬픈 소리로 재잘거렸다. 오오! 산다는 것은 얼마나 비참한 일인가! 이 얼마나 참혹한 일인가!……

시간이 흘렀다. 브라운이 들어왔다. 크리스토프는 얼굴을 돌리지 않았다. 브라운은 그가 눈을 뜨고 있는 것을 보고 명랑하게 말을 건넸다. 그리고 크리스토프가 여전히 음울한 눈으로 천장을 바라보고 있었으므로 그 울적함을 물리쳐 주려고 했다. 브라운은 침대에 걸터앉아 소란스럽게 지껄였다. 그 시끄러움이 크리스토프는 견딜 수 없었다. 그는 초인적이라 여겨질 만한 노력으로 말했다.

"제발, 나를 내버려둬 주게."

선량한 브라운은 곧 말투를 바꾸었다.

"혼자 있고 싶은가? 그럴 테지! 확실히 그럴 거야. 안심하고 가만히 누워 있게. 쉬고 있게나. 말은 하지 않아도 돼. 식사를 날라오게 하지. 아무도 자네에게 말을 걸지 못하도록 하지."

그러나 그는 이야기를 간단히 그치지 못했다. 계속해서 질질 끌며 설명한 뒤 큼직한 구두 끝으로 마루 판자를 삐걱거리면서 나갔다. 크리스토프는 다시 혼자가 되어 죽음 같은 피로 속에 빠져들었다. 그의 사고는 고통의 안개 속에 흐려져 있었다. 그는 열심히 이해하려고 애를 쓰고 있었다……. '왜 나는 그를 알았을까? 왜 그를 사랑했을까? 앙투아네트가 자기를 희생한 것이 과연 무슨 도움이 되었을까? 그의 생명에까지 도달하여 그의 생명과 더불어 공허 속에 사라진 그 모든 사람들의 생명, 몇 세대에 걸친 사람들의 생명— 많은 시련과 희망의 전부! —과연 어떤 뜻을 가지고 있는 것일까?' ……의미 없는 생명, 의미 없는 죽음. 한 사람의 인간이 말살되고 한 민족 모두가 소멸하여 아무런 흔적도 남지 않는다. 무서운 일이라고 해야 할지 아니면 우스꽝스러운 일이라 해야 할지 알 수 없었다. 절망과 증오의 불길한 웃음이 그의 얼굴에 떠올랐다. 이런 고뇌에 대한 그의 무력과, 이런 무력에 대한 그의 고뇌가 그에게 죽음의 고통을 맛보게 했다. 그의 마음은 산산이 부서졌다……

왕진을 나가는 브라운의 발소리 말고 집 안에는 아무런 소리도 들리지 않았다. 크리스토프는 시간 관념을 완전히 잃고 말았다. 거기에 안나가 모습을 나타냈다. 쟁반에 식사를 들고 왔다. 그는 그녀를 보았으나 감사의 몸짓 하나 나타내지 않았고 입술 한 번 움직이지 않았다. 그러나 전혀 보고 있지 않은 것 같은 그의 움직이지 않는 눈 속에, 젊은 여자의 모습이 사진처럼 또렷하게 새겨졌다. 훨씬 나중에 그녀를 더 잘 알게 된 뒤에도, 그가 보는 그녀의 모습은 이때의 모습 그대로였다. 그 뒤의 새로운 모습도 이 최초의 추억을 지울 수는 없었다. 숱이 많은 머리를 무겁게 말아올렸고, 이마는 툭 튀어나왔으며, 볼은 넓고, 코는 짧았으나 쭉 곧았다. 눈은 집요하게 내리깔고 다른 눈과 마주치면 무표정한, 친밀감도 상냥함도 없는 얼굴로 외면해 버렸다. 입술은 약간 두터웠고 굳게 다물어져 있었다. 이러한 모습은 아주 완고해서 거의 냉혹해 보였다. 키는 크고 튼튼해 보였으며 몸의 자태도 좋아 보였으나 옷 입음새가 갑갑하고 동작이 어색했다. 그녀는 말도 하지 않고 소리도 없이 들어와서는 침대 옆에 있는 탁자에 쟁반을 내려놓고 두 팔을 몸에 딱 붙인 채 고개를 숙이고 나가 버렸다. 크리스토프는 그 이상한, 약간 우스꽝스러운 모습의 출현에 별로 놀라지 않았다. 그는 식사에는 손을 대지 않았다. 그리고 여전히 침묵 속에서 줄곧 괴로워만 했다.

낮이 지나갔다. 저녁때가 되었다. 다시 안나가 새로운 음식을 들고 들어왔다. 아침에 가져온 식사가 그대로 있는 것을 보았으나, 아무 말도 하지 않고 들고 나갔다. 그녀는 모든 여성이 본능적으로 병자에게 건네는 상냥한 말을 한마디도 하지 않았다. 그녀에게는 크리스토프가 거의 존재하지 않는 것처럼 보였다. 아니면 그녀 자신도 거의 존재하지 않는 것 같았다. 크리스토프도 이번에는 신경질이 나서 그녀의 서투르고 새침한 동작을 눈으로 좇으며 속으로 은근히 적의를 느꼈다. 그러나 그녀가 입을 열지 않는 것이 고마웠다. 그녀가 나간 뒤 의사의 습격을 받았을 때 더욱더 그녀의 침묵에 고마움을 느꼈다. 의사는 크리스토프가 첫 식사에도 손을 대지 않았다는 것을 알았던 것이다. 아내가 억지로라도 먹이지 않은 데 화를 내면서 이번에는 자기가 무슨 일이 있더라도 먹이려 했다. 크리스토프는 조용히 해주기를 바랐으므로 우유를 몇 모금 마셔야 했다. 마시고 나자 의사에게 등을 돌렸다.

이틀째 밤은 첫날 밤보다 온화했다. 무거운 잠이 그 허무로 크리스토프를 감쌌다. 이제, 지긋지긋한 삶은 흔적도 없었다……. 그러나 눈을 뜨는 것은 숨이 막힐 듯이 괴로웠다. 그 운명적인 하루의 자질구레한 일들이 하나하나 생각났다. 올리비에가 집을 나가고 싶어하지 않았던 일, 자꾸만 돌아가고 싶어했던 일 따위가 생각났다. 그는 절망적으로 자기에게 말했다.

"내가 그를 죽인 것이다……."

잔인한 눈을 가진 스핑크스의 발톱에 붙잡힌 채 혼자 방에 틀어박혀 가만히 있을 수는 없었다. 스핑크스는 현기증 나는 질문과 송장 냄새 물씬한 숨결을 그의 얼굴에 자꾸만 끼얹었다. 그는 열에 들떠 일어났다. 몸을 이끌 듯이 하여 방 밖으로 나가 계단을 내려갔다. 그러나 다른 사람의 목소리를 들으면 달아났을지도 모른다.

브라운이 식탁에 앉아 있었다. 그는 여느 때와 마찬가지로 요란스러운 우정을 표시하며 크리스토프를 맞았다. 곧 파리에서 일어난 일에 대해서 이것저것 물었다. 크리스토프는 그의 팔을 잡았다.

"아무것도 묻지 말아 주게. 어차피 나중에…… 기분 나쁘게 생각지 말게. 나는 지금은 말할 수가 없어. 너무 지쳐서 말이야……."

"알아, 알고 있네." 브라운은 정다운 투로 말했다. "신경이 타격을 받은 거야. 며칠 전부터의 감정 탓이겠지. 말하지 않아도 괜찮네. 아무것도 어려워할 건 없어. 자네는 자유야. 자네 집에 있는 거야. 우리도 자네는 간섭하지 않기로 하겠네."

브라운은 약속을 지켰다. 손님이 피로하지 않게 하기 위해 극단적으로 평소와 반대의 태도를 취했다. 이제 크리스토프 앞에서는 아내와 말을 나누는 것조차 삼갔다. 그들은 나직한 소리로 소곤소곤 지껄이고 발끝으로 살살 걸어다녔다. 집 안은 고요해졌다. 크리스토프는 일부러 목소리를 죽이는 이러한 침묵에 신경이 날카로워져서, 전과 똑같은 생활을 해달라고 브라운에게 부탁해야만 할 형편이었다.

그 뒤에도 아무도 크리스토프에게 간섭하지 않았다. 그는 몇 시간이나 방한쪽 구석에 앉아 있기도 하고 꿈을 꾸는 사람처럼 집 안을 돌아다니기도 했다. 무엇을 생각하고 있었을까? 자기에게도 그것을 말할 수 없었을 것이다. 괴로워할 만한 힘도 이젠 거의 없었다. 지칠 대로 지쳐 있었다. 그는 마음이 고갈해 버리는 것이 무서웠다. 그에게는 오직 하나의 소원밖에 없었다. '그'와 더불어 묻혀서 모든 것이 끝나 버리는 소망밖에 없었다. 한 번은 마당의 문이 열려 있는 것을 보고 밖으로 나갔다. 그러나 바깥 빛 속에 있으니 참으로 기분이 무거워졌으므로 부랴부랴 되돌아와서 덧문을 닫고 방 안에 틀어박혀 버렸다. 날씨가 좋은 날은 그를 괴롭혔다. 그는 햇빛을 싫어했다. 자연은 그 엄한 화창함으로 그를 압도했다. 식탁에서는 브라운이 권하는 것을 묵묵히 먹고, 식탁 위를 가만히 바라보며 입을 떼지 않았다. 브라운이 어느 날 객실에서 그에게 피아노를 손가락으로 가리켰다. 크리스토프는 소름이 끼쳐 얼굴을 돌렸다. 소리라는 소리는 다 지긋지긋했다. 침묵, 침묵, 그리고 밤…… 그의 속에는 이제 공허와 공허를 찾는 마음밖에 없었다. 사는 즐거움은 이제 없었다. 일찍이 노래부르면서 힘차게 날아오르고 있던 그 힘찬 기쁨의 새는 이제 사라졌다. 며칠이고 자기 방에 앉은 채로 있었으며, 자기가 살아 있다는 것을 느끼게 하는 것은 옆방 벽시계의 절룩절룩 저는 듯한 소리뿐이었다. 그 시계는 마치 머릿속에서 울리고 있는 것같이 여겨졌다. 그래도 아직 기쁨의 들새가 그의 속에 있어서, 갑자기 날아오르다가 새장의 창살에 부딪쳤다. 그러자 영혼의 밑바닥에서 고뇌의 무서운 소음이 일었다. 황량한 광야에 오직 홀로 남은 자의 슬픔의 부르짖음이…….

세상에 비참한 것은 거의 한 사람의 벗도 없다는 것이다. 아마 여자친구나 한때 사귀는 동무는 있을 것이다. 사람들은 벗이라는 이 아름다운 이름을 남용하고 있다. 사실 인생에 있어서는 거의 한 사람의 벗밖에 가질 수 없는 것이다. 그리고 그런 벗을 가진 사람은 아주 드물다. 허나 그 행복은 매우 크므로 벗이 없어지면 그때는 살아갈 수 없게 된다. 벗은 모르는 사이에 자신의 생활을 채우고 있는 것이다. 그러므로 벗이 이 세상을 떠나면 공허한 것이 된다. 그때 사람이 잃은 것은 단순히 그 사랑하는 벗뿐 아니라 사랑하는 이유의 모든 것이며, 사랑했던 이유의 모든 것이다. 무엇 때문에 벗은 살아 있었을까? 무엇 때문에 자기는 살아 있을까? ……

친구의 죽음으로 인한 타격은 크리스토프 자신이 이미 남몰래 동요하고 있던 시기에 찾아왔으므로 그에게는 더욱더 심했다. 그는 마침 그의 생애에 있어서 신체 조직의 안쪽에서 그 어떤 은밀한 변화 작용이 일어나는 나이에 이르고 있었다. 이러한 시기에 있어서는 육체도 영혼도 외부로부터 타격을 입기 쉽다. 정신은 쇠약한 듯한 기분이 들고, 막연한 슬픔에 괴로워하며, 사물에는 진력이 나고, 해버린 일에는 도무지 애정이 느껴지지 않으며 게다가 다른 일은 어떤 것을 할 수 있을지 전혀 예측을 하지 못한다. 이런 위기가 일어나는 나이에 있어서는 대부분의 사람들은 가정적인 의무에 묶여 버린다. 그것이 그들에게는 보호자이다. 그러나 자기를 비판하고 자기의 방향을 정하고, 다시 힘찬 생활을 새로 조성하는 데 필요한 정신의 자유를 그들로부터 빼앗아 버리는 것도 사실이다. 얼마나 많은 슬픔이 감추어져 있는 것일까! 얼마나 많은 괴로운 혐오가 있는 것일까! …… 전진! 전진! 여기를 지나가야 한다……. 강제된 작업, 책임 있는 가정을 위한 걱정은 사람을 붙잡아서, 혹사되는 말처럼 선 채로 잠자며 지칠 대로 지치면서도 끊임없이 앞으로 나아가야 하는 것으로 만든다. 그러나 완전히 자유로운 인간은 이런 공허한 때에 자기를 지탱해 주는 것, 자기를 억지로 걸어가게 해주는 것을 아무것도 갖고 있지 않다. 그는 습관에 따라 걸어간다. 그는 자기가 어디로 가는지 알지 못한다. 그의 힘은 흐트러지고 의식은 흐려진다. 만일 의식이 몽롱한 이런 순간에 벼락의 일격이 몽유병자 같은 걸음을 멈추게 해 버린다면 그에게는 돌이킬 수 없는 불행이다. 그는 그대로 쓰러져 버리고 만다.

*

편지 몇 통이 파리에서 날아와 크리스토프는 한때 그 절망적인 무감각에서 살아났다. 그것은 세실과 아르노 부인한테서 온 것이었다. 그것은 그에게 위안을 주었다. 그러나 그것은 가난한 위안이다! 헛된 위안이다! 괴로움에 관해서 얘기하는 자는 괴로워하고 있는 사람이 아니다. 그 편지들은 특히 사라져 버린 목소리의 메아리를 전해 왔다. 그에게는 대답할 용기가 없었다. 그리고 편지는 다시 오지 않았다. 그는 상심한 나머지 자기의 흔적을 지우려고 애썼다. 그는 사라져 버리고 싶었다. 괴로움은 제멋대로 온다. 그가 일찍이 사랑한 모든 사람들은 이제 그에게는 존재하지 않았다. 몇 주일 동안 그는 그 한 사람을 되살리려고 안간힘을 썼다. 그는 그 한 사람과 말을 나누었다. 그 한 사람에게 편지를 썼다.

'나의 영혼인 그대, 오늘은 자네 편지가 오지 않았네. 자네는 지금 어디 있는가? 돌아와 다오, 돌아와 다오. 말을 건네 다오. 소식을 전해 다오! ……'

그러나 밤에 꿈속에서 벗을 만나려고 아무리 애써도 헛일이었다. 인간은 사랑하는 사람들의 죽음에 마음이 찢어져 있는 동안에는 그 사람들을 꿈에

보는 일이 거의 없다. 훨씬 뒤에 가서야, 잊어버렸을 즈음해서 그들은 꿈에 모습을 나타내는 것이다.

그러는 동안에 외부 생활이 조금씩 무덤 같은 그의 영혼 속에 스며들어왔다. 크리스토프는 집 안의 여러 소리를 다시 듣기 시작하고, 자기도 깨닫지 못한 사이에 그것에 흥미를 느끼고 있었다. 방문이 하루에 몇 번 몇 시에, 그리고 찾아오는 사람에 따라 어떻게 열리고 어떻게 닫히는가를 그는 알게 되었다. 그는 브라운의 발소리를 귀에 익혔다. 의사가 왕진에서 돌아와 현관에서 걸음을 멈추고 여느 때처럼 조심스럽고 꼼꼼한 방식으로 모자와 외투를 벗어 거는 모습이 눈에 선했다. 그리고 귀에 익은 소리 하나가 들리지 않을 때는 저도 모르게 그 변화의 이유를 찾았다. 식탁에서는 기계적으로 대화에 귀를 기울였다. 브라운은 거의 언제나 혼자 떠들고 있다는 것을 깨달았다. 부인은 짤막한 대답밖에 하지 않았다. 브라운은 말벗이 없어도 답답해하지 않았다. 방금 왕진 다녀온 집의 이야기며 여기저기서 들은 소문 같은 것을 호인다운 요설로 늘어놓았다. 브라운이 이야기하고 있을 때 크리스토프는 그의 얼굴을 가만히 바라볼 때가 있었다. 그러면 브라운은 신이 나서 어떻게든 그의 흥미를 끌려고 궁리했다.

크리스토프는 다시 살려고 애를 썼다……. 어쩌면 이렇게도 고달플까! 그는 자기가 이 세상과 마찬가지로 나이를 먹은 듯한 느낌이 들었다. 아침에 일어나서 거울 속의 자기를 들여다보면 자기의 몸매, 자기의 몸집, 자기의 바보 같은 몰골에 진저리가 났다. 일어나고 옷을 입고 하는 것은 대체 무엇을 위해서일까? …… 일을 하는 데 무척 힘이 들었다. 구역질이 날 정도였다. 모든 것이 무로 돌아가는 것이라면 창조해 봐야 무슨 소용이 있을까? 그는 이제 음악을 할 수 없게 되었다. 사람들은 예술을―(다른 것도 그렇지만)―불행에 의해서 비로소 올바로 판단할 수 있게 되는 것이다. 불행은 시금석이다. 불행에 의해서만 몇 세기를 넘어서 사는 사람들, 죽음보다 강한 사람들을 알 수 있게 되는 것이다. 불행에 저항할 수 있는 자는 아주 적다. 그 사람이면 하고 믿고 있던 사람이―(사랑하는 예술가나 일상의 벗이)― 참으로 범용한 인간이어서 놀랄 때가 있다. 대체 누가 살아남을 수 있는 것일까? 세상의 아름다운 것도 고뇌의 손가락으로 두들길 때 어쩌면 그렇게도 공허하게 울리는 것일까!

그러나 고뇌도 지치고, 그 손도 저려 온다. 크리스토프의 신경은 가라앉았다. 그는 잤다. 언제까지나 잠의 굶주림을 충분히 채울 수가 없기라도 한 것처럼 잤다.

그리하여 마침내 어느 날 밤 깊이 잠들었다가 이튿날 오후가 되어서야 가까스로 눈을 떴다. 집 안은 조용했다. 브라운 부부는 외출하고 없었다. 창은 열려 있고 맑은 공기가 웃고 있었다. 크리스토프는 내리누르던 무거운 짐을 벗은 듯한 기분이었다. 일어나서 마당으로 내려갔다. 마치 수도원처럼 높은 담으로 둘러싸여 있는 장방형의 좁은 마당이었다. 네모꼴의 잔디며 서민풍의 화단 사이에 모래가 깔린 오솔길이 있었다. 푸른 잎의 넝쿨시렁에 까마귀머루와 장미가 감겨 있었다. 한 줄기 가느다란 물줄기가 인조 바위의 동굴에서 떨어지고 있었다. 벽에 기대어 자라고 있는 아카시아 한 그루가 향긋한 냄새를 풍기는 가지를 옆집 마당에 늘어뜨리고 있었다. 그 저편에 붉은 사암으로 만든 교회당의 해묵은 탑이 솟아 있었다. 오후 4시였다. 마당은 벌써 그늘이 져 있었다. 햇빛은 아직 나뭇가지와 붉은 종루를 적시고 있었다. 크리스토프는 푸른 잎의 넝쿨시렁 밑에 앉아 벽에 등을 기댄 채 고개를 뒤로 젖히고 까마귀머루와 장미가 휘감겨 있는 사이로 맑게 갠 하늘을 바라보았다. 악몽에서 깬 듯한 기분이었다. 요동도 않는 침묵이 주변에 자욱이 끼어 있었다. 머리 위에 한 줄기 장미가 나른히 쳐져 있었다. 별안간 그중 가장 아름다운 꽃송이가 져서 날려 갔다. 눈처럼 꽃잎이 공중을 팔랑팔랑 날았다. 그것은 아름답고 티없는 생명이 죽어 가는 것과 같았다. 아주 태연스럽게! …… 크리스토프의 마음에는 그것이 애절토록 다정스럽게 여겨졌다. 그는 너무나 감동되어 숨이 막혔다. 그리하여 두 손으로 얼굴을 가리고 흐느껴 울었다…….

탑의 종이 울렸다. 한 교회당에서 다른 교회당으로 소리가 서로 화답했다 ……. 크리스토프는 시간이 지나는 것을 의식하지 않았다. 고개를 들었을 때 종소리는 그치고 해는 벌써 기울고 있었다. 크리스토프는 눈물을 흘림으로써 마음이 가벼워졌다. 정신이 씻겨졌다. 자기 속에 솟아오르기 시작한 가날픈 물줄기 소리에 가만히 귀를 기울이면서, 홀쭉한 초승달이 저녁 하늘을 미끄러져 가는 것을 바라보고 있었다. 집에 돌아온 사람의 발소리에 문득 정신을 차렸다. 그래서 자기 방으로 돌아가 문을 잠그고 틀어박혀 버렸다. 그리하여 음악의 샘이 흘러나오는 대로 내버려 두었다. 브라운이 저녁 식사에 그를 불렀다. 문을 두들기고 열려고 했지만 크리스토프는 대답하지 않았다. 브라운은 불안해져 열쇠 구멍으로 들여다보았다. 그러나 크리스토프가 탁자 위에 거의 엎어진 채 쓰다 버린 종이에 묻혀 있는 것을 보고 마음을 놓았다.

그리고 몇 시간이 지나서 크리스토프는 더할 수 없이 지쳐서 내려갔다. 그리고 아랫방에서 의사가 책을 읽으며 끈기 있게 자기를 기다리고 있는 것을 보았다. 크리스토프는 의사를 안으며 여태까지의 자기 태도를 사과했다. 그리고 브라운이 묻지도 않는데 지난 몇 주 동안의 극적인 일들을 이야기했다. 그가 브라운에게 그런 이야기를 한 것은 이때뿐이었다. 그런데 브라운이 이야기를 잘 이해해 주었는지 어떤지는 확실하지 않았다. 왜냐하면 크리스토프의 화법이 지리멸렬했고, 또 밤이 깊어서 브라운은 호기심은 있었으나 매우 졸렸기 때문이었다. 마침내 시계가 새벽 두 시를 알렸다. 크리스토프도 그것을 깨달았다. 두 사람은 서로 잘 자라는 인사를 나누었다.

*

이때부터 크리스토프의 생활은 회복되었다. 그는 그런 일시적인 흥분 상태에 오래 머물러 있지 않았다. 그는 다시 슬픔으로 되돌아갔다. 그러나 그것은 정상적인 슬픔이었으며 그의 생활을 방해하지는 않았다. 되살아나는 것, 그것이 그에게는 필요했던 것이다! 이 세상에서 가장 사랑하는 사람을 잃어버리고 슬픔에 좀먹히고 자기 속에 죽음을 잉태하고 있는 이 사나이는 넘칠 듯한 압도적인 생명력을 갖고 있었으므로, 그것이 슬픔의 말 속에서도 폭발하고, 눈과 입과 몸짓에서도 빛나기 시작했다. 그러나 그 생명력의 중심에는 마음을 좀먹는 벌레가 살고 있었다. 크리스토프는 때로 절망의 발작에 사로잡혔다. 그것은 가슴을 꿰뚫는 격렬한 아픔이었다. 조용한 기분으로 독서하려고 애를 쓰거나 산책을 하고 있으면, 느닷없이 올리비에의 미소가, 그 나른하고 정다운 얼굴이 떠올라와서…… 심장에 칼이 꽂히는 느낌이 들어…… 그는 비틀거리며 신음을 하고 가슴에 손을 갖다 댔다. 한번은 피아노 앞에 앉아 옛날처럼 열심히 베토벤의 한 악절을 치고 있었다……. 그러다가 별안간 손을 멈추고 엎어져 안락의자의 쿠션에 얼굴을 묻으면서 소리쳤다.

"올리비에……."

가장 나쁜 것은 '이미 다 살아 버렸다'는 느낌이었다. 크리스토프는 언제나 이 느낌을 가졌다. 줄곧 같은 몸짓을, 같은 말을, 같은 경험의 영원한 되풀이를 발견했다. 그는 모든 것을 알고 있었고, 모든 것을 예견했다. 옛날에 알고 있던 어느 얼굴이 생각나게 하는 얼굴은 옛날 그 사람이 한 말과 같은 말을 하려 하고 있었다. 그는 그것을 미리 알고 있었다. 또 사실 그대로 말했다. 비슷한 사람들은 비슷한 생활 경험을 하고 비슷한 장애에 부딪쳐 비슷하게 거기서 심신을 마멸시키고 있었다. '사랑을 새로 되풀이하는 것처럼 따분한 것은 없다'는 말이 사실이라면, 그 밖의 모든 일을 다시 시작한다는 것은 얼마나 따분하겠는가! 그것은 사람의 마음을 미치게 할 만한 것이었다. 크리스토프는 그것을 생각하지 않으려고 노력했다. 왜냐하면 살기 위해서는 그것을 생각하지 않을 필요가 있었으며, 그는 살고 싶어했기 때문이다. 그것은 부끄러움 때문에, 자기 자신에 대한 연민 때문에 자기를 알지 않으려고 하는 딱한 속임수였으며, 마음 밑바닥에 숨어 있는 어떻게 항거할 수 없는 삶의 욕구였다. 위안이 없다는 것을 알면서 그는 위안을 만들어낸다. 삶에는 존재 이유가 없다는 것을 굳게 믿으면서, 삶의 이유를 억지로 날조한다. 자기 이외의 아무도 삶을 바라지 않을 때라도 자기는 꼭 살아야만 한다고 생각한다. 필요에 따라서는, 죽은 자도 자기에게 살라고 격려해 주는 듯이 상상하려 한다. 그런데 크리스토프는 자기가 듣고 싶은 말을 죽은 자에게 강요하고 있다는 것을 자기도 알고 있는 것이다. 이 얼마나 비참한 일인가! ……

크리스토프는 다시 자기 길을 걷기 시작했다. 그의 발걸음은 지난날의 확신을 되찾은 듯했다. 마음의 문은 고뇌에 대해서 다시 닫혔다. 그는 이 고뇌를 결코 아무에게도 말하지 않았다. 자기 자신도 그것과 마주 앉기를 피했다. 그는 침착해진 듯이 보였다.

발자크는 말했다. '참된 고통은 자기가 만든 잠자리에 조용히 누워서 마치 잠자는 듯이 보이나 실은 거기서 영혼을 계속 침식하고 있는 것이다.'

크리스토프를 잘 알고 있어서, 그가 가고 오고 이야기하고 작곡하고 웃기까지 하는 것을—그는 이제 웃고 있었다! —찬찬히 관찰하는 사람이 있다면, 이 생기에 찬 눈을 가진 억센 사나이 속에도, 그 생명의 깊숙한 밑바닥에 무언가 파괴된 것이 있다는 것을 느꼈을 것이다.

＊

삶으로 되돌아간 이상 생활의 길을 확고히 손에 넣어야 했다. 이 마을을 떠날 수는 없었다. 스위스는 가장 안전한 피난처였다. 게다가 이보다 더 극진한 대접을 어디서 받을 수 있겠는가? …… 그러나 크리스토프의 자존심은 언제까지나 친구의 신세를 진다는 생각 때문에 만족할 수 없었다. 브라운은 반대하며 아무것도 받으려 하지 않았으나, 크리스토프는 음악선생 자리를 찾아 꼬박꼬박 숙박료를 지불할 수 있을 때까지는 기분이 가라앉지 않았다. 그것은 쉬운 일이 아니었다. 그가 혁명가적인 무모한 행동을 했다는 소문이 퍼져 있었다. 그리고 부르주아 계급의 가정에서는 위험 인물로 보이고 있는 인간, 혹은 어차피 보통이 아닌 인간, 따라서 그다지 '사리'에 어긋나는 사람을 집에 맞아들이기를 싫어했다. 그래도 크리스토프는 음악가로서의 명성과 브라운의 부지런한 주선으로 네댓 군데의 가정에 다가갈 수 있었다. 이들 가정은 세상이 어떻게 생각하건 그다지 개의하지 않거나 아니면 호기심이 강한 가정이었으며, 아마 음악 애호의 유행 심리로 눈에 띄는 행동을 원했던 모양이다. 그래도 주의 깊은 배려로 선생과 아이 사이에 거리를 두게 하고 있었다.

브라운네 집에서는 생활이 정연하고 질서 있는 규율에 따라 이루어지고 있었다. 아침에는 저마다 자기 일을 하러 나갔다. 의사는 왕진하러, 크리스토프는 음악 지도를 위해, 브라운 부인은 장을 보거나 자선 사업을 위해서 밖에 나갔다. 크리스토프는 대개 브라운보다 먼저, 1시쯤 돌아왔다. 브라운은 식사 때 자기를 기다리지 말도록 일러 놓고 있었다. 그래서 크리스토프는 젊은 부인과 함께 식탁에 앉았다. 그것은 그에게 결코 즐거운 일이 아니었다. 왜냐하면 그녀는 크리스토프에게 호감을 갖고 있지 않았고, 크리스토프는 그녀에게 아무것도 할 말이 없었기 때문이다. 부인은 그런 인상을 상대편에게 주고 있다는 것을 물론 의식하고 있었으나 그것을 없애려는 노력은 전혀 하지 않았다. 부인은 화장에 있어서나 무슨 일에 머리를 쓰는 데 있어서나 결코 신경을 쓰지 않았다. 여태까지 한 번도 자기가 먼저 크리스토프에게 말을 건넨 적이 없었다. 동작이나 복장은 꼴불견이었으며 서투르고 냉담했으므로, 크리스토프처럼 여성의 우아한 아름다움에 민감한 사나이는 누구나 부인으로부터 멀어졌을 것이다. 크리스토프는 파리 여자의 재치있는 우아한 모습을 떠올리고 안나를 보면서 이렇게 생각지 않을 수 없었다.

'참으로 보기 흉한 여자로군!'

그러나 그것은 잘못이었다. 얼마 안 가서 크리스토프는 그 부인의 머리카락이나 손, 입, 눈의 아름다움을 깨달았다. 그것은 언제나 옆으로 돌려지는 부인의 시선과 어쩌다가 마주쳤을 때 그렇게 깨달은 것이었다. 그러나 그의 판단은 그 때문에 변하지는 않았다. 크리스토프는 예의상 억지로라도 자기가 먼저 말을 건네려 했다. 애써 화제를 찾았다. 부인은 그러한 그를 조금도 도와주지 않았다. 크리스토프는 두세 번 도시와 남편과 그녀 자신에 관해서 물어 보았다. 그러나 아무것도 들을 수 없었다. 부인은 평범한 대답밖에 하지 않았다. 부인은 미소 지으려고 애썼으나, 그 노력도 불쾌했다. 웃음은 부자연스러웠고 목소리는 똑똑히 들리지 않았다. 부인은 한 마디 한 마디를 잘랐으며, 한 구절 뒤에는 반드시 어색한 침묵이 따랐다. 크리스토프는 이제 되도록 말을 건네지 않게 되었다. 부인은 그것을 고맙게 생각했다. 의사가 돌아오면 두 사람 다 마음이 가벼워졌다. 의사는 언제나 유쾌하고 시끄럽게 떠들었으며, 급하고 분주했다. 평범하지만 훌륭한 인물이었다. 열심히 먹고 마시고 그리고 웃었다. 그를 상대로 할 때는 안나도 조금은 지껄였다. 그러나 그의 화제는 거의 먹고 있는 음식이나 하나하나의 물건 값에 관한 것뿐이었다. 때로 브라운은 아내의 자선 사업이나 목사의 설교에 관해서 아내를 놀리고는 재미있어했다. 그러면 부인은 표정이 굳어지고 식사가 끝날 때까지 시무룩하게 입을 다물고 있었다. 또 의사는 흔히 왕진 간 집의 이야기를 했다. 그러고는 신이 나서 가슴이 역겨워지는 환자에 관한 것을 명랑한 말투로 상세하게 지껄여 댔으므로 크리스토프는 역정을 냈다. 냅킨을 식탁에 내동댕이치고 불쾌해서 못 견디겠다는 듯이 눈살을 찌푸리고 일어섰다. 그것 또한 말하는 사람에게는 여간 유쾌하지 않아, 브라운은 곧 말을 그치고 웃으면서 그를 달랬다. 그러나 다음 식사 때가 되면 다시 그런 이야기를 되풀이했다. 그런 병에 관한 농담은 가만히 보니 이 무감동한 안나에게 기운을 내게 하는 힘이 있는 모양이었다. 내내 잠자코 있다가 별안간 신경질적으로 웃어 대는 것이었다. 그 웃음에는 무언가 동물적인 것이 섞여 있었다. 혹은 자기가 웃는 일에 대해서 크리스토프 못지않게 혐오를 느끼고 있었는지도 몰랐다.

오후에는 크리스토프에게 배우는 학생이 거의 없었다. 의사는 나가고 크리스토프는 대개 안나와 함께 집에 있었다. 두 사람은 얼굴을 맞대지 않았다. 저마다 자기 일을 하고 있었다. 처음엔 브라운이, 자기 아내에게 피아노를 가르쳐 주라고 크리스토프에게 부탁했다. 그에 의하면 안나는 뛰어난 음악가였다. 크리스토프는 안나에게 무언가 한 곡 쳐보라고 말했다. 안나는 마음이 내키지 않았으나 곧 쳤다. 언제나와 마찬가지로 고아한 정취가 없는 기계적인, 상상도 할 수 없는 무감각한 연주였다. 음부마다 같은 식으로 다루었다. 아무 곳에도 억양이 없었다. 악보의 페이지를 넘길 때는 악절의 중간에서도 예사로 손을 멈추고는 조금도 서두르지 않았다. 그러고는 다음 음곡을 치기 시작했다. 크리스토프는 화가 나서 입 밖으로 막 나오려는 욕설을 삼키는 데 적잖이 애를 먹었다. 그래서 곡이 끝나기 전에 방을 나감으로써 가까스로 화를 누를 수 있었다. 부인은 그런 일은 아랑곳하지도 않고 태연히 끝까지 계속해서 쳤다. 크리스토프의 그러한 실례 따위는 불평도 하지 않고 화도 내지 않았다. 그런 일에는 거의 관심도 가져 본 일이 없는 것 같았다. 그러나 그 뒤부터는 두 사람 사이에 음악이 거론되는 일은 없어졌다. 그래도 크리스토프가 오후에 외출했다가 불시에 돌아와 보면 안나가 피아노를 연습하고 있는 것을 보는 수가 있었다. 부인은 같은 소절을 몇십 번이고 싫증도 안 내고 되풀이했으며 또 결코 흥분하지 않고 냉정하게, 아주 무미건조하고 끈덕지게 연습하고 있었다. 크리스토프가 집에 있는 것을 알면 안나는 결코 피아노를 치지 않았다. 안나는 종교 일 외의 시간은 모두 가사의 잡다한 일로 보내고 있었다. 바느질을 하거나 헌옷을 깁거나 또 식모를 부리거나 했다. 집 안을 깨끗이 정돈하고 정결히 하는 일엔 병적일 만큼 주의를 기울였다. 남편은 아내를 좀 이상한 데가 있는 선량한 여자—그의 말을 빌리자면 모든 여자와 마찬가지로 좀 이상스런 데가 있긴 하지만, 또 '모든 여자와 마찬가지로' 헌신적인 여자—라고 생각하고 있었다. 이 후자에 대해서는, 크리스토프는 브라운에게 공감할 수 없었다. 그러한 심리 분석은 너무 단순한 것 같았다. 하지만 결국 그것은 브라운에 관계된 일이라고 생각했다. 그래서 그런 일은 더는 생각하지 않기로 했다.

밤에는 저녁 식사를 한 뒤에 모두 모였다. 브라운과 크리스토프는 애기를 했다. 안나는 일을 하고 있었다. 브라운의 간청으로 크리스토프는 피아노 연주를 승낙했다. 뜰로 향한 어두컴컴한 커다란 객실에서 밤이 깊도록 계속하는 수도 있었다. 브라운은 황홀해 있었다……. 세상에는 이런 식으로 작품을 전혀 이해하지도 못하고 혹은 곡해하면서 이에 열중하는 사람이 있는 법이다! 하지만 또 그렇기 때문에 그들은 그 작품을 애호하는 것이다! 크리스토프는 이제 분개하지 않았다. 그는 지금까지의 생활 속에서 많은 어리석은 사람들을 만났다. 하지만 엉뚱한 감동의 외침을 듣자, 손을 멈추고 자기 방으로 올라갔다. 브라운은 드디어 그 이유를 알아차렸다. 그래서 이제 자기 생각은 입 밖에 내지 않았다. 게다가 음악에 대한 그의 애정은 갑자기 식었다. 15분 넘게 계속해서 주의 깊게 귀를 기울일 수는 없었다. 크리스토프가 맘대로 치도록 놔두고 자기는 신문을 펼치거나 졸거나 했다. 안나는 방 안쪽에 앉은 채 한 마디도 말을 하지 않았다. 안나는 무릎 위에 일감을 얹어놓고 있었다. 그리고 사뭇 일하고 있는 것처럼 보였다. 하지만 그 눈은 가만히 고정된 채 손은 움직이지 않았다. 때로는 곡을 치고 있는 도중에 살짝 방에서 나가 다시 나타나지 않을 때도 있었다.

*

이렇게 세월이 흘렀다. 크리스토프는 기운을 되찾았다. 브라운의 둔중하지만 애정 깊은 친절, 집의 조용함, 가정 생활의 안정된 규칙적인 질서, 독일 요리의 무척 풍부한 영양의 섭취 따위가 그의 강인한 체력을 회복시켜 주었다. 육체적인 건강은 다시 찾았다. 하지만 정신적인 기능은 역시 병들어 있었다. 부활한 체력은 정신의 혼란을 더할 뿐이었다. 견고하지 못한 배가 조그만 것에 충돌해도 비틀거리는 것처럼, 정신은 좀처럼 이전의 평형을 돌이킬 수가 없었다.

크리스토프의 고독은 깊었다. 브라운과는 아무런 정신적인 친근성도 가질 수가 없었다. 안나와의 교섭은 거의 아침저녁으로 건네는 인사 정도였다. 제자들과의 관계는 오히려 대립적인 것이었다. 그는, 그들이 음악 따위는 하지 않는 것이 나으리라는 기분을 그들에게 숨길 수 없었기 때문이다. 그는 누구 한 사람 터놓을 사이가 없었다. 그것은 친구의 죽음 이래로 한구석에 숨어 있는 때문만은 아니었다. 사람들도 겉으로는 그를 공경하는 체했으나 속으로는 꺼려했다.

크리스토프가 살고 있는 이 오랜 도시는 지성과 힘에 가득 찼지만, 또 자기의 껍질 속에 틀어박혀 자기 만족에 취해 있는 특권 계급적인 오만함으로 가득 차 있었다. 이 부르주아적인 귀족 사회는 일과 높은 교양의 취미를 갖고 있었지만 그 범위는 좁았고, 경건주의적 경향이 강했으며 자기 우월성과 자기가 살고 있는 도시의 우월을 사뭇 안심하고 믿어 버려 가족적인 고립을 즐기고 있었다. 오래된 집안은 널리 갈라진 분가를 갖고 있었다. 각 가정은 집안 사람들만 모이는 날을 정하고 있었다. 타인에 대해서는 거의 문을 걸어 닫고 있었다. 조상 대대로 물려받은 재산을 가진 유력한 집안은 자기들의 부를 남에게 보일 필요를 전혀 느끼지 않았다. 집안끼리 서로 잘 알고 있었다. 그것으로 충분했다. 타인이 어떻게 생각하건 조금도 문제가 되지 않았다. 거기서는 소시민 같은 복장을 한 많은 백만장자가 눈에 띄었다. 그들은 구수한 말을 목쉰 사투리로 얘기하고, 아무리 근면한 사람이라도 휴식을 바랄 만한 나이가 되어서도 살아 있는 한은 매일 진지하게 자기 사무실에 다녔다. 그들의 아내는 가사의 지식을 자랑삼았다. 아가씨들은 지참금은 전혀 받지 못했다. 부자는 자기들이 해온 것처럼 자기 아이들에게도 고된 견습 수업을 시켰다. 일상 생활에는 엄격한 절약이 지켜졌다. 그러나 그런 막대한 재산은 예술의 수집이나 화랑의 정비, 사회 사업 등 아주 고상한 목적을 위해 쓰이고 있었다. 자선 사업 기금이나 미술관의 충당을 위해 거액의 계속적인 기부가 거의 항상 익명으로 이루어졌다. 그것은 모두 시대에 동떨어진 위대함과 우스꽝스러움이 혼합된 것이었다. 이 세계에서 다른 세계는 전혀 존재하지 않는 것 같았다(그런데 실제 사업이나 넓은 교제 관계나, 자식들에게 시키는 길고 먼 견학여행 따위에 의해 다른 세상의 일은 퍽 잘 알고 있었다). 또 이 세계에 있어서는 커다란 명성을 가진 사람도, 타국의 유명한 사람도 이곳에 맞아들여 자기 눈으로 똑똑히 본 다음이 아니고서는 문제가 되지 않았는데, 그러한 사회 자체는 자기 자신에게는 엄격한 규율을 지키게 하였다. 모든 사람이 서로 결합되어 있고 서로 감시하고 있었다. 그 결과 하나의 집단적인 의식이 생겨나 개인적 차이를—이러한 완고한 사람들 사이에는 타국 사람들

이상으로 그 차이가 두드러졌지만—종교상의, 또 도덕상의 일률적인 은폐 아래 감추었다. 모두가 종교상의 고행을 지키고 믿었다. 한 사람도 의심을 품고 있는 자는 없었다. 혹은 의심을 품고 있다고 인정하려는 자도 없었다. 그들의 혼은 저마다 편협한 감시의 눈에 에워싸여 있음을 알고 있었으며, 또 저마다 타인의 양심을 들여다볼 권리를 갖고 있다고 생각하고 있었다. 그래서 한층 더 굳게 타인의 눈에서 자기를 걸어 닫고 있어 그 밑바닥에서 무슨 일이 생각되고 있는지는 아무도 몰랐다. 이 지방을 떠나 해방된 듯이 생각하는 사람들조차도 이 지방에 다시 발을 들여놓자마자 도시의 전통과 습관과 분위기에 다시 사로잡힌다는 것이었다. 아무리 신앙이 없는 사람이라도 단박에 종교의 근행을 지키고 신앙을 갖도록 강요되었다. 믿지 않는 것은 그들에게는 자연에 어긋나는 것으로 여겨졌을 것이다. 믿지 않는다는 것은 버릇 나쁜 하류계급 사람들이 하는 짓이었다. 그들 사회의 인간이 종교상의 의무를 태만히 하는 것은 용서될 수 없었다. 종교적인 의무를 지키지 않는 자는 그 계급에서 쫓겨나 다시는 받아들여지지 않았다.

이러한 규율의 무게만으로는 아직 모자라는 것 같았다. 그들은 특권계급 중에서 자기들이 충분히 결합해 있다고 여기지는 않았다. 그러므로 그 커다란 '단체' 속에서 저희들을 완전히 결박하기 위해 많은 작은 '단체'를 이루고 있었다. 그 수는 수백 개에 달했다. 그리고 해마다 붙어났다. 모든 것을 위해 단체가 있었다. 자선 사업을 위해서도, 종교와 상업이 결합된 사업을 위해서도, 예술을 위해서도, 학문을 위해서도, 노래와 음악을 위해서도, 정신적 훈련을 위해서도, 육체적 훈련을 위해서도, 또 단순히 모이기 위해서도, 함께 즐기기 위해서도 그것은 있었다. 또 시내의 단체가 있고 동업자의 단체가 있었다. 비슷한 신분과 비슷한 재산을 가진 사람들, 비슷한 세력을 가진 사람들, 또 비슷한 세례명을 가진 사람들의 단체도 있었다. 어떤 단체에도 속하지 않는 사람들이 하나의 단체를 만들고 싶어하고 있다는 소문이 돌았다.

시와 특권 계급과 단체와의 삼중 속박 아래 사람들의 혼은 결박되어 있었다. 눈에 보이지 않는 속박은 사람들의 성격을 압박했다. 대부분의 사람들은 어린 시절부터, 몇 세기 전부터 이에 젖어 있었다. 그리고 이것을 건강한 일이라고 생각했다. 그 속박을 벗는 것은 부당한 일이며 건전치 못한 일이라고 생각했을 것이다. 그들의 만족스런 미소를 보자 그들이 불편을 느끼고 있다고는 여겨지지 않았다. 그러나 항상 자연은 복수하는 법이다. 때때로 반항적인 인간이, 우람스런 예술가와 자유 분방한 사상가가 거기서 나와 난폭스럽게 결박을 끊고 시의 장로들을 곤란케 했다. 그러나 그들은 총명했으므로 반항자가 진정되지 않을 때는, 상대가 훨씬 강할 때는 어디까지나 그와 싸우려들지 않고—싸움은 대단한 소동을 야기할 위험이 있었다—그를 매수했다. 상대가 화가라면 미술관에 넣고 사상가라면 도서관에 넣었다. 그가 아무리 소리를 질러 엄청난 말을 외쳐도 소용없었다. 그들은 못 들은 체하고 있었다. 그가 아무리 자기 독립을 주장해도 불가능했다. 그들은 그를 한패에 끌어들였다. 이리하여 독의 효능은 중화되어 버렸다. 그것은 동종 요법(同種療法)이었다. 그러나 이러한 경우는 드물었다. 대부분의 반항은 햇빛을 보지 못했다. 이러한 아주 조용한 집은 남에게 알려지지 않은 비극을 안에 감추고 있었다. 어떤 사람은 아무런 이유도 말하지 않고 조용한 걸음걸이로 강에 몸을 던지러 갔다. 또 어떤 사람은 자기 정신을 치료하기 위해 6개월간이나 방에 틀어박히거나 아내를 정신병원에 넣거나 했다. 사람들은 그러한 일을 마치 당연한 일처럼 예사롭고 침착하게 얘기했다. 이러한 침착성이야말로 이 시의 훌륭한 특징의 하나로 사람들은 고통과 죽음에 맞닥뜨려도 이를 지속해 갔다.

이 착실한 시민들은 자기 가치를 알고 있었으므로 자기에 대해서는 엄격했지만 타인은 그다지 존경하지 않았기에 그들에게는 그다지 엄격하지 않았다. 그래서 크리스토프처럼 도시에 머물고 있는 외국인, 독일인 교사들이나 정치 망명자들에 대해서는 퍽 관대하기조차 했다. 왜냐하면 그러한 사람들은 그들에게는 상관이 없기 때문이다. 게다가 그들은 지성을 사랑했다. 진보적인 사상도 결코 그들을 불안하게는 하지 않았다. 그것은 자기 자식들에게 아무런 영향도 주지 않음을 알고 있었다. 그들은 체재자들에게 차가운 친절을 나타냄으로써 그들을 멀리했다.

크리스토프는 타인들이 끈덕지게 주장하는 말을 들을 필요는 없었다. 그는 과민한 상태에 있었으므로 그의 마음은 노출되어 있었다. 그러므로 도처의 이기주의와 무관심을 인정하고 자신은 자기 일만 생각하고 싶었다.

게다가 브라운이 돌봐 주고 있는 환자들과 그의 아내의 협소한 교우 관계는 특히 엄격한 신교의 작은 사회에 속해 있었다. 크리스토프는 이 사회의 사람들에게, 태생은 가톨릭교도인데 사실은 신앙을 갖지 않았다 해서 이중으로 나쁘게 여겨지고 있었다. 그 자신은 그들 사이에서 많은 불쾌한 일을 보고 있었다. 크리스토프는 이미 신앙은 갖고 있지 않았지만 마음속에는 가톨릭교의 오랜 흔적이 남아 있었다. 이 가톨릭교는 이론적이기보다는 시적이고, 자연에 대해 관대하고 설명하거나 이해하기보다는, 사랑하느냐 사랑하지 않느냐는 데에 마음을 두고 있었다. 그는 또 스스로도 전혀 깨닫지 못한 사이에 파리에서 몸에 익힌 지적 자유와 정신적 자유에 대한 습관을 갖고 있었다. 크리스토프는 아무래도 이 경건주의의 작은 사회와 충돌하지 않을 수 없었다. 거기에는 칼뱅주의의 정신적 결함이 지나치게 나타나 있었다. 그것은 신앙의 날개를 잘라 신앙을 심연 위에 매달아 둔 채로 두는 하나의 종교적 합리주의였다. 왜냐하면 그것은 모든 신비주의와 마찬가지로 논의의 여지가 있는 하나의 선입견에서 출발했기 때문이었다. 그것은 이미 시는 아니었다. 산문도 아니었다. 그것은 산문화된 시였다. 그것은 지적인 오만이며, 이성에 대한—'자기들의' 이성에 대한—절대적이며 위험한 신앙이었다. 그들은 신도 영혼의 불멸도 믿지 않아도 되었다. 그러나 가톨릭 교도가 교황을 믿고 혹은 배물교도가 우상을 믿는 것처럼 이성을 믿고 있었다. 이성을 문제 삼는다는 것은 염두에 두지도 않았다. 인생이 이성에 모순되면 오히려 인생을 부정했을 것이다. 그들에게는 심리 분석이 없고, 자연이나 숨은 힘이나 존재의 근원이나 '대지의 영혼'에 대한 이해가 결여되고 있었다. 그들 중의 어떤 사람들은 교양도 있고 실질적인 재능도 있었다. 많은 것을 읽고 많은 것을 보았다. 그러나 그들은 어떤 일도 있는 그대로 읽거나 보거나 하지 않았다. 추상적인 귀납만 일삼았다. 혈액이 부족했다. 정신적으로 훌륭한 소질을 가졌으면서도 인간적인 데가 부족했다. 이것이야말로 가장 큰 죄다. 그들 마음의 순결성은 많은 경우에 퍽 현실적이고 고상하고 소박하고 때로는 희극적인 데도 있었지만 불행히도 어떤 경우에는 비극이 되었다. 그들 마음의 순결함 때문에 타인에 대해서는 가혹해지고 또 몰인정하게 되었다. 그것은 자기를 단단히 믿어 버린, 분노도 없는 냉정한 놀랄 만한 몰인정이었다. 그들이 어떻게 망설일 수 있었겠는가? 진리와 권리와 덕을 갖고 있잖은가?

신성한 이성의 직접적인 계시를 받고 있잖은가? 이성이야말로 격렬한 태양이다. 그것은 사람을 비추지만 눈을 어둡게 한다. 수증기도 그늘도 없는 이 건조하기만 한 빛 속에서는 사람의 혼은 바랜 채 뻗고 심장의 피는 말라 버린다.

그런데 이 무렵 크리스토프에게 있어 무언지 무의미한 것이 있었다. 그것은 이성이었다. 이 이성의 태양은 그의 눈에는 심연의 암벽을 비춰 주기만 할 뿐 거기서 빠져나갈 수단은 가르쳐 주지 않았으며, 깊이를 측량하게 해주지도 않았다.

예술가의 사회에 대해서는 크리스토프는 거의 접촉할 기회가 없었으며 접촉하고 싶지도 않았다. 음악가들은 대개 크리스토프가 전에 공격한 적이 있는 슈만파나 브람스파 시대의 정직한 보수당이었다. 그 가운데 예외적인 사람이 둘 있었다. 하나는 오르간 연주가인 크레브스로, 시에서 유명한 과자 가게를 경영하고 있는 선량한 사내이며 훌륭한 음악가였다. 어떤 동향인의 말을 빌리자면 '귀리를 너무 먹인 페가수스를 타고 있지만 않았다면' 더 좋은 음악가가 되었을지도 알 수 없었다고 한다. 또 하나는 유대계의 젊은 작곡가로 정력적이고 혼란한 생기에 찬 독창적인 재능을 갖고 있었다. 그는 베른제(製) 곰, 스위스식 별장의 모형, 목공 조각 같은 스위스 토산물 장사를 하고 있었다. 아마도 자기 예술을 직업으로 하고 있지 않은 탓이겠지만 그들은 다른 사람들보다 훨씬 독립적이었으므로 크리스토프와 가까워지기를 기뻐했을 것이 틀림없다. 또 크리스토프도 다른 때였더라면 그들과 사귀고 싶어했을 것이다. 그러나 마침 이 무렵의 그는 예술이나 인간에 대한 호기심이 둔해져 있었다. 자신을 인간에게 붙들어매는 것보다도 오히려 인간으로부터 떼어 내는 쪽에 민감했다.

크리스토프가 자기 마음속을 털어놓을 수 있는 유일한 벗은 시를 꿰뚫고 흐르는 강이었다. 이 강은 저 멀리 아득한 북쪽에서 그의 고향 도시를 흐르는 강과 똑같은 힘찬 아버지 같은 강이었다. 크리스토프는 이 강기슭에서 소년 시절의 꿈을 생각해 냈다…… 그러나 친구의 죽음에 휩싸인 지금 그것은 라인 강처럼 슬픈 빛을 띠고 있었다. 해질 무렵 그는 강변의 난간에 기대어 열병에 걸린 듯한 강을 물끄러미 보고 있었다. 녹아 흐르는 듯한 답답하고 불투명한, 그리고 부산한 이 거대한 물은 항상 흘러가고 그 수면에서 보

이는 것은 요동치는 커다란 파문과 크고 작은 무수한 물줄기와 소용돌이뿐
으로, 그것도 나타났다가는 사라져갔다. 그것은 환각에 사로잡힌 하나의 사
상 속에 나타나는 혼돈된 영상과 같았다. 그러한 영상은 끊임없이 희미하게
그려져 나왔다가도 또 끊임없이 녹아서 사라져 버리는 것이었다. 이 황혼의
꿈속 위를 사람 그림자 하나 없는 유령 같은 여러 척의 나룻배가 죽은 사람
의 관처럼 미끄러져 갔다. 어둠은 짙었다. 강은 청동빛으로 변했다. 언덕의
불빛은 칠흑의 투구와 같은 수면을 비추고 수면은 어두운 섬광을 발하고 있
었다. 가스등의 붉은 빛의 반사, 신호등의 달빛 같은 반사, 집들의 유리창
안에 켜져 있는 촛불의 핏빛 같이 붉은 반사, 강물의 속삭임 등이 어둠을 채
웠다. 단조롭기 때문에 바다 소리보다도 더 구슬픈 강물 소리.

크리스토프는 몇 시간이나 이 죽음과 권태의 노래에 조용히 귀를 기울였
다. 좀처럼 이것에서 귀를 뗄 수 없었다. 이윽고 그는 가운데가 닳은 붉은
돌층계의 험하고 좁은 길로 집을 향해 올라갔다. 몸도 마음도 짓눌려 있는
크리스토프는 벽에 박혀 있는 철제 난간을 붙들고 올라갔다. 그 난간은 멀리
위쪽에 있는 어둠에 싸인 교회당 앞 인적이 없는 광장의 가로등에 비쳐 빛나
고 있었다…….

인간은 무엇 때문에 살고 있는지 크리스토프는 이해할 수 없었다. 지금까
지 자기가 보아온 투쟁을 생각할 때 인간이 자기 몸에 신념을 쐐기처럼 박고
살고 있다는 것에 침통한 감탄을 느끼는 것이었다. 상반된 관념이 잇따라 일
어나고 행동에는 반동이 잇따랐다. 민주주의와 귀족주의, 사회주의와 개인
주의, 낭만주의와 고전주의, 진보와 전통이라는 식으로 영원히 그것의 반복
이었다. 각각의 새로운 시대는 10년이 못 가서 소멸해 버리는데도, 자기만
이 절정에 도달했다고 믿고 돌을 던져 앞서 올라간 자를 산에서 굴러 떨어지
게 했다. 그리고 한창 떠들어대고 외치고 권력과 명예를 손에 넣었지만 새로
올라온 자에게 돌을 맞고, 굴러떨어져 자취를 감추어 버렸다. 그러면 그 다음
에 오는 자는 또 누구인가? ……

크리스토프에게 음악 창작도 이미 피난처가 아니었다. 일은 간헐적이고
일정한 방향과 목적이 없었다. 작곡을 한다? 대체 누구를 위해 작곡하는가?
세상 사람들을 위해서인가? 그러나 그는 격렬한 인간 혐오의 위기를 지나오
고 있는 참이었다. 그럼 자신을 위해서인가? 그러나 그는 죽음의 공허를 채

울 수 없는 예술의 공허함을 너무나 분명히 느끼고 있었다. 단지 고의 맹목적인 힘만이 때때로 거세게 날개치며 그를 들어올렸다. 그러나 그 힘도 곧 꺾여서 못 쓰게 되었다. 크리스토프는 어둠 속에서 쾅쾅 울리는 폭풍우와 같았다. 올리비에가 죽자 아무것도 남아 있지 않았다―그야말로 아무것도. 그는 이제까지 자기 생활을 채웠던 모든 것에 대해 다른 사람들과 나눠 가지는 것으로 믿었던 감정이나 사상에 대해 분연히 맞서 나갔다. 지금은 자기가 하나의 환각에 희롱당한 것 같은 생각이 들어 견딜 수 없었다. 대체로 사회 생활의 모든 것은 커다란 오해 위에 서 있었다. 그 오해의 원인은 언어였다…….. 너는 너의 사상이 타인의 사상과 통할 수 있다고 생각하는가? 그것은 단지 언어 사이에서만 관계한다. 너는 언어를 입에 담고 언어에 귀 기울인다. 그러나 하나의 언어로써 두 개의 다른 입에서 나와, 같은 의미를 갖고 있는 것은 없다. 아니, 그뿐이라면 좋겠는데 한 마디 말도, 단 한 마디의 말도 인생 속에서 전체의 의미를 갖고 있는 것은 없다. 언어는 체험된 현실 밖으로 비어져 나온다. 너는 사랑이나 미움을 입에 담는다……. 그러나 실제로는 사랑도 없으며 미움도 없고, 벗도 없으며 적도 없고, 신앙도 없으며 정열도 없고, 선도 없으며 악도 없다. 다만 있는 것이란 몇 세기 전부터 죽어 있는 항성으로부터 떨어져 나오는 저 빛의 차가운 반영뿐이다……. 벗이라고? 이 명칭을 요구하는 사람들은 적지 않다……. 그러나 얼마나 덧없는 현실인가! 그러한 사람들이 말하는 우정이란 어떠한 것일까! 세상 일반 사람들이 말하는 우정이란 어떤 것일까? 자기는 벗이라고 믿고 있는 인간이 과연 자기 생활의 몇 분의 일을 벗의 엷어진 추억에 내어 주고 있는 것일까? 자기에게 필요한 것은 물론이거니와 자기에게는 남는 것이나 한가로운 시간이나 지루한 시간조차도 과연 벗을 위해 할당할 수 있는 것일까? 나는 무엇을 올리비에에게 바쳤던 것일까? ―(크리스토프는 인간 전체를 포함한 허무로부터 자기를 제외하지는 않았다. 단지 올리비에만을 제외했다)―예술도 사랑과 마찬가지로 진실한 것은 아니다. 실제로 예술은 인생에서 어떠한 위치를 차지하고 있는 것일까? 예술에 전념한다고 자칭하는 사람들도 어떤 사랑으로 예술을 사랑하고 있는 것일까……. 인간 감정의 가난함은 상상도 미치지 못할 정도다. 인류의 자기 보존 본능과 세계를 움직이는 힘인 이 우주적인 힘을 제외하고는 가치도 없는 정서가 있을 뿐이다. 대부분의 인간들은 어떠한 정열에 온몸을 내던질 만한 생명력을 갖고 있지 않다. 그들은 조심스럽게 인색을 떨면서 자기를 내놓기 아까워하고 있다. 그들은 모든 것에 조금씩만 관계하며, 무슨 일에건 온 힘을 기울여 참가하는 일은 없었다. 자기라는 모든 일에, 자기가 괴로워하는 모든 일에, 자기가 사랑하는 모든 일에, 자기가 미워하는 모든 일에 아낌없이 자신을 주어 버리는 자야말로 경탄할 만한 사람이며, 이 세상에서 만날 수 있는 사람 중 가장 위대한 인간이다. 정열이야말로 천재와 같은 것이다. 하나의 기적이다. 그런 것은 존재하지 않는다고 해도 좋을 정도이다……

크리스토프는 그런 식으로 생각하고 있었다. 그런데 인생은 이에 대해 무서운 반박을 하려고 노리고 있었다. 돌 속에도 불이 있는 것처럼 기적은 곳곳에 있다. 하나의 충격으로 그것은 분출한다. 우리도 자신 속에 잠들어 있는 악마를 눈치채지 못하는 것이다……

　　……Pero non mi destar, deh! parla basso!
　　……나의 잠을 깨우지 않도록 나직이 얘기하라!

＊

어느 날 밤, 크리스토프가 즉흥적으로 피아노를 치고 있을 때 안나가 슬쩍 일어나 나가 버렸다. 그것은 크리스토프의 연주 중에 빈번히 있는 일이었다. 부인은 음악이 지루한 모양이었다. 크리스토프는 이제 그것을 개의치 않았다. 부인이 어떻게 생각하건 상관없었다. 그는 개의치 않고 계속 쳤다. 그러다가 갑자기 그것을 음부로 써놓고 싶어져서 치던 손을 멈추고 필요한 종이를 가지러 자기 방으로 달려갔다. 옆방 문을 열고 엉거주춤 앞으로 몸을 숙인 채 어둠 속으로 뛰어들다가 입구에 꼼짝 않고 서 있던 사람의 몸에 세게 부딪쳤다. 안나였다……. 충격과 놀라움에 젊은 새댁은 악! 소리쳤다. 크리스토프는 다치지나 않았나 걱정이 되어 상냥스럽게 안나의 두 손을 잡았다. 그 손은 얼음처럼 차가웠다. 안나는 부들부들 떨고 있는 것 같았다. 아마도 깜짝 놀란 탓이겠지……. 안나는 어물거리며 애매한 변명을 했다.

"식당에서…… 찾고 있었던 참이라서."

무엇을 찾고 있었는지 그에게는 들리지 않았다. 혹은 그녀는 이를 말하지 않았는지도 알 수 없다. 물건을 찾는 데 불도 없이 어름어름하고 있다는 것이 그에게는 이상스럽게 느껴졌다. 그러나 안나의 기묘한 행동에는 익숙해져 있었으므로 별로 염두에 두지 않았다.

한 시간 뒤 그는 브라운 부부와 밤을 보내는 작은 객실로 되돌아왔다. 그는 등불 밑의 탁자 앞에 앉아 악보를 적고 있었다. 안나는 탁자 오른쪽 끝에서 얼굴을 숙인 채 바느질을 하고 있었다. 브라운은 두 사람 뒤에서 난로 곁의 낮은 안락의자에 앉아 잡지를 읽고 있었다. 세 사람 다 잠자코 있었다. 때때로 뜰의 모래밭 위로 후두둑 떨어지는 빗소리가 들렸다. 크리스토프는 완전히 혼자만의 기분이 되고 싶어 비스듬히 앉아 안나를 등지고 있었다. 그의 정면 벽에 거울이 걸려 있어 탁자와 등불과 일감 위에 숙이고 있는 두 얼굴이 비쳤다. 크리스토프는 안나가 자기를 보고 있는 것 같아 일이 되지 않았다. 처음에는 별로 개의치 않았다. 그러나 그러는 동안에 안나가 보고 있다는 생각이 끈질기게 눌어붙어 드디어 숨이 답답해졌다. 그래서 그는 거울로 눈을 들었다. 그리고 보았다……. 아니나다를까, 그녀는 그를 주시하고 있었다. 그 눈초리란! 그는 바짝 몸을 굳히고 숨을 들이켠 뒤 관찰했다. 안나는 그가 관찰하고 있는 것을 알지 못했다. 등불빛이 그녀의 핼쑥한 얼굴 위에 떨어졌다. 언제나처럼 무뚝뚝하고 의젓한 그 얼굴은 억눌린 격정을 나타내고 있었다. 안나의 눈은—그가 여지껏 한 번도 본 적이 없는 그 미지의 눈은—그에게 고정되어 있었다. 그것은 눈동자가 커다란, 타오르는 듯한 강한 시선의 푸른 눈이었다. 그 눈은 그에게 달라붙어 말없는 집요한 열의를 담고 그의 마음속을 더듬고 있었다. 그녀의 눈일까? 과연 이것이 그녀의 눈일까? 그는 그것을 보고도 도무지 그렇다고는 믿기 어려웠다. 그가 본 것이 정말 그녀의 눈일까? 크리스토프는 불쑥 뒤를 돌아보았다. 그러나 그 눈은 밑으로 숙여져 있었다. 그는 그녀에게 말을 걸어 정면으로 자기를 보도록 하려고 했다. 그러나 그녀의 무표정한 얼굴은 일감에서 고개도 들지 않고 대답했다. 그 눈은 짧고 엷은 속눈썹이 난 푸른색이 도는 눈까풀의 물을 수 없는 그림자에 감추어져 있었다. 만일 크리스토프에게 자신이 없었다면 자기는 환영에 희롱당한 줄로 알았을 것이다. 그러나 그는 자기가 보았음을 알고 있었다…….

그러나 크리스토프는 다시 일에 정신이 팔렸으며, 또 안나에게는 거의 관심이 없었으므로 이 이상스러운 인상은 그의 마음에 오래 남아 있지 않았다.

그로부터 일주일쯤 뒤 크리스토프는 막 지어낸 가곡을 피아노로 쳐보았다. 브라운은 남편으로서의 자존심과 타고난 농담 좋아하는 기질에서, 아내에게 노래를 시키거나 연주시키려고 해서 괴롭히는 버릇이 있었지만, 이날 밤은 유달리 끈질겼다. 보통 때라면 안나는 아주 무뚝뚝하게 한마디로 거절했을 것이다. 그 다음은 아무리 부탁하고 간청하고 농담을 해도 다시는 대답도 하지 않았다. 입술을 꽉 다물고 못 들은 척했다. 그러나 이날 밤은 브라운과 크리스토프를 깜짝 놀라게끔 그녀는 손에 든 바느질거리를 접어 두고 일어서더니 피아노 곁으로 왔다. 그리고 한 번도 들은 적이 없는 이 곡을 노래 불렀다. 그것은 일종의 기적이었다—앞에 말한 그 기적이었다. 심오한 음색을 가진 그 목소리는 언제나 얘기할 때의 좀 쉰 듯한 불명료한 목소리와는 전혀 다른 것이었다. 처음 나오는 폼이 벌써 차분히 가라앉아서 조금도 흐트러진 데가 없고, 힘들이지 않고 감동적이고 순수한 위대성을 그 악구(樂句)에 주고 있었다. 그리고 그녀는 드센 정열의 높이에까지 도달했다. 크리스토프는 흠칫 몸을 떨었다. 그녀가 자기 자신의 마음의 소리처럼 여겨졌기 때문이다. 크리스토프는 노래 부르고 있는 그녀를 넋을 잃고 바라보았다. 그리고 이때 비로소 크리스토프는 그녀를 보았던 것이다. 야성적인 빛이 반짝이는 어두운 눈, 윤곽이 뚜렷한 입술을 가진 정열적인 커다란 입, 건강하고 새하얀 이빨을 드러내는 약간 답답하고 잔인한 듯한 육감적인 미소, 한쪽을 피아노 악보대 위에 얹고 있는 아름답고 강한 양손, 그리고 옷으로 단단히 죄이고 너무나 절약하는 생활 때문에 마르기는 했지만 아직 젊음이 넘치고 활기찬, 균형이 잡힌 것을 알 수 있는 건장한 몸의 뼈대 등을 그는 보았다.

안나는 노래를 마치고 의자로 돌아가 앉아 두 손을 무릎 위에 얹었다. 브라운은 아내를 칭찬했다. 그러나 도무지 부드러움이 없는 노래였다고 생각하고 있었다. 크리스토프는 그녀에게 아무 말도 하지 않았다. 그저 가만히 지켜보았다. 안나는 그가 바라보는 것을 알아채고 가냘픈 미소를 지었다. 그날 밤 두 사람은 서로 잠자코 있었다. 그녀는 자신의 실력 그 이상을 발휘한 것을, 혹은 생전 처음으로 '자기 자신'을 드러낸 것을 확실히 알고 있었다.

그러나 그 이유는 알지 못했다.

*

　그날 이후로 크리스토프는 안나를 주의 깊게 관찰하기 시작했다. 그녀는 다시 벙어리가 되고 싸늘한, 무관심한 태도가 되어 일에 열중했다. 그런 부지런함은 남편까지 신경을 돋우게 하였지만, 그녀는 그렇게 함으로써 자신의 혼란된 성질로부터 오는 여러 가지 생각을 잠재우고 있었다. 크리스토프는 열심히 안나의 상태를 살펴보았으나 결국 처음의 가식적인 부르주아 계급의 부인이라는 모습밖에는 찾아내지 못했다. 때때로 그녀는 아무것도 하지 않고 조용히 어느 한 곳을 뚫어지게 바라보며 멍하니 있을 때가 있었다. 그러한 안나 곁을 떠나 15분쯤 뒤에 돌아와 보아도 역시 그녀는 그대로였다. 전혀 움직이고 있지 않았다. 무엇을 생각하느냐고 남편이 물으면 그녀는 얼른 정신을 차리고 어렴풋이 미소 지었다. 그리고 아무것도 생각하지 않았다고 대답했다. 실제로도 그랬다.

　안나의 침착한 태도를 잃게 할 수 있는 것은 아무것도 없었다. 어느 날 그녀가 화장을 하고 있을 때 알코올램프가 터졌다. 순식간에 안나는 불꽃에 휩싸였다. 식모는 사람 살려라 외치며 달아났다. 브라운은 당황해서 후닥닥 소란을 피우며 큰 소리를 질러 자칫하면 기절할 뻔했다. 안나는 화장옷의 호크를 잡아떼고, 불붙기 시작한 스커트를 허리로부터 벗어서 떨어뜨리고 이를 밟아 뭉갰다. 크리스토프가 어리석게도 물주전자를 움켜쥐고 정신없이 달려들었으나, 안나는 팔뚝을 드러내고 페티코트인 채로 의자 위에 올라가 태연히 불붙은 커튼을 양손으로 비벼 끄고 있었다. 안나는 화상을 입었지만 그런 말은 전혀 입 밖에 내지 않았다. 다만 그런 몸차림을 보였다는 것을 분하게 여기는 것 같았다. 그녀는 얼굴을 붉히고 양어깨를 팔 쪽으로 퉁명스레 감추었다. 그리고 자존심이 상한 듯한 모습으로 옆방으로 도망쳤다. 크리스토프는 그녀의 침착한 태도에 감탄했다. 그러나 그러한 태도가 그녀의 용기를 증명하고 있는지 아니면 그녀의 무감각을 증명하고 있는지는 확실히 말할 수 없었을 것이다. 그는 후자 쪽으로 기울어져 있었다. 실제로 이 여성은 무슨 일에건, 타인에게도 자신에게도 관심을 갖지 않는 것 같았다. 그녀에게는 과연 심장이 있는 것일까 하고 크리스토프는 의심했다.

어떤 사건을 목격하고 나서부터 그의 의심은 이제 움직일 수 없는 것이 되었다. 안나는 털이 까만 작은 암캐를 기르고 있었다. 영리하고 상냥스런 눈을 갖고 있어 집안의 귀염둥이였다. 브라운은 이 개를 무척 좋아했다. 크리스토프도 일 때문에 방에 틀어박혀 있을 때는 이 개를 방으로 데리고 갔으며, 문을 닫고 일도 하지 않으며 이따금 개와 놀았다. 그가 외출할 때 개는 문간에서 그를 기다리고 있다가 뒤따라왔다. 그에게는 산책의 동반자가 필요했기 때문이었다. 개는 그를 앞장섰는데, 네 발 끝이 땅 위를 살짝살짝 스쳐서 미끄러지듯이 빨리 움직이므로 마치 날갯짓을 하며 날고 있는 것 같았다. 가끔 자기의 민첩함을 자랑하듯이 멈춰 섰다. 그리고 가슴을 앞으로 내밀고 그를 바라보았다. 사뭇 뽐내는 꼴이었다. 나무토막을 보면 맹렬히 짖었다. 그러나 멀리 있는 다른 개를 보기만 하면 한걸음에 달려와서 크리스토프의 발 사이로 부들부들 떨며 피했다. 크리스토프는 그런 개를 놀려 대면서 귀여워했다. 그는 인간으로부터 멀어진 다음부터는 동물들에게 한층 친밀감을 느끼고 있었다. 그는 동물들을 측은히 여기고 있었다. 이런 불쌍한 동물들은 사람이 친절하게 해주면 얼마나 신뢰하며 몸을 맡겨 오는 것일까! 인간은 그들의 생사를 완전히 좌우하고 있으므로 만일 사람들이, 그들에게 몸을 내맡기고 있는 약한 그들을 학대했다면 그것은 못된 권력을 남용한 것이 된다.

이 귀여운 개는 모두에게 상냥스러웠지만 특히 안나를 따랐다. 안나는 개를 끌기 위해 별다른 행동을 하지는 않았다. 그러나 기꺼이 쓰다듬어 주고 무릎 위에 앉혀 주고 먹는 것을 돌봐 주었으며, 자기의 모든 힘을 다하여 사랑하는 것 같았다. 그런데 어느 날 개는 자동차 바퀴를 피하지 못했다. 개는 주인이 보는 앞에서 거의 깃눌렸다. 아직 살아 있어 비명을 질렀다. 브라운은 모자도 쓰지 않고 집에서 뛰어나갔다. 축 늘어진 피투성이 개를 안아들고 고통이나마 덜어 주려고 했다. 안나도 왔으나 잘 들여다보지도 않고 기분 나쁜 듯이 얼굴을 찡그리고 그대로 가 버렸다. 브라운은 눈에 눈물이 가득 괴어 작은 동물의 죽기 전 괴로움을 가만히 지켜보았다. 크리스토프는 뜰 가운데를 뚜벅뚜벅 걸어다니며 주먹을 불끈 쥐고 있었다. 안나가 침착하게 하녀에게 일을 시키고 있는 목소리가 들렸다. 크리스토프는 안나에게 말했다.

"당신은 아무렇지도 않습니까?"

그녀는 대답했다.

"어쩔 수 없잖아요. 생각하지 않는 쪽이 나아요."

크리스토프는 그녀가 얄미웠다. 그리고 그 우스꽝스러운 대답에 놀랐다. 그래서 웃음을 터뜨렸다. 슬픈 일을 떠올리지 않기 위한 법을 안나에게서 배워야겠다고 생각했다. 감각의 작용을 갖고 있지 않은 행운을 타고난 사람들에게는 이 인생이 즐거운 것이라고 생각했다. 브라운이 죽더라도 안나는 거의 마음이 흐트러지는 일이 없을 것 같았다. 그리고 결혼하지 않은 자신을 다행스럽게 여겼다. 우리를 미워하고 있는 자에게, 혹은—(더욱 나쁜 일은)—우리를 전혀 문제로 삼지도 않는 자에게 우리를 한평생 붙들어매는 결혼이라는 그 습관의 사슬보다는 자기의 고독 쪽이 훨씬 덜 슬플 것 같았다. 확실히 이 여자는 아무도 사랑하고 있지 않다. 경건주의가 그녀를 메마른 인간으로 만들어 버린 것이다.

그런데 10월 말의 어느 날 안나는 크리스토프를 놀라게 했다. 세 사람은 식탁 앞에 앉아 있었다. 크리스토프는 브라운과 시중의 화젯거리가 된 어떤 치정적인 범죄에 대해 얘기하고 있었다. 시골에서 이탈리아인 두 자매가 한 사내를 사랑했다. 두 사람 다 자기를 희생할 수는 없었으므로 제비를 뽑아 어느 한쪽이 물러나기로 했다. 진 쪽은 라인 강에 몸을 던지기로 결정했다. 그러나 제비를 뽑고 나서도 진 여자는 좀처럼 이 결정을 따르지 않았다. 다른 한 여자는 약속을 어겼다며 분개했다. 말다툼에서 주먹다짐으로 발전하고 드디어는 칼부림까지 벌어졌다. 그러더니 갑자기 사태가 달라졌다. 둘은 울면서 끌어안고 어느 쪽이 죽어도 자기들은 살아갈 수 없다고 맹세했다. 그러나 둘 다 연인을 공유할 수는 없었으므로 그 사내를 죽이기로 합의했다. 그리고 그대로 실행키로 했다. 어느 날 밤 서로 사랑하는 두 자매는 연인을 자기들의 방으로 오게 했다. 사내는 이중의 행운에 우쭐거리며 왔다. 한 여자가 정신없이 포옹했을 때 다른 한 여자는 역시 정신없이 사내의 등에 단도를 꽂았다. 사내의 비명이 밖에까지 들렸다. 그래서 사람들이 달려와 처참한 모습의 사내를 여자들의 포옹으로부터 떼어 놓았다. 그리고 두 사람을 체포했다. 둘은 이 사건이 타인들과는 관계없는 일로 자기들 둘이서 처리하려 했던 것이므로 아무도 쓸데없는 간섭을 할 필요가 없다고 주장했다. 피해자도 그러한 이치를 인정할 뻔했다. 그러나 재판은 이를 이해하지 않았다. 브라운도 더욱더 이해할 수 없었다.

"미친 여자들이군." 브라운이 말했다. "묶어서 정신병원에 가둬야 할 미치광이들이야! …… 사랑 때문에 자살하는 건 이해할 수 있지. 사랑하는 상대가 배신했을 때 상대를 죽인다는 것은 이해할 수 있어……. 이해할 수 있다고 해서 상대를 죽여도 좋다는 게 아니라, 흉포한 동물적 본능의 격세 유전적(隔世遺傳的)인 유물로서 인정한다는 거지. 그것이 야만스런 일이기는 하지만 논리적인 일이야. 자기를 괴롭히고 있는 자를 죽이는 것이니까. 하지만 원한도 미움도 없는데 단지 다른 사람이 사랑하고 있다는 것만으로 자기가 사랑하고 있는 사람을 죽이는 것은 미친 짓이야. 알겠지, 크리스토프?"

"글쎄." 크리스토프는 말했다. "난 아무것도 이해할 수 없는데. 사랑이란 맹목적인 것이라고들 하니."

이제까지 얘기를 듣고 있지 않은 듯이 잠자코 있던 안나가 이때 머리를 쳐들고 그 침착한 목소리로 말했다.

"이치에 맞지 않는 일이란 아무것도 없어요. 아주 당연한 일이에요. 사랑하고 있을 때는 타인에게 연인을 빼앗기지 않도록 연인을 죽이고 싶어지기도 하는 거예요."

브라운은 깜짝 놀라 아내를 바라보았다. 그리고 탁자를 꽝 치고 팔짱을 끼고 말했다.

"어디서 그런 소릴 듣고 왔어? …… 뭐야! 당신도 자기 의견을 말해야 한다는 것인가? 당신이 뭘 안다는 거야?"

안나는 살짝 얼굴을 붉혔다. 그리고 입을 다물었다. 브라운은 계속 말했다.

"사랑하고 있을 땐 죽이고 싶어진다구! …… 그것이야말로 가장 어리석은 일이야! 자기에게 소중한 사람을 죽이는 것은 자기 자신을 죽이는 것과 같아……. 전혀 반대인 거야. 사랑하고 있을 땐 자연스런 감정으로써 자기에게 잘해 주는 사람에게는 잘하고, 그 사람을 소중히 하고, 그 사람을 지키고, 그 사람에게 친절을 다하고, 또 모든 것에 친절해지는 법이야! 사랑한다는 것, 그것은 지상의 낙원이야."

안나는 어둠 속을 조용히 바라보며 그를 멋대로 지껄이게 내버려 두었다. 그리고 머리를 젓고 싸늘한 목소리로 말했다.

"사랑하고 있을 땐 친절하게 되지 않아요."

*

크리스토프는 두 번 다시 안나의 노래를 들어 보려고 하지 않았다. 그는 환멸 혹은······ 무엇인가 두려워하고 있었다. 그것이 무엇인지는 잘 몰랐다. 안나도 똑같이 두려워했다. 크리스토프가 피아노를 치면 방에 있는 것을 피했다.

그런데 11월 어느 날 밤, 크리스토프는 난롯가에서 책을 읽으며 의자에 걸터앉은 안나가 무릎 위에 일감을 얹은 채 예의 생각에 잠겨 있는 것을 보았다. 그녀는 허공을 가만히 바라보고 있었다. 그러자 크리스토프는 그녀의 그러한 눈초리 속에 언젠가의 밤 그 이상스런 정열의 번득임이 스치는 것을 본 것처럼 여겨졌다. 그는 책을 덮었다. 그녀는 자기가 관찰되고 있음을 느끼고 다시 바느질을 시작했다. 내리깐 눈까풀 밑으로 그녀는 여전히 모든 것을 보고 있었다. 크리스토프는 일어나서 말했다.

"자, 오세요."

안나는 아직도 다소 불안이 떠도는 눈을 들어 그를 물끄러미 바라보았다. 그리고 그의 생각을 읽어 내자 그의 뒤를 따라갔다.

"어디로 가나?" 브라운이 물었다.

"피아노 있는 쪽으로." 크리스토프가 대답했다.

크리스토프는 피아노를 쳤다. 안나는 노래했다. 크리스토프는 곧 전과 똑같은 그녀를 찾아냈다. 그녀는 곡의 비장한 세계에, 마치 그것이 자기 세계이기라도 한 것처럼 쉽게 들어갔다. 크리스토프는 다시 시험을 계속하여 다음 곡을 연주했고, 다시 세 번째로 더 격렬한 가락의 곡으로써 그녀 속에 숨어 있는 열정의 사슬을 풀게 하여 그녀를 흥분시키고 자신도 흥분했다. 이윽고 흥분의 정점에 달하자 갑자기 크리스토프는 치던 손을 멈추고 그녀의 눈을 가만히 바라보며 물었다.

"대체 당신은 어떻게 된 사람인가요?"

안나는 대답했다.

"저도 모르겠어요."

크리스토프는 거칠게 물었다.

"그런 식으로 노래 부를 수 있다는 것은 몸 속에 무엇이 있는 것입니까?"

안나는 대답했다.

"당신이 노래 부르게 하는 거예요."

"그렇습니까? 하여튼 꼭 들어맞습니다. 작곡자가 나인지 당신인지 알지 못할 지경입니다. 그럼 당신도 그런 것을 생각하고 있는 겁니까?"

"모르겠어요. 노래 부를 때의 인간은 이미 자기 자신이 아니라고 생각해요."

"그런데 내게는 노래 부르고 있을 때만이 진짜 당신으로 여겨집니다."

둘은 침묵했다. 안나의 뺨에는 약간 땀이 어렸다. 그녀의 가슴은 침묵 속에 파도쳤다. 그녀는 촛불을 바라보며 촛대 가장자리로 흘러나온 촛농을 무의식적으로 손톱으로 긁어내고 있었다. 크리스토프는 안나의 얼굴을 바라보며 건반을 두드렸다. 두 사람은 다시 두세 마디 무뚝뚝하게 어색한 말을 건네고 흔한 얘기를 하려고 애썼다. 그리고 깊은 데로 빠져들어가기가 두려웠기 때문에 다시 입을 다물었다.

이튿날, 둘은 거의 말을 건네지 않았다. 일종의 두려움을 품고 몰래 서로를 엿보고 있었다. 그러나 밤이 되면 그들은 노래 부르는 습관이 붙었다. 이내 오후에도 하게 되었다. 점점 열심히 하게 되었다. 언제나 똑같은 이해할 수 없는 정열이 첫 화음부터 단번에 그녀를 사로잡아 머리 꼭대기에서 발끝까지 그녀를 불태웠다. 그리고 음악이 계속되는 동안은 이 경건한 부르주아 계급의 부인을 위엄 있는 비너스, 혼의, 모든 격정의 화신으로 만들었다.

브라운은 안나가 갑자기 성악에 열중하는 데 놀랐으나 그러한 여자의 변덕을 풀이해 보려고 애쓰지는 않았다. 브라운은 언제나 그 작은 음악회에 출석해서 머리로 박자를 맞추고 자기 의견을 말하고 담뿍 행복한 기분에 젖어들었다. 하긴 그는 더 부드러운 음악이 좋았다. 이런 식으로 힘을 사용하는 것은 과장같이 여겨졌다. 크리스토프는 취기 속에서 자유로워질 수 있었다. 그러나 머리가 멍해져 있었다. 빠져나온 위기 때문에 기진맥진해서 저항할 힘이 없었다. 자기 마음속에 일어나고 있는 일도 의식할 수 없었으며 안나의 마음속에 일어나고 있는 일도 알려고 하지 않았다. 어느 날 오후 안나는 온 힘을 다해 열광적으로 노래하고 있었는데, 곡 도중에 뚝 그치고 이유도 말하지 않고 방에서 나갔다. 크리스토프는 기다렸다. 그러나 그녀는 되돌아오지 않았다. 그러고 나서 30분쯤 지난 뒤에 크리스토프가 안나 방 옆의 복도를 지나갈 때 조금 열려 있는 문틈으로 안나의 모습이 언뜻 보였다. 그녀는 차가운 얼굴로 침울한 기도에 골몰해 있었다.

그러는 사이에 조금, 아주 조금이지만 두 사람 사이에 신뢰의 기분이 스며 나왔다. 크리스토프는 안나에게서 그녀의 옛 이야기를 끄집어내려 했다. 그러나 그녀는 흔해 빠진 일밖에는 얘기하지 않았다. 크리스토프는 겨우 확실한 내용을 한 가지씩 알아냈다. 게다가 사람이 좋은 브라운이 무엇이든지 곧 말해 주기 때문에 그녀의 생활 비밀을 슬쩍 엿볼 수 있었다.

안나는 이 도시 태생이었다. 친정 이름으로는 안나 마리아 젠플이었다. 아버지 마르틴 젠플은 몇백 년이나 이어져 온 부유한 상인 가문 출신이었다. 이 오래된 집안에는 특권계급의 자부심과 종교적인 엄격주의가 뿌리 깊었다. 모험적인 정신을 가진 그는 대부분의 같은 고향 출신자들과 마찬가지로 멀리 동양이나 남아메리카에서 몇 해를 보냈다. 다시 자기 집 장사의 이익, 과학에 대한 애호심, 또 자기 자신의 기쁨 따위에 동시에 내몰려 대담한 중앙아시아 탐험을 계획하기도 했다. 이렇게 세계를 굴러다니며 이끼를 피우지 않았을 뿐만 아니라 이제까지 자기에게 돋아났던 이끼도, 모든 낡은 편견도 죄다 털어 버렸다. 그런 처지였으므로 고향에 돌아오자 거센 기상으로 고집 센 그는 집안 사람들의 펄쩍 뛰는 반대에도 불구하고, 처음에는 정부로 삼았던 별로 소문이 좋지 않은 근처 농가의 딸과 결혼했다. 그에게는, 이제 아무래도 필요한 인간이 된 이 아름다운 처녀를 곁에 두기 위해서는 결혼만이 그가 취할 수 있는 유일한 방법이었다. 가족들은 이에 반대했으나 그것이 허사가 된 뒤로는, 집안의 신성한 권위를 무시한 그에게 온통 문을 닫아 버렸다. 시의 사람들—공동체의 도덕적 품위라는 것에 관해서는 언제나 연대 책임을 지는 유력자들—은 모두 이 근신하지 못한 부부에 대해 한 무리가 되어 반대했다. 세상 사람들의 편견에 거역하는 것은 그리스도 신자의 나라에서도, 달라이 라마 신자의 나라에서와 마찬가지로 위험하다는 것을 탐험가인 그는 자신의 쓸쓸한 경험에 의해 알았다. 그는 세상 평판을 무시할 수 있을 만큼 강하지는 못했다. 그는 자기 운명을 그르쳤을 뿐만 아니라 아무데서도 일자리를 얻을 수 없었다. 모든 것이 그를 외면했다. 그는 끈덕진 시민들의 학대에 대해 부질없이 분개하고 정력을 소모했다. 체력의 혹사와 흥분으로 서서히 좀먹어 가던 그의 건강은 이에 저항할 수 없었다. 그는 결혼한 지 5개월 만에 뇌일혈로 죽었다. 착한 여자지만 심약하고 지력이 모자라는 그의 처는 결혼 이래로 하루도 눈물 없이 지낸 적이 없었는데, 남편이 죽은 뒤 4개월 만에 조그마한 안나를 낳은 채 산욕열로 죽었다.

　마르틴의 어머니는 아직 살아 있었다. 그 어머니는 자기 아들이 죽을 때도, 또 며느리로 인정하지 않은 여자가 죽을 때도 결코 용서하지 않았다. 그러나 그 여자가 죽자—천벌이 내린 것이다—그녀는 아이를 맡아 슬하에 두었다. 그녀는 편협한 신앙심으로 꽁꽁 뭉친 여자였다. 돈이 있으면서도 인색하고, 이 오랜 도시의 어두컴컴한 거리에서 비단 가게를 차렸다. 마르틴의 딸을 손녀처럼 돌보지 않고, 동정을 베풀어 들여놓은 대가로 마치 하녀처럼 일해야 하는 고아로서 취급했다. 그렇지만 교육만은 정성껏 받게 해주었다. 그러나 조심스런 엄격한 태도는 결코 버리지 않았다. 마치 어린아이를 양친의 죄를 짊어진 인간으로 보고 아이에게까지 죄를 추궁하려고 정신없이 덤비는 것 같았다. 어떠한 오락도 용서치 않았다. 아이의 몸짓과 말 속에 있는, 아니 생각 속에 있는 천성조차도 죄악으로 몰았다. 그리고 이 젊은 생명 속에 있는 기쁨을 죽여 버렸다. 안나는 일찍부터 교회에 가는 것이 익숙해지고, 그 지루함을 겉으로 드러내지 않는 게 습관이 되었다. 그녀는 지옥의 두려움에 에워싸였다. 음침하게 눈까풀을 내리깐 소녀의 눈은 일요일마다 낡은 대사원 입구의 여러 조각상 밑에서 이 지옥의 두려움을 보고 있었다. 그것들은 몸을 비튼 버릇 없는 자세의 조각상으로, 두 발 사이에서 불이 타오르고 두꺼비와 뱀이 장딴지를 따라 기어 올랐다. 안나는 자기의 본능을 억누르고 자기 자신을 속이는 데에 익숙해졌다. 할머니를 도울 수 있을 만한 나이가 되자 아침부터 밤까지 어두운 가게에서 일하게 되었다. 안나는 자기 주위를 지배하고 있는 온갖 습관에 젖었다. 질서와 음침한 절약과 무의미한 궁핍 따위를 존중하는 정신, 지루한 무관심, 본디 종교적이 아닌 사람들에게 종교적 신앙이 가져오는 당연한 결과인 인생에 대한 경멸적이고 침울한 관념 등에 물들었다. 안나는 노파의 눈에도 지나치게 보일 만큼 신앙에 골몰했다. 무턱대고 단식과 고행을 했다. 어떤 때는 결심하고 오랫동안 바늘 코르셋을 입어 본 적도 있었다. 몸을 움직일 때마다 바늘이 살에 박혔다. 그녀의 얼굴이 창백해지는 것을 사람들은 보았지만 대체 어떻게 된 영문인지 몰랐다. 드디어 그녀가 기절했으므로 사람들은 의사를 불렀다. 안나는 진찰받는 것을 거부했다. 남자 앞에서 옷을 벗기보다는 차라리 죽는 쪽이 나았다. 그러나 마침내 실토했다. 그리고 의사에게 심한 꾸중을 듣고 이제 다시는 이런 짓은 하지 않겠다고 약속했다. 할머니는 그래도 알 수 없으므로 그 뒤로는 복장을 조사하곤 했다.

안나는 이러한 고행에 남이 상상하는 것 같은 신비적인 기쁨을 느끼지는 않았다. 그녀에게는 상상력이란 거의 없었다. 아시시의 프랜시스나 성녀 테레사의 시는 이해할 수 없었나 보다. 그녀의 신앙은 음침했고 결코 정신적인 것은 아니었다. 자기 몸을 가책하는 것은 내세에서 행운을 기대하는 것은 아니었다. 그것은 어떤 견딜 수 없는 인생혐오 때문이었으며, 그런 식으로 자신을 괴롭히는 데에 거의 심술궂은 기쁨을 찾아냈다. 다만 하나의 이상스런 예외로서, 할머니의 정신과 마찬가지로 냉혹한 그녀의 정신이 어느 만큼의 깊이인지 자신도 몰랐지만 음악을 향해 열려 있었다. 안나는 다른 예술은 통 이해하지 못했다. 아마도 그림 따위는 한 장도 본 일이 없었을 것이다. 조형적인 미에 대한 감각도 전혀 갖고 있지 않은 것 같았다. 그렇듯 거만스런 무관심에 의해 취미가 결여되었던 것이다. 아름다운 육체라는 관념은 나체라는 관념밖에는 불러일으키지 않았다. 즉 톨스토이가 말하는 농부에 있어서와 같이 혐오감밖에는 느끼지 못했다. 그녀는 자기가 좋아하는 사람들과의 교제에 있어서 미적 판단의 온전한 인상보다도 욕망의 음침한 그늘 쪽을 막연하게나마 보고 있었으므로 혐오감은 더욱더 심해졌다. 그녀는 자기 자신의 아름다움에 대해서는, 억압되어 있는 자기 본능의 힘에 대해서와 마찬가지로 전혀 눈치채지 못했다. 아니, 차라리 이를 알려고도 하지 않았다. 그리고 마음을 기만하는 언제나의 습관으로 자기를 속일 수 있었던 것이다.

브라운은 어느 결혼식 만찬회에서 안나를 만났다. 그녀가 그러한 자리에 참석한 것은 이례적인 일이었다. 천한 출신으로 여전히 악평을 받고 있어 거의 초대를 받는 일이 없었기 때문이었다. 안나는 스물 두 살이었다. 브라운은 안나를 눈여겨 보았다. 그것은 그녀가 남의 눈을 끌려고 애썼기 때문이 아니었다. 어색한 몸짓과 서투른 옷차림의 그녀는 식탁에서 그의 곁에 앉아 거의 입을 열지 않았다. 그러나 브라운은 식사하는 동안 쉴 새 없이 안나를 상대로, 그러니까 자기 혼자서 계속 지껄였다. 그리고 감격해서 돌아갔다. 브라운은 평범한 통찰력으로 옆자리 여자의 처녀다운 순결성에 충격을 받은 것이었다. 그녀의 양식과 조용한 태도에 감탄했다. 브라운은 또 그녀의 훌륭한 건강과 그녀가 갖고 있을 듯이 보이는 견실한 주부로서의 소질을 높이 평가했다. 그는 안나의 할머니를 찾아가 결혼 신청을 하고 그 뒤에도 여러 차례 부탁했다. 겨우 승낙을 받았다. 지참금은 없었다. 젠플 부인은 자기 재산을 상업상의 일로 시에 기부해 버린 것이었다.

이 젊은 아내는 어떠한 때에도 남편에게 애정을 품은 적이 한 번도 없었다. 애정이니 뭐니 하는 생각은, 진지한 생활에서 문제로 삼을 것이 못 되는 것처럼 여겨졌다. 오히려 사악한 것으로 멀리해야 한다고 생각하고 있었다. 그러나 안나는 브라운의 선량함의 가치를 알고 있었다. 자신의 떳떳하지 못한 출생 따위는 상관 않고 결혼해 준 것을 겉으로 나타내 보이지는 않지만 감사하고 있었다. 게다가 안나는 부부생활의 명예를 중시하는 마음이 강했다. 결혼해서 7년이 됐으나 어떤 것도 그들의 결합을 혼란시키지 못했다. 둘은 함께 생활하고 있었지만 서로 전혀 이해하지 못했다. 그러나 전혀 그것을 개의치 않았다. 둘은 세상 사람의 눈으로 볼 때 모범적인 부부의 전형이었다. 둘은 거의 외출하지 않았다. 브라운은 아주 많은 환자를 맡고 있었다. 그러나 그들의 가정에 자기 친구들을 받아들이게 할 수가 없었다. 다른 사람들은 안나를 탐탁히 여기지 않았다. 게다가 그녀의 출생의 얼룩은 아직 말끔히 지워지지 않았다. 안나도 마찬가지로 타인을 받아들이기 위한 노력을 전혀 하지 않았다. 자기의 어린 시절을 슬픈 것으로 만든 세상의 경멸에 대해 줄곧 원한을 품었다. 그리고 세상에 나가도 당당했으므로 남에게서 잊히는 것을 서운해하지 않았다. 남편의 이해 관계로 부득이한 경우에만 방문하거나 받아들였다. 찾아오는 여자 손님들은 호기심이 강하고 험담을 잘하는 중산 계급의 사람들이었다. 그녀들의 수다는 안나에게는 조금도 흥미가 없었다. 그녀는 굳이 자기의 무관심을 감추려고 애쓰지는 않았다. 그것은 용서할 수 없는 일이었다. 그래서 방문객들은 차츰 드물어지고 그녀는 혼자 따돌려졌다. 그러나 그것은 안나가 바라는 바였다. 이제 아무도 그녀가 되풀이해서 보는 몽상과 그녀의 육체 속 피의 설렘을 흐트러뜨리러 오지 않았다.

*

몇 주일 전부터 안나는 괴로워하고 있는 것 같았다. 얼굴이 야위었다. 크리스토프나 브라운을 피하고 있었다. 자기 방에 틀어박혀 지냈다. 혼자서 생각에 잠겨 있었다. 말을 걸어도 대답하지 않았다. 브라운은 습관대로 여자의 이러한 변덕을 대수롭게 여기지 않았다. 그리고 이를 크리스토프에게 설명했다. 여자에게 기만당하도록 되어 있는 남자의 대부분이 그러듯 자기는 여자라는 존재를 속속들이 잘 알고 있다고 자처하고 있었다. 실제로 또 꽤 잘 알고 있었다. 그러나 그 지식은 아무 소용도 없었다. 여자는 가끔 발작적으로 완고한 몽상에 잠기거나 적의를 품은 완강한 침묵에 빠진다는 것을 알고 있었다. 그리고 그런 때는 여자를 조용히 내버려 두었다. 여자의 정신이 젖어 있는 무의식의 위험한 세계에 조명을 비추려고 해서는 안 된다, 특히 여자 자신에게 그렇게 시켜서는 안 된다고 생각하고 있었다. 어떻든 브라운은 안나의 건강을 걱정했다. 그녀의 쇠약은 도시 밖으로는 한 발짝도 나가지 않고 집에서도 거의 나가지 않고, 언제나 틀어박혀 있기만 하는 생활 태도에서 오는 것이라고 판단했다. 브라운은 안나를 산책시키고 싶었다. 그러나 함께 외출할 수 있는 시간이 거의 없었다. 일요일에는 그녀가 신앙상의 업무로 몸이 묶여 있고, 다른 날에는 그가 진찰을 해야 했다. 크리스토프는 안나와 함께 외출하는 것을 피했다. 한두 번 두 사람은 함께 시의 성문 근처를 잠깐 산책한 적이 있었다. 그러나 두 사람은 견딜 수 없을 만큼 지루했다. 대화는 막혔다. 안나에게는 자연도 마치 존재하고 있지 않은 것 같았다. 그녀는 아무것도 보지 않았다. 그녀에게는 어떤 땅도 풀과 자갈뿐이었다. 그 무감각은 사람을 놀라게 할 정도였다. 크리스토프는 그녀가 아름다운 풍경을 보고 감탄하게 하려고 애썼다. 그러자 안나는 경치를 보고 차갑게 미소지으며 상대를 불쾌하게 만들지 않도록 애쓰며 말했다.

"참으로 신비스런 경치군요……."

그것은 마치 이렇게 말하는 것과 같은 말투였다.

"해가 잘도 내리쬐어요."

크리스토프는 조바심이 나서 손톱이 손바닥을 파고들 만큼 주먹을 불끈 쥐었다. 그 뒤로는 아무 말도 묻지 않았다. 그리고 안나가 외출할 때는 무슨 핑계를 대서라도 집에 남아 있었다.

실은 안나가 자연에 대해 무감각하다는 것은 틀린 말이었다. 그녀는 일반적으로 아름다운 경치라고 부르는 것을 좋아하지 않았다. 그것을 다른 경치와 구별하지 않았다. 그러나 그녀는 시골을, 그것이 어떤 시골이든지 간에, 그 대지와 공기를 좋아했다. 다만 자기의 다른 강한 감정에 생각이 미치지 않는 것처럼 이에도 미처 생각이 미치지 않는 것이었다. 그리고 그녀와 함께 있는 사람은 더욱 이에 생각이 미치지 않았다.

브라운은 끈덕지게 졸라서, 아내가 하루 동안 교외를 산책하게 했다. 안나는 번거로운 말썽이 싫었으므로 내키지는 않았으나 승낙했다. 일요일에 산책하기로 했다. 그런데 정작 떠날 시각이 임박해서 어린애처럼 좋아하며 수선 피우던 의사 브라운은 급한 환자 때문에 발이 묶여 버렸다. 그래서 크리스토프가 안나와 함께 가게 되었다.

눈이 없는 활짝 갠 겨울 날씨였다. 공기는 밝고 싸늘했고, 하늘은 푸르고 태양은 눈부셨으나 얼음장 같은 바람이 불고 있었다. 두 사람은 작은 교외선 기차를 탔다. 이 철도는 시 둘레에 멀찌감치 둘러싸고 있는 푸른 구릉의 선 하나를 따르고 있었다. 그들이 탄 차는 만원이었다. 그들은 따로따로 헤어졌다. 말도 건네지 않았다. 안나는 우울하게 시름에 잠겼다. 전날 그녀는 예배 보러 가지 않겠다는 말을 하여 브라운을 놀라게 했다. 예배에 결석하기는 이번이 처음이었다. 이것은 하나의 반항이었던 것일까? …… 그녀 마음속에 어떤 싸움이 벌어지고 있는 것이라고 누가 꼬집어 말할 수 있을까? 안나는 자기 앞의 의자를 조용히 보고 있었다. 그 얼굴은 창백했다…….

둘은 기차에서 내렸다. 둘 사이의 적대적인 쌀쌀한 태도는 산책의 처음 한동안 조금도 풀리지 않았다. 둘은 나란히 걸었다. 안나는 아무것에도 마음을 두지 않고 딱딱한 걸음걸이로 나아갔다. 손에는 아무것도 들고 있지 않았다. 팔을 흔들흔들 휘둘렀다. 발꿈치는 언 땅 위에서 소리를 냈다. 조금씩 그녀의 얼굴에 생기가 돌았다. 빨리 걸었으므로 창백한 뺨에 화색이 돌았다. 입은 상쾌한 공기를 마시기 위해 조금 벌렸다. 꼬불꼬불 굽이쳐 오르는 오솔길 모퉁이에 다다르자 안나는 산양처럼 일직선으로 언덕을 오르기 시작했다. 굴러떨어질 위험을 무릅쓰고 채석장을 따라 관목을 붙들며 올라갔다. 크리스토프도 그녀 뒤를 따랐다. 그녀는 미끄러워 양손으로 풀 포기를 붙잡으면서도 그보다 빨리 기어올라갔다. 크리스토프는 기다려 달라고 커다란 소리로 외쳤다. 안나는 대꾸도 하지 않고 기다시피하면서도 계속 올라갔다. 골짜기 위에 은빛 엷은 베일처럼 떠 흐르며 관목 숲에 걸려 찢어진 안개 속을 두 사람은 가로질렀다. 이 안개를 빠져나와 위로 오르자 따뜻한 햇살 속으로 나왔다.

정상에 다다른 뒤 안나는 뒤돌아보았다. 그 얼굴은 환히 빛났다. 입은 커다랗게 벌려 숨을 쉬고 있었다. 그녀는 익살스런 눈으로 비탈을 기어오르는 크리스토프를 보고 외투를 벗어 그의 코끝에 던졌다. 그러고 나서 그가 숨을 돌릴 사이도 없이 또다시 달려갔다. 크리스토프는 그녀를 뒤쫓았다. 그들은 이 놀이가 재미있어졌다. 공기가 그들을 취하게 했다. 안나는 경사가 급한 비탈을 향해 돌진했다. 발밑에서 돌이 굴렀다. 그러나 그녀는 조금도 주저하지 않았다. 미끄러지고 뛰어오르고 화살처럼 달리곤 했다. 가끔 뒤를 흘긋 보고 얼마만큼 크리스토프를 앞질렀는지 재곤 했다. 크리스토프는 그녀를 앞질렀다. 안나는 숲 속으로 뛰어들었다. 마른 잎이 둘의 발밑에서 바스락거렸다. 그녀가 헤치는 나뭇가지가 그의 얼굴을 쳤다. 안나가 나무뿌리에 걸려 넘어졌다. 크리스토프는 그녀를 붙잡았다. 그녀는 몸을 바둥거리고 손발을 파닥거리며 그를 세게 때리며 넘어뜨리려 했다. 그리고 외치고 크게 웃었다. 안나의 가슴은 크리스토프에게 기대어 헐떡이고 있었다. 두 사람의 뺨이 서로 닿았다. 그는 안나의 관자놀이를 적신 땀을 빨았다. 그녀의 젖은 머리 냄새를 맡았다. 그녀는 꽉 힘을 주어 밀치며 몸을 빼냈다. 그리고 태연히 상대를 모멸하는 듯한 눈초리로 그를 바라보았다. 크리스토프는 그녀 속에 있는 힘에 깜짝 놀랐다. 그녀는 그 힘을 일상생활에서는 전혀 쓰지 않았다.

둘은 발밑에서 풍겨오르는 마른 보리 밑동을 쾌활하게 짓밟으며 다음 마을까지 갔다. 그들 앞에 밭에서 먹이를 찾던 까마귀 떼가 날아올랐다. 태양이 강렬히 내리쬐고 살을 에는 바람이 몰아쳤다. 크리스토프는 안나의 팔을 잡았다. 그녀는 별로 두껍지 않은 옷을 입고 있었다. 그는 그 천 밑으로 땀에 젖은 따뜻한 육체를 느꼈다. 그는 그녀에게 외투를 입히려 했다. 그녀는 이를 거절하고, 허세를 부려 깃의 호크까지 끌렀다. 간판에 '야만인'의 모습이 그려져 있는 음식점에서 둘은 식탁에 앉았다. 입구 앞에는 작은 전나무한 그루가 서 있었다. 방의 장식으로는 몇 개의 독일 4행시와 두 장의 착색 석판화와—한 장은 '봄에 주노라'라는 감상적인 것이고, 또 한 장은 '생 자크의 싸움'이라는 애국적인 것이었다—십자가의 발밑에 두개골이 붙어 있는 그리스도 수난상이 있었다. 안나는 크리스토프가 이제까지 본 적이 없을 만큼 많이 먹었다. 둘은 즐겁게 가벼운 백포도주를 마셨다. 식사가 끝나자 둘은 또 의좋은 벗처럼 밭 가운데를 걷기 시작했다. 어떤 불순한 생각은 전혀 없었다. 둘은 그저 걷는 기쁨과 끓어오르는 피와 몰아치는 공기의 쾌감밖에는 생각하고 있지 않았다. 안나의 혀끝이 풀어졌다. 그녀는 이제 자신을 경계하고 있지 않았다. 무엇이건 떠오르는 대로 상관 않고 지껄였다.

그녀는 어린 시절의 일을 얘기했다. 할머니는 그녀를 성당 근처에서 살고 있는 친구 집에 자주 데리고 갔다. 노파들이 얘기하는 동안 그녀는 넓은 뜰에 나가 있었다. 거기에는 성당의 그림자가 드리워져 있었다. 그녀는 구석진 곳에 앉은 채 꼼짝하지 않았다. 나뭇잎이 흔들리는 것에 귀 기울이고 곤충의 무리가 꿈틀거리는 것을 가만히 지켜보았다. 그것은 재미있기도 하고 겁이 나기도 했다. 안나는 악마를 두려워했던 얘기는 하지 않았다. 그 무렵 그녀의 상상에는 늘 악마가 따라다녔다. 악마가 교회 속에 들어가지 못하고 주위를 어슬렁거리고 있다고 들었다. 그리고 그녀에게는 거미 도마뱀 개미 따위의, 나뭇잎 밑이나 땅바닥 위 또는 벽의 갈라진 틈에 꾸역꾸역 모여든 꼴사나운 작은 생물들의 형체에서 악마의 모습이 보이는 것 같았다. 그리고 자기가 살고 있던 집이나 햇빛이라곤 구경도 못하는 자기 방 얘기를 들려주었다. 안나는 그러한 것들을 즐겁게 생각해 냈다. 그녀는 거기서 여러 가지 일을 자신에게 얘기하며 잠이 오지 않는 밤을 지냈던 것이다…….

"어떤 일을?"

"바보 같은 일이에요."

"얘기해 봐요."

안나는 싫다고 머리를 저었다.

"왜요?"

그녀는 얼굴을 붉히고, 그리고 웃고 다시 덧붙였다.

"그리고 낮에도 일을 하면서요."

그녀는 그 일을 잠깐 생각하고는 또다시 깔깔대고 이렇게 맺었다.

"바보 같은 짓을, 해선 안 되는 일을요."

크리스토프는 놀리듯 말했다.

"그래도 무섭지 않았나요?"

"무엇이?"

"하느님의 벌을 받는 것이."

안나의 얼굴이 차갑게 굳어졌다.

"이 얘기는 그만두지요." 안나가 말했다.

크리스토프는 화제를 바꾸었다. 아까 싸울 때 안나가 보인 힘을 칭찬했다. 안나는 다시 신뢰감을 돌이켜 소녀 시절의 무용담을 얘기했다(그녀는 '개구쟁이 시절'이라고 말했다). 사내아이의 놀이와 싸움패거리에 끼고 싶었으므로, 어느 때는 자기보다 머리 하나 더 큰 사내아이와 놀다가 느닷없이 주먹으로 옥박질렀다. 상대가 덤벼들 거라고 생각했다. 그러나 상대는 그녀가 때렸다고 울부짖으며 달아나 버렸다. 또 어떤 때는 시골에서 풀을 먹고 있는 검정 암소 등에 기어올랐다. 소는 기겁하여 그녀를 나무에 내팽개쳤다. 안나는 조금만 더 했더라면 죽을 뻔했다. 또 어떤 때는 자기로서는 도저히 2층에서 뛰어내릴 수 없으리라고 생각했기 때문에 도리어 큰맘 먹곤 이를 해치웠다. 다행히 몸을 한 군데 삐었을 뿐이다. 집에 혼자 있을 때는 기발하고 위험한 체조를 생각했다. 그리고 갖가지 이상스런 시련을 자기 몸에 주었다.

"지금처럼 고지식한 당신을 보면 도저히 그런 일은 상상이 안 되는군요……."

"아!" 그녀는 말했다. "때로 제 방에 혼자 있는 저를 보신다면!"

"뭐라구요! 지금도요?"

안나는 웃었다. 그리고 다른 화제로 옮겨서 사냥을 한 일이 있느냐고 크리스토프에게 물었다. 그는 없다고 대답했다. 그녀는 한 번 티티새를 쏘아 맞힌 적이 있다고 말했다. 그는 분개했다.

"어머나!" 그녀는 말했다. "그게 어때서요?"

"그렇다면 당신에게는 감정이 없다는 건가요?"

"그런 일 저는 전혀 모르겠어요."

"동물도 우리와 똑같은 생명이라고 생각지 않으십니까?"

"그렇게 생각해요." 그녀는 말했다. "마침 물어보려던 참인데요, 동물들이 혼을 갖고 있다고 믿으세요?"

"물론 그렇게 믿고 있습니다."

"목사님은 갖고 있지 않다고 하셨어요. 하지만 나는 동물에게도 혼이 있다고 생각해요. 무엇보다" 안나는 무척 진지한 얼굴로 덧붙였다. "나는 전생에 동물이었다고 생각해요."

크리스토프는 웃었다.

"웃을 필요 없어요." 안나는 말했다(그러면서 그녀도 역시 웃고 있었다). "어렸을 때 저는 이 일도 나 자신에게 들려주었어요. 나는 내가 고양이나 개나 작은 새나 망아지나 송아지라고 상상해 보았어요. 나는 그러한 동물들의 욕망을 느꼈어요. 잠깐이라도 좋으니 동물의 털이나 깃이 났으면 하고 바랐죠. 또 실제로 그것이 돋아난 듯한 생각이 들었어요. 당신은 그런 건 이해 못하시지요?"

"당신도 참 이상한 사람이군. 하지만 그런 식으로 동물과 혈연관계가 있다고 느끼면서 어떻게 동물에게 해를 입힐 수 있었죠?"

"사람은 언제나 누군가에게 해를 끼치고 있어요. 어떤 사람들은 내게 해를 끼치고, 나는 다른 사람들에게 해를 끼치고 있어요. 그것이 자연의 도리인걸요. 저는 짜증 같은 것은 내지 않아요. 인생을 살아가려면 너무 마음이 약해서는 안 돼요. 나는 나 자신에게 고통을 주면서 즐길 때가 있어요!"

"자기 자신에게?"

"네, 자신에게요. 보세요. 어느 날 쇠망치로 내 손에 못을 때려 박은 일도 있어요."

"무엇 때문입니까?"

"이유는 없어요."(그녀는 자기를 십자가에 매달고 싶었었다는 것은 말하지 않았다.)

"당신 손을 내밀어 보세요." 그녀는 말했다.

"뭘 하시려구요?"

"하여튼 내밀어 보세요."

크리스토프는 손을 내밀었다. 안나는 그 손을 잡고 그가 그만 악 하고 소리칠 만큼 세게 쥐었다. 그들은 두 농부처럼 되도록 상대를 아프게 하는 경쟁을 했다. 둘은 순진한 흥미 속에서 마냥 즐거웠다. 다른 모든 일, 예컨대 생활의 속박, 과거의 슬픔, 앞날에 대한 불안, 둘의 마음속에서 바야흐로 일어나고 있던 흔들림 따위는 모두 다 사라졌다.

두 사람은 수십 리 길을 걸었다. 그러나 조금도 피로를 느끼지 않았다. 돌연 안나가 우뚝 서더니 땅바닥에 몸을 던져 보리 밑동 위에 누워 아무 말도 하지 않았다. 두 손을 뒤통수에 깍지 끼고 반듯하게 누운 채 가만히 하늘을 바라보고 있었다. 얼마나 평화로울 것인가? 얼마나 편안할 것인가! 몇 발짝 앞에 감추어진 샘이 어느 때는 약하고 어느 때는 강하게 치는 맥박처럼 간격을 두어 솟아나고 있었다. 지평선은 진주색이었다. 잎이 진 검은 나무 숲이 서 있는 보랏빛 지평선 위에는 안개가 떠돌았다. 늦은 겨울의 태양, 하얀 금빛의 젊디젊은 태양이 잠들었다. 반짝이는 몇 개의 화살처럼 작은 새가 공기를 찢고 날았다. 시골의 조용한 종소리가 마을에서 마을로, 서로 부르고 서로 대꾸하고 있었다……. 크리스토프는 안나 곁에 앉아서 그녀를 가만히 바라보았다. 안나는 그에 대해서는 생각하고 있지 않았다. 아름다운 입은 말없이 웃고 있었다. 크리스토프는 이런 것을 생각했다.

이는 확실히 당신인가요? 내게는 이제 당신이 아닌 것같이 여겨지는데요. —저도, 저도 그래요. 나는 딴 인간이 된 듯한 기분이에요. 나는 이제 겁나지 않아요. 나는 이제 그 따윈 무섭지 않아요……. 아, 얼마나 그는 나를 질식시키고 괴롭혔던 것인가요! 나는 못질한 관 속에 갇혀 있었던 것만 같아요……. 지금은 숨을 제대로 쉴 수 있어요. 이 몸, 이 마음은 내 것이에요. 내 몸, 내 자유로운 몸, 내 자유로운 마음, 내 힘, 내 아름다움, 내 기쁨! 나는 그것을 여태껏 모르고 있었던 거예요. 나는 자신을 모르고 있었어요! 당신은 저를 어떻게 하시겠어요…….

이리하여 크리스토프에게는 안나가 살짝 한숨짓는 것이 들린 듯했다. 그러나 그녀는 자기가 행복하다는 것, 모든 것이 훌륭하다는 것밖에는 아무 생각도 없었다.

이미 해가 저물어 가고 있었다. 4시쯤 되면서부터 태양은 내리쬐는 데 지쳐서 잿빛 어린 보랏빛 안개의 장막 밑으로 자취를 감추었다. 크리스토프는 일어서서 안나에게 다가갔다. 그리고 그녀 위에 몸을 기울였다. 그녀는 자신이 하늘에 떠 있는 듯한 현기증에 가득 찬 눈을 그에게로 돌렸다. 잠시 뒤에 가까스로 그가 누구라는 것을 알았다. 그러자 안나의 눈은 수수께끼와 같은 미소를 띠고 크리스토프를 물끄러미 바라보았다. 그 미소는 그녀의 눈에 깃든 곤혹을 크리스토프에게로 전했다. 크리스토프는 그 눈에서 도망치기 위해 한순간 눈을 감았다. 다시 눈을 떠 보자 크리스토프는 역시 물끄러미 보고 있었다. 그러자 그에게는 며칠이고 이렇게 서로 바라보고 있었던 것 같은 기분이 들었다. 둘은 서로 상대의 혼을 읽어 내고 있었다. 그러나 무엇을 읽어 냈는지 알고 싶어하지 않았다.

크리스토프는 손을 내밀었다. 안나는 아무 말도 않고 그 손을 잡았다. 둘은 마을 쪽으로 되돌아갔다. 저 멀리 골짜기 바닥에 카드의 '스페이드'와 같은 모양의 지붕을 가진 마을의 탑이 보였다. 탑 하나는 이끼 돋은 기와지붕 꼭대기에 황새의 빈 둥지가 있는데, 그것이 마치 이마 위에 챙 없는 모자를 뒤집어쓴 것처럼 보였다. 마을 입구에 있는 가까운 네거리에서 그들은 샘 앞을 지나쳤다. 샘 위에는 가톨릭교의 작은 성녀상, 나무로 된 마그달레나 상이 우아한, 조금 뽐내는 자태로 서서 양팔을 뻗고 있었다. 안나는 그 몸짓에 답하여 본능적인 동작으로 자신도 양팔을 뻗었다. 그리고 샘의 섬돌 위로 올라가 호랑이가시나무의 가지와 작은 새들의 부리나 서리를 면한 붉은 열매 송이를 아름다운 여신의 양손에 수북이 바쳤다.

둘은 길에서 나들이옷을 입은 농부들과 마주쳤다. 여자들은 피부가 갈색으로 타고 혈색 좋은 뺨을 하고 숱이 많은 머리를 틀어서 묶었으며, 화려한 옷을 입고 꽃장식이 달린 모자를 쓰고 있었다. 흰 장갑을 끼고 있었는데 붉은 손목이 보였다. 그녀들은 점잖은 노래를 부르고 째질 듯 높고 평온한, 그리고 별로 가락이 맞지 않는 목소리로 노래 불렀다. 가축의 우리에서 암소가 울고 있었다. 백일해 걸린 아이가 집 안에서 기침을 했다. 조금 먼 데서 코맹맹이 클라리넷과 코르넷 소리가 들려왔다. 술집과 묘지 사이의 마을 광장에서 사람들이 춤추고 있었다. 약사 네 사람이 한 탁자 위에 올라앉아 연주했다. 안나와 크리스토프는 여관 앞에 걸터앉아 춤추는 사람들을 구경했다. 춤추는 짝은 서로 부딪치고 서로 시끄럽게 욕지거리를 했다. 계집애들은 고함을 지르는 것이 재미있어서 외쳐 댔다. 술을 마시는 사람들은 탁자를 주먹으로 쳐서 장단을 맞추고 있었다. 다른 때였더라면 이러한 어리석은 기쁨은 안나를 불쾌하게 했을는지도 모른다. 그러나 이날 저녁 그녀는 오히려 즐기고 있었다. 모자를 벗고 생기 있는 얼굴로 구경하고 있었다. 크리스토프는 그 음악과 악사들의 우스꽝스런 고지식한 태도에 웃음을 터뜨렸다.

크리스토프는 주머니를 뒤져 연필을 꺼내서 여관 계산서 뒤쪽에 횡선과 점을 그려갔다. 댄스곡을 쓰고 있는 것이었다. 종이는 이내 가득 찼다. 그는 종이를 몇 장 더 얻어와 처음 한 장과 마찬가지로 서둘러 서투른 솜씨의 선이 굵은 악부로 그것을 메웠다. 안나는 뺨을 그의 뺨에 가까이 하고 어깨 너머로 이를 읽으며 나직이 노래 불렀다. 그녀는 악구 끝머리를 예측하려고 애썼다. 그리고 그 예측이 맞거나 혹은 자기의 예상이 뜻밖의 기지로 빗나가든가 할 때엔 손뼉을 쳤다. 다 쓰자 크리스토프는 이를 악사들한테 가져갔다. 그들은 자기 일을 잘 알고 있는 훌륭한 슈바벤인이었다. 악보를 보자 단번에 침착하게 연주하기 시작했다. 그 절(節)은 감상적이고 동시에 어릿광대의 우스꽝스런 맛을 지니고 있어 돌발하는 웃음으로 구분된 듯한 엇갈리는 리듬이 있었다. 그 성급한 어릿광대의 가락에는 도무지 저항할 수 없었다. 자연히 발이 춤추기 시작했다. 안나는 론도(rondo) 속으로 뛰어들어 닥치는 대로 두 손을 붙잡고 미친 듯이 춤추며 돌았다. 별갑 세공의 핀이 머리에서 떨어졌다. 말았던 머리가 풀려 뺨에 늘어뜨려졌다. 크리스토프는 그녀에게서 눈을 떼지 않았다. 무자비한 규율 때문에 여태껏 침묵하게 되었고 활동하지 못했던 이 억세고 아름다운 동물에게 그는 감탄했다. 그에게는 이러한 그녀가 여태까지 아무도 보지 못한, 빌려 온 가면 속의 정말 그녀인 듯싶었다. 그녀의 참모습은 힘에 도취한 바커스 신의 무녀인 것이다. 안나는 그를 불렀다. 크리스토프는 그녀 쪽으로 달려가 그녀를 붙잡았다. 두 사람은 계속해 춤을 추어 드디어는 빙글빙글 돌며 벽에 부딪쳤다. 둘은 현기증이 나서 멈춰 섰다. 벌써 밤이 되었다. 둘은 조금 쉬고 다시 사람들에게 작별을 고했다. 여느 때는 서민계급 사람들에 대해서는 숨이 답답해서인지 아니면 경멸하고 있어서인지, 그토록 딱딱한 태도를 취하던 안나가 악사와 여관집 주인과 함께 론도를 춘 마을 청년들에게 상냥스럽게 손을 내밀었다.

두 사람은 다시 단둘이 되어, 얼어붙어 번쩍거리는 하늘 아래서 아침에 지나온 길을 걸어갔다. 안나는 아직도 흥분해 있었다. 그녀는 조금씩 말수가 적어졌다. 그새 피로했는지, 아니면 밤의 신비적 정서에 마음을 빼앗겼음인지 전혀 입을 떼지 않게 되었다. 그녀는 상냥스럽게 크리스토프에게 기대고 있었다. 몇 시간 전에 기어오른 비탈을 내려오며 후우 한숨을 지었다. 두 사람은 정거장에 이르렀다. 첫 번째 집 근처에서 크리스토프는 멈춰서서 안나의 얼굴을 바라보았다. 그녀도 그의 얼굴을 바라보며 우울하게 미소지었다. 기차는 올 때와 마찬가지로 붐비었다. 둘은 얘기를 할 수가 없었다. 크리스토프는 안나 앞에 앉아 그녀를 물끄러미 보고 있었다. 그녀는 눈을 내리깔았다. 그녀는 크리스토프 쪽으로 눈을 들었다가는 다시 시선을 돌렸다. 크리스토프는 다시는 자기 쪽으로 안나의 시선을 돌리게 할 수 없었다. 그녀는 창밖의 어둠을 보고 있었다. 입술 한구석에 조금 피로가 감돌고 어렴풋이 미소를 띠었다. 이윽고 미소도 사라졌다. 표정이 어두워졌다. 크리스토프는 그녀가 기차에 흔들려 꾸벅꾸벅 졸고 있는 거라고 생각해서 말을 걸어 보았다. 안나는 뒤돌아보지도 않고 짧고 쌀쌀하게 대답했다. 그는 이러한 변화는 피로 때문이라고 억지로 자기 자신에게 타이르려고 했다. 그러나 이유는 다른 것에 있음을 똑똑히 알고 있었다. 시에 가까워짐에 따라 안나의 얼굴이 굳어지고 생기가 사라지고 야성적인 우아스런 아름다움을 지닌 몸이 다시 돌 테두리 속으로 들어가는 것을 크리스토프는 보았다. 기차에서 내릴 때도 그녀는 그가 내미는 손을 붙잡지 않았다. 둘은 침묵을 지킨 채 돌아왔다.

*

그로부터 며칠 뒤 오후 4시쯤, 그들은 단둘이만 있게 되었다. 브라운은 외출했다. 전날부터 거리는 연초록빛 안개에 휩싸였다. 강의 모습은 보이지 않지만 물소리가 높아졌다. 전차의 섬광이 때로 안개 속에서 번득였다. 햇빛은 질식해서 사라졌다. 이제는 몇 시쯤인지도 분간할 수 없었다. 현실에 대한 의식을 온통 잃어버리는 한때이며 세기 밖에 있는 시간이었다. 요 며칠 사이의 살을 에는 듯한 바람 뒤에 축축한 공기가 갑자기 부드러워져 미적지근해졌다. 하늘은 눈구름을 잔뜩 품고 그 무게로 휘었다.

그들은 객실에 둘이서만 있었다. 이 객실의 차가운 편협한 취미는 주인의 취미를 그대로 반영했다. 둘은 서로 한 마디도 하지 않았다. 크리스토프는 책을 읽고 있었다. 안나는 바느질을 하고 있었다. 그는 일어나서 창가로 다가갔다. 그 유리창에 얼굴을 갖다 대고 생각에 몰두했다. 어두컴컴한 하늘에서 남빛 대지에 내리던진 흐릿한 이 빛은 그의 마음을 혼미하게 했다. 그의 생각은 안정되지 않았다. 그는 이것을 확실히 붙잡으려고 했다. 그러나 그 생각은 달아났다. 어떤 고뇌가 덮쳐왔다. 크리스토프는 자신이 끌려드는 것 같은 생각이 들었다. 그리고 그의 존재의 공허 속에 쌓아올린 폐허의 밑바닥에서 열풍이 느릿하게 맴돌며 불어왔다. 그는 안나를 등지고 있었다. 그녀는 그를 보지 않고 일에 열중해 있었다. 그러나 전율이 안나의 온몸을 휩쓸었다. 그녀는 몇 번이나 바늘에 손가락을 찔렸다. 그러나 조금도 그것을 못 느꼈다. 그들은 둘 다 다가오는 위험에 매혹되었다.

크리스토프는 애써 멍한 상태에서 깨어나 방 안을 대여섯 걸음 걸어다녔다. 피아노는 그를 끌어당기고 또 그에게 공포를 품게 했다. 그는 그것을 보지 않으려고 애썼다. 그러나 그 옆을 지나치자 그의 손은 저항할 수 없었다. 불현듯이 그 손은 건반에 닿았다. 음은 목소리처럼 떨렸다. 안나는 부르르 몸을 떨고 일감을 떨어뜨렸다. 크리스토프는 이미 앉아서 치고 있었다. 안나가 일어나서 다가와 지금 곁에 있음을 그는 그 모습을 보지 않아도 똑똑히 느꼈다. 자기가 무엇을 하려는 것인지 알아채기도 전에 크리스토프는 벌써, 안나가 처음으로 자기의 참모습을 보였을 때 노래한 저 종교적이고 정열적인 곡을 치기 시작했다. 그는 또 그 테마를 바탕으로 격앙된 가락의 변주곡을 즉흥적으로 연주했다. 그가 한 마디도 말하지 않는데도 안나는 노래 부르기 시작했다. 둘은 주위에 있는 것을 전혀 느끼지 않게 됐다. 음악의 신성한 열광이 그들을 꽉 붙들고 휘몰았다……

오, 혼의 심연을 여는 음악이여! 너는 정신의 습관적인 균형을 파괴한다. 평범한 생활에 있어서 보통 혼은 닫힌 방이다. 내부에서는 쓸 줄을 모르는 여러 가지 힘이, 다 쓰지 못하는 덕과 악이 쇠퇴해 간다. 현명하고 실제적인 이성이, 겁쟁이의 상식이 방의 열쇠를 갖고 있다. 그리고 아주 평범하게 정돈된 몇 개의 장롱을 보여줄 뿐이다. 그렇지만 음악은 마법의 작은 나뭇가지를 갖고 있어 어떤 자물쇠도 풀어 버린다. 문이 열린다. 마음의 악마가 자태를 나타낸다. 거기서 혼은 비로소 자신의 적나라한 모습을 본다……. 마의 인어가 노래 부르는 동안은 맹수를 길들이는 사람이 야수들을 감시하고 있다. 대음악가의 강력한 이성이 자신이 풀어 놔 준 정열을 매혹하고 있다. 그러나 음악이 침묵하고 맹수를 길들이는 사람이 없어지면 불러일으켜진 정열은 우리 안을 흔들고 짖으며 먹이를 구하러 다닌다……

멜로디는 끝났다. 침묵…… 안나는 노래 부르며 크리스토프의 어깨 위에 손을 얹고 있었다. 그들은 이제 꼼짝도 할 수 없었다. 그리고 둘 다 떨었다 ……. 돌연…… 그것은 다만 한순간의 일이었다. 안나는 크리스토프의 위에 몸을 숙였고 크리스토프는 안나 쪽으로 몸을 일으켰다. 두 사람의 입이 맞추 어졌다. 그는 그녀의 숨을 들이마셨다…….

안나는 크리스토프를 밀어제치고 달아났다. 그는 어둠 속에 가만히 움직 이지 않고 있었다. 브라운이 돌아왔다. 세 사람은 식탁에 앉았다. 크리스토 프는 아무런 생각도 할 수 없었다. 안나의 마음은 여기엔 없는 것 같았다. 그녀는 다른 곳을 바라보고 있었다. 식사가 끝나자 곧 그녀는 자기 방으로 들어갔다. 크리스토프도 브라운과 둘이 남아 있을 수 없어서 자기 방으로 물 러갔다.

한밤중, 브라운은 이미 잠들어 있다가 급한 환자가 생겨 왕진을 나가게 되 었다. 크리스토프는 그가 계단을 내려가 밖으로 나가는 소리를 들었다. 여섯 시간 전부터 눈이 내리고 있었다. 인가도 도로도 눈에 덮였다. 공기는 솜을 쑤셔넣은 것 같았다. 밖에서는 발소리도 차 소리도 나지 않았다. 거리가 온 통 조용했다. 크리스토프는 잠이 오지 않았다. 그는 시시각각 더해 가는 어 떤 공포를 느꼈다. 꼼짝달싹할 수 없었다. 침대에 못박혀 눈을 커다랗게 뜨 고 있었다. 흰 눈에 덮인 땅바닥과 지붕이 반사하는 금속성의 밝은 빛이 방 의 벽에 떠돌았다……. 가냘픈 어떤 소리에 그는 흠칫 몸을 떨었다. 귀가 열이 나서 과민해 있었으므로 그것이 들린 것이다. 그것은 무엇인가가 복도 의 마룻바닥을 가볍게 스치는 소리였다. 크리스토프는 침대 위에서 몸을 일 으켰다. 가냘픈 소리는 다가와서 멈췄다. 마루가 삐걱거렸다. 누군가 방문 저쪽에 있었다. 그리고 기다리고 있는 것이다……. 몇 초 동안은, 아니 아 마도 몇 분 동안은 전혀 아무것도 움직이지 않았다. 크리스토프는 그만 숨이 턱에 닿았다. 땀에 흠뻑 젖었다. 밖에서는 눈이 날개털처럼 유리창을 스치며 내렸다. 손 하나가 방문을 더듬었다. 문이 열렸다. 입구에 흰 모습이 나타나 천천히 앞으로 걸어나왔다. 침대에서 몇 발짝 떨어진 곳에서 일단 멈췄다. 크리스토프에게는 아무것도 보이지 않았다. 그러나 상대의 숨소리가 들렸 다. 그리고 두근두근 고동치는 자기 심장의 고동도……. 안나는 침대 곁으 로 왔다. 그녀는 또 한 번 멈췄다. 두 사람의 얼굴은 아주 가까워졌으므로 숨이 한데 섞였다. 두 사람의 눈은 어둠 속에서 상대의 눈을 알지 못해 서로 찾았다……. 그녀가 그의 위에 쓰러졌다. 두 사람은 한 마디도 하지 않고 침묵 가운데 미친 듯이 서로 끌어안았다…….

한 시간, 두 시간, 한 세기라도 지난 것 같았다. 집의 문이 열렸다. 안나는 두 사람을 엉키게 한 포옹으로부터 몸을 빼내어 침대에서 미끄러져 내려가, 왔을 때와 똑같이 한 마디도 하지 않고 크리스토프 앞에서 사라졌다. 그의 귀에 그녀의 맨발이 재빨리 마룻바닥을 미끄러지며 멀어져 가는 것이 들렸다. 안나는 자기 방으로 돌아갔다. 브라운은 침대에 모로 누워 잠들어 있는 듯이 보이는 그녀를 보았다. 이리하여 안나는 좁은 침대에 포근히 잠든 브라운 옆에서 밤새도록 뜬눈으로 숨을 죽이며 꼼짝도 않고 가만히 있었다. 이제까지 이런 식으로 그녀는 몇 날 밤을 보냈던 것일까!

크리스토프도 잠들 수 없었다. 그는 절망에 빠졌다. 그는 연애에 대해서는, 특히 결혼에 대해서는 비통할 만큼 엄숙한 생각을 품고 있었다. 간통으로 작품에 자극을 주는 작가들의 경박함을 그는 싫어했다. 간통은 그에게 혐오감을 일으키게 했다. 그러한 기분 속에는 그의 시민적인 거친 감정과 도덕적인 숭고한 정신이 한데 섞여 있었다. 크리스토프는 타인에게 속한 여성에게는 경건한 존경과 육체적인 혐오를 동시에 느끼고 있었다. 유럽의 어떤 상류 인사들의 개처럼 난잡스런 남녀 관계는 그에게 구토를 일으키게 했다. 남편에 의해 묵인된 간통은 더없이 불결한 것이다. 남편이 모르는 간통은 몰래 주인을 배신하고 욕보이는 비열한 종이 하는 것 같은 천한 기만이다. 여태까지 몇 번이나 그는 그러한 비열한 죄를 범하고 있는 사람들을 보고 얼마나 사정없이 경멸했던가! 그의 눈앞에서 그러한 불명예스러운 짓을 한 몇몇 벗과는 절교해 버렸었다……. 그렇지만 이번에는 그가 똑같은 오욕으로 자신을 더럽힌 것이다! 크리스토프가 범한 상황은 자신을 한층 가증한 것으로 만들었다. 그는 이 집에 병든 비참한 몸으로 온 것이었다. 그리고 벗이 그를 맞아들여 도와주고 위로해 주었다. 벗의 친절은 변함이 없었다. 아무것도 그 기분을 피로케 하진 않았다. 크리스토프가 지금도 역시 생활을 계속하고 있는 것은 벗 덕분이었다. 그런데 그 보답으로 벗에게서 그 명예와 행복을, 조용한 가정의 행복을 빼앗은 것이다! 비열하게도 벗을 배반한 것이다. 더욱이 누구와 공모해서! 자기가 잘 알지도 못하고 이해도 못하는 또 사랑하고 있지도 않은 여자와 공모해서……. 아니, 사랑하고 있지 않은 것일까? 온몸의 피가 이에 반발하며 끓어올랐다. 안나 생각을 하자마자 격류와 같은 불꽃이 크리스토프를 불태웠다. 이것을 표현하는 데는 연애라는 말은 너무나 약했다. 그것은 연애가 아니었다. 연애보다 천 배나 강한 것이었다……. 그는 그날 밤을 폭풍 속에서 지새웠다. 일어나 차가운 물 속에 얼굴을 담갔다. 숨이 답답하고 몸이 부들부들 떨렸다. 이러한 오뇌 끝에 열의 발작이 일어났다.

상처받은 마음으로 일어났을 때 크리스토프는 자기보다도 안나가 부끄러움에 짓눌려 있을 것이 틀림없다고 생각했다. 그는 창가로 갔다. 태양이 눈 위를 비춰 눈이 부셨다. 뜰에는 안나가 세탁한 속옷을 빨랫줄 하나에 널고 있었다. 일에 골몰해 있어 아무것도 마음이 동요되지 않는 것 같았다. 그 동작과 몸짓에는 크리스토프가 이제까지 본 적이 없는 어떤 위엄이 있었다. 뭔가 조각상의 움직임이라도 본 듯했다.

점심때 두 사람은 다시 얼굴을 맞대었다. 브라운은 온종일 집에 없었다. 크리스토프는 그와 만나는 것을 도저히 견뎌내지 못했을 것이다. 그는 안나에게 말을 걸고 싶었다. 그러나 둘만이 아니었다. 식모가 왔다 갔다 하고 있었다. 조심해야 했다. 크리스토프는 안나의 시선을 찾았으나 헛일이었다. 그녀는 그를 봐 주지 않았다. 마음이 산란한 것같이 보이지도 않았다. 여전히 조그만 동작에도 여느 때에 없던 자신과 기품이 있었다. 식사가 끝나자 이제야 가까스로 얘기를 할 수 있다고 여겨졌다. 그러나 식모는 남아서 뒷정리로 꾸물거렸다. 그리고 두 사람이 옆방으로 들어가도 항상 무엇을 가지러 오거나 도로 갖다 놓으러 오거나 해서 둘의 뒤를 밟고 있는 듯한 시늉을 했다. 복도에 있어도 안나가 얼른 닫지 않는 반쯤 열린 방문 주위에서 무언지 바스락대며 찾고 있었다. 마치 두 사람을 염탐하고 있는 듯했다. 안나는 언제까지도 끝나지 않는 일거리를 손에 들고 창가에 걸터앉았다. 크리스토프는 밝은 곳을 등지고 안락의자에 깊이 파묻혀 책의 페이지를 펼쳤으나 읽고 있지는 않았다. 안나는 그의 옆얼굴이 보이는 위치에 있어 한눈으로 벽을 조용히 보고 있는 그의 괴로운 듯한 얼굴을 보았다. 그리고 잔인한 미소를 띠었다. 집의 지붕에서, 뜰의 나무에서 녹은 눈이 모래밭에 뚝뚝 조용한 소리를 내며 방울져 떨어졌다. 멀리 한길에서 눈싸움을 하는 아이들의 웃음소리가 들렸다. 안나는 꾸벅꾸벅 조는 것 같았다. 침묵은 크리스토프를 괴롭혔다. 괴로운 나머지 버럭 소리치고 싶을 정도였다.

마침내 식모가 아래층으로 내려가 밖으로 나갔다. 크리스토프는 일어나서 안나를 보고 이렇게 말하려고 했다.

"안나! 안나! 우리는 왜 이런 짓을 한 것일까?"

안나는 그를 뚫어지게 보고 있었다. 집요하게 내리깔았던 눈이 지금은 커다랗게 열려 있었다. 그 눈은 타오르는 듯한 불길을 크리스토프에게 퍼부었다. 크리스토프는 그 눈에 충격을 받아 그만 비틀거렸다. 말하려 했던 것은 모두 순식간에 사라졌다. 두 사람은 서로 가까워졌다. 그리고 다시 서로 꼭 껴안았다……

저녁 어둠이 퍼졌다. 두 사람의 피는 아직도 혼란 속에 있었다. 안나는 침대에 누워 있었다. 옷을 벗은 채 양팔을 벌리고 몸을 덮으려고 하지도 않았다. 크리스토프는 베개에 얼굴을 묻고 신음하고 있었다. 안나는 크리스토프 쪽으로 몸을 일으켜 그의 머리를 안고 눈과 입을 손가락으로 애무했다. 그녀는 자기 얼굴을 가까이 갖다 대고 크리스토프의 눈 속을 가만히 들여다보았다. 그녀의 눈은 호수처럼 깊었다. 그것은 전혀 고통을 모르는 것처럼 미소지었다. 양심이 사라졌다. 그는 입을 다물었다. 전율이 커다란 물결처럼 둘을 잡아 흔들었다……

그날 밤, 크리스토프는 자기 방으로 돌아와 혼자 있게 되자 자살을 생각했다.

이튿날 그는 일어나자마자 안나를 찾았다. 지금은 크리스토프가 그녀의 시선을 피하고 있었다. 그녀의 시선과 부딪히면 말해야 할 일도 머릿속에서 사라져 버렸다. 그래도 그는 애써서 자기들 행위의 비열함을 말하려 했다. 안나는 그가 말하려 하는 바를 알자 난폭스럽게 그의 입을 손으로 틀어막았다. 그러고는 미간을 찌푸리고 입술을 악물고 기분 나쁜 얼굴을 하고 그에게서 멀어졌다. 크리스토프는 상관하지 않고 계속 말했다. 안나는 손에 든 바느질거리를 마룻바닥에 집어던졌다. 그리고 문을 열고 나가려 했다. 크리스토프는 그녀의 양손을 붙들고 문을 닫은 뒤 저지른 죄를 잊을 수 있는 당신은 행복하겠다고, 쓰디쓴 말투로 말했다. 안나는 미친 듯이 몸부림치며 격분해서 소리쳤다.

"닥쳐요! …… 비겁한 사람 같으니! 당신은 내가 괴로워하는 것을 모르는 군요! …… 당신 말은 듣고 싶지 않아요. 내버려두세요!"

안나의 얼굴은 초췌해 있었다. 그 눈은 학대받은 동물의 눈처럼 미움과 두려움이 서려 있었다. 할 수만 있다면 상대를 죽여 버리고 싶다는 눈초리였다. 크리스토프는 그녀를 놓아 주었다. 그녀는 그를 피해서 방의 반대쪽 구석으로 달아났다. 그는 쫓아가고 싶지 않았다. 마음이 고통과 공포로 죄어들었다. 그때 브라운이 돌아왔다. 두 사람은 그저 멍하니 그를 보고 있었다. 그들에게 있어서는 자신의 고뇌 말고는 아무것도 존재하고 있지 않았다.

크리스토프는 밖으로 나갔다. 브라운과 안나는 식탁 앞에 앉았다. 식사 도중에 브라운이 별안간 일어나 창문을 열었다. 안나가 기절한 것이었다.

크리스토프는 여행을 구실 삼아 반 달쯤 도시에서 자취를 감추었다. 안나는 일주일 동안 식사 시간을 제외하고는 자기 방에 틀어박혀 있었다. 그녀는 다시 자기의 양심과 습관에, 또 자기로서는 벗어났다고 생각하고 있지만 결코 벗어날 수 없는 과거의 모든 생활에 사로잡혀 있었다. 그것을 보지 않으려고 아무리 눈을 가려도 그렇게 되지 않았다. 날마다 심적 고통이 심해져 마음 안쪽으로 틀어박혀 드디어 거기에 주저앉아 버렸다. 다음 일요일, 안나는 아직 교회에 나가는 것은 거절했다. 그러나 그 다음 일요일에는 다시 교회에 나갔고, 그 뒤로는 빠지지 않고 나갔다. 그녀는 복종한 것은 아니었다. 패배한 것이었다. 신은 적이었다. 달아날 수 없었다. 안나는 복종을 강요당한 노예처럼 분노를 죽이고 신 앞으로 갔다. 그녀의 얼굴에는 예배하는 동안 적의가 담긴 차가운 표정밖에는 보이지 않았다. 그러나 혼의 밑바닥에서는 그녀의 종교 생활의 전부가 주에 대해 잠자코 있던 분노의 격렬한 싸움이 일어났다. 주의 비난은 안나를 괴롭혔다. 그녀는 못들은 체했다. 그러나 아무래도 안 들을 수가 없었다. 그래서 이를 악물고 이마에 고집 센 주름살을 짓고 험악한 눈을 하고 신을 상대로 격렬하게 논쟁을 벌였다. 그녀는 크리스토프 생각을 하자 얄미워 견딜 수 없었다. 한순간 자신을 혼의 감옥에서 끌어내 주기는 했으나 다시 그리로 떨어지는 것을 그저 보고 있을 뿐, 자기를 옥졸의 손에 넘겨 준 것을 그녀는 용서할 수 없었다. 그녀는 이제 잠이 오지 않았다. 밤낮없이 자기 마음을 가책하는 똑같은 생각을 되풀이하고 있었다.

그러나 안나는 자신을 한탄하지는 않았다. 여전히 집요하게 가사를 돌보고 모든 일과를 다하고, 의지의 완고하고 다룰 수 없는 성격을 일상생활 속에서 마지막까지 지속하고, 일상생활의 일을 기계와 같은 규칙적인 질서로써 처리해 나갔다. 그녀는 야위었다. 무언가 내부의 병이 몸을 침범한 것 같았다. 브라운은 걱정을 하며 상냥스럽게 용태를 물었다. 청진기로 진찰하려 했다. 그러나 그녀는 난폭스럽게 그를 떼밀었다. 브라운에 대해 양심의 가책을 받으면 받을수록 안나는 점점 더 차가운 태도를 보였다.

크리스토프는 두 번 다시 돌아가지 않을 결심이었다. 그는 피로로써 자신을 꺾어 눕힐 작정을 했다. 멀리 떠났다. 고된 운동을 했다. 배를 젓고, 걷고, 산에 올랐다. 그러나 그 무엇도 정열의 불을 끌 수는 없었다.

그는 정열의 포로가 되어 있었다. 정열은 천재에 있어서는 그 성질 속에 있는 필연적인 것이다. 베토벤이나 브루크너와 같은 이를 데 없이 품행이 바르고 점잖은 사람일지라도 항상 사랑하고 있어야만 한다. 그들 속에서는 모든 인간적인 힘이 북돋우고 있는 것이다. 그리고 그러한 힘은 상상력에 의해서 얻어지므로 그들의 두뇌는 언제나 정열의 포로가 되어 있는 것이다. 그것은 대개의 경우 일시적인 불꽃이다. 한 불꽃이 다른 불꽃을 멸망시킨다. 그리고 그러한 모든 불꽃이 창조적 정신의 대화에 빨려들어가 버리고 만다. 그러나 대장간 화로의 열이 혼을 한껏 채우기를 그치자 무방비의 혼은 정열의 포로가 되어 버린다. 혼은 정열 없이는 견딜 수 없는 것이다. 혼은 정열을 욕구하고 그것을 만들어 낸다. 혼은 정열에게 잡아먹히지 않고는 견딜 수 없는 것이다. 게다가 육체를 괴롭히는 거센 욕망을 제외하고도 인생에 상처받고 배신당한 남자를 모성적인 위안의 손 쪽으로 밀어 주는 애정의 욕구가 있다. 위대한 인간은 누구보다도 어린애이다. 그들은 한 여자를 신뢰하고, 그녀의 상냥스런 손바닥 위에, 그녀의 양 무릎 사이에 자기의 머리를 쉬고 싶다는 욕구를 누구보다도 강하게 가지고 있는 것이다.

그러나 크리스토프는 그런 것을 이해할 수도 없었다…… 그는 정열의 숙명 따위는—낭만주의자들이 말하는 이러한 터무니없는 일은—믿지 않았다! 그는 싸울 의무와 힘을 믿고 있었다. 자기 의지의 힘을 믿고 있었다…… 그의 의지! 대체 그것은 어디로 간 것일까? 그 흔적조차 남지 않았다. 그는 무엇에 사로잡혀 있었다. 낮이나 밤이나 추억의 가시에 찔려 괴로움을 맛보았다. 안나의 육체의 냄새가 입과 코를 흥분시키고 있었다. 그는 키(舵)를 잃고 바람 따라 떠도는 무거운 난파선이었다. 온 힘을 다해 도망치려 했으나 헛일이었다. 항상 같은 장소로 되돌아왔다. 그래서 그는 바람을 보고 외쳤다.

"자, 나를 때려눕혀라! 대체 나를 어쩔 셈이냐?"

왜, 어째서 그 여자를 찾는 것인가? …… 어째서 그 여자를 사랑하는 것인가? 그녀의 마음과 정신의 아름다움 때문일까? 그러나 더 총명하고 더 훌륭한 여자가 없는 것도 아니다. 그녀의 육체 때문일까? 그러나 그의 관능이 더 기뻐한 정부도 몇 사람인가 있었을 것이다. 그럼 무엇이 그를 사로잡은 것이었을까? —'사랑하기 때문에 사랑하는 것이다'—그렇다. 비록 보통 이유의 테두리를 넘더라도 하여튼 그것은 하나의 이유인 것이다! 미친 짓이라고? 그렇게 말한댔자 아무런 설명도 되지 않는다. 왜 그런 미친 짓을 했을까?

그것은 숨은 하나의 혼이 있기 때문이다. 맹목적인 힘이 있기 때문이다. 저마다 자기 속에 가두어 놓은 악마가 있기 때문이다. 인간이 존재하고 나서부터 인간의 모든 노력은 이 마음속 큰 바다에 대해 이성과 종교의 둑을 쌓는 일이었다. 그러나 폭풍이 일어나—(그런데 가장 풍부한 혼은 가장 폭풍을 잘 탔다)—둑이 무너지자 악마들은 자유자재로 놀아나고 똑같은 악마들에게 선동된 다른 혼과 서로 부딪쳤다. 그들은 서로 덤벼들고 서로 매달린다. 그것은 미움일까? 사랑일까? 서로 파괴하려는 열광일까? 정열, 그것은 상대를 먹이로 삼으려고 하는 혼이다.

달아나려고 반 달쯤 부질없는 안간힘을 쓴 뒤, 크리스토프는 안나의 집으로 돌아왔다. 이제는 그녀로부터 떨어져서 살 수 없었다. 그것은 숨이 막혔다.

그래도 그는 또 계속 싸웠다. 돌아온 날 저녁에 두 사람은 구실을 붙여 서로 얼굴을 맞대지도 않고 식사도 함께 하지 않았다. 밤이 되자 두 사람은 저마다 불안에 겁을 먹으며 문을 걸어 닫고 자기 방에 틀어박혔다. 그러나 아무래도 누를 길이 없었다. 한밤중에 안나는 맨발로 달려와 크리스토프의 방문을 두드렸다. 그는 문을 열었다. 그녀는 그의 잠자리로 들어왔다. 그리고 그의 곁에 얼음처럼 차가운 몸을 눕혔다. 안나는 소리를 죽여 울고 있었다.

크리스토프는 자기의 뺨에 그녀의 눈물이 흐르는 것을 느꼈다. 그녀는 기분을 가라앉히려고 애썼다. 그러나 그 고통에 이길 수 없었다. 그리고 크리스토프의 목에 입술을 눌러대고 흐느꼈다. 이러한 고뇌에 마음이 흔들려 그는 자기의 고뇌를 잊어버렸다. 크리스토프는 상냥스런 말을 해주어 안나의 기분을 진정시키려고 했다. 그녀는 신음하듯이 말했다.

"난 불행한 여자예요, 차라리 죽었으면 좋았을걸……."

이러한 한탄은 크리스토프의 마음을 찔렀다. 그는 그녀에게 키스하려 했다. 그러나 그를 밀어냈다.

"난 당신이 싫어요! 왜 집으로 왔어요?"

안나는 그의 팔을 뿌리치고 침대의 반대쪽으로 갔다. 침대는 좁았다. 서로 피하려고 해도 몸이 닿았다. 안나는 크리스토프에게 등을 대고 분노와 고통에 몸을 떨고 있었다. 그녀는 죽도록 그를 미워했다. 크리스토프는 압도되어 잠자코 있었다. 침묵 속에서 안나는 그의 억눌린 괴로운 숨소리를 들었다. 그녀는 갑자기 몸을 뒤척여 그의 몸에 양팔을 감았다.

"불쌍한 크리스토프!" 안나는 말했다. "나는 당신을 괴롭히는군요……."

크리스토프가 그녀의 이러한 연민의 정이 어린 목소리를 들은 것은 처음이었다.

"용서하세요." 그녀는 말했다.

크리스토프는 말했다.

"우리 서로 용서합시다."

안나는 이제 숨을 쉴 수 없는 것처럼 몸을 일으켰다. 침대 위에 앉아 기운이 빠진 것처럼 등을 굽히고 말했다.

"난 이제 틀렸어요……. 그것이 하느님의 뜻인걸요. 하느님은 나를 버리신 거예요……. 하느님께 대해 무엇을 할 수 있겠어요?"

그녀는 오랫동안 그대로 있었다. 그리고 다시 모로 누웠다. 그리고 이젠 꼼짝도 하지 않았다. 희미한 밝음이 새벽을 알렸다. 환한 밝음 속에서 크리스토프는 자기 얼굴 바로 곁에 괴로워하는 얼굴을 보았다.

크리스토프는 속삭였다.

"날이 샜군."

안나는 꼼짝도 하지 않았다.

크리스토프는 말했다.

"괜찮아, 상관없어!"

안나는 눈을 뜨고 못 견디게 피곤하다는 표정으로 침대에서 나왔다. 그리고 침대가에 걸터앉아 마룻바닥을 조용히 보고 있었다. 그러고 나서 억양 없는 목소리로 말했다.

"저는 어젯밤 저 사람을 죽일까 생각했어요."

크리스토프는 깜짝 놀라 펄쩍 뛰었다.

"안나!" 크리스토프는 말했다.

그녀는 침울한 태도로 창문을 조용히 보고 있었다.

"안나!" 그는 또 한 번 불렀다. "제발 부탁이야! …… 죽일 사람은 저 사람이 아니야! …… 저 사람은 이를 데 없이 훌륭한 사람이야……"

안나는 되풀이했다.

"저 사람은 아니에요. 그래요."

두 사람은 서로 얼굴을 마주 보았다.

훨씬 전부터 둘은 이를 알고 있었다. 유일한 출구가 무엇인지 알고 있었다. 거짓말 속에서 살아가는 것은 도무지 참을 수 없었다. 또 함께 달아날 수도 없을 것 같았다. 함께 달아난다 해도 아무런 해결을 가져오지 못한다는 것을 알고 있었다. 왜냐하면 어쩔 수 없는 고통의 원인은 둘을 떼놓고 있는 외부의 장애물 속에 있는 것이 아니라 그들 내부에, 그들의 서로 다른 혼 속에 있으므로. 둘은 떨어져서 살 수도 없으며 또 함께 살 수도 없었다. 둘은 막다른 골목에 쫓기고 있었다.

그날 이후로 둘은 더는 서로의 육체에 닿지 않았다. 죽음의 그림자가 둘 위에 내리덮였다. 그들은 늘 같이 있었다.

그러나 둘은 결행 기일을 정하는 것을 피하고 있었다. "내일, 내일……" 하고 그들은 말하고 있었다. 그리고 그 내일을 외면했다. 크리스토프의 힘찬 혼은 거세게 반항했다. 그는 지는 것을 용납하지 않았다. 그는 자살을 경멸했다. 위대한 생명에 그런 처량한, 손쉬운 결말을 짓는다는 체념을 할 수가 없었다. 안나도 자살을, 영원한 죽음에 이르는 하나의 죽음이라는 관념을 어떻게 자발적으로 받아들일 수 있었겠는가? 그러나 죽어야 한다는 필연성에 그들은 몰리고 있었다. 그리고 그 주위의 테두리는 점점 좁아져 왔다.

크리스토프는 브라운을 배신한 이래 처음으로 오늘 아침 그와 단둘이 있게 되었다. 지금까지는 어떻게 용케 브라운을 피하고 있었다. 이렇게 그와 얼굴을 맞대고 있는 것이 괴로웠다. 크리스토프는 구실을 대어 브라운과 같이 식사를 하지 않았었다. 식탁에서 그의 곁에 앉아도 구실을 만들어 먹지 않았다. 음식이 목구멍을 넘어가지 않았다. 그의 손에 악수하고 그의 빵을 먹고 유다의 키스를 주다니! …… 가장 못 견딜 것은 자기 자신에 대한 경멸이 아니라 만일 브라운이 안다면 얼마나 괴로워할까 하는 불안이었다. 이러한 생각은 크리스토프를 괴롭혔다. 불쌍한 브라운은 결코 복수 같은 건 하지 않을 것이며, 아마도 두 사람을 미워할 힘조차도 없으리라는 것을 그는 너무나 잘 알고 있었다. 그러나 얼마나 낙심할 것인가! …… 어떤 눈으로 자기를 볼 것인가! 크리스토프는 그러한 눈의 비난에는 맞설 수 없을 것 같은 생각이 들었다. 게다가 조만간 브라운이 사실을 알게 되는 것은 피치 못할 일이었다. 이미 무엇인가 의심하고 있지 않을까? 반 달 동안 집을 비웠다가 그를 다시 만났을 때 크리스토프는 그의 모습이 달라진 데 깜짝 놀랐다. 브라운은 이제 예전의 브라운이 아니었다. 그 쾌활함은 사라졌다. 있다 해도 어딘지 가식적인 것 같았다. 식탁에서는 때때로 안나를 슬며시 훔쳐보고 있었다. 안나는 말도 하지 않고 먹지도 않았으며 꺼져가는 램프처럼 풀이 죽어 있었다. 보고 있으면 눈물겨운 듯한 움츠린 친절로 그는 아내를 돌봐 주려 했다. 안나는 그러한 그의 정성을 매정하게 뿌리쳤다. 그러자 브라운은 접시 위에 얼굴을 숙이고 침묵했다. 식사 도중에 안나는 숨이 가빠져서 냅킨을 식탁에 집어 던지고는 나가 버렸다. 두 남자는 묵묵히 식사를 끝냈다. 혹은 끝낸 체했다. 둘은 눈을 들지도 못했다. 식사가 끝나자 크리스토프는 나가려 했다. 그러자 느닷없이 브라운이 양손으로 그의 한 팔을 잡았다.

"크리스토프! ……" 브라운이 말했다.

크리스토프는 떨리는 가슴으로 그를 조용히 바라보았다.

"크리스토프." 브라운은 되풀이했다(그의 목소리는 떨렸다). "자네는 안나가 어떻게 된 영문인지 알고 있나?"

크리스토프는 화살이 가슴을 꿰뚫은 듯했다. 한참 동안은 대답도 할 수 없었다. 브라운은 머뭇머뭇 그를 바라보았다. 그리고 재빨리 변명하듯 말했다.

"자네는 안나를 늘 보고 있는데다 안나는 또 자넬 신용하고 있으니까……."

크리스토프는 하마터면 브라운의 손에 키스하고 용서를 빌 뻔했다. 그러나 브라운은 크리스토프의 혼란스런 얼굴을 보고 그만 겁이 나 이젠 알고 싶지도 않았다. 눈으로 애원하며 당황해서 빨리 말했다.

"아냐, 자넨 아무것도 모르는 게로군."

크리스토프는 괴로움에 억눌리며 말했다.

"몰라."

오, 자기가 모욕을 준 상대의 마음을 찢어 버린다고 해서 자기를 책하지도 경멸하지도 못하는 괴로움! 진실을 자기에게 구하고 있는 눈 속에 진실을 알고 싶어하지 않는 마음을 읽어 냈기 때문에, 진실을 말할 수 없는 그 괴로움! ……

"고맙네, 걱정 말게……." 브라운은 말했다.

그는 아직도 무언가 물어보고 싶은 것이 있는 것처럼 크리스토프의 소매를 잡은 채 가만히 있었다. 그러나 차마 말을 꺼내지 못하고 눈을 돌렸다. 그러고는 손을 놓고 한숨을 쉬었다. 그리고 가 버렸다.

크리스토프는 거짓말을 한 것에 마음이 짓눌렸다. 그는 급히 안나에게로 갔다. 그리고 마음의 동요로 입 안에서 우물거리며 지금 일을 얘기했다. 안나는 침울한 얼굴로 이야기를 듣더니 이렇게 말했다.

"좋아요, 저 사람이 알아도 좋아요! 상관 있나요!"

"어째서 그런 소릴 하는 거요?" 크리스토프는 외쳤다. "난 무슨 일이 있어도 저 사람을 괴롭히고 싶진 않아!"

안나는 버럭 화를 냈다.

"저 사람이 괴로워하는 것이 어떻다는 거예요! 나도 괴로워하고 있잖아요! 저 사람도 괴로워해야 돼요!"

두 사람은 좀 심한 말을 주고받았다. 크리스토프는 안나가 자신밖에는 사랑하지 않는다고 책망했다. 그러자 안나는 크리스토프가 자기보다도 남편일을 더 생각한다고 비난했다.

그러나 바로 그 뒤에, 크리스토프가 더는 이런 생활은 할 수 없으므로 모든 것을 브라운에게 고백하러 가겠다고 말하자, 이번에는 안나가 그를 이기주의자라고 말하고, 크리스토프의 양심 따위는 어떻게 되든 상관없지만 브라운에게는 아무것도 알려서는 안 된다고 외쳐 댔다.

그녀는 쌀쌀한 말을 뱉으면서도 크리스토프와 마찬가지로 브라운 생각을 하고 있었던 것이다. 남편에 대해 진실한 애정은 갖고 있지 않았으나, 그녀 역시 남편에게 매여 있었다. 둘이서 이루고 있는 사회적인 유대 관계와 의무에 대해서는 경건한 존경을 품고 있었다. 아내는 선량해야 하고 남편을 사랑해야 한다는 것을 그녀도 아마 생각해 보지 않았을 것이다. 그러나 아내는 세심하게 가사를 돌보고, 남편에 대해서는 충실해야 한다고 생각하고 있었다. 그리고 그녀로서는 그러한 의무를 다하지 못한 것이 천한 것으로 여겨졌다.

또 브라운이 오래지 않아 모든 것을 알게 된다는 것도 그녀는 크리스토프보다 더 잘 알고 있었다. 그리고 그 일을 크리스토프에게 숨기고 있는 것은 그를 더는 불안하게 하고 싶지 않기 때문이라 할지라도, 혹은 차라리 자존심 때문이었다 할지라도 하여튼 칭찬해도 좋은 일이었다.

*

브라운의 집은 바깥으로는 꽉 문을 걸어닫아 그 속에서 이루어지는 가정 비극은 극비에 붙여졌지만 얼마쯤은 밖으로 새어나갔다.

이 시에서는 아무도 자기 생활을 끝내 숨길 수 있다고 기대할 수는 없었다. 참말 이상스러운 사실이다. 거리에서는 누구 하나 보고 있는 자는 없었다. 덧문도 걸어닫았다. 그러나 창문 구석에는 거울이 달려 있다. 그리고 집 앞을 지나갈 때는 덧문이 살짝 열렸다가는 닫히는 메마른 소리가 들린다. 아무도 그런 일 따윈 마음에 두고 있지 않다. 통 알려져 있지도 않은 것 같다. 그러나 이 집 안의 어떠한 말도 어떠한 몸짓도 흘려 듣거나 흘려 보지 않았다는 것을 알게 된다. 그들이 한 일, 말한 일, 본 일, 먹은 일이 모두 다른 사람에게 알려져 있다. 그뿐만 아니라 그들이 마음속으로 생각한 일까지 다른 사람은 알고 있었다. 적어도 알고 있는 듯했다. 일반의 은밀한 감시의 눈이 그들을 에워싸고 있다. 하녀, 출입하는 상인, 친척, 친구, 관계없는 사람, 알지 못하는 통행인들 모두가 암암리에 이 본능적인 스파이 행위에 협력하고 있다. 그리고 여기저기 흩어져 있는 요소가 어떤 방법으로인지 알 수 없지만 한군데로 모여든다. 사람들은 단순히 그들의 행위를 관찰하고 있을 뿐만이 아니라 그들의 마음까지 탐색하고 있는 것이다. 이 시에서는 누구도 자기 마음의 비밀을 끝내 지켜 나갈 권리를 갖고 있지 않다. 더욱이 저마다 타인의 마음을 들여다보고 타인의 내부에 감추어진 생각을 염탐하고, 만일 그 생각이 일반의 의견에 반대될 경우에는 설명을 구할 권리를 갖고 있다. 집단적인 혼의 눈에 보이지 않는 전제주의가 개인 위에 무겁게 덮어씌워졌다. 개인은 한 평생 후견을 받고 있는 어린아이이다. 그가 갖고 있는 것은 무엇 하나 그의 것이 아니다. 그는 시에 속해 있는 것이다.

안나가 일요일에 연이어 두 번이나 교회에 나타나지 않았다는 것은 사람들에게 의혹을 사기에 충분했다. 보통 때는 그녀가 예배석에 앉아 있는 것을 아무도 주의하고 있지 않은 것 같았다. 안나는 혼자 떨어져서 살고 있어 마을 사람들은 마치 그녀의 존재를 잊고 있는 것 같았다. 그런데 그녀가 교회에 나가지 않았던 첫 일요일 밤에, 그녀의 결석은 온 거리에 널리 퍼져 알려지고 사람들의 기억에 새겨졌다. 다음 일요일에는 성서 속이나 목사의 입술 위의 신성한 말을 좇고 있는 신심 깊은 눈은 하나도 진지한 주의에서 벗어나 있지 않은 것 같았다. 그러나 어느 눈이나 모두 안나의 좌석이 비어 있는 것을 들어올 때 확인하고 나갈 때 다시 확인했다. 이튿날이 되자 안나는 수 개월 동안 만난 적도 없는 사람들의 방문을 받기 시작했다. 어떤 사람은 그녀가 병이 나지 않았나 걱정하고, 어떤 사람은 그녀의 일과 그녀의 남편과 그녀의 가정에 새로운 흥미를 가지고, 갖가지 구실을 만들어 찾아왔다. 그중에는 그녀의 집에서 일어난 일을 퍽 잘 알고 있는 듯한 태도를 보이는 사람도 있었다. 그러나 누구 하나 그녀가 두 번씩이나 일요일 예배에 결석한 것을 내비치는 사람은 없었다(이것은 일종의 서투른 꾀이다). 안나는 몸 상태가 나쁘다는 말을 하거나 일에 대한 얘기를 했다. 방문객은 그녀 얘기에 주의 깊게 귀를 기울이고 맞장구쳤다. 그러나 안나는 그녀들이 한 마디도 믿고 있지 않다는 것을 알고 있었다. 그녀들의 시선은 방 안의 자기들 주위를 살피고, 탐색하고, 주의하고, 기록했다. 그녀들은 떠들썩한, 일부러 꾸민 투의 얘기를 하고 차가운 애교 있는 태도를 잃지 않았으나 그 눈 속에는 그녀들을 조바심나게 하는 무례한 호기심이 보였다. 두세 손님은 짐짓 무관심을 가장해서 크라프트 씨의 소식을 물었다.

며칠 뒤에(그것은 크리스토프가 없을 때였다) 목사가 찾아왔다. 그는 미남으로 호인이지만 넘치는 건강에 애교가 있고 진리는, 온갖 진리는 자기 손

안에 있다는 의식에서 오는 침착하고 의젓한 태도의 사람이었다. 그녀의 건강을 근심스럽게 묻고 그녀가 끄집어낸 변명을 건성으로 정중히 들어주고, 차 한 잔을 마시고, 유쾌하게 농담을 던지고, 마시는 것에 대한 얘기가 나온 김에 성서에 나오는 포도주는 알코올 성분이 있는 음료는 아니었다는 의견을 늘어놓고 약간의 문자를 인용했으며, 어떤 일화를 얘기했다. 그러고 나서 돌아갈 즈음에 좋지 않은 인물과 사귀는 위험과 어떤 산책, 그리고 신을 믿지 않는 정신과 댄스의 불순한 일, 음탕한 욕망 따위를 막연하게 내비쳤다. 그는 안나를 향해서가 아니라 현대의 일반 사람들을 보고 말하는 것 같은 투로 얘기했다. 그는 잠시 입을 다물더니 기침을 하면서 일어났다. 그리고 브라운 씨에게 격식 차린 인사를 전해 주기를 부탁하고, 라틴어로 농담을 한마디 한 뒤 인사를 하고 돌아갔다. 안나는 그 암시에 움찔했다. 그것은 하나의 암시일까? 어떻게 그가 두 사람의 산책을 알고 있는 것일까? 자기들은 거기서 아무도 아는 사람은 만나지 않았었다. 그러나 이 시에서는 모두에게 알려져 있는 것이 아닐까? 특징 있는 얼굴 생김새의 음악가와 검은 옷의 젊은 여자가 식당에서 춤추었다는 것이 이목을 끌었던 것이다. 그들의 인상이나 특징이 사람들 사이에 퍼진 것이다. 그리고 무엇이나 되풀이되듯, 이 소문도 마을에까지 전해져 마침 사람들의 악의가 자극되었던 때였으므로, 그것은 안나라고 인정하지 않고는 못 배겼던 것이다. 물론 그것은 아직 혐의에 지나지 않았다. 그러나 이것은 유달리 사람들의 마음을 끌었다. 그런데다 안나의 식모가 제공한 정보가 보태어졌다. 세상의 호기심은 이제는 숨어서 두 사람이 위험에 빠지기를 기다리고, 눈에 보이지 않는 무수한 눈으로 두 사람의 꼴을 엿보고 있었다. 음흉한 마을은 묵묵한 가운데 먹이를 노려보는 고양이처럼 둘을 쫓아가려고 서둘렀다.

보통 일이라면 어떤 위험이 있더라도 안나는 아마도 주춤하지 않았을 것이다. 이러한 비겁한 적의를 느끼고는 아마도 사납게 도전적으로 나갔을지도 모른다. 그러나 그녀 속에도 그녀에게 적대하는 사회가 갖고 있는 저 위선적 정신이 있었다. 교육이 그녀의 성질을 굽히게 했다. 안나는 여론을 횡포와 야비함이라고 비난했지만 소용없었다. 그녀 역시 여론을 존중했다. 여론의 판결이 자기에게 일격을 가하더라도 이에 동의했다. 그 판결이 자기의 양심과 대립한다면, 자기 양심이 잘못된 것이라고 했을는지도 모른다. 그녀는 마을 사람들을 경멸했다. 그러나 마을 사람들로부터 경멸받는 것은 그녀로서는 견딜 수 없는 일이었을 것이다.

한데 세상의 험구가 공공연히 터져나올 기회를 주는 시기가 왔다. 사육제(가톨릭교에서, 사순절에 앞서서 3일 또는 8일간 베풀어지는 축제)가 다가온 것이다.

이 시에서의 사육제는 이 무렵까지 아직 옛날 그대로의 방종하고 거친 성격을 계속 지니고 있었다(그 뒤 그 성격은 변했다). 이성(理性)의 멍에에 자진해서, 혹은 싫은 것을 억지로 붙들어 매인 인간의 정신을 격식에서 벗어날 만큼 풀어 주는 것이 사육제의 기원이므로, 그 기원에 충실한 사육제는 이성의 파수꾼인 도덕과 법률이 답답하게 누르고 있는 시대나 국가에서 가장 대담하게 베풀어졌다. 따라서 안나가 살고 있는 도시는 당연히 그러한 선택된 지방의 하나로 남아 있었다. 도덕상의 엄격주의가 사람들의 행동을 마비시키고 목소리를 막아 놓으면, 그만큼 사육제의 며칠 동안은 행동이 한층 대담해지고 목소리는 한층 예외에서 벗어나게 되었다. 혼의 내부에 깊숙이 쌓여 있는 모든 것, 질투, 남모르는 증오, 불순한 호기심, 사회적 동물에 따르게 마련인 악의의 본능 따위가 복수의 기쁨으로서 한꺼번에 쾅 폭발했다. 저마다 한길에 나와 신중히 가면으로 얼굴을 가리고 광장 한복판에서 자기가 싫어하는 인간을 진열대 위에 올려놓고, 일 년 동안 참고 노력해서 알아낸 전부를, 한 방울 한 방울씩 수집한 추악한 비밀의 보물 전부를 통행인에게 폭로할 권리를 갖고 있었다. 어떤 사람은 수레 위에서 그것을 훌훌 들춰내보였다. 어떤 사람은 시의 비밀스런 얘기를 글자와 그림으로 환히 보이게 한 투명 주마등을 갖고 돌아다녔다. 또 어떤 사람은 적의 가면을 쓰고 있기조차 했지만, 그 가면을 곧 분간할 수 있었으므로 시의 악동들은 그의 이름을 부를 수가 있었다. 비난을 전문으로 하는 신문 몇 개가 이 사흘 동안에 나타났다. 사교계 친구들도 이러한 풍자의 장난에 살짝 가담했다. 아무런 제재도 가해지지 않았다. 다만 정치적인 풍자만은 별도였다. 그것은 이 신랄한 방종으로 인하여 시 당국자와 다른 나라 대표자들 간에 몇 번인가 분쟁이 일어났기 때문이었다. 시민에 대해 시민을 지켜 주는 것은 아무것도 없었다. 그러나 언제 사람들로부터 모욕을 받는지도 알 수 없다는 이런 관념을 주게 된 것은, 이 시가 자랑삼는, 풍속의 완전무결한 외관을 보존하는 데 얼마쯤 힘이 되었을 것이 틀림없었다.

안나는 그러한 공포의 무게에 짓눌려 있었다. 더욱이 그것은 근거 없는 공포였다. 그녀에게는 두려워할 이유라곤 거의 없었다. 그녀는 시의 여론에서 아주 작은 비중을 차지했으므로 그녀를 공격하려고 생각하는 사람은 없을 것이었다. 그러나 안나는 완전히 고독 속에 틀어박혀 있었으며 또 몇 주일 동안 잠을 이루지 못했으므로, 심신이 모두 극도로 쇠약해서 신경은 날카롭게 흥분되어 있었고, 그녀의 상상력은 전혀 이치에 닿지 않는 공포라도 자칫하면 받아들이게 될 정도였다. 그녀는 자기를 좋아하지 않는 사람들의 증오를 과장해서 생각하고 있었다. 그 사람들의 혐의가 따라다니는 것으로 생각했다. 조그만 흠집으로 파멸의 구렁텅이로 굴러떨어질 것처럼 생각했다. 게다가 그런 일은 있을 리 없다고 안심시켜 주는 사람은 하나도 없었다. 이렇게 되면 사람들의 모욕을 받고, 가차 없이 혹평을 받으며 통행인의 눈앞에 자기 마음을 드러내놓을 수밖에 없었다. 그것은 안나로서는 생각만 해도 부끄러워 죽고 싶어지는 참혹한 불명예였다. 사람들 말에 의하면 수년 전 한 젊은 처녀가 그러한 박해를 당하고 가족과 더불어 여기서 도망쳐야 했다고 한다……. 이젠 무엇 하나 손쓸 도리가 없었다. 자기 몸을 지키는 일도, 미연에 일을 방지하는 일도 어떻게 되리라는 것을 알아낼 수조차도 없었다. 문젯거리가 될 것이 분명치 않은 일은 그것이 분명할 때보다도 더 안절부절못하게 하는 것이었다. 안나는 궁지에 몰린 짐승 같은 눈으로 자기 주위를 둘러보았다. 자기 집에 있으면서도 자기가 에워싸여져 있음을 알고 있었다.

안나의 하녀는 마흔 살이 넘은 여자로, 배비라는 이름이었다. 키가 크고 강인했다. 얼굴은 관자놀이와 이마쪽이 좁고 살이 없으며 아래쪽이 넓고 길어 턱 밑이 퉁퉁해서, 마치 바싹 마른 배 같았다. 항상 미소를 띠고 있긴 했지만 속눈썹이 보이지 않는 붉은 눈까풀 밑의, 안으로 빨려들어간 듯한 우묵한 눈은 송곳처럼 날카로웠다. 언제나 겉으로는 명랑한 얼굴 표정을 짓고 있었으며, 언제나 주인들에게 만족하고, 언제나 주인들의 의견에 동의하고, 사뭇 상냥스럽고 정이 어린 말투로 주인들의 건강을 염려했다. 일을 시켜도 웃고 꾸중을 해도 웃었다. 브라운은 그녀를 완전히 신용할 수 있는 충실한 식모라고 믿었다. 배비의 부드러운 태도는 안나의 쌀쌀한 태도와는 정반대였다. 하지만 여러 가지로 배비는 안나와 닮았다. 안나와 마찬가지로 말이 적고 검소하고 단정한 옷차림을 했다. 또 안나처럼 신앙심이 깊고, 예배를 드리러 같이 가고, 신앙상의 의무를 꼭꼭 지키고, 가사에도 세심한 주의를 기울였다. 정결하고, 시간을 잘 지키고, 품행이나 요리 솜씨는 나무랄 데가 없었다. 한 마디로 모범적인 식모이며 이와 동시에 가정의 적(敵)의 완전한 전형이었다. 여성의 본능으로써 여자가 마음 밑바닥에 감춘 생각을 거의 헛짚은 적이 없는 안나는 이 식모에 대해서도 결코 속아넘어가지는 않았다. 둘은 서로 싫어했다. 그리고 서로 싫어하는 것을 알면서도 조금도 그런 내색을 하지 않았다.

크리스토프가 돌아온 날 밤, 안나는 두 번 다시 크리스토프의 얼굴을 보지 않겠다고 결심했음에도 괴로움을 견디지 못해 그를 만나려고 어둠 속을 손으로 벽을 더듬으며 몰래 걸음을 옮겼다. 크리스토프의 방으로 들어가려던 참에 안나는 맨발 아래 여느 때의 미끄럽고 차가운 마룻바닥의 감촉이 아니라 부드럽게 밟히는 따뜻한 가루를 느꼈다. 안나는 몸을 굽히고 손으로 그것을 만지고 깨달았다. 고운 재가 엷게 2, 3미터쯤 복도에 온통 뿌려져 있었다. 이는 배비의 소행이었다. 브르타뉴의 고시(古詩) 중에, 이졸데의 침상으로 가는 트리스탄을 붙들기 위해 난쟁이 프로생이 쓴 책략을 어느새 생각해 낸 것이었다. 하기야 좋은 일이건 나쁜 일이건 모든 시대에 소용되는 수단이 극히 소수라는 것은 사실이다. 이야말로 우주가 현명한 절약을 한다는 커다란 증거이다! 안나는 조금도 망설이지 않았다. 일종의 경멸적인 허세를 부려 상관하지 않고 계속 걸어갔다. 크리스토프의 방에 들어가서도 불안했으나 이에 대해서는 아무 말도 하지 않았다. 그러나 돌아오면서 난로 곁의 비를 들고 재 위의 발자국을 정성껏 쓸어 냈다. 이튿날 아침, 안나와 배비는 얼굴을 마주했으나 하나는 여느 때처럼 냉정하고 하나는 여느 때의 미소를 띠고 있었다.

배비한테는 가끔 그녀보다 조금 나이가 많은 친척 사내가 찾아왔다. 그 사내는 교회에서 문지기 노릇을 하고 있었다. 예배 시간에는 교회 입구 앞에서 은수실이 달린 흰 천에 검정 줄무늬 완장을 달고, 손잡이가 달린 흰 등나무 지팡이에 기대어 감시하고 있는 모습이 보였다. 직업은 관(棺) 장수였다. 자미 뷔처라고 했다. 아주 큰 키에 말랐으며 머리를 약간 숙인 편으로 늙수그레한 농부 같은, 수염을 밀어 낸 고지식한 얼굴을 하고 있었다. 그는 신앙심이 깊었다. 그리고 교구 안 모든 사람들에 대한 소문이라면 누구보다도 잘 알고 있었다. 배비와 자미는 결혼하려고 생각했다. 둘은 서로 상대 속에서 진지함과 굳은 신앙과 심술을 인정했다. 그러나 결혼을 서둘지는 않았다. 서로 신중히 관찰하고 있었다. 최근 자미는 뻔질나게 찾아왔다. 아무도 모르는 사이에 들어왔다. 안나는 부엌 근처를 지나칠 때는 언제나 난롯가에 앉은 자미와 거기서 몇 발짝 떨어져 바느질을 하고 있는 배비의 모습을 유리문 너머로 보았다. 둘이서 무슨 얘기를 하고 있더라도 말소리는 전혀 들리지 않았다. 배비의 명랑한 얼굴과 달싹거리는 입술이 보였다. 자미의 고지식한 커다란 입은 열리지 않고 쓴웃음의 주름살을 지었다. 목구멍에서도 전혀 목소리가 새어나오지 않았다. 집이 온통 벙어리가 된 듯싶었다. 안나가 부엌 안으로 들어가면 자미는 경의를 표해서 일어서고, 그녀가 나갈 때까지 잠자코 우뚝 서 있었다. 배비는 문 열리는 소리가 들리면 잡담을 부랴부랴 끝냈다. 그리고 안나에게 아첨하는 미소를 보내고 시키는 말을 기다렸다. 안나는 두 사람이 자기 얘기를 하고 있었다고 생각했다. 그러나 그녀는 둘을 경멸했으므로 둘의 얘기를 엿듣는 따위의 야비한 짓은 하지 않았다.

재를 뿌려놓은 교묘한 책략을 뒤집어 놓은 이튿날 안나가 부엌에 들어가서 맨 처음 본 것은 자미가 손에 갖고 있는 작은 비였다. 그것은 전날 밤, 맨발의 발자국을 지우기 위해 썼던 그 비였다. 안나는 그것을 크리스토프의 방에서 가져온 것이었다. 그리고 인제 와서야, 그 자리에 도로 갖다 놓을 것을 잊고 있었다는 것이 갑자기 생각났다. 안나는 그 비를 자기 방에 그대로 놔두었던 것이다. 배비의 날카로운 눈은 곧 그것을 알아냈다. 그리고 두 공모자는 얘기를 두들겨 맞추었다. 그렇지만 안나는 결코 주저하지 않았다. 배비는 여주인의 시선을 좇으며 과장된 미소를 짓고 둘러댔다.

"이 빗자루는 망가졌더랬어요. 그래서 자미를 불러 고쳐 달라고 일렀습니다."

안나는 이러한 뻔뻔스런 거짓말을 지적하려고도 하지 않았다. 들은 척도 하지 않았다. 배비의 일하는 태도를 보고 두세 가지 주의를 주고는 침착한 태도로 나갔다. 그러나 문을 닫자마자 모든 자존심을 내팽개쳤다. 복도 한구석에 숨어서 귀를 곤두세우지 않고는 못 배겼다(이런 일까지 해야만 하는 자신이 정말 부끄러웠다……). 아주 짧은 코웃음, 그리고 소곤거리는 이야기 소리. 그것은 아주 나직한 목소리였으므로 알아들을 수 없었다. 그러나 안나는 냉정을 잃고 있었으므로 알아들었다고 생각했다. 그녀의 공포심은 그녀가 듣기를 두려워하던 말을 그녀의 귀에 속삭였다. 안나는 배비와 자미가 그들이 앞으로 꾸밀 일이나 소란을 얘기한다고 상상했다. 더 의심할 여지가 없다. 둘은 자기 얘기를 들고 나서려는 것이라고……. 그것은 아마도 그녀의 잘못된 생각이었을 것이다. 그러나 반 달 동안 줄곧 모욕을 받는다는 고정관념에 사로잡혀 병적인 흥분 상태에 빠져 있었으므로, 불확실한 것을 가능하다고 생각하는 데 머무르지 않고 불확실한 것을 확실하다고 생각했던 것이다. 이때부터 그녀의 각오는 섰다.

*

그날 밤―(그것은 사육제 전의 수요일이었다)―브라운은 시에서 20킬로미터쯤 떨어진 곳으로 왕진을 갔다. 이튿날 아침이 아니면 돌아올 수 없었다. 안나는 저녁을 먹으러 내려오지 않고 자기 방에 틀어박혀 있었다. 그녀는 마음속으로 비밀히 다짐하던 일을 그날 밤 실행할 작정이었다. 그러나 크리스토프에게는 아무 소리도 않고 자기 혼자서 실행하려고 결심했다. 안나는 그를 경멸하고 있었다. 그녀는 이렇게 생각했다.

'저 사람은 약속했다. 하지만 저 사람은 사내고 이기주의자이며 거짓말쟁이다. 저 사람은 자기 나름의 예술이 있다. 저 사람은 아마 모든 것을 곧 잊어버릴 것이다.'

게다가 아마도 상냥스런 기분 따위는 없을 성싶은 안나의 격렬한 마음속에도, 벗에 대한 연민의 정이 스며들 여지가 있었던 것이다. 그러나 그녀는 너무나 완고하고 정열적이었으므로 이를 인정하려 들지 않았다.

배비는 크리스토프에게 여주인이 사과를 부탁하더라고 전하고, 몸이 좀 불편해서 푹 쉬고 싶어한다고 말했다. 그래서 크리스토프는 배비의 감시를 받으며 혼자서 저녁을 먹었다. 배비는 수다를 떨어 그를 지치게 하고 그에게 무엇이든 얘기를 시키려 했다. 그리고 너무나 열심히 안나를 위해 변명을 늘어놓았으므로 남의 성의를 잘 믿는 크리스토프도 수상하게 생각했다. 크리스토프도 마침 이 밤을 이용해서 안나와 결정적인 매듭을 지으려고 생각했다. 크리스토프도 더는 어물거리고 있을 수 없었다. 그는 저 슬픈 날 새벽녘에 둘이서 다짐한 약속을 잊고 있지는 않았다. 만일 안나가 재촉한다면 그것을 실행할 작정이었다. 그러나 그러한 정사의 어리석음을 그는 보아서 잘 알고 있었다. 그것은 아무것도 해결해 주지 않으며, 그 결과 슬픔과 추문은 브라운 한 사람이 덮어쓰게 될 것이 틀림없었다. 가장 좋은 방법은 헤어지는 것이다. 또 한 번 이 집에서 떠나 본다. 적어도 안나와 멀리 떨어져 있을 만한 힘이 있으면 떠나가 보는 것이라고 크리스토프는 생각했다. 막 쓸데없는 시도를 해본 지금으로서는 과연 그것을 할 수 있을지 어떨지 의문이었다. 그러나 만일 아무래도 떠나기 어려울 때는 자기 혼자서 마지막 수단을 취하더라도 늦지는 않다고 생각했다.

저녁 식사 뒤에 좀 틈을 보아 안나 방으로 올라가고 싶었다. 그러나 배비는 전혀 크리스토프의 곁을 떠나지 않았다. 여느 때는 일찌감치 자기 일을 끝마쳐 버리는데, 그날 밤따라 언제까지나 부엌 뒷설거지를 끝내지 않았다. 그리고 크리스토프가 겨우 배비에게서 풀려났는가 싶더니 그녀는 안나 방으로 통하는 복도에 있는 찬장을 정리하는 일을 생각해 냈다. 크리스토프는 배비가 걸상 위에 엉덩이를 깔고 마냥 앉아 있는 것을 보았다. 이래서는 밤새도록 꿈쩍도 않을 것 같았다. 그녀를 그곳에 포개서 쌓아올린 접시와 함께 쾅 밀어붙이고 싶은 생각이 울컥 솟구쳤다. 그러나 꾹 참았다. 그리고 증세는 좀 어떤지, 인사드리러 가도 괜찮을지 가서 물어 보라고 일렀다. 배비는 갔다가 이내 되돌아왔다. 그리고 짓궂은 기쁨으로 그를 훑어보면서, 기분은 한결 나아졌지만 지금은 졸려서 아무도 들어오지 말았으면 하고 말씀하시더라고 전했다. 크리스토프는 화가 치밀어서 안절부절못하고 책을 읽으려 했지만 읽히지도 않았다. 그래서 자기 방으로 올라갔다. 배비는 크리스토프 방의 등불이 꺼질 때까지 불빛을 가만히 엿보고 있었다. 그리고 불이 꺼지자 그럼 자지 않고 지켜야겠다면서 방으로 올라갔다. 배비는 신중을 기해 온 집안의 소리가 다 들리도록 문을 반쯤 열어 두었다. 그러나 그녀는 불행하게도 자리에 들기가 무섭게 잠이 들어 버렸다. 그런데다 그 잠이란 날이 새기까지는 천둥이 쳐도, 또 아무리 강한 호기심을 갖고 있어도 도저히 깰 것 같지 않을 만큼 깊은 것이었다. 이 잠은 모두들 알고 있었다. 코 고는 소리가 아래층에까지 들렸다.

크리스토프는 이 귀에 익은 소리를 듣자 안나한테로 갔다. 그녀에게 얘기를 해야 했다. 그는 어쩐지 불안한 기분에 사로잡혔다. 문턱에까지 가서 손잡이를 돌렸다. 문은 잠겨 있었다. 그는 살짝 두드렸다. 그러나 대답이 없었다. 크리스토프는 열쇠 구멍에 입을 바짝 대고 낮은 목소리로 부르고 다음에는 조르듯이 부탁했다. 그러나 움직이는 기척도 없고 아무 소리도 나지 않았다. 안나가 잠들었다고 생각해 보았지만 그래도 불안했다. 그리고 안에서 나는 소리를 들으려고 헛된 노력을 하며 뺨을 문에다 대고 있다가 어떤 냄새에 흠칫 놀랐다. 그것은 문지방에서 새어나온 모양이었다. 그는 엎드렸다. 그리고 그것이 무언지 알았다. 가스 냄새였다. 온몸의 피가 얼어붙는 것 같았다. 배비가 눈을 뜰지도 모른다는 것 따위는 생각지도 않고 문을 흔들었다. 문은 꿈쩍도 하지 않았다……. 그는 알았다……. 안나는 자기 방에 붙어 있는 화장실에 조그만 가스 스토브를 갖고 있었다. 그 마개를 뽑은 것이다. 이렇게 된 바에야 문을 때려부수는 수밖에 없었다. 그러나 크리스토프는 혼란된 마음속에서도 이성을 잃지 않고 어떠한 일이 있더라도 배비에게 알려서는 안된다고 생각했다. 그는 잠자코 문의 한쪽을 힘껏 밀었다. 튼튼한 문은 단단히 닫혀 있어 장식이 삐걱거렸을 뿐 조금도 움직이지 않았다. 또 다른 문이 안나 방과 브라운의 서재 사이에 있었다. 그는 그리로 달려갔다. 그러나 이문도 마찬가지로 잠겨 있었다. 그러나 여기는 자물쇠가 바깥에 있었다. 그는 이를 떼 내려고 했다. 그것은 쉬운 일이 아니었다. 나무 속에 박혀 있는 굵은 나사못 네 개를 뽑아내야 했다. 도구는 칼밖에 없었다. 게다가 아무것도 보이지 않았다. 대담하게 촛불을 켤 수도 없었기 때문이다. 불을 켜면 폭발할 염려가 있었다. 그는 손으로 더듬어 칼을 한 나사못에 끼워 넣는 데 성공했다. 다음에 다른 나사에 끼워 넣을 수 있었지만 칼날이 부서지고 손에 상처가 났다. 나사못이 굉장히 긴 것 같고 언제까지나 빠지지 않을 듯한 생각이 들었다. 그리고 이때 온몸에 진땀이 날 만큼 안절부절못하는 기분에 휘몰리면서도 소년 시절의 추억이 하나 머리에 떠올랐다. 열 살쯤 되던 해에 벌받고 깜깜한 방에 갇혔던 일이 생각난 것이다. 그때는 자물쇠를 떼 내고 집에서 도망쳤던 것이다……. 마지막 나사못이 빠졌다. 자물쇠가 빠지고 톱밥이 떨어졌다. 크리스토프는 방 안으로 뛰어들어가자 창문으로 달려가 활짝 열었다. 차가운 공기가 확 흘러들었다. 크리스토프는 가구에 걸려 넘어질 뻔하면서 어둠 속에 침대를 찾아내어 손으로 더듬어 안나의 몸을 알아내고, 그 움직이지 않는 발을 떨리는 손으로 담요 위로 만지고 다리에서 윗몸까지 쭉 더듬어 나갔다. 안나는 침대 위에 앉아 부들부들 떨고 있었다. 질식의 첫 징후를 느낄 만한 시간도 없었던 것이다. 방은 천장이 높았다. 꼭 맞지 않는 창과 방문 틈 사이에서 공기가 흘러들었다. 크리스토프는 그녀를 두 팔에 껴안았다. 그녀는 미친 듯이 몸을 비틀어 빼내며 외쳤다.

"가줘요! …… 이게 무슨 짓이에요?"

안나는 그를 때렸다. 그러나 격정을 참지 못하고 베개 위에 얼굴을 묻었다. 그리고 흐느껴 울었다.

"오! 언제까지 가도 밤낮 마찬가지군요!"

크리스토프는 안나의 두 손을 잡고 키스하며 거칠지만 상냥스러움이 담뿍 어린 말로 꾸짖었다.

"죽다니! 나를 내버려두고 혼자서 죽다니!"

"오! 당신은!" 안나는 비꼬는 투로 말했다.

그 말투에는 다음과 같은 의미가 충분히 담겨 있었다.

"당신은, 당신은 살기를 원하잖아요."

크리스토프는 그녀에게 호통쳤다. 어떻게 해서든지 그녀의 의지를 꺾으려 했다.

"돌았군!" 크리스토프는 말했다. "그럼 집을 폭발시킬지도 모른다는 것을 몰랐단 말이오?"

"그렇게 하고 싶었는걸요." 안나는 화를 내며 말했다.

크리스토프는 그녀의 종교적인 두려움을 불러일으켜 보았다. 그것은 급소였다. 거기를 찔리자마자 안나는 울음을 터뜨리며 잠자코 있어 달라고 했다. 이것만이 그녀에게 삶의 의지를 돌이켜 줄 방법이라고 여겼으므로 그는 더욱 사정없이 다그쳤다. 안나는 이제 아무 말도 하지 않고 발작적으로 흐느꼈다. 크리스토프가 말을 끝내자 안나는 미움이 가득 담긴 투로 말했다.

"이만하면 직성이 풀리겠지요? 애쓰셨어요! 저를 완전히 절망시켜 버렸어요. 그래, 앞으로 전 어떡하면 좋지요?"

"사는 겁니다." 크리스토프는 말했다.

"사는 것이라뇨?" 안나는 외쳤다. "그것이 불가능하다는 것을 모르는군요! 당신은 아무것도 몰라요! 아무것도 모르는 거예요!"

크리스토프는 물었다.

"무슨 일이 있어요?"

안나는 어깨를 으쓱했다.

"실은 이래요."

안나는 짧고 토막 난 말로 여태까지 숨겼던 일을 모두 말했다. 배비의 스파이 행위, 재를 뿌려놓은 일, 자미와의 장면, 사육제, 임박해 있는 치욕 따위를. 안나는 얘기하는 도중에 공포에서 생겨난 망상과 당연히 두려워해야 할 것을 구별하지 못하게 되었다. 크리스토프는 깜짝 놀라며 듣고 있었는데, 안나 이상으로 이 얘기 속에서 실제의 위험과 상상적인 위험을 분간할 수 없었다. 누가 뒤를 밟고 있다는 것 따위 꿈에도 생각지 못했다. 크리스토프는 이해하려고 애썼다. 한 마디도 말할 수 없었다. 이러한 적에 대항할 무기가 없었다. 크리스토프는 다만 맹목적으로 분노를 느끼고 두들겨 패고 싶은 욕망을 느꼈다. 크리스토프는 말했다.

"왜 배비를 내쫓아 버리지 않았죠?"

안나는 얘기해야 소용없다는 듯이 대꾸하지 않았다. 배비는 내쫓기면 너그럽게 봐주던 때보다 훨씬 짓궂게 굴 것이 틀림없었다. 크리스토프도 자기 질문이 무의미하다는 것을 알았다. 그의 생각은 헷갈렸다. 그는 취해야 할 하나의 결심을, 직접적인 행동을 찾고 있었다. 그는 주먹을 불끈 쥐고 말했다.

"그자들을 죽여 버릴 테다."

"누구를요?" 안나는 그 무의미한 말을 경멸하면서 말했다.

크리스토프는 맥이 풀렸다. 자신이 무언지 알 수 없는 배신의 그물에 사로잡혔음을 느꼈다. 거기서는 무엇 하나 똑똑히 알아낼 수 없으며 더욱이 모두 다 공모자였다.

"비겁한 놈들!" 크리스토프는 낙담해서 외쳤다.

크리스토프는 쓰러지듯 침대 앞에 무릎을 꿇고 안나의 몸에 얼굴을 갖다 댔다. 두 사람은 침묵을 지켰다. 안나는 자기를 지켜 주지도, 그 자신을 지키지도 못하는 이 사내에 대해 경멸과 연민이 뒤섞인 기분을 느꼈다. 크리스토프는 안나의 발이 추위에 부들부들 떨리는 것을 뺨에 느꼈다. 창을 연 채로 두었고 밖은 얼어붙는 듯한 추위였다. 거울처럼 밝은 하늘에 얼음조각 같은 별이 떨고 있었다.

안나는 크리스토프가 자기와 마찬가지로 풀이 죽어 있는 것을 보자 쓸쓸한 기쁨을 맛보고 매정한, 그리고 지친 목소리로 말했다.

"촛불을 켜 주세요."

크리스토프는 불을 켰다. 안나는 두 팔을 가슴에 꼭 붙이고 턱 아래 무릎을 구부려 움츠리고 이를 덜덜 떨고 있었다. 크리스토프는 창문을 닫고 침대 위에 걸터앉았다. 그리고 얼음처럼 차가워진 안나의 발끝을 잡고 손과 입으로 덥혀 주었다. 그녀는 감동했다.

"크리스토프!" 안나는 말했다.

그녀의 눈에 눈물이 괴었다.

"안나!" 그도 말했다.

"우린 어떡하면 좋아요?"

크리스토프는 안나를 물끄러미 바라보며 말했다.

"죽읍시다."

안나는 기쁜 듯이 소리쳤다.

"아, 당신은 정말로 죽고 싶으세요? 당신도 죽고 싶으세요? ……그럼 나 혼자가 아니군요!"

안나는 그에게 입맞춤했다.

"그럼 내가 당신을 버리기라도 할 줄 알았던가?"

안나는 나직한 목소리로 대답했다.

"네."

크리스토프는 그녀가 얼마나 괴로워했는가를 느낄 수 있었다.

잠시 뒤에 그는 눈으로 안나에게 물었다. 그녀는 그 의미를 깨달았다.

"책상 속에요." 안나는 말했다. "오른쪽 밑의 서랍……."

크리스토프는 찾았다. 아주 깊숙이 권총 한 자루가 있었다. 브라운이 학생 시절에 산 것이었다. 브라운은 이것을 한 번도 사용한 적이 없었다. 부서진 상자 속에서 크리스토프는 탄환 몇 개를 찾아냈다. 그는 이를 침대로 가져왔다. 안나는 그것을 보고 곧 벽 쪽으로 고개를 돌렸다. 크리스토프는 기다렸다. 그리고 물었다.

"벌써 싫어지셨나요?"

안나는 휙 뒤돌아보았다.

"아뇨…… 자, 빨리!"

그녀는 이렇게 생각했다.

'이제 새삼스럽게 나를 영겁의 심연으로부터 구해 줄 사람은 없다. 조금 빠르건 늦건 아무튼 마찬가지다.'

크리스토프는 서투른 솜씨로 권총에 탄환을 장전했다.

"안나." 그는 떨리는 목소리로 말했다. "둘 중 하나는 상대가 죽는 것을 보게 되겠군요."

안나는 그의 손에서 권총을 뺏어 들고 이기적으로 말했다.

"내가 먼저예요."

둘은 아직도 서로 얼굴을 마주보고 있었다……. 아! 서로를 위해 죽으려고 하는 이 순간에 있어서도 그들은 서로 커다란 거리감을 느꼈다! …… 저마다 공포에 떨며 이렇게 생각하고 있었다.

'대체 나는 무엇을 하고 있는 것일까? 무엇을 하고 있는 것일까?'

그리고 둘 다 상대의 눈 속에서 그런 생각을 읽어 냈다. 이러한 행위의 터무니없음은 특히 크리스토프의 마음을 찔렀다. 자기의 한평생은 헛되이 끝나는 것이다. 자기의 이제까지의 싸움도, 괴로움도, 희망도 헛되이 끝나는 것이다. 모든 것이 부질없는 것이 되어 바람에 흩날려 버리는 것이다. 너절한 하나의 동작으로써 모든 것이 지워지려 하는 것이다……. 평상시의 그였더라면 안나의 손에서 권총을 뺏어 창문으로 집어던지며 이렇게 외쳤을 것이다.

"아니, 나는 싫어."

그러나 8개월 동안의 마음을 찢는 고통, 회의, 복상(服喪)의 슬픔, 또 게다가 미칠 것만 같은 이 정열의 돌풍은 크리스토프의 힘을 약화시키고 그의 의지를 꺾었다. 그는 이젠 더 어떻게 할 수도 없음을 느꼈다. 더는 자기 자신을 제어할 수 없게 되었다. 아! 결국은 아무래도 상관없는 것인가!

안나는 영원한 죽음을 확신하고 생명의 마지막인 이 순간을 분명히 포착하려고 몸과 마음을 긴장시켰다. 촛불의 흔들림 속에 비친 크리스토프의 고통스런 얼굴, 벽에 비친 그림자, 길에서 들려오는 발소리, 손에 들고 있는 강철의 촉감……. 난파한 사람이 자기와 함께 가라앉는 표류물에 매달리듯 그녀는 이러한 감각에 달라붙었다. 뒤에 남아 있는 것은 공포뿐이었다. 왜 더 기다리면 안 되는 것일까? 그러나 그녀는 자신에게 되풀이했다.

"어떠한 일이 있더라도……."

안나는 기차를 놓치지나 않을까 서둘러 대는 여행자처럼 경황 없이 애정이 깃들어 있지 않은 작별을 크리스토프에게 고했다. 그리고 잠옷의 앞을 벌려 심장을 찾아 총구를 갖다 댔다. 크리스토프는 꿇어 엎드려 침구 속에 얼굴을 묻었다. 방아쇠를 당기려는 순간 그녀는 왼손을 크리스토프의 손 위에 얹었다. 밤의 어둠 속을 걸어가는 것이 무서운 어린아이 같은 동작이었다…….

이리하여 무시무시한 몇 초가 지났다……. 안나는 쏘지 않았다. 크리스토프는 머리를 들고 싶었다. 안나의 팔을 붙잡고 싶었다. 그러나 그러한 동작으로 도리어 그녀가 쏠 결심을 하게 될 것이 두려웠다. 그에게는 이제 아무 소리도 들리지 않았다. 그는 의식을 잃고 있었다……. 신음이 들려왔다…….그는 놀라서 일어났다. 그는 공포로 이지러진 안나의 얼굴을 보았다. 권총은 침대의 그녀 앞에 떨어져 있었다. 그녀는 호소하듯 되풀이했다.

"크리스토프! …… 총알이 안 나와요! ……"

크리스토프는 권총을 집어들었다. 오랫동안 버려 두었던 것이므로 녹이 슬었다. 그러나 고장난 데는 없었다. 아마 화약이 공기 때문에 못 쓰게 되었나 보다. 안나는 권총 쪽으로 손을 뻗쳤다.

"이제 그만!" 크리스토프는 애원하듯 말했다.

안나는 명령했다.

"총알을 이리 줘요!"

그는 탄환을 내 주었다. 그녀는 그것을 살펴보고 그중 하나를 뽑아 여전히 부들부들 떨면서 장전하고 다시 권총을 가슴에 댔다. 그리고 방아쇠를 잡아당겼다. 이번에도 탄환은 나가지 않았다.

안나는 권총을 바닥에 내동댕이쳤다.

"아! 너무해! 정말 너무해!" 그녀는 외쳤다. "죽는 것도 허락되지 않아!"

안나는 이불 속에서 몸부림쳤다. 미쳐 버린 것 같았다. 크리스토프는 그녀를 끌어안으려 했다. 안나는 소리를 지르며 그를 밀어냈다. 마침내 그녀는 신경 발작을 일으켰다. 크리스토프는 밤새도록 그녀 곁에 붙어 있었다. 안나는 가까스로 진정되었다. 그러나 숨소리도 내지 않고 눈을 감고, 이마나 광대뼈 언저리는 창백한 피부로 온통 덮였다. 마치 죽은 사람 같았다.

크리스토프는 흐트러진 침대를 바로잡고 권총을 집어들고, 떼어 낸 자물쇠를 본디대로 해놓고 방 안을 모두 치웠다. 그리고 나갔다. 벌써 7시라, 곧 배비가 깨어날 것이기 때문이었다.

*

그날 아침 브라운이 돌아왔을 때 안나는 여전히 허탈 상태에 있었다. 무언가 이상한 일이 있었다는 것은 그도 잘 알 수 있었다. 그러나 배비에게서도 크리스토프에게서도 무엇 하나 얘기를 들을 수 없었다. 온종일 안나는 꼼짝도 하지 않았다. 눈도 뜨지 않았다. 맥박은 약해서 거의 느껴지지 않을 정도였다. 때때로 맥박이 멎어, 브라운은 순간 심장의 고동이 멈춘 게 아닌가 하고 불안해졌다. 그의 애정은 자신의 지식에 의문을 품게 했다. 그래서 동업자들한테로 달려가 집으로 데려왔다. 두 의사는 안나를 진찰했으나 무슨 열병이라도 일어난 건지 아니면 히스테리적인 신경증인지 판단이 서지 않았다. 병자를 줄곧 관찰해야 했다. 브라운은 안나의 머리맡에서 떠나지 않았다. 식사도 하지 않았다. 저녁때쯤 안나의 맥은 열 증세는 보이지 않았지만 극도로 약해졌다. 브라운은 그녀의 입 속에 우유를 몇 숟갈 넣어 주려고 애썼다. 그러나 그녀는 곧 이를 토해 버렸다. 그녀의 몸은 망가진 인형처럼 남편의 품 안에서 축 늘어진 채 내맡겨져 있었다. 브라운은 그녀 곁에 앉아 밤을 새우고 자주 일어나서는 그녀 증세에 가만히 귀를 기울였다. 배비는 안나의 병 따위는 거의 거들떠보지도 않았지만, 의무에 충실한 여자였으므로 잠자리에 들 것을 마다하고 브라운과 함께 밤을 새웠다.

금요일에 안나는 눈을 떴다. 브라운은 말을 걸었다. 그녀는 그가 있는 것을 개의치 않았다. 벽의 한 점을 뚫어지게 바라보며 조용히 꼼짝도 하지 않았다. 정오 무렵 브라운은 안나의 야윈 뺨에 커다란 눈물 방울이 흘러 떨어지는 것을 보았다. 그는 상냥스럽게 이를 닦아 주었다. 눈물은 쉴 새 없이 흘러내렸다. 브라운은 다시 무엇이든 음식을 먹이려고 해보았다. 그녀는 멍하니 시키는 대로 했다. 밤이 되어 안나는 말을 하기 시작했다. 그러나 그것은 종잡을 수 없는 말이었다. 라인 강에 대해 얘기했다. 몸을 던져 죽고 싶었지만 물이 충분히 없었다는 것이었다. 안나는 꿈속에서 끈덕지게 자살을 꾀하여 기괴한 여러 가지 죽음을 상상했다. 그러나 아무리 해도 죽지 않는 것이었다. 어떤 때는 누군가와 논쟁하고 있었다. 그러자 그녀의 얼굴에 분노와 두려움의 표정이 나타났다. 또 신에게 말을 건네, 이 죄는 신에게 있다는 것을 완강히 증명하려 들었다. 어떤 때는 또 정욕의 불꽃이 눈 속에 타올랐다. 그리고 알고 있을 것 같지도 않은 상스런 말을 입에 담았다. 또 한 순간 배비가 있는 것을 알고 다음 날의 빨래에 대해 뚜렷하게 지시를 내렸다. 밤이 되어 안나는 꾸벅꾸벅 졸았다. 그러다가 돌연 일어났다. 브라운은 붙잡았다. 그녀는 이상한 표정으로 브라운의 얼굴을 쳐다보며 알아들을 수 없는 말을 우물거렸다. 그는 물었다.

"무슨 소리야, 안나?"

안나는 가시 돋힌 목소리로 퉁명스럽게 말했다.

"그이를 데려와요!"

"누구 말이지?" 브라운은 물었다.

안나는 역시 똑같은 표정으로 그의 얼굴을 뚫어지게 보고 있다가 느닷없이 커다란 소리를 내어 웃어 댔다. 그러고는 이마에 두 손을 대고 괴로운 듯 신음했다.

"아! 잊어버리고 싶어! ……"

안나는 다시 잠들었다. 새벽녘까지 조용했다. 날이 샐 즈음에 조금 몸을 움직였다. 브라운은 머리를 쳐들고 물을 먹였다. 그녀는 순순히 몇 모금 받아 마시고, 몸을 기울여 브라운의 손에 키스했다. 그리고 다시 꾸벅꾸벅 졸았다.

토요일 아침, 안나는 9시쯤 되어 눈을 떴다. 한 마디도 하지 않고 침상에서 두 발을 내밀고 침대에서 내려오려 했다. 브라운은 당황해서 달려가 그녀를 다시 눕히려 했다. 그녀는 시키는 대로 듣지 않았다. 대체 어떻게 하겠다는 거냐고 그는 물었다. 그녀는 대답했다.

"예배 보러 가는 거예요."

브라운은 안나의 이성을 회복시키려고, 오늘은 일요일이 아니므로 교회가 잠겨 있다고 말했다. 안나는 잠자코 있었다. 그러나 침대 곁의 의자에 앉더니 바들바들 떨리는 손으로 옷을 주워 입었다. 그때 브라운의 친구인 의사가 들어왔다. 그도 브라운과 함께 열심히 타일렀다. 그러나 안나가 도무지 말을 듣지 않음을 보고 그녀를 진찰하고는 이윽고 외출을 허락했다. 그는 브라운을 한쪽으로 데리고 가서 부인의 병환은 정신적인 것 같으므로 지금은 그녀의 뜻을 따르고, 브라운이 따라가기만 한다면 외출도 별반 위험하진 않을 것이라고 말했다. 그래서 브라운은 자기도 함께 가겠다고 안나에게 말했다. 그녀는 이를 거절하고 혼자 가고 싶어했다. 그러나 방 안을 두세 걸음 걷자마자 비틀비틀했다. 그녀는 아무 말 없이 브라운의 팔을 잡았다. 그래서 둘이서 나가게 되었다. 안나는 몹시 쇠약해 있어서 도중에 가끔 멈추어 섰다. 몇 번이나 브라운은 돌아가고 싶으냐고 물었다. 그러자 그녀는 다시 걷기 시작했다. 교회에 다다르자 그가 말한 대로 문이 잠겨 있었다. 안나는 입구 근처의 벤치에 정오의 종이 울릴 때까지 부들부들 떨면서 앉아 있었다. 그리고 그녀는 다시 브라운의 팔을 잡고 둘은 묵묵히 돌아왔다. 그러나 저녁때가 되자 그녀는 또 교회에 가고 싶어졌다. 브라운이 아무리 붙들어 앉혀도 소용없었다. 그래서 또 한 번 갔다 올 수밖에 없었다.

크리스토프는 요 이틀 동안은 혼자서 지냈다. 브라운은 마음의 고통이 너무나 컸기 때문에 그의 생각은 염두에도 두지 않았다. 단지 한 번 토요일 아침 외출하고 싶어하는 집념에서 안나의 마음을 돌리려고, 크리스토프를 만나 보는 게 어떠냐고 물었다. 그러자 그녀는 브라운이 깜짝 놀랄 만큼 심한 공포와 혐오의 표정을 지었다. 그래서 그 뒤로는 크리스토프의 이름은 입 밖에도 내지 않았다.

크리스토프는 자기 방에 틀어박혀 있었다. 불안, 애정, 양심의 가책 등 혼돈된 고뇌가 그의 마음속에서 서로 충돌하고 있었다. 크리스토프는 모두가 자기 탓이라고 자신을 책망했다. 자기 혐오에 축 늘어져 있었다. 몇 번이고 일어나서 모든 것을 브라운에게 고백하러 가려고 했다. 그러나 곧 자신을 책망함으로써 불행한 인간을 또 한 사람 만들 뿐이라는 생각이 들어 그만두었다. 그러나 또 정열에서도 해방되지 않았다. 안나 방 앞의 복도에서 방황했다. 그러나 방 안에서 문에 다가가는 발소리가 들리자마자 자기 방으로 도망쳤다.

브라운과 안나가 오후에 외출했을 때 크리스토프는 창문 커튼 뒤에 몸을 숨기고 두 사람의 모양을 살폈다. 그는 안나를 보았다. 여느 때는 몸을 똑바로 세우고 거만스럽게 도사린 그녀가, 등을 구부리고 풀이 죽어 얼굴빛은 누렇게 부어 있었다. 아주 늙어 버려 남편이 입혀 준 외투와 솔의 무게로 짓눌려버린 그 모습은 추하게 보였다. 그러나 크리스토프는 그녀의 추한 꼴은 보지 않았다. 그녀의 비참한 것밖에는 보지 않았다. 그러자 그의 마음은 연민과 애틋함으로 가득 찼다. 안나한테로 달려가 진창 속에 엎드려 그녀 발에, 정열로 벌레먹은 그녀 몸에 입 맞추고 용서를 빌고 싶었다. 그리고 안나의 모습을 뚫어지게 바라보며 크리스토프는 이런 생각을 했다.

'내가 한 짓이다……. 저렇게 나빠져 버리다니.'

그러나 크리스토프의 시선은 거울 속에서 자신의 모습과 부딪쳤다. 그는 자신의 표정 속에서도 똑같은 황폐함을 보았다. 자기에게도 안나와 마찬가지로 죽음의 각인이 찍혀 있음을 보았다. 그래서 그는 생각했다.

'내가 한 짓이라구? 아냐, 그렇지 않아. 사람을 미치게 하거나 죽이거나 하는 저 잔인한 신이 한 짓이다.'

집에는 아무도 없었다. 배비는 나가서 이웃집 사람들에게 그날 일어난 일들을 지껄여대고 있었다. 시간은 지나가고 있었다. 5시를 알렸다. 오래지 않아 안나가 돌아오겠지, 그리고 밤이 되는 것이다. 이렇게 생각하자 크리스토프는 겁이 났다. 오늘 밤, 같은 지붕 밑에 머물러 있을 기력이 없을 것 같았다. 자기의 이성이 정열의 무게 아래 짓눌리는 것 같았다. 어떤 일을 저지를지 자신도 알 수 없었다. 어떻게 해서라도 안나를 갖고 싶다는 것밖에는 자기가 무엇을 바라고 있는지 알 수 없었다. 그는 아까 창 밑을 지나간 저 비참한 얼굴을 떠올렸다. 그리고 마음속으로 말했다.

'그녀를 나로부터 구해내야만 한다!'

의지의 힘이 문득 눈을 떴다. 크리스토프는 책상 위에 흐트러진 종이 뭉치를 움켜쥐어 그것을 끈으로 묶고 모자와 외투를 집어 들고 밖으로 나갔다. 안나의 방문 옆을 지날 때는 무서워서 걸음을 빨리했다. 아래로 내려가자 인기척 없는 뜰을 마지막으로 흘긋 바라보았다. 그리고 도둑처럼 달아났다. 얼음처럼 차가운 안개가 바늘처럼 살을 찔렀다. 크리스토프는 아는 얼굴과 마주칠 것을 두려워하여 인가의 벽을 따라 걸어갔다. 역으로 가서 루체른 행 기차를 탔다. 다음 역에서 브라운에게 편지를 썼다. 급한 일이 생겨 며칠 떠나 있어야 하는데, 이런 때 그를 버려두고 가는 것은 미안하다고 말하고 지정한 주소로 편지를 보내 달라고 부탁했다. 루체른에서 고타르트 행 기차로 바꾸어 탔다. 밤중에 알토르프와 괴쉐넨 사이의 작은 역에서 내렸다. 크리스토프는 이 역 이름을 몰랐다. 나중에도 알지 못했다. 크리스토프는 역 근처의 첫 번째 여관에 들었다. 많은 물웅덩이가 길을 가로막았다. 심한 비가 오고 있었다. 밤새도록 내리고 이튿날도 온종일 계속 내렸다. 빗물이 폭포수 같은 소리를 내며 망가진 홈통에서 떨어졌다. 하늘도 땅 바닥도 그의 생각처럼 물에 흥건히 잠겨 마치 녹아 버리기라도 할 것 같았다. 크리스토프는 기차의 연기 냄새가 나는 축축한 이불을 두르고 잤다. 그러나 가만히 있을 수 없었다. 안나가 무릅쓰고 있는 위험에 대한 일이 염려되어 자기 자신의 고통을 느낄 만큼의 여유는 없었다. 세상 사람들의 악의를 다른 데로 향하게 해야 했다. 열에 들뜬 크리스토프는 기묘한 생각을 하게 되었다. 시에서 얼마 동안 사귀었던 음악가로, 과자 가게를 하는 오르간 연주가 크레브스에게 편지를 쓰려고 생각한 것이다. 그래서 크리스토프는 애정 문제가 있어 이탈리아로 간다는 것, 브라운네에 묵었을 때는 이미 정열의 포로가 된 뒤였다는 것, 그로부터 벗어나려고 애썼으나 도무지 되지 않았다는 것 등을 크레브스에게 암시했다. 전체 문장은 크레브스가 이해할 수 있을 만큼 명확했으나, 또 그가 자신의 상상으로 무엇인가 덧붙일 수 있을 만큼 어렴풋하기도 했다. 크리스토프는 크레브스에게 비밀을 지켜 달라고 부탁했다. 이 사람 좋은 녀석이 매우 수다스럽다는 것을 그는 알고 있었다. 그래서 이 편지를 받으면 틀림없이 온 마을에 떠들고 다닐 것을 예상했다—이 예상은 틀림없는 것이었다—세상의 평판을 빗나가게 하기 위해 크리스토프는 편지 끝에 브라운과 안나의 병에 대해 아주 냉담한 말을 간단히 덧붙여 두었다.

크리스토프는 이날 밤 남은 시간과 다음 날 한나절까지 안나…… 안나…… 하고 끊임없이 붙들고 따라다니는 집념에 괴로워하며 보냈다. 그는 안나와 더불어 보낸 수개월을 하루하루 다시 생각했다. 그는 안나의 모습을 정열적인 환상을 통해 보고 있었다. 언제나 자기가 원하는 대로의 안나를 창조해서, 다시 더한층 그녀를 사랑하기 위해 필요한 정신적 위대성이나 비장한 양심 등을 갖게 했다. 정열이 만들어 내는 그러한 거짓은 현실의 안나가 눈앞에 있어 이를 비판하는 일이 없는 지금 더욱더 아주 그럴 듯했다. 크리스토프가 지금 보고 있는 안나는 건전하고 자유로운 성격이며 그것이 압박을 받아 사슬을 끊으려고 몸부림치고, 자유롭게 제 맘대로 너그러운 생활을, 혼의 광대한 대기를 동경하고 더욱이 또 이를 두려워하여 자신의 본능과 싸우고 있는 것이다. 왜냐하면 이 본능은 자기 운명과 일치할 수가 없어, 그 운명을 더욱 아픈 것으로 만들기 때문이었다. 안나는 크리스토프를 보고 "살려 줘요!" 외치고 있었다. 크리스토프는 그녀의 아름다운 육체를 꼭 껴안고 있었다. 추억은 그를 괴롭혔다. 그는 추억의 상처를 더욱 깊이 하는 데에 잔학한 기쁨을 누렸다. 시간이 흐를수록 잃어버린 모든 것에 대한 애석의 정이 참을 수 없게 되어 숨도 제대로 쉴 수 없었다.

크리스토프는 무의식적으로 일어나서 방을 나와 숙박료를 지불했다. 그리고 안나가 사는 도시로 가는 첫 기차를 탔다. 밤중에 도착했다. 그는 곧장 안나의 집으로 갔다. 브라운의 집 뜰과 마주보고 있는 오솔길 사이에는 담이 하나 있었다. 크리스토프는 그 담을 뛰어넘어 남의 집 뜰에 뛰어내려, 거기서 브라운의 뜰로 숨어들었다. 그는 집 앞에 섰다. 온 집 안이 어둠에 싸여 있었다. 단지 작은 등불의 희미한 불빛이 한 줄기 노란 반사로 창을 물들였다. 그것은 안나의 창이었다. 안나는 거기 있었다. 거기서 괴로워하고 있었다. 여기까지 오면 이제 한걸음으로 집 안에 들어갈 수 있다. 크리스토프는 문 손잡이를 향해 손을 뻗쳤다. 그러고는 자기 손을, 문을, 그리고 뜰을 보았다. 그러자 갑자기 크리스토프는 자기 행위를 의식했다. 그리고 일고여덟 시간이나 자기를 사로잡았던 환각에서 깨어나 부르르 몸을 떨고 과감하게 타성(惰性)에서 몸을 빼냈다. 그리고 담벼락으로 달려가 담을 다시 뛰어넘어 달아났다.

그날 밤 크리스토프는 다시 도시를 떠났다. 그리고 이튿날 산중 마을로, 눈보라 속으로 몸을 숨기러 갔다……. 마음을 묻고 생각을 잠재우는 것이다, 잊어버리는 것이다! 잊어버리는 것이다!

*

—'E però leva su, vinci 1'ambascia Con 1'an mo che vince ogni battaglia,
Se col suo grave corpo non s'accascia.

Leva'mi allor, mostrandomi fornito Meg-lio di lena ch'io non mi sentia ; E dissi : 'va, ch'io son forte ed ardito.' INF xxlv

—'그대여 일어서라. 혼의 힘으로써 숨가쁜 것을 이겨 내라. 혼이야말로 육체의 무게에 굽히지 않는다면 항상 싸움의 승리자인 것을……'

여기 나는 몸 속에 느끼는 것 이상의 힘으로써 우뚝 일어나 서서 말한다. "스승이여, 이제 가오리다, 나는 몸도 마음도 강하니."

—《신곡》지옥편 제24장

나의 신이여, 저는 당신에게 무슨 말을 했다는 것인가요? 어찌하여 당신은 저를 짓부수는 것입니까? 어린 시절부터 당신은 제게 비참함과 투쟁을 저의 몫으로 내어 주셨습니다. 저는 불평도 하지 않고 싸웠습니다. 저는 저의 비참을 사랑했습니다. 저는 당신이 주신 이 혼을 순결하게 보존하려고 애썼습니다. 당신이 저의 속에 놔주신 이 불을 꺼뜨리지 않으려고 애썼습니다……. 주여, 당신은 자신이 창조한 것을 파괴하려고 열중하고 계십니다. 당신은 이 불을 끄고 이 혼을 더럽히고, 제 삶의 모든 원동력을 박탈해 버렸습니다. 저는 이 세상에서 단 두 개의 보물을 가지고 있었습니다. 저의 벗과 저의 혼이라는 두 개의 보물을. 그러나 이제는 아무것도 남아 있지 않습니다. 당신은 모든 것을 제게서 빼앗아 가신 것입니다. 인생의 사막에서 단 한 사람만이 제것이었습니다. 당신은 이것을 제게서 빼앗았지요. 우리들의 마음은 하나였습니다. 당신은 그것을 찢어 버렸지요. 함께 있는 즐거움을 우리에게 가르쳐 주신 것은 서로 잃어버리는 두려움을 한층 강하게 맛보라는 것이었습니다. 당신은 저의 주위에, 저의 내부에 공허를 만들었습니다. 저는 짓눌리어 병들고 의지도 잃고 무기도 없이, 마치 어둠 속에서 울고 있는 어린아이와 같았습니다. 당신은 그런 시기를 골라 저를 때려눕히셨습니다. 당신은 마치 배신자처럼 발자국 소리를 죽이고 뒤로 와서 저를 찔렀습니다. 당신은 저를 보고 당신의 사나운 개인 정열을 풀어 놓았습니다. 아시다시피 저는 힘이 없고 싸우지도 못했습니다. 정열은 저를 쓰러뜨리고 저의 내부에 있는 모든 것을 황폐케 하고 모든 것을 더럽히고 모든 것을 파괴했습니다……. 저는 자신을 혐오했습니다. 그저 저의 괴로움과 치욕을 큰 소리로 외칠 수만 있다면! 혹은 그것을 창작력의 분류(奔流) 속에 집어던져 잊을 수만 있다면! 그렇지만 제 힘은 꺾이고 저의 창조력은 메말랐습니다. 나는 한 그루의 마른 나무입니다…… 왜 저는 죽지 못하는 것일까요! 오! 신이여, 저를 해방시켜 주십시오, 이 육체와 이 혼을 짓부숴 주세요, 저를 지상으로부터 빼앗아가 주세요, 저를 생명으로부터 뽑아 내 주세요, 언제까지나 구덩이 속에 몸부림치지 않게 해주세요! 제발 소원입니다…… 저를 죽여 주세요!

이런 식으로 크리스토프의 고뇌는 그의 이성이 믿지 않는 어떤 신을 부르며 찾고 있었다.

*

크리스토프는 스위스 쥐라 산중의 외따로 떨어진 한 농가에 피신해 있었다. 집은 숲을 등지고 기복이 많은 높은 언덕 사이에 숨어 있었다. 높이 솟아오른 땅이 북풍을 막아 주었다. 앞쪽으로는 목장과 나무로 덮인 긴 사면이 펴져 있었다. 바위가 돌연 끊어지고 그 앞은 낭떠러지가 되어 있었다. 꾸부러지고 비틀어진 전나무가 낭떠러지 가장자리에 매달려 있고 크게 팔을 벌린 너도밤나무가 뒤로 자빠져 있었다. 하늘은 우중충했다. 삶은 자취를 감추었다. 물체의 윤곽이 사라진 허무한 넓은 지방이었다. 모든 것이 눈 속에서 잠들었다. 단지 여우만이 밤의 숲 속에서 울고 있었다. 겨울이 끝나 갈 무렵이었다. 철늦은 겨울이었다. 끝없는 겨울, 끝났는가 싶으면 다시 시작됐다.

그래도 이번 일주일 동안 옹송그리던 대지는 자기 마음이 되살아나는 것을 느꼈다. 불확실한 첫봄의 기운이 대기 속으로, 또 언 나무껍질 밑으로 스며들었다. 하늘을 날고 있는 새의 깃처럼 퍼진 느릅나무 가지에서 눈 녹은 물방울이 떨어지고 있었다. 목장을 덮은 흰 망토를 뚫고 벌써 연초록의 가는 풀이 조금 움터 나왔다. 가느다란 바늘 같은 새싹 주위에는 눈의 갈라진 틈새에서 마치 작은 입을 통해서처럼 축축한 검은 흙이 숨을 쉬었다. 하루의 몇 시간인가 얼음에 휘덮여 움츠러든 물이 다시 속삭이기 시작했다. 해골 같은 숲 속에서는 작은 새가 밝게 트인 날카로운 목소리로 지저귀었다.

크리스토프는 무엇 하나 눈여겨보지 않았다. 그에게는 모두가 다 똑같았다.

그는 언제까지나 방 안을 빙빙 돌아다녔다. 혹은 바깥도 걸어다녔다. 가만히 앉아 있을 수는 없었다. 그의 혼은 마음속의 악마 때문에 갈기갈기 찢어졌다. 악마들은 서로 물어뜯고 있었다. 갇혀 버린 정열은 감옥의 벽을 미치광이처럼 계속 두들기고 있었다. 정열에 대한 혐오도 이에 못지않게 격렬했다. 그 둘이 서로 목을 물어뜯었다. 그리고 싸우며 마음을 찢어발겼다. 동시에 또 올리비에의 추억과 그의 죽음에서 오는 절망, 만족할 수 없는 창작의 집념과 허무의 심연 앞에서 거역하고 일어서 있는 자존심 따위가 있었다. 모든 악마가 그의 속에 집을 지었다. 한순간도 쉴 틈이 없었다. 혹은 겉으로만의 소강상태가 올 때도, 거친 파도가 일시 가라앉는 일이 있어도 그는 고독한 자기를 찾아낼 따름이었다. 그리고 자기 자신의 것은 이미 무엇 하나 보이지 않았다. 예컨대 사고도, 사랑도, 의지도, 모든 것이 소멸되어 버렸다.

창작한다는 것! 그것이 유일한 구원이었다. 자기 생활의 잔해는 물결 치는 대로 내맡길 일이다! 예술의 꿈속을 헤엄쳐 자기를 구해 내야 한다! …… 창작, 그는 이것을 하려고 했다……. 그러나 이젠 되지 않았다.

크리스토프는 여지껏 한 번도 일에 대해 일정한 방법을 가져 본 적이 없었다. 그는 강하고 건강할 때는 너무나 넘쳐나는 힘에 오히려 곤란할 정도였으며, 힘이 마르지나 않을까 불안해하는 일은 좀처럼 없었다. 그저 생각이 내키는 대로 따르고 있었다. 이렇다 할 아무런 규칙 없이도 멋대로 내키는 대로 그때그때의 상황에 순응해서 일을 하고 있었다. 실제로 어떠한 곳에서든지, 어떠한 때든지 일을 하고 있었다. 그의 머리는 항상 가득 차 있었다. 창작력은 그만큼 풍부하지 못했지만 그보다 훨씬 사려 깊었던 올리비에는 몇 번이나 그에게 경고했던 것이다.

"조심해요. 당신은 너무 자기 힘을 과신하고 있어요. 당신 힘은 산의 급류와 같아요. 오늘은 넘치더라도 내일은 말라 버릴지도 모르죠. 예술가는 자기 재능을 잘 써야 해요. 무턱대고 낭비해서는 결코 안 돼요. 당신 힘을 일정한 길로 인도해야 해요. 어떤 습관이나 매일 일정한 시간에 일한다는 섭생법에 무리로라도 자신을 익혀야 합니다. 그런 것은 군대식 동작이나 보조의 습관이 싸우러 나가는 사람에게 필요하듯이 예술가에게도 필요한 거예요. 비록 위기가 닥치더라도—위기는 반드시 닥치게 마련이지만—그러한 무쇠 투구가 있으면 혼은 쓰러지지 않지요. 나는 그것을 잘 알고 있어요. 내가 죽지 않은 것은 그 투구가 날 구해 주었기 때문이죠."

그러나 크리스토프는 웃었다. 그리고 말했다.

"자네에게는 그게 좋을지도 모르지! 하지만 내게는 삶에 대한 흥미를 잃을 위험성은 없네! 나는 너무나 왕성한 식욕을 갖고 있으니까 말일세."

올리비에는 어깨를 으쓱했다.

"과잉은 부족을 끌어들이게 마련이에요. 너무 건강한 사람들이 병이 나면 중병으로 고생하기 쉽지요."

지금은 올리비에 말대로 되어 있었다. 이 벗이 죽은 뒤 내적 생활의 샘물은 당장에는 마르지 않았다. 그러나 묘하게도 간헐적으로 말라 갔다. 대뜸 기승을 부리며 솟구치는가 하면 금세 지하로 자취를 감추었다. 크리스토프는 그런 것에 주의하지 않았다. 그에게 있어서 그런 것은 아무래도 좋은 일이었다. 고뇌와 새로운 정열이 그의 생각을 빼앗아 갔던 것이다. 그러나 폭풍이 지난 뒤에 다시 샘물을 찾아 물을 마시려 하자 이미 보이지 않았다. 마치 사막 같았다. 한 줄기의 흐름도 없었다. 혹은 마를 대로 말랐다. 모래를 파고 지하 수맥에서 물을 분출시키려 하고, 마구 억지로 음악을 만들어 내려 하였으나 헛일이었다. 정신의 기능이 말을 듣지 않았다. 그는 습관의 도움을 청해 낼 수가 없었다. 습관이야말로 충실한 내 편이고, 삶의 이유가 모두 우리에게서 달아나 버렸을 때도 혼자서 여전히 완강하게 우리의 곁에 머물러 있어 눈을 한군데 고정시키고 입을 다물고 한 마디도 하지 않고 하나의 몸짓도 하지 않지만, 한낮의 빛과 삶의 흥미를 다시 찾을 때까지 결코 열병에 걸리지 않도록 확실한 손으로, 위험하고 좁고 험한 길을 가로질러 우리를 안내해 주는 것이다. 크리스토프에게는 도와주는 사람이 없었다. 그의 손은 어둠 속에서 누구의 손과도 만나지 않았다. 그는 이제 한낮의 빛 속으로 되돌아올 수 없었다.

그것은 더할 수 없는 시련이었다. 그래서 크리스토프는 자신이 미쳐 버리지나 않을까 싶었다. 어떤 때는 자기의 두뇌에 대해 터무니없이 미쳐 버린 듯한 싸움을 걸었다. 편집광적인 망상에 사로잡혀 수의 관념이 따라붙어 마룻장이나 숲 속의 나무를 헤아렸다. 숫자와 협화음의 구별을 할 수 없게 되어 그 둘은 그의 머릿속에서 진지를 구축하고 싸웠다. 또 어떤 때는 죽은 사람처럼 허탈 상태에 빠졌다.

아무도 크리스토프를 돌보는 이는 없었다. 그는 집 안에서도 따로 떨어진 방에서 살고 있었다. 방은 직접 청소했다. 매일 하지는 않았다. 식사는 아래층 방에서 했는데 늘 혼자서 먹기 때문에, 그는 사람의 얼굴은 하나도 보지 못했다. 주인인 농부는 말이 없고 이기적이며 그에게 관심을 갖고 있지 않았다. 크리스토프가 먹거나 말거나 아랑곳하지 않았다. 저녁때 크리스토프가 돌아왔는지 어떤지도 거의 염두에 두지 않았다. 어떤 때 크리스토프는 숲 속에서 길을 잃고 허벅지까지 눈에 파묻혔다. 조금만 더 빠졌더라면 돌아오지도 못할 뻔했다. 그는 더는 아무것도 생각하지 않으려고 몸을 지치게 하려고 했다. 그러나 그것도 성공하지 못했다. 다만 가끔 맥이 풀리고 지쳐서 몇 시간 잠들 수가 있었다.

단 한 마리의 생물이 그의 존재를 걱정하고 있는 것 같았다. 그것은 세인트버나드 종의 늙은 개로, 크리스토프가 집 앞 벤치에 앉아 있으면 다가와서 눈에 핏발이 선 커다란 머리를 그의 무릎 위에 얹었다. 그들은 가만히 서로 눈을 마주보고 있었다. 크리스토프는 개를 밀어내지 않았다. 그는 병적인 괴테처럼 개의 눈을 보고 다음과 같은 말을 외치고 싶은 생각도 들지 않았다.

"저리 가라…… 이 괴물 같으니라구, 네가 어떤 짓을 하건 내가 물릴 줄 아나!"

그는 다만 이 탄원하는 듯한 황홀한 눈에 사로잡혀 이 눈을 도와주고 싶다는 것밖에는 원하고 있지 않았다. 이 눈 속에 애원하는 사로잡힌 혼을 느끼고 있었다.

지금 크리스토프는 고뇌로 인해 마음이 부드러워지고 산 채로 인생으로부터 따로 떨어져 인간의 이기심이 제거되어 있었으므로, 인간의 희생이 되어 있는 것, 즉 다른 모든 동물을 학살해서 인간이 승리를 얻고 있는 전장을 깨달을 수 있었던 것이다. 그리고 그의 마음은 가여움과 두려움으로 가득 차 있었다. 그는 행복했을 때조차도 언제나 동물을 사랑했었다. 동물에 대한 잔학한 취급에는 참을 수 없었다. 사냥에 대해서는 혐오를 품었다. 하기야 남들의 웃음을 살까봐 이것을 입 밖에 내어 말하지는 않았다. 또 아마 자기 자신도 똑똑히 그것을 인정할 수는 없었을는지도 모른다. 그러나 이 혐오는 크리스토프가 어떤 사람들에게 품은 반감의 은밀한 원인이었다. 그는 재미로 동물을 죽이는 인간을 벗으로 받아들일 수는 없었을 것이다. 거기엔 조금도 감상적인 기분은 없었다. 인생은 고통과 혹독스런 잔인성의 총화 위에 서 있다는 것을 그는 누구보다도 잘 알고 있었다. 사람은 남을 괴롭히지 않고는 살아갈 수 없다. 눈을 감거나 말로써 자신을 속이거나 해도 별수 없다. 인생을 체념하지 않으면 안 된다고 결론짓거나 어린아이처럼 울어도 될 일이 아니다. 아니, 오늘날 달리 살 방법이 없다면 살기 위해서는 죽일 수밖에 없다. 그러나 죽이기 위해서 죽이는 인간은 악인이다. 그것은 무의식적인 악인이라 할지라도 역시 악인이다. 인간의 끊임없는 노력은 고통과 잔인의 총화를 줄이는 데 두어야만 한다. 그것이 인간의 의무이다.

이러한 생각은 평소의 생활에서도 크리스토프의 마음 밑바닥에 묻힌 채로 있었다. 그는 이런 것은 생각하고 싶지 않았다. 생각해 봐야 무슨 소용이 있을까? 자기가 무엇을 할 수 있을까? 자기에게 필요한 것은 자기가 크리스토프라는 것이며 자기 작품을 완성시키는 일이며 어떠한 일을 해서라도, 약자를 희생시키고서라도 살아가는 일이었……. 이 우주를 만든 것은 나는 아니다……. 그런 생각은 하지 말자, 하지도 말자! ……

그러나 불행 때문에 크리스토프도 또한 패자의 대열 안에 던져지고 나서부터는 그것을 생각해 보지 않을 수가 없게 되었다. 전에 올리비에가 부질없는 회한에 빠져들거나 인간의 불행에 대해 부질없는 동정에 빠지는 것을 보고 그는 비난했었던 것이다. 그렇지만 지금은 그 자신이 올리비에보다 더했다. 강한 성격의 기세에 내달아 크리스토프는 우주의 비극 속 밑바닥까지 떨어졌었다. 그는 세상의 모든 고통에 괴로워하고 마치 피부가 벗겨진 것처럼 되었다. 지금은 동물에 대한 생각만 해도 괴로움으로 몸이 떨리지 않을 수 없었다. 동물의 눈 속에서 자기와 똑같은 혼을, 말 못하는 혼을 읽어 냈다. 그 눈은 혼 대신 이렇게 외쳤다.

"내가 당신에게 무슨 짓을 했다는 겁니까? 왜 당신은 나를 못살게 구는 겁니까?"

지금까지 여러 번 보아 온 퍽 흔한 광경도 이젠 참을 수 없었다. 창살로 댄 우리 안에 갇혀 구슬픈 소리로 울고 있는 송아지. 흰자위가 푸르스름하고 톡 튀어나온 커다란 검은 눈, 분홍빛 눈까풀, 흰 속눈썹, 이마에 곱슬거리는 흰 머리털, 보랏빛 코, X자형으로 굽은 무릎. 네 발을 한군데로 묶어 농부가 들고 가는 어린 양. 매달린 머리는 일어나려고 버둥거리고, 어린아이처럼 울부짖으며 잿빛 혓바닥을 늘어뜨렸다. 광주리 속에 쑤셔넣은 암탉. 멀리서 들려오는 도살당하는 돼지의 비명. 부엌 도마 위의 내장을 빼낸 생선…… 크리스토프는 더는 그러한 광경을 참을 수 없었다. 이러한 죄 없는 생물에게 인간이 가하는 이루 말할 수 없는 고통을 생각할 때 그는 가슴이 죄어들었다. 동물에게도 희미하지만 이성의 번득임이 있다고 생각해 본다. 동물에게 있어 이 세계가 얼마나 무서운 꿈인가를 상상해 보라. 눈도 보이지 않고 귀도 들리지 않는 냉혹한 인간들은 동물의 멱을 따고 배를 가르고 토막치고 산 채로 찌고, 그 괴로워 몸부림치는 꼴을 보며 즐기고 있다. 아프리카의 식인종 가운데도 이보다 더 잔학한 행위가 있을까? 자유로운 양심을 갖고 있는 자에게는 동물에게 주는 고통은 인간에게 주는 고통 이상으로 뭔가 용서하기 어려운 것이 있다. 왜냐하면 적어도 인간에게 고통을 주는 것은 악이며, 그런 고통을 주는 자는 죄인이라고 인정하고 있기 때문이다. 그렇지만 많은 동물은 매일 부질없이 도살되지만 인간은 이에 대해 조금도 회한을 느끼고 있지 않다. 그리고 그런 것을 암시하는 사람은 웃음거리가 되고 말 것이다. 이것이야말로 용서치 못할 죄악이다. 이 죄악만으로도 인간은 반드시 괴로워해야 한다. 이 죄악은 인류에게 보복을 요구하고 있다. 만일 신이 존재하고 있어 그러한 죄악을 묵인한다면, 이 죄악은 신에게 보복을 요구할 것이다. 만일 선량한 신이 존재한다면 살아 있는 혼의 가장 미천한 것도 꼭 구함을 받아야 한다. 만일 신이 가장 강한 자에게만 선량하다면, 그리고 초라한 것과 인류에 희생물로 바쳐진 하등생물에 대해서 공정하지 못하다면 선량도 정의도 이 세상에는 존재하지 않는 것이다…….

아! 인간의 손으로 행하는 살육도 우주 전체 속에서 일어나는 살육에 비하면 퍽 적은 것이다! 동물은 서로 잡아먹고 있다. 조용한 풀도, 말없는 나무들도 잔인한 동물들 사이와 똑같은 것이다. 조용한 숲이라는 것은 작품을 통해서밖에 자연을 모르는 문학가들에게 있어서의 상투적인 문구다! …… 크리스토프의 집에서 몇 걸음 떨어지지 않은 바로 가까이 있는 숲 속에서도 늘 무서운 격투가 벌어지고 있었다. 암살자 너도밤나무는 장밋빛의 아름다운 몸뚱이를 한 전나무에게 덤벼들고, 고대의 원주와 같은 날씬한 동체에 엉겨붙어 이를 질식시키고 있었다. 너도밤나무는 또 떡갈나무에도 달라붙어 이를 부러뜨려 자신의 겨드랑이 지팡이로 삼았다. 백 개의 팔을 가진 거인 브리아레우스와 같은 너도밤나무, 그것은 한 그루터기에서 열 개의 줄기가 나와 있었다! 그것은 주위의 모든 나무를 말라 죽이고 있었다. 그리고 적이 없어지자 이번에는 너도밤나무끼리 충돌하여 맹렬한 기세로 서로 얽히고 서로 섞이고 서로 붙고 서로 비틀고 하여, 마치 노아의 대홍수 이전의 괴물 같았다. 숲의 훨씬 아래쪽에서는 아카시아가 주변에서 내부로 침입해 상수리 숲을 공격하여, 적의 뿌리를 쥐고 할퀴어 뜯고 분비물로 이를 부패시키고 있었다. 바야흐로 필사의 격투로 승리자는 패배자의 장소와 유해를 동시에 빼앗았다. 그러자 작은 괴물이 나타나 커다란 괴물의 일을 완성했다. 버섯이 나무 뿌리 사이에서 돋아나 병에 걸린 나무의 수액을 빨아먹어 그 나무는 차차 속이 비어 갔다. 검은 개미들이 썩은 나무를 씹어서 부서뜨렸다. 눈에 보이지 않는 무수한 곤충들이 전에 생명이 있었던 것을 짓씹고 거기에 구멍을 뚫고 가루를 만들어 버렸…… 더욱이 그들의 싸움은 얼마나 조용한 것일까! …… 오, 자연의 평화, 그것은 고통스럽고 잔인한 삶의 얼굴을 가리고 있는 비극적인 가면이다!

*

크리스토프는 밑으로 점점 가라앉아 갔다. 그러나 그는 양팔을 몸에 붙인 채 싸우지도 않고 물에 빠지는 인간은 아니었다. 아무리 죽고 싶어할망정 역시 살기 위해서 할 수 있는 모든 노력을 하고 있었다. 그는 모차르트가 말한 것처럼 '모든 수단이 없어질 때까지는 계속 행동해야 하는' 인간이었다. 그는 금세라도 자기가 죽어 버릴 것만 같이 느끼고 있었다. 그러나 침몰하면서도 팔을 좌우로 움직여 매달릴 지주(支柱)를 찾고 있었다. 그는 그것을 찾은 것처럼 여겨졌다. 올리비에의 아이 생각이 문득 떠오른 것이었다. 그는 곧바로 자기 삶의 의지를 모두 그 아이 쪽으로 가져갔다. 그는 거기에 매달렸다. 그렇다, 그 애를 찾아내어 자기가 맡아서 기르고 사랑하고 아버지 노릇을 하여 올리비에를 아이 속에 소생시켜야 했다. 자기 중심적인 고통 속에서 어째서 그것에 생각이 미치지 않았던 것일까? 그는 아이를 맡고 있는 세실에게 편지를 썼다. 애타게 답장을 기다렸다. 그의 모든 존재는 이 단 한 가지 생각에 긴장해 있었다. 그는 애써 침착하려고 했다. 희망을 걸 수 있는 이유가 한 가지 그에게 있었다. 그는 안심했다. 그는 세실의 친절한 마음을 잘 알고 있었다.

답장이 왔다. 세실의 편지에 의하면 올리비에가 죽고 나서 3개월 뒤에 상복 입은 부인이 그녀 집으로 찾아와 말했다는 것이다.

"내 아이를 돌려주세요!"

그것은 전에 아이와 올리비에를 버리고 간 여자—자크린이었다. 그러나 너무나 달라져 있었으므로 알아볼 수 없을 정도였다. 그녀의 미친 듯한 연애는 오래가지 못했다. 정부가 그녀에게 물리기 전에 그녀 쪽에서 정부에게 물려 버렸다. 마음에 상처를 입고 환멸을 느끼고 그녀는 늙어버린 모습으로 돌아왔다. 그녀의 정사에 대한 추문은 너무나 널리 퍼져 있었으므로, 많은 집들이 그녀에게 문을 걸어닫았다. 별로 까다롭지 않은 사람들도 역시 엄격했다. 어머니조차도 너무나 심한 모욕적인 태도를 보였으므로 자크린은 어머니 집에도 머물러 있을 수 없었다. 자크린은 세상의 위선을 속속들이 보았다. 올리비에의 죽음은 그러한 그녀를 완전히 때려눕혔다. 그녀가 너무 심한 타격을 입고 있었으므로 세실은 그녀의 요구를 거절할 수 없을 것 같은 생각이 들었다. 자기 아이처럼 여기고 있던 아이를 돌려준다는 것은 참으로 가슴이 쓰라렸다. 그러나 자기 이상의 권리를 갖고 있으면서 자기보다도 불행한 인간에 대해 어떻게 이보다 더 냉혹히 할 수 있을까? 그녀는 크리스토프에게 편지를 써서 상의하고 싶었다. 그러나 크리스토프는 여지껏 한 번도 그녀의 편지에 답장한 일도 없었고, 또 그녀는 그의 주소도 몰랐다. 크리스토프가 살아 있는지 죽었는지조차도 알지 못했다. 기쁨이 왔는가 싶으면 가 버린다. 어떻게 하면 좋을까? 체념하는 수밖에 없다. 중요한 것은 아이가 행복해지는 일이다. 사랑받는 일이다……

저녁때 이 편지가 왔다. 철늦은 겨울이 다시 돌아와 눈을 뿌렸다. 밤새도록 내렸다. 이미 새 잎이 돋아난 숲에서는 나뭇가지가 눈의 무게로 우지직 소리를 내며 부러졌다. 마치 폭격 소리 같았다. 크리스토프는 불도 켜지 않은 방에 혼자 앉아서 인광을 발하는 듯한 어둠에 싸여 비통한 숲의 메아리에 가만히 귀를 기울이고, 메아리가 칠 때마다 놀랐다. 그리고 그 자신도 무거운 짐에 눌려 몸을 굽히고 우지직우지직 소리를 지르는 이들 나무와 비슷했다. 그는 마음속으로 중얼거렸다.

"이젠 모두 끝장이다."

밤이 새고 또 낮이 되었다. 이 나무는 부러지지는 않았다. 새로 맞이한 이 날 하루, 거기 잇닿는 밤, 그리고 그 뒤의 몇 주야, 이 나무는 여전히 구부러진 채 우지직우지직 계속 소리를 내고 있었다. 그러나 결코 부러지지 않았다. 그는 이제 아무런 살아갈 이유를 갖지 못했다. 그런데도 아직 살아 있었다. 그에게는 이제 싸워야 할 아무런 동기도 없었다. 그래도 역시 그의 등뼈를 부러뜨리려 하는 눈에 보이지 않는 적과 맞붙어 싸우는 야곱이었다. 그는 이 격투에서 아무것도 기대하지 않았다. 그저 격투가 끝나는 것밖에 기대하지 않았다.

그런데도 계속 싸우고 있었다. 그리고 외쳤다.

"자, 나를 때려눕혀라! 왜 나를 때려눕히지 않느냐?"

＊

여러 날이 지나갔다. 크리스토프는 그러한 싸움에서 벗어났지만 생명이 없는 껍질이었다. 그래도 역시 전과 같이 제대로 서고 밖에 나가 주위를 걸어다녔다. 생명이 힘을 잃었을 때 억센 혈통의 힘으로 지탱되고 있는 사람들은 다행스럽다! 금세라도 폭삭 주저앉으려는 자식의 몸을 아버지와 할아버지의 발이 밀어주는 것 같은 힘으로, 마치 말이 기사의 시체를 싣고 가듯 짓눌린 이 혼을 쳐들고 앞으로 나가게 했다.

크리스토프는 양쪽에 골짜기가 있는 산꼭대기 길을 걸어갔다. 그리고 이지러진 작은 떡갈나무의 마디가 불거져 그 뿌리가 기어다니는 모난 자갈투성이의 좁은 오솔길을 내려갔다. 어디로 가는 것인지 자신도 알지 못했다. 그러나 뚜렷한 의지에 끌려가는 것보다도 훨씬 확고한 걸음걸이였다. 그는 잠을 자지 않았다. 요즘 며칠 동안은 거의 식사도 하지 않았다. 눈앞에 안개가 서려 있는 것 같았다. 그는 골짜기 쪽으로 내려갔다. 부활제의 주일이었다. 흐린 날이었다. 겨울의 마지막 습격을 물리쳤다. 따뜻한 봄기운이 느껴졌다. 아래쪽 여러 마을에서 종소리가 들려왔다. 첫 번째 종소리를 보내온 마을의 농가 지붕은 검정과 노랑 등 여러 빛깔로, 비로드 같은 두꺼운 이끼에 덮여 있고 마을 전체가 우묵한 산기슭에 새 둥지처럼 웅크리고 있었다.

다음 종소리는 산 맞은편 비탈에 있는, 여기서는 보이지 않는 마을에서 들려왔다. 이어 개울 건너 저쪽 평야에 있는 여러 마을에서 종소리가 들려왔다. 그리고 훨씬 멀리 안개 속에 숨어 있는 도시에서 커다란 종소리……. 크리스토프는 멈춰 섰다. 그의 마음은 금방이라도 미어지는 듯했다. 종소리들은 그에게 이렇게 말하고 있는 것 같았다.

"우리들과 함께 오려무나! 여기엔 평화가 있다. 여기서는 괴로움은 죽어 버린다. 사고와 더불어 죽어 버린다. 우리들은 혼을 살살 흔들어 주기 때문에, 혼은 우리들 품 안에서 잠들어 간다. 오려무나, 그리고 쉬는 게 좋아. 너는 이제 눈을 뜨는 일은 없을 것이다……."

그는 얼마나 피로를 느끼고 있었던 것일까! 잠자고 싶었다! 그러나 크리스토프는 머리를 설레설레 내저으며 말했다.

"내가 구하는 것은 평화가 아니다, 생명이다."

그는 다시 걷기 시작했다. 자신도 모르는 사이에 몇십 리나 걸었다. 환각이 일어날 쇠약 상태에 있었으므로 아주 단순한 감각도 뜻밖의 반향을 불러일으켰다. 그의 사고는 지상과 공중에 이상스런 빛을 던지고 있었다. 햇빛에 비친 흰 적적한 길 위에 어째선지 알 수 없지만 한 그림자가 그의 앞을 달려갔다. 그는 움찔 몸을 떨었다.

숲을 빠져나오자 어떤 마을 근처에 왔다. 크리스토프는 길을 되돌아갔다. 사람을 보기가 싫었다. 그래도 마을 위에 있는 외딴집 옆을 지나치지 않을 수 없었다. 집은 산중턱을 등지고 있었다. 요양소 같았다. 햇빛에 비친 커다란 뜰이 주위를 에워쌌다. 몇몇 사람의 그림자가 어설픈 걸음걸이로 모래를 판 오솔길을 어슬렁거렸다. 크리스토프는 그런 것에 주의를 기울이지 않았다. 그러나 오솔길의 구부러진 곳에서 한 사내와 얼굴을 마주쳤다. 창백한 눈에 부황이 나 있는 얼굴의 사내로, 두 그루 포플러 뿌리 언저리의 벤치에 축 늘어져 앉아 앞을 물끄러미 바라보고 있었다. 또 한 사내가 옆에 앉아 있었다. 둘 다 잠자코 있었다. 크리스토프는 그들 앞을 지나쳤다. 그러나 몇 걸음 걸어가다가 그는 멈춰 섰다. 저 눈은 본 기억이 있었다. 그는 뒤돌아보았다. 사내는 꼼짝도 않고 여전히 앞의 한 곳을 뚫어지게 보고 있었다. 그러나 함께 있는 사내가 크리스토프를 보고 있었다. 크리스토프는 그에게 살짝 손짓을 했다. 그 사내는 왔다.

"저 사람은 누구입니까?" 크리스토프가 물었다.

"이 요양원의 환자입니다." 사내는 건물을 가리키며 말했다.

"나는 저 사람을 알고 있는 것 같은 생각이 듭니다만." 크리스토프는 말했다.

"그럴는지도 모르죠." 사내는 말했다. "독일에서 퍽 유명한 작가였으니까요."

크리스토프는 이름을 대 보았다. 그대로 맞았다. 바로 그 사람이었다. 크리스토프는 전에 만하임의 잡지에 글을 쓸 무렵 그를 만난 적이 있었다. 당시 두 사람은 적이었다. 크리스토프는 겨우 신인에 지나지 않았던 때였지만 그 쪽은 이미 유명했다. 그는 자기 이외의 것은 모두 다 경멸하는 듯한 자신에 가득 찬 믿음직스런 사내이며, 현실적이고 육감적인 예술로써 당시 일반의 평범한 작품을 압도했던 저명한 소설가였다. 그를 혐오하던 크리스토프도, 유물적이고 편협하기는 하지만 진지한 예술의 완벽성 앞에는 감탄하지 않을 수 없었던 것이다.

"일 년 전부터 저렇게 된 것입니다." 그 보호자는 말했다. "요양해서 나은 줄로 알았으므로 집으로 돌아간 것입니다. 그런데 또 재발했습니다. 어느 날 밤, 창문에서 뛰어내렸지요. 처음 여기 왔을 때에는 난폭하게 굴고 고함을 지르고 했지요. 지금은 아주 온순해졌습니다. 보시는 바와 같이 저렇게 앉아서 매일매일을 보내고 있습니다."

"무엇을 보고 있는 것일까요?" 크리스토프가 물었다.

그는 벤치로 다가갔다. 패잔병의 창백한 얼굴과 눈 위에 늘어뜨린 부스스한 눈까풀을 애처롭게 바라보았다. 한쪽 눈은 거의 감겨 있었다. 광인은 크리스토프가 앞에 있는 것을 모르는 것 같았다. 크리스토프는 그의 이름을 부르고 한쪽 손을 잡았다. 부드럽고 축축한 그 손은 마치 죽은 자의 것처럼 축 늘어졌다. 그는 그 손을 쥐고 있을 용기가 없었다. 광인은 한순간 크리스토프 쪽으로 힐끗 눈을 들었지만, 곧 또 멍한 미소를 띠며 안쪽을 바라보았다. 크리스토프는 물었다.

"무엇을 보고 계십니까?"

사내는 꼼짝도 않고 나직한 음성으로 대답했다.

"기다리고 있는 것이오."

"무엇을 말입니까?"

"부활을."

크리스토프는 그만 소름이 끼쳤다. 그리고 허둥지둥 그곳을 떠났다. 사내의 말이 불화살처럼 그의 가슴을 꿰뚫었던 것이다.

그는 숲 속으로 들어가 집 쪽으로 비탈을 올라갔다. 머리가 혼란스러웠으므로 길을 잃었다. 커다란 전나무 숲의 한가운데로 왔다. 그늘과 정적. 적갈색 일광의 반점이 몇 개 어디선가 비쳐들어 짙은 그늘 속에 떨어졌다. 크리스토프는 그 빛의 반점을 보고 있자니 어질어질해졌다. 주위는 마치 어두운 밤 같았다. 그는 분노로 팽팽한 혈관처럼 튀어나온 나무 뿌리에 걸려 비틀거리면서 전나무 침엽이 흩어져 깔린 위를 걸어갔다. 나무 밑에는 한 포기의 풀도 이끼도 없었다. 나뭇가지 속에는 작은 새의 지저귐 소리도 들리지 않았다. 밑의 가느다란 나뭇가지는 말라 죽었다. 생명은 모두 일광이 비치는 위쪽으로 달아나 있었다. 오래지 않아 이 생명조차도 없어지고 말았다. 크리스토프는 이상스런 병에 파먹히는 숲의 한쪽에 들어간 것이었다. 거미줄처럼 길고 가느다란 지의류(地衣類)가 붉은 전나무 가지를 그물로 싸고 뿌리부터 꼭대기까지 꽁꽁 묶어 놓아, 그것이 이 나무에서 저 나무로 옮겨가 숲 전체를 질식시키고 있었다. 마치 음험한 촉수를 가진 해저의 풀과 같았다. 그리고 주위는 대양의 바닥처럼 아주 조용했다. 위쪽에서는 태양이 창백해지고 있었다. 안개가 죽은 숲의 틈 사이로 살며시 스며들어와 크리스토프를 에워쌌다. 모든 것이 자취를 감추었다. 이젠 아무것도 없었다. 30분 동안 크리스토프는 흰 안개의 그물 속을 정처 없이 헤매었다. 안개는 차차 짙어지고 어두워졌으며 그의 목구멍에까지 스며들었다. 그는 똑바로 걸어가고 있는 참이었다. 그러나 질식한 전나무에서 늘어진 커다란 거미줄 그물 밑을 빙빙 돌고 있는 것이었다. 안개는 이 그물 사이를 빠져나가며 거기에 떨리는 물방울을 남겼다. 겨우 그물 눈이 느슨해지고 구멍이 뚫리고, 크리스토프는 이 해저의 숲에서 빠져나올 수 있었다. 그는 다시 살아 있는 숲을 보았다. 상수리나무와 너도밤나무 사이의 침묵의 투쟁을 보았다. 그러나 전과 같이 모든 것은 움직이고 있지 않았다. 몇 시간 전부터 은밀히 웅성대고 있는 이 침묵이 그의 가슴을 불안케 했다. 크리스토프는 멈춰 서서 그 침묵을 엿들었다……

돌연 멀리서 파도가 밀어닥치는 듯한 소리가 났다. 앞지른 한 떼의 바람이 숲 안쪽에서 일어난 것이다. 질주하는 말처럼 그것은 나무 끝으로 와서 이를 파동치게 했다. 용틀임에 휩싸여 지나치는 미켈란젤로의 신과 같았다. 그것은 크리스토프의 머리 위를 지나갔다. 크리스토프의 마음은 바르르 떨렸다. 바람은 그에게 무언가를 알리고 사라졌다.

다시 침묵이 찾아왔다. 크리스토프는 무언지 숭고한 공포에 얻어맞아 떨리는 걸음으로 서둘러 돌아왔다. 집의 입구까지 오자 미행당하는 사람처럼 불안스런 눈으로 흘긋 뒤를 보았다. 자연은 죽은 듯했다. 산이 사면을 휘덮은 숲은 답답한 슬픔에 눌려 잠들었다. 조용히 움직이지 않는 공기는 이상할 만큼 맑았다. 아무 소리도 들리지 않았다. 다만 급류의, 바위를 물어뜯는 물의 슬픈 음악이 대지의 죽음을 조문하는 종소리처럼 메아리쳤다. 크리스토프는 열이 나서 잠자리에 들었다. 이웃 우리에서는 그와 마찬가지로 들뜬 가축들이 계속 몸을 움직이고 있었다······.

밤이 되었다. 그는 졸고 있었다. 침묵 속에서, 멀리 저 파도의 굽이치는 소리가 다시 일어났다. 바람이 이번에는 회오리바람이 되어 불어왔다. 아직 잠들어 있는 추위 타는 대지를 더운 입김으로 덮히는 봄의 폭풍, 얼음을 녹여 풍성한 비를 모아 두는 봄의 폭풍이다. 그것은 골짜기 저편의 숲 속에서 우레처럼 울렸다. 그리고 다가오고 부풀어오르며 산의 사면을 습격하듯 올라왔다. 산 전체가 울부짖는 소리를 냈다. 우리에서는 한 마리 말이 울고 암소들이 음매 울기 시작했다. 크리스토프는 침대 위에서 몸을 일으켜 두려움에 머리카락이 주뼛한 채 가만히 듣고 있었다. 돌풍이 달려와 부르짖고 풍향계를 삐걱거리게 하고 지붕의 기와를 날리고 집을 흔들었다. 꽃병이 떨어져 부서졌다. 크리스토프 방의 잘 닫히지 않는 창문은 쾅 하고 커다란 소리를 내며 열렸다. 그러자 더운 바람이 확 불어왔다. 크리스토프는 얼굴 전체와 벌거벗은 가슴에 이 바람을 받았다. 그는 침대에서 뛰어내려 입을 벌리고 헉헉거렸다. 마치 그의 텅 빈 혼에 살아 있는 신이 뛰어든 것 같았다. '부활'이다! ······ 공기가 그의 목으로 흘러들고 새로운 생명의 파도가 폐부 깊숙이까지 들어왔다. 그는 몸이 파열할 것처럼 느껴졌다. 외치고 싶었다. 고뇌와 환희의 아우성을 치고 싶었다. 그러나 그의 입에서는 어렴풋한 소리밖에는 나오지 않았다.

그는 돌풍으로 날아오른 종잇장 속에서 비틀거리며 양팔로 벽을 쳤다. 그리고 방 한가운데 쓰러지며 외쳤다.

"오! 당신이오! 가까스로 당신은 돌아와 주셨소!"

*

"당신은 돌아와 주셨소. 돌아와 주셨소! 오, 내가 놓쳐 버렸던 당신이! 왜 나를 버리셨던가요?"

"네가 버린 내 일을 완성시키기 위해서다."

"그것은 어떤 일입니까?"

"싸운다는 것이다."

"어째서 싸울 필요가 있을까요? 당신은 만물의 지배자가 아니십니까?"

"나는 지배자는 아니다."

"당신은 존재하는 모든 것이 아니십니까?"

"나는 존재하는 모든 것이 아니다. 나는 허무와 싸우는 삶이다. 나는 허무는 아니다. 나는 밤 속에서 타오르는 불이다. 나는 밤은 아니다. 영원한 싸움이다. 그리고 어떠한 영원의 숙명도 이 싸움을 내려다보지는 않는다. 나는 영원히 싸우는 자유로운 의지다. 너도 나와 함께 싸우고 타오르려무나!"

"저는 패배했습니다. 저는 이제 아무 소용도 없는 인간입니다."

"패배했다고? 모든 일이 끝났다고 생각하느냐? 그럼 다른 사람들이 승리자가 될 것이다. 자기 일을 생각하지 말고 자기 군대에 대해 생각하라."

"저는 단 혼자입니다. 저 자신밖에 갖고 있지 않습니다. 군대라는 것은 갖고 있지 않습니다."

"너는 혼자가 아니다. 또 너는 너 자신의 것도 아니다. 너는 내 목소리의 하나며, 내 팔의 하나다. 나 대신 말하고 나 대신 치는 것이다. 비록 너의 팔이 부러지더라도, 너의 목소리가 쉬더라도 나는 그대로 서 있다. 또 너의 목소리와 너의 팔 이외의 목소리와 팔로 싸운다. 비록 너는 패배할지라도 너는 결코 패배하지 않는 군대에 속해 있다. 이 일을 잘 알아 두는 게 좋아. 그러면 너는 죽어도 이길 수 있는 거야."

"주여, 저는 무척 괴로워하고 있습니다!"

"나 또한 괴로워한다고는 생각지 않는가? 몇 세기 이래로 죽음은 나를 쫓아다니고 허무도 나를 노리고 있다. 나는 다만 싸워 이김으로써 길을 헤쳐나가고 있는 것이다. 삶의 강은 나의 피로 새빨개졌다."

"싸우는 것입니까, 영원히 싸우는 것입니까?"

"영원히 싸워야 한다. 신이라 할지라도 싸우고 있는 것이다. 신은 정복자다. 상대를 집어 삼키는 사자다. 허무는 신을 에워싸지만, 신은 허무를 쓰러뜨린다. 그리고 이 싸움의 리듬이야말로 최고의 조화다. 이 조화는 죽을 운명에 처한 너의 귀에는 들리지 않는다. 너는 다만 그 존재를 알기만 하면 된다. 너는 조용히 자기 의무를 다해라. 그리고 그 뒤는 신에게 맡기는 것이다."

"제게는 이제 힘이 없습니다."

"강자를 위해 노래 불러라."

"저의 목소리는 쉬어 버렸습니다."

"그럼 기도하라."

"저의 마음은 더럽혀졌습니다."

"그럼 그 마음을 버리고, 내 마음을 취하라."

"주여, 저 자신을 잊어버리는 것은, 자신의 죽은 혼을 집어던지는 것은 어렵지 않습니다. 그러나 저의 죽은 사람들을 내동댕이쳐 버릴 수가 있겠습니까? 제가 사랑하는 사람들을 잊어버릴 수가 있겠습니까?"

"너의 죽은 혼과 더불어 죽은 그들을 버리는 것이다. 그러면 내가 산 혼과 더불어 살아 있는 그들을 다시 찾아낼 수 있을 것이다."

"오, 저를 버리신 당신은 이후에도 저를 버리실 것입니까?"

"그렇다, 이후에도 너를 버리게 될 것이다. 그것은 똑똑히 알아두어야 한다. 하지만 너는 이제 나를 버려서는 안 되는 것이다."

"하지만 저의 생명이 꺼졌을 때는?"

"다른 생명에 불을 불이는 것이다."

"만일 죽음이 제 속에 집을 짓고 산다면?"

"생명은 딴 데에 있다. 자, 그것을 향해 너의 문을 열어라. 허물어진 제 집에 틀어박혀 있는 너는 어리석은 자다! 너 자신으로부터 밖으로 나가라. 달리 살 집은 얼마든지 있다."

"오, 생명이여! 생명이여! 내게는 보인다……. 나는 너를 내 속에서, 공허로 닫혀 있는 내 혼 속에서 찾고 있었다. 내 혼은 찢어졌다. 내 상처의 창문으로 공기가 한꺼번에 흘러든다. 나는 다시 호흡한다, 나는 다시 너를 찾아냈다, 오, 생명이여! ……"

"나도 너를 다시 찾아냈다……. 자, 입을 다물고 귀를 기울이라."

*

그러자 크리스토프의 귀에는 자기 속에 끓어오르는 생명의 노래가 샘물의 속삭임처럼 들려왔다. 그는 창가에서 몸을 내밀고 어제까지는 죽었던 숲이 바람과 태양의 빛 속에서 마치 바다처럼 드높아지며 솟아오르는 것을 보았다. 나무들의 등뼈 위를 바람의 물결이 환희의 전율처럼 지나갔다. 그리고 구부러졌던 나뭇가지는 황홀한 팔을 찬란한 하늘에 내뻗었다. 급류는 종의 웃음소리처럼 메아리쳤다. 어제는 무덤 속에 있었던 것 같은 경치가 지금은 되살아났다. 크리스토프의 마음속에 사랑이 되돌아옴과 동시에 경치 속에도 생명이 되돌아온 것이다. 성총이 닿은 혼의 기적! 혼은 생명에 눈떴다! 그리고 그 주위에서도 모든 것이 소생했다. 심장이 다시 고동쳤다. 말랐던 샘물이 다시 흘러갔다.

그리고 크리스토프는 다시 신성한 싸움으로 돌아갔다……. 자기 자신의 싸움 같은 것은, 인간들끼리의 싸움 같은 것은 이 대규모 전투 속에 자취를 감춰 버렸다. 이 전투에서는 태양 광선이 회오리바람에 쓸리는 눈조각처럼 한창 내리고 있었다……. 크리스토프는 자기 혼을 벗어던졌다. 꿈속에서 공중에 매달려 있는 것처럼 그는 저 자신 위를 날고 있었다. 그리고 사물의 전체 속에 있는 자신을 위쪽에서 보고 있었다. 그러자 한눈에 자신의 괴로움의 의의를 알게 되었다. 그의 싸움은 세계의 커다란 전투의 일부분이었던 것이다. 그의 패배는 하나의 삽화적인 사건으로 곧 회복되는 것이었다. 크리스토프는 모든 사람을 위해 싸우고 있었으며, 모든 사람은 그를 위해 싸우고 있었다. 그들은 그의 고통을 공유했으며 그도 그들의 영광을 공유했다.

'전우여, 적이여, 전진하여 나를 짓밟으라. 이윽고 승리할 포차(砲車)가 내 몸 위를 지나가는 것을 느끼게 해다오! 나는 내 살을 상처입히는 점에 대해선 생각하지 않는다. 내 머리를 밟고 갈 발 따윈 생각지 않는다. 나는 우리 복수자의 일을, 우리 주의 일을, 무수한 군사의 지휘자에 대한 일을 생각하고 있다. 나의 피는 앞날의 승리를 위한 시멘트이다……'

신은 그에게 있어서는 무정한 조물주는 아니었다. 청동 탑 위에서 자신이 불 지른 수도의 화재를 바라보는 네로 황제는 아니었다. 신도 괴로워하고 있었다. 신도 싸우고 있었다. 싸우는 사람들과 함께 싸우고 괴로워하는 모든 사람들을 위해 괴로워했다. 왜냐하면 신은, 삶이며 어둠 속의 한 줄기 빛이므로, 삶은 확대되고 어둠을 삼켜 버리기 때문이었다. 그러나 어둠은 한정이 없었다. 그래서 신의 싸움은 결코 그칠 때가 없다. 그리고 그 결과는 어떻게 될 것인지 아무도 알 수 없다. 그것은 웅장한 교향악이어서 서로 충돌하고 뒤섞이는 불협화음조차도 하나의 우렁찬 협주를 한다! 정적 속에서 거센 싸움을 하고 있는 너도밤나무 숲처럼 삶의 영원한 평화 속에서 싸우고 있다.

그러한 싸움과 평화가 크리스토프 속에서 울려퍼졌다. 그는 대양(大洋)의 소리가 울리는 조개 껍질이었다. 나팔의 부르는 소리, 소리의 질풍, 서사시적인 외침 따위가 지배적인 리듬에 인도되어 지나갔다. 왜냐하면 이 울림이 좋은 혼 속에서는 모두가 소리로 변하기 때문이었다. 이 혼은 빛을 노래 불렀다. 밤을 노래 불렀다. 삶도 노래 불렀다. 또 죽음도 노래 불렀다. 승리자들을 위해 노래 불렀다. 싸워서 패배한 그 자신을 위해서도 노래 불렀다. 그의 혼이 노래 불렀다. 모두가 노래 불렀다. 혼은 이제 노래일 수밖에 없었다.

마치 봄비처럼 음악의 분류는 겨울 때문에 균열이 생긴 땅바닥에 스며들었다. 치욕도 슬픔도 괴로움도 지금에는 신비적인 사명을 드러냈다. 그러한 것은 토양을 부패시키고 살찌게 했다. 고뇌의 쟁기는 마음을 찢으며 생명의 새로운 샘을 열어놓았다. 황야는 다시 꽃을 피웠다. 그러나 그것은 이미 지난 봄의 꽃은 아니었다. 다른 하나의 혼이 탄생했다.

혼은 끊임없이 태어나고 있었다. 왜냐하면 성장의 극한에 달한 혼과 같이, 이제 죽어 가는 혼과 같이 아직 뼈 조직이 만들어지지 않았으므로 그것은 입상(入像)이 아니라 녹아 가는 금속이었다. 그것은 각 순간에 새로운 우주가 되어 갔다. 크리스토프는 자기 한계를 그리려고는 생각하지 않았다. 과거의 무거운 짐을 팽개치고 젊디젊은 피와 자유로운 마음으로 여행길에 올라, 바다 공기를 마시고 자기의 여행은 결코 끝나는 일이 없으리라고 믿고 있는 사람의 기쁨에 그는 몸을 내맡겼다. 그는 다시 우주를 흐르고 있는 창조력에 사로잡혔다. 그리고 우주의 부는 황홀한 기분으로 그를 꽉 채웠다. 크리스토 프는 이웃 사람을 스스로를 사랑하듯 사랑하고 있었다. 그는 자기 자신임과 동시에 그 이웃 사람이기도 했다. 또 모두가, 발에 밟히는 풀에서부터 악수 하는 손에 이르기까지 모두 그의 '이웃사람'이었다. 한 그루 나무, 산 위에 떨어진 한 조각 구름의 그림자, 목장의 내쉬는 숨, 무수한 별이 소란스럽게 무리지은 밤하늘……모두가 그의 피를 끓게 했다……. 크리스토프는 얘기하 려고 하지도 않고 생각하려 하지도 않았다……. 그저 웃고 울고 이러한 생 생한 경이 속에 녹아들어갔다! ……써야만 한다. 그러나 왜 쓰느냐? 무엇으 로도 표현하기 어려운 것을 과연 써낼 수 있을 것인가……. 그러나 되든 안 되든 써야 한다. 그것이 크리스토프의 법칙이었다. 그가 어디 있거나 여러 가지 관념이 번갯불처럼 떨어져 왔다. 기다리고 있을 수도 없었다. 그래서 무엇이건 상관치 않고 거기 있는 것을 집어 들고 거기 있는 것 위에 써 두었 다. 자신에게서 뿜어나오는 그러한 악구의 뜻은 자신도 말할 수 없을 때가 빈번히 있었다. 그리고 쓰고 있는 동안에도 다른 관념이 잇따라 자꾸만 생겨 났다……. 그는 쓰고 또 썼다. 셔츠 소매와 모자 속에까지 썼다. 아무리 빨 리 써도 사고 쪽이 더 빨랐으므로 일종의 속기술을 써야 했다…….

그것은 두서 없는 메모일 수밖에 없었다. 크리스토프가 그러한 관념을 보 통 음악 형식 속에 흘려 넣으려고 하자 곤란한 일이 생겼다. 낡은 틀은 어느 것이나 모두 그러한 관념에 맞지 않는 것임을 발견했다. 자신의 환상을 충실 히 적어 두려 하자 우선 자기가 이제까지 듣거나 쓰거나 한 것을 모두 잊어 버리고, 이제까지 습득한 모든 형식과 전통적인 기술을 모두 쓸어버리고 머 리가 잘 듣지 않게 된 정신의 목발을 내동댕이치고, 자기가 생각하는 수고를 피해 타인의 생각 속에 자는 게으름쟁이를 위해 마련된 잠자리를 버려야 했 다. 전에, 자기는 자기의 생활과 예술의 원숙기에 도달했다고 생각했을 때 ―(실상은 생활의 한 단계를 끝냈음에 지나지 않았다)―그는 자기의 사고 가 생겨나기 전에 존재한 말로 자신을 표현했던 것이다. 크리스토프의 감정 은 이미 정해진 발전의 논리에 복종하고 있어 그 논리가 그의 악구의 일부분 을 미리 구술해 주어, 공중이 기대하는 흔해빠진 용어 쪽으로 개척된 길을 통해 그를 순순히 데리고 가는 것이었다. 그러나 길은 이제 하나도 없었다.

감정이 자기 스스로 길을 개척해야 했다. 정신은 이를 따라가기만 하면 되는 것이다. 정신의 역할은 이제 정열을 묘사하는 일이 아니었다. 정신은 정열과 일체가 되고, 정열의 내부 법칙을 따르려고 애써야 했다.

동시에 여러 가지 모순이 밀어닥쳤다. 크리스토프 자신은 이를 인정하고 싶지 않았지만 훨씬 전부터 그러한 모순에 고뇌하고 있었던 것이다. 왜냐하면 그는 순수한 예술가이기는 했지만 빈번히 자기 예술과는 관계 없는 관념을 섞었던 것이다. 그는 자기 예술에 사회적인 사명을 부과했다. 그리고 자기 속에 두 인간이 있다는 것을 눈치채게 했다. 하나는 도덕적인 목적 같은 것은 생각지 않고 오로지 창작하는 예술가이고, 또 하나는 자기의 예술이 도덕적이고 사회적이기를 바라는 이치를 캐는 실행가였다. 두 사람은 때로는 서로 상대를 기묘한 궁지로 몰아넣었다. 그렇지만 지금은 창작의 모든 관념이 마치 유기적인 법칙을 갖고 있는 고도의 현실처럼 밀어닥쳤으므로 그는 실제적 이성의 지배로부터 피해 나왔던 것이었다. 물론 그는 당시의 무기력한 배덕주의에 대해서는 조금도 경멸의 기분을 버리지는 않았었다. 또 불결한 예술은 최하급의 예술이라는 생각은 여전히 변하지 않았다. 왜냐하면 그러한 예술은 하나의 병이며 색은 나무 기둥에 돋아나는 버섯이었기 때문이다. 그러나 쾌락을 위한 예술은 매음굴의 예술이라 할지라도, 이에 대해 도덕을 위한 예술이라는 저속한 공리주의 쟁기를 끄는 거세한 천마 페가수스를 대립시키는 것과 같은 짓을 하지는 않았다. 최고의 예술, 예술이라는 이름에 어울리는 유일한 예술은 일시의 법칙을 초월한 예술이다. 그것은 무한한 세계에 던져진 혜성이다. 이 힘은 실제적인 세계에서는 유익할 수도 있을 것이며 혹은 무익한 것처럼 보이는 수도 있을 테지만, 그것은 힘이고 불이다. 하늘에서 분출해 나온 전광이다. 따라서 그것은 신성한 것이며, 또 사람에게 은혜를 베푸는 일이다. 그 은혜는 때로는 실제적일 수도 있다. 그러나 정말로 신성한 은혜는 신앙과 마찬가지로 초자연적인 것이다. 그것은 원천인 태양과 같은 것이다. 태양은 도덕적도 아니고 부도덕적도 아니다. 그것은 '존재하는 것'이다. 그것은 밤의 어둠을 정복한다. 예술도 역시 그렇다.

그런데 예술의 손에 인도된 크리스토프는 자기 속에서 이제까지 생각해 보지 않았던 미지의 힘이 솟아나오는 것을 보고 깜짝 놀랐다. 그것은 자기의 정열과 슬픔과 의식적인 혼 따위와는 전혀 별개의 것이었다—자기가 이제까지 사랑하거나 참고 견딘 것과 자기의 모든 생활에 무관심한 다른 혼, 쾌활하고 이상스럽고 야성적이고 이해할 수 없는 혼이었다. 그 혼이 자기 위에 올라타고 그의 옆구리를 박차로 마구 찼다. 그리고 간혹 '후' 하고 한숨 돌리게 되는 순간에는 그는 자신이 방금 써낸 것을 되읽고 머리를 갸웃거렸다.

"이런 것이 어떻게 내 몸 속에서 나온 것일까?"

그는 모든 천재가 경험에 의해서 잘 알고 있는 저 정신의 착란, 의지로부터 독립되어 있는 저 의지, 괴테가 '악마적인 것'이라고 불러 이에 대해 무장하고 있었으면서도 한편 복종하고 있던 '세계와 삶의 뭐라고 말하기 어려운 저 수수께끼'에 사로잡혔었다.

그리고 크리스토프는 쓰고 또 썼다. 며칠이고 몇 주고 계속 썼다. 풍부해진 정신은 오직 자기 혼자서 자기를 길러 낼 수 있고, 거의 끊임없는 창작을 계속할 수 있는 시기가 있는 법이다. 슬쩍 닿기만 해도 꽃가루가 바람에 날려와 내부의 막이, 무수한 막이 움튼다. 크리스토프는 생각할 겨를이 없었다. 생활할 여유도 없었다. 삶의 폐허를 창조적인 혼이 지배하고 있었다.

그러고 나서 그러한 일이 그쳤다. 크리스토프는 분쇄되고 불에 타고 십 년은 늙었다—그러나 구원을 받았다. 그는 크리스토프를 버리고 신 속에 옮겨가 살았다.

숱한 흰 머리가, 마치 9월 하룻밤에 가을 꽃이 목장에 피어나듯 느닷없이 그의 검은 머리카락 속에 나타났다. 새 주름살이 볼에 새겨졌다. 그러나 눈은 다시 본디의 온건함을 유지하고, 입은 체념의 표정을 보였다. 그는 진정된 것이다. 이제 그는 이해했다. 세계를 움직이고 있는 힘의 무서운 주먹 아래서는 자기의 자존심이 공허하다는 것을, 인간의 자존심이 공허하다는 것을 이해했다. 아무도 확실히 자기를 지배할 수는 없다. 밤에도 자지 않고 경계해야만 한다. 만일 잠들면 그 힘이 우리들 위로 덤벼들어 우리를 납치해 갈 것이다……. 대체 어떠한 심연으로 납치해 가는 것일까? 혹은 또 격류는 갑자기 말라 버리고 우리를 건조한 강바닥에 남겨 둔다. 싸우기 위해서는 의지만으로는 충분치 않다. 언제라도 바라는 때에, 또 어디서든지 바라는 장소에 사랑과 죽음과 생명을 불러일으키는 미지의 신 앞에 굴복해야 한다. 인간의 의지는, 이 신의 의지 없이는 아무것도 할 수가 없다. 신은 단 한 순간으로 몇 년의 노고와 노력을 무로 돌려 버릴 수 있다. 또 만일 원한다면 진창에서 영구적인 것을 솟아나게 할 수도 있다. 사물을 창조하는 예술가 이상으로 자기가 신의 뜻대로 되는 것을 느끼고 있는 자는 없다. 왜냐하면 만일 예술가가 정말로 위대하다면 '신의 영(靈)'에 의해 구술되는 것밖에 말하지 않기 때문이다.

이리하여 크리스토프는 매일 아침 펜을 잡기 전에 무릎을 꿇었던 늙은 하이든의 예지를 알 수 있었다…… 밤에도 잠자지 말고 기도하라, 신이 우리와 더불어 있도록 기도하라! 생명의 '영'과 애정 깊은 경건한 관계를 유지하라!

*

여름이 끝날 무렵, 스위스를 여행하던 파리의 한 벗이 크리스토프의 은신처를 발견했다. 그는 크리스토프를 만나러 왔다. 그는 음악 비평가로 크리스토프의 작곡에 대해서는 언제나 정확한 비평을 해왔다. 한 유명한 화가가 동행하였다. 이 화가는 대단한 음악 애호가로서 그 역시 크리스토프의 예찬자로 자처했다. 두 사람은 크리스토프에게 그의 작품의 놀라운 성공을 알렸다. 유럽 여기저기서 그의 작품은 연주되고 있었던 것이다. 크리스토프는 이런 소식에도 거의 흥미를 나타내지 않았다. 그에게 있어 과거는 죽었으며, 그러한 작품은 이미 문제가 되지 않았다. 방문객의 요청으로 그는 최근에 작곡한 것을 보여 주었다. 그들에게는 전혀 이해가 가지 않았다. 그들은 크리스토프가 광인이 된 것이라고 생각했다.

"선율도 없으며 박자도 없고 주제의 작용도 없군요. 일종의 유동적인 핵, 용해되어 있는 물질로서 아직 매어 있지 않아 어떤 형태라도 취할 수 있지만, 아직 아무런 형태도 취하지 않았군요. 이와 비슷한 것은 아무것도 없습니다. 혼돈 속의 빛이라고나 할까요."

크리스토프는 미소 지었다.

"대체로 그런 것입니다." 그는 말했다. "질서의 베일을 통해 반짝이는 혼돈의 눈……."

그러나 상대는 이 노발리스 투의 말을 알아듣지 못했다.

'이 사내는 머릿속이 텅 비어 버렸군.' 상대는 생각했다.

크리스토프는 이해해 달라고 애써 부탁하지도 않았다.

그들이 작별을 고하자 그는 조금 바래다주며 그가 친해 온 산의 경치를 보여 주었다. 그러나 그다지 멀리는 가지 않았다. 목장을 보자 음악 비평가는 파리의 극장 무대 장치를 생각해 내고 그것을 들려주었다. 또 화가 쪽은 색조를 들먹여 배합이 서투르다는 것을 용서치 않았다. 그리고 이는 사뭇 대황을 넣은 파이 맛이 나는 스위스 취미가 있고, 호들러(Hodler : 스위스화가)적인 무기력하고 단조로운 배합이라고 말했다. 게다가 그는 자연에 대한 전혀 현학적이 아닌 무관심을 자랑삼았다. 그는 자연을 모르는 척했다.

"자연이라구요? 그게 대체 무엇일까요? 나로선 알 수 없습니다! 빛과 색채, 그것도 괜찮겠지요! 자연이란 나로선 아무래도 관계 없습니다……."

크리스토프는 그들과 악수하고 그들을 보냈다. 이런 일은 이제 그의 마음을 움직이지 않았다. 그들은 골짜기 저쪽에 있는 것이다. 그것으로 족하다. 그는 누구에게도 다음과 같은 말을 하지는 않을 것이다.

"나한테로 오려거든 나와 같은 길을 걸으라."

수개월 동안 그를 불태우던 창조의 불은 이제 꺼졌다. 그러나 그에게 행복을 가져왔던 이 열을 그는 마음속으로 계속 간직했다. 그는 이 불이 다시 타오를 것을 알고 있었다. 만일 그것이 그의 속에서 타오르지 않는다면 타인 속에서 타오를 것이다. 그것이 어디 있든지간에 그는 똑같이 그것을 사랑할 것이다. 그것은 항상 같은 불이다. 이 9월의 어느 날 저녁, 그는 불이 자연 전체에 퍼져 있음을 느꼈다.

크리스토프는 자기 집 쪽으로 올라갔다. 뇌우가 지나간 뒤였다. 지금은 태양이 비치고 있었다. 목장에서는 수증기가 피어올랐다. 사과나무에서는 무르익은 열매가 젖은 풀 속으로 떨어지고 있었다. 전나무 가지에 쳐진 거미줄은 아직 빗방울로 반짝반짝 빛나 마치 그리스의 옛날 고풍스런 마차 바퀴 같았다. 축축한 숲 가장자리에서 딱따구리의 조급한 웃음소리가 울려퍼졌다. 그리고 무수한 작은 말벌이 태양 광선 속에서 춤추며 끊임없는 깊은 오르간 같은 소리로 숲의 둥근 천장을 채웠다.

크리스토프는 숲 속의 빈터로 왔다. 거기는 산과 산 사이의 우묵한 곳으로 사방이 막힌 타원형의 조그만 골짜기였는데, 거기를 기울어지기 시작한 태양이 빛으로 흥건히 적셨다. 땅바닥은 붉은 흙으로 복판의 작은 금빛 들에는 철늦은 보리며 녹물빛 등심초가 돋아나 있었다. 주위는 가을이 물든 숲으로 에워싸였다. 적동색 너도밤나무, 금갈색 밤, 산호 같은 열매가 달린 마가목, 작은 불의 혓바닥을 내민 불꽃 같은 벚나무, 오렌지빛, 레몬빛, 갈색, 그은 흑갈색 등 알록달록한 잎을 달고 있는 때찔레꽃의 숲, 그것은 그야말로 '불타는 가시덤불'이었다. 그리고 이 타오르는 분지 복판에서 낟알과 태양에 취한 종달새 한 마리가 날아올랐다.

크리스토프의 혼은 이 종달새 같았다. 금세 또다시 떨어질 것을, 그리고 아직도 여러 번 떨어질 것을 이 혼은 알고 있었다. 그러나 또 하계(下界) 사람들에게 천상의 빛을 얘기해 들려 줄 노래를 지저귀며, 끈기 있게 불 속으로 다시 올라가리라는 것도 알고 있었다.

새로운 날

그대 상냥스런 예술이여, 얼마나 우울한 시간 속에서……

삶은 지나가 버린다. 육체와 혼은 개울물처럼 흘러간다. 세월은 나무의 살에 아로새겨진다. 형태의 세계는 모두 닳아 버리고 또 새로이 소생한다. 불멸의 음악이여, 오직 너만이 지나가지 않는다. 너는 마음속의 바다다. 너는 속 깊은 혼이다. 너의 밝게 트인 눈동자에는 삶의 침울한 얼굴은 비치지 않는다. 타오르는 더운 나날, 얼어붙은 차가운 나날, 열에 들뜬 나날은 불안에 쫓기고, 무엇에도 만류되는 일 없이 검은 구름떼처럼 너로부터 멀리 달아나 버린다. 그러나 너만이 지나가 버리지 않는다. 너는 세계 바깥에 있다. 너 혼자서 하나의 세계를 마련했다. 너는 자기 육성의 윤무(輪舞)를 이끄는 태양을, 인력과 수와 법칙을 갖고 있다. 너는 밤의 하늘에 눈부신 이랑—그 이랑은 눈에 보이지 않는 소몰이가 다루는 은쟁기의 자국이다—을 만드는 별의 평화를 갖고 있다.

음악이여, 너그러운 벗이여, 달빛 같은 너의 빛은 하계(下界)의 태양의 강한 빛에 피로한 눈에는 얼마나 시원스런 것일까. 많은 사람들이 물을 마시려고 발로 흙탕물을 차고 있는 공동 우물에서, 혼은 외면하고 너의 가슴에 매달려 너의 가슴에서 넘쳐나는 꿈속의 젖을 먹는다. 음악이여, 순결한 어머니여, 더러움 없는 육체 속에 모든 정열을 간직하고, 등심초빛 빙하에서 흘러나오는 연초록 물빛을 한 눈의 호수 속에 모든 선과 악을 녹아들게 하는 너는 악을 초월하고, 또 선을 초월하고 있다. 너의 속에 집을 지은 자는 세기(世紀) 바깥에서 산다. 그에게 있어 나날의 연속도 단 하루에 지나지 않으리. 그리고 모든 것을 씹어 삼키는 죽음도 그것을 물려고 하면 도리어 제 이빨을 부러뜨릴 것이리라.

나의 고통스런 혼을 조용히 흔들어 준 음악이여, 나의 혼을 침착하고 굳건하고 즐거운 것으로 만들어 준 음악이여—나의 사랑하는 자이며, 나의 행복인 음악이여—나는 너의 맑은 입에 입맞춤하고, 꿈과 같이 달콤한 너의 머리카락 속에 얼굴을 묻고, 너의 상냥스런 손바닥에 불타는 눈시울을 묻는다. 우리는 잠자코 있다. 우리는 눈을 감는다. 게다가 너의 눈에서 무어라 말할 수 없는 빛이 보이고, 나는 너의 침묵한 입의 미소를 마신다. 그리고 너의 가슴에 몸을 기대어 영원한 삶의 고동 소리를 조용히 엿듣는다.

제1부

크리스토프는 이제 흘러가 버리는 세월을 헤아리지 않는다. 한 방울 한 방울 삶은 사라져 간다. 하지만 그의 삶은 딴 데에 있다. 그것은 이제 역사를 갖지 않는다. 역사는 그가 창조하는 작품뿐이다. 솟아오르는 음악의 끊임없는 노래는 혼을 채우고 바깥 세상의 소음을 느끼지 않게 한다.

크리스토프는 이겼다. 그의 이름은 사람들에게 존경심을 일으켰다. 그의 머리카락은 희어졌다. 노령이 닥쳤다. 하지만 그는 조금도 그걸 개의치 않는다. 그의 마음은 항상 젊다. 그는 자기 힘과 신앙을 조금도 잃고 있지 않았다. 그는 다시금 마음의 안정을 되찾았다. 하지만 그 마음은 이제 '불타는 가시덤불'을 지나가기 전의 것은 아니다. 크리스토프는 자신의 깊은 손바닥에 폭풍의 진동을, 거칠게 광란하는 바다가 보여 준 심연의 진동을 아직 가지고 있다. 전투를 지배하는 신의 허락이 없으므로 아무도 자기는 자신의 주인이라고 자랑해서는 안 된다는 것을 그는 알고 있다. 그는 자기 혼 속에 두 개의 혼을 갖고 있다. 하나는 고원에서 바람과 구름들에게 얻어맞고 있다. 또 하나는 그 위에 솟아 있어 빛 속에 젖어 있는 눈의 봉우리이다. 사람은 거기에 언제까지나 머물러 있을 수는 없다. 하지만 아래쪽이 안개로 얼어 버렸을 때는 태양 쪽으로 올라가는 김이 있다는 것을 사람들은 알고 있다. 크리스토프는 안개가 덮인 그의 혼 속에서도 결코 혼자서 있을 수는 없다. 그는 자기 곁에 강하고 억센 여자친구가 있다는 것을, 큰 눈을 뜨고 천상의 음악을 듣고 있는 성녀 세실리아가 있다는 것을 느끼고 있다. 그리고 검(劍)에 기대어 입 다문 채 몽상하고 있는 사도 바울—라파엘로 그림(《성녀 세실리아》를 가리킴) 속의 저 바울처럼 그는 이제 조바심도 내지 않고 싸움도 생각지 않는다. 그는 자기 꿈을 쌓아올린다.

크리스토프는 생애의 이 시기에 특히 피아노와 실내악을 위한 작곡을 했다. 이러한 작품에서는 보다 자유로이 대담하게 행동할 수가 있다. 사고와 현실 사이의 중개물이 적어도 된다. 사고는 도중에서 약해질 겨를이 없다. 프레스코발디와 쿠프랭과 슈베르트와 쇼팽은 표현과 양식의 대담성에 있어 관현악의 혁명가들보다 50년 앞질러 있었다. 크리스토프의 힘찬 손이 주물러 놓은 음의 반죽에서는 이제까지 알려지지 않은 화성 덩어리가, 현기증을 일게 하는 화음의 연속이 나왔다. 그리고 그것들은 현재의 감수성이 들을 수 있는 음 가운데 가장 먼, 뜻밖의 상호 유연성에서 나왔다. 그리고 그것들은 사람의 정신에 신성한 매혹을 던져 주었다. 하지만 위대한 예술가가 큰 바다 밑바닥으로 잠수해 들어가 잡아오는 획득물에 친숙해지는 것은 사람들에게는 시간이 걸리는 일이다. 크리스토프가 쓴 최근의 대담한 작품에 따라갈 수 있는 사람은 거의 없었다. 현재의 그의 영광은 모두 초기 작품에 의한 것이었다. 성공이 일반의 몰이해에 의해 얻어졌다는 느낌은, 몰이해로 하여 성공이 얻어지지 않았다는 느낌보다도 훨씬 고통스럽다. 왜냐하면 그 몰이해는 구원받을 길이 없을 것 같기 때문에, 크리스토프의 경우에 그 괴로운 감정은 저 단 하나뿐인 벗의 죽음 이래로 세상에서 고립하려고 하는 얼마쯤의 병적인 경향을 돋우었던 것이다.

하지만 독일의 문은 다시 그를 향해 열렸다. 프랑스에서도 저 비극적인 난투극은 이제 잊혀졌다. 그는 자유로이 어디든지 자기가 바라는 대로 갈 수 있었다. 하지만 그는 파리에서 자기를 기다리고 있는 추억을 두려워했다. 그리고 독일에는 수개월 동안 가 있었던 일도 있고, 자기 작품 연주를 지휘하기 위해 가끔 돌아갈 때도 있었지만 결코 정착하지는 않았다. 너무나 많은 것이 그의 기분을 상하게 했다. 그것은 독일에만 국한된 것은 아니었다. 어디에나 있는 일이었다. 하지만 인간은 제 나라에 대해서는 다른 나라에 대해서보다도 훨씬 까다로워지고, 자기 나라의 결점을 한층 고통스럽게 여기는 법이다. 게다가 독일은 유럽의 죄악의 가장 무거운 짐을 지고 있다는 것도 사실이었다. 승리를 얻은 자는 그만한 책임이 있고 패자에 대해 채무를 지고 있다. 그들은 앞장서서 나가고 그들에게 길을 가르쳐 준다고 하는 암묵의 약속을 하고 있는 것이다. 승리자인 루이 14세는 프랑스적인 이성의 빛을 온 유럽에 가져왔다. 그런데 스당에서 승리한 독일은 어떤 빛을 세계에 가져왔던 것일까? 그것은 총검의 번득임이었던 것일까? 그것은 날개 없는 사상, 너그러움이 없는 행동, 건강하다는 구실조차도 허용되지 않은 야박한 현실주의였다. 그것은 폭력과 이익이었다. 행상인적인 마르스 신이었다. 40년간 유럽은 어두운 밤 속을 공포에 짓눌리며 가까스로 걸음을 계속했다. 태양은 승리자의 투구 밑에 감추어졌다. 빛을 끄는 자를 들어낼 만한 힘도 없는 패자들은 얼마쯤 경멸이 섞인 연민밖에는 받을 자격이 없다 하더라도, 투구를 쓴 사람들은 어떤 감정을 받는 것이 어울리는 것일까?

얼마 전부터 햇빛이 다시 나타나기 시작했다. 몇 줄기 빛이 등 사이에서 새어나왔다. 태양이 나오는 걸 맨 처음 보려고 크리스토프는 투구 그림자에서 나갔다. 언젠가는 부득이한 사정으로 머물렀던 저 나라로, 저 스위스로 그는 기꺼이 돌아갔다. 서로 적대하고 있는 제국의 좁은 테두리 속에서 숨막히는 고통을 참으며 자유를 갈구하는 당시 많은 사람들과 마찬가지로, 그도 역시 유럽을 초월해서 호흡할 수 있는 한구석의 토지를 찾고 있었다. 전에 괴테 시대에는, 자유로운 교환 아래 로마는 여러 민족의 사상가들이 마치 새들처럼 폭풍을 피해 쉬러 오는 작은 섬이었다. 하지만 지금은 어디에 피난처가 있는가? 섬은 바다가 삼켜 버렸다. 로마는 벌써 없다. 새들은 일곱 개의 언덕에서 날아가 버렸다. 알프스 산맥만이 새들을 위해 남아 있었다. 거기에는 탐욕스런 유럽의 중앙에 24주의 작은 섬이 없어지지 않고 남아 있다(하지만 그것은 이후 얼마나 지속되어 갈 것인가?). 물론 거기에는 고도(古都)의 시적 환영은 전혀 빛나고 있지 않다. 사람들이 호흡하는 공기에 제신과 영웅들의 향기를 섞는 역사도 없다. 그러나 힘찬 하나의 음악이 벌거벗은 대지에서 울려나오고 있다. 산들의 윤곽에는 씩씩한 리듬이 있다. 그리고 다른 어디보다도 여기서는 근원적인 힘과의 접촉이 느껴진다. 크리스토프는 로맨

틱한 즐거움을 구하러 여기 온 것은 아니다. 그에게 있어서는 하나의 밭, 몇 그루의 나무, 한 줄기 내, 창공만으로도 살기에 충분했을 것이다. 그의 고향 땅의 부드러운 얼굴 쪽이 '알프스의 거인과 제신의 싸우는 모습'보다는 반갑고 친숙했다. 하지만 그는 여기서 자기 힘을 돌이킨 것을 잊을 수가 없었다. 여기서 신은 '불타는 가시덤불' 속에서 그를 향해 모습을 나타내 보였다. 그는 이리로 돌아와 감사와 신념의 전율을 느끼지 않을 수 없었다. 그는 고독하지는 않았다.

삶에 상처를 받은, 얼마나 많은 삶의 투사가 다시금 싸움을 시작하기 위해, 싸움의 신념을 아직도 지속하기 위해 필요한 정력을 이 땅에서 다시금 찾아냈던 것일까!

이 나라에서 생활했었기 때문에 그는 이 나라를 잘 알 수 있었다. 그저 지나가기만 하는 사람들의 대부분은 이 나라의 결점밖에는 보지 않는다. 이를 테면, 이 건강한 토지의 가장 아름다운 특징을 더럽히는 추악한 호텔, 온 세계의 뚱뚱보가 건강을 사러 오는 해괴한 시장이라고도 할 외국인 도시, 가득 퍼담은 정식, 먹다 남은 고기를 동물을 기르는 구덩이로 던져 주는 부끄러운 낭비, 망아지의 소란스런 울음과 함께 들리는 카지노의 소란스런 음악, 심심해서 죽을 지경인 돈 많은 놈들을 괴상한 소리로 포복절도케 하는 이탈리아의 어릿광대, 나무로 만든 곰, 모조 뜰을 보여 주는 오두막, 너절한 집기 따위의 아무런 창의성도 없이 판에 박은 물품이 널린 토산물 가게의 무능한 진열장, 망측스러운 책을 예사롭게 벌려 놓고 있는 어엿한 서점 등이다. 이런 모든 것들은 무수한 할 일 없는 사람들이 천한 사람들의 오락보다도 고상한, 아니면 적어도 그 정도로는 발랄한 오락도 찾아내지 못해, 매년 별로 아무런 낙도 없이 휩쓸려 들어오는 이러한 환경의 정신적인 저급성을 보이는 것이었다.

또 이런 할 일 없는 사람들은 그들을 손님으로 맞이하는 이 나라의 민중에 대해서는 무엇 하나 알지 못한다. 수 세기 전부터 이 민중 속에 축적된 정신력과 시민적 자유의 여축 따위는 꿈에도 알지 못한다. 또 오늘도 역시 잿더미 밑에서 불타고 있는 칼뱅이나 츠빙글리의 대화재 뒤의 벌겋게 단 불이며, 나폴레옹적인 공화국에는 언제까지나 이해되지 않는 우렁찬 민주적 정신과, 저 간단한 제도와 광범위한 사회 사업과, 미래 유럽의 축도인 서구 삼대 종족이 만든 이 연방에 의해 세계에 주어지는 모범의 의미 같은 것도 꿈에도 모르고 있다. 그런데다 또 이 딱딱한 나무 껍질 밑에 숨어 있는 다프네와 뵈클린의 번쩍번쩍 섬광을 발하는 야성적인 꿈, 호들러의 거친 영웅주의, 고트프리트 켈러의 활달한 선량성과 젊은 솔직성, 위대한 음유시인 슈퍼텔러의 거인적인 서사시와 올림포스적인 광휘, 민간제전의 살아 있는 전통, 울퉁불퉁한 노목에 작용하는 봄의 정기 등에 대해서는 더군다나 알지 못하고 있다. 모든 이러한 아직 젊은 예술은 어떤 때는 야생의 딱딱한 돌배처럼 사람의 혀를 텁텁하게 하고, 어떤 때는 검푸른 개살구처럼 달기만 한 덤덤한 맛밖에 없지만 적어도 대지의 냄새를 갖고 있다. 그리고 이러한 것은 고풍스런 교양이 있더라도 민중에서 떠나지 않고 민중과 더불어 같은 생활의 책을 읽는 독학자들의 작품이다.

크리스토프는 이런 사람들에게 공감을 느꼈다. 그들은 외관보다도 존재를 구하고, 게르만 아메리카식 산업주의의 외관 아래 전원적이고 시민적인 첫 유럽의 가장 부드러운 특징을 아직도 얼마쯤 갖고 있었다. 크리스토프는 그들 가운데 친구를 두셋 사귀었다. 그들은 근엄하고 성실하고 충실하며 과거를 애석해하면서 고독한 생활을 보내고 있었다. 낡은 스위스가 천천히 사라져 가는 것을 일종의 종교적 숙명관과 칼뱅적 염세관을 가지고 지켜보았다. 그들은 잿빛의 위대한 혼을 가진 사람들이었다. 크리스토프는 그들과 가끔씩밖에는 만나지 않았다. 그의 낡은 상처는 겉으로는 아물었다. 하지만 상처는 깊었으므로 완전히 다 낫지는 않았다. 그래서 그는 타인과 다시금 교섭을 갖는 것을 두려워했다. 애정과 고뇌의 사슬에 다시금 결박되는 것을 두려워했다. 많은 외국인들 중의 외국인으로서 혼자 떨어져서 살기 쉬운 이 나라에서 그가 마음 편하게 생각하고 있는 것은 얼마쯤은 그런 일이 있기 때문이었다. 게다가 또 그는 좀처럼 같은 장소에 오래 있지 않았다. 그는 넓은 공간이 필요한 늙은 철새였다. 이 새에게는 조국은 대기 속에 있었다……. Mein Reich ist in der Luft…… '내 왕국은 대기 속에 있나니'(베토벤의 말)

*

어느 여름날 저녁, 그는 어떤 마을 위에 있는 산 속을 산책하고 있었다. 꼬불꼬불한 산길을 모자를 손에 들고 올라갔다. 한 모퉁이에 오자 길은 두 사면 사이를 그늘에 덮이며 굽이돌아 이어나갔다. 개암나무 숲과 전나무 숲이 길 양쪽에 있었다. 여기만이 폐쇄된 작은 세계 같았다. 길 아래와 위가 꼬부라져 구분이 되어 있어 이 길만이 허공에 떠 있는 것 같았다. 저쪽으로는 멀리 아련하게 푸른 경치가 펼쳐지고 환히 반짝이는 대기가 있었다. 저녁의 고요함이 이끼 아래서 가냘픈 물소리를 내는 가는 흐름처럼 한 방울 한 방울 퍼져 나갔다…….

길 저편 모퉁이에 여자의 모습이 나타났다. 검은 옷의 여자는 하늘의 환한 빛을 배경으로 뚜렷이 두드러졌다. 뒤에서는 6살에서 8살쯤의 사내아이와 계집애가 장난을 치며 꽃을 꺾고 있었다. 몇 걸음 걸어나가자 두 사람은 상대를 알아보았다. 곧 감동의 빛이 그들의 눈에 나타났다. 그러나 외마디 소리 하나 내지 않고 거의 놀란 몸짓도 하지 않았다. 그는 어쩔 줄 몰라했다. 그녀는…… 입술이 가냘프게 떨렸다. 둘은 멈춰 섰다. 그러고는 거의 중얼거리는 듯한 나직한 소리로 말했다.

"그라시아!"

"당신이 여기에!"

두 사람은 서로 손을 잡고 아무 말 없이 가만히 있었다. 먼저 그라시아가 침묵을 깨뜨렸다. 자기가 있는 곳을 말하고 그가 있는 데를 물었다. 기계적으로 질문하거나 대답할 따름으로, 그들은 거의 귀를 기울이고 있지 않았다. 헤어진 뒤에야 가까스로 그 의미를 알았다. 그토록 둘은 뚫어지게 서로 바라보았던 것이다. 아이들이 뒤따라왔다. 그라시아는 아이들을 크리스토프에게 소개했다. 그는 아이들에 대해 무언지 모를 적의를 느꼈다. 그는 쌀쌀하게 아이들을 바라보고 말도 걸어 주지 않았다. 크리스토프의 마음은 그라시아 일로 꽉 차서 그녀의 고통스러워 보이고 늙은, 아름다운 얼굴만 바라보고 있었다. 그녀는 그의 그러한 시선에 어찌할 바를 몰라 쩔쩔맸다. 그녀는 말했다.

"오늘 밤, 오시지 않겠어요?"

그녀는 호텔 이름을 댔다.

크리스토프는 그녀의 남편 있는 곳을 물었다. 그라시아는 자기 상복을 가리켰다. 그는 가슴이 뭉클해져서 말을 계속해 나갈 수 없었다. 그는 어색하게 헤어졌다. 하지만 두 발짝쯤 가자 딸기 따는 아이들 쪽으로 갑자기 되돌아와 그들을 붙들고 입을 맞추더니 달아났다.

그날 밤 크리스토프는 호텔로 갔다. 그라시아는 유리를 끼운 베란다에 있었다. 둘은 다른 사람들에게서 떨어져서 앉았다. 손님은 거의 없었다. 두셋의 노인들뿐이었다. 크리스토프는 그들이 있는 것조차도 내심 못마땅했다. 그라시아는 그를 물끄러미 보고 있었다. 그도 그녀 이름을 살며시 되뇌며 그 얼굴을 물끄러미 보았다.

"제가 많이 변했지요?" 그라시아가 말했다.

크리스토프는 감동으로 가슴이 뿌듯했다.

"괴로워하셨군요." 그는 말했다.

"당신도요." 그녀는 고뇌와 정열로 초췌한 그의 얼굴을 보며 측은한 마음으로 말했다.

두 사람은 이제 할 말이 없었다.

"딴 곳으로 갑시다!" 잠시 뒤 그가 말했다. "우리들만 있는 곳으로 가서 얘기할 수는 없을까요?"

"아뇨, 여기 있어요, 여기가 좋아요. 누가 우리를 주의해 보겠어요?"

"나는 자유로이 얘기할 수가 없습니다."

"그쪽이 좋은걸요."

크리스토프는 그라시아가 왜 그런 소릴 하는지 알 수 없었다. 나중에 이때의 대화를 머릿속으로 되새겨 보고, 그녀는 자기를 신용하고 있지 않았다고 생각했다. 하지만 실상은 그라시아도 감동적인 장면을 본능적으로 두려워했던 것이다. 서로의 마음에 불의의 습격을 피하려고 했던 것이다. 그녀는 또 마음속 혼란을 조심스럽게 숨겨 주는 이러한 호텔 살롱에서의 자유롭지 못한 친숙함을 좋아하기도 했다.

둘은 나직한 음성으로 드문드문 자기들의 생활에 대해 대충 얘기했다. 베레니 백작은 수개월 전에 결투로 죽은 것이었다. 그리고 크리스토프는 그라시아와 백작과의 생활이 그다지 행복하지 않았음을 알 수 있었다. 그녀는 또 만이를 잃는 슬픔을 겪기도 했다. 그녀는 한탄 같은 것은 전혀 하지 않았다. 자신의 일에서 화제를 돌려 크리스토프 일을 물었다. 그리고 그가 여러 가지 시련을 받은 얘기에 애정이 깃든 동정을 보였다.

종이 울렸다. 일요일 저녁이었다. 생활은 잠시 멈추고 있었다…….

그라시아는 다음다음 날 한 번 더 방문해 달라고 부탁했다. 그녀가 다시 만나기를 그리 서두르지 않는 것이 크리스토프로서 슬펐다. 그의 마음속에는 행복과 슬픔이 뒤섞여 있었다.

이튿날 그라시아는 어떤 핑계를 대고 크리스토프에게 와 달라고 편지를 썼다. 그 평범한 문구에도 그는 아주 기뻤다. 그녀는 이번에는 자기 방 살롱에서 맞았다. 두 아이들도 거기 있었다. 크리스토프는 그 아이들을 아직도 조금은 거북한 마음으로, 그러나 부드럽게 바라보았다. 누이인 소녀는 엄마를 닮았다고 생각했다. 하지만 동생은 누굴 닮았는지 그는 묻지 않았다. 둘은 이 지방 일, 탁자 위에 펼쳐 있는 책에 대한 것 따위를 얘기했다. 그러나 두 사람의 눈은 딴 얘기를 하고 있었다. 크리스토프는 더 다정스런 얘기를 하게 될 것이라 기대했었다. 그런데 거기에 호텔에서 알게 된 부인 하나가 들어왔다. 그라시아가 그 부인을 반가운 얼굴로 정중히 맞아들이는 것을 크리스토프는 보았다. 그녀는 두 손님에게 차별을 두고 있지 않은 것 같았다. 그는 이것이 슬펐다. 그렇다고 해서 그녀를 원망하지는 않았다. 그라시아는 함께 산책하자고 제안했다. 그는 승낙했다. 벗인 부인도 젊고 인상이 좋은 사람이기는 했지만, 함께 따라왔기 때문에 그는 실망했다. 이리하여 이날도 허탕을 쳤다.

크리스토프는 그로부터 이틀 동안은 그라시아를 만날 수 없었다. 그 시간 동안 그는, 그녀와 함께 보내는 시간을 위해서만 살고 있었다. 하지만 이번에도 또 그녀와 잘 얘기할 수 없었다. 그라시아는 친절하기는 했지만 그 어려워하는 듯한 태도를 버리지 않았다. 크리스토프가 독일적인 감상을 나타내어 도리어 어색하게 만들었으므로, 그녀는 당혹스럽고 본능적으로 이에 저항해서 더욱 조심하게 되었다.

크리스토프는 그라시아에게 편지를 썼다. 그것은 그녀의 마음을 감동시켰다. '사람의 일생은 실로 짧다!'고 그는 썼다. 게다가 그들의 생애도 이미 많이 흘러갔다. 만날 날도 이젠 얼마 없었다. 자유로이 서로 얘기를 나누지 않는 것은 비통한 일이며 또 거의 죄스러운 일이었다.

그라시아는 상냥스런 말로 답장을 써 보냈다. 인생에 상처받고 나서는 본의 아니게 일종의 경계심을 갖게 되었음을 사과했다. 그 어려워하는 버릇을 그녀는 버리지 못했다. 비록 정말 감정이라도 그것이 너무 심하게 표시되자 그녀는 불쾌하고 겁이 났다. 하지만 그녀는 다시 찾은 우정의 진가를 똑똑히 느꼈다. 그리고 크리스토프와 마찬가지로 그것을 기쁘게 여겼다. 편지 끝에 그녀는 그날 밤 저녁 식사에 와 달라고 부탁했다.

크리스토프의 마음은 감사로 가득 찼다. 그는 호텔의 자기 방에서 침대에 엎드려 베개에 얼굴을 묻고 흐느껴 울었다. 10년간의 고독에서 구함을 받은 것이다. 올리비에가 죽고 나서부터 그는 외톨이였던 것이다. 이 편지는 애정에 굶주려 있는 그의 마음에 부활의 의미를 주었다. 애정!…… 그는 이를 단념한 것으로 여기고 있었다. 이것 없이 살아가는 것을 배워야 했던 것이다! 하지만 지금은 자신에게 얼마나 애정이 결핍되어 있었던가를, 그리고 얼마만큼의 애정을 이제까지 쌓아 두었던가 하는 것을 똑똑히 느꼈다.

아름답고 맑은 밤이었다. 두 사람은 숨김 없이 무엇이나 얘기할 작정이었지만 크리스토프는 아무래도 상관없는 일밖에 얘기하지 못했다. 하지만 그라시아의 눈길에 재촉을 받고 얼마나 많은 것을 피아노로 얘기했던 것일까! 그녀는 전부터 크리스토프를 오만스럽고 기질이 거친 남자로 알고 있었으므로, 그의 겸허한 마음에 온통 마음이 흔들렸다. 그가 돌아갈 때 말없이 서로 쥔 손은 자기들이 서로를 찾아낸 것을 이제는 결코 놓치지 않을 것을 얘기했다―바람은 잦아들고 비가 오고 있었다. 크리스토프의 마음은 노래하고 있었다. 그라시아는 이 지방에 며칠밖에는 머물러 있을 수 없었다. 그녀는 출발을 한 시간도 늦추지 않았다. 크리스토프는 출발을 늦춰 달라고 부탁할 용기도 없었고 투덜거릴 용기도 나지 않았다. 마지막 날 두 사람은 아들만을 데리고 산책했다. 한순간 크리스토프는 애정과 행복으로 가슴이 꽉 메어 그것을 그라시아에게 말하려고 했다. 하지만 그녀는 미소지으며 참으로 상냥스런 몸짓으로 그를 말렸다.

"쉿! 당신이 말씀하시려는 것, 전 다 알고 있어요."

둘은 전날 마주쳤던 산모퉁이에 걸터앉았다. 크리스토프는 여전히 미소지으며 발밑의 골짜기를 가만히 보고 있었다. 하지만 그녀가 보고 있는 것은 골짜기가 아니었다. 크리스토프는 고뇌의 자국이 새겨진 그녀의 부드러운 얼굴을 뚫어지게 지켜보았다. 풍성한 검은 머리카락 속에는 흰머리가 많았다. 혼의 괴로움이 스며들어간 이 육체에 대해 그는 연민과 정열이 담긴 존경을 느꼈다. 세월이 새겨 놓은 이러한 상처 자국에는 군데군데 혼이 뚜렷이 보였다. 그래서 그는 나직한 떨리는 목소리로 귀중한 선물로서 그녀에게 청했다—그녀의 흰머리 한 오라기를.

*

그라시아는 출발했다. 자기가 함께 가기를 어째서 바라지 않는지 크리스토프로서는 이해가 가지 않았다. 그는 그녀가 자기에게 우정을 갖고 있음을 조금도 의심하지 않았다. 하나 그녀의 체면 차리는 태도에는 어리둥절했다. 크리스토프는 이 지방에 더는 머무를 수 없었다. 그래서 다른 방향으로 길을 떠났다. 그는 여행이나 일에 마음을 기울이려고 애썼다. 그는 그라시아에게 편지를 썼다. 2, 3주일 지나자 그녀로부터 짤막한 답장이 왔다. 편지에는 마음의 조바심도 불안도 없는 조용한 우정이 나타나 있었다. 크리스토프는 이를 고통으로 여기면서도 기뻤다. 자신에게 그것을 비난할 권리가 있으리라고는 생각지 않았다. 두 사람의 애정은 너무나 최근의 것이었다. 최근에 와서 막 부활한 것이었다! 그는 이 우정을 잃게 되지나 않을까 두려워했다. 하지만 그녀에게서 오는 어느 편지에도 그를 안심시키는 성실한 안정감이 느껴졌다. 하나 그녀는 얼마나 그와는 다른 존재일까!

두 사람은 가을이 끝날 무렵에 로마에서 다시 만나기로 약속했다. 그라시아를 만날 수 있다는 생각이 없었다면, 이 여행은 크리스토프에게 있어서 거의 매력이 없었을 것이었다. 그는 긴 고독의 생활에서 외출을 꺼리는 사람이 되어 있었다. 오늘날 침착성이 없는 한가한 사람들이 즐겨 하고 싶어하는 그 아무 쓸모가 없는 여행에는 그는 이미 흥미가 없었다. 정신의 규칙적인 일을 위해서는 해로운 습관의 변화를 그는 두려워했다. 게다가 크리스토프는 이 탈리아에는 전혀 마음이 끌리지 않았다. 그가 이탈리아를 아는 것은 '자연주의작곡가'의 머저리 음악이나, 베르길리우스의 고국인 이탈리아를 여행하는 문사들에게 주기적으로 감흥을 주는 테너 가곡을 통한 것에 지나지 않았다. 아카데믹한 틀에 박힌 상투어를 대표하는 최악의 선수들이 로마의 이름을 내두르는 것을 귀에 못이 박이도록 들은 전위파 예술가는, 이탈리아에 대해 의혹적인 적의를 가졌던 것이지만 그도 역시 그랬다. 결국 남방 사람에 대해, 혹은 적어도 북방 사람의 눈에는 남방 사람의 대표처럼 보이는 엉터리 호언장담의 너무나도 유명한 유형에 대해, 북방 사람의 마음 안쪽 밑바닥에 스며 있는 저 본능적인 반감의 오랜 뿌리가 그의 마음에도 있었던 것이다.

크리스토프는 이를 생각하기만 해도 경멸하듯 입술을 뾰족이 내밀었다…….
게다가 또 음악 없는 국민과 친하고 싶지는 않다고 그는 생각했다―(그는
여느 때의 극단적인 말버릇으로 이탈리아인을 음악 없는 국민이라고 불렀
다. '도대체 현대 유럽 음악 속에서 만돌린을 켜거나 호들갑스런 멜로드라마
를 외쳐댄들 무슨 소용이란 말이냐?'고 그는 말했었다)―그러나 어쨌든 그
라시아는 이 국민에 속해 있었다. 그녀를 다시 만나기 위해서는 크리스토프
는 어디든 또 어떤 길을 통해서라도 걸음을 계속했을 것이다. 그녀를 만나기
까지 눈을 감고 있기만 하면 되는 것이다.

눈을 감고 있는 것에는 습관이 되어 있었다. 벌써 몇 해 전부터 그의 마음
속 생활에는 덧문이 닫혀 있었다! 가을이 끝날 무렵에는 그것이 더군다나
필요했다. 3주일 동안 계속해서 비가 내렸다. 그 비가 그친 뒤부터 짙은 잿
빛 구름이, 젖어서 추위에 떨고 있는 스위스의 골짜기 위에 내리덮여 있었
다. 눈은 안락한 태양의 추억을 잃어버렸다. 태양의 압축된 정력을 자기 속
에서 다시 찾아내기 위해서는 우선 완전한 어둠을 만들어 눈을 감은 채 갱도
안으로, 꿈의 지하 속으로 내려가야 했다. 거기에는 석탄 속에 죽은 나날의
태양이 잠들어 있었다. 하지만 몸을 굽혀 채굴하는 생활을 끝내고 거기서 나
오자, 몸은 불에 타 진물이 나고 등뼈와 무릎은 굳어지고 수족은 굽어지고
시력은 흐려져 올빼미의 눈처럼 되어 있는 것이다. 오랫동안 크리스토프는
얼어붙은 마음을 덥히는 불을 갱도 밑바닥에서 겨우 끌어내 왔다. 하지만 북
방 사람의 꿈에는 난로 열의 냄새가 난다. 꿈속에 살고 있을 때는 사람은 이
를 눈치채지 못한다. 사람들은 이 답답한 미적지근함을 사랑하고 있다. 이
희미한 빛과 무거운 머릿속에 쌓인 꿈을 사랑하고 있다. 사람들은 자기가 가
진 것을 사랑하고 있다. 자기가 가진 것으로 만족해야 한다! ……
크리스토프는 알프스에서 벗어나와, 객차의 한구석에서 꾸벅거리며 밝게
트인 하늘과 산들의 사면에 흐르는 빛을 보게 되었을 때 꿈이라도 꾸고 있는
듯한 기분이었다. 흐릿한 하늘과 침침한 낮을 방금 산맥 저쪽에 남겨두고 온
것이었다. 너무나 돌연한 변화였기 때문에 처음에는 기쁨보다도 놀라움을
느꼈다. 잠시 뒤에 가까스로 얼었던 혼이 조금씩 느슨해지고, 혼을 가두어
두었던 껍질이 깨어져 마음이 과거의 그늘에서 벗어났다. 하지만 시간이 지

남에 따라 부드러운 빛이 두 팔로 그를 안았다. 그리고 그는 옛 기억 모두를 잃고, 본다는 것의 즐거움을 걸귀 들린 듯이 맛보았다.

밀라노 평야. 푸르스름한 운하에 비친 태양의 눈. 운하의 정맥은 솜털이 돋은 것 같은 논의 그물눈처럼 줄을 그었다. 가을 나무들은 마르고 날씬한 줄기를 우아하게 꼬고서 갈색 깃털 같은 잎을 달았다. 다빈치풍의 산들, 부드럽게 빛나고 있는 눈의 알프스 연봉. 변화 많은 선은 오렌지 색과 금록색 (金綠色)과 엷은 푸르름으로 둘리어 지평선을 에워쌌다. 아페닌 산맥 위로 떨어져 오는 저녁의 어둠. 기차는 이어지는 험한 산들을 따라 뱀처럼 꼬불꼬불한 곡선을 그리며 내려간다. 곡선의 리듬은 마치 파랑돌 춤^(프로방스 지방의 시골 춤)처럼 몇 번이나 되풀이되고 끝없이 잇닿는다. 그러자 돌연 비탈 밑에서 오렌지가 섞인 바다의 숨결이 키스처럼 맞이한다. 바다, 라틴의 바다, 그리고 그 오팔 〔乳白色〕의 빛. 거기에는 깃을 접은 여러 무리의 새떼를 생각케 하는 작은 배들이 마치 공중에 떠서 자고 있는 듯……

해안의 어느 어촌에서 기차가 멈춘 채 움직이지 않았다. 큰 비 때문에 제네바와 피사 사이의 터널이 무너졌다고 여객들에게 그 이유가 설명되었다. 어느 기차도 몇 시간씩 늦어졌다. 크리스토프는 로마까지의 직행 차표를 갖고 있었지만 다른 승객들을 분개시킨 이 사고가 도리어 기뻤다. 그는 플랫폼에서 뛰어내려 정차 시간을 이용해서 바다로 달려갔다. 바다의 조망에 매혹되었던 것이다. 너무나 매혹되어 버려 한두 시간 뒤에 다시 기차가 기적을 울렸을 때는 그는 작은 배를 타고 있었다. 그리고 기차가 지나가는 것을 보며 "잘 가시오!" 하고 외쳤다. 빛나는 밤, 빛나는 바다 위에서 측백나무로 둘러싸인 곳을 따라가며 배 위에서 흔들렸다. 그리고 그 마을에 여장을 풀고 끊일 새 없는 기쁨으로 닷새 동안을 보냈다. 그는 마치 오랜 단식 끝에 음식을 퍼먹는 사내와 같았다. 실컷 주린 모든 관능으로 휘황한 빛을 삼켜 버렸다……. 빛이여, 세계의 혈액이여, 우리의 눈과 콧구멍과 입술과 피부의 모든 털구멍에서 육체로 배어드는 생명의 냇물이여, 생명에는 빵보다도 필요한 빛이여, 북방의 베일을 벗은, 맑고 불타는 너의 맨몸을 본 자는 어찌하여 여태까지 너를 소유하지 않고 살아 올 수 있었는가를 이상스러워하고, 그리고 이제부터는 너를 갈망하지 않고서는 살아가지 못할 것임을 알 것이다.

닷새 동안 크리스토프는 태양에 취해 있었다. 닷새 동안 자기가 음악가라는 것을 잊어버렸다. 이것은 첫 경험이었다. 그의 영혼의 음악은 빛으로 변해 있었다. 공기, 바다, 대지, 태양의 교향곡! 이 오케스트라를 이탈리아인은 얼마나 선천적인 기술로 이용하는 법을 잘 알고 있는 것일까! 다른 국민은 자연을 본떠서 그리고 있다. 하지만 이탈리아인은 자연과 협력하고 있다. 태양과 더불어 그리고 있다. 색채의 음악, 모든 것이 음악이고 모든 것이 노래 부른다. 길가의 붉은 벽에는 금빛 틈이 벌어졌다. 위에는 곱슬머리의 두 그루 삼나무, 둘레에는 연보랏빛 하늘, 흰 대리석의 가파른 돌층계가 푸른 건물 정면을 향해 장밋빛 벽 사이를 올라가고 있다. 살구빛, 레몬빛, 불수감(佛手柑) 빛깔 등 알록달록한 집이 올리브나무 사이로 반짝이고 있어, 마치 잎 사이로 보이는 탐스런 과일처럼……. 이탈리아인의 시각은 육감적이다. 혓바닥이 즙 많은, 좋은 냄새 나는 과일을 맛보는 것처럼 눈은 색채를 즐기고 있다. 크리스토프는 왕성한 식욕으로 이 새로운 맛있는 음식에 덤벼들었다. 이제까지 잿빛 환상에 묶여 있었던 금욕 생활에 복수했다. 운명에 의해 질식당했던 그의 풍부한 천성은 여태까지 조금도 쓰지 않고 있었던 향락의 힘을 돌연 의식했다. 그 힘은 내어주는 먹이를 낚아채듯 집어들었다. 냄새, 색깔, 사람 소리와 종 소리와 바다의 음악, 대기와 빛의 아늑한 애무……. 크리스토프는 이제 아무것도 생각지 않았다. 그는 더없는 행복에 흥건히 젖어 있었다. 크리스토프는 그러한 상태에서 벗어나자 자신의 기쁨을 만나는 사람들에게 나누어 주었다. 베네치아의 노인 같은 빨간 챙 없는 모자를 쓰고 주름투성이의 생기 있는 눈을 한 그의 사공, 늙은 어부에게—그의 단 하나뿐인 식탁 친구이고, 격심한 증오로 게슴츠레한 저 잔인한 오델로의 눈을 생각게 하는 눈을 두리번거리며 마카로니를 먹고 있는 무감각한 밀라노 사람—베르니가 그린 천사처럼 머리를 옆으로 기울이고 양팔과 몸뚱이를 비틀며 유리쟁반을 나르는 레스토랑의 급사에게—또 푸른 나뭇가지가 붙은 오렌지를 내밀고 미태와 같은 추파를 던지며 길바닥에서 비렁뱅이질 하는 성 요한을 닮은 소년에게. 그는 또 마차 안에서 머리를 뒤로 젖혀 다리를 뻗고서 때로 갑자기 생각난 듯이 콧노래를 부르는 마부에게도 말을 걸었다. 그는 자신이 '카발레리아 루스티카나'를 흥얼거리고 있음을 깨닫고 놀랐다! 여행 목적은 잊어버리고 말았다. 빨리 목적지에 도착하여 그라시아를 만나고 싶었던 것을 잊어버렸다……

그런데 어느 날 그리운 그라시아의 모습이 떠올랐다. 길에서 마주친 한 눈길 덕분인지, 아니면 나직이 노래 부르는 듯한 어떤 목소리 때문인지, 크리스토프는 그 이유를 미처 몰랐다. 하지만 어느 때 올리브나무로 휘덮인 주위의 언덕, 짙은 그늘과 강렬한 일광으로 새겨진 번질번질한 광택 있는 아페닌의 산등성이, 오렌지 숲, 바다의 깊은 호흡, 그러한 주위의 모든 것으로부터 그 벗의 방긋거리는 얼굴이 빛났다. 대기의 수많은 눈을 통해 그녀의 눈이 그를 보았다. 한 떨기 장미꽃이 한 그루 장미나무에서 피어나 듯 그녀는 이 대지에서 피어났다.

　그래서 크리스토프는 다시 로마행 기차를 타고 그 뒤로는 아무 데도 내리지 않았다. 이탈리아의 기념물도, 과거의 예술을 가진 시가들도 조금도 그의 흥미를 끌지 못했다. 로마에서도 아무것도 보지 않았고, 아무것도 보려고 하지 않았다. 그곳으로 지나던 길에 본 것, 예컨대 통 양식이 없는 새로운 거리, 사각의 건물은 더는 로마를 알고자 하는 기분을 일으키지 않았다.

　도착하자마자 그는 그라시아한테로 찾아갔다. 그녀는 그에게 물었다.

　"어딜 지나서 오셨어요? 밀라노와 피렌체에 들르셨던가요?"

　"아뇨." 크리스토프가 대답했다. "들러서 무얼 합니까?"

　그라시아는 웃었다.

　"어머, 재미있는 대답이군요! 그럼 로마는 어떻게 생각하세요?"

　"아무렇게도 생각지 않습니다." 그는 말했다. "아직 아무것도 보지 않았습니다."

　"하지만……."

　"아무것도 보지 않았습니다. 기념물 하나도. 호텔에서 곧장 댁으로 온 겁니다."

　"열 발자국만 걸으면 로마는 보여요……. 정면의 저 벽을 보세요……. 저곳에 비치는 빛을 보기만 하면 되는 거예요."

　"나는 당신밖에 보고 있지 않습니다." 크리스토프가 말했다.

　"당신은 정말 예의라는 걸 모르시는 분이군요. 자신의 생각밖엔 보고 있지 않으시군요. 그래 스위스에서는 언제 출발하셨어요?"

　"일주일 전쯤입니다."

　"그럼 이제까지 무엇을 하고 계셨어요?"

"모릅니다. 우연히 바다 가까운 데 있는 지방에 발을 멈춘 것입니다. 그 고장의 이름도 모릅니다. 나는 일주일 동안 잠자고 있었어요. 무엇을 보았는지 저 자신도 모릅니다. 어떤 꿈을 꾸었는지도 모릅니다. 당신 꿈을 꾸었던 것 같습니다. 그것이 퍽 아름다운 꿈이었다는 것을 알고 있습니다. 하지만 가장 멋있었던 것은 모두 다 잊어버렸다는 것입니다……."

"고마워요." 그녀는 말했다.

(그에게는 이 말이 들리지 않았다.)

"……무엇이나 다" 그는 말을 이었다. "그때 있었던 일도 그전에 있었던 일도 죄다 잊어버렸습니다. 나는 마치 다시 살기 시작한 새로운 인간 같습니다."

"정말이에요." 그라시아는 웃는 눈으로 그를 보며 말했다. "당신은 요전번 뵈었을 때보다 많이 달라지셨어요."

크리스토프도 그녀를 물끄러미 바라보았다. 추억 속 그녀와는 역시 다르다고 생각했다. 하지만 2개월 동안 그녀가 달라진 것은 아니었다. 그가 전혀 새로운 눈으로 그녀를 바라보고 있었던 것이다. 스위스에서는 옛날 모습이, 젊은 날의 그라시아의 어렴풋한 얼굴이 그의 눈과 눈앞의 사람 사이에 있었던 것이다. 지금은 북방의 꿈은 이탈리아의 태양으로 녹아 있었다. 크리스토프는 낮의 빛 속에서 사랑하는 사람의 있는 그대로의 혼과 육체를 보고 있었다. 파리 시절의 저 사로잡힌 야생의 새끼염소와는 얼마나 달라진 것일까! 그녀의 결혼 직후 어느 날 밤, 만나자마자 헤어졌을 때의 저 성 요한처럼 미소를 띤 젊은 여성과도 얼마나 달라진 것일까! 움브리아의 젊은 마돈나로부터 아름다운 로마 여자가 꽃으로 피어났다.

Color verus, corpus solidum et succi plenum.

진정 아름다운 얼굴빛, 튼튼한 육체와 풍만한 활기.

그라시아의 자태에는 균형 잡힌 풍만함이 있었다. 그녀의 육체는 기품 있는 나른함에 젖어 있었다. 고요함이 그녀를 에워쌌다. 그녀는 태양의 빛이 가득 찬 정적과 가만히 앉아 고요한 마음으로 사물이나 현상을 관찰하기를 퍽 좋아하고 또 평화로운 생활을 관능적으로 향락했지만, 이는 북방 사람의 혼으로는 결코 경험하지 못하는 일이었다. 그라시아가 특히 옛날 그대로 줄 곧 지녀온 것은 그녀의 위대한 선량함이어서 이것이 다른 모든 감정 속에 혼 합돼 있었다. 하지만 그녀의 밝은 미소 속에서 어떤 슬픈 관용이라든가 약간 의 피로와 야유, 그리고 어떤 부드러운 양식 같은 것을 새롭게 읽어 낼 수 있었다. 나이가 그녀를 어떤 냉정으로 감싸고 마음이 그려 내는 환상으로부 터 그녀를 지켰다. 그라시아가 마음속을 털어놓는 일은 좀처럼 없었다. 그리 고 그녀의 애정은 크리스토프의 억누를 수 없는 정열의 흥분에 대해 현명한 미소를 띠며 경계했다. 그러면서도 그녀에게도 약한 데가 있고, 그날의 바람 부는 방향에 몸을 내맡기는 순간도 있고, 일종의 아름다운 자태를 보일 때도 있었다. 그라시아는 그것을 스스로 비웃으면서도 그것과 싸워 이기려고는 하지 않았다. 사물에 대해서도 자신에 대해서도 결코 거스르지 않았다. 그녀 는 참으로 선량한, 약간 피로한 기미의 성질 속에 퍽 부드러운 숙명관을 지 녔던 것이다.

*

그라시아는 많은 방문객을 맞이했다. 또―적어도 외관적으로는―별로 방 문객의 선택도 하지 않았다. 그런데 그녀와 친한 사람들은 대체로 같은 사회 사람들이며 같은 공기를 마시고 같은 습관으로 가정 교육을 받았으므로, 이 사교계는 질적으로 꽤 동일한 조화를 이루었다. 이는 크리스토프가 전에 독 일이나 프랑스에서 들어서 알고 있는 조화와는 퍽 다른 것이었다. 대부분의 손님은 외국인과의 결혼으로 활기를 띠게 된 이탈리아의 오랜 가문 사람들 이었다. 그들 사이에서는 표면만의 세계주의가 지배하고 있어, 네 개의 주요 한 국어와 서구 사대국의 지혜 주머니가 너그럽게 섞여 있어 각 민족이 저마 다 자기 분담을, 예컨대 유대인은 그들의 불안을, 앵글로색슨인은 그들의 냉 정을 들고 왔다. 하지만 모든 것은 이내 이탈리아의 도가니 속에서 녹아 버 렸다. 약탈자인 대귀족이 지배한 수 세기가 한 민족에게 맹금(猛禽)의 오 만, 탐욕스런 옆얼굴을 새겨 넣으면 비록 금속은 변화하는 일이 있더라도 각 인은 그대로 남는 법이다. 하기야 이탈리아답게 보이는 어떤 얼굴, 루이니적 인 미소, 티티아노적인 육감적이고 조용한 눈초리, 그러한 아드리아 바다와 롬바르디아 평원의 꽃은 라틴의 낡은 토양에 이식된 북방 관목 위에 피어난 것이었다. 로마의 팔레트 위에서 녹은 것은 어떤 물감이든 간에, 거기서 나오는 빛은 항상 로마의 빛이다.

크리스토프는 자기 인상을 분석할 수가 없으므로, 이들의 대체로 범용하고 어떤 것은 범용 아래이기조차 한, 혼이 발하는 오랜 교양과 오랜 문명의 향기에 황홀해졌다. 이 야릇한 향기는 아무것도 아닌 데서 나왔다. 예컨대 예의바른 우아로움, 심술궂음과 품위를 마음속에 가지면서도 친절하게 보일 수 있는 상냥한 행동거지, 또는 눈초리와 미소와 빠르고 너그럽고 회의적이며 잡다하고 경묘한 지성 등의 고상한 섬세함, 그런 것으로 이루어졌다. 거기에는 딱딱한 것이나 거들먹거리는 것은 전혀 없었다. 현학적인 것도 없었다. 여기서는 코안경 너머로 남을 엿보고 있는 파리 살롱의 심리학자나 혹은 군국주의를 휘둘러 대는 독일인 선생을 만날 근심은 없었다. 그들은 그저 인간이었다. 또 퍽 인간적인 인간이었다. 테렌티우스와 스키피오 아이밀리아누스의 벗들이 이미 그랬던 것처럼.

Homo sum…….
나는 사람이니라……. (테렌티우스의 말)

건물의 아름다운 정면! 생활은 현실보다도 외관적이었다. 그 밑에는 모든 나라 사교계에 공통적인, 어떻게도 구제할 길 없는 경솔함이 있었다. 하지만 여기 사교계에 민족적 특징을 주고 있는 것은 그 너그러움이었다. 프랑스인의 경솔함에는 신경질적인 초조함이 따라다녀 두뇌가 비록 공전하고 있을 때라도 끊임없이 작용하고 있었다. 하지만 이탈리아인의 두뇌는 쉬는 법을 터득하고 있다. 너무 잘 터득하고 있다. 멍청한 향락주의와 익살맞고 실로 유연하고 호기심은 퍽 강하지만, 실제로는 엄청나게 무관심한 지성의 포근한 베개에 머리를 얹고 따뜻한 나무 그늘에서 조는 것은 참으로 기분 좋은 것이다.

이러한 모든 사람들은 뚜렷한 의견을 갖고 있지 못했다. 그들은 누구나 다 같이 즐기는 기분으로 정치나 예술에 관계하고 있었다. 그들 사이에는 고상한 얼굴, 지적이고 상냥스런 눈, 조용한 태도의 로마 귀족의 아름다운 모습, 매혹적인 성질의 사람이 보였다. 그들은 애정 깊은 마음으로 자연, 옛날 화

가, 꽃, 부인, 책, 맛있는 음식, 조국, 음악…… 등등을 사랑했다. 그들은
모든 것을 사랑했다. 무엇 하나 선택을 하지 않았다. 자칫하면 아무것도 사
랑하지 않는 것이 아닌가, 하는 느낌을 주었다. 하지만 애정은 그들의 생활
속에서 커다란 장소를 차지하고 있었다. 다만 그것이 생활을 어지럽히지 않
는다는 조건에서였다. 애정도 그들과 마찬가지로 너그럽고 멍청했다. 연애
일 경우에도 애정은 자칫 가정적인 성격을 띠기 쉬웠다. 실로 잘 이루어진,
조화적인 그들의 지성은 정반대의 사상을 만나더라도 충돌하는 일 없이 온
건하게 결합해서 모나지 않은 무해한 것이 되는 일종의 무기력한 상에 만족
해했다. 그들은 철저한 신앙과 극단적인 당파심을 두려워했다. 그리고 엉거
주춤한 해결과 엉거주춤한 사상으로 주저앉아 있었다. 그들은 자유적 보수
주의 정신을 갖고 있었다. 그들에게는 높지도 않고 낮지도 않을 정도의 정치
나 예술이 필요했다. 이를테면 숨이 끊어지거나 심장이 가빠지거나 할 근심
이 없는, 기후 좋은 휴양지가 필요했던 것이다. 골도니의 느려 빠진 연극이
나 만초니의 한결같이 흐릿한 빛 속에서 자신을 찾아내고 있었다. 그들의 이
러한 멍청스러움은 그것 때문에 불안을 느끼게 하는 일은 없었다. 그들은 그
위대한 조상들처럼 '우선 살고 볼 일이다……'라고는 말하지 않고 '우선 첫
째로, 조용히 살 일이다'라고 말했으리라.

　조용히 살 것. 이것이 모든 사람들의 은근한 소원이며 의지였다. 가장 정
력적인 사람들과 정치 활동을 지도하는 사람들조차도 그랬다. 자기와 타인
을 지배하고 있는 마키아벨리의 사람, 마음도 머리도 냉정하고, 총명하고 권
태로워진 지성을 갖고, 자기 목적을 위해서는 모든 수단을 다 쓸 줄 알며 또
망설임 없이 그렇게 하고, 자기 야심을 위해서는 모든 우정을 희생할 각오가
되어 있는 사람들도, 단 한 가지 일에는 자기 야심을 희생할 수 있었다. 그
것은 신성하고도 신성한 '조용히 산다'는 것이었다. 그들에게는 오랜 기간의
허탈 상태가 필요했다. 그리고 거기서 나오자 숙면에서 깨어난 것처럼 기분
이 상쾌해지고 활기를 얻었다. 이들 점잖은 신사들과 다소곳한 귀부인들은
불현듯이 수다와 명랑한 법석과 사교 생활이 갖고 싶어 못 견디게 되었다.
몸짓과 말과 역설적인 재치와 어릿광대의 유머 등을 마구 뿌리며 정력을 소
모해야 했다. 그들은 오페라 뷔페—(어릿광대 가극)—를 실제로 연출했다.
이러한 이탈리아의 인물 중에는 북방에서 보는 금속적인 빛을 가진 눈동자

나, 정신의 부단한 노고로 초췌한 얼굴이나 늘어난 사고의 흔적은 거의 찾아볼 수 없었다. 그렇다고는 해도 어디서나 그렇듯, 여기에도 역시 자기 상처를 감추고 있는 괴로운 혼이 있으며, 무관심 아래 숨어서 마비상태에 기분 좋게 감싸인 욕망이나 수고로운 마음 씀씀이가 있었다. 물론 또 퍽 오랜 민족에 특유한, 무언지 알 수 없는 정신의 불균형의 징조인, 사람을 어리둥절케 하는 기묘하고 불가사의한 탈선 행위도 어떤 사람들에게는 보였다―마치 로마 평야의 군데군데에 단층이 보이는 것처럼.

하나의 비극이 숨어 잠들고 있는 이러한 혼과 조용히 냉소하고 있는 이러한 눈과의 수수께끼 속에는 많은 매력이 있었다. 하지만 크리스토프는 이를 인정할 기분이 아니었다. 그라시아가 사교계 사람들에게 에워싸인 것을 보고 그는 분개했다. 그는 그들을 원망하고 그녀를 원망했다. 로마에 대해서 얼굴을 찌푸림과 동시에 그라시아에 대해서도 얼굴을 찌푸렸다. 그리고 방문하는 횟수를 점점 줄였다. 그리고 다시 여행을 떠나기로 결심했다.

*

그러나 그는 떠나지 않았다. 자신을 침착하지 못하게 하는 이탈리아의 사교계에 어느덧 자신도 모르게 매력을 느끼기 시작했다.

한참 동안 크리스토프는 고독한 생활을 보냈다. 로마와 그 주변을 어슬렁거리며 돌아다녔다. 로마의 빛, 공중에 매달린 듯한 정원, 햇살에 반짝이는 바다나 황금 띠처럼 에워싼 로마 평야 따위는 이 불가사의한 나라의 비밀을 느끼게 했다. 그는 이미 생명 없는 기념 건축물에 대해 경멸하는 태도로, 그런 것은 절대로 보러 가지 않겠다고 자신에게 다짐했다. 저쪽에서 오기를 기다리자고 투덜거렸다. 그런데 그게 찾아왔다. 기복이 많은 이 거리를 산책하다가 우연히 그것과 부딪친 것이다. 이쪽에서 찾지도 않았는데 저녁 해를 받은 붉은 공공 광장이, 또 팔라치노 언덕의 반쯤 무너진 아치가 눈에 띈 것이다. 이 아치 안쪽에는 깊은 창공이 푸른빛의 여울을 이루었다. 그리고 그는 진흙을 녹여 불그레하게 흐린, 마치 움직이는 대지 같은 티베르 강을 따라―또 대홍수 이전 괴물의 거대한 척추 골 같은 수도의 폐지를 따라 끝없이 넓은 로마 평야를 헤매었다. 두터운 먹구름 덩어리가 푸른 하늘을 흘러갔다. 말 탄 농부들이 채찍을 휘두르며 긴 뿔이 돋은 잿빛 어린 진줏빛 큰 소의 떼를 황야를 가로질러 몰고 있었다. 먼지투성이로 숲도 아무것도 없는, 똑바른 고대의 큰길을 허벅지를 털가죽으로 싸맨, 반인반수와 같은 목자들이 작은 나귀나 나귀 새끼를 줄지어 이끌고 묵묵히 걸어갔다. 지평선 너머에는 사뭇 장엄한 느낌의 윤곽을 지닌 사비노 산맥이 여러 구릉을 펼쳐 보였다. 그리고 하늘의 술잔, 다른 가장자리에는 고대 도시의 벽이, 춤추는 여러 가지 조각 상이 있는 성 조반니 사원의 정면이 검은 그림자를 뚜렷이 드러냈다……. 정적…… 불 같은 태양…… 바람이 평야 위를 지나갔다……. 팔뚝만 남아 있고 머리가 떨어져나간, 잡초의 물결에 얻어맞고 있는 입상 위에, 도마뱀 한 마리가 가슴을 조용히 움직이며 꼼짝도 않고 태양의 빛을 마시고 있었다. 그리고 크리스토프는 머리에 일광을 받아 귀에 소리가 나고(때로는 그것은 카스텔리 포도주 탓이기도 했다) 부서진 대리석상 곁의 검은 흙 위에 앉아 미소지으며, 멍하니 망각 속에 젖어 로마의 조용하고 강렬한 힘을 삼켰다. 그는 저녁 어둠이 떨어질 무렵까지 있었다. 그러자 갑자기 불안에 가슴이 죄어 슬픈 빛이 사라져 가는 이 음산하고 쓸쓸한 곳에서 그는 달아났다……. 오, 대지여, 불타는 대지여, 정열을 간직하고 침묵하고 있는 대지여! 너의 뜨거운 정적 아래 아직도 고대 로마 군사들의 나팔 소리가 들린다. 얼마나 열광적인 삶이 너의 가슴속에서 신음하고 있는 것일까! 얼마나 그것은 눈뜨기를 갈망하고 있는 것일까!

크리스토프는 낡은 불의 달아오르는 덩어리가 지금도 아직 타고 있는 몇 개의 혼을 보았다. 그 달아오른 덩어리는 죽은 자의 재 속에 아직도 남아 있었다. 이 불은 마치니의 눈과 더불어 꺼진 것으로 여겨졌던 것이다. 지금 그 것이 다시금 타오르기 시작했다. 옛날과 다름없는 불이었다. 그것을 보려고 하는 자는 거의 없었다. 그것은 잠들어 있는 사람들의 안정을 어지럽혔다. 그것은 빨갛게 탄 강한 빛이었다.

그것을 갖고 있는 사람들은—그것은 모두 젊은 사람들이며, 가장 연장자라도 서른다섯 살이 채 되지 않았다—자유로운 지식인들이었지만 기질이나 교육이나 의견이나 신앙은 서로 다르더라도, 신생의 이 불꽃을 똑같이 숭배하는 것으로 결합되어 있었다. 당파의 신의나 사상의 체계 따위는 그들에게는 아무래도 좋았다. 중요한 것은 '용감히 생각한다'는 것이었다. 자유로이 사물을 생각하고 감행한다는 일이었다! 그들은 자기 민족의 잠을 난폭하게 뒤흔들었다. 용사들의 힘에 의해 죽음에서 깨어난 이탈리아의 정치적 부활 뒤에, 또 아주 최근의 경제적 부활 뒤에, 그들은 이번에는 이탈리아의 사상을 무덤에서 끌어내려고 꾀했다. 그들은 선택된 사람들의 나태함과 겁쟁이의 무기력과 비겁한 정신, 거창한 말 따위를 마치 모욕이라도 당한 듯 고통으로 여겼다. 그들의 목소리는 수 세기 이래로 조국의 혼 위에 쌓아올린 미사여구와 정신적 굴종의 안개 속에 우렁차게 울려 퍼졌다. 그들은 안개 속에 그들의 가차 없는 현실주의와 한 발짝도 물러서지 않는 성실성을 고취했다. 그들은 정력적인 행동이 뒤따르는 명쾌한 지성의 정열을 갖고 있었다. 그들은 필요하다면 국민적 생활이 개인에게 부과하는 규율적인 의무에 자신의 개인적인 이성의 취향 같은 것은 희생할 수도 있었지만, 역시 자신의 최고의 제단과 진실에 대한 가장 순수한 열정만은 잃지 않고 간직했다. 그들은 격렬하고도 경건한 마음으로 진실을 사랑하고 있었다. 이들 젊은 사람들의 우두머리 하나는 (당시 조반니 파피니와 더불어 '소리' 그룹을 지도하고 있던 주세페 프레촐리니를 말함) 적으로부터 모욕당하고 중상받고 위협당하면서도, 썩 의젓하고 당당한 태도로써 답했다.

—진실을 존경하라! 나는 모든 원한을 잊고 모든 것을 터놓고 솔직하게 여러분에게 얘기한다. 나는 여러분에게서 받은 고통도, 내가 여러분에게 주었을는지도 모르는 고통도 잊고 있다. 진실하라! 진실에 대한 경건하고 엄격한 존경이 없는 곳에는 양심도 없거니와 고도의 생활도 없고 회생의 능력도 없고 고귀함도 없다. 이 곤란한 의무 속에서 자기를 단련하라. 허위를 수단으로 쓰는 자는 상대에게 이기기도 전에 자신을 타락시켜 버린다. 허위에 의해 눈앞의 성공을 얻었다 하더라도 그것이 무슨 소용이 있으랴? 여러분의 혼의 뿌리는 거짓으로 황폐해진 토지 위에 떠오르고 말리라. 나는 이미 적으로서 여러분에게 얘기하는 게 아니다. 비록 여러분의 정열이 입으로 조국의 이름을 열심히 댄다고 하더라도 우리는 의견이 서로 틀리거나 어긋나는 것을 초월한 높은 데에 있다. 조국보다도 더 위대한 것이 있다. 그것은 인간의 양심이다. 여러분이 그것을 침범하면 좋지 않은 이탈리아인이 될 수밖에 없는 제도가 있다. 지금 여러분 앞에 서 있는 자는 진실을 찾고 있는 하나의 인간이다. 여러분은 그의 외침을 들어야 한다. 여러분 앞에 서 있는 자는 위

대하고 순수한 여러분을 볼 것을, 그리고 여러분과 함께 일할 것을 열심히 바라고 있는 하나의 인간이다. 왜냐하면 여러분이 바라거나 바라지 않거나 우리는 모두 진실을 가지고 일하는 모든 사람들과 공동으로 일하기 때문이다. 만일 우리가 진실을 가지고 행동하면 우리 가운데서 나오는 것은(그런데 어떠한 것이 나올는지 예상은 할 수 없지만), 하여튼 우리 공통의 표적을 붙이고 있을 것이다. 인간의 본질은 그러한 것에 있는 것이다. 진실을 찾고 이를 보고, 이를 사랑하고, 그리고 이에 제 몸을 바친다고 하는 영묘한 능력 속에 있는 것이다. 진실이여! 너는 너를 갖고 있는 사람들 위에 너의 힘찬 건강의 마법의 입김을 불어넣어야 한다! ……

크리스토프는 이러한 말을 처음 들었을 때 저 자신의 말의 메아리처럼 여겨졌다. 그리고 그들은 자기와 형제라는 것을 느꼈다. 언젠가 민족의 싸움이나 사상의 싸움 같은 우연에 이끌리어 서로가 싸움에 말려드는 일이 있을는지도 모르지만, 자기 편이든 적이든 간에 그들은 항상 같은 종류의 인간이었으며 또 앞으로도 그럴 것이다. 그들도 크리스토프와 마찬가지로 그러한 일을 알고 있었다. 그보다도 먼저 알고 있었다. 크리스토프가 그들을 알기 전에 그는 그들에게 알려져 있었다. 그들은 이미 올리비에의 벗들이었던 것이다. 크리스토프는 파리에서는 극히 몇 안 되는 사람들 말고는 읽히지 않은 자기 친구의 작품—(몇 권의 시집과 평론집)—이 이들 이탈리아인들에 의해 번역되어 그들에게 친숙하다는 것을 발견했다.

하지만 그 뒤 그는 이러한 사람들의 혼과 올리비에의 혼을 떼어 놓고 있는 넘을 수 없는 거리를 발견하지 않을 수 없었다. 그들의 타인을 비판하는 태도는 어디까지나 이탈리아적이어서 자기 민족의 사상 속에 깊이 뿌리를 박고 있었다. 솔직히 말해서 그들은 외국 작품 속에서는 그들의 국민적 본능을 찾아내고자 하는 것밖에는 찾지 않았다. 번번이 알지 못하는 사이에 그들 자신이 거기 집어넣은 것밖에 집어들지 않았다. 범용한 비평가이며 빈약한 심리 분석자인 그들은 너무나 완고해서, 진실에 가장 마음을 빼앗기고 있을 때조차도 자기 자신의 일과 자기 정열에 마음이 꽉 차 있다. 이탈리아인의 이상주의는 자기를 잊을 수가 없다. 북방의 비개성적인 몽상에 전혀 관심을 갖고 있지 않았다. 모든 것을 자신에게, 자기 욕망에, 자신의 민족적 긍지 쪽으로 끌어들여 이를 변형시켜 버린다. 의식적 혹은 무의식적으로 항상 '제3의 로마'를 위해 일하고 있는 것이다. 하기야 이 수 세기 동안 이를 실현하기 위해 다시 수고하지 않았다는 것을 인정해야 한다! 행동을 위해 만들어진 것 같은 이러한 훌륭한 이탈리아인은 정열에 의해서만 행동한다. 하지만 정열의 폭풍이 불면 이것은 그들을 다른 어떠한 국민보다도 높이 솟아오르게 한다. 사람들은 그것을 그들의 '문예 부흥'의 예에서 보았다. 그러한 열풍의 하나가 모든 당파의 이탈리아 청년들 위로 불기 시작했다. 국가주의자, 사회주의자, 신가톨릭주의자, 자유주의적인 이상주의자 등 희망과 의욕을 가진 꿋꿋한 이탈리아인 위로 세계의 왕자인 로마 제국의 시민들 위로 불기 시작했다.

처음 크리스토프는 그들의 거센 정열과 그를 그들에게 붙들어맨 공통의 반감 말고는 생각이 미치지 않았다. 그들은 사교계에 대한 경멸에 있어 물론 크리스토프와 의기투합하지 않고는 못 배겼다. 그는 그라시아가 사교계를 좋아한다는 것으로써 사교계에 원망을 품었다. 그렇지만 그들은 그 이상으로 사교계의 조심성스런 정신을, 무감각을, 타협과 어릿광대짓을, 어중간한 말버릇을, 이중으로 걸친 사물의 사고방식을, 어느 쪽으로도 결정하지 않고 모든 가능성을 저울질하는 교활한 방식을 미워했다. 그들은 마지막 관을 내는 자력도 틈도 없었던, 완전히 이루어진 억센 독학자였으므로 타고난 거칠고 사나운 '촌놈'에게 있는 약간 신랄한 투로 자칫 휘두르기 쉬웠다. 그들은 남이 들어 주기를 바랐다. 남이 공격해 주기를 바랐다. 무슨 일이건 무관심하게 묵살되느니보다는 나았다! 자기 민족의 정력을 눈뜨게 하는 일이라면 자기들이 맨 먼저 희생이 되는 일일지라도 기꺼이 수락했을 것이다.

현재로서는 그들은 사랑받고 있지도 않았으며, 사랑받기 위한 노력도 전혀 하고 있지 않았다. 크리스토프는 이러한 새로운 벗에 대해 그라시아에게 말해 보았지만 거의 효과가 없었다. 절도와 평온무사를 사랑하고 있는 성질의 그녀에게 그들은 좋게 보이지 않았다. 그들은 말할 나위 없이 훌륭한 주의 주장을 옹호할 경우에도 때로는 상대가 이에 적대하고 싶어지는 방식을 취한다는 것을 크리스토프도 그녀와 더불어 인정해야 했다. 그들은 익살맞고 공격적이어서 다칠 생각은 전혀 없는 상대에 대해서조차도 모욕에 가까운 혹평을 하는 수가 있었다. 그들은 너무나 지나치게 자신을 갖고 너무 성급히 개괄적인 결론을 내리고 싶어하고 난폭한 단정을 내리고 싶어했다. 원숙한 단계에 충분히 발육하기 전에 공적 활동에 들어갔으므로 언제나 똑같은 도량이 좁은 정신으로 하나의 열광으로 옮겨갔다. 한결같은 진지성을 갖고 있어 무엇이건 아끼지 않고 자기의 전부를 주고, 정도에 지나친 지성과 조숙하고 광적인 노고 때문에 심신이 닳아 버렸다. 깍지에서 방금 나온 젊은 사상에는 너무 강한 일광은 건강에 좋지 않다. 혼은 그 때문에 죄다 타버린다. 무엇이든 뜸을 들이고 침묵으로 싸지 않으면 풍요하게 되지 않는다. 그런데 시간과 침묵이 그들에게는 결여되어 있었다. 그것은 이탈리아인의 재능이 너무 지나치기 때문에 오는 불행이다. 거세고 성급한 행동은 알코올 때문이다. 일단 그것을 맛본 지성은 다음부터는 그것 없이는 못 견디게 된다. 그리고 지성의 정상적인 성장은 영구히 왜곡될 염려가 있다.

크리스토프는 이 발랄하고 솔직하며 신랄한 신선함의 가치를 인정했다. 그것은 언제나 제 몸의 위태로움을 두려워하는, 긍정도 부정도 하지 않는 교활한 재능을 가진 '중용적 인간'의 무미건조함과 아주 대조적이었다. 하지만 이내 크리스토프도 온건하고 정중한 지성을 가진 이 후자에게도 역시 그 나름대로 가치가 있다는 것을 인정해야 했다. 그의 벗들이 생활하고 있는 끊임없는 전투상태는 사람을 피로케 하는 것이었다. 크리스토프는 그들을 변호하기 위해 그라시아한테로 갈 의무가 있다고 생각했다. 때로는 그들을 잊기 위해 가는 수가 있었다. 물론 그들은 크리스토프와 닮았었다. 너무나 지나치게 닮았었다. 오늘의 그들은 20세 때의 그였다. 그런데 삶의 흐름을 거슬러 오르는 것이 아니다. 실제로 말하자면 크리스토프도 자기는 그러한 격렬함과는 작별해 버렸다는 것, 자기는 평화를 향해 나아가고 있다는 것을 똑똑히 알고 있었다. 그리고 이 평화의 비밀을 그라시아의 눈이 쥐고 있는 것 같다는 것을 알았다. 그럼 왜 그녀가 하는 일이 역겨운 것일까? …… 아! 그것은 사랑의 이기주의에 의한 것으로, 자기 혼자 그 평화를 향락하고 싶기 때문이었다. 그라시아가 아무에게나 평화의 은혜를 베풀거나, 모든 사람들에게 깍듯이 상냥스럽게 대우해 주는 것이 참을 수 없었던 것이다.

*

그라시아는 크리스토프의 마음속을 제대로 읽고 있었다. 어느 날 그 애교 있는 솔직성으로 그에게 말했다.

"저의 이런 태도를 원망하고 계시지요? 하지만 저를 이상화하시면 안 돼요. 저는 여자이며 다른 여자보다 나을 것은 없으니까요. 저는 별달리 사교계를 요구하지는 않습니다. 하지만 정직하게 말해서 그것 역시 즐거운 거예요. 때로 그다지 좋지도 않은 연극을 보러 가거나 무의미한 책을 읽는 것이 재미있는 것과 마찬가지로요. 당신은 그러한 것을 경멸하시지만 저는 그걸로 마음이 풀리거나 잊어버리거나 하는 겁니다. 저는 무엇 하나 거부할 수가 없는 거예요."

"어떻게 저런 바보 같은 자들을 참을 수 있다는 것입니까?"

"인생은 제게 까다롭게 굴어서는 안 된다고 가르쳐 주었어요. 인생에 너무 많은 것을 요구해서는 안 됩니다. 상대가 심술궂지 않고 퍽 친절하고 정직한 사람들이라면 그것만으로도 대견스런 일이에요─물론 그 사람들에게는 아무것도 기대하지 않는 것이 조건입니다만! 비록 타인의 도움이 필요할지라도 많은 것을 바랄 수 없다는 것은 저도 잘 알고 있어요─하지만 그 사람들은 저에게 애정을 주고 있어요. 저는 어떤 참된 애정에 부딪치게 되면 나중에는 어떻게 되든 좋은 거예요. 당신은 그걸 원망하고 계시지요? 제가 보잘것없는 여자라는 것을 용서해 주세요. 그래도 내 안의 가장 좋은 것과 그다지 좋지 않은 것과의 구별은 가까스로 하고 있어요. 당신과 함께 있는 것은 가장 좋은 쪽에 속해요."

"나는 전부가 필요합니다." 그는 뾰로통한 어조로 말했다.

하지만 크리스토프는 그라시아가 진실을 말하고 있다는 것을 똑똑히 알 수 있었다. 그는 그녀의 애정을 굳게 믿었으므로 몇 주일 망설이던 끝에 마침내 어느 날 그녀에게 물었다.

"당신은 싫은 겁니까……."

"무엇을요?"

"내 것이 되는 것이."

그렇게 말하고서 크리스토프는 다시 고쳐 말했다.

"……내가 당신 것이 되는 것이."

그라시아는 웃었다.

"이미 당신은 제 것인걸요."

"당신은 내가 하는 말뜻을 잘 알고 계실 텐데요."

그라시아는 좀 당혹했다. 하지만 크리스토프의 손을 잡고 물끄러미 그의 얼굴을 쳐다보았다.

"아뇨, 그건 안 돼요." 그녀는 상냥스럽게 말했다.

그는 말을 할 수가 없었다. 그녀는 그가 괴로워하는 것을 알 수 있었다.

"용서하세요. 괴롭혀 드려서. 저는 당신이 그런 말씀을 하실 줄 알고 있었어요. 우리는 서로 진실된 친한 벗으로서 말해야 해요."

"벗으로서라구요!" 크리스토프는 슬픈 듯이 말했다. "단지 그뿐이라는 말씀인가요?"

"어머나, 멋대로 말씀하시네! 더 무엇을 바라시는 거예요? 저와의 결혼인가요……. 옛날에 당신이 저의 어여쁜 사촌언니 말고는 눈을 돌리지 않았을 때의 일은 잊으셨나요? 제가 당신에 대해 갖고 있는 마음을 알아주지 않으신 일, 참말 서러웠어요. 알아주셨더라면 우리 생활은 아주 달라졌을는지도 알 수 없지요. 하지만 지금은 이렇게 된 것이 좋았다고 생각해요. 함께 살아간다는 시련 속에 우리의 우정을 갖다 놓지 않은 것이 좋았던 거예요. 함께하는 일상생활에서는 가장 순수한 것도 나중에는 타락해 버리니까요……."

"전처럼 나를 사랑하지 않으니까 그런 말씀을 하시는 겁니다."

"아니요, 그렇지 않아요. 전 언제나 똑같이 당신을 사랑하고 있어요."

"아! 처음으로 그 말씀을 해주시는군요."

"우리 사이에는 이제 무엇 하나 숨기는 것이 있어서는 안 돼요. 실은요, 전 이젠 결혼이라는 것을 별로 믿지 않아요. 물론 제 결혼은 충분한 예가 되지 않습니다. 그러나 전 잘 생각해 보고 제 주변을 두루 살펴보기도 했습니다. 행복한 결혼이란 거의 없어요. 행복한 결혼이란 어쩜 자연과 조금은 상반된 것이에요. 두 인간의 의지를 한데 묶어 놓는 것은 양쪽 의지가 손상되지는 않더라도 한쪽 의지가 반드시 손상되어 버려요. 그리고 아마도 그럴 경우의 고민은 그것에 단련되어 혼이 덕을 본다는 식의 그런 성질의 괴로움은 아닌 거예요!"

"아!" 크리스토프는 말했다. "오히려 나는 거기서 참으로 아름다운 것을 봅니다. 두 개의 희생의 결합을, 하나로 뒤섞어 놓은 두 개의 혼을!"

"당신의 꿈속에서는 아름다운 것일지도 모르죠. 하지만 현실에서는 당신이 누구보다도 괴로워하시게 될 거예요."

"뭐라구요? 당신은 내가 아내도, 가정도, 아이도 못 가질 사내라고 생각하십니까? …… 그런 말씀은 말아 주세요! 나는 아내와 가정과 아이를 사랑할 겁니다! 그러한 행복이 내게는 가능하다고 생각하지 않으십니까?"

"모르겠어요. 하지만 도무지 그렇게 여겨지지 않아요. 아마도 그다지 영리하지 않고 그다지 아름답지 않고 당신에게 자신을 다 바치고, 그리고 당신을 잘 이해하지 못하는 착한 사람하고라면……."

"짓궂은 말씀을 하시는군요! …… 그러나 날 놀리시는 건 잘못입니다. 착한 여성은 재치가 없더라도 훌륭합니다."

"저도 그렇게 생각해요! 그러한 사람을 찾아 드릴까요?"

"제발 아무 말도 말아 주세요, 부탁입니다. 당신은 나를 괴롭힙니다. 어떻게 그런 말씀을 하실 수 있습니까?"

"무슨 말을 했길래요?"

"나를 다른 여자와 결혼시키려고 생각하다니, 그럼 당신은 나를 전혀 사랑해 주지 않으시는군요, 전혀?"

"아뇨, 그 반대예요. 당신을 사랑하기 때문이에요. 당신을 행복하게 해줄 수 있으면 기쁘기 때문이에요."

"그럼, 만일에 정말로……."

"아뇨, 아뇨, 이제 그 얘기는 그만두시지요! 그것은 당신의 불행이 되는 일이에요……."

"내 일은 염려하지 말아주시오. 나는 두말없이 행복해질 테니까요! 한데, 솔직히 말씀해 주십시오. 당신은 나와 함께 되면 불행해진다고 생각하고 계십니까?"

"어머나! 제가 불행해진다구요! 그런 일은 없어요. 저는 당신을 존경하고 있으며 너무 탄복하고 있을 정도인걸요. 당신과 함께 되어 불행해지다니, 결코 그런 일은 없어요. ……그리고 말씀드릴 수 있지만, 지금은 어떤 일이 있어도 제가 완전히 불행해지는 일은 없다고 생각합니다. 저는 너무나 많은 것을 보아 왔기 때문에 지나칠 만큼 깨닫고 있어요. 하지만 솔직히 말씀드려

—당신은 제게 그것을 바라시는걸요, 화내지는 않으시겠지요? —저는 저의 결점을 잘 알고 있어요. 몇 개월만 지나면 아마도 바보 같은 여자가 되어 당신과 함께 살아도 충분히 행복해지지 않을지도 몰라요. 그것이 싫은 거예요. 왜냐구요? 저는 당신에게 더없이 신성한 애정을 품고 있으니까요. 전 어떠한 일이 있더라도 이 애정을 더럽히고 싶지 않은 거예요."

그는 슬픈 듯이 말했다.

"글쎄요, 내 괴로움을 덜어 주려고 그런 말을 하시는 거겠지요. 나는 당신 마음에 차지 않는 겁니다. 내 속에는 당신에게 보기 싫은 것이 많이 있기 때문입니다."

"아뇨, 결코 그런 일은 없어요! 그렇게 낭패한 얼굴 하지 말아 주세요. 당신은 참말이지, 훌륭한 분이에요."

"그렇다면 이유를 알 수 없군요. 왜 우리는 함께할 수 없는 걸까요?"

"우리는 너무나 다르기 때문이에요. 둘 다 너무나 두드러진, 너무나 뚜렷한 개성을 갖고 있기 때문이에요."

"그렇기 때문에 나는 더욱 당신을 사랑하는 겁니다."

"저도 역시 그래요. 하지만 또 그렇기 때문에 우리는 충돌하게 되는지도 몰라요."

"그런 일은 없습니다."

"아뇨, 있을 거예요! 혹은 또 당신이 저보다 훌륭하시다는 걸 저는 알고 있으니까요, 저의 작은 개성으로 당신을 방해하는 것이 마음 아파질 테지요. 그렇게 되면 저는 저의 개성을 누르고 말을 않게 되어 혼자 괴로워할 거예요."

크리스토프의 눈에 눈물이 핑 돌았다.

"오! 그런 일은 싫습니다. 절대로 싫습니다! 당신이 내 탓으로, 나 때문에 당신이 괴로움을 받아야 한다면, 나는 어떠한 불행이라도 참겠습니다."

"자, 흥분하지 마세요……. 네, 당신, 제가 이런 말 하는 것은 어쩌면 자만심에서 그러는지도 알 수 없어요……. 어쩜 저는 당신을 위해 나 자신을 희생할 만큼 착한 여자는 아닐지도 몰라요."

"그렇다면 그것으로 괜찮습니다!"

"하지만 그렇게 되면 전 당신을 희생시키게 되는 거예요. 그러면 다음에는 제가 괴로워하게 되지요……. 잘 아시겠지요? 어느 쪽으로 생각해도 해결 지어지지 않는 일인걸요. 지금 이대로 있기로 해요. 뭐라 해도 우리의 우정보다 더 나은 것이 어디 있겠어요?"

크리스토프는 쓴웃음을 지으며 머리를 저었다.

"그렇지, 결국 당신이 충분히 사랑하고 있지 않기 때문에 그런 것이지."

그라시아도 좀 우울한 듯, 상냥스럽게 미소 지었다. 그리고 한숨을 몰아쉬며 말했다.

"아마 그럴지도 모르죠. 당신 말씀이 옳아요. 자, 당신과 저는 이제 젊지 않아요. 지쳐 있어요. 당신처럼 강한 사람이 아니라면, 생활에 닳아 버리고 마는 거예요……. 정말이지 당신은! 전 당신을 가만히 보고 있으면 열여덟 살 개구쟁이로 보일 때가 있어요."

"아! 이런 늙은 얼굴이! 이렇게 주름이 잡히고 이렇게 얼굴에 윤기가 없는데도요!"

"당신이 저와 마찬가지로, 아뇨, 아마도 저 이상으로 괴로워하신 일은 저도 잘 알고 있어요. 전 똑똑히 그렇다는 걸 알 수 있어요. 하지만 당신은 가끔 청년과 같은 눈으로 절 보세요. 그러면 저는 당신에게서 신선한 삶의 샘물이 솟아나는 것을 느끼지요. 저는 이미 샘이 말라 버렸습니다. 아! 그 무렵의 정열을 생각해 본다면! 누가 말한 것처럼 저는 불행했지만 좋은 시절이었습니다. 그렇지만 지금은 벌써 불행해질 힘조차도 없는 겁니다. 제게는 가느다란 한 줄기 목숨밖에는 없습니다. 결혼을 해볼 만한 용기도 없습니다. 아! 그 무렵이었더라면! 그 무렵이었더라면! …… 만일 제가 알고 있는 누군가가 조금 눈짓만 해주었더라도! ……"

"그랬더라면, 그랬더라면 무엇입니까? 말씀해 주세요……."

"아뇨, 말해야 소용없어요……."

"그럼, 그 무렵, 만일에 내가…… 아! 이럴 수가 있나!"

"뭐라구요! 만일에 당신이? 저는 아무런 말도 안 했어요."

"난 알 수 있습니다. 당신은 잔인한 사람입니다."

"아니에요, 그 무렵에 전 미쳤던 거예요. 단지 그뿐이에요."

"당신이 하시는 말씀은 더 잔인합니다."

"가여운 크리스토프! 제가 무엇인가 말을 하면 당신을 괴롭게 돼요. 그러니까 이제 아무 말도 안 하겠어요."

"안 됩니다! 말해 주세요…… 무엇이든지 말해 주세요! ……"

"무슨 말을 해야 좋을까요?"

"무엇이든지 좋은 일을."

그라시아는 웃었다.

"웃지 말아 주세요."

"당신도 그런 슬픈 얼굴을 하지 말아요."

"어째서 슬픈 얼굴을 해서는 안 됩니까?"

"그럴 이유가 없어요, 그것은 확실해요."

"어째서지요?"

"왜냐하면, 당신을 마음으로부터 사랑하는 여자친구가 한 사람 있는걸요."

"그게 정말입니까?"

"제가 말씀드려서는 믿지 못하시나요?"

"또 한 번 말씀해 주세요!"

"그러면 다신 슬픈 얼굴을 안 하시겠어요? 만족하세요? 우리의 소중한 우정으로 참으시겠어요?"

"그래야만 하겠지요!"

"정말로 멋대로시군요! 그래서 저를 사랑한다고 하시는군요! 툭 터놓고 말한다면 당신이 저를 사랑하시는 이상으로 전 당신을 사랑한다고 생각해요."

"아, 만일에라도 그게 정말이라면?"

크리스토프의 말투에 사랑을 하는 자의 이기주의가 강하게 나타나 있었기 때문에 그라시아는 웃기 시작했다. 그도 웃었다. 하지만 더욱 집요하게 말했다.

"말해 줘요……."

순간 그녀는 입을 다물고 그를 가만히 바라보았다. 그러고는 느닷없이 크리스토프에게 얼굴을 갖다 대 입맞춤했다. 너무나 뜻밖이었다! 그는 감동으로 하늘과 땅이 뒤바뀐 듯했다. 그는 그녀를 안으려고 했다. 하지만 그녀는 벌써 떨어져 있었다. 객실 문간에 서서 그의 얼굴을 쳐다보고 입술에 손가락을 대고 "쉿!" 하며 자취를 감춰 버렸다.

　이날 이후로 크리스토프는 다시는 자기 사랑에 대해 그라시아에게 말하지 않았다. 그리고 그녀와의 관계도 전처럼 답답하지는 않게 되었다. 이제까지는 의젓이 도사린 침묵과 누를 수 없는 격정이 번갈아 일어나는 상태를 계속했지만 지금은 단순하고 안정된 정다움을 맛보았다. 그야말로 숨김이 없는 우정의 선물이었다. 이제는 스스럼도 망설임도 두려움도 없었다. 두 사람은 저마다 상대의 속마음을 알고 있었다. 크리스토프가 속으로 언짢아하고 재미없어하는 자들과 동석하고 있을 때였다. 살롱에서 흔히 있는 일이지만 좀 터무니없는 대화가 오가는 것을 듣고 차차 크리스토프의 표정이 흐려지자, 그라시아는 이를 눈치채고 그를 바라다보고 미소지었다. 그것만으로 충분했다. 그는 자기들이 일심동체라는 것을 알았다. 그리고 다시 기분이 가라앉았다.

　자기가 사랑하는 사람이 눈앞에 있으면 상상력은 독침을 잃어버린다. 욕망의 열도 식는다. 혹은 사랑하는 사람을 눈앞에 갖고 있다고 하는 순결한 기쁨에 젖는다. 게다가 그라시아는 주위의 모든 사람들에게 조화적인 성질의 무언의 매력을 방사하고 있었다. 몸짓이나 말투의 모든 과장은, 비록 무의식적인 것일지라도 단순하지도 않거니와 아름답지도 않은 어떤 무엇인 것처럼, 그녀의 기분을 상하게 했다. 그런 까닭 때문에 그녀는 시간이 흐름에 따라 크리스토프에게 영향을 주었다. 그는 처음에는 자신의 격정에 가해진 속박에 조바심을 가졌지만 조금씩 자신을 제어할 수 있게 되고, 부질없는 분격에 허비되지 않기 때문에 한층 커진 힘을 얻을 수 있었다.

　두 사람의 혼은 서로 섞여들었다. 그라시아는 삶의 즐거움에 몸을 내맡겨 미소지으며 졸고 있었지만 크리스토프의 정신력에 부딪혀 그만 눈이 뜨였다. 그녀는 정신적인 일에 대해 전보다 직접적으로 능동적인 흥미를 갖게 되었다. 이제까지는 거의 책을 읽지 않았다. 그러나 이제 전에 읽었던 책을 애착심으로 한없이 되읽음으로써 다른 여러 사상에 호기심을 갖기 시작하여, 그 매력에 이끌려갔다. 그녀도 근대의 풍부한 사상의 세계를 모르는 바 아니었지만 혼자서 그 속으로 들어가고 싶은 생각은 이제까지는 조금도 없었다. 하지만 자기를 인도해 줄 동반자가 생긴 지금은 이미 그러한 세계도 무섭지 않았다. 그녀는 젊은 이탈리아의 우상 파괴적인 정열을 오랫동안 불유쾌하게 여겨 왔지만, 언제부터인지 이에 저항하면서도 젊은 이탈리아를 이해하는 것에 이끌리고 말았다.

그런데 혼의 상호 침투에 의한 은혜는 특히 크리스토프에게 많은 힘이 되었다. 사람들이 빈번히 관찰한 대로 사랑에 있어서는 약한 자가 보다 많은 것을 준다. 그것은 강한 자의 사랑이 적기 때문은 아니며, 강한 자는 상대로부터 많은 것을 취해야 한다. 이리하여 크리스토프는 이미 올리비에의 정신에 의해 풍요하게 되었다. 그렇지만 이번의 신비적인 결혼은 훨씬 알차고 풍성한 것이었다. 그라시아는 결혼 지참금으로서 올리비에가 전혀 갖고 있지 않았던 이를 데 없이 진기한 보물을, 환희를 그에게 가져다주었기 때문이다. 혼과 눈의 환희를, 광명을 갖다 주었던 것이다. 이 라틴 하늘의 미소는 아주 비천한 것들의 추악도 감싸고 오랜 벽의 돌에도 꽃을 피우고, 슬픔에조차도 조용한 광휘를 전하는 것이었다.

새 봄이 그라시아의 반려가 되었다. 신생의 꿈이 따사로운 황홀한 대기 속에서 풍만해졌다. 젊디젊은 초록빛이 은회색 올리브나무에 잘 조화되었다. 황폐한 수로(水路)의 검붉은 아치 밑에도 흰 편도나무가 피어 있었다. 다시금 눈뜬 로마 평야에는 풀잎이 파도처럼 물결치고 승리에 우쭐대는 듯 붉은 양귀비꽃이 불꽃처럼 흔들리고 있었다. 별장의 잔디밭에는 자색의 아네모네가 개울처럼 흐르고 오랑캐꽃이 못물처럼 퍼져 있었다. 양산 같은 소나무 둘레에는 덩굴이 얽혀 있었다. 그리고 로마의 시가 위를 지나가는 바람은 팔라치노 언덕에 핀 장미의 향기를 날랐다.

둘은 함께 산책했다. 몇 시간이나 빠져 있던 동양적인 멍한 상태에서 벗어나자 온통 딴사람처럼 되었다. 그라시아는 걷는 것을 좋아했다. 키가 크고 발이 길고 온몸이 꽉 짜여져 더욱이 날씬한 그녀는 프리마치키오의 '디아나' 같은 모습이었다.

그들이 가장 많이 방문한 곳은, 1700년대의 웅장한 로마가 야만스런 피에몬테인의 내습으로 파괴되었을 때의 잔유물인 빌라의 하나였다. 그들이 특히 좋아했던 곳은 마테이의 곳으로, 거기에는 고요하고 쓸쓸한 평야의 기복이 부근에까지 이르고 있었다. 둘은 떡갈나무 가로수길을 걸었다. 가로수가 이루고 있는 깊은 둥근 천장에는 푸른 산맥이, 고동치는 심장과 같이 가볍게 부풀어오른 우아스런 알바노의 산줄기가 액자에 끼운 듯이 보였다. 길을 따라 늘어선 로마인 부부의 무덤이 우울한 얼굴과 죽은 뒤까지 서로 잡고 있는 손을 나뭇잎의 우거진 숲 사이에 보이고 있었다. 둘은 가로수길이 끝난 데서 흰 석관을 등진 장미 덩굴 밑에 걸터앉았다. 그들 앞에는 인기척 없는 널따란 평야가 있었다. 깊은 평화였다. 그리운 나머지 숨이라도 넘어갈 듯한 그런 소리로 샘물이 물방울을 떨어뜨리며 소곤거렸다. 둘은 나직한 음성으로 얘기했다. 그라시아는 완전히 신뢰하는 눈으로 크리스토프의 눈을 바라보았다. 크리스토프는 자신의 생활과 싸움과 과거의 괴로움을 얘기했다. 하지만 그것에는 이제 슬픈 그늘은 없었다. 그라시아 곁에, 그녀 눈빛 아래 있으면 모든 것이 단순하고 모든 것이 당연히 그렇게 있어야 하는 것 같았다……. 이번에는 그라시아가 얘기를 시작했다. 크리스토프에게는 그녀가 하는 말소리는 거의 귀에 들어오지 않았다. 하지만 그녀의 모든 생각은 그의 속으로 들어갔다. 그는 그녀의 혼과 결혼한 것이었다. 그는 곳곳에서 그녀의 눈을, 깊고 불타고 있는 조용한 눈을 보았다. 고대 조각상의 부서진 아름다운 얼굴 속에, 조용히 말하지 않는 눈의 수수께끼 속에서도 그것을 보았다. 양털 모양의 잎을 가진 측백나무 둘레와, 일광의 화살로 꿰뚫린 감탕나무의 검게 빛나는 손가락 모양의 잎 사이로 연하게 웃고 있는 로마의 하늘 속에서도 그 눈을 보았다.

라틴 예술의 의의가 그라시아의 눈을 통해 크리스토프의 마음속으로 스며들었다. 여태까지 그는 이탈리아의 예술 작품에는 무관심했었다. 이 야만스런 이상주의자, 독일 숲에서 온 이 커다란 곰은 아직, 꿀같이 아름다운 금빛 대리석의 산뜻한 맛을 즐길 줄을 몰랐었다. 바티칸 궁정의 옛 미술품은 확실히 그와는 상극이었다. 우둔해 보이는 얼굴들과 약하디약한, 혹은 답답한 균형과 평범하고 미끈한 살집 등, 모두가 그렇게 만들어진 '지똥(어린아이들)'과 검사들에 대해 그는 혐오를 느꼈다. 몇 개의 초상 조각이 겨우 그의 눈을 기쁘게 했다. 하지만 그 모델에는 조금도 흥미가 없었다. 또 창백한 피렌체인과 찌푸린 얼굴, 병약해 보이는 귀부인, 빈혈 또는 폐결핵으로 몸을 사린 초췌한 얼굴의, 라파엘로 이전 유파의 비너스 따위에 대해서도 역시 애정을 갖지 않았다. 그리고 시스티나 성당의 미켈란젤로의 본을 떠서 만들어진 여러 개의 땀흘리는 붉은 얼굴 호걸이며, 투기자의 저 동물적인 어리석음을 보자 그에게는 그들이 마치 몸으로 공격하는 것처럼만 여겨졌다. 오직 미켈란젤로만은 별도로, 그의 비참한 고뇌와 숭고한 경멸심과 순결한 정열의 진지성 등을 그는 마음속으로 몰래 존경했다. 미켈란젤로가 만든 청년들의 조심스런 나체, 사냥 당한 짐승과 같은 야성적인 처녀들, 괴로워하는 듯한 여명의 여신, 아기에게 젖을 물리고 있는 자연인과 같은 눈빛을 한 마돈나, 그리고 아내로 삼고 싶을 만큼 아름다운 리아 등을 거장이 품은 것과 똑같은 청순하고 야만스런 애정으로 사랑했다. 그러나 그는 이 괴로워했던 위인의 혼 속에서 자기 혼의 커다란 반향밖에는 찾아내지 못했다.

그런데 그라시아는 새로운 예술 세계의 문을 그에게 열어 주었다. 크리스토프는 라파엘로와 티치아노의 이를 데 없이 맑게 트인 숭고한 세계로 들어갔다. 형태의 세계를 정복하고 지배하고 사자처럼 군림하고 있는, 이 고전적 천재의 웅장한 광휘를 그는 보았다. 사람의 마음속으로까지 똑바로 비쳐들고, 생명을 휘덮고 있는 몽롱한 안개를 빛으로 잡아 찢는 이 위대한 베네치아인의 전격적인 시력, 단지 남에게 이길 뿐만 아니라 자기 자신에게 이길 수도 있고 승리자인 자신에게 이를 데 없이 엄격한 규율을 과하고, 그리고 전장에 있어서는 쓰러진 적의 유물 중에서 자기 전리품을 정확하게 골라 가져올 줄을 아는, 이들 라틴 정신의 전능적인 통제력, 라파엘로가 그린 기품 있는 초상과 바티칸 궁전의 벽화 등은, 바그너의 음악보다도 더 풍부한 음악으로 크리스토프의 마음을 채웠다. 맑고 화창한 윤곽과 고귀한 건축 양식과 조화를 이룬 군상이 자아내는 음악, 얼굴과 손과 귀여운 발과 의상의 주름이나 몸짓 등의 완전한 아름다움으로 반짝이는 음악 지성 사랑, 이러한 젊은이들의 혼과 육체에서 솟아나는 사랑의 냇물, 지적인 정신과 관능적인 쾌락의 힘, 젊디젊은 애정, 익살맞은 예지, 정을 담뿍 품은 육체의 괴로운 훈훈한 냄새, 그늘은 사라지고 정열이 잠자고 있는 환한 미소, '태양의 수레'의 천마처럼 난동을 부리다가도 주인의 조용한 손에 눌려 있는 생명의 약동하는 힘…….

그래서 크리스토프는 생각했다.

'그들이 한 것처럼 로마의 힘과 평화를 결합시킬 수는 없는 것일까? 오늘날에는 가장 뛰어난 사람들도, 이 둘 중에서 어느 한 가지를 바랄 때는 다른 하나는 희생시킨다. 특히 이탈리아인은 푸생이나 로랭이나 괴테가 이해한 저 조화에 대한 감각을 가장 많이 상실하고 있는 것 같다. 그들은 다시 한 번 외국인에게서 그 가치를 표시해 주기를 바라는 것일까? ……그런데 우리들 음악가에게는 누가 이 조화를 가르쳐 주는 것일까? 음악은 아직 자신의 라파엘로를 갖고 있지 않다. 모차르트는 아직 소년에 지나지 않는다. 열에 들뜬 손과 감각적인 혼을 가진 독일의 일개 소시민에 지나지 않으면서 너무나 많은 말을 하고 너무나 많은 몸짓을 하고, 너절한 일을 지껄여 대고 울거나 웃거나 하고 있다. 또 고딕적인 바흐도, 독수리와 싸우고 있는 본의 프로메테우스인 베토벤도, 오사 산 위에 펠리온 산을 쌓아올려 하늘을 욕하고 있는 그의 후계자인 거인족들도 신의 미소를 엿본 사람은 없다……'

신의 미소를 보고 나서부터 크리스토프는 자신의 음악이 부끄러워졌다. 부질없는 흥분, 과장된 정열, 신중성이 없는 호소, 요컨대 무턱대고 자기를 드러내보이는 절도 없는 방식은 가엾기도 하고 창피하기도 한 것 같았다. 그것은 양치기가 없는 양의 무리며, 임자 없는 왕국이었다—사람은 혼란된 혼의 왕이 되어야 한다…….

몇 개월 동안 크리스토프는 음악을 잊어버린 것 같았다. 그는 음악의 필요를 느끼고 있지 않았다. 그의 정신은 로마에 의해서 잉태하여 지금 임신 중이었다. 그는 꿈꾸는 듯 황홀한 상태로 나날을 보냈다. 자연 역시 그의 마음 속과 마찬가지로 이른 봄이라, 새로 깨어나는 이 나른함 속에 기쁜 도취가 섞여 있었다. 자연과 그와는 잠자며 서로 껴안는 연인들처럼 엉켜들며 꿈꾸고 있었다. 로마 평야의 안타까운 수수께끼에 크리스토프는 이제 적의를 품지 않았다. 그는 그 비장한 아름다움을 제 것으로 삼았다. 잠든 데메테르(_{여신}^{대지의})를 양팔로 껴안았다.

*

4월에 크리스토프는 음악회 지휘를 하러 와달라는 청탁을 파리로부터 받았다. 그는 이를 잘 알아보지도 않고 거절하려고 했다. 그러나 먼저 그라시아에게 얘기해 봐야겠다고 생각했다. 자기 생활에 대해 이것저것 그녀와 상의하는 것이 즐거웠다. 그럼으로써 그녀가 자기와 생활을 함께하고 있는 듯한 기분이 드는 것이었다.

하지만 이번에 그라시아는 그를 낙심케 했다. 그녀는 침착하게 얘기를 들었다. 그러고는 이를 수락하도록 권했다. 그는 서글퍼졌다. 거기서 그녀의 냉담성이 보이는 듯이 여겨졌던 것이다.

그라시아는 그러한 조언을 했지만 아마도 미진한 것을 느끼지 않을 수 없었을 것이다. 하지만 크리스토프는 왜 조언을 요구했던 것일까? 그를 대신해서 결정할 것을 일임받은 바에는 자기에게도 벗의 행동에 대해 책임이 있다고 생각했다. 서로 생각을 교환한 결과 그라시아는 크리스토프에게서 그의 의지를 조금쯤 빼앗아 갔다. 크리스토프는 그녀에게 행동하는 일의 의무와 아름다움을 보여 주었다. 적어도 그라시아는 벗을 위해 그 의무를 인정했다. 그리고 벗에게 그 의무를 게을리하게 하고 싶지 않았다. 이탈리아의 따뜻한 남풍의, 어떤 독소처럼 혈관 속에 숨어들어 의지의 힘을 잠들게 하여 무기력한 것으로 만드는 감화력—이탈리아의 공기가 갖고 있는 그 영향력을 그라시아는 크리스토프보다도 더 잘 알고 있었다. 몇 번이나 그녀는 저주받을 그 매력 앞에 저항을 잃었던 것일까! 그녀의 사교계 사람들은 많거나 적거나 간에 모두 이 혼의 말라리아에 걸려 있었다. 그들보다 강한 옛 로마 사람들도 역시 몇 사람인가 희생이 되었었다. 이 혼의 말라리아는 암늑대^(로마인을 이 암늑대의 젖으로 길렀다는 전설이 있다. 로마의 상징)의 확고한 힘을 좀먹어 오고 있었던 것이다. 로마에서는 죽음의 냄새가 났다. 너무나 무덤이 많은 것이다. 로마에서 생활하느니 로마를 지나가는 쪽이 건강에 좋다. 로마에 있으면 너무나 손쉽게 시대에서 벗어난다. 이제부터 살아 나가야 하는 앞이 창창한 아직 젊은 힘에게는 그것은 위험한 유혹이다. 그라시아는 자기 주위의 세계가, 예술가를 활기 띠게 하는 환경이 아니라는 것을 잘 알고 있었다. 또 그녀는 크리스토프에 대해 다른 누구보다도 많은 우정을 갖고 있었지만…… (하기야 그녀가 그것을 저 자신이 인정했는지 어떤지는 알 수 없다)……마음 밑바닥으로부터는 그가 멀어져 가는 것이 반드시 싫은 것은 아니었다. 아, 크리스토프는 그녀를 피로케 했던 것이다. 더욱이 그 원인이 되었던 것은 그라시아가 그의 속에서 사랑하고 있는 모든 것이며, 너무나 충만한 지성이며, 몇 년 동안 축적되었다가 넘쳐나는 풍성스런 생명력이었다. 그녀의 평온한 기분은 그러한 것 때문에 어지러워졌다. 또 아마도 그의 사랑의 위협을 항상 느끼는 것으로도 그녀는 피로했던 것이리라. 그 사랑은 아름답고 감동적인 것이기는 하였지만, 또한 귀찮게 달라붙는 끈덕진 것으로 이에 대해 끊임없이 경계해야 하는 것이다. 크리스토프와 거리를 두고 있는 쪽이 신중한 것이었다. 그라시아 자신은 이를 인정하고 싶지 않았다. 자기는 크리스토프에게 좋도록 하기 위한 것 말고는 생각지 않는 거라고 생각했다.

그라시아에게는 그럴 듯한 이유가 없지도 않았다. 당시의 이탈리아에서 음악가는 살기 어려웠다. 활동범위가 제한되어 있었다. 음악가의 생활은 압박받았다. 연극 공장은 기름 먹은 재와 뜨거운 매연을, 전에는 음악의 꽃으로 온 유럽을 향기롭게 한 이 토지 위에 뿌렸다. 큰 소리로 떠드는 자들과 어울리기를 거부하는 자와, 이 공장에 들어갈 수 없거나 혹은 들어가기를 바라지 않는 자는 추방되거나 질식 상태의 생활을 해야 했다. 천재의 샘이 마른 것은 결코 아니었다. 단지 그 샘이 흐려져 부패하는 대로 내버려 두고 있는 것이었다. 크리스토프가 만난 젊은 음악가 중에는 이 민족이 가진 선율의 거장의 혼과, 과거의 현명하고 단순한 예술에 침투해 있는 미의 본능을 자기 마음속에 부활시킨 자도 여럿 있었다. 하지만 그들에 대해 주의를 기울이는 사람은 없었다. 그래서 그들은 자기 작품을 연주하거나 출판해 주는 곳을 찾을 수 없었다. 순수한 교향악에 대해서는 아무도 흥미를 갖지 않았다. 얼굴에 곤지 찍고 분 바르지 않은 음악에 대해서는, 아무도 귀를 기울이지 않았다. 그래서 그들은 단지 자기 자신을 위해서 노래 불렀지만 그 풀죽은 목소리는 이내 사라져 버렸다. 노래 부른들 무엇하랴? 차라리 낮잠이나 자는 것이 낫다……. 크리스토프는 되도록이면 그들을 도와주고 싶었다. 하지만 가령 그들을 도와줄 수 있었다고 하더라도 그들의 의심 많은 자부심이 이를 받아들일 생각을 하지 않았을 것이다. 어쨌든 그는 그들이 보기에는 외국인이었다. 게다가 오랜 민족인 이탈리아인은 비록 외국인을 애교 있게 접대는 해줄망정 그들에게 외국인은 모두 결국 오랑캐인 것이었다. 그들은 자기들 예술의 빈곤은 자기들만으로 처리될 문제라고 생각하고 있었다. 크리스토프에게 우정의 표시를 아낌없이 주기는 하였지만 그를 자기들 동료로 맞이하지는 않았다. 그럼 그는 어떻게 하면 좋을 것인가? 그렇다고 해서 그들과 맞싸워 작은 양지를 서로 빼앗는 짓은 그로서는 할 수 없었다…….

게다가 아무리 천재라도 영양분 없이 지낼 수는 없었다. 음악가에게는 음악이 필요하다—듣는 음악과 들려주는 음악이, 일시적인 은퇴는 그로 인해 여하간 정신이 집중된다는 공덕을 갖게 되는 것이므로, 정신적인 면으로 봐서는 그만한 가치가 있다. 하지만 정신이 거기서 나온다는 조건이 아니어서는 안 된다. 고독은 고귀한 것이다. 하지만 이제는 거기서 빠져나올 힘이 없는 예술가에게는 치명적인 것이다. 비록 아무리 소란스럽고 불순한 것일지라도 자기 시대의 삶을 살아야 한다. 부단히 주고 또 받아들여야 한다…….이탈리아는 옛날에는 예술의 대시장이었으며 혹은 앞으로 다시 그렇게 될는지 알 수 없지만, 크리스토프가 있었을 무렵에는 그렇지 않았다. 모든 나라의 혼이 서로 교류하는 사상의 시장은 오늘날에는 북방에 있다. 살고자 하는 자는 북방에서 살아야 한다.

자신에게 몸을 내맡기고 있었더라면 크리스토프는 혼란 속으로 돌아가는 것이 싫어졌을 것이다. 하지만 그라시아는 그의 의무를 그 이상으로 확실히 느꼈다. 그리고 그녀는 저 자신에게 요구하느니보다도 그에게 더 많은 것을 요구했다. 물론 그를 한층 존경하고 있기 때문이었다. 하지만 또 동시에 그러는 것이 훨씬 편리하기 때문이기도 했다. 그라시아는 크리스토프에게 정력을 양보했다. 그리고 자신은 안정을 취해 두었다. 그녀가 맡은 역할은 마치 마리아와 같았다. 우리 인생에 있어서 사람은 저마다 자기 역할을 갖고 있다. 크리스토프의 역할은 활동하는 일이었다. 그라시아는 존재하는 것만으로 충분했다. 그는 그녀에게 더는 아무것도 요구하지 않았다…….

다만 자기에 대한 그녀의 사랑을 줄이고, 그녀 자신을 사랑하는데 그녀가 더 집중하기를 바랐다. 왜냐하면 크리스토프는, 그라시아가 우정에 있어 그의 이익밖에는 생각하지 않을 만큼 이기심을 없애고 있는 것에 그다지 감사할 수 없었기 때문이었다. 그가 그녀에게 원하는 것은, 그녀가 크리스토프만을 위하는 태도를 가지지 말았으면 하는 것이었다.

크리스토프는 출발했다. 그는 그라시아로부터 멀어져 갔다. 하지만 그녀로부터 조금도 떠나지는 않았다. 옛날 어느 음유시인이 노래 부른 것처럼 '사내가 사랑하는 여자 곁을 떠나는 것은 그의 혼이 이를 허락했을 때뿐이다.'

제2부
파리에 도착했을 때 크리스토프의 마음은 무거웠다. 올리비에가 죽은 뒤 파리에 돌아온 것은 처음이었다. 그는 여태껏 한 번도 이 도시를 다시 보고 싶지 않았다. 역에서 호텔로 가는 전세 마차 속에서도 밖을 내다볼 용기가 나지 않았다. 처음 며칠 동안은 외출할 결심도 서지 않아 방 안에 틀어박혀 지냈다. 문간에서 자기를 기다리고 있는 추억이 불안했다. 하지만 이 불안은 정확히 말해서 어떤 것이었을까? 그 자신에게 그것이 똑똑히 알려져 있었던 것일까? 그것은 그가 믿고 싶어했던 것처럼 생생한 얼굴의 추억이 갑자기 불쑥 튀어나오는 걸 보는 것이 두려웠던 것일까? 아니면 이건 더 쓰라린 일이지만 죽어 버린 추억을 찾아내는 것이 두려웠던 것일까? 이 새로운 상을 치르는 듯한 슬픔에 대해서는 본능의 반 무의식적인 모든 계략이 세워져 있었다. 그렇기 때문에 그는—아마도 자신은 미처 깨닫지 못했을 테지만—숙소를 옛날에 살던 거리보다 훨씬 떨어진 데로 택했다. 그리고 처음 거리를 산책했을 때나, 음악회장에서 오케스트라 연습을 지휘했을 때나, 파리 생활과 다시금 접촉했을 때는 잠시 눈을 감고 눈에 보이는 것을 보지 않으려고, 집요하게 전에 본 것밖에는 안 보려고 했다. —'나는 저것을 알고 있다, 나는 저것을 알고 있다……'

예술계에도 정치계에도 여전히 전과 마찬가지로 혼란이 있었다. 광장에는 옛날과 같은 '시장'이 섰다. 다만 배우가 역할을 바꾸었다. 전의 혁명가가 지금은 부르주아가 돼 있었다. 전의 초인주의자들이 상류사회의 사람이 되어 있었다. 옛날에 독립적 정신을 갖고 있던 자들은, 오늘의 독립적 정신을 가진 자들을 질식시키려 들었다. 20년 전의 청년은 전에 자기들이 공격했던 노인들보다도 한층 더 지독한 보수주의자가 되어 있었다. 그리고 그들의 비평은 새로 나온 사람들에게 살 권리를 거부했다. 얼른 보기에 무엇 하나 다른 데라곤 없었다.

그런데도 실은 모든 것이 달라졌던 것이다…….

*

'벗이여, 용서해 주오! 당신은 친절하시게도 저의 무심함을 탓하지 않으셨습니다. 편지를 받아들고 무척 기뻤습니다. 저는 몇 주일 동안을 무서운 혼란 속에서 보냈습니다. 제게는 모든 것이 결여되어 있었던 것입니다. 무엇보다, 당신을 잃어버렸습니다. 여기서는 아는 사람들을 잃어버린 뒤의 공허가 저를 기다리고 있었습니다. 내가 당신에게 얘기해 드린 옛 벗은 모두 없어져 버렸습니다. 필로멜르—내가 연회의 무리 속을 맥없이 돌아다니고 있을 때 거울 속에서 나를 골똘히 바라보고 있는 당신 눈을 만났던, 저 슬프고도 그리운 밤, 노래를 불렀던 그녀 목소리가 기억나십니까? 그 필로멜르는 그녀의 합리적인 꿈을 실현시켰습니다. 적은 유산이 손에 들어와 지금 노르망디에 있습니다. 농장을 하나 가지고 이를 관리하고 있습니다. 아르노 씨는 교수직을 물러나고 부인과 함께 고향인 앙제르 가까운 작은 도시로 돌아갔습니다. 내가 있던 무렵의 유명한 사람들은 많이 죽거나 또 몰락해 버렸습니다. 단지 20년 전에 예술이나 정치의 신진 주역 배우 흉내를 내던 몇몇 늙은 허수아비가, 지금도 역시 같은 가면의 얼굴로 같은 흉내를 내고 있을 뿐입니다. 그러한 가면을 뒤집어쓴 자들 말고는 내가 아는 사람은 한 사람도 없습니다. 그들은 무덤 위에서 찌푸린 얼굴을 한 인간인 것만 같아 안쓰러운 생각이 들었습니다. 참으로 기분 나쁜 느낌이었습니다. 게다가 도착한 당초에는, 당신의 금빛 태양의 나라에서 뛰쳐나온 나에게는, 눈에 비치는 것의 추악함과 북쪽 나라의 잿빛에 육체적인 고통을 느꼈습니다. 잔뜩 쌓아 올린 흐릿한 색깔의 집이나 어떤 둥근 지붕이나 기념 건축물의 속된 선 따위, 이제까지 조금도 눈에 거슬리지 않던 것이 무척 불쾌하게 여겨졌습니다. 정신적인 분위기도 마찬가지로 결코 유쾌한 것은 아니었습니다.

하지만 내게는 파리 사람들에 대해 불평할 일은 없습니다. 내가 받은 대우는 옛날에 받은 것과는 아주 다릅니다. 나는 내가 없는 동안에 아무튼 일종의 유명인이 된 것 같습니다. 이에 대해선 아무 말도 않겠습니다. 그런 것의 값어치는 잘 알고 있으니까요. 이런 자들이 내게 대해서 말하거나 써주거나 하는 친절한 말에는 감동을 받습니다. 나는 그들에 대해 감사하고 있습니다. 하지만 어떻게 말해야 좋을까요? 나는 오늘 이렇게 나를 찬양해 주는 자들보다도 옛날에 나를 공격한 자들에게 더한층 친근미를 느꼈습니다……. 그 죄는 나에게 있습니다. 그것은 나도 잘 알고 있습니다. 나를 탓하지 말아 주세요! 나는 순간 곤혹스러웠습니다. 하지만 그런 일을 예기하지 않으면 안 되었던 것입니다. 지금은 이미 그런 낭패도 지나가 버렸습니다. 똑똑히 알게 되었습니다. 그렇습니다. 당신이 나를 사람들 가운데로 다시 보내주신 것은 잘한 일이었습니다. 나는 고독 속에 매몰될 뻔했던 것입니다. 자라투스트라의 흉내를 내는 것은 위험한 일입니다. 삶의 파도는 지나가 버립니다. 우리

앞에서 사라져 갑니다. 그러자 자신이 이젠 사막일 수밖에 없는 때가 옵니다. 강 있는 곳까지 모래밭에 새로운 수로를 파는 것에는 그야말로 며칠이고 괴로운 작업을 계속해야 합니다. 이제는 다 끝났습니다. 나는 이제 현기증 같은 건 나지 않습니다. 흐름을 붙들어 매봤습니다. 나는 가만히 눈을 한군데 모아 두고 있습니다. 그러면 내게도 보이는 것입니다……

보세요, 그라시아, 프랑스인은 얼마나 불가사의한 국민일까요! 20년 전에는 나는 프랑스인은 이제 끝이라고 생각했었습니다. 그런데 그들은 또다시 시작하고 있습니다. 나의 다정스런 벗 자녱은 그것을 똑똑히 예언하고 있었습니다. 하지만 나는 그가 착각을 일으킨 거라고 의심했던 것입니다. 그 무렵 어떻게 그것을 믿을 수 있었겠습니까! 그 무렵의 프랑스는 파리와 마찬가지로 파편과 양회 조각과 구덩이로 가득 찼었습니다. 나는 이렇게 말했던 것입니다. '그들은 모든 것을 파괴해 버렸다…… 뭔가 파괴적인 민족이다!'라고. 참으로 비버 같은 민족입니다. 건물을 때려부수는 데 열중해 있는가 싶었는데, 때려부순 것으로 어느새 새로운 도시의 토대를 쌓고 있는 것입니다. 발판이 사방 팔방에 조립되어 있는 지금에야 나는 그 사실을 알게 되었습니다.

Wenn ein Ding geschehen,
Selbst die Narren es verstehen……
어떤 일이 사실로서 나타나면
아무리 바보 같은 사람이라도 과연 하고 깨닫게 된다…….

사실대로 말하자면 여전히 같은 프랑스적 무질서입니다. 곳곳에 있는 충돌과 혼란 속에서 저마다 자기 일터로 가고 있는 노동자의 무리를 분간하는 데는, 이 무질서에 익숙해져야 합니다. 그들은 아시다시피 자기가 하는 일을 지붕 위에서 떠들지 않으면 아무것도 못하는 자들입니다. 또 이웃 사람이 하는 짓을 험담하지 않으면 아무 일도 안 되는 자들입니다. 아무리 단단한 머리도 당혹스러워집니다. 그렇지만 나처럼 10년 가까이나 그들 속에서 살아온 자는 그들의 법석에 속아넘어가지는 않습니다. 그것은 일을 하는 자기 자신을 격려하는 그들의 방식이라는 것을 알 수 있습니다. 그들은 수다를 떨며 일을 합니다. 그리고 하나하나의 일터에서 자기 집을 세우고 있는 동안에 이 윽고 도시 전체가 다시금 이루어지는 것입니다. 가장 좋은 것은 건물 전체가 별로 부조화가 아니라는 것입니다. 그들이 정반대의 문제를 아무리 서로 주장한대야 그들의 머리는 죄다 똑같이 되어 있는 것입니다. 그러므로 그들의 무정부 상태 아래서는 공통된 본능이 있는 것입니다. 그들에게 있어서는 규율을 대신하는 민족적 논리가 있는 것입니다. 그리고 이 민족적인 논리는 결국 프러시아 연대의 규율보다 단단한 것인지도 알 수 없습니다.

곳곳에 건축에 대한 같은 충동, 같은 열광이 보입니다. 정치계에 있어서는 사회주의자와 민족주의자가 느슨한 국가 권력의 톱니바퀴를 다시 죄려고 다투어 일하고 있습니다. 정치계에서도 어떤 자는 특권자를 위해 밝은 귀족적인 대저택을 수선하려고 하고, 어떤 자는 거기서 집단적인 혼이 노래하는 민중을 위한 큰 홀을 만들려 하고 있습니다. 과거를 개조하는 자와 미래를 건설하는 자가 더불어 일하고 있는 것입니다. 예술계에서도 모두 그렇습니다. 게다가 이 솜씨 좋은 동물들은 무엇을 하거나 언제나 같은 집을 짓는 것입니다. 비버나 꿀벌 같은 그들의 본능은 몇 세기를 통해 그들에게 같은 동작을 시키고 같은 형태를 찾아내게 하는 것입니다. 하기야 혁명적인 사람들이 자신들도 모르는 사이에 가장 오랜 전통에 집착하고 있는 사람들인지도 모릅니다. 산업혁명주의자나 가장 특이한 젊은 작가들 사이에서, 나는 중세의 혼을 찾아낸 일도 있습니다.

그들의 소란스런 방식에 다시 익숙해진 지금에는 그들이 일하는 것을 나는 즐겁게 바라보고 있습니다. 그러나 솔직히 말하자면, 나는 너무나 나이를 먹은 염세가라 그들의 어떤 집에 들어가도 마음이 편하지 않습니다. 내게는 자유로운 공기가 필요합니다. 하지만 그들은 얼마나 훌륭한 일꾼일까요! 이것이 그들 최고의 미덕입니다. 그 미덕이 가장 타락한 자들까지도 일어나게 하는 것입니다. 그리고 또 그들 예술가에게는 얼마나 많은 미의 감각이 있는 것일까요! 옛날에는 이것에 지금만큼 생각이 미치지 않았습니다. 당신이 나에게 사물을 보는 법을 가르쳐 주셨습니다. 나의 눈은 로마의 빛으로 열렸습니다. 당신 나라의 문예 부흥기 사람들이 이들을 내게 이해시켜 준 것입니다. 드뷔시의 곡, 로댕의 조각, 수아레스의 한 구절은 당신 나라의 1500년대의 예술가와 같은 혈통의 것입니다.

그러나 이곳에 유쾌하지 않은 것이 별로 없다는 것은 아닙니다. 전에 나를 무척 분노하게 한 '광장 시장'의 오랜 친구들을 다시 만났습니다. 그들은 거의 변하지 않았습니다. 하지만 나는 완전히 변해 버렸습니다. 나는 이젠 격렬한 마음이 일어나지 않는 것입니다. 그들의 한 사람을 호되게 비판하고 싶어질 때는 제게 이렇게 타이르는 것입니다. '네게 그럴 권리는 없다. 너는 강하다고 자신하고 있지만, 그들보다도 더 나쁜 짓을 해 오지 않았느냐'고. 나는 또 무익한 것은 아무것도 없다는 것, 가장 가치 없는 것이라도 극 줄거리 속에서 하나의 역할을 갖고 있다는 것을 깨달았습니다. 타락한 반도락 취미의 예술가도, 악취를 풍기는 부도덕가도 흰개미의 역할을 다한 것입니다. 집을 재건하는 데는 흔들리는 낡은 집을 철거해야 했던 것입니다. 유대인도 그들의 신성한 사명을 따랐습니다. 그러므로 다른 민족 속에서도 여전히 이 민족으로서 남고, 세계 구석구석에서 인류 통일의 그물을 엮는 민족이 된 것입니다. 그들은 숭고한 이성에 자유로운 활동의 자리를 주기 위해 각 국민 사이의 지적인 장벽을 때려부쉈습니다. 우리 과거의 신앙을 붕괴시키고 우리가 가장 사랑하는 조상을 죽이는 얄궂은 파괴자, 부패한 자도 신성한 일을 위해, 새로운 삶을 위해 자신도 의식하지 못한 채 일하고 있는 것입니다. 이와 마찬가지로 탐욕스런 이기심을 가진 세계주의의 은행가들도 그들과 싸우고 있는 혁명가들과 나란히 세계 앞날의 통일을, 그것은 많은 재산과 교활에 의해서입니다만 막무가내로 강요되어 쌓아올리고 있는 것입니다.

더욱이 유치한 평화주의자들보다도 더 확실히 말입니다. 아시다시피 나는 나이를 먹었습니다. 나는 이젠 물어뜯지 않습니다. 내 이빨은 닳아 버렸습니다. 극장에 가더라도 이제는 유치한 관객처럼 배우를 비난하거나 배신자에게 욕을 퍼붓거나 하지는 않습니다.

조용한 여신이여, 나는 내 얘기만 하고 있습니다. 하지만 사실은 당신밖엔 생각하고 있지 않습니다. 내게 있어 자아가 얼마나 성가신 것인가? 당신이 알아주신다면! 내 자아는 나를 머리로부터 억누르고 나를 빨아내려고 하는 것입니다. 그것은 하느님이 내 목에 걸어 놓으신 무쇠의 칼입니다. 나는 얼마나 이 칼을 당신 발밑에 내놓고 싶었던 것일까요! 하지만 그것은 보잘것없는 선물입니다……. 당신 발은 부드러운 흙을, 당신 발밑에서 바스락 소리 내는 모래를 밟기 위해 만들어졌습니다. 그 귀여운 발이 아네모네가 만발한 잔디밭을 홀로 거니는 모습이 눈에 보입니다……. 당신은 그 뒤 저 도리아의 빌라에 가 보셨습니까? …… 저런, 당신 발은 벌써 지쳤습니다! 이번에는 당신 거실 안의, 당신이 가장 좋아하는 은신처에서, 반쯤 모로 누워 팔꿈치를 짚고 읽지도 않는 책을 손에 들고 있는 모습이 보입니다. 당신은 친절하게도 내 말을 듣는 척해 주십니다. 내가 하는 얘기는 별로 귀담아 들으시지는 않습니다. 하기야 내가 하는 얘기는 지루하니까요. 그리고 당신은 참기 위해서 때때로 자기 자신의 생각에 되돌아가십니다. 하지만 당신은 예절바른 분이시므로 얼른 내 말 한 마디로 아득히 잃었던 정신을 되찾으시고는, 내 마음을 언짢게 하지 않으려고 배려하시어 금세 당신의 방심한 눈이 사뭇 내 얘기에 흥미가 있는 것처럼 빛을 띠기 시작하고 있습니다. 그런데 나도 당신과 마찬가지로 제가 하는 말에서 멀리 떨어져 있는 것입니다. 나도 또한 제 말의 메아리를 거의 귀에 듣고 있지 않은 것입니다. 당신의 어여쁜 얼굴 위에 나타나는 내 말의 반향을 물끄러미 지켜보며 마음 밑바닥에서 당신에게는 말하지 않은 전혀 딴 말에 귀 기울이고 있습니다. 조용한 여신이여, 내가 입에 담은 말과는 전혀 반대인 말은 당신에게도 똑똑히 들릴 것입니다. 그런데도 당신은 도무지 안 들리는 듯한 표정을 하고 계십니다.

　그럼 안녕히. 오래지 않아 또 뵙게 되리라 생각됩니다. 나는 여기서 속 태우며 있고 싶지 않습니다. 음악회도 끝나 버린 지금은 여기에 무슨 볼일이 있겠습니까? 당신 아이들의 작은 뺨에 키스합니다. 그들은 당신의 것이자 또 나의 것입니다. 그것으로 만족해야 하니까…….'

크리스토프

*

'조용한 여신'은 답장을 썼다.

　'벗이여, 당신이 생각해 낸 거실 한구석에서 나는 당신 편지를 받아들었습니다. 그리고 내가 책을 읽을 때 자주 그러듯이 가끔 당신 편지를 내려놓았다가, 또 나도 편지와 함께 쉬면서 읽었습니다. 아무쪼록 웃지 말아 주세요! 그것은 편지를 오래 읽기 위해서 그렇게 한 것입니다. 그런 식으로 우리는 오후를 줄곧 함께 지냈습니다. 아이들은 내가 무엇을 그렇게 언제까지나 읽고 있느냐고 물었습니다. 나는 당신의 편지라고 말했습니다. 그러자 오로라는 편지를 보고 딱한 듯이 "이렇게 긴 편지를 쓰는 데 퍽 지루했겠지요!"라고 말했습니다. 그래서 나는 당신이 벌로서 편지를 쓴 게 아니라 우리와 함께 얘기를 하고 있는 것이라고 알려주었습니다. 그 애는 아무 말도 않고 가만히 듣고 있었습니다. 그리고 동생과 함께 옆방으로 놀러갔습니다. 한참 뒤에 리오벨로가 수선을 피우기 시작하자 오로라가 이런 소릴 하는 것이 들려 왔습니다. "큰 소릴 내선 안 돼요. 엄마가 크리스토프 씨와 얘기를 하고 계시니까."

프랑스인에 대한 의견, 흥미 깊게 읽었습니다. 그리고 별로 놀라지도 않았습니다. 그들에 대해 당신이 부당한 판단을 하셨을 때 제가 비난했던 일, 잊지 않고 계시겠지요. 그들을 사랑하지 않을 수는 있습니다. 하지만 얼마나 영리한 사람들일까요! 선량한 마음이나 억센 육체에 의해 구원받는 평범한 사람들은 얼마든지 있습니다. 프랑스인은 그들의 지성에 의해 구원받고 있는 것입니다. 지성은 그들의 모든 결점을 씻어 버립니다. 지성은 그들을 재생시키고 있습니다. 그들이 쓰러지고 풀이 꺾이고 퇴폐해 있는 듯이 보일 때라도 그들은 자기들의 정신에서 부단히 넘쳐나는 샘물 속에 새로운 청춘을 다시 찾아냅니다.

하지만 저는 당신을 꾸중해야겠어요. 당신은 자신의 얘기만 한 것을 용서해 달라고 말씀하셨습니다. 당신은 정말 거짓말쟁이입니다. 자신의 말씀은 아무것도 안 하셨잖습니까. 당신이 하신 일도 보신 일도 아무것도 말씀 안 하시지 않았습니까. 사촌언니 콜레트가—왜 그녀를 만나러 가지 않으세요?—당신 음악회에 대한 신문의 발췌를 보내 주었기에 저도 가까스로 당신의 성공을 알 수 있었어요. 당신은 이에 대해서는 겨우 끝에 한 마디 하셨을 뿐입니다. 그토록 당신은 모든 일에 초월해 있는 것일까요? …… 그럴 리 없습니다. 기뻤었다고 분명히 말씀하세요! …… 기뻤을 게 틀림없는걸요. 왜냐하면 무엇보다 제가 기뻤으니까요. 저는 당신이 실망한 듯한 표정을 하시는 것을 보고 싶진 않습니다. 당신 편지의 말투는 사뭇 우울했습니다. 그래서는 안 돼요……. 타인에 대해 한층 정당한 판단을 하시는 것은 좋습니다. 하지만 그렇다고 해서 당신처럼 자기는 그들 중의 가장 너절한 인간보다 더 너절하다고 하여 풀이 죽을 필요는 없겠지요. 훌륭한 그리스도 교도라면 당신을 칭찬할는지 모릅니다. 하지만 저는 그것은 안 된다고 말씀드립니다. 저는 훌륭한 그리스도 교도는 아녜요. 저는 훌륭한 이탈리아 여자니까 과거에 얽매이는 것은 질색입니다. 현재만으로도 충분합니다. 당신이 옛날에 무슨 일을 하셨는지 정확히는 모릅니다. 당신은 그것에 대해서는 조금 말씀하셨을 뿐이니까요. 다만 나머지 일의 제 추측도 맞는 것이라고 생각합니다. 그것은 별로 훌륭한 일이 아니었습니다. 하지만 제게 있어서는 당신은 여전히 소중한 사람입니다. 보세요, 크리스토프. 저만한 나이가 된 여자는, 훌륭한 남성은 대개 약한 인간이라는 것을 알고 있습니다! 약한 것을 몰랐더라면 그토록 사랑할 수는 없겠지요. 옛날에 하신 일 따윈 이제 생각지 마세요. 앞으로 하실 일을 생각하세요. 후회는 아무런 도움도 되지 못합니다. 후회는 역행하는 일입니다. 선에 있어서나 악에 있어서나 항상 앞으로 나아가야 합니다. '앞으로, 앞으로 나아가라, 사브와 병정아! ……' 입니다. 당신은 제가 당신을 로마로 돌아오게 하려고 그러는 줄 여기세요? 여기엔 당신이 하실 일이란 아무것도 없습니다. 파리에 머물러 계세요. 그리고 창작하고 활동하며 예술 생활 속에 들어가 주세요. 저는 당신이 단념하시는 것은 싫습니다. 당신이 훌륭한 것을 만들어 내시기를 바랍니다. 그리고 그것이 성공해 주기를 바라는 겁니다. 당신이 강해져서 당신과 같은 싸움을 다시 시작하고 고난의 길을 헤쳐나가는 새로운 청년 크리스토프를 도와주시기 바라는 것입니다. 그들을 찾아내어 도와주세요. 당신 선배가 당신에게 해준 것보다 더, 당신 후배들에게 친절히 해주세요. 그리고 끝으로 말씀드릴 것은 제발 강한 인간이 되어 달라는 겁니다. 당신이 강한 인간이라는 것을 제가 확실히 알 수 있도록. 그것이 얼마나 저에게 강한 힘을 보내 주는 것인지 당신은 꿈에도 모르실 겁니다.

저는 거의 매일, 아이들을 데리고 보르게 제 빌라에 갑니다. 그저께는 마차로 폰테 몰레로 가고 거기서부터 걸어서 폰테 마리오를 일주했습니다. 당신은 제 발을 욕하셨지요. 제 발은 당신에게 분개하고 있습니다—"도리아 빌라를 조금 걸었을 뿐인데 우리가 곧 피로해지다니, 저분이 무슨 말씀을 하시는 걸까? 우리를 전혀 아시지 못하는 것이다. 우리가 그다지 힘든 일을 안 하려고 하는 것은 게으름쟁이이기 때문이어서 그렇지, 그걸 할 줄 몰라서가 아니다……." 보세요, 당신은 제가 시골 아가씨라는 것을 잊으셨군요…

....

언니 콜레트를 만나러 가 주세요. 아직도 언니를 원망하고 계신가요? 언니는 마음씨는 착한 여자입니다. 그리고 지금은 당신을 완전히 존경하고 있습니다. 파리 부인네들은 당신 음악에 열중해 있는 것 같군요. 저의 베른의 곰이, 파리의 사자가 되느냐 안 되느냐는 그 마음에 달렸습니다. 편지를 받으셨던가요? 사랑의 고백이라도 들으셨나요? 당신은 여자들에 관한 일은 아무것도 얘기해 주지 않으시는군요. 사랑이라도 하고 계시는 것이 아닙니까? 그러시거든 얘기를 해 주세요, 네? 질투 따위는 하지 않을 테니까요.'

당신의 벗 G.

*

'당신의 마지막 글귀를 제가 조금이라도 기뻐한다고 생각하시는지요! 나를 놀리는 여신이여, 당신이 질투라도 해주신다면 그야말로 고맙겠습니다! 그렇지만 질투를 하기에는 저는 상대가 안 됩니다. 당신이 말하시는 파리의 부인들에게 나는 아무런 흥미도 없으니까요. 그들이 열중해 있다구요? 그들은 그렇게 되려고 하는 게죠. 이는 실제로는 전혀 그렇지 않기 때문입니다. 그들이 나를 후끈 달게 하리라 하는 따위로 기대를 갖지 말아 주세요. 만일 그들이 내 음악에 무관심이라면 어쩌면 그런 기회도 있을는지 알 수 없습니다. 하지만 그들이 내 음악을 사랑하고 있는 것은 너무나 정말입니다. 그런데 어떻게 내가 환상을 품을 수 있겠어요! 누가 당신을 이해한다고 할 때는 결코 상대는 당신을 이해하는 일은 없을 테지요.

하지만 나의 이런 농담을 고지식하게 받아들이진 마세요. 나는 당신에 대해 품고 있는 감정 때문에 다른 부인들에 대해 부당한 판단은 하지 않습니다. 사랑의 눈으로 보지 않게 되고 나서부터는 보다 많은 동정을 품게 되었습니다. 남성의 어리석은 이기주의가 그들을 건강하지 못한, 반 식모 상태로 처넣어 그들의 불행과 우리 남성의 불행을 만들었습니다만, 그들이 30년 동안 그러한 상태에서 벗어나려고 비상한 노력을 하고 있는 것은 현대의 훌륭한 일의 하나인 줄로 나는 압니다. 파리와 같은 도시에서는 이러한 새로운 시대의 젊은 아가씨들에게 감복할 수 있습니다. 그들은 많은 장애에 끄떡도 하지 않고 학문과 자격을 손에 넣으려고 순진한 열의를 가지고 돌진하고 있습니다. 이 학문과 자격이야말로 그들을 해방시키고 미지의 세계의 비밀을 밝혀 남성과 어깨를 겨루게 해주는 것이 틀림없다고 그들은 생각하고 있는 것입니다……

물론 이 신념은 공상적인 것이며, 또 좀 우스꽝스럽기도 한 것입니다. 그러나 진보는 결코 인간이 바라는 대로 실현되는 것은 아닙니다. 실현되기는 합니다만 전혀 딴 길을 걷고 실현되는 것입니다. 이 부인네들의 노력도 헛된 것은 아니겠지요. 그것은 전에 위대한 세기에 그랬던 것처럼 그녀들을 보다 완전하고 보다 인간적인 여성으로 만들 테지요. 그녀들은 이제 세상의 살아 있는 문제에 무관심할 수도 없게 될 것입니다. 이제까지 살아 있는 문제에 무관심했던 것은 터무니없이 부자연스런 일이었던 것입니다. 왜냐하면 아무리 가정의 의무에 신경을 쓰고 있는 부인일지라도, 현대사회에 있어서의 의무를 생각하지 않아도 된다고 여기는 것은 용서할 수 없는 일이니까요. 잔 다르크나 카테리나 스포르차 시대의, 그들의 조상에 해당하는 부인네들은 그렇게는 생각하지 않았습니다. 그 뒤부터 여성은 위축돼 버린 것입니다. 남성이 공기와 태양을 내주지 않았기 때문입니다. 그래서 여성은 그것을 완력으로 되찾으려 하고 있습니다. 참으로 용감한 아가씨들이 아니겠어요! …… 물론 오늘 싸우고 있는 그녀들 가운데 많은 사람은 죽을 것이며, 또 많이는 탈락될 것입니다. 마침 위험한 시기입니다. 그 노력은 너무나 약한 힘에는 너무나 격렬합니다. 식물이 오랫동안 물을 먹지 못했을 때는 맨 처음 빗물은 도리어 말라 버릴 염려가 있습니다. 하지만 그런들 어떻습니까! 그것은 모든 진보의 대가입니다. 뒤에 오는 여성들이 그녀들의 괴로움 속에서 피어날 테지요. 현재 싸우고 있는 불쌍한 처녀들은 대부분 결코 결혼을 안 하겠지만, 많은 자식들을 낳은 과거의 여자들보다도 미래를 무르익히는 도수는 더 클 것입니다. 왜냐하면 그녀들의 희생 탓으로 그녀들로부터 새로운 고전 시대의 여성이 태어날 테니까요.

당신 사촌언니 콜레트의 거실에서는 이러한 근면한 꿀벌들을 만날 기회가 없습니다. 왜 그렇게 기를 쓰고 나를 그녀한테 보내려고 하는 것입니까? 나는 당신이 이르신 말을 따라야 했습니다. 하지만 그건 좋은 일은 아닙니다! 당신은 자기 힘을 남용하고 계시는 겁니다. 나는 그녀의 초대를 세 번이나 거절했습니다. 그중 두 번은 답장도 하지 않았습니다. 그러자 그녀가 먼저 관현악 연습 때 나를 찾아왔습니다—나의 제6교향곡 연습을 하고 있을 때였습니다—그녀는 막간에 왔습니다만 코를 벌름거리고 냄새를 맡으며 큰 소리로 이렇게 말하는 것이었습니다. "사랑의 냄새가 납니다! 정말로 전 이 음악이 가장 좋아요! ……"

그녀는 몸매가 달라졌습니다. 다만 고양이같이 불거진 눈과 늘 움직이고 있는 것처럼 보이는 저 기묘한 코만은 옛날 그대롭니다. 하지만 얼굴이 커지고 체격이 단단해져서 훨씬 건강해 보입니다. 스포츠에 단련되어 몸집이 달라진 겁니다. 지금도 그것에 열중하고 있습니다. 그녀의 남편은 아시다시피 자동차 클럽과 비행 클럽의 유력자입니다. 어떠한 장거리 비행에도, 공중 육상 수상의 어떠한 여행에도 스토방 들레스트라드 부부는 자기네들이 참가해야 한다고 생각하고 있습니다. 그러므로 그들은 항상 여행을 하고 있습니다. 사람들과 얘기할 여유가 없습니다. 그들의 화제는 경주와 조정과 럭비와 경마 이외엔 없습니다. 그것은 사교계의 새로운 한 종목입니다. 여성에게 있어서는 '펠레아스'의 시대는 이미 지나가 버렸습니다. 혼은 벌써 유행에 뒤떨어진 겁니다. 젊은 여성은 하이킹과 햇빛 속의 운동 경기로 그은 붉은 얼굴빛을 드러내 자랑하고 있습니다. 사내 같은 눈으로 사람을 봅니다. 그리고 좀 큰 소리로 웃습니다. 말투는 한층 난폭해지고 딱딱해졌습니다. 당신 언니는 때로 예사로운 얼굴로 지독한 소리를 합니다. 본디 거의 음식을 먹지 않았는데 지금은 대식가가 되었습니다. 옛날 습관을 지켜 여전히 위가 약하다고 짜증을 내고 있지만 무척 많이 먹습니다. 책은 전혀 읽지 않습니다. 이 사회에서는 이제 책 같은 건 읽히지 않는 겁니다. 그저 음악만이 환영받습니다. 문학이 몰락했으므로 수지타산이 맞았다는 것입니다. 그들이 퍽 피로했을 때는 음악이 터키탕이 되고, 따뜻한 증기가 되고 마사지가 되는 겁니다. 무엇을 생각할 필요는 없습니다. 그것은 스포츠와 연애의 다리를 놓는 일입니다. 또 하나의 스포츠이기도 한 것입니다. 그러나 미적 오락 중에서 가장 유행하고 있는 스포츠는 현재로서는 댄스입니다. 러시아 댄스, 그리스 댄스, 스위스 댄스, 아메리카 댄스, 이 모든 댄스를 파리에서는 추고 있습니다. 베토벤의 교향곡, 아이스킬로스의 비극, 〈평균율 피아노곡〉, 바티칸의 고대 미술품, 〈오르페우스〉, 〈트리스탄〉, 〈그리스도 수난〉, 체조 등, 이 모든 것이 댄스곡이 되어 있습니다. 그들은 열중하고 있습니다.

이상한 것은 당신의 사촌언니가 미학과 스포츠와 실제적 정신―(그녀는 실제적 감각과 가정적 전제주의를 모친에게서 물려받았습니다)―을 아주 잘 소화시키고 있다는 것입니다. 사실 그러한 것이 혼합되면 기묘하게 될 텐데도 그녀는 그러한 속에서 태연히 죽치고 있는 것입니다. 그녀는 자동차를 눈이 핑핑 돌도록 속력을 내어 몰아도, 눈과 손의 어림은 언제나 확고한 것처럼 엉뚱하게 극단적인 데가 있으면서도 명쾌한 정신을 계속 갖고 있습니다. 참으로 착실한 여성입니다. 남편, 손님, 심부름꾼들, 모두 솜씨껏 다루어 나갑니다. 그녀는 또 정치에도 관여하고 있습니다. 그녀는 '왕족'의 편입니다. 하지만 나는 그녀가 왕당파라고는 여겨지지 않습니다. 그것은 그녀로서는 나돌아다니기 위한 하나의 핑계에 지나지 않습니다. 또 책을 열 페이지 넘게는 읽어 나가지 못하는 주제에 아카데미 선거에도 관계하고 있습니다. 그녀도 내 후원자가 될 작정을 했습니다. 아시다시피 그것은 내 취미에 맞지 않는 일이었습니다. 가장 화나는 것은 나는 그저 당신이 시켜서 그녀한테 갔을 뿐인데, 그녀는 벌써 나를 지배할 수 있다고 믿어버린 일입니다⋯⋯. 나는 그 분풀이로 진실을 있는 그대로 말해 주었습니다. 그러나 그녀는 그저 웃기만 할 뿐 태연하게 대답하는 것이었습니다. '원래는 좋은 사람⋯⋯' 이라고 말씀하셨습니다. 그렇습니다. 무엇인가 일을 하고 있으면 그렇습니다. 그녀 자신도 그것을 알고 있습니다. 만일에 이제 기계로 부술 것이 없게 되면 그녀는 새로운 재료를 기계에 주기 위해서는 어떤 일이라도, 그야말로 어떤 일이라도 할 테지요. 나는 두 번 그녀의 집을 찾았습니다. 나는 이제 다시는 안 갈 작정입니다. 당신에 대한 나의 순종하는 마음을 표시하기 위해서는 그것만으로 벌써 충분합니다. 당신은 내가 죽는 것을 바라지는 않으시겠지요? 실상은 그녀 집에서 나올 때는 나는 온통 맥이 빠지고 실망하여 지쳐 있었던 것입니다. 그녀를 마지막으로 만났던 그날 밤 무서운 악몽에 가위눌렸습니다. 내가 그녀 남편이 되어 있는, 세찬 회오리바람에 한평생이 붙들어 매인 꿈을 꾼다⋯⋯. 엉터리 꿈입니다. 이 꿈이 그녀의 남편을 괴롭힐 염려가 없다는 것은 확실합니다. 왜냐하면 집 안에서 눈에 띄는 모든 사람들 중에서 아마도 그가 가장 그녀와 함께 있지 않은 것 같으니까요. 그리고 둘이서 있을 때는 스포츠에 대한 것밖엔 얘기하고 있지 않습니다. 둘은 아주 썩 의좋게 지내고 있습니다.

그럼 어찌하여 그러한 사람들이 음악을 성공시켰던 것일까요? 나는 별달리 그것을 이해하려고 애쓰지 않습니다. 단지 내 음악이 새로운 방법으로 그들을 흔들어 놓은 거라고 생각하고 있습니다. 그들은 내 음악에게 난폭한 취급을 받고 도리어 감사하고 있습니다. 그는 지금 와서는 살집이 좋은 몸을 가진 예술을 사랑하고 있습니다. 그러나 그 몸속에 있는 혼에는 눈길도 주지 않고 있는 것입니다. 그들은 오늘의 심취로부터 내일의 무관심으로 옮기고, 내일의 무관심으로부터 모레의 비방으로 옮아가 결국 그 혼은 전혀 알지 못하고 말 테지요. 그것이 모든 예술가의 운명인 것입니다. 나는 자기 성공에 기만당하지는 않습니다. 이 성공은 오래가는 것은 아닙니다. 그리고 이러다가 곧 무서운 보복을 받게 되겠지요. 하지만 지금 당장은 이상한 광경을 나는 보고 있습니다. 나의 가장 열렬한 숭배자는―이것은 당신으로서도 맞힐 수는 없을 것입니다―우리의 친구인 뢰비쾨르인 것입니다. 옛날에 내가 우스꽝스런 결투를 한 저 호남의 신사를 기억하고 계시겠지요? 그러한 그가 지금은 전에 내 음악을 이해 못하던 자들에게 가르치고 있는 것입니다. 더욱이 퍽 잘 가르치고 있습니다. 나에 대해서 얘기하는 모든 사람들 중에서 그가 가장 총명합니다. 다른 치들이 어느 정도인가는 이로써 미루어 판단해 주십시오. 하지만 똑똑히 말씀드립니다만, 나는 속으로 우쭐대고 있는 것은 아닙니다!

나는 결코 우쭐대고 싶지 않습니다. 남들이 칭찬해 주는 그러한 작품을 들으면 너무나 부끄러워집니다. 나는 그 속에 내 모습을 인정합니다만 그것이 조금도 아름답게 여겨지지 않습니다. 볼 줄 아는 자에게 음악 작품은 얼마나 무자비한 거울일까요! 다행스럽게도 그들은 장님인데다가 귀머거립니다. 나는 작품 속에 내 마음의 혼란과 약점을 섞어 넣었으므로 그러한 악마의 무리를 세상에 풀어내 놓는 것이 무슨 나쁜 짓이라도 하는 것처럼 때로 여겨집니다. 청중이 조용히 있는 것을 보고 겨우 안심합니다. 청중은 세 겹의 갑옷을 입고 있습니다. 어떤 것도 그들에게 상처를 줄 수 없을 테지요. 만일 그렇지 않았더라면 나는 천벌을 받겠지요……. 당신은 내가 자신에 대해 너무 지나치게 엄격하다고 책망하십니다. 그것은 당신이 나라는 존재를 내가 나를 아는 만큼 알고 있지 않기 때문입니다. 사람에게는 우리가 지금 어떤 인간이 되어 있느냐는 것이 보입니다. 하지만 어떤 인간이 될 수 있을까 하는 것은 보이지 않습니다. 그리고 사람들은 우리를 칭찬할 경우에 우리 자신의 가치에서 온 것보다도 우리를 실어 가는 사건이나 우리를 인도하는 힘에서 온 것쪽을 칭찬하는 것입니다. 여기에 한 얘깃거리가 있습니다.

언젠가 밤에 나는 어느 카페에 들어갔습니다. 그것은 기묘한 방법이기는 합니다만 퍽 좋은 음악을 들려 주는 카페의 하나입니다. 다섯 갠가 여섯 개의 악기에 피아노를 덧붙여서, 모든 교향곡과 미사곡과 오라토리오를 연주하는 겁니다. 로마의 대리석 세공상에서 난로의 장식물로 메디치 예배당을 팔고 있는 것과 같습니다. 그러한 것은 아무튼 예술에 도움이 될 것 같습니다. 예술을 사람들 사이에 보급시키는 데는 예술의 거친 통화를 만들어야 합니다. 게다가 이러한 음악회에서는 기대가 어긋나는 일은 없습니다. 프로그램은 풍부하고 연주는 양심적입니다. 나는 그래서 한 첼로 연주자를 만나 친구가 되었습니다. 그의 눈이 이상하게도 내 아버지의 눈을 생각나게 했기 때문입니다. 그는 자기 신상 얘기를 했습니다. 할아버지는 농부이고, 아버지는 북방 어느 마을 관청에 다니는 말단 관리였답니다. 집안에서는 그를 신사로, 변호사로 만들려 했습니다. 그래서 근처 도시의 중학교에 다니게 했습니다. 그러나 거칠고 억센 소년은 부지런한 변호사가 되기 위해 꼼꼼히 하는 공부에는 맞지 않고 불편한 곳에 잠자코 있지를 못했습니다. 그는 담을 뛰어넘어 들판을 쏘다니거나 계집애 꽁무니를 뒤쫓거나 왕성한 힘을 싸움으로 소비하거나 했습니다. 그렇지 않을 때는 그저 건들거리고만 있거나 되지도 않을 일을 꿈꾸고 있었습니다. 단 한 가지 그의 마음을 끄는 것이 있었습니다. 그것은 음악이었습니다. 왜 그렇게 되었는지 그 이유는 아무도 몰랐습니다. 그의 친척 중에도 음악가는 한 사람도 없었습니다. 단 한 사람의 예외로서 큰할아버지가 있었습니다만, 이 사람은 조금 머리가 돈, 시골에 흔히 있는 괴짜였습니다. 이러한 괴짜는 흔히 한층 두드러진 지성과 천성을 갖고 있습니다만, 고집 센 고립 상태 속에서 어리석은 괴벽에 빠져 있었던 것입니다. 그런데 이 큰할아버지는 음악에 혁명을 가져올 만큼 새로운 기호법을 한 가지—그리고 또 하나—생각해 냈던 것입니다. 가사와 멜로디와 반주를 동시에 기입할 수 있는 속기술을 알고 있다고까지 말했습니다. 그러나 그 자신은 한 번도 그것을 정확히 다시 읽어 내지는 못했습니다. 집에서는 모두 이 노인을 우습게 보았습니다. 그러면서도 역시 그를 자랑삼고 있었습니다. "저건 미친 늙은이야. 하지만 어쩜 또 천재인지도 알 수 없어……" 모두들 그렇게 생각하고 있었습니다. 아마도 이 노인에게서 음악을 좋아하는 버릇이 그의 조카의 아들에게로 전해진 거겠지요. 그가 살던 마을에서는 어떤 음악을 들을 수 있었을까요……. 하지만 비록 보잘것없는 음악이라도 좋은 음악과 마찬가지로 청순한 사랑을 사람들의 가슴에 불러일으키는 수가 있는 법입니다.

그러나 불행하게도 이런 환경에서는 음악에 대한 이러한 정열을 남들 앞에서는 드러내지 못했던 것 같습니다. 게다가 소년은 큰할아버지와 같은 완강한 광기는 갖고 있지 않았습니다. 그는 몰래 숨어서 음악광인 큰할아버지가 고심해서 만든 작품을 읽었습니다. 이것이 그의 이상스런 음악 교양의 토대를 만든 것입니다. 그는 허영심이 강하고 아버지나 주위의 평판 앞에 겁을 내고 있었으므로, 성공하기까지는 자기 야심에 대해서는 한 마디도 하고 싶지 않았습니다. 프랑스의 대부분 소시민들 중에는 마음이 약해서 가족들의 의지에 반항할 수가 없었고, 겉으로만 이에 복종하고 자기 생활은 항상 몰래 숨어서 하고 있었던 자들이 많았는데, 선량한 그도 가족들에게 짓눌려 같은 일을 했습니다. 그는 자기가 원하는 길로는 가지 못하고 주어진 일에 흥미도 없이 열심이었습니다. 그러나 그 방면으로는 심하게 실패하는 일도 없었던 대신에 성공할 수도 없었습니다. 하지만 그럭저럭 필요한 시험에는 합격했습니다. 이로써 그가 얻은 이익은 시골 사람들과 아버지의 이중 감시로부터 벗어날 수 있다는 것이었습니다. 법률은 딱 질색이었습니다. 그래서 이것을 평생 직업으로는 삼지 않겠다고 결심하고 있었습니다. 그러나 아버지가 살아 있는 동안에는 자기 의지를 똑똑히 말하는 것은 삼갔습니다. 뚜렷한 결심을 하기까지는 아직 기다려야만 한다는 것은 아마도 그에게 있어서는 싫은 일은 아니었겠지요. 한평생 자신이 할 일이나 하게 될 일에 헛된 희망을 걸고 있는 사람이 있습니다만, 그도 그러한 사람 가운데 하나였습니다. 당분간은 아무 일도 하지 않았습니다. 파리에서의 새로운 생활에 도취하여 길을 헛디딘 그는 시골 청년의 거친 성격으로 여자와 음악, 이 두 정열에 몸을 내맡겼습니다. 음악회에도 쾌락에도 열중했습니다. 그는 그러한 짓을 하여 몇 해를 부질없이 소비하고, 자신의 음악 교육을 완성시킬 수단이 있었을 텐데도 그것을 이용하지 않았습니다. 시기심 많은 자존심과 방자하고 성급한 나쁜 성격 때문에 연습을 계속할 수도 없었으며, 누구의 충고를 받아들일 수도 없었습니다.

부친이 죽자 그는 법률 공부를 포기해 버렸습니다. 그리고 작곡을 시작했지만, 이에 필요한 기술을 습득할 만한 용기가 없었습니다. 나태하게 살아온 뿌리 깊은 습관과 도락벽(道樂癖) 때문에 성실한 노력을 전혀 할 수 없게 되어 있었던 것입니다. 그가 사물을 느끼는 것은 아주 예민했지만, 사물을 생각하는 힘과 형태를 만드는 힘이 빠져 달아나는 것이었습니다. 그래서 결국 평범한 것밖에 표현되지 않았습니다. 가장 곤란한 것은 이 평범하고 변변치 못한 사내 속에 무언지 위대한 것이 실제로 존재하고 있는 일이었습니다. 나는 그의 옛 작품을 두 개 읽어 보았습니다. 군데군데 기발한 생각이 보였습니다만, 그것이 또 금세 이지러져 버리는 것입니다. 마치 토탄갱 위에 활활 불꽃이 타오르는 것을 보는 느낌이었습니다. 게다가 이 무슨 불가사의한 두뇌일까요! 그는 내게 베토벤의 소나타를 설명하려고 했습니다. 그는 이 속에서 어린아이 같은 기묘한 이야기를 보고 있습니다. 하지만 그는 참으로 정열가이며 깊은 진지성을 갖고 있습니다. 눈에 눈물을 머금고 그걸 얘기하는 것입니다. 그는 자신이 사랑하는 것을 위해서는 죽음도 사양하지 않겠지요. 그는 순정어린 사내이고 또 어릿광대 같은 사내입니다. 나는 그를 비웃어 주려고 생각한 찰나 갑자기 포옹해 주고 싶어지는 적도 있습니다……. 어디까지나 정직한 사내입니다. 그는 파리의 여러 단체의 사기 근성과 겉모습만의 열광을 무척 경멸하고 있습니다. 그렇지만 그는 또 성공한 자들에 대해서는 소시민답게 순진함으로써 감탄하지 않고는 못 배기는 성질도 가지고 있습니다……

그는 적은 유산을 손에 넣었습니다만 수개월 동안에 다 써 버렸습니다. 그리고 한푼도 없게 되자 그런 자들이 흔히들 그러듯이 성실한 척 가장하고 가난한 처녀를 유혹하여 결혼을 했습니다. 그녀는 별로 음악을 사랑하지는 않았지만 고운 목소리를 갖고 있어 성악을 했습니다. 그는 그녀의 목소리와 첼로를 켜는 자신의 범용한 재능으로 생활해야 했습니다. 물론 곧 서로의 범용함을 눈치채고 서로 참을 수가 없었습니다. 거기에 계집애가 태어났습니다. 아버지는 이 아이에게 부질없는 희망을 걸었습니다. 자신이 되지 못한 것을 딸이 되어 주리라고 생각했습니다. 딸은 어머니를 닮았습니다. 전혀 재능이 없는 피아니스트가 되었습니다. 그녀는 아버지를 존경하고 사랑했습니다. 그리고 아버지 마음에 들도록 일에 열성이었습니다. 그들은 몇 해 동안이나 온천장의 호텔에서 호텔로 떠돌아다녔습니다. 그리하여 얻은 것이라고는 돈보다는 창피였습니다. 딸은 몸이 약한데다가 과로 탓으로 죽었습니다. 아내는 절망한 나머지 나날이 성질만 돋우어 갔습니다. 그것은 끝없는 비참함이었습니다. 거기서 벗어날 희망도 없고 또 이상에는 도저히 도달할 수 없다는 생각 때문에 그 비참함은 더욱 심해질 뿐이었습니다…….

그 일생을 계속 환멸로 보낸 이 불쌍한 낙오자를 보며 나는 이런 생각을 했습니다.

'나도 저렇게 되었을는지 모른다. 우리의 유년 시절의 혼에는 공통되는 특징이 있다. 그리고 경험해 온 여러 가지 모험도 많이 닮았다. 악상에 어딘지 유사점이 있는 것도 보인다. 하지만 그의 악상은 도중에서 그쳐 버렸다. 내가 그처럼 침몰하지 않은 것은 어째서일까? 물론 자기 의지의 힘에 의해서다. 하지만 또 인생의 우연에 의하기도 했다. 또 가령 의지의 힘에만 의한 것이라 할지라도 의지의 힘은 단지 가치만으로 얻어지는 것일까? 아니, 그것은 차라리 자기 일족, 자기 벗들, 자기를 도와 준 신의 혜택으로 얻어지는 것은 아닐까? ……'

이러한 생각은 사람을 겸손하게 만듭니다. 예술을 사랑하고 예술을 위해 괴로워하는 사람들에게 우애를 느끼게 합니다. 가장 낮은 자와 가장 높은 자와의 거리는 그다지 큰 것은 아닙니다…….

그래서 나는 당신이 써 보내신 일을 생각해 보았습니다. 당신이 말씀하신 대로입니다. 예술가는 타인을 도와줄 수 있는 한 은퇴할 권리는 없습니다. 그럼 나는 버티고 머물러 있도록 하겠습니다. 여기거나 빈이거나 혹은 베를린이거나 일 년 중 몇 달을 이곳에서 지내도록 하겠어요. 비록 이러한 도시에 익숙해지는 것이 어렵더라도. 하지만 단념해서는 안 되는 것입니다. 별로 남의 힘이 되지는 않더라도, 또 실제로 힘이 될 것 같지도 않습니다만, 하여튼 여기에 머무는 것은 아마도 나 자신의 힘이 되겠지요. 그리고 당신이 이를 바라신 거라고 생각하고 저를 위로하겠습니다. 그런데다 또—나는 거짓을 말하고 싶지 않습니다—내게는 이곳이 즐거워지기 시작했습니다. 폭군이여, 안녕히. 당신은 이겼습니다. 나는 당신이 희망하신 일을 하게 되었을 뿐

아니라, 그것을 좋아하게 되었습니다.'

크리스토프

*

　이리하여 크리스토프는 파리에 머물렀다. 반은 그라시아를 기쁘게 하기 위해서였지만, 또 그의 예술가로서의 호기심이 눈을 뜨고 갱신된 예술의 모습에 이끌렸기 때문이기도 했다. 그는 자기가 보는 것, 하는 것 모두를 마음속으로 그라시아에게 바쳤다. 그리고 그 말을 그녀에게 써보냈다. 그녀가 이런 일에 흥미를 가지리라고 생각하는 것은 자기의 주제넘은 생각이라는 것을 잘 알고 있었다. 그라시아가 이에 대해 별로 관심을 갖고 있지 않다는 것은 크리스토프도 대강 눈치챘다. 하지만 그녀가 그러한 태도를 그다지 똑똑히 나타내지 않는 것을 그는 감사했다.

　그라시아는 규칙적으로 반 달에 한 번씩 답장을 주었다. 그녀의 소행과 마찬가지로 애정이 넘치는 조심성스런 편지였다. 자신의 일상생활을 애기하며 상냥스런 가운데 품위를 잃지 않는 삼가는 태도를 지켜갔다. 그녀는 자신의 말이 얼마나 심하게 그의 마음에 반향하는가를 알고 있었다. 그라시아는 크리스토프의 흥분에 말려들고 싶지 않았으므로, 그를 흥분으로 내닫게 하느니보다도 상대에게 자신을 냉담하게 보이려고 했다. 하지만 그녀도 여자였으므로 자신의 벗의 사랑을 결코 낙심케 하지 않을 만한 비결은 알고 있었다. 차가운 말이 일으킨 마음속 실망을 곧 상냥스런 말로 달래 주는 정도의 일을 알고 있었다. 크리스토프는 이내 그녀의 술책을 알아차렸다. 그래서 그는 사랑의 기교를 부려 이번에는 되도록 들뜨는 마음을 억누르고 한층 삼가는 편지를 써서 그라시아의 편지가 그다지 조심성스럽지 않도록 했다.

　파리에서 더 머물게 됨에 따라 크리스토프는 거대한 개미집을 움직이고 있는 새로운 활동력에 더욱 흥미를 갖게 되었다. 자신이 젊은 개미에게서 동정을 받고 있지 않은 것을 알았으므로 더욱 흥미가 더해 갔다. 그의 생각은 틀리지 않았다. 크리스토프의 성공은 피로스 왕 식의 큰 희생을 치르고 얻은, 그러면서도 의미 없는 승리였다. 10년 동안 자취를 감춘 뒤에 돌아온 것이 파리 사교계에 센세이션을 불러일으킨 것이다. 하지만 흔히 있을 법한 익살맞은 운명의 장난으로 그는 이번에는 몇몇 아니꼬운 속물들과 유행아들에

의해 보호받았다. 예술가들은 마음속으로 몰래 그에게 적의를 품거나 경계하고 있었다. 그는 이미 과거의 것이 되어 있는 자기 명성이나 많은 작품과 정열적이며 자신 있는 말투나 진지성 따위로 사람들을 위압했다. 하지만 그들은 할 수 없이 크리스토프를 중히 여기고 칭찬이나 존경을 보낼 수밖에 없었지만 속으로는 적의를 품고 있었다. 그는 당시의 예술 밖에 있었다. 하나의 괴물이고 시대착오적인 인간이었다. 그는 이제까지도 언제나 그러했다. 크리스토프의 10년간의 고독은 이 대조를 더욱 두드러지게 했다. 그가 없는 동안에 유럽에서는, 특히 파리에서는 그가 이미 똑똑히 보았던 것처럼 재건 사업이 완성되어 있었다. 하나의 새로운 사회가 생겨났다. 이해하기보다도 행동할 것을 바라고 진리보다도 소유에 굶주린 한 세대가 일어났다. 이 세대 사람들은 살기를 바라고 비록 허위의 수단을 써서라도 삶을 뺏으려고 했다. 모든 보람, 이를테면 민족의 보람, 계급의 보람, 종교의 보람, 문화와 예술의 보람 등, 이러한 모든 보람의 허위도 그것이 쇠기둥이 되고 검과 방패를 대어 두고 그들을 지켜 승리 쪽으로 전진시켜 준다면 그들에게는 좋은 것이 된다. 그러므로 회의나 고뇌의 존재를 상기시키는 것 같은 괴로운 커다란 소리를 듣는 것은 그들에게는 불쾌한 것이다. 그들이 겨우 거기서 빠져나온 어둡던 밤을 어지럽히던 돌풍, 그들이 아무리 부정한대도 세계를 계속 위협하던 돌풍을 그들은 잊고 싶어했다. 하지만 그것을 듣지 않을 수는 없었다. 사람들은 아직 바로 그 곁에 있는 것이다. 그래서 젊은 그들은 분한 김에 외면하고 있었다. 그리고 저희들의 귀를 멀게 하기 위해 목청을 돋우어 외치고 있었다. 하지만 돌풍의 소리 쪽이 더 세게 얘기했다. 그래서 그들은 그 목소리를 원망했다.

반대로 크리스토프는 친근미를 가지고 그들을 바라보았다. 세계가 하나의 확신과 질서를 향해 어떤 희생을 치르고라도 올라가려고 하는 것에 그는 경의를 표했다. 이를 밀어 주는 힘 가운데 의식적인 거북스러움이 있음도 그에게는 조금도 거리낌이 되지 않았다. 목적을 향해 똑바로 나가려 할 때는 자기 앞을 똑바로 보고 있어야 한다. 그는 세계가 돌려고 하는 모서리에 앉아 뒤에는 어두운 밤의 비장한 광휘를, 그리고 앞에는 젊은 희망의 미소와 상쾌한 가운데도 열기를 품은 새벽녘의 어렴풋한 아름다움을 즐거이 바라다보았다. 크리스토프는 흔들림대의 축의 움직이지 않는 한 점에 있었지만, 흔들림

대는 다시금 움직이기 시작했다. 그는 흔들림대의 움직임을 따라가지는 않고 삶의 리듬이 치는 소리에 기쁨을 갖고 귀를 기울였다. 이리하여 크리스토프는 그의 과거의 고민을 부정하고 있는 사람들의 희망에 가담했다. 그가 전에 꿈꾼 대로 올 것은 오는 것이다. 10년 전에 밤의 어둠과 고통 속에서 올리비에는—저 고을의 가엾은 작은 수탉은—그 힘 빠진 노랫소리로 먼 새벽을 알렸다. 노래의 임자는 지금은 없다. 하지만 그 노래는 실제가 되어 나타났다. 프랑스의 뜰에 작은 새들이 눈을 떴다. 그러자 돌연 크리스토프의 귀에 부활한 올리비에의 목소리가 다른 지저귐 가운데 한층 강하고 우렁차게 들려왔다.

*

크리스토프는 어느 서점 앞에서 시집 한 권을 들고 무심히 읽고 있었다. 저자는 그가 모르는 이름이었다. 그는 어떤 말에 감동을 받아 그 책 속으로 끌려들어갔다. 아직 제본되지 않은 페이지 사이를 읽어 나감에 따라 어디서 들은 적이 있는 목소리 하나가, 본 적이 있는 그리운 얼굴 모습이 느껴지는 듯한 생각이 들었다. 자기 느낌을 뚜렷이 알지도 못한 채, 책을 손에서 떼놓을 결심이 서지 않았으므로 사기로 했다. 집에 돌아오자 또 읽었다. 곧 아까와 마찬가지로 집념에 사로잡혔다. 시의 성급한 입김은 힘차고도 숱한 오랜 혼을—인간이 그 잎이고 과일인 거대한 수목을, 즉 조국을—환상을 보는 사람의 정확성으로써 그려냈다. 어머니의 초인적인 모습, 현재 인간 앞에서 존재하고 뒤에도 계속 존재할 어머니, 산과 같이 높고 그 발밑에서 개미 같은 인간이 빌고 있는 저 비잔틴식 성모와 같이 군림하고 있는 어머니의 초인적인 모습이 그 페이지에서 떠올랐다. 역사의 시작 이래로 창을 서로 부딪치고 있는 이들 위대한 여신들의 호메로스적인 결투를 시인은 찬양하고 있었다. 이 영원한 '일리아스'와 트로이아와의 비교는, 마치 알프스의 연봉과 그리스 언덕과의 비교를 생각게 하는 것이었다.

교만과 격투와의 이러한 서사시는 크리스토프의 혼과 같은 유럽적 혼의 사고와는 먼 것이었다. 그래도 그는 프랑스 혼의 저 환상—방패를 가진 우아한 처녀, 어둠 속에 푸른 눈이 반짝이는 아테네, 노동의 여신, 유례 없는 예술가, 번쩍거리는 창으로 법석대는 만인들을 쓰러뜨리는 최고의 이성—속에서 언뜻 전에 사랑한 적이 있는, 본 적이 있는 눈짓과 미소를 보았다. 하지만 그것을 붙들려는 순간에 환상은 사라져 버렸다. 그리고 부질없이 그 뒤를 쫓아가며 조바심을 치고, 언뜻 어느 페이지를 펼치자 올리비에가 죽기 며칠 전에 얘기해 준 줄거리가 거기 노래 불려져 있었다.

크리스토프는 놀랐다. 단번에 출판사로 달려가 시인의 주소를 물었다. 출판사에서는 관례대로 가르쳐 주지 않았다. 그는 분개했다. 하지만 어쩔 수 없었다. 마지막에는 연감으로 알아 볼 생각이 떠올랐다. 과연 찾아졌다. 당장에 저자를 찾아나섰다. 그는 하려고 생각한 일은 반드시 해내는 사내였다. 결코 기다리고 어쩌고 할 수 없었다.

바티뇰 거리. 맨 위층, 여러 개의 문이 공동의 복도를 향해 있었다. 크리스토프는 가르쳐 준 문을 노크했다. 그러자 옆문이 열렸다. 짙은 밤색 머리카락을 이마에 늘어뜨린 흐린 안색의 조금도 예쁘지 않은 젊은 여자—경련하는 얼굴에 날카로운 눈이 빛났다—가 무슨 일이냐고 물었다. 상대를 수상히 여기고 있는 것 같았다. 크리스토프는 방문한 까닭을 얘기했다. 그리고 이름을 물었으므로 알려 주었다. 그녀는 방에서 나와 몸에 지니고 있는 열쇠로 옆 방문을 열었다. 하지만 곧 크리스토프를 들이지는 않았다. 복도에서 기다리고 있으라고 말하고 혼자서 안으로 들어가면서 그의 눈앞에서 문을 쾅 닫았다. 한참 만에 그는 이 경계심 많은 집 안으로 들어갈 수 있었다. 식당으로 쓰이는 반쯤 텅 빈 방을 빠져나갔다. 거기에는 망가진 가구가 몇 개 있을 뿐이었다. 커튼도 없는 창가에 열 마리쯤 되는 작은 새들이 하나의 새장 속에서 짹짹 울고 있었다. 다음 방에는 한 사내가 망가진 긴 의자 위에 모로 누워 있었다. 그는 크리스토프를 맞기 위해 일어났다. 내부로부터 혼에게 비치는 이 초췌한 얼굴, 열띤 불꽃이 타오르는 비로드 같은 아름다운 이 눈, 아주 현명해 보이는 이 기다란 손, 모양 없는 이 몸, 목쉰 날카로운 이 목소리…… 크리스토프는 곧 알 수 있었다. 에마누엘이다! 자신은 전혀 알지도 못한 채, 저…… 불행의 원인이 되었던 불구의 소년 노동자다. 그리고 불쑥 일어선 에마누엘도 상대가 크리스토프라는 것을 알았던 것이다.

둘은 잠시 가만히 있었다. 이때 둘 다 올리비에의 모습을 눈앞에 떠올렸다……. 둘은 악수를 할 것인지 어쩔 것인지 결정을 못했다. 에마누엘은 벌써 뒷걸음질칠 듯한 시늉을 했다. 10년이나 지나간 지금에 이르러서도 은근한 원한이, 크리스토프에 대한 옛날 질투가 본능의 어두운 밑바닥에서 솟아나온 것이었다. 그는 주의 깊은, 적의를 품은 태도를 취한 것이었다. 하지만 크리스토프의 감동을 보자, 크리스토프의 입술 위에 둘이 함께 생각하던 '올리비에!'라는 이름을 읽어 내자 그는 이제 도저히 저항할 수 없게 되었다. 그리고 자기 쪽으로 내밀어진 양팔 속으로 몸을 내던졌다.

에마누엘은 물었다.

"당신이 파리에 계시다는 것을 알고 있었습니다. 하지만 어떻게 저를 찾아 내셨습니까?"

크리스토프는 말했다.

"자네의 최근 책을 읽었네. 그러자 그 속에서 그의 목소리가 들려온 거야."

"아셨군요!" 에마누엘은 말했다. "그 사람이라고 아셨군요? 지금의 나는 모두 그 사람의 덕입니다."

(그는 올리비에의 이름을 입에 올리는 것을 피하고 있었다.)

잠시 뒤에 그는 침울한 얼굴이 되어 말을 이었다.

"그 사람은 나보다도 당신을 더 많이 사랑했습니다."

크리스토프는 미소 지었다.

"정말로 사랑하는 자는, 더 많이라거나 더 적게라거나 하는 것은 모르는 법이라네. 자기 전부를, 사랑하는 모든 사람들에게 주는 것일세."

에마누엘은 크리스토프를 물끄러미 바라보았다. 비장한 진지성이 담긴, 그의 외고집의 눈이 별안간 깊은 상냥스러움으로 빛났다. 그는 크리스토프의 손을 잡고 긴 의자 위의 자기 곁에 앉게 했다.

둘은 이제까지의 자기들의 생활을 서로 얘기했다. 에마누엘은 열네 살부터 스물다섯 살까지 실로 많은 직업을 경험했다. 인쇄공, 도배장이, 행상인, 서점원, 대서소 서기, 정치가의 비서, 신문기자……. 어떠한 일을 하더라도 어떻게든 열심히 공부하는 방법을 찾아냈다. 여기저기서 이 작은 사내의 정력에 감탄한 선량한 사람들의 지지를 얻었지만, 그의 가난과 재능을 이용하는 사람들이 더 많았다. 이리하여 이를 데 없는 고된 경험을 실컷 맛보았지만, 그래도 허약하나마 아직은 쓸 수 있는 건강의 힘을 잃지 않은 채 대수로운 고통도 맛보지 않고 거기를 빠져나왔다. 고대 언어에 대한 특별한 능력

(고전 연구의 전통이 배어 있는 민족에 있어서는 이것은 남이 생각하는 것만큼 이상한 것은 아니다) 덕분으로 에마누엘은 그리스어 연구가인 어느 노사제의 관심과 지지를 얻게 되었다. 그는 이러한 연구를 깊이 파고들 만한 틈이 없었지만 그래도 그에게 있어서는 정신의 훈련이 되고 문체의 수련이 되었다. 민중의 진흙 속에서 나온 이 사내의 교육은 닥치는 대로 독학으로 해온 것이며 커다란 결함은 있었지만, 그래도 그는 부르주아 계급 청년이 10년간의 대학 교육에 의해서도 얻을 수 없는 언어 표현의 능력과, 사상에 의해 형식을 자유로이 다루는 힘을 몸에 익혔다. 그는 이를 올리비에 덕분이라고 말했다. 하기야 그 밖에도 몇 사람인가 더 효과적으로 그를 도와준 사람이 있었다. 하지만 그의 혼의 어두운 밤 속에 영원한 등불을 켜 준 불씨는 올리비에한테서 온 것이었다. 다른 사람들은 이 램프에 기름을 부은 데 지나지 않았다.

에마누엘은 말했다.

"나는 그 사람이 없어지고 나서부터 비로소 그 사람을 이해하기 시작했습니다. 하지만 그 사람이 내게 얘기해 주신 것은, 모두 나의 속에 들어 있었습니다. 그 사람의 빛은 결코 내게서 떠난 적이 없습니다."

에마누엘은 자기 작품과 올리비에한테서 남겨진 일에 대해 얘기했다. 그것은 프랑스인의 정력의 각성, 올리비에가 예언하던 씩씩한 이상주의 불꽃의 이야기였다. 그는 투쟁 위를 높이 날아 가까운 승리를 고하는 이상주의의 우렁찬 목소리가 되고 싶다고 생각했다. 그는 부활한 그의 민중의 서사시를 노래 불렀다.

이 불가사의한 민족은 로마 정복자의 헌옷과 법률을 자기 사상에 입히고 묘한 보람을 느끼고 있으면서도, 한편으로는 옛날 켈트 족의 향기를 몇 세기에 걸쳐 단단히 보존해 왔다. 에마누엘의 시는 바로 그 민족의 산물이었다. 갈리아인 특유의 대담함, 열중하기 쉬운 이성과 익살과 영웅주의를 지닌 그 정신, 로마 원로원 의원의 수염을 뽑으러 가고, 델포이의 신전을 약탈하고 웃으며 하늘로 창을 던지는 저 용기와 허풍의 혼합 따위가 그대로 있었다. 그런데 이 파리의 구두 고치는 꼬마는 가발을 쓴 조상이 한 것처럼, 아마도 또 그의 자손이 할 것처럼 2천 년 전에 죽은 그리스의 영웅과 제신의 육체속에 자기의 정열을 구체화해야 했다. 이는 자기와 절대적인 것을 구하는 자기의 욕구를 일치시키는 이 민족 특유의 불가사의한 본능이다. 이 민족에 있어서는 자기 사상을 과거 세기의 흔적 위에 놓는 것은 자기 사상을 모든 세기에 해당시키는 것으로 여겨지는 것이다. 이러한 고전적 형식의 속박은 도리어 에마누엘의 정열에 한층 거센 기세를 돋우게 했다. 프랑스의 운명에 대한 올리비에의 조용한 신뢰가 그의 제자인 이 청년 속에서는, 행동을 갈망하고 승리를 확신하고 있는 불타는 신념으로 바뀌었다. 그는 승리를 바라고 그것을 눈앞에 보고 그것을 요구했다. 그러한 열광적인 신념과 그러한 낙관주의로써 그는 프랑스 민중의 혼을 분기시켰던 것이다. 에마누엘의 작품은 전투만큼 효과가 있었다. 그는 회의와 공포 속에 돌파구를 만들었다. 젊은 세대 사람들은 모두 그의 뒤를 따라 밀어닥치고 새로운 운명으로 돌진해 나아갔다……

애기하는 동안에 에마누엘은 점점 흥분했다. 눈이 불타고 창백한 얼굴에 얼룩이 져 붉은 기가 돌고 목소리가 거칠어졌다. 모든 것을 깡그리 태워 버릴 듯한 정열의 불과, 그 장작이 되어 있는 초라한 육체와의 대조에 크리스토프는 저도 모르게 눈을 크게 떴다. 그는 이러한 운명의 애처로운 익살을 지금 발견한 것이다. 정력을 노래 부르고 있는 이 시인, 과감한 유희와 행동과 전쟁의 세대를 축복하고 있는 이 시인은 조금만 걸어도 숨이 차고, 검소한 생활을 하고 엄격한 섭생을 지키고 물을 마시며, 담배를 피워서는 안 되고, 여자를 가까이하지 않고 모든 정열을 안에 감추고 건강상 금욕 생활을 해야 한다.

크리스토프는 에마누엘을 유심히 바라보았다. 그리고 찬탄과 친근미가 담긴 연민이 뒤섞인 기분을 느꼈다. 그는 이를 내색하고 싶지 않았다. 그러나 아마도 그의 눈에 그런 빛이 나타났던 모양이었다. 아니면 언제 어느 때 쑤시기 시작할지도 모를 상처를 마음 한구석에 지니고 있는 에마누엘의 자존심이 크리스토프의 눈 속에서, 자기에게는 증오보다도 싫은 연민을 읽어 냈다고 여겼는지도 모른다. 에마누엘의 열은 갑자기 식어 버렸다. 그는 입을 다물었다. 크리스토프는 신뢰를 되찾으려 했지만 안 되었다. 혼은 닫힌 채로였다. 크리스토프는 자기가 상대의 마음을 상하게 했음을 깨달았다.

적의가 담긴 침묵이 이어졌다. 크리스토프는 일어났다. 에마누엘은 한마디도 하지 않고 문간까지 전송했다. 그의 걸음걸이는 불구라는 것을 확실히 보여 주었다. 에마누엘은 그것을 알고 있었다. 그리고 자존심에서 그런 것에는 무관심한 체했다. 그러나 크리스토프에게 관찰당하고 있다고 생각하자 원한은 자꾸만 더해 갔다.

에마누엘이 작별하면서 크리스토프의 손을 싸늘히 쥐었을 때, 우아한 차림의 젊은 부인이 찾아왔다. 건방진 젊은 사내와 함께였다. 크리스토프는 이 사내를 전에 본 적이 있었다. 연극 초연날에 자주 마주친 사내다. 항상 애교 있는 웃음을 웃고 수다스럽게 지껄여 대고 손을 쥐고 인사하거나 부인 손에 키스하거나, 또 무대 앞 제 자리에서 극장 안쪽에까지 미소를 보내거나 했다. 이름을 모르므로 크리스토프는 '머저리 녀석'이라고 그를 불렀었다. 머저리와 동행한 여자는 에마누엘의 모습을 보자 아첨 섞인 정다운 말을 마구 늘어놓으며 '친애하는 선생'에게 바싹 달라붙었다. 돌아가는 크리스토프의 귀에 지금은 바빠서 만날 수 없다고 하는 에마누엘의 퉁명스런 소리가 들렸다. 크리스토프는 이 사내가 갖고 있는 무뚝뚝하게 행동할 수 있는 재능에 감탄했다. 버릇없이 밀어닥치는 돈 많고 아니꼬운 자들에게 어째서 그가 싫은 얼굴을 보이는지 크리스토프는 그 까닭을 잘 알 수 없었다. 그들은 듣기 좋은 말이나 찬양하는 말을 마구 늘어놓았다. 하지만 세자르 프랑크의 저 유명한 친구들과 마찬가지로, 그의 빈곤을 조금도 덜어 주려고는 하지 않는 것이다. 세자르 프랑크의 친구들은 그에게 개인교수를 그만두게 할 노력은 전혀 하지 않았으므로, 그는 죽는 날까지 생활 때문에 그것을 해야 했다.

크리스토프는 그 뒤 몇 번이나 에마누엘을 찾아갔다. 그러나 도저히 첫날과 같은 친근미는 되살릴 수 없었다. 에마누엘은 그를 만나도 도무지 기쁜 얼굴을 보이지 않고, 의심하는 듯한 신중한 태도를 취했다. 하지만 때로 자기의 재능을 실컷 발휘하고 싶은 욕구에 내달릴 때가 있었다. 그럴 때마다 크리스토프의 한 마디로 마음 밑바닥까지 흔들리는 것이었다. 그런 때는 발작적인 열광에 몸을 내맡겼다. 그의 이상주의는 그의 숨은 혼 위에 반짝반짝 빛나는 섬광을 던졌다. 그러나 별안간 다시 침울해졌다. 그리고 외고집의 침묵 속으로 움츠러들었다. 이리하여 크리스토프는 다시금 적대자를 만나게 된 것이다.

너무나 많은 것이 둘 사이를 가로막았다. 나이 차도 결코 작지 않은 이유였다. 크리스토프는 전면적인 자각과 자기 억제 쪽으로 향하고 있었다. 에마누엘은 아직 자기를 형성하고 있는 한창때여서 이제까지 크리스토프도 경험한 적이 없을 만큼 혼돈되어 있었다. 에마누엘이라는 인간의 독특한 모습은 서로 싸우고 있는 여러 가지 모순된 요소에서 오고 있었다. 유전된 욕망 때문에 고민하는 하나의 천성―(알코올 중독 환자와 매춘부 사이에 생긴 아이)―을 제어하려고 노력하는 힘찬 극기주의, 강철 같은 의지의 자갈 밑에서 반항하고 있는 열광적인 상상력, 실로 커다란 이기주의와 애타주의―(어느 쪽이 이길는지는 결코 알 수 없었다)―이기심과 타인을 사랑하는 마음, 용감한 이상주의와 뛰어난 타인에게 병적인 불안을 느끼는 탐욕스런 명예심. 올리비에의 사상도 독립심도 공평무사한 정신도 그의 안에서는 그대로 있고 또 행동을 혐오하지 않는 평민적인 생명력과 시적인 천재, 어떤 혐오감에 대해서도 그를 지키는 튼튼한 정신의 뻔뻔스러움에 의해, 스승보다 뛰어나기는 했지만 앙투아네트 동생의 저 맑게 트인 심성에는 좀처럼 도달하지 못했다. 그의 성격은 허영심이 강하고 침착성이 없었다. 그리고 타인의 불안, 동요가 그의 불안, 동요 위에 다시 겹쳐 왔다.

그는 옆방 젊은 여성과 파란 많은 공동생활을 하고 있었다. 크리스토프가 처음 왔을 때 나와서 맞아들인 여자다. 그녀는 에마누엘을 사랑하고 있어 열성으로 그를 돌보고 가사의 잡다한 일을 하고 그의 작품을 다시 쓰거나 구술을 받아쓰거나 했다. 그녀는 아름답지는 않았다. 그러나 무거운 짐이 될 정도의 정열적인 혼을 갖고 있었다. 평민 출신으로 오랫동안 마분지 제품 공장 여공 노릇을 한 뒤에 우체국 직원이 되었는데, 소녀 시절에는 파리의 가난한 노동자의 흔한 환경 속에서 숨막히는 생활을 보냈었다. 혼도 육체도 한꺼번에 지쳐 빠질 때까지 일하고 늘 사람 틈에서 부대끼고 공기도 없거니와 침묵도 없이, 혼자서만 있는 일이란 결코 없고 조용히 생각하는 일도, 마음의 은신처를 지키는 일도 할 수 없었다. 하지만 거만한 그녀는 진리의 막연한 이상에 대해 경건한 정열을 마음에 은밀히 품고 있어, 때로는 밤에 등불도 없이 달빛으로 눈이 지치도록 위고의 《레 미제라블》을 베껴쓰고 있을 때도 있었다. 그녀가 에마누엘을 처음 만났을 때 그는 그녀보다도 더 불행해서 병에 걸린데다가 돈은 한푼도 없었다. 그녀는 그에게 제 몸을 바쳤다. 이 정열은 최초의 것이며, 그녀 생애에 있어 단 한 번의 연애였다. 그랬던만큼 주린 자의 집요함으로써 이 정열에 매달렸다. 그녀의 애정은 애정을 나누어 가지는 것보다는 애정을 받는 쪽이 많은 에마누엘에게는 무거운 짐이었다. 에마누엘은 이러한 헌신적인 태도에 감동했다. 그녀는 그에게는 최고의 벗이며, 그를 전부로 알고 그 없이는 해나갈 수 없는 단 하나의 인간이라는 것을 그 자신도 알고 있었다. 하지만 이러한 감정 그 자체가 에마누엘에게는 압박이었다. 그에게는 자유가 필요했다. 고독이 필요하고, 그의 눈초리를 탐하듯이 갈구하고 있는 그녀의 눈이 언제나 성가시게 그에게 달라붙었다. 그는 매정스럽게 말했다.

'꺼져 버려!' 하고 호통치고 싶을 때도 있었다. 에마누엘은 또 그녀의 추한 것과 거친 태도에 안절부절못했다. 그는 상류 사교계는 거의 몰랐으며 또 이에 대해서는 얼마쯤 경멸을 표시하고는 있었지만—그러한 사회에서 자신이 한층 추하고, 한층 우스꽝스럽게 보일 것이 그는 고통스러웠으므로—그래도 우아한 것에는 민감해서 그런 여성의 매력에는 마음이 끌렸다. 그런데 그 여성들은 에마누엘에 대해, 그가 이 여자친구에게 가지고 있는 것과 같은 감정을 품고 있었지만(그는 이것을 전혀 알지 못했다) 그는 그녀에게 애정을 표시하려고 노력했다. 하지만 그는 그런 애정은 갖고 있지 않았다. 가졌다 하더라도 무의식적인 증오의 폭발에 의해 항상 둔화되었다. 에마누엘은 아무리 해도 애정을 표시할 수 없었다. 그의 가슴속에는 좋은 일을 하고 싶어하는 관대한 큰 마음도 있었으나, 또 나쁜 짓을 하는 폭력적인 악마도 깃들어 있었다. 이러한 마음속의 싸움과, 이 싸움에서는 자기가 이기지 못한다는 의식이 그를 무언의 초조로 내닫게 했다. 크리스토프는 그 여파를 받은 것이었다.

에마누엘은 크리스토프에 대해 이중의 반감을 품지 않을 수 없었다. 하나는 옛날의 질투에서 오는 것이었다(소년 시절의 이러한 정열은 그 원인이 잊힌 뒤에도 힘은 남아 있는 것이다). 또 하나는 강렬한 국가주의에서 오고 있었다. 이전 시대의 뛰어난 사람들에 의해 생각된 정의와 연민과 인간적 우애 등의 모든 꿈을 그는 프랑스 속에 구체화시키고 있었다. 그는 프랑스를, 타국의 폐허 위에 그 운명이 번영하는 적으로서 유럽의 다른 제국에 대립시키지는 않았다. 에마누엘은 프랑스를 다른 모든 나라의 선두에 내세워 모든 나라의 행복을 위해 군림하고 있는 정당한 주권자 즉 이상의 검, 인류의 지도자로 삼았다. 그에게 있어 프랑스가 부정을 저지른다면 차라리 망해 버리는 쪽이 나왔다. 하지만 그는 프랑스를 조금도 의심하지 않았다. 에마누엘은 교양에 있어서도 심정에 있어서도 완전히 프랑스적이며 한결같이 프랑스의 전통으로만 길러져 있어 전통의 깊은 근거를 자기 본능 속에서 찾아냈다. 그는 외국사상을 진지하게 부인하고 이를 관대한 기분으로 내려다보고 있었다. 그리고 만일 외국인이 굴종적인 지위를 받아들이지 않으면 초조해하는 것이었다.

크리스토프는 그러한 것을 모두 잘 알 수 있었다. 그러나 상대보다 나이도 많고 인생에도 숙달되어 있었으므로 조금도 개의치 않았다. 비록 이 민족적 자존심이 남의 기분을 상하게 하지 않고는 못 배기는 것이었지만, 크리스토프는 별로 타격을 받지 않았다. 조국에 대한 어린애 같은 사랑이 품는 환각을 참작해서 신성한 감정의 과장을 비난하지는 않았다. 게다가 국민이 자기 나라의 사명을 과대하게 믿는다는 것은 인류에게는 이익이 되는 일이다. 에마누엘에게서 멀리 떨어져 있는 것 같은 느낌을 일으키는 이유는 여러 가지 있었지만, 그중에 단 한 가지 도무지 참을 수 없는 것이 있었다. 그것은 때로 극도로 날카로운 째지는 소리로 높아가는 그의 목소리였다. 크리스토프의 귀에는 그것이 무척 싫었다. 그는 얼굴을 찌푸리지 않을 수 없었다. 그는 이를 에마누엘에게 들키지 않도록 애썼다. 그는 악기 소리를 듣지 않고 음악만을 들으려고 애썼다. 이 불구의 시인이 다른 승리의 선구로서 정신의 승리를 그려 낼 때 민중을 분기시켜 황홀해진 그들을 먼 공간으로, 혹은 가까운 복수 쪽으로 베들레헴의 별처럼 이끌고 가는 공중의 정복을, '하늘을 나는 신'을 그려 낼 때 얼마나 씩씩한 아름다움이 환히 빛났던 것일까! 하지만 이러한 정력의, 환영의 찬연한 광휘를 보자 크리스토프는 위험을 느끼지 않을 수 없었다. 이 돌격과 이 새로운 '라 마르세예즈'의 시시각각으로 높아지는 아우성이 결국 어디로 도달하느냐는 것을 예측하지 않을 수 없었다. 그는 얼마쯤 익살을 가지고(과거에 대한 애착도 미래에 대한 두려움도 없이) 이렇게 생각했다. 이 노래는 노래 임자가 예측하지 않은 반향을 낳을 것이다, 그리고 사람들이 사라진 '광장 시장' 시대를 사모하는 날이 올 것이라고…….

그 당시는 사람들이 얼마나 자유로웠던 것일까! 그것은 자유의 황금 시대였다! 다시는 결코 그런 시대가 오지 않으리라. 세계는 힘과 건강과 사나이다운 행동의 시대로, 아마도 또 영광의 시대로 나아가고 있었다. 하지만 또 동시에 무자비한 권력과 옹색한 질서의 시대로도 나아갔던 것이다. 우리는 그러한 시대가, 강철 시대가, 고전 시대가 다시 오기를 간절히 빌고 바랐던 것이다! 위대한 고전 시대, 즉 루이 14세 혹은 나폴레옹의 시대는 거리를 두고 보면 인류 생활의 절정기처럼 여겨진다. 그리고 아마도 국가는 그런 시대에 이상적인 사회를 가장 당당하게 실현한 것이리라. 그러나 그 시대의 위인들에게 그들이 당시를 어떻게 생각했는지 물어 보려무나! 저 니콜라 푸생은 로마로 가서 그 땅에서 죽었다. 그는 여러분의 나라에서는 질식할 것 같았던 것이다. 저 파스칼이나 라신은 세상에 작별을 고했다. 그리고 그 밖에도 가장 위대한 사람들 중의 여럿이 총애를 잃고 박해당하고 고독한 생활을 보냈다! 몰리에르 같은 사람의 혼도 안에 고민을 숨겼다. 여러분이 그토록 그리워하는 나폴레옹 시대에도, 여러분의 조상들은 행복했다고 생각되지 않는다. 그리고 나폴레옹 자신도 그 점에 대해서는 틀린 생각을 하고 있지는 않았다. 그는 자기가 죽으면 사람들이 한숨을 쉴 것이라는 것을 알고 있었다 ……. 황제 주위에는 얼마나 넓은 사상의 사막이 펼쳐져 있었던 것인가! 광대한 사막 위에 내리쬐는 아프리카의 태양.

크리스토프는 마음속에 곰곰이 생각하고 있는 일을 전혀 입 밖에 내지 않았다. 조금 암시만 해도 에마누엘은 화를 냈다. 그래서 그는 두 번 다시 그 일은 되풀이하지 않았다. 하지만 아무리 자기 생각을 마음 밑바닥에 감추어 두어도 헛일이었다. 에마누엘은 그가 그렇게 생각하고 있다는 것을 알고 있었다. 게다가 크리스토프가 자기보다 더 앞날을 잘 알고 있다는 것을 어렴풋이나마 의식했다. 그렇게 생각하자 더욱더 안절부절못할 뿐이었다. 청년들은 연장자가 20년 뒤에 자기들이 어떻게 될 것이라는 것을 덮어놓고 보여 주는 것은 참을 수 없는 것이다.

크리스토프는 에마누엘의 마음속을 읽어 내고 자기에게 타일렀다.

"그가 그렇게 생각하는 것도 당연하다. 사람에게는 저마다 자기 신념이 있는 것이다! 남이 믿고 있는 것은 믿어 주어야 한다. 앞날에 대한 그의 신뢰를 흔들어 놓지 않도록 하자!"

하지만 크리스토프가 눈앞에 있는 것만으로 에마누엘의 기분은 불안했다. 두 개의 개성이 함께 있으면 아무리 쌍방이 자기를 두드러지게 하지 않으려고 애써도 항상 한쪽이 다른 쪽을 압도하고, 다른 쪽은 그 때문에 굴욕의 원한을 마음에 품게 되는 것이다. 에마누엘의 오만한 마음은 크리스토프의 경험과 성격이 뛰어난 것을 고통으로 느끼고 있었다. 게다가 또 아마도 차차 마음속에 커 가고 있는 것이 느껴지는 크리스토프에 대한 애정으로부터 몸을 도사리려고 했는지도 알 수 없다……

에마누엘은 점점 난폭해졌다. 드디어 문을 굳게 닫아 버렸다. 편지를 보내도 답장도 주지 않았다. 크리스토프는 그를 만나는 것을 단념해야 했다.

*

7월 초순이 되었다. 크리스토프는 이 수개월의 수확을 계산해 보았다. 새로운 관념은 잔뜩 손에 넣었지만 친구는 거의 생기지 않았다. 화려하지만 보잘것없는 성공이었다. 약화되거나 희화화된 자신의 모습과 자기 작품의 반영을 범용한 두뇌 속에서 찾아내는 것은 조금도 기쁜 일이 아니었다. 그리고 이해받고 싶다고 생각하는 사람들에게서는 공감을 얻지 못했다. 그들은 그의 신청을 받아들이지 않았다. 그들의 희망에 참가하고 그들 편이 되고 싶다고 아무리 원해도 그들의 계열에 들어갈 수는 없었다. 마치 그들의 불안한 자부심이 그의 우정으로부터 몸을 막아 그를 적으로 삼는 것에 더한층 만족을 느끼고 있는 것 같았다. 요컨대 크리스토프는 자기 시대의 흐름을 지나가게 하고 이와 더불어 흘러가지 않았으며, 또 다음 시대의 흐름은 그를 원치 않았던 것이다. 그는 고립되어 있었다. 이제까지의 생활에서 이런 상태에는 익숙해졌으므로 당황하지는 않았다. 하지만 이러한 새로운 시도를 한 바에는 지금은 스위스 암자로 돌아가 요전번부터 한층 확실한 것이 되어 온 계획의 실현을 기대할 권리는 있을 것이라고 생각했다. 나이를 먹음에 따라 그는 고향으로 돌아가 살고 싶은 욕망에 사로잡혔다. 고향에는 이제 아는 사람은 없었다. 아마도 이 이국의 도시에서보다도 정신적인 친근감은 찾을 수 없을 것이 틀림없다. 하지만 그래도 역시 고향이었다. 인간은 자기와 같은 피를 가진 사람들에게 자기와 같은 생각을 가지라고 요구하지는 않는다. 그들과 자기 사이에는 숱한, 눈에 보이지 않는 유대가 있는 법이다. 감각은 같은 환경의 책을 읽을 수 있으며 마음은 같은 말을 한다.

크리스토프는 자기의 예측이 틀린 것을 쾌활한 어조로 그라시아에게 쓰고, 스위스로 돌아갈 작정이라고 말했다. 파리를 떠날 허가를 농담을 섞어

요청하고 다음 주에 출발할 예정이라고 통고했다. 하지만 편지 끝에 '추신'으로 다음 문구를 써 보냈다.

'생각을 바꿨습니다. 출발은 연기합니다.'

크리스토프는 그라시아를 완전히 신뢰했다. 아무리 가슴 깊이 간직한 관념의 비밀이라도 털어놓았다. 그래도 단 하나 마음 밑바닥에 있는 조그만 방만은 그 누구에게도 열어 보이지 않았다. 거기에는 단지 자신뿐만 아니라 자신이 사랑한 사람의 것이기도 한 추억이 간직되어 있다. 이리하여 그는 올리비에에 관한 것은 얘기하지 않았다. 그의 이러한 태도는 일부러 그렇게 하고 있는 것은 아니었다. 올리비에의 일을 그라시아에게 얘기하려고 해도 말이 나오지 않는 것이었다. 그녀는 올리비에의 일을 전혀 몰랐던 것이다……

한데 그날 아침 크리스토프가 그라시아에게 편지를 쓰고 있자니까 누군가 문을 두드렸다. 그는 방해된 것을 투덜거리며 가서 문을 열었다. 열네댓 살 난 소년이 크라프트 씨를 뵙고 싶다는 것이었다. 크리스토프는 하는 수 없이 방으로 데리고 들어왔다. 금발에 눈이 푸른 소년으로, 품위 있는 얼굴 생김새에 키는 그다지 크지 않고 호리호리한 몸매였다. 소년은 크리스토프 앞에 말없이 선 채 좀 겁을 먹고 있었다. 그러나 곧 마음을 가다듬고 맑은 눈을 들어 호기심을 가지고 크리스토프를 찬찬히 보았다. 크리스토프는 그 귀여운 얼굴을 바라보면서 미소지었다. 그러자 소년도 역시 미소지었다.

"그래." 크리스토프는 그에게 말했다. "무슨 일로 왔지?"

"제가 온 것은……." 소년은 말했다. (소년은 또다시 겁을 먹고 얼굴이 빨개져서 입을 다물었다.)

"네가 온 건 나도 알고 있어." 크리스토프는 웃으면서 말했다. "그런데 무슨 일로 왔지? 나를 봐, 나를 무서워하고 있구나?"

소년은 미소를 짓고 고개를 저으며 말했다.

"아뇨."

"그래, 그럼 먼저 네가 누군지 그것부터 말해 보렴."

"저는……."

여기서 또 말이 막혔다. 호기심으로 방 안을 두리번거리던 소년의 눈은, 난로 선반 위에 있는 올리비에의 사진을 발견했다. 크리스토프는 저도 모르게 소년이 보고 있는 쪽을 보았다.

"자아!" 크리스토프는 말했다. "용기를 내어 말해 봐!"

소년이 말했다.

"저분이 우리 아버지예요."

크리스토프는 깜짝 놀랐다. 갑자기 의자에서 벌떡 일어나 소년의 두 팔을 잡고 끌어당겼다. 그는 의자에 도로 앉았으나 소년을 꼭 끌어안고 있었다. 얼굴과 얼굴이 거의 닿을 정도였다. 그리고 크리스토프는 소년을 바라보았다. 바라보면서 몇 번이고 말했다.

"너구나, 너였구나…… 가엾게도……."

갑자기 그는 두 손으로 소년의 얼굴을 받쳐들고 그 이마와 두 눈, 양 볼과 콧등, 그리고 머리에 입을 맞췄다. 소년은 이런 격한 행동에 질리기도 하고 불쾌감을 느껴 크리스토프의 팔에서 빠져나오려고 했다. 크리스토프는 소년을 놓아 주고 두 손으로 얼굴을 감싼 채 이마를 벽에다 대고 잠깐 꼼짝 않고 있었다. 소년은 멀찌감치 뒤로 물러나 있었다. 크리스토프는 다시 얼굴을 들었다. 그 얼굴 표정은 진정이 되어 부드러워져 있었다. 그는 애정 어린 미소를 담고 소년을 바라보았다.

"너를 그만 놀라게 했구나." 그는 말했다. "용서해라……. 내가 네 아버지를 너무 사랑했기 때문이란다."

소년은 여전히 겁먹은 태도로 입을 다물고 있었다.

"정말 꼭 닮았구나……." 크리스토프는 말했다. "그런데도 네가 말을 하기 전에는 네가 누군지를 몰랐거든. 자, 지금까지의 네 얘기를 해주겠니?"

그는 물었다.

"이름은?"

"조르즈입니다."

"아 참 그랬었지. 생각나는군. 크리스토프 올리비에 조르즈였지……. 그래, 몇 살이지?"

"열네 살입니다."

"열네 살! 벌써 그렇게 되었나?…… 꼭 어제 일 같은데…… 하기는 먼 옛날 어두운 밑바닥에서의 일 같기도 하고…… 정말 아주 똑닮았어! 똑같아. 같으면서도 달라. 똑같은 눈빛인데도 눈은 같지 않거든. 같은 미소, 같은 입, 그러면서도 목소리는 다르거든. 네가 더 뚜렷해. 네 자세가 더 곧아.

네 얼굴이 더 건강하고. 그러나 네가 얼굴을 붉히는 건 그와 똑같거든. 이리 와 앉아라. 얘기 계속하자. 누가 너를 이리로 보냈지?"

"아무도."

"네 스스로 여기 오고 싶어졌다 이 말이지. 어떻게 나를 알았지?"

"아저씨 말을 늘 들었어요."

"누구에게서?"

"엄마한테서요."

"오!" 크리스토프는 말했다. "네가 여기 온 것을 어머니가 아시나?"

"아니요."

크리스토프는 잠시 입을 다물었다가 다시 물었…….

"어디서 살지?"

"몽소 공원 옆에서 살아요."

"걸어서 왔겠구나. 그렇지? 길이 꽤 먼데, 피곤하지?"

"피곤하지 않아요. 저는 피곤해 본 일이 없어요."

"거 참 장한데! 어디 팔을 이리 내 봐. (크리스토프는 소년의 두 팔을 손가락으로 눌러 보았다) 아주 튼튼한데……. 그래, 어떻게 나를 만날 생각을 했지?"

"아버지가 누구보다도 당신을 가장 사랑하셨기 때문에."

"그녀가 그렇게 말했겠군?"

(그는 고쳐 말했다.)

"어머니가 그러신 거겠지?"

"네."

그는 생각에 잠기며 살며시 웃었다.

'그래, 그녀도 그랬던 거야! …… 모두들 그를 사랑했던 거야! 그런데 왜 모두들 그에게 그런 표현을 하지 않았을까? ……'

그는 말을 이었다.

"왜 더 일찍 오지 않았지?"

"더 빨리 오고는 싶었어요. 하지만 만나 주시지 않을 것 같았어요."

"내가?"

"몇 주일인가 전에 슈빌라르 음악회에서 아저씨를 뵈었습니다. 아저씨한테서 조금 떨어진 자리에 어머니와 같이 있었어요. 그래서 저는 아저씨에게 인사를 드렸지만, 아저씨는 눈썹을 찌푸리고 옆곁눈으로 흘겨보신 채 답례해 주지 않으셨어요."

"내가, 내가 너를 보았다구? …… 가엾어라, 네가 그렇게 생각한 게 아닌가? …… 난 너를 보지 못했어. 시력이 약해서 말이야. 그러니까 양미간을 잘 찌푸리는 거야……. 사뭇 심술궂은 영감이라고 생각했겠구나?"

"아저씨도 심술쟁이가 되려고 하면 그렇게도 될 수 있는 분이라고 생각해요."

"그래?" 크리스토프는 말했다. "그렇다면 내가 만나려고 하지 않을 줄 알면서 어떻게 감히 찾아왔지?"

"그건, 제가 아저씨를 만나고 싶었기 때문이에요."

"그래도 만일 내가 너에게 핀잔이나 주고 보냈더라면?"

"전 그렇게 못하게 했을 테죠."

그렇게 말하는 그의 태도에는 어딘지 결연하고 당당하고 도전적인 말투가 섞여 있었다.

크리스토프는 갑자기 웃음을 터뜨렸다. 조르즈도 덩달아 웃음을 터뜨렸다.

"네가 나한테 핀잔을 준다! …… 그렇겠지! …… 활발한 녀석이군! 아니, 확실히 넌 아버진 닮지 않았구나."

소년의 변하기 쉬운 얼굴이 흐려졌다.

"제가 아버질 닮지 않았다고 말씀하시는 겁니까? 하지만 아깐 닮았다고 말씀하셨는데……. 그럼 아버지는 저를 사랑하지 않으셨다고 생각하시는군요? 그럼 당신은 저를 사랑해 주시지 않는군요?"

"내가 너를 사랑하는 것이 너에게 무슨 상관이 있니?"

"그것은 참으로 중요한 일입니다."

"왜?"

"제가 아저씨를 사랑하고 있기 때문입니다."

순식간에 조르즈의 눈, 입, 그의 모든 용모가 여러 복잡한 표정으로 채색되었다. 4월의 어느 날 봄바람에 불려 들판 위를 달리는 구름의 그림자를 생각게 했다. 크리스토프는 그의 얼굴을 보고 그의 목소리를 듣는 데에 흡족한 기쁨을 느꼈다. 과거의 모든 번거로움이 한꺼번에 씻겨 달아난 기분이었다.

그의 슬픈 경험도 시련도 고통도 그리고 올리비에의 고통도, 모든 것이 사라져 버렸다. 그는 올리비에의 생명에서 움터나온, 이 젊음이 넘치는 새싹 가운데서 온통 새롭게 소생한 것이다.

둘은 얘기를 계속했다. 조르즈는 수개월 전까지는 크리스토프의 음악에 대해서는 아무것도 몰랐다. 그러나 크리스토프가 파리로 오고 나서는 그가 작품을 연주하는 음악회에는 빠지지 않고 참석했다. 그는 이 말을 생기 어린 얼굴로, 즐거움으로 눈을 환히 빛내고 금방 눈물을 글썽거릴 것처럼 얘기했다. 마치 사랑을 하고 있는 사내 같았다……. 그는 크리스토프에게 자기는 음악을 좋아해서 작곡을 하고 싶다고 털어놓았다. 그러나 크리스토프는 몇 가지 질문을 해보고, 소년이 음악의 기초적인 지식도 모른다는 것을 알아냈다. 그는 학과 공부를 물어보았다. 소년은 중학교에 다니고 있었다. 소년은 명랑한 말투로 별로 성적이 좋은 학생은 아니라고 고백했다.

"어느 쪽이 자신 있나? 문과인가, 이과 쪽인가?"

"어느 쪽이나 거의 비슷해요."

"그건 또 왜 그렇지? 게으름쟁이란 말인가?"

조르즈는 솔직하게 웃으며 말했다.

"아마 그런가 보죠."

그리고 살짝 덧붙였다.

"하지만 저로서는 그렇지 않다는 걸 잘 알고 있습니다."

크리스토프는 웃지 않을 수가 없었다.

"그럼 왜 공부를 안 하는 건가? 아무것에도 흥미가 없는 건가?"

"반대입니다! 모든 것에 흥미가 있는 겁니다."

"그런데 어째서?"

"무엇에나 다 흥미가 있습니다만, 시간이 없는 겁니다……."

"시간이 없다니? 그럼 무얼 하고 있나?"

조르즈는 애매한 몸짓을 했다.

"여러 가지를 하고 있습니다. 음악을 하지요, 스포츠를 하지요, 전람회를 보러 갔다가, 책을 읽다가…….

"교과서를 읽는 쪽이 나을걸."

"학교에서 읽는 책은 조금도 재미가 없습니다……. 그리고 여행도 합니다. 저번 달엔 옥스퍼드와 캠브리지의 시합을 보러 영국에 다녀왔습니다."

"그래서야 공부가 지체될 테지!"

"허나 그쪽이 학교에 가만히 있는 것보다 훨씬 많은 걸 알게 됩니다."

"그래, 어머니는 그것에 대해 뭐라고 말씀하시던가?"

"어머니는 퍽 이해심이 많으십니다. 무엇이든지 제가 바라는 대로 해주십니다."

"곤란한 놈이군! 내가 아버지가 아니라서 너는 운이 좋았다."

"그건 아저씨는 운이 나빴다는 말씀이시군요."

소년의 이러한, 사람을 슬쩍 말려들게 하는 어조에는 도무지 당해낼 수 없었다.

"그래, 대여행가에게 묻겠는데." 크리스토프는 말했다. "너는 나의 나라를 알고 있나?"

"알구말구요."

"그러나 틀림없이 독일어는 하나도 모를 테지."

"반대로 아주 잘 알고 있습니다."

"좀 시험해 볼까."

둘은 독일어로 얘기했다. 소년은 틀리는 것투성이의 부정확한 얘기를 했지만 우스꽝스러울 만큼 침착했다. 무척 영리하고 민감한 소년이었으므로 이해보다는 추측을 했다. 빈번히 틀린 추측을 하고는, 곧 자기가 틀린 것을 알고 웃었다. 조르즈는 여행과 읽은 책에 대해 열을 내어 얘기했다. 그는 많은 책을 읽고 있었다. 그러나 급히 서둘러 피상적으로 읽었다. 반은 날림으로 읽었고, 읽지 않은 데는 상상으로 꾸며댔다. 그러나 항상 곳곳에서 감격의 이유를 찾아내고 있는 날카롭고 맑은 호기심으로 마음이 다급했다. 조르즈는 한 화제에서 다른 화제로 바꿨다. 그리고 그의 얼굴은 그를 감동시킨 광경과 작품 얘기를 하며 생기를 띠어 갔다. 그의 지식에는 전혀 질서가 없었다. 너절한 책을 읽었으면서 어째서 가장 유명한 작품을 전혀 모르는지 이유를 알 수 없었다.

"다 좋아." 크리스토프는 말했다. "그렇지만 공부하지 않으면 아무것도 될 수 없다."

"까짓것! 아무것도 될 필요 없습니다. 돈이 있으니까요."

"바보 같은! 이건 중대한 문제란다. 너는 아무짝에도 소용없고, 아무것도 안 하는 인간이 되고 싶은 건가?"

"그 반대입니다. 저는 무엇이든지 다 하고 싶은 겁니다. 한평생 한 가지 일에 틀어박혀 있는 것은 바보 같은 짓입니다."

"아냐, 그렇게 해야만 그 일을 훌륭히 할 수 있는 거란다."

"사람들은 흔히 그렇게 말하더군요!"

"뭐라구? 사람들은 그렇게 말한다구? …… 아니, 내가 그렇게 말하는 거야. 나는 벌써 40년간 내 일을 연구하고 있다. 그리고 가까스로 이것을 알기 시작한 거야."

"자기 일을 배우는 데 40년이나 말입니까? 그럼 언제 그걸 하게 되는 겁니까?"

크리스토프는 웃어 버렸다.

"프랑스 아이들이란 이론가로군!"

"저는 음악가가 되고 싶습니다." 조르즈는 말했다.

"그렇다면 넌 그 공부를 시작한대도 빠를 것은 없다. 내게 배우고 싶은가?"

"아! 그렇게만 되면 얼마나 좋겠어요!"

"그럼 내일 오너라. 네게 재능이 있는지 없는지 시험해 보자. 그만한 재능이 없다면 앞으로 피아노에 손대는 일을 금한다. 만일 소질이 있으면 너를 뭔가 되도록 해보겠다……. 하지만 미리 말해 두겠는데 나는 너에게 공부를 많이 시킬 거다."

"공부하구말구요." 조르즈는 들떠서 대답했다.

두 사람은 이튿날 아침 만나기로 약속했다. 그러나 조르즈는 돌아갈 때가 되어 다음 날도, 또 다음다음 날도 다른 약속이 있는 것을 생각해 냈다. 그는 주말까지는 자유로운 시간이 없었다. 그래서 다시 날짜와 시간을 정했다.

그러나 그날 그 시간이 되었으나 크리스토프는 기다리다 지쳐 버렸다. 그는 그만 풀이 죽었다. 그는 조르즈를 다시 만날 것을 어린애처럼 잔뜩 기대했던 것이다. 조르즈의 뜻하지 않은 방문은 그의 생활을 밝게 해주었다. 하도 기쁘고 가슴이 뿌듯해서 그날 밤은 잠도 안 올 지경이었다. 올리비에의 대리로서 자기를 만나러 와 준 그 젊은 친구 생각을 하고, 그는 호젓이 젖어드는 감사에 가득 찼다. 그 귀여운 얼굴을 떠올리고는 미소를 지었다. 그 자연스러운 성질, 애교 있는 매력, 장난기 많고 천진스런 솔직성은 그의 마음을 기쁘게 했다. 올리비에와 친구가 되었던 처음 한때 그의 귀와 마음을 꽉 채웠던 저 행복한 두근거림, 저 침묵의 도취에 마음이 젖었다. 게다가 살아 있는 자의 저편에 과거의 미소가 보인다는 한층 엄숙한, 거의 종교적인 감정이 더해 왔다. 그는 다음 날도 다음다음 날도 기다렸다. 아무도 오지 않았다. 변명의 편지도 없었다. 크리스토프는 슬퍼져서 소년을 용서해 줄 이유를 여러모로 생각했다. 어디로 편지를 보내야 좋을지 몰랐다. 주소를 알지 못했다. 설령 주소를 알고 있었다 할지라도 편지를 보낼 용기는 없었을 것이다. 젊은이에게 반해 있는 노인의 마음은 상대를 찾고 있는 마음을 보이기가 부끄러워지는 것이다. 상대편 젊은이에게 그런 요구가 없다는 것은 아주 분명한 것이다. 양자의 관계는 대등하지 않다. 자기를 전혀 문제삼고 있지 않은 상대에게 떼를 쓰는 듯한 태도를 보이는 것만큼 마음에 걸리는 것은 없다.

언제까지 기다려도 아무런 소식이 없었다. 크리스토프는 괴로웠지만 꾹 참고 굳이 자넹 모자를 다시 만나려고 애쓰지는 않았다. 그러나 매일 오지도 않는 아이를 기다렸다. 그는 스위스로 떠나지 않았다. 여름 내내 파리에 머물러 있었다. 자신을 바보라고 생각했지만, 이제 여행을 하는 것도 재미없었다. 다만 9월이 되어서야 퐁텐블로에서 며칠 지낼 결심이 섰다.

10월 말쯤, 조르즈 자넹이 다시 찾아왔다. 그는 약속을 어긴 것을 조금도 부끄러워하는 빛도 없이 태연히 변명했다.

"올 수가 없었습니다." 그가 말했다. "그 뒤 여행을 떠나 브르타뉴로 갔던 것입니다."

"편지쯤은 쓸 수 있었을 텐데." 크리스토프는 말했다.

"네, 그러고 싶었습니다. 하지만 틈이 없었어요……. 게다가" 그는 웃으며 말했다.

"전 잊어버렸던 겁니다. 전 무엇이나 잘 잊어버리는 버릇이 있습니다."

"언제 돌아왔나?"

"10월 초에요."

"그럼 이리로 오려고 결심하는 데 3주일이나 걸렸다는 건가……. 자, 솔직하게 말해 봐. 어머니가 가서는 안 된다고 한 것이로군…… 어머니는 네가 나를 만나는 걸 기뻐하지 않는 거로군?"

"천만에요! 전혀 반대입니다. 오늘도 어머니가 말씀을 하셔서 온 것입니다."

"어떻게 된 건가, 그것은?"

"요전번 방학 전에 뵈었을 때, 모두 어머니에게 말씀드렸었습니다. 어머니는 참 잘했다고 하셨습니다. 그리고 아저씨 일을 알고 싶어 꼬치꼬치 물으셨습니다. 3주일 전에 브르타뉴에서 돌아오자 당장에 아저씨한테 가라고 이르시는 겁니다. 일주일 전에 또 그 말을 하시는 거예요. 그리고 오늘 아침 제가 아직 가지 않은 줄 알자 화를 내시며 식사가 끝나는 대로 바로 다녀오도록 이르신 겁니다."

"그런데 넌 그런 소릴 내게 하면서 부끄럽지 않은가? 남이 시켜서 하는 수 없이 내게로 왔단 말이지?"

"아뇨, 아뇨, 그런 식으로 생각하지 말아주세요! ……아! 아저씨는 화를 내고 계시는군요! 용서해 주세요! ……정말이지, 저는 미련한 놈입니다. 꾸중해 주시는 것은 좋습니다. 하지만 나쁘게 여기지는 말아 주세요. 전 당신이 가장 좋습니다. 만일 좋지 않다면 찾아오지도 않습니다. 저는 남이 시켜서 온 게 아닙니다. 저는 제가 하고 싶다고 생각하는 것밖엔 강요당하지 않으니까요."

"곤란한 놈인걸!" 크리스토프는 그만 웃으면서 말했다. "그런데 너의 음악 계획은 어떻게 되었나?"

"물론 그건 언제나 생각하고 있습니다."

"생각하고 있는 것만으로는 아무 소용이 없는 거야."

"지금부터 시작하려 합니다. 지난 몇 개월은 어쩔 수 없었습니다. 해야 할 일이 산더미처럼 있었어요! 하지만 지금이라면 제가 어떻게 공부하나 보여드릴 수 있습니다. 아직 저를 가르쳐 주시겠다면……."

(그는 상대방의 마음을 끄는 눈길로 크리스토프를 보았다.)

"너는 사기꾼이군." 크리스토프는 말했다.

"아저씨는 저를 진지하게 봐 주시지 않는군요?"

"그럴 수밖에!"

"정말 미치겠군요! 아무도 제가 하는 일을 제대로 봐주지 않아요. 실망입니다."

"네가 공부하는 걸 본다면 진지하게 받아들이지."

"그럼 지금 바로 시작하죠!"

"오늘은 시간이 없어 안 되겠고. 내일 하자."

"싫어요. 내일은 너무 멉니다. 온종일 아저씨에게 경멸받다니, 저로선 참을 수 없습니다."

"곤란한 녀석이군."

"제발 부탁입니다……."

크리스토프는 자기 마음이 약한 것을 웃으며 그를 피아노 앞에 앉혀 음악에 대한 설명을 시작했다. 여러 질문을 했다. 화성에 대해 몇 개의 작은 문제를 풀게 해보았다. 조르즈는 그다지 알지 못했다. 그러나 그의 음악적인 본능이 많은 무지를 대신했다. 화음의 명칭은 몰랐지만, 크리스토프가 기대하는 대로 화음을 찾아냈다. 그리고 그가 저지른 잘못조차도 그 서투름 속에 신기한 것을 자발적으로 찾는 바람과 기묘하게 날카로운 감수성을 증명하고 있었다. 조르즈는 크리스토프의 주의를 받아들일 적에도 반드시 논쟁했다. 그리고 그가 내놓는 총명한 질문은, 예술을 입으로만 뇌까리는 신앙의 판에 박은 문구로 받아들이지 않고 자기 자신을 위해 예술을, 살고자 욕구하는 하나의 진지한 정신을 보여주고 있었다. 그들의 얘기는 단순히 음악에만 한하지 않았다. 화성에 대해서 얘기할 때 조르즈는 회화와 풍경과 혼에 관한 일 따위를 끌어냈다. 그를 다루기는 힘들었다. 항상 길 한복판으로 끌어내 놓아야 했다. 그런데 크리스토프에게는 늘 그렇게 할 용기가 없었다. 재치와 생기에 찬 이 소년의 명랑한 수다를 듣고 있노라면 즐거워지는 것이었다. 그와 올리비에는 얼마나 성질이 딴판인가! …… 올리비에에게 생명은 묵묵히 흐르는 내부의 강물이었다. 그러나 조르즈에게 있어서는 생명이 모두 외부로 나와 있었다. 양지 쪽에서 노닐다가 힘을 다 써버리는 변덕스런 개울물이었다. 그러나 어느 쪽이나 다 그 눈과 마찬가지로 아름다운 맑은 물이었다. 크리스토프는 조르즈 속에 자기가 잘 알고 있는 본능적인 반감을, 저 기호와 혐오를, 또 저 소박한 비타협성이나 사랑하는 자에게 자기의 모든 것을 내어주는 저 관대함 등을 찾아내어 미소지었다……. 다만 조르즈는 너무나 많은 것을 사랑하고 있었으므로 같은 것을 오랫동안 사랑하고 있을 틈이 없었다.

조르즈는 이튿날도 또 그 다음 날도 매일 찾아왔다. 그는 크리스토프를 젊음이 넘치는 아름다운 정열로 사로잡았다. 그리고 열광적으로 연습에 전념했다. 그렇지만 어느새 그 열광은 줄어들고 방문도 뜸해졌다……. 점점 오지 않게 되었다. 그리고 몇 주일간 모습을 나타내지 않았다.

조르즈는 경쾌하고 건망증이 심하고 순진한 이기주의자였으나, 한편으로는 붙임성이 있었다. 선량한 마음과 생생한 지성을 갖고 있어 이를 매일 조금씩 꺼내 썼다. 조르즈를 만나면 유쾌해지므로 사람들은 그에게 모든 것을 허용했다. 그는 행복했다……

크리스토프는 조르즈를 비판하는 일은 삼갔다. 짜증도 내지 않았다. 자크린에게 편지를 써 아들을 자기한테로 보내 준 것에 대해 감사했다. 자크린은 감동을 죽인 짧은 답장을 보냈다. 조르즈에게 힘이 되어 주도록, 세상을 살아가는 길을 잘 인도해 주도록 당부했다. 크리스토프와 만나는 일에 대해서는 한 마디도 없었다. 부끄러운 추억과 자존심 때문에 그를 만날 결심이 서지 않는 것이었다. 그래서 크리스토프는 자크린의 초청을 받지 않는 한 그녀를 방문할 수 없다고 생각했다. 이리하여 그들은 서로 떨어져 있는 채였다. 가끔 음악회에서 멀리서 서로의 모습을 보거나, 소년의 드문 방문으로 겨우 연락이 유지되는 정도였다.

*

겨울은 지나갔다. 그라시아는 이제 드물게밖에는 편지를 보내지 않았지만 그녀는 크리스토프에 대해 계속 변함없는 우정을 지녔다. 그러나 감상적인 면은 아주 적고 현실에 잘 적응하는 전형적인 이탈리아 부인이었으므로 많은 사람들을 만나지 않고는 배기지 못했다. 그것은 그들을 생각하기 위해서가 아니라 하더라도 적어도 그들과 애기를 하고 즐기기 위해서였다. 또 그녀는 마음의 기억을 계속 갖기 위해서는 눈의 기억을 때때로 새로이 해야 했다. 그래서 그라시아의 편지는 점점 짧아지고 뜸해졌다. 크리스토프가 그녀를 믿고 있는 것처럼 그라시아도 예전처럼 그를 믿고 있었다. 그러나 이 확신은 열보다도 차라리 빛을 발산했다.

크리스토프는 이 새로운 실망을 대수롭게 여기지는 않았다. 음악의 창작 활동이 그를 충분히 만족시켰다. 힘찬 예술가는 어떤 나이에 달하면 자기 생활 속에 살기보다는 자기 예술 속에서 훨씬 많이 사는 법이다. 생활이 꿈이 되고 예술이 현실이 된다. 크리스토프의 창작력은 파리와 접촉해서 눈떠 갔다. 이 근로적인 도시의 광경만큼 사람들에게 정력적인 자극을 주는 것은 없다. 아무리 냉정한 사람들이라도 이 열기에는 감염된다. 수년 간의 건강한 고독에 의해 휴식을 얻은 크리스토프는 쓸 수 있는 막대한 양의 힘을 갖고 있었다. 프랑스 정신의 대담한 호기심이, 음악적 기술의 영역에서 부단히 행하고 있던 온갖 새로운 정복에 의해 정신이 풍부해진 그는 자기도 발견의 길로 돌진해 갔다. 그들 누구보다도 격렬하고 야성적이었으므로, 그들 누구보다도 멀리 갔다. 그러나 그 새로운 대담한 모험에 있어서는 이제 무엇 하나 본능의 우연에 맡겨진 것은 없었다. 확실한 것을 찾고 싶은 마음이 크리스토프를 사로잡았다. 그의 천재는 이제까지의 생애와 엇갈리는 리듬에 따르고 있었다. 하나의 극에서 반대의 극으로 번갈아 옮겨 가며 양극을 채우는 것이 그의 법칙이었다. 앞의 시기에는 '질서의 베일을 통해 빛나는 혼돈의 눈'에 열중하고 그 눈을 더 잘 보려고 베일을 잡아 찢는 데까지 갔지만, 이번에는 그 매혹에서 벗어나려고 애써, 스핑크스의 얼굴에 다시 지배적 정신의 마법 그물을 던지려고 했다. 로마 제왕 정신의 입김이 그의 위를 불어간 것이다. 그가 다소 감염해 있던 당시의 파리 예술처럼 그도 질서를 찾고 있었다. 그러나 자기들의 안락하고 게으른 잠을 지키기 위해 남아 있는 힘을 다 써 버리는 저 지쳐 버린 반동가들과는 달랐다. '바르샤바의 질서'를 찾고 있는 것은 아니었다! 저 좋은 사람들은 브람스에게로 되돌아가고 있는 것이다. 안온을 찾아 모든 예술의 브람스에게로, 창조력 없는 수재형 예술가에게로, 또 무미건조한 고전주의로 되돌아가는 것이다! 그들은 정열이 피로에 겨운 것이다! 나의 벗이여, 여러분은 금방 피로해 버린다. ……아니, 내가 얘기하는 건 여러분이 말하는 질서가 아니다. 내가 말하는 질서는 여러분의 것과는 다른 종류의 것이다. 그것은 자유로운 정열과 의지와의 조화 속에 있는 질서다……. 크리스토프는 자기 예술 속에 생명의 갖가지 힘의 올바른 균형을 유지하려 했다. 소리가 메아리치는 심연에서 불러일으킨 저 새로운 화음, 저 음악의 마물을 써서 밝은 교향곡을, 둥근 지붕이 있는 이탈리아의 대사원 같은 크고도 일광이 잘 비치는 건축물을 세우려고 했다.

정신의 이러한 활동과 싸움에 크리스토프는 겨우내 골몰해 있었다. 때로는 저녁때 하루 일을 마치고 이제까지의 일을 뒤돌아보면서, 그것이 오랫동안의 일이었는지 짧은 동안의 일이었는지, 자기가 아직 젊은 것인지 아니면 무척 나이를 먹은 것인지 도무지 알 수 없을 때가 있었다. 그래도 이번 겨울은 눈 깜박할 사이에 지나갔다.

그러자 인간의 태양에서 비쳐나온 한 가닥 광선이 꿈의 베일을 꿰뚫고 또 한번 봄을 가져왔다. 크리스토프는 그라시아에게서 편지를 받았던 것이다. 거기에는 두 아이를 데리고 파리에 온다고 쓰여 있었다. 훨씬 전부터 그라시아는 이 계획을 세우고 있었다. 사촌언니 콜레트에게서 여러 번 초청을 받았던 것이다. 그러나 자신의 습관을 깨고 태평하고 평화스런 생활과 사랑하는 '우리 집'에서 억지로 빠져나와 잘 알고 있는 저 파리의 소용돌이 속으로 들어갈 엄두가 나지 않아 일 년, 일 년 하며 여행을 미루어 왔다. 그렇지만 올봄은 무언지 우울한 기분에 사로잡혀, 아마도 무언지 마음속으로 은근히 실망을 느낀 것이리라(여자 마음의 밑바닥에는 타인도 전혀 모르고 본인도 가끔 알 수 없는 얼마나 많은 암묵의 소설이 숨어 있는 것일까!). 그녀는 로마를 떠나고 싶은 생각이 들었다. 때마침 유행한 전염병이 아이들의 출발을 재촉하는 구실이 되었다. 그녀는 크리스토프에게 낸 편지를 뒤쫓듯이 출발했다.

크리스토프는 그녀가 콜레트의 집에 도착한 것을 알자 곧 만나러 달려갔다. 그라시아는 아직 무언지 딴 일에 정신이 팔려 있는 듯 마음은 아직 멀리 떨어져 있었다. 그는 이것이 괴로웠다. 그러나 이를 내색하지는 않았다. 그는 지금은 거의 자기의 이기심을 죽이고 있었다. 그 때문에 마음에 통찰력이 생겼다. 그녀가 슬픔을 갖고 있어 그것을 숨기려고 하는 것을 알 수 있었다. 그러나 그것을 굳이 알려고는 하지 않았다. 크리스토프는 다만 자기의 실패를 쾌활하게 얘기하거나 자기 일과 계획을 말하고, 자기의 애정으로 눈에 띄지 않게 감싸주거나 하여 그라시아의 마음을 달래려고 애썼다. 강요하는 것이 되지 않도록 신경을 쓰고 있는 이러한 커다란 애정에 그라시아는 깊은 감동을 받았다. 자기의 괴로움을 꿰뚫어보고 있음을 직감하고 가슴이 뭉클했다. 슬픔에 침울해진 그녀의 마음은 두 사람에게 관계없는 일을 얘기해 주는 벗의 마음속에서 조용히 쉬고 있었다. 그리고 크리스토프는 조금씩 우울한 그림자가 그라시아의 눈에서 사라져 가는 것을 보고 서로의 시선이 점점 가까이 접근하는 것을 보았다. 이윽고 어느 날 그는 얘기 도중에 느닷없이 입을 다물고 잠자코 그녀를 뚫어지게 바라보았다.

"왜 그러세요?" 그라시아가 물었다.

"오늘" 크리스토프는 말했다. "완전히 옛날 그대로의 당신으로 돌아왔군요."

그라시아는 조용히 웃으며 가냘픈 목소리로 대꾸했다.

"그렇군요."

둘이 차분히 얘기한다는 것은 그리 쉬운 일이 아니었다. 좀처럼 단둘이 있게 될 때가 없었다. 콜레트가 짐스러울 정도로 곁에 있었다. 콜레트는 여러 결점이 있었으나 역시 훌륭한 여성이었으며 마음으로 그라시아와 크리스토프를 사랑했다. 그러나 자신이 두 사람을 방해하고 있다고는 생각지 못했다. 콜레트는 이른바 크리스토프와 그라시아의 연애를 똑똑히 눈으로 보고 있었다(콜레트의 눈은 모든 것을 보고 있었다). 연애는 원래 콜레트가 바라는 바였으므로 무척 기뻐했다. 더욱 부채질해 주고 싶었다. 그러나 이야말로 그들이 바라지 않는 바였다. 자기에게 관계없는 일에 참견을 해주지 말기를 바랐다. 콜레트가 모습을 나타내기만 해도, 혹은 그녀가 두 사람의 어느 쪽인가에 그들의 우정에 대해 조심스러운(그것은 지각 없는 짓이었다) 암시를 하는 것만으로도 두 사람은 흥이 깨진 태도를 보이며 다른 얘기를 했다. 콜레트는 그러한 그들의 체면에 대해서 모든 이유를 찾았으나 진짜 이유는 아무래도 떠오르지 않았다. 그들에게 다행스럽게도, 콜레트는 한군데 가만히 있을 수가 없었다. 왔다 갔다, 방에 들어왔는가 싶으면 곧 나가곤 하여 집안의 모든 일을 감독하고 동시에 여러 일을 처리했다. 콜레트가 사라진 사이에 곁에 아이들밖에 없는 크리스토프와 그라시아는 다시 천진스런 얘기의 실마리를 더듬는 것이었다. 둘은 자기들을 붙들어맨 감정에 대해서는 결코 입 밖에 내지 않았다. 그리고 나날이 일어난 작은 일들을 털어놓았다. 그라시아는 여성다운 흥미로 크리스토프네 집안 형편을 이것저것 물었다. 크리스토프의 집은 만사가 잘 되어 나가지 않았다. 가정부와는 끝없는 싸움을 하고 고용인들한테는 늘 속아 넘어가거나 물건을 잃거나 했다. 그라시아는 그것을 속으로 재미있어하며 웃으면서도, 이 커다란 아이가 실제생활에서의 능력이 거의 없는 데에 어머니다운 연민을 느꼈다. 어느 날 콜레트가 여느 때보다 오래 두 사람을 괴롭힌 끝에 가까스로 사라지자 그라시아는 휴우 한숨을 내쉬며 말했다.

"불쌍한 콜레트! 난 저이를 제일 좋아하지만…… 하지만 이젠 질려 버렸어! ……"

"나도 저 사람을 좋아합니다." 크리스토프는 말했다. "좋아한다는 것이 우리를 질리게 한다면 말이지요."

그라시아는 웃었다.

"저기…… 만일 괜찮다면—(여기선 도무지 차분하게 얘기할 수 없는걸요)—한번 당신 댁에 방문해도 될까요?"

그는 가슴이 덜컹했다.

"우리 집으로! 당신이 오신다는 겁니까!"

"싫으신가요?"

"싫다뇨! 천만에!"

"그럼 화요일이 어떻겠어요?"

"화요일이든 수요일이든 목요일이든 언제라도 좋으신 날에."

"그럼 화요일 4시. 이걸로 결정되었어요."

"당신은 좋은 사람이군, 참으로 좋은 사람이오."

"잠깐만 기다려요. 조건이 하나 있어요."

"조건이라구요? 그런 건 필요 없습니다. 당신이 바라는 대로 하겠습니다. 조건이야 있건 없건 내가 반드시 그대로 하리란 것은 잘 아실 텐데."

"저는 조건이 있는 쪽이 좋아요."

"그럼 그렇게 하지요."

"어떤 조건인지, 아직 알지도 못하시면서."

"그런 건 아무래도 상관없습니다. 하여튼 알아 모시겠습니다. 무엇이든지 하고 싶은 대로 해주십시오."

"그럼, 들어주세요. 고집이 세시네요!"

"그럼 말씀해 주십시오."

"그것은 오늘부터 그날까지 당신 방 안을 전혀 변경하지 않는다는 것, 조금도요, 아시겠어요? 무엇이든, 그야말로 고스란히 그대로 두어 두시는 거예요.”

크리스토프의 얼굴이 흐려졌다. 그는 당황했다.

“아! 그건 너무한데요.”

그라시아는 웃었다.

“그것 보세요, 너무 성급히 약속하시니까 그렇죠! 아무튼 승낙해 주신 거죠?”

“어째서 그런 걸 원하시는 겁니까?”

“매일, 제가 갈 것을 기대하고 있지 않을 때의 당신을 당신 댁에서 보고 싶은 거예요.”

“하지만 용서해 주시길 바라겠는데요…….”

“아뇨, 안 됩니다. 아무것도 용서하지 않겠어요.”

“적어도…….”

“아뇨, 아뇨, 아뇨. 아무 말도 듣고 싶지 않아요. 만일 거북하시다면 전 가지 않겠어요…….”

“오시기만 한다면 무슨 일이건 승낙한다는 것, 잘 아시지 않습니까?”

“그럼 승낙해 주시는 거군요?”

“승낙했습니다.”

“맹세하지요?”

“맹세하고말고요. 당신은 폭군이에요.”

“좋은 폭군이지요?”

“좋은 폭군이란 없습니다. 좋아하는 폭군과 싫어하는 폭군이 있을 뿐이지요.”

“그래, 전 양쪽 다지요, 그렇죠?”

“아니! 당신은 남들이 좋아하는 폭군입니다.”

“어머, 무척 가볍게 보였군요.”

약속한 날에 그라시아가 왔다. 크리스토프는 그녀가 제시한 조건을 충실히 지켜 어수선한 방의 종이 한 장 치우지 않았다. 그런 일을 했다가는 자신의 불명예가 될 것만 같았다. 그러나 마음이 쓰렸다. 그라시아가 어떻게 여길까 생각하면 창피했다. 그래서 불안한 기분으로 그녀를 기다렸다. 그라시아는 정확했다. 약속 시간에 사오 분 늦었을 뿐이었다. 그라시아는 확고한 잔걸음으로 층계를 올라왔다. 그리고 초인종을 울렸다. 크리스토프는 방문 바로 뒤에 있었다. 문을 열었다. 그녀는 장식이 없는 우아한 옷을 입었다. 모자 앞에 늘어뜨린 베일을 통해 조용한 눈이 보였다. 둘은 악수를 하며 나직한 소리로 "인사를 했다." 그라시아는 여느 때보다 말이 없었다. 크리스토프는 거북한 데다가 감동해서 자신의 곤혹을 보이기가 싫어 잠자코 있었다. 그는 그라시아를 방으로 들였으나 방의 난잡함에 대한, 미리 마련해 두었던 변명도 하지 못했다. 그라시아는 가장 훌륭한 의자에 앉았다. 그리고 크리스토프는 그 곁에 앉았다.

"이것이 제 서재입니다."

크리스토프는 겨우 이 말밖에 못했다.

침묵이 계속됐다. 그라시아는 상냥한 미소를 띠며 천천히 두루 돌아보았다. 그녀 역시 다소 가슴이 두근거렸다(나중에 그녀가 그에게 얘기한 바로는 그녀는 어렸을 때 그의 방에 오고 싶다고 생각한 적이 있었지만, 정작 들어가게 되자 겁이 났다는 것이다). 그녀는 방의 쓸쓸하고 처량한 모습에 가슴이 뭉클했다. 대기실이 좁고 어두운 것, 안락함이 전혀 없는 것, 눈에 띄게 가난하다는 것 따위가 그녀의 가슴을 죄었다. 그토록 많은 일을 하고 그토록 고생한 끝에 널리 알려진 신분이 되었으면서도, 여전히 물질적인 근심에서 해방되지 않은 이 옛 벗에 대해 그녀의 마음은 사랑이 넘치는 연민으로 가득 찼다. 그러자 동시에 양탄자 하나, 그림 하나, 미술품 하나, 안락의자 하나 없는 이 벌거숭이 방이 보여 주는 것처럼 그가 생활의 안락함에 대해 완전히 무관심하다는 것에 그라시아는 흥미를 느꼈다. 방 안의 가구라고는 탁자 하나, 딱딱한 의자 세 개, 피아노 한 대가 있을 뿐이었다. 그리고 몇 권의 책에 섞여 곳곳에 종이 등속이 어질러져 있었다. 탁자 위와 아래, 마루 위, 피아노 위, 의자 위에 그가 얼마나 양심적으로 약속을 지켰는가를 보고 그녀는 미소지었다.

한참 만에 그라시아가 그에게 물었다.

"여기인가요(자기가 앉은 자리를 가리키며), 당신이 일하시는 곳은?"

"아뇨." 크리스토프가 대답했다. "저깁니다."

그는 방의 가장 어두운 구석과 광선에 등을 돌린 낮은 의자를 가리켰다. 그라시아는 잠자코 그리로 가 다소곳이 걸터앉았다. 둘은 잠시 입을 다물고 있었다. 무슨 말을 해야 좋을지 알 수 없었다. 크리스토프는 피아노에 앉았다. 그리고 30분쯤 즉흥적으로 쳤다. 그는 사랑하는 벗들의 존재에 싸여 있는 것만 같았다. 그러자 커다란 행복이 그의 마음을 부풀게 했다. 크리스토프는 눈을 감고 신나는 곡을 쳤다. 그라시아는 이때 신성한 조화에 둘러싸인 이 방의 아름다움을 알 수 있었다. 그녀의 귀에는 사랑하고 또 괴로워하고 있는 마음이 마치 자기 가슴속에서 고동치고 있는 것처럼 들려왔다.

화음이 그쳤어도 크리스토프는 한참 동안 피아노 앞에 가만히 있었다. 그러고는 울고 있는 그라시아의 숨소리를 듣고 뒤를 돌아보았다. 그녀가 곁으로 다가왔다.

"고마워요." 그라시아는 크리스토프의 손을 잡으며 중얼거렸다.

그라시아의 입은 조금 떨렸다. 그녀는 눈을 감았다. 그도 같이 눈을 감았다. 잠시 그런 식으로 둘은 손과 손을 잡은 채 가만히 있었다. 시간의 흐름도 멈췄다…….

그라시아는 눈을 떴다. 그리고 그 감동에서 벗어나기 위해 물었다.

"다른 곳을 보여 주세요."

크리스토프 역시 자기의 감동으로부터 벗어나고 싶어 옆방의 문을 열었다. 그러나 곧 부끄러워졌다. 거기에는 좁고 딱딱한 철제 침대가 있었다.

훨씬 뒤의 일이지만 크리스토프가 여자를 자기 집에 끌어들인 일은 한 번도 없다고 그라시아에게 이르자 그녀는 놀리듯이 말했다.

"그럴 테지요! 여자에게 대단한 용기가 필요할 테니까요."

"왜요?"

"그건, 당신 침대에서 자기에는 말이죠."

거기에는 또 시골풍 장롱이 하나 있고 벽에 베토벤 두상이 걸려 있었다. 그리고 침대 곁에는 싸구려 액자에 어머니의 사진과 올리비에의 사진이 들어 있었다. 장롱 위에 또 하나의 사진이 있었다. 그것은 15세 때의 그라시아의 사진이었다. 그는 이를 로마의 그녀 집 앨범 속에서 찾아내어 몰래 가져온 것이었다. 그는 이것을 그녀에게 고백하고 용서를 빌었다. 그라시아는 사진을 가만히 보고 말했다.

"이것이 저라고 알아보셨나요?"

"알고말고요. 난 기억하고 있습니다."

"어느 쪽의 제가 좋으세요?"

"당신은 언제나 같으십니다. 나는 언제나 당신을 똑같이 사랑하고 있습니다. 나는 곳곳에서 당신을 확인할 수 있습니다. 아직 작은 어린아이 때의 사진 속에서도, 이런 가녀린 모습 속에서도 벌써 당신의 혼의 전부를 느끼고 어떠한 감동을 느끼는지 당신은 아시지 못합니다. 당신이 영원히 변하지 않는 것을 이것만큼 내게 잘 가르쳐 주는 것은 없습니다. 나는 당신이 태어나기 전부터 당신을 사랑하고 있는 것입니다. 그리고 먼 뒷날까지도 당신을……."

크리스토프는 입을 다물었다. 그라시아는 애정에 가슴이 떨려 대답할 수 없었다. 서재로 돌아와 그가, 창문 앞의 참새가 떼지어 지저귀는 그의 친한 벗인 작은 나무를 가리키자 가까스로 그녀는 입을 열었다.

"이제부터 무얼 해야 하는지 아시겠어요? 우리 차를 들도록 해요. 제가 차와 과자를 갖고 왔어요. 그건 당신한테는 아무것도 없으리라고 생각했기 때문이에요. 그리고 또 그 밖에 가져온 것이 있어요. 자, 당신 외투를 주세요."

"내 외투?"

"그래요, 그래요, 주세요."

그라시아는 가방에서 바늘과 실을 꺼냈다.

"뭘 하시려구요?"

"요전번에 달랑거리는 단추가 두 개 있었어요. 오늘은 어떻게 되었을까?"

"그렇지. 난 아직 고칠 생각도 하지 않았습니다. 그런 일은 귀찮으니까요!"

"가엾게도! 자, 주세요."

"부끄럽습니다."

"자, 당신은 차 끓일 준비나 해주세요."

크리스토프는 그라시아와 함께 있는 시간을 조금이라도 헛되이 하지 않도록 주전자와 알코올램프를 방 안으로 들고 들어왔다. 그녀는 단추를 달며 그의 서투른 손놀림을 짓궂게도 곁눈질로 보고 있었다. 두 사람은 이 빠진 찻잔으로 차를 마셨다. 그녀는 형편없는 찻잔이라고 생각했으나 그 사정을 생각해 주었다. 그러나 그것은 올리비에와 함께 살던 무렵의 추억어린 물건이 있기 때문에 크리스토프는 화가 나 변호했다.

그라시아가 돌아가려 할 때 그는 물었다.

"나에 대해서 언짢아하지는 않으셨겠지요?"

"어째서요?"

"이렇게 어지럽게 해놓고 사니까."

그라시아는 웃었다.

"제가 치워 드리겠어요."

그녀가 문간에 서서 방문을 열려고 했을 때, 크리스토프는 그녀 앞에 무릎을 꿇고 두 다리에 입 맞추었다.

"어머나, 뭘 하시는 거예요?" 그라시아가 말했다. "바보 같은 사람이군요, 어리석은 미치광이님! 안녕."

그라시아는 매주 정한 날에 오기로 했다. 다시는 돌발 행동은 하지 않을 것, 다시는 무릎을 꿇거나 다리에 입 맞추거나 하지 않는다는 것을 그녀는 크리스토프에게 약속시켰다. 참으로 유쾌하고 아늑한 것이 그녀에게서 퍼져나갔다. 크리스토프는 아무리 성질이 난폭해진 날에도 이에 빠져들었다. 그리고 혼자 있으면 정열적인 욕망으로 그녀를 생각했으나 함께 있으면 둘은 언제나 의좋은 벗 같았다. 크리스토프는 절대로 그라시아를 불안하게 하는 말은 한 마디도 하지 않고 몸짓조차도 하지 않았다.

크리스토프의 생일날 그녀는 딸에게 옛날에 처음 둘이서 만났을 때의 그녀 자신과 똑같은 옷차림을 해주었다. 그리고 크리스토프가 옛날 자기에게 되풀이시키던 곡을 딸에게 연주시켰다.

그러나 이러한 상냥한 마음, 애정, 친절한 우정은 이러한 것과 모순되는 감정과 섞여 있었다. 그라시아는 변덕쟁이이고 사교를 좋아하며, 비록 멍청한 자들에게서라도 추어올려지는 것을 기뻐했다. 그녀에게는 퍽 요염한 데가 있었다. 크리스토프를 대할 때는 달랐으나, 때로는 크리스토프에 대해서도 그런 태도로 나오는 수가 있었다. 그가 상냥스럽게 대하면 그녀는 자연히 냉담해지고 입을 다물었다. 그러나 그가 냉담하게 조용히 있으면 그녀는 오히려 상냥해지고 애정 어린 요염한 모양을 지었다. 그라시아는 이를 데 없이 진지한 여성이었다. 그러나 이 진지한 여성 속에도 가끔 소녀의 모습이 나타나는 것이었다. 그녀는 사람을 적당히 응대하는 것, 세상의 관습을 따르는 일을 중요시했다. 음악에 대한 재능도 있어 크리스토프의 작품을 이해했다. 그러나 이에 대해 흥미는 느끼고 있지 않았다―그도 이것을 잘 알고 있었다 ―순수한 라틴 여성에게 있어서 예술이 가치를 갖는 것은 예술이 생활과 결합되고, 그리고 생활이 사랑에 결합되어 있을 때뿐이다……. 황홀히 잠들어 있는 일락적인 육체 속 밑바닥에 숨어 있는 사랑에…… 북방인의 격렬한 교향곡이나 비장한 명상이나 지적인 정열 따위가 그녀에게 무슨 관계가 있으랴? 그녀에게는 자기의 숨은 욕망이 최소의 노력으로 꽃처럼 활짝 피어나는 음악이, 정열을 피로케 하지 않는 정열적인 생명인 오페라가, 감상적이고 육감적이며 나태한 예술이 필요한 것이다.

그라시아는 의지가 약하고 마음이 변하기 쉬웠다. 진지한 공부에는 가끔씩만 전념할 수 있었다. 기분을 풀지 않고는 못 배겼다. 전날에 예고한 일을 이튿날 실행하는 적은 좀처럼 없었다. 아주 어린애 같은 일이나 아닌 밤중에 홍두깨 같은 종잡을 수 없는 일만 해댔다! 여성 특유의 애매한 성질이, 병적이고 부조리한 성격이 주기적으로 나타났다. 그라시아 자신도 이것을 알고 있었다. 그래서 이런 때는 자기 혼자 있으려고 애썼다. 그녀는 자기 약점을 잘 알고 있었다. 그 약점이 크리스토프를 슬프게 하는데 어째서 이에 저항하지 않느냐고 자신을 책망했다. 가끔 그에게 알려지지 않도록 그를 위해 정말로 희생적인 행동을 하는 적도 있었다. 그러나 결국 천성은 그녀보다도 강했다. 게다가 그라시아는 크리스토프가 자기에게 명령을 내리는 듯 보이면 참지 못했다. 그래서 자기 독립을 주장하기 위해 그의 요구와는 상반되는 일을 할 때도 한두 번 있었다. 그런 뒤에 그녀는 후회했다. 밤이 되자 크리스토프를 더 행복하게 해주지 못한 데에 양심의 가책을 느꼈다. 그라시아는 겉으로 나타내는 것보다도 훨씬 더 크리스토프를 사랑했다. 이 우정이야말로 자기 생활의 가장 좋은 부분임을 느끼고 있었다. 성격이 매우 다른 두 인간이 사랑할 때 흔히 그렇듯이 그들은 함께 있지 않을 때 가장 굳게 결합되었다. 실제로 오해가 두 사람의 운명을 떼어놓았다 하더라도 그 죄는, 크리스토프가 단순히 그렇게 생각하고 있는 것처럼 모두 그에게 있는 것은 아니었다. 그라시아는 옛날에 크리스토프를 가장 사랑했던 때일지라도 과연 그와 결혼했을까? 아마도 그에게 자기의 일생을 바치기는 했을 것이다. 그러나 한평생 그와 생활을 같이 하는 것을 승낙했을까? 그녀는 자기가 남편을 사랑하고 있었다는 것을, 그리고 여러 가지로 괴로움을 맛보게 된 오늘에 있어서도 역시 크리스토프에 대한 것과는 다른 사랑의 방식으로 사랑하고 있다는 것을 알고 있었다(그녀는 이를 크리스토프에게 털어놓는 일을 삼갔다) ……. 그것은 그다지 자랑거리가 아닌 마음의 비밀이며 육체의 비밀이다. 이러한 일은 자기와 친한 사람들에게 그들에 대한 존경심으로서도, 또 자기 자신에 대한 자기 만족적인 연민으로서도 숨기고 알리지 않는 것이다. 크리스토프는 너무나 남성적이었으므로 그것을 간파할 수가 없었다. 그러나 자기를 가장 사랑해 주는 그 사람이 자기에 대한 애착이 얼마나 적은가를—그리고 인생에 있어서는 아무도, 그야말로 아무도 믿을 수 없다는 것을 때로는 한순간 빛이 번쩍이듯 느낄 때가 있었다. 그러나 그의 애정은 변하지는 않았다. 아무런 괴로움도 느끼지 않았다. 그라시아가 지닌 아늑한 기분이 크리스토프의 위에 퍼져 있었다. 그는 모든 것을 있는 그대로 받아들였다. 오, 인생이여. 네가 내어줄 수 없는 것에 대해 어떻게 너를 나무랄 수 있으랴? 너는 있는 그대로이고, 정말 아름답고, 또한 정말 신성하지 않은가? 너의 미소를 사랑해야 한다, 조콘다여…….

크리스토프는 벗의 아름다운 얼굴을 물끄러미 바라보았다. 그는 거기에서 과거와 미래의 많은 것을 읽어냈다. 오랜 세월 동안 홀몸으로 여행을 하고 별로 말이 없는, 그러나 많은 것을 보고 지내 온 그는 여자의 인상을 보는 법을 몸에 익혔다. 여성의 얼굴이야말로 과거 몇 세기에 의해 형성된 풍부하고 복잡한 언어다. 종족이 그 속에 표현되어 있는……. 하나의 얼굴의 선과 입이 말하는 말과 입 사이의 영구히 계속되는 대조! 예컨대 어떤 젊은 여성의 옆얼굴은 번존스가 그린 얼굴처럼 윤곽이 뚜렷하고 약간 싸늘하고 비통한 데가 있으며 은밀한 정열에, 셰익스피어풍의 고뇌에 시달리는 것 같다……. 그러나 이 여성이 말을 하면 부르주아적인 여자이고, 어리석은 여자이며, 자기 육체에 깃든 무서운 힘에 대해선 아무것도 모르는 아주 평범하고 바람기 있는 이기적인 여자다. 그러나 정열이나 격렬한 힘은 그녀 속에 있는 것이다. 그러한 것은 뒷날 어떤 형태를 갖고 나타날 것인가? 재물에 대한 욕심으로일까, 남편에의 질투로일까, 훌륭한 정력으로일까, 아니면 병적인 악의로일까? 그것은 아무도 알 수 없다. 그러한 것이 폭발할 시기가 오기 전에 그러한 것을 혈연의 다른 사람에게 전한다는 일도 있을 수 있다. 그러나 그것은 숙명과 같이 종족을 지배하고 있는 요소다.

그라시아도 또한 그러한 혼탁한 유산의 무거운 짐을 지고 있었다. 그것은 오랜 가족의 세습 재산 속에서 도중에서 분산하는 일이 가장 드문 것이다. 그녀는 적어도 이 유산이 어떠한 것인지를 잘 알고 있었다. 자기 약점을 알고 있으면서 종족의 혼의 지배자가 되지 않더라도 수로의 안내자가 되는 것은—이 혼은 자기와 결합된 사람들을 배로 실어 나르듯 데려간다—숙명을 자기 도구로서 바람의 방향에 의해 펼치거나 접거나 하는 것처럼 이용하는 것은 하나의 커다란 힘이다. 그라시아는 눈을 감으면 자기 속에서 그 음색을 들은 기억이 있는 불안한 여러 목소리가 들려왔다. 그러나 그녀의 건강한 혼 속에서는 불협화음도 나중에는 서로 녹아들었다. 그리고 그녀의 조화를 이룬 이성에 지배되어 하나의 깊고, 비로드와 같이 부드러운 느낌의 음악을 만들었다.

*

불행하게도 우리는 자기 의사대로 자기의 가장 좋은 피를 자식들에게 전할 수는 없다.

그라시아의 두 아이 중 딸 오로라는 열한 살로 어머니를 닮았다. 어머니만큼 아름답지는 않으나 얼마쯤 시골풍의 활기를 갖고 있었다. 약간 다리를 절었으나 상냥하고 쾌활한 좋은 아이로 몸은 아주 튼튼했다. 성의는 많았으나 타고난 재능은 별로 없었다. 다만 태평스런 성질과 아무것도 하고 싶지 않다는 정열을 천성적으로 지니고 있었다. 크리스토프는 이 아이를 무척 귀여워했다. 그녀를 그라시아와 나란히 두고 한 인간의 두 연령기를 동시에 볼 수 있다는, 이중의 인간을 보는 듯한 즐거움을 맛보았다……. 한 줄기에 피어난 두 송이 꽃이었다. 레오나르도가 그린 〈성의 가족〉의 성모와 성 안나였다. 같은 미소의 두 가지 색조였다. 한 여성의 혼에서 피어난 꽃 전체가 한눈에 보였다. 그리고 그것은 아름답기도 하고 쓸쓸하기도 했다. 그건 꽃이 옮아가는 모습이 보이기 때문이었다. 정열적인 마음을 가진 자에게는 동시에 두 자매를, 혹은 모녀를 열렬하고 맑은 애정으로 사랑한다는 것은 퍽 자연스러운 일이다. 크리스토프는 자기가 사랑하는 여자를 그 종족의 모든 계열 속에서 사랑하고 싶었다. 그녀의 미소 하나하나, 그녀의 눈물 하나하나, 친근한 그녀 얼굴의 주름살 하나하나는 저마다 하나의 존재가 아니었을까? 그것은 그녀의 눈이, 이 세상의 빛을 향해 열리기 전에 이미 존재했고, 이미 지나가 버린 한 생명의 새로운 추억 같은 존재임과 동시에, 또 그녀의 아름다운 눈빛이 사라질 미래에 새로 이 세상에 존재를 예고하는 것이 아니었을까?

사내아이 리오넬로는 아홉 살이었다. 누이보다 훨씬 아름다웠다. 훨씬 섬세한, 아니 너무나 섬세한, 빈혈로 쇠약한 혈통을 타고난 그 아이는 아버지를 닮았다. 영리하고 좋지 않은 본능을 많이 갖고 있어 아첨꾼이고 음험했다. 커다란 푸른 눈, 소녀와 같은 긴 금발, 창백한 안색, 홀쭉한 가슴에 병적으로 신경질적인 소년이었다. 타고난 배우로서 교묘할 정도로 타인의 약점을 잘 찾아냈으므로 틈 있을 때마다 그 신경질을 묘하게 이용했다. 그라시아는 특히 이 아이를 사랑했다. 그것은 몸이 약한 아이에 대한 어머니의 자연스러운 편애였다. 또 선량하고 성실한 어머니는 선량하지도 성실하지도 않은 아이에게 마음이 끌리는 탓이기도 했다(그것은 억압된 생명의 한 부분이 그러한 아이 속에서 위안을 받기 때문이다). 그리고 또 자기를 괴롭히거나 즐겁게 한 사내, 아마도 자기로서는 경멸하면서도 사랑하지 않을 수 없던 사내에 대한 추억도 거기 섞여 있는 것이다. 그것은 잠재의식의 어두컴컴하고 따뜻한 온실에 피어나는, 혼을 취하게 하는 꽃이다.

그라시아는 두 아이에게 애정을 평등히 나누어 주려고 주의를 기울이고 있었지만 오로라는 차이를 느꼈다. 그래서 슬프게 여기고 있었다. 크리스토프는 오로라의 기분을 살피고 오로라도 크리스토프의 기분을 살폈다. 두 사람은 본능적으로 가까워졌다. 반대로 크리스토프와 리오넬로 사이에는 반감이 조성되었다. 소년은 그것을 어리광 부리는 귀염성스런 태도로 과장해서 얼버무렸다. 그리고 크리스토프는 그것은 창피스런 감정이라고 물리쳤다. 그는 억지로 자신을 눌렀다. 그는 이 타인의 아이를 귀여워하려고 애썼다. 마치 이것이 사랑하는 그녀와의 사이에 생긴 아이—만일 그랬더라면 너무나 기뻐했으련만—이기나 한 것처럼. 그는 리오넬로의 나쁜 성질을, '다른 사내'를 생각하게 하는 것 같은 모든 것을 인정하고 싶지 않았다. 이 아이 속에서 그라시아의 혼만을 찾아내려고 전념했다. 그러나 그라시아는 그보다도 통찰력이 있었으므로 자기 아들을 조금도 과대평가하지 않았다. 그런 만큼 더욱 귀여운 것이었다.

그러자 수년 동안 리오넬로의 몸속에 잠복해 있었던 병이 갑자기 튀어나왔다. 폐결핵이었다. 그라시아는 아이와 함께 알프스 산중의 요양소로 은둔하려고 결심했다. 크리스토프는 자기도 함께 가게 해 달라고 부탁했다. 그녀는 세상의 평판을 생각해서 이를 말렸다. 크리스토프는 그라시아가 너무나 세상 체면을 생각하는 것이 슬펐다.

그라시아는 떠났다. 딸은 콜레트에게 맡겨 두고 갔다. 걸레조각처럼 지쳐 빠진 사람들 위에 무감동한 얼굴을 쳐들고 있는 무정한 자연 속에서, 자기의 병 얘기밖에는 다른 말은 하지 않는 병자들 사이에 있게 되자 그녀는 이내 심한 고독을 느꼈다. 서로 눈치를 살피며 손에 타구를 들고, 이웃 사람에게 죽음이 다가오는 것을 지켜보고 있는 불행한 사람들의 모습은 보고만 있어도 목숨이 오므라드는 것 같아, 그라시아는 파레스 요양소를 나와 작은 산장을 빌려 병난 아이와 단둘이만 생활하게 되었다. 지대가 높은 땅은 리오넬로의 용태를 좋게 하기는커녕 도리어 위중하게 했다. 열이 올랐다. 그라시아는 걱정스런 며칠 밤을 지새웠다. 크리스토프는 그라시아로부터의 소식은 전혀 없었지만 날카로운 직감으로 그것을 멀리서 느꼈다. 그녀가 편지를 쓰지 않는 것은 자존심으로 고집을 부리고 있는 것이었다. 크리스토프가 와 주기를 바랐다. 그러나 따라오지 말라고 이미 거절해 버린 것이다. 이제 와서 '저는 너무나 무력합니다. 당신의 도움이 필요합니다……' 라고 고백할 수는 없었다.

어느 날 저녁, 괴로움을 가진 사람에게는 사뭇 참혹한 황혼 무렵, 산장의 복도에 서 있자 그라시아의 눈에 보였다……. 케이블 철도의 역에서 올라오는 오솔길에 사람 그림자가 보인 듯한 생각이 들었다……. 한 사내가 급한 걸음으로 걸어오고 있었다. 사내는 등을 좀 굽히고 망설이듯 멈춰섰다. 사내는 머리를 들어 산장을 물끄러미 바라보았다. 그녀는 모습을 보이지 않도록 방 안으로 뛰어들었다. 양손으로 심장을 꽉 누르고 있었다. 그리고 감동한 나머지 웃었다. 그녀는 신앙심은 거의 없었으나 거기 엎드려 양팔에 얼굴을 묻었다. 누군가에게 감사하지 않을 수 없었다……. 그러나 그는 좀처럼 들

어오지 않았다. 그녀는 창으로 되돌아가 커튼 그늘에 몸을 숨기고 밖을 내다
보았다. 그는 산장 입구 곁에 있는 밭의 목책을 등지고 엉거주춤 서 있었다.
그는 차마 안에 들어가지 못했다. 그녀는 그보다 더 마음이 산란해서 미소지
으며 나직하고 가냘픈 소리로 말했다.

"와 주세요…… 와 주세요……."

드디어 그는 결심하고 초인종을 울렸다. 이미 그라시아는 입구에 가 있었
다. 그녀는 문을 열었다. 크리스토프는 얻어맞지나 않을까 겁을 먹고 있는
온순한 강아지 같은 눈을 하고 있었다. 그는 말했다.

"왔습니다…… 용서하십시오!"

그라시아는 말했다.

"고마워요!"

그리고 그녀는 얼마나 그를 기다렸던가를 고백했다.

크리스토프는 그녀를 도와 상태가 나빠진 소년을 간호했다. 그는 온통 이
일에 마음을 쏟았다. 소년은 그에 대해 짜증스러운 적의를 표했다. 이젠 그
것을 숨기려고도 하지 않았다. 짓궂은 말을 찾아내서는 입에 담았다. 그러나
크리스토프는 그것을 모두 병 탓으로 보았다. 그는 전에 없이 참을성이 많았
다. 둘은 아이 머리맡에서 괴로운 나날을 보냈다. 특히 병세가 위독한 하룻
밤이 있었다. 그날 밤이 새자 절망적으로 여겼던 리오넬로가 살아났다. 그것
은 두 사람에게는—잠자고 있는 아이를 밤새도록 간호하고 있는 두 사람에
게는—참으로 순수한 행복이었으므로, 그녀는 별안간 일어나 후드 달린 외
투를 집어들고 크리스토프를 밖으로 데리고 나갔다. 찬 별이 떨고 있는 하늘
밑의 눈과 침묵에 덮인 밤길에서 그녀는 그의 팔에 기대어 있었다. 둘은 얼
어붙은 바깥의 조용한 공기를 취한 듯 마시며 거의 말을 하지 않았다. 자기
들의 애정에 대해서는 내비치지도 않았다. 그러나 돌아올 때 입구의 계단에
서 그녀는 아이가 살아난 행복에 눈을 빛내며 이렇게 말했다. "나의 소중한
친구! ……"

그뿐이었다. 그러나 둘은 자기들의 유대가 신성한 것이 되어 있음을 느꼈
다.

리오넬로의 긴 회복기 뒤에 파리로 돌아와 파시에 작은 저택을 빌려 살게 되면서부터, 그녀는 이미 '세상 소문을 두려워하는' 걱정 따위는 전혀 하지 않게 되었다. 벗을 위해서는 세상 소문 따위는 겁내지 않는 용기를 느꼈다. 그 이후로 두 사람의 생활은 매우 친밀하게 결합되어 있었으므로, 둘을 붙들어맨 우정을 중상받는 것을 두려워하여―그것은 피할 수 없는 일이었다―숨기든가 하는 일은 비겁한 짓이라고 여기게 되었다. 그녀는 어떤 시간에라도 크리스토프를 맞아들였다. 그와 함께 산책도 하고 극장에도 갔다. 누구앞에서든 그에게 정답게 말을 걸었다. 그래서 모두들 두 사람이 연인 사이라고 믿었다. 콜레트도 그들이 너무나 남의 눈을 꺼리지 않는다고 생각했다. 그라시아는 사람들의 눈총을 받으면 태연히 지나쳤다.

그러나 그녀는 크리스토프에게 자기에 대한 새로운 권리는 아무것도 주지 않았다. 두 사람은 벗에 지나지 않았다. 그는 이제까지와 마찬가지로 여전히 애정 어린 경의로써 그녀에게 말을 건넸다. 그러나 둘 사이에는 흉허물이 없었다. 무엇이든 서로 상의했다. 그리고 어느새 크리스토프는 집안에서 일종의 가정적인 주권을 행사하게 되었다. 그라시아는 그의 말에 귀를 기울이고 그의 충고를 따랐다. 요양소에서 한 해 겨울을 보내고 나서부터는 그녀는 이미 옛날의 그녀가 아니었다. 불안과 피로 때문에 그때까지 튼튼했던 건강이 무척 나빠졌다. 혼도 그 영향을 받았다. 가끔 옛날의 변덕이 나오는 수도 있었지만, 무언지 훨씬 진지해지고 더욱 사물을 깊이 생각하게 되었다. 선량한 인간이 되고 싶다, 배우고 싶다, 남을 괴롭히지 않고 싶다는 한층 확고한 희망을 갖고 있었다. 그녀는 크리스토프의 애정과 사사롭지 않고 욕심이 없는 순수한 마음에 깊이 마음이 흔들렸다. 그리고 언젠가는 그가 꿈에도 생각지 않는 커다란 행복을 안겨 주자, 그의 아내가 되자고 생각했다.

크리스토프는 그라시아에게 거절당하고 나서부터는 결혼 얘기는 입 밖에도 꺼내지 않았다. 자기로선 바랄 수 없는 일이라고 믿고 있었다. 그러나 불가능한 희망을 안타까워하는 기분은 여전히 남아 있었다. 그녀의 말을 존경하고는 있었으나 결혼을 비판할 때의 사뭇 깨달은 듯한 태도에는 납득이 가지 않았다. 깊고 경건한 애정으로 사랑하고 있는 두 인간의 결합은 인간 행복의 절정이라고 지금도 믿고 있었다. 그의 이러한 미련은 아르노 부부와의 재회로 다시 불붙었다.

아르노 부인은 오십을 훨씬 넘었다. 남편은 예순다섯인가 여섯이었다. 둘 다 나이보다 훨씬 늙어 보였다. 남편은 뚱뚱하고, 부인은 말라서 홀쭉하고 약간 주름이 잡혀 있었다. 본디 가냘프던 부인은 더 가느다래졌다. 남편이 퇴직하고 나서부터는 두 사람은 시골집에 은둔하고 있었다. 그들을 시대에 붙들어매는 것이라고는 이제 신문밖에 없었다. 작은 도시와 그들 생활의 마비 상태 속에서 신문은 세상 소문의 때늦은 반향을 그들에게 갖다 주었다. 언젠가 그들은 지면에서 크리스토프의 이름을 보았다. 아르노 부인은 좀 격식을 차리긴 했으나, 진심 어린 짤막한 편지를 써서 그의 명예로운 성공을 기뻐하고 있다는 뜻을 알렸다. 그는 이 편지를 읽자, 방문한다는 통지도 없이 곧 기차에 올랐다.

크리스토프가 갔을 때, 아르노 부부는 뜰에 나와 둥근 우산처럼 우거진 물푸레나무 그늘에서 여름의 오후를 즐기고 있었다. 손을 마주 잡고 푸른 잎 그늘에 잠들어 있는, 뵈클린이 그린 노부부의 그림 같았다. 그들은 태양과 졸음과 노쇠를 이겨 내지 못했다. 그들은 쇠약해져서 몸의 반 이상은 이미 저승길의 꿈에 젖어 있었다. 그리고 생명의 마지막 빛으로 그들의 애정이 마주 잡은 손의 감촉이 사라져가는 육체의 뒤섞인 온기가 마지막까지 남아 있었다……. 두 사람은 크리스토프가 찾아와 준 것을 무척 기뻐했다. 그 덕분에 여러 지나간 일이 생각났기 때문이었다. 그들은 멀리 떨어진 지금에 와서 더욱 빛나는 듯이 보이는 옛날 일을 이것저것 얘기했다. 아르노는 이야기하는 것이 기뻤다. 그러나 사람들의 이름은 잊어버려서, 아르노 부인이 곁에서 그것을 가르쳐 주었다. 부인은 오히려 잠자코 있었다. 이야기하는 것보다 듣고 있는 쪽이 좋았다. 그러나 가만히 침묵을 지키고 있는 그녀의 마음속에는 옛날의 갖가지 모습이 아주 선명히 남아 있었다. 그것은 마치 냇물 속에 빛나는 자갈처럼 언뜻언뜻 떠올랐다. 크리스토프는 넘치는 애정을 가지고 자신을 지켜보는 부인의 눈 속에 어떤 하나의 모습이 떠오른 것을 보았다. 그러나 올리비에의 이름은 한 번도 입에 담지 않았다. 아르노 노인은 부인에게 서투른, 그러나 가슴이 뭉클할 정도로 마음을 기울이고 있었다. 부인이 덥지나 않을까, 춥지나 않을까 하고 걱정하고 있었다. 그 시들어버린 다정한 얼굴을 불안한 애정으로 가만히 보고 있었다. 그러자 부인은 피로한 미소로 남편을 안심시키려고 애썼다. 크리스토프는 그러한 두 사람을 적잖이 부러운 마음과 감동으로 지켜보았다……. 함께 나이를 먹어간다. 아내의 노령의 쇠약까지도 사랑한다. 그리고 마음속으로 이런 말을 한다. (눈가와 콧등의 그 작은 주름살을 난 잘 알고 있다. 난 그것이 새겨지는 것을 보아왔다. 언제 그것이 이루어졌는지 알고 있다. 너의 그 가엾은 잿빛 머리카락은 하루 하루 나와 더불어 빛이 바래 온 것이다. 아! 그것은 얼마쯤은 내 탓이기도 한 것이다. 너의 홀쭉한 얼굴은 우리 둘을 태운 피로와 괴로움의 화롯불 때문에 부풀어올라 빨개진 것이다. 나의 혼이여, 나와 더불어 괴로워하고 늙어온 당신을 그 때문에 더한층 사랑하는 것이다! 당신의 주름살 하나하나는 내게는 과거가 연주하는 음악이다.) 의좋게 나란히 고요한 어둠 속으로 잠자러 가는 매력적인 노인들! 그러한 그들의 모습을 보는 것은 크리스토프에게는 위안이기도 하고 괴로움이기도 했다. 오! 삶과 죽음이 만일 이렇게 될 수 있다면 얼마나 아름다울 것인가!

그 뒤 그라시아를 만났을 때 크리스토프는 이 방문 얘기를 하지 않을 수 없었다. 이 방문으로 불러일으켜진 생각은 입 밖에 내지 않았다. 그러나 그녀는 그의 마음속에 있는 것을 읽어냈다. 크리스토프는 얘기하면서도 딴 일을 생각하고 있었다. 그는 시선을 멀리 던지고 가끔 입을 다물었다. 그라시아는 그런 그를 물끄러미 보며 살며시 웃었다. 크리스토프의 심란한 마음은 그녀에게도 전해졌다.

그날 밤 자기 방에 혼자 있게 되었을 때 그라시아는 언제까지나 몽상에 잠겨 있었다. 크리스토프가 한 얘기를 가슴속으로 되풀이해 보았다. 그러나 그녀가 이를 통해서 본 모습은 물푸레나무 그늘에 잠들어 있는 노부부의 것이 아니었다. 그것은 벗 크리스토프의 겁먹은 듯한 열렬한 몽상이었다. 그리고 그녀의 마음은 애정으로 가득 차 있었다. 불을 끄고 자리에 들자 이렇게 생각했다.

'그렇다, 이런 행복한 기회를 놓친다는 것은 어리석은 일이다. 어리석고 죄 많은 일이다. 자기가 사랑하는 사람을 행복하게 하는 기쁨 이상의 기쁨이 이 세상에 있을까? …… 어머나! 난 그를 사랑하고 있는 것일까?'

그라시아는 입을 다물었다. 가슴을 두근거리며 마음의 대답에 조용히 귀를 기울였다.

'나는 그를 사랑하고 있다.'

이때 메마르고 목쉰 급격한 기침소리가 아이들이 자고 있는 방에서 들려왔다. 그라시아는 귀를 곤두세웠다. 리오넬로의 병 이후로 그녀는 언제나 불안한 기분에 빠져 있었다. 그라시아는 아이에게 물었다. 리오넬로는 대답하지 않고 기침을 계속했다. 그녀는 침대에서 뛰어내려 아이의 곁으로 달려갔다. 리오넬로는 흥분해서 투덜대며 기분이 좋지 않다고 했다. 그리고 얘기 도중에 또 기침했다.

"어디가 아프니?"

리오넬로는 대답하지 않았다. 하여튼 아프다고 신음했다.

"착하지. 제발 말해 봐. 어디가 아프니?"

"모르겠어요."

"여기가 아파?"

"그래요. 아냐, 거기가 아냐, 모르겠어요. 여기저기 다 아픈걸."

그리고 다시 격렬하게, 요란스럽게 기침했다. 그라시아는 깜짝 놀랐다. 그녀에게는 아이가 억지로 기침하고 있는 것 같았다. 그러나 아이가 땀을 흠뻑 흘리고 숨을 헐떡이고 있는 것을 보자 그런 생각을 한 자신을 나무랐다. 그라시아는 아이에게 입 맞추고 상냥스런 말을 걸어 주었다. 아이도 겨우 가라앉은 것 같았다. 그러나 그녀가 곁을 떠나려 하자 곧 또 기침했다. 부들부들 떨며 머리맡에 있어야 했다. 옷을 입으러 가는 것조차 허락하지 않는 것이었다. 리오넬로는 어머니가 자기 손을 쥐고 있어 주기를 바랐다. 그리고 잠들 때까지 어머니를 놓지 않았다. 그라시아는 몸이 얼음장처럼 차가워지고 걱정과 피로에 짓눌린 채 가까스로 다시 잠자리에 들었다. 그러자 이미 아까의 그 몽상을 되찾을 수는 없었다.

이 아이는 어머니의 생각을 읽어 내는 불가사의한 능력을 갖고 있었다. 같은 혈통의 사람들 사이에는 이러한 본능적인 천분이 상당히 자주—그러나 이렇듯 심한 것은 드물지만—발견되는 것이다. 상대가 생각하는 것을 알기 위해서는 거의 얼굴을 볼 필요가 없다. 눈에는 보이지 않는 많은 징후로 그것을 꿰뚫어본다. 함께 살아가며 강해지는 그러한 천성은 리오넬로에 있어서는 언제나 경계의 눈을 갖고 있는 악의에 의해 날카로워져 있었다. 그는 남을 해치고 싶어하는 욕망에서 오는 투시력을 갖고 있었다. 리오넬로는 크리스토프를 싫어했다. 왜일까? 아이는 왜 자기에게 아무 짓도 하지 않는 인간을 싫어하는 것일까? 빈번히 그것은 우연한 일이었다. 어떤 때 싫다고 생각하기 시작했을 따름으로 그것이 습관이 되는 것이었다. 그리고 남에게서 이치에 닿는 말을 들으면 들을수록 더욱 외고집을 세우는 것이었다. 처음에는 미워하는 척하지만 나중에는 정말 미워하게 된다. 그러나 아이의 정신에는 알 수 없는 한층 깊은 이유가 있을 때도 있다. 아이는 그것을 알지도 못한다. 베레니 백작의 아들인 그는 처음 크리스토프를 만났을 때부터, 전에 어머니가 사랑한 적이 있는 사내에 대해 적의를 느꼈다. 그라시아가 크리스토프와 결혼을 하려고 생각한 그 순간을 리오넬로는 직감적으로 느낀 것 같았다. 이때부터 그는 항상 두 사람을 감시했다. 크리스토프가 오면 언제나 두 사람 사이에 있으면서 응접실을 떠나지 않았다. 혹은 둘이서 함께 있는 방에 느닷없이 들어가곤 했다. 그뿐만이 아니었다. 어머니가 혼자서 크리스토프를 생각하고 있으면 그는 어머니 곁에 앉아서 조용히 모습을 살폈다. 이 시선에 그라시아는 숨이 막힘을 느껴 얼굴을 붉힐 때도 있었다. 그래도 심란한 것을 숨기기 위해 일어섰다. 리오넬로는 어머니 앞에서 크리스토프를 모욕하는 말을 하고는 재미있어했다. 그라시아는 그만두라고 부탁했다. 그러나 아이는 끝까지 그만두지 않았다. 그리고 어머니가 벌주려 하면 앓는 시늉으로 겁을 주었다. 이것은 어린아이적부터 성공한 수법이었다. 아주 조그만 어린아이였을 때의 어느 날 야단을 맞고, 그 보복으로 벌거벗은 채 타일 위에 서서 심한 감기에 걸리는 것을 생각해 낸 적도 있었다. 어떤 때는 크리스토프가 그라시아의 생일 축하로 자기가 작곡한 작품을 갖고 오자 리오넬로는 악보를 뺏어 들고 어딘가에 숨겨 버렸다. 그 찢어진 종잇조각이 나무 상자 속에서 발견됐다. 그라시아는 울화통이 터져 아이를 호되게 야단쳤다. 그러자 리오넬로는 울고 아우성치고 발을 구르며 마루 위를 뒹굴었다. 그리고 신경 발작을 일으켰다. 그라시아는 깜짝 놀라 아이에게 입 맞추고 애원하며 무엇이든지 하고 싶은 대로 해주겠다고 약속했다.

이날부터 리오넬로는 주인이 되었다. 왜냐하면 자기가 주인이라는 것을 알고 있었으므로. 그리고 몇 번이고 되풀이해서 이 유효한 무기의 힘을 사용했다. 아이의 발작이 어디까지가 진짜고 꾀병인지 도무지 알 수 없었다. 리오넬로는 속이 타게 되었을 때 보복으로 이 무기를 쓴다는 것만으로는 만족하지 못하게 되었다. 어머니와 크리스토프가 함께 저녁 시간을 보낼 계획을 세우고 있을 때 단순한 심술로써 이를 사용하게 되었다. 그뿐만 아니라 심심 풀이나 반 장난으로, 또 자기 힘의 한계를 시험해 보기 위해서 이 위험한 유희를 하게 되었다. 리오넬로는 실로 교묘하게 정신이상 증세를 생각해 냈다. 어떤 때는 한참 식사 중에 경련으로 몸을 떨며 컵을 뒤집어엎거나 접시를 깨거나 했다. 어떤 때는 층계를 오르며 손이 난간에 매달린 채 떨어지지 않았다. 손가락에 쥐가 나 있었다. 그는 손가락이 펴지지 않는다고 우겨댔다. 어떤 때는 옆구리가 찌르는 것처럼 아프다고 울며불며 몸부림쳤다. 또 어떤 때는 질식할 것처럼 되었다. 물론 나중에는 정말 신경병이 되었다. 그러나 이 고생이 허탕은 아니었다. 크리스토프와 그라시아는 완전히 정신을 잃었다. 둘이서 함께 있을 때의 저 평온한 기분—둘이서 기쁨으로 삼고 기다리고 있는 저 조용한 잡담, 독서, 음악—그러한 모든 조촐한 행복은 그 뒤론 허물어져 버렸다.

때로 이 작은 악당도 두 사람에게 약간의 휴식을 주었다. 자기 역할에 피로했기 때문일까, 아마도 그 아이 본래의 성질로 돌아가 다른 일을 생각하고 있었기 때문이었으리라(아이는 지금은 자기가 이겼다고 확신하고 있었다).

그런 때는 두 사람은 허겁지겁 이 시간을 이용했다. 이런 식으로 훔쳐 낸 시간은 끝까지 이를 즐길 수 있을지 어떨지 확실치 않은 만큼 한층 더 귀중한 것이었다. 얼마나 두 사람은 서로를 가까이 느꼈던 것일까! 왜 언제나 이렇게밖에 있을 수 없는 것일까? …… 어느 날 그라시아는 자기 입으로 그것이 분하다고 고백했다. 크리스토프는 그녀의 손을 잡았다.

"그렇군요. 왜 그럴까요?" 그가 물었다.

"잘 알고 계시면서." 그녀는 슬픈 미소를 띠고 말했다.

크리스토프는 그것을 알고 있었다. 그라시아가 자기들의 행복을 아들 때문에 희생하고 있음을 알고 있었다. 그녀가 리오넬로의 거짓말에 속아 넘어가지는 않지만 역시 아들을 뜨겁게 사랑하고 있음을 알고 있었다. 이러한 가정적인 애정의 맹목적인 이기주의를 그는 알고 있었다. 이 애정은 일가의 가장 뛰어난 사람들에게, 그들이 갖고 있는 자기희생 정신을 같은 혈통 속의 사악한 혹은 평범한 자들을 위해 써버리게 하는 것이다. 그래서 희생을 받기에 가장 어울리는 사람들, 그들이 가장 사랑하고는 있지만 그들의 혈연은 아닌 사람들에게는 이제 아무것도 내줄 것이 남아 있지 않게 되어 있었다. 크리스토프는 그러한 것이 화도 나서 때로는 자기들의 생활을 파괴하고 있는 이 작은 괴물을 죽여 버리고 싶어질 때도 있기는 하였지만 잠자코 굴복했다. 그라시아로서는 달리 어떻게 할 수도 없음을 그는 이해했다.

그래서 그들은 두 사람 다 쓸데없는 반항은 하지 않고 체념했다. 그러나 그들에게 당연히 주어진 행복을 그들로부터 훔칠 수 있었다 할지라도 아무도 그들의 마음이 결합되는 것을 방해할 수는 없었다. 체념, 그것이 공동의 희생인 육체의 유대보다도 더 강한 유대로 두 사람을 붙들어맸다. 두 사람은 번갈아가며 자기의 고통을 상대에게 털어놓아 이를 상대에게 짐 지우고, 이번에는 그 대신 상대의 고통을 자신이 대신 받았다. 이리하여 슬픔조차도 기쁨이 되었다. 크리스토프는 그라시아를 '자기의 고해신부'라고 불렀다. 자존심이 상하게 되는 결점도 그녀에게는 감추지 않았다. 그러한 결점에 대해서는 그는 극단적인 후회로 자신을 책망했다. 그러자 그라시아는 미소 지으며 이 나이 먹은 어린이의 근심을 진정시켜 주었다. 크리스토프는 또 물질적으로 곤란한 상태에 있는 것까지 고백했다. 그러나 그가 그러한 고백을 할 결심을 한 것은 그라시아가 그에게 아무것도 주지 않고, 그는 그녀에게서 아무것도 받지 않기로 두 사람이 단단히 약속한 뒤의 일이었다. 이것은 크리스토프가 견지하고, 그리고 그라시아가 침범하려고 하지 않는 자존심의 마지막 울타리였다. 그라시아에게는 크리스토프의 생활에 물질적인 만족을 주는 것이 금지돼 있었으므로 그에게는 몇십 배나 더 가치 있는 것, 즉 자기의 애정을 그 생활 속에 퍼부으려고 궁리했다. 크리스토프는 이 애정의 입김을 생활의 모든 시간에 자기 주위에서 느끼고 있었다. 아침에 눈뜰 때도 밤에 눈을 감을 때도 반드시 마음으로 연모하고 있는 그를 위해 조용히 기도를 드렸다. 그리고 그녀도 눈을 떴을 때, 혹은 여느 때 흔히 있는 것처럼 몇 시간이고 잠 못 이루고 있을 때 이런 것을 생각했다.

'그 사람이 내 생각을 해준다.'

이리하여 두 사람은 커다란 평안에 둘러싸여 있었다.

*

그라시아의 건강이 쇠약해져 갔다. 언제나 자리에 누워 있거나 그렇지 않을 때는 며칠이고 긴 의자 위에 모로 누워 있어야 했다. 크리스토프는 매일 찾아와 이야기를 나누거나 함께 책을 읽거나 새로운 작곡을 보여 주거나 했다. 그러면 그라시아는 의자에서 일어나 부은 발로 절름거리며 피아노 곁으로 가 그가 가져온 곡을 그를 위해 연주했다. 그것은 그녀가 그에게 줄 수 있는 가장 큰 기쁨이었다. 크리스토프가 이제까지 길러 낸 제자 가운데 그라시아는 세실과 더불어 가장 재능이 있었다. 그러나 세실이 거의 음악을 이해하지 않고 본능으로 느끼고 있음에 반해, 그라시아에게 있어서의 음악은 의미를 잘 알 수 있는 조화 있는 아름다운 말이었다. 인생이나 예술 속에 있는 악마적인 것은 그라시아는 전혀 이해할 수 없었다. 그녀는 인생과 예술에 자기의 지적인 마음의 빛을 불어넣었다. 그 빛이 크리스토프의 천재 속으로 스며들어가 있었다. 그녀의 연주에 의해 크리스토프는 자신이 표현한 어렴풋한 정열을 더 잘 이해할 수 있었다. 그는 눈을 감고 그라시아의 연주에 조용히 귀를 기울이고, 자기 자신의 사고의 미궁 속을 그녀를 붙잡고 뒤따라갔다. 그라시아의 혼을 통해 자기 음악을 맛봄으로써, 크리스토프는 그 혼과 결혼하고 그 혼을 소유했다. 그러한 신비스런 결합에서 교합된, 그들 생명의 과실이라고도 할 음악 작품이 태어났다. 어느 날 크리스토프는 자기의 본질과 그라시아의 본질로써 엮인 작곡집을 바치며 이렇게 말했다.

"이것은 우리의 아이입니다."

함께 있을 때도 떨어져 있을 때도 모든 순간에 있어 두 사람은 하나였다. 마음이 가라앉고 진정되는 밝은 집에서 함께 지내는 밤은 얼마나 즐거웠던 것일까. 이 낡은 집은 그라시아의 초상을 위해 만들어진 액자와 같았다. 그리고 말이 없고 친절한 하녀들은 여주인에 대해 헌신적이어서 그녀에 대한 공경이 담긴 애정을 크리스토프에게도 다소 돌려 주었다. 둘이서 흘러가는 시간의 노랫소리에 귀 기울이고, 둘이서 흘러가는 삶의 물결을 보는 것은 얼마나 기쁜 일이었던가……. 그라시아의 약해진 건강은 이러한 행복 위에 일 말의 불안한 그림자를 던졌다. 그러나 여기저기 몸에 가벼운 고장이 있음에도 그녀는 참으로 명랑했으므로 감추어진 고통도 그녀의 매력을 한층 더할 따름이었다. 크리스토프에게 있어 그라시아는 '환히 빛나는 얼굴의, 친애하는 병든 애처로운 벗'이었다. 그리고 그는 그녀 집에서 돌아와 애정으로 가슴이 부풀어 그것을 전하고 싶어 이튿날까지 기다릴 수 없는 밤에는 편지를 썼다.

'Liebe, liebe, liebe, liebe, liebe Grazia……'
사랑스런, 사랑스런, 사랑스런, 사랑스런, 사랑스런 그라시아여……

이러한 조용한 상태가 몇 달 동안 계속됐다. 그들은 이것이 언제까지나 계속되리라 생각했다. 아이는 그들의 일을 잊어버린 것처럼 보였다. 그의 주의력은 딴 곳으로 가 있었다. 그러나 이 유예 기간이 지나자 리오넬로는 또다시 그들에게 덤벼들어 이제는 그들을 놓치지 않았다. 이 힘에 겨운 아이는 어머니를 크리스토프에게서 떼어 놓으려고 생각했다. 그리고 전과 같은 연극을 다시 시작했다. 미리 계획을 세우지는 않았다. 그날그날의 짓궂은 변덕에 따랐다. 리오넬로는 자기가 얼마나 나쁜 짓을 하고 있는가는 생각해 보지도 않았다. 남을 성가시게 함으로써 심심풀이를 하려고 했다. 끊임없이 어머니에게 파리에서 떠나갈 것을, 함께 먼 곳으로 여행 떠날 것을 고집스럽게 졸라 대어 어머니가 승낙할 때까지 그치지 않았다. 그라시아에게는 그에게 저항할 만한 힘이 없었다. 게다가 의사들은 이집트에 갈 것을 권했다. 이 북방의 기후에서 또 한겨울을 나는 것을 피해야 한다는 것이었다. 너무나 많은 일에 그녀는 타격을 받고 있었다. 예컨대 이 수년간의 정신적인 타격, 아들의 건강에 대한 끊임없는 근심, 오랫동안의 불안정한 기분, 겉으로는 내색하지 않는 내심의 싸움, 크리스토프를 슬프게 하고 있다는 슬픔 등이 있었다. 크리스토프는 그라시아의 고통을 꿰뚫어보고 그 고통을 더 크게 하지 않도록, 작별할 날이 가까워 옴에 있어서 자기가 느끼고 있는 고통을 숨겼다. 그는 작별의 날을 늦추거나 하지는 않았다. 그리고 두 사람 다 짐짓 괜찮은 척했다. 실상은 둘 다 안정을 느낄 수 없었으나 서로 그것을 상대에게 전할 수는 있었다.
그날이 되었다. 9월의 어느 날 아침이었다. 둘은 함께 7월 중순에 파리를 떠나 그들에게 남아 있는 몇 주일 동안을 앙가딘에서 보냈다. 그것은 벌써 6년 전 옛날 일이지만 그들이 재회한 장소 근처였다.

닷새 전부터 그들은 밖으로 나갈 수가 없었다. 비가 쉴 새 없이 내리퍼부
었다. 호텔에 남아 있는 손님은 거의 그들뿐이었다. 대부분의 손님은 떠나
버렸다. 겨우 이 마지막 날 아침 비가 그쳤다. 그러나 산은 구름에 덮여 있
었다. 아이들은 하인들과 함께 첫 마차로 출발했다. 이번에는 그라시아가 출
발할 차례였다. 크리스토프는 길이 이탈리아 평야를 향해 급히 굽이친 곳까
지 배웅나갔다. 마차 포장 밑의 습기가 두 사람의 몸에 스며들었다. 두 사람
은 꼭 몸을 맞대고 서로 기댄 채 말이 없었다. 거의 얼굴도 마주보지 않았
다. 낮인지 밤인지 알 수 없는 이상한 박명이 두 사람을 휘덮고 있었다! …
… 그라시아의 베일은 내쉬는 숨으로 축축했다. 크리스토프는 차가운 장갑
속 그녀의 따뜻한 손을 꼭 쥐고 있었다. 둘의 얼굴이 닿았다. 축축한 베일
위로 그는 사랑하는 사람과 입을 맞추었다.

두 사람은 길모퉁이까지 왔다. 크리스토프는 마차에서 내렸다. 마차는 안
개 속으로 들어갔다. 더는 모습이 보이지 않았다. 그러나 그의 귀에는 아직
도 수레바퀴 소리와 말발굽 소리가 들렸다. 흰 안개가 목장 위 가득히 흐르
고 있었다. 바람 한 점 없었다. 안개가 목숨의 뿌리를 끊으려고 했다. 크리
스토프는 숨이 가빠져서 멈춰섰다……. 이제 아무것도 없다. 모든 것이 지
나가 버렸다…….

크리스토프는 심호흡을 하여 안개를 가슴 가득히 들이마셨다. 그는 다시
걷기 시작했다. 결코 지나가지 않는 자에게는 아무것도 지나가지 않는 것이
다.

제3부

우리가 사랑하는 사람들의 힘은, 떨어져 있을 때 더 커진다. 사랑하는 자
의 마음은, 그들에 대해 우리에게 가장 소중하고 친근한 것만을 보존한다.
멀리 떨어진 벗으로부터 아득한 공간을 넘어서 들려오는 한마디 한마디 말
의 반향은 침묵 속에서 경건하게 떨린다.

크리스토프와 그라시아가 주고받는 편지는 이제 연애의 위험스런 시련을
지나쳐서 자기가 나아가는 길에 자신을 가지며, 손과 손을 잡고 걸어가는 부
부에게 보이는 것처럼 점잖고 자제하는 투로 되었다. 둘 다 상대를 지탱하고
인도할 만큼 강했으며 또 상대에게 지탱되며 인도받을 만큼 약했다.

크리스토프는 파리로 돌아왔다. 실은 파리로는 이제 되돌아오지 않을 결심이었는데 그런 결심을 한들 무슨 소용이 있으랴! 그는 그라시아의 그림자가 아직 파리에서 발견될 것을 알고 있었다. 그렇지만 어떤 상황이 그의 의지를 어기고 은밀한 소망과 함께 파리에서 하나의 새로운 의무를 다해야 한다는 것을 보여 주었다. 사교계 소식에 정통해 있는 콜레트가 크리스토프에게 그의 나이 어린 벗인 자넹이 자꾸만 엉뚱한 짓을 하고 있다고 알려 주었다. 아들에 대해서는 언제나 참으로 약한 자크린은 이제 그를 붙들어 말리려고도 하지 않았다. 그녀 자신도 일종의 특별한 위기를 지나가고 있었다. 그래서 자기 일에 정신이 팔려 아이 일에 신경 쓸 겨를이 없었다.

자신의 결혼과 올리비에의 생활을 엉망으로 만들어 버린 저 슬픈 연애 사건 이래로 자크린은 훌륭한 은둔 생활을 보내고 있었다. 파리의 사교계는 위선적으로 그때 그녀를 따돌리고 나서 그 뒤 다시 화해의 손길을 내뻗어 왔지만, 그녀는 이를 거부하고 혼자 떨어져서 생활했다. 자크린은 그들에 대해서는 자기가 한 일을 결코 부끄럽다고는 생각하지 않았다. 그들에게 꿀리는 데가 있다고도 생각하지 않았다. 왜냐하면 그들은 그녀만큼도 가치가 없었으니까. 자크린이 솔직하게 한 일을, 그녀가 알고 있는 태반의 여성들은 집 속에 몰래 숨어서 했다. 자크린은 다만 자기의 가장 소중한 벗을, 자기가 사랑한 단 하나의 인간을 불행하게 한 것만을 괴로워했다. 이토록 가난한 세상에서 그가 갖고 있는 것과 같은 애정을 잃은 것을 용서치 못할 일로 여겼다.

이러한 후회와 고통은 차차 엷어져 갔다. 지금은 가냘픈 고뇌와 자기나 타인에 대한 삼가는 듯한 경멸과 아이에 대한 애정만 남아 있을 뿐이었다. 이 애정 속에는 사랑하고 싶은 욕구가 전부 들어 있었으므로 자크린은 아이에 대해서는 무력했다. 그녀는 조르즈의 변덕에 저항할 수가 없었다. 자신의 무기력에 대한 변명으로, 이렇게 올리비에에 대한 죄의 대가를 치르고 있는 것이라고 억지로 믿고 있었다. 흥분한 애정의 시기 다음에는 시름 겨운 무관심의 시기가 잇따랐다. 어떤 때는 매우 까다로운, 침착성이 없는 애정으로 조르즈를 지치게 하고, 어떤 때는 아주 그에게 물려 버린 것처럼 모두 그가 하고 싶다는 대로 내버려 두었다. 자크린은 자신이 좋지 않은 교육자라는 것을 알고 있어 이를 고통으로 여겼다. 그러나 하던 방식을 하나도 바꾸지 않았다. 올리비에의 정신을 받들어 교육 방침을 정하려고 간혹 시험해 본 적도 있었지만 결과는 신통치 않았다. 올리비에의 도덕적 비관주의는 그녀에게도 아이에게도 적당치 않았다. 결국 자크린은 애정의 권위 이외의 권위는 아들에 대해서 갖고 싶지 않았다. 그리고 그녀 생각은 틀리지 않았다. 왜냐하면 이 둘은 정말 꼭 닮기는 했지만, 둘 사이에는 마음의 유대 이외에는 아무런 유대도 없었기 때문이다. 조르즈 자넹은 어머니의 육체적인 매력에 사로잡혀 있었다. 어머니의 목소리, 몸짓, 동작, 우아함, 애정 따위를 사랑했다. 그러나 정신적으로는 그녀와 다른 사람이라는 것을 느꼈다. 자크린이 가까스로 그 일을 눈치챈 것은 조르즈가 청춘의 첫 입김에 마음이 움직여서 그녀로부터 멀리 떠나갔을 때였다. 그때 자크린은 놀라고 또 노하여 조르즈가 멀어진 것을 다른 여자의 영향 탓으로 여겼다. 그리고 그 영향과 싸우려고 서투른 흉내를 내다가 그만 더욱 그를 멀리해 버렸다. 실제로는 둘은 언제나 함께 생활했으나 저마다 다른 근심거리에 정신을 빼앗겼다. 그리고 표면적으로 공감이나 반감이 공통되었기 때문에 자기네들을 가로막고 있는 것에 대해서는 미처 깨닫지 못했다. 그런데 어린이에게서(아직 젖내 나는 이 애매한 존재에게서) 한 사람 몫의 사내가 나타났을 때는 그러한 공통적인 것은 이미 아무것도 남아 있지 않았다. 자크린은 쓸쓸하게 아들을 보고 말했다.

"넌 누구를 닮은 걸까? 아버지도 나도 닮질 않았으니."

그런 식으로 그녀는 자기들을 가로막고 있는 것을 모두 조르즈가 느끼게 했다. 그러자 그는 불안한 흥분이 뒤섞인 은밀한 거만함을 느꼈다.

서로 잇닿은 두 세대 사람들은 자기들을 붙들어맨 것보다도 자기들을 떼어 놓는 것 쪽에 더한층 민감하다. 그들은 비록 자기 자신에 대해 불공평해질지라도, 혹은 자기 자신을 속일지라도 자기들 생활의 중요성을 긍정하고 싶어한다. 그러나 그러한 감정은 시대에 따라 다소의 강약이 있다. 문명의 여러 가지 힘이 잠시 균형을 잡고 있는 고전적인 시대에는—그것은 급한 비탈로 주위를 에워싸인 고원이다—세대와 세대 사이의 고도의 차이는 그렇게 크지 않다. 그러나 부흥기나 퇴폐기에 있어서는, 눈이 돌 것 같은 급한 비탈을 오르내리는 청년들은 그들보다 앞선 세대의 사람들을 아득히 뒤로 떼놓아 버린다—조르즈는 그의 시대의 사람들과 더불어 산에 올라갔다.

조르즈는 정신적으로나 성격적으로 뛰어난 점은 없었다. 어느 재능이나 다 똑같아서, 평범한 수준에서 벗어나 영리해 보이는 것은 없었다. 그런데도 너무나도 짧은 생애에 막대한 양의 지력과 정력을 다 써버린 그의 아버지보다도, 생애의 시초에 있어서 아무런 노력도 없이 몇 단계 높은 위치에 있었다.

이성의 눈이 빛에 열리자마자, 조르즈는 자기 주위에 눈부신 섬광으로 꿰뚫린 어둠의 덩어리를 보았다. 지식과 무지, 서로 들여놓지 않는 여러 진리나 상호 모순되는 여러 오류 등의 이러한 퇴적은, 그의 아버지가 그 속을 열에 들떠 헤맸던 바로 그것이었다. 그런데 조르즈는 또 동시에 자기가 쓸 수 있는 하나의 무기를, 아버지 올리비에가 아직 몰랐던 무기를, 즉 자신의 힘을 의식했다……

이 힘은 어디에서 그에게 온 것일까? …… 그것은 지쳐 잠들었던 것이 봄 계곡의 냇물처럼 느닷없이 넘쳐흘러 눈뜨는 민족 부활의 신비였다……. 조르즈는 이 힘을 어떻게 하려 했을까? 그도 근대 사상계의 착잡한 밀림을 탐험하기 위해 쓸 작정이었던 것일까? 아니, 그는 그러한 밀림에는 전혀 마음이 끌리지 않았다. 조르즈는 거기 매복해 있는 위험의 위협이 자기를 무겁게 내리누르고 있음을 느꼈다. 그의 아버지는 이 위험에 눌려 버렸던 것이다. 조르즈는 그러한 경험을 되풀이해서 마법의 숲으로 들어가기보다는 그 숲에 불을 지르고 싶었다. 올리비에가 심취했던 저 예지의 책이나 숭고한 광우(狂愚)의 책을 그는 조금 펴 봤을 따름이었다. 예컨대 톨스토이의 허무적인 연민, 입센의 음침한 파괴적 자존심, 니체의 열광, 바그너의 비장하고 육감적인 비관주의 등에 대해서는 그는 분노와 공포가 뒤섞인 기분을 느껴 외면했다. 조르즈는 또 반 세기 동안 예술의 기쁨을 죽여 버린 현실주의 계통의 작가를 미워했다. 그래도 소년 시절의 그를 상냥스럽게 흔들어 주던 구슬픈 꿈의 그림자를 완전히 지워 버릴 수는 없었다. 조르즈는 뒤를 돌아보고 싶지는 않았지만, 자기 뒤에는 그러한 그림자가 있음을 똑똑히 알고 있었다. 그는 너무나 건전하여 한 시대 전의 나태한 회의주의 속에 자기의 불안을 얼버무려 넣으려고는 생각지 않았으므로, 르낭이나 아나톨 프랑스 류의 향락주의를 기피했다. 그리고 자유로운 지성의 타락, 쾌활이 없는 웃음, 위대함이 없는 익살 등을 싫어했다. 이것은 자기를 붙들어맨 사슬을 끊어 버릴 힘이 없어 그저 그것을 가지고 놀고 있는 노예에게는 즐거운 방법이지만, 일반 사람들에게는 부끄러운 방법이다.

의혹으로 만족하기에는 너무나 원기 왕성하고, 확신을 지어 내기에는 너무나 약한 조르즈는 하나의 확신이 갖고 싶어서 못 견디었다. 그것을 찾고 열망하고 요구했다. 그러자 언제나 인기를 얻는 데만 급급한 자들이나 사이비 대가들이나 먹이를 노리고 있는 사이비 사상가들이 북을 치고 자신의 가짜 약의 효능을 늘어놓으며 이 외곬의 괴로운 커다란 희망을 이용하려 드는 것이었다. 이러한 돌팔이들 한 사람 한 사람은 판때기 위에서 자기 약이야말로 유일한 명약이라고 떠들어 대고 딴 약을 헐뜯었다. 그들의 비약은 모두 똑같은 것이었다. 그러한 약장수는 누구 한 사람 새로운 처방을 찾아 내려고 노력하지 않았다. 그들은 장롱 속에서 김빠진 약병을 찾아 내왔다. 어떤 자의 만능약은 가톨릭교회였다. 어떤 자의 것은 정통 왕조였다. 세 번째의 것은 고전적 전통이었다. 만병에 듣는 약은 라틴으로 돌아가는 일이라고 말하는 우스꽝스런 자도 있었다. 또 어떤 자는 어리석은 자들을 속이는 거창한 말로써 지중해 정신 주권을 진심으로 설명하는 자도 있었다(이런 놈팡이는 또 다른 때에는 대서양 정신이라도 설법했을 것이다). 북방과 동방의 야만인에 대항하여, 그들은 외람되게도 자기들이야말로 신성 로마 제국의 후계자라고 자처했다……. 그것도 말로만 번지레한, 얻어들은 말뿐이었다. 그들은 도서관의 재산을 노점에서 팔아 치웠다. 젊은 자넹은 그의 모든 동료와 마찬가지로 한 상인으로부터 다른 상인에게로 차례차례 가서 손님을 끄는 선전 말투에 귀를 기울이고 때로는 구미가 동해서 천막 안으로 들어갔다가 낙심해서 도로 나왔다. 닳은 내의를 입은 늙어빠진 어릿광대를 보기 위해 돈과 시간을 소비한 것이 좀 부끄러웠다. 그래도 청년의 환상을 품는 힘은 강하고 또 확신을 붙잡을 수 있다는 신념도 강했기 때문에 희망을 파는 새로운 상인의 새로운 약속을 들을 때마다 속아 넘어갔다. 그는 정말 프랑스인이었다. 비난하기 좋아하는 성질과 선천적으로 질서를 사랑하는 마음을 갖고 있었다. 그는 한 사람의 지도자를 필요로 했다. 그러나 어떠한 지도자도 참을 수가 없었다. 그의 사정 없는 익살스런 눈은 모든 지도자를 꿰뚫어보았다.

조르즈는 수수께끼를 풀어 주는 한 사람의 지도자가 발견되기를 기다렸으나……기다릴 만한 여유가 없었다! 그는 그의 아버지처럼 한평생 진리를 탐구하는 것만으로 만족할 만한 인간은 아니었다. 그의 젊음이 넘치는 성급한 힘은 써 줄 것을 바라고 있었다. 동기가 있거나 없거나 그는 결심하고 싶어 했다. 행동으로 자기 정력을 모두 써 버리고 싶어했다. 여행이나 예술의 향락, 그중에서도 충분히 맛을 들인 음악은 처음 한동안은 간헐적이면서도 정열적인 심심풀이였다. 유혹을 받기 쉬운 이 조숙한 미소년은 외관이 매혹적인 연애 세계를 일찌감치 발견해 시적인 기틀에 휘말려 그 속으로 뛰어들었다. 그러고는 솔직하고 뻔뻔스러울 만큼 어디까지나 추구하는 이 천사도 여자에게 흥미를 잃었다. 조르즈에게는 행동이 필요했다. 그래서 이번에는 스포츠에 열중했다. 모든 스포츠를 시도해 보고 모든 스포츠를 했다. 펜싱이나 복싱 경기에는 계속 출전했다. 육상과 높이뛰기에서는 프랑스의 대표 선수가 되었고, 또 어느 축구 팀의 주장이 되었다. 그와 똑같은 돈 많고 무모한 젊은 운동광들과 함께 바보 같은 미치광이 자동차 경주로, 그야말로 목숨을 내건 경주로 두려운 것을 모르는 대담성을 겨루었다. 그리고 마지막으로는 새로운 장난감 때문에 모든 것을 버렸다. 조르즈는 비행기에 대한 민중의 열광 속에 말려들었다. 프랑스에서 벌어진 비행 대회 때는 30만의 군중과 더불어 환호하고 기쁨으로 울었다. 종교적인 기쁨 속에 민중 전체와 한몸이 된 듯한 느낌을 맛보았다. 그들의 머리 위를 날고 있는 비행사들은 그들의 마음을 하늘로 실어 갔다. 대혁명의 여명 이래 비로소 그곳에 구름같이 모여든 무수한 민중은 하늘을 향해 눈을 들고 하늘이 열리는 것을 보았다……. 청년 자넹은 하늘의 정복자의 한패에 끼고 싶다고 말해 어머니를 겁먹게 했다. 자크린은 그러한 위험한 야심을 단념해 달라고 애원했다. 그것을 단념하라고 명령까지 했다. 그러나 조르즈는 어디까지나 자기 뜻을 고집했다. 자크린은 크리스토프가 자기편이 되어 줄 것으로 믿었지만 그러한 그도 청년에게 신중히 하도록 약간의 충고만 했을 뿐이었다. 충고해 봤자 조르즈가 말을 듣지도 않으리라는 것은 알고 있었다(왜냐하면 그 자신도 조르즈의 입장에 처했더라면 듣지 않았을 테니까). 젊음에 넘치는 힘은 활동을 억제당하면 자기 자신을 파괴하는 방향으로 엇나가므로, 설령 말할 수 있다 할지라도 해서는 안 되는 일이라고 크리스토프는 생각했다.

자크린은 도저히 자기 아들이 자기에게서 달아나는 것을 가만히 보고 있을 수가 없었다. 사랑을 체념했다고 마음속으로 생각해 보아도 막무가내였다. 여전히 사랑의 환상을 그리지 않고는 배길 수 없었다. 그녀의 모든 애정, 모든 행위는 이 환상에 물들어 있었다. 얼마나 많은 어머니들이 결혼생활 속에서—혹은 결혼생활 밖에서—써 버리지 못한 숨은 정열을 자기 아들에게 쏟는 것일까! 그리고 이윽고 아들이 어머니 없이도 넉넉히 해나갈 수 있는 것을 보고, 아들에게는 어머니가 필요 없다는 것을 대뜸 알게 되면 그녀들은 연인의 배신이나 사랑의 환멸을 당했을 때와 같은 종류의 위기로 들어가는 것이다—이는 자크린에게는 새로운 하나의 좌절이었다. 조르즈는 그런 것은 전혀 눈치채지 못했다. 젊은 사람들은 자기 주위에서 벌어지고 있는 마음의 비극 같은 것은 생각해 보지도 않는다. 그들에게는 멈춰서서 바라볼 만한 여유가 없다. 이기적인 본능이 똑바로 한눈도 팔지 않고 나아갈 것을 그들에게 주의시키는 것이다.

자크린은 새로운 고통을 혼자서 참았다. 그녀가 거기서 빠져나올 수 있었던 것은 고통이 약해졌을 때였다. 고통은 사랑과 함께 약해졌다. 그녀는 변함없이 아들을 사랑하고 있었으나 자기가 쓸모가 없는 존재라는 것을 알고, 자기 자신에게도 아들에게도 무관심했던 따뜻한 사랑에 대한 깨달음의 감정이 첨가되었다. 이리하여 자크린은, 아들은 눈치채지 못했으나 음울하고 비참한 세월을 보냈다. 그렇지만 그 뒤 그녀의 불행한 마음은 사랑 없이는 죽을 수도 살 수도 없었으므로 사랑의 대상을 찾아내어야 했다. 그녀는 이상스런 정열에 휩싸였다. 그것은 원숙기가 되어도 삶의 아름다운 과실이 아직 따지지 않을 때 여자의 혼에, 특히 가장 고귀하고 가장 근접하기 어려운 여자의 혼에 빈번히 찾아드는 하나의 정열이었다. 자크린은 어떤 부인과 가까워져서 처음 만났을 때부터 그 신비스런 매력에 이끌렸던 것이었다.

그녀는 자크린과 거의 같은 연배의 수녀였다. 그녀는 자선 사업에 종사했다. 키가 크고 튼튼하고 약간 살찐 여성이었다. 갈색 머리에 얼굴은 깨끗하고 아름다우며 눈은 생기가 넘치고, 입술이 얇고 커다란 입에는 언제나 미소가 떠돌았고 턱은 단단했다. 매우 지적이고, 감상적인 데라곤 전혀 없었다. 시골 여자에게서 보이는 정밀한 데가 있고 정확한 실무적 감각을 갖추고 있었다. 이 감각은 남방인 특유의 상상력과 결합되어 있었다. 이 상상력은 사물을 과대시하는 것을 좋아했으나, 만약 필요하다면 사물을 정확한 척도로 볼 수도 있었다. 고도의 신비주의와 늙은 공증인의 술책이 알맞게 뒤섞여 있었다. 그녀는 남을 지배하는 습관을 갖고 있어 이것을 당연한 일처럼 알고 실행하고 있었다. 자크린은 곧 그녀의 포로가 되어 버렸다. 그녀는 자선 사업에 열중했다. 적어도 열중하고 있다고 믿었다. 앙젤르 수녀는 자크린의 정열이 누구에게 향해 있는지를 알고 있었다. 그녀는 이와 똑같은 정열을 불러 일으키는 데에 익숙했다. 그리고 그 정열은 모르는 체하며 냉정하게 이를 자선 사업과 신의 영광을 위해 이용할 것을 알고 있었다. 자크린은 자기의 돈과 의지와 마음을 바쳤다. 그녀는 사랑에 의해 자비심이 깊어지고 신을 믿었다.

사람들은 이내 자크린이 홀려 있다는 것을 눈치챘다. 그것을 눈치채지 못한 것은 그녀 자신뿐이었다. 조르즈의 후견인은 불안해졌다. 금전 문제를 걱정하기에는 너무나 관대하고 경솔한 조르즈조차도 어머니가 농락당하고 있다는 것을 눈치챘다. 그리고 이것을 불쾌하게 여겼다. 그는 어머니와의 다정스러웠던 때를 돌이켜 놓으려고 했으나 이미 너무 늦었다. 자기들 사이에 막이 펼쳐져 있는 것을 보았다. 조르즈는 이를 저 불가해한 영향 탓으로 돌리고 그가 음모가로 부르는 수녀에 대해, 어머니에게 하는 것과 마찬가지로 짜증을 느껴 이런 감정을 노골적으로 드러냈다. 당연히 자기 것이라고 믿고 있는 어머니의 마음속에 알지 못하는 다른 여자가 자기 장소를 차지하는 것은 그로서는 도저히 용서할 수 없는 일이었다. 그 장소를 빼앗긴 것은 자기가 그것을 버렸기 때문이라고는 생각지 않았다. 조르즈는 그곳을 도로 찾으려고 애쓰지는 않고 서투르게도 어머니를 모욕했다. 둘다 성급하고 정열적인 어머니와 아들 사이에 격렬한 말다툼이 벌어졌다. 둘 사이는 점점 멀어졌다. 앙젤르 수녀는 자크린을 완전히 자기 손아귀에 두었다. 조르즈는 어머니로부터 멀어져 제멋대로 행동했다. 적극적인 방탕스런 생활로 뛰어들었다. 노름을 해서 막대한 돈을 잃었다. 조르즈는 자기의 궤도를 벗어난 행위를 떠벌리고 다녔다. 그것은 그것이 재미있기도 하였고 동시에 어머니의 궤도를 벗어난 행위에 대한 보복이기도 하였던 것이다. 그는 스토방 들레스트라드 집 안사람들을 잘 알고 있었다. 콜레트는 이 미소년을 주목하여 결코 힘을 잃고 있지 않은 자기의 매력을 시험할 것을 놓치지 않았다. 그녀는 조르즈의 무모한 행위를 잘 알고 있었다. 그리고 이를 재미있어했다. 그러나 경박한 태도 밑에는 양식과 참된 호의의 소질이 감추어져 있었으므로 콜레트는 이 청년이 무릅쓰고 있는 위험을 알아차렸다. 그리고 조르즈를 지키는 것은 자기 힘으로는 불가능한 것임을 알았으므로 크리스토프에게 이 일을 알렸다. 그는 곧 파리로 돌아왔다.

*

나이 어린 자냉에게 얼마만큼의 영향이라도 줄 수 있는 사람은 크리스토프밖에 없었다. 그것도 한정된 아주 간헐적인 영향이었으나 그것은 설명하기 어려운 것이었던만큼 주목할 만한 것이었다. 크리스토프는 조르즈와 그의 동료들이 격심하게 반항하고 있는 구시대에 속하는 인간이었다. 그의 예술이나 사상에 대해 그들이 의혹적인 적의를 느끼고 있는, 고뇌의 시대의 가장 유력한 대표자의 한 사람이었다. 선량한 청년들에게 세계, 즉 로마와 프랑스를 구제하는 확실한 방법을 가르치고 있는 소예언자들이나 늙은 마법사들의 신복음서나 부적은 크리스토프에게 접근할 수 없었다. 모든 종교, 모든 당파, 모든 조국에서 해방되어 있는 자유로운 신념—그것은 이미 유행에 뒤떨어진 것이거나 혹은 다시 유행할 시기가 아직 오지 않은 것이었다—에 대해 그는 여전히 충실했다. 또 크리스토프는 국가적인 문제에는 초연해 있었으나, 어떤 나라에 있어서도 외국인은 본국인이 보기에는 야만인처럼 여겨지던 시대에 그 역시 파리에서 하나의 외국인이었다.

그래도 자냉 청년은 크리스토프를 존경했다. 조르즈는 명랑하고 경박하고 자리를 서먹서먹하게 만드는 음침한 자를 아주 싫어하며, 쾌락과 자극이 강한 놀이에 열중하고 동시대의 미사여구에 쉽게 넘어가고, 강한 근육과 정신적 나태 때문에 국가주의적, 왕당적, 제국주의적인 '악시용 프랑세즈'의 조야한 주의에—자신은 별로 잘 알지도 못하면서—마음을 기울였는데, 결국에 가서 그가 존경하고 있는 사람은 한 사람밖에 없었다. 그것이 크리스토프였다. 조르즈는 조숙한 경험과 어머니로부터 물려받은 무척 날카로운 육감으로써 자기에게 없어서는 안 되는 상류사회는 실상은 그다지 가치가 없다는 것과, 크리스토프의 탁월성을 제대로 판단하고 있었다(그러나 그것 때문에 그가 우울해지는 일은 없었다). 조르즈가 아무리 운동과 행동에 취해 있어도 아버지에게서 받은 유전을 거부할 수는 없었다. 막연한 불안이 자기 행동에 하나의 목표를 찾아내서 확실히 정해 놓고 싶다는 욕구가 돌발적인 짧은 발작에 의해서이긴 하지만, 올리비에에게서 그에게 전해져 있었다. 또 아마도 올리비에가 사랑하던 사내 쪽으로 그를 이끄는 저 신비적인 본능도 올리비에로부터 전해진 것이리라.

조르즈는 가끔 크리스토프를 만나러 갔다. 외향적이고 약간 수다스러운 그는, 터놓고 이야기하기를 좋아했다. 이에 귀를 기울일 만한 시간이 크리스토프에게 있는지 없는지 통 염두에 두지도 않았다. 그래도 크리스토프는 들어 주었다. 조바심 내는 모습은 전혀 보이지 않았다. 그러나 한창 일 도중에 갑자기 찾아왔을 때에는 그만 멍해질 때도 있었다. 그러나 그것은 겨우 몇 분 동안의 일로, 마음속의 작품에 손질을 가하기 위해 긴장을 푸는 것이었다. 그러나 곧 그의 정신은 조르즈 곁으로 돌아왔다. 조르즈는 그러한 방심을 눈치채지 못했다. 남에게 들리지 않도록 발끝걸음으로 들어오는 사람처럼 그의 정신은 자기의 그러한 탈출을 재미있어했다. 그러나 조르즈는 한두 번 이를 알아차리고 분개해서 말했다.

"아니, 제 얘기를 안 들으시는군요!"

그러자 크리스토프는 부끄러워졌다. 그래서 사과하는 뜻으로 주의력을 배로 하여 성급한 상대의 얘기를 다소곳이 들어주었다. 그의 얘기에는 어릿광대 같은 재미있는 데가 적지 않았다. 청년다운 진기한 얘기를 듣고 있으면 크리스토프는 그만 웃지 않을 수 없었다. 이렇게 조르즈는 모든 것을 툭 터놓고 얘기했다. 그에게는 무장한 상대의 기분을 풀어놓는 솔직한 데가 있었다.

크리스토프는 언제나 웃고 있는 것은 아니었다. 조르즈의 소행을 안타깝게 느낄 때도 가끔 있었다. 그는 성자는 아니었으며 타인에게 도덕을 논할 권리가 있다고 생각지도 않았다. 크리스토프를 가장 불쾌하게 한 것은 조르즈의 연애 사건도 아니고 터무니없는 재산의 낭비도 아니었다. 가장 용서하기 어려운 것은 조르즈가 자기 과오를 언급할 때 가벼운 마음을 갖는 것이었다. 확실히 조르즈는 거의 과오를 중시하고 있지 않았다. 매우 자연스러운 일이라고 여겼다. 그는 도덕에 대해서는 크리스토프와는 전혀 다른 생각을 갖고 있었다. 남녀 간의 관계에 도덕적인 성질은 전혀 없었다. 자유로운 유희밖에 없다고 보는 그런 청년들과 동류였다. 어떤 솔직성과 무관심한 선량함만 갖추면 신사로서의 자격은 충분하다고 생각하고 있었다. 크리스토프처럼 세심한 마음쓰임으로 번거로워지는 일은 없었다. 크리스토프는 그런 점에 분개했다. 다른 사람에게는 자기 생각을 강요하지 않으리라고 마음먹었으나 역시 관대해질 수만은 없었다. 옛날의 격렬한 성질은 아직 반밖에 억제되어 있지 않았다. 때로 그것이 폭발했다. 그는 조르즈의 어떤 종류의 정사를 불결하다고 비난하지 않을 수 없었다. 그리고 그 말을 대놓고 말했다. 조르즈도 참을성이 많지는 않았다. 두 사람 사이에는 아주 격한 말다툼이 벌어졌다. 그런 일이 있으면 두 사람은 몇 주일 동안 만나지 않았다. 크리스토프는 이렇게 화를 내봤자 조르즈의 소행이 달라질 리 없다는 것, 한 시대의 도덕을 다른 시대의 도덕관으로 재려고 하는 것은 별로 정당한 일이 아니라는 것을 똑똑히 알고 있었다. 그러나 참을 수가 없었다. 다음 기회가 오면 또 화를 내게 되는 것이었다. 누구나 자기가 그것 때문에 살아온 신념을 어떻게 의심할 수가 있을 것인가? 이웃 사람을 많이 만나기 위해 또는 이웃 사람을 위로하기 위해, 자신의 생각과는 다른 생각을 짐짓 꾸며본들 그것이 무슨 소용이 있으랴? 그것은 자기 자신을 파괴할 뿐 아무런 이익이 되지 않는다. 무엇보다, 의무는 있는 그대로의 자신으로 있는 일이다. '이것은 좋다, 그것은 나쁘다'고 대담하게 말하는 일이다. 자기가 강한 인간이라야만 약한 인간을 위하게 되는 것이지 자신이 상대와 마찬가지로 약한 인간이 되어서는 그다지 도움이 될 수는 없다. 이미 저질러진 잘못에 대해서는 관대하고 싶다면 그것까지는 좋다. 그러나 저지르려 하는 과실에 대해서는 결코 타협해서는 안 된다…….

그것은 옳은 생각이다. 그러나 조르즈는 자기가 하려고 하는 일에 대해서는 크리스토프에게 상의하지 않으려고 했다(자기 자신이 무엇을 하려고 하는 것인지 알고 있었던 것일까?). 그는 무슨 일이건 간에 해버리고 나서가 아니면 말하지 않았다. 그러면? …… 그러면 크리스토프로서는, 자기 말 같은 것은 들어 주지 않는다는 것을 확실히 알고 있는 늙은 큰아버지처럼, 어깨를 으쓱하고 미소 지으며 무언의 비난으로 이 방탕아를 바라보고 있을 수밖에 없었다.

그러한 때는 둘 사이에 한참 동안 침묵이 계속됐다. 조르즈는 아득히 멀리서 오고 있는 것처럼 보이는 크리스토프의 눈을 가만히 보고 있었다. 이 눈앞에서는 자기가 아직도 하찮은 어린애로 느껴졌다. 익살스런 빛이 번득이고 있는 이 날카로운 눈초리의 거울 속에서, 그는 자기의 있는 그대로의 모습을 보았다. 그것은 별로 자랑스러운 모습은 아니었다. 크리스토프는 조르즈가 털어놓은 얘기를 이용해서 그를 공격하는 일은 좀처럼 없었다. 마치 그런 얘기는 듣지 않는 것 같았다. 눈과 눈으로 무언의 대화를 한 뒤 크리스토프는 놀리는 듯이 머리를 모로 저었다. 그러고는 이제까지의 얘기와는 아무런 관계도 없을 것 같은 얘기를 시작했다. 그것은 그 자신에 관한 얘기나 타인에 관한 얘기로 실화일 수도 있고 만들어 낸 얘기일 수도 있었다. 그리고 조르즈는 자기와 똑같은 인간(이라고 그는 인정했다)이 자기와 똑같은 과오를 저지르며 새로운 빛 아래 애처롭고 우스꽝스런 모습으로 차차 나타나는 것을 보았다. 그리고 자신을, 자신의 처량한 표정을 웃지 않을 수 없었다. 크리스토프는 주석을 붙이지 않았다. 얘기 이상으로 효과가 있었던 것은 얘기하는 이의 힘차고 선량한 성질이었다. 그는 자기 일을 얘기할 때도 남의 일을 얘기할 때와 마찬가지로 초탈한 태도로 명랑하고 밝은 기분으로 얘기했다. 이 침착한 태도에 조르즈는 존경심을 느꼈다. 그가 찾으러 온 것은 실은 이것 때문이었다. 그는 수다스런 고백을 모두 해버리고 나면, 여름날 오후 커다란 나무 그늘에 길게 손발을 뻗고 드러누운 듯한 기분이 되었다. 불타는 듯한 햇빛의 뜨거운 눈부심은 사라져 버렸다. 조르즈는 자기 위에 자기를 지켜주는 날개를 가진 평화가 날고 있는 것을 느꼈다. 곤란한 생활의 무거운 짐을 태연히 지고 있는 이 사람 곁에 있으면, 자기 자신의 불안과 동요에서 벗어난 기분이 들었다. 이 사람의 얘기를 듣고 있으면 마음의 평안을 맛볼 수 있었다. 그로서도 언제나 듣기만 하지는 않았다. 자기 마음을 헤매어 다니게 했다. 그러나 어디를 헤매어 다녀도 크리스토프의 웃음소리가 주위에서 메아리쳤다.

그렇지만 이 늙은 벗의 관념은 그에게는 인연이 먼 것이었다. 크리스토프는 어떻게 혼의 고독에 익숙해질 수 있었던 것일까, 어떻게 예술 정치 종교의 당파로부터, 인간의 모든 단체로부터 유대를 끊을 수 있었던 것일까, 조르즈는 의아해했다. 언젠가 그는, 어떤 한 진영에 틀어박히려고 생각한 적은 한 번도 없었느냐고 물어보았다.

"틀어박힌다구!" 크리스토프는 웃으며 말했다. "밖으로 나가는 쪽이 좋지 않은가? 야외를 좋아하는 자네가 틀어박히라고 말하는 건가?"

"아뇨, 육체의 일과 정신의 일은 얘기가 다릅니다." 조르즈는 대답했다. "정신에는 확실성이 필요합니다. 타인과 더불어 생각하고 동시대의 모든 사람들이 인정하고 있는 원칙에 동의할 것이 필요합니다. 나는 옛날 사람들이, 고전적 정신을 가졌던 때의 사람들이 부러워 못 견디겠어요. 나의 벗들이 과거의 아름다운 질서를 부흥시키려고 하는 것은 옳은 일입니다."

"겁쟁이군!" 크리스토프는 말했다. "어떻게 이런 쓸개 빠진 인간이 생겨났을까!"

"나는 쓸개 빠진 인간은 아닙니다." 조르즈는 분연히 덤벼들었다. "우리 중에는 쓸개 빠진 인간은 한 사람도 없습니다."

"자신이 두려운 것은 쓸개 빠진 것임에 틀림없어." 크리스토프는 말했다. "무슨 짓이냐! 너희는 하나의 질서를 갖기 싫다면서 자기 자신의 손으로 그걸 만들 수가 없단 말인가? 증조할머니의 치마끈에 매달려야 한다는 건가? 자, 너희만으로 한번 걸어 보려무나!"

"뿌리를 박아야 합니다……." 조르즈가 당시의 유행어 한 구절을 우쭐대며 되뇌었다.

"뿌리를 박기 위해서는 나무는 화분에 심어야 한다는 말인가? 모두를 위해 대지가 있잖아. 너의 뿌리를 거기에다 내리렴. 자기 자신의 법칙을 찾아내는 거야. 자기 자신 속에서 그것을 찾는 거야."

"내겐 그런 틈이 없습니다." 조르즈가 말했다.

"너는 겁을 내고 있는 거야." 크리스토프는 반박했다.

조르즈는 그 말을 부정했다. 그러나 결국 자기 마음의 깊은 밑바닥을 들여다보는 성질이 못됨을 인정했다. 거기에 나타나는 기틀을 그는 알 수 없었다. 그런 어두운 구멍을 기웃거리면 안으로 빠져 버릴 것만 같았다.

"자, 내 손을 붙들어라." 크리스토프는 말했다.

그는 인생에 대해 자신이 그리고 있는 현실적이고 비극적인 영상의 뚜껑을 조금 열어서 보여 주고 흥겨워했다. 조르즈는 뒷걸음질쳤다. 크리스토프는 웃으며 뚜껑을 닫았다.

"어떻게 그런 식으로 살 수 있을까요?" 조르즈는 물었다.

"나는 살고 있다. 그리고 행복해." 그는 말했다.

"언제나 이런 것을 보고 있어야만 한다면 난 죽어 버릴 것입니다."

크리스토프는 그의 어깨를 두드렸다.

"이것이 우리의 용맹을 떨친 강자인가? …… 그럼 좋아, 자기 두뇌에 자신이 없으면 보지 않아도 괜찮아. 뭐, 꼭 봐야 하는 것도 아니니까 말이야. 하지만, 알겠나, 똑바로 전진해야 돼! 그러나 그러기 위해서 가축처럼 너의 어깨에 낙인을 찍는 지도자가 필요하다는 건가? 어떠한 암호를 너는 기다리고 있는 건가? 약속한 신호는 벌써 훨씬 오래전에 올라갔다. 말에 안장을 얹으라는 나팔도 울렸고, 기병대는 행진을 시작하고 있다. 너는 네 말에만 주의하면 된다. 자, 대열에 서라! 구보!"

"하지만 어디로 가는 겁니까?" 조르즈는 물었다.

"너의 부대가 가는 곳으로, 세계의 정복을 향해. 공중을 점령하고, 자연계의 모든 요소를 굴복시켜 자연의 마지막 방어 진지를 돌파하고, 공간을 후퇴시켜 죽음을 후퇴시키는 것이다……

Expertus vacuum Daedalus aera……
(다이달로스는 허공을 날고……)

……라틴어 선수인 너는 이걸 알고 있나? 적어도 그 뜻만이라도 내게 설명할 수 있겠나?

Perrupit Acheronta……
(삼도내를 건너 '죽음의 나라'를 격파하노라……)

그것이 너희의 운명이다. 행운의 정복자들아!"

크리스토프가 새로운 시대의 어깨에 얹힌 영웅적인 행위의 의무를 이렇게 뚜렷이 보여 주었으므로, 조르즈는 깜짝 놀라 말했다.

"하지만 만일 그것을 느끼고 계셨다면 어째서 저희와 함께 오시지 않았습니까?"

"내겐 달리 일이 있기 때문이다. 자, 넌 너의 일을 하는 게 좋아. 만일 할 수 있다면 나를 추월하려무나. 나는 여기 머물러 감시를 할 것이다……. 너는 《아라비안나이트》 속에서 이런 얘기를 읽은 적이 있지? 산처럼 키가 큰 악마가 상자 속에 갇혀 솔로몬의 봉인을 찍히게 되는 얘기를⋯⋯. 그 악마가 여기 있단 말이야. 우리 혼의 밑바닥에, 네가 들여다보기를 겁내는 이 혼의 밑바닥에 있는 것이다. 나 그리고 나와 동시대 사람들은 이 악마와 싸우기 위해 일생을 소비했어. 우리는 그를 정복하지 못했지만 상대도 우리를 정복하지 못했다. 지금 우리와 악마는 한숨 돌리고 쉬고 있는 참이다. 그리고 원한도 두려움도 없이 치러 온 싸움에 만족해서 서로 얼굴을 마주보고, 약속한 휴전 기간이 끝나기를 기다리는 것이다. 너희는 이 휴전 기간을 이용해서 자기 힘을 돌이키고 세계의 미를 골라내야 해. 행복하게 되어 일시적인 고요를 즐겨도 좋다. 하지만 언젠가는 너희나 너희의 아이들은 정복의 여행에서 돌아오면, 내가 있는 이 장소로 와서 내가 옆에서 감시하고 있는 이 악마에 대해 새로운 힘으로 싸워야 한다는 것을 잊어서는 안 돼. 그리고 그 싸움은 가끔 휴전에 의해 중단되지만 어느 한쪽이 쓰러질 때까지 계속될 것이다. 너희는 우리보다 강하고 행복할 것이다. 그때까지는 스포츠를 하고 싶거든 해도 좋아. 너의 근육과 마음을 단련하는 게 좋아. 그러나 싸움을 잔뜩 기다리고 있는 체력을 너절한 일에 낭비하는 바보 짓은 하지 않도록 해. 만일 네가 끈기가 있다면, 그 체력의 용도를 발견하게 되는 시대의 인간이 될 것이야."

*

조르즈는 크리스토프가 타일러 준 말을 그다지 마음에 담아 두지 않았다. 그의 정신은 크리스토프의 사상을 받아들일 만큼은 열려 있었으나, 그 사상은 곧 또 나가 버렸다. 그는 계단을 다 내려가기도 전에 모두 잊어 버렸다. 그래도 흐뭇한 즐거운 기분은 남아 있어, 그렇게 만들어 준 까닭을 이미 잊어버린 뒤에도 그 인상은 남아 있었다. 그는 크리스토프를 숭배하고 있었다. 그는 크리스토프가 믿고 있는 것은 무엇 하나 믿고 있지도 않았으나—(실제로 그는 모든 것을 비웃고 무엇 하나 믿고 있지 않았다)—이 늙은 벗에 대해 욕을 하는 자가 있다면 그의 머리를 부숴 버렸을 것이다.

다행히도 그에게 그런 소리를 하는 자는 아무도 없었다. 말하기만 했더라면 그는 엄청난 짓을 저질렀을 것이다.

크리스토프는 분명히 머지않아 새 바람이 일어날 것을 예상했다. 프랑스의 젊은 음악의 새로운 이상은 그의 이상과는 달랐다. 그러나 그렇기 때문에 더욱 젊은 음악에 대해 공감을 가졌지만, 젊은 음악 쪽은 그에 대해 아무런 공감도 갖지 않았다. 크리스토프가 대중에게 인기가 있다는 것도, 이러한 청년들 쪽에 굶주린 자와 그를 좀처럼 화해시킬 수는 없었다. 그들의 뱃속에는 별다른 것이 없었다. 그런만큼 그들의 이빨은 길고도 날카로웠다. 크리스토프는 그들의 짓궂은 점에 마음이 산란해지지 않았다.

"왜 이렇게 마구 덤벼드는 것일까!" 그는 말했다. "강아지들이 이빨이 돋아났군……."

그러나 크리스토프는 자기의 성공에 아첨을 떠는 다른 강아지들보다는 아직 이 강아지들이 더 낫다고 여겼다. 아첨하는 강아지들은, 도비니에가 말하는 '한 마리 개가 버터통에 머리를 틀어박으면 축하 인사로 그 수염을 핥으러 오는' 그 개들이었다.

크리스토프의 한 작품이 오페라 극장에서 채택되었다. 그는 곧 연습을 시작했다. 어느 날 크리스토프는 신문에 게재된 공격 기사로, 자기 작품을 채택하기 위해 이미 결정되었던 어떤 젊은 작곡가의 작품 상연이 무기한 연기되었음을 알았다. 이 기사를 쓴 기자는 그러한 권력의 남용을 분개하고 그 책임은 크리스토프에게 있다고 말했다.

크리스토프는 극장 지배인을 만나러 가서 말했다.

"당신은 내게 아무 말도 안 하셨지요. 이건 아무래도 곤란합니다. 내것보다 먼저 채택했던 오페라를 우선 상연해 주시오."

지배인은 놀란 듯한 표정을 지으며 웃고댔다. 그리고 그의 제의를 거절하고 크리스토프의 성격과 작품과 재능을 무턱대고 칭찬하며, 그 젊은 작곡가의 작품을 극도로 헐뜯어 아무런 가치도 없고 한 푼어치의 벌이도 안 되는 것이라고 단언했다.

"그럼 왜 채택하셨었습니까?"

"만사가 뜻대로 되는 게 아닙니다. 가끔은 세상 의견에 만족한 체해야 합니다. 옛날에는 젊은 녀석들이 아무리 고함쳐도 누구 한 사람 듣지 않았지요. 그렇지만 지금은 그들이 우리에 대해, 국가주의의 신문을 선동하는 방법을 생각해 낸 것입니다. 우리가 불행하게도 그들 젊은 유파에 열중하지 않는다면 신문은 우리가 배신자라느니 좋지 않은 프랑스인이라느니 떠드는 것입니다. 젊은 유파라구요! 허, 참! ……솔직하게 말씀드릴까요? 실은 난 이제 그만 질려 버렸습니다! 청중도 마찬가집니다. 그들의 기도 음악은 딱 질 색입니다……. 혈관 속에 한 방울의 피도 없으니까요. 그들은 미사를 노래 불러 주는 신부들입니다. 그들이 연애의 이중주를 만들면 마치 애도가 같습 니다……. 억지로 떠맡겨져서 채택하는 작품을 닥치는 대로 상연하는 바보 짓을 했다가는 나는 이 극장을 파산시켜 버리게 됩니다. 나는 채택은 합니 다. 하지만 그 이상의 것을 내게 요구할 수는 없는 것입니다. 중대한 일에 대해 얘기하십시다. 당신은, 이 극장을 관객으로 가득 채워주십니다……."

다시 입에 발린 말이 이어졌다.

크리스토프는 상대의 말을 깨끗이 물리치고 노기를 띠며 말했다.

"난 그런 데에 속아 넘어가지는 않습니다. 지금은 내가 노인이 되어 이른 바 '자리를 잡은' 인간이 되었으니까 나를 이용해서 젊은 사람들을 짓부수려 고 하는 것이오. 당신은 내가 젊었을 때는 나를 그들과 마찬가지로 짓부수려 들었을 테죠. 저 청년의 작품을 상연해 주시오. 그렇지 않으면 나는 내 작품 을 도로 찾아가겠소."

지배인은 팔을 높이 쳐들며 말했다.

"그래도 당신은 알지 못하겠습니까? 만일 우리가 당신이 바라시는 대로 한다면 그들 신문 지상의 위협에 겁을 내는 것처럼 보인다는 것을."

"그런 건 아무래도 좋소!" 크리스토프는 말했다.

"그럼 뜻대로 하세요! 하지만 맨 먼저 얻어맞게 됩니다."

지배인은 크리스토프의 작품 연습을 그대로 계속하는 한편 젊은 음악가의 작품 준비도 시작했다. 크리스토프의 작품은 3막짜리고, 청년의 작품은 2막 짜리였다. 그 두 개를 함께 상연하기로 결정했다. 크리스토프는 자신이 보호 해 준 청년을 만났다. 맨 먼저 이 뉴스를 전해 주고 싶었던 것이다. 상대는 황송해하며 영원한 감사를 맹세했다.

물론 크리스토프는 지배인이 자신의 작품에 모든 주의를 집중하는 것을 방해할 수는 없었다. 그래서 청년의 작품은 그 연주법이나 연출법이 얼마쯤 희생되었다. 크리스토프는 이에 대해서는 아무것도 몰랐다. 그는 청년의 작 품 연습에 두세 번 참석했다. 그 작품은 무척 평범한 것으로 여겨졌다. 참다 못해 두세 마디 충고를 해보았다. 그러나 그는 기꺼워하지 않았다. 그래서 그것만으로 그치고 더는 참견하지 않았다. 한편 지배인은 곧 상연해 주기를 바란다면 다소의 삭제는 어쩔 수 없음을 신진 작가에게 납득시켰다. 그러한 희생은 처음에는 쉽사리 승낙되었지만 점점 작자에게는 고통으로 여겨졌다.

공연 날 밤이 되었다. 신진 작곡가의 작품은 전혀 성공하지 못했다. 크리스토프의 작품은 대단한 호평을 받았다. 몇 개의 신문은 크리스토프를 헐뜯었다. '한 젊은 프랑스 대예술가를 밟아 뭉개려고 음모가 꾸며진 것이다, 비밀스런 계약이 이루어졌다'고 보도했다. 그의 작품은 독일 대가의 비위를 맞추기 위해 난도질을 당한 것이라고 보도하고, 이 독일의 대가야말로 바야흐로 태어나려 하는 모든 영광된 신인을 비열하게도 질투하고 있다고 늘어놓았다. 크리스토프는 어깨를 으쓱하며 이렇게 생각했다.

'그가 대답해 주겠지.'

그러나 '그'는 대답하지 않았다. 크리스토프는 그에게 신문 기사를 보내며 이렇게 썼다.

'당신은 이것을 읽었겠지요?'

상대는 다음과 같은 답장을 보내왔다.

'참으로 유감 천만입니다! 이 기자는 나에게 언제나 귀찮게 말썽을 부려 왔습니다! 정말 분개합니다. 그러나 개의치 않는 것이 가장 좋은 방법입니다.'

크리스토프는 웃었다. 그리고 생각했다.

'이 비겁한 자가 말하는 대로다.'

그리고 그는 이 사건의 기사를 그가 '망각의 지하 감방'이라고 부르고 있는 것 속에 집어던졌다.

그런데 이때 우연히 크리스토프에 대한 맹렬한 공격 기사가 평소에는 신문을 좀처럼 읽지 않는, 읽는다 해도 스포츠 기사밖에는 읽지 않는 조르즈의 눈에 언뜻 띄었다. 그는 그 기자를 알고 있었다. 그래서 그 사내를 반드시 만날 수 있으리라 확신한 카페로 찾아갔다. 과연 거기 있었다. 그는 사내의 따귀를 갈기고 결투를 신청하여 검으로 상대의 어깨에 깊은 상처를 입혔다.

이튿날 크리스토프는 아침을 먹고 있는 중에 어떤 친구의 편지로 이 사건을 알았다. 그는 숨이 막힐 만큼 놀랐다. 식사도 그대로 두고 조르즈의 집으로 달려갔다. 조르즈 자신이 문을 열었다. 크리스토프는 돌풍처럼 안으로 뛰어들어가, 그의 양팔을 잡고 분노로 그의 몸을 거세게 흔들며 노기 띤 질책의 말을 잇따라 퍼부었다.

"머저리 같으니라구!" 그는 외쳤다. "나를 위해 결투하다니! 누가 그런 일을 하랬나? 내 일에까지 참견을 하다니, 이 풋내기, 경솔한 녀석 같으니라구! 내가 내 일 하나 처리하지 못할 줄 알았나, 응? 이 되바라진 녀석! 넌 저 깡패녀석에게 결투 상대가 되는 명예를 준 거야. 그것은 저 녀석이 바라고 있는 거야. 넌 저 녀석을 영웅으로 만들었어. 바보 같으니라구! 만일 자칫해서…… 넌 틀림없이 여느 때처럼 경솔하게 마구 덤벼들었을 텐데…… 만일 네가 살해되기라도 했다면 어떡할 뻔했나…… 형편 없는 놈! 그런 일이 생겼더라면 난 한평생 널 용서하지 않았을 것이다……."

조르즈는 미친 사람처럼 웃고 있었는데, 이 마지막 협박조의 말을 듣고 마치 발작이라도 일어난 듯 눈물이 나도록 웃었다.

"아, 얼마나 이상한 분인가! 정말 우스운 분이야! 당신을 변호했다고 해서 나를 야단치십니까! 그럼 이번에는 공격해 드리겠어요. 그러면 아마 입 맞춰 주시겠지요."

크리스토프는 입을 다물었다. 그는 조르즈를 꽉 껴안고 양쪽 볼에 입 맞추고 나서 말했다.

"조르즈! ……용서해라. 난 늙어빠진 바보다. 하지만 이 얘기를 듣고 정신이 뒤집힌 거야. 결투를 하다니, 도대체 정신이 있는 거냐! 왜 그런 녀석과 결투를 했지? 자, 다시는 그런 짓은 하지 않겠다고 여기서 당장에 약속해 다오."

"저는 아무것도 약속하지 않겠어요." 조르즈는 말했다. "저는 제가 하고 싶은 일을 하겠어요."

"잘 들어, 난 너에게 그걸 금한다. 만일 또다시 한다면 난 다시는 널 만나지 않을 테다. 신문으로 널 비난하고 너와는……."

"인연을 끊겠다는 말씀이지요. 알겠습니다."

"이봐, 조르즈, 제발 부탁이야. 그따위 짓을 해서 무슨 소용이 있나?"

"당신은 나 같은 것보다 몇십 배 훌륭한 분이고 나 같은 것보다 훨씬 많은 일들을 알고 계시지만, 저런 자들의 일은 제가 훨씬 더 잘 알고 있습니다. 안심하세요. 그런 것도 반드시 도움이 될 겁니다. 이제부턴 당신 욕설을 하기 전에 입 안에서 독설을 빙글빙글 돌려 잘 생각해 볼 테지요."

"뭐, 저런 얼빠진 녀석들이 내게 어떤 짓을 할 수가 있어? 그 녀석이 뭐라고 하든 웃어 버리면 그만이지."

"하지만 저는 웃어 버릴 수 없어요. 당신은 자신의 일만 하고 계시면 됩니다."

그 뒤로 크리스토프는 다시 새로운 신문 기사가 조르즈의 감정을 돋우어놓는 일은 없을까 겁을 먹었다. 평소에 결코 신문을 읽은 적이 없는 크리스토프가 그 뒤 매일 카페 탁자 앞에 앉아 여러 신문을 샅샅이 읽고 있는 모습은 다소 우스꽝스러웠다. 그는 중상 기사가 발견되면 그것이 조르즈의 눈에 띄지 않게 하기 위해서는 어떤 짓이라도(필요하다면 창피한 짓이라도) 할 작정이었다. 일주일이 지나자 그도 안심했다. 조르즈가 말한 대로였다. 조르즈의 저 결투로 그동안 함부로 짖어대던 자들도 지금은 반성하고 있었다. 그런데 크리스토프는 일주일 동안이나 일을 못하게 만든 이 경박한 청년에 대해 투덜투덜 불평을 늘어놓으면서도, 결국 자기에게는 그를 야단칠 만한 권리가 거의 없다고 생각했다. 그리 먼 옛날은 아니지만 언젠가 자기 자신이 올리비에를 위해 결투했을 때의 일이 생각났다. 그리고 이렇게 말하고 있는 올리비에의 목소리가 귀에 들리는 것 같았다.

"내버려둬요, 크리스토프. 당신이 빌려준 걸 내가 갚아 주고 있는 거예요!"

*

크리스토프는 자신에 대한 공격을 아무렇지도 않게 받아들이고 있었으나 그러한 익살스런 초연한 태도를 도저히 취하지 못하는 사내가 있었다. 그것은 에마누엘이었다.

유럽의 사상은 급속도로 발전해 나갔다. 여러 가지 기계의 발견과 새로운 발동기 등과 더불어 그것은 더욱 급속도로 추진되고 있는 것 같았다. 예전이라면 20년 동안은 충분히 인류를 기를 수 있었을 충분한 편견과 희망을 겨우 5년 동안에 다 써 버렸다. 여러 가지 세대의 정신이 잇따라 빈번히 서로 겹쳐 질주하고 있었다. '때'가 돌격 나팔을 울렸다. 에마누엘은 추월당하고 말았다.

프랑스의 정력을 노래 부르던 그는 스승 올리비에의 이상주의를 아직 한 번도 버린 일은 없었다. 그의 국민적 감정이 얼마나 강했든 간에 그것은 정신적인 위대성을 숭배하는 마음과 섞여 있었다. 그는 그의 시 속에서 프랑스의 승리를 우렁차게 노래 불렀으나, 그것은 프랑스 속에 현대 유럽 최고의 승리의 여신 아테나를, '폭력'에 복수하는 승리한 '권리'를 보고 그것을 신앙적으로 숭배하고 있었기 때문이었다. 그렇지만 이제 '폭력'이 '권리'의 마음 속에조차 눈떠 야수와 같은 벌거숭이 모습으로 나타났다. 완강하고 호전적인 새 시대는 싸움을 원하고 있어, 아직 승리도 얻기 전부터 정복자와 같은 기분에 사로잡혀 있었다. 자기의 우람한 근육을, 넓은 가슴을, 향락을 갈망하고 있는 강력한 관능을, 평야 위를 높이 날아오르는 맹금과 같은 날개를 자랑삼았다. 한시라도 빨리 싸워서 자기 발톱을 시험해 보고 싶어했다.

프랑스 민족의 갖가지 공훈, 알프스 위나 태양 위를 넘는 대담하기 이를 데 없는 비행, 아프리카 사막을 횡단하는 웅장한 기마 여행, 필립 오귀스트(제3차 십자군을 일으킨 왕)나 빌라 르두앵(제4차 십자군의 기록을 쓴 프랑스의 역사가)과 거의 마찬가지로 신비적이지만 그렇게까지는 절실한 이해관계가 없는 새로운 십자군 등이 국민을 온통 흥분시켜 버렸다. 책 속에서만 전쟁을 본 이러한 청년들은 터무니없이 전쟁을 미화해서 생각했다. 그들은 공격적이 되었다. 평화나 관념에 물린 그들은 피투성이 손을 가진 행동이 언젠가 그 위에서 프랑스의 힘을 다시 버텨낼 '전투의 모루'를 찬미했다. 관념론의 가슴이 메스꺼운 남용에 대한 반동으로서 그들은 이상의 경멸을 자기들의 신앙으로서 선언했다. 또 소견 좁은 양식이나, 완고한 현실주의나, 국민적인 이기주의를 허세를 부려 찬양했다. 이 창피한 줄 모르는 국민적 이기주의는 조국을 위대하게 하는 데 유용하다고만 하면 타인의 정의도 타국이라도 짓밟아 버리는 것이었다. 그들은 외국인을 싫어하며 반민주주의자이고 그리고 가장 신앙이 없는 자까지도 가톨릭교에의 복귀를 논했다. 그것은 '절대적인 것을 자기들에게 유리하도록 인도하고', 무한한 것을 질서와 권위의 힘 아래 가두어 두려고 하는 실제적인 요구에서 나온 것이었다. 그들은 또 전 시대의 온화한 노인이나 공상적인 이상주의자나 인도주의적인 사상가 등을 단지 경멸하는 것만으로는 모자라 사회에 해를 끼치는 자로 취급했다. 이러한 청년들의 눈에는 에마누엘도 그 한 사람이었다. 그는 이를 몹시 고통스러워하고 또 분개했다.

그는 크리스토프도 자기와 마찬가지로—아니, 자기 이상으로 이러한 부정의 희생자임을 알고 크리스토프에게 친근감을 느끼게 되었다. 에마누엘의 태도가 상냥하지 않았기 때문에 크리스토프는 그를 만나러 갈 기분이 나지 않았다. 그런데 에마누엘은 오만했으므로 자기가 만나러 가서 상대를 반가워하는 듯한 꼴을 보이고 싶지 않았다. 그러나 사뭇 우연인 것처럼 크리스토프와 마주치는 데 성공했다. 그리고 그로 하여금 말을 걸게 했다. 이 일이 있고 나서부터는 에마누엘의 민감한 시기심도 모두 사라져 크리스토프의 방문에 대해 기쁨을 감추지 않았다. 그 뒤부터 두 사람은 서로 방문하거나 방문을 받거나 해서 빈번히 함께 지냈다.

에마누엘은 크리스토프에게 자기의 원한을 털어놓았다. 그는 비평가들에 대해 분개했다. 그리고 크리스토프가 별로 흥분하지 않는 것을 보자 크리스토프 자신에 관한 신문을 갖다 읽게 했다. 거기에는 크리스토프는 자기 예술의 문법을 모른다, 화성학에 대해서는 무지하다, 동료의 작품을 표절해서 음악을 더럽히고 있다는 비난 기사가 실려 있었다. 크리스토프는 '저 침착성이 없는 노인……'이라고 불렸다. 또 이런 말도 있었다. '우리에게는 이제 이러한 간질병 환자는 필요 없다! 우리는 질서이고, 이성이며, 고전적 균형이다……'

크리스토프는 그것을 재미있어했다.

"그것이 자연의 법칙이지." 그는 말했다. "청년은 노인을 묘지로 집어던진다……. 나의 시대에는 실제로 60살이 되면 노인 취급을 했었지. 그런데 오늘날에는 사람의 발걸음이 훨씬 빨라졌어……. 무선 전신이나 비행기 세상이니까…… 하나의 시대는 훨씬 빨리 지쳐 버리는 거야. 불쌍한 녀석들이지! 그 녀석들도 오래 가지는 못할 거야! 지금 빨리 우리를 경멸하고는 양지 쪽을 휩쓸고 다녀야 해!"

그러나 에마누엘에게는 이러한 아름다운 건전함은 없었다. 사상에 있어서는 대담무쌍했지만 병적인 신경에 괴로움을 받았다. 꼽추의 몸 속에 격렬한 혼을 가진 그는 전투를 필요로 하기는 했으나 전투에 적합하지는 않았다. 적의에 찬 비평을 대하면 피가 흘러나올 만큼 상처를 입었다.

"아!" 그는 말했다. "만일 비평가들이 그만 실수로 입에 담은 부당한 말로 예술가들에게 어떤 해악을 끼치는가를 알았다면 틀림없이 자기들의 직업을 부끄러워할 텐데요."

"아냐, 그들은 그것을 제대로 알고 있네. 그것이 그들의 생존 이유인 거야. 모두 살아야 하니까 말일세."

"그들은 잔인하기 이를 데 없는 놈들입니다. 우리는 생활 때문에 피투성이가 되고, 예술을 상대로 해야 하는 싸움에 지쳤습니다. 그러한 우리에게 손을 뻗쳐 우리의 약한 것을 어루만지며 얘기하고 그 약한 것을 보충하듯이 우애의 손을 보충해주는 것이 옳은 일일 겁니다. 그런데도 그들은 그렇게 하기는커녕 호주머니에 손을 찔러 넣은 채 거기 우뚝 서서 우리가 무거운 짐을 지고 비탈길을 오르는 것을 보며 '될 게 뭐야! ……' 하는 식으로 말합니다. 그리고 겨우 정상에 도달하면 어떤 녀석은 '올라왔구나. 하지만 그런 식으로 올라와선 안 돼!'라고 말합니다. 또 어떤 녀석은 심술궂게 '아직 완전히 다 오르진 않았어……' 되뇌는 것입니다. 우리를 쓰러뜨리려고 다리에 돌을 던지지 않는 게 다행이지요."

"뭐, 그들 가운데 때로는 두세 사람은 훌륭한 비평가도 있지. 그런 사람들은 퍽 좋은 일을 할 수 있는 거야! 너절한 자들은 곳곳에 많아. 그것은 직업과는 관계 없는 일이지. 예를 들면, 선량한 데라곤 없이 허영심은 강한데다 무척 까다로워서 세상을 자기 먹이로 생각하고 그게 자유롭게 먹히지 않는다고 분노하고 있는 예술가보다 보기 싫은 게 어디 있나? 우린 인내력으로 무장해야 하네. 어떠한 악이라도 얼마쯤은 도움이 되네. 최악의 비평가라도 우리에겐 유익한 거야. 하나의 자극을 주게 되지. 그는 우리가 한눈 파는 것을 용서치 않을 걸세. 우리가 목적지에 도착했구나 하고 생각할 때마다 개들이 우리의 꽁무니에 덤벼드네. 그래서 또 전진하는 거야! 더 멀리! 더 높은 곳으로! 그러면 앞서서 전진하는 우리들보다 뒤따라오는 개들 쪽이 지쳐 버릴 테지. 아라비아의 속담을 생각해 보기로 할까. '열매 맺지 않는 나무는 괴로움을 당하지 않는다. 금빛 열매를 관으로 쓰고 있는 나무만이 투석당한다' ……남들로부터 위로받는 예술가들은 불쌍해. 그들은 도중에서 걸음을 멈추고 멍하니 주저앉아 버리겠지. 다음에 일어서서 걸어가려 해도 흐늘흐늘 지쳐 빠져서 한 발짝도 움직이지 못하겠지. 내게 덕이 되어 준 적이여, 만세! 그들은 내 생애에서 해로운 벗들보다도 훨씬 많은 일을 해주었네."

에마누엘은 그만 미소 짓지 않을 수 없었다. 그러고는 말했다.

"하지만 당신 같은 고참이 처음 싸움터로 나온 신병들에게서 충고 비슷한 소릴 듣는 것은 괴롭지 않습니까?"

"아냐, 재미있는걸." 크리스토프는 말했다. "그들이 건방진 것은 자신을 나타내려고 하는 젊음이 넘치는 끓어오르는 피가 있다는 증거일세. 나도 전엔 그랬었네. 그것은 부활하는 대지에 퍼붓는 3월의 소나기일세. 우리에게 충고해도 좋지! 결국 그들이 옳은 거야. 노인은 청년의 학교에서 배우는 게 좋아. 그들은 우리를 이용했어. 그들은 은혜를 모르는 걸세. 하지만 그게 바로 일의 차례라는 걸세. 그들은 우리의 노력으로 풍부해지고 우리보다도 멀리 가 우리가 해보지 않은 걸 실현하는 거지. 만일 우리에게 얼마쯤 젊음이 남아 있다면 우리도 또 공부해서 자신을 새롭게 변화시키면 되잖겠나. 만일 우리가 그걸 못하겠다면, 만일 우리가 너무나 나이를 많이 먹은 거라면, 그들 속에서 자기 자신을 보고 즐기면 되잖겠나. 말라 버린 듯이 보이는 인간의 혼이 부단히 꽃을 피우는 것을 보는 것은 참으로 즐거운 일일세. 청년들의 힘찬 낙관주의, 모험적인 행동을 느끼는 그들의 기쁨, 세계를 정복하기 위해 소생해 나오는 저런 자들을 보는 것은 참으로 신나는 일이지."

"하지만 만일 우리가 없었더라면 그들은 어떻게 됐을까요? 저 기쁨은 우리의 눈물에서 나온 것입니다. 저 오만한 힘은 한 시대 전체의 고뇌에서 피어난 꽃입니다. '그대 이렇듯 일을 하지만, 그 보답은 그대에게 주어지지 않을지니'……."

"그렇지만, 그 밝은 글귀는 틀린 걸세. 우리는 자신들을 추월하는 인간을 만들며 일했지만 결국 자기 자신을 위해 일해 온 거야. 우리는 그들의 저금을 쌓아올려 주고 사방팔방에서 바람이 스며드는 문단속이 잘 안 된 판잣집 속에서 그걸 지어 주었네. 죽음이 안으로 들어오지 않도록 우리는 우리 몸으로 문을 받쳐야만 했어. 그리고 아이들이 나아가는 승리의 길을 우리의 팔로 개척해 놨어. 우리의 노력은 미래를 구제했어. 우리는 노아의 방주를 약속한 땅 입구까지 인도해 갔어. 방주는 그들을 태우고 우리의 힘으로 약속한 땅으로 들어갈 테지."

"하지만 그들은 신성한 불과 우리 민족의 제신과 지금은 어른이 되었지만 당시는 아이였던 그들을 등에 업고 여러 사막을 가로질러 온 우리를 언젠가 생각해 내기라도 할까요? 우리의 몫으로 얻은 것은 시련과 망은(忘恩)뿐입니다."

"그게 분한가?"

"아뇨. 자신이 낳아 놓은 시대의 희생이 된 힘찬 시대, 우리 시대는 마치 그것입니다만, 그러한 시대가 가진 비극적인 위대성은 그것을 느끼는 사람을 도취케 하는 것입니다. 현재의 사람들은 인내의 숭고한 기쁨을 이제는 맛볼 수도 없을 것입니다."

"우리는 제일 행복했던 거야. 우리는 네보 산(팔레스티나의 산. 모세가 이 산에서 약속한 땅 가나안을 보았다고 한다)을 오른 거야. 이 산기슭에는 우리가 발을 들여놓을 수 없는 토지가 널려 있어. 하지만 우리는 그곳의 경치를 거기에 들어가는 사람들보다 많이 즐기고 있는 것일세. 평야로 내려서면 무한한 평야와 먼 지평선이 보이지 않게 되어 버릴 걸세."

*

크리스토프는 조르즈와 에마누엘에 대해 정신을 부드럽게 해주는 감화력을 갖고 있었는데, 그는 이 힘을 그라시아의 사랑 속에서 길어 냈다. 그는 이 사랑으로 젊음이 넘치는 모든 것에 자신이 붙들어 매인 듯하고 생명의 모든 새로운 형식에 결코 지칠 수 없는 공감을 느꼈다. 대지를 소생시키는 힘이 어떠한 것일지라도 크리스토프는 항상 그 힘과 더불어 있었다. 설령 그 힘이 그와 적대 관계에 있는 것일 때라도 그랬다. 소수 특권자의 이기심에 비명을 지르게 한 민주주의가 가까운 장래에 주권을 장악하는 데 대해서도 그는 별로 공포를 느끼지 않았다. 그는 노쇠한 예술의 터무니없는 주기도문에 매달려 있는 인간은 아니었다. 가공적인 환상에서 과학과 행동을 통해 실현되는 몽상에서 밝은 예술보다 더 힘찬 예술이 튀어나오는 것을 그는 확신을 갖고 기다렸다. 설령 낡은 세계의 미가 자기와 더불어 사라지는 한이 있더라도 그는 세계의 새로운 여명에 축복을 보내고 싶었다.

그라시아는 자기의 사랑이 크리스토프를 위함이라는 것을 알았다. 자기 힘을 의식하고 있다는 것이 그녀를 실제 이상으로 높여 주었다. 그녀는 편지에 의해 그를 지배했다. 물론 예술상의 지도를 하겠다고 하는 우스꽝스런 생각 따위는 하지 않았다. 그런 것을 생각하기에는 그녀는 너무나 현명했으며 자기의 한계를 제대로 알고 있었다. 그러나 그녀의 올바르고 순수한 목소리는 그가 자기 혼의 상대를 맞추어 보는 소리굽쇠였다. 크리스토프는 이 목소리가 그의 사상을 되풀이하는 것이 앞질러 들리는 것 같고, 벌써 그것만으로 그는 되풀이되기에 알맞은 올바른 순수한 일밖엔 생각지 않았다. 훌륭한 악기의 음은 음악가에게 있어서는 자기의 아름다운 꿈이 곧 구체화되는 아름다운 육체와 같은 것이다. 서로 사랑하고 있는 두 정신의 신비적인 융합은 서로 상대가 갖고 있는 가장 좋은 것을 빼앗는다. 그러나 그것은 자기의 사랑으로 이를 풍성하게 해서 돌려주기 위해서이다. 그라시아는 크리스토프에게 그를 사랑한다는 것을 두려워하지 않고 말했다. 멀리 떨어져 있으므로 그녀는 한층 자유롭게 얘기할 수 있었다. 게다가 자기는 결코 그의 것이 될 수 없다는 확신도 가졌다. 종교적인 정열이 크리스토프의 마음에 통해 있는 이 사랑은 그에게 있어서는 마음의 평안의 원천이었다.

이 마음의 평안을 그라시아는 자기가 실제로 갖고 있는 이상으로 상대에게 주었다. 그녀의 건강은 나빠졌고 정신의 균형은 크게 흔들렸다. 아들의 용태도 좋지 않았다. 최근 2년 동안 그녀는 끊임없는 불안 속에서 살았다. 그리고 이 불안은 그것을 희롱하는 리오넬로의 잔인한 재능에 의해 한층 더 해졌다. 리오넬로는 자기를 사랑하고 있는 사람들의 간을 떨어뜨리는 데 있어 참으로 놀라운 기량을 터득했다. 자기에 대한 관심을 눈뜨게 하거나 남을 괴롭히기 위해 그의 한가로운 두뇌는 여러 수단을 생각해 냈다. 그것은 편집광적인 습관으로까지 변했다. 그리고 이것은 엄청난 비극이었지만, 리오넬로가 병을 과장하고 있는 동안에 실제로 병세가 더 심해져 갔던 것이다. 그리고 죽음이 모습을 나타냈다. 얼마나 극적인 익살인가! 그라시아는 몇 해 동안 아들의 꾀병에 고통을 겪었으므로 병이 거기까지 왔는데도 이를 믿을 수가 없었다……. 인간의 마음에는 한계가 있다. 그녀는 거짓말에 대해 동정의 힘을 다 써버렸다. 리오넬로가 사실을 말해도 그녀는 그가 연극을 한다고 생각했다. 그리고 사실이 밝혀졌을 때 그녀의 여생은 양심의 가책으로 괴로움을 겪게 되었다.

리오넬로의 심술은 조금도 창끝을 거둬들이지 않았다. 그는 누구에게도 애정을 갖고 있지 않으면서도 자기 주위의 누군가가 자기 이외의 다른 사람을 사랑하는 것을 참지 못했다. 질투가 그의 유일한 정열이었다. 크리스토프에게서 어머니를 멀리하는 데 성공한 것만으로는 아직 만족하지 못했다. 될수만 있다면 두 사람 사이에 아직도 이어져 있는 우정까지 끊어 버리고 싶다고 생각했다. 이미 여느 때의 무기인 병을 써서 재혼하지 않겠다는 것을 어머니에게 맹세하게 했다. 그러나 리오넬로는 이 약속만으로는 만족하지 않았다. 이젠 크리스토프에게 편지를 쓰지 않을 것을 요구했다. 이번만은 그라시아도 거역했다. 그리고 이러한 권력의 남용은 그녀를 오히려 해방시켜 버렸다. 그라시아는 리오넬로의 이제까지의 거짓말에 대해 참혹할 만큼 호된 말로 비난했다. 하기야 그녀는 나중에 이 일로 죄라도 저지른 것처럼 자신을 책망했다. 그 때문에 리오넬로가 울화통을 터뜨려 병이 들어 버렸던 것이다. 어머니가 그것을 심각하게 받아들이지 않으므로 병은 더욱 악화되었다. 그래서 리오넬로는 화나는 김에 죽어서 원한을 풀고 싶다고 했다. 이 소원이 이루어지리라고 그 자신은 꿈에도 생각지 못했다.

의사가 그라시아에게 아이는 이제 절망적이라는 것을 암시했을 때 그녀는 벼락을 맞은 듯한 기분이었다. 그러나 이제까지 자기를 속인 아이를 이번에는 그녀 자신이 속이기 위해 절망을 감추고 있어야만 했다. 아이도 이번에는 중대하다는 것을 눈치챘으나, 그것을 믿고 싶지 않았다. 리오넬로는 자기가 거짓말을 했을 때는 이를 비난했다고 해서 벌컥 화를 냈었지만, 지금 그의 눈은 어머니의 눈 속에서 비난을 찾으려고 했다. 마침내 이제는 더 의심할 여지가 없는 시기가 왔다. 그것은 리오넬로에게도 가족에게도 무서운 일이었다. 아이는 죽고 싶지 않았다…….

아이가 드디어 긴 잠에 든 것을 보았을 때, 그라시아는 울음소리도 내지 않고 탄식도 하지 않았다. 사람들은 그 침묵에 놀랐다. 그녀에게는 이제 괴로워할 힘도 남아 있지 않았다. 그녀에게는 단 한 가지 희망밖에는 없었다. 이번에는 자신이 긴 잠에 들고 싶다는 것이었다. 그래도 겉으로 보기에는 종전과 다름없는 조용한 태도로 나날의 일과를 치러 나갔다. 몇 주일 뒤에는 전보다 말이 없는 그 입에 다시 미소가 나타나기조차 했다. 아무도 그라시아의 괴로움은 눈치채지 못했다. 크리스토프는 더욱 눈치채지 못했다. 그녀는 아이의 죽음을 알렸을 뿐, 자기 자신에 대해서는 아무 말도 하지 않았다. 불안한 애정에 불타오른 크리스토프의 몇 번의 편지에도 답장을 내지 않았다. 그는 가고 싶다고 말했다. 그러나 그녀는 오지 말라고 부탁했다. 2, 3개월이 지나자 그라시아의 편지는 다시 이전과 같은 진지하고 명랑한 성격을 띠었다. 자신의 허약에서 오는 마음의 무거운 짐을 크리스토프에게 지우면 안 된다고 생각했음에 틀림없었다. 그녀는 자기의 모든 감정이 크리스토프의 마음속에서 메아리친다는 것, 그리고 그가 항상 자기에게 기대고 싶어하는 것을 알고 있었다. 그러나 그라시아는 괴로운 구속을 자신에게 강요한 것은 아니었다. 일종의 훈련이 그녀를 구한 것이다. 단지 두 가지 일이 삶에 지친 그라시아를 살리고 있었다. 그것은 크리스토프에 대한 사랑과 숙명관이었다. 이 숙명관은 괴로울 때도 즐거울 때도 그녀의 이탈리아인적인 성질의 바탕을 이루고 있었다. 거기에는 지적인 것은 전혀 없었다. 그것은 완전히 동물적인 본능이었다. 흐늘흐늘하게 지쳐 버린 동물이 자신의 피로도 느끼지 않고 길바닥의 돌멩이도 자기 몸도 잊고, 시선을 굳게 한군데 둔 채 열중해서 쓰러질 때까지 걸어가는 저 동물적인 본능이었다. 그러한 숙명관이 그라시아의 몸을 지탱했다. 그리고 애정이 그녀의 마음을 지탱했다. 그녀 자신의 생명은 닳아져서 이제 그라시아는 크리스토프 안에서 살고 있었다. 그러나 전에 없이 세심한 주의를 다하여 그에 대한 애정을 편지 속에 나타내지 않으려고 했다. 물론 그것은 그 애정이 한층 커졌기 때문이었다. 그러나 또 동시에 죽은 아이의 '거부'가 그라시아의 마음을 무겁게 내리눌러 그녀의 애정을 죄악처럼 여기게 했기 때문이었다. 그러자 그녀는 침묵해 버렸다. 그리고 얼마 동안은 편지를 쓰지 않기로 했다.

크리스토프는 이러한 침묵의 이유를 알 수 없었다. 때론 어떤 편지의 덤덤하고 조용한 흐름 속에 숨죽인 정열이 떨고 있는, 뜻밖의 강한 흐름을 포착할 때가 있었다. 그는 그만 가슴이 뭉클했다. 그러나 뭐라고 말을 꺼내지 못했다. 그러한 그는 환각이 사라져 버리지나 않을까 조용히 숨죽이고 있는 사내와 같았다. 그러한 강한 흐름은 다음 편지에서는 거의 정해 놓은 듯이 짐짓 냉담으로 상쇄되는 것을 그는 알고 있었다……. 다음에는 또다시 조용한 평안이 왔다…… '조용한 바다의 고요'…….

*

조르즈와 에마누엘은 크리스토프의 집에서 만났다. 그것은 어느 오후의 일이었다. 둘 다 자기 일에만 정신이 팔려 있었다. 에마누엘은 문학상의 일로 실망한 것을 얘기하고, 조르즈는 스포츠 경기에서 실패했다는 것을 얘기했다. 크리스토프는 두 사람의 얘기에 친절히 귀를 기울이고 상냥스럽게 놀려댔다. 그때 초인종이 울렸다. 조르즈가 가서 문을 열었다. 한 하인이 콜레트로부터의 편지를 가져온 것이었다. 크리스토프는 창가로 가서 그것을 읽었다. 두 사람은 다시 논쟁을 시작했다. 두 사람은 그들을 등지고 있는 크리스토프의 모습을 보지 못했다. 크리스토프는 둘이 눈치채지 않도록 방에서 나갔다. 그러나 둘은 그것을 알게 됐지만 별로 놀라지 않았다. 그러나 너무 오랫동안 보이지 않으므로 조르즈가 옆방 문을 두들겨 보았다. 대답이 없었다. 조르즈는 그의 변덕스런 성격을 알고 있었으므로 내버려 두었다. 그러고 나서 몇 분 뒤 크리스토프가 되돌아왔다. 그는 아주 조용하고 무척 피로해 있는 것 같으나 퍽 상냥스러웠다. 두 사람을 내버려둔 것을 사과하고, 하다 만 애기를 다시 시작해서 그들의 근심을 친절히 위로해 주고 그들에게 도움이 될 만한 애기를 해 주었다. 왠지 그들은 크리스토프의 목소리에 감동되었다.

둘은 돌아갔다. 조르즈는 그 길로 콜레트한테 들렀다. 그녀는 눈물을 흘리고 있었다. 조르즈의 모습을 보자 콜레트는 달려와서 물었다.

"저 불쌍한 사람은 어떻게 참고 있었지? 정말 무서운 일이에요!"

조르즈는 영문을 알 수 없었다. 콜레트는 그에게 그라시아의 죽음을 크리스토프에게 알렸다고 가르쳐 주었다.

그라시아는 아무에게도 작별을 알릴 겨를도 없이 이 세상을 떠났다. 몇 개월 전부터 그녀의 생명의 뿌리는 거의 뽑혀져 있었다. 그녀를 쓰러뜨리는 데는 가벼운 감기로 족했다. 그녀는 유행성 감기로 죽었다. 그 병이 도지기 전날 그라시아는 크리스토프에게서 기분 좋은 편지를 받았다. 그녀는 이에 감동되었다. 그를 자기 곁으로 부르고 싶었다. 다른 모든 일, 두 사람을 떼놓고 있는 모든 일은 모두 허위며 부당한 것이라고 느꼈다. 무척 피로했으므로 그에게 편지를 쓰는 것은 이튿날로 미루었다. 그러나 이튿날도 쭉 자리에 누워 있어야 했다. 편지를 쓰기 시작했으나 끝까지 쓰지 못했다. 현기증이 나고 머리가 지끈지끈했다. 게다가 자신이 아프다는 것을 알리기가 망설여졌다. 크리스토프의 마음을 산란하게 하고 싶지 않았던 것이다. 크리스토프는 마침 이때 하나의 교향곡적인 합창곡의 연습에 착수했었다. 그것은 에마누엘의 시에 곡을 붙인 것이었다. 그 주제가 그들의 마음에 들었다. 그것은 다소 그들 자신의 운명을 상징하는 데가 있었기 때문이었다. 그것은 〈약속한 땅〉이라는 작품이었다. 크리스토프는 이제까지 가끔 이 작품에 대해 그라시아에게 얘기했었다. 그 초연이 다음 주에 있을 예정이었다……. 그를 걱정시켜서는 안 되었다. 그라시아는 좀 감기 기운이 있다고 쓰고 나서 이래도 지나치다고 생각해, 편지를 찢었다. 그러나 또다시 쓸 힘은 없었다. 그래서 밤에 쓰려고 생각했다. 그러나 그날 밤은 이미 때가 늦었다. 그를 부르기에는 늦었다. 편지를 쓰기에도 이미 늦었다……. 이토록 죽음은 성급한 것일까! 만드는 데 몇 세기나 걸린 것이 단 몇 시간으로 파괴되어 버렸다……. 그라시아는 가까스로 자기 손가락의 반지를 딸에게 주어 이를 자기 벗에게 전해 주도록 부탁했다. 그녀는 이제까지 오로라와는 그다지 친하게 지내지 않았다. 이 세상을 떠나려 하는 지금 그라시아는 뒤에 남는 딸의 얼굴을 정열적으로 물끄러미 지켜보았다. 자기의 악수를 벗에게 전해 딸의 손을 꼭 쥐고 있었다. 그리고 기쁜 듯이 이런 생각을 하고 있었다.

'난 이 세상을 아주 떠나 버리는 것은 아니다.'

*

Quid? hic, inquam, quis est qui complet aures meas tantus et tam dulcis sonus!

'무엇일까? 내 귀에 울려퍼지는 이렇듯 커다랗고 또 이렇듯 상냥스런 이 소리는!'

(스키피오의 꿈)

조르즈는 콜레트와 작별하자 동정의 충동으로 내달려 크리스토프에게로 돌아왔다. 조르즈는 훨씬 전부터 콜레트의 버릇없는 말에 의해, 그라시아가 크리스토프의 마음속에서 어떤 위치를 차지하고 있는지를 알고 있었다. 그리고 때로는—청년은 다른 사람을 거의 존경하지 않는다—그것을 놀려대어 재미있어할 때도 있었다. 그러나 지금은 그라시아의 사망으로 인해 크리스토프에게 일어나고 있을 것이 분명한 고통을 뼈저리게 자기 마음속에 느끼고 있었다. 그래서 크리스토프한테로 달려가 조의를 표하고 포옹하고 싶었다. 크리스토프의 격렬한 정열을 알고 있었으므로 아까 그가 보인 조용한 태도는 오히려 불안했다. 조르즈는 초인종을 울렸다. 아무것도 움직이는 기미가 없었다. 또 한 번 초인종을 울렸다. 그리고 크리스토프와 그 사이에 정해 놓은 방법으로 문을 두드렸다. 안락의자가 움직이는 소리가 나고 천천히 다가오는 무거운 발걸음 소리가 들렸다. 크리스토프가 문을 열었다. 그 얼굴이 너무나 평온했으므로 그의 품속에 뛰어들려던 조르즈는 문득 멈춰섰다. 뭐라고 해야 좋을지 몰랐다. 크리스토프는 부드럽게 물었다.

"자네였군. 뭐 잊고 간 게 있었나?"

조르즈는 떨리는 가슴으로 중얼거렸다.

"네."

"들어오게."

크리스토프는 조르즈가 오기 전에 앉아 있던 안락의자로 가서 다시 걸터앉았다. 창가에서 의자의 등에 머리를 기댄 채 정면의 집들 지붕과 놀이 비낀 붉은 하늘을 조용히 내다보고 있었다. 조르즈의 일 따위는 염두에도 없었다. 청년은 책상 위에서 무엇인가를 찾는 척하며 크리스토프를 살며시 훔쳐보았다. 크리스토프의 얼굴은 평온했다. 놀의 반영이 뺨의 위쪽과 이마의 일부를 비쳤다. 조르즈는 계속 찾는 척하며 침실인 옆방으로 들어갔다. 조금 전에 크리스토프가 편지를 가진 채 틀어박힌 곳이었다. 그 편지는 아직 몸의 형체가 남아 있는 침대 위에 있었다. 마루의 깔개 위에 책 한 권이 떨어져 있었다. 펼쳐진 채로 페이지가 접혀 있었다. 조르즈는 그것을 집어들었다. 그것은 복음서였다. 그는 그 페이지에서 막달라 마리아와 정원사의 해후 장면을 읽었다.

조르즈는 처음 방으로 돌아와 자기 행동을 합리화하기 위해 두세 가지 물건을 좌우로 움직여 놓고, 꼼짝 않고 있는 크리스토프를 다시 바라보았다. 무엇이든 위로의 말을 건네고 싶었다. 그러나 크리스토프가 너무 밝은 얼굴을 하고 있으므로 어떠한 말도 적합하지 않을 것 같았다. 차라리 조르즈 쪽이 위로의 말이 필요한 것 같았다. 그는 우물쭈물하며 말했다.

"전 가겠습니다."

크리스토프는 돌아보지도 않고 말했다.

"잘 가게."

조르즈는 방을 나섰다. 그리고 소리 나지 않게 살며시 문을 닫았다.

크리스토프는 오랫동안 그대로 가만히 있었다. 이윽고 밤이 되었다. 그는 조금도 괴로워하지는 않았다. 생각하고 있지도 않았다. 어떤 뚜렷한 형체도 떠오르지 않았다. 어렴풋한 음악을 애써 이해하려 하지도 않고 듣고 있는, 피로한 사람 같았다. 기력이 쭉 빠지고 나서 일어났을 때는 이미 밤은 깊었다. 그는 침대에 몸을 던졌다. 그리고 무거운 잠에 빠져들었다. 교향곡은 아직도 희미하게 계속되고 있었다…….

그러자 그때 그녀가, 사랑하는 그녀의 모습이 보였다……. 그녀는 그에게로 손을 내밀고 미소를 띠며 말했다.

"지금 당신은 불의 나라를 지나갔습니다."

그러자 크리스토프의 마음이 확 풀렸다. 평안이 별밤 하늘을 채우고, 거기서는 천체의 음악이 움직이지 않고 깊고 큰 음파를 펼치고 있었다…….

그가 눈을 떴을 때도(벌써 밤이 새고 있었다) 그 불가사의한 행복감은 그가 들었던 말의 먼 그윽한 빛과 더불어 그의 마음속에 남아 있었다. 크리스토프는 일어났다. 무언의 신성한 감각이 그를 지탱했다.

　　……Or vedi, figlio,

　　tra Beatrice é questo muro……

　　……그대 잘 생각하라

　　베아트리체와 그대와의 사이에는 이 불꽃의 벽이 있다는 것을……

베아트리체와 그 사이에 있는 벽은 무너졌다.

이미 오래 전부터 크리스토프의 혼의 반 이상은 벽의 저쪽에 가 있었다. 인간은 살아감에 따라, 창조함에 따라, 사랑함에 따라, 그리고 사랑하는 사람들을 잃음에 따라 죽음으로부터 벗어나는 것이다. 우리는 타격을 받을 때마다, 새로운 작품을 만들어 낼 때마다, 자신으로부터 빠져나와 자기가 창조한 작품 속에, 지금은 이승을 떠난 사랑하는 혼 속으로 도망쳐 들어가는 것이다. 마침내 로마는 이미 로마 속에는 없게 된다. 자기의 가장 훌륭한 부분은 자기 밖에 있다. 그라시아만이 그를 벽 이쪽으로 붙들어 두었다……. 그런데 그 그라시아도……. 이제 문은 고뇌의 세계에 대해 닫혀 버렸다.

크리스토프는 다른 사람들이 알 수 없는 황홀한 한 시기를 보냈다. 그는 이제 어떠한 사슬의 무거운 짐도 느끼지 않았다. 이제는 아무것도 기대하지 않았다. 이제는 아무것에도 종속되어 있지 않았다. 자유로운 몸이었다. 싸움은 끝났다. 웅장한 전투의 신—만군의 주이신 신—이 지배하고 있는 범위 밖으로, 전투 지역 밖으로 나가 그는 자기 발밑에 불타는 가시덤불의 횃불이 어두운 밤에 사라져 가는 것을 보고 있었다. 아, 벌써 저 횃불도 얼마나 멀리 사라져 버릴 것인가! 저 횃불에 길이 비쳤을 때는 그는 거의 정점에 도달한 것처럼 생각했다. 그 뒤에도 얼마나 걸어왔던 것일까! 그러나 정상은 도무지 가까워진 것 같지 않았다. 설령 계속 걸어나간다 해도 정상에는 결코 도달하지 못할 것이다(그는 지금 그것을 알고 있었다). 그러나 빛의 범위 안에 들어왔을 때는, 사랑하는 사람들을 남겨 두고 가는 것이 아닐 때는, 영원한 여행도 그러한 사람들과 함께 할 때는 그다지 긴 것은 아니다.

크리스토프는 문을 굳게 닫았다. 아무도 찾아오는 이는 없었다. 조르즈는 동정의 여력을 한꺼번에 다 써 버렸다. 집으로 돌아가자 안심하고 이튿날은 벌써 그 일을 생각하고 있지 않았다. 콜레트는 로마로 출발하였다. 에마누엘은 아무것도 몰랐다. 그리고 크리스토프가 오지 않으므로 보통 때처럼 의심을 하여 감정이 상한 채 침묵을 지키고 있었다. 크리스토프는 임신한 여자가 귀중하고 무서운 짐을 몸에 간직하고 있는 것처럼 이제는 그라시아를 혼 속에 안고, 아무에게도 방해되지 않고 그녀와 며칠씩이나 무언의 대화에 빠져 들었다. 그것은 어떠한 말로도 나타낼 수 없는 감동적인 대화였다. 그것은 음악으로도 거의 표현할 수 없는 것이었다. 가슴이 뿌듯해지면, 넘쳐흐를 듯이 뿌듯해지면 크리스토프는 눈을 감고 조용히 꼼짝도 않고 그 대화가 노래로 들려오는 데 귀를 기울이고 있었다. 혹은 몇 시간씩이나 피아노 앞에 앉아 손가락에 얘기를 시켰다. 그는 이 기간에 일생의 다른 모든 시기보다도 많은 즉흥곡을 작곡했다. 그러나 자기 악상을 적어 두지 않았다. 적어 둔들 무엇할 것인가?

몇 주일이 지나자 그는 다시 외출을 해 사람들을 만났다. 그러나 조르즈 말고는 친한 사람들 중 누구 한 사람 크리스토프의 신변에 일어난 일을 눈치챈 사람은 없었다. 그 무렵에도 즉흥의 귀신은 아직 한참 동안 남아 있었다. 이 귀신은 전혀 뜻하지 않았을 때 불쑥 찾아왔다. 어느 날 밤, 콜레트 집에서 크리스토프는 피아노 앞에 앉아 거의 한 시간 동안 쳤다. 객실에 무관심한 사람들이 많이 있다는 것도 모두 잊어버리고 이에 골똘해 있었다. 사람들은 웃을 기분이 나지 않았다. 이 무서운 즉흥곡에 압도되어 마음이 뒤흔들렸다. 뜻을 모르는 사람들까지도 가슴이 미어지는 듯했다. 콜레트의 눈에 눈물이 글썽거렸다……. 크리스토프는 다 치고 나자 불현듯 뒤를 돌아보았다. 사람들의 감동을 보자 어깨를 으쓱하고, 그리고 웃었다.

고뇌도 또한 하나의 힘, 제외된 하나의 힘이 된다는 점에까지 크리스토프는 도달했다. 고뇌는 이제 그를 사로잡고 있지 않았다. 그 쪽이 고뇌를 사로잡고 있었다. 때로는 그 고뇌가 난동을 부려 우리 안의 창살을 잡아 흔들 때가 있었다. 그러나 그는 이것을 우리 속에 가두어 놓았다.

이 무렵부터 크리스토프의 가장 비통하고, 그러면서도 가장 행복한 작품이 나타나기 시작했다. 예컨대 언젠가 조르즈가 발견한 복음서의 한 장면도 작품이 되었다.

"mulier, quid ploras?" "Quia tulerunt Dominum meum et nescio ubi posuerunteum."

Et cum haec dixisset, conversa st retror-sum et vidit Jesum stantem et non sciebat quia Jesus est.

"여자여, 왜 탄식하느냐?" "우리 주를 취한 자 있어 어디에 두었는지 알지 못하기 때문입니다."

이렇게 말하고 여자는 뒤를 돌아보고 거기 예수가 서 있음을 보았느니라. 그러나 예수라는 것을 알지 못했느니라.

그리고 또 스페인 속요의 문구를 작곡한 일련의 비극적인 가곡도 있었다. 그중에는 검은 불꽃 같은 사랑과 연인의 죽음을 슬퍼하는 노래가 있었다.

Quisiera ser el sepulcro

Donde á ti han de enterrar,

Para tenerte en mis brazos

Por toda la eternidad.

나는 되고 싶어라, 무덤의 돌이

너를 묻는 그 무덤의 돌이

언제, 언제까지나 나의 품속에

너를 끌어안고 싶기 때문에

그리고 또 〈조용한 섬〉과 〈스키피오의 꿈〉이라는 두 교향곡이 있었다. 이 교향곡들에게는 장 크리스토프 크라프트의 다른 어떤 작품보다도 당시 음악의 가장 아름다운 갖가지 힘이 한층 긴밀히 결합되어 있었다. 어두운 주름이 있는 애정 깊고 학자적인 독일 사상, 정열적인 이탈리아의 선율, 섬세한 리듬과 음영이 있는 조화가 풍부한 프랑스의 발랄한 재기가 결합되어 있었다.

'사랑하는 사람의 죽음을 겪는 더할 수 없이 슬픈 시기에 절망에서 생겨나는 이러한 혼의 앙양'은 한두 달 계속됐다. 그 뒤 크리스토프는 튼튼한 마음과 확실한 발걸음으로 다시 인생으로 되돌아왔다. 염세관의 마지막 안개와 금욕적인 혼의 잿빛, 신비적인 명암의 환상은 죽음의 바람에 날아가 버렸다. 사라져가는 먹구름 위에 무지개가 빛났다. 눈물에 씻긴 듯한, 한층 맑게 트인 하늘의 시선이 구름을 통해 살며시 웃고 있었다. 그것은 산 위의 조용한 저녁 때였다.

제4부

유럽의 숲 속에 숨어 있던 불이 불꽃을 올리며 타오르기 시작했다. 이곳의 불을 꺼버리면 더 앞쪽에서 타올랐다. 연기의 소용돌이와 불티의 비(雨)를 뒤따르며 여기저기로 번져 메마른 가시덤불을 태웠다. 이미 동양에서는 전초전이 국가 간의 커다란 전쟁 서곡을 연주하고 있었다. 유럽 전체가, 어제까지는 회의적이고 무감각이며 마른 나무 같았던 유럽이 불의 제물이 되어 있었다. 전쟁에 대한 욕망이 모든 사람들의 혼을 사로잡았다. 언제 어느 때 전쟁이 발발할지 몰랐다. 아무리 숨통을 끊어 놔도 금방 숨이 되살아났다. 전혀 보잘것없는 구실도 거기에 기름을 부었다. 하나의 우연으로 전란이 열릴 것을 사람들은 느꼈다. 사람들은 기다리고 있었다. 가장 평화주의적인 사람들도 피치 못할 전쟁 발발의 필연성을 느끼고 그 감정에 마음이 짓눌려 있었다. 그리고 관념론자들은 외눈 거인 프루동의 커다란 그늘 뒤에 숨어, 전쟁 속에 인간의 고귀함의 가장 아름다운 자격을 칭송하고 있었다⋯⋯.

그렇다면 서유럽 여러 민족의 육체적 정신적 부활은 이런 데로 도달해야 했던가! 정열적인 행동이나 신념의 분류(奔流)는 그들을 이러한 도살 행위로 내몰아야 했던가! 이러한 맹목적인 돌진에, 예견되고 선택된 목표를 정할 수 있는 것은 오직 나폴레옹과 같은 천재뿐이었을 것이다. 그러나 행동의 천재는 유럽 어디에도 없었다. 마치 세계는 자기를 지배하는 자로서 일부러 가장 범용한 자들을 택한 것 같았다. 인간 정신의 힘은 다른 곳에 있었다. 이렇게 되자 비탈길로 끌려 내려오는 수밖에 없었다. 지배하고 있는 인간도 지배받고 있는 인간도 모두 그런 식이었다. 광대한 유럽은 무장하고 있는 야경꾼의 모습과도 같았다.

크리스토프는 꼭 이것과 비슷한 장면이 있었다는 것이 생각났다. 그때도 올리비에의 근심스런 얼굴이 자기 곁에 있었다. 그러나 그때는 전쟁의 위협은 지나가는 소나기 구름에 지나지 않았다. 그렇지만 이제 그 위협이 유럽 전체를 그늘로 휘덮었다. 그리고 크리스토프의 마음도 역시 달라졌다. 국가 간의 이러한 증오에 그는 이제 참가할 수 없었다. 그는 마치 1813년의 괴테의 정신 상태와 같았다. 증오 없이 어떻게 싸울 수 있을 것인가? 그리고 젊은 혈기 없이 어떻게 증오할 수 있을 것인가? 증오의 시대는 이미 옛날에 지나가 버렸다. 이들 대항하고 있는 여러 국민 중에서 어느 것이 그에게 친근하지 않은 것이었을까? 어느 나라나 저마다 공적을 가지고 있음을 그는 알고 있었다. 인간은 혼의 어느 단계에 이르면 '이제는 저마다 국가나 이웃 국민의 행복과 불행을 마치 자기들의 것처럼 느끼는' 법이다. 폭풍의 먹구름은 발밑에 있다. 그의 주위에는 이제 하늘밖에 없다, '독수리가 차지할 하늘' 뿐이다.

그래도 어쩌다가 크리스토프는 숨이 답답한 주위를 느낄 때가 있었다. 파리에 있으면 자기가 적의 민족임을 너무나 강하게 느끼게 되었다. 친한 조르즈조차도 그의 앞에서 독일에 대한 감정을 터뜨려 놓는 기쁨에 저항하지 못했다. 크리스토프는 그러한 감정에 슬픈 생각이 들었다. 그래서 그는 파리에서 멀어졌다. 그라시아의 딸을 만나러 간다는 구실로 로마로 갔다. 그러나 로마에서도 전같이 명랑한 환경을 찾아볼 수 없었다. 국가주의적인 자존심이 페스트처럼 퍼져 있었다. 그것은 이탈리아인의 성격을 완전히 바꾸어 놓았다. 크리스토프가 무관심하고 게으르다고 여겼던 이 나라 사람들은 이제는 군사적인 영광이나 전투나 정복이나, 리비아 사막 위를 나는 로마의 독수리 등의 일밖에는 꿈꾸고 있지 않았다. 로마 황제 시대로 돌아간 듯한 기분이었다. 놀랍게도 반대당인 사회주의자나 성직 옹호론자가 왕정주의자와 마찬가지로 아주 진지하게 이 열광에 가담하고 있었다. 게다가 조금도 자기 주의에 어긋난다고는 생각하고 있지 않았다. 전염병과 같은 커다란 정열이 민중 위를 휩쓸어 갈 때는 정치도 인간의 이성도 얼마나 믿을 수 없는 것인가는 이것만으로도 똑똑히 알 수 있다. 이 정열을 억누르는 수고조차도 하지 않고 이것을 이용한다. 모든 것이 같은 목적으로 집중된다. 행동의 시기에서는 언제나 그랬다. 프랑스의 위대성을 만들어 놓은 앙리 4세의 군대 중에도, 루이 14세 시대의 대신들 가운데도 허영과 이기심과 저속한 쾌락주의 사람들과 같을 만큼 이성과 신념의 사람들도 있었던 것이다.

장세니스트도 자유사상가도 또 청교도도, 나잇값도 못하는 방탕자도, 저마다 자기의 본능을 받들면서도 같은 운명을 받들었던 것이다. 가까운 앞날의 전쟁에 있어서는 세계주의자와 평화주의자도 국민의회의 선인들과 마찬가지로 이것이야말로 민중의 행복과 평화의 승리를 위한 것이라고 믿고 아마도 포화의 마개를 뽑을 것이리라……

크리스토프는 다소 익살스런 미소를 지으며 자니쿨로 언덕의 조망대에서 잡다하지만 조화 있는 이 도시를 내려다보았다. 이 도시는 그것이 지배하던 전 세계의 상징이었다. 석회가 된 폐허, 바로크풍 건물의 정면, 근대적인 건축물, 얽혀 버린 삼나무와 장미—모든 세기, 모든 양식이 지적인 빛 아래서 힘찬 긴밀한 통일 속으로 녹아들어 있다. 인간 정신도 이런 식으로 자기 속에 있는 질서와 빛을 투쟁하는 세계 위에 발산해야 할 것이다.

크리스토프는 로마에서 아주 짧은 기간밖에는 머무르지 않았다. 이 도시가 그에게 준 인상은 너무나 강했다. 그는 겁이 났다. 이 조화를 잘 이용하기 위해서는 거리를 두고 물어봐야 했다. 이대로 여기 머물러 있으면 이 민족의 많은 사람들처럼 이 조화에 빨려들어가 버리고 말게 될 위험성이 있을 듯싶었다. 또 크리스토프는 가끔 독일로 가서 잠시 머물렀다. 그러나 결국 프랑스와 독일의 충돌이 절박해 있어도 언제나 그는 파리에 이끌렸다. 파리에는 그의 양자라고도 할 수 있는 조르즈가 있었다. 그러나 조르즈에게 강하게 마음이 끌리는 것은 애정 때문만이 아니었다. 다른 지적인 이유도 결코 약한 것은 아니었다. 충족된 정신 생활에 익숙해지고, 인류라는 대가족의 모든 정열에 용감히 참가하고 있는 예술가에게 있어서는 독일 생활에 다시 젖어들기가 어려웠다. 독일에도 결코 예술가가 없는 것은 아니었다. 그러나 예술가에게 있어야 할 공기가 부족했다. 그들은 국민으로부터 고립되어 있었다. 국민은 그들에게 관심을 갖지 않았다. 다른 사회적 혹은 실제적인 관심사가 일반 대중의 정신을 차지했다. 시인들은 대중에 대해 안타까운 경멸을 품고, 경멸받는 자기들의 예술 속에 틀어박혔다. 그들은 자기들의 예술을 민중 생활에 붙들어매는 마지막 유대를 단절하는 데에 오만스런 보람을 느꼈다. 그들은 소수의 사람들을 위해서만 썼다. 그것은 재능이 풍부하고 세련된, 그러나 생산력이 없는 소귀족들로 그들 자신의 무기력함을 스스로 인정하고 몇 가지 그룹으로 나뉘어 서로 대항하며, 쑤셔박힌 좁은 장소에서 숨막혀 하고 있는 것이었다. 그 장소를 넓힐 수도 없어 무턱대고 파기만 했다. 같은 흙을 파헤치고 있으므로 양분 있는 흙이 없어져 버렸다. 그래서 무질서한 몽상에 빠져 자기들의 몽상을 공동의 것으로 하려는 생각도 갖지 않게 되었다. 저마다 안개에 휘말려 그 자리에서 몸부림치고 있었다. 공통된 빛은 전혀 없었다. 저마다 자기 자신에게서 비치는 빛밖에 기대할 수 없었다.

그러나 이와 반대로 라인 강 저편 강가의 서유럽 사람들 사이에서는 집단적인 정열의 커다란 바람이, 공중의 폭풍이 정기적으로 예술을 덮쳐서 불어왔다. 그리고 파리의 거리 위에 솟아 있는 에펠탑처럼 고전적 전통의, 전에 한 번도 꺼진 적이 없는 등대가 평야를 굽어보며 멀리 빛났다. 이 전통은 몇 세기 동안의 산고와 영광으로써 획득된 것이며 손에서 손으로 전해져, 정신을 노예로 삼지도 않고 구속도 하지 않고 과거 몇 세기가 더듬어 온 길을 정신에게 가르치고 그 빛 속에서 모든 민중을 한 덩어리로 만들었다. 여러 독일 정신이, 어두운 밤에 길을 잃은 새처럼 이 먼 신호등 쪽으로 똑바로 날아왔다. 그러나 프랑스에 있어서는 이웃 나라의 많은 관대한 정신을 프랑스 쪽으로 밀고 가는 이 공감의 힘을 눈치챈 자가 있었던가? 정치상의 죄에는 책임이 없는 많은 성실한 손이 내뻗쳐 있는 것이다……. 그러나 독일의 형제들이여, 여러분들도 여러분들에게 다음과 같이 말하는 프랑스인들이 있다는 것을 알지 못한다. '우리는 악수하고 있다. 많은 거짓과 미움이 있을지라도 사람들은 결코 우리를 떼어 놓지 못할 것이다. 우리 민족을 위대하게 하기 위해서는 우리는 너희들을 필요로 하고, 너희들은 우리를 필요로 한다. 우리는 서유럽의 양쪽 날개이다. 한쪽 날개가 찢어지면 다른 쪽 날개도 날지 못하게 된다. 전쟁이 일어나더라도 상관없다. 전쟁으로도 우리의 악수를 풀어 놓을 수는 없을 것이며, 우리 우애 정신의 비약을 방해할 수는 없을 것이다.'

크리스토프는 그런 식으로 생각하고 있었다. 두 나라 민중이 어느 정도까지 서로 보충하고 있는 것일까, 그들의 정신이나 예술이나 행동은 상호 원조가 없을 때는 얼마나 불구의 절름발이의 것이 되느냐는 것을 그는 느끼고 있었다. 두 나라 문명이 하나의 흐름으로 서로 섞여드는 라인 강 기슭에 태어난 그는 어린 시절부터 두 나라 문명 협력의 필요를 본능적으로 믿었다. 일생을 통한 그의 정신의 무의식적인 노력은 힘찬 양쪽 날개의 균형을 유지하는 일이었다. 크리스토프는 게르만적인 몽상이 풍부하면 풍부할수록 라틴적인 명쾌한 정신과 질서를 필요로 했다. 그러므로 프랑스는 그에게 참으로 귀중한 것이었다. 그는 거기서 자신을 더 잘 알게 되고 자신을 제어하는 기쁨을 맛보았다. 프랑스에 있으면 그는 아주 완전히 자기 자신일 수 있었다. 그는 자신을 해치려고 하는 요소도 기꺼이 받아들였다.

크리스토프는 자기 정력과는 다른 정력에도 동화해서 자기 것으로 만들었다. 활기에 찬 정신은 건강한 때는 모든 힘을, 자기와는 반대되는 힘도 흡수한다. 그리고 이를 자기의 것으로 한다. 자신과 가장 닮지 않은 것에 한층 이끌려 드는 순간조차 있다. 왜냐하면 거기에 한층 풍부한 양식이 발견되기 때문이다.

크리스토프는 그의 경쟁상대라는 예술가의 작품에서, 그의 모방자들의 작품보다도 많은 기쁨을 느꼈다. 그에게도 모방자가 있었지만 그들은 그의 제자라고 자칭하고 그를 무척 낙심하게 했다. 그들은 선량한 청년으로, 크리스토프를 마음으로 숭배하고 근심하며 모든 미덕을 가진 존경할 만한 친구들이었다. 크리스토프는 그들의 음악을 못 견딜 만큼 사랑해 주고 싶었다. 그러나—공교롭게도! —도무지 사랑할 수가 없었다. 그들의 음악에서는 가치를 느낄 수 없었다. 개인적으로는 자기에게 반감을 느끼고 또 예술적으로는 자기와 반대되는 경향을 대표하는 예술가들의 재능에 크리스토프는 훨씬 매혹되었다……. 상관 있는가! 적어도 그들은 살아 있는 것이다. 생명은 그 자체가 하나의 미덕이며, 이것이 결여되어 있는 자는 비록 다른 모든 미덕을 갖추었더라도 결코 완전히 한 사람 몫의 인간은 되지 못하리라. 왜냐하면 그는 완전히 한 사람 몫의 인간은 아니므로. 크리스토프는 언제나 농담으로, 자기를 향해 덤벼드는 사람들밖엔 제자로 인정하지 않는다고 말했다. 그리고 젊은 예술가가 찾아와 자기의 음악적 재능을 얘기하고 그에게 아첨하면서 그의 공감을 얻었다고 느끼고 있으면 크리스토프는 이렇게 물었다.

"그렇다면 자넨 내 음악에 만족하고 있다는 것인가? 내 방법으로 자네의 사랑이나 혹은 미움을 표현하는 것인가?"

"그렇습니다, 선생님."

"그렇다면 잠자코 있게! 자네가 해야 할 말은 없을 걸세."

복종하기 위해 태어난 것 같은 순종적인 정신에 대한 혐오와 자기 것과는 다른 사상을 흡수하고 싶은 욕구 때문에, 그는 자기 것과는 정반대인 관념을 가진 사람들 쪽으로 이끌렸다. 그의 예술이나 이상주의적인 신념이나 도덕관을 의미 없는 공허한 것으로 여기는 사람들을 도리어 벗으로 여기고 있었다. 그들은 인생과 사랑과 결혼과 가정과 모든 사회 관계에 대해서는 그와는 다른 생각을 갖고 있었다. 물론 선량한 사람들이었다. 그러나 정신적 진화의 다른 시기에 속해 있는 사람들과 같았다. 크리스토프 생애의 일부분을 다 파먹어 버린 고민과 불안 따위는 그들에게는 이해할 수 없는 것이었음이 틀림없다. 그들에게 있어서는 그쪽이 좋은 것이다! 크리스토프는 그러한 고민과 불안을 그들에게 이해시키는 것은 바라지 않았다. 타인에게 자신과 똑같이 생각하도록 하여 자기 사상을 확고한 것으로 하려 들지는 않았다. 그는 자기 사상에 확신을 갖고 있었다. 타인에게는 다른 사상을 알고 다른 혼을 사랑해 주기 바랐다. 그는 더욱 사랑하고 더욱 알고 싶었다. 사물을 보고 싶고, 보는 법을 배우고 싶었다. 그리고 드디어 전에 공격한 정신, 경향을 타인 속에 승인했을 뿐만 아니라 그것을 향락하기에까지 이르렀다. 왜냐하면 그것은 우주의 풍요에 공헌하고 있는 것처럼 보였기 때문이다. 조르즈가 그와 마찬가지로 인생을 비극으로 보고 있지 않더라도 그는 그렇기 때문에 조르즈가 한층 더 좋아졌다. 크리스토프가 그로써 자기 몸을 지켰던 정신적인 고지식이나 영웅주의적인 억제 따위를 만일 누구나 다 한결같이 몸에 붙이게 된다면 인간 사회는 너무나 빈약해지고 너무나 색채가 연기에 그을어 버릴 것이다. 인간 사회는 기쁨을, 무관심을, 또 가장 신성한 우상조차도 공경하지 않는 대담성을 필요로 했다. '대지를 소생시키는 갈리아의 소금' 만세! 회의도 신념도 둘 다 필요하다. 회의는 어제의 신념을 벌레 먹어 내일의 신념의 장소를 만드는 것이다……. 아름다운 그림을 대했을 때처럼 인생으로부터 멀어지고, 가까이에서 보아서는 서로 부딪치고 있는 여러 가지 색채가 매혹적인 조화 속에 서로 녹아들었음을 보는 자에게는 얼마나 모든 것이 밝게 빛나고 있는 것일까!

크리스토프의 눈은 정신 세계에 있어서와 마찬가지로 물질계의 무한한 다양성을 향해 열려 있었다. 그것은 이탈리아로 처음 여행했을 때부터 얻은 것 중의 하나였다. 파리에서는 그는 특히 화가, 조각가와 사귀었다. 프랑스의 가장 뛰어난 천재력이 그들 속에 살아 있다고 그는 생각했다. 그들이 사물의 움직임을 추구하거나 떨리는 색채를 순간적으로 재빨리 포착하거나, 삶이 걸친 막을 잡아 벗기거나 할 때의 기세 좋은 과감성에는 사람들의 마음을 뛰게 하는 것이 있었다. 안목이 있는 사람들에게는 한 방울의 빛도 무한한 부(富)를 갖고 있다! 정신의 이러한 높고 고상한 기쁨에 비한다면 논쟁과 전쟁의 부질없는 소란 따위는 과연 무엇인가! …… 그러나 이러한 논쟁도 전쟁도 굉장한 광경의 한 부분이 되어 있는 것이다. 모든 것을 포용해야 한다. 우리 마음의 뜨거운 용광로 속에서 부정하는 힘과 긍정하는 힘을, 적과 우리 편을, 인생의 모든 금속을 기꺼이 집어던져야 한다. 모든 것의 궁극적 목적은 우리의 마음속에서 공들여 만들어지는 조각상이고, 정신의 무르익은 훌륭한 과일이다. 그리고 이 과일을 한층 아름답게 하는 데에 공헌하는 것은, 비록 우리의 희생이 대가를 치르는 경우가 되더라도 모두 좋은 것이다. 창조하는 주체는 무엇이건 상관없다! 창조되는 것만이 현실의 것이다……. 우리를 해치려는 적이여, 여러분의 손은 우리에게까지는 닿지 않을 것이다! 우리는 너희들 타격의 범위 밖에 있는 것이다……. 여러분은 텅 빈 외투를 잡아찢고 있다. 나는 이미 훨씬 전부터 다른 곳에 가 있는 것이다.

크리스토프의 음악은 조용한, 바람이 잔잔한 형태를 취하고 있었다. 그것은 잔뜩 모였다가는 우리를 치고, 그러고는 사라져 간 전날의 봄날 폭풍은 이제 아니었다. 그것은 여름의 흰 구름이고, 눈과 황금의 산이며 천천히 날아 하늘을 가득 채운 커다란 빛의 새였다……. 창조! 8월의 조용한 태양에 무르익는 보리…….

처음에는 종잡을 수 없는 그러나 힘찬 마비 상태, 주렁주렁 열린 포도송이의, 부푼 보리 이삭의, 성숙한 태아를 잉태한 임부의 희미하고 커다란 기쁨, 오르간의 우렁찬 메아리. 밑바닥에서 꿀벌이 노래 부르고 있는 벌집……. 가을날 벌꿀빛 광선 같은 어두컴컴한 금빛이 이 음악으로부터 그 음악을 끌어내는 리듬이 차차 뚜렷해진다. 유성의 론도(rondo)가 나타난다. 그것이 선회한다…….

그러자 의지가 모습을 드러내어 보인다. 의지는 큰 소리로 울부짖으며 내달리는 몽상의 말꼬리에 뛰어올라 이를 무릎 사이에 꽉 쵠다. 정신은 자신을 끌어내리는 리듬의 법칙을 인정한다. 그리고 불규칙적인 많은 힘을 제어하고 그것들에게 길을 정해 주고, 또 자기의 목적지를 정한다. 이성과 본능의 교향곡이 편성된다. 그늘이 밝아진다. 펼쳐지는 한줄기 기다란 길 위에 빛의 초점이 군데군데 일정한 거리를 두고 이루어지고, 그 빛의 초점은 그 자체가 창조되는 작품 속에서 태양계의 주위에 붙들어맨 유성의 작은 세계의 중심이 될 것이다…….

화면의 윤곽은 대충 정해졌다. 그리고 지금은 작품의 얼굴이 어렴풋이 여명 속에서 떠오른다. 모두가 뚜렷해진다. 색조의 조화나 형태의 선이 작품을 완성하기 위해 존재의 모든 힘이 징발된다. 기억의 향로의 뚜껑이 열려 그 향이 발산된다. 정신은 감각을 해방한다. 감각이 열광하도록 내버려두고 자기는 잠자코 있다. 그러나 곁에서 엉거주춤 형편을 살피고 자기 먹이를 택한다…….

모든 준비가 이루어진다. 작업반이 감각에서 손에 넣은 재료로 정신에 의해 구상된 작품을 만들어 낸다. 위대한 건축가에게는, 자기들의 일을 터득하고 있어 노력을 아끼지 않는 훌륭한 노동자들이 필요하다. 이리하여 대사원은 완성된다.

'그리하여 신은 그가 손수 만드신 것을 바라본다. 그리고 그것은 아직 완벽하지 않다고 보신다.'

거장의 눈은 자신이 창조한 것 전체를 한눈으로 다 보아 버린다. 그리고 그의 손은 조화를 완전한 것으로 한다…….

꿈은 이리하여 완성된다. Te Deum(신을 찬양할지어다)……

여름의 흰 구름이, 빛의 흰 새가 천천히 날아다닌다. 그리고 하늘 전체가, 그 큰 새의 날개로 덮였다.

*

그래도 좀처럼 크리스토프의 생활은 자기 예술에만 국한될 수밖에 없었다. 그와 같은 인간은 사람을 사랑하지 않고 지낼 수 없었다. 더욱이 그 사랑은 단지 예술가의 정신이 존재하는 모든 것 뒤에 뿌리는 저 평등한 사랑은 아니었다. 아니, 그는 선택하지 않을 수 없었다. 자기가 선택한 사람에게 자기 몸을 바치지 않고는 못 배겼다. 그들은 나무 뿌리다. 그것에 의해 그의 마음의 모든 피가 새로워진다.

크리스토프의 피는 메말라들진 않았다. 하나의 사랑이 그를 적셨다. 그것은 그의 가장 큰 기쁨이었다. 그것은 그라시아의 딸과 올리비에의 아들에 대한 이중의 사랑이었다. 그는 마음속으로 두 아이를 하나로 치고 있었다. 현실에서도 둘을 하나로 치려고 했다.

조르즈와 오로라는 콜레트 집에서 자주 만났다. 오로라는 콜레트 집에서 살고 있었다. 한 해의 일부분을 로마에서 보내고, 나머지는 파리에서 살았다. 오로라는 18살이며, 조르즈는 그녀보다 5살 위였다. 오로라는 키가 크고 자세가 좋아 우아하고 머리는 작은데다 얼굴은 커다랗고 머리카락은 금발이었다. 햇볕에 탄 얼굴에 입술 위에는 엷은 솜털이 퍼져 있었다. 눈은 맑고 그 웃음 머금은 눈초리는 피로를 잊고 사물을 생각하고 있었다. 다소 살이 찐 턱 언저리, 갈색 손, 통통하고 억센 팔, 모양 좋은 가슴을 갖고 있어 명랑하고 관능적이고 사뭇 오만해 보였다. 지적인 데는 전혀 없고 거의 감상적이 아니며, 어머니로부터 무기력한 게으름을 물려받았다. 11시간을 깨지 않고 실컷 잤다. 그 밖의 시간은 아직 잠이 덜 깬 모습으로 웃으며 늘어지게 게으름을 피우며 시간을 보냈다. 크리스토프는 오로라를 '잠자는 숲속의 공주'라고 불렀다. 오로라는 크리스토프에게 저 귀여운 자비네를 생각나게 했다. 오로라는 잠잘 때 노래 부르고 일어날 때 노래 부르고, 웃음을 딸꾹질처럼 집어삼키며 어린애 같은 즐거운 웃음소리로 이유도 없이 웃었다. 오로라가 하루하루 무엇을 하며 보내는지 다른 사람들은 알지 못했다. 콜레트는 젊은 아가씨의 정신에 칠처럼 쉽게 들러붙는 인공의 광택으로 그녀를 꾸미려고 온갖 노력을 다했으나 막무가내였다. 칠은 전혀 붙지 않았다. 그녀에겐 아무것도 머리에 들어가지 않았다. 자신이 무척 재미있다고 여기는 책을 읽는 데도 몇 달이 걸렸다. 게다가 일주일 뒤엔 그 책의 제목도 내용도 잊어버렸다. 글자의 철자를 틀리고도 태연하고, 또 학문적인 일을 얘기할 때는 참으로 우스꽝스러운 오류를 저질렀다. 오로라는 그 젊음, 명랑, 조금도 지적인 냄새가 없다는 것으로, 혹은 결점이나 때로는 무관심이라고 할 만한 경솔, 소박한 이기주의 따위에 의해서조차 사람들에게 산뜻한 기분을 주었다. 언제나 참으로 자연스러웠다. 이 단순하고 태평스러운 소녀도 때로는 천진스런 기분으로 교태를 부릴 줄도 알았다. 그럴 때 오로라는 청년들에게 낚싯바늘을 던져 야외로 스케치를 하러 가거나, 쇼팽의 야상곡을 치거나 읽지도 않는 시집을 들고 다니거나 이상주의자다운 이야기를 하거나, 또 그런 이상주의에 어울리는 모자를 쓰거나 했다.

크리스토프는 그러한 그녀를 관찰하며 남몰래 웃고 있었다. 그는 오로라에 대해 관대하고 문득 놀려주고 싶은 생각이 드는 아버지와 같은 애정을 품고 있었다. 그리고 또 그가 옛날에 사랑했으나 지금은 그의 사람이 아닌 다른 사람을 위해, 새로운 넘치는 젊음을 갖고 다시 나타난 여성에 대한 은밀한 경애의 마음도 품고 있었다. 크리스토프의 애정의 깊이는 아무도 몰랐다. 다만 오로라만이 짐작으로 눈치를 챘다. 오로라는 아주 어렸을 때부터 거의 언제나 자기 곁에서 크리스토프를 보아 왔다. 그리고 그를 마치 가족으로 생각했다. 옛날에 자기 어머니에게 동생만큼 귀여움을 받지 못해 마음이 괴로웠을 때 오로라는 본능적으로 크리스토프에게 다가갔다. 그리고 그의 마음속에도 자기와 똑같은 괴로움이 있다는 것을 꿰뚫어보았다. 크리스토프도 그녀의 슬픔을 보았다. 두 사람은 그러한 괴로움이나 슬픔을 서로 터놓지는 않았으나 그것을 공통의 것으로 삼았었다. 훨씬 뒤에야 오로라는 어머니와 크리스토프를 결합시킨 감정을 눈치챘다. 그들은 오로라에게 그 비밀을 누설하지는 않았으나, 그녀는 자기도 그 비밀에 참가하고 있는 것 같은 기분이었다. 그리고 어머니로부터 부탁받아 전해 준 말의 의미와, 지금은 크리스토프의 손가락에 끼여 있는 반지의 의미도 알고 있었다. 이리하여 오로라와 크리스토프 사이에는 남모르는 유대가 이루어져 있었다. 그녀는 이 유대의 뜻을 똑똑히 이해하지는 못해도 그 복잡한 뜻을 느낄 수는 있었다. 오로라는 마음속으로 크리스토프에게 애착심을 가졌다. 그러나 그의 작품을 연주하거나 읽으려고 노력할 수 없었다. 음악적인 재능은 꽤 있는데도 자기에게 증정된 악보의 페이지를 자를 만한 호기심조차 갖지 않았다. 그녀는 크리스토프와 함께 친근하게 얘기하러 오는 것이 좋았던 것이다. 그리고 그의 집에서 조르즈 자넹을 만날 수 있다는 것을 알자 이제까지보다도 더욱 자주 찾아오게 되었다.

그리고 조르즈도 크리스토프의 집에 놀러오는 데에 이제까지 없던 흥미를 갖기 시작했다.

그러나 두 젊은이는 아직 자기들의 진정한 기분을 눈치채지 못했다. 처음에는 서로 조롱하는 눈초리로 보고 있었다. 두 사람은 거의 서로 닮지 않았다. 한쪽은 수은이었으며, 한쪽은 잠들어 있는 물이었다. 그러나 그다지 오래 걸리지 않고 수은은 좀 더 침착한 모양을 하려고 애쓰고, 잠들었던 물은 눈을 떴다. 조르즈는 오로라의 화장과 이탈리아 취미와 미묘한 뉘앙스가 얼마쯤 결여되어 호사스런 색채를 좋아하는 일 따위를 흠잡았다. 오로라는 놀려주는 것을 좋아하여 조르즈의 성급하고 약간 꾸민 화법을 장난으로 우스꽝스럽게 흉내 내었다. 그리고 서로 웃어대며 즐기고 있었……. 그것은 상대의 결점을 서로 조롱하는 것이 즐거웠던 때문일까? 아니면 그것은 서로 얘기하는 것이 즐거웠던 때문일까? 둘은 그것을 크리스토프에게 얘기하는 일조차 있었다. 그러자 크리스토프는 이에 반대하기는커녕 심술궂게 그 작은 독화살의 중계 역할을 했다. 두 사람은 이를 아랑곳하지 않는 체했다. 그러나 사실은 반대로 서로 신경을 많이 쓰고 있다는 것을 알았다. 그리고 둘

다, 특히 조르즈가 심했지만 분함을 감추지 못해 다음에 만났을 때 대뜸 격렬한 말다툼을 시작했다. 상처는 가벼웠다. 서로 상대에게 봉변 주기를 두려워했다. 그리고 공격해 들어오는 손은 친근한 손이었으므로 상대에게 주는 타격보다도 받는 타격을 기쁘게 여겼다. 둘은 호기심 어린 눈으로 서로를 관찰하고 상대의 결점을 찾고 구하며 이에 매력을 느끼고 있었다. 그러나 결코 그런 일을 인정하려고는 하지 않았다. 두 사람 모두 크리스토프와 단둘만 있게 되면 상대를 도무지 비위에 맞지 않는 인물이라고 주장했다. 그런 소리를 하면서도 크리스토프가 두 사람을 만나게 해주는 기회를 한 번도 놓치지 않고 이용했다.

어느 날 오로라는 크리스토프 집에 있다가 다음 날인 일요일 오전에 또 오겠다고 말했다. 그러자 조르즈가 여느 때처럼 돌풍처럼 뛰어들어와 크리스토프에게 일요일 오후에 오겠다고 말했다. 그런데 일요일 오전에 크리스토프는 오로라를 기다렸으나 나타나지 않았다. 그리고 조르즈가 약속했던 시간에 그녀도 나타나, 일찍 오려 했는데 일이 생겨 나오지 못했노라고 변명을 했다. 크리스토프는 이에 대해 거짓말을 하나 꾸며 냈다. 그는 오로라의 천진스런 술책을 재미있어하며 그녀에게 말했다.

"그것 참 안됐는걸, 조르즈를 만날 수 있었는데. 조르즈가 찾아와서 말이지, 방금 함께 점심을 먹고 난 참이야. 오후까지 있을 수 없다면서 돌아갔어."

오로라는 아주 당황해서 이미 크리스토프의 말은 귀에 들어오지 않았다. 크리스토프는 유쾌한 기분으로 얘기하고 있었다. 그녀는 건성으로 대답하고 있었다. 크리스토프를 원망하고 싶은 심정이었다. 그때 누군가가 초인종을 울렸다. 그것은 조르즈였다. 오로라는 깜짝 놀랐다. 크리스토프는 웃으며 그녀를 보았다. 오로라는 그에게 속아 넘어간 것을 알았다. 그녀는 웃으며 얼굴을 붉혔다. 크리스토프는 장난으로 손가락을 들어 그녀를 올러댔다. 불현듯 오로라는 열정에 넘쳐 크리스토프에게 달려가 안겼다. 그는 이탈리아어로 오로라의 귀에 속삭였다.

"이 말괄량이 아가씨, 나쁜 사람, 능구렁이 같으니라구……."

그러자 오로라는 얼른 손으로 크리스토프의 입을 막았다.

조르즈는 이러한 웃음이나 포옹의 의미를 이해할 수 없었다. 그의 놀란 토끼눈과 다소 당황한 꼴을 보고 두 사람은 더욱 유쾌해졌다.

이런 식으로 크리스토프는 두 젊은이를 맺어주려고 애썼다. 그리고 성공했을 때는 스스로 책망하고 싶은 심정이었다. 그는 두 사람을 거의 똑같이 사랑했다. 그러나 조르즈를 한층 엄격하게 비판했다. 그는 조르즈의 결점을 잘 알고 있기에 오로라를 이상화했다. 조르즈의 행복보다도 오로라의 행복 쪽에 더 많은 책임이 있다고 생각했다. 왜냐하면 조르즈는 다소는 자기 아들처럼, 또 어느 정도 자기 자신처럼 여겨졌기 때문이다. 그리고 순진한 오로라에게 순진하다고는 할 수 없는 반려를 맺어주는 것은 죄 되는 일이 아닐까 생각했다.

그러나 어느 날 크리스토프는 두 젊은이들이 앉아 있는 정자 옆을 지나다가—그것은 둘의 약혼이 결정된 직후의 일이었다—오로라가 조르즈가 옛 정사를 하나하나 놀리며 캐묻자 조르즈가 그것을 대뜸 아무렇지도 않게 얘기하는 것을 듣고 가슴을 죄었다. 또 그 밖에도 둘이서 다 털어놓고 얘기를 나누는 것을 언뜻 엿듣고는, 조르즈의 '도덕' 관념에 대해서 오로라가 자기보다도 훨씬 태평스런 생각을 갖고 있음을 알 수 있었다. 두 사람은 넋을 잃고 서로 사랑하면서도 둘이 영구히 맺어진 것이라고는 생각하고 있지 않다. 연애와 결혼에 관한 문제에 대해서 두 사람은 자유로운 관념을 갖고 있었다. 이 마음에도 아름다운 데는 있었지만, '죽음에 이르기까지' 서로 몸을 바친다는 옛날 사고방식과는 전혀 다른 것이었다. 그리고 크리스토프는 좀 우울한 마음으로 이를 바라보았다……. 두 사람은 벌써 얼마나 멀리 떠나 버린 것일까! 우리의 아이들을 실어 가는 배는 얼마나 빨리 달리는 것일까? 그러나 느긋하게 기다리는 게 좋다! 언젠가 모두들 다시 항구에서 만날 때가 올 것이다.

그러나 그때까지는 배는 진로 같은 것은 개의치도 않았다. 그날그날 바람 부는 대로 흘러갔다. 당시의 풍속을 바꾸려고 하던 이 자유 정신은 당연히 사상이나 행동 등 다른 영역에도 착실히 내려앉을 것으로 보였다. 그러나 그러한 기미는 전혀 보이지 않았다. 인간의 정신은 모순을 별로 중요시하지 않는 법이다. 풍속이 한층 자유롭게 됨과 동시에 지성은 오히려 자유롭지 않게 되었다. 지성은 다시 자기를 속박해 달라고 종교에 부탁했다. 그리하여 상반된 두 개의 기운은 일종의 눈부신 비논리적인 과정을 취하여 동일인의 혼 속에서 행해지고 있었다. 조르즈와 오로라는 사교계와 지식 계급의 일부분을 정복하고 있던 가톨릭교의 새 조류에 말려들었다. 무척 재미있는 일은, 천성적으로 사물을 헐뜯기를 좋아하고 마치 숨을 쉬는 것처럼 자기로서는 조금도 알지 못할 정도로 자연스런 불신자이며, 신도 악마도 결코 아랑곳하지 않는 조르즈가—모든 것을 경멸하고 있는 그야말로 정통적인 갈리아 청년이—느닷없이 진리는 여기 있다고 선언한 것이다. 그에게는 하나의 진리가 필요했다. 그리고 이 진리는 그의 행동의 욕구와, 그의 속에 있는 프랑스 부르주아 계급의 격세 유전과 자유에 대한 그의 권태 등과 마침 일치했던 것이다. 이 젊은 말은 이미 여러 곳을 쏘다녀 보았던 것이다. 그리고 지금 자진해서 민족의 쟁기에 매이려고 돌아온 것이었다. 몇몇 벗의 실례만으로 그에게는 충분했다. 주위 사상의 아주 조그만 기압에도 극도로 민감한 조르즈는 맨 먼저 귀의한 자의 하나였다. 그리고 오로라는 어디에나 따라갔던 것처럼 그를 뒤따랐다. 별안간 두 사람은 자신을 갖고 자기들과 똑같이 생각하지 않는 사람들을 경멸하게 되었다. 이 무슨 익살스런 일인가! 그라시아와 올리비에는 정신적 순수성, 진지성, 열렬한 노력 등으로 꼭 신자가 되고 싶다고 원하면서도 되지 못하였는데, 이 변덕 많은 두 아이들은 지금 실제로 신자가 되어 버렸다.

크리스토프는 그들 혼의 이러한 진전을 호기심을 갖고 관찰했다. 에마누엘은 옛날의 적이 되돌아왔기 때문에 그의 자유로운 이상주의가 초조해하며 이 적과 싸우려고 했지만, 크리스토프는 그런 짓을 하지는 않았다. 지나가는 바람과 싸울 수는 없는 것이다. 그것이 지나가는 것을 기다리기만 하면 된다. 인간의 이성은 지쳐 있었다. 그것은 지금 막 이루 말할 수 없는 큰 노력을 치러냈다. 지금은 견딜 수 없는 졸음에 지고 있었다. 그리고 긴 하루 일에 지친 아이들처럼 잠자기 전에 기도를 드리고 있었다. 몽상의 문은 열렸다. 여러 종교의 뒤를 따라 접신론과 신비주의와 비교와 환각술 따위의 입김이 서유럽 사람들의 두뇌로 찾아들었다. 철학도 흔들거렸다. 사상계의 신인 베르그송과 윌리엄 제임스가 비틀거렸다. 과학에까지도 이성의 피로의 징조가 나타나 있었다. 하나의 과도기다. 한숨 돌이키도록 하자! 내일이 되면 정신은 눈뜨고 한층 영리해지고 자유로워질 것이다……. 열심히 일했을 때는 잠은 좋은 것이다. 이제까지 잠에게 양보한 일이 거의 없었던 크리스토프는, 아이들이 자기 대신 잠을 즐기고 혼의 휴식과 신념의 안심과 자기 몽상에 대한 침착하고 절대적인 신뢰 등을 갖고 있는 것을 기뻐했다. 그는 그들과 입장을 바꾸기를 원하지도 않았을 뿐만 아니라 또 그렇게 할 수도 없었을 것이다. 그러나 그는 그라시아의 우울과 올리비에의 불안은 그들의 아이 속에서 위안을 찾아내고 있을 것이 틀림없다고 생각하고 그래도 좋다고 생각했다.

'나와 나의 벗과 우리들 전에 살았던 많은 사람들이 괴로워한 것은 이 두 어린이를 기쁨에 도달시키기 위해서였던 것이다……. 앙투아네트여, 당신이야말로 이 기쁨을 얻기에 알맞은 사람이었는데 그것을 받지 못했다! …… 아! 불행한 사람들이 언젠가 희생된 생활에서 생길 행복을 미리 맛볼 수 있다면!'

어떻게 그가 이 행복에 이의를 말할 수 있을 것인가? 타인이 우리와 같은 방식으로 행복해지기를 바라서는 안 된다. 그들은 그들의 방식으로 행복해지기를 바라야 한다. 크리스토프는 조르즈와 오로라를 보고, 자기처럼 그들과 같은 신앙을 공유하지 않는 사람들을 너무 경멸하지 않도록 조용히 부탁하는 것이 고작이었다.

두 사람은 크리스토프와 토론하려고조차 하지 않았다. 그들은 이렇게 생각하고 있는 것 같았다.

'그는 모르는 것일 테니까…….'

그들에게는 크리스토프가 과거의 사람이었다. 그리고 그들은 과거를 별로 중요시하지 않았다. 좀더 뒷날 크리스토프가 이젠 이 세상에 있지 않을 때, 자기들은 이런 일을 하겠다고 천진스럽게 둘이서 얘기할 때도 있었다. 그러나 역시 두 사람은 크리스토프를 깊이 사랑하고 있었다.

다루기 힘든 아이들이다! 그들은 마치 덩굴처럼 사람들 주위로 뻗어나갔다!

이 자연의 힘은 사람들을 내쫓는다! ……

자, 나가자! 비켜다오! 이번엔 내 차례다!

그들의 무언의 말을 알아들은 크리스토프는 이렇게 말해 주고 싶었다.

'그렇게 서두르는 게 아니다! 나는 여기 있는 것이 기분이 좋아. 나를 살아 있는 인간으로서 취급해 다오!'

그는 그들의 순진한 뻔뻔스러움을 재미있어했다.

"자, 바른 대로 말해 봐." 크리스토프는 어느 날 그들이 경멸적인 태도와 말로 그를 이겨냈을 때 상냥스럽게 말했다.

"자, 어서 말해 봐라, 나는 노망한 당나귀라고 말이야."

"아니에요, 아니에요." 오로라는 속으로 웃으며 말했다. "당신은 가장 훌륭한 분이에요. 하지만 당신이 모르시는 일도 많아요."

"그럼 너는 그것을 알고 있다는 것이로구나? 대견한 지식이로군!"

"놀리지 마세요. 저야, 저는 대수로운 걸 알고 있지 않아요. 하지만 저이는, 조르즈는 알고 있어요."

크리스토프는 미소지었다.

"그렇다, 네 말이 맞아. 연인은 언제나 뭔가를 알고 있는 거야."

크리스토프에게는 그들의 지적 우월성에 동의하는 것보다 더 어려운 일이 있었다. 그것은 그들의 음악을 찾는 일이었다. 그들은 크리스토프의 인내력에 고된 시련을 가했다. 그들이 오는 날이면 피아노는 불이 났다. 마치 작은 새들처럼 사람으로 지저귐이 눈을 뜬 것 같았다. 그러나 그들은 작은 새들처럼 노래를 잘 부르려면 아직도 멀었다. 오로라는 자기 재능에 대해서는 자신을 갖고 있지 않았다. 그러나 약혼자의 재능에 대해서는 그렇지 않았다. 조르즈의 연주와 크리스토프의 연주 사이에 전혀 차이를 인정하지 않았다. 혹은 조르즈의 연주를 더 두둔했을지도 모른다. 그리고 조르즈는 익살스럽게도 날카롭게 잘 돌아가는 머리를 가졌으면서도 아무래도 연인의 신념에 이끌려 들어가 버린 것 같았다. 크리스토프는 그런 데에 이의를 내세우지는 않았다. 장난으로 소녀의 의견에 찬성했다(그러나 때로는 도무지 참아 낼 수가 없어서 문을 좀 세게 닫으며 나가 버릴 때도 있었다). 그는 조르즈가 피아노로 트리스탄을 치는 것을 애정과 연민 어린 미소를 지으며 조용히 듣고 있었다. 이 사람 좋은 가엾은 청년은 이 처참한 작품을, 상냥한 감정으로 가득 찬 소녀의 사랑스런 부드러움과 열심인 착실성으로 쳤다.

크리스토프는 혼자서 웃고 있었다. 왜 자기가 웃는지는 청년에게는 말하고 싶지 않았다. 그는 청년에게 입맞춤했다. 그는 이런 조르즈가 너무나 좋았다. 아마도 이런 조르즈였으므로 더더욱 좋았는지도 모른다……. 가엾은 청년이여! ……오, 예술의 공허함이여! ……

크리스토프는 '자기 아이들'—그는 두 사람을 그렇게 불렀다—에 대해 자주 에마누엘과 얘기했다. 조르즈를 사랑했던 에마누엘은 농담으로 이런 말을 했다. 크리스토프는 조르즈를 자기에게 양보해야 한다, 크리스토프에게는 오로라가 있는 것이다, 모든 것을 독차지한다는 것은 부당하다고.

크리스토프와 에마누엘은 세상 사람들과 멀리 떨어져 살고 있었으나, 두 사람의 우정은 파리 사교계에서는 거의 전설처럼 얘기되었다. 에마누엘은 크리스토프에 대한 정열에 사로잡혔다. 그러나 자존심으로 그것을 크리스토프에게 나타내고 싶어하지 않았다. 매정한 태도 속에 이를 감추었다. 때로는 크리스토프를 호되게 다룰 때조차 있었다. 그러나 크리스토프는 이에 속아 넘어가지 않았다. 상대의 마음이 지금은 얼마나 자기에게 흠뻑 빠져 있는지 알고 있었다. 그리고 이것의 가치도 그는 잘 알고 있었다. 두 사람은 일주일에 두세 번은 꼭 만났다. 건강이 좋지 않아 외출할 수 없을 때는 서로 편지를 썼다. 그것은 멀리 떨어진 지방에서 오는 것 같은 편지였다. 그들은 외면적인 사건보다는, 과학이나 정신에 있어서의 진보에 흥미가 있었다. 그들은 자기들의 사상 속에서 살고 자기들의 예술을 명상하거나 사실의 혼란한 밑바닥에 인간 정신이 역사에 자국을 남기는, 사람의 눈에 띄지 않는 희미한 빛을 분간하거나 했다.

크리스토프가 에마누엘을 방문할 때가 많았다. 최근의 발병 이래로 크리스토프는 에마누엘보다 튼튼하다고는 볼 수 없었으나, 두 사람은 이제까지의 습관대로 에마누엘의 건강을 한층 소중하게 여길 권리를 당연히 갖고 있다고 생각했다. 크리스토프는 이제 에마누엘의 7층까지 올라가는 게 고통스러웠다. 가까스로 다 올라가면 숨을 돌이키는 데 한참 걸렸다. 둘은 자기 몸의 건강 상태를 돌봄에 있어서는 서로 못지않게 서툴렀다. 둘 다 기관지를 앓고 있어 때로는 호흡 곤란의 발작이 일어남에도 무섭게 담배를 피워 댔다. 크리스토프가 자기 집보다도 에마누엘의 집에서 만나기를 좋아하는 이유의 하나도 여기에 있었던 것이다. 그것은 오로라가 그의 흡연을 무척 나무라기 때문이었다. 그래서 그는 그녀 몰래 담배를 피우고 있었다. 두 벗은 얘기 도중에 느닷없이 심한 기침을 연달아 할 때도 있었다. 그러자 하는 수 없이 얘기를 그만두고 잘못을 저지른 아이들처럼 웃으며 얼굴을 서로 마주보았다.

그리고 때로는 한편이 기침을 하고 있는 상대에게 충고를 했다. 그러나 호흡이 정상으로 돌아가면 충고 받은 상대는, 이건 결코 담배 때문이 아니라고 완강하게 항변했다.

에마누엘의 책상 위에는 종잇조각이 흐트러진 가운데 빈 곳에 잿빛 고양이 한 마리가 드러누워 두 애연가를 사뭇 비난하는 듯한 진지한 표정으로 지켜보고 있었다. 크리스토프는 이 고양이가 우리 둘의 살아 있는 양심이라고 말했다. 그리고 그 살아 있는 양심을 질식시키기 위해 자주 자기 모자를 그 위에 씌웠다. 그것은 아주 흔해빠진 종류의 허약한 고양이로 길에서 얻어맞아 반쯤 죽어 가던 것을 에마누엘이 주워 온 것이었다. 모진 매를 맞은 몸은 언제까지나 낫지 않고 조금밖에 먹지 않고, 거의 재롱도 안 부리고 바스락 소리조차 내지 않았다. 무척 온순하고 영리한 눈으로 주인의 뒤를 따르며, 주인이 거기 없을 때는 쓸쓸해하고, 주인 옆의 책상 위에서 잘 때는 만족해 했다. 언제나 조용히 무엇을 골똘히 생각하고 있었으나 그러한 상태에서 깨어나면 이번에는 몇 시간이나 황홀해하며 도무지 손이 닿지 않는 작은 새가 들어 있는 조롱을 바라보았다. 그리고 조금이라도 자기에게 주의를 기울이면 공손히 목구멍을 가르릉거리며 대꾸하고 에마누엘의 변덕스런 애무나 크리스토프의 좀 거친 애무에 참을성 있게 몸을 내맡기고, 할퀴거나 물어 뜯거나 하지 않도록 언제나 조심했다. 몸은 정말 약했다. 언제나 한쪽 눈에 눈물이 글썽거리고 잔기침을 했다. 만일 말을 할 수 있었더라면 이 두 벗들처럼 '이것은 결코 담배 탓이 아니다'라고 뻔뻔스럽게 주장한다든지 하는 일은 없었을 것이다. 그러나 두 사람이 하는 일은 무엇이든지 받아들였다. 마치 이렇게 생각하는 것 같았다.

'그들은 인간이다. 자기가 무슨 짓을 하고 있는지 모르는 것이다.'

에마누엘은 이 고양이를 퍽 귀여워했다. 왜냐하면 이 병약한 동물의 운명과 자기 사이에 유사점을 보았기 때문이다. 크리스토프는 눈의 표정까지 닮았다고 말했다.

"물론이지요." 에마누엘은 말했다.

동물은 환경을 반영한다. 그 얼굴 생김새는 항상 만나는 주인에 따라 달라진다. 어리석은 인간이 기르고 있는 고양이의 눈초리는 현명한 사람이 기르는 고양이와는 다르다. 가축은 단지 주인의 훈련에 의존할 뿐 아니라 주인의 사람됨에 따라서 좋게도 되고 나쁘게도 되고, 순하게 되고 음침하게도 되고, 현명하게 되거나 어리석게도 된다. 또 인간의 영향 때문만도 아니다. 환경 또한 동물의 모습을 환경 나름대로 만들어 낸다. 지적인 풍경은 동물의 눈에 반짝임을 준다. 에마누엘의 잿빛 고양이는 파리 하늘에 비치는 숨막힐 것만 같은 지붕 밑 방과 병약한 주인과 조화되어 있었다.

에마누엘도 사람다워졌다. 처음에 크리스토프와 알게 되었을 무렵의 그가 아니었다. 가정적인 비극이 그를 마음 밑바닥으로부터 흔들어 놓았던 것이다. 언젠가 그의 연인은 화나는 김에 애정의 무게에 얼마나 그가 피로해 있는가를 너무나 똑똑하게 느끼게 했으므로 갑자기 자취를 감추어 버렸다. 에마누엘은 불안에 뒤집혀 밤새도록 그녀를 찾아다녔다. 가까스로 어느 파출소에 보호되어 있는 그녀를 찾아냈다. 그녀는 센 강에 몸을 던지려 했던 것이다. 다리 난간을 넘으려고 하는 순간에 그곳을 지나가던 사람이 얼른 그녀의 옷을 잡아당겼다. 그녀는 주소도 밝히기를 거부했다. 그러고는 또다시 뛰어들려 했다. 이러한 고뇌를 보고 에마누엘의 마음은 산란해졌다. 타인에게서 괴로움을 받은 뒤에, 이번에는 자기가 타인을 괴롭힌다고 생각하자 정말 견딜 수 없는 심정이었다. 그는 절망의 구렁텅이에 빠져 있는 여자를 집으로 다시 데려오고 자기가 준 상처를 치료하려고 애쓰고, 이 요구가 많은 여성이 자기에게 요구하는 애정을 믿게 해 주려고 애썼다. 그리고 자기의 반항심을 억누르고 남의 마음을 모두 흡수하려 하는 이 사랑에 굴복하고 자기에게 남은 생명을 그녀에게 바쳤다. 에마누엘의 모든 천재력이 그의 마음속으로 돌아와 집중되었다. 이 행동의 사도는 좋은 행동이란 단 한 가지밖에 없다고 믿게끔 되어 버렸다. 단 한 가지 선행이란 남을 해치지 않는다는 것이었다. 에마누엘의 역할은 끝나 버렸다. 인간의 커다란 물결을 드높이는 힘은 행동을 해방시키는 하나의 도구로서밖에 그를 이용하지 않는 것 같았다. 일단 질서가 잡히자 에마누엘은 이미 아무것도 아니었다. 행동은 그가 없더라도 계속되고 있었다. 그는 행동이 계속되고 있음을 지켜보며 자기 한 개인에 대한 부당한 처사는 거의 감수했지만, 자기 신념에 대한 부당한 취급은 아무래도 참을 수 없었다. 왜냐하면 자유 사상가인 그는 모든 종교로부터 해방되어 있다고 주장하고 농담으로 크리스토프를 변장한 성직자라고 말하기는 했으나, 자신이 봉사하고 있는 꿈을 신으로 보는 힘찬 정신이 다 그러하듯 그도 자기

제단을 갖고 있었다. 그러나 그 제단이 지금은 텅 비었다. 에마누엘은 그것을 고통으로 여겼다. 사람들이 저토록이나 괴로워하며 승리를 얻게 하려고 한 신성한 관념, 그것 때문에 한 세기 이래 가장 뛰어난 사람들이 숱한 괴로움을 맛보아 온 관념이 뒤에 온 사람들에게 발로 짓밟히는 것을 보고는 어떻게 슬퍼하지 않을 수 있을까! 프랑스 이상주의의 이 당당한 유산—성자와 영웅과 순교자를 낳은 자유에 대한 이 신념, 인류에 대한 이 애정, 국가 간이나 민족 간의 우애에 대한 이 경건한 갈망—그러한 것들을 이 청년들은 얼마나 맹목적인 흉포성을 발휘해서 황폐케 하고 있는 것일까! 우리가 정복한 괴물들을 반가워하고, 우리가 때려부순 멍에에 다시 매이고, 힘의 지배를 큰 소리로 호소하고, 우리 프랑스의 마음속에 증오의 불길을 다시 타오르게 하고 다시 광적인 전투만을 부채질하다니, 그 청년들은 얼마나 망상에 사로잡혀 있는 것일까!

"그건 뭐 프랑스에만 있는 일이 아니야. 세계 전체가 다 그런 거야." 크리스토프는 웃으면서 말했다. "스페인에서 중국에 이르기까지 똑같은 돌풍이 불고 있는 거야. 이미 그 바람을 피할 수 있는 구석이란 하나도 없다네! 이봐, 우스꽝스런 꼴이 되어 버렸지 않나. 우리 스위스까지 국가주의가 되어 있어!"

"당신은 그래도 태평이십니까?"

"물론이지, 이러한 풍조는 몇몇 우스꽝스러운 정열에서 생겨난 게 아니라 우주를 지배하고 있는 숨은 신으로부터 태어난 거야. 그리고 이 신 앞에 머리를 숙이는 법을 나는 배웠어. 만일에 내가 이 신을 이해하지 않는다 하더라도 그것은 내가 나쁜 것이지 신이 나쁜 게 아니야. 신을 이해하도록 애써 보게. 그런데 자네들 중에 신을 이해하려고 마음먹은 자가 과연 있을까? 자네들은 하루 벌어서 하루 먹고 있어. 바로 가까운 경계표보다는 더 앞을 내다보지 않네. 그리고 그 경계표가 길 끝의 표지라고 믿고 있어. 자네들은 자신을 실어 가는 파도만 보고 바다는 보고 있지 않아! 오늘 파도는 어제의 파도야. 오늘 파도들의 이랑을 만든 것은 우리의 어제 파도야. 오늘 파도는 또 내일 파도의 이랑을 팔 거야. 그리고 내일 파도는 우리가 파도를 잊은 것처럼 오늘의 파도를 잊게 할 거야. 나는 오늘날의 국가주의를 찬미하지도 않거니와 두려워하지도 않아. 그런 것은 때와 더불어 흘러가 버린다. 지나가 버린다. 벌써 지나가 버리고 있지 않나. 그것은 계단 하나야. 계단의 꼭대기로 올라가 보게. 지금 국가주의는 이제 오려고 하는 군대의 선발대야. 차분히 귀를 기울여 보게. 벌써 저 군대의 북이나 피리 소리가 들리지 않나……."

(크리스토프는 탁자 위를 북처럼 두드렸다. 거기 있던 고양이가 눈을 뜨고 뛰어올랐다.)

"……지금으로는 각 국민이 저마다 자신의 모든 힘을 모아 대차대조표를 만들려는 긴급한 욕구를 느끼고 있어. 왜냐하면 이 한 세기 이래로 모든 국민은 상호 침입에 의해 혹은 또 새로운 도덕, 과학, 신앙을 건설하려는 세계의 모든 지성의 막대한 공동 경비에 의해 온통 변했기 때문이야. 그래서 각 국민은 다른 모든 국민과 더불어 새로운 세기에 들어가기 전에 자기 양심을 반성해야 하며 자신은 어떠한 자인가, 자기 재산은 얼마만큼 되는지 알아야 해. 하나의 새로운 세기가 온다. 인류는 인생과 새로운 대차 관계를 맺을 거네. 새로운 법칙을 바탕으로 사회는 되살아날 거야. 내일은 일요일이다. 저마다 일주일의 일을 청산하고 자기가 사는 집을 청소한다. 공통의 신 앞에서 타인과 서로 손을 붙들고, 신과 새로운 계약을 맺기 전에 자기 집을 청결하게 하고 싶다고 생각하네."

에마누엘은 크리스토프를 물끄러미 지켜보았다. 그의 눈에는 지나가는 환상이 반영돼 있었다. 크리스토프가 말을 다 마친 뒤에도 그는 한참 동안 잠자코 있었다. 그러고는 말했다.

"당신은 행복하십니다, 크리스토프! 당신은 밤을 보고 있지 않아요."

"나는 밤에도 보네." 크리스토프는 말했다. "나는 퍽 오랫동안 밤에 살아왔어, 나는 늙은 부엉이야."

*

요즘 크리스토프의 벗들은 뭔가 그의 태도가 달라진 것을 눈치챘다. 그는 가끔 자기가 거기 있다는 것도 잊어버린 듯이 멍해 있었다. 남이 자기에게 하는 소리도 잘 듣지 않았다. 무엇엔가 넋을 잃은 것처럼 살며시 웃었다. 멍하니 있다가 주의를 받으면 상냥하게 사과했다. 또 때로는 자신을 삼인칭으로 얘기했다.

"크라프트가 당신에게 그것을 해드리겠지요……" 라거나, 또는

"크리스토프가 웃겠지요……" 등.

그를 잘 모르는 사람들은 이렇게 말했다.

"얼마나 강한 사람인가!"

그러나 사실은 정반대였다. 크리스토프는 자기를 마치 타인처럼 외부에서 보고 있었던 것이다. 그는 미를 위한 싸움에까지도 무관심해질 시기에 도달했다. 사람은 자기 일을 완성해 버리면 다른 사람들도 자기 일을 완성하리라고 생각하기 쉬우며, 또 결국 로댕이 말한 것처럼 '최후에는 항상 미가 승리를 얻을 것이다'라고 생각하기 쉽기 때문이다. 심술도 부정도 이제는 크리스토프를 화나게 하지 않았다. 그는 웃으며 이건 도무지 자연스럽지 않다, 생명이 약해지는 징조다, 라고 혼잣말을 했다.

실제로 크리스토프에게는 이미 예전 같은 기운은 없었다. 육체적인 조그만 노력에도, 먼 길을 걷거나 급한 걸음으로 걷거나 해도 지쳐 버렸다. 곧 숨이 찼다. 가슴이 답답해졌다. 그는 때로 늙은 벗 슐츠 생각이 났다. 크리스토프는 몸의 상태에 대해서도 다른 사람들에게 얘기하지 않았다. 얘기한대야 소용없는 짓이 아닐까! 그저 걱정시킬 뿐으로 자신이 낫는 것도 아니다. 게다가 그는 기분이 좋지 않은 것을 그다지 중대한 일로 생각하지 않았다. 병을 앓는 것보다도 조심하도록 강제받는 쪽이 훨씬 무서웠다.

어떤 내부로부터의 감정에 의해 크리스토프는 또 한 번 고향을 보고 싶다는 희망에 사로잡혔다. 그것은 한 해 한 해 미루어 온 계획이었다. 언제나 내년에야말로…… 라고 생각했었다. 그러나 이번에야말로 더 미루지 않았다.

그는 아무에게도 알리지 않고 몰래 출발했다. 그것은 짧은 여행이었다. 크리스토프가 구하러 온 것은 무엇 하나 찾아내지 못했다. 전번에 잠깐 왔을 때 시작하고 있던 변화가 지금은 모두 끝나 버렸다. 작은 도시가 커다란 공업 도시가 되었다. 낡은 집은 없어졌다. 묘지도 없어졌다. 자비네의 밭이었던 곳에는 공장의 높은 굴뚝이 여러 개 서 있었다. 어린 시절 크리스토프가 잘 놀러 가던 목장은 강에 잠겨 버렸다. 불결한 건물 사이의 한 길(그건 정말 지독한 길이었다!)에 그의 이름이 붙어 있었다. 과거의 것은 전부 죽어 버렸다. 죽음조차도, ……그것도 괜찮을 테지! 삶은 계속되고 있었다. 그의

이름으로 장식된 이 길의 황폐한 집에서 아마도 다른 작은 크리스토프들이 꿈꾸거나 괴로워하거나 싸우고 있을 테지. 커다란 뮤직 홀의 음악회에서 그의 작품 하나가 그의 사상과는 정반대로 해석되어 연주되고 있는 것을 들었다. 자기 작품이라고 인정할 수 없을 정도였다……. 그것도 괜찮을 테지! 비록 오해를 받더라도 아마도 새로운 정력을 자극할 것이다. 우리는 씨를 뿌렸다. 당신들은 그것을 자기가 하고 싶은 대로 하면 된다. 우리를 자기 양식으로 삼으려무나! 크리스토프는 해질녘 짙은 안개가 어리기 시작한 교외의 들녘을 산책하며 자기 생애까지 휘덮으려 하는 짙은 안개를 생각하고, 이 지상에서 사라져가고 자기 마음속으로 도망쳐와 있는 사랑하는 사람들을 생각했다. 떨어져 내리는 밤의 어둠은 자기와 함께 그런 사람들도 휘덮어 버릴 것이다……. 그것도 괜찮다! 괜찮다! 오, 어둠이여, 태양을 품고 있는 어둠이여, 나는 너를 두려워하지는 않는다! 하나의 별이 사라져도 다른 무수한 별들이 빛나기 시작한다. 끓는 우유가 들어 있는 공기처럼 공간의 심연에는 빛이 넘친다. 너는 결코 나를 지워 버릴 수는 없을 것이다. 죽음의 입김이라도 내 생명의 불꽃을 다시 타오르게 할 것이다…….

독일에서 돌아오는 길에 크리스토프는 옛날 안나와 알게 되었던 그 도시를 들러 보고 싶어졌다. 안나와 헤어지고 나서 그녀의 일은 전혀 알 수 없었다. 소식을 물어 볼 용기도 없었다. 몇 해 동안 그 이름만 들어도 몸서리가 쳐졌다……. 지금 그의 마음은 가라앉아 있었다. 이제는 아무것도 두려울 것이 없었다. 그러나 그날 저녁 라인 강을 바라보는 호텔 방에서 이튿날의 제전을 알리는 저 귀에 익은 종소리가 들리자 옛날의 여러 모습이 되살아났다. 지금은 거의 이해할 수 없는 저 먼 옛날의 위험의 향기가 강으로부터 크리스토프 쪽으로 올라왔다. 그는 밤새도록 그때의 생각에 골몰해 있었다. 그는 자신이 무서운 주로부터 해방되어 있음을 느꼈다. 그것은 크리스토프에게 있어서는 슬프면서도 조용한 기쁨이었다. 그는 이튿날 어떻게 할지 정하지 않았다. 순간 브라운네를 방문하고 싶다는 생각이―과거는 그토록 멀리 있었다! ―번득였다. 그러나 이튿날이 되자 그럴 용기는 없어졌다. 의사와 그의 처가 아직 살아 있는지 어떤지도 호텔에서 물어보지 않았다. 크리스토프는 그대로 출발하려고 결심했다…….

막상 출발하려는 순간 저항하기 어려운 힘에 이끌려, 전에 안나가 잘 가던 교회로 들어갔다. 그는 옛날 그녀가 무릎 꿇으러 온 의자가 보이는 기둥 뒤에 자리를 잡았다. 만일 안나가 살아 있다면 지금도 거기로 올 것이 틀림없다고 믿고 기다렸다.

과연 한 부인이 들어왔다. 그러나 안나로 인정할 수는 없었다. 뚱뚱하게 살찐 몸, 동그란 얼굴, 비곗살이 붙은 턱, 냉정하고 딱딱한 표정이 어디서나 흔히 볼 수 있는 여자였다. 검은 옷을 입고 있었다. 그녀는 자기 의자에 앉은 채 가만히 움직이지 않았다. 기도하는 것같이도, 또 기도를 듣고 있는 것같이도 보이지 않았다. 그녀는 자기 앞을 물끄러미 바라보고 있었다. 이 여자 속에는 크리스토프가 기대하던 것은 전혀 없었다. 단지 한두 번, 무릎 위 옷의 주름을 펴려고 하는 듯한, 사뭇 그것이 버릇인 것 같은 시늉을 했다. 옛날 안나도 그러한 시늉을 했던 것이다……. 나갈 때 그녀는 머리를 똑바로 하고 성서를 가진 손을 배 위에서 깍지끼고 천천히 크리스토프 곁을 지나갔다. 순간 어둡고 권태로운 듯한 여자의 눈이 크리스토프의 눈 위에 머물렀다. 그러나 두 사람은 서로 알아보지 못했다. 그녀는 곧고 딱딱한 자세로 뒤돌아보지도 않고 지나갔다. 그러나 순간 느닷없이 번갯불처럼 번득인 기억 속에서, 얼어붙은 미소 밑의 입술의 주름으로, 전에 입맞춤한 적이 있는 그 입이라는 것을 알았다……. 크리스토프는 숨을 쉴 수 없었다. 양 무릎에 힘이 빠졌다. 그는 생각했다.

'주여, 제가 사랑하던 사람이 살고 있던 것은 저 육체 속이었습니까? 그녀는 어디에 있는 것일까요? 어디에 있는 것일까요? 그리고 저 자신은 어디에 있는 것일까요? 그녀를 사랑한 사내는 어디에 있는 것일까요? 우리로부터, 또 우리를 책망하고 학대한 잔학한 사람으로부터 대체 무엇이 남아 있는 것일까요? —재뿐입니다. 불은 어디에 있는 것일까요?'

그러자 그의 신은 대답했다.

'나의 속에.'

그래서 크리스토프는 다시 눈을 들어, 마지막으로 또 한 번 교회 문간에서 양지 쪽으로 나가는 그녀의 모습을—혼잡 속에서—언뜻 보았다.

파리로 돌아온 직후의 일이었다. 크리스토프는 옛날의 적 뢰비쾨르와 화해했다. 뢰비쾨르는 오랫동안 심술궂은 재능과 악의로써 크리스토프를 공격했었다. 그러는 사이에 성공의 절정에 도달해서 명예를 만끽하고 마음이 흐뭇하고 평안해졌으므로 크리스토프의 우수성을 마음속으로만 은근히 인정하게 되었다. 그리고 악수할 것을 제의했다. 크리스토프는 공격에도 호의에도 아무것도 눈치채지 못한 체했다. 뢰비쾨르는 지쳐 버렸다. 두 사람은 한 동네에 살고 있어 자주 길에서 만났다. 그러나 서로 모르는 척했다. 크리스토프는 지나가는 길에 통 상대가 눈에 들어오지 않는 것처럼 단지 한 번 흘낏 볼 뿐이었다. 상대를 부정하는 듯한 이러한 태연한 태도에 뢰비쾨르는 분개했다.

뢰비쾨르에게는 스무 살이 채 안 된 딸이 하나 있었다. 홀쭉하고 고상하고 예쁜 아가씨로 새끼양 같은 옆얼굴과 금빛의 말아올린 머리와 부드럽고 상냥한 눈과 루이니풍의 미소를 갖고 있었다. 두 사람은 자주 함께 산책했다. 크리스토프는 뤽상부르 공원의 산책길에서 그들과 엇갈렸다. 그들은 무척 화목해 보였다. 소녀는 귀엽게 부친의 팔에 기대어 있었다. 크리스토프는 멍하니 있었으나 예쁜 얼굴은 역시 눈에 띄었으므로, 이 소녀의 얼굴에 마음이 끌렸다. 그는 뢰비쾨르를 이렇게 생각했다.

'녀석은 운이 좋은 놈이구나!'

그러나 다음에 곧 자랑스럽게 이렇게 생각했다.

'내게도 딸이 있다!'

그리고 크리스토프는 두 처녀를 비교했다. 물론 두둔하는 기분으로 오로라가 훨씬 훌륭하다고 생각했으나 그런 식으로 비교하던 중 머릿속으로 서로 알지 못하는 두 소녀 사이에 가공의 우정을 만들어 내었고, 또 자기도 모르는 사이에 뢰비쾨르에게 가까워지는 기분조차 느꼈다.

그런데 독일에서 돌아온 크리스토프는 그 '새끼양'이 죽었다는 것을 알았다. 그의 부친으로서의 이기주의적인 기분은 곧 이렇게 생각했다.

'만일 내 딸이 죽은 것이라면!'

그리고 그는 뢰비쾨르를 진심으로 불쌍히 여겼다. 처음엔 편지를 쓰려고 했다. 두 통이나 써 보았다. 그러나 도무지 마음에 들지 않았다. 창피한 생각이 들었다. 그래서 보내지 않았다. 그러나 며칠 뒤 아주 얼굴이 초췌한 뢰비쾨르를 만나자 그만 참을 수 없었다. 곧장 불행한 사내 쪽으로 나아가 손을 내밀었다. 뢰비쾨르도 자기 동작을 생각할 겨를도 없이 그 손을 잡았다.

크리스토프는 말했다.

"따님을 잃으셨다구요!"

감동이 담긴 그 목소리는 뢰비쾨르의 마음에 스며들었다. 그리고 뭐라고 이루 말할 수 없는 감사에 젖었다. 두 사람은 비통하고 종잡을 수 없는 말을 서로 나누었다. 그 뒤 둘이 헤어졌을 때는 이제까지 그들을 반목시켰던 것은 이제 아무것도 남아 있지 않았다. 둘은 지금까지 싸워 왔다. 물론 그것은 어쩔 수 없는 숙명이었다. 저마다 자기 천성의 법칙을 다해야 한다! 그러나 희비극의 종말이 온 것을 보았을 때는 가면을 썼던 정열을 버리고 서로 얼굴과 얼굴을 마주해야 한다. 서로에 대해 우열이 없는 두 사람은 자기 역할을 온 힘을 다해서 연출한 뒤에는, 서로 손을 잡을 만한 권리를 충분히 갖고 있는 것이다.

조르즈와 오로라의 결혼은 이른 봄으로 결정되었다. 크리스토프의 건강은 급속히 쇠약해 갔다. 그는 아이들이 불안스럽게 자기를 지켜보고 있음을 눈치챘다. 한번은 그들이 작은 소리로 얘기하는 것을 살짝 엿들었다. 조르즈는 말했다.

"안색이 너무 안 좋으신데! 병이 나시려고 그런가봐!"

그러자 오로라가 대답했다.

"그 때문에 우리들 결혼이 늦춰지지 않아야 할 텐데!"

크리스토프는 이 말을 똑똑히 들었다. 가엾은 아이들이여! 어떠한 일이 있을지라도 그들의 행복을 어지럽혀서야 될 말인가!

그러나 그는 무척 경솔했다. 결혼 전날 밤—이 며칠 동안 그는 우스꽝스러울 만큼 흥분했다. 마치 자기가 결혼이라도 하는 듯했다—어리석게도 옛날의 병에 사로잡혀 버렸다. '광장 시장' 시대에 처음 걸렸던, 지병인 폐렴이 도진 것이었다. 크리스토프는 자신을 바보라고 생각했다. 결혼식이 끝날 때까지는 결코 쓰러지지 않겠다고 맹세했다. 죽음에 직면한 그라시아가 음악회 전날 일과 기쁨에서 방심하지 않도록 자기의 병을 알리지 않았던 것을 그는 생각해 냈다. 그녀가 자기에게 해준 일을 이번에는 그녀의 딸에게—그리고 그녀 자신에게—해주는 것이라고 생각하자 크리스토프는 기뻤다. 그래서 그는 자기 병을 숨겼다. 마지막까지 견뎌내기는 힘에 겨웠지만, 두 아이의 행복에 도취되어 종교적인 의식의 오랜 고통도 굳게 참아낼 수 있었다. 그리고 콜레트의 집으로 돌아가자마자 기운이 빠졌다. 가까스로 한 방에 틀어박힐 만한 여유밖에 없었다. 그리고 거기서 정신을 잃었다. 한 하인이 정신을 잃은 그를 발견했다. 의식을 회복한 크리스토프는 그날 밤 신혼 여행을 떠나는 두 사람에게는 이 일을 얘기하지 말라고 당부했다. 둘은 자기들 일에만 정신이 팔려 있었으므로 다른 일은 전혀 눈치채지 못했다. 둘은 내일 모레 편지를 쓰겠다고 약속하고 명랑하게 부산을 떨며 그와 헤어졌다⋯⋯.

둘이 출발하자 곧 크리스토프는 자리에 누웠다. 열이 나서 이젠 내리지 않았다. 그는 혼자였다. 에마누엘도 병이 나서 와 볼 수가 없었다. 크리스토프는 의사를 부르지 않았다. 별로 근심할 용태라고는 생각지 않았다. 게다가 의사를 부르러 보낼 심부름꾼도 없었다. 오전에 와서 두 시간 일하는 가정부는 그에게 무관심했다. 그도 또한 어떻게 해서든지 그녀에게 폐를 끼치지 않으려고 했다. 그녀가 방을 청소할 때는 종이 종류에는 손대지 말아 달라고 몇 번이나 부탁했다. 그러나 그녀는 고집이 셌다. 그가 자리에서 일어날 수 없게 된 지금이야말로 제 맘대로 할 때라고 생각했다. 크리스토프는 침대에 누운 채 장롱에 비치는 모습으로 가정부가 옆방에서 무엇이나 함부로 뒤집어엎어 놓는 것을 보았다. 그는 울컥해서—확실히 그의 속에 아직도 옛날 그대로의 기질이 남아 있었다!—이불 속에서 뛰쳐나가 가정부 손에서 종이 뭉치를 낚아채고 그녀를 문 밖으로 내쫓았다. 이런 식으로 화를 냈기 때문에 무척 열이 났으며, 또 식모는 토라져서 돌아가 버렸다. 그녀는 그것으로 그만 그녀의 이른바 '미치광이 영감'에게 한 마디 인사조차도 없이 두 번 다시 나타나지 않았다. 그래서 크리스토프는 병으로 누워 있으면서도 누구 한 사람 돌봐 주는 이가 없었다. 그는 매일 아침 일어나 문 앞에 놓인 우유병을 가지러 가고 또 두 연인들이 약속한 편지를 문지기가 문틈에 넣어 두지는 않았나 보러 갔다. 편지는 오지 않았다. 그들은 자기들 행복에 도취되어 크리스토프의 일은 잊고 있었던 것이다. 크리스토프는 두 사람을 원망하지는 않았다. 자기도 그들의 입장에 있다면 똑같을 것이라고 자신에게 타일렀다. 그는 그들의 태평스런 기쁨을 생각하고 이 기쁨을 그들에게 준 것은 자기라고 생각했다.

크리스토프가 조금 나아져서 겨우 침대에서 일어났을 무렵 오로라에게서 편지가 왔다. 조르즈는 거기에 자기 서명을 첨가하는 것만으로 만족했다. 오로라는 크리스토프의 안부를 거의 묻지도 않고, 또 자기들의 소식도 거의 알리지 않았다. 그 대신 그에게 한 가지 용건을 부탁했다. 그녀가 콜레트 집에 놔두고 온 목도리를 보내 달라는 것이었다. 그것은 별로 대수로운 부탁도 아니지만—오로라는 크리스토프에게 편지를 쓰게 되어 무슨 말을 하면 좋을까 생각하다가 언뜻 생각이 떠오른 데 지나지 않았지만—크리스토프는 자신이 도움이 되는 것이 기뻐서 그 물건을 가지러 갔다. 소나기가 퍼부을 듯한 날씨였다. 겨울이 되돌아오고 있었다. 눈이 녹고 찬 바람이 불고 있었다. 마차가 도무지 눈에 띄지 않았다. 크리스토프는 마차 정거장에서 기다렸다. 계원들의 불친절과 일부러 늑장 부리고 있는 태도에 그는 조바심이 났다. 그러나 안절부절못한다고 해서 일이 진척되는 것도 아니었다. 이러한 울화증은 도끼에 찍혀 쓰러져 가는 떡갈나무가 도끼 밑에서 최후의 몸부림을 치듯이 그의 육체를 흔들었다. 크리스토프는 얼어붙은 몸으로 돌아왔다. 문지기 여자가 지나가는 그에게 잡지에서 오려낸 것을 건네 주었다. 크리스토프는 이를 언뜻 보았다. 심술궂은 기사로 그를 공격한 것이었다. 지금은 이러한 공격은 드물었다. 공격을 해도 조금도 마음에 두지 않는 자를 공격해 봐야 재미도 없었다. 가장 맹렬한 자들도 그를 미워하면서도 화나는 일이기는 하지만 그에 대해 일종의 경의를 표해야 했다.

비스마르크는 아주 억울한 듯이 이렇게 고백했었다. "연애만큼 뜻대로 안되는 것은 없다고 사람들은 생각하고 있다. 그러나 존경은 그보다 더 뜻대로 안 되는 것이다……."

그러나 이 기사를 쓴 인간은 비스마르크 이상으로 완강하고 존경이나 연애 따위는 거들떠보지도 않는 강자의 하나였다. 그는 크리스토프를 모욕적인 말로 헐뜯고 반 달 뒤에 다음 호에서 다시 공격 기사를 발표하겠다고 예고했다. 크리스토프는 웃었다. 그리고 자리에 누우며 말했다.

"그의 예상은 빗나갈걸! 나는 이미 여기 있지는 않을 테니까 말이야."

사람들은 간호사를 채용해서 간호를 받도록 권했다. 그러나 그는 완강히 거부했다. 자기는 이제까지 혼자서 살아 왔으므로 이런 때도 고독한 쪽이 낫다고 말했다.

크리스토프는 심심하지는 않았다. 이 몇 해 동안 그는 항상 자기 자신과 대화했다. 마치 혼이 두 개 있는 것처럼. 그리고 이 몇 개월 동안 마음 내부의 인원수는 현저히 늘어났다. 이제는 두 개의 혼이 아니라 열 개의 혼이 그의 속에 살고 있었다. 그것들은 서로 애기를 했고, 대부분은 노래를 불렀다. 크리스토프는 그 대화에 끼어들든가 혹은 잠자코 그 노래에 귀를 기울이든가 했다. 침대 위나 탁자 위 등 손이 닿는 데에 언제나 오선지를 두고 그들의 애기나 자신의 애기를, 말을 주고받는 재미에 웃으며 적어 두었다. 이것은 기계적인 습관이 되었다. 생각하는 것과 쓰는 것을 거의 동시에 할 수 있었다. 크리스토프에게 있어 쓴다는 것은 똑똑히 생각한다는 것이었다. 자기 혼들과 이야기를 하는 상태에서 그를 떼놓게 하는 일은 어쨌든, 모두 그를 지치게 하고 차분함을 잃게 했다. 때로는 그가 가장 사랑하고 있는 벗들조차도 그랬다. 크리스토프는 그러한 눈치를 별로 그들에게 보이지 않도록 하려고 애썼다. 그러나 구속은 그를 더할 수 없이 피로하게 했다. 그런 다음 다시 자기 자신을 찾아내면 무척이나 기뻤다. 왜냐하면 그때까지는 자기라는 것이 없었기 때문이었다. 사람들의 요설 속에서는 자신 내부의 소리를 들을 수 없다. 숭고한 침묵……

크리스토프는 다만 문지기나 그의 아이 하나가 하루에 두세 번 잔심부름 하러 왔다가는 것만을 허용하고 있을 뿐이었다. 그는 마지막 날까지 에마누엘과 편지 왕래를 계속했으나 그 편지도 문지기나 아이를 시켜서 보냈다. 두 벗은 거의 비슷한 정도로 중태였다. 그러나 그들은 불가능한 희망을 품고 있지는 않았다. 크리스토프의 종교적인 자유로운 천재와 에마누엘의 비종교적인 자유로운 천재는 서로 다른 길을 통해 우애적이고 똑같이 조용하고 맑은 심경에 도달해 있었다. 그들은 차차 읽기 어려워지는 떨리는 필적으로 자기들 병에 대해서가 아니라 언제나 둘이서 화제로 삼고 있는 일들, 즉 자기들의 예술과 또 자기들 관념의 장래성에 대해 서로 애기했다.

그리고 마지막 편지에 크리스토프는 쇠약해 빠진 손으로, 전장에서 숨을 거두기 직전에 한 스웨덴 왕의 말을 써 넣었다.

'Ich habe genug. Bruder, rette dich!'
'짐은 이로써 소망을 이루었다. 형제여, 너는 너 자신을 구원하라!'

크리스토프는 자기 생애 전체를 일련의 단계로서 내다보았다……. 자신을 확실히 파악하기 위한 청춘 시절의 무한한 노력. 단지 살기 위한 권리를 타인과 싸워 획득하기 위한, 또 자기 민족의 악마로부터 자신과 싸워 획득하기 위한 격렬한 투쟁. 승리 뒤에도 전리품을 승리 그것으로부터 방비하기 위해 이를 끊임없이 감시해야 하는 의무. 고독한 마음에 인류 대가족으로 이르는 길을, 싸움에 의해 타개하는 우정의 즐거움과 괴로움. 예술의 충족. 인생의 정점. 정복한 자기 정신 위에 자랑스럽게 군림한다. 나는 내 운명의 지배자라는 것을 믿는다. 그리고 돌연 길모퉁이에서 묵시록의 기사들, 즉 상(喪)을, 정열을, 주의 도래의 전조인 치욕을 만난다. 말발굽에 걷어채고 짓밟혀 온몸이 피투성이가 되면서도 먹구름 속에 정결한 불이 거세게 타오르고 있는 산꼭대기까지 더듬어 올라간다. 신과 얼굴을 맞댄다. 야곱이 천사와 싸운 것처럼 신과 싸운다. 기진맥진해서 그 싸움으로부터 물러난다. 자기 패배를 찬양하고 자기 힘의 한계를 깨닫고, 주에게서 지시된 영역 안에서 주의 의지를 다하려고 노력한다. 이리하여 밭갈이와 씨뿌리기와 수확이 끝나고, 고되지만 아름다운 노동이 끝났을 때 햇빛이 골고루 비친 산기슭에 몸을 쉬면서 그 산들을 보고 이렇게 말할 권리를 드디어 얻은 것이다.

"그대들에게 축복 있으라! 나는 그대들의 빛을 맛볼 수는 없을 것이다. 하지만 그대들의 그늘은 내게는 아늑하다……."

그때 사랑하는 그녀가 크리스토프에게 나타났다. 그녀는 그의 손을 잡았다. 그리고 죽음은 그의 육체의 벽을 타고 그녀의 혼을 그의 혼 속으로 흘러들게 했다. 두 사람은 서로 손잡고 달과 해의 그늘에서 나와 행복한 산정에 도달했다. 거기서는 고상한 론도를 추고 있는 아름다운 세 여신처럼 과거와 현재와 미래가 손을 잡았다. 거기서는 평안을 얻은 마음에 슬픔과 기쁨이 동시에 생기고, 그리고 죽는 것을 조용히 지켜본다. 그리고 거기서는 모든 것이 조화이다…….

크리스토프는 너무나 성급했다. 벌써 목적지에 도착한 줄로 알았다. 그러나 그의 헐떡이는 가슴을 죄는 죔틀과 불타는 고열의 머리에 웅성대는 숱한 환상의 법석대는 찬란은 가장 뛰어넘기 어려운 최후의 길이 남아 있는 것을 그에게 생각나게 했다……. 자, 전진하자! ……

크리스토프는 침대에 못박혀 꼼짝도 할 수 없었다. 위층에서 바보 같은 처녀가 몇 시간이나 피아노를 치고 있었다. 그녀는 한 곡밖에 몰랐다. 그리고 같은 악구를 지치지도 않고 되풀이해서 쳤다. 그녀에게는 그것이 사뭇 즐거운 것이었다. 그러한 악구는 그녀에게 모든 색채의 기쁨과 감동을 주었다. 그리고 크리스토프도 그녀의 행복을 이해할 수 있었다. 그러나 그는 울고 싶을 만큼 그것에 신경이 날카로워졌다. 적어도 저렇게 세게 치지만 않았던들, 크리스토프에게 소음은 악덕과 같을 정도로 못마땅한 것이었다. 그는 드디어 단념했다. 이제는 듣지 않으려고 애쓰는 것은 고된 일이었다. 그러나 생각했던 것만큼 힘든 일은 아니었다. 크리스토프는 자기 육체로부터 떨어져 나가려고 했다. 이 병약하고 꼴사나운 육체, 그토록 오랫동안 이런 육체 속에 틀어박혀 있었다니 얼마나 부끄러운 일인가! 그는 몸이 쇠약해지는 것을 조용히 지켜보며 이렇게 생각했다.

'이제 오래지 않겠지.'

크리스토프는 자신의 인간적인 이기심을 타진해 보기 위해 자신에게 물었다.

"너는 어느 쪽을 바라나? 크리스토프라는 인간과 그 이름이 사람들의 추억에 영구히 남아 있고 작품이 사라지는 것을? 아니면 작품이 오래 남고, 너라는 인간과 그 이름은 흔적도 없이 사라지는 일인가?"

그는 망설이지 않고 대답했다.

"내가 사라지고 내 작품이 계속 살아가는 쪽이다! 내게 있어서는 일거양득인 것이다. 왜냐하면 내 속의 가장 진실된 것만이, 유일한 진실만이 남게 되기 때문이다. 크리스토프라는 인간은 죽어도 상관 없다! ……"

그러나 곧 크리스토프는 자기 자신에 대한 것과 마찬가지로 작품에 대해서도 무관심해진 것을 느꼈다. 자기 예술이 영속하리라고 믿는 것은 얼마나 유치한 환상인가! 그는 자기의 작품이 참으로 미미하다는 것을 똑똑히 보았을 뿐만 아니라 틈만 있으면 근대 음악 전부를 노리고 있는 파괴의 힘도 똑똑히 보고 있었다. 음악의 말은 다른 어떠한 말보다도 빨리 타버리고 만다. 100년이나 200년이 지나면 그것은 이미 몇 사람, 그 방면에 조예 깊은 사람밖에는 이해하지 않게 된다. 오늘날 몬테베르디나 륄리 등은 과연 크리스토프에게 존재하고 있는 것일까? 이미 이끼가 고전음악 숲의 참나무를 벌레먹고 있다. 그중에서 우리의 정열이 노래하고 있는 음악의 전당도 그 사이 공허한 사원이 되어 사람들의 망각 속에서 허물어질 것이다……. 크리스토프는 그러한 폐허를 눈이 둥그레서 쳐다보고, 또 이어 기분이 산란하지 않은 데 놀랐다.

"나는 이전보다 삶을 사랑하지 않게 된 것일까?" 그는 놀라며 자기에게 물었다.

그러나 곧 자기는 전보다도 한층 더 삶을 사랑하고 있다는 것을 알았다……. 예술의 폐허에 눈물을 흘리라는 것일까? 아니, 폐허는 그만한 값어치가 없다. 예술은 자연 위에 던져진 인간의 그림자다. 예술도 인간도 태양에 삼켜 사라져 버리는 게 낫다! 그런 것은 태양을 보는 데 방해가 된다……. 자연의 커다란 보물은 우리의 손가락 사이에서 새어나가 버린다. 인간의 지성은 물을 잡으려 해도, 물은 그물눈을 흘러간다. 우리의 음악은 환상이다. 우리의 음의 단계, 우리의 음계는 요컨대 지어낸 물건이다. 그것은 살아 있는 음의 어느 것에도 일치하지 않는다. 그것은 살아 있는 음에 대한 정신의 타협이며 무한한 움직임에 대한 미터법의 적용이다. 정신은 이해할 수 없는 것을 이해하기 위해서는 그러한 속임수를 필요로 했다. 그리고 그 속임수를 믿고 싶었기 때문에 그만 믿어 버렸다. 그러나 그것은 진짜가 아니다. 살아 있는 것이 아니다. 그리고 정신이 자기가 만들어 낸 이 질서에서 받는 향락은 실재한 것에 대한 직접적인 직감을 왜곡하지 않으면 얻어지지 않았다. 가끔 천재 한 사람이 일시적으로 대지와 접촉하여 예술의 영역으로 넘쳐나려고 하는 현실의 급류에 돌연 눈이 뜨인다. 제방에 틈이 벌어진다. 자연이 빈틈으로 들어온다. 그러나 곧 그 벌어진 틈은 닫혀 버린다. 인간의 이성을 위해서는 그러한 보호가 필요한 것이다. 인간의 이성은 그 눈을 여호와의 눈과 마주치게 한다면 멸망해 버릴 것이다. 그래서 이성은 다시 자기의 독방을 시멘트로 발라서 굳히기 시작한다. 거기에는 외부로부터는 이성이 공들여 만들어 낸 것밖에는 들어오지 않는다. 이러한 일은 아마도 보고 싶지 않은 사람들에게는 엄청난 일일 것이 틀림없다. 그러나 나는, 여호와여, 당신의 얼굴을 보고 싶다! 설령 당신에게 맞아죽더라도 뇌성과 같은 당신의 목소리를 듣고 싶은 것이다. 예술의 잡음은 내겐 방해물이다. 정신이여, 입을 다물어 다오! 인간이여, 잠자코 있어 다오! ……

그러나 이런 훌륭한 말을 한 몇 분 뒤에 크리스토프는 이불 위에 흐트러진 종이를 한 장 손으로 더듬어서 찾아내 그 위에 또 몇 개의 악부를 적으려고 했다. 그리고 자기 모순에 생각이 미치자 그는 미소지으며 말했다.

"오, 나의 오랜 벗이여, 나의 음악이여, 너는 나보다도 선량하다. 나는 은혜도 모르고, 너를 내쫓아 버리려고 하다니. 하지만 너는, 너는 결코 나를 버리지는 않을 것이다. 나의 변심에도 너는 낙심하지 않을 것이다. 용서해 다오! 너도 잘 아는 것처럼 저건 농담이다. 나는 결코 너를 배신한 일은 없었다. 너도 결코 나를 배신한 적은 없었다. 우리는 서로 굳게 믿고 있는 것이다. 나의 벗이여, 함께 가자. 최후까지 나와 함께 있어 다오!"

Bleib bei uns……(우리들과 함께 머물러 주옵소서……)

*

크리스토프는 열과 꿈으로 답답하고도 긴 마취 상태에서 막 깨어났다. 깬 뒤에도 아직 그 꿈이 머릿속에 남아 있는 듯한 이상한 꿈이었다. 그리고 지금 그는 자신을 두루 살펴보고 자기를 만지고 자기를 찾아 보았으나 끝내 자신을 알 수 없었다. 마치 자신이 '다른 사람'인 듯한 생각이 들었다. 자기 자신보다도 한층 반가운 다른 사람…… 대체 그것은 누구일까?…… 꿈속에서 타인이 자기 속으로 자기가 되어 나타난 것 같았다. 그것은 올리비에일까? 아니면 그라시아일까?…… 그의 마음도 머리도 무척 쇠약해졌다! 크리스토프는 그리운 사람들을 똑똑히 구별해서 분간할 수가 없었다. 분간한들 어떻게 할 것인가? 그는 그들을 모두 똑같이 사랑했던 것이다.

압도해 오는 일종의 행복감 속에서 크리스토프는 줄에 묶인 듯이 꼼짝도 하지 않았다. 몸을 움직이고 싶지 않았다. 고양이가 쥐를 노리듯 고통이 엎드려 자기를 기다리고 있음을 알고 있었다. 그는 죽은 체하고 있었다. 이미 죽어 있는 것같이! …… 방 안에는 아무도 없었다. 머리 위의 피아노 소리는 그쳤다. 정적……침묵……. 크리스토프는 후우 한숨을 쉬었다.

"자기 일생의 종말에, 자신은 어떤 때도 결코 고독하지 않았다, 가장 고독했던 때조차도 실상은 고독하지 않았다고 스스로 말할 수 있는 것은 얼마나 즐거운 일인가! 내가 인생의 길에서 만난 혼들이여, 한때 내게 손을 빌려 준 형제들이여, 나의 사상에서 알을 깨고 나온 신비한 정신들이여, 그중에는 죽어 버린 자도 아직 살아 있는 자도 있을 테지만—아니, 모두 살아 있다— 오, 내가 사랑한 모든 것이여, 내가 창조한 모든 것이여! 너희들은 따뜻한 포옹으로 나를 감싸준다. 나를 보살펴 준다. 내게는 너희들 목소리의 음악이 들린다. 내게 너희들을 돌려 준 운명에 축복 있으라! 나는 풍성하다, 풍성하다……. 내 마음은 한껏 가득 차 있다! ……"

크리스토프는 창을 바라보았다……. 노(老) 발자크가 눈먼 미녀에 비유한 태양이 보이지 않는, 저 아름다운 날이었다. 크리스토프는 유리창 앞에 뻗은 나뭇가지를 열띤 눈으로 가만히 바라보았다. 가지는 부풀고 축축한 기운이 있는 새싹이 돋아나 작은 흰 꽃이 피어 있었다. 이러한 꽃, 이러한 새 잎, 되살아나고 있는 이 모든 존재에는 부활하는 힘에 황홀히 몸을 내맡기고 있는 모습이 똑똑히 보였으므로, 크리스토프는 벌써 가슴을 죄고 있는 답답함도 죽어 가는 자신의 비참한 육체도 느끼지 않게 되어 그 나뭇가지 속에서 되살아나고 있었다. 이 생명의 상냥한 빛이 그를 적시고 있었다. 그것은 입맞춤과 같은 것이었다. 사랑에 가득 찬 크리스토프의 마음은 그의 마지막 순간에 미소를 던지는 이 아름다운 나무에 자기 자신을 내주었다. 그는 이 순간에도 무수한 사람들이 서로 사랑하고 있다는 것, 자신에게는 괴로운 임종의 순간인 이때도 다른 사람에게는 황홀한 한때라는 것, 언제나 이런 식이라는 것, 삶의 힘찬 기쁨은 결코 마르는 것이 아니라는 것 등을 생각하고 있었다. 그리고 숨이 막히며 이제는 자기 의지대로 안 나오는 소리로—(아마도 어떤 소리도 목구멍에서 나오지 않았을 테지만 그는 이를 깨닫지 못했다)— 삶에 대한 찬가를 노래를 불렀다.

눈에 보이지 않는 오케스트라가 그의 노래에 대답했다. 크리스토프는 생각했다.

'어떻게 그들은 알고 있는 것일까? 우리는 연습도 하지 않았는데. 끝까지

틀리지 않고 해주었으면 좋겠는데!'

크리스토프는 양팔을 크게 휘두르며 박자를 취하고 있는 자신의 모습이 오케스트라 모두에게 잘 보이도록 몸을 일으키려고 애썼다. 그러나 오케스트라는 틀리지 않았다. 자신들의 솜씨를 확신하고 있었다. 얼마나 기묘한 음악인가! 이제 그들은 그의 노래에 대꾸하는 음악을 즉흥적으로 연주했다! 크리스토프는 재미있어했다.

"잠깐 기다려 다오. 유쾌한 녀석들이구나! 이제 용케 올가미에 걸어 주겠다."

그렇게 말하고 크리스토프는 키를 휙 움직여 작은 배를 왼쪽 오른쪽으로 내키는 대로 위험한 뱃길로 내몰았다.

"어떻게 이곳을 뚫고 나갈 작정인가? …… 그럼 여기는? 그것 보아라! …… 그럼 다시 이곳은?"

그들은 언제나 용케 빠져나갔다. 그의 대담에 더 위험한 대담으로 응답했다.

"녀석들은 무슨 일을 생각해 낼는지 알 수 없다. 교활한 녀석들 같으니라구! ……"

크리스토프는 대견하다고 외치고 큰 소리로 웃었다.

"제기랄! 뒤따라가기가 어려워졌는걸! 이러다간 내 쪽이 지게 될 것 같군……. 농담이 아냐! 오늘 나는 지쳤다……. 뭐 상관할 것 있나! 녀석들이 이길 것으로 정해져 있는 것도 아닌데……."

그러나 오케스트라는 참으로 풍성한, 참으로 새로운 환상곡을 펼쳐내 보였으므로 그는 입을 멍하니 벌리고 이를 듣고 있는 수밖에 없었다. 듣고 있자니 숨이 찼다……. 크리스토프는 자신이 가엾어졌다.

"바보야!" 그는 중얼거렸다. "너는 텅 비어 버렸다. 이제 그만 입 다물어라! 너라는 악기는 네가 내놓을 수 있는 것을 모두 낸 것이다. 이런 몸뚱이는 이제 그만이다! 내게는 또 다른 몸뚱이가 필요하다."

그러나 몸뚱이는 그에게 복수했다. 격렬한 기침의 발작이 일어나 그가 음악을 듣는 것을 방해했다.

"이놈, 입 다물지 못하겠나!"

크리스토프는 적을 때려눕히기라도 하는 것처럼 자기 목을 조르고 자기

가슴을 주먹으로 두들겼다. 난투를 벌이는 자기 모습을 찾아냈다. 여러 사람이 고함 질렀다. 한 사내가 양팔로 끌어안았다. 둘은 뒤엉켜 나뒹굴었다. 상대는 그의 위로 덮쳐들었다. 그는 숨이 가빠왔다.

"놔 줘! 난 듣고 싶다! …… 듣고 싶다! 놔 주지 않으면 죽일 테다!"

크리스토프는 상대의 머리를 벽에다 부딪쳤다. 그래도 상대는 놓지 않았다……

"도대체 내가 상대하고 있는 자는 누굴까? 누구하고 얽혀 싸우고 있는 것일까? 내가 붙들고 있는 이 몸뚱이는, 나를 죄다 태워 버리려고 하는 이 몸뚱이는 대체 누구냐? ……"

그것은 난투의 환각이었다. 혼돈된 정열의 소용돌이였다. 분노, 음란, 살해의 욕망, 살의, 포옹의 물어뜯음, 다시 한 번 이 모두가 뒤섞인 늪의 흙탕이다……

"아! 빨리 끝장이 나지 않는 것일까? 내 살에 들러붙어 있는 거머리들이여, 나는 아무래도 너희들을 떼어낼 수 없는 것인가……. 그렇다면 나의 썩은 살이여, 거머리들과 함께 떨어져 버려라!"

크리스토프는 어깨와 무릎과 허리에 꽉 힘을 주어 눈에 보이지 않는 적을 밀어냈다……. 이로써 자유롭게 되었다! ……저쪽으로는 음악이 여전히 연주하며 멀어져 간다. 땀투성이가 된 크리스토프는 그쪽으로 양팔을 내뻗는다.

"기다려 다오! 나를 기다려 다오!"

그는 뒤따르려고 달려간다. 비틀거린다. 무엇이든 부딪치는 대로 쓰러뜨린다……. 너무 빨리 달렸기 때문에 이젠 숨을 쉴 수가 없다. 심장이 거세게 뛰고 피가 귓속에서 높다랗게 울리고 있다. 터널 속을 달리는 기차처럼……

"제기랄! 어떻게 된 일이야!"

크리스토프는 필사적으로 자기 없이 연주를 하지 말아 달라고 오케스트라에 손짓한다……. 겨우 터널에서 나왔다. 침묵이 돌아왔다. 그러자 다시 음악이 들려 왔다.

"훌륭하다! 잘한다! 더 해라! 자, 모두들 대담하게 해라! …… 그런데 대체 누구의 곡이냐? …… 뭐라구? 장 크리스토프 크라프트의 곡이라고?

무슨 말이야! 바보 같으니! 그 사내라면 나도 아마 알고 있어. 이런 곡은 도저히 쓸 수 없을 텐데……. 아직도 기침을 하고 있는 건 누구냐? 소릴 내지 마! 이 화음은 무엇이었지? 그리고 이번 것은? ……그렇게 빨리 나가지 말아 주게! 제발 기다려 다오! ……"

크리스토프는 발음이 분명치 않게 소리를 질렀다. 담요를 움켜쥔 손은, 그 위에다 무엇을 쓰는 듯한 시늉을 했다. 그리고 지쳐 빠진 그의 두뇌는 이러한 화음은 어떤 요소로 되어 있는 것일까, 무엇을 말하려는 것일까 하고 기계적으로 모색을 계속했다. 그러나 도무지 그것을 알아맞힐 수 없었다. 알아맞혔다 싶었던 것도, 뒤따르는 감동 때문에 밀려나고 말았다. 그는 또다시 열심히 머리를 굴렸다……. 아, 이번에는 도저히 어쩔 수가 없었다…….

"집어치워라, 집어치워, 나는 이젠 할 수 없다……."

그의 의지의 힘은 완전히 풀렸다. 조용히 크리스토프는 눈을 감았다. 행복의 눈물이 감은 눈꺼풀에서 흘러나왔다. 간호하던 계집애가 정성껏 눈물을 훔쳐 주었으나 그는 몰랐다. 그는 벌써 이 하계에서 이뤄지고 있는 일은 아무것도 느끼지 못했다. 오케스트라는 현기증 같은 조화 위에 그를 남긴 채 이제는 침묵하고 있었다. 그 조화의 수수께끼는 아직도 풀리지 않았다. 그의 두뇌는 아직도 고집스럽게 되뇌었다.

"도대체 저 화음은 무엇일까? 어떻게 하면 저기에서 빠져나올 수 있을까? 하여튼 죽기 전에 출구를 찾아내고 싶다……."

이번에는 사람의 목소리가 들려 왔다. 정열적인 하나의 목소리, 안나의 비통한 눈……. 그러나 그 순간 그것은 이미 안나가 아니었다. 상냥스러움에 가득 찬 눈…….

"그라시아, 당신이었나? …… 누구냐? 누구냐? 내겐 벌써 너희들이 잘 보이지 않는다……. 어째서 태양은 이렇듯 언제까지나 나오지 않느냐?"

종소리가 세 번 조용히 울렸다. 참새들이 창가에서 빵 부스러기를 얻어먹는 아침 시간을 그에게 떠올리려고 귀여운 목소리로 지저귀고 있었다……. 크리스토프는 꿈속에서 어린 시절 자기의 작은 방을 다시 보았다……. 종이 울린다. 자, 새벽이다! 아름다운 소리의 물결이 가벼운 공기 속을 흘러온다. 그것은 멀고 먼 아득한 마을로부터 온다……. 강물 소리가 집 뒤에서 일어난다……. 크리스토프는 계단 창턱에 팔꿈치를 짚고 있는 자기의 모습을 다시 발견한다. 그의 일생은 라인 강처럼 그의 눈밑을 흐르고 있었다. 그의 일생, 갖가지 생활의 전부, 루이자, 고트프리트, 올리비에, 자비네…….

"어머니, 연인들, 벗들…… 그들은 어떤 이름이었을까? ……사랑이여, 너는 어디에 있느냐? 나의 혼들이여, 어디에 있느냐? 너희들이 거기 있음은 알고 있는데도, 붙들 수가 없다."

"우리는 당신과 함께 있습니다. 안심하세요, 사랑하는 이여!"

"나는 이제 너희들을 잃고 싶지 않다. 얼마나 찾았는데!"

"걱정 마세요. 우린 다시는 당신 곁을 떠나지 않을 겁니다."

"아! 하지만 물결은 나를 사로잡아 간다."

"당신을 실어 가는 강은 우리들도 함께 실어 갑니다."

"우리는 어디로 가는 것일까?"

"우리가 다 함께 모일 수 있는 장소로."

"거긴 이제 다 왔느냐?"

"보세요!"

그래서 크리스토프는 죽을 힘을 다해 머리를 쳐들고—아! 얼마나 무거웠던 것일까! —넘치는 강을 보았다. 강은 들을 적시고 엄숙하게 거의 움직이지 않는 듯 천천히 흘렀다. 그리고 수평선 가에 있는 강철빛 같은 것이 태양에 떨리는 은빛 물결의 한 선이 되어 그에게로 달려오는 것 같았다. 대양의 파도 소리다……. 그의 마음은 꺼져 가면서도 물었다.

"저건 그일까?"

사랑하는 사람들의 목소리가 대답했다.

"그입니다."

한편 죽어 가는 두뇌는 생각했다.

"문이 열린다……. 여기에 내가 찾던 화음이 있다……. 그러나 이것이 최후는 아닌가! 새로운 공간이 있는 것일까…… 우리는 내일도 또 계속 걸어가는 것이다."

얼마나 기쁜 일일까! 한평생 이를 받들기를 노력해 온 신의 최고의 평화속으로 사라져 가는 기쁨! ……

"주여, 당신의 종에 대해 너무나 불만이신 것은 아닐까요? 제가 한 일은 아주 적은 것이었습니다! 그 이상은 안 되었던 것입니다……. 나는 싸우고 괴로워하고, 헤매고, 창조했습니다. 아버지이신 당신 가슴속에 편히 숨 쉬게 해주소서. 언젠가 새로운 싸움을 위해 다시 태어나겠지요."

그리고 강물 소리와 바다의 파도 소리는 그와 함께 노래 불렀다.

"너는 다시 태어날 것이다. 휴식을 취하라! 모든 것은 이제 단 하나의 마음에 지나지 않는다. 밤의 미소와 낮의 미소는 서로 엉켜 있다. 그 조화다. 사랑과 미움은 엄숙히 맺어진다! 힘찬 두 날개를 가진 신을 찬양하리라. 삶이여, 영광 있으라! 죽음이여, 영광 있으라!"

*

성(聖) 크리스토프는 강을 건넜다. 밤새도록 그는 흐름을 거슬러 나아갔다. 늠름한 팔다리를 가진 그의 몸은 바위처럼 물 위에 우뚝 솟은 채 나아갔다. 왼쪽 어깨에는 가냘프지만 무거운 어린이가 실려 있다. 성 크리스토프는 소나무를 뽑아 지팡이로 삼고 몸을 지탱하고 있다. 소나무가 휜다. 그의 등도 휜다. 그가 출발하는 것을 본 사람은 결코 도달할 수 없을 것이라고 말했다. 그리고 오랫동안 그의 등 뒤에 대고 빈정거림과 비웃음을 퍼부었다. 드디어 밤이 되어 그들은 그것에도 지쳐 버렸다. 이제 크리스토프는 언덕에 남은 사람들이 외치는 소리도 들리지 않을 만큼 멀리 와 있었다. 흐르는 물소리 속에서 어린이의 조용한 목소리밖에는 들리지 않는다. 어린이는 작은 손바닥으로 거인 이마의 고수머리를 한 움큼 움켜쥐고 '전진!'을 되뇌고 있다. 크리스토프는 등을 굽히고 똑바로 앞의 어두운 언덕을 바라보며 조용히 나아간다. 깎아지른 건너편 언덕이 희미하게 보이기 시작한다.

돌연 아침 기도의 종이 울린다. 여러 개의 종이 일제히 뛰어올라 눈을 뜬다. 새로운 새벽이다! 솟아오른 검은 낭떠러지 뒤에서 아직 모습을 드러내지 않은 태양이 금빛 하늘로 올라온다. 금세라도 쓰러질 듯한 크리스토프가 가까스로 언덕에 닿는다. 그리고 그는 어린이에게 말한다.

"자, 드디어 우리는 왔다! 무척 무거웠어! 아이여, 너는 대체 누구지?"

그러자 어린이는 말했다.

"나는 태어나려고 하는 날(日)입니다."

《장 크리스토프》에의 고별

바야흐로 흘러가려 하는 한 세대의 비극을 나는 썼다. 그 세대의 온갖 악덕과 미덕, 괴롭고 답답한 슬픔, 혼돈된 자부심, 초인적인 한 임무의 너무나 무거운 짐에 짓눌리면서 이루어진 씩씩한 갖가지 노력, 그러한 모든 것을 나는 조금도 숨기지 않았다. 그 무거운 임무란, 세계의 한 '총체(總體)'를, 하나의 도덕을, 하나의 미학을, 하나의 신앙을, 하나의 새로운 인간성을 고쳐 만들어 보자는 일이었다. 우리들 본연의 자세는 이러했다.

오늘날의 사람들이여, 젊은이들이여, 이번에는 당신들 차례가 왔다! 우리들을 넘어서 가라. 그리고 전진하라. 우리들보다 더욱 위대하고 더욱 행복하라. 나는 나 자신의 과거의 영혼에 이별을 고한다. 나는 영혼을 한낱 껍데기로서 내 등 뒤에 내버린다. 삶은 여러 죽음과 여러 부활의 한 연속이다. 크리스토프여, 죽자—부활하기 위해서!

1912년 10월
로맹 롤랑

Christofori faciem die quacumque tueris,
Illa nempe die non morte mala morieris.

크리스토프의 얼굴을 보고 있는 날에는
당신은 결코 나쁜 죽음을 맞지 않을 것이다.

《장 크리스토프》에 부치는 글
로맹 롤랑

《장 크리스토프》가 세상에 나온 지도 벌써 30년이 되어 간다. 크리스토프의 친구이며 크리스토프에게 애정을 갖고 있고, 그리고 일반적으로 크리스토프보다 훨씬 많은 지식을 가지고 있는 한 작가가 크리스토프의 소박한 요람에 허리를 굽히고 크리스토프에게, 너는 열 명 남짓한 친한 사람들의 범위 너머로는 결코 걸어나가지 못할 것이라고 예언한 이래 크리스토프는 꽤 많은 걸음을 걸었다. 그는 지구 위를 종횡무진으로 걸어다녔다. 그리고 지금은 지상에서 거의 모든 말로 이야기되고 있다.

아주 신기한 옷을 입고 장 크리스토프가 그 많은 여행지에서 돌아오자 그의 아버지는 그를 잘 알아보지 못했으나, 아버지도 역시 30여 년간 세계 각지의 산길을 돌아다니느라고 발바닥이 패었다. 내가 아직 어리디어린 크리스토프를 품에 안았을 무렵과 그리고 어떤 조건 아래에서 나의 어린 아들이 이 세상에 나오게 되었는지, 오늘 나는 이 자리를 빌려 회상하고 싶다.

*

《장 크리스토프》는 내 마음속에 거의 20여 년간이나 깃들어 있었다. 첫 발상은 1890년 봄, 로마에 있을 때였다. 그리고 1912년 6월에 이 작품을 탈고했다. 그러나 전체적으로는 이 기간을 훨씬 넘는다. 1888년에 이미 초고를 썼는데 그때 나는 아직 파리 에콜 노르말(고등사범학교) 재학생이었다.

처음 10년간(1890~1900)은 이 작품이 마음속에 서서히 부화된 시기였다. 나는 마음속 깊이 자라는 하나의 꿈에 모든 것을 집중하면서도 눈을 돌려 전혀 다른 여러 가지 작품들을 썼다.

예를 들어 '혁명극' 중 초기의 희곡 네 편(《7월 14일》《당통》《이리 떼》《이성의 승리》), '신앙의 비극'(《성왕 루이》《아에르트》), 〈민중극론(民衆劇

論)〉등등. 크리스토프는 밖에서는 보이지 않는 내 제2의 인생이었고, 이것에 의해 나는 나의 가장 깊은 자아와 새로이 접촉하고 있었다. 1900년 말까지 나는 몇몇 사회적인 관련에 의해 파리의 '광장의 시장'에 관계하고 있었다. 그러나 곧 나는 크리스토프와 마찬가지로, 내가 거기에서 정신적으로 대단히 멀리 떨어져 있다는 것을 깨달았다. 여자가 아이를 태내에 잉태하듯 내가 마음속에 잉태하고 있던 《장 크리스토프》는 누구에게든 뺏길 수 없는 보루였고, 나의 '고요한 섬'이었으며 적대하는 마음으로 가득한 대양 한복판을 혼자 헤엄쳐 상륙해야 하는 섬이기도 했다. 나는 묵묵히 내가 가지고 있는 온 힘을 이것에 집중했다. 장차 다가올 수많은 격투를 예상하면서.

1900년 이래 완전히 자유로워진 나는 내 영혼의 군졸들인 이 꿈들을 이끌고 용감하게 그 바닷속에 뛰어들었다.

첫 부름의 소리는 1901년 8월 어느 날 밤, 스위스 슈피츠현 알프스 고지에서 던져졌다. 이 부름의 소리를 나는 아직까지 세상에 발표하지 않고 있다. 그러나 알지 못하는 헤아릴 수 없이 많은 독자들이 이 소리의 반향을, 내 작품의 벽에 부딪혀 메아리치는 반향을 알아들었다. 그러나 사상 속에 있는 가장 깊은 것은 결코 소리 높여 외쳐지는 그것이 아니다. 세계 곳곳에 산재해 있는, 내게는 보이지 않는 친구들에게 이 작품 밑바닥에 있었던 비극적인 우애와, 또 그 도도한 기운의 강이 흘러내리게 한 원천인 비통함을 깨닫게 하기에는 장 크리스토프의 눈초리만으로도 충분했다.

폭풍우가 몰아치는 캄캄한 산속, 번갯불에 가끔 모습이 드러나곤 하는 둥근 지붕 아래에서 천둥소리와 바람의 거친 울림에 싸여 나는 생각했다. 이미 죽은 사람들을, 그리고 마침내 죽어가야 할 사람들을…… 공허에 휩싸여 있고, 사멸(死滅) 속을 회전하고 있고, 그리고 얼마 안 가서 결국 죽어 없어져 버릴 이 지구 전체를. 언젠가는 반드시 죽어 갈 운명을 지닌 살아 있는 모든 것에 나는 역시 죽을 운명을 지닌 이 저서를 바치나, 이 책은 이렇게 소리를 내어 말하려고 한다.

"형제들이여, 우리 서로 가까이 다가앉자. 그리고 우리를 떼어 놓은 모든 것을 잊어버리자, 우리 모두가 가지고 있는 공통의 불행만을 생각하자! 적은 존재하지 않는다. 악인들도 존재하지 않는다. 이 세상에는 다만 불행하고 불쌍한 사람들만이 존재한다. 우리가 영속적으로 가질 수 있는 유일한 행복이 있다면, 그것은 우리 서로가 이해함으로써 서로 사랑하는 것뿐이다. 지(知)와 사랑, 오직 이것만이 인생의 앞과 뒤에 도사리고 있는 두 개의 심연에서, 그리고 암흑 속에서 우리를 비춰 주는 광명의 빛이다."

반드시 죽어 갈 운명을 지닌 모든 것에게 평등과 평화를 주는 죽음에게, 생의 무수한 작은 강이 흘러드는 미지의 바다에 나는 내 작품과 내 모든 것을 바친다.

모르샤하 1901년 10월

*

작품의 결정적인 매듭을 짓기 전에 주요한 줄거리와 인물들에 대한 초안이 상당히 많이 만들어졌다. 크리스토프의 모습은 1890년부터, 그라치아는 1897년부터 쓰였다.

'불타는 가시덤불'의 안나는 1902년에 그 초상 전체가 떠올랐고, 올리비에와 앙투아네트는 1901년과 1902년 사이에, 그리고 크리스토프의 죽음은 1903년에 쓰였다('여명'의 첫 부분을 결정적으로 쓰기 한 달 전 일이었다).

'1903년 3월 20일—오늘 나는 장 크리스토프를 결정적인 형태로 쓰기 시작했다'고 내가 쓴 그때는 나는 다만 보리 이삭을 적당히 골라 다발로 묶기만 하면 되었다. 사람들은 내가 아무 계획도 없이 《장 크리스토프》를 썼을 거라고 상상하고 있다. 관찰력이 부족한 비평가들의 단언이 얼마나 헛된 망언인지 알 수 있다.

나는 벌써부터 어릴 때 받은 프랑스적인, 고전적인, 에콜 노르말적인 교육에 의해서 확실한 구성에 대한 요구와 애정을 가지고 있었고, 또 그것은 나 자신의 혈통 속에도 있는 것이었다. 나는 집을 짓고 고치기를 좋아하는 부르고뉴 종족의 자손이다. 나는 지금까지 주춧돌을 튼튼히 놓고 전체의 큰 윤곽을 세우기 전에는 작품에 임해 본 일이 한 번도 없다. 맨 처음 말이 종이 위에 결정적으로 쓰이기 전에 생각 속에서 작품의 모든 것이 형성된 점에서 《장 크리스토프》는 다른 어느 작품에도 뒤지지 않는다. 1903년 3월 20일, 같은 날에 나는 초안 속에서 이 시작(詩作)의 부분을 결정했다. 나는 분명히 10개 부분을—열 권을—미리부터 생각하고 있었다. 그리고 마지막 순간에 결정을 내린 행 수와 양(量)과 전체적인 균형은, 내가 이미 기록해 둔 것과 별로 차이가 없었다.

이들 열 권을 이루는 데 약 10년이 걸렸다. 1903년 7월 7일, 스위스 쥐라 숲 속 프로부르그 쉬르 올뎅에서 쓰기 시작했는데, 이것은 뒤에 '불타는 가시덤불'에서 상처입은 장 크리스토프가 숨기 위해 찾아간 곳이고, 전나무와 너도밤나무의 비극적인 전투에서 별로 멀지 않은 지점이다.

완성한 것은 1912년 6월 2일, 마죄르 호반 바베노에서였다. 작품 대부분은 파리의 카타콤(지학묘지)이 보이는 밝은 집—몽파르나스 거리 162번지에서 썼다. 이 집은 한쪽은 무거운 차의 울림과 도시의 끊임없는 소음으로 시끄러웠으나, 반대편은 햇볕이 쨍쨍 내리쬐는 조용한 수도원으로, 정원에는 200년이나 묵은 나무가 몇 그루나 있어 재재거리는 참새, 구우구우 우는 산비둘기, 목소리 좋은 검은 티티새가 끊임없이 와서 깃을 쳤다. 그때 내 생활은 모든 것이 뜻대로 되지 않는 고독한 생활로 친구도 없었으며, 오직 기쁨이라면 스스로 일을 통해 만들어 내는 즐거움밖에 없었다. 그 생활은 늘 교수로서의 임무, 써야 할 논문, 역사 연구 등 갖가지 밀린 일에 정신없이 쫓기고 있었다. 나는 생활비를 벌기 위해 그런 일들을 하는 틈틈이 크리스토프를 위해 하루에 한 시간, 어떤 날은 그만큼의 시간도 내지 못했다. 그러나 그것을 쓰는 10년 동안 크리스토프가 내 생활 속에 없었던 날은 단 하루도 없었다. 그는 스스로 말할 필요도 없었다. 그는 사실(事實)로서 그곳에 존재하기만 하면 되었다. 작가는 다만 자기의 그림자에게만 얘기했다. 그러면 성(聖) 크리스토프의 얼굴이 묵묵히 작가를 굽어보았다. 작가는 그 얼굴에서 결코 얼굴을 돌리지 않았다……

'Christofori faciem die quacumque tueris, Il la nempe die non morte mala morieris.'

*

물질상의 어떠한 장애도 고려하지 않고, 또 프랑스 문학계에서 시인되고 있는 갖가지 인습과도 깨끗이 손을 끊은 채, 파리의 그 냉담하고 비뚤어진 환경 속에서 내가 이 장편 서사시를 쓰게 된 동기에 대해 여기 몇 마디 쓰고 싶다. 그 무렵 내게는 이 작품의 성공 여부는 그렇게 중요한 문제가 아니었다. 성공, 그 자체는 사실 본질적인 문제가 아니었다. 오직 마음의 명령에 따르는 것만이 내게는 본질적인 문제였다.

긴 경로의 도중에서 《장 크리스토프》를 위해 내가 썼다고 생각되는 기록 중 1908년 12월에 쓴 글에서 이런 것을 찾아볼 수 있다.

'나는 하나의 문학 작품을 쓰고 있는 것이 아니다. 나는 신앙 작품을 쓰고 있는 것이다.'

인간은 신념을 가지고 있을 때는 결과가 어떻게 될까는 생각하지 않고 행동한다.

'하지 않으면 안 될 일을 하자! ……'

내가 《장 크리스토프》에서 맡은 임무는 프랑스의 정신적 사회적인 모든 것이 무진한 시대에, 잿더미 속에서 잠자고 있던 영혼의 불을 다시 일깨우는 것이었다. 그리고 그것을 위해 내게 주어진 첫 작업은 그 영혼 위에 쌓인 재와 티끌을 깨끗이 씻어 내는 일이었다. 나는 프랑스의 공기와 모든 햇빛을 독점하고 있는 '광장의 시장'과 대결할 수 있는, 지극히 헌신적이고 어떠한 타협 앞에서도 몸을 깨끗이 보존하는 몇 안 되는 불굴의 영혼을 가진 사람을 만들고 싶었다. 그리하여 그들 맨 앞에 설 수 있는 한 주인공의 외침에 응해 그 주인공 주위에 모이게 하고 싶었다. 그러므로 이러한 선구자를 있게 하기 위해서 나는 그 작품을 만들어 내야 했다.

나는 이 선구자에게 두 가지 근본적인 조건을 요구했다.

첫째, 볼테르나 백과전서가들이 '그들 작품의 주인공을 통해' 그 시대의 웃음거리와 범죄 등을 그 순박한 눈으로 풍자하기 위해 파리로 데려온 매우 자연적인 본성을 지닌 사람들—그 '버릇없는 사람들'—같은 자유롭고 밝고 진지한 시선, 현대 유럽을 보고 판단하기 위해 나는 그러한 전망대가, 다시 말해 두 개의 정직한 눈이 필요했다.

둘째, 보고 판단하는 것은 출발점에 불과하다. 그 다음에는 행동이 따라야 한다. 네가 생각하고 있는 것을 너는 실제로 고스란히 감행해야만 한다. 그 것을 용감하게 말해라! 그것을 용감하게 실행하라! 18세기의 '솔직한 인간'이라면 풍자하는 것만으로 충분할는지 모른다. 그러나 현대와 같은 무서운 격투의 시대에는 그것은 사치에 불과하다.

하나의 영웅이 돼야만 한다. 그것만이 유일한 길이다.

《장 크리스토프》를 쓰기 시작할 무렵, 같이 쓴 《베토벤의 생애》서문에서 나는 '영웅'에 대한 정의를 내렸다. '힘 또는 사상으로 이긴 사람들에게' 나는 '영웅'이라는 호칭을 주기를 거부한다. '심정(心情)에서 위대했던 사람들만을 나는 영웅이라고 부른다.' 심정이라는 말의 뜻을 해석해 보자. '심정'이란 단순히 다감성의 영역만을 의미하는 것이 아니다. 나는 심정을, 내면생활의 광대한 영역이라고 해석한다. 이 영역을 자유롭게 써서, 그 영역 요소요소에 깃들어 있는 모든 힘을 바탕으로 사는 영웅은 능히 적들이 뭉친 하나의 세계에 대항할 만한 힘을 가진다.

영웅에 대한 정의를 내릴 무렵, 내게는 물론 베토벤이라는 모델이 있었다. 왜냐하면 베토벤은 근대 세계에서, 그리고 서구 여러 국민 중에서 단 하나의 광대한 내면국(內面國)의 주인공이며, 창조적인 천재력에다 심정의 천재력을 합친 이례적인 예술가 중의 한 사람이기 때문이다.

그러나 그렇다고 해서 장 크리스토프에게서 베토벤의 한 초상화를 보려고 해서는 안 된다. 크리스토프는 베토벤이 아니다. 그는 새로운 다른 베토벤이고, 베토벤 유형의 영웅이긴 하나 베토벤이 살아온 것과는 전혀 다른 세계, 즉 우리 세계에 던져진 하나의 자립적인 존재이다. 본의 음악가와 이력상 같은 점이 있다면 오직 제1권 '여명'에서 크리스토프의 가정이 갖는 몇 가지 특징뿐이다. 작품 첫 부분에서 내가 이러한 유사점을 계획한 것은 주인공에게 베토벤적인 혈통을 확립하고, 그의 뿌리를 라인 지방 유럽의 과거 속에 박기 위해서였다.

나는 그의 유년 시절 처음 몇 가지 일을 옛 독일과 유럽의 분위기로 감쌌다. 그러나 나무가 대지에서 자라면 그것을 품어 안는 것은 '현대'라는 것이다. 그러므로 그는 전 작품을 통해 손색없는 우리 현대인 중 한 사람이다. 또 그는 1870년부터 1914년에 이르는, 다시 말해 서구의 한 전쟁에서 다음 전쟁에 걸친 그 세대의 가장 위대한 대표자이기도 하다.

그가 성장한 세계는 그 뒤 전개된 몇 가지 커다란 사건으로 부서지긴 했으나, 크리스토프라는 커다란 떡갈나무는 지금도 여전히 의연히 버티고 서 있다고 믿는다. 폭풍이 불어와 이 나무의 가지를 몇 개 꺾어 놓았을지는 모르나 줄기는 조금도 흔들리지 않았다. 나는 매일같이 그 증거를 새들에게서 얻고 있다. 세계 각국에서 이 나무에 잠자리를 찾아오는 새들에게서. 내가 가장 감동을 받은 사실, 그리고 내가 이 작품을 만들고 있을 때 했던 예상을 훨씬 초월한 사실은, 《장 크리스토프》는 이미 어느 나라에서나 결코 이방인이 아니라는 것이다. 아득히 떨어진 곳, 전혀 다른 민족들, 중국, 일본, 인도, 남북 아메리카, 유럽 모든 나라 사람들에게서 "장 크리스토프는 우리 동족입니다. 그는 우리와 같은 민족입니다. 그는 우리 형제입니다. 그는 곧 나입니다……" 라고 말해 오는 사람들이 있음을 나는 알고 있다.

그리고 이것은 나에게 내 믿음이 진실했고, 내가 노력한 목적이 달성됐다는 것을 증명해 주었다. 왜냐하면 나는 창작을 시작할 무렵, 이런 글을 몇 줄 써 놓았기 때문이다(1893년 10월).

인간적인 유니티(결합)가 어떤 다양한 형태로 나타나 있든 항상 그 인간적인 유니티를 나타낼 것. 이것이 과학이 갖는 제1목적인 것과 같이, 예술에서도 제1목적이 돼야 한다. 이것이 《장 크리스토프》의 목적이다.

《장 크리스토프》를 쓰기 위해 내가 선택하여 사용한 예술적 형식과 양식에 대해 몇 개의 사항을 여기에 적어 두어야 할 의무를 느낀다. 왜냐하면 그 몇 개의 사항은 내가 이 작품과 이 작품이 의도하고 있는 목적에 대해 가졌던 생각과 밀접한 관계를 가지고 있기 때문이다. 그러나 나는 나와 동시대의 프랑스 작가들 대부분이 품고 있는 심미상의 생각과는 전혀 다르게 서술할 예정인 '개론' 속에서 거기에 대해 좀더 자세히 설명할 예정이다.

여기서는 다만 다음 한마디만을 말해 두기로 한다. 《장 크리스토프》의 양식은(사람들은 대체로 이 양식만으로 부당하게도 내 모든 다른 작품까지를 판단하려고 하지만) 〈카이에 드 라 켕잰〉에서 보낸 첫 시기에, 나의 모든 노력과 내 동료 페기의 노력에 영감을 주던 중요한 생각에서 유래된 것이다. 우리가 더할 나위 없이 신봉하고 있던 엄격하고 남성적인, 그러면서 청교도적인 생각은 해파리처럼 변화 많은 시대와 환경에 대한 반동에서 생긴 것인데, 내용은 다음과 같다.

'솔직하게 말하라! 허식 없이, 과장 없이 말하라! 남이 이해할 수 있게 말하라! 문학상의 취미에 있어 까다로운 몇몇 사람들에게 이해되기 위해서가 아니라 수많은 사람들, 가장 소박하고 겸허한 사람들에게 이해되기 위해 쓰라! 지나치게 이해되는 것이 아닌가 하는 걱정은 절대로 하지 마라! 그림자나 장막으로 가린 것같이 말하지 말고, 분명하고 확실하게 말하라! 그리고 어찌할 수 없는 경우엔 둔하고 서투른 표현이라도 상관없다! 그로써 너의 다리가 한층 든든히 땅을 딛고 설 수 있게 된다면 그래도 좋다! 그리고 너의 생각을 사람들의 마음속에 더 잘 심어 놓기 위해 같은 말을 반복하는 것이 효과적이라고 생각한다면 얼마든지 반복하라. 그것으로 사람들 마음에 너의 생각을 침투시킬 수 있다면 구태여 다른 말을 찾을 필요는 없다. 그러나 다만 한 마디라도 놓치지는 마라! 너의 말이 행동으로서 살아 있는 것이 좋다!'

이것은 또한 오늘날에 와서도 현대 탐미주의에 반대하여 내가 곧잘 주장하는 원리이기도 하다. 그리고 행동을 원하는, 행동적인 작품에 대해서는 나는 지금도 역시 이들 원리를 적용한다. 그러나 모든 작품에서 그런다는 것은 아니다. 이해할 줄 아는 사람이라면 《장 크리스토프》와 《매혹된 영혼》 사이에 있는 기법상의, 예술상의, 산문적 조화에 있어 중요한 상이점을 발견할 것이다. 《리 릴리》나 《콜라 브뢰뇽》 같은 작품에서 실제적인 면, 즉 리듬이나 음색, 교향(交響) 등 전혀 다른 움직임과 통합을 규정하는 작품에 있어서는 더 말할 필요도 없다.

《장 크리스토프》 안에서도 모든 권(卷)이 작품 첫 부분을 규정한 요구에 엄격히 따르고 있는 것은 아니다. 처음의 투쟁적인 청교도 정신은 전에 《여행이 끝날 무렵》이라고 제목을 붙여 두었던 세 권('여자친구들' '불타는 가시덤불' '새로운 날')에선 많이 부드러워져 있다. 그리고 작품 그 자체의 음악은 주인공이 나이를 먹음에 따라, 그리고 정신이 원숙해짐에 따라 점점 복잡해지고 한층 미묘한 차이를 띠게 된다. 그러나 세상의 관례적인 비평은 그런 것엔 조금도 주의를 기울이지 않고 하나의 작품 전체, 또는 한 생애 전체에 대해서—흑과 백으로—오직 같은 판단만을 내리는 것으로 만족하고 있다.

*

사람들은 언젠가 내 생각들을 적어 놓은 한 상자 속에서 《장 크리스토프》의 내면을 설명한 많은 기록을 발견할 것이다. 특히 '광장의 시장'과 '집 안에서'에서 묘사된 당시 사회에 관한 기록을. 그러나 거기에 대한 얘기를 하기에는 아직 너무 이르다.

그러나 첫 초안에는 있었으나 끝내 쓰지 못하고 만 일부분에 대한 애기는 퍽 재미있을 것이다. 그것은 '여자친구들'과 '불타는 가시덤불' 사이에 한 권이 될 예정이었던, 주제가 '혁명'인 것이다.

그것은 오늘날 소련에서 승리를 거둔 그런 '혁명'은 아니다. 그 당시 (1900~1914년) 혁명은 패배만을 거듭하고 있었다. 그러나 오늘날의 승리자를 만든 것은 어제의 그 패배자들인 것이다.

결국 쓰지 못한 채 끝나고 만 그 부분이 상당히 진척된 채로 내 기록 중에 남아 있다. 초고에서 크리스토프는 프랑스와 독일에서 추방되어 런던으로 망명해, 여러 나라의 망명자들과 추방된 자들의 각종 모임에 든다. 그는 우두머리 가운데 한 사람과 친교를 맺는데, 마치니 또는 레닌 같은 인물이었다.

이 강력한 선동자는 지성과 신념과 성격으로 유럽의 모든 혁명주의 운동의 지도적 두뇌가 된다. 크리스토프는 독일과 폴란드에서 일어난 운동에 적극 가담한다.

이들 사건, 이들의 반란, 이 혁명가들 사이에 일어나는 여러 가지 갈등과 에피소드가 이 권의 대부분을 차지하고 있고, 마지막에 '혁명'은 무너지고 크리스토프는 달아나 많은 모험을 겪고 나서 스위스로 가게 된다. 그리고 '불타는 가시덤불'이 그 뒤를 잇는다.

인간의 한 세대에 걸친 긴 비극의 종말로 나는 일종의 '자연의 교향곡'을 —'Meeresstille'(바다의 정적)이 아니라, 생의 위대한 투사들이 유쾌하게 돌아오는 'Erd— stille'(대지의 정적)를 쓸 계획이었다.

나는 결국—(하고 나는 썼다)—이 인간적인 서사시의 대단원을, '혁명극'의 대단원으로 하려던 것과 같이 끝맺고 싶었다. 갖가지 정열과 증오가 자연의 평화 속에 용해되고 만다. 무한한 공간의 정적이 인간의 격동을 감싸고, 그 격동은 마치 하나의 돌이 물속에 가라앉듯 정적 속에 가라앉아 버리고 만다.

시종 '유니티'의 사상. 사람과 사람 사이, 사람과 '우주 질서' 사이의 유니티……

　'Seid umschlungen, Millonen! Diesen Kuss der ganzen Welt!'
　포용하라, 무수한 사람들이여! 이 키스를 전 세계에 보내노라! (베토벤 작 〈제9교향곡〉 속에 있는 실러의 시 〈환희의 찬가〉 중 한 구절)

　나는 《장 크리스토프》의 결말에서 '사랑과 증오의 엄숙한 결합인 조화'를 앞으로 나아가는 행동에, 즉 그 힘찬 균형에 두려고 했다. 왜냐하면 《장 크리스토프》의 결말은 사실 결말이 아니라 잠깐 머무르는 정거장에 불과하기 때문이다. 《장 크리스토프》는 결코 끝나지 않는다. 그의 죽음 자체가 하나의 '율동'에 불과하고 커다란 영원의 한 호흡에 불과하다……

　'언젠가 나는 다시 태어날 것이다. 많은 새로운 투쟁을 위해……'(임종 때 장 크리스토프가 남긴 마지막 말)

　그렇기 때문에 《장 크리스토프》는 지금도 역시 새로운 세대의 길동무이다. 그는 수백 번이나 죽었다가 다시 부활해 싸움을 계속할 것이다. 그는 '싸우고, 고민하고…… 그리고 끝내는 승리를 거둘 모든 나라의 자유를 찾는 남녀들'의 형제이며, 또 영원히 그 자리를 포기하지 않을 것이다.

레만 호반의 빌르뇌브에서

1931년 부활절

롤랑의 생애와 작품에 대하여

롤랑의 삶

로맹 롤랑은 1866년 1월 29일, 프랑스 부르고뉴 지방의 니에브르 주에 있는 소도시 클람시에서 태어났다. 아버지 집안은 약 5대에 걸쳐 그 지방의 공증인이었다. "프랑스 중부 지방에서 나는 태어났고 생애의 첫 14년간을 그곳에서 지냈다. 우리집은 이 땅에서 여러 세기 전부터 자리를 잡고 살아왔다. 그리고 우리 집안은 외국 혈통이 전혀 섞이지 않은 순수한 프랑스인이고 가톨릭이다." 롤랑이 말하는 그 고향의 자연과 생활의 특색은 이 작품의 〈앙투아네트〉에서 훌륭히 살려져 올리비에와 앙투아네트의 성장 배경으로 되어 있다.

롤랑 가문의 성격은 '선량한 부르고뉴인' 바로 그것이다. 쾌활하고 소박함을 가지고 일과 생활을 사랑하며, 자유로운 사상과 애국심을 아울러 지니고 있어, 자기 설을 강하게 주장하면서도 타인의 생각에 대해 너그러웠다.

외가인 쿠로 집안도 3대에 걸친 공증인이었다. 그리고 그 선조들 중에는 위그노파 사람들이 있었던 것 같다. 롤랑의 성격에는 의무와 미덕을 존중하는 윤리적인 본능이 강함과 동시에, 친가의 성질과는 반대로 다소 우울하고 성실한 데가 있었다. 롤랑의 어머니는 가톨릭 신앙을 가졌으나 지성에 있어서는 자유로운 판단력을 살리고 있었다. "나는 나의 가장 좋은 것을 어머니에게서 이어받았다. 어머니는 영원한 것에 대한 기호를 나에게 주었다"고 롤랑은 말하고 있다.

《장 크리스토프》는 '성스러운 음악'에 바쳐지고 있는데, 롤랑은 어렸을 때 어머니에 의해 '성스러운 음악'에 인도되었다. '음악이 나의 첫사랑이었다'고 그는 쓰고 있다.

고향의 초등학교를 마친 뒤, 그가 열네 살 때 롤랑 집안은 그의 교육을 위해 클람시에서 파리로 이사를 하여, 루이 르 그랑 고등중학에 입학했다. 그

롤랑이 태어난 부르고뉴 지방의 농촌

리고 그해 여름 그는 스위스 빌르뇌브에서 우연히 빅토르 위고를 만나 깊은
인상을 받았다.

1884년과 85년에 고등사범학교 입학시험에 두 번이나 떨어졌는데, 그것은
셰익스피어와 위고의 문학에 너무 열중했기 때문이었다. 그 무렵의 그는 친
구인 클로델과 함께 바그너와 베토벤 음악을 열렬히 좋아했다.

고등사범학교에 입학하자 롤랑은 처음엔 철학을 전공하고 싶었으나 사학
과에 들어갔다. 롤랑이 사학 연구에서 미슐레에 공감한 것은, 가장 넓은 뜻
에서의 민중과 인간성과 자연에 대한 삼중의 사랑을 통일하는 태도에 있었
다.

졸업을 하고 모교의 유학생으로서 이탈리아 로마로 갔다. 그곳에서 독일
인 노부인 마르비다 폰 마이젠부르크와의 우정을 통해서 많은 감화를 받았다.
《장 크리스토프》의 대학교수 슐츠 노인의 성격에 마르비다의 모습이 반영되
어 있다고 한다. 당시 일흔다섯인 마르비다는 젊은 시절 바그너와 니체와 무
척 친한 사이였다. 롤랑은 로마에서 마르비다를 알게 됨으로써 유럽 정신에
바탕한 넓은 식견을 가질 수 있었다. 인종, 신조의 차별을 초월한 인간 정신
의 종합적 조화를 롤랑은 이 시기에 알게 되었다. 그리하여 어느 저녁 나절 자

롤랑의 아버지 에밀

어머니 앙투아네트

▲ 롤랑과 누이동생 마들렌

롤랑이 다섯 살이 됐을 때 두 살 어린 누이동생 마들렌이 갑자기 세상을 떠났는데, 그 다음 해에 태어난 둘째 누이동생도 마들렌이라는 이름을 물려받았다. 그녀는 영문학자가 되어 평생 오빠를 도왔다.

◀생 마르탱 교회
어린 시절 클람시에서 살던 허약한 롤랑을 위로해 준 것은 생 마르탱 교회의 종소리였다. 그 신비로운 음악에 대한 추억은 《장 크리스토프》 앞부분에서 종소리가 어린 크리스토프를 달래는 장면을 통해 재현된다.

니콜로 언덕을 산책하다가, 그는 갑자기 크리스토프의 환상을 마음속에서 보았다.

파리로 돌아온 뒤에 롤랑은 희곡을 발표했다. 극작가로서의 그의 이상은 중세기나 고대 그리스에 있었던 그런 '민중극'을 파리에서 만드는 일이었다. 그 무대는 실현되지 않았지만, 롤랑은 극작가로서 《신앙의 비극》《프랑스 혁명극》의 연작을 썼다.

드레퓌스 사건 뒤에 샤를르 페기가 주재한 한 총서 '레 카이에 드 라 켕잰'의 그룹에 참가하여, 《베토벤의 생애》《장 크리스토프》 등의 초판은 이 총서에 의해 출판되어 나왔다.

롤랑의 창작 활동은, 사범대학과 소르본 대학에서 음악사를 강의하는 교수

▲ 에콜 노르말 재학 때의 롤랑

▶ 롤랑이 공부한 파리 대학 강의실

▼ 파리 노트르담 성당에서 내려다본 센 강

바티칸 궁전 산 피에트로 대성당
1889년에 고등사범학교를 졸업하고 국비 유학생 자격으로 이탈리아 로마에 온 롤랑은 바티칸 고문서 도서관에서 16세기 종교전쟁 연구에 몰두하면서, 한편으로는 이탈리아의 찬란한 빛과 예술에 감동해 새로이 눈을 떴다.

로서 생활하는 한편, 파리 문단으로부터는 소외된 고독한 가운데 계속되었다. 《장 크리스토프》를 쓰는 것이 가장 중요한 일이었지만, 동시에 또 미켈란젤로와 톨스토이의 전기를 썼다. 무력이나 권력의 영웅이 아니라 심적 또는 정신적 영웅의 모습을 깊은 이해와 공감에 의해 살린 이 전기들은 이미 한 세기라는 긴 세월이 흘렀는데도, 지금도 여전히 전 세계의 많은 독자들 마음에 단순히 문학적인 의미 이상의 인간적 신앙의 빛과 힘과 아름다움을 심어주고 있다.

롤랑의 작품은 《장 크리스토프》 외에, 여성 안네트를 주인공으로 하는 대작 《매혹된 영혼》, 라블레풍의 웃음과 예시로 가득 차 있는 《콜라 브뢰뇽》, 제1차 세계대전의 체험에서 태어난 두 작품 《클레랑보》와 《피에르와 뤼스》가 있다. 이 작품들의 성격과 문체가 저마다 다른 것은 작자의 다면적인 창작력의 필연성을 나타내는 것이다.

롤랑이 그의 역사 연구와 예술을 길렀던 이탈리아 로마 시   자유로운 창조자 크리스토프의 이미지는
로마 시가 내려다보이는 일곱 언덕 중의 하나에서 태어났다.

소설가로서의 롤랑

로맹 롤랑은 20세기 유럽의 걸출한 지성임과 동시에 거대한 마음이었다. 그의 지성은 항상 진리로 향한 넘치는 열의를 버리지 않았다. 진리만이 인생과 사회의 건전한 생명을 구한다고 믿었던 그는 사상가로서의 책임감에서 항상 자기 자신이 진리라고 인정하는 것을 위해 글을 썼다.

동시에 그는 박식한 마음의 열의를 인식의 힘과 연결짓고 있었다. 그리고 그 마음은 살아 있는 모든 것에 공감을 하고 때로는 동정을 하여 크게 떨치기도 했다. 동시대의 문학 비평가로부터 온갖 비평을 받아도, 그의 전인적(全人的)인 입장과 자세는 깊은 원천에 뿌리를 박고 끄떡도 하지 않았다. "마음이란 단순히 다감성만을 의미하는 것은 아니다. 나는, 마음을 내면 생활의 광대한 영역이라고 생각한다. 이 영역을 자유로이 사용하고, 이 영역의 요소적인 여러 힘을 바탕으로 하여 사는 자는 적들의 한 세계에 저항할 만한 충분한 힘을 갖는다."

작가로서의 롤랑은 동시대의 프랑스 문학계에서 독자적인 길을 걸었다. 자연주의와 예술지상주의, 이 두 세계로부터 떨어져 있었다. 톨스토이의《전쟁과 평화》에서는 청년 시절에 지극히 중요한 '섬광' 즉 계시를 받았는데, 그 계시란 롤랑 자신이 이미 체험했던 존재의 완전한 하나의 성질인 신적 본질을 실감하는 것이었다.

이 입장이 바로 그가 당시의 프랑스 자연주의와 다른 길을 걸어간 하나의 이유였다. 언어의 표현을 섬세한 금은 세공의 걸작처럼 한 시인 말라르메의 예술지상주의의 입장과 롤랑의 문학과의 차이는 롤랑이 예술 활동을 생명의 전체 활동에서 떼어 놓으려 하지 않았다는 데 있다.

롤랑에게 있어 예술의 창작은 '영혼의 표현'이었다. 영혼은 항상 생명에서 떠나지 않고 그 생명은 그것을 부양하는 모든 것에서 떠나지 않으므로, 영혼의 표현은 역시 생명 및 생활의 표현인 것이다. 그리고 영혼의 자각인 정신은 '생명 속의 생명'인 것이다.

따라서 로맹 롤랑의 생명주의, 혹은 생명본위주의는 자연주의적 본능주의가 아닌 동시에 생명의 직각(直覺 : 사물에 대하여 직접 깨달음)을 무시하는 관념적 주지주의도 아니었다.

롤랑의 지적 교양—그것은 슈테판 츠바이크가 말했듯이, 매우 넓고 큰 것이었지만—밑바탕에 예술이 자리하고 있었다. 그리고 그 예술은 넓은 의미의 시심(詩心)과 음악의 형태로 표현되는 것이 가장 어울리는, 그런 예술이었다.

그리스의 현대 시인 코스티스 파라마스가 그의 시 《로맹 롤랑》 속에서 "로맹 롤랑은 시인이고 올바른 심판자이며, 반신 엠페도클레스 종족의 아들"이라고 말한 그런 뜻에서의 시인이었다.

"로맹 롤랑은 진리의 의지와 건전한 의지를 통하여 그의 시대에 예술을 이중으로 고급화시켰다"고 마르셀 드와지는 말했다.

롤랑이 문학과 역사 연구 때 가장 큰 영향을 끼친 이탈리아 산촌 마을

롤랑의 건전함은 시대의 질환이나 인생의 모순에 눈을 가리는 낙관주의에 의하는 것이 아니었다. "역사 현실 속에서 인생 관상(人生觀賞)의 위안을 찾아 내려고 역사 연구를 하는 이는 실망할 것이다"라고 실러는 말했지만. 역사가 롤랑도 역사 현실의 양심적인 연구에서 결코 안이한 낙천주의를 찾지는 않았으며, 역사의 실상을 보는 그의 눈은 젊었을 때 마키아벨리에 의해 단련되었다. 그러나 오히려 그로 인해 롤랑은 인생에의 근본적인 신앙을 점점 더 굳혀갔다. 그 신앙이란 어떤 것인가? 그것은 《장 크리스토프》 전체를 통하여 살아 있지만, 그것을 사상적인 문제로 생각하려는 사람들은 롤랑의 《내면의 여로》를 읽는 것이 좋다. 롤랑의 예술 작품은 항상 진실한 비극감을 수반하면서 사람들의 영혼을 격려한다. '슬픔을 통한 기쁨'의 감명을 롤랑은 소설 작품에 의해 독자들의 마음속까지 깊숙이 침투시키는 데, 그 감명은 세

계문학 중에서도 드물게 독자적이고 아름답고 순수하여 이 점에서 베토벤의 음악과 질적으로 가장 닮았다.

《장 크리스토프》는 자연주의적 리얼리즘 소설에 비해 확실히 전통적인 서사시의 성질을 다분히 지니고 있다. 비평가 알랭도 이 작품에는 호메로스를 연상케 하는 것이 있다고 했다. 영웅적 서사시의 근본 정신이란 '산다는 것은 싸우는 것이다'를 긍정하는 것이다. 싫든 좋든 이 긍정을 하는 데에서 서사시의 영웅들이 나타난다. 아무리 비영웅적인 성격의 주인공이라도 유럽 소설에서 영웅이라 불리는 것은 소설의 선조가 서사시이기 때문이다. 한데 롤랑은 그의 주인공 즉, 영웅으로서 실로 베토벤적인 인물을 골랐다. 그것은 전쟁 영웅도 아니고, 권력적인 영웅도 아니다. 따라서 이 작품은 서사시로서의 싸움의 긍정 가운데 사랑과 용기와 창조와 조화와 희망의 모습을 전개하는 것이므로, 옛날 서사시 속에 흔히 있는 '허위의 영웅주의'는 여기엔 조금도 없으며, 우리들은 지극히 인간적인 감정이나 불안, 일상 생활 속에 번뜩이는 감동적인 예지를 나타내는 내적 생명을 느끼게 되는 것이다. 〈광장 시장〉에서 크리스토프의 원수로 결투까지 하기에 이르는 인물도 우리가 올바르고 곧게 주의해서 살펴본다면, 우리가 인간으로서 이해할 수 있는 것을 느끼게 하는 모습으로서 그려져 있다는 것을 알 수 있다. 서사시로서의 이 작품의 새로움은 여기에 있다. 이를테면 꼽추 소년 에마누엘만 하더라도, 감동을 주는 그 내적 생활이 재생하는 모습이다. 우리가 자연주의적 리얼리즘 작품에서 느낄 수 없는 성질의 인간적 공감을 이 작품에서 느낀다면 이 작품의 서사시적인 새로움이 작자의 보편적 인간성의 깊이를 살리는 그릇으로 되어 있기 때문일 것이다.

대하소설 《장 크리스토프》

롤랑 자신은 《장 크리스토프》를 하나의 음악 시(un poéme musical)라고 불렀다. 그러나 그것은 이 작품이 하나의 '대하소설'이라는 것과 모순되는 것이 아니다. 일반적으로 독일인은 음악적이고 프랑스인은 조형적이라고 하는데, 사실 독일의 그뤼네바르트의 그림에는 독일 음악과 통하는 것이 있고 프랑스의 드뷔시 음악에는 프랑스 미술과 공통점이 있듯이, 음악적인 독일에서 괴테가 '눈의 사람'이라 불리는 데 비해 조형적인 프랑스에선 로맹

롤랑의 역사 연구에 크게 기여한 로마의 '클라우디스 수도교'

롤랑을 '귀의 사람'이라 부를 수가 있다. '자연'이라는 예술가는 프랑스에다 롤랑 같은 훌륭한 '음악인'을 낳아, 마치 그 독자적인 역사적 의의를 시험해 본 것 같다.

크리스토프는 라인 강변의 작은 마을에서 태어났다. 할아버지는 본디 벨기에의 앙베르 출신이나 젊었을 때 고향을 떠나 독일 마을에 자리를 잡고 살았으며, 할아버지와 아버지도 왕실 음악가였다. 요한 세바스찬 바흐의 아들 프리데만 바흐의 사실(史實)이 반영돼 있다는, 성격 파탄자인 아버지 때문에 크리스토프는 소년 시절부터 벌써 현실의 고생스러움을 너무나 잘 알게 된다. 그는 음악가로서 피아노 개인 지도를 하거나, 오케스트라에 참가하거나 하여 집안 생계를 돕는다. 이러한 전기적인 요소엔 분명 베토벤의 전기와 비슷한 점이 있다.

그러나 소년 크리스토프가 자연에 대해 갖는 신선한 감수성, 그리고 우리들 자신의 어린 시절 추억을 되살려 주는 표현은, 클람시에서의 롤랑 자신의 어린 시절을 회상하는 데서 살아나고 있다.

그리고 청년 롤랑의 중요한 내적 체험이 서술되어 있는 《내면의 여로》속의 대목과 《장 크리스토프》 속의 대목은 매우 닮은 데가 있다.

"그리고 나 역시 하느님 속에 존재하고 있다. 겨울 해가 저물어 밤이 되자, 나는 썰렁한 방에서 빠져나가 실제로 존재하는 하얀 태양 속의 심연으로 들어간다……."

이것은 《내면의 여로》 속에서 스피노자의 섬광적인 계시에 롤랑 자신의 정신이 처음으로 감동되었을 때의 표현이며, 또 그 자신을 허무주의적인 입장에서 일어서게 한 '세 섬광' 중의 하나였다.

"……하느님은 자신 속에 있었다. 신은 방 안의 천장을 깨고, 집의 벽을 무너뜨렸다."

이것은 〈청춘〉 속의 표현이다.

또 로마에서의 마르비다에 대한 회상 속에는—

"친구(마르비다)의 예지는 조금도 말로 표현할 수가 없었다. 그리고 마음의 슬픔이 음악적인 조화가 되었다……."

《장 크리스토프》의 〈새로운 날〉에는 청년 롤랑과 노부인 마르비다의 일로서가 아니라, 이미 두 사람 다 인생의 희비를 경험한 뒤 맑은 정신에 도달해 있는 크리스토프와 그라시아의 일로서—

"그녀의 곁에 있으면, 그녀의 눈길 아래서는 모두가 단순하며 만사가 그렇게 되는 수밖에 없기 때문에 그렇다는 느낌이 들었다……."

따라서 《장 크리스토프》라는 작품의 실질은 작자 자신의 가장 깊은 생활의 중심에서 생겨났으므로, 그것을 깨닫고 읽으면 작자의 다음 말을 잘 이해할 수 있다.

"크리스토프는 베토벤이 아니고 한 사람의 '새로운' 베토벤이며, 사상의 베토벤과는 다른 한 세계 속에—우리들의 세계 속에—던져져 있으므로 크리스토프 자신은 오늘날의 우리들 가운데 한 사람이다."

다른 한 세계—보불 전쟁 뒤의 시기부터 20세기 초의 약 10년에 걸친 유럽의, 프랑스를 중심으로 한 하나의 '총체'가 이 작품에서 쓰였다.

"그 세대의 온갖 악덕과 미덕, 답답한 비애, 혼돈된 자부심, 초아적인 하나의 임무, 너무나도 무거운 짐에 눌리면서 이루어진 씩씩한 갖가지 노력, 그러한 모든 것을 나는 아무것도 숨기려 하지 않았다. 그 무거운 임무란 세계에 하나의 '총체'를—하나의 도덕을, 하나의 미학을, 하나의 신앙을, 하나의 새로운 인간성을 고쳐 만들자는 일이었다……."

전 유럽의 영혼과 정신의 교향곡적 서사시라는 특색을 갖는 이 작품을 롤랑은 유럽의 여러 곳에서 집필했다. 쓰기 시작한 곳은 스위스의 어느 마을에서였으며, 〈청춘〉은 스위스 취리히와 추크 호반에서 썼고 대부분은 파리의 몽파르나스 거리의 집과 이탈리아에서 쓰였다. 작중의 감동적인 아다지오인 〈앙투아네트〉—롤랑은 이것을 어머니에게 바쳤다—는 영국 옥스퍼드에서 썼는데, 쓰기 시작한 지 약 15년 만인 1912년 6월 26일, 작품은 바베노에서 완성되었다.

"나는 프랑스만을 정신의 조국이라고 간주하기에는, 먼 옛날의 프랑스 정신과 너무나 같다"라고 롤랑은 말했다. 이 말의 뜻은 롤랑과 《장 크리스토프》를 이해하는 데 아주 중요하다.

《장 크리스토프》에는 유럽 전체의 창조 정신과 협조에 대한 격하고 강한 염원이 사상의 주축이 되어 있고, 뒷날 유럽 합중국의 환상도 떠올라 있어 사실상 롤랑은 좁은 국가관념에 사로잡히지 않는 정신적 국제주의 속에 살았었다. 우리가 롤랑을 알면 알수록 롤랑이 대표하는 프랑스적 영혼의 넓이와 깊이, 인간적인 충실감이 느껴져 롤랑을 낳아 기른 프랑스의 문화적 밀도에 더욱더 존경을 느낀다.

제2차 세계대전 뒤 독일 바이마르의 '괴테협회'는 괴테의 《빌헬름 마이스터》와 롤랑의 《장 크리스토프》를 비교 연구했는데, 이에 대해서는 프랑스에서 알랭도 이미 언급하고 있었다. 소설로서 《장 크리스토프》가 괴테의 《빌헬름 마이스터》와 본질적으로 비슷한 점이 있다는 것을 알랭은 《문학론》 속에서 말했으며, 그는 외삼촌 고트프리트가 별생각 없이 하는 말들에서, 장님 소녀 모데스타가 이론을 초월한 위안을 얻어 절망에서 구원되는 대목에 대해서 쓰고 있다.

"이 작품들은 마음을 붙들고 부드럽게 해 준다. 그래서 나는 거기서 어떤 상징을 포착하려고 항상 시도하나 도무지 잡히지 않는다. 괴테의《빌헬름 마이스터》도 마찬가지로 의미가 가득 차 있는 화면이 많이 있지만, 그 화면들은 결국 그들 자신이라는 것 말고는 아무것도 뜻하고 있지 않다. 작품이 주해(註解)를 거절하는 데에 예술의 최고점이 있다고 나는 믿는다."

여기에 대해 로맹 롤랑과 헤르만 헤세의 비슷한 사고를 적어 보기로 하자. 헤세는《빌헬름 마이스터》에 대해 이렇게 말했다.

"시적인 천재가 다루면 당연한 것, 인생의 단순한 사물이나 사실조차 경건한 그에게는 항상 새롭고 살아 있으며 그리고 신성하다. 그것이 시적인 천재의 비밀이다."

우리가《장 크리스토프》를 읽고 '이건 나도 기억에 있는 일이다. 나도 언젠가 느끼고 생각한 바가 있어서 알고 있는 일이다. 이 책에는 나 자신의 체험을 써 놓은 것 같다'고 느낄 때, 우리는 헤세가 말한 그 비밀을 통해 그렇게 느끼는 것이다. 이것은 확실히 가장 뛰어난 '교양 소설'의 비밀이기도 하다. 매우 정확한 말을 슈테판 츠바이크가《장 크리스토프》에 대해 쓰고 있다.

"우리는《장 크리스토프》를《마이스터》라는 의미로서의 교양 소설이라 불러도 좋다. 이런 교양 소설 속에서는, 한 인간이 미지의 인생을 어떻게 배우는가, 또 그 배움에 의해 어떻게 스스로를 지배하는 힘을 몸에 익히는가, 또한 모든 일에 대해 남에게 배워 거듭 잘못된 생각을 어떻게 해서 스스로의 올바른 생각으로 고치는가, 어떻게 해서 세계를, 자신에 대해 밖에 있는 존재로서의 세계로부터 스스로의 체험으로 재생시키느냐를 그려 주어야 하는 것이다. 그래야 단순한 호기심, 단순한 열정에 움직여지고 있는 인간이 인식을 갖는 인간으로 바뀌는 것이다."

그런데 이런 재생과 원숙이란 무엇인가. 롤랑은 크리스토프의 다음의 말에서, 그가 이 가능성을 믿는 까닭을 보여 준다.

"사람들에게 일상 생활을 알려 줘라. 그 생활은 바다보다도 깊고 넓다. 우리들 중 가장 미미한 사람도 그 속에 하나의 무한을 지니고 있다 ……. 자네 말의 표현이 자네 마음의 리듬으로 실려 가기를 바란다. 문장의 양식이란 영혼이다."

작중인물의 성격에 대하여

롤랑은 역사가로서 역사적 사실 속에서 얻은 자료를 이 소설 속에 엮어 놓고 있다. 이를테면 청년 크리스토프가 유명한 음악가 하슬러를 만나러 가는 대목은 작곡가 후고 볼프가 젊었을 때 스승인 바그너를 찾아갔을 때의 에피소드에서 찾아볼 수 있고, 크리스토프가 독일의 고향을 탈출하여 파리로 가는 것은 바그너 전기 속 파리로의 도망과 비슷하다. 그러나 롤랑 자신의 경험에서 찾을 수 있는 대목도 있다.

《장 크리스토프》 삽화
제4권 〈반항〉에서 롤랑은 크리스토프의 입을 통해, 리하르트 슈트라우스로 상징되는 그 시대의 너무 감상적인 독일 음악에 통렬한 비판을 퍼부었다. F. 마제렐의 작품.

크리스토프가 고향 마을을 떠나려고 생각했을 때 어머니 루이자가 몹시 슬퍼하며 "제발 가지 말아다오!" 애원하는 장면은, 롤랑이 이탈리아 유학으로 고향을 떠나게 되었을 때 어머니가 슬퍼하던 모습을 그가 생생하게 회상하고 그렸다고 볼 수 있다.

많은 여성들이 이 작품에 나타나 저마다의 성격과 모습이 대조를 이루면서 우리들의 기억 속에 살아 있다. 앙투아네트와 그라시아는 특히 작자로부터 사명을 부여받은 인물이지만, 완전히 소설적인 삽화를 통하여 살고 있는 다른 여성들, 자비네, 코린, 자크린, 필로멜르, 안나 브라운, 아르노 부인 등의 모습은 저마다 영혼의 호흡을 수반하며 살고 있다. 그녀들은 작자의 음악적 물결 속에 살고 있지만, 그런데도 우리들 일상 생활 속에까지 왠지 혈연 있는 사람들과 같은 열과 향기를 풍겨주는 것이다. 여배우 코린 한 사람만을 자세히 보아도 남 프랑스의 젊은 한 여성을 통하여 프로방스 문화의 독특한 향기를 느낄 수 있다—니체를 그토록이나 매혹시킨 '이 즐거운 지혜'의 영혼의 과육 맛을. 그리고 한편, 두드러지지 않은 매력에 의해 오래도록 우리들의 마음속에 사는 아르노 부인은, 디킨스나 대커리의 소설에 나오는 인물들의 언니나 동생이다.

강한 생명력과 창조력을 지녔고, 또 생명을 정신적으로 승화시키는 의의를 본능적으로 찾는 인간 크리스토프는 롤랑의 사상 속에서 독일 문화 가운데 가장 좋은 것을 대표하고 있다. 이 독일인이 파리에 가서 프랑스인 올리비에 자넹과 친구가 되었을 때, 크리스토프는 이 프랑스 친구에 대해 처음에는 어떤 안타까움을 느낀다. 왜냐하면 크리스토프의 눈엔 올리비에는 연약하고 소심하고 행동력이 부족한 사람으로 보였기 때문이다.

"자네는 미워할 줄을 모르는가?" 크리스토프가 말하면 올리비에는 웃으면서 대답한다.

"나는 못 해요. 나는 미움을 미워합니다. 내가 존중하고 있지도 않은 사람들과 다투는 건 난 싫어요……. 나는 폭력을 휘두르는 군대엔 속해 있지 않아요. 난 정신적인 군대에 속해 있어요."

독일인인 크리스토프는 장애물에 용감하게 부딪친다. 자신과 남을 위해 장애물을 제거하려는 의지가 행위와 바로 이어진다. 선의에서 우러난 행위의 결과 화를 내거나 미워하는 일도 드물지 않으며, 너무 믿었다가 환멸을 느끼거나 혹은 자기 딴에는 친절하게 한다는 것이 상대편에게 폐를 끼치거나 감정을 손상시키는 일도 있다.

올리비에는 성공하고 못 하고를 초월하여 더욱 강한 이성의 시력을 갖는다. 그는 상대편의 눈길에서 꼭 죽을 운명의 사람이라는 것을 느낄 때 그 사람에게 영혼의 연결을 느끼는데, 이 감정은 은근히 그의 마음을 깊고 넓은 세계의 중심으로 향하게 한다.

꼽추 에마누엘—그 성격에는 샤를 루이 필립과 샤를 매기의 성격이 반영되어 있다—의 앞날에 대한 올리비에의 예지와 사랑의 대목은 매우 아름답다. 올리비에에게는 크리스토프와는 또 다른 강함이 있다. 그 올리비에가 파리의 '광장 시장'에서 실망을 하고 이것이 프랑스의 전부인가 하고 생

▲젊은 시절의 로맹 롤랑

▶롤랑이 존경했던 빅토르 위고

각해 버릴 것 같은 크리스토프의 손을 잡고, '집 안' 사람들에게로 인도하여 또 다른 프랑스의 영혼을 크리스토프에게 알려 준다.

로맹 롤랑은 크리스토프와 올리비에의 우정을 통하여 프랑스와 독일의 이해와 협력을 상징하였고, 그 상징이 유럽 자체의 미래 평화의 상징이기를 바랐다. 그러나 몇 년 뒤에 이러한 작자의 이상은 제1차 세계대전으로 망가진 듯 보였다. 그리하여 전권 끝머리의 전쟁에 대한 예언은 비극적인 예언자 예레미아의 경우와 비슷한 것이 되었으나 롤랑의 정신은 망가지지 않았다. 이번엔 그는 전쟁의 비극을 통하여 서양과 동양의 정신적 우정을 크리스토프와 올리비에의 우정의 연장으로서, 또 심화(深化)로서 찾았다.

"아시아의 사상이 유럽의 사상에 의지함으로써 얻는 바가 있듯이, 또 유럽의 사상으로서는 아시아의 사상이 꼭 필요합니다. 그러한 것들은 인류의 뇌를 형성하는 양반구(兩半球)입니다. 양쪽 사상의 결합과 그리고 양쪽 사상의 건전한 진전을 재건하도록 노력해야 합니다."

　1919년, 인도의 라빈드라나트 타고르에게 써 보낸 롤랑의 이 말은, 4년간
대전의 증오와 유혈이 많은 폐허를 만든 것을 보았을 때의 올리비에가 한 말
이 아닌가?

　천성으로 말한다면 장 크리스토프는 낙관으로 기울고 프랑스인 친구 올리
비에는 비관으로 기우는, 성격으로서의 대립을 나타내고 있다. 창조하는 힘
의 도취미와 명석한 이성과의 대립이기도 하다.

　작자인 롤랑은 낙관과 비관의 태도 중 어느 것이 더 뛰어나다고는 결정하

▶ 만년의 로맹 롤랑 부부

▲ 루트비히 판 베토벤

▶ 프랑스 부르고뉴의 베즈레
중세 시대 이래의 대표적인 순례 기점(起點) 중 하나. 롤랑은 이곳에서 삶의 마지막 7년을 보냈다. 시력이 점점 떨어지는 가운데 그는 방대한 연구서 《베토벤 연구》와 평전 《페기》를 완성했다.

지 않는다. 정신은 앙양됨으로 해서 낙관과 비관을 구별하는 입장을 다시 초월해 가는 것이라고 롤랑은 말하고 있다. 정신의 자기 만족적인 낙관은 정신이 다시 앙양될 가능성을 막고, 무기력과 타협하는 비판은 성공하고 않고를 막론하고 밀고 나간다는 씩씩한 태도에까지 앙양될 수가 없다.

롤랑 사상의 근본은 항상 조화를—보다 아름다운 조화를 불협화음에서 만들어 내는 일이었다. 조화는 완성되어 놓여 있는 것이 아니라, 끊임없는 움직임 속에서 보다 인간적인 것을 위해 싸움으로써 항상 새로이 생겨나고 획득되는 것이다.

롤랑의 사상

'서로 노려보고 있는 낮과 밤의 미소. 사랑과 미움의 숭고한 혼인인 조화'라는 말이 작품의 끝머리에 있는데, 이것은 고대 그리스의 엠페도클레스가 생각한 조화의 사상을 연상케 한다.

《장 크리스토프》 속에서는 이탈리아 여성 그라시아가 그러한 조화의 상징이며, 단테를 인도한 베르길리우스의 입장이 올리비에라 한다면 그라시아는 대조화의 천계를 가리키는 베아트리체의 입장이다. 그러나 올리비에도 그라시아도 신화적인 이상화를 위한 의상은 입고 있지 않으므로, 우리는 그들의 인간다운 결점과 약점을 여러 가지 보게 된다. 그러므로 거기에 소설 작품으로서의 친밀한 살붙임이 느껴진다.

롤랑이 일생 동안 가장 마음을 터놓고 지내던 여자 친구 중의 한 사람인 루이즈 쿠르피—롤랑은 《베토벤 연구》 속 '위대한 창조의 시기'를 이 사람에게 바쳤다—가 아들을 잃은 바로 뒤에 그가 그녀에게 쓴 편지가 있는데 그것은 1909년 3월의 것으로서, 롤랑은 그 무렵에 이미 《장 크리스토프》 속의 '여자 친구들'을 쓰려 하고 있었다. 이 편지는 《장 크리스토프》의 한 페이지를 읽는 듯한 느낌이 들며, 동시에 거기에는 롤랑의 인생관과 예술관, 그리고 특히 《장 크리스토프》의 특색이 엿보인다.

"요즘 시대의 큰 불행이며 현대의 범속한(교회나 종파에 관계 없는) 사상의 큰 약점은…… 자신의 내면에서 오직 이지에만, 혹은 양식이라 불리고 있으면서도 좋지 못한 일이 종종 있는, 이른바 그런 양식만을 신뢰하고 그밖의 것은 도무지 생각하지 않으려는 그런 것입니다. 이지와 양식은 자연에 대한 우리들의 투쟁 속에서는 매우 유용한 도구일뿐더러, 정신의 탈선으로부터 우리들이 자신을 방어하기 위해서는 아주 적당한 도구입니다. 그러나 우리들 속에는 또 다른 것이 있습니다. 생명이 있고 생명의 든든한 본능이 있고 사랑이 있습니다. 이러한 것들은 끝도 아니고 핑계도 아니며, 가장 불굴하고도 깊은 현실입니다. 스스로를 파괴하지 않고는 그러한 것들을 부정할 수가 없을 정도입니다. 그러한 것들을 듣고 그러한 것들을 이해하려고 노력해야 합니다. 만약 하나의 진리가 존재한다면(나는 그 존재를 믿습니다만) 그 진리는 살아 있는 진리입니다. 그 진리를 포착하려면 자기 존재의 가장 추상적인 한 부분에 의해서만은 될 수가 없고 지성과 본능을 포함한 모든 존재를 가져야만 될 수 있는 일입니다. 모든 생명에 의해서 될 수 있는 일입니다. 거기에 내가 직관이라 부르는 것이 있으며, 이것은 매우 씩씩한 어떤 것이므로 신비스런 탈선과는 아무런 관계도 없는 것입니다.

당신의 내부에 대고 이러한 말들을 들려주는 것이 좋을 것입니다. 그 말들이, 당신에게 하는 소리가 나에게 하는 말들과 똑같지 않으리라는 것은 얼마든지 있을 법한 일입니다. 그러나 그 말들이 희망과 생명의 문을 여러 개 당신을 위해 열리리라고 나는 확신하고 있습니다."

마음은 마음 자체의 올바른 도리를 직관한다는 이 롤랑의 생각은, 그의 베토벤관에도 나타난다. 롤랑이 베토벤의 음악 특히 만년의 소나타나 콰르텟(4중주곡) 속에서 들은 것은 베토벤 심리 상태의 미묘함이었지만, 우리가 《장 크리스토프》 속에서 감동되는 사랑과 힘—혹은 사랑의 힘—의 독자성 속에도 바로 그것이 있다. 1948년에 폴 클로델—롤랑은 청년 시절의 이 친구와 약 50년 만에 우정을 회복했다—이 벨기에 브뤼셀에서 로맹 롤랑에 대한 강연을 했을 때, 그는 《장 크리스토프》가 전 세계 많은 사람들의 마음에서 공명하는 가장 큰 이유는 그 작품 속에 현존하여 살고 있는 넓고 깊은 강한 사랑의 힘에 있다고 말했다. 이 작품이 세상에 나온 지 이미 한 세기가 넘게 지났지만 전 세계의 사람들에게 항상 애독되고, 또 한 사람 한 사람의 내적 생활에 빛과 환희를 주는 그 비밀은 분명 이 작품이 오직 '문학'을 위한 작품 이상의 것이며, 문학적인 유행을 초월하여 살아가는 '인간의 소리'라는 데에 있다.

로맹 롤랑 연보

1866년   1월 29일 프랑스 부르고뉴 지방 니에브르 주의 소도시 클람시에서 태어나다. 아버지 에밀 롤랑은 클람시의 공중인, 어머니 앙투아네트 마리는 쿠로 집안의 딸이었다.

1868년(2세)   여동생 마들렌 태어나다. 이 동생은 3살 때 죽었다.

1872년(6세)   여동생 또 태어나다. 이번에도 마들렌이라 이름붙이다.

1873년(7세)   클람시 초등학교에 입학하다(현재 로맹 롤랑 학교라 함).

1880년(14세) 로맹의 교육을 위해 파리로 옮겨가서 아버지는 파리 은행에 근무. 생 루이 중등학교에서 수사학과 철학을 공부.

1882년(16세) 에콜 노르말(고등사범) 시험 준비를 위해 루이 르 그랑 고등중학에서 배우다. 이해 여름 어머니와 여동생과 함께 스위스 레만 호반 빌르뇌브에 머무를 때, 때때로 오텔 비롱에 와 묵곤 하던 빅토르 위고와 만나 깊은 인상을 받다.

1883년(17세) 에콜 노르말 입학시험에 두 번 불합격. 이것은 셰익스피어와 위고, 음악에 열중했기 때문. 친구 폴 클로델과 함께 때때로 코론 악단 음악회에 다니다.

1886년(20세) 에콜 노르말 시절에 앙드레 지드와 친구가 되다. 이해 12월 26일에 르낭을 방문하였다. 철학에 끌렸지만 역사학을 전공. 가브리엘 모노 교수의 '엄밀한 진리 탐구' 태도에 경의를 가지고 모노와 친해짐. 톨스토이와 도스토예프스키의 작품을 즐겨 읽고, 톨스토이에게 편지를 써서 장문의 회답을 받다.

1889년(23세) 에콜 노르말 졸업. 모교의 유학생으로 로마에 가다. 로마 파르네제 궁전 프랑스 학교에 기숙. 독일의 노부인 마르비다 폰 마이젠부크와 알게 되다(마르비다의 양녀 올가는 모노 교수의 부인이었음). 다음 해에 희곡 《올시노》를 쓰다. 이때 이미 '하나의 음악적 소설'을 쓸 의도를 가지다. 로마에서 파리로 돌아오는 도중, 마르비다 폰 마이젠부크와 함께 바이로이트에서 바그너의 가극을 듣고 《파르치팔》에 감동하다.

1892년(26세) 10월, 클로틸드 브레알과 결혼. 장인 미셀 브레알은 콜레즈 드 프랑스의 고전문헌학 교수. 11월, 학위논문 자료를 얻기 위해 로마에 갔다가 다음 해 봄 파리로 돌아오다.

1895년(29세) 《근대 서정극의 기원. 륄리와 스카를라티 이전의 오페라의 역사》로 문학박사 학위 받다. 부논문은 라틴어로 《16세기 이탈리아 회화가 쇠퇴한 여러 가지 원인》. 에콜 노르말에서 음악사 강의. 희곡 《성왕 루이》를 써 1897년에 〈르뷔 드 파리〉지에 발표. 1897년에 쓴 희곡 《아에르트》를 1898년에 〈르뷔 다르 드라마티크〉에 발표해 뤼네 포가 루브르 극장에서 공연하다.

1898년(32세) 희곡 《이리들》을 두 주일 동안에 완성시켜 루브르 극단이 《몰리튈리》란 제목으로 상연하다. 논문 《민중극론(民衆劇論)》을 쓰다(1903년에 출판). 희곡 《이성의 승리》가 완성돼 루브르 극장에서 상연되다. 《당통》은 1900년에 발표되어 그 해 상연되다. 페기가 1901년에 《당통》을, 1902년에 《7월 14일》을 각각 〈카이에 드 라 켕잰〉 총서에서 출판하다. 《7월 14일》이 제미에의 테아트르 드 라 르네상스에서 상연되다. 보어 전쟁에서 취재한 희곡 《때는 오지 않았는가》가 1903년에 출판되다.

1901년(35세) 2월에 이혼하다. "지금도 사랑하고 있는 사람과 나는 헤어진다. 우리 두 사람의 생활은 서로 상반된 목적을 향해 전진하고 있다."(질레에게). 롤랑은 8년 만에 양친과 함께 살고, 그 뒤 몽파르나스 거리 162번지 아파트에서 혼자 살게 되다. 《장 크리스토프》는 여기에서 쓰인 것이다. 음악 잡지에 음악평을 기고하다. 고등 시민학교에서 음악사 강의하다.

1903년(37세) 《베토벤의 생애》 발표. 마르비다 죽다. 《장 크리스토프》 쓰다. 전작(全作)은 차례로 〈카이에〉에 1904년에서 1912년까지 발표되다. 한편 《미켈란젤로의 생애》(1905), 《음악 평론집》 두 권(1907), 《헨델》(1910), 《톨스토이의 생애》(1911)가 나오고 혁명극 《7월 14일》《당통》《이리들》(1909), 신앙의 비극 《성왕 루이》《아에르트》《이성의 승리》(1913)가 출판되다.

1904년(38세) 소르본 대학에서 예술사 강의하다.

1910년(44세) 10월 28일 길을 가던 도중 자동차에 치여 병상에 3개월 누워 있었다. 회복기에 이탈리아에 갔다가 이어 스위스로 가다.

1912년(46세) 소르본 대학 교수직을 사임하고 집필 생활에만 전념하다.

1913년(47세) 4월에서 9월까지 스위스에 머무는 동안 소설 《콜라 브뢰뇽》 구상 떠오르다. 6월 《장 크리스토프》로 아카데미 프랑세즈의 문학대상 수상하다.

1914년(48세) 파리 브와소나드 거리로 이사하다. 6월에 스위스로 가다. 그곳에서 '꿈 같은 사랑의 행복에 싸여 있는 동안' 7월 끝무렵 제1차 세계대전 일어나다. 이미 병역의무연한이 지난 롤랑은 그대로 스위스에 머무르다. 9월부터 〈주르날 드 주네브〉지에 전시 평론을 발표(이 평론들은 뒤에 《혼란한 상을 넘어서》에 수록되다). 이해 10월 초부터 15년 7월 초까지 제네바 국제적십자사에 지원하여 근무. 여기에서 그는 여러 나라의 포로와 그 가족과의 연락 사무를 맡아보았다.

1916년(50세) 뒷날 《선구자들》 속에 수록된 평론들을 쓴 이해 11월에 1915년도 노벨 문학상을 받다. 롤랑은 그 전액을 국제적십자사와 프랑스 각종 사회사업에 기부하다.

1917년(51세) 러시아 혁명에 즈음하여 러시아에 《유럽에 평화와 자유를 달라!》를 쓰다.

1918년(52세) 정신의 국제적 이해와 협력을 촉진하는 논문 속에서 '휴머니즘'을 부르짖다. 《엠페도클레스와 증오의 시대》를 보드왕 철학총서 카르멜에 발표. 희곡 《리뤼리》, 소설 《클레랑보》를 쓰다.

1919년(53세) 《콜라 브뢰뇽》《리뤼리》 출판. 어머니 죽다(5월 파리에서). "나는 내가 가진 음악과 신앙의 최고의 것을 어머니로부터 받았다." 6월 베르사유 조약이 체결되는 것을 보고 그 조약이 진정한 평화의 주춧돌이 되지 못할 것을 우려, 6월 '정신 독립의 선언'을 신문 〈위마니테〉에 발표. 세계의 지성인, 문필가, 약 1000여 명이 찬성 서명. 8월, 인도의 타고르에게 보내는 편지에서 인도와 아시아에 대한 우정을 표시하다.

1920년(54세) 소설 《피에르와 뤼스》 및 《클레랑보》를 출판하다.

1921년(55세) 사회혁명에 있어서의 폭력문제로 바르뷔스와 논쟁. 다음 해에 아버지, 누이동생과 함께 스위스 빌르뇌브의 빌라 오르가로 이사(1938년까지). 이해부터 1933년까지 《매혹된 영혼》을 쓰다.

1923년(57세) 약 2년간 창작을 중단하고 인도 연구에 열중, 간디 전기를 써서 당시 창간된 잡지 〈유럽〉에 발표하다.

1924년(58세) 《내면의 여로》를 정신적인 유언으로 쓰다. 이 무렵 병을 앓다. 《내면의 여로》는 미완성으로 끝난 채 이해에 발표되다. 다시 혁명극 연작에 착수, 《사랑과 죽음의 장난》을 이해에 완성. 이 작품은 1928년 파리 오데옹 극장에서 공연되었다. 다음 해에는 《꽃의 부활제》, 1928년에는 《사자좌의 유성군》을 완성하는 한편, 《매혹된 영혼》에 다시 손대다. 1926년 60회 생일에는 잡지 〈유럽〉이 롤랑 기념호를 내고, 스위스의 출판업자 로니카가 《롤랑 친구들의 글》을 기념 출판하다. 이 출판의 편집위원은 조르즈 뒤아멜, 슈테판 츠바이크, 고리키였고 기고자에 간디, 아인슈타인, 슈바이처 등이 참여했다. 1926년 5월에는 인도의 타고르와 네루가 롤랑을 방문하다.

1927년(61세) 베토벤에 관한 방대한 음악 저작에 착수. 《베토벤, 그 창조적인 시기》《에로이카에서 열정 소나타까지》《괴테와 베토벤》을 쓰는 한편, '인도의 신비정신과 행동에 관한 연구'로 《라마크리슈나의 생애》《비베카난다의 생애》를 쓰다.

1929년(63세) 《매혹된 영혼》 완성. 31년에 아버지 죽다. 29년에 사귄 마리 쿠다체바(러시아 공작의 미망인, 아버지는 러시아인, 어머니는 프랑스인)와 1934년에 결혼. 1931년 끝무렵에 간디가 롤랑 방문. 1932년에는 암스테르담에서 열린 반

전 세계회의에서 의장으로 선출되다. 33년 4월 히틀러가 괴
태상을 롤랑에게 주겠다고 했으나 롤랑, 이를 거절하다.

1935년(69세) 평론집 《격투의 15년》과 《혁명을 통해 평화로》를 출판. 6월,
고리키의 초청으로 한 달 동안 러시아 여행하다.

1936년(70세) 평론집 《동반(同伴)》 출판하다.

1937년(71세) 베토벤 연구를 계속해 《부활의 노래》를 출판하다.

1938년(72세) 5월 31일 스위스 빌르뇌브를 떠나 프랑스 부르고뉴의 베즈레
로 옮기다. 《회상기》와 희곡 《로베스피에르》를 쓰다.

1939년(73세) 프랑스 혁명 150주년 기념전에 《사랑과 죽음의 장난》 공연되
다.

1940년(74세) 베즈레에 거주. 폴 클로델과 50년 만에, 루이 질레하고는 27
년 만에 우정을 회복하다. 옛 친구 샤를르 페기에 관한 대작
을 쓰다. 《베토벤 연구》 완성하다.

1944년(78세) 12월 30일 세상을 떠나 클람시에 묻히다. 뒤에 롤랑 자신의
유언에 따라 클람시에서 10킬로미터 떨어진 브레브라는 작은
마을로 묘지를 옮기다. 묘비에는 ROMAIN ROL-LAND이라
고만 새겨지다.

　　롤랑이 죽은 뒤 그를 파리의 판테온에 모시려는 운동이 일어났는데 이것
은 실현되지 못했으나 그 주창자로는 클로델, 발레리 등이 있었다. 1945년
에 롤랑 부인과 동생 마들렌에 의해 파리에 '로맹 롤랑 친우회'가 창립되고,
그 초대 회장으로 클로델, 부회장으로 빌드라크와 장 카수가 선출되었다. 그
뒤 파리 '친우회' 본부의 롤랑문헌연구소는 파리 대학에 소속되고, '친우회'
는 롤랑의 유고 출판을 계속했다. 1960년 봄까지 나온 유고 중에는 《내면의
여로》 증보판, 《회상기》, 마르비다, 루이 질레, 리하르트 슈트라우스에게 보
낸 편지, 롤랑이 어머니에게 보낸 편지, 에콜 노르말 시절의 일기, 서한집
《친애하는 소피아》 등이 있다.

손석린(孫錫麟)

성균관대학교 불문학과 졸업. 서울대 대학원 수료, 프랑스 릴(Lille)대학교 수료,
이화여자대학교 불문학과 교수·충북대학교 불문학과 교수 역임. 한국불어불문학
회장 역임. 지은책 《불문법》《근대불어단편선》, 옮긴책 파스칼 《팡세》 몽테뉴 《수
상록》 모파상 《여자의 일생》 E. 졸라 《목로주점/나나》 뒤마 《춘희》 몽테스키외
《법의 정신》 R. 롤랑 《장크리스토프/내면의 여로》 J. 르나르 《박물지》 등이 있다.

World Book
149

Romain Rolland
JEAN-CHRISTOPHE

장 크리스토프 Ⅱ

로맹 롤랑/손석린 옮김

1판 1쇄 발행/1987. 1. 1
2판 1쇄 발행/2011. 3. 31
2판 2쇄 발행/2013. 8. 1
발행인 고정일
발행처 동서문화사
창업 1956. 12. 12. 등록 16-3799(윤)
서울 강남구 도산대로 163(신사동)
☎546-0331~6 (FAX) 545-0331
www.dongsuhbook.com

*

*

사업자등록번호 211-87-75330
ISBN 978-89-497-0739-6 04080
ISBN 978-89-497-0382-4 (세트)